JN374916

중동지역에 파송된 한인선교사들의 사도행전 이야기

중동선교 한인교회사

중선협 역사편찬위원회

우리하나

중동선교를 위해서 기도해 주시고
헌신적으로 섬겨주신 모든 분들께 감사드리며
본서가 중동선교의 불쏘시개가 되기를 간절히
바라는 마음으로 이 책을 바칩니다.

발 간 사

복음이 전해지기 가장 힘들고 어려운 지역이 바로 중동의 무슬림 지역입니다. 전 세계에서 가장 활동하는 사역자들의 수가 적은 곳도 역시 중동의 무슬림 지역입니다. 그런데 이 땅에 하나님께서 놀라운 계획과 섭리로 복음이 전파되게 하셨습니다.

중동의 한인교회들은 하나님의 선교를 위해서 곳곳에서 활동하고 있는 다른 사역자들과 긴밀한 관계를 맺으면서 기도와 후원을 통해서 성장하고 보존되어 왔습니다. 많은 한인 교회들이 설립되었다가 사라지기도 했지만, 현재 약 22개국에 34개나 존재하고 있습니다.
하나님 나라의 관점에서 볼 때 중동의 곳곳에 세워진 한인교회들은 놀라운 하나님의 선교의 흔적이 아닐 수 없습니다. 사도행전 8장에서 있었던 예루살렘교회를 향한 엄청난 핍박이 있었던 것처럼, S나라의 한인 교회들은 예배를 드리던 중 경찰에 연행되어 감옥에 간히는 고통을 겪기도 했습니다. 그럼에도 성도들은 목숨을 걸고 예배공동체를 지켰습니다. 이러한 희생과 헌신이 바탕이 되어서 오늘날 중동의 각 나라의 거점 도시들에 한인교회들이 세워진 것입니다.

제23차 중선협 선교대회가 개최되는 때를 기점으로 중동선교의 다양한 영역 가운데 지금까지 진행되어 온 한인교회의 사역들을 한번은 잘 정돈하여 보존하고 사랑하는 한국교회와 사역자들에게 알리는 것은 선교적으로도 매우 중요한 일이라고 여겨졌습니다. 그리고 향후 중동선교를 자원하는 사역자들을 위해서 지난날 하나님께서 중동 지역에 어떤 선교를 하셨는지를 이해하도록 다양한 선교적인 지혜를 제공하고자 하는 마음이 강하게 들어 〈중동선교 한인교회사〉를 기획하고 발간하게 되었습니다.

주님의 때가 가까워지고 있기에 하나님의 선교는 불꽃처럼 타올라야 합니다. 하나님께서는 지금도 가장 선교하기 힘들고 어려운 때를 맞이하여 하나님의 사람들을 통해서 놀라운 일을 행하고 계십니다. 특별히 중동 곳곳에서 일어나고 있습니다. 〈중동선교 한인교회사〉는 중동지역의 척박한 땅에서 약 50년 동안 정치적으로 사회적으로 종교적으로 문화적으로 사방팔방으로 막혀있는 불모지에서 한인교회들이 어떻게 복음 기지로서 생명의 호흡을 불어넣는 역할을 감당했는지를 생생하게 보여주고 있습니다. 본서가 이슬람 지역 복음화의 불쏘시개로 쓰임 받기를 간절히 바랍니다.
본서를 구입하신 분들은 이미 하나님의 선교에 동참하신 것입니다. 다른 분들께도 널리 알리셔서 이슬람 선교에 함께 동참하시는 분들이 더욱 많아지게 되기를 바라는 마음 간절합니다.

끝으로 각 교회들의 사역자료들을 잘 정리해서 보내주신 모든 한인교회의 목사님들께 진심으로 감사드립니다. 특별히 윤상원 목사님께서 편집장으로서 모든 자료들을 취합하고 정리하여 은혜롭고 감동적인 이야기들로 잘 구성해 주셔서 감사드립니다.

곁에서 중동선교를 위해서 기도해 주시고 헌신적으로 섬겨주신 모든 분들께 진심으로 감사드립니다. 본서가 중동선교의 불쏘시개가 되기를 간절히 바랍니다.

중동지역한인선교협의회 회장
신영수 목사

집필위원 서문

2022년 9월 12~14일, 〈중선협 한인교회부 두바이 대회〉를 갖게 되었을 때, 중동선교 한인교회사를 함께 나누었습니다. 그 자료집이 본서의 초본이 되었습니다.

쿠웨이트 한인연합교회의 당회실에는 중동지역 한인교회의 초기자료들이 보관되어 있었습니다. 이 자료들이 중동지역 한인교회들의 최초 역사를 이해하는데 매우 큰 도움이 되었습니다.

중동선교 한인교회사를 편집하면서, 몇 가지의 기준을 가져야 했습니다.
첫째로, '역사를 쓰기' 보다는 '자료를 남기기' 위한 목적이 더 앞섰습니다. 그렇다보니, 분량이 많아졌습니다.

둘째로, 교회마다 분량의 차이가 매우 큽니다. 그것은 그 교회의 중요성의 크기 때문이 아니라, 남겨진 자료의 분량 때문이었습니다. 즉 자료가 많이 남아 있는 교회는 그 만큼 많은 분량을 쓸 수 있었지만, 자료가 남겨지지 않은 교회는 간략하게 다룰 수 밖에 없었습니다.

셋째로, '교회의 역사적 기원' 보다는, '교회의 사역과 활동' 에 더 중심된 초점을 두었습니다. 곧, '그 교회가 언제 시작되었는가?' 보다는, '그 교회가 어떠한 사역을 했는가?' 를 중시하였습니다. 대체적으로 담임목사가 부임한 이후부터, 교회가 다양한 사역들을 감당할 수 있었습니다. 그렇다보니, 제 1대 담임목사의 부임시점을 중요하게 관찰했습니다. 두 가지의 교회 연도를 괄호 안에 함께 쓰게 된 이유도 바로 이 때문입니다. 첫 번째가 교회의 설립연도이고, 두 번째는 초대 담임목사의 부임 연도입니다.

넷째로, '교회창립'이라는 용어 대신에 '교회설립'이라는 용어를 사용했습니다.

짧은 시간 안에 한 사람의 작업으로 〈중동선교 한인교회사〉를 정리하다 보니, 매우 무리한 일이 되었습니다. 신창순 목사님, 주태근 목사님, 정형남 목사님 등 많은 분들로부터 귀한 도움들을 많이 받았습니다. 그러나 본서의 불완전함과 오류는 전적으로 집필위원인 저의 책임입니다. 본서의 불완전함과 오류는 중선협 역사편찬위원회가 계속하여 보완할 것입니다.

본서는 특히 세 부분이 그 중요성에 비해 매우 미흡니다. 첫째로, 사우디 아라비아의 초기자료가 크게 보완되어야 합니다. 둘째로, 이집트의 카이로 한인교회는 새롭게 쓰여져야 합니다. 셋째로, 튀르키예는 연구할 자료들이 남아 있는데, 시간 부족으로 사용하지 못했습니다.

1990년대 이후는 2022년 중선협 한인교회부 두바이 대회의 초고를 거의 수정하지 못했습니다. 앞으로 역사편찬위원회를 통하여 계속하여 역사가 쓰여지고, 부족함들이 개선되기를 원합니다.

2023년 12월 29일, 새벽 6시 52분.

쿠웨이트를 떠나는 날 마지막 밤을
완전히 꼬박 지세워 겨우겨우 원고를 마치면서

집필위원 **윤상원** 목사 (전 쿠웨이트 한인연합교회 담임목사)

집필위원 약력 **윤상원** 목사

서강대학교 경영학과, 총신대학교 신학대학원, 총신대학교 대학원(조직신학, Th.M)을 졸업하였다. 옥한흠 목사님 시절의 사랑의교회를 부교역자로서 마지막으로 섬긴 후, 서울 푸른교회, 창원 새누리교회, 부안읍교회, 그리고 쿠웨이트 한인연합교회를 담임하였다. 저서로는 「십일조가 알고 싶다」(넥서스, 2017)가 있다.

추천사

이애실 원 장

이순근 목 사

이종범 목 사

안창천 목 사

김만형 목 사

강대흥 선교사

조정환 목 사

이성수 목 사

추 천 사

교회역사는 교회들의 이야기가 아니라, 하나님의 이야기로 기록되어야 합니다. 지난 50년간 중동 땅에 펼쳐진 한인교회의 역사 역시 이러한 관점에서 기록되어야 합니다. 그러한 점에서 본서는 하나님께서 어떻게 한국교회의 중동선교의 문을 여셨는가를 당시 실제 자료들을 토대로 생생하게 보여주고 있습니다. 그 내용은 단순히 한인교회들의 성장과 확장의 이야기가 아니었습니다. 선교의 하나님께서 이슬람선교의 문을 여시고, 선교역사를 이루신 이야기였습니다. 독자들도 분명히 이 책을 통해 이슬람 선교의 문이 열리는 최초의 역사를 생생하게 볼 수 있을 것입니다. 하나님의 놀라운 중동선교가 더욱 더 확장되기를 간절히 소망하는 마음으로 이 책을 추천합니다.

이애실 원장, 생터성경사역원 원장

중동 지역의 한인교회는 한국교회를 세계선교에 쓰시는 하나님의 비밀 병기였습니다. 해뜨는데서부터 해지는데까지 찬양 받으시기에 합당하신 하나님께서 종교의 자유가 제한된 중동지역에서 그 땅의 현지인들을 통해서는 찬양을 받으실 수 없기에 동쪽의 작은 나라 한국에서 주의 백성들을 보내셔서 그 땅에서 매주일 마다 예배를 받으셨습니다. 감히 한국교회를 온 땅 구석구석에서 제사장나라 역할을 하도록 하셨다고 믿습니다.
이제 그 땅에 들어간 소위 평신도들을 통해서 이룩하신 한인교회의 역사를 이번 중동선교회에서 출판해서 하나님의 비밀공작 역사를 공개하시는 일은 하나님께서도 기뻐하실 줄 믿고, 다시 한 번 한국교회가 세계선교에 힘을 내도록 자극제로 쓰시길 기도합니다. 그리고 이 책이 나오기까지 중동에서 교회를 이루시고, 이어가신 모든 분들, 특히 중동지역한인선교협의회분들께 진심으로 축하의 말씀을 드립니다.

이순근 목사, 다애교회, 한인디아스포라 포럼(Korea Diaspora Forum) 고문 먼저 '중동선교 한인교회사' 발간을 진심으로 축하드립니다. 이 책은 단순한 자료에 대한 정리를 넘어 우리에게 크게 2가지를 보여주고 있다고 생각합니다. 먼저는 하나님의 열심입니다. 중동 이슬람 지역도 하나님이 오늘까지 동일하게 역사해 오셨다는 반증을 우리는 이 책을 통해 볼 수 있습니다. 두 번째로, 직분 자들의 눈물입니다. 살아온 배경과 그 땅에 온 이유는 각기 달라도 하나님의 교회를 세우고자 하는 이들의 눈물은 한곳에 모여졌고, 그 눈물의 열매로 교회가 세워졌음을 우리는 보게 됩니다. 오늘 이 책은 과거형으로 끝나는 것이 아니라, 작은 발판이 빛이 되어 앞으로의 중동 한인교회를 더욱더 밝혀나가게 되기를 간절히 기도하며 이 책을 추천해 드립니다.

이종범 목사, 가평열린문교회, MBNT 대표

세계 복음화는 주님의 꿈이다. 이 꿈은 교회를 통해서 이루어진다. 그런데 한국교회를 보면 마치 이 꿈과는 거리가 먼 것처럼 보인다. 갈수록 세속화되므로 침체의 늪에 빠져들고 있다. 그런데 전혀 생각하지 못한 무슬림 지역에서 한국교회가 22개국에 34곳이나 세워져 있고, 그들이 중동선교에 가교적 역할을 감당하고 있다는 사실에 새로운 소망을 본다. 중동의 한인교회는 노동자가 중심이 된 교회다. 즉 평신도가 주축이 되어 세워진 교회다. 평신도사역형교회가 마지막 대안이다. 본서를 읽는 자들마다 주님의 지상명령에 순종하므로 삶의 현장에서 교회를 개척하는 평신도들이 불길처럼 타오르고 번져나가길 간절히 소원한다.

안창천 목사, 더처치교회, D3전도중심제자훈련 대표

중동에 한인교회를 일으키신 하나님의 역사가 귀한 책으로 출판되어 참으로 기쁩니다. 접근하기 쉽지 않은 특별한 지역에서 하나님은 일하셨습니다. 하나님께 영광을 돌리며 그동안 함께 한 많은 사역자들의 용기와 희생에 찬사를 보냅니다. 우리는 이 자료를 통해 하나님의 일하심을 봅니다. 사도행전 이후 중동 지역에서 하나님이 어떻게 일하셨는지 그 발자취를 느낄 수 있을 것입니다. 이 역사적인 현장에 한인교회를 사용하시는 것이 얼마나 감사한지요! 공사현장에서 시작된 중동의 한인교회, 그 교회들을 통해서 이루어진 중동선교, 우리는 그 헌신과 열매를 결코 소홀히 할 수 없을 것입니다. 이 책을 대하는 사람들마다 가슴이 벅차오르는 경험을 하기를 기도합니다.

김만형 목사, 친구들교회, 합동신학대학원 교수

사우디 사막가운데 횃불신화를 발판으로 시작된 작은 나라 대한민국 건설산업의 중동 진출과 함께 시작된 한국현장교회, 이슬람의 땅에서도 한국인들의 예배의 열망을 가로막을 수 없었습니다. 이슬람권 한인 연합교회의 유구한 역사를 파헤친 이 매혹적인 책을 진심으로 추천합니다. 이 책은 1974년 이란 테헤란에 최초의 한인 연합교회가 세워진 이래, 한국 선교사들과 한인 연합교회가 중동 각 나라에 진출하기까지의 여정을 심도 있게 서술하고 있습니다.

이 책은 또한 이슬람권 한국 선교사역의 현재를 탐색할 때, 우리의 역사적 토대와 이슬람권에서 현재 진행 중인 사역들 사이의 점들을 연결하는 가이드 역할도 합니다.

이 책의 장점은 한인 연합교회들의 성장과 직면했던 도전들을 꼼꼼하게 추적하여 한국 선교사들을 지원하는 중동 한인 연합교회들의 역할에 대한 포괄적인 이해도 제공합니다. 그러나 이 책의 가장 큰 장점은 역사적 사실 뿐 아니라 그 배경의 의미까지 알 수 있다는 점입니다.

중동지역 한인교회들의 신앙적 전통이 갑자기 생겨난 것이 아니라 오랜 세월의 헌신과 신앙으로 다져진 성도들의 신앙 유산의 연속임을 일깨워 주고 있습니다.

제가 원하는 것은 독자들께서는 이 책의 페이지를 넘기시면서 단순한 날짜와 사건을 넘어 아랍지역에서 일하시면서 신앙의 유산을 지켜 오신 성도들의 믿음의 역사와 하나님이 저들을 이 중동 땅에 보내신 그 의미를 알게 되는 것입니다. 과거가 종종 배경으로 사라지는 현 세상에서 이 책은 우리 신앙의 뿌리를 되돌아보도록 촉구하는 등대 역할을 하며, 더 나아가서는 이슬람권 한인 연합교회들의 끈질긴 정신과 믿음에 대한 증거로서 부족함이 없습니다. 척박한 신앙 여정에서 그렇게 믿음의 길을 걸어오신 분들의 희생과 공헌에 감사하는 마음을 갖게 합니다.

결론적으로, 저는 이 책이 아랍지역에 선교적 부담을 갖고 있는 성도에게 깨우침을 주고 영감을 준다고 생각하며 이 책의 내용이 주는 역사적 교훈과 의미를 전적으로 지지합니다. 독자들께서는 이 책을 읽으면서 아랍권 전체에 펴져 있는 한인 연합교회들의 생생한 역사를 이해하실 수 있는 시각적 렌즈를 얻을 것입니다.

강대흥 선교사, KWMA 사무총장

중동에 한인교회를 일으키신 하나님의 역사가 귀한 책으로 출판되어 참으로 기쁩니다. 접근하기 쉽지 않은 특별한 지역에서 하나님은 일하셨습니다. 하나님께 영광을 돌리며 그 동안 함께 한 많은 사역자들의 용기와 희생에 찬사를 보냅니다. 우리는 이 자료를 통해 하나님의 일하심을 봅니다. 사도행전 이후 중동 지역에서 하나님이 어떻게 일하셨는지 그 발자취를 느낄 수 있을 것입니다. 이 역사적인 현장에 한인교회를 사용하시는 것이 얼마나 감사한지요! 공사현장에서 시작된 중동의 한인교회, 그 교회들을 통해서 이루어진 중동선교, 우리는 그 헌신과 열매를 결코 소홀히 할 수 없을 것입니다. 이 책을 대하는 사람들마다 가슴이 벅차오르는 경험을 하기를 기도합니다.
한국 교회에 부어주신 신앙적인 열정과 성도들의 예배의 열망은 열사의 땅 중동도 막지 못했습니다. 그 열정이 중동건설현장에 투입된 건로자들로 하여금 하나님께 예배하려는 헌신으로 나타났고 곳곳에서 한인연합교회가 세워지게 되었습니다. 성경을 소지하는 것 조차 금지되는 이슬람권에서 1974년 이란 테헤란에 최초의 한인 연합교회가 세워진 이래, 기적같이 걸프연안 국가들과 중동 땅에 세워진 한인 연합교회의 유구한 역사를 파헤친 그 감격적인 현장들을 이 책을 통해서 경험하게 될 것입니다. 그리고 그 신앙을 전수받고 자란 아이들이 그 현지와 세계 곳곳에서 쓰임 받고 있습니다. 이를 통해서 다시금 우리의 선교의 열정을 불을 붙이게 되고 다가오는 세대를 향한 거룩한 부담감을 가지고 헌신하게 될 줄을 믿어 이 귀한 책을 추천합니다.

조정환 목사, CEF세계총재

중동선교 한인교회사 원고를 받고 차안에서 무슨 내용인지 보다가 네시간을 읽어내려가는 저의 모습을 발견하였습니다. 한인교회사가 아니라 사도행전의 역사를 읽는 느낌이었습니다. 온몸에 전율이 흐르고 있었습니다. 교회가 세워져서 목회할 목사를 보내달라고 하지 않고 중동선교 할 선교사를 보내달라고 한 한인교회사는 사도행전 역사였습니다.
서점에 책을 사러가면 서점에서 읽고 나오는 책이 있고, 꼭 사서 나오는 책이 있는데 그런 책은 툴이 되는 책이었습니다. 중동선교 한인교회사는 중동선교의 툴이 되는 책이었습니다. 그래서 중동선교 한인교회사를 중동선교의 툴로 가지고 있어야겠다는 생각을 하게 되었습니다. 중동선교에 관심을 가지신 분들은 반드시 소장해야 하는 필독서입니다.

이성수 목사, 가덕교회

제 1장. 서론 : 현장교회에서 중선협까지

이슬람 지역의 선교는 필리핀과 같은 **민주주의 국가**나 베트남과 같은 공산주의 국가보다 훨씬 더 어렵고 위험하다. 민주주의 국가인 필리핀은 법적으로 **종교의 자유**와 **전도의 자유**가 둘다 보장되므로, 선교의 큰 장애물은 정치적인 것보다는 문화적인 장벽이다. 그리하여 타문화권 선교전략이 필요하다. 공산주의 국가인 베트남은 법적으로 **종교의 자유**는 인정하나, **전도의 자유**는 허락하지 않는다. 이 사실이 공산권 선교를 민주주의 국가보다 더 어렵도록 만들지만, **종교의 자유**에 근거하여 제한된 선교전략을 수립할 수 있다.

그런데 이슬람 국가는 **신정일치의 체제**이다. 정치와 종교가 일치되므로, 이슬람 국가의 헌법은 이슬람에서 타종교로의 개종이 허락되지 않는다. 곧, 이슬람 국가는 **전도의 자유**와 **종교의 자유** 둘 다 허락되지 않는 사회이다.[1] 그렇다면, 과연 이러한 이슬람 사회에서 어떤 선교전략이 가능할 수 있겠는가? 그 가능한 폭은 매우 매우 좁을 수 밖에 없다. 특히 무슬림에게 이슬람이란 정치와 종교의 문제일 뿐만 아니라, **문화와 삶 자체**이다. 무슬림에게 이슬람은 정치적-종교적으로 신정일치의 사회만을 뜻하는 것이 아니라, 문화적으로 그 자신이 태어나고 자라난 삶의 방식이며, 그의 가치관이 뿌리내린 근본이다. 그러므로 어떤 한 **신실한 무슬림**이 기독교로 개종하려 한다면, 그것은 한마디로 **그의 존재 전체**를 포기해야 가능하다.

이러한 이슬람 선교사역은 매우 어려울 뿐만 아니라, '선교사'와 '개종자' 둘 다에게 매우 위험한 일이다. 이슬람 국가에서는 **전도의 자유**가 허락되지 않기에, 선교사에게 위험하며, 개종자에게는 **종교의 자유**가 허락되지 않기에 위험하다. 그들에게 체포와 추방, 또는 생명의 위협이 뒤따른다. 이슬람 국가체제는 **신정일치의 원리** 위에 세워졌으므로, 정치 권력자들의 통치를 견고하게 유지해주는 기초는 이슬람 종교이다. 이슬람 원리주의를 따르는 국가일수록, 이슬람 종교를 견고하게 지킬수록, 국가 통치자의 권력도 견고하게 지켜진다. 만약 무슬림의 타종교로의 개종을 허락하면,

1) 북아프리카의 튀니지가 유일하게 종교의 자유를 보장하는 예외적인 이슬람 국가이다. 아랍의 봄으로 일어난 민주화 운동의 결과로 개정된 <새헌법>이 개종의 자유를 허락했기 때문이다.

신정일치의 체제는 흔들리게 된다. 그러므로 이슬람 통치자가 **전도의 자유**와 **종교의 자유**를 허락할 리가 없다. 그래서 이슬람 국가는 선교적으로는 '성문이 굳게 닫힌 철옹성'과도 같다.

그렇다면 과연 이러한 이슬람 성 안으로 **그리스도인들**이 들어가 **교회**를 세우는 일이 가능할까? 더욱이 **이슬람 선교사**를 파송하는 일이 가능할까? 이슬람 국가의 특성상 이 일은 결코 쉬운 일이 아니었다. 지극히 어렵고도 위험하며, 가능성이 지극히 낮은 일이었다. 그런데 놀랍게도 1970년대 중반 이후부터, 이러한 일이 실제로 일어났다. 중동지역의 곳곳에 상당한 숫자의 **한국 그리스도인들**이 들어가 **교회를 세우는 일**이 일어났다. 뿐만 아니라, 그 교회들이 한국교회로부터 **선교사**를 파송받는 일까지 일어났다. 그러면 도대체 이러한 일이 어떻게 일어날 수 있었던 것인가? 제 1장에서는 그 과정을 살펴보고자 한다.

1. 중동건설의 붐

1973년 10월, 제 4차 중동전쟁으로 인해 제 1차 **오일쇼크**가 일어나게 되었다. 이 때 대한민국의 원유도입은 **사우디 아리비아**, **쿠웨이트**, **이란**의 중동 3국에 집중되어 있었다.[2] 아랍 산유국들의 석유무기화 조치는 한국의 원유확보에 심각한 어려움을 주었다. 그러나 다른 한편으로 이 위기는 대한민국에게 큰 기회를 제공하였다. 유가상승으로 막대한 오일달러를 축적하게 된 **중동의 산유국들**이 **건설의 붐**을 일으켰기 때문이다.[3]

중동국가들의 경제개발계획은 한국 건설기업들에게 **중동진출의 기회**를 제공했다. 1973년 12월 삼환기업이 사우디아라비아의 카이바-알 울라 고속도로 공사를 계약한 것을 첫 시작으로 하여 1974년 2월, 남광토건이 요르단의 암만시 상수도공사계약을 하면서, 한국에도 중동건설의 붐이 일기 시작하였다(조수종, "중동건설수출에 대한 재조명", <한국중동학회 논총>, 제 8집, pp.2-3.).[4]

---

2) 이 세 국가에 중동선교에 의미있는 교회들이 세워졌다. 시아파의 종주국인 이란에는 테헤란 한인교회가 중동지역 최초의 한인교회로 세워졌으며, 수니파의 종주국인 사우디에는 리아드 한인연합교회가, 그리고 쿠웨이트에는 쿠웨이트 한인연합교회가 세워졌다.
3) 안상준, "한인교회를 통한 중동선교의 역사적 고찰", <인문과학연구논총> 제 30호(2009년), p.86
4) 안상준, "한인교회를 통한 중동선교의 역사적 고찰", p.87에서 재인용

중동진출의 첫 시작

1973년 12월, **삼환기업**이 사우디아라비아의 **카이바 - 알 울라**를 연결하는 고속도로의 제 7공구 공사(길이 164Km)를 계약한 것이 한국기업의 첫 번째 중동진출이었다. 당시 유럽의 유명한 6개 업체와 경쟁하여 계약에 성공했다. 그 수주금액은 약 2,406만 달러였다.

사우디 '카이바 알 울라 고속도로' 현장을 시찰 중인 최종환 회장[5]

카이바-알 울라 간 고속도로 7공구 현장

그러나 삼환기업은 이 첫 사업에서 250만 달러의 적자를 내게 되었다. 그것은 첫 사업의 경험부족에서 비롯된 공기지연과, 유가상승으로 인한 건설자재 및 인건비의 상승 때문이었다. 다만, 삼환기업은 이 사업의 인연으로, 1974년 9월에 사우디에서 두 번째 공사를 수주할 수 있었다. 그것이 바로 **제다**(Jeddah) **시의 미화공사**(수주액 2,427만 달러)였다.[6] 이 공사는 한국기업의 사우디 진출을 위하여 매우 **역사적인 사건**이 되었다.

삼환기업의 횃불신화

1974년 9월, 삼환기업이 **제다의 미화 공사**를 맡았을 때, 중요한 사건이 일어났다. 제다는 사우디아라비아의 남서부에 홍해 바다를 배경으로 왕이 상주하는 왕궁이 있는 항구도시였다.

공사착공 후 한 달 정도 지났을 때, 150만 명의 무슬림이 몰리는 순례를 앞두고, 제다 시의 시장이 무슬림 순례기간이 시작되는 12월 20일까지 메카를 향하는 확장공사를 끝내달라는 요청을 하였다. 그러나 그 기간까지 이 공사를 마치는 것은 가능하지 않았다.

5) 사진출처, https://conpaper.tistory.com/57128
6) <동아일보>, 2023.6.4, "침체된 건설 경기, '중동 르네상스'로 풀 수 있을까?"

그러나 삼환기업은 불가능을 넘어서기 위해, 사우디인이 상상하지 못하는 '8시간 × 3교대 = 24시간 작업'의 해결책을 택하였다. 그리고 24시간 쉬지 않고 공사를 진행하기 위해, 밤에는 **수백 개의 횃불**을 켜고 야간공사를 강행하였다. 작업 현장을 따라 깜깜한 어둠 속에 늘어선 횃불들은 불꽃 군무를 방불케 하는 장관이었다.7)

삼환기업, 사우디아라비아 제다-메카 간 고속도로

그런데 어느날 밤에 제다 공항에서 내린 **파이잘**(Faisal) **사우디 국왕**이 횃불을 켜고 야간작업을 하는 공사현장을 보게 되었다. 파이잘 국왕은 크게 감탄하면서, 후속공사도 삼환기업에게 주라는 특명을 내렸다. 그리하여 그 이후에 삼환기업을 비롯한 한국기업들이 사우디 왕궁과 왕세자궁, 사우디 국립 상업은행, 사우디 보험청, 사우디 알마말 상업센터, 사우디 메카-메디나 고속도로, 사우디 킹칼리드 군사도시, 사우디 메디나 공항 공사 등의 수주를 얻는 것으로 이어졌다. 그리하여 이 횃불신화는 **한국기업의 사우디 진출의 교두보**가 되었다.

한국기업의 중동진출

중동 건설 붐의 시기에 한국의 건설기업은 사우디 뿐만 아니라, 이란, 쿠웨이트, 요르단, 이라크 등 중동지역의 각 지역에 진출하였다. **현대건설**은 1979년에는 사우디의 주베일 산업항 건설을 수수하였고, 1989년에는 이라크의 알 무사이브 화력 발전소를 건설했다. 1992년에는 사우디의 리야드 병원단지를 건설하였다. **쌍용그룹**은 1978~1985년 사이에 요르단, 쿠웨이트, 사우디아라비아 등지에서 12개 공사를 수주하여 4억 달러의 수익을 보았다. **SK그룹**도 1985년 북예멘의 마르브 유전개발공사에 참여했으며, 이집트, 사우디아라비아, 쿠웨이트, 예멘, 이란 등에 진출하였다. 그리고 **동아건설**은 1974년부터 1987년까지 사우디아라비아의 도로공사부터 시작하여 슬케마니아 통신공사까지 도합 76건의 사업을 수주하여, 35억 달러 이상의 이익을 보았다.8) 이러한 중동 건설 붐은 한국인들에게 중동지역의 관심을 불러 일으키는 계기가 되었다.

7) <동아일보>, 2023.6.4, "침체된 건설경기, '중동 르네상스'로 풀 수 있을까?"
8) 주바나바, 「아랍과 예수」 (서울 : 쿰란, 2016), p.146

2. 한국인들의 중동거주

한국의 건설기업들이 중동지역에 진출하면서, 자연스럽게 **한국인들**이 **중동지역에 거주**하게 되었다. 중동에 진출한 근로자가 1978년에는 8만명을 넘어섰고, 1982년에는 16만명으로 정점을 이루었다. 1980년대 중반에 중동경제의 불황기로 인하여 1986년 56,260명으로 감소하기까지, **약 15년 간 호황**을 누렸다.[9] 이 호황기를 통해 한국인들의 중동거주가 시작되었다.

연	1978	1979	1980	1981	1982	1983	1984	1985	1986
인원	83,380	104,666	127,323	153,699	160,000	150,115	118,880	91,013	56,260

중동건설공사에 대한 국내 인력송출 현황 (출처: 해외건설협회, 1987년)

중동지역에서 최초의 한인교회가 세워진 **이란**(Iran)의 경우, **대림산업**이 1975년 5월, 이스파한의 군용시설 토목공사를 수주함으로써, 한국 건설기업의 이란진출이 시작되었다. 1970년대 중동 건설 붐에서 이란에서만 **2만 명 이상의 한국인**이 건설시장에 진출하였다.

북아프리카의 리비아의 경우, 1984년에 **동아건설**이 **리비아의 대수로 공사**에 참여하게 되었다. **리비아의 녹색혁명**이라 불리는 대수로 공사는 지름 4m의 대수로관을 4천km나 매장하는 사업이었다. 이 공사에 처음 참여한 기술요원은 3,000명이었으나, 배관공사가 시작되면서부터 한인기술자와 노동자가 증가하여 1988년에는 **1만 명**을 넘어서게 되었다.

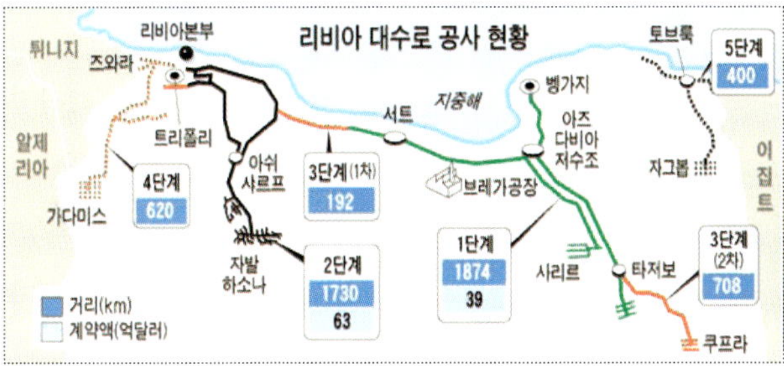

9) 안상준, "한인교회를 통한 중동선교의 역사적 고찰", <인문과학연구논총> 제 30호(2009년), p.87

중동지역의 건설특수는 1980년대 후반까지 계속되었다. 점차 한국의 노동임금이 상승하면서, 제 3국 노동자가 한국근로자를 대신하게 되었다. 그런데 건설현장의 한국인들 중에 귀국하지 않고, 중동 현지에 계속 남아 정착하는 사람들도 생겨났다. 그리하여 **한인교민들**이 증가하였고, 그들의 직종도 다양해졌다. 점차 가족을 동반하는 회사직원들도 늘어났으며, 또 자영업을 하는 교민들도 생겨났다. 스포츠 코치(배구, 탁구)로 취업하여 오는 가정도 있었다. 그 중에는 **신실한 그리스도인**도 있었다. 이처럼 중동지역에 한인사회가 형성되면서, 한인교회가 세워질 수 있는 여건이 조성되었다. 사우디와 쿠웨이트에서는 한인사회가 큰 규모를 이루었다.[10] 그리하여 1974년~1986년의 기간에 **사우디**(1976)와 **쿠웨이트**(1978) 외에도, **이란**(1974), **두바이**(1979), **카타르**(1980), **아부다비**(1981), **바레인**(1982), **요르단**(1984), 그리고 **이라크**(1986)에서 한인교회가 세워질 수 있었다.

3. 중동지역에서 한인교회와 이슬람 선교의 시작

중동지역에 한국 건설기업이 진출하는 곳마다 **현장교회들**이 세워졌다. 이 현장교회들이 모여서 **연합교회**를 세웠는데, 이 연합교회는 대부분 한인교민까지 포함하는 **한인 연합교회**였다. 그들은 교회를 세운 후, 한국교회에 선교사 파송을 요청하였고, 한국교회는 이 한인연합교회에 **선교사**를 파송함으로써, 한국교회의 이슬람 선교가 시작될 수 있었다.

(1) 한인교회의 시작

1) 현장교회

현장교회는 신실한 그리스도인들에 의하여 자발적으로 세워졌다. 뜨거운 사막에서 한 주간을 고되게 일하고, 금요일 휴일을 맞았을 때, 그들은 예배와 기도의 영적 목마름으로 갈급한 상태였다. 건설현장에 예배처소를 정하고, 소수의 그리스도인들이 모여 예배를 드림으로 **현장교회**가 세워졌다. 목회자도 없이, **헌신적인 평신도들**이 중심이 되어, 건설현장마다 현장교회가 개척되었다.

10) 차군규 목사(당시 쿠웨이트 삼호현장교회 담임전도사)에 따르면, 1978년도에 쿠웨이트에는 약 1만명의 한국인들이 거주하였다. 삼호건설의 근로자만 2천명이었다.

당시 사우디의 건설현장에서 근무했던 **홍계현 목사**(전 중동선교회 본부장)에 따르면, 1970~80년대 사우디의 건설현장에서만 약 150개의 현장교회가 존재했었다. 대부분의 건설회사가 건설현장 안에 종교시설을 허락했지만, 그렇지 않은 경우도 있었다. 그러나 하나님을 예배하려는 영적 열망을 가로막을 수는 없다. **최낙성 장로**(쿠웨이트 한인연합교회)의 글을 통해 이러한 현장교회의 초기 상황을 읽을 수 있다.

> 회사의 핍박과 제재 때문에, **교회를 세울 수 없던 성도들**이 500kw 발전기가 돌아가는 소음지대에 몰래 버스를 대어놓고, 그것도 불을 켤 수 없어, 인도자만이 작은 전등을 밝혀놓고, 말씀을 보아야 했다. 여기 모인 성도들이 목청이 터지도록 주님을 찬양하며, '우리에게 교회를 허락해 달라'고 눈물로 주님께 매달리던 기도의 소리가 들려온다.
>
> 천신만고 끝에 회사로부터 막사 한 모퉁이를 얻어 **예배당**을 지을 수 있었다. 그것도 밤 9시~10시에 땀과 흙으로 범벅이 된 채, 작업장에서 돌아온 후, 한숨 쉴 사이도 없이 담을 쌓고, 페인트를 칠하고 강대상을 만들어 지었다. 그렇게 땀흘려 지은 교회가, 3개월도 못되어, 회사의 사정 때문에, 내어주어야 했다. 다시금 40~50도 살갗을 태워버릴 것 같은 태양 아래, **한점 그늘도 없는 사막**에서 주님을 예배하였다. 그 주님을 사랑하는 뜨거운 열정이 가슴에 스며온다.[11]

사막의 땅에서 하나님을 예배하려는 뜨거운 열망은 **쿠웨이트**에서 뿐만 아니라, **다른 중동지역**에서도 마찬가지였다. 그렇기 때문에 중동지역에 한국기업이 진출하는 곳마다 현장교회가 세워질 수 있었다.[12]

현장교회는 목회자없이 **평신도들의 자발적인 헌신**에 의해 세워진 교회였으므로, 현장교회는 **평신도들의 계속된 헌신**으로 유지되었다. 목회자가 없었으므로, **설교**는 평신도 대표들이 순번대로 맡거나, 또는 많은 경우 한국교회 목회자의 설교 테이프를 듣는 것으로 대신했다. 많은 현장교회가 매주 손으로 직접 작성하여 **예배주보**를 만들었다. 평신도들이 대표기도, 예배안내위원, 헌금위원, 특송 등의 **모든 예배위원**을 맡았으며, 주보는 매주 다음 주 담당자를 예고했다.

---

11) 최낙성, '현지선교활동 보고', <중동선교소식> 창간호(중동선교본부, 1984.10.15), p.5
12) 현장교회의 예배장소는 다양했다. 현장숙소를 개조하여 예배당으로 꾸민 경우도 있었고, 휴게실에서 예배를 드리는 경우도 있었다. 현장소장이 신실한 기독교인이거나, 매우 너그러운 경우에는, 건설현장 안에 예배당을 짓도록 허락하기도 하였다.

현장교회의 예배는 한 주간에 **주일예배** 한 번만 드리는 교회도 있었으나, 주로 세 번 드리는 교회가 많았다(주일낮예배, 저녁예배, 삼일기도회). **현대 팔루자 교회**는 매일 새벽기도(오전 5시)까지 있었다. 대부분의 현장교회가 임원조직을 구성하여 예배를 비롯한 사역을 감당하였다. 전도목표를 정하고 **전도집회**를 열어, 현장복음화에 힘쓰는 현장교회도 있었고,[13] 매주 주보에 **성경공부**를 게재하는 현장교회도 있었다. 이 모든 사역을 평신도가 감당했다. 사막의 고된 노동을 마친 후, 겨우 주어진 작은 휴식시간을 포기하고, 이 시간을 활용하여 교회를 섬겼다.

2) 한인 연합교회

① 한인교회의 설립목적

현장교회는 여러 한계를 갖고 있었다. 규모있는 현장교회는 독자적으로 한국에서 목회자를 초청하기도 했지만, 이러한 경우는 드물었다. 대부분의 현장교회는 담임목사가 없었고, 성례식도 거행할 수 없었다. 더욱이 **평신도 지도자**조차 다른 건설현장으로 파견되거나, 귀국하는 경우가 많았다. 그러나 **목회자의 필요성**이 연합교회 설립의 가장 큰 동기가 아니었다. 만약 그러했었다면, 그들은 단지 **한인목회를 위한 목사**를 청빙하고자 했을 것이다. 또한 현장교회는 **예배당의 한계**도 갖고 있었다. 어떤 현장은 현장숙소가 부족하게 되자, 숙소를 개조하여 만들었던 **예배당**을 회사에 돌려주어야 했다. 그렇지 않은 경우에도 현장교회는 영원할 수 없었다. **공사기간**이 끝나면, **건설현장** 자체가 폐쇄될 것이므로, 언제가 **현장교회**도 끝날 것이기 때문이다. 이러한 미래의 상황을 염려하는 신실한 그리스도인들이 있었다.

> 공사기간이 끝나면, 모든 **건설현장**은 떠날 것이다. 지금은 **현장교회**가 세워져 있지만, 그때가 되면, 현장교회도 닫힐 것이다. 그렇지만 그리스도의 교회는, 우리가 떠난 이후에도, 이 이슬람 땅에 영원히 견고하게 세워져 있어야 한다. 그리하여 이 교회가 이슬람 땅에 그리스도의 복음을 전하는 **선교의 사명**을 계속적으로 감당할 수 있어야 한다. 이를 위해 **한인연합교회**를 세우고, 한국교회가 이슬람 땅에 **선교사**를 파송하기를 기도하자.[14]

13) 이라크의 현대 팔루자교회는 '현장복음화'를 목표로 세우고, 50명이 모이던 그들은 1차 전도목표를 80명으로 세웠다. 그 열매로 학습과 세례를 받을 성도를 얻게 되었으나, 성례를 베풀 목사가 없었다.

그러므로 현장교회들이 연합교회를 세우려는 가장 큰 목적은, 이제 얼마 뒤 건설현장이 폐쇄되어 그들이 떠났어도, **그리스도의 교회**가 **이슬람 선교**를 위해 이슬람 땅에 계속하여 굳건하게 세워져 있도록 하는 것이었다. 현장교회들은 단순히 그들을 위해 한인목회를 담당해 줄 **담임목사의 부임**을 원했던 것이 아니라, 이슬람 선교를 이끌어줄 **선교사의 파송**을 원했던 것이었다.

한편 차츰 가족을 동반하는 회사직원과 자영업자가 생겨나게 되었다. 그리하여 연합교회는 건설현장의 **현장교회**들로만 구성되었던 것이 아니라, **교민들**도 함께 하여, **한인연합교회**로 세워지게 되었다(한인연합교회는 주일학교도 운영하였음). 이 때 모두의 한결같은 목적은 한인교회를 세워서, 한국교회로부터 그들의 담임목사를 **선교사**로 파송받는 것이었다. 그러므로 중동지역 최초의 시기에 초대 담임목사들은 모두 이슬람 선교를 위해 **선교사로 파송**받아 와서, 한인교회의 담임목사로 부임하였다. 따라서 그들은 목회자이기 이전에, 선교사였다.

② 평신도들의 자의식

현장교회의 시기에, 철옹성과 같은 이슬람 땅에 **선교사보다 먼저** 이슬람 땅에 들어간 **다수의 신실한 그리스도인들**이 있었다. 그들은 선교사가 들어갈 수 없는 이슬람 땅에, 건설현장의 근로자였기 때문에 들어갈 수 있었다. 그리하여 그들은 '나는 **선교사보다 먼저** 이슬람 땅에 들어온 그리스도인'이란 자의식을 갖고 있었다. 이러한 자의식은 그들의 심장 속에 **이슬람 선교의 사명감**을 불같이 일으켰다. 그것은 선교사가 들어올 수 없는 이슬람 땅에, **그리스도의 복음을 아는 자신**이 지금 서 있었기 때문이었다. 그리하여 전혀 무슬림 선교훈련을 받지 않은 평신도들이었지만, 그 위험한 현지 아랍인 선교를 감행한 팀들이 있었다.

1978~1980년에 **쿠웨이트의 일부 현장교회들**[15]은 공휴일에 공원이나 놀이터로 찾아가, 쿠웨이트의 현지 아랍 어린이들에게 찬양과 게임을 가르쳐주며 복음을 전하였다. 또다른 현장교회의 전도팀은 C.C.C.의 〈사영리〉를 영어와 아랍어로 함께 번역하여, 복음을 전하기도 했다. 또한 아랍

14) 이러한 의미의 직접적인 언급은 쿠웨이트 한인연합교회의 설립동기에서 발견된다.
15) 쿠웨이트의 현장교회들 중에서 서진교회(서진기업의 현장교회)와 신승교회(신승건설의 현장교회)가 현지아랍인 선교에 열정적이었으며, 삼호교회도 아랍인 선교를 계획하였다.

어 성경과 아랍어 전도지를 구입하여 현지인 전도를 계획한 현장교회도 있었다.

오늘날에도 **현지 아랍인에게 복음을 전하는 것**은 지극히 위험한 일이다. 그런데 어떻게 이러한 위험을 무릎쓰는 일이 가능했었던 것인가? 그것은 **그리스도의 복음을 아는 그들**에게는 '**선교사**'라는 자의식이 있었기 때문이었다.

1982년, 이라크의 현대 건설현장에서 근무했던 **장형일 장로**가 쿠웨이트의 최형섭 목사에게 보낸 편지를 보면, 그는 그 자신을 **선교사**로 인식하고 있었다. 그의 건설현장이 있는 이라크 땅은 하나님께서 그를 파송하신 선교지였다. 곧, 이라크의 새로운 근무지인 사마라(Samara)는 하나님께서 그를 새롭게 파송하시는 지역이었다. 그리하여 장형일 장로는 사마라에 부임하기 전에, 아직 교회가 없는 사마라 건설현장에, 교회를 세울 계획과 준비를 하였고, 드디어 사마라에 도착하자마자 교회를 개척하여 **사마라 현대교회**를 세웠다.[16] 이와같이 당시 신실한 그리스도인들의 심령 안에는 이처럼 **복음과 선교적 열정**으로 가득하였다.

그 당시 건설현장의 현장교회를 섬겼던 평신도들 중에, 그 이후 선교사로 헌신한 사역자가 많았다. **강승빈 목사**는 1982년 당시 집사로서 바레인 한인교회의 설립을 위해 주요한 역할을 했으며, 그후에 리비아 등지에서 중동지역 선교를 위해 큰 역할을 감당했다. **왕진무 집사**는 1984년 이라크 한인연합교회A의 설립을 준비하다가 귀국한 후, 중동선교회의 사역을 도왔으며, 에콰도르 선교사로 헌신하였다. **이익주 집사**는 1986년 이라크 한인연합교회A의 설립을 위해 주요한 역할을 하였고, 리비아로 파견된 후에는 미수라타 선교회 회장직을 맡으며, 평신도 선교사로서 헌신하였다. **최낙성 장로**는 쿠웨이트 한인연합교회를 은퇴한 후에도, 노년까지 아프리카 선교사로 헌신했다. 이와같이 현장교회에는 **선교의 사명감**으로 무장된 평신도들이 많았다. 그러므로 위의 분들 외에도, 언급되지 않은 많은 인물이 더 있을 것이다.

바루 이러한 상황에서 중동지역의 최초의 한인교회들은 **선교적**일 수밖에 없었다. 한인교회는 선교의 열정으로 뜨거운 평신도 지도자들에 의해 세워졌으며, 그러한 한인교회에 **선교사**가 **초대 담임목사**로 파송받아 부임했었기 때문이다.

---

16) 장형일 장로의 사역은 '이라크 한인연합교회A'(1986년) 편에서 좀더 자세히 소개한다.

③ 한인교회의 초대 담임목사 – 선교사

최초의 시기에 **한인교회의 초대 담임목사들**은 모두 해외 한인교포를 위한 목회를 위해서가 아니라, 이슬람 선교를 위해 한국교회로부터 선교사로 파송받아, 그 교회의 담임목사로 부임하였다.

1974년 8월, 중동지역에서 최초의 한인교회로 세워진 이란의 **테헤란 한인교회**는 1976년 6월에 강동수 목사(예장통합)가 **이란 선교사**로 파송받아서 초대 담임목사로 부임하였다. 1976년 6월, 사우디에 세워진 **리야드 한인연합교회**는 같은해 8월에 이연우 목사(예장합동)가 **사우디 선교사**로 파송받아 초대 담임목사로 부임하였다. 1978년 12월에 발족한 **쿠웨이트 한인기독교 연합회**(쿠웨이트 한인연합교회의 모체)는, 1980년 8월에 최형섭 목사(예성)가 **쿠웨이트 선교사**로 파송받아 쿠웨이트 한인연합교회의 초대 담임목사로 부임하였다. 1982년 10월에 세워진 **바레인 한인교회**는, 1983년 3월에 최수영 목사(예성)가 **바레인 선교사**로 파송받아, 초대 담임목사로 부임하였다. 1983년 2월에 세워진 **요르단 한인교회**는, 1984년 1월에 진영준 목사(예장 통합)가 **요르단 선교사**로 파송받아, 초대 담임목사로 부임하였다. 1979년과 1982년에 각각 U.A.E에 세워진 **두바이 한인교회**와 **아부다비 한인교회**는, 1984년 12월에 문종호 목사(예장통합)가 **아랍에미리트 선교사**로 파송받아 두 교회의 초대 담임목사로 부임하였다. 1986년 1월에 세워진 **이라크 한인연합교회A**는, 같은 해 10월 신창순 목사(예장통합)가 **이라크 선교사**로 파송받아 초대 담임목사로 부임했다.

중동지역에서 최초의 한인교회들, 곧 테헤란 한인교회(이란, 1976), 리야드 한인연합교회(사우디, 1976), 쿠웨이트 한인연합교회(1980), 바레인 한인교회(1983), 요르단 한인교회(1984), 두바이 한인교회와 아부다비 한인교회(1984) 및 이라크 한인연합교회A(1986)는 모두 **한인교회**가 먼저 세워지고, 그들이 한국교회에 **선교사 파송**을 요청하여, 선교사가 그 교회의 **초대 담임목사**로 부임한 경우들이다(괄호 안의 연도는 담임목사의 부임시기).

이와같이 하여 세워진 중동지역 초기의 한인교회들은 **이슬람 선교의 소명의식**으로 가득할 수 밖에 없었다. **한국교회의 이슬람 선교**는, 사도행전에서 디아스포라 교회의 확산과 함께 신약교회의 선교가 이루어지듯이, 이러한 **한인교인들의 확산**을 기반으로 삼아서 시작되었다.

④ 한국교회의 선교 - 역순의 순서

안상준은 그의 박사논문에서 한국개신교의 중동선교는 선교역사에서 찾아보기 힘든 새로운 활동이었다고 평가하였다. **선교활동의 순서**가 일반적인 경우와 비교되는 **역순**(逆順)이었기 때문이다.

> "한국개신교의 중동에 대한 선교활동은 선교역사에서 찾아보기 어려운 새로운 활동이었다. 이전의 선교방식은 어떠한 선교 대상지역이 있을 때, 그 선교지역에 대한 개신교 선교단체들의 기도와 준비, 그리고 선교사 파송 순으로 선교활동이 이루어졌지만, 중동지역에 대한 개신교 선교활동은 역순이었다. 중동건설현장에서 일하는 한국 근로자들 중에 기독교 신자들이 있었다. 이슬람이 최고 최후의 종교로 믿고 있는 중동 무슬림사회에서 소수의 신자들이 조심스럽게 기도 모임을 갖기 시작하였다. 기도모임은 중동 각 나라 각 건설현장으로 퍼져나갔고, 이슬람 선교모임으로 변화되기 시작하였다. 이러한 선교운동은 점점 가속화되어, 교회와 선교단체를 창립하고, 선교사가 파송되는 기틀이 마련되었다. 이슬람권 선교에 대한 변화를 정리하면 다음과 같다. ① 소수의 기도운동 → ② 현장교회 탄생 → ③ 한국교회에 선교후원 호소 → ④ 각국에 한인연합교회 창립 → ⑤ 중동지역을 위한 선교단체 창립 → ⑥ 선교사 파송, 선교사 후보생 훈련 → ⑦ 선교회를 통한 중동 각국의 선교사역 후원."[17]

선교활동의 일반적인 순서는 한국의 선교단체가 먼저 선교 대상지역을 파악하고, 기도와 준비의 과정을 거친 후에, 선교사를 파송하면, 그 선교사가 선교지에 교회를 세우는 순이었다. 그러나 안상준의 분석에 따르면, 한국교회의 중동선교는 먼저 선교지에 한인교회가 세워지고, 그 교회가 선교사의 파송을 요청하였던 **역순**이었다. 그 **구체적인 순서**는 다음과 같다.

① 소수의 기도운동
→ ② **현장교회**의 탄생
→ ③ 한국교회에 선교후원 호소
→ ④ 각국에 **한인연합교회** 창립[18]
→ ⑤ 중동지역을 위한 **선교단체** 창립 [19]
→ ⑥ **선교사 파송**, 선교사 후보생 훈련 [20]
→ ⑦ **선교회**를 통한 중동 각국의 선교사역 후원 [21]

---

17) 안상준(2009), 한국개신교인의 이슬람에 대한 인식과 대이슬람권 선교정책 (박사논문, 명지대), p.10-11

(3) 한인교회의 자의식 - 이슬람 선교의 전초기지

중동선교의 문을 여시는 하나님의 섭리

철옹성처럼 선교사가 들어갈 수 없는 이슬람 땅에, 놀랍게도 **중동건설의 붐**을 통해 다수의 그리스도인들이 들어갈 수 있게 되었다. 그들은 한인연합교회를 세웠고, 그 교회는 선교사를 파송받게 되었다. 하나님께서는 바로 이와같은 방식으로 **이슬람 선교의 문**을 여셨다. 이 때 한인교회들은 그들을 통해 이슬람 선교의 문을 여시는 **하나님의 섭리**를 깨달았다.

쿠웨이트 한인연합교회가 바로 그러한 한 예이다. 쿠웨이트 한인연합교회는 다음과 같이 자기소개를 한다 : "하나님께서 **중동지역 건설붐**을 통하여 1976년경부터 건설업체들을 중동에 진출케 하시고, 이 일을 **무슬림 선교의 계기**로 삼으셨습니다."[22] 하나님께서는 중동건설의 붐을 일으켜서, 한국 건설기업들을 중동지역의 곳곳에 진출하게 하심으로써, 선교사들이 들어갈 수 없는 땅에 그리스도의 복음이 들어갈 수 있도록 하셨던 것이다. 중동지역 초기의 한인교회들은 이러한 **하나님의 섭리**를 인식하고 있었다.

특히 중동선교의 문을 여는데 큰 역할을 감당했던 쿠웨이트 한인연합교회의 초대 담임 최형섭 목사는 〈중동선교소식〉 창간호에서 **한인교회들**을 **"땅끝 선교의 마지막 주자"**라고 인식하였다.[23] 최형섭 목사에게 "땅끝"은 현대에 이를 때까지 복음을 가장 들어가지 못한 중동의 이슬람을 가리켰고, 한국교회는 그 땅끝 선교의 마지막 주자라 생각했다.

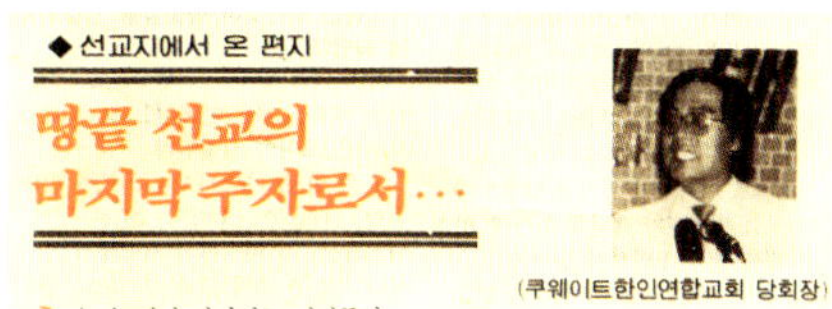

---

18) ④ 각국의 교회들은 이미 언급한 바 있다 : 이란의 테헤란 한인교회(1974), 사우디의 리야드 한인연합교회(1976), 쿠웨이트 한인연합교회(1980), 바레인한인교회(1983), 요르단 한인교회(1984), 두바이 한인교회와 아부다비 한인교회(1984), 그리고 이라크 한인연합교회A(1986).

19) ⑤ 중동지역을 위한 선교단체 창립 : 쿠웨이트 한인연합교회는 1982년에 중동지역신교를 위해 '땅끝복음 중동선교회'를 창설하여 중동 각 지역의 선교사 파송을 위해 큰 역할을 감당했다.

20) ⑥ 선교사 파송, 선교사후보생 훈련 : 1984년에 한국의 서울에 **'중동선교본부'**(현 중동선교회, MET)가 세워졌다. 중동지역에 파송할 선교사의 인선 및 파송을 담당하였다. 또한 이재정, 정형남, 김세도 등의 선교사 후보생을 선발하여 훈련시켰다.

21) ⑦ 선교회를 통한 중동 각국의 선교사역 후원 : **갈릴리 선교회**는 중동지역의 현장교회에 설교TAPE 및 찬송TAPE을 계속적으로 보급하며 후원하였다 (<중동선교소식>, 창간호p.7)

22) 쿠웨이트 한인연합교회, <교회요람>, 교회소개 및 연혁.

23) 최형섭, '선교지에서 온 편지', <중동선교소식> 창간호 (중동선교본부, 1984.10.15), p.1

왜 중동 이슬람 땅이 '땅끝'인가? 최형섭 목사는 선교역사에 대한 **하나님의 섭리**로 이해하였다. 복음은 **중동지역**인 '**예루살렘**'에서 시작되었다. 사도 바울은 본래 아시아 전도를 계획하였으나, 성령께서 그 길을 막으셔서, 유럽에 먼저 복음이 들어가게 하셨다. **유럽의 복음화** 후에, 유럽인은 **아메리카**로, 아메리카인은 **아프리카**와 **아시아**로 복음을 전하였다. 이제 '땅끝'인 중동지역에 복음을 전하도록, 하나님께서 중동건설의 붐을 통해 한국교회를 **땅끝 선교의 마지막 주자**로 삼으셨다는 것이다.[24] 최형섭 목사는 그 선교사명의 열정을 시로 표현하였다.

복음의 태양이 떠오른다.
죽음의 두터운 벽 깨뜨리고
영상의 새 아침이 밝아온다.
온리 새 희망에 치솟는다.

아! 영광스런 부르심 따라
영원불변의 진리를 위해
땅끝 선교의 마지막 주자로서
부름받은 우리!
영광이라, 영광이라!

그 누가 우리의 앞길을 막으리!
죽음이랴? 창검이랴?

주님이 함께 하시오니
그 무엇 두려우랴.
어둔 세력 물럿거라!
악의 권세 비켜서라!

나 오늘 여기에 주의 뜻
이루리라.

진리 따라 나가는 길
그 무엇 겁을 내랴.

지금가리라. 땅끝으로
땅끝까지.

1984.8. 최형섭

이슬람 선교의 전초기지

하나님의 섭리를 이와같이 인식하였던 그 당시 한인교회들은, 그들 자신을 단지 한국어 예배를 위해 함께 모인 **해외 한인교포 교회 공동체**로 여기지 않았다. 그들은 '**이슬람 선교의 전초기지**'라는 자의식(自意識)을 명확하게 갖고 있었다. 곧 이슬람 선교에 힘쓰되, 한국교회의 이슬람 선교를 위해 담당해야 할 구체적인 역할까지 알고 있었다. 그것은 한국교회가 이슬람 선교를 전략적으로 감당할 수 있도록, 중동 각 지역에 퍼져 있는 한인교회들이, 각자의 지역을 책임지는 **이슬람 선교의 전초기지**가 되는 것이었다. 그래서 1984년 7월에 창립한 **중동선교본부**(MMC)의 소식지인〈중동선교〉 제 5호(1986.7.10)는 다음과 같은 기도제목을 요청했다 : "각 현장교회와 연합교회가 **중동선교의 전초기지**가 되기 위하여".

---

24) 쿠웨이트 한인연합교회, 「중동선교소식 : 쿠웨이트편」(서울 : 중동선교본부, 1985.2.28), p.6

〈중동선교소식〉 창간호(1984.10.15)에서 중동선교본부의 후원을 요청하면서, **중동지역의 한인교회**를 '전략적으로 중요한 의미를 지닌 중동선교의 전략기지'라 했다.

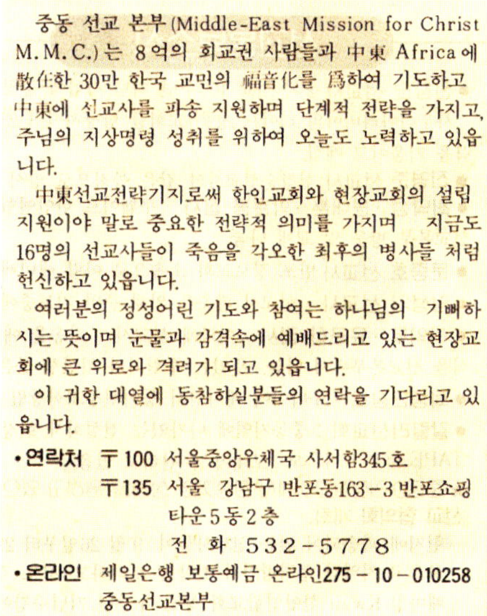
중동 선교 본부(Middle-East Mission for Christ M.M.C.)는 8억의 회교권 사람들과 中東 Africa에 散在한 30만 한국 교민의 福音化를 爲하여 기도하고 中東에 선교사를 파송 지원하며 단계적 전략을 가지고, 주님의 지상명령 성취를 위하여 오늘도 노력하고 있읍니다.

中東선교전략기지로써 한인교회와 현장교회의 설립 지원이야 말로 중요한 전략적 의미를 가지며 지금도 16명의 선교사들이 죽음을 각오한 최후의 병사들 처럼 헌신하고 있읍니다.

여러분의 정성어린 기도와 참여는 하나님의 기뻐하시는 뜻이며 눈물과 감격속에 예배드리고 있는 현장교회에 큰 위로와 격려가 되고 있읍니다.

이 귀한 대열에 동참하실분들의 연락을 기다리고 있읍니다.

• **연락처** 〒100 서울중앙우체국 사서함345호
〒135 서울 강남구 반포동163－3 반포쇼핑 타운5동2층
전 화 532－5778
• **온라인** 제일은행 보통예금 온라인275－10－010258 중동선교본부

"**중동선교 전략기지**로서,
한인교회와 현장교회의 설립지원이야말로,
중요한 **전략적 의미**를 가지며,
지금도 16명의 선교사들이 죽음을 각오한
최후의 병사들처럼 헌신하고 있습니다."[25]

그렇기 때문에 중동지역 초기의 한인교회들은 이슬람 선교의 전초기지가 되기 위해 노력하였다. **쿠웨이트한인연합교회**의 초대담임 최형섭 목사는 1982년 6월, 이슬람 선교의 전초기지가 되기 위하여 땅끝복음 중동선교회를 세웠고, **바레인의 현장교회들**은 1982년 4월, 한국에서 선교사 파송 전에, 바레인 한인연합교회를 중동선교의 전초기지로 설립할 것을 결의했다. 바로 이러한 맥락에서 1984년 2월, **요르단 한인교회**의 초대담임으로 부임한 진영준 목사도 중동사역을 위한 6가지 전략을 제안하면서, 첫 번째 전략을 '한인교회를 현지선교의 기지화 하는 것'으로 삼았다.[26]

'중동선교본부'와 '중한연'의 설립

중동지역의 한인교회들이 효과적인 이슬람 선교의 전초기지가 되기 위해서는 '선교지'인 **중동지역**과 '파송지'인 **한국교회**에서 각각 **일원화된 창구**가 될 필요가 있었다. 그래서 **중동선교본부**(현 중동선교회의 전신)와 **중동지역 한인교회 연합회**(현 중선협의 전신)가 1984년의 거의 같은 시기에 설립되었다. **중동선교본부**와 **중한연**이 각각 일원화된 창구가 되어, 중동선교지와 한국교회를 연결하려 했다. 중동 선교지 전체를 진두지휘하는 사령탑 역할을 감당하는 위해 '**본부**'라는 명칭을 사용하였는데, 중동선교회는 여전히 '**본부장**'의 직함을 사용한다.

25) <중동선교소식> 창간호 (서울 : 중동선교본부, 1984.10.15), p.8
26) 진영준, "중동권 한국장로교선교사역과 현장사례", <선교와현장>, p.214

4. 중동선교 본부 (현 중동선교회, 1984.7)

(1) 중동선교 본부의 창립

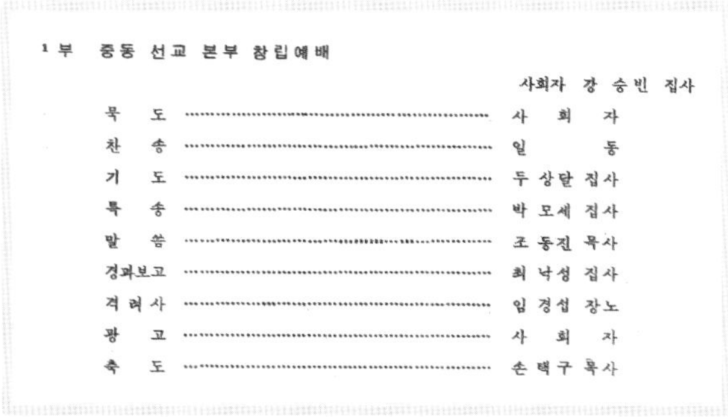
¹부 중동 선교 본부 창립예배

사회자 강 승빈 집사

묵 도 .... 사 회 자
찬 송 .... 일 동
기 도 .... 두 상달 집사
특 송 .... 박 모세 집사
말 씀 .... 조 동진 목사
경과보고 .... 최 낙성 집사
격 려 사 .... 임 경섭 장노
광 고 .... 사 회 자
축 도 .... 손 택구 목사

1984년 7월30일, 극동방송 예배실에 52명이 모여 **창립예배**를 드림으로써, 한국교회 최초로 이슬람 선교사 파송을 위한 **중동선교 본부**(Middle-East Mission for Christ, MMC)가 설립되었다. 사회는 강승빈 집사(바레인 한인교회), 설교 조동진 목사, 기도 두상달 집사(반포교회 선교부장), 특송 박모세 집사, 경과보고 최낙성 집사(쿠웨이트한인연합교회 선교부장), 격려사 임경섭 장로(극동방송), 축도 손택구 목사(예성총회장)가 맡았다.

창립예배 후 **창립총회**에서 다음과 같이 **임원조직**이 구성되었다(총회 사회 김원호 장로).

고 문 : 임경섭 장로	회 장 : 두상달 집사
부회장 : 김원호 장로, 강승빈 집사	총 무 : 이종대 집사
회 계 : 김보연 집사	서 기 : 윤희구 집사, 이의홍 집사

중동선교 본부의 목적과 목표

창립총회에서 **중동선교본부의 정관**이 채택되었다. 정관의 제 1장 총칙 제 2조는 **중동선교본부의 목적**을 명확하게 설정하였다 : "본 본부는 초교파적 선교단체로서, 중동지역의 선교를 계획하고, 지원 및 추진을 목적으로 한다."27) 이 때 선교의 계획이란 전략적 계획 및 전술적 계획 둘 다를 포함하는 장,단기적인 계획을 다 포괄하는 것이었다.

또한 창립총회에서 **중동선교본부의 목표**와 **선교실천방안**도 통과되었다. 4가지의 목표는 현재도

27) <중동선교본부 회칙>, 제 1장 총칙. 제 2조 목적.

여전히 유효하며, 특히 네 번째가 중요하다 : ① 중동지역 한인교회 설립 및 지원, ② 이슬람권 선교를 위한 선교사 파송, ③ 중동지역 매체 선교(한국어 및 아랍어), ④ **중동선교 체제의 확립 및 전략수립**. 1984년에 세운 이 계획을, 2023년까지 40년 동안이나 이루지 못했다. 지금부터라도 한국교회가 힘써야 한다.

1. 중동 선교 본부의 목표

1) 중동지역 한인교회 설립 및 지원
2) 회교권 선교를 위한 선교사 파송
3) 중동지역 매체 선교(한국어 및 아랍어)
4) 중동 선교체재 확립 및 전략 수립

2. 중동 선교 실천방향

1) 선교사 양성 및 선발
2) 선교사 교체 (병고, 추방, 투옥등 신변변화에 대처)
3) 선교사 사후대책
4) 선교 지원 (재정 및 물자)
5) 선교사 교양교육 (휴가 또는 안식년을 이용)
6) 선교기금 조성
7) 선교자료 수집 연구
   ○ 중동 문화 및 관습
   ○ 한인교회 구성방법
   ○ 선교사 초청 및 파송방법
   ○ 현장 교회 치리
   ○ 교민 교구 치리
   ○ 대 관공서 관계
   ○ 중동생활의 건강유지
   ○ 땅끝 복음의 중요성과 소명의식
8) 선교 훈련원 건립
9) 세계 선교단체와 협력
10) 중동 선교 신학정립

중동선교의 실천방향

창립총회는 10가지의 **중동선교의 실천방향**을 설정했다. ① 선교사의 양성 및 선발, ② 선교사의 교체(병고, 추방, 투옥 등 신변 변화에 대처), ③ 선교사의 사후대책, ④ 선교지원(재정 및 물자), ⑤ 선교사의 교양교육(휴가, 또는 안식년의 이용), ⑥ 선교기금의 조성, ⑦ 선교자료의 수집 및 연구(중동문화 및 관습, 한인교회의 구성방법, 선교사초청 및 파송방법, 현장교회의 치리, 교민교구의 치리, 대 관공서 관계, 중동생활의 건강유지, 땅끝 복음의 중요성과 소명의식) ⑧ 선교훈련원의 건립, ⑨ 세계 선교단체와의 협력, ⑩ 중동선교 신학의 정립

이러한 10가지 실천방향은 모두 필수적인 사안이었으나, 당시 중동선교본부의 규모와 인력으로 실천가능하지 않은 항목도 있었다. ① **선교사의 양성 및 선발**, ⑧ **선교훈련원의 운영**, 및 ⑩ **중동선교 신학의 정립**은 상당한 이슬람 선교의 전문가 그룹에 의해 실천가능하였다. 그리고 ③ **선교사의 사후대책**, ④ **선교지원**(재정 및 물자), ⑤ **선교사의 교양교육**(휴가, 안식년의 이용) 및 ⑥ **선교기금의 조성**은 상당한 재정능력이 장기적으로 뒷받침되어야 실천가능하였다. 그런데 성공적인 이슬람 선교를 위해 빼놓을 수 없는 사안이었다. 당시 중동선교본부가 한국교회에서 이슬람 선교사 파송 단체로서 유일했으므로, 미래의 비전으로 삼았을 것이다. 그런데 ⑦ **선교자료의 수집 및 연구**(중동문화 및 관습, 한인교회의 구성방법, 선교사 초청 및 파송방법, 현장교회의 치리, 교민교구의 치리, 대 관공서 관계, 중동생활의 건강유지, 땅끝 복음의 중요성과 소명의식)는 당장 실천할 수 있는 사안이었고, 특히 ① **선교사의 양성 및 선발**은 주요한 사역으로 감당하였다.

(2) 중동선교본부의 조직과 사역

1986년도 5월, **중동선교본부의 조직**은 처음 2년 전보다 크게 발전되었다. 임원회는 회장, 부회장, 총무, 서기 및 회계로 구성되었고, 사무국에는 7개의 부서가 있었다 : 선교자료부, 선교교육부, 선교재정관리부, 선교지원부, 선교홍보부, 그리고 선교후생복지부.[28]

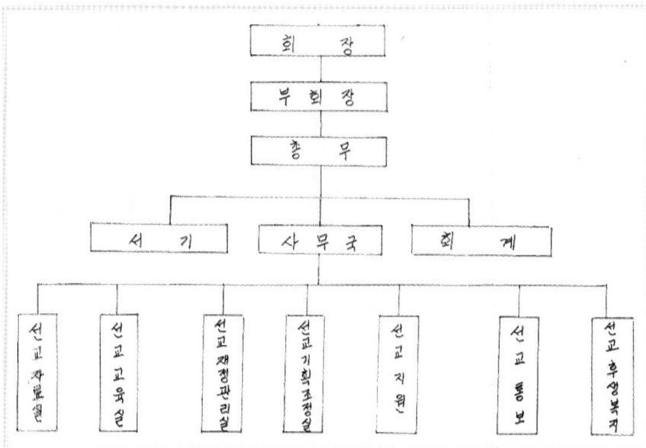

사무국은 회원의 확보 및 통신업무, 사무적인 일처리 및 부서간의 연결을 맡았다. **선교자료부**는 각 지역의 선교자료를 확보하여 관리하고, 배포하였다. 이슬람은 각 지역에 따라 효과적인 선교전략이 크게 달라지므로, 각 지역별 선교자료의 축적은 매우 필요한 사역이었다. **선교지원부**는 각 지역의 선교 및 교회들을 지원하였다. 1986년 7월 정기임원회 기록에 따르면, 각국을 위한 지원담당자가 선정되어 있었다(이라크 : 박동근, 사우디 : 박인봉, 쿠웨이트 : 오호한, 카타르 : 김성태, 요르단 : 정흥수, 두바이 : 송정섭, 바레인 : 없음). **선교교육부**는 중동지역에 관한 교육 및 외부강의와, 예비선교사 및 장학생의 관리와 교육을 맡았다. **선교홍보부**는 방송, 신문잡지, 회지 등을 통해 중동지역의 선교활동을 홍보하는 사역을 맡았고, **선교후생 복지부**는 선교사의 후생복지 전반(현지 선교사의 후생복지, 귀국 후 생활 및 건강, 선교사 잔유가족의 면담 등)을 맡았다.

정기임원회

중동선교본부는 서울에 사무실을 둔 상설기구로서, **중동선교본부의 임원회**는 매월 정기임원회로 모였다. 정기임원회는 한달 간의 본부활동 및 중동지역 선교사들의 소식과 현황을 살피었고, 또 회계보고를 통해 본부의 재정을 관리하였다. 그리고 주요한 안건을 회의하고, 의결하기도 하였다. 이를테면, 1986년도의 정기월례회에서 다음과 같은 **안건**들을 다루었다.

---

28) 1986년 5월27일, <중동선교본부 5월 정기임원회>, pp.7-8.

4월 안건	5월 안건
1. 이라크 선교사 파송의 건 2. 최형섭 목사 업무 3. 장학생 선발 4. 월례회의 건	1. 조직강화 2. 장학생 선발 3. 이라크 선교사 파송 및 ○○○, ○○○ 목사 면접

1986년 5월 정기월례회에서 **본부활동**(기간 4.15~5.26)에 대한 보고는 다음과 같았다.

날짜	내용	날짜	내용
4.15	정기임원회	5.09	최형섭 목사, 총신대학원 선교학회
4.21	크리스챤신문 장학생 선발 및		중동선교 1시간 강의
	이라크 선교사 선발 광고 의뢰	5.14	중동 각 지역 공문발송 :
4.22	대한성서공회 서원석 부장 면담		조직강화를 위한 준비(별첨 1참조)
	제 3국인 성경지원 상의	5.17	이라크 선교사 파송건 - 1차모임
4.25	이만석 선교사, 이란 출국	5.20	이라크 선교사 파송건 - 2차모임
4.26	최형섭 목사, 귀국환영 및 정기월례예배	5.22	최형섭 목사, 감리교 웨슬레 회심주간
	리비아 귀국, 권진구 목사 설교		중동선교 소개

1986년 6월 정기월례회에서 **선교지 소식**에 대한 보고는 다음과 같았다.

* 사우디 리야드 이의경 목사 : 6월말 귀국 예정. 후임으로 박봉규 목사 준비 중
* 리비아 권수룡 선교사 : 귀국
* 장학생 추가 지원 : ACTS - 유도현, 감신대-박광재, 조도형, 김기호
* 이라크 알무스 현대교회 : 6월13일 창립(회장 임강익 집사), 축전 보냄
* 김보연 평신도 선교사 : 리야드 한인연합교회 창립 10주년 예배 시 안수집사 임직
* 사우디 카심 브레이다 동아교회 신우회장 신영석 집사 : 귀국
* 최풍근 장로(두바이) 부인 이화자 집사 : 두바이로 출국(5월31일)
* 이란 이만석 선교사 선교소식 : 영어 설교 Tape 의뢰 (할렐루야교회에 공문의뢰)
* 정형남, 이새정 예비선교사 : MTI 참석
* 선교소식 주신 분 : 김보연 평신도 선교사, 이수난 선교사, 김신숙 선교사
* 일시귀국자 : 김동화 집사(리야드), 조은희 집사(쿠웨이트)
* 귀국자 : 홍광표, 방원 집사(이라크), 신영식 집사(사우디), 고상훈, 김국현, 서천석(쿠웨이트)

중동선교본부는 매월 정기임원회를 통하여, 중동선교지의 소식과 본부활동을 점검하고, 또한 선교지를 위한 주요한 안건들을 의논하고 의결하였다.

정기월례예배

중동선교본부는 매월 **정기월례예배**를 드렸다. 예배명칭은 때로는 '선교예배', '정기월례예배' 등으로 불리웠는데, 이 예배를 통해 **선교사 파송예배**를 드리기도 하였다.

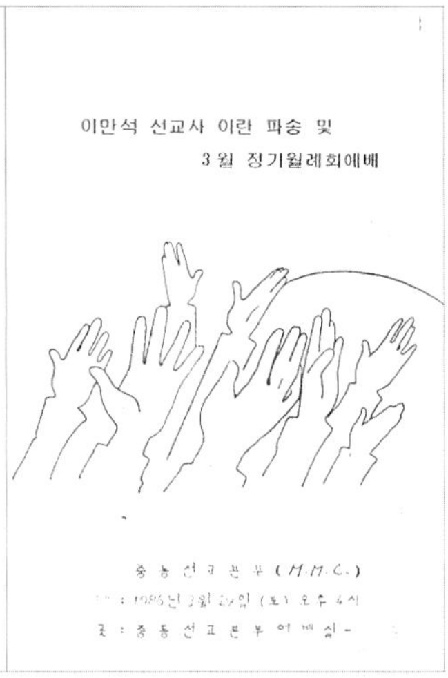

조완규 선교사 파송예배
사회 : 이완택 목사
기도 : 신순철 목사
설교 : 조원규 목사
파송장 수여 : 두상달 장로
격려사 : 신창순 목사
합심기도 : 이재정 전도사
축도 : 박장암 목사

이만석 선교사 파송예배
사회 : 윤희구 권사
설교 : 신창순 목사
'하나님의 구원'
파송장 수여 : 두상달 장로
합심기도 : 이재정 전도사
광고 : 왕진무 집사
축도 : 박장암 목사

중동선교본부는 **매월 기도제목**을 지속적으로 제공하여 매일 저녁 10시에 기도하도록 격려했다. 〈1987년 5월 기도제목〉을 보면, 1~7일은 중동선교본부의 그 당시 중요한 현안과 사역을 위해 기도했다. 3일을 보면, 신우회가 현장에 결정되어 있었고(현대신우회, 대우신우회, 서진항공 신우회), 중동선교본부가 그 사역을 지원했음을 알 수 있다.

그 후에는 국가별로 기도했다 : **사우디**(8~11일), **바레인**(12일), **이라크**(13~15일) **쿠웨이트**(16일), **이란**(17~18일), **요르단**(19일), **UAE**(20~21일), **리비야**(22일), **이집트**(23일), **튀르키예**(24~25일), 에쿠아도르 및 기타사항(26~28일).

〈1988년 3월 기도제목〉은 당시 한국교회의 중동선교 전반에 관한 최신의 사실을 알려준다. 이를 통해 그 당시 성도들은 중동선교를 위해 구체적으로 기도할 수 있었다.

5월의 기도 제목

중동선교본부

일	제목
본부 1	중동 선교의 새로운 장이 열리기 위한 선교센타 건립을 위해서
2	한국 교계가 중동선교에 눈을 뜨고 동참하는 교회가 많아 지도록
3	각국의 선교자료 요청에 신속한 지원과 수송을 위하여 협력하는 현대 신우회, 대우 신우회, 서진항공, 신우회를 위하여
4	1불 (1,000원) 선교 회원 제도로 많은 회원을 확보 할수 있도록.
5	두상달 회장을 비롯한 임원들의 사역이 큰 열매를 맺으며 사무국의 강성운 간사와 새로 임명된 김희숙 협동간사의 충성스런 사역을 위하여
6	예비 선교사를 위해. 특별히 선교훈련에 여념이 없는 이재정, 정형남 예비 선교사의 영성을 위해
7	88 올림픽 기간중 효과적 전도의 준비를 위해.
Saudi 8	새로 조직된 각 지역 연합회의 활성과 유기적 연합이 잘 이루어 지도록
9	리야드 교회 성전이 (조 완길 선교사) 조속히 건립되도록 (설계 도면의 속한 허가가 나오도록)
10	김기수 형제의 빠른 석방을 위해
11	복음 증거에 수고 하시는 연홍규, 김동표, 김학현, 김복채, 조 완길 선교사님 의 사역과 영력과 건강을 위해. (고승서 장로, (평신도 선교사 이명진 집사, 김보연집사) 유준열 전사, 조선홍 전도사
BAHRAIN 12	바레인 교회의 부흥과 최수영 선교사의 사역과 영력과 건강을 위해 (김봉식 장로, 평신도선교사 이연의 집사)
IRAQ 13	이락 이란의 전쟁 종식과 선교의 문이 활짝 열리도록.
29	입원중인 노재화 집사와 신언호를위해
14	이락 연합회의 시련 극복과 회장 유정고 집사의 석방을 위해.
15	신창순 선교사 사역의 길이 열리도록.
KUWAIT 16	쿠웨이트 대사 안세훈 집사, 선교 사역에 일익을 감당 하도록 (박홍수 전도사, 최낙성 집사의 귀한 사역)
IRAN 17	이란에 많은 선교 자료가 제공되도록
18	조원규, 서성주, 이만석 선교사의 사역과 영성과 가정을 위해.
JORDAN 19	요르단 교회의 부흥과 진 영준 선교사의 영육간의 강건과 가정의 평강을위해
UAE 20	두바이 아부다비, 현장 교회의 뜨거운 성령의 역사를 위해.
21	문종호 선교사의 사역과 가정을 위해 (최 풍근 장로를 위해)
LIBYA 22	리비아에 많은 선교 자료가 제공되며 김 충열 (연합회 회장) 집사의 의욕적 사역을 위해.
EGYPT 23	안식년을 맞은 김신숙 선교사의 건강과 새로운 선교 사역의 준비를 다 하도록
TURKEY 24	김원호 선교사의 언어 훈련과 서부독일 비자, 터키 비자가 속히 나오도록
25	김주찬 평신도 선교사의 의욕적 사역과 선교사 파송 준비 중인 조용성 선교사의 영성을 위해.
ECUADOR 26	왕건무 평신도 선교사의 건강과 놀라운 사역이 이루도록
27	중동지역 한인 연합회 임원들의 아름다운 협력과 선교의 활력을 갖도록
28	여선교 기도 후원회의 기도의 열매가 맺도록

1988. 3. 주께 간구할 제목들

중동선교본부

요일 / 지역	제목
중선 본부	1. 한국교계가 중동선교에 적극 동참케 하소서. 2. 중선 임원, 은회원들이 금년에도 열정적으로 사역하게 하옵소서. 3. 중동 지역에서 예비선교사 배출 모립 훈련이 이루어 지게 하옵소서. 4. 예비선교사들의 영성 훈련이 잘 이루어지게 하옵소서. 5. 선교 자료 수송으로 수고하는 현대 대우, 서진, 한양신우회를 축복 하옵소서. 극동방송국의 선교 협력에 많은 결실 맺히게 하옵소서.
SAUDI	6. 리야드 교회의 건축비를 마련 하여 주소서. 7. 삼성, 대림 교회의 연합으로 중동선교에 한 부분을 맡게 하옵소서. 8. 사우디 기독교 연합회(고승서 회장)가 활기 있게 사역하도록 하옵소서. 9. 카심지역에 한인 학교를 세워 주옵소서. 10. 연홍기, 김동표, 한봉근, 김봉채, 조완길 김학현 선교사와 평신도 선교사의 생명있는 사역이 계속되게 하옵소서. (조선홍, 이명진, 유준열, 김보연, 박영에) 11. 현지인(외국인) 베델교회가 주 은혜 속에 성장하게 하옵소서 (인모자, 이명진) 12. ~~김기수 형제의 조속한 석방을 이루소서.~~
BAHRAIN	13. 성령의 역사가 바레인 교회에 임하소서. 14. 최수영 선교사와 평신도 선교사의 생명있는 사역이 지속되게 하옵소서 (이연의)
IRAQ	15. 이락 연합회의 발전과 그곳에 있는 교회가 은혜롭게 성장되게 하소서.
IRAN	16. 보스탐 교회의 부흥과 이란 교계 복음화, 유대주일학교가 활발하게 활동케 하옵소서. 17. 서성주, 이만석 선교사의 생명력 넘치는 사역이 계속되며 위기 중에도 늘 지켜 주옵소서
KUWAIT	18. 조원규 선교사와 평신도 선교사의 생명있는 사역이 계속되게 하옵소서. (최낙성, 김주선, 안세훈, 이수영) 조원규 선교사의 중동 지역 연합회 회장의 사명을 잘 감당 하도록 하옵소서.
JORDAN	19. 진영준 선교사의 생명력 넘치는 사역과 시련중에서도 승리하는 교회가 되게 하옵소서.
U.A.E	20. U.A.E. 교회가 계속 성장 하며 오실 선교사님의 영성이 강하게 하시며 한국에 귀국하실 문종호 선교사님에게 귀한 길을 열어 주옵소서. 21. 평신도 선교사의 생명력 넘치는 사역이 계속 이루어 지게 하옵소서 (최풍근, 이봉희, 박종수)
LIBYA	22. 김오흥, 최창훈 선교사의 생명력 넘치는 사역이 계속되며 한국에 계신 가정을 돌보아 주옵소서.
EGYPT	23. 이준교 선교사께서 신학교에서 복음의 강의를 잘하게 하옵소서. 사울을 렘프 아랍 교회 정비 (항공료, 체류비)를 마련해 주옵소서. 24. 김신숙 선교사를 지켜 주시고 삽인 교회에 예배당을 마련해 주옵소서.
TURKEY	25. 김주찬 선교사의 경제문제를 해결해 주옵소서. 이란 새신자들의 제자화가 잘 이루어 지며 또한 앙카라와 이스탄불에 터어키인 교회가 건축되기를 원합니다. 26. 김원호, 다니엘 조 선교사 최한우 선교사의 영과 사역이 잘 되게 하옵소서.
COLOMBIA	27. 왕건무 선교사의 생명 넘치는 사역과 조력자가 생기며 주님은 늘 위로해 주시고 국내의 가정을 지켜 주옵소서.
ISRAEL / OSTRIA	28. 김주경 선교사의 생명력 넘치는 사역과 신상운 예비선교사의 학업에 큰 발전 있게 하옵소서. 김동호, 송근경 예비 선교사의 가는 길을 주께서 인도하시고 보호해 주옵소서.
	29. 노재화 집사의 속한 회복으로 중동선교에 동참케 하시고 신인호군 (신홍식 집사 장남)의 건강 회복과 김정자 집사의 회추디스크와 신장염에서 회복케 주시고 이 땅에 자매의 오통에서 회복 시켜 주옵소서.

기도로 보내는 선교사의 사명을 감당 합시다.

— 매일밤 10 시 기도. —

"열사의 땅 중동에 예수 그리스도를 심자".

〈중동선교소식〉의 발간

중동선교본부(MMC)는 1984년 7월에 창립하면서, 1984년 10월15일, 〈중동선교소식〉 창간호를 발간하였다.[29] 중동선교소식은 한국교회의 이슬람 선교 초창기에 중동지역 이슬람 선교에 관한 모든 소식을 알리는 매우 중요한 역할을 감당했다. 창간호에 실린 쿠웨이트 최형섭 목사의 '선교지에서 온 편지', 쿠웨이트 최낙성 집사의 '현지선교 활동보고', 그리고 바레인 강승삼 집사의 '선교지 소개, 바레인편'은 모두 당시 중동선교지의 상황이 담겨 있는 소중한 글들이다. 이와같이 중동선교지에서 일어나는 소식들을 전하는 것이 〈중동선교소식〉을 발간하는 큰 목적이기도 했다.

창 간 호

중동선교소식

• 발행일 / 1984년 10월 15일(월요일)
• 발행인 / 두 상 달
• 편집인 / 이재정, 정형남, 이의홍, 민경옥, 윤희구
• 주 소 / 강남구 반포동163－3 반포요일 5동 2층
중앙우체국 사서함 345 호
TEL : 532－5778

◆ 선교지에서 온 편지

땅끝 선교의 마지막 주자로서…

(쿠웨이트한인연합교회 담회장)

1984년 8월

최 형 섭 올림

중동선교소식 / 6

선교지 소개

★ 바레인편 ★

강 승 빈 집사

〈중동선교소식〉은 중동지역의 이슬람 선교현황과, 중동선교본부의 활동상황을 전하기도 했다. 이 소식에 따르면, 1984년 7월, 창간호의 발간 당시에, **신창순 선교사**는 사우디 리야드 청운교회의

29) <중동선교소식>은 제 5호(1987.7.10.)부터 <중동선교>로 명칭을 변경하여, 오늘날까지 중단없이 발간되고 있다.

제 2대 담임목사로 부임하여(당시 교세 250여명), '되어지는 선교'에 총력을 기울이고 있었다. **문종호 선교사**는 U.A.E.선교사로 파송받아 두바이와 아부다비 한인교회들의 담임목사로 부임하기를 기다리는 상황이었다. **이익두, 유근화 집사**는 이라크 성도들이 선교사 파송을 애타게 기다린다는 소식을 전해주었다. 이외의 다른 소식들도 소개되었다.

이 창간호에 실린 기도제목을 파악해 보면, 1984년 당시 한국교회가 중동지역의 9개국에 선교사를 파송하였고, 16명의 선교사들이 사역하고 있었다. 그러나 중동선교지의 상황을 한국교회는 알기가 힘들었다. 이러한 상황에서 중동 각국의 선교지 상황을 알려주며, 기도를 독려했다. 각 나라별 기도제목에 따르면, **쿠웨이트**는 이라크에 한인교회를 세우기 위해 힘쓰던 중이었고, **바레인**은 아직 담임목사가 없는 카타르 한인교회를 위해 섬기고 있었다. **사우디**는 이슬람 종주국에서 선교사들의 안전과 강건함을 위하여 기도가 필요하였고, **요르단**은 한국건설업체들의 철수로 인해 앞으로 어려움을 예상하고 있었다. **아랍토후국**(UAE)은 문종호 목사가 UAE 선교사로 파송받을 예정이었고, 두바이와 아부다비의 교우들은 문종호 목사의 부임을 간절히 기다리는 중이었다. **이집트**는 이연호 선교사의 순교 후에 이준교 목사가 그의 후임으로 섬기고 있었으며, 이연호 목사의 부인 김신숙 선교사도 현지인 선교를 위해 헌신하고 있었다. **이란**은 강동수 선교사가 이슬람 혁명으로 인해 떠난 후, 긴 시간 동안 선교사 파송을 애타게 기다리고 있었으며, **이라크**는 한인연합교회의 창립을 앞두고, 선교사 파송을 기다리고 있었다.

나라	기도제목
쿠웨이트	*이라크 선교여행에 좋은 결실을 주시기를 *연합교회와 현장교회의 부흥과 성장을 위해
바레인	*최수영 선교사의 영육간의 강건함을 위해 *카타르 지역 선교를 위하여
사우디 아라비아	*회교의 종주국에 그리스도의 계절이 오게 하소서 *한인교회 성도들과 그 사역을 위해 *선교사들의 안전과 강건함을 위하여
요르단	*한국건설업체의 철수에 따른 어려움이 없도록 *PLO 구호전도를 할 수 있도록, *추가로 필요한 선교비 후원을 위하여
아랍 토후국	*10월 중순 파송받을 문종호 선교사 수속과 비자를 위해 *두바이와 아부다비 현장교회 성도들을 위하여
이집트	*한인교회를 이끄시는 이준교 선교사를 위하여 *이연호 선교사를 뒤이어 현지인 선교에 수고하시는 김신숙 선교사와 세 딸을 위하여
이란	*한인교회 교우가 애타게 기다리는 선교사 파송을 위해
이라크	*한인연합교회의 창립을 위하여 *갈망하는 선교사의 파송과 헌신할 선교사와 후원처가 나올 수 있도록

(3) 중동선교본부와 중한연의 관계

중동선교본부(MMC, 현 중동선교회 MET)는 1984년 9월에 발족한 **중동지역 한인교회 연합회**(중한연, 현 중선협)은 약간 빠른 1984년 7월에 창립하였다. 두 기관의 성격과 역할이 매우 달랐다. **중한연**은 1년, 또는 2년마다 정기적으로 대회(大會)의 형식으로 모였지만, **중동선교본부**는 서울에 본부 사무실을 둔 **상설기관**이었다. 그러나 '중동지역의 이슬람 선교' 라는 목적은 완전히 같았다.

중한연이 중동지역에 선교의 영적 전쟁을 수행하는 군대로 파송되었다면, **중동선교본부**는 중한연의 영적 전투를 지원하는 사령관의 역할을 맡았다. 이를 위해 중동선교본부는 서울에 사무실을 둔 상설기관으로서, 매월 월례회를 통해 중한연의 사역을 지원하기 위한 회무를 가졌다. 또한 중한연의 한인교회 및 선교지의 상황을 〈중동선교소식〉을 발간하여 한국교회에 전달하였다. 이를 위해 두 기관은 거의 같은 시기에 설립되어, 긴밀한 유기적 관계를 맺었다. 그러나 후대로 갈수록 **중선협**(중한연의 후신)의 규모는 커지고, **중동선교회**(중동선교본부의 후신)는 상대적으로 작아졌다. 두 기관의 유기적 관계도 점차 약화되고, 중선협의 모든 소식이 〈중동선교〉에 실리지도 않게 되었다.

5. 중동지역 한인교회 연합회 (현 중선협)

1984년, **중동지역 한인교회 연합회**가 설립되던 시기에, 최초한 중동지역에는 9개의 국가에 13개 한인교회가 있었다. **이란**(테헤란 한인교회, 1974), **사우디아라비아**(리야드 한인 연합교회(1976), 담맘 한인교회(1980), 리야드 청운교회(1981), 리야드 교회(1984)), **이집트**(카이로 한인교회, 1977), **쿠웨이트**(쿠웨이트 한인연합교회, 1978), **아랍 에미리트**(두바이 한인교회, 1979, 아부다비 한인교회, 1981), **카타르**(카타르 한인교회, 1980), **바레인**(바레인 한인교회, 1982), **리비아**(리비아 한인교회, 1982), 그리고 **요르단**(요르단 한인교회, 1983)에 한인교회가 세워져 있었다. 이 외에도 한인교회가 더 존재했었을 가능성도 있다. 그 당시 이곳에 **16명의 선교사들**이 파송받아 사역하고 있었다. 이렇게 중동지역에 흩어져 있는 한인교회들이 협력하여 이슬람 선교를 **전략적**으로(strategically) 수행하려면, 하나의 연합회를 구성할 필요성이 있었다. 쿠웨이트의 최형섭 목사는 수년 전부터 이러한 필요성을 알고 있었고, **중한연의 창립**은 최형섭 목사의 구상으로부터 시작되었다.

(1) 중동지역 한인교회 연합회의 창립 (1984.9)

1) 중한연의 창립배경

쿠웨이트의 **최형섭 목사**는 1982~1983년에 바레인의 교회(1982)과 요르단의 교회(1983)로부터 한인교회의 설립을 도와달라는 요청을 받았다. 최형섭 목사의 적극적인 협력으로 최수영 목사와 진영준 목사가 한국에서 선교사로 파송받아 **바레인 한인교회**와 **요르단 한인교회**의 담임목사로 각각 부임하였다. 이 때 최형섭 목사는 **쿠웨이트**, **바레인** 및 **요르단**의 세 개의 한인교회들로부터 먼저 시작으로 하여,장차 중동지역의 모든 한인교회들로 구성된 연합회를 구상하게 되었다.

그후 이러한 처음 구상에 U.A.E.도 포함되었다. 1983년 9월, 최형섭 목사가 선교지 상황파악을 위해 두바이와 아부다비 교회를 방문하면서, **아랍 에미리트**도 그의 구상에 포함되었다. 물론 최형섭 목사는 당시 '**사우디**'[30]와 '**이집트**'[31]에 세워져 있던 한인교회들도 장차 함께 할 날이 오기를 희망했지만, **중한연의 창립대회**에는 최형섭 목사가 직접적으로 관계를 맺었던 네 지역의 교회들 (쿠웨이트, 바레인, 요르단, 두바이)만이 참석하였다.

2) 최형섭 목사의 구상

최형섭 목사는 **바레인 한인교회**와 **요르단 한인교회**의 설립을 도우면서, 먼저 그 교회의 지도자들에게 한 가지 요청한 사실이 있었다. 담임목사가 선교사로 파송받아 가기 전에, 먼저 쿠웨이트를 경유하여, 쿠웨이트 한인연합교회의 땅끝복음 중동선교회로부터 **중동현지 적응훈련** 및 **중동선교의 오리엔테이션**(기간 8~9일)을 받는 것이었다. 두 교회의 지도자들은 최형섭 목사의 제안에 모두 동의하였다. 최형섭 목사는 이 때 **연합회의 필요성**과 **목적**을 가르쳤다.

---

30) 사우디는 1986년 9월, 제 3차 중한연 대회부터 참석한다. 이 때 이라크도 처음 참석했다.
31) 이집트는 1988년 9월, 제 5차 중한연 대회부터 참석한다. 이 때 이란, 아부다비, 튀르키에도 처음 참석했다.

진영준 목사의 경우, 요르단으로 가기 전에 쿠웨이트에서 현지적응 및 중동선교 오리엔테이션을 받았다. 이 기간에 총 6회의 좌담회가 있었는데, 3~6회의 주제가 **중한연의 필요성과 목적**에 관련된 것이었다. 여기서 최형섭 목사는 중한연을 **중동선교 연합회**라 부르고 있다.

좌담회	일시 (1984년1월)	주 제
좌담회 3	21일(토) 오후 9시	*중동선교 연합회 중요성과 창립계획 및 목적 *세계선교회와 제휴 필요성 및 방법
좌담회 4	22일(일) 오후 2시	*중동선교 연합회 지원기구 창립의 필요성 및 설립방법
좌담회 5	23일(월) 오후 10시	*요르단 선교 전략질문 및 보안 *요르단교회 실정소개
좌담회 6	24일(화) 오후 10시	*요르단 선교기지화 및 요르단 선교교구 확정

좌담회 3~4에서 최형섭 목사는 조만간 중동지역의 목사들(바레인, 요르단, 이집트, 쿠웨이트, 사우디)이 모여 **중동선교 연합회**를 창립할 계획을 밝혔다. 두 사람은 긴 시간에 걸쳐 이 주제로 토론하였다. 그리고 장차 이 연합회가 **세계적인 선교회**와 제휴하여, 더욱 효과적인 선교체제를 이루기를 원하였다. 한편 최형섭 목사는, 이때 한국에 사령탑으로 **중동선교본부**의 필요성도 갖고 있었다. 중동지역에 중한연을 세우고, 한국에 중동선교본부를 세우는 계획이었다. 좌담회 3~4의 내용은, 1984년 2월15일 최형섭 목사가 **임경섭 장로**(갈릴리 선교회 회장)에게 보낸 편지에 담겨 있다.

> 이제 진영준 목사께서 요르단에 어느 정도 적응케 되면, 3~4개월 안에 **중동지역의 목사들**이 모두 한곳에 모일 것입니다. 바레인, 요르단, 이집트, 쿠웨이트, 사우디의 목사들이 함께 모여 **중동선교연합회**를 창립할 예정입니다. 이를 위해 진 목사님과 1월 21일(토) 밤에 연구하며 토론하며 밤을 세웠습니다. 또 이런 선교회를 독단적으로 운영하는 것보다 **세계적인 선교회**에 가입하여 연대적인 공감과 협력체제로 선교하는 것이 더 효과적인 선교체제일 것으로 생각되어, **세계 선교회와의 제휴**를 상의하였습니다.[32] 1월22일(일)에는 **중동선교 연합기구**(요르단, 바레인, 쿠웨이트, 이집트, 사우디)가 창립되면, 이를 밀어주고 지원해주는 기구가 **한국에 사령탑**으로서 세워져야 할 필요성에 대해 깊이 기도하며, 연구했습니다. 하나님께서 허락하시는 때, 서로 손을 잡기 위해, 부족함이 없이 준비하자는 결단과 각오로 서로 손을 잡았습니다.[33]

32) 최형섭 목사의 이러한 구상은 실제로 중동선교본부의 창립총회에서 <중동선교 실천방향>의 9번 '세계선교단체와 협력'으로 포함되었다.
33) 1984년 2월15일, 최형섭 목사가 갈릴리 선교회 임경섭 장로에게 보낸 편지, pp.2-3

좌담회 6에서 최형섭 목사는 진영준 목사와 논의하여 **요르단 선교교구**를 요르단을 포함한 6개국(요르단, 시리아, 이집트, 사우디, 레바논, 이스라엘)으로 정하였다. 최형섭 목사의 계획은 중동 전체의 지역을 선교교구로 구분하고, 각 선교교구에 전략적 선교기지를 세우는 것이었다. 그렇게 되면, 중동지역에서는 **중한연**이 전체 선교교구를 총괄하는 한편, 한국에서 **중동선교본부**가 사령탑으로서 본부의 역할을 맡을 수 있었다.

> 1월24일(화)에는 **요르단 선교기지화**를 요구하며, 그에 대한 방법을 안내하였고, **요르단 선교교구**를 요르단을 포함한 6개국을 선교교구로 나누었습니다. 중동지도를 두고, 그 지도 위에 손들을 얹고 선교교구를 나누며, 내가 밟는 땅을 내게 주리라는 말씀으로 서로 힘을 얻고, 찬양을 드렸습니다.[34]

3) 중동지역 한인교회 연합회의 창립

① 창립대회 (쿠웨이트, 1984.9)

1984년 중한연 창립총회 (쿠웨이트)

1984년 9월 26일(수)~29일(토), 쿠웨이트 한인연합교회 설립 4주년 기념주간에 쿠웨이트에서 **중한연의 창립대회**가 열렸다. 4개국(쿠웨이트, 바레인, 요르단. U.A.E.)에서 4개 교회의 7명(목사 3명, 장로 1명, 집사 3명)이 참석하였다. **쿠웨이트 한인연합교회**(최형섭 목사, 최낙성, 윤대훈 집사), **바레인 한인교회**(최수영 목사, 고동식 집사), **요르단 한인교회**(진영준 목사), **두바이 한인교회**(최풍근 장로)였다.[35] **중한연의 창립회원**은 목사로만 구성되지 않았으며, 장로와 집사도 포함되었다. 그리고 중한연은 연 2회의 모임을 갖기로 결의하였다.

창립대회에 참석한 목사 3인은 처음 중한연을 기획한 쿠웨이트의 **최형섭 목사**, 그리고 그와 함께 중한연의 창립을 의논하였던 바레인의 **최수영 목사** 및 요르단의 **진영준 목**사였다. 창립총회에서

---

34) 1984년 2월15일, 최형섭 목사가 갈릴리 선교회 임경섭 장로에게 보낸 편지, p.3
35) 당시 두바이 한인교회는 담임목사가 부임하지 않았으므로, 최풍근 장로만이 참석했다.

임원조직이 다음과 같이 구성되었다. 임원은 목사 외에 장로도 함께 맡았다.

초대 연합회장 : 최형섭 목사　　총　무 : 최수영 목사
서기 및 회계　: 최풍근 장로　　고시부 : 진영준 목사　　선교부 : 최형섭 목사

중한연과 중동선교본부와의 관계

중동선교본부(MMC)가 창립된지 2개월 뒤에, 중한연도 발족하였다. 처음 중한연을 기획하였던 **최형섭 목사**는, 1985년 12월에 발간된 소책자 「중동선교소식 – 쿠웨이트편」 에서 대내외적인 **중한연의 창립동기**를 다음과 같이 밝히고 있다.

> **대내적으로는** 중동지역 한인교회 활동의 협력과, **대외적으로는** 선교사업 창구의 일원화로 일관성 있는 선교사업을 하기 위하여 **중동지역 한인교회 연합회**를 발족하게 되다.[36]

당시 중동지역에는 9개국, 13개 교회, 16명의 선교사들이 사역하고 있었다. 중한연이 그들을 위해 대내외적인 사역을 원활하게 감당할 수 있으려면, 한국에서 **중동선교본부**가 중한연의 사역을 잘 뒷받침 해주어야 했다. 그리하여 **최형섭 목사**는 〈중동선교소식〉 창간호에서 중동선교본부의 창립에 대해 "중동 각 지역은 **본부의 지시**에 의해 일사분란하게 일하게 될 것"이라는 기대를 하였다. 또한 〈중동선교소식〉 창간호는 중동선교본부의 역할에 대해, 중동지역의 한인교회와 현장교회들이 중동선교의 전략적 기지로서 설 수 있도록, 한국본부에서 체계적으로 지원하는 일이 필요한 시기가 되었다고 보았다.[37]

1986년 3월에 발간된 〈중동선교소식〉 제 4호는 **중동선교본부**와 **중한연**을 위하여 기도제목을 요청하였다(오른편사진). 두 단체의 기도제목을 더불어 요청한 것을 보면, 두 단체의 사역이 얼마나 밀접하게 연관되어 있는지를 알 수 있다.

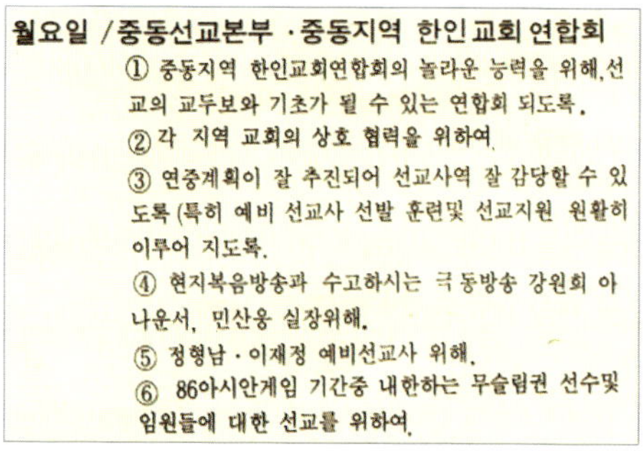
월요일 /중동선교본부 ·중동지역 한인교회 연합회
① 중동지역 한인교회연합회의 놀라운 능력을 위해,선교의 교두보와 기초가 될 수 있는 연합회 되도록.
② 각 지역 교회의 상호 협력을 위하여.
③ 연중계획이 잘 추진되어 선교사역 잘 감당할 수 있도록 (특히 예비 선교사 선발 훈련및 선교지원 원활히 이루어 지도록.
④ 현지복음방송과 수고하시는 극동방송 강원회 아나운서, 민산웅 실장위해.
⑤ 정형남 · 이재정 예비선교사 위해.
⑥ 86아시안게임 기간중 내한하는 무슬림권 선수및 임원들에 대한 선교를 위하여.

36) 쿠웨이트 한인연합교회, 「중동선교소식 - 쿠웨이트편」(중동선교본부, 1985.12.28), p.25
37) <중동선교소식>, 창간호 (서울 : 중동선교본부, 1984.10.15), p.8

중한연과 중동선교본부는 둘다 '일원화된 창구'였다. **중동지역의 선교지**에서는 중한연이 일원화된 창구가 되어, 선교지의 모든 사항들을 종합하였고, **한국교회의 파송지**에서는 중동선교본부가 일원화된 창구가 되어, 일사분란하게 선교지를 지원할 수 있는 체계를 갖출 수 있었다. 그러나 이슬람 선교 40년이 진행되면서, 안타깝게도 이러한 **일원화된 창구**는 사리지고, 없게 되었다.

일원화된 창구가 있을 때, **한국교회의 파송지**에서는 한국교회의 총 선교역량을 종합하여 장기적인 선교전략을 지원하는 일이 가능해진다. **중동지역의 선교지**에서도 각 지역별 현장사역의 결과를 해마다 누적시키고, 정기적으로 총합시킴으로써, 그 선교지역에 가장 효과적인 선교전략의 수립이 가능해진다. 그런데 한국교회의 이슬람 선교를 개척한 중동지역 한인교회의 담임목사들은, 처음부터 이러한 구상을 갖고서 중동선교본부와 중한연을 설립하였다.

② 요르단 중한연 대회 (1985.6)[38]

1985년 6월29일(토)~7월4일(목)에 요르단 한인교회에서 중한연 대회가 개최되었다(회장 : 쿠웨이트의 최형섭 목사). 창립대회와 동일한 4개국(요르단, 쿠웨이트, 바레인, U.A.E)으로부터, 4개 교회의 4명의 목사가 참석하였다 : **요르단 한인교회**(진영준 목사), **쿠웨이트 한인연합교회**(최형섭 목사), **바레인 한인교회**(최수영 목사), 그리고 **두바이 한인교회**(문종호 목사).[39]

회원명단을 보면, 그 규모는 매우 소수였다. 여기에 **이라크지역한인교회 연합회**(1985.2발족) 의 **왕진무 집사**가 중한연 대회에 참석하지 않았으나 회원명단에는 포함되어 있었다.

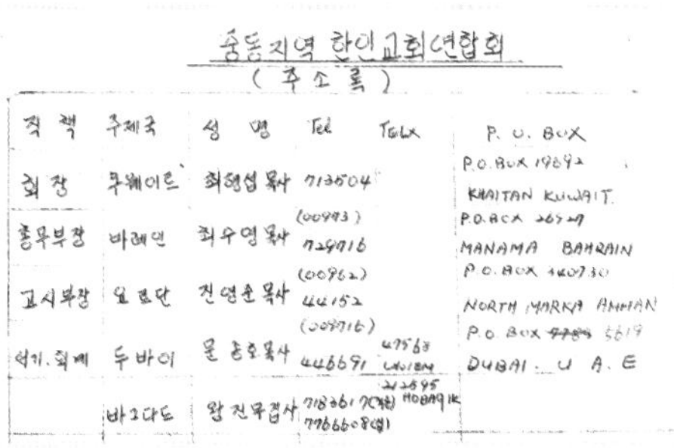
중동지역 한인교회연합회
(주소록)

직책	주재국	성명	Tel	Telx	P.O. BOX
회장	쿠웨이트	최형섭 목사	713504		P.O.BOX 19892 KHAITAN KUWAIT
총무부장	바레인	최수영 목사	(00973) 729716		P.O.BOX 26527 MANAMA BAHRAIN
교시부장	요르단	진영준 목사	(00962) 44152		P.O.BOX 140730 NORTH MARKA AMMAN
서기.회계	두바이	문종호 목사	(009716) 446691	47568 [illegible]	P.O.BOX ~~7788~~ 5619 DUBAI U.A.E
	바그다드	왕진무 집사	7183617(자택) 7766608(사)	212595 HOBAQ IK	

38) 1985년 12에 발간된 소책자 「중동선교소식 - 쿠웨이트편」(서울 : 중동선교본부), p.26은 요르단에서 열린 이 대회를 '제 1차 중한연 대회'로 표기하였고, 1985년 9월에 발간된 <중동선교소식> 제 3호는 이 요르단 대회를 제 2차라 표기했으나, 그 이후의 기록을 보면, 1984년 9월 창립대회를 제 1차대회로 표기하고, 이 요르단 대회는 아예 역대 대회에 포함시키지 않고, 생략하였다.
39) 문종호 목사는 1984년 12월 두바이 한인교회의 담임목사로 부임한 후, 참석하였다.

안건토의와 결정

대회의 일정은 주로 **회의의 연속**이었다. 10개의 안건이 상정되었다. 10가지 안건을 다 마치기 위하여 회의는 본래 계획된 2일(화)의 일정을 넘기게 되었다. 회의는 매우 늦은 시간까지 진행되었는데 3일 회의는 새벽 3시 30분에 마쳤고, 4일 회의는 새벽 1시35분에 마쳤다.

안건	상정교회	상정된 안건
1	바 레 인	중한연 회의를 1년 1차씩으로 변경
2	U.A.E	중한연의 회보발간
3	U.A.E	중한연 회의에 평신도 대표의 참석
4	U.A.E	페르시아만 선상설교를 위한 방송
5	요 르 단	요르단의 선교대책과 지원문제
6	쿠웨이트	중한연의 활성화 방안
7	쿠웨이트	이라크 지역 목회의 연대활동
8	쿠웨이트	선교전략 및 유대강화
9	쿠웨이트	중동지역의 목회연구
10	공동상정	중한연의 부담금 문제

1985년 중한연 전반기 회의 일정		
6월29일 (토)	오전	요르단 도착 점심
	오후	개회예배 회의일정 및 안건상정 석식 **각 교회현황 및 문제에 대한 토론**
6월30일 (일)	오전	예배 **연합회교회 및 목회에 관한 회의** 점심
	오후	**토의계속** 석식 기도회
7월01일 (월)	오전	예배 **선교회의** 점심
	오후	**회의계속** 석식 **차기회의를 위한 토의**
7월02일 (화)	오전	폐회예배 점심
	오후	귀국

중한연의 운영을 위하여 당면한 일을 처리하는 안건들이 있었다. **중한연 회의**를 본래 1년에 2차씩 갖기로 했으나, 1년 1회의 시행으로 변경하였다(안건1). **중한연의 부담금**은 교회별로 연 $100로 하고, 총회 시까지 납부하기로 하였다(안건10). 중한연 회의에 **평신도 대표의 참석**에 대해서는 '회칙 제 6조 회원의 자격 및 권한'을 보완하여, 준회원으로도 참석할 수 있는 규정을 두었다(안건3). **중한연의 회보**는 월보로 발간하고, 서기를 맡은 교회가 우선 담당하기로 하다(안건2).

또한 어려움에 직면한 선교지를 돕기 위한 안건들도 논의되었다. 당시 **요르단 한인교회**는 진영준 목사의 부임 직후, 한국 건설회사들의 급격한 철수로 인해 재정적 어려움을 겪고 있었다. 그리하여 요르단의 선교대책으로서, 만약 진영준 목사가 현지인선교를 위해 아랍어 연수를 할 때나, 디모데와 같은 제자를 양성할 때, 필요한 재정이 발생한다면, 중한연에서 협조하기로 하다. 그리고 주택, 차량, 재정문제는 금년 말까지 별 어려움이 없으나, 특별한 어려움의 발생 시 중한연의 지원을 받아 해결토록 하기로 했다(안건5).

새로운 선교지 이라크를 위한 논의도 진행되었다. **이라크지역 한인교회연합회**가 1985년 2월, 발족했으나, 아직 담임목사가 없으므로, 이라크 교회는 선교사의 파송을 갈급히 기다리고 있었다. 그리하여 이라크 선교사가 파송될 때까지 연 1회씩 순회방문을 하여 이라크지역 목회의 연대활동을 하기로 하였다. 그 순서는 다음과 같이 결정되었다. 1985년 9월 최수영 목사, 12월 진영준 목사, 1986년 3월 문종호 목사, 그리고 6월 최형섭 목사였다. 이라크의 입국 문제는 쿠웨이트 중동선교회의 협조를 받기로 하였다(안건7).

구체적인 선교방안에 대한 협력을 요청하는 안건도 있었다. U.A.E.교회가 상정한, **페르시아만 선상방송 설교의 건**은 U.A.E.에 맡겨서 연구한 후에 협력하기로 하였다(안건2).

중한연을 발전시킬 수 있는, 장기적 전략 및 단기적 활성화 방안을 위한 안건들도 논의되었다. 이 안건들은 모두 당시 중한연 초대회장 **최형섭 목사**가 상정한 것들이었다. **중한연의 활성화 방안**(안건 6)에 대해서는, 첫째로 중한연 산하 **순회 부흥회**를 연 1차로 하되, 각 선교국 교회가 협력하여 시행하기로 하였다. 둘째로, **중동지역 미가입 선교국**에 대해서 회원가입을 적극적으로 추진하되, 사우디, 이집트, 이라크, 이란지역을 대상으로 하며, 회장에게 이를 위임하기로 했다. 이것은 단기적인 활성화 방안이었다.

장기적인 전략을 위한 안건도 상정되었다(안건 8). 첫 번째, 전략수립 : 중한연의 4개 국가들(쿠웨이트, 바레인, 요르단, U.A.E.)이 인근 국가를 중심으로 **선교지의 구분**을 다음과 같이 하였다. 쿠웨이트는 '이란'과 '이라크'의 선교지를 담당하며, 바레인은 '사우디'를, 요르단은 '시리아', '레바논', '이스라엘', '이집트', 및 '튀르키예'를, 그리고 U.A.E는 '카타르', '오만', '북예멘'을 담당한다. 두 번째, 유대관계 : 중한연의 4개 국가들은 **인근 선교국과의 유대 강화**를 적극 추진하기로 하였다. 그리고 그 지역에 대한 선교자료를 회보에 실기로 하였다. 그리고, **중동지역의 목회연구**에 대한 안건(안건 9)은 임원회를 통해 시행하기로 하였다.

1985년 6월, **요르단 중한연 대회**는 불과 4명의 목사 회원이 참석한 대회였다. 대회 내용은 우선 중한연의 기초규범을 정하는 것과, 주로 중동 선교지에 당면한 문제해결을 위하여 협력방안을 모색하는 것, 그리고 이슬람 선교사역을 위한 장단기의 방안을 마련하는 것이었다. 그러므로 중한연은 아직 **집회의 성격**이 아니라, 비록 작은 규모이지만 **대회의 성격**이었다

중동지역 한인연합교회 연합회 회칙

이 대회에서 중한연의 창립(1984.9.26) 때 제정되었던 회칙이 개정되었다. 개정된 회칙에서도 이 연합회의 명칭(제 1조), 목적과 기능(제 3조) 및 조직(제 4조)은 모두 **중동지역 한인교회**로 제한되었다. 당시 파송된 선교사들이 주로 **한인교회의 담임목사**였기 때문이다.

제 1장 총칙
제 1조(명칭) 본회는 **중동지역 한인교회 연합회**라 칭한다(약칭 : 중한연)
제 2조(위치) 본회의 사무소는 회장이 있는 교회 내에 둔다.
제 3조 본회의 목적과 기능은 다음과 같다.
1. 본회는 **중동지역 한인교회**의 연합사업에 협력하며, 중동지역 선교사업을 협력, 실행한다.
2. 본회는 **중동지역 한인교회**를 대표하며, 중한연에서 인정한 국내외 관계단체 및 세계선교회와 유대 및 연대성을 유지한다.
제 2장. 조직
제 4조 본회는 **중동지역 한인교회들**로 조직한다(인접국가 포함).

제 3장 총회
제 5조 중한연의 회의는 다음과 같다.
제 1항 정기총회 : 정기총회는 매년 후반기 회장이 소집하며, 임원개선과 회칙개정 및 예산심의, 재정 결산 및 기타 중요한 사업을 결의한다.
제 2항 임시총회 : 임시총회는 임원 과반수의 요청이 있을 때, 회장이 소집한다.
제 3항 회의성수 : 모든 회의의 성수는 회원 3분의 2 이상으로 하고, 결의는 과반수로 한다

중한연이 중동지역의 한인교회로만 제한되어서, **선교사**는 이 연합회의 회원이 될 수 없었으나, 제 6조 제 2항에 의거하여 **한인교회 평신도 대표**는 **준회원**으로 중한연 대회에 참석할 수 있었다.
또한 제 4장 임원, 제 7조는 한인교회의 장로 장립을 위해 **시취부**를 두었다. 그리하여 노회가 없는 중동의 선교지에서 중한연이 최소한의 **준노회적 기능**을 할 수 있도록 하였다. 이후에 이 시취부는 **한인교회부**로 발전하게 된다.

제 6조 회원의 자격 및 권한
제 1항 정회원 : 각 선교국을 대표한 **목사1인**으로 하고 선거권, 피선거권, 결의권, 발언권이 있다.
제 2항 준회원 : ㉠ 총대가 아닌 선교국의 교역자, ㉡ 총대를 파송한 선교국의 **평신도 대표 1인**
㉢ 총대를 파송치 못한 선교국의 **평신도 대표 1인**, ㉣ 준회원은 발언권이 있다.
제 4장 임원
제 7조 본회 임원의 임무는 다음과 같다.
*회장 : 회장은 본회를 대표하며, 총회의 의장이 된다.
*총무 : 본회의 모든 업무를 관장하고, 회장 유고시 이를 대행한다.
*서기와 회계 : 서기, 회계는 통상례에 준한다.
*선교부 : 선교에 관한 모든 업무를 관장한다.
***시취부** : ㉠ **장로 장립**에 관한 모든 업무를 관장한다.
㉡ 회원권에 관한 업무를 관장한다.
(제 8-16조는 특별한 내용이 없으므로 생략함)

(2) 제 2~5차 중한연 대회

제2차 중한연 정기총회 보고서

일 시 : 85년 10월 12일
장 소 : 바레인 한인교회

제 1차부터 5차 대회까지는 **중한연**이란 이름으로 대회가 열렸고, 그후에 **중선협**으로 개명되었다. 1985년 10월 12일(토)~15일(수) 바레인 한인교회의 설립 3주년을 기념하는 주간에 바레인에서 중한연 대회가 열렸는데, 이 바레인 대회가 제 2차 대회로 여겨졌다.

1) 제 2차 중한연 대회 (바레인, 1985.10)

대회참석

제 2차 중한연 대회는 지난 대회와 동일한 4개국으로부터 4개 교회의 7명이 참석했다(목사 4명, 장로 1명, 집사 2명) : **바레인 한인교회**(최수영 목사), **쿠웨이트 한인연합교회**(최형섭 목사, 박춘봉 집사), **요르단 한인교회**(진영준 목사, 고동식 집사), 그리고 **두바이 한인교회**(문종호 목사, 최풍근 장로)였다.[40] 여기서

40) 이 대회에서 임원이 개편되었다. 최수영 목사가 제 2대 중한연 회장으로 선출되었다. 임원은 회장이 지명하여 임명하엿다(총무 진영준 목사, 사취부 최형섭 목사, 선교부 최수영 목사)

목사 4명 외의 3인은 평신도 대표로서 준회원의 자격으로 중한연 대회에 참석하였다.

지난 번 요르단 중한연 대회에서 중한연 미가입 선교국들(사우디, 이집트, 이라크, 이란)의 참석을 위해 적극 노력할 것을 결의한 바 있다. 당시 국제전화 통화내용에 의하면, **이집트 카이로 한인교회**의 담임목사 이준교 선교사와, **사우디 리야드교회**의 담임목사 조완길 선교사는 바레인 중한연 대회에 참석하려 했었다. 이집트의 **이준교 목사**는 비자발급을 위해 여권사항까지 알려주었으나,[41] 교회사정으로 참석할 수 없었다. 사우디의 **조완길 목사**도 비자발급을 위해 여권사항을 알려주었으나, 바레인 교회의 초청장 공문을 받고, 사우디의 도청과 검열 때문에 참석을 어려워하고 있었다.[42] 결국 이집트와 사우디의 두 목사는 참석할 수 없었다.

대회일정 [43]

제 2차 중한연 대회는 바레인 한인교회의 설립 3주년기념 주간에 열렸으므로, 대회 시작 전에 10월11일(금), 설립 3주년기념예배가 먼저 진행되었다. 그리고 대회 기간의 저녁에는 바레인 한인교회의 **교구별 1일부흥회**가 열렸다. 강사는 중한연 대회에 참석한 한인교회의 담임목사들이었다. 13일(일) 현대교구 집회에 최형섭 목사, 14일(월) 영진교구 집회에 진영준 목사, 그리고 15일(화) 대림교구 집회에 문종호 목사가 강사로 섬겼다.

제 2차 바레인 중한연 대회의 특징은 참석한 4명의 목사가 모두 강좌를 맡아 진행한 일이었다. 바레인의 최수영 목사가 '**중동목회**의 문제점'을, 요르단의 진영준 목사가 '**중동선교**의 문제점'을, U.A.E의 문종호 목사가 '**중동선교**의 진로'를, 그고 쿠웨이트의 최형섭 목사가 '**코란 속의 알라**는 누구인가?'라는 주제로 발표하였다. 그리고 일련의 강좌 후에는 **공동연구**가 진행되었다. 그들이 한인교회의 담임목사로서 '**중동목회**'에 대하여, 그리고 중동의 선교사로서 '**중동선교**'에 대하여 공동연구를 진행하였다. 이와같이 초기 중한연 대회는 은혜를 받기 위해 모인 **집회의 성격**보다, 선교사로서 선교사역을 위해 모인 **대회의 성격**이 훨씬 더 컸다.

---

41) 1985.9.23일자 국제전화 통화내용 (발신자 : 최형섭 목사, 수신자 : 이집트 이준교 목사)
42) 1985.9.23일자 국제전화 통화내용 (발신자 : 최형섭 목사, 수신자 : 사우디 조완길 목사)
43) 중동지역 한인교회 연합회 제 2회 정기총회 회기일정표 및 공문의 내용을 참고하였다.

1985.10. 바레인 중한연 대회 일정			바레인 한인교회, 1일 부흥회
11일(금)	오후 5시 오후 9시	바레인 도착	바레인 한인교회 설립 3주년 기념예배
12일(토)	오전 9시	예배 중한연 대회 일정 확정 및 안건접수	
	오후 3시 오후 8시	정기총회 기도회 안건처리	
13일(일)	오전 9시	예배 최수영 목사 강좌 - **중동목회의 문제점**	
	오후 3시 오후 8시	진영준 목사 강좌 - **중동선교의 문제점** 문종호 목사 강좌 - **중동선교의 진로**	오후 6:30 현대교구 집회 - 강사 최형섭 목사
14일(월)	오전 9시	예배 최형섭 목사 강좌 - **코란 속의 알라 누구인가?**	
	오후	**중동목회의 공동연구**	오후 7:30 영진교구 집회 - 강사 진영준 목사
15일(화)	오전 9시	**중동선교의 공동연구** 및 기도회	
	오후	**중동선교의 공동연구** 및 기도회	오후 7시 대림교구 집회 - 강사 문종호 목사

지난 회기의 안건처리 점검 44)

중한연 대회에 7명 밖에 되지 않는 작은 인원이 모였지만, **토의된 안건의 내용**을 보면, 중동지역 초기의 한인교회들이 이슬람 선교의 문을 열기 위해, 어떠한 목표를 설정하고 무슨 사역을 도모를 했는지를 알 수 있다. 작은 인원으로 모였지만, '대회'(大會)답게 진행되었다.

본 회기의 안건상정 및 회의 전에, 서기가 전회의록을 낭독하고, 기존 안건의 처리에 대해 논의하였다. U.A.E 교회가 상정했던 **페르시아만 선원을 위한 설교방송의 건**은 전파관리법에 의해 불가능하므로 취소하기로 하였다. 쿠웨이트 교회가 상정했던 **이라크 지역 목회활동 연대의 건**은 선교사들의 일정에 맞추어 재조정하였다(1985년 10월 진영준 목사, 12월 문종호 목사, 1986년 3월 최수영 목사, 6월 문종호 목사, 9월 최형섭 목사의 이라크 방문목회).

쿠웨이트 교회가 상정했던 **인근 선교국과의 유대강화**에 대해서는 이란, 이라크, 사우디, 이집트

44) 이 항목은 '중동한인교회 연합회 회의록' pp.2-3의 내용을 정리하였다.

및 카타르 지역의 보고를 들었다. 최형섭 목사는 **이란 지역**에 대해서 현재 선교사가 여권수속만 진행되면 즉시 파송될 수 있으며, **이라크 지역**은 미혼 목사가 파송될 수 있도록 기도하는 중에 있고, 11월4일에 다시 이라크 지역을 방문할 예정에 있다고 보고하였다.

바레인의 최수영 목사가 **사우디 한인교회 연합회**(리야드 지역)에 인편으로 서한을 전달했으나 열매를 맺지 못하였다고 보고하였다. 이에 요르단의 진영준 목사가 보충설명을 하였다. 지난 8월에 리야드교회 **조완길 목사**와 대담하였고, 사우디 교회들도 충분히 협력하기로 하였으며, 중한연의 회칙을 연합회 회장 **김학현 목사**에게 보내었다고 보고하였다. 그리고 **이집트 지역**에 대해서는 카이로 한인교회의 **이준교 목사**도 중한연의 사역에 협력하기로 하였고, 이번 중한연 정기총회에 참석하고자 했으나, 교회형편상 올 수 없게 되었다고 보고하였다.

U.A.E.의 문종호 목사는 **카타르 한인교회**는 은혜 중에 있으며, 10월 25일에 다시 방문하여 성례식과 제직임명을 마칠 계획이라고 보고하였다. 그리고 **오만**과 **북예멘**은 아직 현지 사정을 알지 못하여 보고할 수 없었다. 이와같이 보고를 들으며, 차후에 이란, 이라크, 이집트, 사우디도 중한연에 합류하여 함께 모일 수 있기를 원하였다.

중동지역 한인교회 연합회 정기모임

회교의 나라 중동지역에 주님의 교회가 존재할 수 없다는 공인된 사실이깨뜨려져 가고있다. 한국인이 가는 곳에 김치와 교회가 따라간다는 말이 생겨났기 때문이다. 열사의 나라 중동 땅에서 땀흘려 수고해 온 평신도 선교사들이 함께 모여 기도하는 가운데 현장교회들이 곳곳에 생겨나고, 또한 부름 받은 교역자들과 한인연합교회들이 새로 20세기의 기독교 역사를 펼쳐나가고 잇는 것이다.

84년 9월 중동지역 한인교회 연합회가 발족되어 보다 효율적인 선교사역을 감당하기 위해 기도와 지혜를 모으고 단계적 전략을 세우며 협력해 오고 있다. 쿠웨이트에서 1차 모임과 성지 요르단에서의 2차 모임에 이어, 3 차 모임이 바레인 교회 창립 3주년을 기념하여 85년 10월12일-15일까지 바레인에서 있었다.

바레인·쿠웨이트, 요르단, 두바이에서 최수영, 최형섭, 진영준, 문종호 목사님과 최풍근 장로님이 참석하였다. 그동안 연합회 회장으로 수고한 최형섭 목사님에 이어 그대 회장으로 최수영 목사님이 선임되었다. 다음 회의는 사우디, 에집트, 리비아, 이란, 이락 등도 모두 참석하여 에집트에서 모이기로 결정, 오직 주님만 바라보며 힘들고, 어려운길, 좌절과 외로움이 있으나 죽음을 각오한 최후의 병사처럼 오늘도 눈물을 흘리며 씨를 뿌리는 귀한 종들에게 오! 하나님 위로를 주시고 동행하여 주시옵소서.

〈중동선교소식〉 제 3호 (서울 : 중동선교본부, 1985년), p.6

안건상정 및 회의[45]

지난 회기의 안건을 점검한 후, 본 회기에 상정된 안건을 논의하였다. 안건은 다음과 같았다.

상정교회	상정된 안건
바레인 교회	① 정회원 회원권 개정안 (준회원), ② 요르단 한인교회 보조건의
요르단 교회	① 현지인의 한국내 장학지원 및 평신도 선교사 훈련 대책의 건 ② 진영준 목사 현지 언어연수 재원문제 ③ 요르단 국경선에 인접한 이라크 현장교회를 순방할 수 있도록 허락을 요청함
U.A.E.교회	① 각 선교국 소식을 모아서 '월보'로 발간하는 일, ② 오만 선교 자료 제공을 요청함 ③ 현지 언어를 배울 수 있도록 자료 제공을 요청함, ④ 귀국자들의 중동선교본부와의 유대관계 강화
쿠웨이트 교회	① 중동선교방송에 관한 청취리포트의 제출, ② 중한연과 중동선교본부와의 관계, ③ 중동선교본부의 기능활성화 ④ 중한연의 국내 홍보의 건

바레인교회가 상정한, 회칙 제 6조를 개정하여 **평신도 대표**도 **정회원**으로 하자는 안건은 문종호 목사의 동의에 이어 제청이 없으므로 기각되었다. 요르단 교회 보조의 건은 제안자의 설명을 들은 후에, 중한연의 각 교회가 자율적으로 도와주기로 가결하였다. 요르단교회가 상정한 **현지인의 한국내 지원 및 평신도 훈련**에 관한 것은 제안자의 설명을 들은 후, 쿠웨이트 한인연합교회의 중동선교회에서 지원하기로 하였다.[46] 또, 진영준 선교사의 장기사역 대책의 일환으로 현지언어 연수지원의 건도 쿠웨이트에서 지원하기로 하였다. 그리고 요르단 국경선에 인접한 이라크 현장(이라크 요시지역)은 진영준 목사의 요청대로 요르단 교회의 선교지역으로 허락하기로 했다. U.A.E. 교회가 상정한 **오만지역 선교자료 제공의 건**은 쿠웨이트의 중동선교회가 우선 제공하고, 중한연에서 지속적으로 지원하기로 하였다. 그리고 **현지 언어를 공부할 수 있도록 자료의 제공**은 중동선교본부의 장학생 정형남(외대 아랍어과)으로 하여금 적절한 교제(테이프, 교재, 비디오)를 추천하도록 하며, 적당한 자료가 없을 때에는 현지 선교사가 사용할 수 있는 적절한 교재를 만들어 보급하기로 하였다. 또, 귀국자들의 중동선교본부와의 유대강화의 건은 쿠웨이트 교회가 상정한 안건②와 더불어 논하기로 하였다.

---

45) 이 항목은 '중동한인교회 연합회 회의록' p.2와 5의 내용과 '제 2차 중한연 정기총회 보고서' pp.2-3의 내용을 정리하였다.

46) 서울대학교 전자공학과에 유학 중인 현지인 학생 유셉에 대한 선교적 지원에 대해서는 중동선교본부의 장학생 정형남과 관계를 갖게 하여, 유셉의 선교적 자질과 소명의식을 재확인하도록 하고, 이에 따라 선교적 지원여부를 중동선교본부에 의뢰하기로 하였다.

쿠웨이트 교회가 상정한 **중동선교 방송에 대한 각 선교국의 청취 리포트 작성**은 쿠웨이트 교회가 수렴하여 중동선교본부에 제출하기로 하였다.[47] 그리고 **중한연과 중동선교본부와의 관계**에 대해서는 기대 이상의 성숙도를 보여주고 있으며, 앞으로도 원만한 관계가 예상되며, 각 선교국에서 유대강화를 위해 적극 협력하기로 하였다.[48] 또 최형섭 목사는 각국 선교사들의 **중동선교본부의 순환근무제도**를 제안했으나, 파송교회 및 교단과의 관계를 고려하여, 안건제목을 '중동선교 본부의 기능활성화'로 수정하여 논한 후, 선교사가 국내 체류하는 동안 중동선교본부 사역에 협력하기로 했다. **중한연의 국내홍보**에 대해서는 중한연에서 관계 매체(신문, 방송 등)와의 협력으로 추진하되, 바레인 교회의 최수영 회장이 중동선교본부의 협조를 얻어 시행하기로 하였다. 기타 토의사항으로 요르단 선교사의 여비지원을 위해 중한연 재정 중 $300을 지원하기로 했다. 차기 중한연 대회의 장소는 U.A.E.로 결정하였다. 단, 필요시에는 1986년 전반기에 이집트에서 모이기로 하였다. 그리고 기타 미진한 안건은 임원회에 넘기기로 하였다.

안건토의에 대한 평가

제 2차 중한연 대회는 겨우 7명(선교사로 파송받은 한인교회 담임목사 4명, 평신도 대표 3명)이 안건을 토의한 자리였다. 그런데 이 대회는 그 성격과 목적이 철저하게 '선교사역적'이었다. 이 대회에서 가장 중요한 현안은 **선교지에 대한 논의**였다. 곧, 이미 선교사가 파송된 선교지에서 발생된 문제(요르단), 현재 선교사 파송이 진행 중인 선교지의 관리문제(이라크)[50] 아직 담임목사가 없는 선교지(카타르), 그리고 새롭게 개척할 선교지(오만)에 관한 논의였다.

> 안건토의[49]
>
> 1) **요르단** 한인교회 지원,
> 2) 현지인 선교사 훈련 대책
> 3) **이라크** 선교 협력
> 4) 월보 발간
> 5) **오만**을 선교지로 정하고,
> 선교자료를 교환하기로 하다.
>
> * 선교사 현지언어 훈련
> * 귀국자 **중동선교본부**에 회원가입
> * **중동선교본부**에 레포트 제출
> * **중동선교본부**와의 관계 확립
> * **중동선교본부**와의 기능 활성화
> * 중동선교 연합회 국내홍보

---

47) 각 선교국의 보고에 의하면, 중동선교방송 시간에 방송주파수에서 청취가 거의 불가능하며 청취감도 거의 들리지 않을 정도였다. 이 사실을 중동선교본부에 알리기로 하였다.
48) 단, 쿠웨이트교회가 특별한 사업 외에는 중동선교본부와 직접적인 관계를 맺지 않기를 바라는 요청이 있었다. 바레인의 최수영 회장에게 일반적인 사업 모두를 일임한다는 태도를 취하되, 지속적인 사업의 협력을 요청하였다.
49) 이 안건토의는 최형섭 목사가「중동선교소식 : 쿠웨이트 편」p.27에서 정리한 것이다.
50) 1985년 10월 당시에, 서울 중동선교본부에서는 이라크 파송선교사의 인선이 한창 진행되고 있었다. 11월2일, 심근택 목사가 이라크 파송선교사로 선정되자 11월7일 최형섭 목사는 이라크를 다시 방문하였다.

최형섭, 최수영, 문종호 목사는 각각 쿠웨이트, 바레인 및 U.A.E에 선교사로 파송받았으나, 그들의 사명은 중동지역 전체였다. 그들이 자신이 직접 파송받지 않은 선교지(요르단, 이라크, 카타르, 오만)를 섬기는 일에도 적극 협력했다. 왜냐하면, 중한연이 바로 이 목적을 위해 세워졌기 때문이다.

이 대회에서 **선교사역을 위한 구체적 방안**도 논의되었다. ① 선교소식을 모아 **월보**를 발간한다.[51] ② 새로운 선교지 **오만에 대한 자료**를 수집한다.[52] 특히 최형섭 목사는 **중한연**(중동선교지)과 **중동선교본부**(선교파송지 한국교회)**의 관계**에 대해 깊은 논의를 이끌었다. 선교파송지인 한국교회에서 중동선교본부(MMC, 현 중동선교회, MET)가 사령탑으로서 감당할 사역이 중요하기 때문이었다. 현재 한국교회에 상당히 많은 수의 선교회가 이슬람 선교사를 파송하고 있으나, 이 당시 중동선교본부(MMC)처럼 중동선교의 전체를 조망하여 중동 선교지를 지원하는 일원화된 창구는 없다. 현 **중동선교회**(MET)가 그때처럼 중동선교의 전체를 조망하는 역할을 필히 맡아주어야 한다.

제 2차 중한연 대회에 대한 자체 평가

1985년 10월, 제 2차 바레인 중한연 대회는 모든 행사를 마친 후에, **자체적인 평가**를 했다. 이 시기는 중한연이 조직된지 만 1년이 되는 때였다. 이 평가에 따르면, “초기에는 정착의 어려움과 선교적 연합의 난제 등으로 인하여, **난국의 연속**이었다. 선교사들의 관계도 이러한 난제에 노출되었으나, 제 2차 정기총회 모임에서는 많은 성숙도를” 보여줄 수 있었다고 한다.[53] 이러한 평가에 근거할 때, 중한연이 처음 시작되어, 안정적인 체계를 갖추기까지 쉽지 않은 과정이 있었던 것 같다.

바레인 교회는 중동선교본부에 소속되는 것은 원치 않으며, 다만 협력관계를 지속하는 것으로 당회에서 결정하였다. 이러한 결정에 대해, 바레인 교회가 지속적인 관계와 연대성을 갖고서, 선교적 의지를 키워야 할 것으로 판단했다.

---

51) 만약 이 월보가 꾸준히 발간되어 선교현장의 역사가 지금까지 보관되어 있다면, 현재와 미래의 전략수립을 위해 매우 유용한 자산이 되었을 것이다.
52) 이슬람 선교를 위해 **선교지별 자료의 수집**은 오늘날에도 매우 중요한 사실이다. 왜냐하면 이슬람국가라 할찌라도, 그 지역에 따라 선교전략이 매우 크게 달라져야 하기 때문이다. 지금부터라도 중선협은 지역별 선교자료를 축적하고, 정기적으로 축적된 자료를 해석하는 일을 지속해야 한다.
53) ‘제 2차 중한연 정기총회 보고서’ p.4

요르단 교회는 한국건설회사의 급격한 철수로 인해 큰 어려움 속에 있었다. 이에 의해 진영준 선교사는 상황에 따라 선교지를 철수할 수 있다고 언급하였고, '어떠한 극한 상황에서도 요르단에 대한 비전을 가지고 선교적 사명을 다할 수 있는가?'라는 물음에 회의적인 대답을 하였다.
두바이 교회는 확실하게 성장을 하고 있었다. 다만, 문종호 목사의 목사경력 1년째의 미숙함이 우려되는 부분은 동역자로서 조언을 해주었다고 하며, 최풍근 장로의 협력으로 잘 되어질 것을 예상하였다. 두바이 교회는 선교적 열의가 있으며, 안정되었고, 재정의 안정도가 가장 높은 교회였다.

쿠웨이트 교회는 지금까지 중동선교사역의 중심된 역할을 맡아왔으나 **독선적**이라는 느낌을 주지 않도록 주의해야 했다. 중동지역의 모든 교회에게 선교의 사명을 분담시켜 주고, 동역의 의미와 성취감을 나누어 주도록 노력할 필요가 있었다.

그리고 중한연 대회에 대한 자체 평가는 다음과 같은 마지막 문장으로 끝을 맺었다.

> 이번 **회의에 받은 후유증**을 치료하는 문제를 연구하여,
> 선교적 유대에 차질이 없도록 연구하여 시행한다.
>
> 1985년 5월, 이집트에서 모여 이집트 지역을 중한연에 가입시키고,
> **선교목사 수양회**로 **심신을 새롭게** 하는 것이 좋을 듯하다.[54]

위의 문장에서 선교적 유대에 차질을 가져올 만큼, 회의과정에서 받았던 **후유증**이 무엇인지는 잘 알 수 없다. 그만큼 한마음 가운데 합의의 도출이 쉽지 않았던 것 같다. 그리하여 다음 회기의 중한연 대회는 **선교목사 수양회**로 개최하여 심신을 새롭게 하기를 원하였다. 즉, 대회의 성격보다 집회의 성격을 필요로 하였다. 이러한 요청은 이미 1985년 6월, 요르단 중한연 대회에서 있었다. 그 때 "성지순례를 하면서 회의를 할 것과 저녁에는 **부흥집회**를 갖게 해달라"라는 요청이 있었고, 또 수락되었다.[55] 그만큼 중동지역 선교사들에게 영적 재충전은 무척 필요했다.

---

54) '제 2차 중한연 정기총회 보고서' p.5
55) '중동지역 한인교회 연합회 회의록 - 1985.6.29~7.4(장소 : 요르단한인교회)', p.1

2) 제 3차 중한연 대회 (두바이, 1986.11)

대회참석

제 3차 중한연 대회는 1986년 11월29일(토)~12월2일(화), 두바이 한인교회에서 열렸다. 당시 중동지역 10개국에 15개의 한인교회가 세워져 있었다.56) 지난 번 제 2회 바레인 대회 때 4개국(바레인, 쿠웨이트, 요르단, U.A.E)에서 4개 교회만 참석했으나, 이번 대회에는 7개국(U.A.E, 쿠웨이트, 바레인, 요르단, 이라크, 사우디, 미국)으로부터 6개 교회와 10명이 참석하였다(목사 7명, 장로 1명, 집사 2명).

두바이 한인교회(문종호 목사, 최풍근 장로), **쿠웨이트 한인연합교회**(조원규 목사,57) 최낙성 집사), **바레인 한인교회**(최수영 목사), **요르단 한인교회**(진영준 목사), **이라크 한인교회**(신창순 목사58)), 그리고 미국의 **필라델피아 제일장로교회**(김만우 목사59))가 참석했다. 특히 이 대회에는 **사우디**에서 선교사로서는 처음으로, 한인교회의 담임목사가 아닌 **김복채 목사**60)와 **이명진 집사**61)가 참석했다.

선교정책의 수립

제 3차 두바이 중한연 대회는 이전 대회보다 발전하였다. 12가지의 1987년 선교정책도 수립하였다. 여기서 놀라운 것은 첫째로 **아랍 현지인 선교**를 위한 세 가지 정책들이었다(① 현지인 지도력 개발, ⑥ 현지인 결신사례연구, ⑨ 현지 선교역사 연구). 첫째, 아랍인에 의한 아랍인 전도를 위하여 **현지인 지도력 개발**이 필요하다. 둘째, 무슬림 전도훈련을 위해, 무슬림이 기독교로 **개종한 사례들의 연구**

---

56) 1986년 11월 당시에, 15개의 한인교회들이 세워져 있었다 : **이란**의 테헤란한인교회(1974), **사우디**의 리야드한인연합교회(1976), 담맘한인교회(1980), 리야드청운교회(1981), 리야드교회(1984), 제다한인교회(1985), **이집트**의 카이로한인교회(1977), **쿠웨이트**한인연합교회(1978), **UAE**의 두바이한인교회(1979), 아부다비한인교회(1982), **카타르**한인교회(1980), **바레인**한인교회(1982), **리비아**한인교회(1982), **요르단**한인교회A(1984), **이라크**한인연합교회A(1986).

57) 조원규 목사는 1986년 4월, 쿠웨이트 한인연합교회의 제 2대 담임목사로 부임하였다.

58) 신창순 목사는 1986년 10월, 이라크 한인교회의 초대 담임목사로 부임하였다.

59) 김만우 목사는 1984년부터 U.A.E의 교회들(두바이 한인교회, 아부다비 한인교회, 알아인 동아교회)를 수차례 방문하여 섬겼다. 1984년, 두바이 한인교회의 임시당회장으로 추대되어 부흥집회를 인도했고, 성례전을 베풀며, 제직을 임명하고, 가정심방도 하였다.

60) 김복채 목사는 선교사로서 카심, 부레이다 지역 및 리야드 지역 일부 현장교회를 섬겼다.

61) 이명진 집사는 1986년 9월27일, 중동선교본부에서 김복채 목사와 함께 사우디 카심지역의 선교사로 파송을 받았다(파송예배 사회 : 김종표 집사, 설교 : 김복채 목사)

도 필요하다. 셋째, 중동선교지의 이해와 선교 전략 수립을 위하여 **현지 선교역사 연구**는 필수적이다. 동방교회는 전통적으로 오랜 역사 가운데 존재해 왔었다. 개신교의 선교는 현대 중동 국가의 수립 이전에, 근대시대에 시작되었다. 그리하여 이슬람 국가 안에 비록 소수이지만 기독교인들도 존재한다.

둘째로, 중동지역의 한인교회를 **이슬람 선교를 위한 전초기지**로 삼는 3가지 선교정책도 있었다 : ③ 중한연의 1987년도 표어는 **선교총력의 해**로 한다. ④ **선교사 언어훈련**은 각 교회가 적극 실시한다. ⑤ **선교사 후보생**의 현지교육 및 **평신도 선교사**의 현지취업에 각 선교국이 협력한다.

1987년 선교정책

1. **현지인 지도력 개발**
 1) 현지인 기독교 지도자 양성은 중선본부에 의뢰하여 각 분야별교육과 신학교육실시
 2) 현지 자도자 유대강화 (서울방문)
2. 문서를 통한 선교
 : 성경반포와 전도지 배포는 각 선교국별로 한다.
3. 중한연의 87년도 표어는 '선교총력의 해'로 한다
4. 선교사 언어훈련은 각 교회가 적극 실시하도록 권장하는 공문을 발송한다.
5. 선교사 후보생 현지교육 및 평신도 선교사 현지취업에 각 선교국이 협력한다.
 *선교국 : 이라크와 쿠웨이트, 의뢰기관 : 중선본부
 *추천대상자 : 중선본부 선발 예비선교사
 *제 3세계 선교훈련원 및 기타 선교기관
6. **현지인 결신사례 연구**
 : 각 지역 결신 사례의 정보를 교환한다
7. 통신의 효율화 : 음어 사용을 실시한다.
8. 터키 선교사 파송대책
 : 이라크와 쿠웨이트 교회에 일임하여 시행한다 (현지조사, 선발, 파송, 후원대책)
9. **현지 선교역사 연구**
 : 각 선교국 선교사가 연구하여 제출토록 한다 (자료는 김만우 목사님께 의뢰)
10. 성서의 선교현장 연구
11. 자생교회를 통한 선교협력
12. 중한연, 선교유관 기관과의 활성화

한국교회의 이슬람 선교는 한인교회들이 중동지역에 디아스포라로 확산됨으로써 확장될 수 있었다. 그러므로 중동지역의 한인교회를 **이슬람 선교를 위한 전초기지**로 삼는 선교정책은 매우 바람직한 것이었다. 그리하여 중한연은 1987년을 **선교총력의 해**로 정하고(선교정책③), 중한연 소속의 모든 한인교회들이 매주 같은 기도제목으로 합심하여 기도하도록 하였다.

이라크 한인연합교회의 담임목사 신창순 선교사는 제 3차 중한연 대회에서 돌아온 후, 매주 주보에 '선교총력의 해'의 기도제목을 실어서, 전 교인이 중동선교에 온힘을 쏟을 수 있도록 하였다. 2월 둘째 주일과 셋째 주일의 기도제목을 보면, 중동지역의 한인교회가 **이슬람 선교를 위한 전초기지**로서 어떠한 역할을 구체적으로 해야 하는지를 알 수 있다.

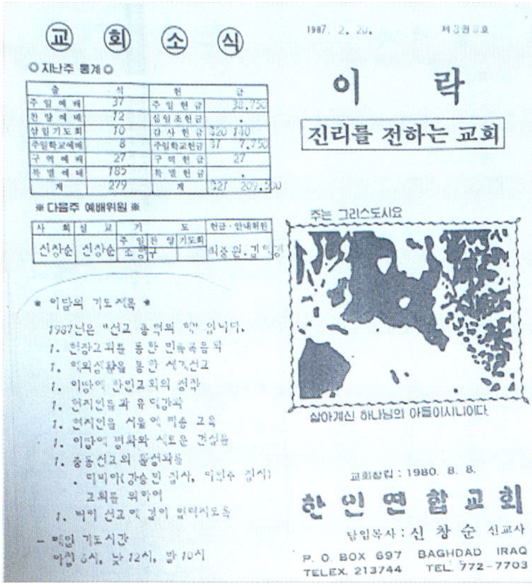

1987년은 '선교총력의 해'입니다

1. 현장교회를 통한 민족복음화
2. 해외생활을 통한 세계선교
3. 이 땅에 한인교회의 정착
4. 현지인들과 유대강화
5. 현지인을 서울에 파송, 교육
6. 이 땅에 평화와 새로운 건설을!
7. 중동선교의 활성화를!
   리비아(강승빈 집사, 이익주 집사)
   교회를 위하여
8. 터키 선교의 길이 열려지도록

이라크 한인연합교회 1987년 2월20일자 주보.62)

중동지역의 각 한인교회가 **선교사의 언어훈련**은 적극적으로 실시하는 것(선교정책④)이나, 또는 **선교사 후보생**의 현지교육 및 **평신도 선교사**의 현지취업을 위해 협력하는 것(선교정책⑤)도 역시 중동지역의 한인교회가 이슬람 선교의 전초기지이기에 감당할 역할이었다. 그러므로 중동지역의 한인교회들은 이슬람 선교의 전초기지라는 **자의식**을 가지고, 이러한 역할을 감당할 수 있는 선교역량을 함양시켜야 한다. 이것은 그 때 뿐만 아니라, 지금도 요청되는 사실이다.

셋째로, 1987년 당시 가장 힘을 집중해야 할 새로운 선교지를 위한 정책이었다. 그것은 바로 ⑧ **튀르키예 선교사의 파송대책**이었다. '선교총력의 해'의 8번 기도제목 역시 "터키 선교의 길이 열려지도록"이었다. 그 당시 튀르키예에는, 1982년에 유학생으로 왔던 **김주찬 평신도 선교사**가 홀로 사역하고 있었고, 아직 목사 선교사는 파송받지 못하였다. 이러한 총력기도에 힘입어 1987년 5월 30일, **조용성 목사**가 드디어 목사 선교사로 파송받을 수 있었다. 1989년 2월, 김주찬 선교사와 조용성 선교사의 협력으로 **이슬탐불 한인교회**가 터키 최초의 한인교회로 설립될 수 있었다.

62) 이 주보는 신창순 목사가 제공하였다. 그러나 1987년 3월, 신창순 목사는 이라크 정부의 체포위험으로 긴급하게 이라크를 탈출하여야 했다. 그의 극적 탈출 후, 유정모 집사가 심한 옥고를 치루었다.

넷째로, 다양한 선교정책도 제시되었다 : ② **문서를 통한 선교**, ⑦ **통신의 효율화**, ⑩ **성서의 선교 현장 연구**, 그리고 ⑪ **자생교회를 통한 선교협력**.

이와같이 초기 중한연 대회는 한인교회의 담임목사들이 **목회자**라기보다 **선교사**로서 참석하여 당면한 선교적 사안을 의논하여 해결하고, 가장 시급하고 필요한 선교정책을 수립하였다. 그런데 안타깝게도 오늘날 중선협 대회는 규모는커졌으나 이러한 본래 성격과 목표를 크게 상실하였다.

한편 중동지역의 선교사들에게는 특히 이슬람 지역에서 항시적으로 압박을 겪는 상황이므로 쉼과 영적 재충전이 필요하였다. 그리하여 연 1회 선교세미나를 개최하고, 강사를 초청하여 순회 전도 집회를 갖기로 하였다. 〈중동선교〉 제 6호(1986.12.25)는 제 3차 중한연 대회가 "그 어느 때보다도 은혜로왔고, 뜻있는 모임이었다"고 평가하였다.[63]

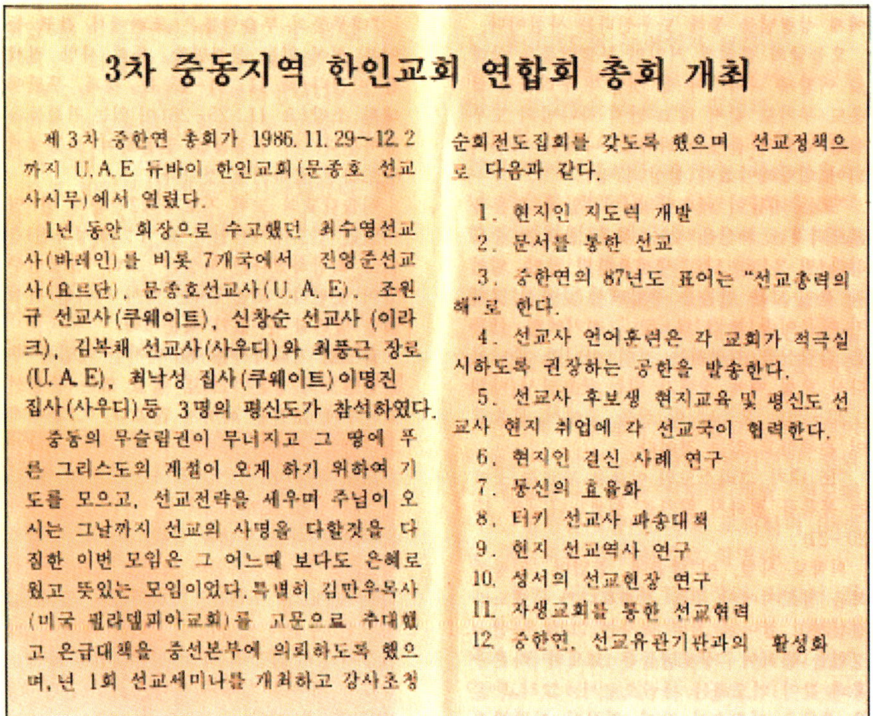

3차 중동지역 한인교회 연합회 총회 개최

제3차 중한연 총회가 1986. 11. 29~12. 2 까지 U.A.E 듀바이 한인교회(문종호 선교사시무)에서 열렸다.

1년 동안 회장으로 수고했던 최수영선교사(바레인)를 비롯 7개국에서 진영준선교사(요르단), 문종호선교사(U. A. E), 조원규 선교사(쿠웨이트), 신창순 선교사 (이라크), 김복채 선교사(사우디)와 최풍근 장로(U. A. E), 최낙성 집사(쿠웨이트) 이명진 집사(사우디)등 3명의 평신도가 참석하였다.

중동의 무슬림권이 무너지고 그 땅에 푸른 그리스도의 계절이 오게 하기 위하여 기도를 모으고, 선교전략을 세우며 주님이 오시는 그날까지 선교의 사명을 다할것을 다짐한 이번 모임은 그 어느때 보다도 은혜로웠고 뜻있는 모임이었다. 특별히 김만우목사(미국 필라델피아교회)를 고문으로 추대했고 은급대책을 중선본부에 의뢰하도록 했으며, 년 1회 선교세미나를 개최하고 강사초청 순회전도집회를 갖도록 했으며 선교정책으로 다음과 같다.

1. 현지인 지도력 개발
2. 문서를 통한 선교
3. 중한연의 87년도 표어는 "선교총력의 해"로 한다.
4. 선교사 언어훈련은 각 교회가 적극실시하도록 권장하는 공한을 발송한다.
5. 선교사 후보생 현지교육 및 평신도 선교사 현지 취업에 각 선교국이 협력한다.
6. 현지인 결신 사례 연구
7. 통신의 효율화
8. 터키 선교사 파송대책
9. 현지 선교역사 연구
10. 성서의 선교현장 연구
11. 자생교회를 통한 선교협력
12. 중한연, 선교유관기관과의 활성화

---

63) <중동선교> 제 6호(서울 : 중동선교본부, 1986.12.25), 선교소식, p.9

3) 제 4차 중한연 대회 (요르단, 1987.10)

제 4차 중한연 대회는 1987년 10월 22일(목)~24일(토), 요르단 한인교회(담임목사 진영준 선교사)에서 개최되었다.

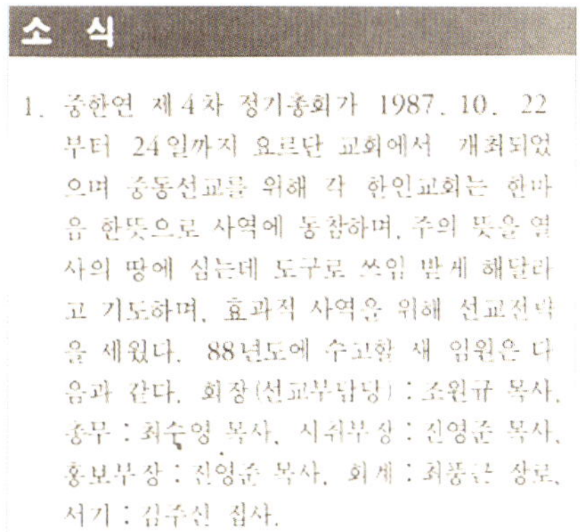
소 식

1. 중한연 제4차 정기총회가 1987. 10. 22부터 24일까지 요르단 교회에서 개최되었으며 중동선교를 위해 각 한인교회는 한마음 한뜻으로 사역에 동참하며, 주의 뜻을 열사의 땅에 심는데 도구로 쓰임 받게 해달라고 기도하며, 효과적 사역을 위해 선교전략을 세웠다. 88년도에 수고할 새 임원은 다음과 같다. 회장(선교부담당) : 조원규 목사, 총무 : 최수영 목사, 시취부장 : 진영준 목사, 홍보부장 : 진영준 목사, 회계 : 최풍근 장로, 서기 : 김주신 집사.

〈중동선교〉 제 8호의 간략한 소식에 의하면, 이 대회에서도 "효과적인 사역을 위하여 **선교전략**을 세웠다".[64] 임원개편은 다음과 같이 이루어졌다 : 회장 및 선교부장 조원규 목사(쿠웨이트 한인연합교회), 총무 최수영 목사(바레인 한인교회), 시취부장 및 홍보부장 진영준 목사(요르단 한인교회), 회계 최풍근 장로(두바이 한인교회), 서기 김주신 집사(쿠웨이트 한인연합교회).

〈중동선교〉는 이 이후로 중한연(중선협) 대회의 소식을 전혀 소개하지 않거나, 매우 짧은 단신으로 다루었다. 그리하여 〈중동선교〉 소식을 통해서는 대회의 참석인원과 대회내용을 알 수 없었다. 중동선교본부가 예전처럼 중한연(중선협) 대회에 큰 관심을 두지 않게 된 것 같다.

4) 제 5차 중한연 대회 (쿠웨이트, 1988.9)

① 대회참석

제 5차 중한연 대회가 1988년 9월 26일(월)~29일(목)에 쿠웨이트 한인연합교회의 8주년 기념주간에 쿠웨이트에서 개최되어 총 13명이 참석했다. 6개국(쿠웨이트, 바레인, 요르단, U.A.E, 사우디아라비아, 이라크)에서 8개 교회 10명(담임목사 7명, 평신도 대표 3명)이 참석했다. 특히 2개국(튀르키예, 이집트)에서 3명의 선교사가 중한연 대회에 참석하였다.

1988년 제 5차 중한연 대회

64) <중동선교> 제 8호(1987.12.25), p.14. 안건 및 선교정책은 소개되지 않았다.

한인교회의 담임목사로는 **조원규 목사**(쿠웨이트 한인연합교회), **최수영 목사**(바레인 한인교회), **진영준 목사**(요르단 한인교회), **주태근 목사**(U.A.E.두바이 한인교회), **서신길 목사**(아부다비 한인교회)[65]가 참석하였고, **김재운 목사**(사우디 리야드 한인연합교회)와 **한봉근 목사**(제다 한인교회)가 참석하였다. 이상의 한인교회의 담임목사들도 모두 선교사였다. 평신도 대표로서는 **이병만 집사**(사우디), **최낙성 집사**(쿠웨이트) 및 **이건주 집사**(이라크)가 참석하였다(당시 이라크 한인교회는 1987년 3월, 이라크 정부의 핍박으로 인해 유정모 집사가 투옥되고, 신창순 목사가 귀국한 후, 담임목사가 공석인 상황이었다).

선교사로서는 **조용성 목사**(튀르키예)와 **김신숙 선교사**(이집트, 故 이연호 목사의 사모)가 참석하였고, 튀르키예 선교의 문을 열었던 **김주찬 평신도 선교사**(튀르키예)도 참석하였다.

② 명칭변경 : '중한연'에서 '중선협'으로 (1988.9)

제 5차 중한연 대회의 특징은 **선교사들의 참석**이었다. 중동선교가 계속되면서, **튀르키예의 조용성 목사**의 경우와 같이 한인교회를 담임하지 않은 선교사가 파송받게 되었다. 또 **이집트의 김신숙 선교사**의 경우와 같이 여성단신으로 사역하는 선교사도 있었다. 이러한 상황변화로 인해 '중동지역 한인교회 연합회'(중한연)라는 명칭은 부적절하게 되었다. 그리하여 '중동지역 **한인교회** 연합회'를 '중동지역 **한인선교** 협의회'라는 명칭으로 변경하게 되었다.

이에 따라 회칙도 변경하였다. 제 2장 조직 제 4조 "본 회는 중동지역 한인교회들로 조직한다"는 "본 회는 **중동지역 한인교회** 및 **한인 선교사**에 의하여 세워진 교회들로 조직한다"로 수정되었다. 그리고 제 2장 제 6조 1항 정회원은 "각 선교국을 대표한 목사 1인과 평신도 대표 1인으로 하고"는, "중동지역에 있는 복음주의적 **목사**, **선교사** 그리고 **각 교회 평신도 대표 1인**으로 하고"로 수정되었다. 그리하여 명칭변경에 맞도록, 중선협의 조직과 정회원의 자격을 변경하였다.

중동지역의 초기 한인교회의 담임목사들은 모두 선교사로 파송받아 왔으므로, 선교사역을 위해 '중동지역 **한인교회** 연합회'(중한연)라는 이름 아래 회합을 갖는 일도 합당하였다. 그러나 이제는

65) 주태근 선교사는 1988년 3월, 두바이 한인교회의 제 2대 담임목사로 부임하였다. 같은해 서신길 선교사가 주태근 목사의 추천으로 아부다비 한인교회의 담임목사로 부임하였다.

'중동지역 **한인선교** 협의회'(중선협)라는 이름 아래 목사와 선교사가 동반관계로 회합을 갖는 것이 더 합당하게 되었다.

③ 주요 프로그램

선교국의 선교보고

제 5차 중한연 대회에서 **각 선교국의 선교보고**가 큰 비중을 차지하였다. 국가별로 보고한 것이 아니라, 12명의 선교사가 개인별로 보고하였다. 3시간 동안 네 명의 선교사가 선교보고를 하였다. 선교사가 자신의 핵심사역을 보고하는 것이 가능한 시간분량이었다. 이와같이 12시간을 듣는 다면, 당시 중동지역의 선교사역 현황을 용이하게 파악할 수 있었을 것이다(한편 당시 담임목사가 공석 중인 이라크 한인교회의 이건주 집사가 이라크의 선교사항을 보고하였다).

27일(화) 09~12시	27일 14~17일	28일(수) 09~12시
요르단 선교사항 (진영준 목사)	튀르키예 선교사항 (김주찬 선교사)	아부다비 선교사항 (서신길 목사)
아랍권 선교사항 (헬　리 목사)	두 바 이 선교사항 (주태근 목사)	쿠웨이트 선교사항 (최낙성 집사)
사우디 선교사항 (한동근 목사)	카 타 르 선교사항 (서신길 목사?)	사 우 디 선교사항 (이병만 집사)
이집트 선교사항 (김신숙 선교사)	바 레 인 선교사항 (최수영 목사)	튀르키예 선교사항 (조용성 목사)
	29일(목) 14~17시	이 라 크 선교사항 (이건주 집사)

집회와 기도회

집회로는 아침 기도회(5회)와 저녁집회(3회)가 진행되었는데, 모든 순서를 외부강사없이 오직 대회에 참석한 목사와 선교사, 평신도 대표들이 다 맡아서 진행하였다(대회는 실제로는 29일(목)로 마쳤지만, 그후에 쿠웨이트 한인연합교회 8주년기념예배가 더 진행되었다).

저녁집회에는 특별히 **간증의 시간들**이 있었다. 선교지의 현장에서 같은 동료 선교사들의 간증이야말로, 그 어떠한 전문적인 선교세미나보다 더 큰 도전과 위로가 되었을 것이다. 선교현장의 실제 경험이 농축된 사역의 고백이야말로 선교사 대회다운 프로그램이다.

이외에도 또다른 집회들이 있었다. 28일(수) 오후에는 현장교회의 방문이 포함된 '**사막 기도회**'가 있었다. 쿠웨이트의 조원규 목사가 사회를 맡았다. 30일(금) 오후에는 쿠웨이트 한인연합교회 제 8주년기념 예배 및 임직식이 있었고, 10월 1일(토) 오전에는 폐회예배로 대회를 마쳤다. 이 예배들의 모든 순서들도 대회에 참석한 목사, 선교사 및 평신도 대표들이 맡았다.

아침기도회	27일(화)	28일(수)	29일(목)	30일(금)	1일(토)
사 회	이병만 집사	김주찬 선교사	김신숙 선교사	이병만 집사	이건주 집사
말 씀	주태근 목사	서신길 목사	조용성 목사	최수영 목사	한동근 목사

저녁집회	26일(월)	27일(화)	29일(목)
	선교세미나 개회예배	간증 및 기도회 (바닷가에서)	심령부흥회
사회	조원규 목사 (쿠웨이트)	최수영 목사 (바레인)	조원규 목사 (쿠웨이트)
기도	김주찬 선교사 (튀르키예)	김재운 목사 (사우디)	김주찬 선교사 (튀르키예)
간증		김신숙 선교사 (이집트) 김주찬 선교사 (튀르키예) 이병만 집사 (사우디)	김신숙 선교사 (이집트)
성경봉독			서신길 목사 (아부다비)
설교	최수영 목사 (바레인)	조용성 목사 (튀르키예)	주태근 목사 (두바이)
특송/찬양	김신숙 선교사 (이집트)		이수영 집사 (쿠웨이트)
축도	한동근 목사 (사우디)	서신길 목사 (아부다비)	한동근 목사 (사우디)

정기총회 및 선교협의

이틀 간에 걸쳐 **정기총회**와 **선교협의**가 진행되었다. 비교적 충분한 시간이 배정되었다. 정기총회는 28일(수) 19시30분부터 29일(목) 12시 점심식사 전까지 진행되었고, 선교협의는 점심식사 후 14~17시까지 진행되었다.

정기총회 선교협의	28일(수)	28일(목)	29(목)
	저녁 7:30~20:30	오전 9~12시	오후 2~5시
	중한연 제 5차 총회	중한연 제 5차 총회 속회	선교협의
경건회 인도	서신길 목사	최수영 목사	조용성 목사
총회사회	중한연 회장 조원규 목사	중한연 신임회장	조원규 목사

19가지의 안건이 결의되었다 첫 번째 사안은 '**중동복음화 서울 대회의 개최**'와 관련된 결의였다(① 중동복음화 서울선교 대회를 1989년 서울에서 개최하기로 하다. ② 서울대회를 위하여 본회에서 임원 1명을 서울에 1년간 파송하기로 하다. ③ 중동복음화 서울 대회를 위해 준비위원회를 조직하다. ④ 중동복음화 서울 대회 준비위원장에

중동의 각 선교지에서 **현재 필요한 안건**도 다루어졌다. 허락된 안건도 있고, 보류된 안건도 있었다. 이러한 회의를 통해 중동의 각 선교지가 하나로 협력하고 서로를 도왔다. 선교현장을 가장 잘 아는 선교사와 한인교회 담임목사들이 스스로 이 일을 다음과 같이 결정하였다.

* 요르단 : 아랍어 성경책의 보급건은 중동선교회에 건의하도록 하다.
요르단 선교학교 지원의 건은 받아들이며, 연 1,000불로 한다(5백불씩 2회).
* 이집트 : 이집트 선교센타 건립기금 모금의 건은 요청 시에 협력하기로 하다.
이집트 현지인 전임교수 양성을 위한 선교비 지원의 건은 협력하기로 하다.
* 이라크 : 이라크 한인교회 담임목사 청빙의 건은 중선협에서 협력하여 의뢰하기로 하다.
* 튀르키예 : 튀르키예 선교사역을 위한 승용차 구입의 건은 보류하기로 하다.

또 임원회는 1990년 2월, '중동지역 한인선교 협의회'란 이름에 걸맞는 중요한 사안을 결의하여, 총회 후 각 한인교회에 공문으로 보내었다. 그것은 **각 선교국의 선교역사**(결의사항③), **선교정보**(결의사항⑤) 및 **선교사례연구**(결의사항⑥)에 대한 것이었다. 특히 1990년도는 중동선교가 이제 시작된지 대부분 10년 이내의 처음 시기였다.

4. 공 문 결 의
❶ 결의사항을 철요로 만들기로 하다.
❷ 각 교회는 그 해 결산의 1%를 부담금으로 상납키로 하다.
❸ 각 선교국의 선교역사를 요약 보고키로 하다.
❹ 아랍어성경보급을 위한 협조 공문을 중동선교회에 보내기로 하다.
❺ 선교정보를 위하여 각 선교국의 약사를 소책자로 발간키로 하다.
(각 선교국의 제출물 : 현장사진 10 매, 가족사진 2 매, 여권사진 2 매, 회원신청서 2부, 원고지 30매이내의 선교약사)
❻ 정기총회시 선교사례연구보고대회를 실시키로 하다.
주제 : ① 무슬림선교의 난제 ② 무슬림선교의 전망

따라서 이 3가지 결의사항은 하나하나가 모두 매우 중요한 것이었다. 그러므로 중선협은 **각 선교국의 선교역사**를 정기적으로 보고받아야 하며(결의사항③), 그것을 **기록물**로 남겨야 하고(결의사항⑤), 특히 **무슬림 선교의 실제 사례연구**는 이슬람 선교의 이해 및 선교전략 수립을 위해 지극히 주요한 기초자료였다(결의사항⑥).[73]

73) 실제로 중동 이슬람 선교현장에서 사역하는 선교사가 아니라면, 누가 이처럼 중요한 일을 경험하여 기록할 수 있겠는가? **성공한 사역의 기록**만이 필요한 것이 결코 아니다. 오히려 성공적인 전략수립을 위해서는 **실패한 사역의 경우**도 마찬가지로 필요하다. 실패의 원인분석이야말로, 성공적인 대책의 마련을 위한 비결이 되기 때문이다. 중요한 것은, 첫째로 이러한 정보와 자료의 수집이 정기적으로 수행되어야 하며, 둘째로 누적된 정보와 자료들이 전문가적으로 분석되어, '선교전략 수립의 기초 데이터'로 가공될 수 있어야 한다. 셋째로, 선교전략가 그룹은 이 데이터를 기반으로, 현장 지역선교사와 긴밀히 소통하며, 장단기 전략수립 및 현행 전략의 재조정을 할 수 있어야 한다.

그리고, 중선협은 중동지역 한인교회들의 **준**(準) **노회적 기능의 일부**를 담당하였다. '각 교회는 그 해 결산의 1%를 부담금으로 상납하기로 한다'(결의사항②)는 결정 외에도, 총회에서 고시부는 '이봉의 집사(두바이 한인교회)의 장로고시 합격을 허락한다'라고 보고하였다. 중선협은 '선교사역을 위한 협의회'로 필요할 뿐만 아니라, '한인교회들의 노회적 기능'을 위해서도 필요하였다. 제 6차 대회의 규모가 12명에 불과했으나, 선교사 대회의 성격에 충실하고 있었다.

2) 중선협 대회 - 초청강사와 집회의 성격 (제 7차부터 지금까지)

제 7차 중선협 대회가 1991년 10월 7~12일, **튀르키예** 이스탄불에서 이상택 목사(호주 시드니 한인교회)를 주강사로 모시고, "땅끝까지 이르러"란 주제로 개최되었다.[74] 이 대회에 9개국, 38명이 참석하여, 이전 대회 12명보다 크게 늘었다. 주태근 목사(두바이 한인교회)가 제 7차와 8차의 중선협 대회의 회장을 역임했다.

1989년 5월 선교부의 서신길 목사는 각 교회에 공문을 보내어, '귀 교회의 선교전략'과 '현지인 선교의 전망, 문제점과 대책', 그리고 '제삼국인 선교의 전망, 문제점과 대책'을 파악한 적이 있었다. 왜냐하면 지난 번 제 6차 중선협 대회(1989.11)가 다음 정기총회에서 **선교사례 연구보고 대회**(주제 : ① 무슬림 선교의 난제, ② 무슬림 선교의 전망)를 실시하기로 결의했었기 때문이다. 그리하여 제 7차 중선협 대회로 모였을 때, **선교사역**을 보고하고, **무슬림 선교의 난제와 그 대책**을 논의할 수 있었다.[75] 그러므로 중선협 대회는 큰 규모로 모이든, 작은 규모로 모이든 간에, 이러한 선교사 대회의 성격과 본질을 잊어서는 안된다.

제 8차 중선협 대회가 1992년 9월 28일~10월2일, **이집트**의 카이로에서 김만우 목사와 이상택 목사를 강사로 모시고 개최되었다(회장 : 카이로 한인교회 이준교 목사[77]). 이 대회에 지금까지 중선협

---

74) 본래 제 7차 중선협 대회는 1990년에 쿠웨이트에서 개최할 예정이었으나, 당시 중동지역의 불안정한 정세로 인해, 1991년 10월로 연기하여 이스탄불에서 열리게 되었다.
75) <중동선교> 제 20호(서울 : 중동선교회, 1992.01.27), 소식들, p.15
76) 사진출처, 주태근 목사 블로그 (https://blog.naver.com/taekunjoo)
77) 이준교 선교사는 이연호 목사의 후임으로 카이로한인교회의 제 2대 담임목사로 부임하여 이집트에서 신학교 교수사역을 병행하며, 이슬람 선교사역을 위해 평생 헌신하였다.

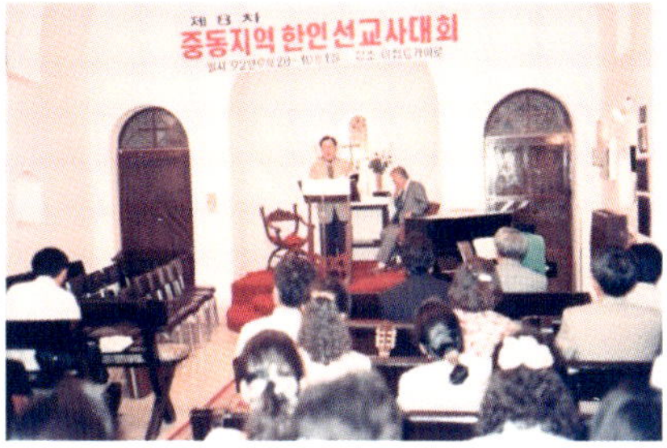

1992년 제 8차 중선협 대회[76]

대회 중에서 가장 많은 인원인 50여명이 참석하였다.[78] 한국에서 중동으로 파송받는 선교사들의 숫자가 늘면서, 자연스럽게 중선협 대회의 참석인원도 늘게 되었다. 그런데 **중동선교회**의 소식지 〈중동선교〉 제 23호(1992.11.30)는 중선협 대회의 소식을 매우 짧은 단신으로만 다루었다. 이것은 서로 협력사역을 위해, 거의 동시에 창립한 '중선협'과 '중동선교회'가 이제는 예전만큼 긴밀한 관계를 맺지 않고 있다는 사실의 한 단면이었다.

제 9차 중선협 대회가 1993년 8월 23일(월)~27일(금), **이스라엘**[79]에서 "보라. 내가 새 일을 행하리라"라는 주제로 개최되었다(회장 : 튀르키예 김원호 선교사). 이 대회에 중동지역 9개국에서 55명의 선교사와 한인교회의 담임목사가 참석하였다. 이 대회에서도 선교사역 및 현황보고, 세미나와 부흥회, 그리고 총회로 진행되었다.[80] 그런데 현재 부족한 자료만을 근거로 하여 판단할 때, 시간이 흐르고, 중선협 대회의 규모가 커지면서, 중한연 초기 **선교사 대회의 성격**은 점차 옅어져 갔다.

정기총회에서 7가지 결의사항 중에서 무려 5가지가 **중선협 대회의 개최와 운영**을 위한 것이었다. 나머지 두 가지도 선교지의 현안이라기보다는 **중선협의 지부**에 관한 결정이었다.[81]

제 9차 정기총회 결의사항

① 대회는 매 2년마다 개최하기로 한다(제 5조 1항 개정)
② 대회의 계속성을 위해 서기와 회계의 임기를 4년으로 했던 회칙은 수정한다(제 11조 개정)
③ 이스라엘을 중선협 지부로 받기로 한다 (제 14조 개정)
④ 부부 선교사의 대회참가 경비보조로 정회원에 한해 동일하게 혜택을 부여하며,
회비는 연 각각 미화 $50로 한다(제 14조 개정)
⑤ 각 지부는 매년 지부별로 모임을 갖기로 한다.

78) <중동선교> 제 23호(서울 : 중동선교회, 1992.11.30), 중동선교소식, p.20
79) 이스라엘 정연호 선교사는 1991년에 파송받았으므로, 이 대회에 참석했을 가능성이 높다.
80) <중동선교> 제 26호(서울 : 중동선교회, 1993.11.25), 중동선교소식, p.22
81) 제 9차 중선협 회의록 (1993.8.27)

⑥ 차기 대회준비를 위해 94년 9월경 아테네에서 임원 및 부서장, 지부장 회의를 소집한다.
⑦ 각 지교회는 그 해의 예산 1%를 부담금으로 하며, 한인교회의 담임목사와 사모에 대한 대회 참가 경비보조는 선교사 정회원에 한해 동일한 혜택을 부여하고, 한인교회를 담임하지 않는 선교사는 연 미화 $50을 회비로 한다.

대회의 개회시기를 매 2년으로 변경하고(결의사항①), 대회의 계속성을 위하여 변경했던 서기와 회계의 임원임기를 수정하고(결의사항②), 부부 선교사와 담임목사 부부의 대회참가 경비의 규정을 확정하고(결의사항④와 ⑦), 차기 대회준비를 위한 회의를 소집하는 결정(결의사항⑥)이, 너무나 아쉽게도 선교사 대회의 주된 사안이었다. 대신에 **선교사 대회**가 **무게 있게 다루어야 할 사안들**은 거의 전혀 논의되지 않았다. 이러한 경향은 제 10차 대회에서도 그리 개선되지 않았다.

제 10차 대회준비를 위한 중선협 임원회의 (1994.10)

1994년 10월 10~12일, 제 10차 중선협대회의 준비를 위해 임원회가 이스탄불에서 열렸다. 여기서 주목할 사실은 임원회가 제 10차 대회의 성격을 '**영성훈련**을 통한 **선교사의 자기개발**'로 정한 것이다.[82] 임원회 후, 1995년 1월5일자 공문에서 중선협 대회의 성격을 이와같이 결정한 이유를 다음과 같이 밝혔다.

--- 다　　음 ---

대회 장소 : 쿠웨이트 한인 교회.
대회 일자 : 1995년 6월 26일(월)-29일(목).
대회 성격 : 영성 훈련을 통한 선교사의 자기 개발.
주제 강사 : 옥 한흠 목사. (미정)
부제 강사 : 전 재옥 교수, (미정) 김 만우 목사, 이 상택 목사. (직능별 세미나)
폐회 예배 : 이 준교 목사.
참석 인원 : 50명 예정.
예상 경비 : $ 50,000 (참석자 전원에게 항공료 지급 계획)

지난해 10월 10일부터 12일까지 이스탄불에서 임원 모임을 가졌습니다. 그 모임을 통해, 중선협의 존재 가치를 재확인하고, 차기 대회를 쿠웨이트에서 갖을 것을 최종 확인했습니다.

그리고 **선교지에서 장기간 사역하고 있는 선교사들**이, **자기 성장의 기회가 부족** (**재교육의 기회부족**)하므로, 영성 훈련의 필요성을 감안하여, 이에 적합한 프로그램을 가지고, **직능별 세미나**(① 한인교회 담임목회자 분과, ② 일반선교사 분과, ③여선교사 분과)를 유치하기로 하였습니다.[83]

---

82) 중선협 임원회의, <중선협 차기 대회 유치방안> (1994.10.10~12)

임원들은 "선교지에서 장기간 사역하고 있는 선교사들의 영성훈련을 통한 자기개발을 위해" 제 10차 중선협 대회를 기획하게 되었다. 그리하여 이 대회는 **선교사 대회의 성격** 뿐만 아니라, **세미나의 성격**도 갖게 되었다. 그리하여 1995년 4월13일, 공문발송 시에 이 대회를 "제 10회 중동지역 한인선교 협의회 세미나"라고 표기하였다.84) 그리하여 선교사 대회, 집회 및 세미나까지, 모든 성격을 포함하게 되었다.

제10회 중동지역한인선교협의회 세미나

중동지역한인선교협의회

문서번호: 중협95-2

수 신: 중선협회원/한인교회담임목회자
참 조: 재정부장/당회원/선교후원자(단체)
발 신: 중동지역한인선교협의회
제 목: 제10회 중선협대회

3) 제 10차 중선협 대회 (쿠웨이트, 1995.6)

대회 개최

제 10차 중선협 대회가 1995년 6월 26일(월)~29일(목), **쿠웨이트**에서 이병돈 목사(기성 총회장, 은평교회)를 주강사로 모시고, '지도자의 영성과 선교개발'이란 주제로 개최되었다.

이 대회에는 중동의 9개국을 포함한 12개국(이집트, 이스라엘, 튀르키예, 이란, 바레인, 쿠웨이트, U.A.E, 요르단, 사우디, 미국, 호주, 한국)에서 **중동지역의 9개 한인교회**(카이로한인교회, 테헤란한인교회, 바레인한인교회, 쿠웨이트 인연합교회, 두바이한인교회, 아부다비한인교회, 사우디 담맘한인교회, 제다한인교회, 리야드한인교회)의 담임목사와 평신도 대표들,85) 및 선교사들이 참석하였다.86)

제10차 중동지역한인선교대회

◂ 참가자명단

지역	성명	직분	비고	지역	성명	직분	비고
이집트	이준교	목사	카이로한인교회	바레인	허명호	목사	바레인한인교회
	김수련	선교사	이준교목사사모		김옥희	사모	허명호목사사모
	김신숙	선교사					
	김영신	선교사		쿠웨이트	정명섭	목사	쿠웨이트한인교회
	양승천	선교사			한영애	사모	정명섭목사사모
	김경숙	선교사	양승천선교사사모				
	정연호	선교사		두바이	주태근	목사	두바이한인교회
	이광훈	선교사			최풍근	장로	두바이한인교회교인대표
	이혜영	선교사			김영순	집사	두바이한인교회
					윤종식	집사	두바이한인교회
터어키	소방은	선교사					
	김성일	선교사		아부다비	김동윤	목사	
	김이내	선교사			박종수	선교사	
	김주찬	선교사			신현주	선교사	박종수선교사사모
	박정하	선교사			유춘희	집사	교인대표
	백재현	선교사					
	손영삼	선교사		요르단	손영준	선교사	
	심양섭	선교사			정형남	선교사	
	이영한	선교사					
	이의홍	선교사		사우디	민병춘	목사	담맘한인교회
	김영희	선교사	이의홍선교사사모		권오영	목사	젯다한인교회
	장해남	선교사			김정의	사모	권오영목사사모
	정창우	선교사			조완길	목사	리야드한인교회
	조용성	선교사			박효서	집사	담맘한인교회교인대표
	최미언	선교사					
	최인석	선교사		미 국	김만우	목사	필라델피아교회
	최평화	집사	터어키한인교회교인대표		김수은	사모	김만우목사사모
	하성희	선교사					
이 란	이만석	목사	테헤란 한인교회	호 주	이상택	목사	시드니한인교회
	윤홍점	사모	이만석목사사모				
				서 울	이병돈	목사	은평성결교회
					장영구	사모	이병돈목사사모
					두상달	장로	중동선교회
					이병구		중동선교회
					공일주		이슬람연구소

83) 1995.01.5. 중선협 공문
84) 1995.4.13. 중선협 공문
85) 평신도 대표(4명) : 최평화 집사(이스탄불 한인교회), 최풍근 장로(두바이 한인교회), 유춘희 (아부다비 한인교회), 박효서 집사(담맘 한인교회).

특히 **이집트**와 **튀르키예의 선교사들**이 크게 증가했다. 이집트 선교사는 이준교 목사 외 5명이었고, 튀르키예 선교사는 조용성 목사 외 무려 16명이었다. 그리고 한인교회의 목사와 선교사들 중에 부부가 참석하는 경우도 많았다. 부부단위로 참석하면서, 대회참석의 인원도 크게 늘었다.

중선협 대회의 조직 (1995년)

임원회	지부	지부장	지부지역
회 장 : 조완길 (사우디 리야드교회) 부회장 : 김주경(이스라엘), 이영한(튀르키예) 서 기 : 정명섭 (쿠웨이트 한인연합교회) 회 계 : 최미언(튀르키예) 부 장 : 선교부 박종수(U.A.E.) 시취부 이만석(이란) 홍보부 최미언(튀르키예) 고 문 : 김만우 목사, 이상택 목사 이준교 목사	동부지부	허명호	이란, 쿠웨이트, 오만, U.A.E., 바레인, 카타르
	서부지부		이라크, 시리아, 요르단, 레바논
	남부지부	이준교	이집트
	동남부지부	민병춘	사우디아라비아, 예멘
	중부지부	김주경	이스라엘
	북부지부	소방은	튀르키예

중선협의 회칙 제 2장 조직, 제 4조 1항은, "본회는 중동지역 **한인교회 목회자**, **교인대표** 및 **한인 선교사들**로 조직한다(중동지역이라 함은 이란, 튀르키예, 시리아, 레바논, 요르단, 이집트, 이라크, 쿠웨이트, 사우디, 바레인, 카타르, 오만, 예멘, U.A.E., 이스라엘을 의미한다)"라고 하여, **중동지역의 15개 국가**를 관계지역으로 지목하였다. 이에 근거하여 중선협은 15개 국가를 6개 지부로 편성하였다(제 4조 2항). 중동국가의 지역을 23개국으로 여길 때, 아직 선교지부에 포함되지 않은 국가들도 아직 상당히 남아 있었다.

86) 1995년 6월 당시에, 중동지역에는 이 교회들 외에 9개의 한인교회들이 더 있었다. 사우디한인교회(1990년, 남진선 목사, 1995.4.부임), 카타르 한인교회(1980년, 아직 담임목사 없음), 리비아 한인교회(1982년, 김희윤 목사, 1989부임), 요르단한인교회A(1984년, 진영준 목사), 이스탄불한인교회(1989년, 이승수 목사, 1992 부임). 애굽한인교회(1992년, 김진홍 목사), 모로코 아기딜 한인교회(1991년, 안휴범 선교사), 모로코 라바트 한인교회(1992년,허영희 목사). 이스라엘 한인교회(1995년, 윤덕재 목사). 한편 1986년에 세워졌던 이라크 한인교회A(신창순 목사)는 전쟁으로 인해 1990년에 문을 닫게 되어 당시에 더이상 존재하지 않았다. 신창순 목사는 그 이전 핍박으로 인해 한국에 귀국한 상태였다.

중선협의 목적과 대회 프로그램

제 10차 중선협 대회는 **중선협의 설립목적**을 4가지로 바르게 잘 정리하였다. 특히 가장 주요한 목적을 첫 번째 자리에 바르게 두었다.

① 효과적인 이슬람 선교를 위한 **정보교환 및 선교전략구상**

② 선교사들의 영성훈련 및 상호친교의 기회

③ **한국교회에 이슬람권에 대한 자료제공**

④ 국내외 선교단체와의 협력

제 10차 중동지역한인선교대회

◂ 중선협 약사

가. 창립일자: 1984년 9월26일

나. 설립목적:-

1) 효과적인 이슬람선교를 위한 정보교환 및 선교전략구상
2) 선교사들의 영성 훈련 및 상호 친교의 기회
3) 한국교회에 이슬람권에 대한 자료제공
4) 국내외 선교 단체와의 협력

네 가지의 목적이 하나하나 다 소중하고 중요하다. **중선협 대회**(大會)는 바로 이러한 목적을 위해 프로그램을 기획하여 진행되어야 한다. ①, ③, ④의 세 가지 목적은 **대회**의 성격을 그대로 잘 보여준다. ①의 목적이 으뜸이며, 이것이 가장 우선되어야 한다. 그런데 중선협 홀로 이슬람 선교의 목적을 달성할 수 없으므로, ③과 ④의 목적도 함께 더불어져야 한다.

③의 목적(한국교회에 대한 이슬람권에 대한 자료제공) 역시 매우 중요하다. 이슬람 선교에 관심을 가진 어떤 한 교회가, 이슬람 선교를 처음 시작하고자 할 때, 중선협 대회에 업저버로 참석할 수 있어야 한다. 그리하여 한국교회에 이슬람 선교의 관심을 불러일으키며, 구체적 참여의 길을 제공하도록 해야 한다. 물론 ②의 목적도 중요하다. 선교사역만 중요한 것이 아니라, 우리 선교사 역시 지극히 소중하기 때문이다.

영성개발을 위한 **분과별 세미나**는 세 개의 분과별로 진행되었다 : 한인목회 분과(교회성장과 영성, 강사 : 이상택 목사), 일반선교 분과(선교개발과 영성, 강사 : 김만우 목사) 및 여선교사 분과(여성역할과 영성, 강사 : 김신숙, 이영한 선교사). 이 프로그램은 선교사 개인의 영성을 강건하게 해서, 선교지의 기초를 튼튼하게 세우는 중요성을 갖고 있다. 그런데 선교사 대회에는 선교사 개인의 영성을 위한 그 이상의 것이 더 우선적으로 필요하다. 바로 **선교지를 위한 시간들**이다.

선교지역 보고 및 중보기도는 5개의 지구부별로 발표하였다 : 북부지부(튀르키예), 동남부지부(사우디), 걸프지부(바레인), 남부지부(이집트) 및 서부지부(요르단). 이 프로그램이 바로 선교지를 위한 시간이었다. 이 보고에는 현장선교사의 생생한 현장경험이 담겨 있다. 특히 장기간의 농축된 **선교전문가의 경험**과 **선교전략**이 녹아있는 선교지의 보고에는, 그 선교지역의 특성을 그대로 보여준다. 이러한 선교지역의 보고들은 효과적인 지역별 선교전략의 수립 및 수정을 위해 가장 좋은 기초자료가 된다.

	6월26일(월)	6월27일(화)	6월28일(수)	6월29일(목)
06:00-06:40		새벽기도회1 설교: 이병돈목사	새벽기도회2 설교: 이병돈목사	새벽기도회3 설교: 이병돈목사
07:00-07:50		조식		
08:00-10:20		분과별세미나1-1	분과별세미나2-1	총회
10:40-12:00		분과별세미나1-2	분과별세미나2-2	폐회예배 설교: 이준교목사
12:30-13:30		중식		
13:30-15:30		자유시간	자유시간	
15:30-18:30	도착 후 등록	15:00-18:00 선교지역보고및 중보기도 18:00-18:50 RECEPTION BY N.E.C.K.	개인박물관방문	폐회
18:30-19:30	석식	19:00-19:40 석식	석식	
19:30-20:00	경배와 찬양 인도: 정창우목사			
20:00-22:00	개회예배 부흥회1 강사: 이병돈목사	부흥회2 강사: 이병돈목사	부흥회3 강사: 이병돈목사	

그런데 각 발제자는 20분 내에 선교지역의 보고를 마쳐야 했다. 별도의 전문적인 보고서의 제출이 없었다면, 이러한 간략한 보고는 수차례의 선교사 대회를 반복해도, 선교전략의 측면에서 큰 유익이 없을 것이다.

선교지역 보고의 수준은 **듣는 사람의 필요수준**에 맞추어야 한다. 만약 어떤 **선교회 대표**나, 어떤 **교회의 대표자**(담임목사나, 선교담당교역자)가 선교보고를 들었다면, 그 선교지역의 이슬람 선교에 관해 **전문적인 경험과 사실**을 알고 돌아가야 한다. 선교사야말로 자신의 선교지역을 가장 잘 알고 있으며, 현재 '선교전략과 계획된 프로그램'으로 활동 중인 현장 전문가이다. 그가 아니라면 이러한 선교지 보고를 할 자가 없으며, 또 선교사 대회가 아니면, 이러한 선교지 보고를 할 장도 없다. 그렇기 때문에 선교지역의 보고를 하는 선교사는, 그 선교보고를 듣는 자들에게 **선교전략**을 깨닫게 하거나, **선교전략의 통찰력**을 얻을 수 있는 수준으로 보고할 수 있어야 한다. 우리 중선협 대회가 바로 이러한 선교사 대회가 되어야만, 장기적 전망에서 **이슬람 선교사역의 발전**이 더욱 견고해 질 수 있다.

마지막 날 **정기총회의 주요 결의사항**은 네 가지였다.[87] 이러한 결의사항들을, 중한연 시기의 초기 대회에서 선교지역의 현안을 위해 다양한 결의를 했던 것과 비교하면, 중섭협 대회의 규모는 커졌지만, 선교사 대회의 성격은 약화된 것을 발견하게 된다. 단 '소위원회'를 세워서, 선교지역에서 발생될 수 있는 문제의 해결을 도모한 것은 매우 고무적인 결정이었다.

① 중선협 회장 명의로 쿠웨이트 교회에 감사패를 증정하기로 하다.
② 선교지역에서 발생될 수 있는 문제의 해결을 위한 **소위원회의 발기**는 다음 회기까지 임원진에서 연구하여 가결하기로 하다
③ 중선협 대회의 기금확보를 위해 사업을 개발하여 추진하고, 충분한 재정확보에 따라 중선협 대회의 개최 빈도를 높을 것을 발의한 안건은, 다음 회기까지 연구하여 재 토의하기로 하다.
④ 기타 사항은 새로운 회장/임원진에게 일임하기로 하다.

중선협 동부지부 대회 (1996.4)

1996년은 중선협 대회가 열리지 않는 해였다. 1996년 4월 28일(일)~30일(화), 두바이 한인교회에서 **중선협 동부지부 대회**가 두바이 한인교회 성전봉헌식과 함께 개최되었다. **동부지부**는 이란, 쿠웨이트, 오만, U.A.E., 바레인 그리고 카타르의 6개국이었다. 그런데 이 대회에는 동부지부 외에도 요르단(서부지구), 이집트(남부지구), 사우디(동남부지부) 및 튀르키예(북부지부)에서도 참여했다. 그리하여 10명의 한인교회 담임목사(쿠웨이트, 두바이, 아부다비, 알아인, 바레인, 테헤란, 카이로, 이즈밀, 사우디, 담맘)와 5명의 선교사(요르단, 튀르키예, 이집트) 등이 참석했다.

중선협 전체로 모였을 때에는 **선교사 대회의 성격**에 집중할 수 없었으나, 동부지부 대회로 모였을 때는 가능했다. 집회는 외부강사의 초빙없이 대회 참가자들이 모두 분담하여 맡았다.

순서	개회예배/새벽기도(28일)	새벽기도 (29일)	폐회예배(30일)
사회	허명호 목사	박종수 목사	주태근 목사
기도	정명섭 목사	소방은 목사	한영애 선교사
설교	이만석목사	김만우 목사	김신숙 선교사
축도	이준교 목사	김동윤 목사	조용성 목사

87) 제 10회 중선협 총회 회의록(1995.6.29)

동부지부 대회의 프로그램은 대부분 **각 선교지 사역의 나눔**이었다. 중동지역의 10개 한인교회들(쿠웨이트 한인연합교회, 두바이 한인교회, 아부다비 한인교회, 알아인 한인교회, 바레인 한인교회, 테헤란 한인교회, 카이로 한인교회, 이즈밀 한인교회, 사우디 한인교회, 담맘 한인교회)이 30분씩 각 교회의 선교사역을 보고하였다. 이처럼 **중동지역 한인교회들의 사역나눔**이 주된 내용이었다.

그 외에 특강으로는 요르단의 정형남 선교사가 **아랍인 교회개척**을 간증하였다. 그리고 조용성 목사와 소방은 목사가 튀르키예 선교소식을 보고하였고, 미국의 김만우 목사는 세계한인 선교사 대회의 소식을 보고하였다. 한국 이랜드 지사장 이춘우 목사도 참여하였다.

시간	28일(일)		29일(월)	30일(화)
06:00-06:30		세면준비	세면준비	세면준비
06:30-07:30		개회예배	새벽기도회	폐회예배
07:30-08:30		아침식사	아침식사	아침식사
09:30-10:30		한인교회 목회자 협의회(가칭)	중동, 한인교회 건축 (주태근 목사)	친교
10:30-11:00	**각 선교지 사역나눔**	쿠웨이트 한인교회 (정명섭 목사)	**특강 : 아랍인교회 개척간증** 정형남 목사(요르단) 튀르키예 선교 조용성 목사	
11:00-11:30		아부다비 한인교회 (김동윤 목사)		
11:30-12:00		바 레 인 한인교회 (허명호 목사)		
12:00-14:30		점심식사	점심식사	
14:30-15:00		두바이 한인교회 성전봉헌식	카이로 한인교회 (이준교 목사)	
15:00-15:30			이즈밀 한인교회 (심양섭 목사)	
15:30-16:00			세계한인선교사대회 (김만우목사)	
16:00-16:30			사우디 한인교회 (남진선 목사)	
16:30-17:30			담 맘 한인교회(박천민 목사)	
17:30-18:00			이랜드 지사장 (이춘우 목사)	
18:00-19:00			튀르키예 선교 (소방은 목사)	
19:00-21:00		저녁식사	저녁식사	
21:00-21:30	**각 선교지 사역나눔**	알아인 한인교회 (박종수 목사)	두바이 한인교회 집회	
21:30-22:00		테헤란 한인교회 (이만석 목사)		
22:00-24:00		자유토론	한인교회 협의회 결의문 채택	

중선협 대회가 대형화 되었을 때, **지부별 대회**를 활성화하는 방안은 좋은 대안이 될 수 있다.

(5) 중선협 대회 - 대형집회 (제 11차 이후)

제 11차 대회 이후 외부강사는 높은 지명도를 가졌거나, 전문성을 갖춘 분으로 초빙되었다. 이전에 30~50여명의 참석에서 80~100명 이상이 참석하는 것으로 대회규모가 커졌다.

1) 제 11차 중선협 대회 (이스탄불, 1997.2)

① 대회 개최

제 11차 중선협 대회가 1997년 2월 18~21일, 튀르키예 이스탄불에서 '21세기 이슬람 선교의 전망'이란 주제로 개최되었다(회장 : 튀르키예 조용성 선교사). 강사로는 이동휘 목사(바울선교회 대표, 전 주안디옥교회), 전재옥 교수(전 파키스탄 선교사, 이화여대 교수, 이슬람 연구소 소장), 한정국 선교사(한국 미전도 종족 입양본부), 이동원 선교사, 김만우 목사 등이 맡았다. 이 대회에는 13개국(사우디, 쿠웨이트, U.A.E(두바이, 아부다비, 알아인), 바레인, 요르단, 이스라엘, 튀르키예, 이란, 이집트, 수단, 튀니지, 미국, 한국)으로부터 89명이 참가하였다.[88]

② 대회 프로그램

전문성을 소유한 강사들이 초청을 받아 강의를 맡았다. **전재옥 교수**가 '21세기 이슬람 선교의 전망'이란 **주제강의**(3회)를 맡았다. 이슬람은 정치적, 문화적, 경제적 측면에서 서구세계에 도전하고 있다. 기독교인들은 무슬림에 대해 잘 알아야 한다. 무슬림이 기독교에 질문하는 것의 답변이나, 무슬림과의 대화법도 익혀야 한다. 이슬람 문화를 이해해야 하며, 그들의 삶 속에 스며드는 삶을 살아야 할 것을 가르쳤다.

전문적인 다양한 주제의 **선택강좌**와 **특강**도 개설되었다 : '선교후원의 동력화'(이동휘 목사), '독신선교사 사역의 효율성'(전재옥 교수), '선교사 영적 관리의 실제'(김만우 목사), '미전도 종족현황과 실

88) 중동지역에서는 12개의 한인교회가 참석하였다 : 사우디 한인교회(남진선 목사), 리야드교회(오영택 목사), 담맘 한인교회(박천민 목사), 제다 한인교회(권오영 목사), 쿠웨이트 한인연합교회(정명섭 목사), 두바이 한인교회(주태근 목사), 아부다비 한인교회(김동윤 목사), 알아인 한인교회(박종수 목사), 테헤란 한인교회(이만석 목사), 바레인 한인교회(허명호 목사), 이스탄불 한인교회, 카이로 한인교회(이준교 목사).

제'(한정국 선교사), '예수필림보급사역'(안강희 선교사), '선교사 클리닉사역'(조용성 선교사), 그리고 '북아프리카 성경번역사역의 현황'(이동원 선교사)의 강좌가 개설되었다.

	18일(화)	19일(수)	20일(목)	21일(금)
6시		경 건 의 시 간		
7 8		아 침 식 사		
9 10		주제강의1 (전채옥)	주제강의3 (전채옥)	특 강 (한정국)
11 12		주제강의2 (전채옥)	패널토의	폐회예배
1		점 심 시 간		
2 3	등록	선택강좌1	선택강좌2	
4 5		특 강 (김만우)		
6	저 녁 식 사			
7	찬 양			
8	선 교 보 고			
9 10	저녁집회 (이동휘 목사)			
11			기도합주회	

한정국 선교사는 그의 강의에서, 과거에 선교방식은 국가별 선교였으나, 21세기는 종족별 선교로 나아가는 동향을 가르쳤다. 과거에는 '튀르키예'라는 한 나라를 대상으로 삼았으나, 이제는 그 나라 안의 다양한 종족(쿠르드족, 튀르키예족, 우즈벡종 등 약 40여 종족)별로 선교사를 파송하고 있으며, 선교는 아직 복음을 듣지 못한 종족에게 나아가는 선교방향을 가르쳤다.

제 11차 중선협 대회는, 참석한 선교사들이 **21세기 선교의 방향**에 대하여 새로운 생각을 하도록 유익한 도움을 주었다. 21세기 선교는 과거에 '나라별'에서 '종족별'로 나아가고 있으며, 복음을 듣지 못하는 지역을 위해 다양한 전파 매체들(비디오, 영화, 테이프, 각 언어별 방송)을 사용하고 있다. 더 나아가서 이제 선교는 전문화된 선교사들 간의 협력선교의 방향을 모색해야 하며, 특히 무슬림 지역에서 선교는 선교지에 있는 지역교회와 협력하는 방향으로 나아가야 한다.[89)]

제 11차 중선협 대회는 전문성과 지명도가 있는 외부강사를 초빙하여, 전문적인 강의를 듣도록 하였고, 89명의 많은 인원도 참석하였다. 작은 규모의 중한연 대회와는 달리, 이제 중선협 대회는 **강의를 듣는 세미나**와, **설교를 듣는 집회**의 성격이 점차 더 커지게 되었다.

89) 제 11차 중선협 대회 보고서

③ 정기총회

중선연구회의 신설

제 11차 정기총회는 몇 개의 부서와 조직을 신설했다. 중선협의 상설기구로서 **중선 연구회**(Middle East Research Commission)를 두기로 하였고, 연구위원으로는 조용성 목사(튀르키예), 정형남 목사(요르단), 김신숙 선교사(이집트), 윤태권 선교사(튀르키예), 남진선 목사(사우디), 이준교 목사(이집트), 그리고 안선애 선교사(튀르키예)가 추천되었다.[90] 임원회는 조용성 목사를 위원장으로 선임하여 연구활동을 추진하도록 했다.[91] 이러한 전문적인 연구회가 상설기구로서 세워진 것은 중선협의 선교전략 개발 및 발전을 위해 매우 고무적인 일로 여겨진다.

남서부 지부의 신설

북아프리카의 선교지역이 확대됨(수단, 튀니지)에 따라 **남서부 지부**가 신설되었다. 이를 위해 중선협 회칙 제 2장 조직, 제 4조 1항의 중동지역에 '북아프리카 및 수단'이 추가되었다.[92] 그리고 2항에서 남부지역에 '수단'이 추가되고, 튀니지를 위해 남서부지구가 새롭게 신설되었다.[93] 그리고, 정기총회는 임역원 및 지부장을 다음과 같이 선출하고, 선임하였다.

임원회	지부	지부장	지부지역
회 장 : 이만석	동부지부	정명섭	이란, 쿠웨이트, 오만, U.A.E., 바레인, 카타르
부회장 : 정형남, 김귀순	서부지부	정형남	이라크, 시리아, 요르단, 레바논
서 기 : 허명호	남부지부	이준교	이집트, **수단**
부서기 : 안선애	동남부지부	남진선	사우디아라비아, 예멘
회 계 : 박종수	중부지부	이일호	이스라엘
부회계 : 하성희	북부지부	심양섭	튀르키예
한인교회부 : 주태근	**남서부지부**	이동원	**튀니지**

90) 1997.2.20. 제 11차 중선협 대회 회의록
91) 1997.2.21. 제 11차 중선협 대회 회의록
92) 제 4조 1항 : "본회는 중동지역 한인교회 목회자, 교인총대 및 한인선교사들로 조직한다 (중동지역이라 함은 이란, 튀르키예, 시리아, 레바논, 요르단, 이집트, 이라크, 쿠웨이트, 사우디, 바레인, 카타르, 오만, 예멘, U.A.E., 이스라엘, **북아프리카 및 수단**을 의미한다)
93) 제 11회 중한연 회의록(1997.2.20)

1995년도 중선협이 중동의 관련지역을 17개국으로 확대할 때, 북아프리카 6개국을 비롯한 8개국이 아직 미포함되었다(시리아, 팔레스타인, **리비아**, 알제리, **모로코**, 모리타니아, 지부티, 소말리아). 그런데 당시 **리비아**(리비아 한인교회)와 **모로코**(라바트 한인교회)에 한인교회가 세워져 있었다.

한인교회부의 신설 (1997.2)

중동지역의 한인교회를 위해 준(準) 노회적 기능이 필요함에 따라, 정기총회는 회칙 제 4장 임원회, 제 8조의 '시취부장 1인'을 '한인교회부 1인'으로 개정하여 **한인교회부**를 신설했다. 그 이전에 1996.4.27의 임역원회는 한인교회부의 신설을 위해, 주태근, 허명호 및 정명섭 목사 3인을 연구위원으로 위촉하고, 제 11차 정기총회(1997.2)까지 결과를 보고하도록 하였다.[94] 그 연구에 의해 제 9조(본회의 임원 및 부서장의 임무)에도 한인교회부의 항목을 추가하여, 그 조직구성과 역할을 규정하였다. 한인교회부의 초대부장으로 **주태근 목사**가 선임되었다.

④ 한인교회부의 첫 모임(테헤란, 1997.11)

1997년 중선협 한인교회부 (테헤란)

신설된 한인교회부의 첫 모임이, 1997년 11월 8~12일, **테헤란 한인교회**에서 열렸다.특별히 남진선 목사(사우디 한인교회), 오영택 목사(리야드 한인교회) 및 김희윤 목사(리비아 한인교회)가 참석하였고, 이집트의 김신숙 선교사는 옵서버로 참석하였다. 한국의 방지일 목사(영등포교회)는 이 모임을 위해 특별강사로서 섬겼다.[95] **한인교회부**는 중선협 내에 있는 한인교회들의 협력을 도모하기 위하여 세워졌다. 중동지역에 있는 한인교회들은 각기 다른 교단에 속해 있어서, 한인교회들을 위해 노회의 역할을 해 줄 기관이 없었다. 그리하여 한인교회부가 한인교회들의 어려움을 서로 나누고, 공동의 해결책을 모색하는 한편, 이단대책의 마련 및 항존직의 임직 시에 **준(準) 노회의 역할**을 감당하기로 하였다.[96]

---

94) 1996.4.27, 중선협 임역원 및 지부장 회의록
95) 이 사실은 주태근 목사에 의하여 확인되었다.

2) 제 12차 중선협 대회 (요르단, 1999.9)

제 12차 중선협 대회가 IMF의 어려운 시기에 1999년 9월27일(월)~30일(목), 요르단에서 개최되었다(대회 장소 : Arab Wing Hotel). 이 대회를 위하여 서정운 박사(장로회 신학대학교 총장), 김삼환 목사(명성교회), 김만우 목사(필라델피아 제일장로교회), 최일식 목사(한국세계선교협의회 상임총무)와 이원상 목사가 강사로 섬겼으며, 요르단 현지에서도 이마드 샤하다 총장(요르단복음주의신학교)이 특별강사로 참여하였다. 이 대회는 명성교회의 재정후원으로 열렸으며, 약 100여명의 중동지역 한인교회의 목사와 선교사들이 참석했다. 주태근 목사는 제 12차 대회가 가장 많은 선교사들이 모였던 대회로서 **중선협의 새로운 도약의 기회**가 되었다고 평가하였다.

프로그램은 계속되는 예배와 집회, 그리고 강의와 특강이었다. **새벽예배**(김만우 목사)로 시작하여, **주제강의**(서정운 박사)와 **특강**(최일식 목사, 이마드 학장, 이원상 목사)이 이어졌고, **저녁집회**(김삼환 목사)로 마쳤다.

물론 이틀에 걸친 **선교사들의 사역보고**(화/수, 10:50~12시)도 있었다. 그런데 5명의 사역자가 70분 안에 그의 사역을 보고하였다면, 내용은 단순한 사역소개 그 이상이 될 수 없었다.

<table>
<tr><th></th><th>27일(월)</th><th>28일(화)</th><th>29일(수)</th><th>30일(목)</th></tr>
<tr><td>6시</td><td rowspan="7"></td><td colspan="3">새벽예배 (김만우 목사)</td></tr>
<tr><td>7</td><td colspan="2" rowspan="2">아침 식사(7:00~8:30)
경배와 찬양(8:30~8:50)</td><td>식사</td></tr>
<tr><td>8</td><td rowspan="14">성지순례</td></tr>
<tr><td>9</td><td colspan="2" rowspan="2">주제강의1 &2
(서정운 박사)</td></tr>
<tr><td>10</td></tr>
<tr><td>11</td><td rowspan="2">보고
1,2,3,4,5</td><td rowspan="2">보고
6.7.8.9,10</td></tr>
<tr><td>12</td></tr>
<tr><td>1</td><td></td><td colspan="2">점 심 시 간</td></tr>
<tr><td>2</td><td rowspan="4">등록</td><td rowspan="2">특강1
최일식 목사</td><td rowspan="2">특상4
이원상 목사</td></tr>
<tr><td>3</td></tr>
<tr><td>4</td><td>특강3(회원)</td><td rowspan="2">특강5
최일식 목사</td></tr>
<tr><td>5</td><td>특강3(이마드 학장)</td></tr>
<tr><td>6</td><td>식사</td><td colspan="2" rowspan="2">저녁식사 및 이동</td></tr>
<tr><td>7</td><td>오리엔테이션</td></tr>
<tr><td>8</td><td colspan="3">선 교 간 증</td></tr>
<tr><td>9</td><td colspan="3">저녁집회 (김삼환 목사)</td></tr>
<tr><td>10</td><td colspan="3"></td><td>정기총회</td></tr>
</table>

제 12회 대회는 프로그램의 내용상 '선교사 대회'라기보다는, '선교사 집회'에 가까웠다. 선교사역의 전략적인 차원 및 농익은 선교현장의 경험, 그리고 전문성을 공유할 만한 프로그램의 결여는 매우 아쉽다. **중동지역 선교사들의 대회**라면, 한국교회의 선교회 대표나, 교회지도자가 참석했을 경우에, **현재 한국교회의 중동선교현황**을 파악하고 돌아갈 수 있어야 한다. 이것이 선교사 대회의 본질이고, 필수적인 내용이다. 이것이 우선이고, 먼저이다.

96) 「테헤란교회 30주년사」, 교회연혁, p.32

정기총회(30일, 저녁 11시)는 70명의 출석으로 회장이 개회를 선언하였다. 총회는 11시3분에 시작하여 11시51분에 마쳤다. 즉 불과 48분 만에 회계보고, 임원선출 및 신안건토의까지 다 마쳤다. 초기 대회처럼 선교지 현안을 의논하고, 각 선교지의 요청사항을 의결하는 일은 할 수 없게 되었다. 당시는 작은 규모였기에, 각 선교지의 상황을 세밀히 살피고, 특히 어려움을 겪는 선교지를 돌아보며, 새로 개척할 선교지를 위한 방안도 모색할 수 있었다. 또 선교지의 지역별 자료를 수집하며, 선교전략을 세우고자 하였다. 오랜 회의를 하다가 정회하고, 늦은 시간에 다시 속회를 하는 일도 있었다. 이것이 **선교사 대회의 주된 목적**이었기 때문이다.

한국교회가 중동지역에 파송하는 선교사의 수가 커지는 것만큼, 중선협 대회의 규모가 커지는 것은 자연스러운 일이다. 많은 선교사가 참석하는 것은 기쁜 일이다. 그런데 단순히 대회의 프로그램만으로 판단하면, 오히려 작은 규모의 중한연 대회가 훨씬 더 **선교사 대회** 다웠다. 대회규모가 커질수록 **선교사 대회의 성격과 수준**을 유지하기가 훨씬 더 어려워지기 때문이다. 그런데 이 결과의 책임을 선교사들에게 돌리는 것은 부당하다. 그들은 현장 선교사로서 오히려 큰 규모의 대회준비를 위해 애쓰고 수고한 충성된 일꾼들이다. 이 문제의 해결을 현장 선교사들의 힘만으로는 스스로 해낼 수도 없다. 한국교회가 도와주어야만 한다.

3) 제 13차 중선협 대회 이후

1984년 중한연과 중동선교본부가 세워질 당시, 중동지역에 파송된 선교사(한인교회의 담임목사 포함)는 16명 정도에 불과했고, 중한연 대회도 10명 전후의 작은 규모였다. 그러나 **선교사 대회의 목적과 성격**을 잘 보여주었다. 집회의 모든 순서도 참석한 회원들이 분담하여 맡았다.

그러나 중한연 설립 후 30년 뒤의 상황은 크게 달라졌다. 한국교회는 중동지역에 선교사를 계속 파송하였고, 2005년에 중선협은 한인선교사 450명의 회원을 둔 단체로 성장하였다. 집회강사를 외부 전문가나 유력한 목회자로 초빙하는 것이 점차 관례화 되었다. 그리하여 중선협 대회의 성격도 점차 '선교사 대회'에서 '세미나와 전문강의를 포함하는 집회'로 변화되었다. 그 결과 **선교사 대회의 특수성과 전문성**은 약화되었다. 물론 이것이 결코 쉬운 과제는 아니지만, 반드시 정면으로 넘어서야 할 과제인 것만은 분명하다.

제 13차 중선협 대회가 2001년 9월 8~11일, 이란의 테헤란 한인교회에서 개최되었다. 큰 규모의 강사진이 구성되었다.[97] 이태희 목사(성복교회)와 김만우 목사(필라델피아교회)가 저녁집회와 새벽기도회를 인도했다. 특강강사는 김대성 목사(한국 소망장로교회), 김영천 목사(미국 한마음교회), 김풍은 목사(미국 벅스카운티 장로교회) 및 이준교 목사(이집트 선교사)가 담당하였다. 이 대회에도 적지 않는 인원이 참석했다. 중동지역 12개국에서 사역하는 한국선교사 50여명과 25명의 옵저버(한인교회 대표, 미국, 영국, 탄자니아 및 아제르바이젠 대표 등)를 포함하여 총 75명이 참석하였다.

사역보고는 각 지부별로 2~3명씩 지부장이 선발하여 미리 신청하도록 하였고, 꼭 보고할 내용이 있는 사역자는 회장에게 연락을 취하면 되었다.[98] 이날 사우디 김비호 선교사는 2001년 7월에 일어난 **담맘 한인교회**의 상황을 보고했다. 종교경찰의 급습으로 처음에는 교회가 폐쇄되었고, 윤재남 목사의 추방이 결정되었으나, 현재 상당히 정상화되었다는 소식이었다.[99] 중선협 대회에에서 이러한 선교지의 현황보고도 중요한다.

뿐만 아니라, 중선협 대회에서 **현장선교사의 사역보고**는 매우 중요하다. 정기적으로 축적된 각 지역별 사역보고는 선교전략 개발을 위한 기초데이터로 생성시킬 수 있을 뿐만 아니라, 선교지의 선교적 위급한 상황은 가장 적합한 새로운 전략수립 방향을 찾도록 하기 때문이다. 만약 우리 중선협이 이 일을 하지 않으면, 한국교회에서 이 사역을 맡은 조직이 없다.

대회 마지막 날 정기총회에서 **임원개선**을 하였다. 회장 박종수(아부다비), 부회장 최융근(이집트)과 이순주(튀르키예), 서기 강범진(수단), 부서기 이달리야(바레인), 회계 김비호(사우디), 그리고 부회계 박옥숙(요르단)이었다.[100]

---

97) 2001년 4월4일의 계획에 제 13차 중선협 대회는 '문화이해를 통한 선교전략'이란 주제 아래 임동선 목사(동양선교교회)와 박희민 목사(나성영락교회)를 주제강사로 초빙하여 개최하는 것이었다. 그런데 9월3일, 이란 현지에 심각한 문제가 발생하여 테헤란 대회를 취소해야 할 상황이었다. 그러나 다행히 심각한 문제가 해결되어 대회를 진행하였는데, 이 과정에서 대회 주제와 강사가 변경된 것 같다.

98) 2001.4.4일자 중선협 공문 01-2.

99) 중선협 공문 02-1 (제목 : 중선협 소식 및 개정된 회칙 전문)

100) <기독신문>, 2001.9.16. 기사 '중동지역한인선교사협의회 선교대회 및 총회'

신안건토의는 매우 단순한 두 가지 안건 뿐이었다 : ① 차기 대회 장소의 선정은 임원회에 일임하기로 하다. ② 테헤란 한인교회와 사우디의 조진규 장로에게 감사패를 증정하다.[101] 이제는 선교사 대회에서 매우 중요한 순서인 **안건토의**를, 여러 가지의 요인과 상황에 의해, 더 이상 중선협 대회 현장에서 감당할 수 없게 된 것 같다. 다른 대안의 모색이 필요하다.

제 14차 중선협 대회의 준비를 위해, 2001년 9월11일, 박종수 회장을 비롯한 신임임원 전원이 참석하여 임원회를 가졌다. 차기 중선협 대회를 위한 두 가지 결의사항이 있었다.[102] 한 가지는 **선교정보의 공유**를 위해 선교보고 및 그룹별 토의시간을 더 많이 확보하자는 것과, 또 한 가지는 **각 선교지별, 선교사별 사역자료**를 대회 후에 책자로 발간하자는 것이었다. 이러한 결정은 매우 바람직했고, 중선협 대회의 개선방향을 정확하게 설정한 것이었다.

드디어 제 14차 중선협 대회는 2003년 9월 1~4일, '타 문화 이해를 통한 선교전략'이란 주제로 U.A.E. 두바이 한인교회에서 개최되었다. 매우 큰 규모의 강사진이 구성되었다. 주강사를 맡은 박희민 목사(나성영락교회) 외에도 이태화 목사(주 산해원 교회),[103] 임준식 목사(목양교회), 이남웅 목사(혜린교회), 신종혁 목사(뉴질랜드), 박천일 목사, 전호진 목사, 이상택 목사(시드니 연합교회)와 이준교 목사(카이로 한인교회)가 강사를 맡았고, 김만우 목사(필리델피아교회)가 폐회예배로 섬겼다. 외부강사가 많다보니, 집회(개회예배, 저녁집회, 폐회예배) 외에 특강이 무려 11회나 되었다.

이 대회에도 큰 인원이 참석하였다. 중동지역에서 80명 이상의 선교사와 그들의 자녀 20여명이 참석했을 것으로 추정된다.[104] 전호진 목사와 최병두 목사(예장통합 증경총회장)를 비롯한 한기총의

101) 제 13회 중선협 총회 회의록
102) 2001.9.11. 제 14차 중선협 임원회 회의록(테헤란 한인교회 예배당)의 결의사항 : ④ 대회 중 정보를 공유할 수 있도록, 선교보고 시간, 그룹별(사역별, 분과별 등) 토의시간을 좀더 확보하도록 결의하다. ⑤ 대회운영을 좀더 여유롭게 하여서 쉴 수 있는 시간을 확보하기로 하다. ⑥ 각 선교지별, 선교사별 사역에 관한 자료들을 준비하여, 대회 후 책자로 발간하도록 추진한다.
103) 이태화 목사는 김기동의 귀신론과 유사한 성경해석을 설파하다가, 소속교단인 예장합동에서 면직처분까지 받은 적이 있다. 후에 후개할 뜻을 밝히고, 1992년 경남노회에 영입된 바 있다. 중선협 대회는 외부강사 섭외에 있어서 더 철저하고도 높은 기준을 갖고 있어야 한다.
104) 중선협 공문 03-08에 의하면, 8월28일까지 신청인원이 어른 78명, 어린이 20명이었다.

목사 20여명도 이라크 방문을 위해 두바이에 들렀다가 중선협 대회에 방문할 예정이었다. 그리하여 이 대회는 20개국에서 약 140명이 참석할 것으로 예상되었다.[105)]

그런데 2001년 9월11일, 임원회가 차기 중선협 대회의 개선을 위해 스스로 결의했던 사항들은 잘 실천되지 못하였다. **선교보고**는 화요일과 수요일 1시간씩 두 시간 뿐이었고, **외부강사들의 특강과 집회의 연속**이었기 때문이다.

<table>
<tr><th></th><th>1일(월)</th><th>2(화)</th><th>3일(수)</th><th>4일(목)</th></tr>
<tr><td>6시</td><td rowspan="8"></td><td colspan="3">경건의 시간</td></tr>
<tr><td>7</td><td colspan="3" rowspan="2">아침 식사 및 교제
(한인교회부 및 선교사 모임)</td></tr>
<tr><td>8</td></tr>
<tr><td>9</td><td colspan="2">선교보고</td><td>특강11 박희민</td></tr>
<tr><td>10</td><td rowspan="2">특강1
신종혁 목사</td><td rowspan="2">특강6
박천일 목사</td><td rowspan="2">총회</td></tr>
<tr><td>11</td></tr>
<tr><td>12</td><td>특강2
이준교 목사</td><td>특강7
전호진 목사</td><td>폐회예배/성찬식
김만우 목사</td></tr>
<tr><td>12:30
1</td><td colspan="3">점 심 시 간</td></tr>
<tr><td>2</td><td rowspan="5">등록 및
오리엔테이션</td><td rowspan="2">특강3
임준식 목사</td><td rowspan="2">특상8
이남웅 목사</td><td rowspan="2">임원 및
지부장 회의</td></tr>
<tr><td>3</td></tr>
<tr><td>4</td><td>특강4
이상택 목사</td><td>특강9
이태화 목사</td><td rowspan="7"></td></tr>
<tr><td>5</td><td rowspan="2">특강5
이태화 목사</td><td rowspan="2">특강10
이상택 목사</td></tr>
<tr><td>6</td></tr>
<tr><td>6:30
7</td><td colspan="3">저녁 식사</td></tr>
<tr><td>8</td><td rowspan="2">개회예배
임준식 목사</td><td colspan="2" rowspan="2">찬양과 경배
저녁집회 (박희민 목사)</td></tr>
<tr><td>9</td></tr>
<tr><td>10</td><td colspan="3">취침</td></tr>
</table>

그러면 왜 중선협 임원회는 차기 중선협 대회를 위하여 스스로 결의했던 사항을 실천할 수 없었는가?

여러 요인들 중에 한 가지는 큰 규모의 대회를 개최하기 위하여 필요한 **재정마련의 문제**이다. 2001년 9월 9일, 임원회에서 6가지 안건 중에서 두 번째는 '**중선협 자립**을 연구하자'라는 것이었다.[106)] 왜냐하면, 중동 한인교회들의 재정지원과 선교사들의 참가비만으로 중선협 대회를 개최할 수 없었기 때문이다.

제 14차 중선협 대회의 경우 전체예산($53,411) 중에 찬조금은 62%($33,250)를 넘었고, 중동한인교회의 분담금은 약 23%($ 12,167)였으며, 선교사들의 참가비는 8.4%($ 4,500)에 불과했다.[107)] 그러므로 외부 찬조금 없이는 대회 개최가 힘들었다. 그렇다보니 외부강사가 대회의 비용을 찬조하는 경향이 점차 커지게 되었다. 외부강사의 의존도가 높아질수록, 중선협 대회에서 **특강/세미나 및 집회의 비중**이 높아질 수 밖에 없었다.

---

105) 2003.8.28, 중선협 공문 03-08 (제목 : 제 14차 중선협 대회 초청의 건)
106) 2001.9.9. 임역원 회의록 (회장 : 박종수, 서기 : 심양섭).
107) 제 14차 중선협 대회 재정 감사

외부강사의 초빙이 과대하게 되면, 중선협 대회는 선교사들이 단지 회중으로 참여하는 집회가 된다. 한국에서 20명의 한기총 목사들이 중선협 대회에 합류했을 때, 그들 앞에 선 강사는 중동지역의 현장선교사가 아니라, 한국교회와 해외한인교회에서 사역하는 그들과 같은 목회자들이었다. 물론 강사들은 모두 훌륭한 분들이다. 그러나 이슬람 선교사역에 대해서는 극소수 외에는 그렇지 않다. 한기총의 목사들이 중선협 대회에 참석하면서, 기대했던 바를 얼마나 충족할 수 있었을까?

오히려 강사로 오신 유력한 분들도, 중선협 대회에서 중동선교를 배우고, 이 사역에 도전을 받아 돌아가야 한다. 만약 그렇지 않다면, 누가 이 유력한 지도자들에게 이슬람 선교를 가르치고, 도전을 줄 수 있겠는가? 바로 중동지역에서 사역하는 **현장 선교사들**이다. 그러므로 중선협 대회의 선교보고는 그 정도의 수준을 갖추어야 한다. 이러한 보고는 단편적인 사역들의 나열이 아니라, 장기적 전략 하에 수행되고 농축된, 전문가적 경험이 기반이 된 것이어야 한다. 그래야만, 이슬람 선교에 뜻을 둔 교회 지도자들에게 도전을 줄 수 있다.

1997년 제 11차 이스탄불 중선협 대회 때, **중선연구회**가 중선협의 상설기구로 설치되었다. 이후에 중선연구부로 변경되었고, 2001년 제 13차 중선협 대회 때, 김동문 선교사가 중선연구부장으로 선임되었다. 2001년, 제 8차 개정을 마친 중선협 회칙 제 4장 임원회, 제 9조는 **중선연구부의 역할**을 다음과 같이 규정하고 있다[108] (2022년 6월1일 개정을 마친 회칙의 규정도 여전히 동일함).

> 중선연구부장 :
> 중동지역의 선교방침과 정책, 정보교환, 그리고 각 지역에서 발생되는 선교의 문제점을
> 연구하여, 발전적인 해결방안을 제시하므로, 선교에 적용토록 한다.

한국교회의 이슬람 선교역량의 증대를 위해 중선연구부의 역할이 매우 중요하고 크다. 중선연구부가 이러한 뒷받침을 든든하게 해 줄 때, 현장선교사들의 선교보고도 중선협 대회를 거듭할 때마다 성장할 수 있다.

108) 중선협 공문 02-01 (제목 : 중선협 소식 및 개정된 회칙 전문)

제 15차 중선협 대회가 2005년 9월 12~15일, 이집트 카이로 한인교회에서 '일어나 함께 가자'라는 주제로 열렸다. 서삼정 목사(애틀란타 제일장로교회)가 주강사로 저녁집회를 인도했다. 미국의 김만우 목사(KWMC 대표회장)와 김정우 목사(브니엘 한인장로교회), 이집트 이준교 선교사(세계한인선교사회 대표회장), 요르단 공일주 선교사가 집회와 특강을 맡았다. 당시 중선협은 중동지역 21개국에 한국인선교사 450명을 회원으로 두고 있었다.[109)]

정기총회는 새로운 임원을 선출하였다. 회장 김희윤 목사(리비아 한인교회), 부회장 심양섭 목사(튀르키예), 여부회장 임남옥 선교사(튀르키예), 서기 박천민 목사(요르단), 부서기 김모세 목사(이집트), 회계 송용섭 목사(오만), 부회계 정은희 선교사(수단), 감사 강범진 목사(수단)와 이일호 목사(이스라엘)였다. 또한 이 대회에서는 백인숙 선생의 인도로 선교사 자녀를 위한 특별 프로그램을 별도로 운영하였다.[110)] 명단을 제출한 대회참석자는 다음과 같다.

국가	이름	단체	직분	국가	이름	단체	직분
요르단	김 삼	인터서브		튀르키예	이순주	합동	전도사
	윤재형	인터서브	선교사		한선화	PGM	선교사
	김선길 (유예상)	침례교회	목사		채은정	인터콥	교사
	박홍식	YWAM	선교사		강애영	YWAM	교사
	강성진	중동선교회	목사		이모세	YWAM	
	장석창 (이은주)	미주총회	목사		배혜숙	중동선교회	
	이은혜	YWAM	선교사		최평화	통합	장로
	김혜정	중동선교회	선교사		박경란	예합	목사
	김문규 (이미현)	인터콥	선교사		김동익	두란노해외선교	선교사
	박천민	인터서브	목사		김기택	바울선교회	목사
	이현준 (오현경)	인터콥	선교사		윤태권	예장합신	목사
	김정환	기독교장로회	목사		송정애	예장합신	사모
	정형남	합동,중동선	목사		전광혜	한국외항(사)	
	김형렬	중동선교회	사모		정승대	중동선교회	선교사
	유미희	침례교	사모		최인경	합동	선교사
	김영섭 (이규자)	대신,바울	목사		강현아	OM	선교사
	이현호 (유주미)	WEC	목사		박정하	바울선교회	목사
	이병구	침례,중동선	목사		김균순	바울선교회	선교사
	이주현 (강리아)	OM	목사		임금희	통합	사모
	정재영	총신	목사		김은영	바울선교회	선교사
튀르키예	김이내	바울선교회	선교사		박춘란	바울선교회	선교사
	임남옥	중동선교회	선교사		이재한	바울선교회	목사
	이의홍 (김영희)	OMC	선교사		심양섭 (김희숙)	GMS	목사

109) <크리스챤 투데이>, 2005.09.29, "중동지역선교사협회 정기총회. 선교대회"
110) <크리스챤 투데이>, 2005.9.29. 기사 '중동지역선교사협회 정기총회, 선교대회'.

국가	이름	단체	직분	국가	이름	단체	직분
튀르키예	조보금	OM	선교사	이스라엘	강태윤	합동	목사
	이에스더	OM	선교사	U.A.E.	김복희	가나선교회	간사
	김병철 (김춘석)	예장합동	전도사		김비호	통합	장로
	이시윤 (한귀자)	GMS	목사		박종수(신현주)	합동정통	목사
오만	송용섭	바울선교회	목사		전승배	CCC	선교사
모로코	허영희	감리회	목사		이바울	기하성	목사
레바논	최 영	바울선교회	선교사		신철범	두바이한인교회	목사
카타르	이충원 (조영숙)	중실연	집사		이형진	두바이한인교회	집사
리비아	김희윤	대신	목사	이집트	이준교	GMS	고문
이라크	전을생	인터콥			김수련	GMS	선교사
	허명수 (박미정)	인터콥			김미애	성서	선교사
	주은희	인터콥			탁수연	성서	목사
이란	백준호	MVP	선교사	이집트	여종연	OM	선교사
	허종현	MVP	선교사		정미영	YWAM	선교사
튀니지	정연주	FAVORs			김권민	감리교	목사
	안석열	GMS,GBT	목사		김신숙	GMS	선교사
	최 철	바울선교회	목사		조무영	기감	목사
	김혜원	SOUL	선교사		최현숙	기감	선교사
	허태녕	SOUL	선교사		이원배	기성	전도사
이스라엘	이일호	고신	목사		고진관	나사렛성결	목사
	김명성	LA충현교회	목사		김선옥	나사렛성결	
	양병문	바울, 통합	목사		김종원	중동선교회	선교사
	원동곤	기침	목사		이레베카	개혁	사모
	서병길	GMS	목사		조다니엘	개혁	목사

제 16차 중선협 대회가 2007년 10월20일(토)~26일(금), 프랑스 파리 근교에서 중동지역 선교사 160여명이 참석한 가운데 개최되었다. 대회주제는 '집중과 돌파'(Unity & Breakthrough)였으며, 주강사는 고기홍 목사(서울 평강교회)였다. 이 대회는 파리 근교에 위치한 13개의 한인교회들로 구성된 **파리한인교회 협의회**(회장 김승천 목사, 퐁뇌프 장로교회)의 협력으로 개최될 수 있었다.

중동 각 지역에서 온 **선교사들의 선교보고**는 프랑스의 중심도시 파리에 **중동선교의 바람**을 일으켰다. 중선협 회장 **김희윤 선교사**는 당시 리비아 내전과 심한 박해으로 인해 잠시 피신한 상황이었다.[111] 그는 선교사는 '순교사'라는 자의식으로 사역하였다. 그는 "순교를 당하지 못한 선교사가 죽은 선교사보다 더 고통스럽다"라고 내면의 고통을 전하였다. 이어서 T국의 K선교사, E국의 L선교사, Y국의 J선교사가 각기 선교보고와 함께 기도를 부탁하였다.

이슬람 동향포럼에서는 발제자들이 세계 각 지역(한국, 유럽, 미국, 아프리카)의 이슬람 동향을 소개했다. 발제자와 담당지역은 다음과 같았다 : 한국 이슬람의 동향(최경규 박사), 유럽 이슬람 동향(김대식 목사), 미국 이슬람권 동향(이윤태 장로) 및 아프리카 이슬람권 동향(장상순 선교사).

파리한인교회 협의회는 선교사들을 위로하기 원하였다. 22일(월)에는 파리관광을 준비하였고, 마지막 날 26일(금)에는 파리의 오페라단에서 활동하는 네 명의 성악가들이 음악회를 열어서, 선교사들을 위로하였다.[112] 정기총회는 새 회장단을 선출하였다. 회장 심양섭 선교사(튀르키예), 부회장 이병학 선교사(아랍에미리트), 그리고 여부회장 신H주 선교사(Em국)였다.

제 18차 중선협 대회는 **대형집회의 장점**을 잘 활용하였다. 중동지역의 선교사들은 프랑스 한인교회들에게 선교적 도전을 주었고, 프랑스 한인교회들은 선교사들에게 위로를 전할 수 있었다. 중동지역의 선교사들에게 휴양과 회복은 매우 필수적이다. 작은 집회가 줄 수 있는 쉼과 회복이 있고, 이처럼 대형집회라야 가능한 쉼과 회복도 있다.

---

111) 김희윤 선교사의 사역은 '리비아 한인교회' 편에서 다룬다.
112) <크리스챤타임스>, 인터넷 기사 (www.kctusa.org/news/articleView.html?idxno=8179)

(6) 중선협의 위기와 회복

1) 두바이 회의 (2019.5)

2010년대에 이르러, 중선협의 규모는 커졌으나, 내부적인 갈등도 발생되었다. 중선협의 회복을 위해 **이충원 장로**(카타르 한인교회)를 비롯하여 여러 신실한 종들이 희생적인 수고를 감당하였다. 2019년 9월, **두바이 회의**도 이충원 장로의 노력으로 모일 수 있었다.

1984년 **중한연**(중동지역 한인교회 연합회)이 처음 설립될 당시, 중동지역에 파송된 선교사는 주로 **한인교회의 담임목사들**이었다.[113] 그러므로 당시 구성원으로 볼 때, '중한연'이라는 명칭도 적합하였다. 그러나 전문선교사의 수가 늘면서, 1988년 제 5차 중한연 대회 때, **중선협**(중동지역 한인선교협의회)으로 명칭을 변경하게 되었다.

중선협의 명칭 변경 후에, 30년이 지나자, 또다시 새로운 상황이 되었다. 점차 선교사 파송을 받지 않고, 한인교회의 담임목사로 부임하는 경우가 늘게 되었다. 또한 중동지역에 거주하는 한인들이 늘어나자, 한인교회도 세워지게 되었다. 그리하여 선교사가 아닌 담임목사의 수가 많아지게 되자, 중선협의 초기에 한인교회의 담임목사들이 다수이고, 선교사들이 소수였던 상황이 이제는 역전되었다. 현재 중선협의 회원 중 대다수는 선교사이고, 한인교회의 담임목사는 훨씬 소수이다. 중선협의 회장은 선교사와 담임목사가 번갈아 한번씩 맡고 있다. 이외에도 다양한 요인들에 의해, 한인교회의 담임목사와 선교사 사이에 알력관계가 발생할 수 있었고, 한인교회 목회자들 간에도 갈등이 가능했다. 실제로도 내분이 발생하였다.

2019년 9월, 두바이에서 한인교회의 담임목사와 선교사의 **동등한 동반관계**를 재확인하기 위해 모이게 되었다. 중동지역 한인교회의 담임목사와 선교사기 참석하였다. 두바이 회의에서 몇 가지 사실을 확인하였다. 첫째로 한인교회의 담임목사가 선교사보다 더 높은 지위에 있는 것이 아니며, 둘은 **동등한 협력관계**이다. 둘째로, 중동지역 한인교회는 **이슬람 선교의 전초기지**로 세워졌으므로, 한인교회도 이슬람 선교를 위해 존재하고, 선교사도 이슬람 선교를 위해 존재한다. 셋째로,

113) 중한연의 설립시 중동의 9개국에 13개의 한인교회와 16명의 선교사가 파송받은 것으로 파악된다.

'중동지역 한인선교 협의회'라는 명칭은, 선교사들이 회원의 절대다수일지라도, 목회자들을 배제시키는 '**선교사들의 협의회**'를 뜻하지 않는다. 그러므로 한인교회 목회자의 참여를 부적절하게 만들지 않으며, 오히려 '중동지역 **한인선교** 협의회'라는 명칭은 둘의 공동목적인 '선교'를 위해 협력할 것을 강력하게 요청한다.

두바이 회의에서 이러한 목적의식에 모두가 동의하였다. 2020년도에 코로나 사태가 발생되어, 중선협 대회는 2022년까지 연기되었는데, 그 때 회복된 모습으로 모일 수 있었다.

2) 제 22차 중선협 대회(이스탄불, 2022.5)

제 22차 중선협 대회가, 코로나의 위기로 계속하여 연기되다가, 2022년 5월30일~6월 2일, '주님과의 동행'이란 주제로 튀르키예의 이스탄불에서 회복된 모습으로 개최될 수 있었었다.

김양재 목사(우리들교회)가 주강사를 맡아 저녁집회와 새벽예배로 섬겼다. 개회예배는 김만우 목사가 설교로 섬겼다. 강사로 Michael Mangis 박사(전 휘튼대학교 교수), 고성준 목사(수원하나교회) 그리고 이재기 목사(사랑빛는 교회)가 섬겼다.

분과별 토의는 '무슬림 전도와 치유사역'(발제 : Derrickson), '난민선교'(발제 : 정바울 선교사), '중동에서의 비즈니스 사역'(발제 : 윤충호 선교사), 그리고 '문화사역'(유영호 선교사)이란 주제로 진행되었다.

대회 일정표

	5월 30일 (월) Day 1		5월 31일 (화) Day 2	6월 1일 (수) Day 3	6월 2일 (목) Day 4
		새벽집회 06:00-07:00	새벽집회 (김양재 목사)		
		07:00-08:40	아침식사		
		오전세션(1) 08:40-10:10	특강(1) 고린도전서 강해 (고성준 목사)	특강(4) 고린도전서 강해 (고성준 목사)	패널토의 M사역과 방향 황디모데 외
		10:10-10:30	휴식		체크아웃
		오전세션(2) 10:30-12:00	특강(2) 영성 개발 (Dr. Mangis)	특강(5) 영성 개발 (Dr. Mangis)	폐회예배 (신임 한인교회 부장)
		12:00-13:30	점심 식사		
13:30-15:50	등록	오후세션(1) 13:30-14:50	강사 패널 토의 (김선갑)	1-3시 정기총회	
15:50-17:20	개회 예배 성찬식 (김만우 고문)	오후세션(2) 14:50- 16:20	특강(3) (이재기 목사)	3-6시 네트워크& 자유시간	
17:20-18:20	지역별 모임	오후세션(3) 16:20-17:20	분과별 토의 (비지니스, 난민, M전도, 문화사역)		
18:20-20:00	저녁 식사	17:30-20:00	저녁 식사		
20:00-22:00	찬양 저녁집회 (김양재 목사)	저녁집회 20:00-22:00	찬양 저녁집회 (김양재 목사)	찬양 저녁집회 (김양재 목사)	
	임원회 한인교회부 모임		임원 및 고문, 증경 회장단 연석회의		

중선협 선교지의 확장

선교지가 확장됨에 따라 회칙 제 4조는 아프리카의 소말리아, 지부티 및 에리뜨리아를 제외한 **중동지역 23개국**을 포함하게 되었다. 제 1항에 '팔레스타인'이 추가되었고, 기존에 "북아프리카 및 수단"이란 문구는 '수단, 남수단, 리비아, 튀니지, 알제리, 모로코, 모리타니아'로 구체적으로 명시했다.

제 2장 조직

제 4조

1. 1. 본회는 중동 지역 한인교회 목회자, 교회 총대 및 한인 선교사들로 조직한다. (중동지역이라 함은 이란, 터키, 시리아, 레바논, 요르단, 이집트, 이라크, 쿠웨이트, 사우디아라비아, 바레인, 카타르, 오만, 예멘, UAE, 이스라엘, 수단, 남수단, 리비아, 튀니지, 알제리, 모로코, 모리타니아, 팔레스타인으로 한다.)
2. 본회는 다음과 같은 지부를 둔다.
   동부지부 / 쿠웨이트, 오만, UAE, 바레인, 카타르, 이란 - 6국
   동남부지부 / 사우디아라비아, 예멘 - 2국
   서부지부 / 이라크, 시리아, 요르단, 레바논 - 4국
   남부지부 / 이집트, 수단, 남수단 - 3국
   중부지부 / 이스라엘, 팔레스타인- 2국
   북부지부 / 터키 - 1국
   북아프리카지부 / 리비아, 튀니지, 알제리, 모로코, 모리타니아 - 5국

MK부의 신설

제 22차 정기총회는 **MK부를 신설**하였다. **MK부의 필요성**은 매우 크다. 선교자의 자녀는 자신을 '**아버지가 벗어놓은 신발**'이라고 표현한다. 아버지가 벗어놓으면 그곳에 놓여져 있다가, 아버지가 다시 다른 곳에 가서 벗어 놓으면, 자신의 의지와 상관없이 그곳에 놓여져 있기 때문이다. 아버지는 하나님의 소명을 따라 보냄받은 곳에 왔으나, 그곳에서 MK들은 자신은 아버지가 벗어놓은 신발과 같다고 그들의 아픔을 말한다. 더욱이 이 험한 중동 땅에서! MK부서 사역에 큰 위로와 격려, 그리고 합당한 지원이 필요하다.

2022년 제 22차 이스탄불 중선협 대회는 100명 이상의 목사와 선교사들이 참석하여 중선협의 회복된 모습을 확인하였다. 약 50여명의 선교사 자녀 어린이들은 그들을 위한 별도의 프로그램을 진행하였다. 제 22차 중선협 대회는 회장 김선길 선교사(모로코), 남부회장 한동희 선교사(요르단), 여부회장 허영희 선교사(튀니지), 총무 홍일순 선교사(튀르키예), 서기 최윤섭 선교사(이집트), 회계 정지원 목사(카타르 한인교회), 부회계 전혜운 선교사(튀니지)가 섬겼다.

정기총회는 새로운 임원진을 선출하였다. 회장 신영수 목사(두바이 한인제자교회), 남부회장 김기수 선교사(모로코), 여부회장 임지영 선교사(요르단), 총무 황준서 목사(두바이비전교회), 서기 김은열 선교사(이집트), 부서기 오경열 선교사(튀르키예), 회계 정지원 목사(카타르한인교회), 회계 박현화 선교사(이라크). 그리고 한인교회부장 권순표 목사(바레인한인교회), 중선연구부장 한동희 선교사(요르단), MK부장 이은경 선교사(아랍에미레이트)이다.

2) 중선협 한인교회부, 두바이 대회 (2022.9)

2022년 제 22차 이스탐불 대회에서 윤상원 목사(쿠웨이트 한인연합교회)가 한인교회부 부장으로 선임되었다. 중선협의 새로운 도약을 위해 한인교회부가 새 출발의 모범을 보일 필요가 있었다. 그리하여 **중선협 한인교회부 두바이 대회**가 2022년 9월12일(월)~14일(수)에 열리게 되었다. 이 대회는 두바이 사랑의교회(권오영 목사)의 제안과 전액 재정지원으로 개최될 수 있었다.[114]

대회참석

중동 11개국(바레인, 사우디, U.A.E. 오만, 카타르, 쿠웨이트, 요르단, 이스라엘, 모로코, 튀니지, 튀르키예)의 21개 교회로부터 목회자 부부, 장로와 권사 40명이 참석하였고, 옵저버로서는 한국, 파키스탄, 그리고 모로코에서 5명이 참석하였다. 많이 참석하였고, 한마음으로 뜨거웠다.

이 대회에 참석자의 명단은 다음과 같다.

114) 두바이 사랑의교회의 교우들은 재정지원 뿐만 아니라, 대회행사장에 상주하며, 대회행정과 실무에 관한 일체를 섬겨주었다.

바레인 한인교회 권순표&한설, **리야드 안디옥교회** 조진웅&이정아, **리야드 교회** 표명환, **담맘 한인교회** 윤남두&이선형, **두바이 한인제자교회** 신영수&박은주, **두바이 사랑의교회** 권오영&김정의, **두바이 순복음교회** 진현우&유명상, **두바이 비전교회** 황준서&임경희, **아부다비 온누리교회** 김도균, **아부다비 맑은샘교회** 최재혁&남예은, **무스카트 한인교회** 이승환&김은숙, **카타르 한인교회** 정지원, **쿠웨이트 한인연합교회** 윤상원&김성혜, **요르단 국제교회** 박심원&공선애, **요르단 한인교회** 최엽, **예루살렘 유대교회** 이강근&이영란, **예루살렘 중앙교회** 서영주, **예루살렘 교회** 채완병&임은선, **라바트 한인교회** 이준경&이귀숙, **튀니지 한인교회** 허영희, **이스탄불메트로폴 선교교회** 곽동신&윤명희. 이들은 한인교회의 목회자(부부)이다. 그리고 한인교회의 **이충원** 장로, **윤충호** 장로, **문재덕** 장로 & **성남희** 권사가 함께 하였다. 옵저버로 부산수영로교회 **김성환** 목사(세계선교회), 가평열린문교회 **이종범** 목사(MBNT선교회대표), 파키스탄 **홍요셉** 선교사가 참석하였고, 제 22차 중선협 대회를 중선협 회장으로서 희생적으로 섬긴 모로코의 **김선길**&**유예상** 선교사도 참석하였다.

프로그램

중동지역의 한인교회들은 함께 모여 **중동지역의 한인교회사**를 공부하였다. 한국교회의 이슬람 선교가 '중동지역 한인교회의 디아스포라에 의해', 그리고 '함께' 처음 시작되고 확산된 사실을 역사를 통해 확인하였다. 중동의 각 지역에 한인교회들이 세워지고 확산됨과 함께, 한국교회의 이슬람 선교도 시작되고 확산되었다. 이 역사적 사실 앞에서 '현재의 한인교회들도 이 중동 땅에 이슬람 선교적 사명을 위해 세워져 있다'라는 사실을 모두 재확인하며, 하나님 앞에서 선교적 소명을 굳게 세우는 기회가 되었다. 이 대회를 위해 만들었던 <중동지역 한인교회사 자료집>이 본서의 기초가 되었다.

(6) 중선협 서울사무소

중선협 서울사무소의 설립 (2022.12)

중선협의 장기적이고 지속적인 발전을 위해, **상설기구**로서 중선협 서울사무소의 필요성이 제기되었다. 그리하여 2022년 12월 1일, **중선협 서울사무소**가 설립되었다.[115] 윤충호 선교사가 중선협 서울사무소의 설립 때부터 사무총장으로 섬기고 있으며, 김정숙 사무국장(GMS, 전 튀르키예 선교사)과 전창희 사역국장(현대중공업 30년 근무 퇴임한 전문인), 그리고 선교전략 연구소장으로 김명수 목사(GMH Femtowell 융복합 연구소장)가 함께 섬기고 있다.

중선협 서울사무소의 설립을 위해 윤충호 선교사(GMS, 카타르한인교회 장로)가 큰 역할을 감당했다. 윤충호 선교사가 중선협 회칙 제 2조에 근거하여 중선협 회장 신영수 목사의 승인(2022.8.10)과 한인교회부 부장 윤상원 목사의 위임(2022.9.14)을 받아 중선협 서울사무소의 설립을 진행했다. 2023년 1월7일(토), 중선협 서울사무소의 KWMA(한국세계선교협의회) 가입승인을 위한 중선협 대표자 회의가 카타르 한인교회에서 있었다. 이 회의에 윤충호 사무총장, 중선협 고문 이충원 장로(카타르 한인교회), 중선협 회장 신영수 목사(두바이 한인제자교회), 회계 정지원 목사(카타르 한인교회), 그리고 한인교회부 부장 윤상원 목사(쿠웨이트 한인연합교회)가 참석하여, 정관을 수정, 보완하여 통과시킨 후, 중선협 서울사무소의 KWMA 가입을 승인하였다.[116] 2023년 1월에 중선협 서울사무소는 KWMA 정기총회에서 이사회의 결의에 의해 정식 가입을 승인받았다.

중선협 서울사무소의 목적

중선협 서울사무소는 중선협의 핵심사업을 지원하는 것(예. 중선협 대회), 중동지역에 한인교회의 설립을 지원하는 것, 그리고 중선협 후원회를 조직하여 소속 선교사의 물질적 인적 자원을 지원하는 것 등을 목적으로 하여 설립되었다.[117]

115) 중선협 서울사무소의 사무실은 서울 구로구 노량진에 위치한 한국기독교 TV방송국(CTS) 9층 한국세계선교협의회 내에 있다(우측상단의 사진. 이충원 장로와 윤충호 선교사)
116) 2023.1.7. <중선협 대표자 회의록>, 회의주제 '중선협 서울사무소 KWMA 가입에 관한 건'

더 넓게는 한국과 중동 간의 교육, 문화, 예술, 체육 및 비즈니스를 체계적으로 연구하고, 한국과 중동국가 간의 네트워크를 구축하여, 중동국가의 세계화에 이바지하는 것을 목적으로 한다.[118] 이러한 목적의 배경은, 그 동안 한국선교사 특유의 헌신적 열정과, 한국교회의 많은 재정지원이 있었으나, 현재 범 이슬람 선교의 한계인 임계점에 도달한 상황 때문이다. 이러한 한계의 극복을 위해 새로운 전략, 또는 새로운 선교의 패러다임이 필요하다. 즉 개종을 목표로 삼는 종교 대 종교의 선교전략보다는, 문화로서 공존과 상생을 모색할 수 있는 전략이 더욱 적합하며, 또한 교육, 문화, 예술, 체육 및 비즈니스 등의 총체적 선교로의 패러다임 전환이 필요하다.[119]

중선협 서울사무소의 사역

중선협 서울사무소는 설립과 함께 활발한 사역을 시작했다. 먼저 2023년 2월27일~3월13일, KWMA **강대흥 사무총장**의 중동 선교지의 현황파악을 주선했다. 이 기간에 강대흥 사무총장은 중동 5개국(U.A.E. 오만, 레바논, 카타르, 쿠웨이트)을 방문하여 중동 이슬람권 선교현황을 파악하고, 더불어 중동지역 한인교회를 지원할 방안을 모색하였다. 이 방문을 위해 중선협 서울사무소가 모든 계획을 세웠으며, 윤충호 장로가 직접 동행하며 중동지역을 안내하였다. 강대흥 사무총장의 방문으로 인해 중동 각 지역의 선교사들이 크게 위로와 격려를 받았다.

2023년 10월, **강대흥 사무총장**은 제 2차 중동방문을 하였다. 이번에는 걸프지역의 중동국가들(사우디, 쿠웨이트, 바레인, 두바이)을 육로로 자동차로 이동하며, 세밀히 탐방하였다. 이 방문을 위하여 KWMA의 운영이사인 윤영찬 목사(뉴크리에이션처치교회, 운영위원회 부서기)와 하재삼 목사(김제영광교회, 멤버케어장), 중동선교회(MET) 본부장 김은수 목사, 중선협 회장 신영수 목사(두바이 한인제자교회)가 동행하면서, 가장 합당한 **중동선교의 전략과 방안**을 함께 논의하고 모색하였다.

중선협 서울사무소는 2023년부터 '중동선교를 위한 전문인 선교로의 페러다임 전환'을 논의하고 있으며, 그 실제적 방안을 모색하고 있다(구체적으로 'CTS TOUR COMPANY의 설립 및 이슬람 네트워크'의

117) 2022.8.10. 중동지역한인선교협의회 사울사무소 설립승인, 중선협 23기 회장. 신영수 목사
118) 중선협 서울사무소 정관, 제 2조(목적).
119) 윤충호, "중선협 서울사무소, 이슬람 종주지역 한인선교 연합사업 계획안", 6.

계획). 그리하여 새로운 시대에 적합한 **중동 이슬람 선교전략**을 세우려 하고 있다.

또한 중선협 서울사무소는 2023년도부터 직접적으로 선교지를 섬기기 위해 파송교회가 없는 중선협 소속의 선교사 5명에 대하여 장기지원을 시작하였다. 앞으로 제 2차 신청을 통해 5명의 선교사를 더 확대할 계획이다. 중선협의 장기적 발전을 위해, 상설기구로서 중선협 서울사무소가 개설된 것은 매우 의미있는 일이다. 중선협의 사역을 힘있게 뒷받침할 수 있기를 기대하게 한다.

(7) 중선협 대회의 평가와 과제

1) 중선협 대회의 성장단계

중선협은 1984년 9월, '중한연'이란 이름으로 매우 작은 규모로 시작하여, 현재 거대한 규모가 되었다. 중선협이 거대한 규모가 되는 과정에서 중선협 대회는 대체적으로 세 단계를 거쳤다. 첫째로 **초기 작은 규모**의 단계이다(제 1~6차 대회). 이 시기에는 중동선교의 전략과 방안을 논의하고, 선교적인 현안을 의논하기 위해 모였다. 이 시기에 **중선협**(선교지의 일원화된 창구)과 **중동선교본부**(한국교회의 일원화된 창구)는 밀접한 관계를 맺고 서로 연관된 사역을 진행하였다. 그리하여 중동선교본부의 소식지인 〈중동선교〉은 주로 중선협의 소식을 소개하였다.

두 번째는 **외부강사를 초청**하기 시작한 단계이다(1991년, 제 7차 대회부터). 참석인원이 10여명에서 수십 명으로 늘었고, 대회규모도 커졌다. 대회의 성격이 **집회중심**으로 변하기 시작하였고, 본래 선교전략과 선교적 현안을 논하던 것은 약화되었다. 〈중동선교〉에서도 중선협 대회의 소식을 작은 분량으로 다루다가, 제 10회 대회(1995년 6월)부터는 아예 소식을 언급하지 않았다.

세 번째는 **대형집회**가 된 단계이다(19991년, 제 12차 대회부터). 한국과 외국에서 유력한 강사들이 초청되었고, 100명 이상의 회원이 참석하기도 했다. 많은 수의 강사가 초빙된 경우에는, 특강/세미나, 집회의 시간이 너무 많다보니, 중선협 대회는 본래 목적인 **선교사 대회의 성격**이 약화되었다. 선교보고는 간략했고, 분과별 모임수준도 그리 높지 못했다. 선교전략의 수립을 위해 정기적으로 선교지역별 자료를 수집하는 일이나, 현재 선교지에 발생된 선교적 현안을 협의하는 일은 소외되었다. 그런데 역설적으로 중한연 시절의 작은 규모였을 때에는, 이러한 모든 일을 행했다. 왜냐하면, 그것이 선교사 대회로서 모이는 **중한연 대회의 목적**이었기 때문이다.

2) 중선협 대회의 목적

① 선교사들의 대회

중선협 대회는 '중동지역 한인선교 협의회'라는 명칭대로, 그 본질은 '선교사들의 대회'에 있다. 물론 선교사들에게도 말씀의 은혜와 성장을 위한 교육도 필요하다. 그러나 중선협 대회는 '**선교사들을 위한 집회**'가 아니라, 먼저 '**선교사들의 대회**'가 되어야 한다.

선교사들을 위한 대회?

'선교사들의 대회'(of missionary)란 **선교사를 위한 대회**(for missionary)를 뜻하지 않는다. 왜냐하면 중선협(중동지역 선교 협의회)란 '중동지역의 **선교사를 위한 협의회**'가 아니며, '중동지역의 **선교지를 위한 협의회**'이기 때문이다. 우리 선교사는 근본이 '나를 위한 존재'가 아니다. 우리가 파송받은 이슬람 선교지를 위한 존재이며, 그 땅에 사는 무슬림을 위한 존재이다. 따라서 선교사 대회는 그 본질이 '**선교사**(宣教師)**를 위한 대회**'가 아니며, '이슬람 **선교지**(宣教地)**를 위한 대회**'이다. 그러므로 우리 선교사들은 '선교지를 위한 **선교사들의 대회**(大會)'로 모이고자 하여야 하며, '**선교사를 위한 집회**(集會)'로 모이는 것을 우선해서는 안된다.

② 선교지를 위한 대회

아픈 아들을 둔 엄마의 가장 큰 고통은 아들을 위해 아무 것도 할 수 없는 **무능력**이다. 그래서 그 엄마에게 가장 큰 위로는 아픈 아들을 위해 치료약을 발견했을 때이다. 이슬람 선교사에게 가장 큰 고통은 철옹성 같은 이슬람 앞에 **무능력**이다. 물론 우리 선교사에게도 말씀의 은혜와 육체적 쉼이 필요하다. 그러나 불치병에 걸린 아들을 뒤로 하고, 휴양지에서 쉬는 엄마의 마음 속에 얼마나 충만한 쉼이 가능할까?

이슬람 선교는 다른 어떤 선교지보다도 세월을 쏟아부어야 한다. 비록 더디고, 당장에는 열매가 없다 할찌라도, **올바른 방향의 확신**이 있다면, 우리 선교사들은 예수 그리스도의 재림을 소망하며, 절망하지 않을 수 있다. 이슬람 선교는 50년이 걸릴지, 100년이 더 걸려야 할지 알 수 없다. 그런데 우리가 지금 **하나님의 때**는 알 수 없으나, 우리가 지금도 '**하나님의 올바른 방향**이 무엇인지'는 알 수 있다. 그런데 '효과적인 전략수립'과 '올바른 방향설정'은 결국 하나의 문제이다.

우리에게 필요한 '올바른 방향'(right direction)이란 멀리 내다보는 **장기적 전망**이며, 폭넓게 바라보는 **총체적인 전망**이다. 이러한 시각을 구체화한 것이 바로 '전략'(strategy)이다. 100년, 200년을 바라보는 전략이다. 이슬람의 정치, 경제, 사회, 문화를 아우르는 총체적인 전략이다. 물론 우하나님의 때와 시간은 우리가 알 수 없다. 특히 이슬람 선교는 수백 년을 바라보아야 한다. 이러한 장기적 전망으로 총체적 전략을 수립한 후, 정기적으로 전략수정을 반복하면서, 우리는 올바른 방향을 계속하여 견지할 수 있다. 이것을 위해서 **선교지를 위한 대회**가 반드시 필수적이다.

중한연 시절에는 **선교지를 위한 대회**로 모였다. 그들은 현재 선교지에 발생된 현안을 논의하였고, 미래 선교지 개척을 위해 지역별 자료수집을 결의하기도 했다. 왜냐하면 선교전략의 수립을 위해 필요했기 때문이다. 중한연 대회에서 이러한 논의를 했다.

3) 중선협의 조직

① 중선협의 상설기구

중선협 조직은 **중선협 대회를 위한 이벤트성의 조직**이 아니라, **중동 선교지를 위한 상설조직**으로 유지되어야 하며, 먼저 **중선연구부**는 선교전략과 정보를 위해 매우 중요하며, 7개의 **지부조직**(동부지부, 동남부지부, 서부지부, 남부지부, 중부지부, 북부지부, 북아프리카 지부) 역시 각 지역별 선교전략 및 협력을 위해 그 중요성을 빼놓을 수 없다. **한인교회부**는 이슬람 선교의 전초기지와 베이스 캠프로서 중동선교지를 든든하게 받쳐주어야 한다. 중선협의 상설기구가 2년 동안 활발하게 활동하다가, 2년마다 중선협 대회로 모일수록, 그 내용은 더욱 **전문가적 수준**이 될 것이다. 지역별 선교동향 및 선교보고, 각 분과별 세미나, 선교현장의 간증마다 선교사 대회다운 수준일 것이다.

중선협 대회의 주요한 참석자들 중에 **선교회 대표**와 **한국교회의 지도자들**이 있다. **이슬람학자**나 **선교학 교수들**도 참석하면 더욱 좋겠다. 중동지역의 선교상황을 누가 가장 잘 알며, 또 기존 선교 전략의 부족함을 누가 가장 크게 겪으며, 따라서 누가 새로운 전략과 그 필요성을 가장 설득력있게 말할 수 있겠는가? 바로 우리 중동의 현장선교사들이다. 만약 중선협의 상설기구를 통하여 2년 동안 집약되고 농축된 정보들이, 중선협 대회를 통해 정기적으로 발표된다면, 이슬람 학자와 선교학 교수들도 중섭협 대회를 기다렸다가 참석할 것이다. 선교회 대표와 한국교회의 지도자들은 효과적으로 도전받으며, 힘써 지원할 것이다.

그런데 만약 중선협의 상설기구가 이러한 역할을 충분히 하지 못한다면, 중선협 대회가 2년마다 열리는 **일회적인 이벤트**로 그칠 수 있다. 이로인해 중선협 임원들에게는 가장 큰 임무가 이 **일회적인 이벤트**를 준비하는 것으로 전락할 수도 있다. 이것은 한국교회의 중동선교를 위해 매우 불행한 일이다. 그러나 중선협의 상설기구들(중선연구부, 7개 지부, 한인교회부)이 아무리 강한 다짐을 스스로 한다해도,이 또한 역부족이다. 한국교회의 적극적인 지원이 필요하다. 최근 **중선협 서울사무소의 개설**은 앞으로 이러한 문제의 해결과, 중선협의 장기적 발전을 위해 큰 힘이 될 수 있다

② 일원화 된 의사소통의 창구

1984년에 **중한연**이 쿠웨이트에서 창립될 때, 거의 같은 시기에 **중동선교본부**(현 중동선교회 MET)가 창립되었다. 두 단체가 함께 창립한 것은 중동선교지와 한국교회 사이에 **의사소통의 창구**를 **일원화** 하기 위해서였다. 본래 계획은 중동의 각 선교지들은 '중선협'을 통해 선교상황을 알리고, 한국교회는 '중동선교 본부'를 통해 중동선교를 위한 사령부 역할을 하는 것이었다. 중동선교의 문을 처음 열었던 **한인교회 담임목사들의 처음 통찰**이 40년이 지난 지금, 매우 옳았음을 알게 된다.

지금도 이러한 필요성은 여전하다. **중선협**은 중동지역의 선교상황을 한곳으로 집중시켜, 전략적으로 대책을 마련할 수 있도록 해야 한다. 동시에 한국교회에서도 이슬람 선교 전체를 총괄적으로 지휘하고 지원할 수 있는 체계를 갖추어야 한다. 본래 이러한 목적을 위해 세워진, 현 **중동선교회**(MET)가 더욱 힘있게 사역할 수 있기를 바라게 된다.

제 2장. 중동지역 최초의 교회들

1970년대 중동지역의 건설현장에 많은 현장교회들이 세워졌다. 그 현장교회를 기반으로 하여 1970년대에 네 개의 한인교회들이 각 지역에 최초로 세워졌다. 1974년, **시아파 이슬람**의 종주국인 이란에 **테헤란 한인교회**가 중동 지역 전체에서 최초의 한인교회로 세워졌다. **수니파 이슬람의 종주국**인 사우디아라비아에서는 **리야드 한인연합교회**(1976년)가 가장 먼저 세워졌고, 이집트에서는 **카이로 한인교회**(1977년)가 아프리카 이슬람권에서 최초의 교회로 세워졌다. 그리고 쿠웨이트에서는 중동지역 초기의 선교사역을 주도했던 **쿠웨이트 한인연합교회**(1978년)가 세워졌다.[1]

1. 사우디아라비아 : 리야드 한인연합교회 (1976)

사우디 아라비아(The Kingdom of Saudi Arabia)는 이슬람이 생성된 본 고장이며, 이슬람의 최고성지 메카를 소유한 수니파의 종주국이다. 사우디는 사우드 가문이 엄격한 이슬람 근본주의인 **와하비즘**(Wahhabism)에 기반하여 세워진 국가이므로, **이슬람의 샤리아**를 엄격하게 시행했었다. 그리하여 사우디는 지금까지 그리스도의 복음이 가장 들어가기 힘든 나라에 속하며, 공식적으로는 현재 사우디 자국인 중에 그리스도인은 한 명도 없다

(1) 사우디 아라비아의 종교적 상황

1970년대 사우디 아라비아는 기독교에 대해 매우 굳게 닫힌 나라였다. **성경의 반입**조차 금지된

1) 이란, 사우디, 쿠웨이트의 세 나라에서는 한인교회가 먼저 설립된 후에, 교회의 요청에 의해 선교사가 한국에서 파송되어 담임목사로 부임하였다. 이집트의 경우는 선교사가 들어가서 한인교회를 세웠다.

나라였다. 만약 공항입국 때 성경이 발견되면, 빼앗기는 상황이었다. 1980년에도 이러한 상황은 마찬가지였다. 1985년 5월, 사우디 아라비아의 **박형서 선교사**2)(사우디 카심 성의 삼성 우네이자 교회)가 처음 사우디에 입국할 때의 상황도 위험했다.

> "출발 다음 날 새벽 5시에 리야드 공장에 도착했습니다. **성경반입**이 **안된다**는 곳에서, 하나님께서는 성경 4권, 찬송가 5권을 무사히 통과시켜 주셨습니다. ... 종교경찰이 **성경**을 보고도 알아보지 못했습니다. ... 교역자 오기를 목말라 기도했던 한인교회 연합회 임원들을 만났는데, 모두 성령 충만하시고 얼굴이 빛났습니다."(박형서, 1985.9)3)

1987년 6월, 사우디 가심 지역 연합회를 섬겼던 **유준열 권사**도 그 당시 위험한 상황을 겪었다. 성경이 발각되면 압수당할 뿐만 아니라, 교회대표로 확인되면, 사우디에서 추방당할 수 있었다. 그러나 유준열 권사는 추방의 위험까지 각오하였다. 그는 이 사건을 이렇게 밝혔다.

> "지난 주간에는 저희 방과 옆방의 우리 교회가 수색을 당하여, **신구약성경 4권**과 **찬송가 1권**을 **압수**당했습니다. 다행히 하나님께서 지켜주셔서, 제 테이블 한복판에 둔 큰 신구약 성경은 발견되지 않았습니다.
>
> 그 동안 제가 **교회대표**로 의심받아 **추방대상**으로 주목되어 왔는데, 4,5명의 경찰이 두 차례나 제 방을 수색했는데도 발견되지 않아 위기를 면했습니다. 그들의 눈을 가리워주신 하나님께 영광을 돌립니다. 할렐루야! 무슬림권이 무너지기 위하여 **추방당할 것을 각오하고**, 맡겨진 일을 계속 추진하겠습니다. 많은 기도의 후원을 부탁드립니다."
> (유준열, 1987.6)4)

사우디에서 **기독교 예배를 드리는 것**은 큰 제약이 따랐으며, 특히 **핍박의 시기**에는 매우 위험한 일이었다. 종교경찰의 감시를 피하여 사막 깊숙이 들어가 예배를 드리거나, 교회당을 태권도장과 함께 마련하여 운동복을 입고 예배를 드리는 교회도 있었다. 주일예배 때 종교경찰의 급습을 받고

---

2) 박형서 선교사는 1982년 서울신학대학을 졸업하고, 기성 총회본부의 선교국에서 사역하다가, 1985년 사우디 선교사로 파송을 받았다. 아직 목사 안수를 받지 않았으므로, 당시 그의 직분은 전도사였다. 다음해인 1986년에 그는 기성 총회에서 목사 안수를 받았다.
3) 박형서, '사우디 우네이자에서 온 선교소식', <중동선교소식>, 제 3호(1985.9.30), p.5
4) 유준열, '선교소식 : 위기를 면하고', <중동선교> 제 7호(중동선교본부, 1987.6.25), p.11

체포되기도 했다. 강단에서 설교하는 목사 뿐만 아니라, 성가대 복장을 입은 성도들도 함께 체포되었다. 보통 담임목사만 추방당함으로 그 사건은 종료되었지만, 교회당은 폐쇄되었다.[5)]

1990년대에도 사우디 정부의 핍박이 있었다. 1991년, **강일용 목사**(사우디 한인교회)는 종교경찰에 체포되어 추방당하였고, 1998년 11월, **유용운 집사**(리야드교회)는 일명 '쪽복음사건'으로 구속당하였다. 1999년 8월, **오영택 목사**(리야드교회)는 사우디 정보기관에 들통이 나서 귀국해야 했으며, 2001년 7월, **윤재남 목사**(담맘 한인교회)는 종교경찰의 습격과 체포된 후, 추방명령을 받았다.

그러면, 수니파 이슬람의 종주국 사우디 땅에 어떻게 상당한 수의 그리스도인들이 들어가 한인교회를 세울 수 있었으며, 또한 복음이 들어갈 수 있었는가? **홍계현 목사**(전 중동선교회 본부장)[6)]에 따르면, 1970~80년대 걸프지역 건설현장에는 약 150개의 현장교회가 존재했다.[7)] 한국건설기업이 상당히 진출했던 사우디에도 현장교회들이 상당히 세워져 있었다. 그러므로 이 놀라운 일은 사우디아라비아가 당시 **중동지역 해외건설의 본산**이었기 때문에, 가능하게 된 일이었다.

1973년, **삼환기업**의 고속도로 공사 수주가 사우디 건설 진출의 시작이었다. 특히 1974년, 삼환기업의 **횃불신화**는 한국 건설회사가 대거 사우디에 진출할 수 있는 교두보가 되었다. 그리하여 한국 건설기업들이 사우디 왕궁과 왕세자궁, 사우디 국립 상업은행, 사우디 보험청, 사우디 알마말 상업센터, 사우디 메카-메디나 고속도로, 사우디 킹칼리드 군사도시, 사우디 메디나 공항 공사 등을 수주함으로써, 사우디아라비아가 **중동지역의 해외건설의 본산**이 되었다.[8)]

이로 인해 매우 큰 규모의 건설 근로자들이 한국 건설기업을 통해 사우디에 들어갈 수 있었고, 사우디의 건설현장이 세워지는 곳마다 신실한 그리스도인들에 의해 **현장교회들**이 세워질 수 있었다. 그러던 중, 1976년에 리야드의 현장교회들이 **리야드 한인연합교회**를 세우고, 한국교회에 **선교사의 파송**을 요청하게 되었다.

---

5) 정형남, '중동의 한인교회들과 중동선교, <2014 세계한인 동원선교대회>, p.135
6) 홍계현 목사는 1979년 건설회사직원으로 파견되어 사우디아라비아, 이라크 등지에서 근무하며 현장교회를 섬겼다. 1986년에 서기를 맡아 사우디 리야드지역 연합회 임원으로도 섬겼다.
7) <국민일보> 2014.3.21. 기사.
8) <일간투데이>, 2010.10.20 기사, '한국건설史 새로 쓴 중동진출 1호 삼환기업'

(2) 사우디 최초의 교회 – 리야드 한인연합교회[9]

1) 리야드 한인연합교회의 시작 (1976.5)

리야드 지역에는 미국의 **빈넬 회사**(Vinnell Corporation)에서 일하는 한국인들이 많았다. 그들 중에 기독교인들이 1976년 5월21일(금), **이의경 장로**[10] 외 58명의 성도들이 빈넬회사의 캠프에서 교회설립예배를 드림으로, 걸프지역에서 최초의 교회인 **리야드 한인연합교회**가 시작되었다.[11]

리야드 한인연합교회는 **충현교회**(예장합동) 김창인 목사에게 그들의 담임목사로 사우디 선교사를 파송하여 줄 것을 요청하였다. 이러한 요청은 매우 신속하게 받아들여져, 1976년 8일6일(금)에 최초의 사우디 한인 선교사가 파송될 수 있었다. 그것은 교회설립 후, 불과 두 달 반만이었다.

2) 초대 담임목사 이연호 선교사의 부임 (1976.8)

준비된 선교사 이연호 목사

김창인 목사는 당시 충현교회에서 6년 동안 교역자로 섬기고 있던 **이연호 목사**를 사우디 선교사로 파송하기를 원하였다. 그는 **신학교 우등생 출신**으로 신학교 교수의 길을 권면 받았으나, 오래 전부터 이슬람 선교를 꿈꾸며, 이미 선교훈련까지 마친 상태였다.

그 당시 한국에서 **선교사 훈련**을 받을 만한 곳은 거의 없었다. **조동진 목사**[12]가 수도여자대학에 개설한 선교대학원 과정 뿐이었다. 이연호 목사는 조동진 목사로부터 두 번의 선교훈련을 받으며, 이슬람 선교를 준비하였다. 그의 아내 김신숙 선교사의 글이다.

---

9) 리야드 한인연합교회에 관한 내용은 현재 이 교회를 계승한 사우디 안디옥한인교회의 교회연혁과, 현재 담임 조진웅 목사의 도움을 통해 작성될 수 있었다.

10) 이의경 장로는 그 이후 사우디에서 통신수업으로 신학교육을 받은 후, 1978년 12월1일 목사안수를 받고, 리야드 한인연합교회의 제 2대 담임목사로 위임받았다. 1986년 7월9일 한국으로 귀국할 때까지 한인교회의 담임목사로서, 또한 사우디 선교사로서 섬겼다.

11) <한인연합교회 연혁>, 1976.5.21일자

12) 조동진 목사는 한국선교계의 큰별이었으며, 제 3세계 선교를 위해서도 큰 공헌을 하였다.

이연호 목사는 모태신앙이 아니라 고등학교를 졸업하고 예수님을 영접한 사람이다. 예수님을 영접한 후 '그토록 좋으신 하나님을 왜 진작 알지 못하고 이제서야 늦게 예수님을 만나게 되었는가'에 대하여 안타까워하였다. 이로 인해 그는 예수님을 만난 순간부터 좋으신 예수님을 전해야 되겠다는 뜨거운 복음의 열정을 갖기 시작하였다. 그래서 그는 대학 학창 시절부터 자기와 같은 사람이 또 있어서는 안 되겠다고 생각하여, 전도에 대해 기도하기 시작하였다.

이상하게도 그의 마음은 복음을 전하겠다고 생각한 이후, 그이는 회교권 선교를 위해서 기도를 시작하게 되었다. 내가 그이를 만났을 때, 그이는 이미 선교에 대하여 기도하고 있었다. 나는 당시 선교라는 개념이 무엇인지도 잘 모를 때였다. 더욱이 회교권 선교에 대해서 더 알지 못하고, 중요성에 대해서조차 잘 알지 못했다. 그이와 만나 장래의 소망과 비젼을 위하여 함께 대화를 나누며, 선교를 위해 기도하기 시작을 하였다. 확실하게 어디로 선교하러 가야 할지 몰랐지만, 무조건 회교권 선교를 위해 기도했다.

우리 두 사람은 우선 대학원을 졸업하고 계속 공부를 더하여 준비를 한 다음, 선교지로 나가기를 원했었기 때문에, 그이는 토플시험을 치르고 필라델피아에 있는 웨스트민스터 신학교에서 입학원서를 받고 유학을 위해 준비하고 있었던 때였다.[13]

이연호 목사가 선교사 훈련을 마쳤던 시기에, 리야드 한인연합교회가 김창인 목사에게 사우디에 파송할 선교사를 요청하였고, 김창인 목사는 **이미 준비된 이연호 목사**에게 사우디 선교사의 길을 제안하였다. 이 때의 상황을 그의 아내 김신숙 선교사가 다음과 같이 기록하였다.

그러던 어느날 충현교회 김창인 목사님께서 이연호 목사를 부르셨다. "이 목사! **사우디 아라비아 선교사**로 가면 어떻겠어?" 하고 물으셨다. "목사님! 일주간의 기도의 시간을 주십시오. 우리 집 사람하고 함께 기도할 시간이 필요합니다."라고 대답하였다.

그는 집으로 돌아와서, " 여보! 오늘 김창인 목사님께서 **사우디 아라비아의 리야드로 선교사**로 가지 않겠냐고 물으셨어요". "그래서 당신은 무어라 대답을 하셨어요?". "당신과 함께 기도할 시간을 일주일을 달라고 요청을 하였지요"

그날부터 우리는 '하나님께서 우리를 향한 뜻이 **사우디 아라비아**에 있는지'를 알기 위해 일주간 동안 열심히 기도하였다. 우리는 늘 하나님께서 원하시는 일이라면 순종하기를 원했다. '주

13) 김신숙, 「사막에 장미꽃이」(서울: 횃불, 1997) - 인터넷 공개내용

> 님이 부르시면 어떠한 지역이든지 복음을 전할 수 있는 곳이라면 나가야 한다'는 것은 너무나도 분명한 사실이였다. 그곳이 무슬림 국가이든, 공산권 국가이든 간에, 순종이 최선의 길임을 너무나 잘 알고 있었다. 일주간 기도한 결과, 우리는 **하나님께 순종**하기로 하였고, 충현교회 김 목사님께 **사우디 아라비아**로 나겠다고 말씀을 드렸다.[14]

이연호 목사는 김창인 목사의 제안을 하나님의 뜻으로 받아들이고, 사우디 선교사의 길을 수락하였다. 이제 이연호 선교사의 사우디 파송을 위하여 현실적으로 가장 큰 문제는 **취업비자**였다. 김창인 목사는 이 일을 위해 한국건업회 회장 **김인득 장로**(승동교회, 벽산그룹)에게 도움을 요청했다. 김인득 장로는 1973년부터 한국건업회 회장으로 취임한 상태였고, 1974년에는 한·사우디아라비아 경제협력 위원회의 부회장으로도 선임된 상태였다. 이러한 김인득 장로의 특별배려로 이연호 목사의 취업여권과 비자가 신속하게 진행될 수 있었다. 김창인 목사의 갑작스러운 제안에, 즉각 순종으로 응답한 이연호 목사의 선교적 헌신도 매우 큰 것이었다. 그리하여 사우디의 성도들이 한국교회에 선교사 파송을 요청한지 불과 두 달 반 만에 이연호 목사가 사우디에 도착할 수 있었다.

이연호 목사의 학문적 재질

이연호 목사는 **학문적 재질**을 지니고 있었다. 그리하여 그가 선교사 대신에 **신학교 교수**로 사역하기를 원하는 분들도 있었다. 그러나 하나님께서 보시기에, 이연호 목사의 학문적 자질은 한국교회보다, 이슬람 선교의 문을 열기 위해 **이집트**에서 더 필요하였다.

> 우리가 중동에 선교사로 가게 되었다는 소식이 전해지자 이연호 목사를 아끼던 몇 분의 교수님들은 '계속 공부하고 돌아와 교수가 되기를 기대했었는데 선교사로 나가면 어떻게 하느냐?' 고 아까워하시는 모습들이였다. 하루는 신성종 목사님 집에서 식사초대를 하셨다. 식사 후 대화하시면서 "이 목사! 꼭 선교지로 나가야 되겠어요. 이 목사는 학구적인 사람이라 연구하고 와서 교수로 일해야할 사람이예요. 이 목사의 교수재질이 아까워요"하시면서 계속 안타까워하며 만류하기도 하셨다. 그이는 신학교 때 우등생으로 교수님들에게 많은 총애를 입은 사람이었다. 그럼에도 불구하고 그는 선교사가 되기를 열망하여 기도하던 사람이었다. 주님께서 그의 마음을 아시고 **중동 회교권**에 **선교개척자**로 부르셨다.[15]

---

14) 김신숙, 「사막에 장미꽃이」(서울: 횃불, 1997) - 인터넷 공개내용
15) 김신숙, 「사막에 장미꽃이」(서울: 횃불, 1997) - 인터넷 공개내용

1976년 8월6일(금), 이연호 목사는 12명의 한국건업 기능공들과 함께 사우디로 출발하였고, 1976년 8월8일(일), 이연호 목사는 **리야드 한인연합교회**의 **초대 담임목사**로 부임하게 되었다.[16] 이 날은 역사적인 날이었다. 수니파 이슬람의 종주국인 사우디에 **최초의 한국인 선교사** 파송되고, 걸프지역에서 **최초의 한인교회**가 세워진 날이었기 때문이다.[17]

3) 최초의 사우디 선교사 – 이연호 목사의 파송과 추방

1976년 8월6일, 이연호 목사는 김포공항에서 그의 부모와 가족, 형제와 친척 뿐만 아니라, 충현교회의 김창인 목사와 교역자들, 장로, 권사와 집사들로부터 화려한 대환송을 받으며, 출국하였다. 이연호 선교사는 선교사의 굳은 각오로 출발하였다. 그것은 **순교의 각오**였다.

> 1976년 8월 6일 김포공항에 ... 화려한 대 환송을 받으며 출국하는데, 나는 왜 그렇게 눈물이 쏟아지는지 손수건에 눈물을 닦는 나에게 그이는 말했다. "여보! 6개월 동안 소식 없으면 **순교한 줄 알아요**, 그리고 선교사의 아내로서 승리하는 삶을 살아요"라는 말을 남기고, 손을 들어 V를 만들어 보이면서 문안으로 사라져갔다. 셋째 딸 에스더를 해산한지 40일 만에 아내와 세 딸들을 남겨두고, 그는 한국건업의 기능공 12명을 인솔하고 사우디 아라비아로 향했다.[18]

그런데 이연호 선교사가 막상 사우디에 도착하였을 때, 전혀 예상하지 못한 어려움이 기다리고 있었다. 그 사이에 미국 **빈넬회사의 책임자**가 바뀌어 있었기 때문이다. 이연호 선교사가 당장 잠잘 숙소조차 없게 되었다. 새로운 책임자는 '만약 Vinnell 회사에 한국인 목사가 머물게 될 경우, **사우디 사람들의 비위**를 거스르게 될 수 있으므로 ,숙소를 허락할 수 없다' 라는 입장을 취했다. 이연호 목사의 신분이 발각되면, 회사 전체가 피해를 입게 될 것을 염려한 것이었다.

이연호 목사는 숙소를 구할 때까지 **한국건업의 숙소**에 임시로 머물 수 밖에 없었다. 이 또한 고통

---

16) <한인연합교회 연혁>, 1976.8.08일자, 이연호 목사 선교사로 취임(예장 충현교회 파송).
17) 강동수 선교사(예장통합)가 이연호 선교사(예장합동)보다 같은 해에 두달 앞서 이란선교사로 파송받아 테헤란 한인교회의 초대 담임목사로 부임하였다(1976.6.7). 두 사람의 파송시기는 큰 차이가 없다.
18) 김신숙,「사막에 장미꽃이」(서울: 횃불, 1997) - 인터넷 공개내용

스러운 일이었다. 불신자 중에 냉소적인 사람이 있었기 때문이다. "목사가 들어와서 재수가 없잖아! 사우디에 목사가 오다니, 이 회교국가에?"라고 하였다. 식사 때가 되면 더욱 괴로왔다. "목사가 오니 배가 더 고픈 것 같아. 목사 밥 줄 것 있으면 나 밥 한그릇 더 주지"라고 빈정대는 소리도 들려왔다. 빈넬 현장교회의 교인들은 이연호 목사의 힘든 상황을 알고서, **빈넬회사의 자기 숙소**로 **비밀리**에 이연호 목사를 모셔갔다. 식사 때가 되면, 서로 돌아가며 **자신의 식사**를 그에게 가져다 드렸다. 그러나 이러한 성도들의 사랑과 수고가 이연호 목사의 마음에는 편하지 않았다. 전혀 예상치 못한 어려움 속에서 이연호 목사는 김신숙 선교사에게 편지를 보내었다.

> 여보 ! 이곳 사정을 편지로는 다 말 할 수 없습니다. ... 선교사는 김포공항을 떠나기까지 화려합니다. 일단 현지에 오면, 현주민이 환영하는 것이 아니라 이들의 적이 되니, 이것을 잘 조화시켜 적응해야 하고, 나대로의 목표를 정하고 각고의 노력을 해야 하니, 비상한 각오와 소명이 필요합니다. 그러니 자연히 의지할 것은 우리 하나님 밖에 없습니다. "내 주여 뜻대로 행하시옵소서"라고 언제나 입속으로 부르며 기도합니다. 어제 금요예배에는 20여명이 참석을 했습니다.[19]

이연호 선교사는 **한국 대사관**을 찾아갔다. 그러나 대사관에서 "이런 무슬림 땅에 목사님이 들어오시면 어떻게 합니까? 우리나라가 이제 돈을 벌기 위해 중동 땅에 많은 회사와 많은 사람들이 들어오는데, **사우디 사람**이 **가장 싫어하는 목사님**이 들어오면, 우리나라가 돈 버는 길을 막는 일입니다. 하루 속히 떠나주세요"라고 하였다.

결국 얼마 뒤 이연호 선교사는 한 한국인에 의해 사우디 정부에 고발당하여 1976년 10월20일, 그가 사우디에 입국한지 **불과 2개월 만**에, 그의 정체가 밝혀져 **추방당하게 되었다**.[20] 이연호 선교사가 한국을 떠날 때, 셋째 딸 에스더가 태어난지 40일만이었다. 아내와 세 딸들을 한국에 남겨둔

---

19) 김신숙,「사막에 장미꽃이」(서울: 횃불, 1997) - 인터넷 공개내용

20) 리야드 한인연합교회 연혁에는 이연호 목사의 이름이 '이인호'로 잘못 기록되었다. 또 이연호 목사가 1976년 8월8일에 취임한지 겨우 12일 만에 8월20일, 추방당한 것으로 잘못되게 기록되었다. 이것은 '10월20일'의 오기(誤記)로 생각된다. 그 이유는 첫째로, 그의 아내 김신숙 선교사가 이연호 선교사가 두 달 만에 추방되었다고 말하기 때문이다. 둘째로 이연호 선교사가 기록으로 남긴 생활과 사역들을 12일 만에 다 할 수 없기 때문이다. 셋째로 이연호 목사가 사우디에서 추방되어 인도네시아에 체류할 때, 비자기간은 3개월 뿐이어서 더 머물지 못하고, 1977년 1월18일에 싱가포르에 도착했기 때문이다. 이연호 목사가 8월8일이 아니라, 10월20일에 사우디에서 추방되어, 인도네시아로 가서 3개월의 비자만료기간을 거의 꽉 채우고, 1977년 1월18일에 싱가포르에 도착했을 것으로 추정된다.

채 떠난 상황이었다. 그는 순교의 각오로 사우디로 파송받았으나, 사역을 시작조차 하지 못한 채 추방당하였다. 이연호 선교사는 교회성도들과 눈물로 인사하면서,"다시 중동 땅으로 꼭 오겠습니다. 당분간 후퇴하는 것입니다"라는 말을 남기고, 떨어지지 않는 발길로 사우디를 떠나야 했다.

4) 이연호 목사 추방 후, 계속되는 시련과 성장

예배의 중단

1976년 10월20일, 이연호 선교사가 추방당한 이후, 교회는 바로 다음 주부터 **예배를 중단당하는 시련**을 겪었다. **빈넬 회사**가 예배의 중지를 요청했기 때문이다(1976.10.27).[21] 예배를 중지당하는 시련은 이번으로 끝나지 않았다. 3개월 뒤에는, **한국대사관의 요청**에 의하여 예배를 중지당하였고(1977.1.21),[22] 2년 뒤에는 예배장소가 모스크와 가깝다는 무슬림들의 항의 때문에, **SANG**[23]**의 지시**로 중단당하게 되었다(1979.1.19).[24] 그리고 4개월 뒤에는 **SANG의 지시**에 의해 리야드 전역의 모든 교회가 문을 닫아야 했다. 그리하여 이번에는 예배처소를 옮겨야만 했다(1979.5.11).[25] 그러나 담임목사가 추방당하고, 예배가 중단당하는 상황 속에서 리야드 한인연합교회의 교우들은 연약해지지 않았다. 당시 교회연혁을 보면, 그들은 끊임없이 맞서고, 또다시 일어났다.

	리야드 한인연합교회 연혁	예배중단/재개
1976.08.27	**빈넬회사 요청**으로 일시 **예배를 중지** 당했음.	예배중단과
1976.09.10	성도들의 기도와 노력으로 다시 예배를 드리게 되었음.	재개의 노력①
1977.01.21	사우디 주재 **한국대사관 요청**으로 일시 **예배를 중지** 당했음.	예배중단과
1977.02.11	다각적인 교섭과 끊임없는 기도로 다시 예배를 드리게 되었음	재개의 노력②
1978.05.15	이영희 장로 입교	
1978.10.27	교회 창립 후 첫 성례식을 거행 함	
1978.12.01	이의경 장로, 목사안수 및 본 교회 위임목사로 취임	
1979.01.19	예배장소가 모스크와 가깝다는 이유로 무슬림들의 항의에 **SANG 지시**에 따라 **예배 중지**를 당했음	예배중단과
1979.01.26	빈넬회사 배려로 음악실에서 합창연습을 한다는 명목으로 다시 예배를 드리게 되었음	재개의 노력③

21) 리야드 한인연합교회 연혁, 1976.08.27
22) 리야드 한인연합교회 연혁, 1977.01.21
23) SANG은 사우디의 National Guard이다.
24) 리야드 한인연합교회 연혁, 1979.01.19
25) 리야드 한인연합교회 연혁, 1979.05.11

교회의 성도들은 사우디 정부의 핍박에 굴하지 않았다. 예배를 드릴 수 있도록 끊임없이 기도하며, 다각적인 노력을 기울였다. 예배를 중지당하는 시련이 반복될찌라도(1976.10.27 ; 1977.1.21 ; 1979.1.19), 끝내 **다시 예배를 드릴 수 있게** 되었다(1976.11.10 ; 1977.2.11). 음악실에서 합창연습을 한다는 명목으로 빈넬 회사의 배려를 받아 예배장소를 허락받기도 했다(1979.1.26.).

시련 속에서 교회의 성장

1978년 10월27일(금), 교회예배의 중단과 재개가 반복되던 중에 성례식이 거행되었다. 그것도 **교회설립 후 최초의 성례식**이었다. 그러니, 이날의 성례식은 얼마나 더 감격적이며, 은혜로왔겠는가! 뿐만 아니라, 교회는 지속적인 시련 속에서도 견고하게 성장하고 있었다. 교회연혁에서 그 사실을 발견할 수 있다.

리야드 한인연합교회 연혁

1979.04.06 공동의회에서 장로 및 안수집사를 피택함
(장로 : 고승서, 최홍수, 안수집사 : 임희권)
1979.05.11 SANG의 지시로 리야드 전역교회가 문을 닫음으로
예배장소를 빌라 와이 509호(고승서, 임희권 숙소)로 옮겨 예배드림
1979.06.03 교세확장으로 구역을 조직하고, 구역예배를 드리게 됨.
1979.11.01 장로장립 : 고승서, 최홍수, 안수집사 취임 : 임희권.
1982.05.21 자립교회로 교회건물 임차함(85,000리얄)

이 시련의 시기에 교회는 오히려 안정적 기초를 세워가며 성장하였다. 첫째로, 담임목사와 장로를 비롯한 **교회의 리더쉽**이 세워졌다. 교회설립을 주도했던 **이의경 장로**(1976.5.21)는 통신수업으로 신학교육을 이수한 후에, 목사 안수를 받았다. 그리하여 추방당한 이연호 목사에 이어서 1978년 12월 1일, 리야드 한인연합교회의 제 2대 **담임목사**로 위임받았다. 이의경 목사는 1986년 7월 9일, 한국으로 귀국할 때까지 교회가 가장 어려웠던 시기를 먼저는 장로로서 섬기다가, 담임목사로서 섬겼다.

또한 공동의회에서는 중직자들도 세워졌다. 1979년 11월1일, 고승서와 최홍수 장로가 **초대장로**

로 세워졌고, 임희권 집사가 **초대 안수집사**로 임직하였다. **고승서 장로**[26]는 SANG의 지시로 리야드 지역의 모든 교회가 문을 닫을 때, 그의 집을 예배처소로 제공하였다(1979.5.11.).

둘째로, 교회가 큰 시련을 겪기 기간에, 오히려 **교회의 교세**도 확장되었다. 1979년 6월3일, 성도의 수가 늘어 **구역조직**을 편성하고, 구역예배를 시작할 수 있었다. 그리고 1982년 5월21일, 교회 재정도 안정되어 **교회건물**을 임차할 수 있을 만큼 자립교회로 성장했다.

5) 리야드 한인연합교회(1976.5 ~ 1990.1)

리야드 한인연합교회는 **이연호 목사**가 추방당한 후에 **이의경 목사**(1978.12.1~1986.7.9), **연홍기 목사**(1986.8.19~1988.4.5),[27] **김재운 목사**(1988.4.17~1990.1)가 담임목사로 섬겼다. 중동선교본부의 소식지인 〈중동선교소식〉은 이의경, 연홍기, 그리고 김재운 목사를 '**선교사**'로 부르고 있었다.

안디옥선교회 (1988.8)

김재운 목사가 담임목사로 부임한 해인 1988년 8월, 리야드 한인연합교회는 중동선교를 위하여 자체적으로 **안디옥 선교회**를 세우게 되었다. 임원조직의 구성을 보아, 직접 중동선교사역을 감당하는 선교회가 아니라, 중동선교를 위한 후원회로 추측된다. 담임목사는 선교사의 직위로 회원이었고, 임원은 제직회원들로 선출되었다(선교사 : 김재운 목사, 회장 : 이영희 장로,[28] 부회장 : 김명근 장로, 총무 : 박순권 안수집사, 서기 : 이신영 집사, 회계 : 김순규 집사)[29]

---

26) 고승서 장로는 1986년 리야드지역 연합회의 총무를 맡아 섬겼다(<중동선교소식>, 제 4호, p.4). 1990년에는 사우디아라비아 교우회의 회장직을 맡고 있었다. 이 교우회는 매월 둘째주 월요일 오후 7시30분, 열린문교회(담임 박종게 목사)에서 모였다(<중동선교> 제 15호, p.15)
27) <중동선교> 제 6호(1986.12.25. 서울: 중동선교본부), 소식, p.15 : "사우디 리야드지역 이의경 목사 귀국 후, 후임으로 연홍기 목사 파송됨"
28) 이영희 장로는 1978년에 리야드 한인연합교회에 장로로 입교하였다. 1986년 리야드 지역 연합회의 회장직을 맡았고, 1988년 안디옥 선교회의 회장직을 맡았다. 1988년 5월1일, 김재운 담임목사취임식 때, 이영희 장로 13년 근속예배가 드려졌다. 1989년 5월, 교회설립 14주년 기념예배에서 교회건축공로 표창을 받았다. 1999년 12월31일, 장로직을 은퇴하였다.
29) 리야드 한인연합교회 연혁, 1988.8.8

교회당의 건축(1989년) [30]

1982년 5월부터 교회건물을 임차하여 사용하다가, 1983년 4월부터 **동아건설** TEP 본부로 예배 처소를 옮기게 되었다(1983.4.5). 한 달 뒤 작은 규모였지만 **어린이 교회학교**도 개교할 수 있었다(1983.5.6). 교사 1인과 학생 4명이었다(교사 : 이신영 , 학생 : 박경진, 박소진, 김응도, 김응찬).

연홍기 목사가 부임한 이후에, **동아건설**의 양해를 얻어, 1988년 3월에 **교회당 증축공사**를 하였다. 한달 뒤 연홍기 목사는 귀국하였다(1988.4.5). 그런데 동아건설의 철수가 다가왔다. 그리하여 김재운 목사의 부임 이후, 1988년 10월7일, **건축위원회**를 조직하고, 3개월간 교회건축의 터를 물색한 결과, 구 리야드 지역에 태평양건설 캠프(약 2만㎡)를 연 8만 리얄에 임대할 수 있었다(1989.1.21). 곧바로 교회신축공사를 착수하여, 같은 해 3월3일 전교인의 기도와 헌신에 힘입어 입당예배를 드릴 수 있었다. **교회설립 14주년 기념예배**(1989.5.12)에서 6명(장로 1인, 집사 5인)을 **교회 건축 유공자**로 표창하였다.

사우디 아라비아는 외국인에게 영주권과 시민권을 허락하지 않는 나라이다. 그러므로 그들은 사우디에 교회당을 건축한 것은, 자신들은 사우디를 떠날찌라도 교회는 굳건하게 세워져 그리스도의 복음을 전하도록 하기 위함이었다.

1990년 1월, **김재운 목사**(1988.4.17~1990.1)는 담임목사직을 사임하고, 이슬람 선교에 헌신하기 위해 같은해 5월 기성 총회로부터 **사우디 선교사**로 파송받았다. 1990년 9월, 전주 바울교회가 **김재운 선교사**의 파송교회가 되었다.[31]

한편 김재운 목사가 담임목사를 사임한 후 리야드 한인연합교회는 리야드 청운교회와 통합하고 교회명을 '**사우디 한인교회**'로 변경했다.[32]

---

30) 리야드 한인연합교회 연혁, 1983.4.5.~1898.5.12

31) https://preview.kstudy.com/W_files/kiss9/52321911_pv.pdf

32) 2003년, 사우디한인교회는 안디옥교회와 통합하여, 현재 **안디옥 한인교회**가 되었다. 현재 **조진웅 목사**가 2007년 12월부터 리야드 한인연합교회를 계승한 안디옥 한인교회의 담임목사로 섬기고 있다.

선교사가 된 담임목사 (1990.1)

김재운 선교사는 그의 첫 해 사우디 선교사역을 1990년 11월에 발간된 〈중동선교〉 제 15호에 게재하였다. 그는 리야드에 거주하는 **태국인과 필리핀인**을 대상으로 전도사역을 하였다. 태국인들에게 전도지로 전도하고, 그들을 위한 설교테입을 보급하면서, 선교사 사택에서 11명의 태국인 예배가 시작되었다(8월 31일). 김재운 선교사는 **태국인 리야드 교회의 설립**을 계획하고 있었다. 당시 사우디에는 20만 명의 태국인 근로자들이 있었으므로, 사우디에서 **태국인 선교**는 불교국가 태국을 선교할 수 있는 전략적인 길이었다. 이미 열매가 맺히고 있었다. '썬샦' 형제는 태국 우불지역에 교회 개척을 기도하고 있었다. '씽그룻' 형제는 신학교에 입학하기로 했다. 김재운 선교사는 **필리핀인 선교사역**도 더불어 감당하였다. 2018년도에 김재운 목사는 **국내 이주민 선교회**의 이사장으로 섬기고 있었다.

사우디 선교소식

기도의 전쟁에서 중요한 책임을 맡아 주십시요

"여호와 우리 주여 주의 이름이 온땅에 어찌 그리 아름다운지요 주의 영광을 하늘 위에 두셨나이다." (시 8 : 1)

중동사태는 미군의 장기 주둔을 서두르는 가운데 단시일에 해결될 것 같지 않은 분위기이고 침체되었던 미국인 교회는 새로운 활기를 되찾고 있습니다. 선교적으로 매우 기대되는 상황으로 보고 있습니다.

그동안 저희들의 사역은 대체적으로 언어훈련(아랍어)과 태국인들을 위한 설교 테입 보급과 전도지로 전도하는 일이었고, 8월 31일에 태국인 11명이 저희 집에서 예배를 드리기도 하였습니다. 이들 중에는 귀국하여 고향에 교회를 세우겠다는 '썬샦"이라는 형제와 신학교에 가기로 헌신한 '씽그룻"이라는 형제가 있어서 기쁨으로 그 일을 위하여 기도하고 있습니다.

1920년대 선교 개척자로서 중국 남서부 '리수'라는 지역에서 사용했던 J.O. Fraser 선교사는 있는 힘을 다하여 무엇이든 했으나 응답받지 못하고 절망중에 있던 그는 마지막으로 고향에 있는 기도하는 동료들에게 편지를 보내어 부탁하기를 "나는 여러분들에게 단지 기도의 도움을 부탁하는 것이 아니라 이 기도의 전쟁에서 중요한 책임을 맡아 달라고 요구하는 것입니다. 이후에 기도는 응답되어 수천명이 그리스도인이 되었다는 것입니다.

저희도 동일한 말씀을 드리려고 합니다. 그 어느 시대, 어느 지역 보다도 어려운 선교지인 중동 이슬람의 종주국인 이곳을 기도의 전쟁에서 승리해야만 가능함을 알기 때문입니다. 주님은 이 일을 우리의 지혜, 방법, 능력과 노력에만 위임하시지 않고 "성령을 받으면 권능을 받고"에 위임 하셨기에 항상 성령의 충만함을 입어 승리하도록 기도해 주시기를 바랍니다.

태국인 선교 : 20만명에 이르는 태국인들은 대부분이 불교 신자이나 기도하면서 사랑으로 선교하면 열매를 맺는 증거를 주시고 계십니다.

1. 태국 우불지역에 교회를 개척하기를 기도하는 '썬샦"
2. "씽그룻"형제의 신학교 입학이 91년 신학기부터 공부할 수 있는 길이 속히 열리도록
3. 태국인 리야드 교회를 10월 26일에 창립예배를 드리려고 준비하고 있습니다.
4. 필리핀 선교유아원을 11월부터 개설하기 위해 준비
5. 선교부로 사용할 건물을 위해 기도하고 있습니다.
6. 3국인을 위한 설교 테잎을 복사할 고속복사기가 필요합니다.
7. 선교 차량을 구입하였습니다.

사막의 땅에 복음의 생수가 강같이 흘러 이 땅의 거민들이 주의 이름으로 구원 받기까지 함께 기도해 주시기를 간절히 소원하며 중동에서…

열사의 땅 사우디에서 김ㅈㅇ선교사

2. 이집트 : 카이로 한인교회 (1977년)

1976년 10월20일, 사우디아라비아에서 추방을 당한 **이연호 목사**는 그의 아내와 세 딸이 있는 고국으로 향하지 않았다. 다시 중동 땅에 들어가기 위하여 선교관이 있는 인도네시아로 향하였다. 그 선교관에 머물면서, **이슬람 선교**를 위해 중동지역에 들어갈 수 있도록 도와줄 **국제선교단체**를 찾고자 했다. 그러나 인도네시아에서 3개월의 비자 기간이 끝날 때까지 아무런 정보도 얻지 못하였다. 그리하여 이연호 목사는 싱가포르와 파키스탄을 거처, 태국에까지 이르게 되었다.

(1) 이집트 최초의 한인선교사 – 이연호 목사

1) 다시 중동에 들어가기 위해

1977년 1월18일, 이연호 목사는 **인도네시아**에서 비자가 만료되어 **싱가포르**로 왔으나, 오래 머물 수 없어, 1977년 1월21일 **태국**까지 오게 되었다. 사우디에서 추방당하지 벌써 3개월이나 지났다. 그러나 여전히 중동으로 들어갈 길이 보이지 않을 때, 태국인 **분씨**(Boonsri) **목사**가 **태국 선교**를 위해 함께 일하자는 제안을 하였다. 그 제안은 가족초청 뿐만 아니라, 이연호 목사의 부인에게는 신학교 도서관 직원까지 보장이 되어, 가족이 함께 살 수 있는 매우 매력적인 조건이었다.

그러나 부인 **김신숙 선교사**는 그의 편지를 받고, 명확하게 반대의 입장을 밝혔다. 불교선교는 그들의 소명이 아니었기 때문이다. 이슬람 선교의 기회만 더 늦어질 뿐이었다.

> 여보! 저는 당신 의견을 따를 수가 없어요. 제가 새벽기도를 하던 중 어느날 아침에, 늘 기도하던대로 '주님! 우리가 복음을 전해야 할 땅이 어디입니까? 언제까지 주의 종이 선교지를 찾아서 헤매야 합니까?'라고 간절히 기도할 때 ... 마음 속에 들리는 음성이 있었어요. '이 땅이 **너희가 일할 애굽 땅**이야' 나는 깜짝 놀라 눈을 뜨고 보았으나 아무 것도 보이지 않았어요 ... 저는 확신해요. 하나님께서 **애굽 땅**을 허락하실 것을요. 그리고 당신은 학창시절부터 회교권 선교를 위하여 기도했었지, 불교권 선교를 위해 기도하지 않았잖아요. 결국은 한 텀이 끝난 후에 회교권 선교를 위해 중동으로 다시 들어갈 것이라면, 5년이란 세월이 더 늦어집니다. **그냥 애굽으로 들어가세요.** 분명 하나님께서 길을 인도하실 거에요 (김신숙, 「사막에 장미꽃이」).

이연호 목사가 인도네시아의 선교관에 머물고 있을 때, **충현교회 김창인 목사**가 그를 찾아왔다. 그 때 이미 그는 김창인 목사에게 **이집트 땅의 계획**을 말한 바가 있었다.

> 마침 김창인 목사님이 인도네시아 방문하셔서, 선교관에서 반갑게 만나 뵈었다. 김 목사님께서 '이 목사! 앞으로 어떻게 할 예정인가?'라고 물으실 때, 그이는 '김 목사님! 저는 중동으로 다시 들어가겠습니다. **애굽에 들어가는 길**이 있다면, **중동과 아프리카를 이어주는 요충지**이므로 이집트로 들어가는 길을 찾아 다시 들어가겠습니다. 기도해 주십시오'라고 말씀드리니, 김 목사님께서는 '그렇게 하라'고 하시며, 적극적으로 밀어 주시겠다고 약속하셨다. 그는 힘과 용기를 얻었다. 그리고 매일 지도에 손을 얹고, '하나님! 중동과 **북부 아프리카 땅**을 나의 선교지로 허락하소서!'라고 기도하기 시작하였다 (김신숙, 「사막에 장미꽃이」).

부인 김신숙 선교사는 이 사실을 기억하고서, 반대한 것이었다. 여기서 중요한 사실은 이연호 목사가 **이집트**를 **선교 지정학적**으로 어떻게 이해했는가이다. 이집트의 위치는 **중동지역**(걸프와 레반트)과 **아프리카 대륙**을 연결시켜 주는 **전략적 요충지**였다. 그리하여 이것은 이연호 목사가 이미 하나님께 기도했었던 사실이었다. 다만 현실의 막막함을 지속적으로 겪으면서, 그가 잠시 잊어버렸던 사실이었다. 이 때 그의 아내 김신숙 선교사가 이 사실을 그에게 다시금 일깨워 준 것이었다.

2) 이집트를 향한 새로운 비전

선교 전략적 요충지 – 이집트

이연호 목사는 **이집트**가 이슬람 선교에서 있어서 중동지역과 아프리카 대륙을 연결하는 전략적 요충지가 될 수 있다는 사실을 다시 기억하였다. 그리하여 이집트로 출발하기 전에, 그의 아내 김신숙 선교사에게 그의 바뀐 마음을 이렇게 답장하였다.

> 여보! ... 아프리카를 향해 전도하기 위한 **복음의 전초기지**를 **애굽에 둔다는 것**은 한국 선교역사에서 가장 중요한 일인 줄 알기에, 좀 고생스럽고 괴로워도 참고 기도하면서, 다시 중동을 향해 떠나기로 마음의 결심을 했습니다. 우리가 애굽에 가면, 앞으로 **애굽을 중심으로** 하여 중동선교와, 아프리카를 무대로 한 광범위한 선교가 될 것 같습니다. 지금 같아서는 ... **카이로**나 **알렉산드리아**에 선교부를 만들고 싶습니다 (김신숙,「사막에 장미꽃이」).

1977년 3월12일, 이연호 선교사가 관광비자로 이집트의 카이로 공항에 도착했을 때, 당연히 그를 맞이하는 사람은 단 한 명도 없었다. 이연호 목사는 혼자 호텔을 찾고, 스스로 셋방을 구해야 했다. 한편 한국에서는 김신숙 선교사가 그의 남편이 홀로 겪을 불안과 초조함을 생각하며, 하나님께서 그를 지켜주시기를 간절히 기도할 뿐이었다. 사실 이연호 선교사는 카이로에 도착한 직후부터 상당한 어려움을 겪어야만 했다.

엘리아스 마카르 목사와의 만남

어느날 이연호 선교사는 길을 걷다가 우연히 '**헬리아 폴리스 복음주의 교회**'를 발견하게 되었다. 이집트에서는 장로교를 복음주의교회라고 불렀다. 이연호 목사는 당회장 **엘리아스 마카르 목사**를 찾아가, 자신을 한국 선교사로 소개하며, 그와 교제를 시작할 수 있었다. 그후 이연호 목사는 매일 엘리아스 마카르 목사를 찾아가, 선교에 대한 의논과 협의를 하곤 하였다. 이연호 목사와 가까워게 된 엘리아스 마카르 목사는, 어느날 그에게 매우 중요한 제안을 하였다.

> "이 목사님! 당신 참 좋은 때 들어왔오". "그 말씀이 무슨 의미입니까?"라고 그이가 묻자, "애굽 복음주의 교단 안에 **콥틱 애굽복음주의 신학교**(Coptic Egyptian Evangelical Theological Seminary)가 있습니다. 그 신학교에서 **구약학**을 가르치던 톰슨 박사(Dr. Thompson)가 40여년 구약교수로 사역하다가 은퇴하여 미국으로 돌아가게 되어. 그 자리를 대신할 선교사를 찾고 있는 중입니다. 그리고 **도서관**에서 일하시던 여자 선교사 로이 박사(Dr, Roy)도 정년 퇴직하여 본국으로 돌아가게 되어 그 자리에 대신할 사람도 찾는 중입니다. 보름 후에 교단 나일회의(The Synod of Nile : 교단 총회)가 열리는데, 그때 이 목사님도 참석하여 자신을 잘 소개하면 좋을 것 같습니다"라고 엘리아스 마카르 목사님께서 말씀하셨다. (김신숙, 「사막에 장미꽃이」)

카이로 복음주의 신학교

때마침 교단 신학교인 **카이로 복음주의 신학교**에서 구약학을 가르치던 톰슨 교수가 은퇴하고, 또 도서관에서 근무하던 여 선교사 로이 박사도 정년퇴직하게 되어 그 자리를 대신할 사람을 찾는 중이었다. 과연 이것이 이연호 선교사와 김신숙 선교사를 위한 자리가 될 수 있을까? 그러나 그 자리를 위해서는 서양 선교사들과 경쟁해야 하기에, 이연호 목사에게는 승산이 없어 보였다.

서양선교사들 사이에서 전혀 승산이 없는 이연호 선교사는 하나님께 모든 것을 맡기고 결사적으로 하나님의 손에 매달릴 수 밖에 없었다. “전능의 하나님! 당신의 힘을 의지합니다. 지금까지 ... 국제 고아처럼 6개월 이상 정처없이 다니던 저를 불쌍히 여기시옵소서! 주의 강권적인 능력으로 현지교단의 인정을 받고, 사역할 수 있도록 길을 열어 주시옵소서! (김신숙, 「사막에 장미꽃이」)

마침내 **교단 총회의 날**이 다가왔다. 엘리아스 마카르 목사의 소개로 이연호 목사는 교단 총회에 참석할 수 있었다. 교단총무에게 총회파송장, 재정보증서, 가족사항 및 학적 관계에 대한 서류도 제출하였다. 그런데 너무나 놀라운 결과가 일어났다. 이집트 복음주의 교단은 이연호 목사를 **교단 선교사**로 공식적으로 받아들일 뿐 아니라, 이연호 목사를 **카이로 복음주의 신학교**에서 **톰슨 교수의 자리**를 대신하도록 결정했다. 또한 이연호 목사가 그의 가족을 초청할 수 있도록 초청장의 발급과, 김신숙 선교사가 **카이로 복음주의 신학교 도서관**에서 근무하는 것까지 약속하였다.

기대할 수 없었던 놀라운 일이 일어났다. 도대체 어떻게 가능했던 것인가? 이연호 목사도 이후에야 알게 된 사실이 있었다. 독일과 미국에서 친분도 없던 서구 선교사들로부터 ‘이연호 선교사를 도와주라’라는 추천서들이, 애굽 교단의 지도자들에게 적당한 시기에 도착했던 것이었다. 이연호 선교사가 사우디에서 추방된 후에, 중동선교의 길을 얻기 위하여 이 나라 저 나라에서 동분서주할 때, 이연호 목사와 연결되었던 서구선교사들이 그를 잊지 않고, 애굽복음주의 교단에 추천서를 보내준 것이었다.

하나님의 특별한 역사

이 일에 대해 부러워하는 선교사들이 많았다. “이 목사는 하나님이 특별히 사랑하시는가 봐”라며 농담하기도 했다. 정말로 **하나님의 특별한 역사**였기 때문이다. 애굽 복음주의 교단에서 이연호 목사를 위해 공식적인 서류를 마련해 주었다. 이연호 선교사는 구약교수의 신분으로 이집트 정부로부터 거주허가와 노동허가를 받을 수 있었다. 1978년부터는, 김신숙 선교사도 도서관의 일을 맡게 됨으로 거주허가와 노동허가를 따로 받을 수 있었다. 사우디에서는 그토록 막혀 있던 길이, 이집트에서는 놀랍게 열렸다. 그리하여 이연호 목사는 최초의 이집트 선교사가 되었다.[33]

(2) 이집트 최초의 한인교회 – 카이로 한인교회

1) 카이로 한인교회의 설립 (1977.6)

이집트 카이로에 거주하는 한국인들도 점점 많아졌다. 당시 이집트에는 대사관 직원과 가족들, 소수의 유학생, 그리고 동산토건의 직원과 가족 및 기능공을 포함하여, 110여명의 한국인들이 있었다. 이연호 목사는 한국인들을 위해 교회설립의 필요성을 느끼고, 독실한 신앙인인 **임갑준 참사관**과 한인교회의 설립을 의논하게 되었다. 이 때 그가 임갑준 참사관이 그의 신학교 동창인 임병준 목사(대방교회)의 친형이란 사실도 알게 되었다.

비공식적인 예배의 시작

1977년 4월10일(일), 부활절 주일에 이연호 목사가 **임갑준 참사관의 자택**에서 임 참사관 부부, 그리고 세 사람의 강사와 함께, 이집트에서의 역사적인 첫 예배를 드렸다. 첫 예배를 드린 후, 임 참사관이 부친상을 당하여, 두 번째 주일은 **추도예배**를 겸하여 드렸다. 그리하여 함영훈 대사를 비롯한 대사관의 전직원이 참석하여 엄숙하게 예배를 드렸다. 그 다음 주간에는 함영훈 대사의 부친이 별세하여, 많은 사람이 모인 가운데 **추도예배**를 드렸다. 대사 부인도 감리교 교인이었다. **두 차례의 추도예배**가 교민들에게 목사의 중요성과 교회의 소중함을 자연스럽게 알리는 좋은 기회가 되었다. 점차 더 많은 사람이 모이면서, 공식적인 교회 설립을 준비하게 되었다.

합당한 예배장소를 마련하는 것이 큰 문제였다. 몇 번의 시행착오를 겪어야 했다. 이연호 목사는 마디 지역에 있는 아담한 크기의 **미국인 교회**(Maadi Community Church)를 알게 되었다. 그는 미국인 교회의 존슨 목사를 찾아가 한인교회의 예배처소를 부탁했다. 존슨 목사는 예배당 사용을 허락하면서도 “아닙니다! 하나님의 집을 함께 쓰는데, 무슨 사용료를 냅니까?”라며, 일체의 사용료도 받지 않았다.

---

33) 김신숙, 「사막에 장미꽃이」(인터넷 공개내용)

공식적인 예배의 시작 – 교회의 설립

1977년 4월10일 이후 비공식적으로 **카이로 한인교회의 예배**를 드려오다가, 6월5일(일)에 현지인 엘리아스 마카르 목사를 모시고, **공식적인 설립예배**를 드리게 되었다. 그리하여 중동지역과 아프리카 대륙을 연결하는 전략적 요충지인 이집트에 **카이로 한인교회**가 **최초의 한인교회**로 설립되었다. 이 예배에는 교인들 외에 몇 분의 현지인들과 한국인들도 참석하였다.

그 다음 날인 7월6일(월), 한국에서는 **김신숙 선교사**가 애굽 복음주의 교단으로부터 초청장을 받게 되었다. 8월30일(화), 김신숙 선교사는 남편이 선교지로 떠난지 1년 만에 세 딸을 데리고 이집트로 출발하였다. 늦은밤 카이로 국제공항에 도착하여 밖을 내다보았을 때, 한국에서 하나님께서 "애굽이 너희가 일할 땅이야!"라는 음성과 함께 보여주셨던 땅의 모습과 너무나도 같았다. "할렐루야!"가 저절로 터져 나왔다. 그리고 1년 동안 사우디에서 추방당하며, 선교지를 정하지 못해 그토록 고생했던 그의 남편 이연호 선교사를 볼 수 있었다. 그 역시 1년이 지나서야 그의 사랑하는 아내와 세 딸들을 볼 수 있었다. "그리워 하다가 가족이 합류하게 되니, 너무나 좋았다. 아니 좋다고 하는 표현이 맞지가 않았다. 내가 아는 말로서 표현할 길이 없었다."(김신숙).

이연호 목사의 죽음

이연호 목사는 **카이로복음주의 신학교**에서 일하면서, **카이로 한인교회**를 섬겼다. 선교사로서 탁월하고 유능할 뿐만 아니라, 열정적이고 헌신적인 인물이었다. 중동지역과 아프리카를 연결하는 선교지리적 요충지에서, 이연호 선교사의 사역은 상당히 기대되는 것이었다.

그러나 1979년 7월11일(수), 이집트에 도착한지 불과 2년 만에, 이연호 선교사는 **교통사고**로 인해 **이집트 선교를 위한 한 알의 밀알**이 되었다. 이날 이연호 목사는 지중해 항구도시 **알렉산드리아**를 향하던 중이었다. 그곳에서 개최되는 이집트와 수단의 목회자 수양회에 참석하기 위해서였다. 그런데 정말 안타깝게도 알렉산드리아로 가던 사막 길에서 덤프 트럭과 정면 충돌하였다. 그 자리에서 이연호 선교사는 **하나님의 부르심**을 받았다.[34]

---

34) 정형남, "중동의 한인교회들과 중동선교", <2014 세계한인동원선교대회>, p.144

이 때 김신숙 선교사는 선교지에서 2년을 지낸 후 건강히 좋지 않아, 한국병원에서 수술을 받기 위해 세 딸과 함께 한국에 머물고 있었다. 이연호 목사는 선교지를 오래 비워둘 수 없다며, 한달 먼저 홀로 이집트로 돌아간 상황이었다.

이연호 목사는 이집트에 도착하자마자, 무엇이 그리도 급한지, 현지인 지도자들과 신학교 교수들을 다 방문하여 인사를 드렸다. 또 일주일 만에 카이로 한인교회 교인들의 심방을 다 마쳤다. 한국에서 이집트로 돌아온 첫 주일예배에서, 이연호 목사는 사도행전 28장을 울면서 설교하였다. 김신숙 선교사는 "아마도 그이는 이미 자신이 죽을 것을 안 사람처럼"이라고 말한다.

> "그리고 그는 주님의 부르심을 받았다. 나에겐 아무 말도 없이 그는 이 세상을 떠나고, 나와 딸 셋만을 남겨놓고, 그는 주님 곁으로 가고 말았다"(김신숙, 「사막에 장미꽃이」)

이연호 선교사의 짧은 삶은, 철옹성과 같이 **막힌 성벽들을 허무는 것**이었다. 그는 **비록 두 달 만**에 사우디에서 추방당했으나, 사우디 선교의 문을 열기에는 충분했다. 그는 또다시 이집트를 향하였다. 그는 **비록 두 해** 밖에 이집트에서 사역하지 않았으나, 중동지역과 아프리카를 연결하는 선교 전략적 요충지인 이집트 선교의 문을 열기에는 충분하였다. 그는 사우디의 성벽을 허물었고, 이집트의 성벽도 허물었다. 그의 사역이 '이연호 선교사'를 말해 준다.

2019년 3월21일. 고 이연호 선교사 40주기 추도예식 때 미국선교사묘시에 여러 선교사들이 함께 모였다.[35]

---

35) 사진출처 : https://scts.or.kr/index.php?mid=b04&document_srl=49299

2) 선교지향적 교회로 성장

1979년 11월4일(일), 서울 충현교회는 이연호 목사의 후임으로 **이준교 선교사**를 파송하였다.[36] 그는 카이로 한인교회 제 2대 담임목사로 **한인교회의 담임목회**와 더불어 **이집트 선교사**로 사역을 시작하였다. 또한 이준교 목사는 한국기업 현장교회의 순회예배, 현지인 교회의 순회예배, 그리고 **카이로 복음주의 신학교**의 교수로 사역하였다.

1982년 6월22일, 카이로 한인교회는 이집트 내무성으로부터 **설립인가**를 받았다. 이로써 정부의 정식인가를 받은 최초의 한인교회가 되었는데, 이것은 이례적인 일이었다.

1999년 6월5일, **카이로 한인교회**는 **교회 설립 20주년**을 맞았다. 아직 자체 예배당 건물을 소유하지 못했으므로 마디 커뮤니티교회(Maadi Community Church)에서 계속하여 예배를 드렸다. 그 당시 주일출석은 장년 60명과 주일학교 40명이었다.

2012년경 카이로한인교회의 모습(주일예배, 주일학교)[37]

36) <국민일보> 2004.9.20. 기사에서 이준교 선교사는 충현교회의 전도사 시절을 다음과 같이 추억한다 : "1979년 여름 김창인 목사님이 제 손을 잡고 이집트로 가지 않겠느냐고 하셨어요. 뜻밖이었죠. 하지만 교회가 보내면 순종하겠다고 했죠. 이집트에 대해 제대로 이해하지도 못한 채 떠났습니다."

37) 과거 <카이로한인교회>의 인터넷 카페, http://cafe.daum.net/cairochurch

카이로 한인교회의 자랑은 **구제**와 **현지인 지도자 양육사역**에 있다. 매년 여름과 성탄절을 전후하여 교회에서 30km 떨어진 넝마주이 마을에 의류를 지원하고, 교회를 설립해 주는 한편 고아원과 맹아원을 위한 구제사역을 하였다. 또한 카이로 복음주의 신학교를 통해 배출된 현지인 목회자와 수단인 신학생을 지원하면서 '현지인을 통한 현지인 복음화'에 기여하였다.[38]

이준교 목사는 2013년 4월에 출간된, 그의 책 「나의 사랑 애굽이여」 의 부록에서 **수단인 장학생** 수혜자의 명단 36명을 소개하고 있다. 그리고 이 책의 서문에서 그의 **카이로 한인교회의 목회**를 다음과 같이 소개하고 있다.

> 처음부터 한인교회를 **선교 지향적 교회**로 인도하며 목회사역을 하였다. 현지인 신학교 지원, 미자립교회 지원, 수단인 난민교회 지원, 수단인 신학생 지원, 고아원과 맹아원 지원으로 넝마주이 마을에 교회당을 지어주고, 지진으로 벽이 허물어진 시골 교회당을 세워주며, 농촌교회 사역자에게 오토바이를 사주면서, **선교목회**를 계속해 왔다.[39]

이준교 목사는 목회방향을 '말씀에 굳게 서는 교회', '만민에게 전도', 그리고 '빈핍한 자에게 구제'의 세 가지로 정하고, **현지인 전도**를 위한 특별예산을 책정하여 활동하였다. 특별히 이집트 복음주의 교단과 연합하여 **현지인 선교**에 임하였다. **이집트 복음주의 교단**의 카이로 노회에서도 **이준교 목사**를 정식 노회원으로 영입하였다. 그리하여 카이로 노회 전도위원회 소속 노회원으로 협력사역 사역을 하였다. 현재 그는 카이로 한인교회의 원로목사이다.

3) 선교지향적 교회

사우디를 향하였던 **이연호 선교사의 길**은, 하나님의 계획으로는 걸프지역만을 위한 것이 아니었다. 또한 그 길은 또한 아프리카 땅을 위한 길이었다. 이연호 목사의 순교는 아프리카에서 이슬람 선교의 문을 여는 길이 되었다. 그 소중한 열매가 바로 **카이로 한인교회**이다.

---

38) <기독신문> 1997.5.21.일자, "카이로한인교회 설립 20주년"
39) 정형남, "중동의 한인교회들과 중동선교", <2014 세계한인동원선교대회>,p.145에서 재인용

카이로 한인교회는 비록 작은 공동체이지만, **선교지향적**으로 사역하였다. 카이로 한인교회는 해마다 6~10명의 현지인 목회자를 초청하여 한 주간 동안 숙식을 함께하면서, 심령수련회를 개최하였다. 모든 비용은 카이로 한인교회가 감당하였다. 이집트 현지인 개척교회 사역과, 수단난민교회설립, 사역자 생활비와 사역비지원, 그리고 카이로의 세 교회와 알렉산드리아의 한 교회를 후원하고 있다.[40)]

2018~2022년에 이창원 목사가 제 5대 담임목사로 섬겼다. 그리고 2023년도에 이종원 목사가 제 6대 담임목사가 부임하여 섬기고 있다. 2017년도의 교세는 성인부 40명, 중고등부 30명, 그리고 유아, 유치, 초등부 20명의 규모였다. 2023년 현재는 성인부 60명, 중고등부 35명, 유아, 유치부, 초등부는 40명이 출석하고 있다.

이종원 목사는 2022년까지 12년 간 현장에서 BMB(무슬림배경 그리스도인)사역을 섬기다가, 역사적인 카이로 한인교회의 담임목사직을 맡게 되었다. 이종원 목사는 현장사역자들의 섬김을 돕고, 함께 동역하는 한인목회를 지향하고 있다. 특히 아프리카 땅에서 '선교의 대안'을 제시하는 카이로 한인교회가 되는 것을 목표로 삼고 있다. 카이로 한인교회는 2024년도에 "품고, 사랑하고, 자랑하라"(고전 1:31)라는 새로운 표어를 가지고 새롭게 달려가고 있다.

40) 주태근, https://blog.naver.com/taekunjoo/222466703229

3. 쿠웨이트 : 쿠웨이트 한인연합교회 (1978, 1980년)

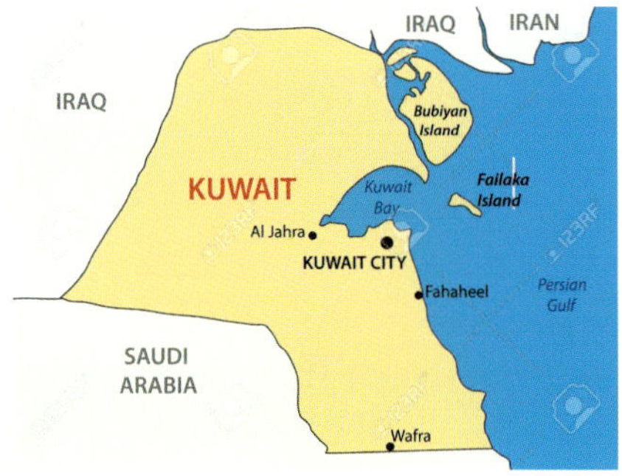

쿠웨이트 한인연합교회에 앞서, 중동지역에는 이미 세 교회가 세워져 있었다. 1974년 8월, 이란에 **테헤란 한인교회**가 가장 먼저 세워졌고, 1976년 6월 강동수 목사가 한국교회 이슬람 선교사로 최초로 파송받았다. 그러나 1979년 호메이니의 이슬람 혁명으로 인해 테헤란 한인교회는 핍박 아래 놓이게 되었다.

1976년 5월에, 사우디에 **리야드 한인연합교회**가 두 번째로 세워지고, 같은 해 8월 이연호 목사가 사우디 선교사로 파송받았다. 그러나 불과 2개월만에 추방되고, 리야드 한인연합교회도 핍박 아래 놓이게 되었다. 세 번째로 1977년 6월, 이연호 목사가 이집트에서 **카이로 한인교회**를 설립했으나, 불과 2년만에 교통사고로 하나님의 부르심을 받았다. 그리하여 중동지역에 최초로 세워진 세 교회는 이슬람 선교의 문을 여는 역할을 감당하기가 어려웠다.

중동지역에서 이슬람 선교의 문을 여는 역할은 1978년 12월에 세워진 **쿠웨이트 한인연합교회**가 감당할 수 있었다. 이를 위하여 쿠웨이트는 여러 측면에서 좋은 여건을 갖추고 있었다. 쿠웨이트에는 쿠웨이트 정부가 인정한 NECK(쿠웨이트 국가 복음주의 교회)가 세워져 있었다. NECK는 **사무엘 쯔웨머**와 **아라비아 선교회**(미국리폼드처치, RCA)의 헌신적 사역으로 맺힌 열매였다. 쿠웨이트는 이슬람 국가이지만, 1961년 국가독립 이전에 거주하던 자국민에게 **기독교 가문**[1]을 허락하였고, 1980년에 국적법 변경 전까지 비무슬림도 쿠웨이트 국민이 될 수 있었다. 이러한 여건은 쿠웨이트가 **이슬람 선교의 베이스 캠프의 역할**을 하기에 좋은 여건이 되었다. 특히 중동건설의 붐과 함께 쿠웨이트에 왔던 한국 근로자들 중에 선교의 열정이 뜨거운 그리스도인들이 많았다. 더욱이 그들에 의해 세워진 쿠웨이트 한인연합교회에 초대담임으로 부임한 **최형섭 목사**는 매우 탁월한 선교 전략가였다. 이 모든 조건들에 의하여, 쿠웨이트가 이슬람 선교의 문을 여는 전초기지의 역할을 맡게 되었다.

---

1) 쿠웨이트의 초기 기독교인들은 아라비아 선교회의 의사 선교사들을 돕기 위해 왔던 아랍인들이었다.

(1) 쿠웨이트 건설의 붐

1973년 10월 제 4차 중동전쟁은 제 1차 **오일쇼크**를 일으켰다. 이 때 유가상승으로 막대한 오일달러를 축적하게 된 **중동의 산유국들**은 **건설 붐**을 일으켰으며, 이것이 한국의 건설기업들에게는 중동진출의 기회가 되었다. 바로 이 시기에 **쿠웨이트**에도 한국 기업들이 진출할 수 있었다. 쿠웨이트는 걸프 지역의 북부에 있는 작은 나라이다.

한국건설기업의 쿠웨이트 진출

쿠웨이트에 **최초로 진출한 한국기업**은 1975년 1월, **대림산업**이었다. 대림기업이 슈아이바 정유공장 내 기계보수 공사(46만불)를 수주한 것이 최초였다.[2] 1970~80년대에 한국기업들은 대량의 토목 및 건축공사를 수주하였다. 1970~80년대의 **주요 공사현황**은 다음과 같다.[3]

건설사	공사	연도	수주액($)
현대건설	슈아이바 항만 1-3단계 확장공사	1977-81	182백만
	6th Ring Road 서부, 중부구간 공사	1980-86	122백만
	Fahaheel 고속도로 공사	1984-87	64백만
	1st Ring Road 3A단계 공사	1988-94	55백만
대림산업	서도하발전소 토목공사	1979-83	324백만
	Jahra 고속도로 공사	1984-87	74백만
한양	SAS 호텔 신축공사	1978-81	17백만
	시프 궁전 확장공사	1978-82	1백만
	메리아호텔 신축공사	1979-81	14백만
	종합금융센타 신축공사	1979-83	69백만
	Hyatt 호텔 국제회의장 신축공사	1984-85	20백만
삼호	할리데이 인 호텔공사	1979-82	33백만
	자하라 주택 및 공공건물공사	1977-82	174백만
쌍용	국방부장관 저택	1979-81	
미도파	해군기지 탄약고	1979-82	

2) 중앙일보, 2011.4.27, https://www.joongang.co.kr/article/5412795#home
3) 주 쿠웨이트 대한민국 대사관 홈페이지, "70년대 이래 우리업체의 쿠웨이트 공사참여 현황"

현장교회들

쿠웨이트에 진출한 건설회사들의 현장에는 **그리스도인 근로자들**도 있었다. 금요일 휴일이 되면, 그들은 함께 모여 예배를 드리게 되었다. 이것이 **현장교회**로 발전되었다. 대부분의 건설회사가 건설현장 안에 종교시설을 허락했지만, 그렇지 않은 경우도 종종 있었다. 간신히 허락을 얻었던 예배장소가 사라지면 **버스** 속에서, **식당**에서 또는 **휴게실**에서 예배를 드려야만 했다.[4] 최낙성 장로(쿠웨이트 한인연합교회 초대장로)에 의하면 쿠웨이트 현장교회의 초기상황을 다음과 같았다.

> 회사의 핍박과 제재 때문에, **교회를 세울 수 없던 성도들**이 500kw 발전기가 돌아가는 소음지대에 몰래 **버스**를 대어놓고, 그것도 불을 켤 수 없어, 인도자만이 작은 전등을 밝혀놓고, 말씀을 보아야 했다. 여기 모인 성도들이 목청이 터지도록 주님을 찬양하며, '우리에게 교회를 허락해 달라'고 눈물로 주님께 매달리던 기도의 소리가 들려온다.[5]

이와같이 건설현장마다 예배에 목마른 그리스도인들에 의해 **현장교회들**이 계속하여 세워지게 되었다. 이것은 신실하고 열정적인 **평신도들**에 의해 **자생적으로** 일어난 놀라운 일이었다. 대부분의 현장교회는 목회자 없이 평신도들에 의해 스스로 세워지고 유지되었다.

선교적 열정

건설현장에 현장교회를 세운 그들의 열정은 단지 '예배를 원하는 열정'만이 아니었다. 그들은 그리스도인들이 드리는 예배를 넘어, 무슬림을 향한 **선교의 열정**을 갖고 있었다. 그 사실을, 1978년 12월29일에 기록된 **쿠웨이트 한인기독인 연합회**의 「서기 기록부」(1978~1980년)의 첫 장에서 읽을 수 있다.[6] 이 연합회가 쿠웨이트 한인연합교회(1980.9.26)의 모체가 되었다.[7]

---

4) 쿠웨이트 한인연합교회, 「중동선교소식 - 쿠웨이트 편」(서울 : 중동선교본부, 1985), p.8
5) 최낙성, '현지선교활동 보고', <중동선교소식> 창간호(서울 : 중동선교본부, 1984.10.15), p.5
6) 쿠웨이트 한인기독인 연합회 임원회, 「서기 기록부 (1978~1980)」, p.1
7) 쿠웨이트 한인연합교회의 설립일자를 1980년 9월26일 대신에 다른 교회와의 동일한 기준을 적용하기 위하여 쿠웨이트 한인기독인 연합회가 설립된 1978년 12월29일로 표기한다.

멀고 먼 나라 쿠웨이트
생산되는 것이라고는 석유 뿐!
가도 가도 끝없는 사막
이 불모지의 땅에
한국 기독인 연합회가 모였다.

불길같은 성령이
우리들의 마음 문을 두드려
잠든 심령을 깨워주사
복음의 씨앗을 뿌리려고 함께 모였다.

삼호, 신승, 현대, 한양, 진흥,
서진, 국제, 정진, 사바, 쌍용 등등의 형제들이.

쿠웨이트 태양이 손벽을 친다.
주 여호와를 찬양하라.

알라 신의 율법이 생활화된 이 풍토에
어찌하든지
우리 한인교회를 세워 선교사를 파송하고
우리 하나님께 영광을 돌리려고
한 자리에 모였다.

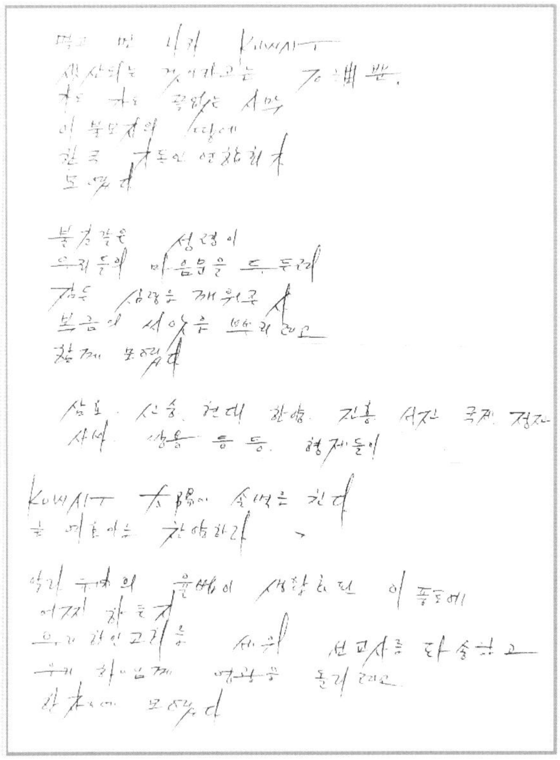

1978년에 기록된 "삼호, 신승, 현대, 한양, 진흥, 서진, 국제, 정진, 사바, 쌍용 등등의 형제들"은 쿠웨이트의 각 건설현장에 세워진 **현장교회**들이었다. 그들은 예수 그리스도를 예배하기 위하여 함께 모였다. 그런데 예배를 위해 모인 그들의 심령 속에 **이슬람 선교의 사명감**이 생겨났다. 그리하여 그들은 자신들이 함께 모이는 또다른 목적을 이렇게 고백한다.

> 불길같은 성령이 우리들의 마음 문을 두드려
> 잠든 심령을 깨워주사 **복음의 씨앗을 뿌리려고** **함께 모였다**.
> ....
> 알라 신의 율법이 생활화된 이 풍토에 어찌하든지
> **우리 한인교회를 세워 선교사를 파송하고** 우리 하나님께 영광을 돌리려고 **한 자리에 모였다**.

쿠웨이트는 선교사가 들어올 수 없는 이슬람 땅이었다. 그런데 선교사가 들어올 수 없는 이 땅에, 그들은 건설근로자이기 때문에 들어올 수 있었다. 그들은 선교사들보다 먼저 도착한 그리스도인들이었다. 이 사실을 깨달은 그들은 예수 그리스도를 예배하는 것만으로 만족할 수 없었다. 왜냐하면 **선교적 소명**을 발견했기 때문이었다. 그들은 이슬람 땅에 **복음의 씨앗을 뿌리려고** 함께 모였으며, 그 땅에 한인교회가 세워져 **이슬람 선교사가 파송되기**를 기도하게 되었다.

이슬람 선교의 전초기지 – 자의식

이와같은 선교적 열정이 쿠웨이트 한인연합교회를 세우는 동기가 되었다. 그들이 쿠웨이트에 교회를 세우려는 목적은, 단지 그들이 쿠웨이트에 머무는 동안 예배를 드리기 위함이 아니었다. 그들은 공사완료와 함께 쿠웨이트를 떠날 것이지만, 그들이 떠난 후에도, 쿠웨이트에 계속 남아있을 **중동선교의 전진기지**를 위해, 교회를 세우고자 했다.

> '우리는 공사를 마치고 귀국하지만, 중동 쿠웨이트에 계속 남아 **중동선교(무슬림선교)의 전진기지**로 삼자'는 뜻과 '어떤 건설 현장 교회에서라도 교회건물을 회사측에 환수당하는 어려움이 있더라도 마음놓고 예배드릴 수 있는 연합교회를 창립하자'는 생각이 그 동기였다.[8)]

'무슬림 선교의 전진기지'라는 영적 자의식은 쿠웨이트 한인연합교회가 태생 때부터 소유한 것이었다. 그리하여 이 사실이 현재까지 교회요람의 교회소개에 남아있다.[9)]

> 하나님께서 중동지역 건설 붐을 통하여 1976년경부터 건설업체들을 중동에 진출하게 하시고, 이 일을 **무슬림 선교의 계기**로 삼으셨습니다. 각 선설현장에서 따로따로 기도하던 성도들이 연합교회의 필요성을 절실히 느끼고, 전 현장교회들이 뜨거운 기도로 준비하던 중, 1980년 9월26일, 시내에 있는 National Evangelical Church(당시 25개국 기독교 복음주의 공동체)에서 연합으로 예배를 드림으로, 정식 쿠웨이트 한인연합교회가 탄생되었습니다.

---

8) 쿠웨이트 한인연합교회, 「중동선교소식 - 쿠웨이트 편」 (서울 : 중동선교본부, 1985), p.8
9) 쿠웨이트 한인연합교회, 「2023년도 쿠웨이트한인연합교회 요람」, p.5

위의 글에서 쿠웨이트 한인연합교회는 하나님을 **역사의 주권자**로 고백하고 있다. 도무지 **선교사**가 들어갈 수 없고, 그래서 **그리스도의 복음**도 들어갈 수 없는 이슬람 땅에, 하나님께서는 놀랍게도 중동지역의 건설 붐을 통해 그리스도의 복음이 들어가게 하셨다. 전문 선교사는 들어갈 수 없지만, **그리스도인 건설근로자**는 들어갈 수 있게 하였다.

이 사실 앞에서 쿠웨이트의 그리스도인 건설근로자들은 **하나님의 섭리**와 **선교적 소명**을 깨달았다. 그것은 하나님께서 중동건설의 붐을 통해 무슬림 선교의 계기로 삼으신 사실이었다. 그 영광된 사실을 깨달았기에 사막의 고된 노동을 마치고 돌아온 후에도 그들은 밤을 지세우며, 이슬람 땅의 복음화를 위해 기도할 수 밖에 없었다. 그들은 속히 **한인연합교회**가 세워지고, 쿠웨이트에 **선교사**가 파송되어, 이슬람 선교의 전초기지가 세워질 수 있기를 뜨겁게 기도하게 되었다.

(2) 쿠웨이트 한국기독인 연합회

1) 제 1회 연합예배 (1978.12)

연합교회의 필요성

각 건설업체마다 **현장교회**가 세워지자 각 현장에서 예배드리는 기쁨이 늘어갔다. 때로는 이웃한 현장교회와 연합하여 예배드리며, 기쁨을 더욱 나누곤 했다. 그런데 몇 가지의 곤란한 문제들을 직면하게 되었다. 이로 인해 **연합교회의 필요성**을 느끼게 되었다.

당시 대부분의 현장교회는 건설현장의 한 공간을 빌려서 예배장소로 사용하고 있었다. 그런데 현장의 작업진도에 따라 작업인원을 수용할 숙소가 부족해지면, 회사는 예배장소를 환수해갔다. 그리하여 예배장소를 잃고서 사막에서 눈물로 기도하거나, 버스 속에서, 식당에서, 또는 휴게실에서 예배드리는 현장교회들도 있었다. 이보다 가장 큰 문제는 언젠가 건설공사가 완료되면, 현장교회도 자동적으로 철수될 일이었다.[10] 이러한 문제의 해결방안으로 **연합교회의 필요성**을 느끼게 되었다. 다음의 기록을 보면, 그것은 두 가지의 목적을 위해서였다.

10) 쿠웨이트한인연합교회, 「중동선교소식 - 쿠웨이트 편」(서울 : 중동선교본부, 1985), p.8

> 우리는 공사를 마치고 귀국하지만, 중동 쿠웨이트에 계속 남아 중동선교(무슬림선교)의 전진기지로 삼자는 뜻과, 어떤 건설 현장교회에서라도 교회건물을 회사측에 환수당하는 어려움이 있더라도 마음놓고 예배드릴 수 있는 연합교회를 창립하자는 생각이 그 동기였다.

첫 번째 목적은 공사가 완료된 후에 그들이 귀국하더라도, 쿠웨이트에 계속 남아 **이슬람 선교의 전진기지**가 될 교회를 세우는 것이었다. 두 번째 목적은 회사가 갑자기 예배장소를 환수하더라도, **안정적으로 예배**드릴 수 있는 교회를 세우는 것이었다. 이러한 목적을 위해 연합교회를 세우되, **건설현장 밖에** 세워야 할 필요성을 갖게 되었다. 그러나 이것은 결코 쉬운 일이 아니었다.

연합예배의 장소

당시 쿠웨이트의 상황에서 수백 명의 한국 기독교인들이 건설현장 밖에 건물을 빌려 예배드리는 것은 매우 위험한 일이었다. 1979년도 임원회가 파악한 바로는, 20명 이상의 기독교인들이 집회활동을 하는 것은 불가했다. 만약 여러 차례 반복된다면, 발각되어 현지주민에 의해 고발당할 위험이 높았다. 이것은 법 이전에 무슬림 사회의 불문율이었다.[11] 이러한 상황에서 수백 명의 기독교인들이 한날 한장소에 모여 **연합예배를 드릴 장소**를 찾는 일은 쉬운 일이 아니었다.

그런데 그들은 쿠웨이트 정부가 **기독교인들의 합법적인 예배장소**로 허락한 **NECK**가 있다는 사실을 아직 몰랐다. 힘겹게 연합예배 장소를 찾던 중에, NECK가 한국 그리스도인들도 예배를 드릴 수 있도록 허락해 주었다.[12] 당시 NECK에는 25개국의 교회들이 모이고 있었다.

제 1회 연합예배 (1978.12)

제 1회 **한국기독인 연합예배**가 1978년 12월29일 오후 1시, NECK에서 **채경석 과장**(현대니카현장)의 사회와 **차군규 전도사**(삼호교회)의 설교로 드려졌다. 이 연합예배가 쿠웨이트 한인연합교회의

11) 쿠웨이트 한인기독인 연합회 임원회, 「서기 기록부 (1978~1980)」, p.31
12) 쿠웨이트 한인연합교회의 초대장로인 최낙성 장로의 진술에 의하면, 어려움을 겪으면서 연합예배를 드릴 장소를 찾던 중, 우연히 밤에 환하게 불이 켜진 장소를 발견하였는데, 그곳이 바로 NECK였다. 그 때 여기서는 그리스도인들이 합법적으로 예배를 드릴 수 있다는 사실도 알게 되었다고 한다.

시작이므로, 이 날을 쿠웨이트 한인연합교회의 설립일로 볼 수 있다. 연합예배의 순서(대표기도, 헌금기도, 광고, 안내/헌금위원 등)는 **각 현장교회의 대표들**이 맡았다. 찬양대는 **연합성가대**가 맡았다. 12월29일 연말에 드려진 연합예배는 크리스마스 축하예배와 송구영신예배가 겸하여 드려졌다. 연합예배의 회집인원은 300여명이었다.13)

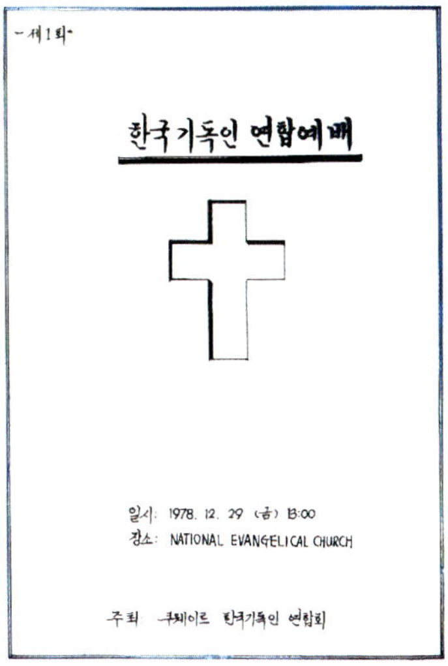
- 제1회 -

한국기독인 연합예배

일시: 1978. 12. 29 (금) 13:00
장소: NATIONAL EVANGELICAL CHURCH

주최 쿠웨이트 한국기독인 연합회

특히 이날 예배주보의 세 번째 광고는 중요한 사실을 알려준다. 그것은 "**한인교회 설립**과 **선교사 파송**을 위해" 기도를 당부하는 것이었다. 놀랍게도 연합회의 목적은 첫날부터 한인교회의 설립과 쿠웨이트의 선교사 파송이었다.

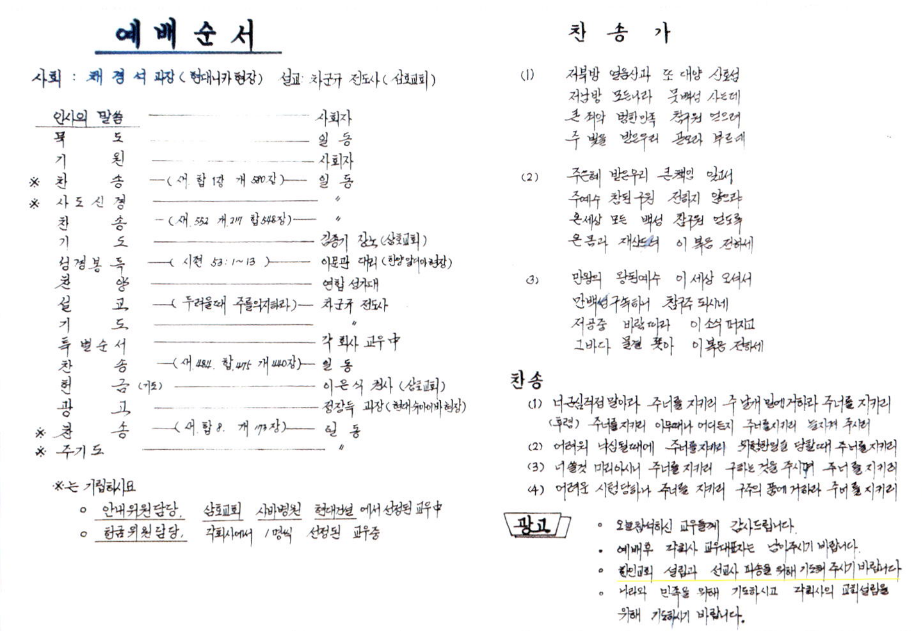
예배순서

사회 : 채경서 과장(현대니카현장) 설교: 차군규 전도사(삼호교회)

인사의 말씀 — 사회자
묵도 — 일동
기원 — 사회자
※ 찬송 —(새 합1장 개580장)— 일동
※ 사도신경 — 〃
찬송 —(새552 개217 합548장)— 〃
기도 — 김종기 장노(삼호교회)
성경봉독 —(시편 53:1~13)— 이문관 대리(한양알더마현장)
찬양 — 연합 성가대
설교 —(두려울때 주를의지하라)— 차군규 전도사
기도 — 〃
특별순서 — 각회사 교우中
찬송 —(새484. 합475 개440장)— 일동
헌금(기도) — 이은식 권사(삼호교회)
광고 — 정장득 과장(현대슈아이바현장)
※ 찬송 —(새 합8. 개177장)— 일동
※ 주기도 — 〃

※는 기립하시요
○ 안내위원담당, 삼호교회 사바병원 현대건설 에서 선정된 교우中
○ 헌금위원담당, 각회사에서 1명씩 선정된 교우중

찬송가

(1) 저북방 얼음산과 또 대양 산호섬
저남방 모든나라 뭇백성 사는데
큰 죄악 범한민족 참구원 얻으려
주 빛을 받은우리 곧오라 부르네

(2) 주은혜 받은우리 큰책임 맡고서
주예수 참된구원 전하지 않으랴
온세상 모든 백성 참구원 얻도록
온몸과 재산드려 이 복음 전하세

(3) 만왕의 왕된예수 이 세상 오셔서
만백성구속하셔 참구주 되시네
저공중 바람따라 이 소식 퍼지고
그바다 물결 쫓아 이복음 전하세

찬송
(1) 너근심걱정 말아라 주너를 지키리 주 날개 밑에 거하라 주너를 지키리
(후렴) 주너를지키리 아무때나 어디든지 주너를지키리 늘지켜 주시리
(2) 어려워 낙심될때에 주너를지키리 위험한일을 당할때 주너를지키리
(3) 너쓸것 미리아시니 주너를 지키리 구하는 것을 주시며 주너를 지키리
(4) 어려운 시험당하나 주너를 지키리 구주의 품에 거하라 주너를 지키리

광고
○ 오늘참석하신 교우들께 감사드립니다.
• 예배후 각회사 교우대표자는 남아주시기 바랍니다.
○ 한인교회 설립과 선교사 파송을 위해 기도해 주시기 바랍니다.
○ 나라와 민족을 위해 기도하시고 각회사의 교회설립을 위해 기도하시기 바랍니다.

이날 현장교회 대표자 회의에서 **연합회 임원회**가 조직되었다. 회장 차군규 전도사(삼호교회), 부회장 **윤수길 전도사**(신승교회), 총무 이은식 권사(삼호교회), 회계 김경원 집사(신승교회)였다.

13) 쿠웨이트 한인기독인 연합회 임원회, 「서기 기록부 (1978~1980)」, p.3

2) 쿠웨이트 한국기독인 연합회의 발족

제 2회 연합예배 (1979.2)

1979년 1월20일, **쿠웨이트 한국기독인 연합회**의 발족준비가 있었다. 준비위원은 차군규, 윤수길 전도사와 각 교회 대표였다. 1979년 2월9일, 제 2회 연합예배에서 쿠웨이트 한국기독인 연합회가 발족하게 되었다(예배인원은 200여명).[14] 이 연합회가 **쿠웨이트 한인연합교회의 모체**가 되었다. 이 예배에서 **윤수길 전도사**[15]는 '천국을 가불해 드립니다'(롬 5:1~4)라는 제목으로 설교하였다. 그 설교내용은 지극히 복음적이며, 전도를 위한 메시지였다. 윤수길 전도사의 설교원고가 주보 전면에 손글씨로 기록되어 인쇄되었는데, 그 전문을 아래와 같다.

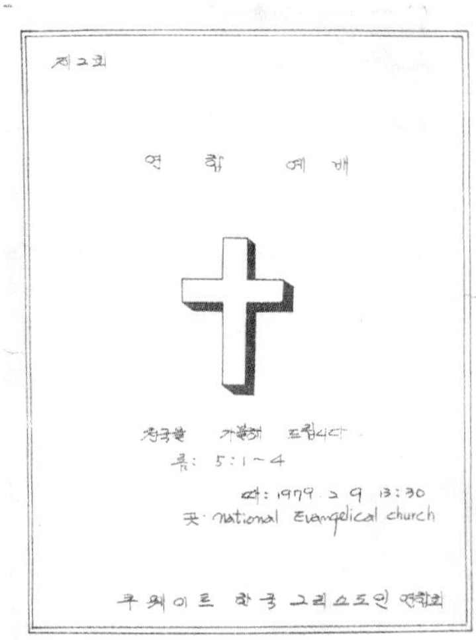

하늘나라를 미리 지불받는다는 것은 지상에서 천국생활을 누리는 것을 말합니다. 그것은 하나님과 평화를 누리며, 그의 은혜 가운데 들어가서 그만을 바라고 의지하며, 하나님이 주시는 기쁨과 평화, 영생과 영광을 즐기는 생활입니다.

1. 하나님과의 평화를 누립시다.
인간은 죄를 지어 하나님과 적대관계에 있습니다. 살인강도가 경찰을 싫어하고 피하고, 경찰은 그를 체포하여 법에 따라 벌을 받게 하려는 것처럼, 죄 때문에 사람도 하나님을 피하고, 하나님은 인간에게 진노합니다. 예수님의 피로 진노의 이유가 되는 죄가 없어졌습니다. 그를 믿기만 하면 죄없는 의인이 됩니다. 우리는 예수님을 나의 주로 영접했으므로 의인이 되었습니다. 그런데도 우리는 또 실질적으로 범죄하여 실망하고 낙담하게 됩니다. 그러나 안심하십시오. 예수님은 그런 죄를 위해서도 십자가를 지셨습니다. 십자가를 붙드십시오. 그 피를 의지하며 하나님을 바라고 편히 쉬십시오. 죄악에서 놓여나 하나님 앞에 자유롭게 나아가 그의 사랑을 누리며 쉬는 것이 평화입니다. 예수 그리스도를 통해 하나님과의 평화를 즐깁시다.

---

14) 쿠웨이트 한인기독인 연합회 임원회, 「서기 기록부 (1978~1980)」, p.3

15) 건설현장에 사고와 문제가 자주 발생하고 외국인노동자와 다루는 일도 일어나서, 건설근로자들에게 상담이 필요했다. 이 일을 위해 윤수길 전도사는 신승건설의 상담역 직원으로 오게 되었다. 낮에는 공사현장의 근로자를 만나고, 밤에는 직원을 상담하였다. 현장소장이 그리스도인이어서, 전도와 예배를 위한 모든 편의를 제공하였다. 그래서 신승현장에 교회당을 짓고 예배와 교육도 할 수 있었다.

2. 우리는 이미 은혜에 들어감을 얻었습니다.

'들어간다'라는 말씀은 안내를 받는다는 뜻입니다. 예수님께서 우리를 안내하여 하나님 앞에 들어가십니다. 들어가는 문을 열어주시면, 그곳에는 하나님의 엄한 심판과 저주가 있는 것이 아니라, 하나님의 값없는 선물인 은총이 넘쳐납니다. 죄와 허물로 죽었던 우리는 그리스도의 대신 죽으심으로 인하여 살아나고, 저주와 죄, 죽음에서 해방되었습니다. 우리는 그리스도의 손을 붙잡고, 하나님 앞에 나와 그 은혜에 들어와 있는 것입니다. 드디어 하나님의 영광을 바라고, 즐거워 할 수 있게 되었습니다. 그의 영광에 참여하는 자로서 기뻐하는 것은 당연합니다.

3. 우리는 하나님을 바라는 소망 가운데 승리합니다.

하나님의 영광을 바라보면 얼마나 즐거운 일일까요! 그러나 세상은 우리가 환난을 당하는 곳입니다. 그러나 우리는 환난 가운데에서도 기뻐합니다. 환난은 인내를 만들어내기 때문입니다. 그 인내는 세상을 이기는 정신이요, 시련을 극복하고 승리하는 능력입니다. 이 인내를 지나면, 용광로 같은 고통의 연단이 있습니다. 그러나 즐거워하십시오, 이것을 통해 죄악의 불순물을 없애고 예수님을 닮아가게 되기 때문입니다. 그때서야 완전한 소망인 천국에 완전하게 이르게 됩니다. 여기에서 하늘의 기쁨을 누리며, 천국을 가불하는 방법은 예수를 믿어 의롭게 되는 것이며, 이것이 선결문제입니다. 그리고 매일의 죄악을 그의 피에 의지하여 회개하므로 하나님과의 평화를 누리십시오. 어떠한 환난과 고통이 와도 하나님과 더불어 천국을 살며 세상을 이깁시다.

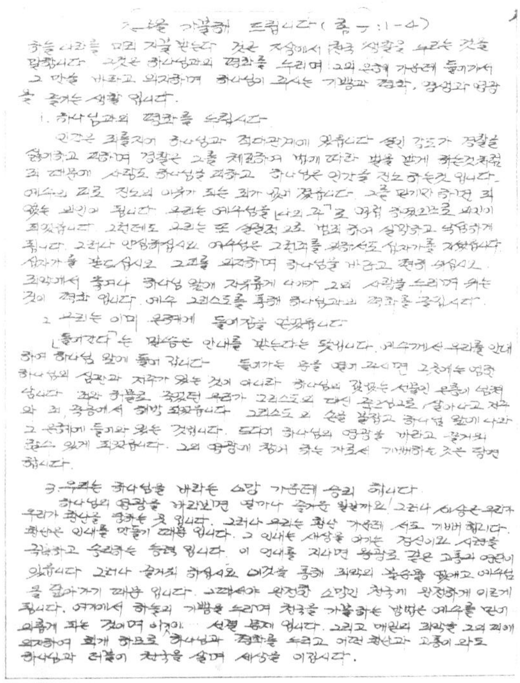

윤수길 전도사 설교 (1979.2.9.) 주보 전면(우측)

이와같이 최초의 시기부터 **복음적인 설교**를 들으면서, 쿠웨이트 한인연합교회의 모체가 되는 쿠웨이트 한국기독인 연합회가 시작되었다. 그 당시 예배의 여건은 어려웠다. 주보 속면에 찬송가 두 장이 복사되어 있는데, 당시 현장교회에 성경과 찬송가가 크게 부족했던 상황을 엿보여준다. 주보작성도 일일이 손글씨로 써서 복사를 한 것이었다. 주보작성을 위하여 큰 수고가 필요했다. 설교는 삼호교회와 신승교회의 두 전도사가 번갈아 맡았지만, 다른 예배순서들은 현장교회별로 담당하였다(이날 안내위원은 정진교회와 한양교회가 맡았고, 헌금위원은 현대교회와 서진교회가 맡았다).

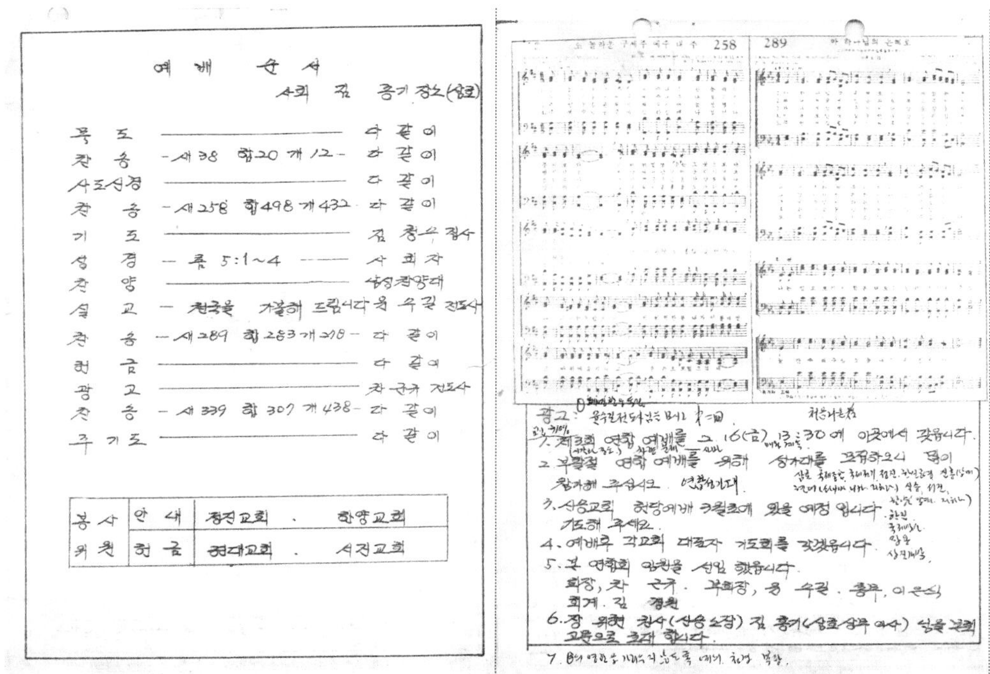
예배 순서
사회 김 종기 장로(성결)

묵도		다 같이
찬송	새38 합20 개12	다 같이
사도신경		다 같이
찬송	새258 합498 개432	다 같이
기도		김 종수 집사
성경	롬 5:1~4	사회자
찬양		성결찬양대
설교	천국을 기업히 드립니다	유 수길 전도사
찬송	새289 합283 개218	다 같이
헌금		다 같이
광고		차 군규 전도사
찬송	새339 합307 개438	다 같이
주기도		다 같이

봉사위원	안내	중진교회	한양교회
	헌금	[illegible]교회	서진교회

1979년 2월9일, 제 2회 연합예배 주보 (속면)

1979년 2월16일, 제 3회 연합예배가 있었다(설교 : 차군규 전도사). 이후 3월부터 연합예배는 매월 2회씩, 곧 **격주로** 모이기로 했다.[16] 그리하여 1980년 9월26일에 쿠웨이트 한인연합교회의 설립예배를 드릴 때까지, 계속하여 한달에 두 번 또는 격주로 모였다. 최형섭 목사가 담임목사로 부임(1980.8.15, 제 40회 연합예배)한 후에도, 한 동안 격주로 모이다가, 쿠웨이트한인연한교회의 설립예배(1980.9.26, 제 43회 연합예배) 때부터 **금요주일예배**가 **매주** 드려졌다.[17]

쿠웨이트의 복음화

1979년 3월23일, 제 5회 연합예배가 드려졌다. 이날의 주보에 〈우리의 기도제목〉이 네 가지로 실렸는데, 그 중에 세 번째가 '**쿠웨이트 복음화**와 **한인교회 설립**, 그리고 **선교사 파송을 위해**'라는

16) 쿠웨이트 한인기독인 연합회 임원회, 「서기 기록부 (1978~1980)」, p.4
17) 쿠웨이트 한인기독인 연합회 임원회, 「서기 기록부 (1978~1980)」, p.65 참고

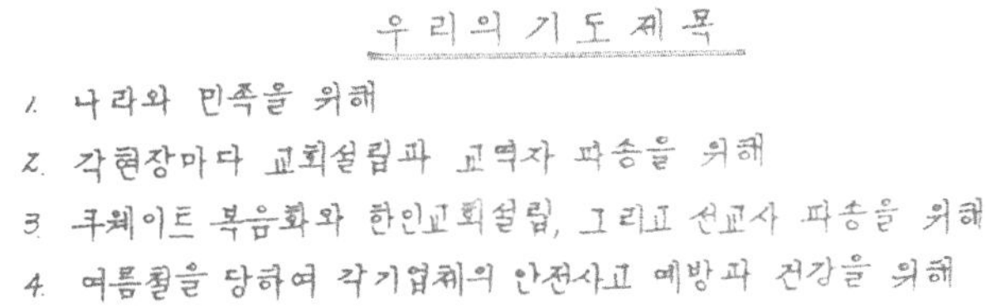
우리의 기도제목
1. 나라와 민족을 위해
2. 각현장마다 교회설립과 교역자 파송을 위해
3. 쿠웨이트 복음화와 한인교회설립, 그리고 선교사 파송을 위해
4. 여름철을 당하여 각기업체의 안전사고 예방과 건강을 위해

세 가지의 기도제목이었다. '한인교회의 설립과 선교사 파송'이란 두 가지는 1978년 12월 29일, 제1회 연합예배 때부터 기도제목으로 삼은 것이었다. 그런데 '**쿠웨이트 복음화**'라는 한 가지 기도제목을 더 늘리게 되었다.

'**쿠웨이트 복음화**'를 포함하는 이와 동일한 기도제목은 주보에 세 번 더 실리었다(1979.4.6. 제 6회 연합예배 ; 1979.4.27. 제 7회 연합예배 ; 1979.5.11. 제 8회 연합예배). 그 이후부터 '**쿠웨이트 복음화**'라는 기도내용은 포함되지 않았다. 이슬람 국가인 쿠웨이트에서 기독교의 전도행위를 공개적으로 드러내는 일은 매우 위험한 행위였기 때문이다.

1979년 3월23일~5월11일(제 5~8회 연합예배)까지 '**쿠웨이트 복음화**'라는 기도제목이 연합예배의 주보에 게재되었다. 이것은 두 가지 사실을 내포한다. 첫째로, 최초의 시기부터 **현지인 전도**(쿠웨이트 선교)가 그들의 궁극적인 목표였다. 물론 '**한인교회 설립**과 **선교사 파송을 위해**'라는 최초의 기도제목(1979.12.29, 제 1회 연합예배) 안에 이미 '쿠웨이트 복음화'라는 의미가 내포되어 있었다. 쿠웨이트 복음화를 위해 한인교회를 설립하고, 쿠웨이트 선교사로서 담임목사의 파송을 원하는 것이었기 때문이다. 그래서 '**쿠웨이트 복음화**'를 더 명시적으로 언급하고자 했었다.

둘째로, 실제로 쿠웨이트 복음화를 위해 전도사역을 행하였다. 다만 현지의 위험한 상황으로 인해 '**쿠웨이트 복음화**'라는 기도내용을 공개하는 일을 멈추었을 뿐이었다. 그 당시 선교부장 채경석 집사가 쿠웨이트의 상황을 파악한 바에 의하면, 쪽복음이나 팜플렛 배포와 같은 전도활동이 발각되면, 곧바로 체포되어 영창행이었다. 그런데 1979년 10월~1980년 3월의 기간에, 연합회 임원회의 「서기 기록부 (1978~1980)」에는 쿠웨이트 현지에서 공개적인 전도활동을 수차례에 걸쳐 실행한 일이 보고된다.[18] 이 기간은 기도제목을 공개했던 시기 이후에 해당된다. 이처럼 '쿠웨이트 복음화'는 쿠웨이트 한인연합교회의 DNA와 같아서, 1982년 땅끝복음 중동선교회를 세운 후 더 적극적인 **쿠웨이트 현지 선교사역**으로 이어진다

18) 이에 관한 자세한 내용은 '쿠웨이트 내 현지선교 및 전도' 항목에서 다룬다.

제 8회 연합예배 (1979.5.11) – 연합회의 조직구성

1979년 5월11일, 제 8회 연합예배가 드려졌다(설교 : 윤수길 전도사). 이날 회장 차군규 전도사를 비롯하여 23명의 새로운 임역원이 임명되었다. 9명의 임원진 외에도, 2명의 고문과 여섯 개의 사역부서(예배부, 선교부, 친교부, 음악부, 봉사부, 문화부)를 갖춘 조직이었다.

1979.5.11. 쿠웨이트 한인기독인 연합회의 조직

고문 : 장위현 권사(신승기업 쿠웨이트 현장소장),
김홍기 선생(삼호주택, 쿠웨이트 현장소장)

회 장 : 차군규 전도사(삼호교회)
부 회 장 : 윤수길 전도사 (신승교회)
총 무 : 정장득 집사(현대 솨이바 현장 실험실)
협동총무 : 진연근 집사(신승 관리이사), 김종기 장로(삼호 생산부)
서 기 : 김청수 집사 (쌍용 의무실), 부서기 : 배영일 집사(서진기업)
회 계 : 김경원 집사 (신승기업), 부회계 : 김창동 집사(삼호교회)

각 부서
예 배 부 : 부장 이은식 권사(삼호 노무부), 차장 김남규 집사(신승)
선 교 부 : 부장 채경석 집사(현대), 차장 김정식 집사(삼호)
친 교 부 : 부장 박상기 집사(진흥), 차장 박화순 자매(사바병원)
음 악 부 : 부장 정석주 선생(삼호), 차장 안광분 자매(사바병원)
봉 사 부 : 부장 민경옥 자매(사바병원), 차장 김병모 선생(진흥)
문 화 부 : 부장 한길웅 집사(한양 알디아현장), 차장 백남도 집사(진흥)

연합회의 회칙제정 (1979.6.22)

1979년 6월22일, 제 11회 연합예배(설교 윤수길 전도사) 후에, 임원회가 회장 차군규 전도사를 비롯하여 17명이 참석하여 열렸다. 이 임원회에서 연합회의 **회칙이 제정**되었다.[19] 이미 연합회가 조직되었고, 임원회까지 구성되었으므로, 이 회칙의 제정은 현재 연합회가 어떠한 성격과 목적으로 구성되어 있으며, 앞으로 지향하는 바가 무엇인지를 명확하게 알려준다.

19) 쿠웨이트 한인기독인 연합회 임원회, 「서기 기록부 (1978~1980)」, p.12

특히 주목할 사실은 **제 2조 연합회의 목적**이다 : "본회는 한국 기독교인의 신앙육성과 한국인 교회를 설립하며, **아랍지역 복음화**를 목적으로 한다". 그러므로 연합회의 궁극적인 설립목적은 처음부터 아랍지역의 복음화였다. 따라서 이 회칙의 제정(1979.6.22) 직전에, 주일주보의 〈우리의 기도제목〉에 '**쿠웨이트 복음화**'(제 5~8회 연합예배, 1979.3.23, 4.6, 4.27, 5.11)를 연속적으로 포함시킨 것은 결코 우연이 아니었다.

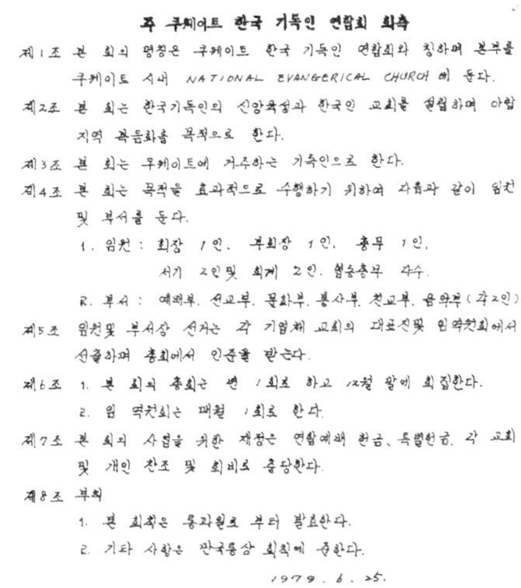

주 쿠웨이트 한국 기독인 연합회 회칙

제1조 본 회의 명칭은 쿠웨이트 한국 기독인 연합회라 칭하며 본부를 쿠웨이트 시내 NATIONAL EVANGERICAL CHURCH 에 둔다.

제2조 본 회는 한국기독인의 신앙육성과 한국인 교회를 설립하며 아랍지역 복음화를 목적으로 한다.

제3조 본 회는 쿠웨이트에 거주하는 기독인으로 한다.

제4조 본 회는 목적을 효과적으로 수행하기 위하여 다음과 같이 임원 및 부서를 둔다.

1. 임원 : 회장 1인. 부회장 1인. 총무 1인. 서기 2인및 회계 2인. 협동총무 다수.
2. 부서 : 예배부. 선교부. 문화부. 봉사부. 친교부. 음악부 (각 2인)

제5조 임원및 부서장 선거는 각 기업체 교회의 대표자및 임역원회에서 선출하며 총회에서 인준을 받는다.

제6조 1. 본 회의 총회는 년 1회로 하고 12월 말에 회집한다.
2. 임 역원회는 매월 1회로 한다.

제7조 본 회의 사업을 위한 재정은 연합예배 헌금, 특별헌금. 각 교회 및 개인 찬조 및 회비로 충당한다.

제8조 부칙

1. 본 회칙은 통과일로 부터 발효한다.
2. 기타 사항은 한국통상 회칙에 준한다.

1979. 6. 25.

쿠웨이트 한인연합교회의 모체가 되는 이 연합회는 그 시초부터 이슬람 지역의 선교적 동기에 의해 형성되었다. 가깝게는 '쿠웨이트 복음화'(주보의 기도제목)라는 **쿠웨이트 국내의 현지 선교사역**을, 그리고 넓게는 '아랍지역의 복음화'(연합회의 회칙)라는 **중동지역의 이슬람 선교사역**을 최초의 시기부터 목적으로 삼았다.

연합회의 근본목적과 영적 방향이 이처럼 **영적 긴장도**가 높도록 설정될 수 있었던 것은, 연합회의 창립을 이끈 두 명의 영적 지도자의 역할이 컸다. 삼호교회의 **차군규 전도사**와 신승교회의 **윤수길 전도사**가 연합회의 목적을 바르게 설정하였다. 또한 그 당시 '쿠웨이트 한국기업체 교회주소록'(우측사진)에 기록된 분들은 쿠웨이트 한인연합교회가 소중한 열매로 맺힐 수 있도록 씨앗이 된 분들이었다 : **삼호주택**(차군규 전도사), **진흥기업**(박상기, 김병모), **쌍용종합건설 의무실**(김청수), **국제전기**(문영태), **사바병원**(민경옥), **현대건설**(쇼아바 현장, 정장득), **현대건설KSP**(니카현장, 채경석, 이동은), **현대건설**(자하라현장/알디아현장, 이문관), **신승기업**(윤수길 전도사), **정진기업**(자하라현장. 김성출), **서진기업**(바이얀현장, 윤영희).

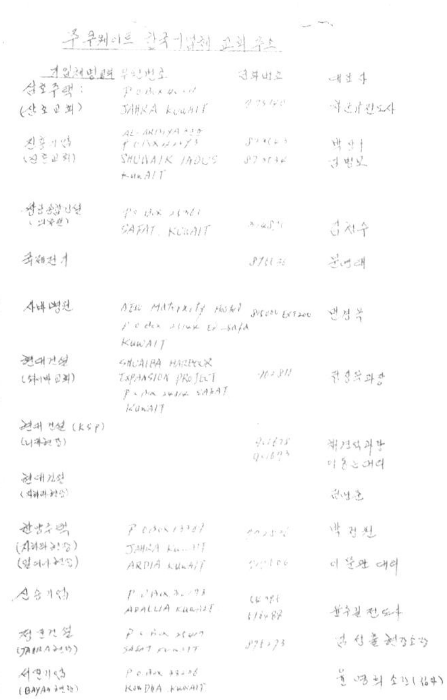

주 쿠웨이트 한국기업체 교회 주소

기업체명(교회)	우편번호	전화번호	대표자
삼호주택 (삼호교회)	P.O.BOX [illegible] JAHRA KUWAIT	[illegible]	차군규전도사
진흥기업 (진흥교회)	AL-ARDIYA [illegible] P.O.BOX [illegible] SHUWAIK INDUS KUWAIT	[illegible]	박상기 김병모
쌍용종합건설 (의무실)	P.O.BOX [illegible] SAFAT. KUWAIT	[illegible]	김청수
국제전기		[illegible]	문영태
사바병원	[illegible] MATERNITY HOSPITAL P.O.BOX [illegible] KUWAIT	[illegible] EXT200	민경옥
현대건설 (쇼아바교회)	SHUAIBA HARBOUR EXPANSION PROJECT P.O.BOX [illegible] SAFAT KUWAIT	[illegible]	정장득과장
현대건설 (KSP) (니카현장)		[illegible]	채경석과장 이동은대리
현대건설 ([illegible])			[illegible]
[illegible] (자하라현장) (알디아현장)	P.O.BOX [illegible] JAHRA KUWAIT ARDIA KUWAIT	[illegible]	[illegible] 이문관 대리
신승기업	P.O.BOX [illegible] KUWAIT	[illegible]	윤수길 전도사
정진건설 (JAHRA현장)	P.O.BOX [illegible] SAFAT KUWAIT	[illegible]	김성출 현장소장
서진기업 (BAYAN현장)	P.O.BOX [illegible] KUWAIT		윤영희 소장 [illegible]

3) 연합예배의 설교 - 평신도에서 목회자가 담당

대부분의 현장교회는 주일예배를 인도할 목회자가 없었지만, 큰 규모의 현장교회는 자체적으로 목회자를 초빙할 수 있었다. **삼호교회**도 **차군규 전도사**[20]를 초빙할 수 있었다(1979.6.10. 현장소장의 건의로 삼호건설 과장대리로 파견). **신승교회**는 CCC 간사 출신의 **윤수길 전도사**[21]가 단기사역자로 사역하였다. 그러나 대부분의 현장교회는 **평신도**가 설교를 맡거나, 한국목회자의 설교Tape을 들었다. 연합예배가 시작된 이후에는, 특별강사의 초빙(요르단 홍정식 목사, 이란 강동수 목사)을 제외하면, 차군규 전도사와 윤수길 전도사가 한번씩 교대로 설교를 담당하였다.

연합예배(날짜)	설교자	예배인원	연합예배(날짜)	설교자	예배인원
제 1회(78.12.29)	차군규 전도사	300여명	제 10회 (06.08)	차군규 전도사	103명
제 2회(79.02.09)	윤수길 전도사	200여명	제 11회 (06.22)	윤수길 전도사	74명
제 3회 (02.16)	차군규 전도사		제 12회 (07.06)	차군규 전도사	119명
제 4회 (03.09)	**홍정식 목사(요르단)**		제 13회 (07.20)	윤수길 전도사	83명
제 5회 (03.23)	차군규 전도사		제 14회 (08.03)	차군규 전도사	121명
제 6회 (04.06)	윤수길 전도사		제 15회 (08.17)	윤수길 전도사	226명
제 7회 (04.27)	차군규 전도사		제 16회 (08.31)	차군규 전도사	128명
제 8회 (05.11)	윤수길 전도사	130여명	제 17회 (09.14)	차군규 전도사	82명
제 9회 (05.25)	**강동수 목사(이란)**	195여명	제 18회 (09.28)	차군규 전도사	105명

이란 테헤란한인교회의 담임목사인 **강동수 선교사**가 **특별부흥성회**를 위해 쿠웨이트에 방문했다(1979.5.21~26). **다섯 개의 현장교회**(신승교회/월, 현대교회/화, 삼호교회/수, 한양교회/목, 진흥교회/금)를 하룻씩 순회하며 집회를 인도하였고, NECK의 연합예배도 부흥집회로 열렸다. 제 15회 연합예배는

---

20) 차군규 목사(현 부천순복음교회의 원로목사)는 '쿠웨이트 한국인 연합회'를 세우는데 결정적인 역할을 하였다. 1979년 10월 귀국하여 1983년 부천순복음교회를 개척한 후, 해외선교를 크게 힘썼다. 6개 국가에 선교사를 파송하고, 신학교와 선교센터를 건립하였다. 그가 신학생 시절에 경험한 쿠웨이트 목회가 그에게 해외선교의 비전을 품도록 만들었고, 결국 이것이 그의 인생을 결정하였다(2013.10.11, [인터뷰] "세계선교사대회 여는 순복음부천교회 차군규 목사" - 김진영 기자 jykim@chtoday.co.kr)

21) 윤수길 목사(태국 은퇴선교사)는 서울대 종교학과를 졸업한 후 한국대학생선교회(CCC) 간사로 사역하였다. 총신대에서 목회학 석사를 받은 후, 1978년 쿠웨이트에 단기사역자로 섬기면서, 건설현장에서 한국 근로자들에게 복음을 전하였다. 이 때까지는 해외선교를 뜻하지 않았다. 1979년 8월 귀국한 후 선교에 헌신할 것을 결정하고, 1년간 선교사 훈련을 받고서, 80년 10월13일 태국으로 파송받았다 (http://www.hjjang.org/board_yeCI20/4979).

찬송가 경연대회가 진행되었는데, 뜻밖에 많은 성도가 참석하여 대성황을 이루었다(예배인원 226명 = 남자 213명, 여자 13명). 그런데 이 예배가 윤수길 전도사의 마지막 예배였다.

1979년 8월23일, 신승교회의 **윤수길 전도사**가 부득이한 사정으로 귀국하였다. 10월10일에는 설립 때부터 연합회를 주도적으로 이끌었던 **차군규 전도사**마저 귀국하게 되었다. 그 이후로는, 얼마 전 제 17회 연합예배/임원회(9월14일)에 처음 참석하여 소개받은 **임운희 전도사**(진흥교회)가 1980년 8월10일 최형섭 목사의 부임 전까지 연합예배의 설교를 거의 홀로 맡아서 담당했다.[22] 그러나 임운희 전도사는 차군규 전도사처럼 회장직을 맡지는 않았다.

제 21회 – 세례와 성찬식을 위한 연합예배(1979.11.9)

설립의 처음 시기부터 연합회를 이끌었던 회장 **차군규 전도사**(삼호교회, 10월10일)와 부회장 **윤수길 전도사**(신승교회, 8월23일)가 귀국한 후, 연합회에는 목회자는 최근 부임한 임운희 전도사(진흥교회) 뿐이었고, 아직 성례전을 거행할 수 있는 목사는 없었다. 그러나 현장교회에는 세례를 받기 원하는 성도들이 있었다. 그리하여 연합회는 NECK의 **브렌트 목사**(Rev. J.B. Brant)에게 세례와 성찬식의 거행을 요청하였고, 연합회 설립 이후에 **첫 성례전 예배**를 드릴 수 있게 되었다.

세례와 성찬식을 위한 첫 성례전 예배에는 평소보다 많은 194명이 참석했다(남/182명, 여/12명).[23] 예배주보는 브렌트 목사를 위하여 특별히 제작되었다. 예배순서를 한글과 영문으로 병기하여 브렌트 목사가 예배진행을 알 수 있도록 하였다. 예배사회는 선교부장 채경석 집사가 맡았다. 설교는 브렌트 목사가 영어로 하였고, 채경석 집사가 통역하여 전달하였다.

---

22) 1980년 4월24일, 제 32회 연합예배 후 임역원회의에서 '강단을 지킬 교회순서'가 논의되었다. 5월이후에는 임운희 전도사가 매월 1회 꼭 설교를 하되, 다른 1회는 말씀의 은혜가 있는 현장교회 교우가 맡으며, 현대KSP교회(5월) → 진흥교회(6월) → 삼호교회(7월) → 신승교회(8월) 순으로 맡기로 했다.

23) 제 19회 연합예배(1979.10.12)에는 108명(남/104,여/4)이 참석하였고, 제 20회 연합예배(10.25)에는 68명(남/64,여/4)이 참석했었다. 그 이후 제 23회(12.21)에는 123명(남/115,여/8)이 참석했다. 그후로 제 27회 연합예배(1980.2.8)에 137명(남/129,여/8)이 참석했는데, 이것이 많이 참석한 편이었다.

성례전은 설교와 봉헌 후에 거행되었다. 브렌트 목사가 세례(Baptismal Sacrament)를 베푼 후, 성찬식(Holy Communion)을 거행하였다. 연합회가 설립된 후, 최초의 성례전이었다. 외국인 목사의 섬김으로 이 큰 은혜를 한국 그리스도인들이 누릴 수 있었다.

특히 **37명의 성도들**이 이슬람 국가인 쿠웨이트 땅에 와서 세례를 받고, 성찬에 참여할 수 있었다(남자 31명, 여자 6명). 이보다 더 뜻깊은 일이 어디에 있겠는가? 그들은 단지 이 척박한 열사의 땅에 단지 돈을 벌기 위해 이슬람 나라에 왔을 뿐이었다. 그러나 당시 현장교회의 영적 분위기는 이슬람 선교의 소명 뿐만 아니라, **구령의 열정**도 뜨거웠다. 당시 현장교회의 리더들에게는 그들의 전도사역을 통해 **민족복음화**를 이루는 것이 큰 목적이었다. 그리하여 결코 적지 않은 인원들이 이슬람 건설현장에 왔다가 예수 그리스도를 믿기로 결심하여 세례를 받고자 하였다. 이러한 역사는 쿠웨이트 건설현장에서 오랫동안 지속되었다.

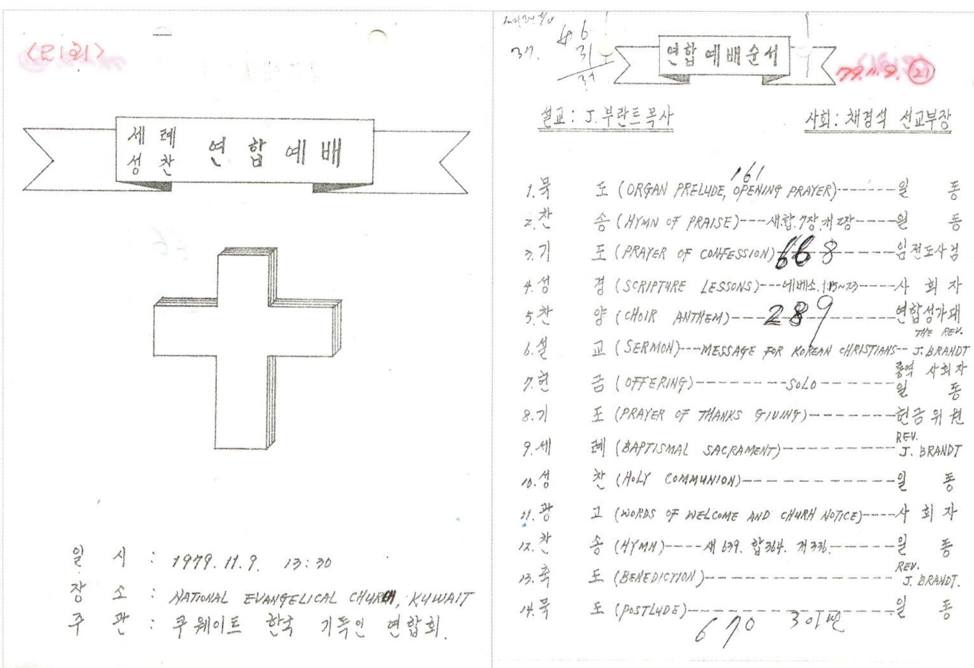
(21회)

세례 성찬 연합예배

일 시 : 1979. 11. 9. 13:30
장 소 : NATIONAL EVANGELICAL CHURCH, KUWAIT
주 관 : 쿠웨이트 한국 기독인 연합회.

연합예배순서 79.11.9. (21)

설교 : J. 부란트목사　　사회 : 채경석 선교부장

1. 묵 도 (ORGAN PRELUDE, OPENING PRAYER)---------일 동
2. 찬 송 (HYMN OF PRAISE)---새합. 7장. 개 2장-----일 동
3. 기 도 (PRAYER OF CONFESSION) 668---------임전도사경
4. 성 경 (SCRIPTURE LESSONS)---에베소. 1:15~23-----사 회 자
5. 찬 양 (CHOIR ANTHEM)---289---------연합성가대
6. 설 교 (SERMON)---MESSAGE FOR KOREAN CHRISTIANS--THE REV. J. BRANDT
7. 헌 금 (OFFERING)---------SOLO---------일 동 (통역 사회자)
8. 기 도 (PRAYER OF THANKS GIVING)---------헌금위원
9. 세 례 (BAPTISMAL SACRAMENT)------------REV. J. BRANDT
10. 성 찬 (HOLY COMMUNION)-------------일 동
11. 광 고 (WORDS OF WELCOME AND CHURH NOTICE)----사 회 자
12. 찬 송 (HYMN)----새 639. 합 364. 개 336.------일 동
13. 축 도 (BENEDICTION)-----------------REV. J. BRANDT.
14. 묵 도 (POSTLUDE)-------------------일 동

670 30이원

1979년 11월 9일, 제 21회 연합예배 주보

4) 1979년 8월 이후, 연합회의 불안정

① 임역원들의 귀국

그런데 **목회자들**만 귀국한 것이 아니었다. 같은 시기에 **연합회의 임역원들**도 대거 귀국했다(1979년 8월, 협동총무 진연근 집사, 김종기 장로, 봉사부 차장 박화순 자매, 회계 김경원 집사의 귀국).[24] 그후로도 임역원들의 귀국은 계속되었다. 1979년 12월21일, 제 23회 임역원회에는 제적 22명 중에 14명만이 참석했는데, 지난 주간에 8명이 귀국했기 때문이었다.[25] 1980년 1월11일, 제 25회 임역원회에는 제적 21명 중에 10명이 귀국하여 11명만이 참석했다.[26] 1980년 2월8일자「서기부 회의록」은 "임원이 되어 한 일도 없이 **임명되자 곧 귀국하는 폐단지양** – 최소한 6개월 남은 분으로 임원에 선출요망"이라고 기록했다.[27] 임역원진이 불안정하니, 연합회도 불안정할 수 밖에 없었다.

② 평신도 연합회 회장

연합회 초대회장 차군규 전도사가 귀국한 이후에, **정장득 집사**(현대교회)가 만장일치(거수)로 회장에 선임되었다(1979.10.12 제 19회 임원회).[28] 그 이후 연합회 회장직은 목회자가 아니라, 평신도가 맡았다. 얼마 뒤 정장득 회장도 귀국하게 되어(1980년 1월5일), 1980년 1월11일 제 25회 임원회에서 1978년 5년11일부터 **초대 선교부장**으로 섬겼던 **채경석 집사**(현대 KSP)가 만장일치로 제 3대 회장에 피선되었다. 채경석 회장은 '연합회의 정상궤도 운행화를 위해 노력하겠다'고 뜻을 밝혔다.[29] **채경석 회장**은 최형섭 목사가 담임목사로 부임할 때까지 연합회 회장직을 끝까지 수행했으며, 그 이후에도 1980년 11월14일 **쿠웨이트한인연합교회 운영위원회**의 **초대회장**으로 임명되었다.[30] 이 기간에 임운희 전도사도 임원회에 계속하여 참석했으나, 특별한 직책보다는 목회자로서 참석한 것으로 보인다.

---

24) 쿠웨이트 한인기독인 연합회 임원회,「서기 기록부 (1978~1980)」, p.18
25) 쿠웨이트 한인기독인 연합회 임원회,「서기 기록부 (1978~1980)」, p.26
26) 쿠웨이트 한인기독인 연합회 임원회,「서기 기록부 (1978~1980)」, p.28
27) 쿠웨이트 한인기독인 연합회 임원회,「서기 기록부 (1978~1980)」, p.32
28) 쿠웨이트 한인기독인 연합회 임원회,「서기 기록부 (1978~1980)」, p.22
29)쿠웨이트 한인기독인 연합회 임원회,「서기 기록부 (1978~1980)」,, p.28
30) 쿠웨이트 한인기독인 연합회 임원회,「서기 기록부 (1978~1980)」, p.63

이 시기에 평상시 연합예배에는 68명부터~137명 정도가 모였으며, 특별행사가 있는 주일에는 좀 더 많은 인원이 모였다. 아직 한국인 목사가 없었으므로, NECK의 **J. 부란트 목사**에게 **세례와 성찬**의 집례를 부탁하였고(1979.11.9). 이날 194명이 참석하고, 37명이 세례를 받았다.[31]

이와같이 처음부터 연합회를 이끌어 오던 목회자들이 떠난 이후에는, **평신도**가 **연합회의 회장직**을 수행했다. 임역원의 귀국이 반복되는 곤경 속에서도, 새로운 동역자를 계속 세워가면서, **담임목사**가 부임하여 **한인연합교회**가 세워지기까지, **그 힘든 기간**을 끝까지 지켜냈다. 연합예배 후 임역원회의로 모여, 부서별 보고를 듣고, 당면한 현안을 논의하여 해결했다.[32]

③ 1980년도 연합회 연간사업계획

1980년 1월11일 채경석 회장이 선출된 후에, 임역원회는 각 부서별 연간계획을 제출하도록 하여, **1980년도 연합회 연간사업계획**을 세웠다(1980.2.8. 제 27회 임원회).[33] 그리하여 두 가지 분야의 사업목표와 6가지 사업내용을 계획하게 되었다.

사업목표	사업내용	주관부서	실시계획	실시방침
교세확장	1. 현장순회예배	예배부	월 1회 현장교회 매월 두 번째 연합예배저녁	제 1차 순회연합예배 삼호교회(2/22저녁)
	2. 대교민, 대현지인 선교 및 본국 선교단체와 제휴	선교부	각 현장 본사선교부 및 국내선교단체와 관련제휴 검토 - 개인전도방법	선교부 유인물 발표
연합회 회원의 유대강화	3. 부활절 기념예배	예배부 음악부	양 부서 협력하여 세부계획 작성	
	4. 회지발간	문화부	상하반기 연 2회 발간	신앙간증, 성경말씀 격려사, 편지 등
	5. 연합회 야외예배 및 체육회	봉사부 친교부	상하반기 연 2회 검토 - 각 현장사정 고려	예배부 협력
	6. 구휼 및 구난지원사업	봉사부		

---

31) 쿠웨이트 한인기독인 연합회 임원회, 「서기 기록부 (1978~1980)」, p.23
32) 연합회의 임원회는 제 1회(1978.12.29)부터 제 32회(1980.4.25)까지는, 연합예배 후에 매번 모였다. 제 33회 연합예배(1980.5.9) 때부터, 임원회는 매월 1회 갖는 것으로 변경되었다.
33) 쿠웨이트 한인기독인 연합회 임원회, 「서기 기록부 (1978~1980)」, p.33

사업목표는 크게 두 분야로 세웠는데, 첫 번째는 교세확장이었고, 두 번째는 연합회 회원의 유대강화였다. **교세확장**을 위해 두 가지의 사업내용을 계획하였다. **예배부**는 현장교회를 관할하여 현장순회예배를 담당하였고, **선교부**는 쿠웨이트 내의 한국교민과 현지인을 관할하여 대(對)교민전도와 대(對) 현지인 선교, 그리고 본국 선교단체와 제휴하는 방안을 담당했다.

현장순회예배 (주관부서 : 예배부, 부장 한양교회 박흥수 선생)

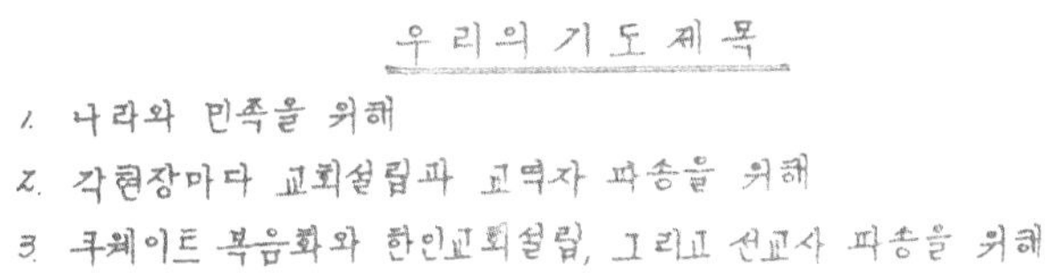
우리의 기도제목

1. 나라와 민족을 위해
2. 각현장마다 교회설립과 교역자 파송을 위해
3. 쿠웨이트 복음화와 한인교회설립, 그리고 선교사 파송을 위해
4. 여름철을 당하여 각기업체의 안전사고 예방과 건강을 위해

1980년 1월 당시 연합회에는 삼호교회(자하라현장), 신승교회, 현대교회(솨이바현장교회, 니카현장교회), 한양교회(알디아 현장교회, 자하라 현장교회), 진흥교회(하일라카 현장교회, 알리다 현장교회), 정진교회, 서진교회, 그리고 사바병원 등이 참여하고 있었다. 그런데 아직도 현장교회가 세워지지 않은 건설현장들이 있었다. 그리하여 매주 주보에는 각 현장마다 교회설립과 교역자 파송을 위해 기도할 것이 요청되었다(기도제목2).

이미 세워진 현장교회들 중에서도 아직 연합회에 가입하지 않은 채, NECK의 연합예배에 참석하지 않는 현장교회도 있었다. 그런데 쿠웨이트에서 한국인의 복음전도와 이슬람 선교를 위한 원동력은 바로 현장교회들로부터 비롯된 것이었다. 현장교회의 뜨거운 복음전도의 열정으로부터 이슬람 선교의 열정이 뿜어져 나온 것이었다. 그러므로 **현장교회의 교세확장**이 지극히 중요했으며, **현장교회의 순회예배**가 1980년도 첫 번째 사업내용이 되었다.

현장교회의 순회예배는 매월 1회씩 실시되었다. 2월22일(금), 제 1차 순회연합예배가 **삼호교회**에서 열렸다. 사바병원의 자매들이 찬양으로 예배를 섬겼고, 300여명이 참석했다.[34] 일반적으로 순회예배는 다른 현장교회들의 도움과 협력으로 진행되었다. 제 2회 예배는 3월28일(금), **현대 슈아이바 교회**에서 슈아이바 3차 공사기념예배로 열렸고,[35] 제 3회 예배는 4월4일(금), **부활절 기념**

34) 쿠웨이트 한인기독인 연합회 임원회, 「서기 기록부 (1978~1980)」, p.35
35) 쿠웨이트 한인기독인 연합회 임원회, 「서기 기록부 (1978~1980)」, p.35

예배를 겸하여 **진흥교회**에서 열렸다. 제 4회 예배는 5월23일(금), **신승교회**에서 드려졌고(설교: 임운희 전도사, 기도: 한양교회 강영운 집사, 특송: 현대교회, 찬양: 사바병원),[36] 제 5회 순회연합예배는 6월20일(금), **한양교회**에서 있었다.[37]

쿠웨이트 내 현지선교 및 전도 (주관부서 : 선교부, 부장 신승교회 최낙성 집사)

선교부의 주요한 사업내용은 쿠웨이트에 거주하는 한국교민과 현지인들을 위해 '대교민전도와 대현지인 선교'를 하는 것이었다. 선교부장 **최낙성 집사**는 1980년 **선교부의 사업계획**을 더욱 더 구체적으로 다음과 같이 세웠다.

1980년 쿠웨이트 한국인기독 연합회 선교부 사업계획	
선교대상	중동인 한국인
선교목적	*하나님의 지상명령의 실현 ***중동인 복음화**, 한국인 복음화
대상자 구분	***중동인 성인전도** ***중동인 아동전도** *한국인 성인 (취업인 및 교민) 전도 *한국인 아동 (교민 아동) 전도 → 매주 목요일 (신승교회)
전도방법	*유능한 교사지원 → 노방전도(공원) 매월 2회 *심방대원 지원 → 방문전도, 필요에 따라 *전도지 배부(교사) → 문서전도 → 특정인 및 학생
세부적 방법	*노방전도 (장소 : 주로 공원, 유원지) → 유능한 교사지원 → 건전한 오락, 체조 및 율동지도 *선물교환 등 시간을 갖어, 한국인의 이미지를 좋게 심어주는 동시에 기독교인식을 길러준다 *기도제목 : **중동복음화** (아랍인 신학생, 목회자 탄생 및 양성) *방문전도 : 필요에 따라 *문서전도: 전대상(아랍인, 한국인)에게

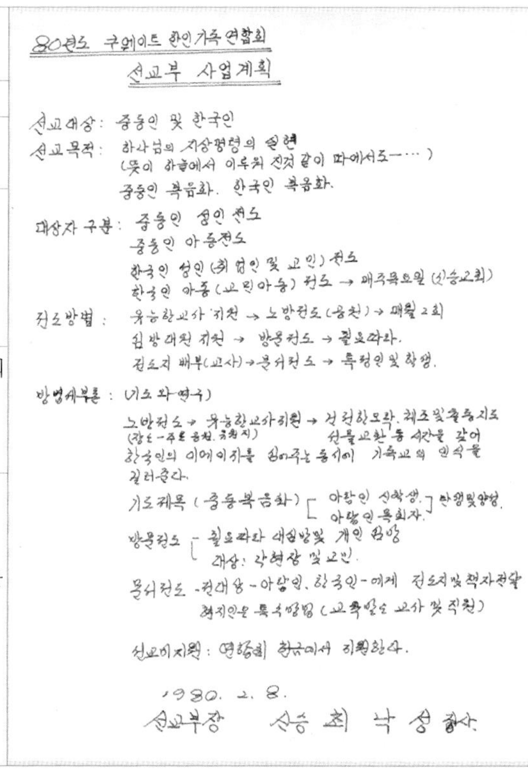
80년도 쿠웨이트 한인기독 연합회
선교부 사업계획
선교대상: 중동인 및 한국인
선교목적: 하나님의 지상명령의 실현
(뜻이 하늘에서 이루워 진것 같이 따에서도—…)
중동인 복음화. 한국인 복음화.
대상자 구분: 중동인 성인 전도
중동인 아동전도
한국인 성인(취업인 및 교인) 전도
한국인 아동(교민아동) 전도 → 매주목요일 (신승교회)
전도방법: 유능한교사 지원 → 노방전도(공원) → 매월 2회
심방대원 지원 → 방문전도 → 필요따라.
전도지 배부(교사) → 문서전도 → 특정인 및 학생.
노방전도 → 유능한교사지원 → 건전한오락. 체조 및 율동지도
(장소-주로 공원. 유원지) 선물교환 등 시간을 갖어
한국인의 이메이지를 심어주는 동시에 기독교의 인식을
길러준다.
기도제목 (중동복음화) [아랍인 신학생. 아랍인 목회자.] 탄생및양성.
방문전도 [필요따라 대심방및 개인심방
대상: 각현장 및 교민.
문서전도 - 전대상 - 아랍인. 한국인 - 에게 전도지및 책자전달
1980. 2. 8.
선교부장 신승 최 낙 성 집사

---

36) 쿠웨이트 한인기독인 연합회 임원회, 「서기 기록부 (1978~1980)」, p.46,47,49
37) 쿠웨이트 한인기독인 연합회 임원회, 「서기 기록부 (1978~1980)」, p.52

1980년도 연합회 선교부의 사업계획은 '한국인의 복음화' 뿐만이 아니라, '중동인의 복음화'를 주요한 목표로 삼았다. 그 대상은 쿠웨이트 현지에 거주하는 **아랍인 성인**과 **아동들**이었다. 더욱이 단지 그들의 전도로 끝나는 것이 아니었다. 장기적인 중동복음화를 위하여 그들 중에서 **아랍인 신학생과 목회자**를 양성하는 것까지 목표로 세웠다.

그러나 이슬람 국가인 쿠웨이트에서 대 현지인 선교는 매우 위험한 일이었다. 채경석 회장이 선교부장을 수행할 때, 이미 쿠웨이트의 상황에 대하여 네 가지 사실을 파악해 두었다.

> ① **교회설립** : 쿠웨이트에서 교회설립은 불가하며, 현장 내에서만 활동가능하다.
> ② **선교사 초빙** : 선교목적으로 Visa를 받을 수 없으며, 현장직원으로 올 수 있되, 그것도 영내에서만 목회활동이 가능하다.
> ③ **집회활동** : 건물을 빌려, 20인 이상이 정기집회를 갖는 것은 불가하다. 현지인에게 고발당한 위험이 있다.
> ④ **전도활동** : 쪽복음, 팜플렛 배포와 같은 활동이 발각되면, 영창행이다. 극히 친한 사이에 개인적인 전도만 가능하다.[38]

이러한 상황에도 불구하고, 선교부 계획 이전에 이미 현지 선교활동을 하고 있었다. 1979년 10월 선교부(당시 부장 채경석 집사)는 **쿠웨이트 시내 민간인 상사**를 순방하여 선교활동을 할 계획을 세웠다.[39] 쿠웨이트에서 노방전도를 하는 현장교회들도 있었다. 1980년 1월25일자 제 26회 「서기 기록부」는 **서진교회**의 **현지인 선교활동**을 비교적 상세하게 소개하였다.

> 서진기업 이종수 집사(1976년부터 쿠웨이트 근무)는 팜플렛 '4영리'를 영어와 아랍어로 동시에 한 장에 번역해서, 형제들과 함께 공원에서 노방전도를 하였다. 노방전도의 모습은 이러했다.
>
> ① 먼저 교사 형제들이 악기(기타, 아코디온)로 오락분위기를 조성하여, 놀이터에서 놀고 있는 현지인 아이들을 불러 모았다. ② 아이들과 함께 게임과 놀이로 즐겼다. ③ 영어 알파벳도 가르쳐 주고, ④ 사이사이에 예수복음을 간략하게 한마디씩 전했다. ⑤ 어린이 찬송과 동요 등도 불렀다.

38) 쿠웨이트 한인기독인 연합회 임원회, 「서기 기록부 (1978~1980)」, p.31
39) 쿠웨이트 한인기독인 연합회 임원회, 「서기 기록부 (1978~1980)」, p.11

> 대략 30여명의 어린이들과 함께 놀았다. 곁에 있던 부모들도 동참했다. 자기 아이가 보이지 않을 때, 집에 있는 자녀를 불러온 부모도 있었다. 구경하는 젊은이들에게 은밀한 중에 팜플렛을 보여주고, 영어를 유창하게 읽는 이에게는 복음전도지를 나누어 주었다. 이것이 곧 복음전도의 시작이요 밑거름이리라.(1980.1.25. 제 26회 임역원회 기록).[40]

신승교회의 전도부도 현지인 전도사역을 실시하였다. 1979년 11월26일, 제 22회 임역원회에서 보고한 내용에 따르면, 11월9일(금) 신승교회의 교사들은 **어린이 공원**에서 노방전도를 하였다. 공원에서 만난 현지인 어린이들에게 찬송을 가르치고, 또 성경 이야기도 들려주었는데, 반응이 좋았다.[41] 신승교회 전도부는 1980년 2월16일 오후 3시, 쿠웨이트 시내의 공원과 유원지에서 또다시 **노방전도**를 하였다.[42] 그리고, **삼호교회**는 현지인 전도를 위해 **영어성경**과 **아랍어 성경**, 그리고 **아랍어 전도지**를 구입하였다.[43] 제 30회 임역원회(1980년 3월21일)는 서진기업의 **이종수 집사**와 신승기업의 **양훈영 집사**가 귀국한 후 봉사부 차장인 박○○집사가 선교부장이 돌아오기까지 현지인을 위한 노방전도를 맡는 것으로 논의했다.[44]

이러한 기록을 볼 때, 최낙성 집사의 선교부 계획 이전부터 이미 **현지인 선교사역들**은 시행되고 있었다. 쿠웨이트의 현장교회들은 이슬람을 향한 선교적 소명이 뜨거웠다.

그런데 지금도 쿠웨이트에서 현지 전도사역은 매우 위험하다. 당시에도 감옥과 추방의 위험을 각오하지 않는다면, 감당할 수 없었다. 더욱이 그들은 쿠웨이트에 **선교사**로 갔었던 것이 아니라 **건설회사의 근로자**로 갔던 사람들이다. 그러나 그들은 '선교사보다 먼저 이슬람 땅에 들어온 그리스도인'이라는 자의식과, '선교사가 들어올 수 없는 이슬람 땅에 먼저 보내심을 받은 자'라는 선교적 소명의식을 강하였다. 그리하여 현실적 위험을 각오하고, 현지인 선교를 감당하고자 했다.

---

40) 쿠웨이트 한인기독인 연합회 임원회, 「서기 기록부 (1978~1980)」, p.31
41) 쿠웨이트 한인기독인 연합회 임원회, 「서기 기록부 (1978~1980)」, p.25
42) 쿠웨이트 한인기독인 연합회 임원회, 「서기 기록부 (1978~1980)」, p.33
43) 쿠웨이트 한인기독인 연합회 임원회, 「서기 기록부 (1978~1980)」, p.33
44) 쿠웨이트 한인기독인 연합회 임원회, 「서기 기록부 (1978~1980)」, p.39. 1980.4.11 회의는 박 집사는 선교부장이 돌아왔으니, 4월 노방전도의 인계를 원했으나, 박 집사가 맡는 것으로 전원 찬성했다.

1980년도 두 번째 사업목표는 '**연합회 회원의 유대강화**'였다. 이를 위해 네 가지의 사업계획을 세웠다. 첫째로, 예배부와 음악부가 협력하여 **부활절 기념예배**를 시행하는 일. 둘째로 문화부가 신앙간증, 성경말씀, 편지 등을 내용으로 하는 **회지를 발간하는 일**(상하반기의 연 2회), 셋째로 봉사부와 친교부가 예배부와 협력하여 **연합회의 야외예배 및 체육대회**를 개최하는 일. 그리고 넷째로 봉사부가 **구휼 및 구난지원사업**을 하는 것이었다.

제 1회 연합회 야외예배 (3월10일, 주관부서 : 봉사부/부장 민경옥, 친교부/부장 지선영 선생)

1980년 3월10일(9:30~16:30), 제 1회 **한인기독교인 연합회 야외예배**가 연합회 회원의 유대강화를 위해 파하일 공원에서 열렸다. 제 1부의 예배에는 280여명이 참석하였다(삼호교회, 국제종합, 한양주택, 진흥기업, 신승기업, 서진기업, 공영토건, 현대건설, 사바병원 자매). 제 2부 친교행사에서 다양한 프로그램이 진행되었다(악기놀이, 다함께 노래를, 짝지우기, 수저위에 탁구공 운반하기, 맹인 안내하기, 보물찾기, 장기자랑 및 시상).

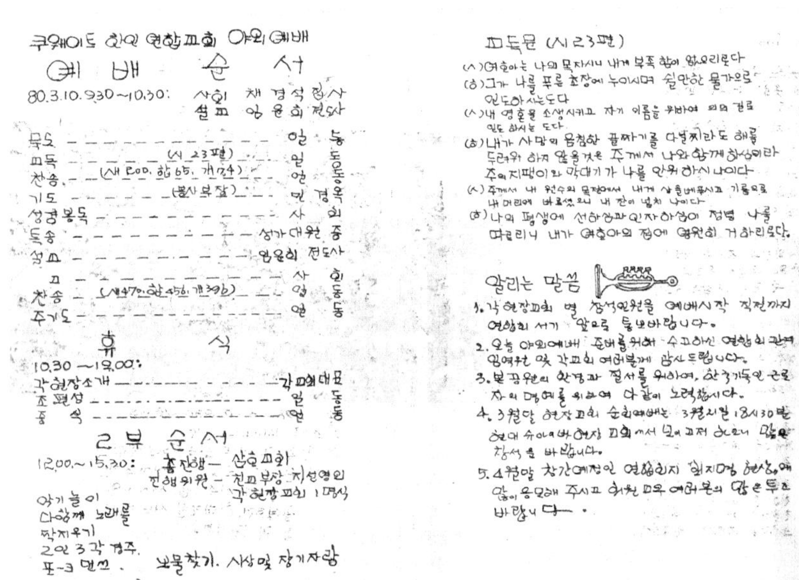
쿠웨이트 한인 연합교회 야외예배
예 배 순 서
80.3.10. 9.30~10.30: 사회 채경석 집사 / 설교 엄윤희 전도사
묵도 — 일 동
교독 (시 23편) — 일 동
찬송 (새 200, 합 65, 개 24) — 일 동
기도 (봉사부장) — 민경옥
성경봉독 — 사 회
특송 — 성가대원 중
설교 — 엄윤희 전도사
고 — 사 회
찬송 (새 470, 합 456, 개 396) — 일 동
주기도 — 일 동
휴 식
10.30 ~ 12.00:
각현장소개 — 각교회대표
조편성 — 일 동
중 식 — 일 동
2 부 순 서
12.00 ~ 15.30: 총진행 — 삼호교회 / 진행위원 — 친교부장 지선영외 각현장교회 1명식
악기놀이
다함께 노래를
짝지우기
2인 3각 경주.
포-크 댄스. 보물찾기. 시상및 장기자랑

교독문 (시 23편)
(사) 여호와는 나의 목자시니 내게 부족함이 없으리로다
(회) 그가 나를 푸른 초장에 누이시며 쉴만한 물가으로 인도하시는도다
(사) 내 영혼을 소생시키고 자기 이름을 위하여 의의 길로 인도하시는도다
(회) 내가 사망의 음침한 골짜기를 다닐지라도 해를 두려워 하지 않을것은 주께서 나와 함께 하심이라 주의 지팡이와 막대기가 나를 안위하시나이다
(사) 주께서 내 원수의 목전에서 내게 상을 베푸시고 기름으로 내 머리에 바르셨으니 내 잔이 넘치나이다
(회) 나의 평생에 선하심과 인자하심이 정녕 나를 따르리니 내가 여호와의 집에 영원히 거하리로다.

알리는 말씀
1. 각 현장교회 별 참석인원을 예배시작 직전까지 연합회 서기 앞으로 통보바랍니다.
2. 오늘 야외예배 준비를 위해 수고하신 연합회 관계 임역원 및 각교회 여러분께 감사드립니다.
3. 본 공원의 안정과 질서를 위하여, 한국기독인 근로자의 명예를 위하여 다같이 노력합시다.
4. 3월달 현장교회 순회예배는 3월 21일 18시30분 현대 슈아이바 현장 교회에서 모이고저 하오니 많은 참석을 바랍니다.
5. 4월말 창간예정인 연합회지 회지명 현상에 많이 응모해 주시고 회원교우 여러분의 많은 투고 바랍니다.

본래 계획된 포크댄스는 시간부족으로 진행할 수 없었다. 제 2회 시에는 포크댄스가 꼭 필요하다는 의견이 있었고, 체육회도 실시하기로 했다. 많은 형제가 즐거운 하루를 보내었다.[45]

45) 쿠웨이트 한인기독인 연합회 임원회, 「서기 기록부 (1978~1980)」, p.36

1980년 부활절 기념예배 (4월4일, 주관부서 : 예배부, 음악부/부장 안광분 선생)

1980년 부활절 기념예배도 연합회 회원의 유대강화를 목적으로 계획되었다. 부활절 기념예배는 NECK에서 모이지 않았고, 대신에 **현장교회 순회예배**를 겸하여, 1980년 4월4일(금) **진흥기업의 현장교회**에서 모였다. 임운희 전도사가 진흥교회 소속이었다. 이 부활절 기념예배에 400여명이 모여, 은혜 중에 성대하게 끝마쳤다.[46] 연합회 예배의 기록상으로 **최대인원**이 모였던 예배였다.

회지의 발간 (주관부서 : 문화부[47])

회지발간은 문화부 주관이지만, 임역원회의에서 이 일을 주요사안으로 다루었다. 회지명칭은 공개적으로 신청을 받았다. 회원들이 투고한 명칭 중에 '임마누엘', '횃불', 그리고 '생수'의 세 개가 최종후보에 올랐다. 성경적이면서도 신자와 불신자 모두가 공감할 수 있는 명칭이란 기준 하에 '**생수**'(生水)가 회지명칭으로 결정되었다(1980년 4월25일 제 32회 임역원회).[48]

회지에는 회장의 〈창간사〉, 한양소장과 NECK 브렌트 목사의 격려사 및 특별기고를 비롯해 연합회 활동과 각 현장교회의 상황을 알리는 원고가 계획되었다. 현장교회의 순회예배(삼호교회, 현대 슈아이바교회, 진흥교회, 신승교회)도 사진과 함께 소개하기로 했다. 찬송가 해설이나, 간증, 시, 꽁트도 계획되었다.[49] 1980년 5월21일, 제 33회 임역원회에서 **박춘봉 선생**[50](삼호교회)이 회지발간의 진행상황을 보고했다. 350부 발행시 예상재정은 KD100였다. 보급은 비매품으로 하되, 비용은 교회별로 부담하고, 각 교회 교인수에 비례하여 분배하기로 했다.[51] 한양 100부, 현대 100부, 삼호 50부, 신승 50부씩 분배하기로 했다.[52] 창간호「생수」는 최형섭 목사가 쿠웨이트에 도착한 직후인 8월15일 제 40회 연합예배 때, 배포되었다.[53]

---

46) 쿠웨이트 한인기독인 연합회 임원회,「서기 기록부 (1978~1980)」, p.39
47) 문화부장은 자주 교체되었다. 1980.1.11/백남도(진흥), 2.8/오흥열(진흥), 5.11/신성수(진흥)
48) 쿠웨이트 한인기독인 연합회 임원회,「서기 기록부 (1978~1980)」, pp.42-43
49) 쿠웨이트 한인기독인 연합회 임원회,「서기 기록부 (1978~1980)」, p.43
50) 1988년 9월, 교회설립 8주년을 기념하여 초대장로 1인과 안수집사 4인을 세웠다. 이때 박춘봉 장로도 안수집사로 임직하였다. 당시 직분이 없으므로 '선생'이라고 호칭한 것 같다.
51) 쿠웨이트 한인기독인 연합회 임원회,「서기 기록부 (1978~1980)」, p.47
52) 쿠웨이트 한인기독인 연합회 임원회,「서기 기록부 (1978~1980)」, p.52
53) 쿠웨이트 한인기독인 연합회 임원회,「서기 기록부 (1978~1980)」, p.55

5) 담임목사의 초빙을 위하여

최낙성 집사의 서울 파송 (1980.2.21)

1980년 2월1일(금), **담임목사의 초빙**이 결의되자, 연합회는 2월21일(목)에 선교부장 최낙성 집사를 서울로 파송하였다.[54] 연합회는 최낙성 집사 편에 쿠웨이트 한국기독인 연합회를 소개하는 서신을 한국해외선교부장에게 보내면서, 쿠웨이트 선교사 파송을 위한 협조를 요청하였다.[55] 그러나 그 일이 쉽지 않았다. 최낙성 집사는 이 일을 즉시 해결할 수 없었다.

1980년 3월27일, 최낙성 집사가 쿠웨이트로 돌아와 귀임보고를 하였다. 그가 국내의 여러 교단을 찾아가 담임목사의 초빙을 위해 협조를 요청했으나 실현되지 않았고, 결국 국내의 교우들에게 이 일의 대행을 부탁하고, 쿠웨이트로 돌아올 수 밖에 없었다고 보고하였다.[56]

제 31회 임역원회(1980.4.11)는 **담임목사의 초빙문제**를 다시 논하였다. 현대 슈아이바교회 또는 신승교회 측에서 초빙하는 방안, 민경옥 자매가 오 선생을 통해 초빙하는 방안, 회장의 귀국시 총회 신학장을 직접 만나 요청하는 방안 등이 거론되었다. 최소한 150일 내에 초빙문제를 처리하기로 하였다.[57] 담임목사의 초빙은 어려운 문제처럼 보였다. 그런데 한 달 후에 한국으로부터 담임목사의 초빙이 해결되었다는 소식이 도착하였다. 최낙성 집사가 쿠웨이트로 떠난 후, 한국에서는 쿠웨이트에 선교사를 파송하는 일이 매우 극적으로 진행되고 있었다.

사마리안회의 조직 (1980.4.29)

최낙성 집사의 부탁을 받은 국내 교우들은, 1980년 4월29일 쿠웨이트 선교사를 파송하기 위하여 **사마리안회**(회장 김광순 장로)를 조직하였고, '선교사의 선임, 파송 및 재정지원'을 맡기로 결의하였다.[58] 한국에서 선교사의 선임을 위해 특별히 수고하신 분들이 있었다. 연합회의 발족 때부터

54) 쿠웨이트한인연합교회, 「중동선교소식 - 쿠웨이트편」, p.36.
55) 쿠웨이트 한인기독인 연합회 임원회, 「서기 기록부 (1978~1980)」, p.35
56) 쿠웨이트한인연합교회, 「중동선교소식 - 쿠웨이트편」(서울 : 중동선교본부, 1985), p.36.
57) 쿠웨이트 한인기독인 연합회 임원회, 「서기 기록부 (1978~1980)」, p.41
58) 쿠웨이트한인연합교회, 「중동선교소식 - 쿠웨이트편」, p.36.

섬겼던 신승교회의 **윤수길 목사**(당시 전도사, 1979.8.23 귀국), 그리고 최낙성 집사 모교회의 담임목사와 사모였다. 그들의 수고로 예성 성결교단의 **최형섭 목사**가 선임되었다. 최 목사는 논산에서 3년간 목회를 했으며, 선교사로 출발하기 위해 교육받던 중 쿠웨이트로 파송받게 되었다.[59]

사마리안회는 최형섭 목사의 쿠웨이트 파송을 위해 또다른 후원도 결정하였다. 최형섭 목사만 홀로 쿠웨이트에 파송받을 것이므로, 가족들은 한국에 남게 되었다. 쿠웨이트에서 최형섭 목사의 쿠웨이트 생활비는 연합회가 부담하지만, 한국에 남아있는 최형섭 목사의 가족들은 사마리안회가 그 생활비를 책임지기로 했다.[60]

선교사 초빙결의 (1980.5.10)

1980년 5월10일, 쿠웨이트 한국기독인 연합회는 사마리안회가 선임한 예성교단의 최형섭 목사를 초빙하기로 결정하였다. 그러나 선교사 자격으로 초빙하는 것은 가능하지 않았으므로, 쿠웨이트 내 새마을 농장의 경리사원으로 초빙하게 되었다.[61]

선교사 파송결의 (1980.5.30)

성결교단 예성 제 59차 총회는 최형섭 목사를 쿠웨이트 선교사로 파송하기로 결의하였다.[62] 선교사 파송과 한인교회의 설립은 연합예배의 첫날(1978.12.29)부터 기도했던 목표였다. 최형섭 목사가 쿠웨이트 선교사로 파송받음으로써, 그 기도는 약 1년 5개월 만에 이루어졌다.

담임목사 부임을 위한 준비

연합회 임역원들은 담임목사의 부임을 맞이할 준비를 하였다. 현지 선교활동비 문제, 숙식제공 및 생활비 문제, 면허증, 신상명세, 선교비조달 문제 등을 사전에 파악하기로 하였다(1980.5.21, 제 33회 임원회).[63] 목사숙소에 대해서는, 처음에는 신승현장과 삼호현장에서 담임목사를 모시기로 했으나, 현장 밖에 있는 장소에서 모시기로 했다(1980.6.6 임시 임역원회).[64]

---

59) 쿠웨이트 한인기독인 연합회 임원회, 「서기 기록부 (1978~1980)」, p.48
60) 쿠웨이트 한인기독인 연합회 임원회, 「서기 기록부 (1978~1980)」, p.48,50
61) 쿠웨이트한인연합교회, 「중동선교소식 - 쿠웨이트편」, pp.36-37.
62) 쿠웨이트한인연합교회, 「중동선교소식 - 쿠웨이트편」, p.37.
63) 쿠웨이트 한인기독인 연합회 임원회, 「서기 기록부 (1978~1980)」, p.49

(3) 쿠웨이트 한인연합교회의 설립

1) 초대 담임목사의 부임 (1980.8.10)

담임목사의 부임이 다가오자, 임역원회의는 제 1차 임역원 및 교회대표자 회의(1980.8.1)로 확대하여 모였다.[65] 오흥렬(진흥교회), 최낙성(신승교회), 박홍수(한양교회), 김시용(현대교회), 민경옥, 안광분(사바병원), 최수용(현대 WADI), 장용태(대림교회) 외 10명이 참석하여, **최형섭 목사의 환영예배**를 논의했다.[66] 담임목사의 차량문제와 숙소는 회장 채경석 집사와 선교부장 최낙성 집사에게 일임되었다. 9일 뒤, 1980년 8월10일(일), 최형섭 목사가 라마단 기간에 쿠웨이트에 도착했다.[67] 11일(월) 저녁 8시, 신승교회에서 제 2차 임역원 및 교회대표자 회의로 모였다(참석 : 최형섭 목사 외 18명). 이 회의에서 **최형섭 목사의 부임일자**는 그가 쿠웨이트에 도착한 날인 8월10일로 정해졌다.[68]

2) 담임목사의 위임 및 축하예배 (1980.8.15)

1980년 8월15일(금), 제 40회 연합예배는 **최형섭 목사의 환영예배** 및 **담임목사 위임예배**로 드려졌다.[69] 예배 후에 제 3차 임역원 및 교회대표자 회의가 있었다. 그런데 최형섭 목사는 연합회에 부임한 것이었으므로, 아직 연합교회가 세워진 것은 아니었다. 이러한 사실은 1980년 5월9일, 제 33회 임역원회의 내용에서 확인할 수 있다.

> "목사님 오신 후에 교회명칭은 어떻게 되는가? 현재와 같은 조직과 회칙이 필요한가?"
> "목사님은 **연합회에 부임하는 것**이므로, 이 조직과 기능을 그대로 운영하고,
> 발전 후에, 적당한 시기에 없애도록 한다."(1980.5.9. 임역원회)[70]

---

64) 쿠웨이트 한인기독인 연합회 임원회, 「서기 기록부 (1978~1980)」, p.50
65) 쿠웨이트 한인기독인 연합회 임원회, 「서기 기록부 (1978~1980)」, p.53
66) 이 회의에서 임원선출, 지휘자교체 및 반주자 임명의 사안도 함께 논의되었다.
67) 쿠웨이트한인연합교회, 「중동선교소식 - 쿠웨이트편」, p.37.
68) 쿠웨이트 한인기독인 연합회 임원회, 「서기 기록부 (1978~1980)」, p.55
69) 「서기 기록부」에서는 단순히 '최형섭 목사의 환영예배'라고 기록했으나, 쿠웨이트한인연합교회, 「중동선교소식 - 쿠웨이트편」, p.37에서는 이 예배를 '위임 및 축하예배'라고 하였다.
70) 쿠웨이트 한인기독인 연합회 임원회, 「서기 기록부 (1978~1980)」, p.48

그리하여 최형섭 목사가 연합회의 담임목사로 위임받은 후, 곧바로 연합교회가 설립된 것이 아니었다. 최형섭 목사의 부임 후에도 제 41회와 42회의 예배(1980년 8월29일, 9월12일)는 여전히 연합회의 연합예배로 드려졌다. 왜냐하면 여러 현장교회들이 하나의 연합교회로 세워지기 위해서는 공동의 담임목사 뿐만 아니라, **연합교회의 헌법**도 필요했기 때문이다. 그리하여 담임목사의 부임 이후에도, 교회헌법이 제정될 때까지 그만큼, 한인연합교회의 설립은 미루어졌다.

3) 교회설립을 위한 회의

제 4차 임역원 및 교회대표자 회의 (1980.9.12)

1980년 9월12일(금) 제 42회 연합예배 후에, 연합교회 설립을 위한 제 4차 임역원 및 교회대표자 회의가 있었다. 최형섭 목사 외 14명이 NECK 회의실에서 세 가지의 주요한 안건을 의논하였다 : '연합교회의 설립', '교회명칭의 결정', 그리고 '교회헌법의 제정'에 대해.[71]

첫째로, **연합교회의 설립**에 대한 안건 : 채경석 회장이 세 가지의 안을 제시하였다. ① 연합회를 현 상태로 두고, 교민교회를 세운다. ② 한인연합교회를 세우고, 연합회는 해체하며, 현장교회는 그대로 존속시킨다. ③ 연합교회를 세우고, 현장교회는 그 호칭을 구역회로 한다. 이 중 두 번째 안이 만장일치로 결정되었고, 이 결정에 의해 연합교회는 현장교회를 유지하게 되었다. 둘째로 **교회의 명칭**에 대한 안건 : '한인연합교회'라는 명칭이 만장일치로 통과되었다. 셋째로 **교회헌법의 제정**에 대한 안건 : ① 헌법초안은 최형섭 목사에게 일임하며, 임원회가 초안을 검토한 후에, 전교인에게 공포한다. ② 연합회는 헌법공포와 동시에 해체한다. ③ 헌법제정을 위해 최대한 속히, 차주 금요일(9월19일)에 모임을 갖는다. 이 결의에 따라 최형섭 목사가 헌법초안을 작성하였다.

제 5차 임역원 및 교회 대표자 회의 (1980.9.19)

1980년 9월19일(금) 오후 1시10분, **연합교회의 헌법초안**을 검토하기 위한, 제 5차 임역원 및 교

---

71) 쿠웨이트 한인기독인 연합회 임원회, 「서기 기록부 (1978~1980)」, p.57.

회대표자 회의가 있었다. 최형섭 목사 외 9명이 참석하였다(회의장소 : 코리아 하우스). 임역원과 교회대표자들이 최형섭 목사가 초안한 헌법을 각장별로 검토한 후에 수정하여, 만장일치로 통과시켰다.[72] 한인연합교회의 **헌법이 통과됨**으로써 한인연합교회의 설립이 결정되었다.[73]

4) 쿠웨이트 한인연교회의 설립예배

1980년 9월26일(금), 제 43차 연합예배가 **쿠웨이트 한인연합교회**의 **설립예배**로 드려졌다. 이날 최형섭 목사가 '두 제단'(창세기 4:1-8)이란 제목으로 설교하였고, 최낙성 집사가 기도를 맡았다. 이 예배와 함께 현장교회들의 연합회는 해체되고, 한인연합교회의 시작이 선포되었다. 이것은 1980년 9월12일의 임역원 및 교회대표자 회의에서 결의된 사항에 따른 것이었다. 이 회의에서 '한인연합교회를 세우고 연합회는 해체하되, 현장교회는 그대로 존속시킨다'라는 것과, '연합회는 **연합교회의 헌법공포**와 동시에 해체한다'라는 결의가 있었다.

이날 주보의 광고는 **한인연합교회 헌법의 제정**을 알리었다. 또한 한인연합교회의 시작과 함께, **집사임명식의 계획**도 곧 있게 될 것을 알리었다.

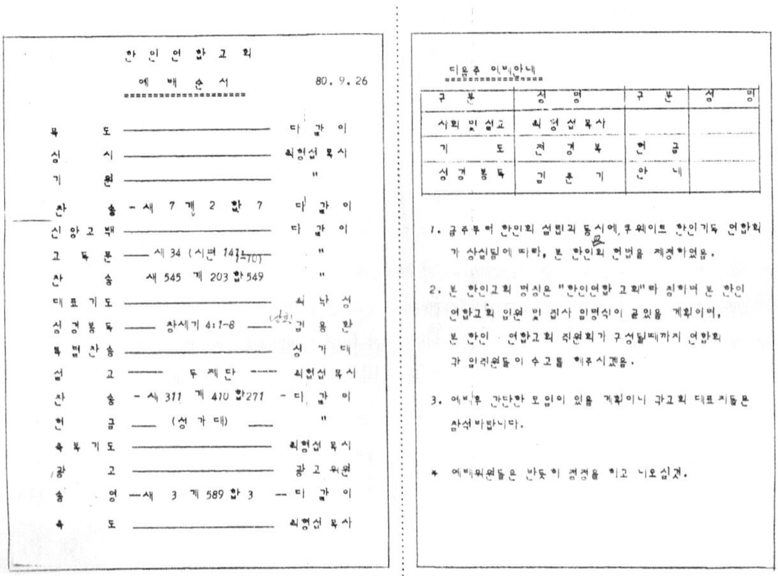

한 인 연 합 교 회
예 배 순 서 80. 9. 26

묵 도		다 같 이
성 시		최형섭 목사
기 원		"
찬 송	새 7 개 2 합 7	다 같 이
신앙고백		다 같 이
교 독 문	새 34 (시편 141:1-10)	"
찬 송	새 545 개 203 합 549	"
대표기도		최 낙 성
성경봉독	창세기 4:1-8	(장로) 김 용 환
특별찬송		성 가 대
설 교	두 제단	최형섭 목사
찬 송	새 311 개 410 합 271	다 같 이
헌 금	(성 가 대)	"
축복기도		최형섭 목사
광 고		광고위원
송 영	새 3 개 589 합 3	다 같 이
축 도		최형섭 목사

다음주 예배안내

구 분	성 명	구 분	성 명
사회 및 설교	최형섭 목사		
기 도	전 경 복	헌 금	
성경봉독	김 춘 기	안 내	

1. 금주부터 한인회 설립과 동시에, 쿠웨이트 한인기독 연합회가 상실됨에 따라, 본 한인교회 헌법을 제정하였음.
2. 본 한인교회 명칭은 "한인연합 교회"라 칭하며 본 한인연합교회 임원 및 집사 임명식이 곧 있을 계획이며, 본 한인 연합교회 직원회가 구성될때까지 연합회 각 임직원들이 수고를 해주시겠음.
3. 예배후 간단한 모임이 있을 계획이니 각교회 대표자들은 참석바랍니다.

* 예배위원들은 반드시 정장을 하고 나오십것.

1980년 9월26일 쿠웨이트 한인연합교회 설립예배 주보

72) 쿠웨이트 한인기독인 연합회 임원회, 「서기 기록부 (1978~1980)」, p.59
73) 그러나 아직 헌법이 완성된 것은 아니었고, 1980.10.31에 열린 제 1회 연합교회 제직회가 완전하게 헌법을 통과시켰다.

광고 내용은 아래와 같았다.

1. 금주부터 한인교회 설립과 동시에
   쿠웨이트 한인기독 연합회가 상실됨에 따라 **본 한인교회 헌법**을 제정하였음
2. 본 한인교회 명칭은 "한인연합교회"라 칭하며,
   본 한인연합교회 **임원 및 집사 임명식**이 곧 있을 계획이며,
   본 한인연합교회 직원회가 구성될 때까지 연합회 각 임직원들이 수고를 해주시겠음.

한인연합교회의 헌법이 공포됨으로써, **쿠웨이트 한국기독인 연합회**는 1년 9개월 동안의 역할을 충실히 감당하고서 해체되었으며, 동시에 쿠웨이트 한인연합교회가 설립되었다. 이 연합회는 연합교회의 모체와 산파의 역할을 둘다 훌륭하게 감당하였다.

5) 쿠웨이트 한인연합교회의 모체 - 현장교회들의 연합회

청년으로 태어난 교회

1978년 12월29일(금), 현장교회들의 연합회(쿠웨이트 한국기독인 연합회)가 처음으로 연합예배를 드렸다. 그 첫날에 '한인교회의 설립'과 '선교사의 파송'이라는 두 가지의 기도제목을 요청했다. 그리고 1년 9개월 후, 1980년 9월26일(금), 한인연합교회의 설립예배가 드려졌다. 이날 놀랍게도 '한인교회의 설립'과 '선교사의 파송'이라는 두 가지의 기도가 모두 이루어져 있었다. 이것은 건설현장의 **현장교회들이 연합회**를 매우 잘 구성하여, **쿠웨이트 한인연합교회의 모체**가 되는 역할을 너무나 탁월하게 잘 감당해 준 결과였다.

쿠웨이트 한인연합교회가 설립된지 약 한 달 후, 1980년 10월24일(금), **집사임명식**이 있었다. 이날 무려 79명이 집사로 임명받았다. 이처럼 쿠웨이트 한인연합교회는 설립될 시작부터 79명의 집사를 세울 수 있을 만큼, 한마디로 **청년으로 태어난 교회**였다. 이것은 건설현장의 현장교회들의 연합회가, 1년 9개월 동안 **연합교회 모체가 되는 역할**을 매우 잘 감당한 결과였다. 1980년 10월 24일에 임명된 **한인연합교회의 집사명단**은 다음과 같다.[74]

74) 쿠웨이트 한인기독인 연합회 임원회, 「서기 기록부 (1978~1980)」, p.61

현장교회(16개)		쿠웨이트 한인연합교회의 집사명단 (1980.10.24)	
1	현대 WADI	이만종, 최수용, 천정환, 마임욱, 김시용 (5명)	64명
2	현대 K-6	박성근, 박길연, 이희수, 김 혁, 김윤대, 전원덕, 임금열, 이의신 (8명)	
3	신승	백연수, 최낙성, 안정구, 조봉태, 오병갑, 송영주, 최은식, 이종근 (8명)	
4	진흥	김종옥, 손남열, 김춘기, 임경태, 서열전, 전해주, 신재현, 박상기 (8명)	
5	현대 KSP	**채경석**, 정우익, 박덕순, 김영식, 정용균 (5명)	
6	삼호	황보봉선, 이영길, 신진관, 강영명, 김기성, 박순일, 김재수 (7명)	
7	한양	김국환, 박영준, 김만엽, 정하용, 서정남, 장봉조, 이윤경, 박정구, 박흥수(9명)	
8	대림	김정근, 홍영일, 박성근, 강찬섭, 문창길, 임주혁 (6명)	
9	코오롱	이정하 (1명)	
10	사바병원	민경옥, 안광분, 지선영 (3명)	
11	공영	신각균, 김청우 (2명)	
12	한신		
13	한진		
14	쌍용		
15	현대 SHEP	이승주, 이광섭 (2명)	
16	서진		
교민 교구		최종혁, 박상인, 조경부, 김봉근/박정옥, 김홍래/조희자, 석진화, 윤홍섭 이건일, 정선자, 홍은희, 김성태, 양혼용, 이경자 (15명)	15명

위의 명단구성을 보면, **현장교회**가 쿠웨이트 한인연합교회의 설립을 위해 얼마나 큰 비중을 차지했는지를 알 수 있다. **16개의 현장교회들**이 한인연합교회의 설립을 위해 산파의 역할을 감당하였고, 집사명단 79명 중에서 무려 64명이 **현장교회** 소속이었다. 담임목사의 부임이 가까웠을 때, 현장교회의 대표들은 임역원들과 함께 '임역원 및 교회 대표자 회의'를 구성하여, 한인연합교회의 설립을 위한 일을 추진하였다. 현장교회들의 연합회가 연합교회의 모체와 산파의 역할을 잘 감당하였기에, 79명의 집사를 임명할 만큼 **이미 청년**이 되어 있었다.

주요한 역할을 했던 현장교회들

최형섭 목사가 쿠웨이트에 도착한 다음 날인 1980년 8월11일, 제 2차 임역원 및 교회 대표자 회의에서, 연합회 회장 채경석 집사가 '삼호, 또는 신승교회를 모체로 한 한인교회 발족을 추진하자' 라는 의견을 제시했다. 이 사실을 보면, 현장교회들 중에서 **삼호교회**와 **신승교회**의 역할이 가장 컸던 것을 알 수 있다. 삼호교회의 **차군규 전도사**[75]와 신승교회의 **윤수길 전도사**는 연합회의 발

75) 삼호교회는 자체적으로 300여명이 모일 정도로 규모가 컸다. 사바병원의 간호사 30여명도

족 때부터 회장과 부회장으로서 첫 시작을 이끌기도 하였다. 그런데 임역원의 구성을 보면, **현대교회**, **한양교회**, **진흥교회**, **서진교회** 및 **사바병원**도 큰 역할을 감당하였다. 이들은 평상시에는 본인의 현장교회를 섬겼고, 또 연합회 사역까지 개인의 자유시간을 헌신하여 맡아야 했다. 특히 임역원들의 귀국으로 인해 일손은 항상 부족했고, 새로운 일꾼을 찾아야만 했다.

NECK에서 2주마다 드려진 연합예배를 위해 **연합성가대**를 조직하였다. 성가대원들도 항상 부족할 수 밖에 없었다. 그리하여 현장교회별로 대원수를 정하였고(신승6, 진흥4, 삼호4, 한양4, 현대12, 사바14), **예배위원**도 현장교회의 제직과 임원들이 맡아서 섬겼다.[76]

1979년 4월28일, 쿠웨이트의 한국기업체 내에 설립된 현장교회들은 다음과 같았다 : **삼호교회**(자하라 현장), **신승교회**, **현대교회**(쇼아이바현장, 니카현장), **한양교회**(알디아현장, 자하라현장), **진흥교회**(하일리카현장, 알디아현장)였다. 그들은 다른 현장교회의 **헌당식 예배**를 함께 축하했다. 그리고 아직 연합예배에 참석하지 않는 **한국인 현장**(한신공영, 대림건설)을 찾아가 참여를 안내하였다.[77] 그리하여 1980년 9월, 한인연합교회가 설립될 당시, 16개의 현장교회로 성장할 수 있었다.

연합회의 재정운영

연합회 운영을 위한 재정은 자체적으로 해결해야 했다. 그 재정은 **연합예배의 헌금**과 **현장교회의 상납금** 두 가지로 충당되었다. 1980년 1월부터 연합회 운영을 위해 각 현장교회가 매월 5~6KD 이상 상납금을 내기로 결의하였다.[78] 이 재정으로 연합회의 모든 운영을 다 감당해야 했으므로 부족할 수 밖에 없었다. 연합회가 성장할수록 재정필요는 더 커지고, 각 개인은 더 많은 분량의 헌금을 드려야 했다. 헌신된 일꾼은 본인이 속한 현장교회와 연합회, 둘을 섬겨야 했다.

기본적으로 **NECK의 교회사용료**를 지불해야 했다. 1979년에는 3개월마다 교회사용료 20KD를

삼호교회의 예배에 참석했다. 삼호교회는 주일예배 외에 새벽예배와 수요저녁예배, 금요기도회도 진행하였다.

76) 쿠웨이트 한인기독인 연합회 임원회, 「서기 기록부 (1978~1980)」, p.29.
77) 쿠웨이트 한인기독인 연합회 임원회, 「서기 기록부 (1978~1980)」, p.39.
78) 쿠웨이트 한인기독인 연합회 임원회, 「서기 기록부 (1978~1980)」, p.34

지불했으나, 1980년부터는 연초에 150KD를 일시불로 지불하는 것으로 인상되었다. 이를 위해 각 현장교회별로 특별헌금을 요망하였다.[79] 1979년 11월26일, 임역원회는 5개 교회가 분담하기로 결정했다(삼호교회 100KD, 신승교회 30KD, 사바병원 10KD, 한양교회 10KD).[80] 교회사용료 외에도, 1979년 5월에 NECK 교회 수리 보수비(페인팅) 할당금 40KD도 지불하였다.[81]

연합예배의 특별행사를 위한 비용도 필요했다. 1979년 5월에 이란의 강동수 목사 초청 **연합회 부흥성회**를 열었는데, 그 경비(강사사례비, 왕복항공료)로 150KD가 지출되었다.[82] 1979년 11월에 NECK의 Brant 목사가 **성례식**(세례와 성찬식)을 집례하여 주었는데, 12월 크리스마스 때 24KD 가격의 만년필을 감사의 표시로 선물하였다.[83] 1979년 8월, 연합예배에서 **찬양경연대회**를 진행하였는데, 평소보다 훨씬 많은 226명이 예배에 참석했다. 1980년 3월, 파하일 공원에서 280명이 참석한 **연합회 야외예배**를 열어, 다양한 프로그램을 진행했다. 찬양경연대회의 시상식이나, 야외예배의 진행을 위해서도 상당한 분량의 재정이 필요했다. 이와같이 연합회의 사역이 더욱 활성화되고 성장할수록, 재정부담은 더 무거워졌다. 그러나 그 부담을 기꺼이 감당했다.

1980년 1월부터 진흥교회 **임운희 전도사 사례**를 조금이라도 드리되, 매월 20KD씩를 드리기로 했다.[84] 이 사례비는 각 현장교회가 매월 5K이상 드리는 상납금비의 일차적 용도였다.

담임목사 청빙을 위한 재정

연합회가 가장 궁극적으로 추진하는 목표는 담임목사의 청빙이었다. 이것은 연합회의 운영을 위한 재정보다 훨씬 더 큰 부담을 요구하였다. 왜냐하면 담임목사를 모시려면, 담임목사를 위한 숙소와 차량, 생활비 등 훨씬 더 큰 재정이 필요하였기 때문이다.

79) 쿠웨이트 한인기독인 연합회 임원회, 「서기 기록부 (1978~1980)」, p.22
80) 쿠웨이트 한인기독인 연합회 임원회, 「서기 기록부 (1978~1980)」, p.25
81) 쿠웨이트 한인기독인 연합회 임원회, 「서기 기록부 (1978~1980)」, p.7.
82) 쿠웨이트 한인기독인 연합회 임원회, 「서기 기록부 (1978~1980)」, p.10
83) 쿠웨이트 한인기독인 연합회 임원회, 「서기 기록부 (1978~1980)」, p.26
84) 쿠웨이트 한인기독인 연합회 임원회, 「서기 기록부 (1978~1980)」, p.32,34,37

그러나 연합회는 이미 이러한 사실을 다 알고, 담임목사의 청빙을 간절히 바라며 기도하고 있었다. 최형섭 목사의 부임이 확정되자, 1980년 6월부터 **담임목사의 기동력과 숙식제공**을 위해 각 현장교회의 상납금을 20KD로 인상하기로 결정했다(1980.6.6. 임시 임역원회).[85]

최형섭 목사가 부임한 이후, 1980년 8월15일에, 임역원 및 교회대표자 회의에서는 **담임목사의 차량문제**를 논의하였고(Pony신형, 또는 중고대형차량 구입), 더 커지는 재정적 부담을 감당하기 위해 각 현장교회가 매월 상납금 20KD 이상을 드리는 것 외에도, 집사들은 매월 월정헌금을 드리는 것으로 만장일치로 정하였다.[86] 1980년 9월19일, 임역원 및 교회대표자 회의에서는 **담임목사의 급료문제**를 논하고, 월급료 100KD, 목회활동비 50KD, 생활급식비(새마을상회 사례비) 100KD로 정하였다.[87] 연합회가 연합교회로 세워지기 위해서는, 연합회 때보다 훨씬 더 **큰 재정적 부담**을 짐져야 했으나, 그것을 기꺼이 감당하였다.

그런데 교회설립 직후에 집사임명을 받은 79명 중에서 교민은 15명 뿐이었고, 64명은 현장교회 소속이었다. 이 64명은 모두 조만간 한국으로 귀국할 자들이었다. 그들은 자신이 계속 남아있을 교회를 위해 헌신했던 것이 아니라, 설령 그들은 떠나더라도 **굳게 남아있어야 할 교회**를 위해서 헌신하는 것이었다. 그것은 **이슬람 선교의 소명**을 위한 것이었고, **순수한 동기** 뿐이었다.

6) 쿠웨이트 한인연합교회의 특별한 사실

교회의 설립일

쿠웨이트 한인연합교회가 중동지역의 다른 모든 한인교회에 비해 특별한 사실이 있다. 일반적으로는 **한인교회의 설립일**을 일정한 장소에서 정기적인 예배가 처음 시작된 날로 여긴다. 그래서 교회설립 후에 한국교회로부터 선교사를 파송받아서 **담임목사**가 부임하게 되었다.

---

85) 쿠웨이트 한인기독인 연합회 임원회, 「서기 기록부 (1978~1980)」, p.50
86) 쿠웨이트 한인기독인 연합회 임원회, 「서기 기록부 (1978~1980)」, p.56
87) 쿠웨이트 한인기독인 연합회 임원회, 「서기 기록부 (1978~1980)」, p.59. 이 회의에서 담임목사 차량의 건은 채경석 회장이 처리하기로 하였다.

그런데 쿠웨이트 한인연합교회는 **담임목사의 부임**(1980.8.10) 후, **교회헌법제정**(1980.9.26.)이 공포된 날[88]을 교회설립일로 보았다. 본서에서는 교회설립일의 기준을 통일하기 위해 일반적인 기준에 맞추어, 쿠웨이트 한인연합교회의 설립일을 **현장교회들의 연합예배**가 일정한 장소(NECK)에서 정기적으로 처음으로 시작된 날인 1979년 12월 28일로 보았다.

교회설립의 준비기간

쿠웨이트 한인연합교회가 중동지역에서 이슬람 선교의 문을 여는 역할을 앞장서서 할 수 있었던 큰 비결이 바로 여기에 있었다. 쿠웨이트 한인연합교회의 모체가 되는 **쿠웨이트 한국기독인 연합회**(쿠웨이트 현장교회들의 연합회)가 '한인교회의 설립'과 '선교사의 파송'이라는 명확한 목표를 가지고, 1년 9개월의 준비기간을 너무나 훌륭하게 잘 감당해 주었기 때문이었다.

중동지역의 건설현장은 결코 쉽지 않은 사업현장이었다. 사막의 땅에서 공사작업 자체도 어려웠지만, 중동지역의 상황변화도 결코 만만치 않았다. 공사계획을 철저하게 세워야 했고, 또 상황변화에 따라 공사계획을 적시에 변경해야 했다. 직원들도 수시로 귀국하였다. 이러한 모든 상황을 대비하여 건설사업을 진행해야 했다. 이것은 교회상황도 마찬가지였다.

연합회 회장 채경석 집사는 현대건설의 과장이었다. 연합회 임역원과 현장교회의 대표들도 사막현장에서 건설사업을 성공적으로 수행하던 인물들이었다. 쿠웨이트 사막의 땅에 연합교회를 세우고, 선교사를 파송받기 위해 유사한 상황과 난관을 겪어야 했다. 연합회의 상황은 미래를 예측하기 힘들었으나, 그들은 쿠웨이트의 사막현장에서 건설공사를 성공적으로 이룬 인물들이었기에, 쿠웨이트 한인연합교회를 '이미 청년이 된 교회'로 태어나게 할 수 있었다.

하나님께서는 이와같이 준비된 교회에 준비된 선교사 **최형섭 목사**를 보내셨다. 그리하여 쿠웨이트 한인연합교회는 설립과 함께, 집사 79명이 임명받는 **청년으로 태어난 교회**가 되었고, 최형섭 목사는 담임목사로 부임한 후 이슬람 선교의 문을 여는 사역을 빠른 시일에 시작할 수 있었다. 그

88) 헌법초안을 수정하고 완성하여 연합교회의 헌법이 완전히 통과된 것은 1980.10.31. 제 1회 연합교회 제직회에서였다.

런데 만약 만약 현장교회들의 연합예배가 시작된 날인 1979년 12월28일을 교회설립일로 여겼다면, 연합회가 1년 9개월 동안 추진했던 일, 곧 '선교사를 파송받아 **이슬람 선교의 전초기지가 되는 교회**를 세운다'라는 명확한 목표의식과, 그것을 위해 교회설립을 준비하는 일을 명확하게 추진하기가 어려웠을 수도 있다.

연합회에서 한인연합교회까지

제 1회 연합예배(1979.12.29)부터 제 1회 연합교회의 설립예배(1980.9.26 = 제 43회 연합예배)까지, 곧, **쿠웨이트 한인기독교인 연합회**(현장교회들의 연합회)의 시작부터 **쿠웨이트 한인연합교회**의 설립까지, 이 기간은 건강한 교회 설립의 잉태기간이었다. 제 1~9회까지는 목회자가 연합회의 회장을 맡았고, 제 10회부터는 평신도들이 회장을 맡아, 가장 어려운 시기를 헌신으로 감당하였다.

연합예배(날짜)	설교자	예배인원	연합예배(날짜)	설교자	예배인원
제 1회(78.12.29)	차군규 전도사	300여명	제 10회 (06.08)	차군규 전도사	103명
제 2회(79.02.09)	윤수길 전도사	200여명	제 11회 (06.22)	윤수길 전도사	74명
제 3회 (02.16)	차군규 전도사		제 12회 (07.06)	차군규 전도사	119명
제 4회 (03.09)	홍정식 목사(요르단)		제 13회 (07.20)	윤수길 전도사	83명
제 5회 (03.23)	차군규 전도사		제 14회 (08.03)	차군규 전도사	121명
제 6회 (04.06)	윤수길 전도사		제 15회 (08.17)	윤수길 전도사	226명
제 7회 (04.27)	차군규 전도사		제 16회 (08.31)	차군규 전도사	128명
제 8회 (05.11)	윤수길 전도사	130여명	제 17회 (09.14)	차군규 전도사	82명
제 9회 (05.25)	강동수 목사(이란)	195여명	제 18회 (09.28)	차군규 전도사	105명

연합예배/주요한 일	설교자	예배인원	비고
제 19회(79.10.12)	임운희 전도사	108(남/104, 여/4)	정장득 집사/연합회 회장 선임
제 20회(79.10.25)	〃	68(남/64, 여/4)	NECK 목사 주관으로 성례식 계획
제 21회(79.11.09)	J. 부란트 목사	194(남/182, 여/12)	성찬식, 세례 37명(남/31, 여/6)
제 22회(79.11.23)			임원보궐선거 (임원결원시 즉시 선출하기로)
제 23회(79.12.21)	임운희 전도사	123(남/115, 여/8)	
제 24회(79.12.28)	〃	88(남/76, 여/12)	12.25. 삼호교회/성탄예배 (200여명 참석) 12.28/저녁 현대 KSP교회/성탄예배
제 25회(80.01.11)	〃	89(남/83, 여/6)	채경석 집사/ 회장 선임, 임원보궐선거
제 26회(80.01.25)	〃	120(남/113, 여/7)	새 임역원 발표, 부서연계획서 발표
1980.2.1(금)	담임목사 초빙결의		
제 27회(80.02.08)	임운희 전도사	137(남/129, 여/8)	1980년도 연합회 연간사업계획 발표
1980.2.21(목)	담임목사 초빙을 위해 최낙성 집사 서울로 파송		
제 28회(80.02.22)	임운희 전도사	86(남/84, 여/2)	금일저녁/제 1회 연합회 순회예배(삼호교회)
제 29회(80.03.07)	〃	86(남/84, 여/2)	
1980.3.10(월)	〃	280여명	제 1회 한인기독인연합회 야외예배

연합예배/주요한 일	설교자	예배인원	비고
제 30회(80.03.21)			임원회 : 담임목사 초빙문제 논의
1980.3.27(목)	최낙성 집사 귀임보고 : 국내 각 교단과 절충했으나, 실현이 불가하여 국내교우들에게 부탁		
1980.4.4(금)		400여명	연합회부활절예배(진흥현장교회) 400여명
제 31회(80.04.11)	임운희 전도사	86명	임원회 : 담임목사 초빙문제 논의
제 32회(80.04.25)	임운희 전도사	86(남/83, 여/3)	회지발간논의, 설교담당 교회순서 논의
1980.4.29(화)	사마리안회 조직 (한국에서 쿠웨이트 선교사 파송을 위해 조직함)		
제 33회(80.05.09)		106(남/102, 여/3)	담임목사 초빙진행과정 보고
1980.5.10(토)	연합회 - 선교사 초빙결의 (대상 : 사마리안회를 통해 선임된 최형섭 목사)		
제 34회(80.05.23)	임운희 전도사		금일저녁/연합회 순회예배(신승교회)
1980.5.30(금)	성결교단 예성 제 59차 총회 - 최형섭 목사 선교사 파송 결의		
제 35회(80.06.06)	임운희 전도사		담임목사의 부임소식 및 환영계획 논의
제 36회(80.06.20)	오형열 집사	118명	금일저녁/연합회 순회예배(한양교회)
제 37회(80.07.04)	임운희 전도사		담임목사 Visa 논의
제 38회(80.07.18)			
제 39회(80.08.01)			
1980.8.10	최형섭 목사 - 쿠웨이트 도착 (연합회 담임목사의 부임)		
제 40회(80.08.15)	최형섭 목사		최형섭 목사의 위임예배(1980.8.15)
제 41회(80.08.29)	최형섭 목사		
제 42회(80.09.12)	최형섭 목사		
1980.9.19(금)	임역원/교회대표자 회의 - 연합교회 헌법의 초안 통과		
제 43회(80.09.26) 제 1회 연합교회예배	최형섭 목사		마지막 연합예배(43회) 한인연합교회의 설립예배(1회)
제 5회 연합교회 예배 (80.10.24)			집사임명식 (현장교회 64명, 교민교구 15명 = 총 79명)

(4) 초대 담임목사 - 최형섭 목사

최형섭 목사는 1980년 8월15일, **쿠웨이트 한국기독인 연합회**의 담임목사로 부임하여, 한인연합교회의 설립을 마지막으로 함께 도왔다. 제 4차 임역원 및 교회대표자 회의(9월12일)에서 '한인연합교회'라는 교회명칭이 결정되자, 제 5차 임역원 및 교회대표자 회의(9월19일)는 그가 작성한 **교회헌법**의 초안을 수정, 검토하여 통과함으로써 한인연합교회의 설립이 결정되었다. 이에 근거하여 1980년 9월26일, **쿠웨이트 한인연합교회**가 설립되고, 최형섭 목사는 **초대 담임목사**가 되었다.

이 때 쿠웨이트 한인연합교회는 단지 '한인연합교회'가 아니었다. 제 4차 임역원 및 교회대표자 회의(9월12일)의 결의에 따라서, '연합회'는 해체하되 현장교회는 그대로 존속시키면서 한인연합교회가 세워진 것이기 때문이었다. 따라서 최형섭 목사는 한인연합교회 및 모든 현장교회들을 돌아보았고, 한인연합교회와 현장교회는 서로 별개의 교회가 아니었다.

최형섭 목사는 한 사람의 몸으로 다 감당하기에 힘들었을 여러 사역들을 열정적으로 감당하였다. 쿠웨이트 내에서는 한인연합교회의 목회사역 뿐만 아니라, 현장교회들을 돌아보는 사역을 감당했으며, 현지인 선교까지 도모하였다. 그리고 땅끝복음 중동선교회, 중선협 및 중동선교본부를 통하여 중동지역의 이슬람 선교사역을 위해 창조적인 사역들을 감당하였다.

1) 교회의 조직

연합회가 한인연합교회로 전환되면서, 조직도 이에 맞도록 새롭게 구성되었다. 연합회 임역원회는 **운영위원회**로 전환되었고, **당회**는 1982년 4월부터 운영위원회를 대신하게 되었다. 집사가 임명되면서, **제직회**가 새로운 의결기관으로 세워졌으며, **현장교회 대표자 회의**도 진행되었다.

① 운영위원회와 당회

1980년 10월17일, 제 6차 임역원 및 교회대표자 회의(최형섭 목사 외 13명 참석)는 **운영위원회**를 세우기로 하고, 이 사항을 헌법부칙에 넣기로 하였다.[89] 그런데 운영위원장은 담임목사가 맡는 것이 아니었다. 이로 인해 초대 운영위원장 채경석 집사의 귀국 후, 담임목사와 운영위원장 간에 심각한 갈등이 일어나기도 했다. 운영위원회의 조직과 명단은 다음과 같다.

	1980.11.14	1981.1.1	1981.6.5	1981.10.9	1981.11.20
운영위원장	채경석(현대)	채경석(현대)	최낙성(교민)		최낙성(교민)
서 기	김시용(현대)	김시용(현대)	김시용(현대)		-
회 계	김홍래(교민)	김홍래(교민)	김홍래(교민)	최한규(현대)	최한규(현대)
총무부장	김성태(교민)	김성태(교민)	윤대훈(교민)		윤대훈(교민)
교육부장	황보봉선(삼호)	황보봉선(삼호)	민경옥(교민)		민경옥(교민)
봉사부장	이건일(현대)	이건일(현대)	이건일(현대)		이건일(현대)
전도부장	민경옥(교민)	민경옥(교민)	이희수(현대)		이희수(현대)
예배부장	박홍수(한양)	최낙성(신승)	박홍수(한양)	이익상(진흥)	이익상(진흥)

1981년 5월14일, 운영위원장 **채경석 집사**가 귀국하였다. 그는 연합회의 어려운 상황에서 회장을 맡아 연합교회의 설립까지 성공적으로 연합회를 이끌었다. 또한 초대 운영위원장으로서 연합교회의 새로운 출발을 안정적으로 이끌었다. 그의 귀국 후에 교회는 구심점을 잃게 되었다.[90]

89) 쿠웨이트 한인기독인 연합회 임원회, 「서기 기록부 (1978~1980)」, p.60

채경석 집사의 귀국 후에 큰 갈등이 일어났다. 1981년 6월26일, 제 11회 운영위원회에서 운영위원장은 사표를 제출하였다. 더욱이 담임목사는 이미 사임의사와 함께 귀국계획까지 발언한 상태였다. 갈등원인은 '교회운영을 **담임목사 중심**으로 할 것인가? 또는 **운영위원 중심**으로 할 것인가?'에서 비롯되었다. 이 사태는 최형섭 목사가 그의 사임의사를 철회하는 것으로 우선 무마되었으나, "당회조직을 통한 운영회"를 세우고, "목사중심의 한인교회를 이끌어가겠"다[91]는 최형섭 목사의 의견은 수용되지 않았다.[92] 그것을 위해 10개월이나 더 걸렸다.

1982년 4월26일(월), 운영위원회는 **당회의 구성**을 결정하고, '담임목사에게 당회구성, 결정, 인선에 관한 전권을 위임한다'라고 결의했다.[93] 5월7일(금)에 **당회원**을 임명하였다.[94] 이로써 운영위원회는 해산되었다. 당회는 당회장(담임목사), 당회원(장로) 및 당회위원(집사)으로 구성되었다. 당회원은 김위생 장로[95]였고, 당회위원은 최낙성 집사[96], 윤대훈, 그리고 이종대 집사였다.[97]

② 제직회

1980년 10월17일, 제 6차 임역원 및 대표자 회의는 집사임명에 대해 교민 중에서는 담임목사가 추천하고, 현장교회에서는 각 대표집사가 추천하기로 했다.[98] 10월 24일, 현장교회 64명, 교민교구 15명, 총 79명의 집사가 임명받아 제직회를 구성하였다. 10월31일에는 **한인연합교회의 제직회**를 최초로 열 수 있었다. 제 1회 제직회는 그 동안 수정, 보완된 '한인연합교회 헌법'을 만장일치로 통과시켰고, 제직회 임원 및 운영위원의 선임은 담임목사에게 맡기기로 했다.[99]

---

90) 쿠웨이트 한인연합교회 운영위원회, 「운영회의록 : 제 1~17회」, 제 11회 (1981.6.26), p.20
91) 쿠웨이트 한인연합교회 운영위원회, 「운영회의록 : 제 1~17회」, 제 11회(1981.6.26), p.21
92) 1981.11.20, 제 16회 운영위원회에서 담임목사의 휴가건으로 인해 다시 갈등이 일어났다. 회장과 총무부장 사이에 논쟁이 일어나, 회의가 중단되기까지 했다. 그 때 최형섭 목사는 퇴장하였다. 회의가 속개된 이후에도, 찬반의견이 팽팽하였다. 결국 거수로 결정하였다(휴가 찬성 5명, 반대 3명). 쿠웨이트 한인연합교회가 선교사역에 있어서 분명 뜨거웠으나, 미성숙한 모습도 컸다(pp.33-34).
93) 쿠웨이트 한인연합교회, 「중동선교소식 : 쿠웨이트 편」 (중동선교본부, 1985.12.28), p.38
94) 2002년도에 교회설립 22주년을 맞이하여 작성한 <교회연혁사>, p.1
95) 쿠웨이트 한인연합교회에서 임직한 장로가 아니라, 한국교회에서 임직한 장로였다.
96) 최낙성 집사는, 1988년 9월 교회설립 8주년 기념예배 시에 초대장로로 임직하였다.
97) 최낙성 집사와 윤대훈 집사는 당회위원을 지속적으로 맡았으나 이종대 집사는 그렇지 않았다
98) 쿠웨이트 한인기독인 연합회 임원회, 「서기 기록부 (1978~1980)」, p.60

제직회 임원이 곧 **운영위원**이었다(운영위원장 : 채경석(현대), 서기 : 김시용(현대), 회계 : 김홍래(교민), 총무부장 : 김성태(교민), 교육부장 : 황보봉선(삼호), 봉사부장 : 이건일(현대), 전도부장 : 민경옥(교민), 예배부장 : 박홍수(한양)). 그런데 한인연합교회의 설립 이후, 79명의 집사로 구성된 제직회가 의결기관으로서 세워졌음에도 불구하고, 제직회는 소집되지 않았다. 연합회 시기에 연합회를 운영하듯이, 운영위원회가 모든 사안을 결정하여 교회를 운영하였다. 이로 인해 일부 제직에게는 심한 불만이 있었다.

1981년 5월14일(목), 운영위원장 **채경석 집사**가 귀국하자, 5월15일(금)에 운영위원회 회장의 선출을 하여 임시 제직회가 소집되었다. 이 회의에서 운영위원회 제도에 불만을 가진 한 회원이 "교회의 모든 일이 운영위원만으로 결정되어 시행되며, 제직들은 모르고 있는 상태이다. 또한 제직회의도 하지 않고 있다. 모든 결정은 제직회에서 의논하여 결정하자"라는 긴급 안건을 제안 하였다.[100] 그러나 논쟁만이 있었을 뿐이었고, 토의에 진전없이 시간만 부족해지자, 이 안건의 논의는 중단되었다. 본 안건이 진행되어, 최낙성 집사가 제 2대 운영위원장으로 선출되었다.

그 동안 **제직회의 회장**은 담임목사가 아닌 **운영위원회 회장**이 맡았고, 그리하여 제직회 사회도 채경석 집사가 맡았다. 담임목사도 제직회에 참석하였다. 담임목사가 교회를 대표하여 제직회 회원이 되는 집사를 임명했으면, 그 권한을 가진 담임목사가 제직회 회장 및 운영위원회 회장을 맡아야 함에도 불구하고, **교회법**을 잘 알지 못하여,[101] 이러한 혼란이 일어났었다. 담임목사가 마땅한 권한을 갖지 못하자, 당연한 결과로서 제직회는 거의 아무런 기능도 하지 못했다.

1982년 5월7일, 당회가 처음으로 구성되고, 최형섭 목사가 당회장으로 지칭되면서부터, **제직회**는 **정상적으로 기능하기** 시작했다. 1981년 5월14일의 임시제직회 이후, 무려 거의 13개월 만에 1982년 6월4일, 임시제직회가 열리게 되었다. 쿠웨이트 한인연합교회의 당회가 구성된 후, 처음으로 열린 제직회였다. 그후 제직회가 매월 첫주에 모이다가, 1983년부터는 분기별로 정기제직회가 열렸다. 대신에 제직회의 부서장회의는 매월 모임을 가졌다. 제직회가 정상적으로 운영되면서, 최형섭 목사는 본격적으로 힘있게 **선교적 사역**을 시작할 수 있었다.

99) 쿠웨이트 한인기독인 연합회 임원회, 「서기 기록부 (1978~1980)」, p.62
100) 쿠웨이트 한인연한교회, 「제직회의록」, 1981.5.15.임시제직회
101) 한인연합교회에 당회가 없는 상태에서도 최형섭 목사는 그 의미와 상관없이 '당회장'으로 불리웠다.

2) 땅끝 복음 중동선교회

① 땅끝복음 중동선교회의 창립 (1982.6.11)

창립배경

1982년 당시, **요르단**과 **바레인**에 한국기업의 현장교회들은 세워져 있었지만, 아직 연합교회도 설립되지 않았다. **요르단 교회**와 **바레인 교회**의 요청으로 최형섭 목사는 3월 7~10일에 부흥집회를 위해 요르단을 방문하였고,[102] 4월 17~21일에는 바레인을 방문하였다.[103] 이 사실은 주보에 성도들에게 광고되었다. 최형섭 목사가 요르단과 바레인에서 돌아온 후, 교회주보에는 **요르단과 바레인 교회의 담임목사 초빙**을 위한 기도제목이 매주 계속 공고되었다. 그러므로 교인들도 요르단과 바레인의 교회상황을 잘 알고 있었다.

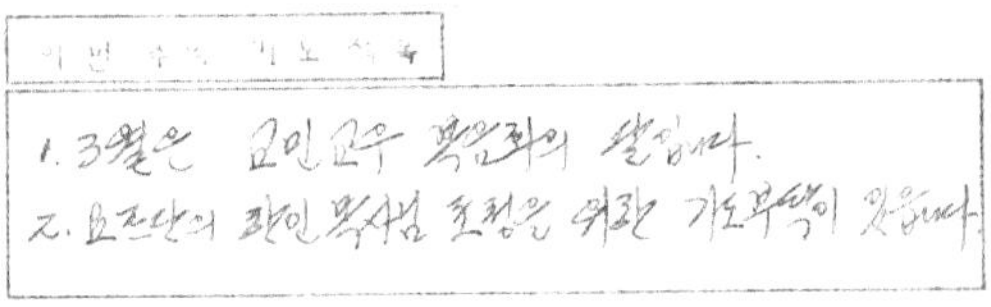
1. 3월은 교인 교우 복음화의 달입니다.
2. 요르단의 한인 목사님 초청을 위한 기도부탁이 있읍니다.

1982.3.19 〈주보〉

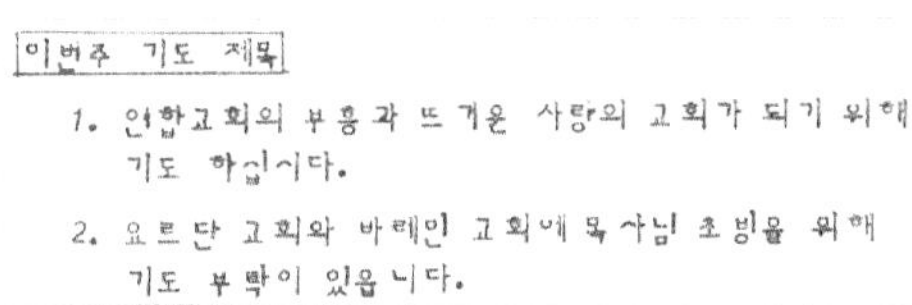
이번주 기도 제목

1. 연합교회의 부흥과 뜨거운 사랑의 교회가 되기 위해 기도 합시다.
2. 요르단 교회와 바레인 교회에 목사님 초빙을 위해 기도 부탁이 있읍니다.

1982.4.23 〈주보〉

그런데 요르단과 바레인 뿐만 아니라, 중동지역 각 나라의 교회들을 선교적으로 돕기 위해서는 **선교회의 창립**이 필요하였다. 그리하여 땅끝복음 중동선교회의 창립을 계획하게 되었다.

선교회 창립을 위한 준비

1982년 6월1일(화), 땅끝복음 중동선교회 **창립 준비기도회**가 윤대훈 집사의 집에서 최형섭 목사의 설교('땅끝까지 이르러', 사도행전 16:6-10)로 열리게 되었다. 이 자리에 당회위원인 윤대훈, 최낙성 및 이종대 집사와, 여완동 집사를 비롯한 여러 제직들이 참석하였다. 그후 선교회의 창설을 공적으로 의결하기 위하여 1982년 6월4일(금), **임시제직회**가 무려 13개월 만에 소집되었다.[104] 이

102) 쿠웨이트 한인연합교회, 1982.3.5. <주보>, 교회소식.
103) 쿠웨이트 한인연합교회, 1982.4.16. <주보>, 교회소식.
104) <예배일지> 1982.6.4., 예배 후에 땅끝복음 중동선교회 창립을 위한 당회 및 제직회가 진

의결에 앞서, 최낙성 집사가 선교회 창설의 필요성을 설명하였다.

> 최 목사님께서 비자관계로 **요르단**을 방문하셨다가 선교사업의 문을 넓혀주시는 것을 깨달았습니다. 또 **바레인 교회**가 목사님께 부흥회를 요청했습니다. **이라크 교회**에서도 최 목사님을 초청하는 중입니다. 그런데 우리 교회는 지난 2~3년의 사역을 통해 **중동지역 선교**를 위해, 누구도 알지 못하는 **중대한 선교정보**를 갖고 있습니다. 그러므로 우리에게는 이 선교정보를 각 선교지역에 **전달해 주어야 할 의무**가 **있습니다**.

쿠웨이트 한인연합교회는 그 동안 쿠웨이트 현지에서 선교사역을 통해 체득하여 알게 된 그들만의 중동지역 선교의 정보들을 갖고 있었다. 그것을 바레인, 요르단, 이라크를 비롯한 다른 중동선교지역과 공유해야 할 의무감을 느끼고, 제직회는 만장일치로 **땅끝복음 중동선교회의 창설**을 결정하게 되었다.[105] 당회의 조직 후, 첫 제직회의 첫 번째 결의였다.

땅끝복음 중동선교회의 창립

1982년 6월11일(금), 제 24회 주일예배를 선교회의 창립예배로 드림으로써 중동지역의 이슬람 선교의 문을 열게 될 **땅끝복음 중동선교회**가 세워졌다(설교 : 최형섭 목사, '묵은 땅을 기경하라'(예레미야 4:3~4), 기도 : 최낙성 집사). 이 예배에는 140명이 참석하였다.[106] 땅끝복음 중동선교회(약칭 '중동선교회'[107])는 다음과 같이 조직되었다.[108]

회　　장 : 최형섭 목사.
위　　원 : 최낙성, 윤대훈, 여완동, 이종대 집사
서기/회계 : 여완동 집사.

선교부장 : 최낙성 집사
교육부장 : 강남원 집사
총무부장 : 박유돈 집사
봉사부장 : 조경부 집사

행되었다.
105) 쿠웨이트 한인연한교회, 「제직회의록」, 1982.6.4.임시제직회
106) <예배일지> 1982.6.11
107) 1980년대 초기기록에서 '중동선교회'는 현 중동선교회(MET, 중동선교본부 MCC의 전신)를 가리키는 것이 아니라, '쿠웨이트 한인연합교회의 땅끝복음 중동선교회'의 약칭이다.
108) 쿠웨이트 한인연합교회, 「중동선교소식 : 쿠웨이트 편」(중동선교본부, 1985.12.28), p.9

땅끝복음 중동선교회의 **창설목적**은, 1985년 12월의 기록에 의하면, "중동 현지인 선교와 중동거주 제 3국인 및 한국인의 복음화를 위한 선교회의 필요성을 절실히 느끼고, 보다 더 효율적인 선교사역을 감당하기 위해"[109]서였다. 이로써 쿠웨이트 한인연합교회는 이 선교회를 통하여 그때까지 굳게 닫혀 있었던 **이슬람 선교의** 문을 여는 역할을 할 수 있게 되었다.

② 선교회의 주요한 사역 : 중동지역 한인교회들의 설립

땅끝복음 중동선교회가 가장 크게 감당한 사역은 중동지역(바레인, 요르단, 두바이/아부다비, 이라크)의 **현장교회들**을 기반으로 하여 '**한인연합교회의 설립**'과 '**선교사의 파송**'을 돕는 일이었다. 이것은 쿠웨이트 한인연합교회가 먼저 경험한 과정을 이식한 것이었고, 그래서 잘 도울 수 있었다.

바레인 한인교회의 설립 (1982년)

1982년 당시 바레인에도 한국기업의 현장교회들이 세워져 있었다(현대교회, 영진교회, 경남교회). 아직 한인연합교회가 설립되지 않았고, 목회자도 없었다. 그리하여 바레인 교회는 최형섭 목사에게 부활절 예배 및 성례식을 위해 요청하였고, 4월 17~21일에 최형섭 목사가 바레인을 방문하게 되었다(제 1차 바레인 선교여행).[110] 최형섭 목사는 부활절 예배와 성찬식을 거행하고, 세례를 집례하였다(세례자 29명). 또 현장교회의 운영을 위해 집사 4명을 임명하고 돌아오게 되었다.

이 집회기간에 최형섭 목사는 쿠웨이트에서 먼저 성공적으로 경험하였던 **한인연합교회 설립**과 **선교사의 파송**을 알려주었다. 그리고 이 사안에 대하여 **현대교회**의 회장 유부정 집사와 부회장 강승빈 집사(이후 선교사로서 사역), 그리고 **영진교회**의 회장 백영선 권사 등과 깊이 논의하였다. 이 회의에서 바레인의 교회들은 최형섭 목사에게 선교사 초청에 관한 일체의 일을 위임하였다.

---

109) 쿠웨이트 한인연합교회, 「중동선교소식 : 쿠웨이트 편」(중동선교본부, 1985.12.28), p.9
110) 쿠웨이트 한인연합교회, 1982.4.16. <주보>, 교회소식. "당회 목사님께서 4월17일부터 20일까지 바레인 현대교회, 영진교회에서 부활절 연합예배 및 부흥회를 인도하기 위해서 출발하시오니 이를 위해 많은 기도를 바랍니다"

쿠웨이트로 돌아온 최형섭 목사는 매주 교회주보에 '바레인 교회의 한인목사 초청을 위해' 기도할 것을 요청하였다. 그리고 성결교단 예성의 총회장 손택구 목사에게 의뢰하여 **최수영 목사**를 바레인 선교사로 추천받게 되었다(1982.7.28).

최형섭 목사와 당회위원 최낙성, 윤대훈 집사는 **바레인 한인연합교회 설립**과 **선교사 파송**을 협의하기 위하여 바레인을 다시 방문하였다(제 2차 바레인 선교여행, 1982. 8.28-29).[111] 협의결과, 바레인의 교회들도 한인연합교회를 설립하고, 최수영 목사를 초빙하기로 하였다. 땅끝복음 중동선교회는 한인교회의 설립과 선교사의 파송을 위하여 300BD를 헌금하였다.

협의한 대로, **바레인 한인연합교회**가 설립하게 되자, 설립예배를 인도하기 위해, 최형섭 목사와 바레인 담당 선교위원 이종대 집사가 방문하였다(제 3차 선교여행, 1982.10.15).[112]

최수영 목사는 1983년 2월, 바레인 선교사로 파송받게 되었다. 그런데 최수영 목사는 중동지역 한인목회의 특성(현장교회를 기반으로 한 해외교포 사역)이나, 이슬람 선교사역에 대해 아직 잘 알지 못하는 상황이었다. 그리하여 쿠웨이트의 중동선교회는 최수영 목사가 한국에서 곧바로 바레인으로 가는 것 대신에, 쿠웨이트에서 8일간 경유하여 체류하면서, **중동선교를 위한 오리엔테이션**(1983.2.20~2.27)을 받도록 하였다.[113]

최수영 목사의 체류일정은 전반부 4일만 남아 있다. 그리하여 안타깝게도 오리엔테이션 프로그램의 전체를 알 수 없다. 4일 간의 프로그램 내용은 다음과 같다.

---

111) 쿠웨이트 한인연합교회, 1982.8.26. <주보>, 교회소식. "목사님과 선교위원 두분이 바레인연합교회 설립 및 목사님 초빙을 협의하기 위해, 28일 오후 4시 비행기로 출국하십니다. 위하여 기도부탁드립니다"
112) 쿠웨이트 한인연합교회, 1982.10.15. <주보>, 교회소식. "10월15일 예배 후, 바레인연합교회 창립예배 인도차 목사님과 이종대 집사님, 오후 비행기로 출발하심"
113) 쿠웨이트 한인연합교회, 1983.2.18. <주보>, 교회소식. "바레인 파송 선교사 최수영 목사님이 2월20일 새벽 2시 쿠웨이트에 도착하시어 약일주일 정도 계시다가 바레인으로 가실 것입니다."

바레인 파송 선교사 최수영목사 체류일정

1983년 2월 20일부터
2월 27일까지

일자	시간	내용
2월20일 일요일	오전 02시	쿠웨이트 도착, 메리오트 호텔 체크인
	12시	휴식
	오후 01-2시	도착예배 및 점심 (사택)
	02-4:30	**오리엔테이션 및 좌담회**
	07-8시	석식 (최낙성 집사)
	08-10시	**좌담회 (중동문화 및 관습), 건강유지**
21일 월요일	오전 09시	조식 후 체크 아웃
	09-11시	리까이 구역예배 (제 2구역)
	오후 12-1:30	중식 (교민가정)
	02-4:30	**좌담회 (연합교회 구성방법)**
	06:30-8시	석식
	09-10:30	월요기도회 인도 (사택에서 취침)
22일 화요일	오전 10-11:30	쌀미야 구역 예배인도
	12-1:30	중식 (윤대훈 집사)
	오후 02-3:30	**좌담회 (현장 및 교민교구 치리)**
	04-5:30	리까이 1구역 예배인도
	06-7시	석식
	09~	**현대 도하교회** 예배 인도 후 취침
23일 수요일	오전	현대 도하교회 새벽예배 인도 후 조식
		오전 현장 부흥회 (도하, 대림)
	12시	중식 (대림현장에서)
	오후	현장순회
		석식 (이종대 집사)
	09:30~	**대림교회**에서 예배인도 및 숙식

주 쿠웨이트 한인 연합 교회
땅끝복음 중동 선교회

최수영 목사는 쿠웨이트에서 8일간 체류하면서, 쿠웨이트 한인연합교회의 땅끝복음 중동선교회로부터 **중동선교를 위한 오리엔테이션**을 받았다. 최수영 목사를 위한 프로그램은, 첫째로 교민가정 및 구역예배인도를 통하여 중동지역의 **한인목회**(교구교민)를 경험하는 것, 둘째로 건설현장을 방문하여 **현장교회**를 경험하는 것, 그리고 셋째로 **좌담회**를 통해 필수적인 사안들(중동문화 및 관습, 연합교회 구성방법, 현장 및 교민교구 치리 등)을 사전에 익히는 것이었다.

이와같이 행함으로써 바레인에서도 한인연합교회가 견고히 세워지고, 또 선교사가 담임목사로 평안히 부임할 수 있도록 돕고자 했다. 쿠웨이트 한인연합교회가 먼저 겪었던 심한 갈등과 큰 어려움을 줄여주기 위함이었다.

요르단 한인교회의 설립 (1984년)

1982년 당시 요르단의 수도 암만에 **한인회중의 예배**가 현지인 교회에서 있었고, 인근에 현장교회들도 있었다. 요르단 교회가 한인교회의 설립과 선교사의 파송을 위하여 도와줄 것을 요청하였다. 그리하여 쿠웨이트 한인연합교회는 요르단의 상황파악과 자료수집을 위해 최형섭 목사를 요르단으로 파송하였다(제 1차 요르단 선교여행, 1982.2.28~3.3).[114] 최형섭 목사는 요르단을 방문하여 부흥집회를 인도하고, 또한 요르단의 세 장로(김원호, 허용근, 박찬일 장로)와 함께 한인연합교회의 설립 및 선교사 파송에 관해 의논한 후, 선교사 선임에 관해 권한을 위임받고 돌아왔다. 쿠웨이트로 돌아온 최형섭 목사는, 매주 교회주보에 '요르단 교회의 한인목사 초청을 위해' 기도할 것을 성도들에게 요청하였다.

요르단 선교사의 인선 및 파송은 **서울 반포교회**에 위임하였고, 선교사 파송을 위한 재정규모 및 상세한 현황도 반포교회에 전달하였다(1982.9.26.). 그 후에 최형섭 목사와 최낙성 장로는 반포교회와 협의한 사항을 논의하기 위해 다시 요르단을 방문하였다(제 2차 요르단 선교여행, 1983.1.8.~12).[115] 요르단의 김원호, 허용근 장로 및 박정규 집사를 만나, 반포교회가 문의한 사항을 의논하고 돌아왔다.

1983년 2월25일(금), 아직 선교사가 파송되지 않았지만, 현지 교우들의 열망에 의하여 **요르단 한인교회**가 먼저 설립되었다. 그런데 이날은 최수영 목사가 바레인으로 가기 전, 쿠웨이트에서 중동선교 오리엔테이션을 받는 기간(1983.2.20~2.27)이었다. 그리하여 최형섭 목사는 참석하지 못하였고, 당회위원인 최낙성 장로가 이 교회설립예배에 참석하였다.[116]

반포교회가 이성우 목사를 요르단 파송 선교사로 확정하자(1983.4.15),[117] 최형섭 목사는 이러한 사실을 요르단 교회에게 알리고, 또 제반업무를 협의하기 위하여 요르단을 방문하였다(제 3차 요르

114) 쿠웨이트 한인연합교회, 1982.2.26. <주보>, 교회소식. "목사님께서는 요르단으로 부흥집회 인도차 출국하십니다(2월28일~3월3일).

115) 쿠웨이트 한인연합교회, 1983.1.7. <주보>, 교회소식. "1월10일, 목사님과 최낙성 집사님이 요르단 한인교회 설립과 목사님 초빙을 위한 예비조사차 떠납니다. 기도해 주시기 바랍니다".

116) 쿠웨이트 한인연합교회, 「중동선교소식 : 쿠웨이트 편」(중동선교본부, 1985.12.28), p.15

117) 쿠웨이트 한인연합교회, 1983.4.16. <주보>, 교회소식. "반포교회에서 요르단 파송선교사로 이성우 목사님을 추천하였습니다. 이성우 목사님을 위해서도 기도해주시기를 바랍니다."

단 선교여행, 1983.4.19~23).[118] 그런데 그 이후 요르단 선교사의 파송은 매우 큰 난항을 겪었다. 요르단 정부가 이성우 목사의 요르단 입국을 불허하는 큰 일이 발생되었기 때문이다. 이 문제를 협의하기 위해 최형섭 목사는 다시 요르단을 방문하였다(제 4차 요르단 선교여행, 1983.7.28).[119]

한편 반포교회가 이성우 목사를 파송선교사로 결정했을 때, 1983년 4월 29일, 쿠웨이트 중동선교회의 선교위원인 최낙성 집사와 윤대훈 집사는 **반포교회**와의 업무협의 및 협력증진을 위하여 반포교회를 방문하였다. 그 결과 **땅끝복음 중동선교회 서울사무소**가 반포교회에 개설되고, 반포교회의 진영준 목사가 소장직을 맡게 되었다(제 1차 반포교회 방문, 1983.4.29).[120]

그런데 이성우 목사의 요르단 입국불허를 재통보 받자(1983.8.16), 윤대훈 집사가 반포교회를 다시 방문하여 이성우 목사의 입국불허 상황을 자세히 설명하고, 요르단 당국의 불허결정이 취소되도록 노력하고 있음을 알리었다(제 2차 반포교회 방문, 1983.8.28).[121] 그러나 이성우 목사의 요르단 입국불허를 최종 공식 확인을 받게 되자, 대책수립을 위해 최형섭 목사가 반포교회를 방문하였다(제 3차 반포교회 방문, 1983.9.28~10.11).[122] 이 때 협의한 결과, 이성우 목사에게는 두바이를 비롯한 다른 파송선교지를 알아봐 주기로 하였다. 그런데 이성우 목사의 요르단 파송이 완전히 불가능하게 되자, **진영준 목사**(당시 반포교회의 임시당회장으로서, 땅끝복음 중동선교회의 서울사무소장을 맡고 있었음)가 요르단 파송선교사로 자원하여 지원함으로써, 그가 요르단 파송 선교사로 인선되었다.[123] 진영준 목사는 이미 모든 상황을 다 알고 있으므로, 그의 파송에는 문제가 없었다.

1983년 10월12일, 큰 난항을 겪은 끝에, **진영준 목사**가 요르단 파송선교사로 새롭게 인선됨으로써, 요르단 입국업무도 다시 개시되었다. 그 이후의 진행은 매우 순조로왔다(1983.11.15. 요르단에서 진영준 선교사의 초청장 발송 → 1983.12. 여권발급 → 1984.1.18. 진영준 목사의 쿠웨이트 도착).

---

118) 쿠웨이트 한인연합교회, 1983.4.16. <주보>, 교회소식. "목사님은 요르단 지역 부흥회 인도 및 파송 선교사 협의차 4월 19일 요르단에 가십니다. 기도해 주시기 바랍니다."

119) 쿠웨이트 한인연합교회, 1983.7.29. <주보>, 교회소식. "목사님은 28일 오후에 요르단 교회에 선교회의 일로 떠나셨습니다."

120) 쿠웨이트 한인연합교회, 「중동선교소식 : 쿠웨이트 편」(중동선교본부, 1985.12.28), p.16

121) 쿠웨이트 한인연합교회, 「중동선교소식 : 쿠웨이트 편」(중동선교본부, 1985.12.28), p.17

122) 쿠웨이트 한인연합교회, 1983.9.30. <주보>, 교회소식. "28일 수요일, 목사님이 반포교회 선교회를 방문하시고, 선교전략 협의차 출국하셨습니다."

123) 쿠웨이트 한인연합교회, 「중동선교소식 : 쿠웨이트 편」(중동선교본부, 1985.12.28), p.18

진영준 목사도 한국에서 요르단으로 곧바로 간 것이 아니라, 바레인의 최수영 목사와 마찬가지로 쿠웨이트에서 체류하며 **중동선교를 위한 오리엔테이션**(1984.1.18~26)을 받았다.[124] 그 내용은 진영준 목사의 중동선교 현지적응을 위한 훈련이었다(19일(목) : 쿠웨이트 한인연합교회의 역사와 땅끝복음 중동선교회의 창립목적 및 배경설명, 20일(금) : 요르단 파송 선교사 진영준 목사 환영예배, 21일(토) : 건설현장교회 및 교민교구 처리, 대관공서 관계, 중동선교회 연합회의 중요성과 창립계획 및 목적, 세계선교회 제휴 및 필요성과 방법제시. 22일(일) : 중동선교본부 창립의 필요성 및 설립방법, 23일(월) : 요르단 및 중동역사, 땅끝복음의 중요성, 요르단 선교 전략 및 질문, 요르단 교회의 실정 소개, 24일(화) : 요르단 선교기지화 및 교구확정(시리아, 이집트, 사우디아라비아, 레바논, 이스라엘). 25일(수) : 총정리, 26일(목) : 환송기도회).[125]

이러한 훈련내용을 보면, 당시 쿠웨이트 한인연합교회가 쿠웨이트에서 어떠한 선교적 사역들을 도모했으며, 어떠한 경험과 역량을 얼마나 축적했었는지를 알 수 있다. 그 체류일정과 프로그램은 다음과 같다.

요르단 파송 선교사 진영준 목사 쿠웨이트 체류 일정 (1983.1.18~26)

일자	시간	건명	장소	담당, 비고
1월18일 수요일	오후 8:10 오후 오후	쿠웨이트 도착 저녁식사 투숙	 윤대훈 집사댁 다스마 호텔	
1월19일 목요일	오전 오전	아침식사 최형섭 목사와 만남	호텔	
	오후 1시 오후 7시 오후 9시	점심 대예배준비 **현장예배** 저녁식사	최형섭 목사 사택 **현대 K-6** 이종대 집사댁	
		좌담회1 ① 쿠웨이트 한인연합교회의 역사 ② 땅끝복음 중동선교회 창립배경 ③ 서울소식	 및 목적	
	오후	호텔 투숙	다스마 호텔	

124) 쿠웨이트 한인연합교회, 1984.1.20. <주보>, 교회소식. "요르단 파송 진영준 목사님이 18일 오후에 오셔서 일주일간 체류하시다가 26일 목요일에 요르단으로 가십니다. 위해서 기도해 주시기 바랍니다"
125) 쿠웨이트 한인연합교회, 「중동선교소식 : 쿠웨이트 편」, pp.18-19

일자	시간	건명	장소	담당, 비고
1월20일 금요일	오전	아침식사	호텔에서	(환영예배)
	오전 9시	**현장예배**	**한양은혜교회**	사회 : 최형섭 목사
	오전 11시	간식	사택에서	기도 : 윤대훈 집사
	오후 1:30	선교헌신 예배 및 요르단 파송	한인연합교회	설교 : 진영준 목사
		선교사 진영준 목사 환영예배		특송 : 선교위원
	오후 4시	점심식사	아리랑	선교보고 : 최낙성
		참석인원 : 현장교회대표자, 제직회 부서장, 남녀전도회 대표, (담당)박춘봉 집사		
	오후 7시	**현장예배** (부흥회 첫째날)	**아사파 교회**	
	오후	저녁식사 및 투숙	아사파 교회	
1월21일 토요일	오전	아침식사	아사파 교회	
	오전	최형섭 목사님과 시내관광		
	오후 1 시	점심식사	고광국 집사	
		좌담회2 ① 건설현장교회 및 교민교구 치리 ② 대관공서 관계		
	오후 7:30	**현장예배** (부흥회 둘째날)	**마그리브 교회**	
	오후 9시	저녁식사	박춘봉 집사	
		좌담회3 ① 중동선교 연합회 중요성과 창립계획 및 목적 ② 세계선교회와 제휴 필요성 및 방법		
	오후	투숙	호텔	
1월22일 일요일	오전	아침식사	아사파 교회	
	오전 10시	현장방문	대림, 현대도하	윤호철 집사
	오후 1시	점심식사	현대도하	
	오후 2시	**좌담회4** 중동선교연합회 지원기구 창립필요성 및 설립방법	이종대 집사 댁	
	오후 7:30	**현장예배** (부흥회 셋째날)	**대림 쉐이바**	
	오후 9시	저녁식사	오호한 집사댁	
	오후	투숙	호텔	
1월23일 월요일	오전	아침식사	호텔에서	
	오전	**목회연구** ① 요르단 및 중동역사 ② 땅끝복음의 중요성	호텔	
1월23일 월요일	오후 1시	점심	윤대훈 집사 댁	
	오후	기도회 준비 (휴식)	호텔	
	오후	저녁식사	호텔	
	오후 8시	월요기도회	한인연합교회	
		좌담회5 ① 요르단 선교 전략질문 및 보안 ② 요르단교회 실정소개	호텔	

일자	시간	건명	장소	담당, 비고
1월24일 화요일	오전 오전 10시 오후 4시 오후 7:30	아침식사 **쌀미야 구역예배** 점심식사 **리까이 구역예배** 저녁식사 **현장예배**	호텔 최낙성 집사댁 최낙성 집사댁 여장수 성도댁 여장수 성도댁 **대림도하교회**	
	오후	**좌담회6** 요르단 선교기지화 및 요르단 선교교구 확정 (요르단, 시리아, 이집트, 사우디, 레바논, 이스라엘)		(장소) 호텔
		투숙	호텔	
1월25일 수요일	오전 오전 오후 1 시	아침식사 시내관광 (최형섭 목사와 함께) 점심식사	호텔 홀리데인호텔	 당회 및 선교위원
	오후	**선교위원과 함께** * 총정리 (질의 및 문답)		
	오후 8시	저녁식사	박유돈 장로댁	
		투숙	호텔	
1월26일 목요일	오전 오전 10시 오후 12:30 1:30	아침식사 출발준비 환송기도회 공항출발 요르단 향발	호텔 최형섭 목사 사택	

진영준 목사가 요르단으로 출발할 때, **쿠웨이트의 중동선교회 6인**(최형섭 목사 부부, 윤대훈 집사 부부, 박춘봉 집사 부부)도 진영준 목사의 요르단 입국을 돕기 위해 요르단까지 동행하고 돌아왔다. 당시 중동지역 국가의 입국이 결코 쉽지 않았으며, 입국거절의 긴급상황도 발생될 수 있었기 때문이다. 실제로 진영준 목사의 공항입국과정에서 그러한 위기가 발생했었다. 진영준 목사는 여권까지 빼앗기고, 입국이 허락되지 않았다. 그런데 동행하였던 쿠웨이트 교우들의 기지와 도움으로, 위태로운 가운데 요르단에 입국할 수 있었다.

1982년 2월24일, 진영준 목사의 요르단 한인교회 위임예배가 있었다. **당회위원 최낙성 집사**가 참석하여 위임선서를 인도했다.[126] 진영준 목사는 요르단 한인교회의 초대 담임목사가 되었다.

126) 쿠웨이트 한인연합교회, 「중동선교소식 : 쿠웨이트 편」 (중동선교본부, 1985.12.28), p.19

UAE의 한인교회들 - 선교사 파송의 협력 (1985년)

1983년 당시, UAE의 두바이와 아부다비에 아직 한인교회가 세워지지 않았고, **두바이**(1979년)와 **아부다비**(1982년)에서 작은 인원이 모여 **가정교회**로 예배를 드리고 있었다. 마침 요르단 선교사로 선임된 **이성우 목사**의 요르단 입국이 좌절되자, 최형섭 목사는 새로운 선교지의 파악을 위해, UAE의 **두바이**와 **아부다비**를 방문하게 되었다(1983.9.4~9).[127]

당시 **두바이 교회**도 담임목사의 부임을 모색하고 있었다. 최형섭 목사는 두바이의 최풍근 장로, 이봉의 집사 및 천보영 집사와 회합을 갖고, 한인교회의 설립과 선교사의 초빙에 관해 논의한 후, 선교사 선임에 관한 일체의 권한을 위임받고 돌아오게 되었다.[128]

한편 최형섭 목사는 두바이 교회를 먼저 방문한 후, **아부다비 교회**까지 방문하였다. 최형섭 목사는 송정섭 집사를 비롯한 아부다비의 성도들과 회합을 갖고서, 중동선교의 필요성과 쿠웨이트의 부흥에 관해 들려주었다. 아부다비 교회도 중동선교를 위해 그들의 담임목사로 선교사가 파송받아오기를 원하게 되었다. 그러나 아부다비 교회가 독자적으로 담임목사를 청빙할 수 없었으므로, 두바이 교회와 아부다비 교회가 공동으로 담임목사를 청빙하기로 했다.

두바이에서 돌아온 최형섭 목사는 당시 발생한 요르단 문제의 해결 및 UAE 파송 선교사의 인선문를 협의하기 위해 **제 3차 서울 반포교회의 방문**(1983.9.28~10.11)을 하게 되었다. 이성우 목사에게 두바이를 새로운 파송지로 제안하였고,[129] 반포교회는 이성우 목사의 파송선교지를 UAE로 변경하였다.[130] 그러나 이성우 목사의 UAE 파송은 여러 어려움들을 겪으며, 끝내 이루어지지 않았다.[131] 최형섭 목사가 추천한 선교사의 파송이 가능하지 않게 됨으로써, 이후부터는 두바이 한인교회가 쿠웨이트 교회의 협력없이 독자적으로 진행하기로 했다. 다만, 쿠웨이트 교회의 도움이 필요할 때에만 협력하기로 했다.

---

127) 쿠웨이트 한인연합교회, 「목회월보」(1983년9월호), 중동선교회소식, "목사님이 9월4~9일까지 두바이 선교여행을 다녀오셨습니다."
128) 쿠웨이트 한인연합교회, 「중동선교소식 : 쿠웨이트 편」, pp.19-20
129) 쿠웨이트 한인연합교회, 「목회월보」(1983년10/11월호), 중동선교회소식, "목사님이 요르단 및 두바이 교회의 목사초빙을 위해 9월28일~10월11일까지 서울을 다녀오셨습니다."
130) 반포교회 홈페이지, 교회연혁(www.banpoch.or.kr)
131) 이에 관한 자세한 내용은 두바이 한인교회 편에서 다룬다.

그 이후 UAE 선교사의 선임은 두바이 교회가 서울 반포교회와 직접적으로 협의하며 진행하였다. 두바이 교회는 바레인 한인교회로부터 추천받은 문종호 목사를 담임목사로 결정하여, 반포교회에 UAE 선교사로 추천하였다. 이에 반포교회도 문종호 목사를 UAE 선교사로 파송하기로 결정함으로써, 드디어 오랜 시간 끝에 UAE 파송선교사가 확정되었다.

그러나 두바이 공관에서 취업비자의 발급을 몹시 꺼려하였다. 그리하여 두바이 교회는 쿠웨이트 한인연합교회에 도움을 요청하였다. 쿠웨이트 한인연합교회는 **문종호 목사의 취업비자**를 마련하여 초청장을 보내었고, 문종호 목사가 UAE 선교사로 파송받아 오게 됨으로써, 현재 중동지역에서 최대 규모인 **두바이 한인교회** 및 **아부다비 한인교회**의 초대 담임목사로 부임하게 되었다 (1984.12.12, 두바이 도착 ; 1985.2.17. 초대 담임목사 취임).

이라크 한인교회A (1985년)[132)]

1984,5년 당시 이라크에는 약 23개의 현장교회들이 있었다. 1982년부터 이미 이라크 지역에서는 목사의 초청을 원하고 있었다.[133)] 쿠웨이트 한인연합교회는 특히 1984년 2월부터 연말까지 이라크를 위해 기도하기 시작하였다. 교회주보는 2월3일부터 6월29일까지 '**이라크 선교**를 위해서 기도해주세요'라고 매주 기도를 요청하였고, 7월6일부터 12월28일까지는 '**이라크 교회 창립**을 위해 기도해 주세요'라고 매주 기도를 요청하였다.[134)]

1984년 9월, 이라크 교회로부터 최형섭 목사의 방문요청이 있었다.[135)] 그리하여 1985년 2월, 쿠웨이트의 중동선교회는 이라크 지역 한인교회의 설립 및 선교사의 파송을 위해, 최형섭 목사를 파송하였다(제 1차 이라크 선교여행, 1985.2.23~28). 최형섭 목사는 많은 현장교회들(현대 하이파, 삼성, 현

---

132) 온누리교회의 선교팀도 2003년에 '이라크 한인연합교회'를 세웠다. 두 교회의 구별을 위해, 설립된 순서에 따라서 이라크 한인연합교회A'(1986)와 '이라크 한인연합교회B'(2003)라고 칭한다.

133) 쿠웨이트 한인연합교회, 「제직회의록」, 임시제직회(1982.6.4).

134) 쿠웨이트 한인연합교회, 「목회월보」에서도 2월~6월호는 "이라크선교를 위해 기도해주시기 바랍니다"라고 동일하게 요청했으나, 7월~12월호는 "이라크지역의 연합교회의 창설을 위해 기도 부탁합니다"라고 좀더 구체적으로 기도를 요청하고 있다.

135) 쿠웨이트 한인연합교회, 「목회월보」(1984년10월호), 중동선교회 소식, "이라크교회에서 방문요청이 있습니다. 이를 위해서도 기도해 주시기 바랍니다."

대 메시, 현대 알무스, 사마라, 한양 하이파)을 방문하였고, **왕진무 집사**를 비롯한 교회 대표자들과 연합교회의 설립과 선교사의 파송에 관하여 협의하였다. 그리고 최형섭 목사의 방문기간 중에 **이라크지역 한인교회 연합회**가 창립되었다(1985.2.26, 회장 : 왕진무 집사).[136] 이 연합회는 선교사의 초빙을 구체적으로 논의하여 쿠웨이트의 중동선교회에 통보하고 서로 협력하기로 했다.

이라크지역 한인교회연합회의 목적은 '현장교회로부터 연합교회의 설립'과 '선교사의 파송'이었다. 이 두 가지 일은 쿠웨이트 교회가 먼저 경험한 바였고, 그것을 나누어 줌으로써 이라크 교회를 섬기를 원하였다. 그런데 이 일을 감당할 회장 왕진무 집사가 갑자기 한국으로 귀국하는 큰 일이 발생되었다. 그리하여 이라크 지역의 상황을 파악하기 위하여 선교위원 **최낙성 집사**가, 마침 회사 출장과 더불어, 이라크를 방문하게 되었다(제 2차 이라크 선교여행, 1985.4.7~16). 그는 왕진무 집사를 비롯한 교회대표들을 만나, 이라크 지역의 상황을 파악하고, 또 그들이 연합교회의 설립을 위해 진행하는 일을 듣고 파악하였다. 이라크 교회는 성례식과 집사임명을 위해 최형섭 목사를 다시 파송해 줄 것을 요청하였다. 그들의 요청을 수락한 후, 쿠웨이트로 돌아오게 되었다.[137]

최형섭 목사는 이라크 교회의 요청에 응하여 다시 방문하였다(제 3차 이라크 선교여행, 1985.5.19~29). 최형섭 목사는 이라크의 여러 지역에 흩어져 있는 23개 현장교회들을 방문하여 학습과 세례식을 베풀고, 성찬식을 거행하였다. 또 현장교회의 운영을 위해 집사임명을 하였다. 당시 이라크에 연합교회를 세우기 위해 필요한 일은, 흩어져 있는 현장교회들을 지역별로 조직화 하는 것이었다. 이번 최형섭 목사의 방문 결과로 이라크 **북부지역의 연합회**가 발족하게 되었다(회장 : 유영모 집사).

이라크 파송 선교사의 선임은 쿠웨이트가 아닌, **중동선교본부**(현 중동선교회 MET의 전신)가 맡았다. 중동선교본부가 **심근택 목사**를 이라크 선교사로 선임하자(1985.11.2), 최형섭 목사는 이라크를 다시 방문하였다(제 4차 이라크 선교여행, 1985.11.7~13). 이번 방문목적은 이라크 교회의 정기총회를 앞둔 상황에서 심근택 목사의 선정을 알리고, 또 선교사 파송에 따른 교회의 선교체제를 구체적으로 돕기 위해서였다.[138] 이라크에서도 심근택 목사의 취업비자를 만들 수 없으므로, 쿠웨이트에서 취업비자와 초청장의 발급, 여권수속까지 맡기로 협의하였다.

136) 쿠웨이트 한인연합교회, 「중동선교소식 : 쿠웨이트 편」(중동선교회, 1985.12.28), p.21
137) 쿠웨이트 한인연합교회, 「중동선교소식 : 쿠웨이트 편」(중동선교회, 1985.12.28), p.22
138) 쿠웨이트 한인연합교회, 「중동선교소식 : 쿠웨이트 편」(중동선교회, 1985.12.28), p.23

이번 최형섭 목사의 방문기간에 선교사 초빙을 위한 후원회도 결성되었다. 그리고 최형섭 목사는 북부지역 연합예배를 인도하고, 또 바그다드에서 중부지역 연합예배를 인도한 후, 쿠웨이트로 돌아왔다.

1986년 1월7일, **이라크 한인교회**가 담임목사의 부임 전에 먼저 설립되었다. 그리고 **심근택 목사의 취업비자**도 쿠웨이트에서 순조롭게 마련되었다. 그런데 심근택 목사의 이라크 파송이 어렵게 되었다. 쿠웨이트 한인연합교회가 이라크 교회를 돕는 일은 여기까지였다. 그 이후로는 서울의 중동선교본부(MCC)가 이라크 선교사 재인선의 문제를 감당하였다.

중동선교본부는 이라크 선교사의 인선을 다시 추진하였다. 그러나 그 일이 쉽지 않았다. 중동선교본부의 임원회는 **신창순 목사**(그는 사우디 선교사로서 리야드 청운교회의 제 2대 담임목사로 선교사역을 감당하고 돌아와, 중동선교본부를 섬기고 있었음)에게 이라크 파송 선교사를 제안하였다. 신창순 목사는 임원회의 결정에 순종하여 이라크로 파송받기로 하였다. 그리하여 신창순 선교사가 이라크 한인교회의 초대 담임목사로 부임하게 되었다(1986.10.24).

이와같이 쿠웨이트의 **땅끝복음 중동선교회**가 교회설립에 도움을 주었던 한인교회들(1982, 바레인 한인교회 ; 1984, 요르단한인교회 ; 1985, 두바이 한인교회와 아부다비 한인교회 ; 1986, 이라크한인교회)은 그 이후에 중선협의 창립을 위해 처음부터 협력하거나, 이후에 참여하게 된다. 곧, 이 한인교회들을 기반으로 하여 중선협이 세워질 수 있었고, 또 중동의 각 지역에 한인교회들이 이슬람 선교의 전초기지로 세워짐으로써, 중동지역에서 **이슬람 선교의 문**을 점차 열 수 있게 되었다.

쿠웨이트 한인연합교회는 태생 때부터 '이슬람 선교를 위한 전초기지'라는 **자의식**(自意識)을 갖고 있었다. 또한 중동지역의 선교사역을 남들보다 먼저 하면서, 그들만이 알게 된 중대한 선교정보들을 각 선교지역에 전달해 주어야 한다는 **부채의식**(負債意識)도 갖고 있었다. 쿠웨이트 한인연합교회는 자신이 먼저 경험한 바(시행착오와 갈등 등의 어려움 포함)를 중동의 각 지역에 나누어 줌으로써, 중동의 각 지역에 한인교회들을 이슬람 선교를 위한 전초기지들로 세우고자 하였다.

이러한 자의식과 부채의식을 갖고 있었으므로, **쿠웨이트에 계속하여 남아 있는 자들**은 땅끝복음 중동선교회와 중선협을 세우는 일에 협력하였고, **쿠웨이트에서 한국으로 돌아간 자들**은 예루살렘 선교회를 세우고, 중동선교본부(MCC, 현 중동선교회의 전신)를 세우는 일에 협력하였다. 쿠웨이트에서 일어났던 이러한 역사를, **현 쿠웨이트 한인연합교회**가 충실히 계승하기를 바란다.

③ 선교회의 기타사역 – 예비 선교사 육성

장기적으로 중동선교를 위하여 **이슬람 전문선교사의 육성**이 필요하였다. 그리하여 1983년, 땅끝복음 중동선교회는 현지 무슬림을 개종시킬 목적으로 준비되고 훈련된 전문 선교사를 육성하고자 **중동선교회 장학재단**을 설립하게 되었다.139)

장학생의 선발 (1983년)

두 명의 장학생을 선발하기 위해 당시 중동선교회 서울사무소장 진영준 목사에게 의뢰하였다. 1983년 6월 1일, 국내의 각 신학대학장에게 중동지역 예비선교사를 모집하는 장학생 광고문을 발송하였다. 6월30일, **이재정 예비선교사**(서울신학대학원 2학년 재학 중)가 먼저 장학생으로 선발되었다. 그리고 12월15일, **정형남 예비선교사**(한국외국어대학교 아랍어과 4학년 재학 중)가 장학생으로 선발되어, 1984년 2월부터 총신대학 신학대학원 입학과 동시에 장학금이 지불되도록 하였다.

장학생 관리

땅끝복음 중동선교회에서는 장학금의 송금관리를 하되, 장학생 관리는 서울의 중동선교본부에서 담당하기로 하였다. 장학생들은 매년 두 차례 **정기보고서**와 **연구논문**을 쿠웨이트로 제출하여야 했다. 한국에서 신학교 수업과 병행하여 이러한 과제를 시행하는 일은 부담스러웠을 것이다. 그러

139) 쿠웨이트 한인연합교회, 「중동선교소식 : 쿠웨이트 편」(서울 : 중동선교회, 1985.12.28), p.24, 그리고 <예배일지>, 1983.5.13의 선교보고(최낙성 선교부장) : "본교회 선교회에서 한국신학대학에 2명을 반포교회 등을 통해 교수 추천을 받아 본교회 선교회를 통해 장학금을 지급함. 중동지역 선교사 육성방안을 당회에서 결의. 실천하기로 함"

나 이슬람 선교사로 준비되기 위해 반드시 필요한 과정이었다. 그리고 장학생들은 한국에서 신학교 교육을 수료한 후에는 **2주간 금식기도** 후에 쿠웨이트를 방문하여야 했다. 1985년도 장학생 관리사업계획서는 다음과 같았다.[140]

1985년 장학생 관리 사업계획서 (담당 : 선교위원 김주신 집사)

순위	사업내용	소요예산
1	선교사 이재정 (서울신학대학원 재학중, 8월 졸업예정)	장학금 지급 6개월분 KD
2	선교사 정형남 (총회신학대학원 재학중, 외대 아랍어과 졸업)	장학금 지급 1년분 600KD
3	선교사 이재정 졸업 후 쿠웨이트 방문(8,9월 경)	항공료 420KD, 체재비 180KD
	송금료(40KD), 예비비(100KD)	(합계) 1,380KD
4	장학생 관리지침 (1) 각 선교사는 매년 2기로 나누어 정기보고서를 장학생 관리부로 보내어야 함 (2) 매년 2차 연구논문을 제출하여야 함 (3) 주민등록 및 명함판 사진 2매 이상씩 보관함 (여권용) (4) 선교사는 한국의 교육수료 후, 2주간의 금식기도 후 쿠웨이트로 출발함 (사명) (5) 1990년도까지 2명의 장학생을 선발한다 (현재 1명 포함) (6) 장학생 선발기준을 정한다.	

본래 중동선교회의 계획은 두 명의 장학생을 지속적으로 후원하는 것이었는데, 이 소중한 사역은 더 이상 연속되지 못하였다. 그러나 매우 귀한 열매를 맺었다.

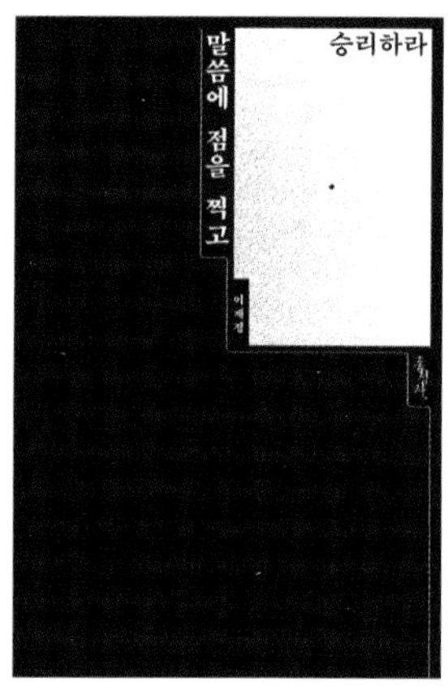

이재정 선교사는 1985년 9월, 서울신학대학원을 졸업한 후, 중동선교본부(현 중동선교회 전신)에서 사역하며, 중동선교사의 파송을 위해 준비하였다. 1988년 인도네시아 선교사로 파송을 받았고, 1989년 1월부터 그가 신학생 시절부터 비전을 품었던 이슬람 선교 사역을 시작하였다. 그후 평생 이재정 선교사는 인도네시아에 헌신하였다. 인도네시아를 위해, 교회개척과 건축, 신학교 사역과 현지목회자 및 평신도 제자사역에 힘을 쏟았다. 1995년에는 STTN 살라띠가 신학교 캠퍼스를 건축하고, 신학생 목회사역으로 섬겼다. 2000년부터 20년간 자카르

140) 쿠웨이트 한인연합교회, 「중동선교소식 : 쿠웨이트 편」(중동선교회, 1985.12.28), p.33

타 믿음교회를 담임하며, 하나님의 말씀으로 뜨겁게 섬겼다. 자카르타 믿음교회는 한국인과 인도네시아인이 출석하는 교회였다.[141] 2020년, 선교사역에만 전념하기 위해 믿음교회를 사임한 후, 현지인 목회자 가정을 심방하다가, 당시 발생한 코로나 19의 확진판정을 받게 되었다. 너무나 안타깝게도 그의 병세가 악화되어 2020년 12월21일, 하나님 품에 안기게 되었다. 이재정 선교사는 인도네시아 현지인들과 선교사들의 존경을 받으며, 하나님의 말씀을 전하던 신실한 선교사였다. 그가 하나님의 품에 안긴 후에, 그가 사랑했던 인도네시아 사역을 기록한 「말씀에 점을 찍고 승리하라」(홍성사, 2021년)가 출간되었다.

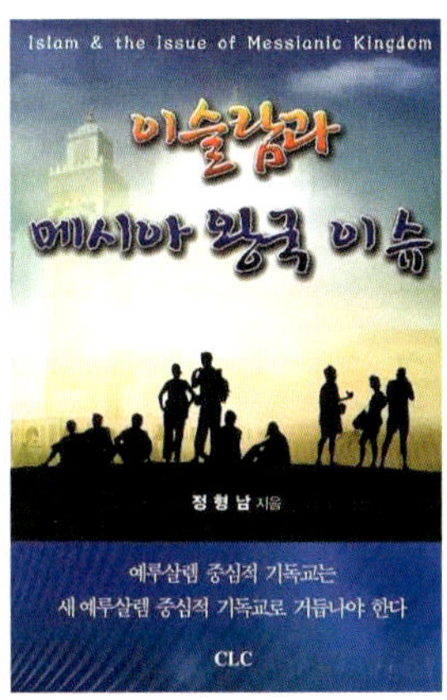

정형남 선교사는 1983년 가을에 한국외국어대학교 아랍어과 졸업을 앞두고 쿠웨이트한인연합교회의 예비 선교사로 발탁되었다. 1984년 2월, 이 교회의 기도 후원과 장학금으로 다녔던 총신대학교 신학대학원 졸업 후, 1989년부터 바레인 한인교회의 담임목사로, 1994년부터 요르단 주재 이라크인 난민교회를 개척하여 담임목사로, 그리고 1995년부터는 요르단복음주의신학교(JETS) 교수로 사역하였다. 2000년부터는 아신대(ACTS) 교수 및 중동선교회(MET) 본부장으로 사역하였다. 2004년 3월, 그는 이라크 복음주의신학교가 바그다드 장로교회당에서 개강예배와 개강특강(이사장 김상복 목사)이 진행되도록 역할을 했지만, 이라크 상황의 악화로 이 신학교 사역은 멈추게 되었다. 2005년부터는 요르단에서 이라크 난민교회 목사와 JETS 교수로 사역하며 신학생들이 쿠웨이트한인연합교회와 카타르한인교회 등의 장학금을 받도록 하였다. 2023년 1월부터 이집트 카이로에서 아브라함 가족 교회(다수의 수단인들과 일부 이집트인과 레바논인들로 이루어짐)를 섬기고 있다. 또한 친이스라엘적 기독교신학과 그에 기초한 선교운동의 문제들을 제기하며 개혁주의 신학에 입각한 책 「이슬람과 메시아 왕국 이슈」(CLC, 2009)를 출간하였고, '성경의 아담과 코란의 아담에 대한 비교 연구'를 비롯한 여러 논문을 아신대 논총 「ACTS 중동연구」에 발표하였다. 그는 조만간 아랍어로 된 책 「이스라엘인가, 교회인가」를 출판하여(2024.3) 아랍권 교계 지도자들과 선교사들에게 보급할 예정이다.

141) 자카르타 믿음교회는 이재정 목사의 후배선교사가 1996년에 개척한 교회였다. 그의 건강으로 인해 이재정 선교사가 제 2대 담임으로 섬기며, 한국인과 인도네시아인 300여명이 함께 신앙생활을 하는 교회로 아름답게 성장시켰다.

3) 중선협과 중동선교본부(MCC)의 창립 및 가입

① 중선협의 창립 및 가입(1984.9)

쿠웨이트 한인연합교회가 1982년 6월에 **땅끝복음 중동선교회**를 창립할 때, 그 사명은 하나의 개교회가 홀로 감당할 수 있는 목표가 아니었다. 그리하여 땅끝복음 중동선교회가 바레인(1982년)과 요르단(1983년)에 한인연합교회의 설립을 도우면서, 최형섭 목사는 쿠웨이트, 바레인, 요르단 및 UAE(두바이와 아부다비)의 한인교회들로부터 시작하여, 장차 이라크, 사우디 및 이집트 등의 전 중동지역을 포함하는 연합회를 구상하게 되었다. 그 구상은 1984년 9월, **중선협**(당시 중한연)의 창립으로 실현되었다. 그렇기 때문에 처음에 1984년 9월, **중한연**(중선협의 전신)의 창립은 오직 **땅끝복음 중동선교회**와 직접적으로 연관된 4개의 교회들(쿠웨이트 한인연합교회, 바레인 한인교회, 요르단 한인교회, 두바이 한인교회) 이 참석함으로써 이루어졌다. 1984년 9월, 쿠웨이트 한인연합교회는 창립멤버로서 중한연에 가입하였다. 최형섭 목사가 땅끝복음 중동선교회와 중한연을 둘다 구상했으므로, 두 사역은 깊은 연관성을 갖고 있었다. 1985년도 땅끝복음 중동선교회의 중한연 사업계획서는 다음과 같았다.[142]

1985년 중한연 사업계획서 (담당 : 선교위원 오호환 집사)

순위	사업내용	소요예산
1	사업내역 안내 및 홍보 (회원교회에)	
2	회원교회의 사업계획 등 수집 (선교본부에)	
3	두바이 선교사 문종호 목사 내방 (초청부흥회에 따른 업무협의)	
4	회원교회별 기초자료 수집	
5	연례회의 소집 참석 (2박3일)	200KD
	예산 : 예비비 100KD	(합계)) 300KD

땅끝복음 중동선교회의 **중한연 사업계획서**에 따르면, **회원교회**에게는 사업내역의 안내 및 홍보를 하고(우선순위1), 또한 서울의 **중동선교본부**(MCC)에게는 회원교회의 사업계획 등을 수집하여 전달하는 것(우선순위2). 이를 위해 회원교회별 기초자료를 수집하는 것(우선순위4)이 주요한 사업내용이었다. 1985년 당시, 회원교회란 주로 중동지역의 선교지를 가리킨다.

142) 쿠웨이트 한인연합교회, 「중동선교소식 : 쿠웨이트 편」(중동선교회, 1985.12.28), p.30

그후 쿠웨이트 한인연합교회는 **중한연**의 시기(제 1~5차)에 연합회의 중심된 역할을 담당하였다. 그러나 1986년 4월, 최형섭 목사의 사임 이후에는, 그 비중이 크게 줄어들었다. 이후로도 쿠웨이트 한인연합교회는 중한연의 창립대회 뿐만 아니라, 중선협으로 변경한 제 5차 대회(1988.9), 제 10차 대회(1995.6), 그리고 제 19차 대회(2014.10)도 개회하였다.

② 중동선교본부의 창립 및 가입(1984.7)

최형섭 목사가 **중선협**(당시 중한연)을 구상할 때, **중동선교본부**(MMC)의 설립도 함께 구상하였다. 중선협은 중동선교지에서 한인교회들의 연합회를 구성하여 **창구의 일원화**를 이루고, 또한 중동선교본부는 한국 선교파송지에서 중동선교지를 지원하는 **창구의 일원화**를 이루는 구상이었다. 그리하여 중동선교본부와 중선협은 거의 같은 시기에 창립하였다. 중동선교본부의 창립총회는 네 가지 목표를 밝혔다. 첫째, 중동지역 한인교회의 설립 및 지원, 둘째 이슬람권 선교를 위한 선교사 파송, 셋째 중동지역 매체선교(한국어 및 아랍어), 그리고 넷째 중동선교체제의 확립 및 전략수립이었다. 네 가지의 목표 모두가 중동선교지의 중선협을 지원하기 위한 것들이었다.

쿠웨이트 한인연합교회는 창립멤버로서 중선협에 가입했을 뿐만 아니라, 땅끝복음 중동선교회도 **중동선교본부**(MCC)의 산하단체로 가입시켜서, 본부의 선교정책과 결정사항에 대해 협력체제를 구축하고자 하였다.[143] 1985년도 중동선교본부와의 협력사업계획서는 다음과 같았다.[144]

1985년 중동선교본부와의 협력사업계획서 (담당 : 선교위원 박춘봉 집사)

순위	사업내용	소요예산
1	귀국 교인의 중선본부 회원가입 유도 (신상기록카드 작성 및 발송)	전화, 우편, 통신비, 소포 등 송료 10개월×10 = 100KD
2	중동 각 지역의 선교활동 및 현지 동향 등 현황보고	전화료 10개월×10 = 100KD
3	중선본부와의 협력	송금수수료 4회×100KD 중선본부협조사업비 4회×400KD
	예산 : 예비비 100KD	(합계)) 740KD

143) 쿠웨이트 한인연합교회, 「중동선교소식 : 쿠웨이트 편」(중동선교회, 1985.12.28), p.27
144) 쿠웨이트 한인연합교회, 「중동선교소식 : 쿠웨이트 편」(중동선교회, 1985.12.28), p.32

4) 현지인 선교사역

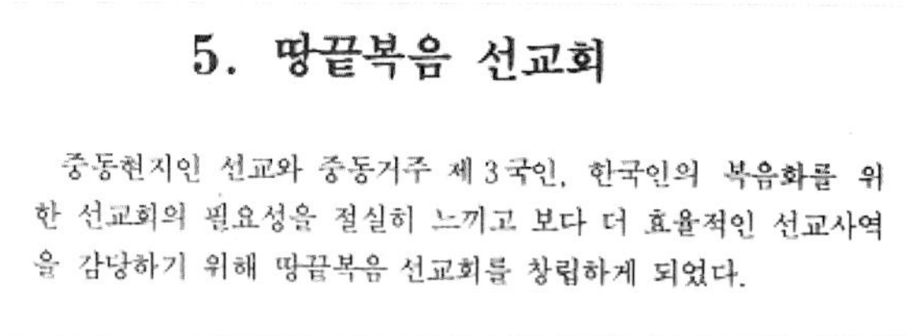
5. 땅끝복음 선교회

중동현지인 선교와 중동거주 제 3 국인, 한국인의 복음화를 위한 선교회의 필요성을 절실히 느끼고 보다 더 효율적인 선교사역을 감당하기 위해 땅끝복음 선교회를 창립하게 되었다.

쿠웨이트 한인연합교회는 최초의 시기부터 **쿠웨이트 현지인 선교**를 교회의 목표로 삼아왔었다. 1982년 6월, 땅끝복음 중동선교회가 창립될 때에도, 이것이 첫 번째 목표의 자리에 놓여졌다.[145] 쿠웨이트 한인연합교회는 그들이 쿠웨이트에서 복음을 증거해야 할 대상을 셋으로 보았다. 곧, **중동 현지인**과 **중동거주 제삼국인**, 그리고 한국인이었다. 세 부류의 대상들 중에서 첫 번째는 바로 중동 현지인, 곧 쿠웨이트인이었다. 현지인 선교를 위해 **철야기도**를 하기도 하였다.

쿠웨이트 내 현지인 전도는 **땅끝복음 중동선교회**가 **제직회의 전도부**와 협력하여 담당하였다.[146] 1983년 2월4일 부서장 회의에서 전도부는 '현지인 전도문제를 구상하고 있다'고 우선 보고하였고, 2월25일 회의에서 '현지인 전도는 총무부와 협의하여 **아랍어로 만들어 배포하는 방법**[147]으로 하기로 했음'을 보고하였다.

1983년 6월3일 정기제직회에서는 훨씬 더 진전된 논의가 있었다. **최낙성 집사**는 '우리 교회가 제 1단계로 바레인한인교회의 설립과 요르단한인교회의 설립을 돕고, 예비선교사 육성을 위해 장학생도 지원하고 있으니, 이제는 제 2단계로 쿠웨이트 현지인을 위한 전도가 되어야 한다'라고 제안하였다. **노영창 집사**는 '현지인 병원을 심방하여 우리가 크리스찬임을 소개하고, 현지인 환자에게 아낌없는 봉사를 해줌으로 그들에게 그리스도인의 친절함을 통해 예수님의 사랑을 심자'라고 제안하였고, '어린이를 위한 전도대책을 세워서, 서서히 어린이들에게 예수님을 심어주자'라는 의견도 제시하였다. **김위생 장로**는 '소그룹으로 현지인 마을을 방문하여 봉사하며, 그들과 친교를 나누자. 봉사하는 가운데 서로 유대관계를 맺으며, 예수님의 복음을 서서히 심자'라고 제안하였다. 그리고 **안계현 집사**도 현지선교의 방안을 제시하였다.[148]

145) 쿠웨이트 한인연합교회, 「중동선교소식 : 쿠웨이트 편」(중동선교회, 1985.12.28), p.9
146) 쿠웨이트 해외의 선교사역은 땅끝복음 중동선교회가 전담하였고, 땅끝복음 중동선교회는 쿠웨이트 국내 현지인 전도사역까지 함께 감당하였다.
147) 2023년도 현재 쿠웨이트에서 아랍어로 기독교 전도를 위한 문서를 제작, 배포하는 일은 매우 위험하여 엄격하게 금지된다. 그런데 당시에 이러한 계획을 세웠음이 매우 놀랍다.

1983년 6월, 정기부서장 회의에서는 "적어도 금년 내에는 전도부에서 **쿠웨이트에서 토착화**하여 **전도할 수 있는 계획과 방안**을 세워야 한다"라는 건의가 있었다(1983.6.24). 이 즈음에 한인전도와 현지인 선교를 위한 철야기도회도 진행하였다(1983.6.16).

〈주보광고〉 1983.6.10, 교회소식
전도부 철야기도회 모임이 6월16일 목요일 밤 9시30분에 K-6교회(현장교회)에서 있습니다.
한인전도와 **현지인 선교**를 위해 갖는 기도회 모임이오니 많이 참석해 주시기 바랍니다.

7월 정기제직회에서 전도부는 한국인 병원심방 시에 함께 입원한 현지인에게까지도 위문품을 전달하는 방안을 계획하였다(1983.8.5). **안계현 집사**는 훨씬 더 근본적인 대책을 제시하였다. '현지인 1인을 선교사로 선발하여 한국에서 유학을 하도록 하자. 성령충만함과 교육을 받게 하여 현지인에 의한 전도가 가능하도록 영구적인 토착화 선교를 이루자'라는 제안이었다. 교회는 안계현 집사의 제안을 밀도 있게 계획하여 처리하고, 지속적으로 추진하기로 하였다.[149]

7월 정기제직회에서 총무부는 **힐미 목사**와 **휴머즈 목사**[150]를 접견한 일을 보고하였다(1983.8.5). 그날 현지 아랍인을 선발하여 한국으로 유학시켜서, 현지인 전도 및 토착화 선교의 방안에 대하여 협의하였음을 보고했다. 힐미 목사는 세부적인 내용을 letter화하여 요청해 왔다. 이 제안은 사실상 안계현 집사가 제안한 대책과 같은 것으로 판단된다.

그런데 1983년 9월, 정기부서장 회의에서 선교부는 "**현지인 한국유학 문제**는 약간 지연되고 있으며, 장학기구의 설립을 구상 중이"라고 보고하였다(1983.9.2). 12월 정기직회는 '내년 1984년에는 쿠웨이트 안에 **현지인 선교에 발판**을 둘 수 있도록 노력할 것'을 결의하였다. 그 방안으로서 '현지인 회사에 취직을 해서라도 기동력과 참여생활을 확고히 하는 것'과 '긴 안목의 선교를 위해 현지인 교육방법'을 찾기로 하였다(1983.12.30).

---

148) 정기제직회 회의록, 5월 정기제직회 (1983.6.3). 안계현 집사의 의견은 별지첨부로 기록되었으나, 현재 그 별지로 남아있지 않다. 아마도 현지인을 선교사로 훈련시키는 방안으로 생각된다.
149) 안계현 집사의 제안은 <1985년도 현지선교사업>의 제 3순위의 사업으로 계획되었다.
150) 힐미 목사와 휴머즈 목사에 대해서는 알려진 바가 없다.

그리하여 1984년도 선교회 사업에 '쿠웨이트 안에 현지인 선교의 발판'을 세우기 위한 계획이 포함되어 있다. 아래의 표(1984년도 선교회 사업계획)에서 선교항목에 '쿠웨이트 현지선교'와 교육항목에 '현지인 신학생 유학'(한국유학)이 바로 이것에 해당된다.

선교	*한국 지원본부 설립 *세계 선교회 가입 *재 쿠웨이트 타교회와 제휴 *요르단 선교사 파견	*두바이 선교사 파견 *이라크 교회 설립 ***쿠웨이트 현지 선교** *중동 각국의 선교정보 입수 및 정리	교육	***현지인 신학생 유학** (한국유학) *한국인 장학생 관리(2명) *목사님 아랍어 교육

1985년도 현지선교사역은 훨씬 더 구체적으로 계획되었다. 먼저 **선교정보**를 수집하여(제 1순위사역), 이를 근거로 **선교협의체**를 구성하고(제 2순위사역), 현지인을 전도할 수 있는 **선교사를 양성하는 것**이었다(제 3순위사역). 이것은 1984년 7월 정기제직회에서 안계현 집사가 제안했던 대책, 또는 총무부가 힐미 목사와 휴머즈 목사를 접견했던 대책을 구체화한 것으로 생각된다.

1985년도의 현지선교사업계획은 다음과 같다.151)

1985년 현지 선교사업 (담당 : 선교위원 최낙성 집사, 윤대훈 집사)

순위	사업내용	소요예산	비고
1	선교정보수집		
	① 쿠웨이트인 교세파악		교회지도자, 지도층, 교인수, 교인신분(사회계층)
	② 교회활동 파악		사업계획, 예산, 선교대책, 개종자 대책
	③ 현지인 교세파악		교회명, 지도층, 교인수, 교인신분(사회계층) 사업계획, 예산, 선교대책, 관련기구
	④ 기존 선교기구 및 활동파악		선교기구파악, 활동계획, 지도층
	⑤ 대외 선교기구 및 활동파악		세계선교기구 파악 (송재권 집사와 협력) 기존 선교사 파악 (오오함 집사와 협력)
	⑥ 개종자 대책 강구		직업 및 신분안정책, 그리고 영적지도
2	선교협의체		
	① 성도와의 교제	월 50×10 = 500KD	계속적인 교제를 통하여 협력을 이룩한다. 교제대상자 선정
	② 선교협의체 창립		공식, 비공식 협의체를 구성한다

151) 쿠웨이트 한인연합교회, 「중동선교소식 : 쿠웨이트 편」(중동선교회, 1985.12.28), p.32

3	**선교사 양성**		
	① 피교육처 선정	50KD	현지인을 교육시킬 교육처를 선정한다.
	② 지원책 강구		교육을 위한 재정 및 기타 지원
	③ 선교사 선정		
	④ 유학파견	200KD	
	⑤ 사후관리	20KD	
	예비비	200KD	(합계) 970KD

당시에 실제로 현지선교사업이 얼마나 계획대로 잘 실천되었는지는 알 수 없었다. 다만, 1986년 2월 1일자 '**쿠웨이트 현지 기독교인 모임 참석보고서**'를 통해, 제 1순위사업(선교정보수집)을 실행한 것을 알 수 있다. 그 참석보고서의 전문은 아래와 같다

쿠웨이트 현지 기독교인 모임 참석 보고서

일　시 : 1986년 1월30일　　　　장소 : Fintas Al-Gazeer Club
참석자 : 최형섭 목사 부부, 김주신 집사 부부
목　적 : 현지 아랍사람들의 동태 및 선교방법 모색

1986년 1월19일, 당회위원 이수영 집사댁에서 모인 당회 및 선교위원 회의결과에 따라, 최형섭 목사와 김주신 집사 부부가 본 모임에 참석하고, 다음과 같이 보고 느끼고 계획하는 것을 보고하는 바이다.

참가목적은 '한인연합교회의 **현지선교를 어떻게 하면 활성화** 할 수 있을까?'하는 것과, '현재 쿠웨이트에 거주하는 **제 3국 기독교인들의 활동**'을 알아보는데 있었다. 우리 일행은 21시 정각에 동 클럽에 도착하여, 회비 1인당 KD7×4=KD28을 지불한 후, 안내를 받아 연회장에 착석하였다. 사회자의 안내에 따라 밴드가 연주되고, 합창이 시작되었다. 우리는 오늘 행사의 총 책임자인 Secretary Mr. Yacob과 이야기를 시작하였으며, 그에게서 다음과 같은 사항들을 알게 되었다.

1. 이 모임의 주최자는 **이라크인들**이다. 매월 정기적으로, 또는 필요에 따라서 모이는 이라크인들의 주모임으로서, 회원 간의 친목(전체가 그리스도인)과 선교와 믿음을 확인하는 모임이었다.
2. 그들은 대부분 이라크 모술 지방(성경의 니느웨) 사람들인데, 예수님께서 사용하신 아람어를 사용한다. 그들은 자신들이 그리스도와 제일 가까운 사람들이라는 자부심을 갖고 있다.

3. **현지 선교를 위해서**는 이 사람들과 함께 파티를 열어(회비를 받음), **쿠웨이트인을 초청**하여 그들도 즐길 수 있고, 같이 이야기를 나눌 수 있는 분위기를 조성해야 할 것 같다
4. 한국인 교인들은 한국인 교인끼리 모임을 갖으므로 전혀 제 3국인들과의 접촉이 없는데, **이는 시정되어야** 한다. 곧 우리 교회가 처음으로 어떤 형태로든지 **대외적인 기독교 모임**을 만들어 에반젤리컬 교회 목사님들과 교회 스폰서를 초청하고, 이해를 돈독히 하여, **한걸음 선교의 길로** 나가야 한다고 생각한다.
5. 연합교회에서 주관하는 미팅에 **쿠웨이트 사람들을 초청하는 일**은 개인접촉으로 하여 명단을 작성한 후, 가능하다고 판단된다.
6. 미팅은 아랍식으로 하며 **일종의 간증식**으로 연결하여 서울에서 간증책을 구입하여 이를 비치하고 배포한다(간증책은 영어나 아랍어여야 함).
7. 연합교회가 **간증책을 아랍어로 번역**하여 단편적으로 공급할 수 있을 것으로 여겨진다.
8. 간증책은 **중동선교 본부의 이름**으로 출간하여, 우리를 위장해야 할 것으로 생각된다.
9. 간증책으로부터 시작하여 서서히 **무슬림에게 하나님을 포교**할 수 있을 것이다.
10. 교회적으로 **많은 쿠웨이트인과 친해져서** 우리가 사용할 수 있는 기반을 다져야 한다.
11. 조심해야 할 문제점 : ① 너무 요란스러운 행사, ② 책자 배포 조심, ③ 마음 주기 조심

이상과 같이 **현재 연합교회에서 진행하고 있는 현지인 선교사업**은 아랍사람들의 성격과 환경에 맞게 해야 하며, 우리대로의 생각을 지양해야 하고, **쿠웨이티 기독인 한분**을 **선교부 현지 담당**으로 임명하는 것도 좋을 것으로 생각된다.

1986.2.1. 선교위원 김주신

5) 현장교회의 사역

① 연합교회와 현장교회

1980년 9월26일(금), 쿠웨이트 한인연합교회는 현장교회를 독립적으로 유지하는 **이중적인 체제**로 시작되었다. 그것은 연합교회 설립을 위한 제 4차 임역원 및 교회대표자 회의(9월12일)에서 '연합교회를 세우고 연합회는 해체하며, 현장교회는 그대로 존속시킨다'라고 만장일치로 결정하였기 때문이다. 이 결정에 의해 한인연합교회의 설립 후에도, **현장교회는 독립적으로 유지**되었다.

한인연합교회와 현장교회의 이중적인 체제는 두 가지의 열정, 곧 민족복음화(한국인전도)를 위한 **구령의 열정**과 세계선교(이슬람 선교)를 위한 **선교의 열정** 때문에 가능했다. 이러한 이중적 체제의 덕분에, 최초의 시기에 연합교회는 '구령의 열정'과 '선교의 열정'을 겸비할 수 있었다.

독립적인 교회

건설현장의 현장교회들이 한인연합교회에 가입하지 않은 경우도 있었다. 가입하더라도, 한인연합교회와 현장교회는 **독립적인 관계**였고, 구체적인 내용은 각 현장교회의 상황에 따라서 달랐다. 대부분의 현장교회는 담임목회자가 없었으므로 최형섭 목사가 담임목사를 맡는 경우가 많았다. 그러나 재정능력을 갖춘 현장교회의 경우, 자체적으로 담임목회자(목사, 전도사)를 두기도 했다.

현장교회들은 한인연합교회에 가입한 후에도 **독립적인 교회**였다. 일반적으로 규모와 상관없이 개교회별로 **교회의 역사**(교회설립부터 교회의 패쇄까지)를 갖고 있었다. 왜냐하면 건설현장이 생성되면 현장교회가 설립되었다가 공사가 완료되면, 교회는 문을 닫게 되었기 때문이다. 작은 규모의 현장교회는 임원회의 조직 정도만 갖추었고, 큰 규모의 현장교회는 운영위원회나, 제직회의 조직까지 갖추었다. 그리하여 독자적으로 사역 및 재정운영을 하였다.

현장교회들은 일반적으로 금요주일에 세 번 예배를 드렸다. **주일대예배**(금요일 오전)과 **주일저녁예배**(금요일 저녁)는 현장교회에서 독자적으로 드렸고, NECK에서 오후에 **연합예배**를 드렸다. 또 현장교회들은 주중에도 새벽예배, 일요저녁예배, 또는 기도회 등으로도 모였다.

② 현장교회들

삼호교회 (1976.11)

가장 의미가 크고 중심적인 현장교회는 **삼호교회**였다. 삼호교회는 1976년 11월6일, 삼호현장의 **유관희 장로**가 리셉션 룸(Reception room)에서 17명과 함께 예배를 드림으로 설립되었다. 유관희 장로가 새벽예배와 주일예배를 인도하였다(회집인원 4~50명). 그러나 1978년 6월, 유관희 장로와 김종기 장로 등이 한국으로 귀국하자, 예배도 중단되었다. 이에 현장소장과 삼호교회 성도들이 자하라 현장(약 3천명 근무)에 교회목회자가 필요함을 건의하였고, 삼호건설의 본사로부터 승인되어, **차군규 전도사**가 삼호건설의 과장대리로 삼호교회에 부임하게 되었다.

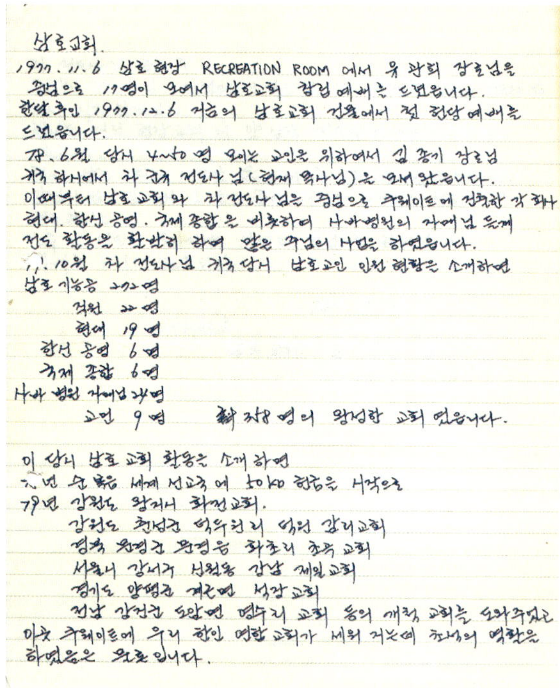
삼호교회.
1977. 11. 6 삼호 현장 RECREATION ROOM 에서 유 관희 장로님을
중심으로 17명이 모여서 삼호교회 창립 예배를 드렸읍니다.
한달 후인 1977. 12. 6 지금의 삼호교회 건물에서 첫 헌당 예배를
드렸읍니다.
78. 6월 당시 40~50 명 모이는 교인을 위하여서 김 종기 장로님
귀국 하시에서 차 군규 전도사 님(현재 목사님)을 모셔 왔읍니다.
이때부터 삼호 교회와 차 전도사 님을 중심으로 쿠웨이트에 진출한 각 회사
현대. 한신 공영. 국제 종합 을 비롯하여 사바병원의 간호사님 들께
전도 활동을 활발히 하여 많은 주님의 사업을 하였읍니다.
79. 10월 차 전도사님 귀국 당시 삼호교인 인원 현황을 소개하면
삼호 기능공 272명
직원 22명
현대 19명
한신 공영 6명
국제 종합 6명
사바 병원 간호사님 24명
교인 9명 총 358 명의 왕성한 교회 였읍니다.

이 당시 삼호 교회 활동을 소개하면
78년 순복음 세계 선교회에 5000 헌금을 시작으로
79년 강원도 왕거시 화전교회.
강원도 철원군 [illegible] 감리교회
경북 [illegible] 교회
서울시 강서구 신월동 강남 제일교회
경기도 양평군 [illegible] 교회
전남 강진군 도암면 영수리 교회 등의 개척 교회를 도와주었고
이후 쿠웨이트에 우리 한인 연합 교회가 세워 지는데 초석의 역할을
하였음은 [illegible] 입니다.

1978년 6월, 차군규 전도사의 부임과 함께, **삼호교회**는 주변 다른 건설현장에까지 큰 영적 활력을 불어넣었다. 현대, 한신공영, 국제종합을 비롯하여 자바병원의 간호사들까지 전도활동을 활발하게 하였다. 삼호교회는 삼호건설(삼호기능공 272명, 직원 22명) 뿐만 아니라, 다른 건설현장(한신공영 6명, 국제종합 6명)과 사바병원 간호사들(24명)까지, 약 360명이 참석하는 왕성한 교회였다.

이러한 삼호교회의 왕성한 활동을 초석으로 하여, 1978년 12월29일, 제 1회 **한국기독인 연합예배**가 드려질 수 있게 되었고, 1979년 1월20일, 쿠웨이트 한인연합교회의 모체가 되는 **쿠웨이트 한국 기독인 연합회**가 발족할 수 있었다. 이 연합회의 초대회장이 차군규 전도사였다. 그러므로 쿠웨이트 한인연합교회 설립에 있어서, 가장 큰 초석이 되었던 현장교회는 **삼호교회**였다.

삼호 홀리데인 교회 (1980.3)

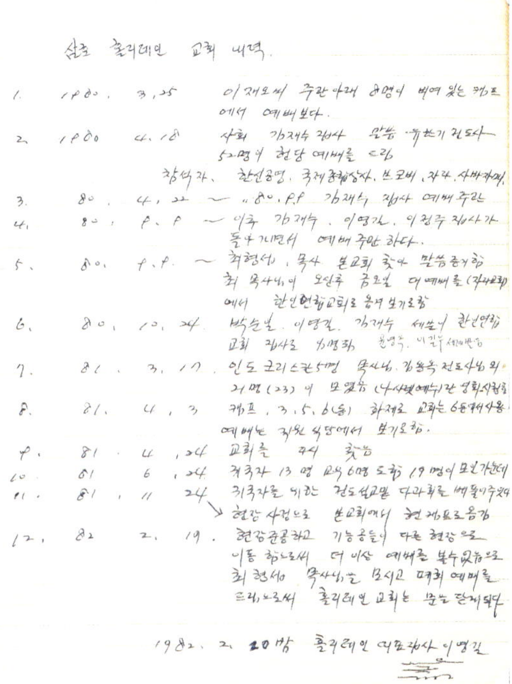
삼호 홀리데인 교회 내역.
1. 1980. 3. 25 이재오씨 주관 아래 8명이 비어 있는 캠프에서 예배보다.
2. 1980 4. 18 사회 김재수 집사 말씀 유한기 전도사 52명이 헌당 예배를 드림
참석자. 한신공영. 국제종합상사. 브코비. 자라. 사바자베.
3. 80. 4. 22 ~ 80. 9. 9 김재수 집사 예배 주관
4. 80. 9. 9 ~ 이후 김재수. 이영길. 이정주 집사가 돌아가면서 예배 주관하다.
5. 80. 9. 9 ~ 최형섭 목사 본교회 찾아 말씀증거함 최 목사님이 오신후 금요일 예배를 (자라교회)에서 한인연합교회로 옮겨 보기로 함
6. 80. 10. 24 박순일. 이영길. 김재수 세분이 한인연합교회 집사로 임명됨 윤영옥. 이길우 세례받음
7. 81. 3. 17 인도 크리스챤 5명 목사님. 김용옥 전도사님 외 21명 (23)이 모였음 (나사렛 예수)란 영화 시청함
8. 81. 4. 3 캠프. 3. 5. 6(동) 화재로 교회는 6동에서 사용 예배는 직원 식당에서 보기로 함.
9. 81. 4. 24 교회를 다시 찾음
10. 81 6. 24 귀국자 13명 교우 6명 도합 19명이 모인 가운데
11. 81. 11 24 귀국자를 위한 전도설교와 다과회를 베풀어 주었다
→ 현장 사정으로 본교회에서 ...
12. 82 2. 19. 현장준공하고 기능공들이 다른 현장으로 이동함으로써 더 이상 예배를 볼수 없음으로 최 형섭 목사님을 모시고 폐회 예배를 드림으로써 홀리데인 교회는 문을 닫게 되다
1982. 2. 20 밤 홀리데인 대표집사 이영길

매우 짧은 역사로 마치는 현장교회도 있었다. **삼호 홀리데인 교회**가 그러했다. 1980년 3월25일, **이재오 성도**의 주관 아래 8명의 성도들이 캠프의 비워있는 장소에서 예배를 드림으로 시작되었다. 4월18일에는 헌당예배를 드렸다(사회 : 김재수 집사의, 설교 : 유한기 전도사(차군규 전도사 후임)). 이 헌당예배에 한신공영, 국제종합상사, 브코비, 사바병원 간호사들도 참석하여 축하해 주었다. 헌당예배 이후 4월22일~9월2일까지는 **김재수 집사**가 예배를 주관하였다.

1980년 9월9일, **최형섭 목사**가 삼호 홀리데인 교회의 예배를 인도하였다. 그후부터 금요일 오후에 한인연합교회에 참석하였다. 1980년 10월24일에, 연합교회가 처음으로 집사를 세울 때, 박순일, 이영길, 김재수의 세 사람이 **한인연합교회**의 **집사로 임명**되었다. 그리고 윤영옥, 이길우 성도가 연합교회에서 **세례**를 받을 수 있었다.

한편 9월9일 이후 삼호 홀리데인교회의 예배(금요아침예배와 저녁예배)는 김재수, 이영길, 이정주 집사가 돌아가면서 주관하였다. 1981년 4월3일, 캠프에 화재가 나서 예배당을 잃게 되어, 직원식당에서 예배를 드려야 했다. 4월24일에 예배당을 다시 마련할 수 있었다. 6월24일에 귀국자 13명과 교우 6명이 환송모임을 가졌다. 이 자리에서 귀국자를 위해 **전도설교**를 하고 다과를 나누는 시간을 가졌다. 그런데 1982년 2월19일, 현장준공과 함께, 기능공들이 다른 현장으로 이동함으로써, 더 이상 예배를 드릴 수 없게 되었다. 그리하여 최형섭 목사를 모시고 **결실예배**[152]를 드림으로써, 삼호 홀리데인 교회는 설립된 후 2년 만에 문을 닫게 되었다. 그러나 건설현장이 세워져 있는 동안, 현장교회의 사명을 잘 감당하였다. 마지막 예배는 최종적인 결실의 열매를 맺는 예배였다.

152) 쿠웨이트의 현장교회에서는 마지막 예배를 '결실예배'라고 불렀다.

현대 K-6 교회 (1980.11)

현장교회는 건설현장의 인력변동에 따라 큰 영향을 받았다. 규모가 커지거나, 작아지기도 했다. 1980년 5월, 현대건설 K-6 현장근로자 식당에서 **고영길 성도**의 인도로 5~6명이 함께 예배를 드리기 시작하였다. 10월에는, 점차 인원이 늘어서 10여명이 예배에 참석하였는데, 찬송가가 부족하여 복사판으로 임시 대체하였다.

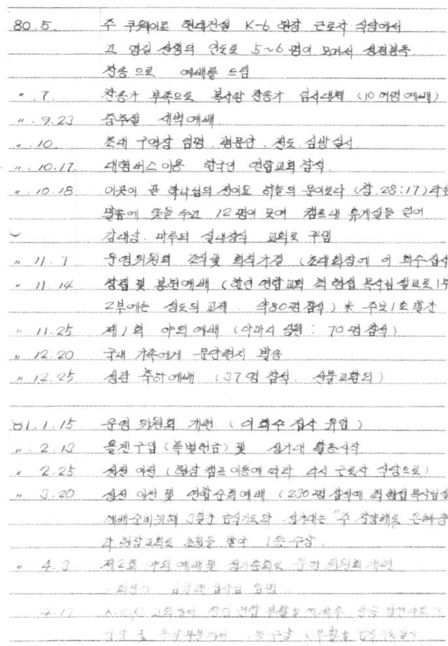

80.5. 주 은혜으로 현대건설 K-6 현장 근로자 식당에서
고 영길 성도의 인도로 5~6 명이 모여서 성경봉독
찬송으로 예배를 드림
" .7. 찬송가 부족으로 복사판 찬송가 임시대체 (10 여명 예배)
" . 9.23 추수절 새벽예배
" . 10. 초대 구역장 임명 . 권문안 . 전도 심방 실시
" . 10.17. 대형버스 이용 한국인 연합교회 참석
" . 10.18 이곳이 곧 하나님의 전이요 하늘의 문이로다 (창 28:17)라는
말씀에 뜻을 두고 12 명이 모여 캠프내 휴게실을 얻어
강대상. 마루의 실내장식 교회로 꾸밈
" 11. 7 운영위원회 조직 및 회칙가결 (초대회장에 이 희수 집사)
" 11. 14 창립 및 봉헌예배 (한인 연합교회 최 형섭 목사님 설교로 1부
2부에는 성도의 교제 . 약80명 참석) * 주보 1 호 발간
" 11.25 제 1 회 야외 예배 (아마시 공원 : 70 명 참석)
" 12.20 국내 가족에게 문안편지 발송
" 12.25 성탄 축하예배 (37 명 참석 . 선물교환회)

81.1.15 운영 위원회 개편 (이 희수 집사 유임)
" . 2.13 올겐구입 (특별헌금) 및 성가대 활동시작
" 2.25 성전 이전 (현장 캠프 이동에 따라 다시 근로자 식당으로)
" 3.20 성전 이전 및 연합순회예배 (230 명 참석에 최 형섭 목사님 설교
예배준비위해 3일간 금식기도와 성가대는 "주 찬양해"로 은혜 중한
타 현장교회로 초청을 받아 1등 수상 .
" 4.3 제2회 야외 예배 및 정기총회로 운영 위원회 개편
(회장에 김 [illegible] 집사님 임명 .
" 4.17 A.S.C 교회에서 한인 연합 부활절 예배 후 찬송 경연대회 그
중창 및 독창 부분에서 1등 수상 (부활절 금식기도 실시

10월18일, 대형버스를 이용하여 연합교회의 예배에 참석한 후, 12명이 모여 "이곳이 곧 하나님의 전이요, 하늘의 문이로다"(창 28:17)라는 말씀에 의지하여, 현장교회의 설립을 준비하였다. 캠프 내의 휴게실을 허락받아서 강대상, 마루, 실내장식 등으로 예배당을 꾸미었다. 11월7일, 운영위원회를 조직하였고(초대회장 : 이희수 집사), 회칙을 가결하였다. 이와같이 교회설립 준비를 마친 후에, 11월 14일, 최형섭 목사를 모시고 예배를 드림으로 **현대 K-6교회**가 설립되었다(약 80명 참석. 제 1호 주보 발간).

1981년 2월, 특별헌금을 드려 예배를 위한 **올겐 구입**을 하였고, **성가대 활동**을 시작하였다. 그런데 현장캠프의 이동에 따라서 예배당을 다시 **근로자 식당**으로 옮겨야 했다. 예배당 이전 및 연합순회예배의 준비를 위해 3일간 금식하였다. 성가대는 "주 찬양해"라는 곡으로 타 현장교회의 초청을 받아 1등을 수상했다. 4월17일, 한인연합교회의 부활절 예배 후 찬송경연대회에서 중창 및 독창 부분에서 1등을 수상했다. 부활절에는 금식기도를 실시하였다. 4월30일, 예배당을 근로자 식당에서 **테니스장 내 건물**(15평 정도)로 옮길 수 있었다. 교회로서 모든 것을 갖출 수 있게 되었다

1983년 6월 당시, 교인현황은 재적 151명이었는데, 초신자의 비율이 상당하였다(세례교인 33명, 학습교인 12명). 금요주일에 세 번의 예배가 있었다. 이것이 당시 현장교회에 일반적이었다.

금요주일	시간	교회(장소)	인도자 (설교)	참석인원
주일대예배	07:30	현대 K-6교회	김위생 장로	56명
찬양예배	18:30	현대 K-6교회	설교용 Tape (박조준 목사)	85명
연합예배	13:30	NECK 한인연합교회	최형섭 목사	20명
기타 집회	새벽기도회 및 목요기도회			

찬양예배(금요주일 저녁예배)가 85명으로 가장 참석인원이 많았다. 이에 비하여 연합예배는 20명만 이 참석하였다. 연합예배의 참석을 위해, 교통편으로 회사버스를 이용하였다. 캠프에서 12시 30분에 출발했으며, 약 40분이 소요되었다(당시 운전봉사자는 신앙경력 1년차인 문준영 성도였다).

현대 K-6교회는 제 1대부터 12대까지 운영위원회 조직을 잘 갖추고 있었다. **성가대**도 갖추었다.

장　로 : 김위생	회　장 : 이헌정	전도부 : 김성웅, 김광열, 박영준	성가지휘 및 반주 : 서복현
총　무 : 이덕로	서　기 : 노상국	봉사부 : 안유영, 이재두, 김정일	
회　계 : 이원복	부회계 : 장하순	예배부 : 신달식	

(1983.11.18 운영위원회 조직현황)153)

아직 **현대 K-6교회**가 설립되기 이전인, 1980년 10월에, **초대 구역장**을 임명하고 병문안 및 전도 심방을 실시했었다. 건설현장의 인원이 상당하게 줄어들었던 1984년 4월, 구역강화를 위하여 구역장 및 구역원을 새롭게 조직하였다. 또 구정희 집사는 새가족들을 위해 **새가족 교육**을 실시하였다. 6월 1일에는 전도 및 각 부서의 시상식과 더불어 **새가족 환영파티**가 있었다. 6월15일에 운영위원회를 개편하고, **구정희 집사**가 회장으로 선임되었다.

12월 25일에는 해마다 **성탄축하예배**를 드렸다. 1980년에는 성탄행사로서 선물교환을 하였고, 81년도에는 찬송경연대회를 하였다. 특별한 시기에는 최형섭 목사를 초청하여 예배를 드렸다 (1981.11~1984.11, 교회설립 1~4주년 기념예배 ; 1982.4.9, 부활절 예배 및 부흥집회). 1982년 3월12일에는 친선 체육대회를 열었다. 그리고 1년에 2차례씩 **야외예배**를 가졌다.

	제 1회	제 2회	제 3회	제 4회	제 5회	제 6회	제 7회	제 8회	제 9회
날짜	80.11	81.4	81.9	82.6	82.10	83.5	83.8	84.3	84.7
장소	아마디공원		사우디해변	페르시아만	자라라해변	싸스해변	사우디해변	베티 해변	사우디해변
인원	70명		92명	70명		56명	52명	26명	13명

153) <현대 K-6교회> 주보, 1983.11.18

1984년도 야외예배 참석인원이 크게 줄었다. 건설현장의 공정이 완료되었기 때문이다. 얼마 전 6월에 회장으로 선임된 구정희 집사도, 조기 공정만료로 인하여 갑자기 귀국하게 되었다. 결국 1984년 8월, 현대 K-6교회의 결실예배를 준비하던 중에, 하나님의 크신 은혜로 쿠드라 교회와 연결될 수 있었다.

그리하여 1984년 11월4일, 제 4주년 설립기념예배에서 **쿠드라 반석교회**로 개명하고, 다시 크게 부흥하였다.

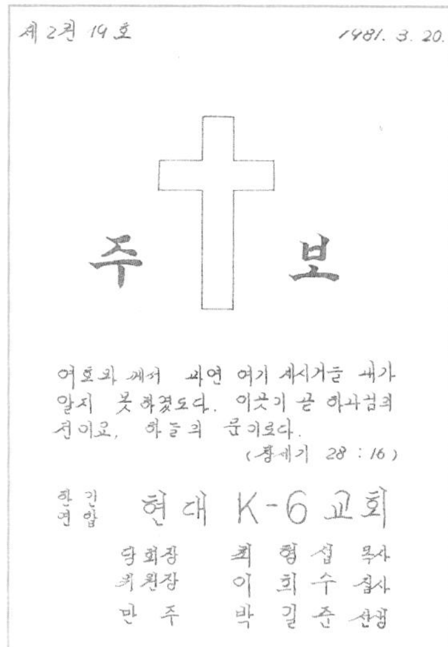
제2권 19호 1981. 3. 20.

주 보

여호와께서 과연 여기 계시거늘 내가 알지 못하였도다. 이것이 곧 하나님의 전이요, 하늘의 문이로다.
(창세기 28 : 16)

한간 연합 현대 K-6교회

당회장 최 형 섭 목사
위원장 이 희 수 집사
반 주 박 길 준 선생

현대 K-6교회 주보(1981.3.20)

현대 쿠트라 반석교회 (1984.11)

현대 K-6교회는 **현대 KUTRA 반석교회**로 이어졌다. 최형섭 목사는 현대 K-6교회의 당회장이었고, 현대 KUTRA 반석교회에서도 당회장이었다.

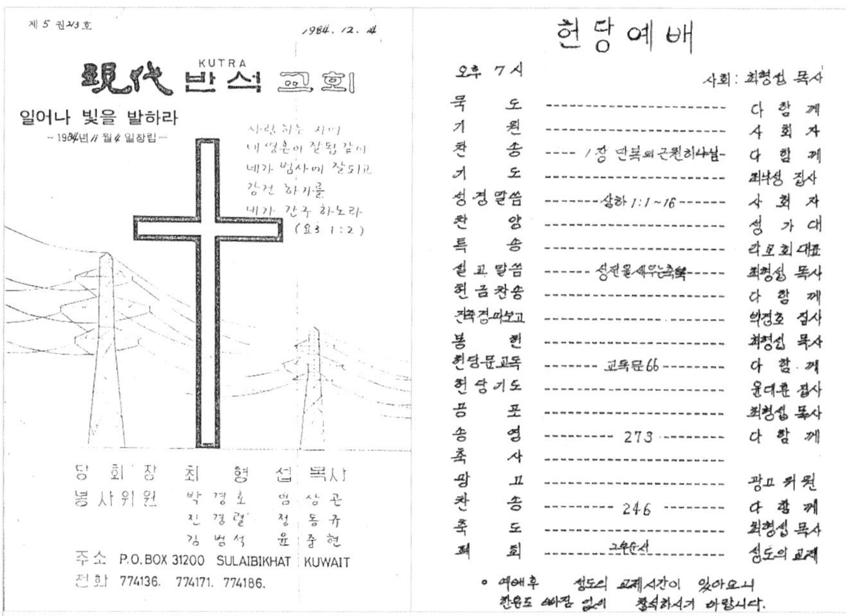
제 5 권 213 호 1984. 12. 14

KUTRA 現代 반석 교회

일어나 빛을 발하라
- 1984년 11 월 4 일창립 -

사랑하는 자여
네 영혼이 잘됨 같이
네가 범사에 잘되고
강건 하기를
네가 간구 하노라
(요3 1 : 2)

당회장 최 형 섭 목사
봉사위원 박 경 호 염 상 곤
진 경 렬 정 동 규
김 범 석 윤 중 현
주소 P.O.BOX 31200 SULAIBIKHAT KUWAIT
전화 774136. 774171. 774186.

헌당예배

오후 7시 사회 : 최형섭 목사

묵 도		다 함 께
기 원		사 회 자
찬 송	1장 만복의 근원 하나님	다 함 께
기 도		최낙성 집사
성경말씀	삼하 1:1~16	사 회 자
찬 양		성 가 대
특 송		각교회 대표
설교말씀	성전을 세우는 축복	최형섭 목사
헌금찬송		다 함 께
건축경과보고		박경호 집사
봉 헌		최형섭 목사
헌당문교독	교독문 66	다 함 께
헌당기도		윤대훈 집사
공 포		최형섭 목사
송 영	273	다 함 께
축 사		
광 고		광고위원
찬 송	246	다 함 께
축 도		최형섭 목사
폐 회	그후순서	성도의 교제

◦ 예배후 성도의 교제시간이 있아오니 한분도 빠짐 없이 참석하시기 바랍니다.

현대 KUTRA 반석교회 (1984.12.14. 헌당예배 주보)

도하 대림교회 (1981.8)

도하 대림교회는 대림산업에서 교회목회자를 파견한 것 같다.[154] 그리하여 도하 대림교회의 규모가 그리 크지 않았음에도, 자체적으로 **담임목사**가 있었으며, **제직회**도 운영하였다.

1979년 10월~1981년 7월, 대림교회가 세워지기 전까지는, 삼호교회에서 함께 예배를 드렸다. 1981년 8월6일, **김봉식 장로**와 **한순길 전도사** 외 4명의 집사가 교회설립 추진위원이 되어, 현장의 허락을 받아 도하캠프 19동 13호에서 **오계근 목사**[155]의 인도로 첫 예배를 드림으로 대림교회가 설립되었다. 9월12일, 제직회에서 오계근 목사와 한순길 전도사를 대림교회의 담임목사와 교육전도사로 결의하였다. 1982년 3월31일, 오계근 목사가 인도네시아로 전출되어 떠나게 되었다(한순길 전도사도 귀국). 그후에 1983년 9월까지 담임목사없이 전도사들이 쿠웨이트에 와서 교육전도사로 섬겼다(양상국 전도사, 1982.4.23~10.20 ; 한길환 전도사, 1982.9.23~1983.9.9).[156]

1983년 5월27일, 제직회는 **최형섭 목사**를 대림교회의 당회장으로 모시기를 결의했다. 그리하여 6월10일, 최형섭 목사의 당회장 취임예배를 드렸다. 최형섭 목사는 그 이전에도 대림교회를 몇 차례 방문하여 예배를 인도했었다(방문예배 : 1982.3.6, 4.11, 1983.2.11, 청년회 헌신예배 : 1983.3.18.).

1984년 5월18일, **오계근 목사**가 다시 쿠웨이트로 복귀함에 따라, 다시 당회장으로 취임하였다. 도하 대림교회는 규모가 그리 크지 않았다. 금요주일 저녁예배에는 30여명~70명 정도가 참석하였고, 화요저녁예배에는 10~30여명이 참석하였다. 그러나 자체적으로 서리집사를 임명하여 **제직회**를 구성하고, **공동의회**도 두었다. 제직회는 회장, 서기 및 회계 외에 4개의 부서를 두었다(총무부, 예배부, 전도부, 봉사부). 정기제직회는 매월 성실히 열려 교회운영의 제반사항을 의논했다.

금요주일저녁예배와 화요저녁예배 외에, 금요주일 오후에는 NECK의 연합예배에 참석하였다. 그리하여 제직회에서 한 집사가 '십일조 헌금을 대림교회와 연합교회 중 어디로 드려야 할지?'를 질의하였다. 십일조 만큼은 본 교회(대림교회)에 드리고, 기타헌금은 자의에 맡기기로 하였다.

---

154) 대림교회 제직회 재정보고에서 담임목사의 월사례비가 10KD 밖에 되지 않았다.대림건설 본사에서 교회목회자에게 월급이 지급되었고, 대림교회는 감사표시로 10KD를 드린 것 같다.
155) 오계근 목사는 대림산업 서(西)도하현장 중기부에 시무하여 대림교회에서 근무하였다.
156) 전도사들은 오계근 목사와 같이, 대림산업 소속이 아니었다.

재정보고를 보면, 대림교회는 본 교회 선교헌금의 30%를 매월 땅끝복음 중동선교회를 위한 선교헌금으로 연합교회에 드렸다. 1983년 4월에는 한 달 총 헌금액보다 더 많은 100KD를 중동선교 특별헌금으로 드렸다. 그리고 1984년 4월 정기월례회에서는 1984년 4월27일의 주일헌금 50%를 연합교회에 헌금하기로 결의하였다. 대림교회가 단지 연합교회의 예배와 행사에 참여한 것만이 아니라, 재정적으로도 동역하였다.

2) 8월분 회계 보고 〈단위 KD〉

수입부		지출부	
항목	금액	항목	금액
십일조 ⑦	20.000	◦성경 및 찬송가 구입헌금 (연합교회 8.5.)	20.000
감사헌금			
◦감사헌금 (일반)⑤	10.240	◦7.11. 야외예배경비 추가 지출 8.5.	16.900
◦창립2주년특별감사헌금 ㉗	74.650	◦창립2주년 기념예배 다과 준비금	16.900
100KD 땅끝선교		※땅끝복음 중동선교회 선교헌금 8월분 30% (9.2. 예정)	32.000
※계	104.890	※계	85.800
전기이월	116.050	차기이월	135.140
합계	220.940	합계	220.940

DOPS 교회 (1981.10)

1980년 12월, 도하 현장에 공사가 착수되어 인원이 투입되었다. 아직 인원이 적었으므로, 현대 K-6교회로 출석하였다. 1981년 1월, 인원투입의 증가로 김형희 집사와 정영재 집사 두 사람이 현장교회의 설립을 의논하던 중에, 정영재의 귀국으로 **김형희 집사**만 홀로 남게 되었다. 그해 4월, 김형희 집사가 주축이 되어, 김수일, 고진홍, 이광하 성도 등과 함께 교회설립을 다시 의논하였다. 우선 5~7월에는 연합교회에 참석하면서, 교회설립을 위해 기도하였다.

1981년 8월, 김형희, 김수일, 고진홍, 장석조, 장하동, 그리고 심영승 성도가 **설립위원**이 되어 늘 기도하면서, 교회설립을 추진하였다. 교회설립을 준비하던 중에 윤호철, 홍두표, 유희각, 손수호, 임직, 정태식 성도 등이 합류하여, 더욱 활발하게 교회설립을 추진할 수 있었다. 이귀제 현장소장으로부터 캠프 내 교회장소를 허락받을 수 있었다. 9월, 현대 K-6교회의 격려에 힘을 얻어, 교회설립을 착수하였다. 목재를 구입하고, 교회내부를 장식하였다. 장하동 성도가 53KD를 드려 휘장을 구입함으로써, 교회설립을 위한 최종준비를 마무리 짓게 되었다. 10월 2일, 드디어 최형섭 목사를 모시고, **설립예배**를 드림으로써, DOPS 교회가 설립되었다. 이 설립예배를 축하하기 위하여, 연합교회와 현대 K-6교회, 그리고 와디교회에서 참석하였다. 그 뒤로 크고 작은 어려움이 있었지만, 주님의 은혜로 지금까지 예배를 드릴 수 있었다. 이제 곧 공사가 끝나게 되어, 머지아 결실예배를 드리게 될 것 같다(1983.6.10. 교회대표 김수웅 집사).

한신교회 (1982.8)

1982년 8월27일, **홍상묵 집사**를 비롯한 노영창, 최기남, 윤병로, 원명천 집사 등이 새마을 회관에서 예배를 드림으로 한신교회가 설립되었다. 9월13일, 최형섭 목사를 모시고 첫 심방예배를 드렸다(사회 : 홍상묵 집사, 설교 : 땅끝복음의 증인). 주일저녁예배를 위해 **이흥중 집사**가 매주 방문하였다. 10월14일, 노영창, 윤병로 집사가 한인연합교회의 집사로 임명되었다. 1982년 12월13일, 현장소장과 캠프장에게 교회설립의 협조를 약속받은 후, 교회설립을 위한 기금을 모금하였다(모금목표액 250KD). 1983년 9월9일, 최형섭 목사를 모시고 **교회설립 예배**를 드림으로써, 한신교회가 시작되었다. 1984년 8월9일, 한신교회 설립 1주년 기념예배를 드렸다.

그러나 공사가 완료됨에 따라 1985년 8월9일, 최형섭 목사를 모시고, 한신교회의 마지막 예배인 **결실예배**를 드리게 되었다. 이 예배에 한신교회의 김영식, 서정인, 남인철, 김찬식 성도 외에 모두 25명이 참석하였다. 8월10일, 한신교회의 비품 13개 품목은 **핀타스 교회**로 인계하였다.

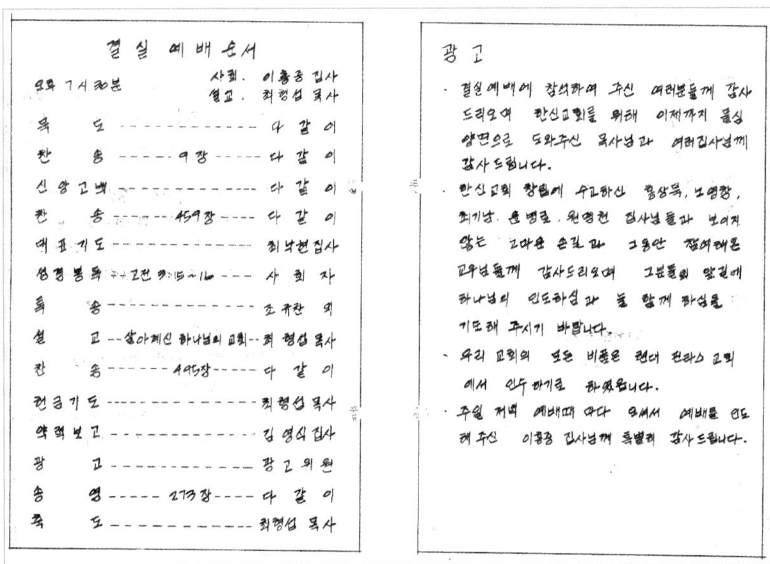

결실 예배 순서

오후 7시 30분 — 사회. 이흥중 집사 / 설교. 최형섭 목사

묵도	다같이
찬송 — 9장	다같이
신앙고백	다같이
찬송 — 459장	다같이
대표기도	최낙현 집사
성경봉독 — 고전 3:15~16	사회자
특송	조규찬 외
설교 — 살아계신 하나님의 교회	최형섭 목사
찬송 — 495장	다같이
헌금기도	최형섭 목사
약력보고	김영식 집사
광고	광고위원
송영 — 273장	다같이
축도	최형섭 목사

광고

· 결실예배에 참석하여 주신 여러분들께 감사드리오며 한신교회를 위해 이제까지 물심양면으로 도와주신 목사님과 여러집사님께 감사드립니다.

· 한신교회 창립에 수고하신 홍상묵, 노영창, 최기남, 윤병로, 원명천 집사님들과 보이지 않는 고마운 손길과 그동안 참여해온 교우님들께 감사드리오며 그분들의 앞길에 하나님의 인도하심과 늘 함께 하심을 기도해 주시기 바랍니다.

· 우리 교회의 모든 비품은 현대 핀타스 교회에서 인수하기로 하였읍니다.

· 주일 저녁 예배때 마다 오셔서 예배를 인도해 주신 이흥중 집사님께 특별히 감사드립니다.

한신교회 결실예배 주보(1985.8.9.)

핀타스 교회 (1985.8)

1985년 8월 16일, **핀타스 교회**는 한신교회의 비품을 인계받아 설립되었다. 최형섭 목사가 설립예배의 설교를 맡았다. 설립예배 시에 이미 임역원의 조직을 갖추고 있었다(회장 : 김선복, 총무 : 강승구, 회계/서무 : 강기선, 예배부장 : 정정록, 전도부장 : 조동진, 봉사부장 : 곽진동. 고문 : 한영만, 조윤호, 이상민, 이용인).

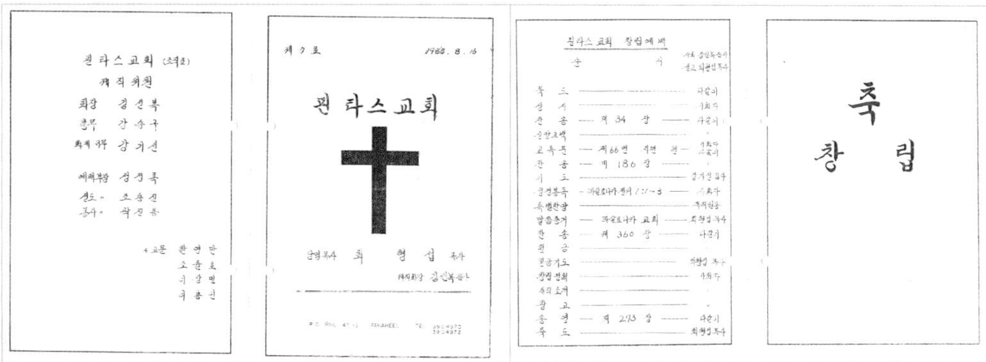

마그리브 교회 (1983.6을 중심으로)

마그리브 교회는 1983년 6월 이전에 설립되었으나, 설립시기는 알 수 없었다.157) 1983년 6월에 현장의 작업 총인원은 250명이었고, 그 중에서 교인은 **안계현 대표집사**158)와 집사 8인을 비롯하여 103명이었다. 마그리브 교회는 임역원과 구역조직을 갖추고 있었다.

교회대표 : 안계현 집사	예배부장 : 김종기	제 1구역장 : 박순봉
부회장 및 총무 : 이홍중 집사	전도부장 : 김근호	제 2구역장 : 김세진
고 문 : 조상호, 이근수 집사	봉사부장 : 이노헌	제 3구역장 : 김종기
	친교부장 : 박근득, 김송배	제 4구역장 : 최석봉

157) 마그리브 건설현장의 모터웨이 도로공사 기간은 1981~1986년이었다. 따라서 마그리브 교회는 1981년 이후에 세워졌을 것이다.

158) 안계현 집사는 1983년 7월 연합교회 정기제직회에서 현지인 선교의 주요한 방안을 제시하였다.

마그리브 교회는 예배와 기도의 열정이 뜨거웠던 교회였다. 새벽예배까지 드렸으며, 새벽예배와 금요예배의 인도는 안계현 집사를 비롯한 제직들이 맡았다. 예배현황은 다음과 같았다.

	예배시간	예배인도	참석인원
새벽예배	오전 4:30	안계현	7명
금요연합예배(연합교회)	오후 1:30	최형섭 목사	30명
금요현장밤예배	저녁 7:30	안계현, 이홍중, 최석봉	50명
월요일밤예배(연합교회)	저녁 8:30	최형섭 목사	7명

아사파 교회 (1982.9)

1982년 9월10일, **이희수 집사**를 비롯한 29명의 성도들이 **안계현 집사**(마그리브 교회 대표)의 설교로 설립예배를 드림으로 **아사파 교회**가 시작되었다(사회 : 홍문순 집사, 대표기도 : 권혁철 집사). 교회 설립을 축하해주기 위해 마그리브 교회 교인 11명이 이 예배에 참석하였다. 10월15일, 임원회가 조직되었다(교회대표 : 이희수 집사, 서기 : 이영주 성도, 회계 : 박성남 성도, 김차돌 집사, 예배부장 : 권혁절 집사, 전도부장 : 홍순문 집사). 10월22일, 최형섭 목사를 모시고, **헌당예배**를 드렸다(92명 참석).

1982년 10월18일에는 마그리브 교회의 **조상호 집사**를 강사로 초청하여 '**하나님의 의**'라는 제목으로 성경공부를 하였다. 1983년 1월28일에는 최형섭 목사를 모시고 예배를 드린 후, **성지 슬라이드**를 상영하였다. 4월 1일에도 최형섭 목사를 강사로 모시고, '**말세론**'에 대해 공부를 하였다. 7월15일, 연합교회 주최 **성경읽기 대회**에서 아사파 교회가 1등을 차지하였다. 또 7월22일 연합교회 주최 **찬송가 경연대회**에서도 아파사 교회 성가대가 최우수상을 획득하였다.

1983년 3월10일, 제 1회 야외친목 체육회가 자하라 해변에서 열렸다(60여명 참석). 12월23일, 연합교회의 크리스마스 행사가 아사파 교회에서 진행되었다. 1984년 1월20일에는 요르단 파송 선교사 **진영준 목사**가 오셔서 말씀을 전해주셨다. 그런데 공사만료와 함께, 성도들이 계속하여 귀국하게 되었다. 교인이 불과 4~5명이 남았을 때, 회사의 강압에 의해 교회를 일시적으로 폐쇄된 적이 있었다. 다시 예배를 드릴 수 있게 되었지만, 8월초에 모두 귀국하고 단 한 사람만 남게 되었다. 그리하여 1984년 8월31일, **결실예배**를 드리게 되었다.

한양 은혜교회 (1982.10)

1982년 9월10일, **박상기 집사** 외 4명이 현장 교회의 설립을 계획하였다. 이를 위하여 9월 15일, 윤대훈 집사의 댁에서 모임을 갖고, 최형섭 목사에게 ㈜ 한양의 현장교회의 설립의 사를 알렸다. 최형섭 목사, 최낙성 집사, 그리고 윤대훈 집사가 설교를 담당하기로 했다.

10월4일, 최형섭 목사가 교회이름을 **한양은혜교회**로 명명하였다. 10월8일 ㈜ 한양의 각 부서로부터 많은 협조를 받으며, 첫 예배를 드림으로써 한양 은혜교회가 설립되었다. 교회 설립의 초기에는 최형섭, 최낙성, 윤대훈 집사가 설교를 맡았다. 10월29일, 회장 박상기 집사를 비롯하여 임원회가 조직되었다(부회장 박노열 집사, 총무 국관호 성도).

한양 은혜교회 약력

- 창립일 1982 년 10 월 8 일 -

1982.9.10	박상기 집사, 박노열 집사, 최신근 집사, 국관호 성도 박상시 성도 교회창립을 계획.
1982.9.15	한인연합교회 윤대훈 집사님 댁에서 모임을 갖고 한인 연합교회 최형섭 목사님께 교회 창립의사를 전달하고 최형섭 목사님, 최낙성 집사, 윤대훈 집사 께서 설교 담당키로 함.
1982.10.4	한인 연합교회 최형섭 목사님께서 " 한양은혜 교회 " 라 명명하심.
1982.10.8	하나님의 크신사랑과 은혜안에서 (주) 한양의 각부서에서 협조해 주시어 창립 예배를 드리니 하나님께 영광이요 한양식구 에게는 은혜의시간이었다.
1982.10.29	회장 : 박상기 집사, 부회장 : 박노열 집사 총무 : 국관호 성도
1983.1.21	새로운 성전 건립.
1983.4.8	선교헌금 100 께이디.
1983.7-1983.11	(주) 한양의 공사수주가 없으므로 임덕성 집사, 박상기 집사 최하석 성도 들만이 남아서 기도와 성령의 불을 끄지않고 새롭게 교회가 성장하기를 힘썼음.
1984.5.25	이성배 집사, 이득선 집사, 박경원 집사, 조윤성 집사 등 그외 여러집사님과 성도님들의 기도와 협조로 새로운 성전을 건립하고 한인 연합교회 최형섭 목사님과 그외 여러 교우들이 참석한 가운데 은혜롭게 헌당 예배를 드림.
1984-1985	이충열 전도사 시무.
1985-1986	윤장원 장로님과 정은수 전도사님 시무.
1986.2.7	회장 : 이진범 집사, 총무 : 정은수 전도사, 전도 : 최병기 집사 교육 : 이석완 집사, 봉사 : 정귀영 집사
1986.6-1987.8	박홍수 전도사 시무.

한양 은혜교회의 역사 (1982.10.8. 설립)

1983년 1월~ 1987년 8월까지 한양 은혜교회는 자체적으로 담임 목회자를 모셨다. 이충열 전도사(1983.1 ~1985), 정은수 전도사(1985~1986), 박홍수 전도사(1986.6~1987.8)였다. 이와같이 자체적으로 담임목회자를 모신 경우, 최형섭 목사가 현장교회의 담임을 맡을 필요가 없었다.

1983년 1년20일 주보에 **담임 이충열 전도사**라고 소개되었다. 교회소식에는 쿠웨이트 한인연합교회의 주일학교 교사를 모집하는 광고도 있었다. 이처럼 현장교회는 연합교회와 독립된 교회이면서도, 매우 긴밀하게 협동하는 관계였다. 한양은혜교회는 금요주일에 두 번의 예배를 드렸다 : 주일예배(오전 9시)와 주일밤예배(저녁 7시). 그러므로 성도들은 오전 9시에 주일예배를 드린 후에, NECK에서 오후 1:30 연합예배에 참석했다. 저녁예배는 다시 현장교회에서 드렸다.

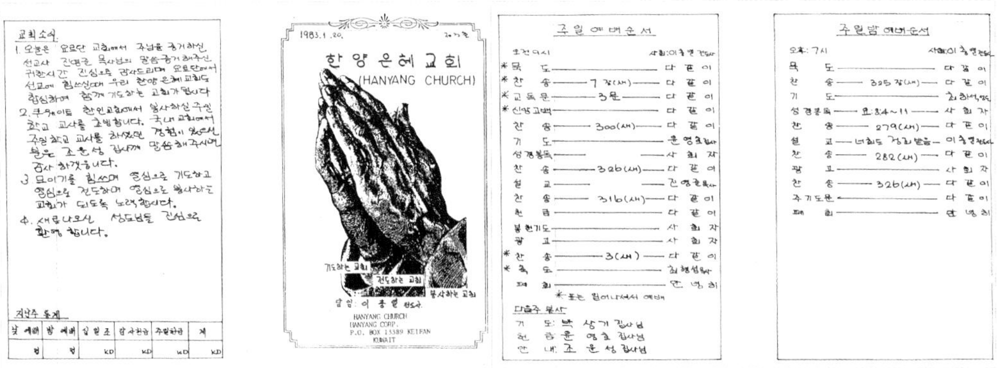
교회소식
1. 오늘은 요르단 교회에서 주님을 증거하신 선교사 진영곤 목사님의 말씀증거해주신 귀한시간 진심으로 감사드리며 요르단에서 선교에 힘쓰실때 우리 한양은혜교회도 합심하여 함께 기도하는 교회가 됩시다
2. 쿠웨이트 한인교회에서 봉사하실 주일학교 교사를 초빙합니다. 국내교회에서 주일학교 교사를 하셨던 경험이 있으신 분은 조윤성 집사께 말씀해주시면 감사하겠습니다.
3. 모이기를 힘쓰며 열심으로 기도하고 열심으로 전도하며 열심으로 봉사하는 교회가 되도록 노력합시다.
4. 새로 나오신 성도님들 진심으로 환영합니다.

지난주 통계

낮 예배	밤 예배	십일조	감사헌금	주일헌금	계
명	명	KD	KD	KD	KD

1983.1.20.

한양은혜교회
(HANYANG CHURCH)
기도하는 교회
전도하는 교회
봉사하는 교회
담임: 이종열 전도사
HANYANG CHURCH
HANYANG CORP.
P.O. BOX 13389 KEIFAN
KUWAIT

주일 예배순서
오전 9시 사회: 이종열 전도사

*묵 도		다 같 이
*찬 송	7장(새)	다 같 이
*교독문	3문	다 같 이
*신앙고백		다 같 이
찬 송	300(새)	다 같 이
기 도		윤영호 집사
성경봉독		사 회 자
찬 송	326(새)	다 같 이
설 교		진영곤 목사
찬 송	316(새)	다 같 이
헌 금		다 같 이
봉헌기도		사 회 자
광 고		사 회 자
*찬 송	3(새)	다 같 이
*축 도		최형섭 목사
폐 회		안 병 희

*표는 일어나서서 예배

다음주 봉사
기 도: 박상기 집사님
헌 금: 윤영호 집사님
안 내: 조윤성 집사님

주일밤 예배순서
오후: 7시 사회: 이종열 전도사

묵 도		다 같 이
찬 송	325장(새)	다 같 이
기 도		최하석 성도
성경봉독	요 8:4~11	사 회 자
찬 송	279(새)	다 같 이
설 교	너희도 정죄받음	이종열 전도사
찬 송	282(새)	다 같 이
광 고		사 회 자
찬 송	326(새)	다 같 이
주기도문		다 같 이
폐 회		안 병 희

1983년 1월21일, 한양은혜교회는 **성전**을 건립하였다. 그러나 1983년 말까지 ㈜한양의 수주가 없어서 교회성장이 어려웠다. 그러나 1984년 5월25일, 이성태, 이득선, 박정원, 조윤성 집사 등의 기도와 협조로 다시 새로운 성전을 건립하고, 은혜롭게 **헌당예배**를 드렸다.

1986년 2월에는 회장 이진범 집사를 비롯하여 4개 부서(총무부, 전도부, 교육부, 봉사부)의 부장을 임명했다. 같은 해 6월에는 7개 부서(예배부, 교육부, 선교부, 전도부, 재정부, 봉사부, 관리부)로 확대하였다. 그만큼 교회가 성장한 것을 알 수 있다. 그런데 1987년 1월2일, 회장 권용호 집사를 비롯하여 5개 부서(총무부, 교육부, 전도부, 관리부, 봉사부)로 임원진을 축소하였다. 건설현장의 상황에 따라 교회의 규모도 변동되었다.

1987년 9월부터는 더 이상 담임목회자를 모시지 않고, **조윤성 집사**가 교회시무를 담당하였다. 형제들은 점차 임기가 만료되어 귀국하였고, 소수가 남아서 예배를 드리던 중, 회사사정에 의해 예배처소까지 없어지게 되었다. 1988년 1월 2일, 예배처소가 없어짐에 따라 부득이하게 조원규 목사(최형섭 목사의 후임)를 모시고, **결실예배**(마지막 예배)[159]를 드리게 되었다. 이 마지막 예배에서 특별히 **조성용 성도의 세례식**을 거행하게 되었다. 이 사실을 크게 감사했다. 소수의 남아있는 성도들은, 이제 캠프 내에 예배처소는 없어졌지만, 나태해지지 말고, 헤이해지지 말며, 더욱 한인연합교회에 출석할 것을 다짐하였다.

159) 쿠웨이트의 현장교회들은 현장교회의 문을 닫는 마지막 예배를 '결실예배'라고 불렀다. 현장교회가 서 있는 동안 믿음의 형제들이 서로 사랑하고, 봉사하고, 은혜를 나누며, 특히 세례식의 열매를 맺게 된 것 자체를 열매로 보았다.

한진교회 (1983.6)

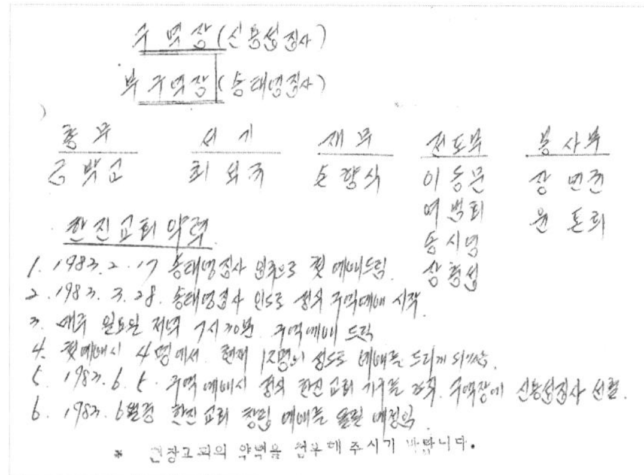

구역장 (신용섭 집사)
부구역장 (송태영 집사)

총무	서기	재무	전도부	봉사부
금박교	최석규	손향식	이동문	장민균
			여범희	윤돈희
			송시영	
			장충섭	

한진교회 약력
1. 1983. 2. 17 송태영집사 인도로 첫 예배드림.
2. 1983. 3. 28. 송태영집사 인도로 정식 구역예배 시작.
3. 매주 일요일 저녁 7시 30분 구역예배 드림
4. 첫예배시 4명에서 현재 12명의 성도로 예배를 드리게 되었음.
5. 1983. 6. 5. 구역예배시 정식 한진교회 기구를 조직. 구역장에 신용섭집사 선출.
6. 1983. 6월중 한진교회 창립 예배를 올릴 예정임.

* 현장교회의 약력을 첨부해 주시기 바랍니다.

한진 캠프(컨테이너 터미널 운영)는 1977년에 세워졌으나, 1983년 6월에서야 현장교회가 세워질 수 있었다. 1983년 2월, **송태영 집사**가 한진 캠프에 합류하면서, 첫 예배를 드리게 되었다. 당시 현장의 작업인원은 76명이었고, 그중에 교인은 12명이었다(세례교인5명). 3월28일, 송태영 집사의 인도로 정식 **구역예배**가 먼저 시작되었다. 구역예배는 매주 일요일 저녁 7:30에 드렸다. 처음에 4명이 참석하였고, 1983년 6월 당시 12명으로 늘었다. 교회예배는 연합예배(NECK, 금요일 오후 1:30)에 참석하였다. 한진캠프에서 NECK까지의 차량거리는 30분이었다.

1983년 6월5일 구역예배에서 정식으로 **한진교회의 기구**를 조직했다(구역장 : 신용섭 집사, 부구역장 : 송태엽 집사, 총무 : 금박교, 서기 : 최석규, 재무 : 손향식, 전도부 : 이동문, 여범희, 송시영, 장충섭, 봉사부 : 장민균, 윤돈희). 그리고 6월 중으로 한진교회의 설립예배를 드릴 예정이었다.[160]

FAJIF 벧엘교회 (1984.11)

1983년 10월16일, 노상국, 김영중 집사와 노영식, 홍용택 성도 등이 모여 '교회설립을 위해'라는 제목으로 기도를 드리며, 첫 예배를 드렸다. 13개월 뒤인 1984년 11월16일, 최형섭 목사를 모시고, **교회설립 및 헌당예배**를 드렸다. 이 때 참석교회는 연합교회, 구르자 교회, 구레스 교회, 한신교회, 대림교회, 쌍용교회 등이었다. 이날 임원을 선출하여 임원회도 구성했다(회장 : 노상국, 부회장 : 이요한, 서기 : 김영중, 회계 : 김용식, 총무 : 노영식). 주보 창간호도 발행되었다. 당시 교회명은 **현대 화일교회**였다(11월23일, **벧엘교회**로 개명하였다.[161])

160) 1983.6에 작성된 보고서여서 교회설립이 미래 계획으로 보고되었는데, 이후 한진교회는 설립되었다
161) 11월16일, 회설립예배 때, 최형섭 목사의 설교가 '벧엘의 하나님'(창 28:10-22)이었다.

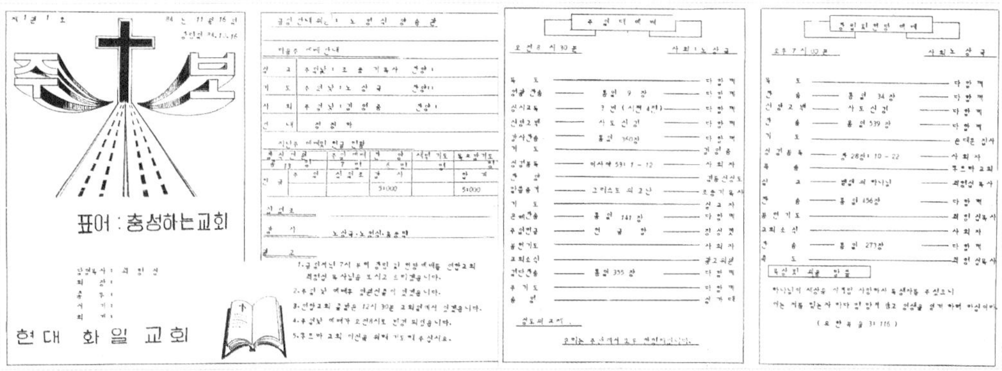

(1984.11.16. 현대화일교회 설립예배 주보)

1985년 7월19일, 한인연합교회 **순회부흥회 및 기도회**에 지속적으로 참여했다(1986.5.22 순회집회, 7월31일 순회집회, 1988.1.28 순회집회). 9월22일, 연합교회 설립 5주년기념 **성가경연대회**에서 벧엘교회가 1등을 차지하였다. 1986년 4월4일, **연합교회 및 한인체육대회**에 참여하여, 벧엘교회가 소속된 팀이 우승하였다.

벧엘교회는 **불우이웃돕기**를 지속적으로 힘썼다(1985.2.22. 교민 고OO 형제 30KD ; 11.8. 한OO 집사 30KD ; 1987.1.16. 백OO 집사의 사모 소천으로 218KD 모금 전달 ; 1988.9.16. 노OO 성도 41KD)

벧엘교회는 **선교헌금**에도 크게 힘을 썼다. 1985년 6월7일, 헌금수입액의 30%를 **중동선교헌금**으로 드리기로 결의하였다. 그리고 1986년 6월6일에는 선교부(부장 권영광 집사)를 신설하였고, 8월1일, **현대 크리스챤 모임**에 매월 선교헌금을 하기로 했다(교회 재정형편에 따라 5KD이상).

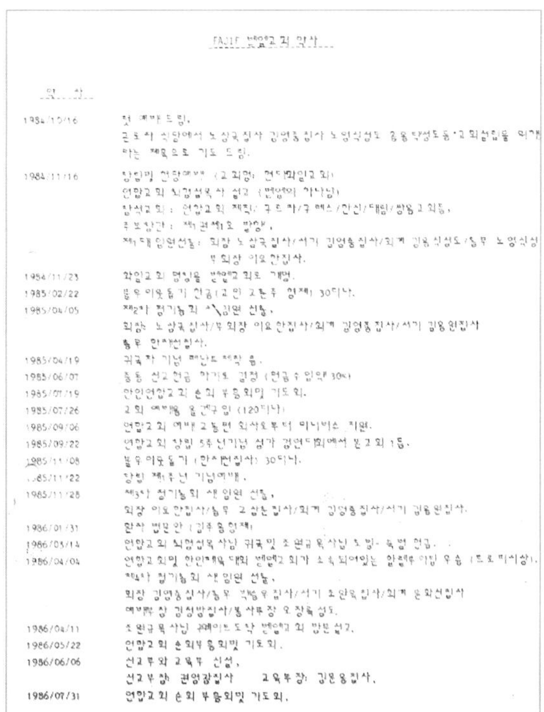
[illegible] 벧엘교회 약사

약사

1984/10/16	첫 예배 드림. 근로자 식당에서 노삼국집사 김영홍집사 노영식성도 홍용탁성도등 "교회설립을 위해"라는 제목으로 기도 드림.
1984/11/16	창립및 헌당예배 (교회명: 현대화일교회) 연합교회 최경섭목사 설교 (벧엘의 하나님) 참석교회: 연합교회 제직/구르카/구메스/한신/대림/쌍용교회등. 주보창간: 제1권제1호 발행. 제1대 임원선출: 회장 노삼국집사/서기 김영홍집사/회계 김용식성도/총무 노영식성도 부회장 이요한집사.
1984/11/23	화일교회 명칭을 벧엘교회로 개명.
1985/02/22	불우이웃돕기 헌금(교민 고흔주 형제) 30디나.
1985/04/05	제2차 정기총회 임원 선출. 회장 노삼국집사/부회장 이요한집사/회계 김영홍집사/서기 김용원집사 총무 한재선집사.
1985/04/19	귀국자 기념 패난트 제작 함.
1985/06/07	중동 선교헌금 하기로 결정 (헌금수입액 30%)
1985/07/19	한인연합교회 순회 부흥회및 기도회.
1985/07/26	교회 예배용 올겐구입 (120디나)
1985/09/06	연합교회 예배교통편 회사로부터 미니버스 지원.
1985/09/22	연합교회 창립 5주년기념 성가 경연대회에서 본교회 1등.
1985/11/08	불우이웃돕기 (한재선집사) 30디나.
1985/11/22	창립 제1주년 기념예배.
1985/11/28	제3차 정기총회 새임원 선출, 회장 이요한집사/총무 고삼손집사/회계 김영홍집사/서기 김용원집사.
1986/01/31	환자 병문안 (김주홍형제)
1986/03/14	연합교회 최경섭목사님 귀국및 조연규목사님 초빙-특별 헌금.
1986/04/04	연합교회및 한인체육대회 벧엘교회가 소속되어있는 합동부 이팀 우승 (트로피시상). 제4차 정기총회 새임원 선출, 회장 김영홍집사/총무 박용우집사/서기 조안옥집사/회계 윤화선집사 예배부장 김성방집사/봉사부장 오장록성도.
1986/04/11	조연규목사님 쿠웨이트 도착 벧엘교회 방문설교.
1986/05/22	연합교회 순회부흥회및 기도회.
1986/06/06	선교부와 교육부 신설, 선교부장: 권영광집사 교육부장: 김문용집사.
1986/07/31	연합교회 순회 부흥회및 기도회.

벧엘교회의 역사 (1984.11.16. 설립)

대림 슈와이바 교회 (1985년을 중심으로)

슈와이바 교회는 쉐이바 교회로도 불리우며, 만약 이 교회가 현대교회(솨이바 현장교회)가 맞다면, 1980년 1월 이미 세워져 있었다. 1983년 6월 당시, 슈와이바 현장에는 850명의 작업인원이 있었으며, 그 중 현장교회의 등록교인은 95명이었다(세례교인 33명, 학습교인 6명). 제직으로 김봉식 장로를 비롯하여 11명의 집사들(조종래, 김순남, 유순준, 김신호, 이명석, 김보현, 정만종, 손경호, 김용태, 임주택, 김종인)이 있었다. 1983년 당시 근무여건은 좋지 않았다. 휴일은 매주가 아니라, 격주로만 있었다. 그러나 슈와이바 교회는 **단단한 교회**로 세워져 있었다. 1983년도의 **예배현황**은 다음과 같다.

	예배시간	예배인도	참석인원
새벽예배	오전 4:00	정만종 집사	7~9명
금요연합예배(연합교회)	오후 1:30	최형섭 목사	15~25명
금요현장밤예배	저녁 7:30	김봉식 장로	45~60명
일요저녁예배	저녁 7:40	정만종 집사	20~30명
수요저녁예배	저녁 7:40	김보연 집사	20~30명

새벽기도 뿐만 아니라, 금요현장밤예배 외에 일요저녁예배와 수요저녁예배까지 드렸다. 휴일이 격주로 있었으므로, 금요연합예배는 매주 참석할 수 없었다. 슈와이바 캠프에서 NECK까지의 차량거리도 50분이나 걸렸다.

1985년도 신급별 성도현황을 보면, 교회규모는 총 66명으로 크지 않았다(장로 1명, 권사 1명, 집사 7명, 세례성도 13명, 학습성도 5명, 평성도 33명). 그러나 그 조직과 사업계획을 보면 매우 단단한 교회였다. 조직의 명확한 업무분담과 사업계획의 철저함을 갖추었다. 슈와이바 교회는 1982년 9월 17일에 제정된 **슈와이바 교회 신우회 회칙**까지 갖고 있었는데, 매우 잘 작성된 것이었다. 이 회칙의 총칙을 보면, 왜 슈와이바 교회가 단단한 교회로 세워져 있었는지를 잘 알 수 있다.

> 신앙의 불모지인 쿠웨이트에서 **기독교적 복음사명을 완수**하고, 인류제일의 목적인 하나님을 영화롭게 위하여 **청교도의 개척정신**과, **초대교회의 뜨거운 복음전파 정신**과, 신앙을 위해 목숨을 바친 **믿음의 선배들의 순교정신**을 이어받아, 많은 어려움 속에서도 슈아와봐 교회 신우회를 발족함에 있어, 복음전파, 신앙생활 철저, 회원 상호 간에 친목 도모함을 그 목적으로 하고, 본 회칙을 제정한다. (슈와이바 교회 신우회 회칙, 총칙).

슈와이바 교회의 으뜸되는 목적은 이슬람 국가 쿠웨이트에서 **기독교적 복음사명을 완수**하는 것이었다. 이것을 위하여 세 가지의 정신과 세 가지의 목표가 있었다. **세 가지의 정신**은 '청교도의 개척 정신', '초대교회의 뜨거운 복음전파 정신', 그리고 '믿음의 선배들의 순교정신'이었다. 그리고, **세 가지의 목표**는 '복음전파', '신앙생활의 철저', 그리고 '회원 상호 간에 친목도모'였다. 이러한 정신와 목표를 추구할 때, 슈와이바 교회는 단단한 교회로 세워질 수 밖에 없었다.

교회사역은 6개월별로 계획을 세워서 진행하였다. 1985년도의 **전반기 사업계획**은 아래와 같다. 사업계획을 보면, 부서들의 사역 중에서 **전도부 사역**이 가장 중심이 되었다.

'85년도 전반기 사업계획

월 \ 부서	예배부	전도부	친교부	봉사부
1월	• 예배 위원선정 • 설교 준비 • 성가대 운용	• 매월 신앙계 구입 • 구역장 헌신예배 • 구역장 회의 (매주 금요일 예배후)	• 귀국자 환송친교 모임 (첫째주)	• 각부 활동사안에 협조 지원 • 매주 예배 준비
2월	〃	• 새신자 환영및 신자배가 전도 예배 좌담회 • 구역장 회의 (매주 금요일 예배후)	• 귀국자 환송및 친교모임 (첫째주)	
3월	〃	• 신앙 강좌 • 구역장 회의 (매주 금요일 예배후)	• 귀국자 환송및 친교모임 (첫째주)	• 화단 정리및 꽃씨 파종 • 교회 대청소
4월	〃	• 철야 기도회 • 신앙간증및 전도 사례 발표 • 부활절 예배	• 귀국자 환송및 친교모임 (첫째주) • 부활절예배후 성도 교제	
5월	〃	• 가정 통신문 발송 • 구역장 모임 (매주 금요일 예배후)	• 귀국자 환송및 친교모임 (첫째주) • 야외 예배및 성도 친교 모임	• 야외예배시 모든장비및 제반 준비
6월	〃	• 성경 암송대회 • 전도왕 표창 • 구역장 모임 (금요일) • 전반기 사업결산	• 전반기 사업결산	• 전반기 사업 결산

전도부는 성도들의 신앙교양을 위하여 기독교 잡지 매월 「신앙계」를 구입하여 보급하였다. 그리고 3월에 '신앙강좌', 4월에는 '철야기도회', 그리고 6월에는 '성경암송대회'를 개최하였다. 그런데 전도부의 중점사역은 각 구역을 통한 전도사역이었다.

2월에 **새신자 환영** 및 **전도예배**가 있었고, 4월에는 **신앙간증** 및 **전도사례발표**가 있었다. 6월에는 **전도왕 표창**을 하고, 전반기사업을 결산하였다. 슈와이바 교회는 "신앙의 불모지인 쿠웨이트에서 **기독교적 복음사명을 완수**"(신우회 회칙, 총칙)하기 위해 구령의 열정이 뜨거웠던 교회였다.

슈와이바 교회는 한해의 시작인 1월에 **구역장 헌신예배**를 전도부 주관으로 드렸다. 1985년도 구역조직은 7개 구역으로 편성되어 있었다. 기존 신자들의 영적 돌봄을 위해서 뿐만 아니라, 전도를 위해서도 가장 중요한 조직은 바로 **구역**이었다. 그리하여 **구역장 회의**는 매주 금요일 예배 후에 모였다. 제직회의 임역원회의가 교회의 사역과 행사들을 주관했다면, 구역장 회의는 영혼 돌봄과 영혼 전도를 담당하였다.

구 역 장

B 구역	한 관 희	B - 5
E 구역	김 해 경	E - 7
F 구역	이 상 천	G - 8
G 구역	정 근 호	G - 2
J 구역	김 영 만	J - 11
K 구역	조 성 관	K - 1
윤유구역	안 관 한	117 - H

슈와이바 교회는 **헌금생활**을 강조했다. **예배부**가 헌금교육을 담당했다. 헌금의 쓰임새에 대해 다음과 같이 가르쳤다.

헌금은 어떻게 쓰이는가?
1. 교회성장과 복음선교를 위해
(국내, 국외선교)
2. 온 교우의 신앙성장을 위한 교육비
3. 구제와 구호 및 미자립교회 보조
4. 교회경상비 및 관리비

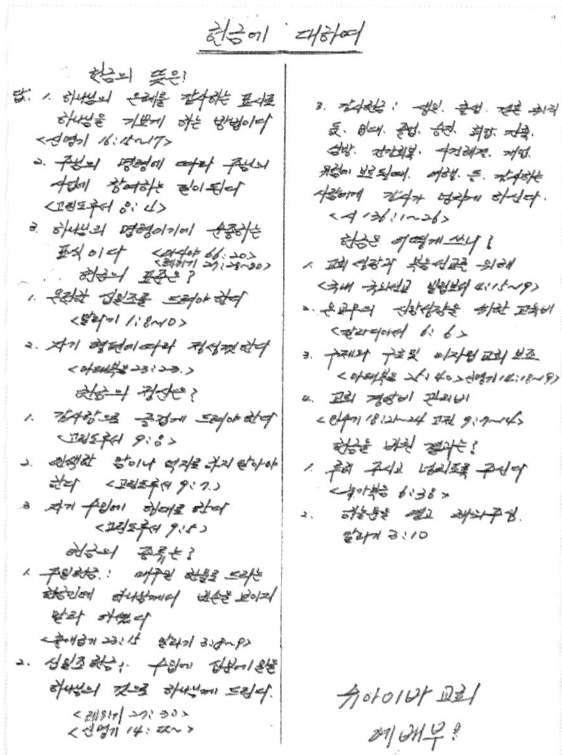
헌금에 대하여

헌금의 뜻은!
답: 1. 하나님의 은혜를 감사하는 표시로 하나님을 기쁘게 하는 방법이다 <신명기 16:15~17>
2. 주님의 명령에 따라 주님의 사업에 참여하는 길이 된다 <고린도후서 8:4>
3. 하나님의 명령이기에 순종하는 표식이다 <이사야 66:20> <레위기 27:28~30>

헌금의 표준은?
1. 온전한 십일조를 드려야 한다 <말라기 1:8~10>
2. 자기 형편에 따라 정성껏 한다 <마태복음 23:23>

헌금의 정신은?
1. 감사함으로 즐겁게 드려야 한다 <고린도후서 9:8>
2. 인색함 없이나 억지로 하지 말아야 한다 <고린도후서 9:7>
3. 자기 수입에 형대로 한다 <고린도후서 9:5>

헌금의 종류는?
1. 주일헌금: [illegible]
2. 십일조헌금: 수입에 십분의 일은 하나님의 것으로 하나님께 드린다. <레위기 27:30> <신명기 14:22~>
3. 감사헌금: [illegible] 사람에게 감사가 넘치게 하신다. [illegible]

헌금은 어떻게 쓰나?
1. 교회 성장과 복음선교를 위해 <국내 국외선교 [illegible]>
2. 온 교우의 신앙성장을 위한 교육비 <갈라디아서 6:6>
3. 구제와 구호 및 미자립교회 보조 <마태복음 25:40> [illegible]
4. 교회 경상비 관리비 [illegible]

헌금을 바친 결과는!
1. 후히 주시고 넘치도록 주신다 <누가복음 6:38>
2. 하늘문을 열고 채워주심. 말라기 3:10

슈와이바 교회
예배부!

실제로 슈와이바 교회의 사업계획과 지출내역을 보면 이러한 용도대로 사용되었다. 특히 슈와이바 교회의 **외부를 위해 지출**되는 재정비율이 훨씬 더 높았다. 교회유지나 교회성장, 또는 친교와 교제를 위하여 지출되는 재정은 상대적으로 매우 낮았다. 1985년도 부서별 전반기 예산은 예배부가 다른 부서들에 비해 압도적으로 많았다(전도부 90KD, 친교부 70KD , 봉사부 20KD, 그리고 예배부 236KD).

그런데 **예배부의 사업계획**을 보면, 전체 236KD 중에 사무비 12KD를 제외한 무려 224KD가 **선교비**였다. 이 선교비는 교회의 외부로, 곧 한인연합교회(174KD)와 요르단 선교비(50KD)로 지출되는 항목이었다.

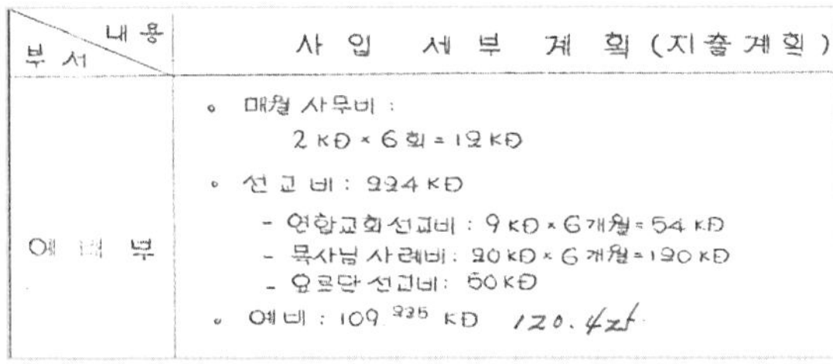

부서 \ 내용	사업 세부 계획 (지출계획)
예배부	◦ 매월 사무비 : 2KD × 6회 = 12KD ◦ 선교비 : 224KD - 연합교회선교비 : 9KD × 6개월 = 54KD - 목사님 사례비 : 20KD × 6개월 = 120KD - 요르단 선교비 : 50KD ◦ 예비 : 109 ^{935} KD 120.4[illegible]

다른 부서의 예산지출도 교회로서 너무나 바람직한 사업계획에 따른 것이었다. 친교부의 주요한 사역은 매월 귀국자 환송 및 친교모임을 갖는 것이었다. 친교부의 총예산은 70KD 밖에 되지 않았다. 봉사부의 상반기 예산 총액도 20KD 밖에 되지 않았다. 교회 자신이 교제하고 단장하는 일에는 필요한 만큼의 분량으로 지출되면 충분하였기 때문이다. 그것을 아껴서, 최대한 더 많이 교회 외부로 흘러나가도록 해야 한다. 그것이 교회의 본질에 합당하기 때문이다. 교회공동체는 **축복을 받는 대상**이 아니라, **축복의 통로**가 되어야 마땅하다. 그 재정을 필요로 하는 외부로 최대한 더 많이 흘러나가도록 하는 것이 교회재정의 올바른 방향이다.

부 서	사업세부 계획 (지출계획)	예 산
전도부	* 도서구입비(신앙계) : 6KD×5개월 = 30KD * 새신자 및 구역장 환담예산 : 500fil×60명 = 30KD * 전도와 표창 : 10KD * 교회 비취용 찬송가 구입비 : 20KD	총 90KD
친교부	* 부활절 예배 및 다과회 : 500fil×60명 = 30KD * 야외예배 및 친교비 : 600fil×60명 = 36KD * 매월 귀국자 환송 및 친교비 : : 70fil×40명×6 = 16.80KD	총 70KD
봉사부	* 강대상 꽃준비 : 5KD×3회 = 15KD * 화단정리 및 꽃씨 구입 : 5KD	총 20KD

1985년도 총 66명의 성도현황을 보면, 장로 1명, 권사 1명, 집사 7명, 세례성도 13명, 학습성도 5명, 그리고 평성도 33명이었다. 이 작은 인원으로 제직회 임역원회와 7개의 구역조직을 편성하였다. 그리하여 견고한 교회를 세우고, 이슬람 땅에서 복음적 사역을 능력있게 감당했다. 더욱이 이 모든 사역을 목회자 없이 평신도 스스로 감당했다.

매일의 새벽예배, 그리고 매주 금요현장밤예배, 일요저녁예배 및 수요저녁예배까지 김봉식 장로를 비롯한 제직들이 예배의 사회와 설교까지 담당해야 했다. 1985년도에 쿠웨이트 건설현장에서 정말로 목회자 없이, 평신도들이 그들의 힘만으로 이 모든 사역을 해내었다.

1985년도 제믹 및 임원의 명단 및 ~2월 예배 담당자(사회, 설교, 기도)는 아래 의 표와 같다.

재직 · 임원(신우회)

장로	김봉식	J-3	예배부	회장	김보현	G-10
권사	심중보	J-3	"	부회장	구학림	G-5
집사	임주혁	113-B	"	총무	서천석	109-B
"	노재화	K-5	"	서기	임홍빈	G-2
"	조성관	K-1	"	회계	이천희	J-11
				전도부장	조창래	118-G
				친교부장	박동일	113-A
성가대장	조규진		예배부	봉사부장	김성식	G-10
반주	김명종	F-3	"			

주	요일(주) \ 위원 \ 월	1월		2월	
		사회·설교	기도	사회·설교	기도
1주	금			김봉식장로	심중보권사
	일			김보현집사	구학림성도
	수			노재화집사	이천희집사
2주	금	김봉식장로	서천석집사	임주현집사	서천석집사
	일	조창래집사	김보현집사	심중보권사	김보현집사
	수	이천희집사	구학림성도	이천희집사	형근호성도
3주	금	임주혁집사	조성관집사	김봉식장로	노재화집사
	일	김보현집사	김성식성도	김보현집사	김성식성도
	수	노재화집사	조창래집사	노재화집사	이천희집사
4주	금	심중보권사	김봉식장로	심중보권사	조성관집사
	일	조창래집사	노재화집사	서천석집사	구학림성도
	수	이천희집사	박동일성도	이천희집사	임홍빈성도

③ 현장교회 대표자 회의

연합교회와 현장교회들 간의 유대관계와 유기적 협력을 위해 1983년 5월부터 **현장교회 대표자 회의**가 열리게 되었다. 1985년까지 제 5회에 걸려 열렸는데, 자료보존을 위해 전문을 소개한다.

제 1회 현장교회 대표자 회의 (1983.5)

1983년 5월20일(금), 오후 4~6시에 윤대훈 집사 댁에서 제 1회 현장교회 대표자 회의가 열렸다. 이날 회의목적은 각 현장교회의 실태를 파악하고, 건의 및 지원사항을 듣기 위함이었다.

대림교회
교인현황 : 등록교인 60명, 예배참석 40명, 예배인도 : 전도사, 장로, 집사
현장실태 : 공기 83.3~11월까지, 문제점 : 없음
건의사항 : 최형섭 목사의 심방횟수를 늘려주기를 원함
지원사항 : 성경과 찬송가 각 50권

K-6교회
교인현황 : 등록교인 90명, 예배참석 60명(집사 16명 포함, 예배인도 : 장로, 집사 1주일 3회 예배)
문 제 점 : 예배회수가 많아, 초신자들이 어려워하고, 회사로부터 간접적인 규제를 받고 있음

쌍용 마그리브 교회
교인현황 : 등록교인 92명, 예배참석 40~50명(예배인도 : 3명의 집사, 안계현, 이흥중, 최석봉 집사)
교회상황 : 매일 저녁 10:15에 기도회를 갖으며, 매일 새벽제단을 쌓은 성령충만한 교회
문 제 점 : 없음, 지원사항 : 성경과 찬송가 각 20권, 특기사항 : 구역장 활동 강화

슈와이바 교회
교인현황 : 등록교인90명, 예배참석 40~50명(예배인도 : 장로, 집사)
지원사항 : 성경과 찬송가 각 30권

삼호라스콤 등록교인 25명, 예배참석 8명

쌍용 아사파 교회
교인현황 : 등록교인 80명, 예배참석 50~60명
교회상황 : 성가대를 통한 성도의 교제를 하고 있음, 구역활동 강화
건의사항 : 순회예배 요청. 현장교회와 연합교회 간의 일체감이 필요함

한신교회
교인현황 : 등록교인 60명. 예배참석 30명
문제점 : 현재 버스와 야외에서 예배를 드리고 있음
지원사항 : 성경과 찬송가 각 20권

코롱교회 등록교인 12명

현대 도하교회 등록교인 15명, 예배참석 10명

결정사항

각 현장교회마다 예배인도의 어려움을 겪고 있었다. 그리하여 다음의 집사 4인과 장로 3인은, 현장교회의 요청이 있을 시, 순종하는 마음으로 말씀을 준비하여 현장교회의 예배를 인도하기로 하였다(집사 : 최낙성, 윤대훈, 이종대, 박유돈, 장로 : 김봉식, 김정인, 김위생)

이 회의를 통해, 연합교회와 현장교회 사이에 수직관계가 형성된 실태도 파악되었다. 그리하여 현장교회와 연합교회와의 결속관계를 다시 확인하고, 올바른 결속을 맺어갈 것을 다짐하였다. 이를 위해 매월 1회 현장교회 대표 집사와 당회원의 순회예배를 갖기로 하였다. 그리고 연합교회의 당회에서는 각 현장교회의 어려운 점을 적극 지원하겠다고 결의하였다.

제 2회 현장교회 대표자 회의 (1983.7)

1983년 7월15일(금), 오후 4~6시에 메르디안 호텔 내의 한국정에서 제 2회 현장교회 대표자 회의가 열렸다(사회 : 총무부장 박춘봉 집사). 각 현장교회의 실태를 파악하고, 문제점을 들었다.

쌍용 아파사 교회 (대표집사 이희수)
교인현황 : 등록교인 90명, 예배참석 30~40명(연합교회 참석 20명, 현장 총인원 230명)
특기사항 : 매 예배 시 구역별 특송
건의사항 : 연합교회가 사역의 일감을 주시기를 원함.

쌍용 마그리브 교회 (대표집사 안계현)
교인현황 : 등록교인 120명, 예배참석 50~60명(연합교회 참석 40명, 공사총원인 290명)
특기사항 : 구역강화를 통해 전도에 박차를 가하며, 매일 철야기도와 새벽예배를 드림
1주일 1~2회, 조상호 집사의 인도로 성경공부를 실행하고 있음
중창 및 합창단 창단 : 노방전도를 계획하여 연습하는 중
건의사항 : 성경과 찬송가 각 20부

대림 도하교회 (대표집사 방은인)
교인현황 : 교회인원 50명(연합교회 참석 10명)
문제점 : 교회가 현장사정상 축소될 염려가 있어 기도하는 중

라스콤 교회 (대표집사 노흥만)
교인현황 : 교회인원 8명(연합교회 출석 4명, 공사총인원 80명)
문 제 점 : 차량의 어려움으로 연합교회의 예배참석이 부진한 실정
교회상황 : 노흥만 집사(8월4일)의 귀국으로 인해 강도식 집사를 다음 대표 집사로 선정
요망사항 : 최형섭 목사의 심방예배를 요청함

현대 도하교회 (대표집사 김수웅)
교인현황 : 교회인원 10명(연합교회 출석 5명, 공사총인원 70명)
교회상황 : 도하교회는 8월 말경, 결실예배를 드리고, K-6부근으로 숙소를 이동할 계획임
결실예배 후, K-6교회에서 예배를 드릴 계획
특기사항 : 숙소 이전 문제에 대해 남전도회에 의뢰함

쇼라인 교회 (대표집사 이승효)
교인현황 : 교회인원 10명(연합교회 출석 10명, 공사총인원 140명).
특기사항 및 문제점 : 없음

대림 슈와이바 교회 (대표집사 김보현)
교인현황 : 등록교인 100명, 예배참석 65명(연합교회 출석 15명, 공사총인원 850명)
교회상황 : 현장인원의 증가로 교인증가, 교회증축이 시급한 상황.
에로사항 : 연합교회의 예배참석을 원하는 자가 많으나, 예배시간이 엇갈려서 참석할 수 없음
건의사항 : 최형섭 목사의 현장교회 심방을 월 2회 정도 요망함
지원사항 : 성경과 찬송가 각 20부, 전도지를 요청함
교회행사 : 6월 정기총회에서 신우회로 결정, 임원을 선출함
헌금을 자율화 했으며, 연합교회에 월 1회 선교헌금을 드리기로 결정함

한양교회 (대표집사 박상기)
교인현황 : 교회인원 10명(연합교회 출석 4명, 공사총인원 120명)
교회상황 : 교회의 확장이전 계획에 따라, 금일 이전하기로 함
문제점과 에로사항 : 없음

현대 K-6교회 (대표집사 이헌정)
교인현황 : 등록교인 70명, 예배참석 40명(연합교회 출석 15~20명, 공사총인원 400명)
문제점과 에로사항 : 없음
안건제안 : 현장교회가 연합교회를 재정적으로 지원하는 일을 토의하고 싶다.
(결론 : 당회가 재검토하겠으나, 현재로는 우리 연합교회가 재정으로 인한 어려움은 없었다)

한신공영 교회 (대표집사 홍상묵)
교인현황 : 등록교인 63명, 예배참석 40명(연합교회 출석 20명, 공사총인원 400명)
교회상황 : 현재 교회가 없는 실정임
지원상황 : 교회설립의 소망을 갖고서 기도 중이오니, 남전도회에 협조를 요망함
문 제 점 : 현지 사정으로 인하여 연합교회의 출석율이 저조한 편

한진교회 (대표집사 신용섭)
교인현황 : 교회인원 15명, 예배참석 10명(공사총인원 74명)
문제점과 에로사항 : 없음

결정사항

* 성경, 찬송가 및 전도지는 연합교회의 전도부가 준비하여 지원하기로 함
* 연합교회의 예배참석을 위한 차량문제는 시간의 여유를 갖고서 연구하기로 함
* 당회의 의견 : 금일의 토의는 각 현장교회 운영문제에만 급급했음
다음 회의는 '어떻게 하면 각 교회가 성령충만한 교회가 될 것인가'에 대해 논의하면 좋겠음.
마그리브 교회의 성경공부를 다른 각 현장교회에도 보급을 해주면 좋겠음.
* 최형섭 목사 : 금일 회의를 볼 때, 현장교회와 연합교회가 밀접하게 연관된 것을 보았음.
앞으로 연합교회가 현장교회를 도울 수 있는 방안을 더 연구하고 기도하겠음.

제 3회 현장교회 대표집사 협의회 (1983.11)

1983년 11월11일(금), 오후 2~5시에 윤대훈 집사의 사무실에서 제 3회 현장교회 대표자 회의가 열렸다(사회 : 총무부장 박춘봉 집사). 각 현장교회의 상황을 점검하고, 문제점을 들었다.

대림 슈와이바 교회 (대표집사 이영섭)
교인현황 : 현재 교인 110명, 예배참석 30여명
현장상황 : 주야간 교대작업과 휴일이 없는 실정
교회상황 : 공사가 추가됨에 따라 많은 인원이 충원되므로, 교회를 숙소로 내주어야 할 실정
연합교회의 참석을 위해 회사측에서 버스가 지원됨
교회행사 : 11월3일 설립 1주년 예배

쌍용 아사파교회 (대표집사 김세해)
교인현황 : 현재 교인수 50명, 예배참석 25명(ICG현장에서 3명이 예배 참석하고 있음)
애로사항 : 교통편으로 인해 많은 고통 겪고 있음
현장상황 : 전면 외출금지령이 내려져, 연합교회에 참석이 불가능해진 상황

쌍용 마그리브 교회 (대표집사 이용덕)
교인현황 : 현재 교인수 80~100명, 예배참석 50명
현장상황 : 현재 공사지연 상태여서, 인원충원이 되지 않고 있는 실정
교회상황 : 매일 새벽예배를 드리고 있으며, 주일마다 성경공부에 임함.
구역활성화로 전도에 최선을 다하고 있음

대림 도하 교회
교인현황 : 현재 교인수 80명, 예배참석 40~50명
현장상황 : 추가공사로 인원이 증가되고 있음
문 제 점 : 예배를 인도해 주실 분이 없는 실정임

한진교회 (대표집사 금박교)
교인현황 : 현재 교인수 15명(연합교회 참석 10여명)
문 제 점 : 현재 교회가 없는 실정임

현대 K-6교회 (대표집사 이헌정)
교인현황 : 현재 교인수 30명
교회상황 : 설교자가 없어서 녹음테이프로 예배를 드리고 있음
11월18일, 설립 4주년 예배를 드릴 예정

당회의 의견

현재 각 현장 인원이 감소추세이므로 염려가 된다.
특히 현장교회가 교통편으로 인해 큰 어려움을 겪을 볼 때, 버스가 있어야 할 필요성을 느낀다.
금년 내에 1대라로 버스를 구입하는 방안을 모색하겠음.

제 4회 현장교회 대표집사 협의회 (1985.2)

1985년 2월1일(금), 오후 4~5시에 박춘봉 집사의 댁에서 제 4회[162] 현장교회 대표자 회의가 열렸다(사회 : 당회회원 윤대훈 집사). 이날 회의의 목적은 1) 현장교회와 연합교회가 허심탄회하게 의견을 교환하여, 전도와 교회부흥을 도모하는 것과, 2) 각 현장교회별 특성을 서로 알게 되어, 어려움을 타개하기 위해 교회단합을 도모하는 것에 있었다.

대림 슈와이바 교회 (대표집사 김보현, 보고 : 서천석 총무집사)
교인현황 : 교회재적 57명, 금요예배 30~40명(공사인원 515명)
교회상황 : 자체 신우회를 결성하여 월례회 회의를 갖고 있음(신우회에서 교회살림을 맡고 있음).
교회헌금의 15%를 선교헌금으로 드리고 있음, 요르단 선교헌금 87KD를 드림
매월 신앙계 10부를 구입하여, 휴게실과 의무실에 비치하고 있음
전도지 157매, 서적 52권 비치하고 있음. 토요성경공부를 진행하고 있음.
전도를 위한 체육대회를 개최하기로 결의함.
건의사항 : 연합교회의 당회위원이 밤예배의 설교를 맡아주기를 원함
새신자 환영예배 겸 전도 예배를 드리고자 하는데, 설교자가 문제됨
설교자를 교회가 요망할 때, 필요한 분을 보내주시기를 바람
애로사항 : 1주, 3주는 버스를 운행하고 있으나, 2주, 4주는 버스가 문제됨
문 제 점 : 심○○ 권사의 소속 교단이 불분명하므로, 교회기강에 곤란함이 발생됨

쌍용 마그리브 교회 (대표집사 이용덕)
교인현황 : 교회재적 50명(집사 10명), 예배출석 30~35명(연합교회 참석 20명, 공사총인원 300명)
교회상황 : 매일 밤 9시15분에 협의회를 갖고 있음
구역재편성(숙소별로 있던 구역을 작업현장별로 편성함)
가장 친한 사람부터 맨투맨으로 전도를 하기로 함

162) 현장교회 대표집사 협의회가 1983년도에는 3회까지 열렸다. 회의록에 1984년도의 회의기록이 없다. 그리하여 1985년 2월 회의를 제 4차로 표기하였다.

건의사항 : 전도지를 배포하고 싶으니, 전도지 제공을 원함
설교자를 더 많이 보내 주기를 바람

삼성교회 (교회대표 이상춘 성도, 일명 PEC 현장)
교인현황 : 교인 15명(공사인원 200명)
교회상황 : 새로 부임한 이상민 관리부장이 예배를 드릴 수 있도록 후원하기로 약속함
아직 예배처소가 결정되어 있지 않음

쿠레스 교회 (대표집사 유건호)
교인현황 : 공사인원 230명, 교회재적 45명, 출석인원 30명, 집사 12명, 연합교회출석 6명
교회상황 : 새벽기도회를 5시30분에 모이기로 함
재적 100% 출석하기 운동을 하고 있음
쿠레스 다락방교회 대표집사 2월 중 귀국 예정
쿠레스 현장1에서 쿠레스 현장2로 인원이 이동하는 중에 있음
애로사항 : 쿠레스 다락방 교회 차량이 부족하여 연합교회 참석이 어려움
건의사항 : 매주 설교자를 보내어 주기를 요함
단 방문설교자는 복장을 단정하게 정장을 하여 줄 것
최형섭 목사가 설교자의 설교내용을 검토할 필요성이 있음

현대화철 벧엘교회 (대표집사 노상국)
교인현황 : 교회재적 60명, 예배참석 30~35명(연합교회출석 10~15명, 공사인원 900명 중 한국인 400명)
교회상황 : 1월25일 주일부터 대형버스의 운행이 승인됨
성경암송대회와 전도시상을 하기로 함, 2월15일 야외예배를 드릴 예정임
건의사항 : 찬송가 30권 보급 받았으나, 앞으로 공사인원 100여명이 더 올 예정이어서,
찬송가를 더 많이 지원해주기 원함. 설교테이프도 더 많이 지원해 주기를 바람.
설교테이프를 현장교회별로 교환하여 주기를 바람.
현장교회 방문설교자는 늦어도 하루 전까지 설교의 제목과 성경본문을 알려주어
주보인쇄에 차질이 없도록 하여 줄 것

우창교회 (대표집사 전병관 과장)
교인현황 : 교회재적 14~15명(공사인원 169명인데, 앞으로 200명이 될 예정)
교회상황 : 1984년 연말에 첫 예배를 드림, 1985년 1월25일에 처음 연합교회에 참석함
교회설립을 위해 부장이 후원하기로 약속함
건의사항 : 찬송가 10부 요청(2월 8일에 지원하기로 함)

한신교회 (대표집사 홍상묵, 노영창집사 보고)
교인현황 : 교회재적 20명, 예배참석 10~15명(공사인원 100명)
교회상황 : 공사 완료가 되어, 귀국자가 많아지고 있음. 교회의 제직구성을 다시 함
전도는 맨투맨 작전으로 하기로 함
건의사항 : 당회위원들이 꼭 오셔서 설교의 말씀을 전해주시기를 원함

쿠트라 교회 (회계 윤중현 성도 보고)
교인현황 : 교회재적 20명, 예배참석 10명(공사인원 50명)
교회상황 : 교회제직이 직원이어서 예배담당에 차질이 있어, 기능공에게 일임하려고 하나,
적당한 사람이 없음. 교회에 초신자가 많이 있음.
공사진척에 의해, 교회가 활성화 될 것이 확실시 됨
대외사업으로 성낙원을 지원하고 있음
건의사항 : 연합교회의 설교자가 오지 않아, 예배출석이 적어지고 있음
차량지원 문제도 아직 해결이 안되었음
연합교회 당회위원 주소록을 알려주기 바람

당회의 의견

박춘봉 집사(현장교회 대표집사 협의회 회장)는 이러한 모임이 없더라도 항상 연락하여 문제를 해결하는 유대관계를 갖기를 원하였다. 총무부장 이종태 집사는 현장교회 임원진과 귀국 예정자의 명단을 요청하고, 연합교회의 연락망을 작성하여 배부하겠다 하였다. 전도부장 최낙현 집사는 현재 전도지 구입예산으로 10KD가 있으며, 2월 안으로 성경책 100권과 전도지를 구입하겠다고 했다. 찬송가와 설교테이프는 이흥중 집사에게 신청하도록 안내하였다. 선교부 총무 오오환 집사는 설교자 문제를 잘 해결해 주기를 요청했다. 선교부장 최낙성 집사는 각 교회예배의 대표기도 시에 현지선교를 위한 기도를 포함시켜주기를 요청하였다. 당회위원 윤대훈 집사는 교회기강을 세우는 일은 시간이 필요하니, 당회에서 협의하여 추후 알려주기로 하였다. 그리고 설교자의 복장은 시정하기로 하였다. 교통난을 해결하기 위해 버스구입의 문제를 논하기로 하였다. 최형섭 목사는 현장의 특별한 일이 있으면, 목회월보 제작 전에 알려주기를 요청했다.

제 5회 현장교회 대표집사 협의회 (1985.8)

1985년 8월9일(금), 오후 4:20~6:30에 한신교회에서 제 5회 현장교회 대표자 회의가 열렸다. 이날 회의의 목적은 1) 연합교회와 각 현장교회들 간에 유대관계를 돈독히 하며, 상호 협조할 수 있도록 하는데 있었다. 2) 올해 11월에, 1986년도 사업계획을 결정하여 각 현장에 배부하고, 상호협조하여, 연합교회와 현장교회들이 일직선으로 화합 단결할 수 있도록 하기 위함이었다.

이 회의에 연합교회 외에 11개 현장교회가 참석하였다 : 연합교회(최형섭 목사, 심순애 사모, 이종태, 유희준, 김주신 집사, 김성주 학생), 현대 파힐교회(노상국 집사), 현대 핀타스 교회(강승수 집사 외 2명), 현대 쿠트라교회(진경열 권사), 쌍용 마그리브교회(이용덕 집사), 현대 쿠레스 1교회(유근호 집사), 현대 쿠레스 2교회(한영만 집사), 한양 은혜교회(함종면 집사), 유리온교회(최은식, 최낙현 집사, 한동희 성도), 와타니아교회(이재두, 이흥중 집사), 마라피교회(신건복 성도), 한신교회(김영식 집사, 조규찬 성도 외 1명). 우창교회, 자하라 대림교회, 슈이바 대림교회, 그리고 와프라 광야교회는 미참석했다.

현대 파힐교회 (대표집사 노상국)
공사완료 : 1986.10 (공사한국인 400명, 도로공사)
교인현황 : 교회재적 70명(집사 6명으로 제직구성), 예배참석 30~40명(연합교회 참석 10명)
예배시간 : 금요예배 아침 9시, 저녁 8시, 기도회 : 화요저녁 10~11시
교회상황 : 9월에 교회확장의 예정, 참석인원을 50명으로 예상하고 있음
연합교회는 승용차 2대를 이용하여 참석하고 있음
애로사항 : 연합교회의 예배시간을 조정해 주기를 원함
건의사항 : 행사는 사전 통보를 하여 주기를 원함

현대 핀타스 교회 (대표집사 강승구)
공사완료 : 1988년 초(공사한국인 230~250명)
교인현황 : 교회재적 40명, 저녁예배참석 30명(낮예배 참석 소수)
예배시간 : 아침 6:30~7:30, 저녁 7-8시.
교회상황 : 제직구성은 7월 중순에 하였고, 교회를 세우는 목표를 위해 기도하고 있음.
애로사항 : 차량문제로 이낭여 연합교회를 제대로 참석하지 못하고 있음.
지원사항 : 설교 테이프의 지원요청.
교회설립문제와 기타사항은 담당 이종태 집사와 상의하기로 함

현대 쿠트라 교회 (교회대표 진경열 권사)
현장상황 : 공사한국인 97명인데, 앞으로 42명이 더 올 예정
교인현황 : 교회재적 37명(제직 6명)
예배시간 : 금요주일 아침예배를 드리지 못하고 있음. 낮 10시. 저녁 7:30~8시에 예배드림
교회상황 : 1984년 12월 이후부터 현장소장의 비협조로 인해, 예배를 제대로 드리기 힘들었음
건의사항 : 연합교회의 담당집사가 1개월에 1회씩 예배참석을 해 주시기를 원함
기도요청 : 박성일 전도부장의 사고 후 기적적인 재소생. 완전한 회복을 위해 기도요청

쌍용 마그리브 교회 (대표집사 이용덕)
공사완료 : 1985.11.27(공사한국인 300명)
교인현황 : 교회재적 40명, 예배참석 20~25명(연합교회 참석 15명)
예배시간 : 평일 저녁 7:30~8:30 (작업 있을 때, 8:30~9:30)
건의사항 : 설교자를 구하는 문제가 있으니, 1개월에 1~2회 수고하실 분을 원함
현대 쿠레스 1교회 (대표집사 유건희)
공사완료 : 1986.1, 그러나 금년 9월에 완료됨(공사한국인 60명, 9월이 되면 20명으로 줄 것임)
교인현황 : 교회재적 15명(제직 5명), 예배참석 10명(연합교회 참석 4-5명)
현장상황 : 이 공사를 마치게 되면, 이어서 알주르 현장으로 이전하게 됨

현대 쿠레스 2교회 (대표집사 한영만)
공사완료 : 1986.7. 그러나 앞으로 2~3개월 후 완료됨(공사한국인 120명)
교인현황 : 교회재적 25명, 예배참석 15~20명(연합교회 참석 3~4명)
교회상황 : 연합교회는 송규철 집사의 차량으로 참석하고 있음
예배시간 : 금요예배 저녁 6:30~7:30, 7:30 이후부터는 성경공부
　　　　　한영만 집사의 성경강의(주제별 신구약 개론)
　　　　　금요아침예배는 핀타스에서 드릴 계획(현재 8시에 드렸는데, 6:30부터 드릴 예정)
현장상황 : 현 공사가 끝나면, 알주르 현장으로 이전하게 됨

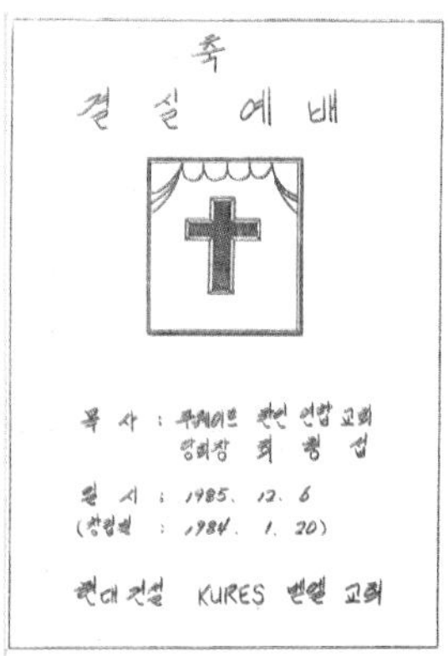

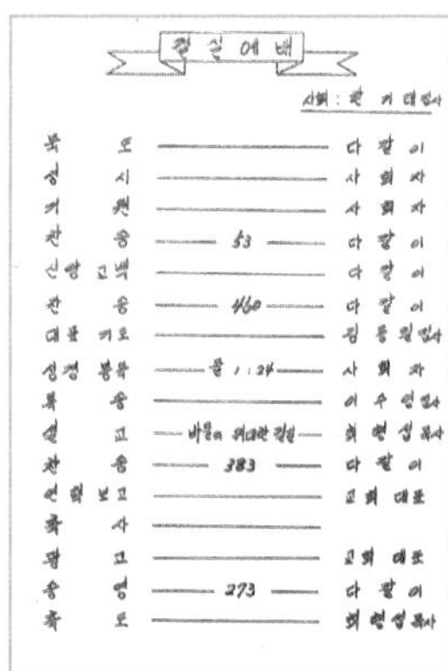

한양은혜교회 (대표집사 함종면)
현장상황 : 현 공사는 86년 10월에 완료되나, 추후 공사계획이 있음
　　　　　공사한국인 410명, 앞으로 300여명이 더 옴
교인현황 : 교회재적 70명, 예배참석: 낮예배 40명, 저녁예배 30명(연합교회 참석 18명)
교회상황 : 7월5일 증축예배를 드릴 예정, 매주 목요일 VTR 필름 상영 전도
　　　　　9월말까지 100명 목표로 전도에 박차를 가하고 있음
지원사항 : 찬송가 20~30권 부족

의논사항

현장교회들 중에 연합교회의 예배시간이 적당하지 않은 교회들이 있었다. 그리하여 연합교회의 예배시간 변경을 위한 논의가 있었다. 현장교회의 상황을 고려할 때, 금요일 오전 9:30~10:30이 가장 적당한 시간으로 의견이 모아졌다. 그러나 실행되지는 못하였다.

④ 현장교회를 위한 사역

쿠웨이트 한인연합교회의 가장 중요한 사역은 복음전파와 영혼구원이었다. 그것은 **세계복음화**와 **민족복음화**의 두 가지로 구체화되었고, **이슬람 선교**와 **한국인 전도**의 두 가지 사역으로 실천되었다. 그리고 한국인 전도를 위한 가장 큰 장은 건설현장에 세워진 **현장교회들**이었다. 그러므로 현장교회를 위한 사역은 쿠웨이트 한인연합교회의 빼놓을 수 없는 주요한 사역이었다.

매월 첫주에 발간되었던 〈땅끝복음 목회월보〉는 앞면에서는 '현장교회 방문계획'을, 그리고 뒷면에서는 '현장교구 소식'을 알리었다. 그리하여 연합교회의 교인들은 현장교회들의 사역과 상황과 잘 알 수 있었다.

- 1983년 2월 땅끝복음 목회월보 -

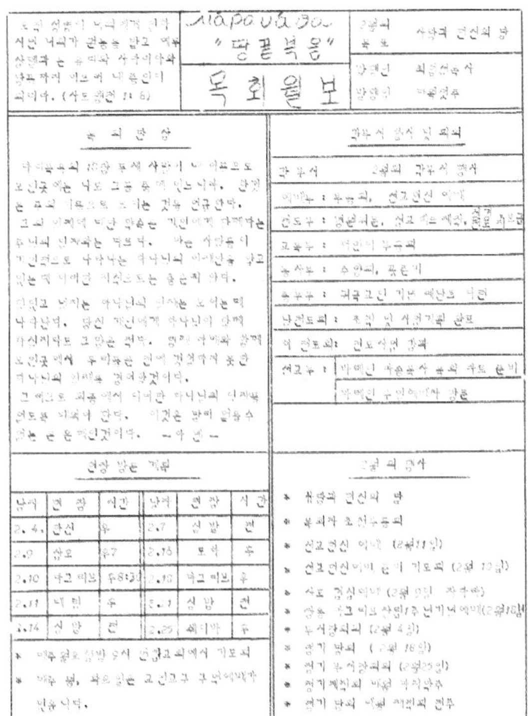
"땅끝복음"
목회월보

1983년 5월과 9월에는 다음과 같은 현장교회의 소식이 소개되었다.

1983년 5월 〈목회월보〉 현장교구 소식	1983년 9월 〈목회월보〉 현장교구 소식
*북부지역 연합예배(K-6, 대림, 도하)를 대림교회에서 드렸습니다. 남부지역 연합을 위하여 준비 중에 있습니다(쌍용, 쉐이바, 코오롱, 아이씨지, 한신). 이를 위하여 기도해 주시기 바랍니다 *대림에 계셨던 김봉식 장로님께서 쉐이바 대림으로 다시 나오셨습니다. *반주자로 계셨던 임주혁 집사님이 쉐이바 대림으로 다시 나오셨습니다.	*도하 대림교회에서 9월2일 밤예배 후에 비디오 '저 높은 곳을 향하여'를 녹화하여 은혜를 받았습니다. *제직수양회가 8월26일 대예배 후에 한진교회에서 있었습니다. *한신교회가 9월9일(금)밤 헌당예배를 드렸습니다. *아사파교회가 9월16일 설립1주년기념예배를 드립니다 *남부지역 제 2차 연합예배가 9월30일(금) 밤예배에 대림 쉐이바 교회에서 드립니다. *9월23일 밤예배를 성가의 밤으로 대림 도하교회에서 드립니다.

현장교회의 순회예배

1982년 7월에는 13개 현장교회의 순회예배를 인도하였다(한양, 라스콤, 한신, K-6, 대림, 도하, 쌍용, 삼호, 아르디아, 대농109, 대림(파일 쉐이바), 대농107, 쇼란). 1983년 3월에는 12개 현장교회의 순회예배를 인도하였다(아르디아, 현대도하, 한신, 아사파, 라스콤, 마그리브, 대림(도하), K-6, 코오롱, 대림(도하), 쇼란, 쉐이바). 1983년 7월에도 12개 현장교회의 순회예배를 인도하였다(아르디아, 라스콤, 도하대림, 코오롱, 한진, K-6, 대림 쉐이바, 현대도하, 마그리브, 한신, 도하대림, 아사파).

7월의 현장 순회 계획

날자	현장	시간	날자	현장	시간
7.2	한양	오전8:30	7.16	삼호	오전8:30
7.4	라스콤	오후7	7.18	아르디아	후8:30
[illegible]	한신	후	7.21	대농109	후
[illegible]	케이-6	전8:30	7.23	대림(파일 쉐이바)	후6:30
[illegible]	대림	후7:30	7.25	대농107	후
7.11	도하		7.28	쇼란	후6:
[illegible]	쌍용	후8:30			

1982년 7월 현장순회예배

현장 방문 계획

날자	현장	시간	날자	현장	시간
4.금	아르디아	전9시	6.일	대림(도하	후7
9.수	현대도하	후8시	11.금	케이-6	후7
13.일	한신	후	15.화	코오롱	후
16.수	아사파	후	18.금	대림(도하	후7
20.일	라스콤	후	23.수	쇼란	후6
27.일	마그리브	후	30.수	쉐이바	후

1983년 3월 현장순회예배

현장교회 예배의 큰 어려움은 **설교**였다. 그리하여 연합교회에게 예배인도와 설교를 요청하곤 했다. 1984년 12월에는 7개 현장교회의 순회예배를 인도했는데(한신, 쿠트라, 쿠레스, 마그비르, 쉐이바, 한양, 현대파힐), 격주로 현장교회를 방문하였다.

당회위원 및 부서장
현장교회 방문 계획

현장	12월21일	12월28일	1월 4일
한 신	이종태	김주신	최낙성
쿠트라	최낙성	이종태	오호한
쿠레스	최목사	이흥중	이종태
마그리브	이흥중	박춘봉	윤대훈
쉐이바	김주신	최목사	박춘봉
한양	[illegible]	최낙성	김주신
현대파힐	오호한	[illegible]	최목사

1984년 12월 설교 담당자

현장교회 순회예배의 설교는 **최형섭 목사**가 혼자 다 맡았던 것이 아니라, **당회위원 및 부서장들**이 함께 분담하여 맡았다. 1984년 12월의 경우에 최형섭 목사 외에 7명의 집사(이종태, 최낙성, 이흥중, 김주신, 박춘봉, 오호한, 윤대훈)가 설교를 맡았다.

학습 및 세례

최초의 시기에 현장교회들은 **복음전도의 열정**이 뜨거웠다. 초신자가 많은 현장교회들도 있었다. 그러나 대부분의 현장교회에는 목사가 없었으므로, **세례**를 줄 수 없었다. 그리하여 초신자를 위한 학습문답과 세례집례는 연합교회와 최형섭 목사가 담당하여야 했다.

1983년 12월, **슈아이바교회**는 학습 9명(이문열, 유관종, 서개열, 도기철, 안중일, 이규일, 김규선, 홍덕화, 이운국)과 세례 2명(조창래, 노병수)을 신청하였다. 그들은 아직 기독교 신앙이 없던 때에 쿠웨이트의 건설현장으로 왔다가, 현장교회를 통해 예수 그리스도를 믿기로 다짐한 분들이었다.

"목사님께"
아래와 같이 슈아이바교회 학습인과 세례인 명단을 드립니다. 다소 변동이 있음은 죄송합니다

"학습"
이문열 ✓
유관종 ✓
서개열
도기철
안중일 ✓
이규일
김규선
홍덕화
~~이명호~~
이운국 ✓

"세례"
조창래
노병수

위와 같이 학습인 9인 세례인 2인을 보고 드립니다.
1983. 12. 9. 슈아이바교회 드림

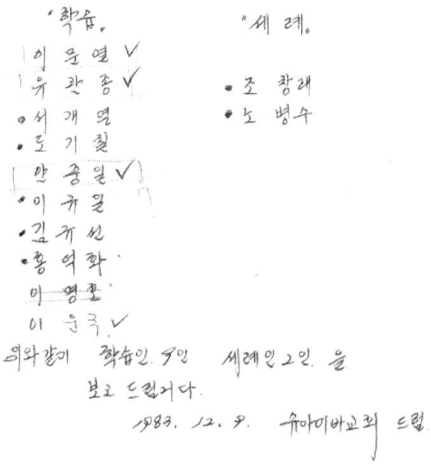

(슈아이바교회 학습세례자 명단)

학습을 받은 후, 6개월 이상이 된 신자는 세례를 신청할 수 있었다. 〈세례집례 신청서〉에는 “위의 사람은 주 예수 그리스도를 믿어 영생을 얻기 원하며, 세례를 받음이 하나님의 자녀가 되는 표시이며, 죄사함과 구원의 상징으로 믿어 세례를 받기 원합니다”라는 고백을 하도록 하였다. 그리고 기독교신앙을 검증하기 위해, 7가지 물음으로 된 설문서도 제출해야 했다.

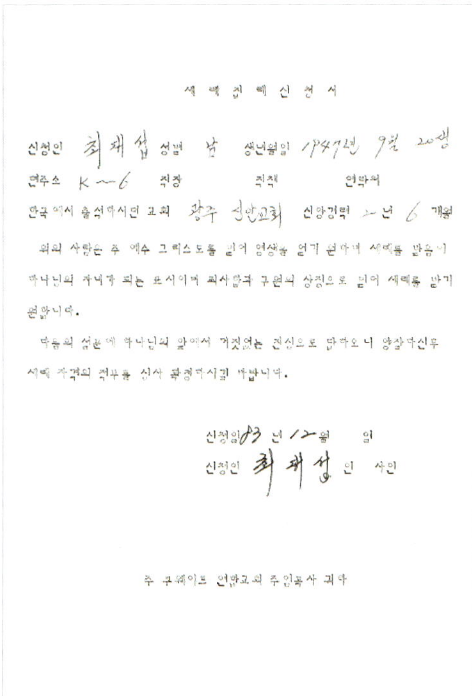
세 례 집 례 신 청 서

신청인 최재섭 성별 남 생년월일 1947년 9월 20일
현주소 K~6 직장 직책 연락처
한국에서 출석하시던 교회 광주 신안교회 신앙경력 2년 6개월

위의 사람은 주 예수 그리스도를 믿어 영생을 얻기 원하며 세례를 받음이 하나님의 자녀가 되는 표시이며 죄사함과 구원의 상징으로 믿어 세례를 받기 원합니다.

다음의 설문에 하나님의 앞에서 거짓없는 진심으로 답하오니 양찰하신후 세례 자격의 적부를 심사 확정하시길 바랍니다.

신청일 83년 12월 일
신청인 최재섭 인 사인

주 쿠웨이트 연합교회 주임목사 귀하

1983년 12월 세례집례 신청서

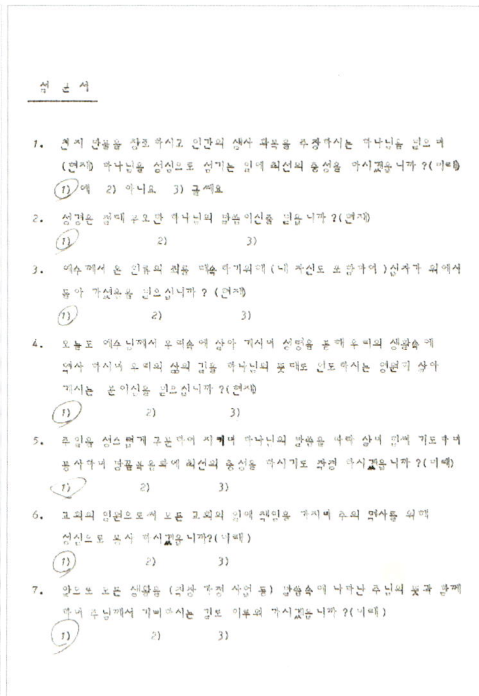
설 문 서

1. 천지 만물을 창조하시고 인간의 생사 화복을 주장하시는 하나님을 믿으며 (현재) 하나님을 성심으로 섬기는 일에 최선의 충성을 하시겠습니까 ?(미래)
1) 예 2) 아니요 3) 글쎄요
2. 성경은 절대 무오한 하나님의 말씀이신줄 믿습니까 ?(현재)
1) 2) 3)
3. 예수께서 온 인류의 죄를 대속하기위해 (내 자신도 포함하여) 십자가 위에서 돌아 가셨음을 믿으십니까 ? (현재)
1) 2) 3)
4. 오늘도 예수님께서 우리속에 살아 계시며 성령을 통해 우리의 생활속에 역사 하시며 우리의 삶의 길을 하나님의 뜻대로 인도하시는 영원히 살아 계시는 분이신을 믿으십니까 ?(현재)
1) 2) 3)
5. 주일을 성스럽게 구분하여 지키며 하나님의 말씀을 따라 살며 쉼없이 기도하며 봉사하며 [illegible]복음화에 최선의 충성을 하시기로 작정 하시겠습니까 ?(미래)
1) 2) 3)
6. 교회의 일원으로써 모든 교회의 일에 책임을 가지며 주의 목사를 위해 성심으로 봉사 하시겠습니까?(미래)
1) 2) 3)
7. 앞으로 모든 생활을 (직장 가정 사업 등) 말씀속에 나타난 주님의 뜻과 함께 하며 주님께서 기뻐하시는 길로 이루어 가시겠습니까 ?(미래)
1) 2) 3)

세례 설문서

그 당시 ‘학습명부’와 ‘세례명부’를 보면, 거의 대부분이 **현장교회의 신자들**이었다. 더욱이 그들 대부분은 초신자들이었다. **쿠레스 교회**의 경우에 학습 1명(김효빈)과 세례 5명(한기태, 황원길, 한석종, 김양경, 김무열)을 신청했는데, 학습대상자는 신앙경력이 2년이었고, 세례대상자의 4명은 3년, 나머지 1명은 5년이었다. 그러므로 대부분 신앙경력이 2~3년 밖에 되지 않았다. 그러므로 그들은 쿠웨이트에 와서 예수님을 믿게 된 것이었다. 쿠웨이트에 오기 전에, 한국에서 거의 교회생활을 하지 않았으나, 쿠웨이트 의 현장교회를 통해, 예수 그리스도를 믿기로 결단하게 된 것이었다. 이 일은 그 당시 현장교회가 **구령의 열정**으로 뜨거웠기 때문에 가능한 일이었다.

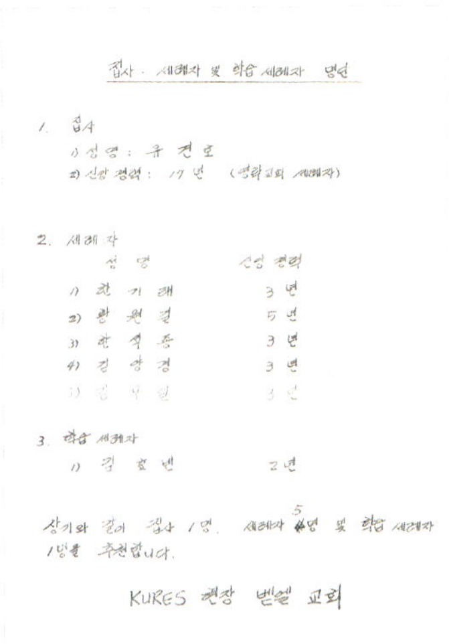
쿠레스 교회 (집사, 학습세례자)

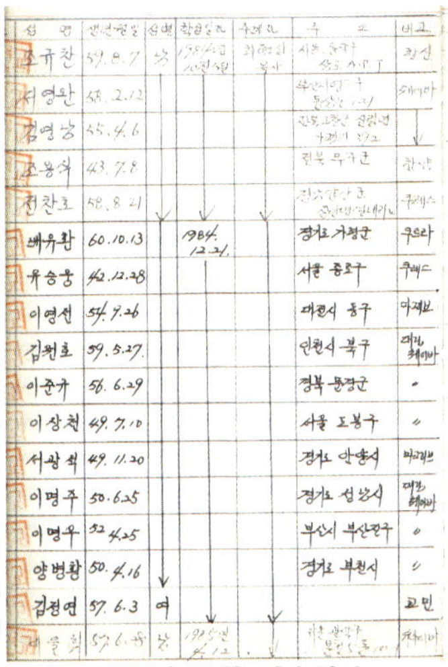
1984년 10월 학습명부

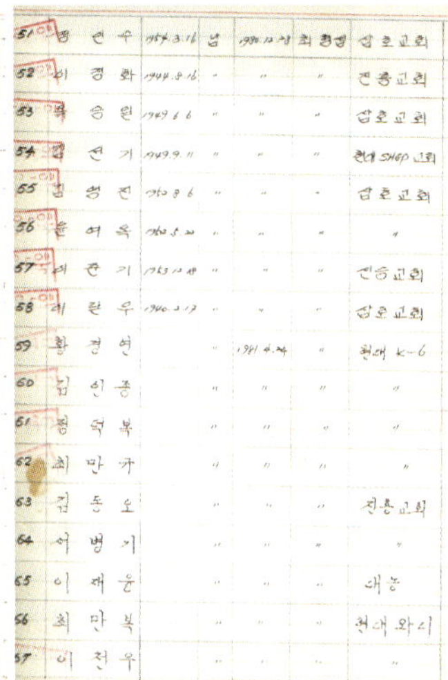
1980년 12월 세례명부

이와같이 최초의 시기에 쿠웨이트 한인연합교회를 이끌어 갔던 두 가지의 뜨거움은 **선교의 열정**(세례선교, 이슬람선교)과 **구령의 열정**(민족복음화)이었다.

(5) 최초의 시기에 쿠웨이트 한인연합교회

1) 복음전파의 열정 위에 세워진 교회

쿠웨이트 한인연합교회는 연합예배의 필요성보다 **복음전파의 필요성**이 훨씬 더 큰 비중을 차지하여 설립되었다. 만약 **연합예배의 필요성**(예배의 열정) 때문에, 연합교회가 필요한 것이었다면, 쿠웨이트 시내에 연합교회가 세워진 이후에 현장교회는 폐쇄되거나 약화되었을 것이다.

최초의 시기에 쿠웨이트의 한국인 그리스도인들은 그들이 함께 모여 은혜롭게 예배를 드리는 것만으로는 영적으로 만족하지 못하였다. 선교사의 입국이 허락되지 않는 이슬람 땅에서 예배를 드릴 때, 그들의 영혼 속에 **이슬람 선교의 사명감**이 생겨났으며, 또한 그들의 건설현장에 현장교회가 세워졌을 때, **한국인 전도의 사명감**을 느끼게 되었기 때문이다. 그러나 평신도 자신의 힘만으로는 이슬람 선교와 한국인 전도를 감당하기에는 역부족이었다. 그리하여 전문적인 선교사가 연합교회의 담임목사로 파송받아 와서, 한국인 전도와 이슬람 선교를 이끌어 주기를 원하게 되었다. 이와같은 복음전파의 필요성 때문에, 쿠웨이트 한인연합교회가 세워지게 되었다.

최초의 시기에 쿠웨이트 한인연합교회는 **구령의 열정**(한국인 전도)과 **선교의 열정**(이슬람 선교)을 둘다 겸비하였다. 이것이 올바른 교회의 모습이다. 건설현장에 세워진 현장교회들이 한국인 전도를 위한 전초기지였다면, 쿠웨이트 시내에 세워진 한인연합교회는 땅끝복음 중동선교회를 통하여 '쿠웨이트 내 현지인 선교' 및 '쿠웨이트 해외의 이슬람선교'를 감당하였다.

복음전파의 사명, 곧 구령의 열정과 선교의 열정을 둘다 겸비한 교회가 올바른 교회이다. 구령의 열정이 선교의 열정이 되어 교회 밖으로 넘쳐 나갔다면, 그 선교의 열정이 구령의 열정을 일깨우도록 다시 교회 안으로 돌아와야 한다. 또한 다시 그 구령의 열정이 선교의 열정으로 뿜어져 나가는 선순환의 구조를 갖추어야, 건강한 교회가 될 수 있다.

최초의 시기에 쿠웨이트 한인연합교회는 연합교회와 현장교회의 체계를 둘다 유지하였다. 그리하여 현장교회를 통하여 한국인 전도를, 그리고 땅끝복음 중동선교회를 통하여 이슬람 선교를 뜨겁게 감당할 수 있었다. 이 일은 탁월한 사역자 **최형섭 목사**로 인하여 가능하였다.

그러나 2018년 2월, 윤상원 목사가 제 8대 담임목사로 부임했을 때, 최초의 시기에 그 쿠웨이트 한인교회의 모습은 사라지고 없었다. 처음 설립의 목적과는 달리, 거의 한국인 그리스도인들의 예배공동체 정도로 축소되어 있었다. 쿠웨이트에 거주하는 한국인들을 위한 **전도의 열정**은 뜨겁지 않았고, 또 이슬람 선교사역은 매우 단순한 후원방식을 넘어서지 못하고 있었다. 대다수의 교인들은 후원선교사의 이름과 사역내용을 거의 알지 못하고 있었다. 선교사역의 예산은 고정지출(예배당 렌트비, 목회자 사례비 등)을 제외한, 교회 가용예산의 1/3을 차지하고 있었으나, 소수인원만이 선교지의 정보를 소유했으므로, 일부 교인들은 교회의 선교사역에 큰 불만을 갖고 있었다. 교회 전체적으로도 **선교의 열정**은 없었다.

최형섭 목사는 1980년 8월에 부임하여, 1986년 4월에 사임하였다. 최형섭 목사의 사임 이후에 언제 어떻게 처음의 모습을 상실했는지는 추가적인 연구가 필요하다.

2) 교회에서 담임목사의 위치

운영위원회의 위원장

최형섭 목사는 1980년 8월에 먼저 **쿠웨이트 한국기독교인 연합회**의 담임목사로 부임하여, 같은 해 9월에 **쿠웨이트 한인연합교회**의 담임목사로 취임하였다. 그런데 최형섭 목사가 연합교회의 담임목사로 취임한 이후에도, 운영위원회의 위원장은 담임목사가 아닌, 연합회의 회장이었던 채경석 집사가 초대위원장을 맡았다. 그러나 이것은 바람직하지 않은 조직구조였다.

다행히 채경석 집사가 운영위원장을 맡았던 시기에는 이로 인한 문제가 발생되지 않았다. 비록 그가 운영위원장일찌라도, 그는 담임목사의 권위를 존중하고, 담임목사의 안정을 소중히 여기는 태도를 취하였기 때문이다. 이러한 일면이 1980년 11월28일, 제 2회 운영위원회에 잘 나타나 있다. 회의를 마칠 때, 최형섭 목사가 1981년도 새해를 바라보며, 세 가지를 강조하였다.[163]

① **땅끝복음**에 대해서 운영위원회에서 사명감을 갖자.
② 모든 계획은 복음전파에 중점을 둔다 (**중동선교의 전진기지화**)
③ 1982년도에는 차장급까지 운영위원회에 참석하도록 한다.
단 결정권은 부장에게만 주도록 한다.

최형섭 목사의 발언을 들은 후, 채경석 회장의 추가발언이 있었다.

① 최형섭 목사님과 가정이 쿠웨이트에서 **안정된 기반을 보장**하는 것
② **이 일이 보장될 경우**, 중동선교의 전진기지화를 추진한다.
③ 전도부에서는 1981년도 하반기 계획에 2항의 계획(중동선교의 전진기지화)을 세운다.

최형섭 목사는 쿠웨이트로 파송을 받으면서, 처음부터 '땅끝복음'과 '중동선교의 전진기지화'라는 교회의 올바른 목표와 방향을 갖고 있었다. 그런데 채경석 집사는 추가발언을 통해 담임목사의 안정된 기반이 그것을 위한 선결과제라고 알렸다. 그러면서도 곧바로 전도부가 담임목사의 목회계

163) 쿠웨이트 한인연합교회 운영위원회, 「운영회의록 : 제 1~17회」, 제 2회(1980.11.28), p.5

획을 즉시 시행하도록 하였다. 그러나 이러한 아름다운 관계는 채경석 회장이 한국으로 귀국한 후(1981.5.14), 새로운 운영위원장이 임명되면서, 어려움을 겪게 되었다.

제 11회 운영위원회(1981.6.26)는 긴급안건(가. 운영위원장 사표제출에 대한 사후관리 방안, 나. 최형섭 목사의 거취 문제에 따른 조직개편)으로 모이게 되었다.[164] 새로운 운영위원장과 담임목사 사이에 심한 갈등이 일어나 둘다 사표를 내는 긴급사태가 발생하였기 때문이다. 갈등의 핵심은 '교회운영을 **담임목사 중심**으로 할 것인가? 또는 **운영위원 중심**으로 할 것인가?'에 있었다. 이 문제는 일단 봉합되었으나, 그것이 근본적인 해결책은 아니었다. 최형섭 목사는 그 자리에서 '당회 조직을 통한 운영회를 세우고, **목사중심의 한인교회**를 이끌어가겠다'라고 밝혔으나, 그의 의견이 수용되지 않았기 때문이다.

제 16회 운영위원회(1981.11.20)에서도 또다시 불미스러운 일이 일어났다. **담임목사의 휴**가에 대해, 운영위원장과 윤대훈 집사 사이에 논쟁이 일어나서, 회의가 중단되는 사태까지 일어났다. 이때 최형섭 목사는 회의 자리를 퇴장하였다. 다시 속개된 회의에서 담임목사의 휴가승인 여부가 논의되었고, 찬성과 반대의 의견으로 나뉘어져, 결국 거수로 결정하게 되었다. 휴가찬성 5명, 반대 3명이었다. 그리하여 교회가 항공료를 부담하고, 상여금 100%를 드리는 것으로 최종결정되었다. 이것은 교회 안에 일어나서는 안 될 일이 일어난 것이었다. 담임목사와 운영위원 모두가 잘못한 것이고, 그 책임을 어느 누군에게만 물을 수 없다. 서로가 서로를 아껴야 한다. 서로가 서로를 지켜주어야 한다. 목사는 교회를, 그리고 교회는 목사를 소중하게 여겨야 한다. 그래야만 영적 에너지의 허비를 막고, 사탄이 틈타는 것을 막을 수 있다.

당회의 구성

1982년 4월26일, 운영위원회는 **당회의 구성**을 결의하였다. 이 결정에 의해 세 가지의 중요한 일들이 이루어졌다. 첫째로, 담임목사에게 당회구성, 결정 및 인선에 관한 전권이 위임되었다. 이에 근거하여, 같은해 5월7일, 당회원이 임명되고 당회가 구성됨으로써, 운영위원회는 해산되고, **담임목사 중심의 교회운영**이 시작될 수 있었다.

---

164) 쿠웨이트 한인연합교회 운영위원회, 「운영회의록 : 제 1~17회」, 제 11회(1981.6.26), p.20

둘째로, 1982년 6월4일, **제직회**가 무려 13개월 만에 열리게 되었다. 그것은 땅끝복음 중동선교회의 창설을 결의하기 위함이었다. 이처럼 평신도가 회장직을 맡았던 운영위원회가 해산되고, 담임목사가 당회장직 맡는 당회가 구성되자, 비로소 제직회도 제 역할을 할 수 있는 위치를 찾게 되었다. 이후 제직회는 분기별로 열렸다.

셋째로 같은해 6월11일, 제직회의 결의에 따라 **땅끝복음 중동선교회**가 창립되었다. 공교롭게도 '땅끝복음'과 '중동선교의 전진기지화'는, 최형섭 목사가 부임했던 첫 해인 1980년 11월28일, 제 2회 운영위원회에서 밝혔던 교회의 목표와 방향이었다. 만약 최형섭 목사가 한인연합교회의 설립 시에 곧바로 운영위원장이 되었다면, 이 귀한 시간이 지체되지 않았을 것이다. 땅끝복음 중동선교회가 창립된지 약 4년 후에 최형섭 목사는 쿠웨이트 한인연합교회의 담임목사를 사임하였다. 이 4년 동안, 한 사람이 감당하기 힘든 분량의 사역들을 감당하였다. 너무나 안타깝다. 만약 최형섭 목사가 쿠웨이트 한인연합교회의 담임목사로서 5년을 더 섬겨주었다면, 중동지역의 선교역사가 분명히 지금보다 훨씬 더 발전되어 있었을 것이다.

최형섭 목사 이후, 제 2대 담임 조원규 목사(1986.4~1989.7), 제 3대 정삼식 목사(1989.9~1991.12), 제 4대 정명섭 목사(1992.8~2000.6), 제 5대 노동현 목사(2000.6~2002.7), 제 6대 김영중 목사(2002.9.~2009.6), 제 7대 김진선 목사(2009.7~2017.9), 그리고 제 8대 윤상원 목사(2018.3~2023.12)가 쿠웨이트 한인연합교회를 섬겼다. 이제 2024년, 정명호 목사가 제 9대 담임목사로 부임하여 쿠웨이트 한인연합교회의 제 2세대를 새롭게 이끌어 갈 희망을 갖고 있다.

4. 이란 : 테헤란 한인교회 (1974, 1976년)[1]

이란은 1974년, 중동지역에서 가장 먼저 한인교회(테헤란 한인교회[2])가 세워진 나라이다. 이란은 **시아파 이슬람의 종주국**으로서, 이란의 공식국명은 1979년 이슬람 혁명 이후부터 **이란 이슬람 공화국**(Islamic Republic of Iran)이 되었다. 테헤란 한인교회는 중동지역에 최초로 세워진 한인교회라는 역사적인 의미 외에도, 시련 속에서도 시아파 이슬람 종주국 내에 굳게 서 있는 소중한 교회이다.

(1) 1979년 이슬람 혁명 전후의 시대적 상황

이란은 우리 나라와 1962년 10월 수교했으며, 중동국가 중에서 우리 나라와 가장 먼저 교역을 시작한 나라이다. 호메이니의 이슬람 혁명 이전까지 우리 나라와의 경제관계는 우호적이었다. 특히 1977년, 테헤란 시장의 한국방문을 계기로 양국 간의 우호의 상징으로 서울과 테헤란에 각각 '테헤란로'와 '서울로'를 지정할 할 정도였다. 이러한 우호관계에 근가하여 1973년 제 1차 오일 쇼크로 이란에 건설의 붐이 일어날 때, 우리 나라의 건설기업들도 이란에 대거 진출할 수 있었다. 1970년대 중동진출 과정에서 **2만 명 이상의 한국인**이 이란 내 건설시장에 진출하였다.

그러나 1979년, 팔레비 국왕을 폐위시킨 **호메이니의 이슬람 혁명**으로 인해 상황은 반전되었다. 팔레비 국왕은 친미의 노선을 걸었으나, 호메이니는 반미의 노선을 택하였다. 특히 1980년부터 무려 8년에 걸친 **이란과 이라크의 전쟁**에서 북한이 이란에 군수품을 지원함으로, 1980년대 양국 간 외교관계는 대리대사급으로 격하되고, 양국관계는 소원해졌다.[3] 종전 후 외교관계가 다시 대

---

1) 테헤란 한인교회의 내용은 이만석 목사의 검토와 수정을 거쳤다.
2) 더 정확한 명칭은 '테헤란 한국인 기독교회'이다. 이하에서는 '테헤란 한인교회'로 약칭한다.
3) 이란-이라크 전쟁으로 인해, 다른 국가의 건설회사들은 전부 철수하는 상황에서도 한국의 건설회사들은 위험을 무릎쓰고 버텼다. 이로 인해 수많은 인명피해가 발생했으나, 그 결과로 공사를 완료할 수 있었다. 이것이 이란인들에게 큰 인상을 남기었고, 그 이후 경제적 우호관계를 맺는 기반이 되었다(인터넷, <나무위키>, "이란-이라크 전쟁" (검색일, 2023.10.15)

사급으로 격상되고, 한국기업들도 전후 복구사업 및 경제개발계획에 참여함으로써 경제협력도 다시 긴밀해졌으나,[4] 그 이후 양국관계는 국제정세에 큰 영향을 지속적으로 받았다.

테헤란 한인교회가 1974년에 세워졌으므로, 이란의 시대적 격변에 큰 영향을 받게 되었다. 테헤란 한인교회는 양국관계가 우호적이었던 1974년에 설립되었다. 그러나 1979년에 이란의 국가 전체에 큰 격변을 일으킨 **이슬람 혁명의 영향**을, 테헤란 한인교회도 피해갈 수 없었다. 이란 정부로부터 큰 시련이 상당한 기간 지속되었다. 그러함에도 불구하고, 테헤란 한인교회는 지금까지 굳게 서 있다. 특히 1991년, **이만석 목사**가 제 3대 담임목사로 부임한 시기에는 **선교적 교회**로서 모범적인 모습을 보여주었다. 테헤란 한인교회가 중동지역에서 최초로 설립되었으나, 이만석 목사의 사역을 중심적으로 살펴보기 위해, 본 장의 가장 마지막에서 다루게 되었다.

(2) 테헤란 한국교회의 설립 (1974년)

1) 교회설립의 배경과 동기

테헤란 한인교회가 설립되었던 1970년대 중반에, 이란은 **친미 팔레비 왕정**의 **마지막 시기**였다.[5] 당시 이란은 서방세계와의 자유로운 교류로 인해, 프랑스 파리의 패션이 바로 유행할 정도였고, 많은 근로자가 일자리를 얻을 수 있었다. 더욱이 이란은 오일달러를 바탕으로 다양한 대형 건설공사들을 발주하였기에, 여러 나라의 건설회사들도 진출한 상황이었다.

1974년, 월남 전 패망 이후에 **베트남이 공산화** 되면서, 우리 나라의 **파월 기술자들**이 생존을 위해 베트남을 떠나야 하는 상황이 발생하였다. 마침 중동건설의 붐이 불기 시작했고, 이란은 다른 중동국가들보다 자유롭고, 급여도 높은 곳이란 인식이 있었다. 그리하여 항공정비사, 운전기사를 포함한 많은 파월 기술인력들이 이란으로 몰려오게 되었다.[6]

---

4) 인터넷 <Daum백과>, "이란" (검색일, 2023.10.15)
5) 이란의 팔레비 왕조는 1956년 중동전쟁 이후에 미국과 더욱 친밀한 관계를 맺게 되었다. 미국은 이란에 주둔하여, 중동지역에서 미국이 소련을 견제하는 역할을 했다.
6) 장영수, '테헤란 한인교회의 시작', <중동선교>, 제 113호 (2014년), p.10

그러나, 막상 가족까지 동반한 파월 기술자들이 이란에 도착했을 때, 일자리는커녕 하루 세끼도 먹기 힘든 실정이었다. 우선 그들은 **언어의 문제**부터 갖고 있어서 의사소통이 되지 않았고, 또 많은 이들이 자신의 이력서조차 작성하지 못해 구직에 어려움이 컸다. 심지어 여권도 없이 **여행증명서**(Travel Certificate)만으로 불법취업을 해야 할 경우도 있었다.

이를 안타깝게 여겨서, 한국대사관과 현지상사 주재원들이 개인별로 도와주기도 했지만, 종합적인 대책을 세워야 한다는 목소리가 높아졌다. 마침 이러한 때, 뜻있는 분들이 '**한인교회**를 **설립하여** 저들을 돌보고, 또한 한국인들의 구심점 역할을 하도록 하자'라는 의견을 모으게 되었다.[7] 한인교회의 설립을 위하여 **김문협 장로**가 앞장서고, **현시학 대사**가 협력하였다.

2) 이란 한국인교회의 설립 (1974.8)

김문협 장로

서울대 농대교수인 **김문협 장로**(수원 서둔교회)는 1974년 3월부터 1년 동안, UN 산하기관인 **국제식량농업기구**(FAO)의 책임자로 테헤란에 파견되어 근무하고 있었다. 이란은 이슬람 국가이므로, 이곳에 교회가 있으리라 생각지도 못했고, 처음부터 한인교회를 세울 생각을 한 것도 아니었다. 그런데 같은 사무실에서 근무하던 한 인도인에게서 테헤란에 **외국인 교회**가 있다는 사실을 알게 되었다. 그의 인도로 외국인 교회의 예배에 참석했으나, 다른 나라의 언어로 드려지는 **외국인 예배**가 도무지 마음에 차지 않았다.

김문협 장로

그 당시 한인교포가 대략 300명 내외가 거주하였는데, 대부분이 기술자들이었고, 가족을 동반한 사람들도 적지 않았다. 그들 중 이란으로 이주한 파월기술자들이 큰 어려움을 겪고 있었고, 대부분의 한인교포들도 외국생활에 정신적으로 어려움을 겪고 있었다. 그리하여 김문협 장로는 그들을 위하여 테헤란에 한인교회를 세우고자 하는 마음을 갖게 되었다.[8]

---

7) 장영수, '테헤란 한인교회의 시작', <중동선교>, 제 113호 (2014년), p.11
8) 김문협, '테헤란한국인 기독교회를 기억하며', 「테헤란한국인기독교 30년사」(2004.8.16), p.23

> 나는 이러한 교포사회의 실정을 보고, 이 곳에 교회를 세우면 그들을 대상으로 전도를 할 수 있을 뿐만 아니라, 그들이 서로 의지하여 친목을 도모하며 살아가는 만남의 장소도 제공할 수 있게 되겠고, 또, 그 사람들의 생활에도 도움을 줄 수 있지 않겠느냐 하는 생각을 갖게 되었다. 그래서 결국 나는 이곳에 **교회를 세우기**로 마음을 작성하였다.[9]

정순경 성도

김문협 장로와 정순경 집사 가족

김문협 장로는 가장 먼저 **예배장소**를 물색하였다. 그가 거주하던 호텔 인근에 있는 **정순경 씨의 아파트**가 넓어서 적합할 것 같았다. 그는 전기기술자로 테헤란에 오게 되었고, 기독교인은 아니었다. 김문협 장로는 그의 계획을 자세히 설명하고 예배장소의 협조를 구하였다. 그런데 놀랍게도 정순경 씨는 그의 집을 선뜻 예배장소로 허락하였다. 정순경 성도의 집은 더 넓은 곳으로 옮기기 전까지 예배처소로 사용되었다. 그 이후 정순경 성도는 미국으로 건너가 신앙생활을 계속하면서, **장로**가 되었다.

현시학 대사

다음으로, 김문협 장로는 교회설립의 도움을 얻기 위해 **대사관**을 찾아갔다. 당시 이란 주재 한국대사는 해군제독 출신인 **현시학 대**사였다.[10] 현시학 대사는 매우 점잖은 분이었다. 김문협 장로는 그의 계획을 자세하게 설명드린 후에 "그러니 내가 교회를 세우려는 데에, 반대를 하지 않겠지요?"라고 현 대사에게 물었다.

> "박사님! 반대라니요? 나도 목사의 아들이고, 내 형은 이화여대 현영학 교수입니다. 잘해 보시기 바랍니다. 그리고 지금 말씀하시는 일은 잘 알아들었습니다. 앞으로 많이 협조해 주시길 바랍니다"

9) 김문협, '테헤란한국인 기독교회를 기억하며', 「테헤란한국인기독교 30년사」(2004.8.16), p.23
10) 현시학 대사는 대한민국 해군창설의 주역이며, 6·25전쟁에서 활약하였다. 이화여대 기독교학과의 현영학 교수의 동생이기도 하다. 1966년 해군소장으로 예편한 후, 1969년부터 모로코 대사, 이란 대사, 멕시코 대사로 국가를 섬겼다.

놀랍게도 **현시학 대사**의 부친은 목사였으며, 그의 형은 신학교수이고, 기독교 집안에서 자랐기에, 김문협 장로는 현시학 대사의 적극적인 협조를 받을 수 있었다. 하나님께서는 중동지역에 최초의 한인교회를 세우기 위하여 김문협 교수, 정순경 성도, 그리고 현시학 대사를 예비하셨으며, 또한 그들이 이처럼 만나도록 인도하셨다.

교회설립 예배 (1974.8.16)

1974년 8월15일(목), 광복절 기념식을 위해 한인교포들이 모인 자리에서, 김문협 장로는 한국인 교회 설립의 취지를 설명하였다. 그리고 그 다음날 8월 16일(금)에, 정순경 성도의 가정에서 김문협 장로의 예배 인도로, 이란에 진출해 있던 건설회사 기술자 및 사업자들의 가족 12명과 그들의 자녀 9명이 감격적인 첫 예배를 드림으로 중동지역에서 최초의 한인교회인 **테헤란 한인교회**가 설립되었다.

1974년 8월16일, 교회설립 멤버들

예배인도는 1975년 3월, 김문협 장로가 귀국할 때까지 담당했다. 테헤란 한인교회는 **한국 기독교인들**의 **신앙생활의 터전**이며, **이란선교의 교두보**가 되었다.[11]

예배처소의 문제 – 늘어나는 교인.

교회는 설립되었으나, 성경과 찬송가는 전혀 준비되지 않았다. 김문협 장로는 한국에 요청하여 **성경**은 영등포교회 방지일 목사로부터 기증받을 수 있었고, **찬송가**는 서둔교회가 몇 차례에 걸쳐 보내어 주어서, 필요한 분량을 구비할 수 있었다.

문제는 **예배처소**가 좁아지게 된 것이었다. 교회가 시작된 후, 교우의 숫자가 점차 늘었기 때문이었다. 그 중에는 자신의 아내를 자동차로 교회에 데려 주다가, 자연스럽게 교회에 출석하게 된 불

11) 「테헤란 한국인 기독교 30년사」(2004.8.16), 교회연혁, p.28

신자 남편의 경우도 있었다. 그런데 다행하게도 **쌍용회사**의 테헤란 지사장 부부가 교회출석을 하게 되면서, 예배처소를 그의 사무실로 옮길 것을 제안하였다. 사무실은 상당히 넓어 모두가 기뻐하였다. 이곳은 1975년 봄까지 약 6개월 동안 예배처소로 사용할 수 있었다.

테헤란 한국인교회는 조금씩 발전해갔고, 매우 교우들이 모이는 기쁨도 커져갔다.

> 교회는 약간씩 발전해 가며 재미있게 계속되었다. 나는 그날이 몹시 기다려졌다. 우리끼리 마음 놓고 한국말을 할 수 있는 것만으로도 얼마나 즐거운 일이며, 또 해방감을 맛볼 수 있는 일인가? 그래서 나는 주일 전날이면, 국제기구의 매점에서 과자류를 준비해 갖고 갔다. 예배가 끝난 뒤에는 서로 친교의 시간을 갖게 되니, 아마 다른 모든 교포들에게도 틀림없이 즐거운 시간이 되었을 것이다.
>
> 특히 어린이들이 즐거워하는 모습을 보는 것도 한 기쁨이었다. 성탄절에는 어린이들이 색동저고리를 입고 나와, 축하순서를 행하면서, 즐거운 시간을 가졌다. 그 일이 지금도 기억난다.[12]

초창기 김문엽 장로의 주일학교 설교

1975년 새해가 되었을 때, 예배처소로 인해 약간의 문제가 발생되었다. 쌍용회사의 지사사무실을 예배처소로 사용하는 일이 한국본사에 알려지게 되자, 본사에서 이의를 제기했기 때문이다. 그렇지 않아도, 교인의 수가 늘어나 이 장소도 협소해진 상황이었다.

테헤란 한인교회의 고충을 테헤란에 주재하던 **미국 장로교 선교부**가 알게 되었다. 미국선교사들은 테헤란 한인교회를 **아르메니안 교회**(당시 목회자 : 카차도리언)에 소개시켜 주었고, 금요일 오전 11~12시에 예배당의 사용을 허락받았다. 또 어린이를 위한 **주일학교**도 교회 내 부속학교(고하르중학교)의 강당을 허락받아 같은 시간에 예배드릴 수 있게 되었다(1975년 3월).[13]

12) 김문협, '테헤란 한국인 기독교회를 기억하며', 「테헤란한국인기독교 30년사」 (2004.8.16), p.25
13) 「테헤란 한국인 기독교 30년사」 (2004.8.16), 교회연혁, p.28

지도자 부재의 문제 – 김문협 장로의 귀국

그런데 예배처소의 문제보다 더 심각한 문제는 따로 있었다. 그것은 테헤란 한인교회의 설립을 주도한 **김문협 장로의 귀국**이었다. 교회설립 이후, 예배인도 역시 김문협 장로가 맡고 있었다. 그런데 1975년 3월, 그는 임기를 마치고 귀국해야 할 상황이었다.

김문협 장로의 귀국을 심각한 문제로 먼저 여겼던 곳은 **대사**관이었다. 당시 교회가 한국정부에 대한 비판세력으로 주목받고 있었다. 김문협 장로가 교회를 이끄는 동안에는 문제가 되지 않았다. 그런데 대사관의 모 공사가 '김문협 장로가 귀국한 후에는 문제가 생기지 않겠느냐?'고 문제를 제기하였다. 이 사실을 알고 난 후, 김문협 장로는 그대로 있을 수 없어, 현 대사를 찾아갔다.

> "대사님! 대사관 안에서 우리 교회에 대해서 말이 있다면서요?"
> "일부 사람이 말이 좀 있기는 했지만, 별 문제는 없을 것입니다.
> 박사님이 이곳에 있는 동안에는 아무 문제가 없겠지만,
> 귀국하신 뒤가 걱정 되어서 그러는 거지요"
> "걱정하실 것은 없을 것입니다. 그리고 내가 귀국하면, 되도록 빨리
> **선교사**를 한 사람 **보내도록** 노력할 생각입니다."
> "박사님! **그렇게 되길** 바랍니다."
>
> 내가 현 대사와 약속한 것도 약속이려니와, 내가 귀국하면 **지도자 없는 교회**를 위해서 꼭 **선교사**를 한 사람 **보낼 수 있도록** 노력을 해야 하겠다고 **마음에 다짐**을 하였다.14)

김문협 장로는 그의 귀국 후에 **지도자 없는 교회**가 될 것이 염려되었다. 그는 "이제 내가 떠나면, 당장 지도할 사람이 없어서, 목자 잃은 양과 같이 될 그들을 생각하니, 마음이 답답해짐을 어찌할 수가 없었다"고 한다. 이러한 염려가 큰 계기가 되어, 김문협 장로는 테헤란 한인교회의 담임목사로 **이란 선교사**를 **파송하는 일**이 계획하게 되었다.

한편, 대사관에 **한인수 대령**이 새로운 무관(武館)으로 부임하였다. 그의 주선으로 대사관에서도 별 문제로 확대되지 않았다. 한인수 대령은 독실한 기독교인(남대문교회)이었다. 그는 부임 직후부터 한인교회에 출석하여, 김문협 장로의 귀국 뒤에 테헤란 한인교회를 위해 큰 힘을 썼다.

---

14) 김문협, '테헤란한국인 기독교회를 기억하며', 「테헤란한국인기독교 30년사」(2004.8.16), p.26

김문협 장로의 마지막 예배 (1975.3)

김문협 장로는 1975년 3월 중순 한국으로 귀국하게 되었다. 그 동안 교회는 많은 성장을 하여, 장년 성도만 50명 가까이 모이게 되었다. 김문협 장로는 사도행전 20장 32~37절을 본문으로 하여, **마지막 설교**를 하였다. 사도 바울이 비장한 각오로 예루살렘으로 올라가면서, 에베소 교회의 장로들에게 설교했던 것처럼, 그도 "나는 이제 여러분을 주와 그 은혜의 말씀에 부탁한다"는 말씀을 전하며, 그의 마음을 억제할 수 없었다. 김문협 장로는 한국에 귀국한 즉시로 그가 다짐하고, 또 현시학 대사에게 약속한대로, **선교사의 파송**을 위해 애쓰기 시작했다. 그 수고의 열매로 1년 3개월 후에, 선교사가 이란에 파송되었다.

(3) 초대 담임목사 - 강동수 선교사

1) 담임목사의 부임 (1976.6)

① 목회자 청빙위원회

김문협 장로의 귀국 후 테헤란 한인교회도 담임목사의 청빙을 본격적으로 시작했다. 1975년 9월, 최초의 총회를 소집하고, **목회자 청빙위원회**를 구성했다. 당시 대사관 무관으로 근무하던 **한인수 성도**가 청빙위원장으로 선출되었다.[15] 테헤란 한인교회는 이 기간에 교회의 조직과 부설기관도 설립하였다. 그리하여 담임목사의 부임 전에 교회의 안정적인 기초를 잘 마련해 두었다.

② 교회의 조직과 기관

제직회의 구성

1976년 1월, **교회조직**을 위한 총회가 소집되어, **제직회**가 구성되었다. **김인성 장로**가 초대회장으로 선출되었다.[16] 부장도 선출되었다(서무부장 : 탁태신 집사, 예배부장 : 김인성 장로, 전도부장 : 정주현 권사, 교육부장 : 이정렬 집사, 봉사부장 : 김중성 집사, 재정부장 : **정순경 집사**, 섭외부장 : 김영준 집사.[17])

15)「테헤란 한국인 기독교 30년사」(2004.8.16), 교회연혁, p.28
16)「테헤란 한국인 기독교 30년사」(2004.8.16), 교회연혁, p.28

김인성 장로는 (주)한진의 테헤란 주재 이사로 오게 되었고, 제직회의 초대회장으로 선출된 후 담임목사를 청빙하는 일에 주축이 되었다. 김문협 장로 이후에, 김인성 장로가 담임목사의 부임 전까지 설교를 맡았다. 그리고 불신자임에도 그의 집을 교회설립을 위해 예배처소로 내어 주었던 **정순경 집사**는 재정부장으로 임명되었다. 교회의 아름다운 열매였다.

한국인 학교의 설립

당시 한인 부모들은 자녀의 교육문제로 애태우고 있었다. 이 한국인 자녀의 교육문제를 교회가 주도하여 해결하기로 하였다. 이를 위하여 1976년 3월, 한인수 무관 집에서 **한국인학교 설립추진위원회**가 구성되었다. **초대위원장**에는 김인성 장로가 선출되었고, **초대교장**에는 정순경 집사가 임명되었다.[18]

1976년 4월30일(금), **한국인학교**(현 테헤란 한국학교)가 테헤란 한인교회의 **부설학교**로 설립되었다. 학교장소는 아르메니안 교회의 부속학교를 빌려 사용하였다. 한국인학교의 개교 및 입학식이 자녀교육 문제로 애태우던 학부모들의 열렬한 박수를 받으며 행해졌다. 또한 유치원도 같은 날에 개원하였다. 이 한국인학교의 설립을 위해 많은 사람들이 힘을 모았다. 현시학 대사, 상사대표, 그리고 여러 한인교포 등 총 57개 기관 및 개인이 총 887,000리얄을 기부하였다.[19])

③ 강동수 목사의 부임

한국으로 귀국한 김문협 장로는 이란 선교사의 파송을 위해 노력하고 있었다. 그와 가까운 관계에 있던 예장통합 증경총회장 **방지일 목사**(영등포 교회)가 적극적으로 나서서 이 일을 주선하였다. 그 결과, 연동교회에서 부목사로 시무하는 **강동수 목사**가 추천되었다. 연동교회는 본래 강동수 목사를 일본 선교사로 파송하려던 계획을 변경하여 이란으로 파송하기로 결정하였다.

---

17)「테헤란 한국인 기독교 30년사」(2004.8.16), 연도별 역사자료, p.37
18)「테헤란 한국인 기독교 30년사」(2004.8.16), 교회연혁, p.28
19)「테헤란 한국인 기독교 30년사」(2004.8.16), 연도별 역사자료, p.37

1976년 6월7일(월), 강동수 목사가 서울 연동교회 후원으로 예장통합 총회의 **이란 선교사 파송**으로 **테헤란 한인교회**의 **초대 담임목사**로 부임하게 되었다.[20] 이란은 이슬람 국가여서, 선교사의 신분으로 입국할 수 없었으므로, 부득이 테헤란 주재 한국상사의 직원으로 입국하였다.

테헤란 한인교회는 교회설립 2년 만에 담임목사를 모실 수 있었고, 1976년 8월13일, 교회설립 2주년 예배를 강동수 목사가 인도하였다

1976년 교회창립 2주년

테헤란 한인교회는 자신이 **'이란 선교의 교두보'** 라는 자의식을 갖고 있었다.[21] 하나님께서는 테헤란 한인교회를 시아파 이슬람의 종주국 이란에 세우시고, 선교의 문을 여는 통로로 사용하셨다.

2) 교회의 계속된 성장

1976년 6월, 강동수 목사가 부임할 때, 테헤란 한인교회는 1975년 3월부터 **아르메니안 교회**의 예배당을 빌려 사용하고 있었다. 1975년 3월, 김문협 장로가 귀국할 당시, 교인이 50명 정도였으나, 그 동안 교회가 성장하여 강동수 목사가 부임한 1976년에는 등록교인 장년 160명, 아동 64명으로 성장해 있었다.[22] 이제 담임목사가 부임하자, 테헤란 한인교회는 빠르게 조직과 사역(여전도회, 제직회, 구역회, 학생회)을 더욱 갖추어가기 시작했다.

① 교회의 조직과 사역을 더욱 세우다

교회설립 2주년 예배를 마친 후, 1976년 8월27일(금), 강동수 목사는 교회의 여성도들이 좀더 효

20) 강동수 목사는 예장통합 총회가 중동에 최초로 파송한 선교사이자 한국교회에서도 최초였다. 1976년 6월은 예장합동 총회가 1976년 8월 이연호 선교사를 사우디로 파송한 시기보다 2개월 앞선다.
21) 테헤란 한인교회는 <교회연혁>에서 "1974.8.16. ... 첫 번째 예배를 드리므로, **이란 선교의 교두보**인 테헤란 한인교회가 창립을 보게 되었다"라고 밝히고 있다.
22) 「테헤란 한국인 기독교 30년사」(2004.8.16), 연도별 역사자료, p.37

과적으로 교회봉사를 담당할 수 있도록 창립총회를 열어 **여전도회**를 조직하였다. **양성자 집사**가 초대회장으로 선출하였다. 그러나 남전도회는 조직되지 않았다.[23]

1977년 1월, 새해가 시작되자 강동수 목사는 교회조직을 새롭게 시작하였다. 먼저 33명의 제직을 임명하여 **제직회**를 구성하면서, 제직회 조직을 7개의 부서에서 4개 위원회 제도로 개편하였다(예배위원장 : **이정렬**, 전도위원장 : 정주현, 교육위원장 : 김중성, 서무위원장 : **탁태신**).[24] 또한 구역회를 새롭게 신설하여, 테헤란 지역을 5개 구역으로 편성하고, 각 구역별로 구역예배와 성도의 교제에 힘쓸 수 있도록 하였다.

1977년부터 **주일학교**는 유초등부 뿐만 아니라 **중고등부 학생회**도 새롭게 시작하였다. 1976년도 주일학교장을 맡았던 이정렬 집사(예배위원장)가 유초등부 부장으로 임명되었고, 신설되는 중고등부 부장은 김중성 집사(교육위원장)가 임명받았다. 중고등부는 매주 목요일 오후에 학생회예배와 자치활동으로 모였다. 교회 안에 **도서관**을 설치하여, 학생회가 도서관을 운영하도록 했다.[25]

1977년 9월16일(금), 테헤란 근처 파삼골 시냇가에서 야외예배를 드렸다. 이 예배에 221명의 성도들이 참석할 만큼, 강동수 목사의 부임 이후에 교회는 계속하여 순조롭게 성장하였다.

1977년 9월22일(목), 테헤란 한인교회는 이란 정부에 **교회 법인체의 등록**을 신청하여 정식인가를 받을 수 있었다(단, 그 허가서는 유효기간이 1년이었다).[26] 테헤란 한인교회가 안정적으로 성장할 수 있는 매우 중요한 조건까지 해결되었다.

이 때 교회당은 1977년 5월12일, 나댈사에 위치한 아르메니안 교회에서 가밤 살타네에 위치한 미국 선교부 소속 **베드로 복음교회의 건물**로 이전한 때였다.

---

23)「테헤란 한국인 기독교 30년사」(2004.8.16), 교회연혁, p.29
24) 이정렬과 탁태신의 두 집사는 1978년도에 테헤란 한인교회의 초대장로로 함께 임직한다.
25)「테헤란 한국인 기독교 30년사」(2004.8.16), 연도별 역사자료, p.38
26)「테헤란 한국인 기독교 30년사」(2004.8.16), 교회연혁, p.29

② 한국인 학교

테헤란 한국인학교는 강동수 목사의 부임(1976.6.7) 이전에 설립되었다. 한인이 자녀교육의 문제를 어떻게 할 것인가를 논의하던 끝에, **한국인교회가 중심**이 되어 '한국인학교 설립추진 위원회'를 구성하고, 한국인학교를 세우게 되었다(1976.4). 정순경 초대교장은 강동수 목사의 부임 직전에 사임하여서(1976.5.20), 그는 담임목사의 부임과 함께, **한국인학교의 교장직**도 겸하게 되었다.

1976년 11월, 강동수 목사가 학교 교장직을 맡은 이후에, 한국인학교 설립추진 위원회가 해체되고, **한국인학교 운영이사회**가 조직되었다. 이사는 교회, 대사관, 학부모회, 교민회 및 각 상사대표에서 선출되었는데, 상당수는 **교회의 중진들**이었다. 1977년 2월17일(목), 한국인학교 유치원 제1회 졸업생 23명이 졸업하였다.

1977년 3월20일(일), 한국인학교를 더 좋은 여건의 건물로 이전하였다. 가밤 살타네에 위치한 미국 선교부 내에 폐교된 채 수년 간 방치된 학교건물이 있었다. 이 학교는 넓은 운동장과 2층 학교건물 및 부속건물을 갖추고 있어서 쾌적한 분위기에서 교육이 가능했다. 그리하여 막대한 재정을 들여 수리한 후, 5년간 무상사용의 조건으로 한국인학교를 이곳으로 이전하였다.[27]

1978년 4월, 교회가 관리하던 한국인학교를 **문교부의 정식허락**을 받아 운영하였다. 문교부에서 학교장을 파견했으므로, 강동수 목사는 교장직을 넘겨주었다. 4월7일, 정희진 선생이 신임교장으로 부임하였다. 정희진 교장은 불교신자여서, 학생들의 기독교신앙 지도는 단절되었다.

③ 1978년, 최고의 부흥기

테헤란 한인교회의 최고 부흥기는 1978년이었다. 당시 테헤란 한인교회의 등록교인은 249명, 중고등부 30명, 유초등부 120명 총 399명으로 성장했다. 그 외에 현장교회로는 코람샤 아바단 지교회와 신우회 9개처를 섬겼다.[28]

---

27)「테헤란 한국인 기독교 30년사」(2004.8.16), 교회연혁, p.29
28) 「테헤란 한국인 기독교 30년사」(2004.8.16), 연도별 역사자료, p.39

교회조직

1978년에 **제직회**는 위원회가 4개에서 6개로 확대되었다(예배위원장 : 김중성, 전도위원장 : 정주현, 교육위원장 : 이정렬, 재정위원장 : 탁태신, 봉사위원장 : 김종표, 서무위원장 : 정원조). **주일학교**도 어린이와 청소년뿐만 아니라, 장년을 위해 **장년부**가 신설되었다(유초등부장 : 박찬우, 중고등부장 : 이정렬, 장년부장 : 정주현). **여전도회**는 장복희 집사가 신임회장으로 선출되었다. 그리고, 성가대장은 1976년부터 김해성 집사가 계속하여 섬겼다.

최초의 장로 임직

테헤란 한인교회의 최고 부흥기에 **초대장로 2인**을 장립하였다. 1978년 7월8일(금), 교회 임시총회에서 교인들은 탁태신 집사와 이정렬 집사를 장로로 선택하였다. 두 명의 피택장로들은 3개월 간 장로교육을 받은 후, 이란노회 및 선교사들을 통해서 장로고시의 시험으로 치루어 통과되었다.[29]

1978년 장로 장립예배

1978년 11월10일, 테헤란 한인교회 설립 후 최초로 탁태신 장로와 이정렬 장로가 임직하였다. 4년 전에 장년 12명, 어린이 9명이 첫 예배를 드렸던 교회가, 장년 249명, 주일학교 150명으로 성장하여, 이제는 두 명의 장로까지 장립하게 되었다.

코람샤 아바단 지교회의 설립

이란에서 건설시장이 커져가는 가운데, 많은 한국인 근로자가 **이란의 남부지역**에서도 근무하게 되었다. 특히 **아바단**(Abadan)의 코람샤와 반다르 샤플지역에 많은 근로자가 생활하고 있었다. 그리하여 그곳에 그들이 주일예배를 드릴 수 있도록 **테헤란 한인교회의 지교회**를 세우기로 하였다.

29) 「테헤란 한국인 기독교 30년사」(2004.8.16), 연도별 역사자료, p.39

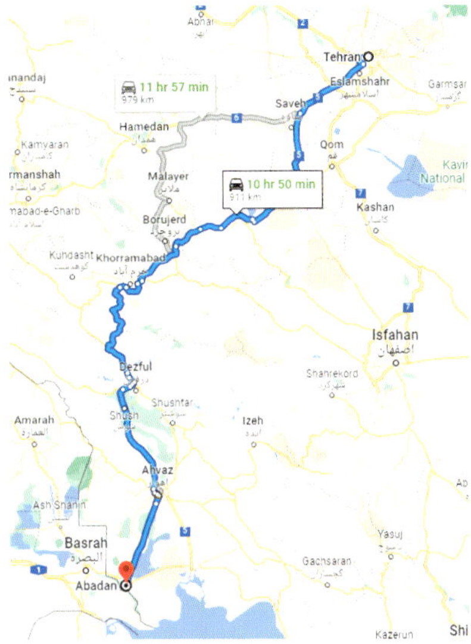

아바단 지교회의 예배처소는 아바단 정유공장[30]의 주택 지역 내에 위치한 아르메니안 교회인 **성 크리스토퍼 교회**(St. Christopher church)를 사용하였다. 예배인도 회중들에서 장로나 집사들이 돌아가며 인도하였다. 강동수 목사는 테헤란에서 900Km 거리를 한 달에 한 번씩 내려와 예배 인도를 하였다.

당시 성 크리스토퍼 교회는 독일계 미국인 **뮬러 목사**가 시무하고 있었다. 그의 할아버지는 이란에 선교사로 와서 사역한 분이었고, 그의 아버지도 미국에서 신학공부를 하고 이란에서 사역하였다. 뮬러 목사는 이란에서 태어나 미국에서 신학을 마치고 3대를 이어 이란인을 위해 사역하는 놀라운 분이었다.

장영수 장로(당시 한진 근무)에 따르면, 교회당의 내부구조는 다과를 나눌 수 있는 공간을 통해서 본당으로 들어갈 수 있도록 만들어져 있었다. 그래서 예배를 마치고 모두 모여 교제할 수 있도록 아름답게 설계되어 너무 좋았다. 특히 한국인들이 예배를 드리는 동안, 뮬러 목사는 손수 다과를 준비하였고, 그의 부인은 피아노를 연주해 주었다. 뮬러 목사 부부의 헌신적인 봉사는 당시는 물론, 여전히 잊혀지지 않는 감동적인 사랑의 모습이었다.[31]

현장교회의 신우회

테헤란 한인교회는 코람샤 아바단 지교회 외에도, 건설현장의 신우회를 섬겼다. 이스파한 대림교회, 아와즈 신우회 카룬교회(슈스타), 카스피안 신우회, 케르만 LPL신우회, 쉬라즈 신우회 등 9개처 신우회였다.[32] 물론 당시 이란에는 이보다 훨씬 더 많은 현장교회들이 있었다.

---

30) 아바단 정유공장은 1912년에 이란에서 가장 먼저 세워진 공장이었다. 이란-이라크전쟁 때 파괴되기 전까지 하루 63만 배럴를 생산하는 세계최대의 정유공장이었다.
31) 장영수, 'Teheran 한인교회의 시작', <중동선교> 113호 (2014년, 창립30주년기념호), p.11
32) 장영수, 'Teheran 한인교회의 시작', <중동선교> 113호 (2014년, 창립30주년기념호), p.11

대림산업 아와즈 현장교회

1978년, 대림산업에서 근무했던 카타르 한인교회 **윤충호 장로**(현 GMS선교사)에 따르면, **이란의 아와즈**(Ahvaz)에는 많은 유전이 있어서 한국기업이 많이 진출하였고, 건설현장마다 **현장교회들**이 세워져 있었다. 이것은 당시 한국교회가 복음과 선교의 열정이 뜨거웠기에 가능한 일이었다.

1978년 2월, 당시 윤충호 집사가 대림산업 직원으로 이란으로 출발할 때, 대한교회(예장합동) 김삼봉 목사와 교우들은 김포공항에서 **평신도 선교사 파송예배**를 드렸다. 이란에 도착한 윤충호 장로는 대림산업 아와즈 현장의 자재과에 근무하면서, 자재 창고의 일부를 개조하여 **대림 아와즈교회**를 설립하였다. 이 현장교회에 100여명이 넘는 인원이 예배를 드렸고, 예배인도는 집사들이 돌아가며 맡았다. 평신도들이 스스로 교회를 세우고, 예배를 인도하며, 추수감사절과 성탄절도 준비하여 지켰다. 윤충호 장로에 의하면, **대림산업**에는 여러 건설현장이 있었는데, 다른 현장에도 이러한 현장교회들이 세워져 있었다.

부활절에 테헤란에서 강동수 목사가 내려와 예배를 인도하였다. 그때 윤충호 장로는 가스불꽃 기둥 아래서 "서부아시아를 위해 헌신하겠다"는 기도를 드렸다. 그 이후 이 기도한 대로 윤충호 장로는 카타르 한인교회 장로와 GMS 선교사로서 중동지역의 선교를 위해 헌신하였다.[33]

성탄절 예배

추수감사절 예배

33) 윤충호 장로는 방배동에 위치한 총회신학교(백석교단)를 수료한 후, 목사안수를 받지 않고, 오랜기간 중동지역에서 이슬람 선교를 위하여 GMS선교사로 섬기고 있다.

3) 교회에 닥친 시련

1979년 2월11일, **호메이니의 이슬람 혁명**이 일어났다. 팔레비 왕이 축출되고, 호메이니가 집권하면서, 이슬람 혁명정부가 탄생했다. 이로 인해 이란에 진출했던 한국회사들이 급격히 철수하게 되었고, 많은 한국인 기술자와 근로자들도 떠나게 되었다. 테헤란 한인교회의 성도수는 급격하게 줄게 되었다. 이 때 **탁태신 장로**는 미국으로, **이정렬 장로**는 네덜란드로 떠나게 되었다.[34]

이슬람 공화국이 설립되는 과정에서, 골목마다 총알이 날아다니고, 젊은이들이 총을 갖고 다니며 쏘아대는 통에 사회적 불안과 혼란이 엄청 났었다.[35] 서구 선교사들의 활동은 가능하지 않게 되었고, **강동수 목사**도 사회혼란으로 더 이상 이란에 머물기 힘들었다.[36]

1979년 7월1일(일), **강동수 목사**는 가족과 함께 신학연수차 미국으로 떠났다가,[37] 9월13일(목) 이란으로 잠시 돌아왔다. 강동수 목사는 소수의 남은 제직들이 중심이 되어 교회를 운영하도록, 마지막 **서리집사**를 임명하고, **운영위원회**를 조직하였다. 9월21일(금), 강동수 목사는 마지막으로 세례와 성찬식을 거행한 후에, 교회를 사임하고 미국으로 떠났다.

당시 교세는 장년 32명, 중고등부 6명, 유초등부 20명, 도합 58명이었다.[38] 테헤란 한인교회는 단 1년 만에 399명의 규모가 58명으로 급속하게 줄면서, 큰 어려움에 놓이게 되었다. 그러함에도 불구하고, 소수의 남은 성도들은 끝까지 교회를 지킬 것을 결의하였다. 테헤란 한인교회를 연구하였던 최남운 목사는, 이 시기를 다음과 같이 평하였다.

> 첫 번째 목회자였던 **강동수 목사님**이 교회를 사임하게 된 시기는, 이란이 국내적으로 엄청난 변화를 겪게 되는 **이슬람 혁명기**였다. 따라서 **이후의 교회의 존망여부**는 예견하기 어려웠던 시기였다. 그러나 목회자가 떠난 이후에도 성도들은 제직을 중심으로 **교인 모두가 떠나기까지** 모여서 예배를 드리기로 결의하였다.[39]

---

34) 「테헤란 한국인 기독교 30년사」(2004.8.16), 교회연혁, p.30
35) 이만석, '발간사', 「테헤란 한국인 기독교 30년사」(2004.8.16), p.14
36) 김문협, '테헤란 한국인 기독교회를 기억하며', 「테헤란 한국인 기독교 30년사」(2004.8.16), p.27
37) 강동수 목사는 그의 사임 바로 직전인 1979.5.21~26에 쿠웨이트를 방문하여 부흥집회를 인도했다.
38) 최남운, "중동지역 한인교회가 가진 모슬렘권 선교의 가능성 - 테헤란 한인교회를 중심으로", p.46

(4) 제 1차 교회의 시련기 (1979~1985년)

1979년부터 1985년 말까지 테헤란 한인교회는 무려 5년 3개월 동안 **담임목사 없이** 지내었다. 1980년 9월21일에는 **이란-이라크 전쟁**까지 발발하여 더 많은 한인들이 이란을 떠나게 되었다. 최남운 목사(테헤란 한인교회 동역목사)가 당시 주보통계를 통해 파악한 바에 의하면, 1979년 장년 출석은 50~60명 선이었다. 1982년에 30명대까지 줄었다가, 1983~4년을 지나면서 40~50명선을 회복했고, 1985년 말 새로운 담임목사가 부임할 즈임에는 60여명이 출석하고 있었다.[40] 이 어려운 시기에 **최병섭 집사**를 중심으로 소수의 헌신된 평신도들이 교회를 지켜냈다.

평신도들의 다짐과 헌신

1979년 7월13일, **최병섭 집사**와 제직들은 그들이 함께 협력하여 교인들이 다 떠날 때까지 교회예배를 인도하기로 결의하였다. 그들은 장년 32명, 중고등부 6명, 유초등부 20명, 도합 58명의 성도를 목회자 없이 그들 스스로 책임지기로 한 것이다. **주일예배의 설교**는 주로 **최병섭 장로**가 담당하였고, 박정규 집사와 구동호 집사도 함께 설교를 맡기로 했다. 그리고 **교회관리 및 연락**은 김진걸 성도가 맡기로 했다.[41]

최병섭 집사는 1980년 3월1일, 휴가 중에 서울의 **신성교회**(예장합동, 서울 공항동)에서 장로 임직을 받고 귀임하였다. 1980년 10월24일의 주일예배에서 **최병섭 장로**는 에스더 4:15~17의 성경본문으로 '죽으면 죽으리라'라는 제목의 설교를 하였다. 이러한 평신도들의 헌신으로 이슬람 땅에서 그리스도의 교회가 지켜질 수 있었다.

기념 및 절기예배 (1979~1985년)

1979년 8월10일, **교회설립 5주년 기념예배**를 담임목사 없이 거행하였다. 그 이후로도 1985년12월, 담임목사가 부임하기까지, 교회설립 기념예배는 평신도들이 스스로 해마다 거행하였다. 제 6

39) 최남운, '테헤란 한인교회의 어제, 오늘 그리고 내일', 「테헤란 한국인 기독교 30년사」, p.85
40) 최남운, "중동지역한인교회가 가진 모슬렘권선교의 가능성-테헤란 한인교회를 중심으로", p.46
41) 최남운, "중동지역한인교회가 가진 모슬렘권선교의 가능성-테헤란 한인교회를 중심으로", p.46

주년 기념예배(1980.8.15), 제 7주년 기념예배(1981.8.14), 제 8주년 기념예배(1982.8.13), 제 9주년 기념예배(1983.8.19), 그리고 제 10주년 기념예배(1984.8.17).

절기예배를 평신도가 주관하여 지켰다. **추수감사절 예배**(1979. 1.16, 1980.11.14., 1981.11.23.-추수감사절파티/교회옆뜰, 1982~1985년 기록없음.[42])), **성탄절 축하예배**(1979.12.25., 1980.12,25, 1981.12.24-교민초청성탄예배,[43] 1982~1984년 기록없음), **부활절 기념예배**(1981.4.17-축하파티, 1982.4.16-촛불예배, 1984.4.27-한국선교 100주년기념부활절예배, 1985.4.7-부활절 새벽예배를 촛불예배로)를 드렸다.

1984년 11월 추수감사절

교회의 다양한 사역들 (1979~1985년)

주일학교 사역도 계속되었다. 1980년 2월29일에는 주일학교 졸업식이 있었고(졸업생 6명), 7월 24~25일에는 하기성경학교가 개최되었다. 1981년 5월22일에는 한인회 주최 교민탁구대회에서 청소년부 1,2등을 차지하였다. 12월24일, 교민초청 성탄축하예배는 유치부와 유년부의 합창 및 율동으로 진행되었다. 주일학교 규모는 1982년도에 유초등부, 중고등부 총 67명이었고,[44] 1983년에는 총 60명,[45] 그리고 1985년에는 총 37명이었다.[46]

1982년도에 출석교인이 30명대까지 줄기도 했으나, 오히려 최병섭 장로를 중심으로 제직회가 정비되어, 1983년 이후에 성장의 발판을 마련하였다. 제직회는 6개 부서가 세워졌다(예배부장 : 최평화 집사, 재정부장 : 권태홍 집사, 서무부장 : 한성수 집사, 전도부장 : 김승구 집사, 교육부장 : 윤상현 집사, 봉사부장 : 이정순 집사). 1982년도 **성가대장**은 김용근 집사가 임명되었고, 1984년에는 방남희 집사가, 그리

42) 1984년도 추수감사절 예배 사진이 남겨진 것으로, 단지 기록만 누락되었을 가능성이 높다.
43) 1981년 성탄절을 맞이하여, 불우이웃과 교민들을 초청하여, 성탄절 예배를 드렸고, 저녁식사를 함께 나누며, 이란-이라크 전쟁의 와중에서 불안해 하는 한인들이 주님의 이름으로 모여 따뜻한 위로의 시간을 가졌다. 장년 170명, 중고등부 13명, 유초등부 105명, 모두 288명이 참석하였다.
44) 「테헤란 한국인 기독교 30년사」(2004.8.16), 연도별 역사자료, p.43
45) 「테헤란 한국인 기독교 30년사」(2004.8.16), 연도별 역사자료, p.44
46) 「테헤란 한국인 기독교 30년사」(2004.8.16), 연도별 역사자료, p.46

고 1985년에는 이익호 장로가 임명되었다. **여전도회 회장**도 다시 세워졌다. 1983년도에는 이정순 집사가, 그리고 1984~5년에는 김옥애 집사가 회장직을 맡았다.

1982년부터 교회행사도 다채로와졌다. 5월7일을 **어버이주일**로 지키며, 60세 이상 교인을 위한 다과회를 열었다. 5월14일은 교외 휴양지에서 **야외예배**를 가졌다. 1983년 4월27일에는 **한인회 배구대회**에서 교회팀이 우승하였고, 9월23일에는 추석을 맞이하여, 교회에서 **한인회 주최 영화상영**을 하였다. 1984년 8월17일, 교회창립 10주년 기념 예배 후에도, 한인회 주최 영화상영을 교회에서 가졌고, 11월30일에는 여전교회가 **자선바자회**를 주최하였다.

무엇보다 교회 대외적으로 섬기는 사역을 감당하였다. 먼저 **건설현장의 교우회**를 세우고 섬겼다. 1982년 3월24일, 부활절을 맞이하여 **쉬라즈 신화건설현장**에 떡 100Kg을 기증하였다. 그리고 1983년 9월2일, **대림산업 타브리즈 현장**에 교우회를 결성하여 예배를 드리기 시작하였다. 또한 1985년 5월10일, **대림 캉간교회**의 헌당식을 거행하였다.

또한 **국제적인 재난**에도 적극 참여하였다. 1983년 9월7일, 소련에 의한 KAL기 피격사건 희생자 합동추도 예배 후에, 한인회 주최 궐기대회를 거행하였다. 1984년 2월, 반다르 압바스에 억류된 선원을 위해서 20만 리얄을 지원하고, 현지 방문하여 위로하였다. 또 같은 해 7월에, 피격당한 중앙상선의 선원(22명)과 환자를 위로하기 위해 만찬을 베풀고, 선물을 증정하였다.

위의 많은 사역을 목회자 없이 평신도들이 **제직회**를 구성하여 스스로 감당해 내었다. 1985년, 새로운 담임목사의 부임 전 제직회 조직은 다음과 같다. 제직회장은 최병섭 장로였고, 교육장로 이익호가 있었다. 그리고 6개 부서가 있었다(예배부장 : 김홍례, 서무부장 : 권태홍, 재정부장 : 유춘희, 전도부장 : 한성수, 교육부장 : 최평화, 봉사부장 : 황건찬, 관리부장 : 이종대 집사).

평신도들이 스스로 행할 수 없는 사역은 **외국 선교사의 도움**을 받아야 했다. 이를 위하여 1979년 9월23일, 미국 선교부(연합장로교회)의 **토마스 목사**와 **폴 셋토 목사**를 테헤란 한인교회의 고문으로 위촉하였다. 1980년 6월27일, 폴 셋토 목사가 성례식을 집례하여, 학습 · 세례식 및 성찬식을 행할 수 있었다.

예배당 이전 (1980.11)

1980년 11월14일, 미국 선교부의 건물 내의 교회사무실, 교육관 및 사택을, 이란 교단 소속의 **메흐르 조르단 학교**로 이전하라는 이단 교단의 요청에 의해, 막대한 재정을 들여 수리하여 사용하던 학교건물을 비워주고, 현재의 건물로 예배당을 이전하게 되었다(우측 사진).[47] 2023년에도 테헤란 한인교회는 이 예배당에서 예배를 드리고 있다.

(5) 제 2대 담임목사 - 서성주 선교사 (1985~1990년)

이란 파송 선교사의 선정

테헤란 한인교회는 1979년 9월 이후부터 담임목사 없이 지내면서, **이란 선교사의 파송**을 애타게 기다리고 있었다. 1984년 10월, 〈중동선교소식〉 창간호는 테헤란 한인교회를 위해 중보기도를 요청하였다: "한인교회 교우들이 애타게 기다리는 선교사의 파송을 위해".[48]

1985년, 드디어 **서성주 목사**가 이란 파송 선교사로 내정되었다.[49] 서성주 목사는 오래 전부터 해외선교를 준비하며, 그 기회를 기다리던 중에, 테헤란 한인교회가 중동의 복음화를 위하여 담임목사의 부임을 열망한다는 소식을 듣게 되었다. 해외 교포 신자들이 그들의 거주지에서 적당히 살려하지 아니하고, 이슬람 선교의 사명을 위해 모국으로부터 선교사 파송을 요청한 사실은, 그에게 매우 고무적인 일이었다.

담임목사의 부임 (1985.12)

1985년 5월, 테헤란 한인교회는 **서성주 목사**의 **담임목사 청빙건**을 제직회에서 결의하였고, 이란

47) 「테헤란 한국인 기독교 30년사」(2004.8.16), 교회연혁, p.30
48) <중동선교소식> 창간호(서울 : 중동선교본부, 1984.10.15), 기도를 위한 제목들, p.8
49) 〈중동선교소식〉 제 3호(서울 : 중동선교본부, 1985.9.30), 선교본부소식, p.7

의 종교성에 비자를 신청하였다.[50] 그리고 8월17일(토), 서성주 목사는 선교사의 입국이 거의 불가능한 이란 정부로부터 **입국비자**를 발급받을 수 있었다.

서성주 목사의 **이란 선교사 파송예배**가 11월30일(토), 중동선교본부에서 이화여대 전채옥 교수의 설교로 드려졌다.[51] 12월19일(목), 서성주 목사(예장통합)는 방파 선교회의 파송으로 출국하여[52] 12월20일(금), 5년 3개월 만에 테헤란 한인교회의 **제 2대 담임목사**로 부임하였다.

서성주 목사가 파악한 바에 의하면, 당시 이란에는 한국의 4개 건설회사(대림, 대우, 신화, 삼성)가 진출하여, 주로 가스공장건설 및 철도공사를 맡고 있었다. 그리고 한국 건설회사에 속한 기술자 및 교민 등, 약 2천명이 이란에 거주하고 있었다. 한편 당시에 테헤란 한인교회의 교세는 장년 등록교인 47명과 주일학교(유초등부, 중고등부) 37명, 총 84명이었고,[53] 세 개의 건설현장(타브리즈, 아와즈, 그리고 쉬라즈)에 세워진 교우회를 섬기고 있었다.

서성주 목사는 이란을 향해 출발하며, 그의 뜻을 다음과 같이 밝혔다 : "먼저 교민 신자들을 철저히 훈련시켜, 교민 신자들로 **선교의 교두보**를 구축하게 해야 합니다."[54] 서성주 목사는 이란의 건설현장과 교민들을 가교로 삼아서, 테헤란 한인교회를 **이슬람 선교의 교두보**로 세우려는 목적을 갖고서, 테헤란에 도착하였다.

교회의 정상화 (1986년)

서성주 선교사는 1985년 연말에 부임하여, 곧바로 교우들과 함께 12월25일(수), 성탄절 예배를 드리게 되었다. 이날 성탄절 예배는 음악예배로 드려졌다. 테헤란 한인교회는 무려 6년 만에 담임목사와 함께 성탄절을 지킬 수 있었다.

---

50)「테헤란 한국인 기독교 30년사」(2004.8.16), 연도별 역사자료, p.46.
51) <중동선교소식> 제 4호(서울 : 중동선교본부, 1986.3.5), 선교본부소식들, p.7.
52) <중동선교소식> 제 3호(서울 : 중동선교본부, 1985.9.30), 기도제목들, p.8
53)「테헤란 한국인 기독교 30년사」(2004.8.16), 연도별 역사자료, p.46.
54) 서성주, '이란선교에 대하여', <중동선교소식> 제 4호(1986.3.5), p.3

서성주 목사는 1986년도 새해를 맞이하면서, 교회표어를 '새롭게 왕성하는 교회'로 정하였다. 그리고 새해 시작과 함께 주일 저녁예배(저녁 8시)도 실시하였다. 담임목사의 부임으로 교회는 새로운 활력을 얻었다. 6월13일(금)에 여전도회 주최로 바자회가 실시되었고(회장 정옥자 집사), 6월25일(수)에는 6.25기념 철야기도회가 있었다. 7월 10~13일에는 전교인 여름수련회를 실시하였다(장소 : 돔보스코 카스피안 해변 수양관). 8월15일(금)은 교회설립 12주년 기념예배로 드렸다. 11월14일(금)은 성례주일로 지키며, 성찬과 세례식을 거행하였다(세례자 5명). 그리고 12월25일(목)에는 성탄축하예배를 드렸다.[55] 담임목사의 부임으로 테헤란 한인교회는 정상화 되었다.

한편, 1986년 4월에 **이만석 목사**도 이란 선교사로 파송받아 선교사역을 시작하였다.

그 외의 사역들(1987~1990년)

1987~1990년 시기에 테헤란 한인교회는 작은 규모였다. 1987년도의 등록교인은 장년 39명, 주일학교 31명, 총 70명이었고, 1989년도에는 장년 49명, 주일학교 23명, 총 72명이었다. 교세의 큰 변동도 없었다. 그러나 상황적으로는 큰 변화가 있었다. 1988년 7월, 8년간에 걸친 **이란-이라크 전쟁**이 종식되었고, 1989년 6월에는 **호메이니**가 사망했다. 이러한 변화는 **이란 선교의 길**이 다시 열릴 수 있는 기대를 갖게 하였다. 〈중동선교〉는 다음과 같은 중보기도를 요청하였다.

〈중동선교〉 제 11호 (1989.11.2), 골방기도, p.15
*서성주, 이만석 선교사를 위해 기도합시다.
*이라크-이란 전쟁 종식과 호메이니의 죽음으로 변화하고, 이란에서 선교의 문이 열릴 수 있도록

〈중동선교〉 제 15호 (1990.11.30), 골방기도, p.14
*이란-이라크 전쟁의 종식으로 새로운 선교의 전기를 맞이한 테헤란 한인교회와 선교사님을 위해
*건설공사의 발주를 통한 평신도 선교사의 진출을 위해
*이만석 선교사의 계속적인 선교사역을 위해 기도해 주십시오.[56]

---

55) 「테헤란 한국인 기독교 30년사」(2004.8.16), 연도별 역사자료, p.47
56) 1990년 11월, 이 당시 이만석 선교사는 이란에서 추방당하여 이란 재입국을 도모하던 시기였다.

1987년 10월, 그의 선교보고에 의하면, 서성주 선교사는 이란인 2세의 복음화를 위해 유년교육을 실시하고, 이란 신학생을 양육하며, 어려운 사람을 돕고, 조심스럽게 개인전도를 하였다.57) 1990년 12월21일(금), 서성주 목사는 5년 사역 후에 담임목사를 사임하고, 귀국하였다. 그후 카자흐스탄으로 선교사 파송을 받았다.

중동선교소식 / 3

이란선교에 대하여

이란 선교사 서 성 주 목사

이란은 회교공화국으로서 한반도의 약 7.5배이며 인구는 3,990만명이고 대다수의 국민이 이슬람교를 신봉(98%)하고 있으며 소수종교가 인정되고 있어서 기독교는 한 소수종교로 존속하고 있읍니다. 1인당 국민소득은 2642불이고 석유 매장량은 세계 제5위이며 천연까스 매장량은 세계 제2위입니다.

한국과는 우호조약(69.5), 문화협정(74.4), 경제기술협정(75.7), 무역협정 등을 맺었으며, 현재 한국의 4개 건설업체(대림, 대우, 신화, 삼성)가 진출하여 주로 까스공장건설 및 철도공사를 하고 있읍니다. 건설업체에 따른 기술자 및 기타 이란주재 교민은 약 2,000여명입니다.

이라크와 당분간 전쟁은 계속될 것으로 보이나 격전은 되지 않으리라고 보여 집니다. 대다수의 국민이 전쟁에 염증을 느껴 반전시위를 하기도 합니다. 앞으로 만일 전쟁이 종식되거나 휴전협정이 체결되면 한국의 많은 건설업체가 진출하여 교민은 급증되리라고 전망됩니다.

한국인 교회로는 테헤란에 한인연합교회가 있고 타부리즈, 아와즈, 시라즈 공사 현장에 교우회가 있읍니다. 테헤란 한인연합교회는 중동에서 제일 먼저 설립된 교회로서(74.8) 현장에 있는 교우회 중심 예배 처소를 지원하며 돌아보아야 합니다.

테헤란 교인들은 어려운 현실에서도 교회를 지키며 중동을 복음화 하기 위해 기도하며 목회자를 모시기 열망하여 선교사 입국이 거의 불가능한 국가체재하에서 선교사 입국허가를 받았읍니다. 이는 실로 기적과 같은 일이었읍니다.

본인은 오래전부터 해외선교의 사명감을 가지고 기도하며 기회를 기다리고 있었던바 금번에 이란 외무성으로부터 입국비자 발급을 받았읍니다(85.8.17). 저의 남은 생을 해외 선교사로서 바칠 결의를 가지고 있읍니다.

주의 복음이 땅끝까지 이르는데 깨뜨려지지 않으면 안될 크고 단단한 두 장벽이 있는바, 그것은 공산주의와 이슬람교입니다. 다른 많은 장벽들은 이미 깨뜨려졌고 그리고 깨뜨려지는 중에 있으나 공산 주의와 이슬람교의 장벽은 실로 여리고 성처럼 든든히 서있읍니다. 하나님의 특별한 섭리가 아니면 깨뜨려지기 어려운 상태라고 볼 수 있읍니다. 그러나 언젠가는 무너질 것이며 무너져야 합니다. 그러기 위해서 우리가 먼저 해야 할 일이 있읍니다. 마치 우리 한국에 복음을 전하기 위해 선교사가 군인이나 상선을 따라 한국에 상륙하여 복음을 전하였던거와 같이 한국에서 진출하는 건설업체나 기타 교민을 가교로 삼고, 먼저 교민 신자들을 철저히 훈련시켜 교민 신자들로 선교의 교두보를 구축하게 해야 합니다. 그런데 근래에 와서 선교의 막중한 사명을 맡은 한국교회에 중동을 복음화하는데 매우 좋은 기회가 주어진 것입니다. 더군다나 그곳에 거주하는 교민 신자들이 외국에서 적당히 살려고 하지 않고 보다 더 믿음으로 살고 선교의 사명을 감당하려고 모국으로부터 선교사 파송을 요청하였다는 사실은 실로 고무적인 일이 아닐 수 없읍니다.

선교 2세기를 맞는 우리 한국교회는 전혀 근거없는 복음의 불모지에라도 선교의 기지를 마련하여 세계선교에 박차를 가해야할 시대적 사명을 가지고 있는바, 기독교의 발생무대인 중동을 복음화 하는데 유리한 여건이 금세기에 주어졌다고 믿으며 이에 적극적인 참여를 열망하는 바입니다.

(서성주, '이란선교에 대하여', 〈중동선교소식〉 제 4호(1986.3.5), p.3)

57) 중동선교본부 10월 월례회(1987.10.23), 선교소식

(6) 이만석 선교사 (1986~1990년)

대우건설 현장교회

1985.5.3. 대우철도교회 헌당예배

1985년 5월3일(금), 이만석 목사가 이란 선교사로 파송 받기 1년 전, 이란 남부 반다르 압바스에 있는 **대우철도 공사현장**에 **대우철도 현장교회**(Iran Daewoo Railway Church)가 세워졌다. 이 교회는 이만석 목사를 초청하였고, 그는 1986년 4월25일(금) 목사안수를 받자마자 자비량 선교사로 떠났다. 이만석 목사는 대우건설 근로자의 신분으로 이란에 입국하였다. **할렐루야교회**는 이만석 선교사에게 영어설교 TAPE을 보내어 주기로 약속하였다.[58]

1986년 5월2일(금)은 **대우철도 현장교회**의 1주년이었다. 이만석 선교사는 1주년 예배를 앞두고 목회자로 부임하였다. 이만석 목사는 이곳에 도착하자마자 매우 뜻깊은 장면을 경험하였다. 이날 테헤란 한인교회의 서성주 목사가 반다르 압바스까지 내려와서, 1주년 기념예배와 성례식을 거행하였는데,[59] 이날 한국인 성도들 13명이 학습을 받았고, 2명이 세례를 받았다. 그런데 15명 중에서 무려 90%가 이곳에서 처음 신앙생활을 시작한 사람들이었다.

뿐만 아니라, 당시 대우철도 공사현장에 550명의 현지인이 근로자로 근무하고 있었는데, 그들 중에 13명이 대우 철도교회에 출석하고 있었다. 더욱 놀랍게도 어버이주일로 지켰던, 4월 25일에는 무려 110명의 현지인이 예배에 참석하였다.

그러므로 대우 철도교회는 **한국인 근로자의 전도**를 위해 필요할 뿐만 아니라 **현지인 선교**를 위해서도 매우 효과적인 곳이었다. 그래서 이만석 선교사는 현장교회를 통한 **현지인 선교의 전망**은 밝다고 보았는데,[60] 이는 옳았다.

---

58) <중동선교> 제 5호(서울 : 중동선교본부, 1986.7.10), 선교소식들, p.14
59) 「테헤란 한국인 기독교 30년사」(2004.8.16), 연도별 역사자료, p.47
60) 이만석, '선교소식 : 이란의 열기를 보내 드립니다', <중동선교> 제 5호(1986.7.10), p.7

중동선교. 7

선 교 소 식

이란의 열기를 보내 드립니다.

이만석 목사 (이란선교사)

할렐루야!

주안에서 평안하실 줄 믿고, 주님의 이름으로 문안드립니다.

이곳은 지금 라마단 기간이라 일체의 음악을 통제받고 있고 또한 원래부터 서양음악을 금지하므로 예배시에 반주가 없읍니다.

지난 5월2일 Iran Daewoo Railway Church의 성전봉헌 1주년 감사예배 때, 테헤란에 계신 서 성주목사님이 오셔서 예배를 인도해 주셨고 아울러 성례식때에는 한국인 성도중에서 2명을 세례자로, 13명을 학습인으로 주님께서 세워주셨읍니다. 그런데 이들 15명중 90%가 이곳에서 신앙생활을 시작하였다고 하니 현장교회의 필요성과 중요성을 절실히 느끼게 해줍니다. 게다가 이곳 현장교회에 이란 현지인 550명중 13명이 참석하고 있고, 지난 주 어버이주일에는 무려 110명이 참석하여 주님께 한 마음으로 영광을 드렸는데 주님의 역사하심이 참으로 놀랍습니다.

문제는 언어소통이 원활치 못하여 효과적인 개인전도를 못하고 있는 것입니다. 하지만 선교전망이 밝으므로 이들을 위한 특별기도를 부탁드립니다.

M.M.C의 기도와 선교의 모든 동역자들께 주님의 은혜와 축복을 기원하면서 다음에 소식을 드리겠읍니다.

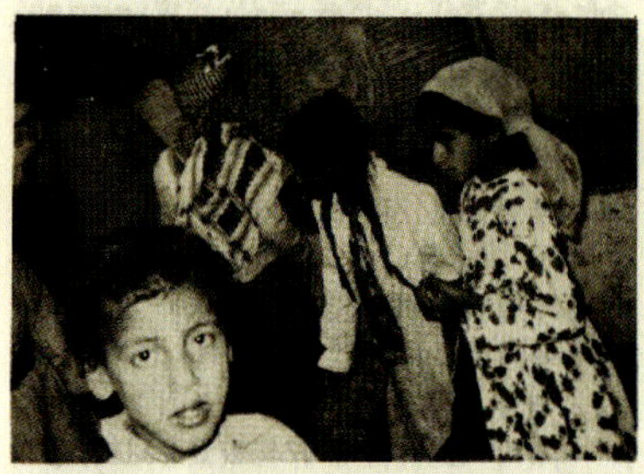

이만석 선교사의 첫 번째 선교보고, 〈중동선교〉 제 5호(1986.7.10), p.7

현지인선교와 금지경고(1986년)

이만석 목사는 이란 대우 철도교회를 통하여 **현지인 선교**를 할 수 있었다. 그런데 이를 고발하는 투서로 인해, 그리하여 이만석 목사는 **현지인 전도금지의 경고**를 2회 받게 되었고, 교회 앞에는 **이란인 무슬림의 출입**을 금지하는 간판도 세워놓아야 했다.

> 할렐루야! MMC 회원 여러분, 주 안에서 평안하신지요? ... 저는 기도지원 덕분에 맡은 임무에 충실하고자 노력하면서, 특별한 사고없이 오늘도 하나님의 사랑 안에서 일하고 있습니다. 지난

> 번 테헤란으로부터 **현지전도 금지경고**를 2회 받은 후, 현지인은 교회에 나오지 못하도록 하고 있습니다. 우리는 이 일을 위하여 교회 앞에다 **이란어 간판**을 붙여 놓았습니다. 그 내용은 "이 교회는 한국인과 크리스챤을 위한 교회입니다. 이란인 무슬림들은 이 점을 유념해 주시기 바랍니다" 하는 것이었습니다.
>
> 교회가는 사람을 투서하는 자가 있기 때문에, **개종의 가능성이 보이는 현지인**을 보호하기 위해서 입니다. 그런 분들은 개인적으로 찾아가서 **맨투맨을 전도**하려고 합니다. 사실 예배에 그분들이 와봐야 말을 알아듣지 못하기 때문에, 예배를 구경시켜 드리는 의미 밖에는 없으므로, 위험부담을 안고, 그럴 필요가 없을 것 같습니다.[61]

그러나 이만석 목사는 **현지인 전도**를 포기하지 않았다. 개인적인 **일대일 전도의 방식**을 택하였다.

현지인 선교의 열매 (1987년)

1987년도, **이란의 사회정세**는 오래 지속되는 이란-이라크 전쟁으로 인해 매우 혼돈하고 어려웠다. 국민경제는 말할 수 없이 침체되어 있었고, 실업자는 크게 늘었다. 이란 정부는 외국 회사들에게 필요도 없는 인원을 고용하라고 압력을 행사하거나, 월급인상 및 일괄 100% 보너스지급을 실행하라는 등 어이없는 지시를 하기도 했다.

이란 지도자 **호메이니**는 "전쟁은 신성한 것이며, 알라가 주신 선물이다"라고 가르치면서, 국민들을 강제로 전쟁에 동원하였다. 이에 국민들의 반발이 심해지자, 이란 정부는 **종교경찰**을 동원하여 불순분자를 강하게 색출하였다. 그런데 이러할수록 이란인의 마음은 그들의 종교와 더 멀어져가고 있었다. 이만석 목사에 따르면, "이것은 **선교의 전망**이 **밝다**" 는 것을 의미하였다.[62]

---

61) 이만석, '선교소식 : 기도와 사랑에 감사드리며', <중동선교> 제 6호(1986.12.25), p.6
62) 이만석, '선교소식 : 가장 중요한 부탁은 기도입니다', <중동선교> 제 7호(1987.6.25), p.8

특히 **이만석 목사의 선교사역**은 열매를 맺고 있었다. 1987년 6월에 발간된 〈중동선교〉 제 7호에 실린 그의 선교소식이다.

> 지난 번에 기도요청을 드렸던 M군은 요즘 여러 기도 동역자들의 도우심으로 마음이 움직이기 시작했습니다. 그 동안 교통사고 문제로 법정에 불려 다니느라 고생이 많았지만, 처음 250만 리얄의 변상을 요구했던 버스회사 사장과 합의를 보고, 100만 리얄만 변상하고 끝났습니다. 다시 일을 시작한 그에게 몇차례 찾아가 용기를 북돋워주고, 그리스도의 사랑을 나누며, 복음을 전했습니다. 요새는 그가 먼저 찾아와 성경공부를 요청하곤 합니다. 할렐루야! 저는 다시 또 그를 위해 **목회자가 되게 해달라**고 기도했습니다. 그는 세례는 안 받았지만, 크리스챤이나 다름 없습니다. 제가 생각하기에 이 시대에 주님의 일을 위해 **매우 필요한 유능한 청년**이 될 것입니다. 그를 위해 계속 기도해주십시오.
>
> 또 다른 친구 한 명이 주님의 품으로 돌아왔습니다. MA(약칭)라는 고등학교를 졸업한 친구입니다. 매일 저녁 밤늦게 찾아가 그리스도의 사랑을 나누었습니다. 조심스럽게 복음을 증거하고, 이란어로 된 성경을 한 권 주며, 기도해 주었습니다. 놀랍게도 하루도 안되어 신약성경 절반을 읽었으며, 3일만에 다 읽었습니다. 자기는 100% 그리스도인이라고 시인합니다. 그를 위해 더 많은 기도를 부탁드리며, 이러한 모든 것이 여러분의 기도 열매인줄 알고, 놀라움과 감사함을 금할 수 없습니다.
>
> 제한된 활동반경 안에서 일 속에 파묻혀서 피곤함을 느끼다가도, 하나님께서 주신 사명을 생각하면, 새 힘이 솟곤 합니다. 감사한 것은 이곳에 온지 1년이 되었지만, 아직 한번도 앓아 누워본 적이 없습니다. 모두가 여러분의 기도 덕분인 줄 알고, 하나님께 영광을 올려드립니다.[63]

바로 이 시기에 이만석 목사는 〈중동선교〉 제 7호에서 이란 정부로부터 **교회의 등록허가**를 받아 이란인 교사를 채용하여, 현지인 주일학교 교육을 실시할 수 있도록 중보기도를 요청하고 있다.

> * 교회 등록허가가 나와, 그 외에 **이란인 교사**를 채용, 주교교육이 실시되도록
> * 서성주, 이만석 선교사가 **현지인 선교**를 지혜롭게 잘 사역하시도록[64]

---

63) 이만석, '선교소식 : 가장 중요한 부탁은 기도입니다', <중동선교> 제 7호(1987.6.25), p.8
64) <중동선교> 제 7호 (서울 : 중동선교본부, 1987.6.25), 기도제목들, p.15

1987년 12월에 발간된 〈중동선교〉 제 8호에 실린 선교소식에서, 이만석 목사가 현지인 열매들이 맺히는 두 가지의 기쁜 소식을 전하였다.

첫 번째 열매는 **마수드 아무즈가르**였다. 그는 테헤란 대학교 수학과를 졸업한 후 고등학교 교사를 하다가, 대우현장에서 일하던 중, 이만석 선교사와 1년간 교제하며, 성경을 배울 수 있었다. 이만석 목사는 그가 목회자가 되기를 원하였는데, 그가 드디어 결단을 내린 것이다. 그는 신학을 하여 성직자의 길을 가기로 결심하였다.

> 감사한 소식을 전할 수 있게 하신 주님을 찬양합니다. 다름 아니오라, 전부터 기도를 부탁드렸었던 **마수드 아무즈가르 씨**가 드디어 결단을 내리고, 신학을 하고, 성직자의 길을 가기로 했습니다. 그는 테헤란 대학을 졸업하였고, 우수한 자질을 가진 인물입니다. 영어를 잘하고, 철학을 좋아해서, 여러 가지 철학서적과 문학서적을 읽어 생각의 방법이나 인생관이 건전합니다.
>
> 그는 수학과를 졸업하며, 케르만이라는 도시에서 2년간 고등학교 수학교사를 하며 지내었습니다. 그런데 호메이니의 지시에 의해 "전쟁은 신성한 것이다"라고 학생들에게 가르쳐야 했고, 또 학생들을 전쟁터로 보내야 했습니다. 그는 이러한 교사의 직분에 대해 회의를 느끼다가, 우연한 기회에 이곳 대우현장에 취업하게 되었던 사람입니다.
>
> 꾸준하지는 않았지만, 기회가 있는대로, 나는 그에게 성경을 가르쳤습니다. 본인도 혼자서 성경을 읽다가 궁금한 점이 있으면, 내게 질문을 해오곤 했습니다. 그렇게 거의 1년을 교제해 오는 동안, 그의 마음은 어느덧 놀라운 변화를 받게 된 것 같습니다. 이러한 귀한 일을 위하여 우리를 사용해 주시는 우리 주 예수 그리스도의 아버지 하나님께 찬양과 영광을 돌립니다. 할렐루야![65]

두 번째 열매는 이만석 선교사의 **통역담당으로 채용된 현지인**이었다. 그는 자신의 신앙을 확인하고 교리공부를 한 후, 위험을 무릅쓰고 예배시간에 **공개적으로 세례**를 받았다. 처음에는 비밀리에 세례식을 하려 했었으나, 그는 담대함으로 세례를 받았다. 그는 기독교인이 되었다는 사실 때문에 어떠한 불이익을 당하더라도, 심지어 이슬람법에 의해 사형을 당할찌라도 후회하지 않는다고 하였다. 이것이 이만석 선교사가 이란인에게 베푼 **첫 세례식**이었다.

---

65) 이만석, '선교소식 : 이란인 세례식', <중동선교> 제 8호(1987.12.25), p.10.

또 한가지 기쁜소식이 있습니다. **통역담당으로 채용한 사람**은 하나님을 갈망하던 이란인인데, 그는 건설현장에 교회가 있다는 소식을 듣고서, 기뻐서 어찌할 줄 몰랐다고 합니다. 그는 자신의 신앙을 확인하고, 교리공부도 하였습니다. 그후 예배시간에 정식으로 그에게 세례예식을 거행했습니다.

처음에는 비밀리에 세례예식을 하려고도 했지만, "담대하라"라는 말씀에 의지하여, '이 일로 인하여 어떤 고난이 내게 닥쳐온다 할찌라도 기쁨으로 감당하리라'는 결단이 그에게 섰습니다. 기독교인이 되었다는 사실 때문에, 당하게 될지도 모르는 어떠한 불이익이 있더라도, 심지어 이슬람법에 의해서 사형을 당한다 할찌라도, 그는 후회하거나 돌이키지 않겠다고 하나님 앞과 성도들 앞에서 약속했습니다. 처음으로 행하는 **이란인 세례식**! 너무도 감사한 일이었습니다. 하나님께서 예비해 놓으신 열매였지만, 우리를 이런 열매를 거두는 일에 사용하시는 하나님 아버지께 찬송과 영광을 돌립니다. 할렐루야![66]

이만석 선교사의 추방 (1990년)

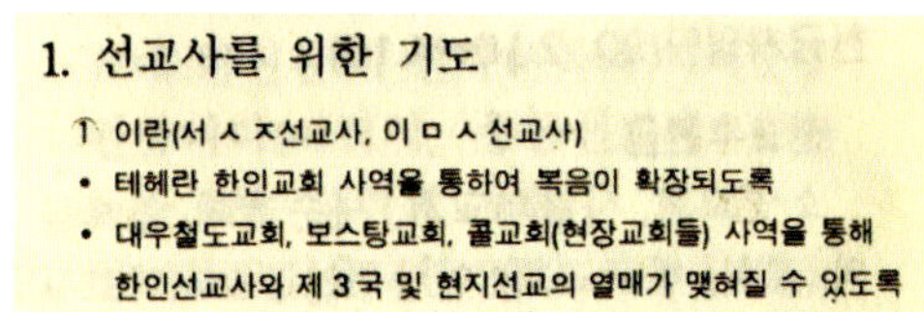
1. 선교사를 위한 기도

① 이란(서 ㅅ ㅈ선교사, 이 ㅁ ㅅ 선교사)
- 테헤란 한인교회 사역을 통하여 복음이 확장되도록
- 대우철도교회, 보스탕교회, 콜교회(현장교회들) 사역을 통해 한인선교사와 제 3국 및 현지선교의 열매가 맺혀질 수 있도록

이만석 목사의 **현지인 선교**는 계속하여 열매를 맺고 있었다. 1990년 4월에 발간된 〈중동선교〉 제 13호의 중보기도 요청에 의하면, 이만석 목사가 섬기는 현장교회도 세 개(대우철도교회, 보스탕교회, 콜교회)로 늘어났으며, **이란 현지인의 선교** 뿐만 아니라, **제 3국인의 선교**까지 감당했었다.[67]

그러나 한 현지인의 고발로 인해 이만석 목사는 **이란에서 추방**당하게 되었다. 그 때까지 이만석 목사는 세 개의 현장교회를 돌보면서, 100명이 넘는 현지 이란인들에게 복음을 전하고 있었다.[68] 그런데 이 사역지들을 두고서, 강제적으로 떠날 수 밖에 없는 상황이 되었다.

1990년 11월에 발간된 〈중동선교〉 제 15호는 이만석 선교사가 이란에서 계속하여 선교사역을 할 수 있도록 중보기도를 요청하였다.

66) 이만석, '선교소식 : 이란인 세례식', <중동선교> 제 8호(1987.12.25), pp.10-11
67) <중동선교> 제 13호(서울 : 중동선교회, 1990.4.30), 기도제목들, p.14
68)최남운, "중동지역한인교회가 가진 모슬렘권선교의 가능성-테헤란 한인교회를 중심으로", p.49

〈중동선교〉 제 15호 (1990.11.30), 골방기도, p.14
*이란-이라크 전쟁의 종식으로 새로운 선교의 전기를 맞이한 테헤란 한인교회와 선교사님을 위해
*건설공사의 발주를 통한 평신도 선교사의 진출을 위해
***이만석 선교사**의 **계속적인 선교사역**을 위해 기도해 주십시오.

이만석 목사는, 1991년 2월에 발간된 〈중동선교〉 제 16호의 '선교사 동정'에 의하면, 이란에 재입국하기 위하여 노력하고 있었다.[69] 그리하여 **이만석 선교사의 비자**가 다시 발급되며, 선교비를 지원할 **후원교회**가 잘 연결될 수 있도록 중보기도를 요청하였다.

〈중동선교〉 제 16호 (1991.2.28), 골방기도, p.14
*이란 선교를 위해 준비 중인 **이만석 선교사의 비자**가 다시 발급되고 들어갈 수 있도록
*선교비 지원을 필요대로 후원할 **후원교회**가 잘 연결되도록

한편 1990년 12월 이후에, 테헤란 한인교회는 서성주 목사가 사임하고 귀국하여, 담임목사가 공석인 상황이었다. 이에 이만석 목사가 **테헤란 한인교회**의 **담임목사**로 결정되었다. 그리하여 〈중동선교〉 제 17호(1991.4.30), 제 18호(1991.7.10) 및 제 19호(1991.9.27)는 테헤란 한인교회의 후임자인 **이만석 목사의 비자발급**과 **후원체계**가 잘 연결되도록 중보기도를 연속하여 요청하였다.

2. 이란(ㅇ·ㅁ·ㅅ, ㅇ·ㅎ·ㅈ 선교사) ***테헤란 한인교회가 선교의 새로운 장을 맞아 무슬림 선교의 중요한 역할을 잘 감당하도록,** ***비자발급과 후원체제가 잘 연결되도록,**	**1. 이란**(ㅇ,ㅁ,ㅅ, ㅇ,ㅎ,ㅈ선교사) *** 한인연합교회가 선교의 역할을 잘 감당하며, 5개의 현장교회가 서로 협력되어 현지인들에게 복음을 전할 수 있는 전략들이 나오도록.** *** 한인교회 후임자 Visa와 후원체제가 조속히 이루어지도록.**
<중동선교> 제 17호, 골방기도, p.14	<중동선교> 제 18호, 골방기도, p.1

69) <중동선교> 제 16호(서울 : 중동선교회, 1991.2.28), 소식들, p.15 : "이란의 이만석 선교사께서 재입국하기 위해 준비 중이신데, 더욱 많은 기도를 부탁드립니다"

(7) 제 3대 담임목사 - 이만석 선교사 (1991~2004년)

담임목사의 부임 (1991.11)

1991년 11월2일(토), **이만석 선교사의 파송예배**가 대구동촌제일교회(담임목사 신창순)에서 드려졌다. 이만석 목사는 이란에서 추방당한 후, 2년 동안 기도하던 이란 목회자 비자를 허락받게 되었고, 11월 12일(화)에 드디어 이란으로 출국할 수 있었다.[70)]

1991년 11월14일(목), 이만석 목사는 **테헤란 한인교회의 제 3대 담임목사**로 부임하였다.[71)] 그는 현지인에게 복음을 전하다가 추방당했으나, 이제 다시 테헤란 한인교회의 담임목사로 돌아오게 되었다.[72)] 11월15일(금), 첫 금요예배의 설교본문은 고전 12:12~27이었고, 제목은 '그리스도 지체'였다.[73)] 그가 그토록 그리워하던 이란에서 선교사역을 재개하여, 13년 동안 그리스도의 복음을 전하다가, 그는 다시 2004년 11월에 추방당하게 되었다.

그러나 **이만석 목사의 선교사역**은 매우 소중한 평가를 받는다. 테헤란 한인교회를 연구한 최남운 목사에 의하면, 1974년에 테헤란 한인교회의 시초는 한국 기독인들이 함께 예배를 드리고자 하는 간단한 동기에서 시작되었다. 그리고 제 2대 담임목사의 시기까지는 선교사가 담임목사로 파송받아 왔을찌라도, 사실상 **한국인들의 신앙공동체 성격**을 유지하는 것을 넘어서기 힘들었고, **현지인 선교를 위한 실제적인 시도**는 거의 하지 못하고 있었다. 그러나 1991년 11월, 이만석 목사가 제 3대 담임목사로 부임하면서, 테헤란 한인교회가 **현지인 선교**를 실행하기 시작하였다.[74)]

1) 현지인 선교를 실행하다.

① 이만석 목사의 선교철학

---

70) <중동선교> 제 20호(서울 : 중동선교회, 1992.1.27), 소식들, p.15
71) 「테헤란 한국인 기독교 30년사」(2004.8.16), 교회연혁, p.31
72) 최남운, "중동지역한인교회가 가진 모슬렘권선교의 가능성-테헤란 한인교회를 중심으로", p.49
73) 최남운, "중동지역한인교회가 가진 모슬렘권선교의 가능성-테헤란 한인교회를 중심으로", p.48
74) 최남운, "중동지역한인교회가 가진 모슬렘권선교의 가능성-테헤란 한인교회를 중심으로",p.54, 69

이만석 목사가 현지인 선교를 위해 힘을 쓰는 것은 **그의 선교철학** 때문이었다. 이만석 선교사는 이란 선교를 위한 첫 번째 요소는 **현지인 교회의 활성화**라고 보았다. 왜냐하면 이란인 교회가 스스로 강하게 서지 않으면, 외국인 선교사의 도움은 근본적인 한계에 봉착할 것이기 때문이었다. 그런데 당시 이란인 교회가 매우 약해져 있었으므로, 장차 **이란 신학교**를 지원하여, 이란인 교회의 기초를 견고하게 하는 일을 돕고자 했다.

> 이란의 선교는 **현지인 교회가 활성화** 되어야 한다는 것이 첫째 요소라고 생각됩니다. 현지인 교회가 활성화 되지 않고는, 아무리 많은 재정과 노력을 투자해도, 효과는 기대할 수 없을 것입니다. 그래서 저희는 현재 지원하고 있는 기존 이란인 교회들은 계속하여 지원하되, 앞으로 여력이 생기는 대로, **이란 신학교**를 중점적으로 지원하여 신학생 양성에 주력하면, **퇴락된 이란인 교회**를 수축하고, 신학을 마친 교역자를 파송, 후원하는 일을 힘쓰고자 합니다.[75]

이만석 목사의 선교철학은 한국선교의 성공적 기초가 되었던 **네비우스의 삼자원리**와 일치된다. 미국 선교사들이 한국에 복음을 전할 때, **자립**(自立, 한국인 스스로 교회를 세우는 것), **자전**(自傳, 한국인이 한국인을 전도하는 것), 그리고 **자치**(自治, 한국인 교회를 책임지고 다스리는 것)의 **삼자**(三自)**의 원리**를 따라서 선교하였다. 왜냐하면, 한국교회가 더 이상 외국인 선교사의 도움이 없이 독립할 때, **선교의 목표**가 달성되는 것이기 때문이다.

이란에서는 **아르메니안 교회**와 **앗시리안 교회**가 이미 오래 전부터 합법적으로 인정받고 있었다. 그리고 **이란인 교회**도 있는데, 그들은 본래 무슬림이 아니었고, 조로아스터교나 다른 종교에서 기독교로 개종한 사람들이었다. 현재는 이러한 개종도 어렵고 핍박이 심한 실정이었다.

이란 신학교에서 1년에 2~3명 정도 졸업하지만, 목사안수를 받을 수는 없었다. **교역자의 배출**도 힘들고, 교인의 수도 줄어드니, 이란인 교회들은 문을 닫는 실정이 되었다. 당시 이란인 목사는 두 명이 있었는데, 한 분은 언어장애로 사역이 가능하지 않았고, 또 한 분은 70세가 넘은 고령이었다. 다행히 이 목사님은 조로아스터교에서 개종한 분이어서, 정부의 심한 압력은 없었다.

---

75) 이만석, '선교소식 : 이란선교소식', <중동선교> 제 21호(중동선교회, 1992.3.30), p.8

한 가지 희망적으로 보이는 부분은 **이란의 아르메니안 교회**가 활발하게 활동하는 것이었다. 이란은 건축법상 일단 건물을 철거하면, 다시 지을 수 없었다. 단 **교회의 신축허가**는 얻을 수 없지만, **교회의 보수공사**는 가능했다. 이란인 교회가 건물유지가 힘들어 문을 닫으면, 아르메니안 교회가 그 건물을 인수하여 사용하곤 했다. 그들 중에 특히 **오순절 교회**가 열심과 헌신이 컸다. 그들은 이슬람에서 개종한 사람이 아니기 때문에, 정부의 간섭이나 위협에서 좀더 자유로왔다. 이만석 목사는 이러한 현지인 교회들을 지원하여 **현지인 교회가 활성화** 되도록 돕는 것이 가장 효과적 선교방안이라고 생각하였다.[76]

② 이만석 목사의 교회관과 목회철학

물론 이만석 목사는 이란 선교사로서 테헤란으로 파송받았으나, 그는 우선 테헤란 한인교회의 담임목사로 부임한 것이었다. 그래서 그는 담임목사로 부임한 첫 해에는 **한인목회에 주력할 마음**이었다.[77] 이만석 목사가 부임할 당시, 테헤란 한인교회에는 대략 장년 74명과 주일학교 65명(유치부 21, 초등부 31, 중고등부 13명), 총 139명의 성도가 있었다.[78] 또 이란 내 한국의 건설현장에는 7~8개소의 현장교회들이 있었다. 이만석 목사는 현장교회도 순회하기를 원하였다. 그리하여 이만석 목사가 테헤란 한인교회에 부임한지 2개월이 되었을 때, 첫 번째와 두 번째로 요청한 중보기도는 **목회자로서의 요청**이었으며, 그것은 **테헤란 한인교회**와 **현장교회**를 위한 것이었다. 그리고 **현지인 교회**를 위한 선교사로서의 요청은 세 번째였다.

계속 기도해 주실 것을 부탁드립니다.

1. 이란내의 한국인 교회가 든든히 성장해 갈 수 있도록(영적으로, 재정적으로)
2. 이란에 산재해 있는 한국인 건설 현장교회를 위하여
3. 현지인 교회가 깨어날 수 있도록
4. 이란에 자유롭게 선교할 수 있는 문이 열릴 수 있도록
5. 이란 신학교의 활성화를 위하여
6. 4월에 있을 총선에서 온건자들이 득세할 수 있도록
7. 문이 닫혀 있는 이란 성서공회의 재개를 위하여
8. 한국의 성도들이 이란선교의 필요성과 시급성을 깨달을 수 있도록

이란 땅 테헤란에서

---

76) 이만석, '선교소식 : 이란선교소식', <중동선교> 제 21호(중동선교회, 1992.3.30), p.7

77) 이만석 목사는 다음과 같이 진술한다 : "이란에 올 때 약 1년간 한인목회에 주력하고자 하고 왔으나 이 결심이 얼마나 지켜질지 의문입니다."(<중동선교> 제 21호, p.8)

78) 최남운, "중동지역 한인교회가 가진 모슬렘권선교의 가능성-테헤란한인교회를 중심으로", p.38

이러한 목회자로서 **이만석 목사의 교회관**은 '선교하는 교회'(missionary church)였다. 이만석 목사에게 테헤란 한인교회는 **'이란 현지 선교를 위한 교두보'**가 되어야 했다. 이만석 목사의 시기에 편찬된 「테헤란 한국인 기독교회 30년사」는 1974년 8월16일 테헤란 한인교회의 설립에 대해 '**이란 선교의 교두보**인 테헤란 한인교회가 창립을 보게 되었다'라고 교회 정체성을 밝히고 있다.

선교하는 교회(missionary church)란 **선교적 교회**(missional church)와 구별되는 개념으로서, 교회의 모든 사역의 중심점에 선교사역을 두는 교회이다. 따라서 모든 교우는 그의 삶에 두신 하나님의 선교적 사명을 깨달아야 한다. 이만석 목사는 온 교우가 지금 자신이 이란 땅에서 거주하며 살아가는 삶에 두신 하나님의 선교적 소명이 있음을 깨닫기를 원하였다. 평신도에게 선교적 소명을 일깨워주는 것을 **목회자의 사명**으로 여겼다. 이것이 담임목사로서의 **목회철학**이었다.

> 할렐루야! 안녕하십니까? 이란에 도착한지 벌써 2개월이 지났는데, 그 동안 소식을 전하지 못해서 죄송합니다. ... 지금은 아직 교회를 파악하는데 시간을 보내고 있습니다.
>
> **온 교회의 교우들**이 **선교의 사명**을 가지고, 자기들을 이란 땅에 보내신 하나님의 뜻을 깨닫고, 그 일을 이루기 위해서 기도하고 노력하게 되기를 원합니다. 그러나 아직은 이란에서 외국인들이 누릴 수 있는 특권을 누리면서, 즐겁게 시간을 보내는 것 같아 보입니다. 그러나 **몇몇 성도들**은 **이란선교의 문이 닫혀 있는 현재의 상황**을 안타까워 하면서, 눈물을 뿌려가면서, 기도하고 있습니다.[79)]

이만석 목사는 담임목사로서 **'선교하는 교회'**라는 교회관과, 선교사로서 '**현지인 교회의 활성화**'라는 선교철학을 갖고 있었다. 이만석 목사는 그의 교회관과 선교철학을 테헤란 한인교회를 통해 실천하였다. 그는 담임목사로서 13년의 사역을 통해, **테헤란 한인교회**가 이란 현지선교를 위한 교두보가 될 수 있도록 이끌었다.

---

79) 이만석, '선교소식 : 이란선교소식', <중동선교> 제 21호(중동선교회, 1992.3.30), p.7

이란 교회와의 선교적 협력관계

이만석 목사가 '현지인 교회의 활성화'라는 목표를 달성하기 위해, 선결조건은 **현지인 교회**와의 **좋은 관계**였다. 그러나 이만석 목사가 처음 담임목사로 부임했을 때, 테헤란 한인교회가 예배당을 사용하던 **이란인 교회와의 관계**는 불편한 상태였다.[80] 이란인 교회는 심한 경제적인 어려움을 겪으면서, 한인교회에게 재정적인 도움을 요청하고 있었지만, 테헤란 한인교회도 그들을 도울 만한 경제력이 없었기에, 서먹서먹한 관계에 있었다(<중동선교>, 제 21호, 1992.3.30. p.8).

그러나 현지인 교회를 돕기 위해서는 현지인 교회와의 좋은 관계는 필수적이었다. 단순한 재정적인 협력관계를 넘어서서, **선교적 협력관계**를 맺을 수 있어야 했다. 이만석 선교사는 이를 위해 노력하며, **현지인 교회와의 선교적 협력관계**를 위한 중보기도를 반복하여 요청했다 : "테헤란 한인교회와 **이란교회와의 선교협력**을 위하여"(<중동선교>, 제 22호, 1992.7.30. p.22).[81]

③ 현지인 교회의 상황

종교적 상황

이란은 헌법에서 **이슬람**, **조로아스터교**, **유대교** 및 **기독교**의 4대 종교를 인정하고 있다. 그러므로 이란의 헌법은 **기독교** 역시 법률적으로는 **합법적인 종교**로 인정하고 있다. 이것은 그들의 조상 때부터 유일신을 섬기던 가문의 종교를 인정하는 전통에 의한 것으로, 이에 의해 이슬람 이외의 세 종교들(조로아스터교, 유대교, 기독교)도, '무슬림을 개종시키려는 포교활동을 하지 않는다'라는 제약과 범주 안에서, **종교의 자유를** 인정받고 있다.[82]

---

80) 테헤란 한인교회의 예배당은 1992년 당시 약 100년 전에 미국 선교부가 대지를 구입하여 직접 건축한 건물이었다. 1979년 이슬람 혁명 시 모든 외국 선교사들이 추방당할 때, 미국 선교부는 이란교회에게 관리권을 넘겨주고 떠났다. 테헤란 한인교회는 그 건물을 이란교회와 함께 사용하고 있었다.

81) 〈중동선교〉, 제 24호, 1993.2.25. p.15에서도 동일한 내용의 기도제목을 요청하였다.

82) 최남운, "중동지역 한인교회가 가진 모슬렘권선교의 가능성-테헤란한인교회를 중심으로", p.52

무슬림이 타종교로 **개종했을 경우**, 세 종교에 대해서 헌법이 종교의 자유를 인정하고 있으므로, 법률적으로는 개종 그 자체만으로 처벌할 수 없다. 다만 사회적, 전통적 제재(상속 및 사회보장법에 따른 각종 혜택에서 제외됨)는 있으며, 법적 처벌은 불가하다. 그렇다 할지라도 이슬람에서 기독교로 개종했을 경우, 그는 위원회에 소환되어 조사받으며 여러 위협과 협박에 시달리게 된다.[83]

그러나 1990년까지는 이슬람에서 타종교(특히 기독교)로 개종시키는 일을 공개적으로 왕성하게 활동했거나, 또는 적극적으로 가담한 사실이 드러나면 재판을 통해 **공개처형**을 시행하는 경우가 종종 있었다. 다행히 1990년 이후에 국제여론으로 인해 공개재판과 처형은 행해지지 않았지만, 암암리에 체포하여 처형한 뒤에, 사건을 미궁으로 처리하는 일은 지속되었다.[84]

자립, 자전, 자치의 능력

1979년 이슬람 혁명 이후, 이란 정부는 심한 감시와 제재를 통해 이란 교회를 서서히 고사시키고 있었다. **교회건물**은 수리만 가능할 뿐, 신축은 할 수 없었다. **교회의 목회자들**도 이슬람 혁명 이전에 안수받은 분들이며, 그들은 점차 고령화 되었고, 이란 정부는 신학교 졸업자에게 목사 안수를 허락하지 않았다. 결국 이란 교회는 스스로 설 수 있는 능력을 잃어가고 있었다. 물론 이란에도 **신학교**가 있기는 하지만, 그 형편이 너무 열악하여 신학교라 부를 수 없는 지경이었다. 교육과정은 빈약했고, 목회자의 자질을 충분히 갖도록 제대로 가르칠 교수인력도 없었다.

그런데 이와같은 열악한 상황에도 불구하고, 놀랍게도 이란 교회에 뜨거운 신앙심을 가진 **개종자들**이 나타나고 있었다. 그리고 복음전도는 전통적인 기독교인들(앗수르 기독교인, 아르메니안 기독교인)보다, 개종자들이 훨씬 더 효과적으로 감당했다. 따라서 심한 감시와 억압 속에서도 개종한 그들이 뜨겁게 전도사역을 감당한다면, 이란교회는 이내 곧 힘있는 자생력을 회복할 수 있었다.

그런데 현실은 그렇지 않았다. 매우 안타깝게도 **개종한 기독교인들**은 이란 사회에서 취업하는 것은 매우 어려웠다. 그렇다보니, 그들은 개종 이후에 종교의 억압이 없는 나라들로 빠져나가는 경

83) 최남운, "중동지역 한인교회가 가진 모슬렘권선교의 가능성-테헤란한인교회를 중심으로", p.53
84) 최남운, "중동지역 한인교회가 가진 모슬렘권선교의 가능성-테헤란한인교회를 중심으로", p.53

우가 많았다. 미국과 서방국가들은 그들에게 종교적 억압이 입증되면, 종교적 망명을 허락하였고, 그 나라에 잘 정착할 수 있도록 도와주었다. 그렇다보니, 개종자들이 이란 교회가 **자생력을 회복할 수 있도록** 남아있지 못하고, 오히려 떠나게 되는 것이 이란교회의 현실이었다.[85]

그러면 어떻게 하여야 이란교회가 **자립**, **자전** 및 **자치**의 능력을 갖출 수 있도록 도울 수 있는가? 그것을 위해 당장 현지교회를 돕는 **단기적인 전략**과, 현지 교회의 근간 자체를 튼튼하게 세워주는 **장기적인 전략** 둘다 모두 필요했다. 이만석 목사는 장기적인 전략으로 두 가지를 제시하였다. 한 가지는 이란에 **기독교 명문 사립학교**를 세우는 것이었는데, 우리 나라의 연세대학교를 그러한 성공적인 모델로 보았다. 또 한 가지는 **개종자의 취업과 일자리**를 위한 **비즈니스 사업**이다.[86] 그런데 이 장기적 전략은 한 개 교회의 힘으로 시행할 수 없는 사역이었다.

그러나 단기적인 전략들은 테헤란 한인교회가 현지 교회를 위해 당장 시행할 수 있었다. 특히 **하나님의 성회교단** 소속 교회들은, 아직 미약한 부분이 있기는 해도, 개종자들을 양육하여 지방으로 파송하려는 구체적인 노력까지 하고 있었다.[87] 이만석 목사는 하나님의 성회교단 교회들을 중심으로, **현지인 교회**를 돕기 시작하였다. 이만석 선교사가 1993년 2월에 발간된 〈중동선교〉에서 요청한 **중보기도의 내용**을 보면, 그의 교사역의 방향을 엿볼 수 있다.[88] 9가지의 중보기도 요청 중에 대부분이 '현지교회와의 선교협력'을 위한 것이었다.

	테헤란 한인교회와 목회자를 위한 기도요청	현지교회와의 선교협력을 위한 기도
1		**한인교회와 이란교회의 관계**가 좋게 되도록
2	저희 가족들이 현지 생활에 잘 적응하도록	
3	이란에 흩어져 있는 현장 교회를 위해	
4		**현지인 교회**가 깨어날 수 있도록
5		이란에 자유롭게 선교할 수 있는 문이 열리도록.
6		**이란 신학교의 활성화**를 위하여
7		문이 닫혀 있는 **이란 성서공회의 재개**를 위하여
8		한국의 성도들이 이란 선교의 필요성을 깨닫도록
9		**이란 대학생 선교회와의 협력**이 잘 될 수 있도록

85) 최남운, "중동지역 한인교회가 가진 모슬렘권선교의 가능성-테헤란한인교회를 중심으로",p.53
86) 튀르키예의 선교를 처음 시작한 김주찬 선교사 역시 이와같은 필요를 절감하여 개종자 취업을 위해 비즈니스 선교를 시작했다. 이에 관해서는 이스탐불 한인교회 편에서 다룬다.
87) 최남운, "중동지역 한인교회가 가진 모슬렘권선교의 가능성-테헤란한인교회를 중심으로", p.55
88) 이만석, '이란 선교소식', <중동선교> 제 24호(1993.2.25), p.9

④ 현지인 교회의 활성화를 위한 선교사역

첫째로, 이란 교회의 목회자들과 깊은 교제를 하며, 그들을 지원하다 (1990년대).

이만석 목사는 이란교회의 목회자들과 깊은 신뢰관계를 형성하며, 그들을 실제적으로 돕는 일부터 먼저 시작했다. 이만석 목사는 현지 언어가 능통했으므로 그들과 긴밀하게 교류할 수 있었다. 가끔씩 이란교회의 목회자를 초청하여 예배설교를 맡기기도 하고,[89] 이만석 목사 자신도 현지교회에 초대를 받아 설교와 강의를 하기도 했다.

테헤란 한인교회는 현지교회와 목회자를 위해 재정지원도 추진했다. 2002년도 결산자료에 따르면, 교회지원, 목회자지원, 개종자지원, 구제비 등은 월 60R(약 사역자 월사례비의 50%)×12개월로 지원하였고, **순교자 지원**은 월 100R×12개월로 지원하였다.[90] 뿐만 아니라, 재정이 열악했던 **이란 신학교의 지원**, 성탄절 등 특별구제비 지원, 지방 가정교회 지원 등 다양한 재정적 지원을 아끼지 않았다.[91] 이것은 무려 교회재정의 약 30%를 현지 선교를 위해 사용한 것이었다.[92]

이란 교회 지도자들의 순교

1994년에 매우 큰 불행이 이란 교회에 닥쳤다. 이란 교회의 지도자들이 연속적으로 살해되는 일이 발생되었던 것이다. 테헤란 한인교회는 그들의 **교회연혁**에 **이란 교회의 순교소식**을 실었다. 왜냐하면 그 순교자들은 테헤란 한인교회가 긴밀히 교제하던 분들이었기 때문이다. 이 세상에서 자기 교회의 역사에 **다른 나라 교회의 순교역사**를 기록할 수 있는 교회는 거의 없을 것이다. 그러나 테헤란 한인교회는 이란교회의 순교자를 그들의 교회역사에 기록할 수 있는 교회였다.

---

89) 「테헤란 한국인 기독교 30년사」(2004.8.16), 교회연혁, p.53, 54에 따르면,
1992년에는 '테헤란 복음교단 전체 연합예배'를 드리며, Khosrvi 목사를 초청하였다.
1993년의 고난주간 부흥성회(4월5~8일) 시에는 이란인 목사 두명을 강사로 초빙하였다
90) 하이크 홉세피안 목사, 터터우스 미카일리언 목사, 그리고 메흐디 디버즈 장로가 1994년의 1월과 7월에 순교했으므로, 순교자 지원은 1994년 이후에 시작되었을 것 같다.
91) 최남운, "중동지역 한인교회가 가진 모슬렘권선교의 가능성-테헤란한인교회를 중심으로", p.51
92) 최남운, "중동지역 한인교회가 가진 모슬렘권선교의 가능성-테헤란한인교회를 중심으로", p.72

교회연혁93)

1994년 이란인 목회자 연쇄 피살순교

담임목사와 선교적 비전이 같아 긴밀히 동역하던 이란의 세 목회자가 6개월 동안 피살, 순교하는 어처구니 없는 사건이 발생하였다.

* 1월19일 : 하나님의 성회 교단장 **하이크 홉세피안 목사**가
 실종된지 30일만에 피사체로 발견됨
* 7월02일 : 복음교단 교단장 **터터우스 미카일리언 목사**가 변사체로 발견됨.
* 7월05일 : 9년 7개월 옥중생활을 하던, 하나님의 성회 소속 **메흐디 디버즈 장로**가
 실종되어 7월13일 피사체로 발견됨.

하이크 홉세피안 목사, 터터우스 미카일리언 목사, 그리고 메흐디 디버즈 장로! 이 세 명의 순교자들은 그들의 담임목사와 선교적 비전이 같아, 서로의 교회를 오가며, 동역하였던 분들이었다. 그러므로 테헤란 한인교회의 교우들도 익히 잘 아는 이란 교회의 지도자들이었다.

또, 테헤란 한인교회의 **연도별 자료**에는 다음과 같이 기록하였다.

1994년 주요연혁94)

*1월07일 : **하이크 홉세피안 목사** 피살 순교 추도예배 (장소 : 성 도마교회, 2,000명)
*6월29일 : 복음교단 미카엘리언 목사 실종
*6월30일 : 오순절 하나님 성회 디버즈 장로 실종
*7월02일 : **미카엘리언 목사** 변사체 발견, 장례식(7월12일)
*7월05일 : **디버즈 장로** 변사체 발견, 장례식(7월13일)

테헤란 한인교회는 **순교자 가족**을 위해 매월 한달 사례비(약 120R)에 가까운 100R의 금액으로 후원했다. 순교가 필요한 시대에는 순교자 가족을 돕는 교회도 필요하다. 예루살렘 교회가 흩어지기 위해 스데반의 순교가 필요했듯이, 이란교회를 위해 순교자가 필요했고, 테헤란 한인교회는 그 순교자 가족을 도왔다.95) 테헤란 한인교회는 너무나 소중하고 아름다운 교회이다.

93)「테헤란교회 30주년사」, 교회연혁, p.31
94)「테헤란 한국인 기독교 30년사」(2004.8.16), 연도별 역사자료, p.55
95) 테헤란 한인교회는 그 이후로도 순교자 및 개종자를 도왔다. ① 1996년 10월25일, 이란교회 순교자 및 개종자를 위한 특별헌금, ② 2002년 4월26일, 순교자 가족돕기 특별헌금

홉세피안 목사와 동료 목사들의 순교는 그 이후 **이란 교회의 폭발적인 부흥**을 가져왔다.96) 그러한 부흥의 배후에는 테헤란 한인교회의 섬기는 사역도 한 부분 있었다. 하나님이 기억하신다.

이란교회 지도자의 순교사건에 대한 기사들

하이크 홉세피안 목사

이란의 개신교 지도자 하이크 홉세피안 목사 피살됨

이란 하나님의 성회 회장인 홉세피안 목사가 지난 1월 19일 행방불명되었다가 11일 만인 30일에서야 가족들에 의해서 사망이 확인됨으로써 전세계 기독교인들에게 충격과 슬픔을 안겨주었다.

홉세피안 목사는 이란에서 종교의 자유를 주장하면서 대외적으로 활발한 활동을 전개해 왔다. 그는 지난 해 6월 이란 정부가 이슬람교도의 개종을 막기 위해 전국에 있는 이란 교회에 대해 더 이상 이슬람 교인들을 대상으로 전도 활동을 하지 않겠다는 서약서를 쓰고 현재 교인들의 신분증명서를 제출하라는 조치를 내렸으나 이에 반발, 서명을 거부했으며 교인들의 신분증명서도 제출하지 않았었다. 이와 함께 이란 정부가 복음주의 교회를 폐쇄하고 교인들을 고문하고 감옥에 집어넣는 등 개신교에 대해 박해를 가하고 있다는 보고서를 유엔에 보내고 대표단을 파견하여 이란의 인권상황을 조사해 줄 것을 요청하는 등 개신교 박해에 대해 국제적인 관심을 촉구하기도 했었다.

최근에 박해를 피해 이란을 빠져나온 기독교인들에 의하면 가정 교회를 통하여 복음을 받아들이는 이란인들이 급속히 늘어나고 있다. 이에 대처하기 위해 이란 정부는 개신교 활동을 규제하는 강력한 조치를 취하면서 기독교에 대한 '거룩한 성전'의 의지를 더욱 강화하고 있다.

이런 맥락에서 볼 때 이번에 발생한 홉세피안 목사의 살해사건은 성장을 계속하고 있는 이란의 기독교에 대한 공격이며, 국제적인 압력을 동원해서 이슬람권의 박해를 약화를 시키려는 이란 기독교계의 움직임에 쐐기를 박으려는 의도에서 자행된 것으로 보인다.

〈중동선교〉 제 27호, p.19

미카일리안 목사, 디버즈 장로(= 디바지 목사)

7. 이란 개신교 미카일리안 목사(62세)가 29일 테헤란에서 실종된 후 사흘만에 변사체로 발견되었다. 가족들은 미카일리안 목사가 머리와 가슴 부분에 각각 한발의 총탄을 맞고 살해되었다고 전했다. 가족들은 또한 미카일리안 목사가 지난 달 29일 승용차를 타고 외출했는데 돌아오지 않아서 경찰에 실종신고를 했으나 아무 대답이 없었으며 후에 테헤란에 있는 시체 공시소에서 시신을 찾았다고 말했다. 그리고 지난 6월 24일에 실종된 것으로 알려진 디바지 목사가 4일 역시 피살된 시체로 발견되었다. 이란 경찰은 미카일리안 목사 살해범인을 수색하는 동안 테헤란 공원에서 옷이 벗겨진 채 발견된 디바지 목사는 지난 달 29일에 이미 살해당해 이곳에 버려진 것으로 추측하고 있다. 디바지 목사는 이슬람교에서 기독교로 개종했다는 혐의로 지난 84년부터 복역한 이란 개신교 지도자로 지난 해 12월 이슬람혁명재판소로부터 사형언도를 받았었다.

한편 이란 경찰이 미카일리안 목사 등 두 명의 개신교 지도자 살해와 관련된 반이란 무장세력 무자헤딘 헐크 소속의 파라니트 아나미라는 여성을 체포했다고 한다. IRNA통신은 아나미가 이란 남동부 자헤단市에서 출국을 기도하던 중 체포했는데 압수한 서류 등을 통해 그녀가 이번 개신교 목사 살해사건에 연루돼 있을 뿐 아니라 무자헤딘 할크와도 깊은 연관이 있음이 드러났다고 보도했다.

이번 사건은 홉세피안 목사가 순교를 당한 뒤 불과 반 년만에 일어난 것으로 우리에게 다시 한번 큰 충격을 주었다. 우리는 그들이 누구인지 잘 알지 못하지만 그들의 죽음을 애도하며 가족들을 위해서 기도해야 할 것이다. 이번 사건은 이란 정부가 외부의 비난에 아랑곳 하지 않고 계속 기독교인들을 박해하고 있음을 보여주는 것이다. 박해를 당하고 있는 이란 성도들을 위해서 지속적으로 기도하며 격려하고 함께 그 땅에 신앙의 뿌리내리기를 위해서 싸워야 할 것이다.

〈중동선교〉 제 30호, p.5

이들 외에도 매우 많은 이란 그리스도인들이 순교를 당하였다.

96) https://www.youtube.com/watch?v=_zbW1jVwr0U. 이 감동적인 유투브 영상은 호세피안 목사의 순교 이후 이란교회에 일어난 폭발적인 부흥을 이야기 한다.

특집

내가 서 있어야 할 곳 - 이란

최근 이란에서 온 친구가 전해 준 **하이크 홉세피안 목사님의 죽음**에 관한 소식입니다. 먼저 가신 동역자 홉세피안 목사님과 가족들을 기억하면서, 이란에 다시 복음의 꽃이 필 날을 믿음으로 바라봅니다.

디버즈 장로의 투옥과 사형선고

하이크 홉세피안 목사님의 피살 사건은 **디버즈 장로님의 사건**과 연관이 되어 있기 때문에, 사건 배경을 설명하기 위해서 그의 이야기를 먼저 해야 할 것 같습니다. **디버즈 장로님**은 혈통상으로 이슬람의 교주 **무함마드의 직계손자**입니다. 이런 사람들을 '싸이옛'이라고 부릅니다. 그의 가문은 그 명예를 지키고자 이슬람에 무조건 충성하는 사람들입니다. 그러나 디버즈 장로님은 가문의 전통을 깨고, 기독교로 개종했습니다. 이 일을 그의 부인이 고발하여, 디버즈 장로님은 **9년 동안 감옥**에 투옥되었습니다. 그후 그의 부인은 4명의 자녀들을 버리고, 이슬람 신앙이 독실한 허지(메카성지순례를 마친 사람에게 주는 명칭)에게 재가를 했습니다. 남겨진 디버지 장로님의 자녀들은 하나님의성회 교회(총회장 하이크 목사)에서 여러 성도가 맡아 돌보고 있습니다. 장남 이싸(예수, 언어학 전공, 20세), 마리암(마리아, 산부인과 전공 대학생, 19세), 유쎄프(요셉, 고졸 17세), 훼레쉬테(천사, 중학교 3년 재학중, 15세)입니다.

그런데 이란 정부는 지난 1월13일, **디버즈 장로님**에게 **사형선고**를 내렸습니다. 그러자 하나님의성회 교단에서 진정서를 내고, 선처를 부탁했습니다. 이에 그의 사형집행은 10일간(1월23일까지) 연기되었고, 만일 그 때까지 이슬람으로 재개종하면 석방하겠지만 그렇지 않으면, 사형집행을 예고했습니다.

하이크 목사의 석방운동

이에 하나님의성회 교단(총회장 하이크 홉세피안)은 서는 이 사실을 전세계의 매스콤에 호소했습니다. 그러자 시간마다 외신 뉴스는 이란의 인권탄압과 디버즈 장로님의 사건을 방송하기 시작했습니다. 영국의 BBC, 미국의 VOA(Voice of America), 그리고 이스라엘과 독일의 국영방송이 매시간 방송을 했습니다. 그러자 당황한 이란 당국은 10일의 유예기간 중 3일 만인 1월16일 그를 석방했습니다. 그러자 교회에서는 기쁨의 축제가 벌어졌습니다.
이슬람에서 개종한 기독교인이 건강하게 석방된 것은 이슬람 혁명 이후로 처음 있는 일이었습니다.

하이크 목사의 살해

그런데 2일 후인 19일 저녁, 디버즈 장로의 석방운동을 주도했던 **하이크 목사**는 그의 동생부인을 공항으로 마중나갔다가 실종되었습니다. 아무리 수소문을 해도, 그의 소식을 아는 사람은 없었습니다. 그러다가 1월 30일, 갑자가 실종시체 보관소에서 연락이 왔습니다. 그래서 가보니, 하이크 목사님의 사진을 보여주었습니다. 그런데 시신은 내일 보여주겠다고 하여, 다음 날 가서 물으니, '무슨 시신을 말하는 것이냐? 나는 모르겠다'라고 태도를 바꾸었습니다. 그들은 본래 가족에게 알리려 하지 않았으나, 담당자가 부주의하여 알려준 듯했습니다. 나중에야 '베헤쉬테 자러' 이슬람 공동묘지에 매장되었다고 알려주었습니다.

하이크 목사의 장례식

하이크 목사님의 시신을 찾은 하나님의성회 교단 측은 2월3일, 교회묘지에서 **장례식**을 치루었습니다. 약 2천명의 조문객이 운집한 가운데 두 번 정도 열어 그의 시신을 보여주었는데, 시신을 촬영한 필름들은 압수당했습니다, 약 2시간 동안 진행된 행사를 통해서, 그들은 하나님의 허락없이는 참새 한 마리도 땅에 떨어지는 법이 없음을 기억하면서, 하나님께서 하이크 목사님의 순교를 헛되게 하지 않으실 것을 믿었습니다. 겨울의 찬바람이 불어오는 광야에서 긴 집회가 진행되는 동안, 한 사람도 그 자리를 떠나지 않았습니다.

장례식을 마친 후, 경찰들은 길 밖에 주차에 놓은 승용차 차량의 번호를 적고 있었습니다. 나중에 핍박을 위한 정보가 되기 때문에 적는 것 같았습니다.

하이크 목사의 추도예배

2월7일, 테헤란 시내에 있는 복음교단의 앗시리안 교회인 **성 도마교회**에서도 **추도예배**를 드렸습니다. 거기에도 약 2천명의 조문객들이 모였습니다. 설교를 맡은 ○○○ 목사님이 핍박을 두려워하지 말 것을 가르치시면서, "주여! 저를 죽인 자들을 용서하여 주소서"라고 말씀하실 때, 교회는 울음바다가 되었습니다. 그 후 생전에 하이크 목사님과 친분이 많은 목사님들의 간증이 있었는데 하이크 목사님의 신앙과 인격을 새롭게 되새기는 순서였습니다. ○○○ 목사님은 "하이크 목사님은 총회장이셨지만, 세미나나 회의 때, 항상 뒷자리에 앉기를 좋아하셨습니다. 하실 말씀도 많으셨을텐데도, 항상 듣기를 좋아하셨고, 자기주장을 내세우지 않으셨습니다"라고 기억했습니다. ○○○ 목사님은 "하이크 목사님은 밤이 깊을 때, 오히려 새벽에 대해 말씀하셨습니다. 언제나 절망을 모르고, 희망을 제시하셨습니다"라며 눈물지었습니다. ○○○ 목사님은 생전에 하이크 목사의 말씀에 감동받은 바를 전하면서, "천국에 가는 길은 7단계가 있는데, 첫 번째 계단은 겸손이고, 두 번째 계단도 겸손이요, ... 마지막 일곱째 계단 역시 겸손이라고 말씀하셨는데, 하이크 목사님은 참으로 그 겸손을 실천한 분"이라고 했습니다.

맨 마지막에, 생전에 **하이크 목사님의 설교**를 **녹음육성**으로 들려주었습니다. "기독교는 **고난의 종교**요, 성도의 길은 **십자가의 길**입니다. 만일 여러분 중에 예수 믿고 나서 만사가 다 평안하고, 아무 걱정이 없다고 해서, 기뻐하지 마십시오. 이는 **마땅히 해야 할 어떤 일**을 **하지 않고 있기 때문에 평안한 것**이지, 참으로 그리스도를 따르는 길은 평안이 아닙니다. 십자가의 길입니다"라는 말씀이 스피커를 통해 울려퍼질 때, 여기저기서 흐느끼는 소리가 들려왔습니다. 하이크 목사님은 말만하는 설교자가 아니었습니다. 죽기까지 실천하는 설교자였습니다.

하이크 목사님은 미국교회에서 노회장이나 감독의 직분을 줄테니 와달라는 요청을 여러 번 받았지만, '나는 **내가 서 있어야 할 곳**을 아는 사람입니다. 모두 위험하다고 **이란**을 떠나면, 이란 사람들의 영혼은 누가 건지게습니까?'라고 하시면서, 거절하셨습니다. 하이크 목사님은 전 세계 각처를 다니면서, 이란의 난민들을 위해 많은 구제금을 모금한 후에, 친히 교인들을 이끌고 그들에게 음식과 입을 것을 나눠주고, 불철주야 쉼없이 뛰어다니던 불도저 같은 일꾼이셨습니다. 초대교회에 꼭 필요했던 **유능한 스데반**을 불러가신 하나님께서, **현재 이란에 꼭 필요한 하이크 목사님**을 불러가신 데에는 분명한 뜻이 있을 것입니다. 졸고 자고 있는 이란 교회가 이 사건을 계기로 깨어날 수 있다면, 또는 서로 간의 민족의식 때문에 갈등을 겪고 있는 이란 교회의 각 교단이 이를 계기로 단합될 수 있다면, 이는 재앙이 아니라, 복이 될 것입니다.

이 사건 이후로 **이란교회의 움직임**은 두 가지로 갈라지고 있습니다. 한 부류는 '이러할 때일수록 몸조심하자' 라고 움츠리는 쪽이고, 다른 한 부류는 '우리가 움츠리면 사탄을 기쁘게 하는 일이다, 강하고 담대하자. 죽으면 죽으리라' 하는 쪽입니다. 비상한 시국을 만난 이란의 성도들을 위해 기도해 주시기 바랍니다

<중동선교> 제 28호 (서울 : 중동선교회, 1994.3.28), pp.4~8의 내용을 요약하였음

■ 선교사 편지 ■

중요한 사건이 최근 테헤란에서 벌어졌습니다.

‘써리’라는 이란 동북부 도시에서 목회하는 하나님의성회 교단의 **라번 박쉬**(무함마드 버게르 유세프) 목회자가 지난 주일(9월29일) 교회에 가는 도중 실종되어 산에서 시체로 발견되었습니다. 나무에 목매달아 죽은 시체로 발견되었고, 검시의사는 사인이 분명치 않다고 검시서에 기록했습니다. 정말로 목을 매어 자살했다면, 사인은 질식사여야 할텐데, 질식이 아니었다는 것입니다. 그렇다면 그들이 다른 방법으로 죽여놓고서 나무에 목매어 **자살한 것처럼 꾸민 것**이 분명합니다.

그들이 가족에게 보여준 사진에는, 나무에 달려 있는데, 다리가 땅에 닿아서 굽어진 모습이었습니다. 그런데 **라번 박쉬**는 불과 20일 전 하나님의성회 중앙교회에 보낸 목회활동보고서에서 매우 확신에 차서 의욕적 활동을 하고 있었습니다. 자기도시 뿐만 아니라, 이웃 도시에 가서 전도하고 세례를 베풀며 이 일이 계속될 것을 기뻐하고 있었습니다. 또한 그는 한 교회에서 15년을 섬기며, 성공적으로 목회하고, 모든 교인으로부터 사랑과 존경을 받는 목회자였습니다. 그런데 이렇게 유능한 목회자가 자살을 할 수 있겠습니까? 그는 특별히 사랑이 풍성한 사람으로 소문이 나서 아무에게도 원한을 살만한 일을 한 적도 없습니다.

라번 박쉬의 장례식에는 그의 믿지 않는 가족들도 참석했습니다. 졸지에 훌륭한 남편을 잃은 미망인의 울부짖는 오열과, 처음 보는 엄마의 우는 모습을 보며 따라 우는 어린 두 자녀의 모습은, 주변 사람들의 눈시울을 붉히게 했습니다.

1994년 1월에 순교하신 하이크 홉세피안 사모님이 미망인을 안고, 함께 눈물을 흘리며 등을 두드리며 위로하는 모습은 감동적인 장면이었습니다.

이 사건으로 볼 때, ‘왜 그들은 이처럼 **서툰 자살 조작**을 했는가?’라는 의문을 갖게 합니다. 누가 보아도 조작인 것을 알 수 있도록, 일부러 허점을 노출시킨 것처럼 보이기 때문입니다. 그것은 첫째로 어떻게 조작하여 발표하더라도 감히 반박할 사람이 없다는 것을 미리 알고 있기 때문입니다.

둘째로, 그렇게 함으로써, 이란교회의 지도자들의 활동을 위축시키고, 교인들을 흩어버리려는 것입니다. ‘**다음 순서**는 누굴까? 혹시 **내가 아닐까**?’하는 정신적인 부담감이 이란 교회의 모든 목회자에게 생겨났기 때문입니다.

이란에서 목숨걸고 수고하는 모든 목회자를 위해 기도해주십시오. 또한 순교자 유가족을 돌보는 일에 어려움이 없도록 기도해 주시기 바랍니다.

순교하신 목회자 Ravan Bakhsh에 대한 자료

1. 이름 : Mohammad Baqer Yoosef (모함마드 버게르 유쎄프). 이는 호적상의 이름이며, 실제로는 Ravan Bakhsh(라반 박쉬)라고 불리웠다.
2. 생년월일 : 주후 1962년 2월28일경 (이란력 1341년12월7일)
3. 무슬림 출신이나 어려서부터 기독교에 관심이 있었음
4. 라디오 방송을 통해 예수를 영접하고, 1982년 Gorgan에 있는 교회에 스스로 찾아가 Jorjik 목사(순교자 Haik 목사의 막내동생)에게 복음을 듣고 철저히 회개하고 교인이 됨.
5. 신앙생활 초기부터 성경공부에 열심이었으며, Jorjik 목사로부터 헌신자 과정을 수료함

6. 1983년 군입대함. 군생활 중 Ahwaz에 있는 Roobik 목사(순교자 Haik 목사의 둘째동생, 현재 미국에서 목회 중)가 시무하는 교회에서 자원봉사하며, 말씀과 기도에 깊이를 더해 감
7. 군제대후 Qaem Shahr로 돌아왔을 때, 부친상을 당하여 괴로운 중에 다시 Jorjik 목사와 Vartan 목사를 만나 신앙생활에 열중하다.
8. 불타는 열심으로 전도를 쉬지 않으며, Qaem Shahr, Sari, Babol, Gorgan 등 도시를 다니며 복음을 전하다.
9. 1985년, 열심있는 교회봉사자로 유명한 Akhtar Rahmanian(아크타르 라흐머니언)양과 결혼함
10. Gorgan에서 두 자녀의 아버지가 되다. 현재 10세인 딸 Ransina와 7세인 아들 Stefan이 있음.
11. 디버즈 장로가 감옥에 있을 때, 그의 두 아들 Issa와 Yoosef를 친아들처럼 부양하고 교육시킴(6년간)
12. 5년동안 Mazanderan 교회의 목회자 Vartan 목사와 자비량으로 동역하며 신학을 공부하였다.
13. 1990년 Vartan 목사가 테헤란 Narmak 교회로 이임하자, Gorgan에서 Sari로 옮겨 8개월 동안 거주하며, 교회봉사를 하다.
14. 순교자 Dibaz 장로의 아들을 돌보는 관계로, 당시 교단장이었던 순교자 Haik 목사의 총애를 받다.
15. 교단장 Edward 목사(Haik 목사의 첫째 동생)와 상의하여 테헤란에 와서 6개월간 테헤란 교회에 기거하며, 교단장에게 직접 사역자 훈련을 받으며 봉사하다.
16. 1993년부터 Mazanderan(머잔데런)의 사역자로 공식 임명받다.
17. 머잔데런의 여러 도시와, 심지어 Tabaro 등의 실골 동네까지 찾아다니며, 전도활동을 하다.
18. 1995년, 노회 결정에 따라 목회자로 임명하고, 세례와 성찬을 거행할 수 있게 됨(그러나 개종자이기 때문에 목사 안수를 받을 수 없었음)
19. 그는 신령한 사람이었고, 사랑이 넘치는 모범적인 목회자였으며, 어려운 문제가 있으면, 아주 먼 지방의 사람들까지 찾아와 상담하곤 했다.
20. 한번은 아르메니아 공화국에 갔을 때, 그는 아르메니아어를 모르지만, 그 사람들이 그의 사랑 넘치는 언행과 설교(통역)를 듣고는, 마치 인도의 성자 썬다씽과 같다고 입을 모아 말했다.
21. 그는 항상 말씀과 기도에 열중했으며, 손에는 무언가를 배우고자 하는 열심에, 항상 펜과 노트가 들려 있었다.
22. 1995년, 교단도움으로 사택이 겸비된 교회를 건축하여 1996년 3월부터 새 건물에 기거하였다
23. 이 헌신된 사역자는 1996년 7월7일 토요일 새벽 6시, 기도를 하기 위해 집을 나섰는데, 그날 오후에 Qaem shahr(거엠 샤흐르) 30km 지점에서 목매어 죽은 시체로 발견되었다. 사망이유는 검찰과 법정 의료진에서 찾고 있는 중이다.
24. 헌신된 그리스도의 종 모범적인 목회자인 그는 결국 예수와 함께 고난과 십가가를 함께 했다.

*이 내용은 장례식 때 낭독된 것이다.

<중동선교> 제 42호 (서울 : 중동선교회, 1996년 11/12월호), pp.1~2의 내용을 요약하였음

1990년대 초, 이란교회의 선교적 상황

이란 기독교의 역사는 매우 오래 되었다. **신약교회의 시작**이었던 **오순절**에 성령께서 임하셨을 때 각국의 유대인들 중에 **현재 이란 북부 지역**(바대인, 메데인, 엘람인, 사도행전 2:9-11)도 있었다. 그후 속사도와 고대교부들의 글에서 동북쪽 지역의 **아르메니아인들**과, 동남지역의 **앗시리아인들**에게 선교활동을 전개한 것을 알 수 있다. 그들이 **오늘날 이란 기독교인**의 대부분을 이루고 있다.[97]

근대 개신교의 이란선교는 1812년, 성공회 신부 **헨리 마틴**(Henry Martin)에 의해 시작되었다. 그는 인도를 거쳐, 페르시아어로 직접 번역한 신약성경을 들고 테헤란까지 왔으나, 도착한지 얼마 못되어 31세에 요절하였다. 아르메니아 성직자들이 그를 위해 기독교인 장례식을 거행하였다.

1832년, **미국 장로교** 선교사와 **조합교회** 선교사들이 이란 선교의 길을 다시 열었다. 그리하여 1979년, 이슬람 혁명 이전에는 26개의 크고 작은 기독교파가 등록되어 있었다. 그러나 이슬람 혁명에 이후에는 강력한 무슬림 정권에 의해, 외국인 선교사는 대거 추방당하고, 상당수의 교파와 교회가 패쇄되었다. 이러한 와중에 비교적 안전하게 존속하는 교회는 **아르메니안**과 **앗시리안 계통의 교회들**였다. 그들의 직업은 비교적 정치적 영향을 받지 않는 기술 및 상업계통이었다.[98]

1989년 6월, 호메이니의 사망 이후에, 1990년대에도 이란교회의 선교상황은 짙은 암흑기였다.

이영민 목사(MET총무)**의 분석**에 따르면, 1990년대 초 이란선교 상황에 세 가지의 문제가 있었다. 첫째로, **정치적 문제**였다. 이란은 국가의 종교와 정치가 결합된 이슬람 공화국이었다. 그리하여 이란의 정치, 문화, 사회생활 등은 오직 이슬람의 이념과 교리에 의해 강력하게 통제되었으며, 여기에 어긋나는 것은 조금이라도 용납되지 않았다. 둘째로, **교회 및 민족적인 문제**였다. 1979년의 혁명 이전에 이란의 정치, 교육, 사회 등 제 방면에 기독교인들이 진출하고 있었고, 그 중에 상당수의 기독교인들이 유력한 인사들이었다. 그러나 혁명과 함께, 고급관료들과 지도급 인사들은 거의 처형되거나 해외로 추방, 또는 도피하였다. 이로 인해 현재 이란 교회에 남아 있는 자들은 대부

---

97) 이영민, '이란교회와 선교역사', <중동선교> 제 23호(서울 : 중동선교회, 1992.11.31), p.5
98) 이영민, '이란교회와 선교역사', <중동선교> 제 23호(서울 : 중동선교회, 1992.11.31), p.6

분 힘없는 자들과 저교육층이었다. 더욱이 또 하나의 문제는 이란 교회의 대부분을 구성하는 아르메니아인과 앗시리아인들은 비교적 빨리 개명한 사람들이며 똑똑한 편인데, 그들은 유대인들처럼 패쇄적인 민족주의자들이어서, 이란인들을 경시하면서, 이란인들이 교회에 나오는 것을 꺼려하고 있었다. 셋째로, **교회 지도자의 문제**였다. 당시 장로교단에서 **신학교**를 운영하여 25명의 신학생이 있었지만, 한주간의 수업은 겨우 이틀(오후 3~9시) 뿐이었다. 당시 목회자를 필요로 하는 교회들이 몇 개 있으나, 파송할 만한 인물이 없어 큰 어려움 가운데 있었다.[99]

당시 중동선교회 총무 **이영민 목사**는, 이러한 상황에서 5가지의 이란선교의 방안을 제시하였다. 첫째로, 이란의 현지교회를 재건하는 일. 둘째로, 이란 신학생의 육성. 셋째로, 이란 현지인 교회 평신도의 훈련. 넷째로 성경반포 및 구제와 봉사. 다섯째로, 한인교회와 현장교회의 육성(<중동선교>, 제 23호, 1992.11, p.7). 이영민 목사가 이 제안을 했던 시기는, **이만석 목사**가 1991년 11월에 테헤란 한인교회의 담임목사로 부임한지 1년이 지난 때였다. 두 사람의 전문가는 같은 시기에 서로 일치되는 이란 선교의 방안을 계획하고 있었다.

둘째로, 이란 교회를 세우는 사역을 돕다.

이란 교회들은 1990년대에 이란 정부로부터 여러 위협과 핍박을 계속하여 받으면서도 신앙을 지켜내고 있었다. 1995년에는 테헤란 한인교회도 출석인원이 30명 선으로 줄어든, 힘든 상황이었다.

이만석 목사는 1995년 6월에 발간된 〈중동선교〉 제 34호부터 1996년 11월에 발간된 제 42호까지 **핍박받는 이란 교회**를 위하여 거의 **똑같은 중보기도**를 요청했다.

ㅇㅁㅅ선교사님을 위해

이란의 한인교회는 현재 30명 선을 유지하고 있습니다. 이것은 테헤란 주재 약 60 %의 비율입니다. 현지 사정은 이란 교회와 앗시리아교회, 아르메니안교회로 나누어지는데 특별히 개종자를 막기 위하여 많은 박해가 있는 이란 교회를 위하여 기도하여 주시기 바랍니다. 교회의 정문에는 모슬렘출신의 경비를 세워 놓아 무슬림들의 교회 출입을 원천 봉쇄하고 있는 실정입니다. 그리고 노회장 목사님도 정부의 충실한 일꾼이 되어 이슬람들에 대한 전도를 포기하실 정도입니다. 위하여 기도하여 주십시요

* 모이니 목사님을 위하여:이란인으로 목사 안수를 받아 이란인들에게 세례를 줄 수 있는 길이 열리었습니다. 이 분의 안전을 위하여, 가족의 안전을 위하여 기도하여 주십시오.
* 아르메니안 사역을 위하여 아르메니아어를 배우고 있습니다.

〈중동선교〉 제 35호, p.11

---

99) 이영민, '이란교회와 선교역사', <중동선교> 제 23호(서울 : 중동선교회, 1992.11.31), p.7

이란의 한인교회는 현재 30명 선을 유지하고 있습니다. 이것은 테헤란 주재 약 60% 비율입니다.

현지 사정은 이란 교회와 앗시리아 교회, 아르메니안 교회로 나누어지는데, 특별히 **개종자를 막기 위하여** 많은 박해가 있는 이란 교회를 위하여 기도하여 주시기 바랍니다. 교회의 정문에는 **무슬림 출신의 경비를 세워 놓아** 무슬림들의 교회출입을 원천봉쇄하는 실정입니다. 그리고 노회장 목사님도 정부의 충실한 일꾼이 되어 무슬림에 대한 전도를 포기하는 정도입니다. 위하여 기도하여 주십시오.

* 모이니 목사님을 위하여 : 이란인으로 목사 안수를 받아 이란인들에게 세례를 줄 수 있는 길이 열렸습니다. 이 분의 안전을 위하여, 가족의 안전을 위하여 기도하여 주십시오.
* 아르메니안 사역을 위하여 : 아르메니아어를 배우고 있습니다.[100]

그 이후 〈중동선교〉 제 43호부터는 기도제목은 단순해졌지만, 개종자를 막기 위해 이란 정부로부터 **핍박받는 이란 교회**를 위해 똑같은 중보기도를 계속하여 요청하였다.

〈중동선교〉 제 43호(1997.01.1) 제 44호(1997.03.3) 제 45호(1997.05.1) 제 46호(1997.07.1)	현지사정은 이란교회와 앗시리아교회, 아르메니아 교회로 나누어지는데, 특별히 **개종자를 막기 위해 많은 박해**가 있는 이란교회를 위해 기도하여 주시기 바랍니다. *아르메니안 사역을 위하여 ***핍박받는 이란 교회**와 **잠자고 있는 기독교 대표자들**을 위하여 기도해주십시오 *이란어로 번역, 녹음되고 있는 찬양 Tape의 보급을 위해
제 47호(1997.09.1) 제 48호(1997.11.1) 제 49호(1998.01.5)	*아르메니안 사역을 위하여 ***핍박받는 이란 교회**와 **잠자고 있는 기독교 대표자들**을 위하여 기도해주십시오 *이란어로 번역, 녹음된 찬양 Tape의 보급을 위해[101]
제 57호(1999.03.5) 제 58호(1999.07.5)	*이란어로 번역, 녹음된 찬양 Tape의 보급을 위해 *이란의 기독교가 **정부의 핍박과 압력에 굴하지 않도록** 기도하자 *이란의 크리스챤이 **핍박 속에서도 전도할 수 있도록** 중보하자

100) <중동선교> 제 34호 (서울 : 중동선교회, 1995.6.28), p.11
101) <중동선교> 제50호(1998.3.2), 51호(1998.5.7), 52호(1998.7.1), 53호(1998.9.1),54호 (1998.11.1), 제 55호(1999.1.1), 제 56호(1999.3.5)에서도 같은 기도제목을 요청했다.

테헤란 한인교회는 이 핍박받은 이란교회를 위해, 1990년대 중반부터 **이란 교회의 활성화**를 돕기 위한 사역을 시작하였다. **체육선교**와 **찬양사역**이 대표적이다.[102)]

체육선교

1996년 9월27일(토)~10월18일(금), 교단과 상관없이 **현지인 교회**들을 초청하여, 제 1회 **테헤란 지역 교회대항 체육대회**를 개최하였다.[103)] 매년 10여개의 현지인 교회들이 참여했으며, **현지인 교회**의 **청장년 전도전략**에 많은 기여를 하였다.

테헤란 한인교회가 테헤란 지역 내에서 **가장 큰 운동장**을 갖추고 있어서 이러한 프로그램을 기획할 수 있었다. 주요종목은 미니축구, 농구, 배구, 탁구, 배드민턴 및 체스 등이었다. 체육대회는 정식적인 형식으로 갖추어 진행되었다. 국제공인 심판자격을 갖춘 사람을 심판으로 모셨으며, 교회별로 선수를 선발하여 구분된 색깔의 유니폼을 입고 경기하였다. 각 교회 청년들의 참여도가 높아서 1996년 이후부터 2004년까지 매년 실시되었다.[104)]

테헤란 지역 교회대항 체육대회는 **현지인 교회들**이 함께 모일 수 있는 장이 되었을 뿐만 아니라, 체육선교의 효과적인 일환이 되었다. 현지교회들은 대회준비과정에서부터 **친교와 전도의 효과**를 거둘 수 있었다. 더욱이 체육대회는 이란의 국법을 위반하지 않는 것이므로, 안전하였다.[105)]

찬양사역

이만석 목사는 이미 1997년 1월부터 이란교회와 성도를 위해, 찬양을 이란어로 번역하여 녹음된 찬양 Tape를 보급하는 사역을 위해 힘쓰고 있었다.[106)]

---

102) 최남운, "중동지역 한인교회가 가진 모슬렘권선교의 가능성-테헤란한인교회를 중심으로",p.50
103) 「테헤란교회 30주년사」, 교회연혁, p.32
104) 체육대회의 개최시기와 기간은 해마다 달랐다. 제 5회(2000.9.29~11.3), 제 6회(2001.6.1~7.13), 제 7회(2002.6.7~7.12), 그리고 제 8회(2003.6.13~7.25).
105) 최남운, "중동지역 한인교회가 가진 모슬렘권선교의 가능성-테헤란한인교회를 중심으로",p.51
106) <중동선교> 제 43호(1997.01.1), 선교사를 위한 기도, p.12

2001년 12월 13일(목)~14일(금), 테헤란 한인교회는 이틀에 걸쳐 **이란어 번역 찬송 콘서트**를 열었다.[107] 이 콘서트의 목적은 한국의 복음성가 중에서 선별하여 번역한 곡을, 이란교회의 성도들이 새롭고 힘차게 부를 수 있는 찬송가로 보급하는 것이었다. 이를 위하여 **이란교회의 성도들을 훈련**시켜 음악회를 개최하였다. 약 100여곡이 이란어로 번역되었고, 그 찬송가들은 이란 성도들이 있는 이란 국내의 여러 지방과 해외의 모든 나라에 보급하였다.[108]

2001년 이란어 찬양 콘서트

2002년 1월 13~27일에는 **교회 몸 찬양팀 이란교회 순회공연**도 하였다.[109]

2002년 4월에는 **이란 교회의 찬송가 활성화**를 위하여, 이만석 목사를 중심으로 **이란 찬송가 공회**(Music Committee)가 설립되었다. 이란 복음교단에서는 이를 적극적으로 지원하여, 이슬람 혁명 전에 미국 선교부가 사용하던 방음녹음실을 포함한 4개의 방을 제공하였고, 미화 5천불의 예산도 지원하여 녹음장비도 준비할 수 있었다.

이란의 각 교단 교회로부터 **찬송의 은사를 가진 자를 추천받아**, 그들을 4개의 분야(찬양부, 기악부, 번역부, 녹음부)로 편성할 수 있었다. 그리고 **이란 신자들을 훈련하여** 테헤란과 지방의 여러 교회를 순회하면서, 찬송가 콘서트를 개최하였다.[110] 그리하여 이란복음성가 Tape(4개)와 CD(6개)를 제작하여 배포할 수 있었다.

찬양복음송의 번역, 테이프의 제작 및 배포, 그리고 찬송가 콘서트와 같은 찬양사역들은 이란 현지교회의 신앙에 도전과 활력을 불어넣었으며, 찬양을 통한 믿음의 성장에 기여하였다.[111]

---

107) 「테헤란교회 30주년사」, 연도별 역사자료, p.62
108) 「테헤란교회 30주년사」, 교회연혁, p.3
109) 「테헤란교회 30주년사」, 연도별 역사자료, p.63
110) 「테헤란교회 30주년사」, 교회연혁, p.31
111) 최남운, "중동지역 한인교회가 가진 모슬렘권선교의 가능성-테헤란한인교회를 중심으로", p.50

이란 교회를 세우기 위한 선교비전

이만석 목사는 **이란의 선교가능성**을 믿고 있었다. 이러한 믿음 가운데, 이란 선교를 위해 장단기적으로 실천할 5가지의 사역들을 제안하였다.[112)]

(가) 문서선교부분
* 이란 교회의 실정을 보면, 성경공부 교재의 개발이 절실하고 필요한 사역이다.

(나) 기독교 지도자 양육분야
* 이란신학교의 운영상황은 신학교라 부를 수 없을 정도이다.
* 이란교회의 목회자양성을 위해 이 사역을 지원하고 지도하는 일은 매우 중요하고 시급한 일이다.

(다) 개종자들의 뜨거운 신앙을 선교자원화 하고 양육하는 사역
* 개종자 선교자원화 사역도 신학교 사역 이상으로 급박하도고 필요한 사역이다.
* 현재 뜨거운 신앙심으로 가진 개종자들이 나타나고 있는데, 그들을 자국인 전도를 위한 선교자원화 하는 과정이 절실히 요구된다.
* 기존의 전통적인 기독교인들보다, 개종자들의 전도가 훨씬 더 효과적이다.

(라) 비디오 선교, 성화자료를 통한 선교자료화
* 한국에 많은 기독교영화나 비디오 자료를 이란어로 번역한 자료들은 효과적인 선교도구가 된다.

(마) 장기적인 선교전략 - 크리스챤 사립학교 세우기
* 이란인 교사자격을 소유한 사람과 협력하여 학교를 세우고, 현지 기독교인 자녀를 대상으로 우선 운영하면서, 장차 명문학교로 성장시킨다면, 선교적 차원에서 큰 효과가 예상된다.

(바) 개종자 취직 가능한 직장제공 사역 부분
* 개종한 사람의 취업을 위해 기독인 사업장을 세우는 것은 장기적으로 좋은 전략이 될 것이다.

112) 최남운, "중동지역 한인교회가 가진 모슬렘권선교의 가능성", pp.54-56

셋째로, 현지 이란인의 대상으로 직접 선교사역을 실행하다.

이만석 목사는 현지 이란인을 직접 대상으로 하여 선교사역을 하였다. 그런데 이것은 그가 이미 능히 복음을 가르칠 수 있는 훌륭한 전도자이고, 남다른 선교적 열정을 갖추었을 뿐만 아니라, 독학으로 이란어를 능통하게 익혔기 때문에 가능한 일이었다. 이만석 목사의 선교사역을 구체적으로 알고 싶었지만, 최남운 목사는 현지인 대상사역의 구체적 내용은 "현지국가의 특성상 자세한 언급을 할 수 없음을 안타깝게 생각"한다고 밝히고 있다.113) 최남운 목사에 따르면, 이만석 목사의 **현지인 대상의 직접적인 선교사역**은 다음과 같은 세 가지였다.

* **성경공부 사역** : 매주 정기적인 이란인을 대상으로 한 성경공부와, 비정기적인 신앙상담, 더 나아가 개종자 상담과 세례 등의 사역까지 이루어졌다.
* **가정교회 사역** : 테헤란 시 이외의 지역에 있는 소규모 가정교회를 지원하기 위한 사역들. 영적, 재정적 지원을 계속하고 있으며, 더욱 확대할 계획이었다.
* **문서배포** 및 **선교자료 배포 사역** : 현지 언어로 된 성경의 보급, 찬양 테이프의 급 비디오 자료 (현지어 자막의 예수 영화)의 배포

이만석 목사는 믿음의 눈으로 **이란 선교의 가능성**을 보았다. 그가 〈중동선교〉 제 13호에 특집으로 개재한 글 '이란 선교의 가능성'을 요약하여 옮긴다.114)

> 이란에서 호메이니의 말은 곧 법이었다. 호메이니가 혁명을 일으킨 후, 가장 먼저 취한 정책은 **배교자의 처단문제**였다. 그는 "이슬람은 가장 완벽한 종교이므로, 누구도 다른 종교로 개종해서는 안되며, 개종시키는 자도 용서할 수 없다"라고 못박았다. 이러한 이란에서 **현지인에게 복음을 전하는 일**은 화약을 안고 불속으로 뛰어드는 것과 같은 위험한 일이다.
>
> 그러나 강력한 이슬람 국가 이란에서도 **선교의 가능성**을 찾아볼 수 있는데, 첫째로 시아파 이슬람권의 우상인 **호메이니가 사망한 사실**이다. 당장은 어렵지만, 국제사회의 변화에 영향을 받아 서서히 돌파구가 생길 것으로 기대된다. 둘째로, **이란에도 기독교 교회가 있다**는 사실이다. 물론 지금은 전도가 강력하게 금지된 상황이지만, 아르메니안과 앗시리아인 등 기독교 종족들이 자기들의 예배행위는 법적으로 허락받고 있다. 따라서 때가 이르면, 이 현지교회들을 거점으로 하나님께서

113) 최남운, "중동지역 한인교회가 가진 모슬렘권선교의 가능성-테헤란한인교회를 중심으로", p.52
114) 이만석, '이란선교의 가능성', <중동선교> (서울 : 중동선교회, 1990.4.30), pp.4-6.

역사하실 것으로 기대된다. 셋째로, **이란의 사회적인 분위기**가 점차 이슬람에서 멀어지는 사실이다. 이슬람 혁명 후 이슬람 정권의 횡포에 의해 이슬람에 대해 싫증을 느끼는 사람이 늘고 있다.

넷째는 페르시아어를 사용하는 대부분의 이란인들이 아랍어로 기록된, 이슬람의 경전인 **코란의 내용을 잘 모른다**는 사실이다. 경전의 내용을 잘 모르채 맹목적으로 따라가는 그들의 신앙은 쉽게 무너질 수 있다. 다섯째로, 이란은 전후 복구의 건설사업을 스스로 감당할 만한 자본과 기술이 없다. 이란의 전후복구 사업을 위해 한국기업들이 진출할 때, **한국의 신실한 복음의 일꾼들**도 함께 들어올 것이다. 여섯째로, 특별히 이란선교를 목표로 하여, 하나님께서 선택하여 훈련시키시는 **선교사 후보생들**이 많기 때문이다. 그들이 잘 준비되어 하나님께서 역사하실 때, 그 강력한 무슬림의 철벽도 무너질 것이다. 일곱째로, 무엇보다도 강력한 가능성은 한국교회의 뜨거운 기도의 힘이 있기 때문이다.

넷째로, 현지 이란인을 위하여 사회봉사 차원의 사역으로 섬기다.

현지 이란인을 위한 **사회봉사**는 **여선교회의 주관**으로 행해졌다. 사회봉사는 노인과 고아와 같이 현지사회에서 가장 약한 자를 위한 것이었고, 정기적으로는 매월 1회 양로원 방문의 봉사가 있 었고, 비정기적으로는 고아원 방문의 봉사와 현지인을 위한 헌혈사역 등이 있었다.

여선교회는 이만석 목사가 부임하던 해인 1991년 11월8일 **작은빛 바자회**(제 1회)를 시작하여 해마다 바자회를 개최하여, 사회봉사를 위한 재정을 마련하였다. 이 행사는 성도들로부터 매우 큰 호응을 얻고 있었다.[115]

이러한 사역을 모두 실행하던 시기에, **테헤란 한인교회의 교세**는 결코 크지 않았다. 2002년도의 **등록가정의 수**는 약 80가정이었다. **주일예배 장년평균출석**은 74명이었고, 유치부 21명, 초등부 31명, 그리고 중고등부 13명이었다.[116] 2002년도의 예산규모는 785,238,000(R:현지화)인데, 이것은 약 미화 10만불 정도이며, 한화로 약 1억 2천만원 정도였다.[117] '선교하는 교회'가 되기 위해서 반드시 큰 규모의 교세여야 하는 것은 아니다.

115) 최남운, "중동지역 한인교회가 가진 모슬렘권선교의 가능성-테헤란한인교회를 중심으로",p.67
116) 최남운, "중동지역 한인교회가 가진 모슬렘권선교의 가능성-테헤란한인교회를 중심으로", p.38
117) 최남운, "중동지역 한인교회가 가진 모슬렘권선교의 가능성-테헤란한인교회를 중심으로", p.41

2) 선교하는 교회를 위해 목회적 네트워킹에 참여하다.

이만석 목사는 1991년 11월에 테헤란 한인교회의 담임목사로 부임한 이후부터 **중선협 대회**에 참석하기 시작했다. 제 9차 중선협 대회(이스라엘, 1993년), 제 10차 중선협 대회(쿠웨이트, 1995년)에 참석하였고, 제 11차 중선협 대회(요르단, 1997년)는 그가 **중선협 회장**을 맡아 개최하였다. 1997년 이후에, 테헤란 한인교회는 중선협의 큰 대회와 모임을 개최하여 섬겼으며, 또 중선협의 목회자들을 강사로 초청하여 부흥집회를 열기도 하였다.

중선협 한인교회부 (1997년)

중선협은 제 11차 중선협 대회 때, **중선협 한인교회부**를 신설하여, 중선협 내 한인교회들의 협력을 도모하였다. 중선협 대회가 끝난 후, 1997년 11월 8~12일, 한인교회부의 첫 모임이 **테헤란 한인교회**에서 열렸다. 이 모임은 한인교회부 부장 주태근 목사(두바이 한인교회)가 유치했는데, 특별히 남진선 목사(사우디 한인교회), 오영택 목사(리야드 한인교회), 김희윤 목사(리비아 한인교회) 및 옵서버로 이집트 김신숙 선교사 등이 참석하였고, 방지일 목사가 특별강사로 섬겼다.[118]

이 한인교회부의 첫 번째 모임에서는 중동지역 내에 있는 한인교회들의 문제점을 서로 나누며, **공동의 해결책**을 모색하는 한편, 이단대책 및 항존직의 임직 시에 **준**(準) **노회의 역할**을 감당하기로 하였다.[119]

중동지역의 한인교회들은 각기 다른 교단에 속해 있어서, 한인교회들을 관리하고 지켜주는 노회 기능을 하는 단체가 없었다. 그 역할을 위해 **중선협 한인교회부**가 세워지게 되었다. 중선협 한인교회부가 준노회직 역할을 감당하는 것은, 2023년 현재까지 이어지고 있다.

1997년 테헤란 중선협 대회

118) 이 사실은 주태근 목사에 의하여 확인되었다.
119) 「테헤란교회 30주년사」, 교회연혁, p.32

제 13차 중선협 대회 (2001년)

2001년 9월 8~11일, **제 13차 중선협 대회**도 테헤란 한인교회에서 개최되었다. 이 대회에 중동지역 및 북아프리카에서 84명의 선교사와 목사들이 참석하였다. 이태희 목사(서울 성복교회)와 김만우 목사(필라델피아 제일장로교회)가 주강사로서 저녁집회와 새벽기도회를 인도하였고, 미국과 한국에서 여러 강사들이 참여하였다.[120]

중선협의 목회자 초청 집회

테헤란 한인교회는 1997년 이후부터 **중선협의 목회자** 및 **선교사**를 집회의 강사로 초청하였다. 그리하여 테헤란 한인교회는 중동지역의 사역자들과 친밀한 관계를 유지하였다.

* 1997년 06월 20일, 남전도회 헌신예배 (강사 : 사우디 한인교회 **남진선 목사**)
* 2001년 09월 04~07일, 심령부흥회 (강사 : 중선협 고문 **김만우 목사**(필라델피아 제일장로교회))
* 2003년 11월 19~21일, 심령부흥회 (강사 : 중선협 회장 **탁수연 목사**(이집트 선교사))
* 2004년 04월 16~18일, 심령부흥회 (강사 : 튀르키예 선교사 **조용성 목사**)[121]

테헤란 한인교회는 중동지역에서 최초로 세워진 한인교회로서, 시아파 이슬람의 종주국인 이란의 위협 속에서도 현지인 선교를 실행하면서, 중선협 및 중동지역의 한인교회들과 긴밀한 관계를 유지하였다.

120) 「테헤란교회 30주년사」, 교회연혁, p.33
121) 「테헤란교회 30주년사」, 연도별 역사자료, p.58, 62, 64, 65

3) 선교하는 교회는 어떻게 가능했는가?

이만석 목사의 교회관은 '선교하는 교회'(missionary church)였다. **선교하는 교회**란 '선교적 교회'(미셔널 처치, missional church)와는 구별되는 개념으로서, 교회의 모든 사역의 중심점에 선교사역을 두는 교회이다. 따라서 선교하는 교회의 **모든 교우**는 자신의 삶에 두신 **하나님의 선교적 소명**을 깨달아야 한다. 그러면 테헤란 한인교회는 어떻게 선교하는 교회가 가능했는가?

① 선교하는 교회로의 성공요인

테헤란 한인교회는 이슬람 국가 이란의 엄격한 제약과 통제 속에서도 **모든 사역의 중심점**을 **이란 현지인 선교**에 두었다. 이만석 목사가 이란에서 1차 추방된 후, 테헤란 한인교회의 담임목사로서 다시 이란으로 돌아왔을 때, 그 목적은 '한인목회를 하기 위해서'가 아니라, '이슬람 선교를 하기 위해서'였다. 따라서 이만석 목사는 모든 목회사역의 중심점을 '이란 현지교회의 활성화를 위한 사역'과 '자신의 직접적인 현지인 선교사역'에 두었다. 이를 위하여 교회재정의 무려 약 30%가 해마다 선교사역을 위해 사용되었다. 그리하여 테헤란 한인교회는 중동지역 한인교회의 50년 역사에, **최초의 한인교회**일 뿐만 아니라, 가장 대표적인 **선교하는 교회**가 되었다.

이만석 목사가 테헤란 한인교회를 '선교하는 교회'로 세울 수 있었던 요인은 무엇이었는가?

첫 번째 요인은 이만석 목사 개인의 준비된 **복음전도자의 자질**과 **탁월한 선교적 능력**이었다. 전도하는 담임목사가 **전도하는 교회**로 이끌 수 있듯이, 선교하는 담임목사이기에 **선교하는 교회**로 이끌 수 있었다. 이만석 목사는 열정만이 아니라, 선교의 은사와 재능을 겸비한 선교사였다.

모든 목회자가 선교하는 교회를 원하다고 해서, 선교하는 교회를 실천할 수 있는 것은 아니다. 이것은 이만석 목사 개인의 탁월한 선교적 역량과 선교적 열정 때문에 가능한 일이었다. 특히 현지 이란어를 독학으로 터득하여 현지어 사용에 어려움이 없었기 때문에 가능하였다.

두 번째 요인은 이만석 목사가 '선교하는 교회의 담임목사'로서 준비된 것이었다. 이만석 목사는 테헤란 한인교회의 담임목사로 부임하기 이전에, 4년 동안 **대우철도 현장교회**의 목회자로서 현지인 전도를 하다가 고발당하여 추방당했다. 그에게 대우철도 현장교회는 현지인 전도를 위한 거점이었다. 물론 한인교회의 담임목사는 현장교회의 목회자보다 그 역할의 폭이 훨씬 더 크다. 그러나 그가 테헤란 한인교회의 담임목사가 되어 이란으로 다시 돌아올 때, 이미 이란의 선교적 상황을 경험했기에, 그의 머리 속에 **선교하는 교회의 설계도**를 그리는 것이 가능했다.

이만석 목사는 테헤란 한인교회의 담임목사로 부임하면서, 첫 번째 해에는 한인목회에만 집중하고, 차츰 선교사역을 시작할 계획이었다. 그런데 1992~2004년 동안 그의 전 사역기간을 살펴보면, 이만석 목사의 목회사역은, 연도마다 차이가 있기는 하지만, 항시 일반적인 한인목회사역들이 기초가 되고 있었다(춘계대심방, 고난주간 새벽집회, 성경암송대회, 교사기도회, 전교인 1일 수련회, 여선교회 바자회, 남선교회 체육대회, 구역별 찬양대회 등). 만약 한인목회가 흔들린다면, 테헤란 한인교회를 **이란 선교의 교두보**로 세우는 일도 흔들릴 것이기 때문이다.

선교하는 교회란 모든 교인이 한사람의 빠짐도 없이 선교사역과 프로그램에 참여하는 교회를 가리키지 않는다. 오히려 그것은 교회의 불균형을 초래하기에, 바람직하지 않다. 예배와 기도와 교제와 다양한 사역들이 활성화 되는 기초 위에, 선교사역이 **교회의 중심점**이 되는 것이 바람직하다. 그러나 이러한 교회의 설계가 결코 쉽지 않다. 이만석 목사는 테헤란 한인교회를 선교하는 교회로 세워 **이란 선교의 교두보**로 삼고자 하였고, 그러한 청사진을 그릴 능력이 있었다.

세 번째 요인은 이만석 목사가 **테헤란 한인교회**가 **현지인 교회와 직접 관계**를 맺도록 이끈 것이었다. 이만석 목사는 퇴락한 이란인 교회를 회복하기 위한 근본 해결책은 현지인 교회가 스스로 설 수 있도록 지원하는 것으로 보았다. 이를 실천하는 과정에, 테헤란 한인교회와 현지인 교회 사이에 직접적인 교류와 참여가 있었다. 이만석 목사가 이란인 교회에서 설교를 요청받아 방문할 뿐만 아니라, 이란인 목회자들도 테헤란 교회에 설교를 위해 초청받았다.

순교자 하이크 목사에 대해 이만석 목사가 "하이크 홉세피안 목사님은 우리 교회에 오래 전부터 다닌 분들에게는 친숙하고 가까운 분이었다. 수련회 때마다 그 분을 초청해서 말씀을 들었고, 헌신예배 때면 초빙대상 1순위였던 것은, 그가 영어에 능해서만은 아니었다. 그에게서만 느낄 수 있는 신령한 능력이 있었다"라고 진술한 바를 보면, 두 교회의 심리적 거리는 가까웠다.[122)]

1994년 하이크 목사의 순교 후인, 1996년 4월 1~3일에, 이란인 목사 세 분을 강사로 초청하여 고난주간 부흥회를 개최하였고, 10월25일에 이란교회 순교자 및 개종자를 위한 특별선교헌금을 모금하였다. 1997년 5월16일에 이란 신학생을 채용하였다. 2001년에는 이란어 찬양콘서트를 열었고, 2002년 1월 13~27일에는 교회 몸찬양팀이 이란교회 순회공연을 하였다.[123)] 특히 1996년 이후에는 해마다 10여개 현지인 교회가 참여하는 교회대항 체육대회를 개최하였다.

선교하는 교회의 근본은 모든 성도가 빠짐없이 다 선교사역에 참여하는 것에 있는 것 아니라, 교회사역의 중심점에 선교사역을 두는 것에 있다. 모든 성도에게 **선교의 사명**이 있으나, 그렇다고 해서 모든 성도에게 **선교의 은사**가 있는 것은 아니다. 따라서 모든 성도가 선교사역을 실제로 감당할 수 없으나, 그렇다 할찌라도 선교의 사명을 면제받은 성도도 없다. 전도의 은사가 없다고 해서 전도의 사명이 없는 것이 아니기 때문이다. 따라서 직, 간접적으로 선교사역의 협력자가 되는 것이 바람직하다. 테헤란 한인교회는 현지 선교와 직간접적으로 관련되는, 또는 무관하게 보이는 사역들을 통해 **현지인 교회와 자연스러운 교류**를 가짐으로써, 그러한 장을 갖추었다.

② 선교하는 교회의 장애물

진정 이 불균형은 장애요소인가?

테헤란 한인교회는 **이만석 목사 한 사람**의 선교적 능력과 열망에 크게 의존하여 선교하는 교회가 될 수 있었다. 이것이 성공요인이면서, 동시에 한계가 될 수 있었다. 이만석 목사는 선교사역을 위한 큰 열정의 소유자로서, 이란선교에 헌신된 자였다. 그러나 테헤란 한인교회 성도들의 선교열

122) 「테헤란교회 30주년사」, 목회자 칼럼, '순교자 하이크 홉세피안 목사', p.105
123) 「테헤란교회 30주년사」, 연도별 역사자료, p.57.58,62,63

의는 이에 미치지 못했다. 최남운 목사는 그의 설문조사[124]에 근거하여, 바로 이러한 **불균형**이 교회 안에 갈등으로 나타나는 것으로 해석하였다.[125]

교회의 현지선교에 대한 기여도를 묻는 질문에 '담임목사의 선교에 대한 열정'이란 답변이 가장 많았다.[126] 그런데 **담임목사의 목회와 선교방침**에 대해 전적으로 동의하는 성도들이 있는 반면에, 다소 부정적인 입장을 가진 성도도 적지 않았다. 최남운 목사는 이러한 사실이 테헤란 한인교회의 더 힘있는 선교사역을 위해 **장애요소**가 될 수 있다고 판단하였다.[127]

또, 교회의 현지인을 위한 선교사역에 대한 입장을 묻는 질문에, 대해 성도들의 일치된 의견이 없었다. 선교에 대한 관심이 높을수록 현재의 시행만으로 **미흡하다**고 보았지만, 선교의 관심이 낮을수록 현재 시행하는 것만으로도 **충분하다**고 생각했다.[128] 최남운 목사는 바로 이 설문결과를 가장 흥미로운 사실로 여겼고, 이것을 갈등의 원인, 또는 선교의 장애요소로 보았다.

그러나 최남운 목사의 이러한 설문결과의 해석에는 **성급한 측면**이 있다. 첫째로 과연 일반 교인들의 선교열의가 선교적 열망으로 가득차서 이슬람 선교에 헌신한 담임목사와 균형을 이룰 수 있을까? 그러한 균형을 이루어야만 바람직한 일이 되는가? 둘째로, 전 교인 또는 대다수가 담임목사의 목회와 선교방침에 찬성하도록 이끄는 것이 가능한가? 셋째로, 전 교인이 한사람의 빠짐도 없이 선교사역에 대해 높은 관심을 갖도록 하여, 모든 교인이 현지선교사역을 더욱 시행하기를 원해야 하는가? 그것이 교회의 바람직한 방향인가? 이러한 양상들이 해결해야 할 문제이며, 선교사역의 장애요소라 여겨야 하는가? 그러나 단순히 그렇게 여기는 입장은 속단이다.

---

124) 최남운 목사는 전교인을 대상으로 설문조사를 할 경우에, 교회의 사역에 무관심하거나 초신자로서 헌신도가 약한 분의 응답으로 인해 설문응답의 신뢰도를 떨어뜨릴 가능성이 있어서, 구역예배에 참석하는 교우를 대상으로 설문조사를 하였다. 그 인원은 30명이었다.

125) 최남운, "중동지역 한인교회가 가진 모슬렘권선교의 가능성-테헤란한인교회를 중심으로", p.70

126) 최남운, "중동지역 한인교회가 가진 모슬렘권선교의 가능성-테헤란한인교회를 중심으로", p.65

127) 최남운, "중동지역 한인교회가 가진 모슬렘권선교의 가능성-테헤란한인교회를 중심으로", p.66

128) 최남운, "중동지역 한인교회가 가진 모슬렘권선교의 가능성", pp.63-64

최남운 목사의 설문조사에 의하면, 테헤란 한인교회는 담임목사만큼의 선교적 열정이 없었다. 그리고 모든 교인이 담임목사의 목회와 선교방침에 찬성하는 것도 아니었다. 오히려 반대하는 입장도 있었고, 일부 교우는 현재의 현지 선교사역만으로도 충분하다는 입장이었다.

그런데 이것은 매우 **자연스러운 현상**이다. 물론 이로 인하여 **교회 안에 갈등**이 일어날 수도 있고, 이것이 교회의 선교사역에 **장애요소**가 될 수도 있다. 그러나 이것은 자연스러운 현상이기에 우선 그 자체로 먼저 받아들이는 것이 더 바람직하며, 다만 이것이 갈등과 장애요소가 될 수 있으므로, 그것을 방지하기 위한 지혜가 요구된다.

불균형이 갈등의 요인이 되지 않도록

이만석 목사는 최남운 목사와의 인터뷰에서 "저의 목회방침은 **모든 성도**가 선교에 동참하고 후원하고 기도하는 **선교사로서의 몫**을 감당하기를 바라는 마음입니다"라고 진술했다.[129] 최남운 목사는 이것을 '**전교인의 선교사화**'란 어구로 표현하면서, 테헤란 한인교회는 **전교인의 선교사화**라는 담임목사의 목회방침이 제대로 실현되지 않은 것으로 보았다.[130] 그러면서 최남운 목사는 다음과 같은 해결책을 제시하였다.

> 이것은 성도의 영적인 성숙과 관련된 문제로, 단시일 내에 해결되기란 어려울 것이다. 그러나 담임목회자가 비젼을 품은 대로 **전 성도의 선교사화**라는 목표를 지향하면서, 꾸준히 지속적으로 노력한다면, 테헤란 한인교회의 성도들은 이란 선교를 위해 **매우 중요한 선교자원**이 될 수 있을 것이다.[131]

최남운 목사의 견해는 전형적인 **선교하는 교회**(missionary church)의 입장을 잘 보여준다. 이만석 목사도 같은 입장이었고, 모든 성도가 **선교사로서의 몫**을 감당하기를 원하였다. '**선교하는 교회**'의 Missionary가 문자적으로 '선교사의'라는 뜻이다. 그래서 '전 교인의 선교사화'라는 입장이 자

129) 최남운, "중동지역 한인교회가 가진 모슬렘권선교의 가능성-테헤란한인교회를 중심으로", p.56
130) 최남운, "중동지역 한인교회가 가진 모슬렘권선교의 가능성-테헤란한인교회를 중심으로", p.64
131) 최남운, "중동지역 한인교회가 가진 모슬렘권선교의 가능성-테헤란한인교회를 중심으로", p.67

연스럽게 도출되며, 그가 소유한 은사와 상관없이 모든 성도를 **선교자원**으로 양성할 대상으로 보게 된다. 그러나 이것은 '선교하는 교회'의 교회론이 갖고 있는 한계이기도 하다.

모든 성도에게 **선교의 사명**이 있지만, 모든 성도에게 **선교의 은사**가 주어진 것은 아니다. **교회**는 다양한 은사를 소유한 지체들로 구성된 공동체이며, 선교의 단일한 사명만으로 모인 **선교회**가 아니다. 찬양의 은사를 받았든, 봉사의 은사를 받았든 간에, 교회의 모든 지체에게 **선교의 사명**이 주어진 것은 당연하지만, 선교회처럼 교회가 **선교사**로만 구성된 것은 아니다. 교회의 궁극적인 소명에 '선교의 사명'이 있는 것은 옳지만, 교회는 선교회 그 이상의 사명을 감당해야 한다. 따라서 '전교인의 선교사화'라는 개념은 교회론적으로 볼 때, 특정의 특수한 경우에는 정당할 수 있지만, 보편적으로 요구하는 것은 바람직하지 않다.

그러면 최남운 목사가 설문조사한 결과는 어떻게 해석하는 것이 좀더 바람직한가? 필자의 목회경험에, 중요한 20%의 원인이 전체 문제의 80%를 발생시킨다(소위 2080의 법칙)는 **파레토의 법칙**은 교회에도 적용된다. 교인마다 가장 중요하게, 또는 시급하게 여기는 바가 다르다. 누군가는 기도와 영성을, 말씀양육과 제자훈련을, 사랑과 교제를, 또는 봉사와 사회참여를 서로 다르게 가장 소중하게 여길 수 있다. **기도와 영성**을 강조하는 20%가 교회의 영성사역을 주도하게 되며, **말씀양육과 제자훈련**을 강조하는 20%가 교회의 말씀사역을 주도하는 것이 자연스럽다. 그런데 그 20%를 채우지 못해, 교회 전체를 그 사역의 방향으로 이끌지 못하는 경우가 빈번하다. 그러므로 20%의 구성원이 헌신적이면, 교회 전체를 그 사역방향으로 이끌고 가기에 충분하다. 만약 어떤 사역에 20% 이상으로 30%가 헌신적이면, 그 사역은 엄청 뜨겁게 일어나는 경우이다.

그러면 테헤란 한인교회의 경우는 어떠했는가? 설문조사에 참여한 30명 중에서 20%의 6명에 약간 못 미치는 5명, 곧 17%였다. 이만석 목사의 선교적 열망을 고려할 때, 테헤란 한인교회를 선교하는 교회로 이끌고 가기에 부족한 숫자는 아니었다.

다만 아쉬운 점은 상당수의 교인들이 이만석 목사의 현지인 선교사역을 충분히 잘 이해하지 못하고 있다는 사실이었다. 최남운 목사는 이 모습을 다음과 같이 묘사하였다.

> 담임목사님이 가지신 큰 비젼과 사역계획들이, 현재로서는 기둥같이 뒷받침 되어주는 성도가 빈약한 가운데서 **담임 목사님 한 분의 열정**으로 이루어 나가시는 듯한 모습을 발견할 수 있었다.[132]

중동지역에 있는 테헤란 한인교회의 상황에서, 담임목사의 선교철학에 동의하여 현지 선교사역에 헌신하는 20%를 꾸준히 유지하는 일은 쉬운 일이 아니었다. 왜냐하면, 3~4년 후에 귀국하게 될 주재원들은 대부분이 한국에 있는 교회를 **본 교회**로 생각하고, 테헤란 한인교회를 **임시로 거쳐가는 교회**로 생각하는 경향이 있었기 때문이다.[133] 간혹 이슬람 선교에 헌신적인 성도들이 출석하여도, 3~4년 후에는 떠나게 되었기 때문이다. 결국 테헤란 한인교회의 선교사역이 담임목사 한 사람의 열정에 의해 주도될 수 밖에 없었을 것이다. 최남운 목사는 이러한 상황을 해결할 수 있는 좋은 방안을 제시하였다.

> 남선교회의 주최로 진행하는 이란 국내 성지답사코스를 잘 활용하는 방안과, 현지인 사역자와의 만남 가정교회 사역 등 **담임목회자가 사역하는 내용이나 장소**에 **성도들을 적극 동참시키고 동행하는 방법**도 성도들에게 현지 선교의 필요성과 중요성을 **일깨우는** 하나의 방법이 될 수 있을 것이다.[134]

2002년 당시 전체 교인은 약 74명이었다. 이와같은 방법으로, 그들 중 약 20%인 15명이 교회의 선교사역에 직접 참여하는 것만으로도 교회 전체를 이끌고 가기에 충분하다. 그들은 자신의 삶에 두신 **하나님의 선교적 소명**을 쉽게 발견할 가능성이 높으며, '**평신도 선교사**'라는 자의식을 쉽게 소유할 것이다. 그들은 **선교의 사명감**이 충족되기를 스스로 원할 가능성이 높다.

이에 비해 나머지 80%인 60명 중에 상당수는, 이와 다른 상황일 가능성이 높다. 그 개인의 신앙이 성숙해져도, 여전히 선교에 대해서는 소극적이거나, 심지어 부정적일 수 있다. 그가 교회의 다

132) 최남운, "중동지역 한인교회가 가진 모슬렘권선교의 가능성-테헤란한인교회를 중심으로", p.57
133) 최남운, "중동지역 한인교회가 가진 모슬렘권선교의 가능성-테헤란한인교회를 중심으로", p.50
134) 최남운, "중동지역 한인교회가 가진 모슬렘권선교의 가능성-테헤란한인교회를 중심으로", p.67

른 사역은 헌신적으로 봉사하나, 선교사역의 강조를 부담스러워하거나, 선교재정계획을 반대할 수도 있다. 바로 이것이 최남운 목사가 염려했던 '갈등'이나, '선교의 장애요소'로 추측된다.

그들에게 모든 그리스도인에게 주어진 **선교의 사명**을 강조하는 것은 바람직하나, **선교의 사역**에 그들의 적극적인 동참을 설득하는 것은 어려운 일이 될 수 있다. 최남운 목사가 위에서 제시한 방안은 이들에게도 효과적일 수 있다. 담임목사의 현지선교 현장에 함께 동행함으로써, 그들이 직접 보고 확인하도록 함으로써, **선교의 사명**에 호소하는 길이 지혜로운 방안이 될 수 있다.

이렇게 하여, 만약 60명 중에 상당한 수가 교회의 현지인 선교사역에 대해 필요성을 공감하게 된다면, 그만큼 교회의 선교사역은 힘을 얻을 것이며, 갈등요인은 현저히 줄어들 것이다. 만약 이와 같이 성공할 수 있다면, 교회의 모든 사역의 중심점에 선교사역을 두는 '선교하는 교회'를 실천하는 것이 가능하게 될 것이다.

4) 이만석 목사 – 추방당하다.

2004년 8월 27일(금), **테헤란 한인교회 창립 30주년** 기념예배를 드렸다. 이 역사적인 기념예배에서 다섯 명의 임직식이 있었다. 김영남과 이태영이 안수집사로 임직하였고, 서라미, 이애경, 신경옥이 권사로 임직하였다. 그러나 얼마 후 2004년 11월, **이만석 목사**는 테헤란 한인교회에서 14년 동안 사역한 후 **추방**되었다.

(2004년 8월13일, 이만석 목사가 교인들과 함께 찍은 사진)

이란에서 추방을 당하면서

이만석

이제 19년이란 긴 세월동안 제 2의 고국이 되어버린 이란을 떠나야 한다는 것을 받아들이기 힘들었지만 이란의 국가 방침이기에 순종하는 마음으로 떠날 준비를 하고 있다.

처음 종교성으로부터 추방 명령을 받았을 때는 너무 큰 충격을 마음으로 삭이면서 어떻게 지켜온 세월인데 이제 이렇게 허무하게 떠나야 하는가 하는 생각에 반발심이 일어났었다.

테헤란 한인교회 성도들도 "이대로 당하고만 있어서는 안됩니다. 전교인들이 서명한 항의서를 만들어 종교성에 제출을 하고 대사관에도 연락을 해서 도움을 받아야 합니다. 매스컴을 통해서도 이란의 인권 탄압에 대해서 호소를 하고 할 수 있는 모든 방법을 강구하여 강력하게 대처해야지 절대로 그냥 나가시면 안됩니다"라고 부족한 종을 목회자로서 뜨겁게 사랑하는 마음으로 눈물을 흘리며 간청하는 분도 있었다. 그래서 테헤란 한인교회를 위해서라도 대사관을 통해서 외교적으로 문제를 풀어볼까 하는 생각도 해보았다. 대사관은 교민을 보호해야 할 책임이 있고 나도 한국 국민의 한 사람으로서 보호받을 권리가 있다는 생각에서였다. 그러나 몇 가지 이유에서 곧 생각을 접었다.

첫째는 교회가 사회를 돕는 곳이 되어야지 사회의 짐이 되어서는 안된다는 생각에서다

국가나 대사관에 어려움이 있을 때 성도들이 나서서 도와야 하는데 오히려 도움을 구걸하는 모양이 되어는 덕이 안된다는 생각에서다.

둘째는 하나님의 영광을 위해서다

한국 정부는 김선일 씨 피살 사건 이후 이미 중동에서 선교 사역을 자제해 줄 것을 공포한 바 있다. 그런데 이란이 회교국인 것을 알면서 이란에서 선교를 하다가 쫓겨난다는 것은 정부의 입장에서 보면 당연히 받아야 할 벌을 받는 것이지 보호받아야 할 이유가 없다는 논리가 성립되고 이로 인해 불신자들의 입에 조롱거리로 오르내리게 되는 것이 하나님의 영광을 가리게 된다는 것이다.

셋째는 하나님의 계획이 있다고 보는 것이다

참새 한 마리도 하나님의 허락이 없으면 떨어지지 않는데 내가 주의 종이라면 하나님의 섭리 가운데 19년 전 기적적으로 이 땅을 밟게 하시고 지금까지 풍성한 은혜로 도우신 그분이 특별한 계획이 있어서 나를 내보내시는 것이 아니면 이런 일이 있을 수 없다는 믿음에서다.

하나님께서는 분명히 내가 지금 깨닫지 못하는 선한 계획을 가지고 이 일을 허락하셨을 것이기에 즐거운 마음으로 순종하는 것이다. 앞으로 어떻게 해야 할 것인지에 대해서는 전혀 계획이 없다. 다만 그동안 사역에 매여 공부할 기회가 없어서 안타까웠는데 혹시 주님께서 공부를 더하라고 주시는 기회가 아닌가 하는 생각을 해보게 된다.

둘째는 전세계에 흩어진 이란인들이 많이 있는데 이란에 있을 때는 출입국이 자유롭지 못해서 요청이 있어도 못했던 사역들을 전세계를 누비며 마음껏 할 수 있도록 기회 를 주신 것이 아닌지… 셋째는 중동에서의 오랜 사역 경험과 회교권에서의 한인목회 경험을 가지고 이 지역에서 사역하는 선교사나 목회자들을 순회 방문하며 그들과 사역 상담을 하며 조언을 하는 순회 선교사의 일을 위해서 하나님께서 주신 기회가 아닌가 하는 생각을 해본다.

여러가지 가능성은 있지만 아직까지 아무런 확정된 계획이 없다. 다만 나의 걸음을 인도하시는 하나님께 모든 것을 맡기고 그 분의 명령을 조용히 기도하며 기다릴 뿐이다.

이만섭, '선교지에서 온 편지 : 이란에서 추방당하면서', 〈중동선교〉 제 90호 (2005, 1/2월호), pp.19-20

(8) 2005년 그 이후[135]

1) 제 4대 박철웅 목사(2005.4 ~ 2008.10)

이만석 목사의 추방 후, 즉시 청빙위원회가 구성되었다. 청빙위원회는 담임목사의 청빙방향을 선교에 두고, 서울 온누리교회에 공문을 보내어 목회자의 파송을 요청하였다. 이에 온누리 교회는 부목사로 시무하던 박철웅 목사를 파송하였다. 그리하여 2005년 4월 22일, 박철웅 목사가 테헤란 한인교회의 4대 목사로 부임하게 되었다.

체계적인 양육과 훈련

박철웅 목사는 부임 직후부터 테헤란 한인교회의 양육체계를 세우는데 힘을 썼다. 예배, 양육, 선교 및 사역에 대한 방향성과 정책이 확립되어 교회가 매우 영적으로 풍성한 시기를 맞았다. 중보기도학교가 개설되어, 많은 성도들이 훈련을 받은 후, 중보기도에 참여하였다. 그 외에도 온누리교회의 여러 훈련 프로그램을 통하여, 많은 성도들이 신앙성장을 경험하였다.

또한 온누리교회는 주일학교가 여름 성경학교를 실시할 수 있도록 지원해주었다. 온누리교회의 주일학교 사역자들이 테헤란까지 와서 여름성경학교를 인도하였다. 이러한 지원은 박철웅 목사가 사임할 때까지 매년 지속되었다. 이만석 목사의 추방이 테헤란 한인교회에 큰 충격이었으나, 박철웅 목사의 안정적인 사역으로 인해, 교회는 안정을 잘 유지할 수 있었다.[136]

2007년부터는 박철웅 목사가 직접 일대일 제자훈련의 양육을 시작하였다. 김영남 안수집사와 배광욱 집사와 첫 열매로 졸업하였고, 그후 졸업생이 20여명에 이르렀다.

---

135) 이 이하의 내용은 테헤란 한인교회 김영남 장로의 도움을 작성될 수 있었다.
136) 2005년 출석교인은 성인 85명, 중고등부 25명, 주일학교 20명, 유치부 15명이었다. 그리고 2006년 출석교인은 성인 95명, 중고등부 20명, 주일학교 20명, 유치부 15명이었다.

현지선교

2007년 6월 29일, 박철웅 목사가 성도의 양육과 선교에 전염하기 위해 오상재 전도사가 교육 전도사로 부임하였다. 2008년 박철웅 목사는 **테헤란 한인교회의 선교정책**을 발표하였다. 이 정책은 현지 상황에 더욱 적합한 선교사역을 하기 위한 것이었다.

1. 한인교회의 선교사역은 직접적인 사역보다 후방지원과 베이스 사역을 메인사역으로 한다.
2. 한인교회는 정부허가를 받은 오픈 쳐치이므로, 교회의 선교사역은 비공개를 원칙으로 한다.
3. 직접적인 선교사역은 한인 선생이나 현지사역자를 통해서 한다.
4. 한인사역자는 영적 재충전의 장을 제공한다.
   - 영적 재충전을 위한 외부 강사, 수련회 강사 및 장소 제공 (연 1회)
   - 연합을 위한 연합 수련회 지원
   - 선교사 자녀를 위한 학비지원 및 MK사역
   - 선교사 안식을 위한 게스트 하우스 사역과 비전트립 지원사역
5. 현지사역자는 협력과 동역 사역자로 구분한다. 1년 단위로 심사를 통해 연장 여부를 확인한다
   - 협력은 사역적인 동역없이 재정적인 보조를 하는 사람이 대상이다. 예) 문서번역
   - 동역 사역자는 사역적인 동역을 통해 사역보고를 정기적으로 받는다.
   - 연합은 재정적인 보조없이 순수하게 사역적인 도움만을 주는 경우이다. 예) 현지 기독 실업인
   - 동원은 타국의 사역자가 이 땅에서 사역할 수 있도록 돕는 경우이다.
   - 파송은 테헤란 교인 중 이 파트에 헌신된 사람을 사역자로 파송하고 후원한다.
   - 개종자를 돕는 사역보다는 현지 지도자를 육성하는데 집중한다
6. 한인교회의 특성상 현지교회와의 관계설정은 매우 조심해야 하는 부분이 있다
   - 현지교단 지도자
   - 현지신학교 지원
   - 현지교단 : 특별히 정치적인 색깔을 가진 교단과의 연합은 피한다
   - 현지교회 긍휼사역 지원
7. 격월로 선교 헌금을 작정하고 그 금액은 전액 사역에 투자한다
8. 협력기관으로 모르드개 클럽을 둔다
9. 사역자의 선발 및 승급은, 그리고 지원액의 상한선은
   담임목사 주재 하에 항존직의 의결을 거쳐 매년 갱신한다

2008년 10월 17일, 박철웅 목사는 담임목사직을 사직하고, 온누리교회로 복귀하였다.

2) 제 5~6대 담임목사 (2009.2 ~ 2015.2)

테헤란 한인교회는 박철웅 목사 사역의 연속성을 기대하며, 온누리 교회에 목회자 파송을 다시 요청하였다. 그리하여 2009년 2월13일, 부천 온누리교회의 부목사로 시무하던 진태호 목사가 제 5대 담임목사로 부임하게 되었다. 그러나 2010년 5월7일, 진태호 목사는 개인사정으로 인해 한국으로 귀임하게 되었다.

2010년 7월 2일, 이동호 목사가 제 6대 담임목사로 부임하였다. 2014년 10월 28~30일, 이동호 목사는 쿠웨이트에서 열린 제 19차 중선협 대회에 참석하였다.[137] 특히 2014년도는 **테헤란 한인교회의 40주년**이었다. 11월 28일, 테헤란 한인교회의 설립 40주년 기념예배 및 임직식이 있었다(장로임직 : 김영남, 유영호 장로, 집사임직 : 배광욱 안수집사, 권사임직 : 조승미 권사). 2015년 1월5일, 당시 테헤란 한인교회의 교세는 장로 3명, 권사 5명, 안수집사 4명을 포함하여 약 50명이었다.[138] 2015년 2월27일, 이동호 목사는 건강으로 인해 담임목사직을 사임하고, 한국으로 귀국하게 되었다.

제 5~6대 담임목사의 시기에 특별한 현지 선교사역은 보이지 않는다. 박철웅 목사에 의해 발표된 선교정책이 잘 시행되지 못하였다.

3) 제 2차 시련기 (2017~현재까지)

제 7대 김병조 목사 (2015.9 ~2017.8)

2015년 9월16일, **김병조 목사**가 제 7대 담임목사로 부임하였다. 그는 본래 튀르키예로 선교를 떠날 계획이었으나, 권유를 받고 이란으로 오게 되었다. 김병조 목사도 이전 담임목사와 동일하게

137) http://www.tehranchurch.com/교회소식지-2014년 10월31일 광고.
138) http://www.tehranchurch.com/자유게시판-2015년 1월6일

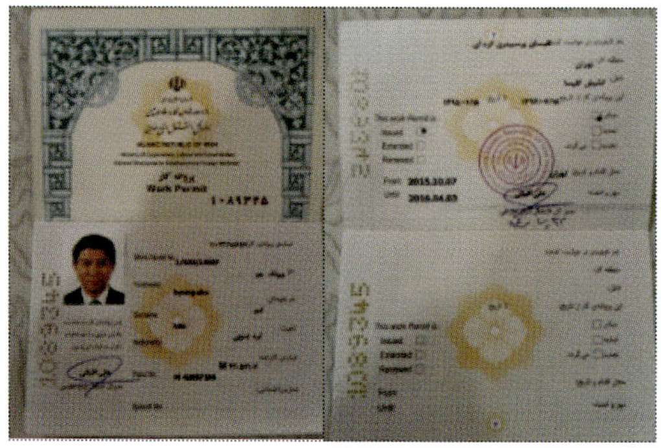

이란 정부의 공식적인 취업허가(Work Permit)와 거주비자(Resident Visa)를 받고 입국하였다. 2015년 9월18일, 김병조 목사는 테헤란 한인교회에서 첫 예배를 드렸고, 교회는 6개월 만에 다시 담임목사를 모시게 되었다. 김병조 목사의 취임예배는 2016년 2월22일에 있었다. 당시 교회 출석인원은 성인 62명, 중고등부 5명, 주일학교 20명이었다.

2017년 2월, **이란 정부의 핍박**이 다시 시작되었다. 테헤란 한인교회는 이란 정부가 정식 허가한 외국인 종교기관인데도, **쫓겨날 위기**에 놓이게 되었다.139) 이란 정부는 교회가 감당할 수 없는 무리한 요구를 하였다. 전 교인의 개인정보, 한국인의 여권사본, 이란국적자의 신분증을 제출할 것을 명령했고, 이란인의 교회 출입금지 뿐만 아니라, 심지어 교회의 재정내역까지 제출하라고 명령했다. 이것은 교회가 수용가능한 범위를 넘어선 요구였다. 이에 응하지 않자, 이란 정부는 테헤란 한인교회를 독일교회로 옮길 것을 제안했다. 그리하여 독일교회를 방문하여 교회대표들 간에 회의를 가졌으나, 독일교회와 테헤란 한인교회의 차이로 인하여, 교회이전은 현실적으로 가능하지 않은 일이었다. 그런데도 이란 정부의 압박수위는 높아져갔다.

5월 29일(월), 이란 정보부는 교회가 사용 중인 건물내부와 사무실, 창고 등에 대해 압수수색을 실시했다. 전 교인의 명단을 제출할 것도 요구하였다. 한국국적자는 여권사본을, 이란국적자는 이란신분증을 제출하라고 명령했다. 이에 응하지 않자, 이란 정부는 5월초에 만료된 담임목사의 비자연장 신청을 받아주지 않았다. **담임목사의 비자연장 거부**는 교회설립 이후에 처음있는 일이었다.140) 교회는 국민청원 및 대사관의 협조를 요청했으나, 어떠한 협조도 받지 못한 채, 결국 김병조 목사는 불법체류자가 되었다. 2017년 8월17일, 김병조 목사는 불법체류의 압박과 사모의 시급한 치료 등으로 인해, 담임목사로 부임한지 2년 만에 이란을 떠나게 되었다.141) 테헤란 한인교회는 이란정부의 핍박에 의해, 이만석 목사에 이어 또다시 담임목사를 잃게 되었다.

139) http://www.tehranchurch.com/자유게시판-2017년 6월14일
140) <국민일보> 2017.7.14일자 (https://m.kmib.co.kr/view.asp?arcid=0923783383)
141) http://www.tehranchurch.com/자유게시판-2017년 8월13일

세 명의 장로와 운영위원회 (2018년)

김병조 목사가 이란을 떠난후, 담임목사의 부재로 인한 교회의 위험을 최소화 하기 위해 세 명의 장로가 중심이 되어 **운영위원회**를 조직하였다. 담임목사가 없는 가운데, 새벽예배는 중단되었지만, 세 명의 장로가 금요예배와 주일저녁예배를 인도하였다. **금요예배**는 영상설교로 대신하였고, 주일저녁 예배는 세 명의 장로들이 번갈아 설교하였다. 이 당시 교회인원은 장로 3명, 권사 4명, 안수집사 3명, 서리집사 32명을 포함하여 등록인원 70명, 출석인원 평균 54명이었다.

2018년 6월 28일부터 **주일학교의 여름 성경학교**를 실시하였다. 담임목사가 없는 상황이었지만, 온누리교회의 도움으로 은혜 가운데 마칠 수 있었다. 모든 주일학교 학생들과 부모들에게 특별한 시간이 되었다.

8월 17일에는 **교회설립 44주년 예배**와 **기념행사**를 가졌다. CGN TV가 많은 도움을 주었고, 이란 교회에서도 특별찬양으로 기념예배에 참여하였다. 세 명의 이전 담임목사들은 축하영상 메시지를 보내어 주었다.142) 그리고 20년 이상된 교우들이(유영호 장로, 이승순, 이애경 권사, 민흥준, 윤재선, 신미정 집사)이 대표가 되어 44주년 기념케익을 커팅하였다.

44주년 기념예배 기념사진

44주년 기념케익 커팅

142) http://www.tehranchurch.com/자유게시판-2018년 8월28일

예전에 볼 수 없었던 시련의 시기 (2019년)

2019년 1월 25일, **이만석 목사**가 테헤란 한인교회를 방문하여 담임목사의 부재로 인해 성례식에 참여하지 못했던 성도들에게 성찬식을 배풀고 말씀을 전하였다. 큰 반가움과 기쁨이었다. 그런데 2019년 이후부터 **미국의 이란 경제재제**가 다시 시작되면서, 테헤란 한인교회는 예전에 볼 수 없었던 시련의 시기 겪게 되었다.[143] 한국과 이란 사이의 경제교역이 급격하게 줄어들면서, 교인들도 급격하게 이란을 떠나게 되었기 때문이다. 2019년 8월에는 교회설립 45주년 기념예배와 더불어, 귀국하는 성도들을 위한 송별식도 행하였다.

8월 9일 송별

8월23일 김종원 장로 송별

귀국하는 성도들 중에는 교회의 중추적인 역할을 담당했던 교우들도 상당수가 있었다. 특히 오랜 세월 동안 테헤란 한인교회를 굳건하게 지켰던 두 분의 장로들마져 떠날 수 밖에 없는 상황에 이르게 되었다.[144] 담임목사가 없는 어려움 속에서도, 정규예배를 지속할 수 있었던 것은 장로들의 헌신 덕분이었다. 그러나 이제는 주일저녁예배를 가정예배로 대체할 수 밖에 없었다. 뿐만 아니라, 이란 정부는 계속하여 테헤란 한인교회의 목사청빙을 거부하였으며, 그 동안 요구했던 서류들의 제출도 여전히 지속적으로 강요하고 있다.

143) 2015년 7월, 이란과 P5+1(미국, 중국, 러시아, 영국, 프랑스 + 독일)은 '이란 핵합의'로 알려져 있는 포괄적 공동행동계획(JCPOA)을 체결하였다. 그러나 2017년 1월에 취임한 트럼프 대통령은 핵합의에 부정적인 입장을 취하였다. 미국과 이란 간의 갈등이 고조되는 상황으로 인하여 테헤란 한인교회는 가장 힘든 시기를 맞게 되었다. 2016년 5월, 박근혜 대통령의 방문 후 엄청나게 늘어났던 한국상사들이 트럼프 정부의 변화로 인해 거의 철수하게 되었다. 뿐만 아니라 미국의 경제제재로 인해 이란시장이 급속하게 냉각되면서, 많은 성도가 귀국하게 되어 테헤란한인교회는 큰 어려움을 겪게 되었다.

144) http://www.tehranchurch.com/자유게시판-2019년 2월17일

코로나의 시기 (2020~2021년)

중국에서 시작된 코로나 바이러스가 이란까지 퍼졌다. 중국 다음으로 이란 상황이 심각하였다. 2020년 2월, 죽음의 공포가 이란 전역을 덮을 때, 교회는 멈출 수 밖에 없었다. 2021년 11월이 되어서야 집회금지가 해제되어 다시 예배를 드릴 수 있게 되었다. 그러나 코로나 사태는 교회에 너무 많은 상처와 고통을 안겨주었다. 많은 교우가 한국으로 돌아갔으며, 코로나 감염으로 인해 많은 분들이 고생하였다. 김영남 장로와 아내 전춘화 집사는 응급실에 실려가 죽음의 문턱까지 이르렀다가 회복되었으나, 한 여집사의 남편은 코로나로 인하여 귀중한 생명을 잃었다.

테헤란 한인교회의 현재 (2023년)

2017년 8월 이후로 지금까지 6년이 넘도록, 테헤란 한인교회의 담임목사 청빙은 이루어지지 않고 있다. 여전히 이란의 경제상황은 최악이고, 상사주재원은 모두 떠났으며, 소수의 남은 자들이 모여 예배를 드리며, 교회를 지키고 있다. 6년이 넘도록 담임목사 없이 교회를 지키며 예배를 드릴 수 있는 것 자체가 주님의 은혜이며, 기적이었다.

테헤란 한인교회는 여전히 호시탐탐 교회를 무너뜨리려는 악한 영과의 전쟁 중에 있다. 그러나 비록 성도들은 영상으로 설교를 듣지만, 모든 성도들이 '매 순간 주시는 말씀은 정말 그 시기에 우리에게 꼭 필요한 말씀이었어요' 라는 고백을 정말로 많이 하였다. 이것은 우리 하나님께서 한 순간도 테헤란 한인교회를 향한 믿음을 거두시지 않으시고, 독수리 날개 아래 품어 주시고, 눈동자와 같이 지켜주고 계시는 증거이다. 현재 테헤란 한인교회는 12명의 등록교인과 소수의 방문객(가끔씩 출장으로 왔다가 참석하는 분)이 예배드리고 있다. 그들에 의해 테헤란 한인교회가 지켜지고 있다. **테헤란 한인교회**의 **김영남 장로**는 "우리는 어떠한 핍박에도 굴하지 않고, 이 예배의 처소를 지키길 소원한다"라고 고백한다.

2024년은 **테헤란 한인교회의 설립 50주년**이다. 테헤란 한인교회가 담임목사의 청빙을 이루어지기를 기도하고 있다. 이란 정부의 부당한 억압이 속히 멈추며, 이란의 사회적, 경제적인 상황이 호전되기를 바라게 된다. 항상 쓰러지 않았던 테헤란 한인교회가 시련의 시기를 이겨내고, 새로운 담임목사와 함께 새로운 선교적 소명을 세우며, 설립 50주년을 맞이하게 되기를 기원한다.

제 3장. 1980년대에 사역한 교회들

1970년대에는 중동의 각 지역에 최초의 한인교회로 세워진 4~5개의 교회 밖에 없었다(1974년, 이란의 테헤란 한인교회, 1976년 사우디의 리야드 한인연합교회, 1977년 이집트의 카이로 한인교회, 1978년 쿠웨이트 한인연합교회, 그리고 1979년 U.A.E의 두바이 한인교회[1]).

그러나 1980년대에는 주로 중동건설의 붐을 힘입어, 걸프지역을 중심으로 한인교회들이 크게 확산되었다. 걸프지역에서는 **사우디**와 **쿠웨이트** 외에도, **아랍에미리트**(U.A.E), **카타르** 및 **바레인**에도 한인교회들이 세워졌다. 걸프의 왕정국가에서만 9개 이상의 한인교회들에 세워졌다.

	이란	아프리카	걸프(아라비아반도)	레반트/이라크	튀르키예
80 년 대		1989 리비아한인교회		1986 이라크 한인연합교회A	1989 이스탄불한인교회
			1985 제다한인교회 1984 두바이한인교회[2] 1984 리야드교회 1982 리비아 한인교회 1982 아부다비 한인교회 1982 바레인한인교회	1984 요르단한인교회A	
			1981 리야드청운교회 1980 담맘한인교회 1980 카타르한인교회[3]		
70 년 대	1974 테헤란한인교회	1977 카이로한인교회	1979 두바이 한인교회 1978 쿠웨이트한인연합교회 1976 리야드한인연합교회		

한국의 건설회사들이 진출했던 또다른 지역인 **리비아**(북아프리카), **요르단**, 그리고 **이라크**에서도 그 지역 최초의 한인교회들이 세워졌다. 리비아 한인교회(1982년), 요르단 한인교회A(1984년),[4] 그리고 이라크 한인연합교회A(1986년)가 바로 그 교회들이다.[5]

---

1) 1979년 당시 두바이 한인교회는 교회의 형태를 이루었다기보다 가정교회의 형식으로 모이고 있었다.
2) 본 장에서 두바이한인교회는 1979~2000년까지의 역사만을 다루고, 그 이후는 제 4장에서 다룬다.
3) 카타르한인교회는 1980년에 설립되었으나, 초대담임목사가 2000년에 부임했으므로 그 시기에 다룬다.
4) 교회명이 같은 경우 먼저 세워진 교회를 A교회로, 두 번째 세워진 교회를 B교회로 표기한다.

한편 **튀르키예**에서는 중동건설의 붐과 상관없이, 이스탄불 한인교회(1989년)가 튀르키예 최초의 한인교회로 세워졌으며, 지금까지 굳게 세워져 있다.

이와같이 1980년대에 한인교회들은 **걸프지역** 안에서 크게 확산되었고, 서쪽으로는 **북아프리카**(리비아)로 확장되고, 북쪽으로는 **요르단**, 동쪽으로는 **이라크**와 **튀르키예**로 확장되었다. 그리하여 1970년대 말에 한인교회는 4~5개에 불과했으나, 1980년대 말에는 17개 이상의 한인교회들이 특히 걸프지역을 중심으로 중동의 각 지역으로 확산되었다.[6)]

1. 걸프지역 - 사우디, 바레인. UAE

1980년이 되었을 때, 걸프지역에서는 사우디의 리야드 한인연합교회(1976년)와 쿠웨이트 한인연합교회(1978년)가 굳건하게 계속하여 세워져 있었다. 사우디의 **리야드 한인연합교회**는 핍박 속에서도 이의경 장로가 목사안수를 받은 후, 제 2대 담임목사(1978.12.1~1986.7.9)로 위임을 받아 교회를 든든히 지키고 있었으며, **쿠웨이트 한인연합교회**는 최형섭 목사(1980.8~1986.4)가 초대 담임목사로 부임하여 역동적인 사역을 감당하고 있었다.

1970년대 말, **걸프지역**에 한인교회는 3개에 불과했으나(리야드한인연합교회, 쿠웨이트한인연합교회, 두바이 한인교회), 1980년대에 걸프지역에서만 9개의 한인교회들이 새롭게 세워졌다. 그리하여 걸프지역의 왕정국가들 중에서 오만[7)]을 제외한 모든 국가(사우디, 쿠웨이트, U.A.E, 카타르, 바레인)에 한인교회들이 세워지게 되었다.

---

5) 이 세 교회들은 현재 모두 존재하지 않는다. 리비아와 이라크의 교회는 전쟁으로 인해 모든 한인들이 떠나야 했으므로 결국 문을 닫게 되었고, 요르단의 교회는 내적 문제로 소멸되었다.

6) 1984년, 중동이슬람 선교를 지원하기 위해 중한연(현 중선협)과 중동선교본부(현 중동선교회)가 창립될 당시에, 중동지역 8개국(이란, 사우디, 이집트, 쿠웨이트, U.A.E. 카타르, 바레인, 리비아, 요르단)에 13개 이상의 한인교회들에 세워져 있었으며, 16명의 선교사가 파송받아 사역하고 있었다.

7) 오만에서 최초의 한인교회는 2005년에 설립된 소하르 샬롬교회이다. 오만에 큰 규모의 한인들이 거주한 적이 없었으므로, 그 이후에 여러 한인교회들이 세워졌으나, 굳건히 지속되기는 힘들었다. 한편 사우디 아라비아 반도의 남단 예멘에는 한인교회가 세워지지 못하였다. 쿠웨이트의 최형섭 목사가 예멘을 선교지로 삼기는 했으나, 결실을 맺지는 못하였다. 그러나 현재 예멘과 오만의 국경에서 예멘인들을 위해 사역하는 선교사는 있다.

가. 사우디아라비아

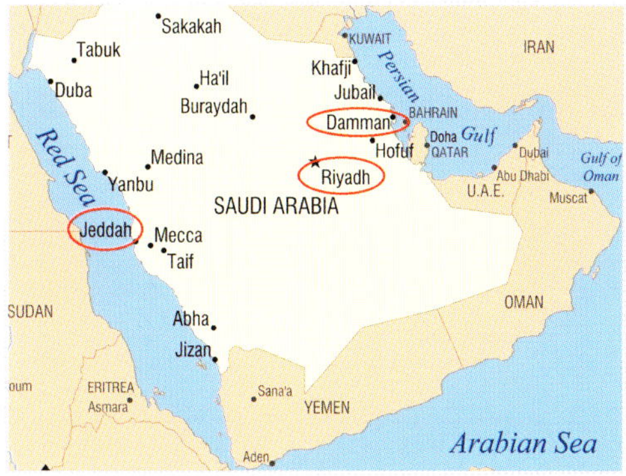

사우디의 수도 리야드에 최초의 교회 **리야드 한인연합교회**(1976) 외에도 **리야드 청운교회**(1981)와 **리야드 교회**(1984)가 새롭게 세워졌다. 그리하여 리야드에만 유력한 세 개의 교회가 세워지게 되었다. 한편 신창순 선교사(1983.4~1985.2, 리야드 청운교회 담임목사)의 보고에 의하면, 1980년대 당시 사우디에는 수도 **리야드**(사우디의 중부지역)를 중심으로, **제다**(서부지역)와 **담맘**(동부지역)에 한국인이 경영하는 개인사업체가 늘어나고, 정착하는 교민들도 많아지게 되었다.[8] 그리하여 사우디 제 2의 도시 제다에 **제다 한인교회**(1984)가 세워졌고, 제 3의 도시 담맘에 **담맘 한인교회**(1980)가 세워질 수 있었다.[9] 사우디의 3대 도시에 모두 한인교회들이 세워지게 되었다.

사우디아라비아 전역에 약 100여개의 **현장교회**가 있었으며, **목사**는 10여명이 있었고, **많은 장로와 집사들**이 있었다. 1986년 당시 **리야드 지역 기독인 연합회**에만 3개의 한인교회(리야드 한인연합교회, 리야드 청운교회, 리야드교회)와 33개의 현장교회가 가입하여 활동하고 있었다. 그들은 연합회의 활동을 통해 ① 한국인 근로자에게는 민족 복음화의 사명을 감당하고, ② 한국인 교인들에게는 선교의식을 고취시키며, ③ 제삼국인과 현지인들에게는 한국교회 선교 100주년을 맞이하여 세계선교의 사명을 감당하고자 하였다.[10]

(1) 리야드 청운교회 (1980, 1981년)

1) 교회의 설립

1979년 5월, **윤갑병** 집사 외 2명이 함께 시작한 골방기도가 불타 오르기 시작하였다. 그리하여

---

8) 신창순, 중동선교회 선교보고 (서울 : 대한예수교장로회, 1989), p.61 in 안상준, p.93 각주 8.
9) 사우디에는 이 네 교회 외에 카심 연합교회가 더 존재했었다. 이 교회는 현장교회로 추정된다.
10) 안상준, "한인교회를 통한 중동선교의 역사적 고찰", p.90 각주4

1980년 1월18일(금), 윤갑병 집사가 다른 성도들과 함께 설립예배를 드림으로, **리야드 청운교회**가 세워지게 되었다. 처음에는 리야드 시내의 중심가에 위치한 **현대양행** 리야드 지점의 숙소를 개조하여 예배를 드렸는데, 계속 성장하여 100여명의 성도까지 모이게 되었다. 그리하여 회사사정과 이슬람 국가라는 현지상황의 어려움을 고려할 때, 예배당을 건축할 것과 전임목회자를 청빙하기로 결의하게 되었다.[11)]

초대 담임목회자 - 강일용 선교사 (1981.8)

윤갑병 집사가 본래 서울 청운교회의 성도였으며, 목회자는 청운교회로부터 선교사를 파송받기로 하였다. 1981년 8월23일(일), 청운교회는 이 요청에 응답하여 **강일용 전도사**를 사우디 리야드로 선교사 파송을 하였다.[12)] 그 당시 강일용 전도사는 20대 젊은 전도사로서 청운교회를 섬기고 있었는데, 리야드 청운교회의 제 1대 담임목회자로 부임하게 되었다.

강일용 선교사는 담임목회자로 부임하자마자 **예배당**을 건축하게 되었다. 예배당은 건축허가를 받을 수 없으므로, **한국인 학교강당**으로 건축하였다. 그리하여 겉으로 보기에는 **한국인 학교**였고, 매주 금요일이 되면 **지하교회의 형태**로 운영되었다. 당시 청운교회는 약 200명의 성도가 모였다.[13)] 1983년 초, 강일용 선교사는 신학공부를 마저 마치기 위해 미국으로 떠나게 되었다.

2) 교회의 성장 - 신창순 선교사 (1983.6)

1983년 5월1일(일), 서울 청운교회는 리야드 청운교회를 위해 **신창순 목사**[14)]를 사우디 선교사로 파송하였다.[15)] 그 당시 신창순 목사는 청운교회의 교육전도사로 섬기면서, 바로 얼마 전 4월에

---

11) 안상준, "한인교회를 통한 중동선교의 역사적 고찰", 인문과학연구논총(2009년,제30호), pp.92-93
12) 청운교회 홈페이지(new.cwch.net), 교회연혁, 1981.8.23
13) http://www.missionmagazine.com/main/php/opin_view.php?article_idx=3462. 2011년 10월31일에 포스팅된 이 글에 James Seo가 다음과 같은 댓글을 남겼다(2011.10.31) : "과거에 8년반 동안, 리야드에 있었으며, 우리가 청운교회(장로교회)를 세워 겉으로는 한국인 학교이면서, 매주 휴일인 금요일이면 지하교회를 운영하는 형태로 예배를 드렸으며, 모두 신자가 약 200여명이었습니다."
14) 신창순 선교사는 예장통합교단이 사우디로 파송한 최초의 선교사였다.
15) 청운교회 홈페이지(new.cwch.net), 교회연혁, 1983.5.1

목사안수를 받은 직후였다.[16] 그러나 신창순 목사는 갑작스러운 하나님의 부르심에 순종하여 6월6일(월) 현충일에 사우디를 향해 출발하였다. 그러나 그의 가족은 함께 갈 수 없었다.[17]
영적 불모지를 향해 갈 때, 당시 신창순 목사의 심정과 각오는 이러했다.

> 여러 가지 복잡한 일이 있었지만, 6월6일에 출발하면서 '왜 현충일에 비행기를 타야 하는지?'를 생각하게 되었다. 하나님 나라에 충성하는 마음으로 선교의 불모지, 이슬람의 종주국 사우디아라비아 리야드 공항에 내렸다. 특히 그 때가 라마단 기간이어서, 쓸쓸한 사막의 열기와 불어오는 모래바람이 '왜 하나님께서 나를 이곳에 보내셨는가?'를 되묻게 만들었다. 그 답변은 확실했다. 오직 복음선교에 전념하는 것 뿐이었다. 그리하여 오직 복음 선교에 전념하는 마음으로 선교사역을 시작하였다.
>
> 대한예수교장로회(통합) 세계선교부 선교사로 파송을 받았지만, 다양한 교인들에게 설교하기 위해 '오직 예수-복음설교'에만 힘썼다. 교단적인 신학과 사상보다, 오직 예수복음에 입각하는 말씀증거에만 힘쓰고자 했다. '이스라엘이 씨뿌리는 선교민족이라면, 대한민국은 추수하는 선교민족'이란 사실을 깨달으면서, '세계선교, 민족교육(선교민족의 교육)'이라는 표어를 마음에 새기게 되었다.

말씀 위에 세워지는 교회 (1983)

신창순 목사는 그의 부임한 첫 해인 1983년, 리야드 청운교회를 **말씀 위에 세워진 교회**(교회표어)로 세우기 위하여, 교회목표를 '**교육목회**'로 삼았다. **교육목회의 목표**는 구체적으로 5가지였다 : ① 전교인의 성서연구, ② 은혜에 따른 구원의 사실성 확신, ③ 진리에 따른 생활의 분별, ④ 신앙의 인격적 성장, ⑤ 공동체의 주체적 결속.

이러한 5가지 목표를 달성하기 위하여, 신창순 목사는 **평신도 신학교실**을 매주 〈주보〉에 개설하여 기독교 신앙의 가장 핵심이 되는 복음을 가르쳤다. 이를테면, 7월8일에는 '**예배의 이해**'에 대해 가르쳤으며, 7월22일에는 '**성경을 보는 기본적인 관점**'에 대해 가르쳤다.

---

16) 신창순 목사는 본래 교사였다. 1974년부터 보성여자중고등학교의 교사로 제직할 때, 서울장로회신학대학에 편입하여 동시에 신학수업을 받으며, 서울청운교회의 교육전도사로 섬기게 되었다. 청운교회의 담임 이준만 목사가 부흥사이었기에, 교육목회에 도움을 드리고자 하여 바쁘게 사역하고 있었다. 그런데 1983년 4월 목회안수를 받은 직후, 갑자가 사우디 아라비아의 선교사로 부름을 받게 되었다. 신창순 목사는 하나님의 부르심에 순종하여, 15년차의 교사직까지 그만두고, 선교지로 출발하였다.

17) 신창순 선교사는 블록비자로 예멘에 가야하는 운전수 비자를 구입하여 사우디로 들어갔다. 이 비자로는 가족이 함께 갈 수 없어서, 아내와 어린 남매는 한국에 두고 떠나야 했다.

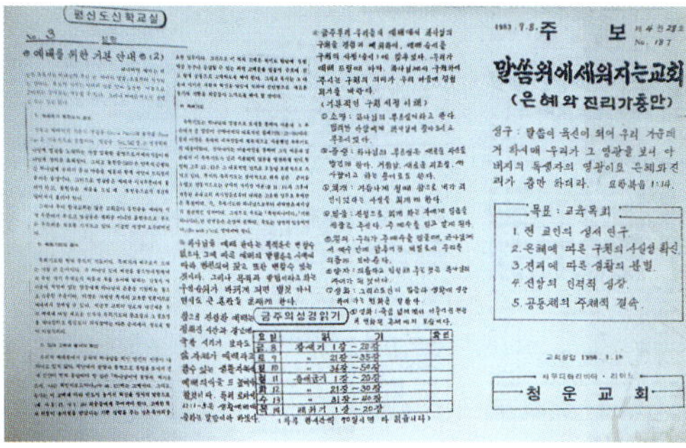
평신도신학교실
주보
말씀위에세워지는교회
(은혜와 진리가충만)
목표 : 교육목회
1. 전 교인의 성서 연구
2. 은혜에 따른 구원의 사명 확인
3. 진리에 따른 생활의 본질
4. 신앙의 인격적 성장
5. 공동체의 주체적 결속
금주의성경읽기
청 운 교 회

1983년 7월8일, 주보

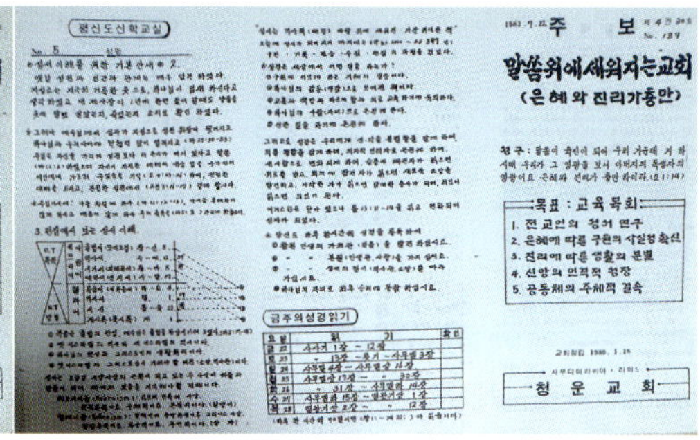
평신도신학교실
주보
말씀위에세워지는교회
(은혜와 진리가충만)
목표 : 교육목회
1. 전 교인의 성서 연구
2. 은혜에 따른 구원의 사명확신
3. 진리에 따른 생활의 본질
4. 신앙의 인격적 성장
5. 공동체의 주체적 결속
금주의성경읽기
청 운 교 회

1983년 7월22일, 주보

다른 주보들의 내용들을 살펴볼 때, **평신도 신학교실**의 주된 내용은 성경과 교리의 핵심된 강의였다. 그리하여 복음의 뼈대를 세울 수 있도록 도왔다. 이러한 평신도 신학교실의 목표는 제자파송을 목표로 하는 **제자훈련**이었다.

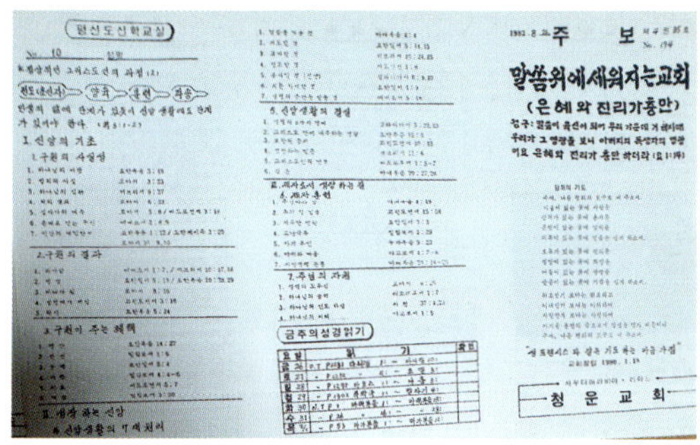
평신도신학교실
주보
말씀위에세워지는교회
(은혜와 진리가충만)
금주의성경읽기
청 운 교 회

1983년 8월26일, 주보

1983년 8월26일자의 주보를 보면, 정상적인 그리스도인의 과정을 '전도(초신자) → 양육 → 훈련 → 파송'으로 가르치고 있다.

하나님 나라를 세워가는 교회 (1984)

1984년에는 '하나님 나라를 세워가는 교회'(너희 있는 곳에서 증거하라)라는 교회표어 아래 교회목표를 '**선교목회**'로 삼았다. 선교목회의 목표는 선교하는 교회가 되기 위한 4가지의 교회관이었다 : ① 안디옥 교회(행 11:26, 그리스도인이란 신앙의식의 확립), ② 베뢰아 교회(행 17:11, 성서적 신앙인), ③ 빌라델비아 교회(계 3:7-13, 복음을 전하는 선교신앙), ④ 마게도니아 교회(고후 8:1-5 무를 유로 창조하는 은혜가 풍성한 교회)

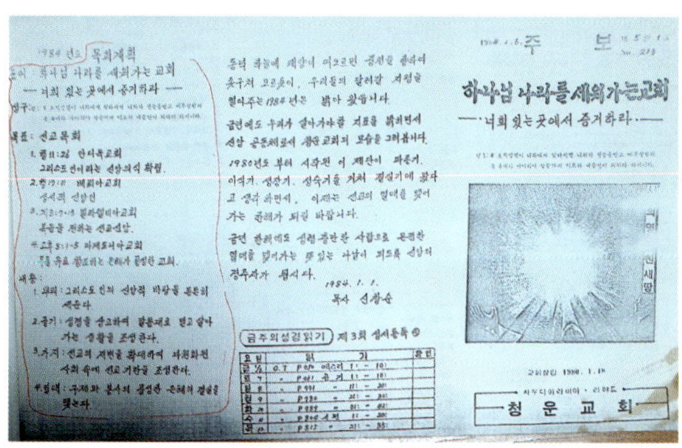
주보
하나님 나라를세워가는교회
너희 있는 곳에서 증거하라
금주의성경읽기
청 운 교 회

1983년 8월26일, 주보

당시 리야드 청운교회의 성도는 약 250여명이었다. 신창순 목사는 1980년에 세워진 리야드 청운교회가, 이제는 파종기와 이식기와 성숙기를 거쳐 **선교의 열매**를 맺어야 할 결실기에 이르렀다고 판단하였다. 그리하여 리야드 청운교회를 선교하는 교회로 이끌어가고자 하였다. 또 신창순 목사는 사우디에 진출한 건설현장의 근로자들을 중심으로 **현장교회**들을 세웠다. 그리고 현장교회들을 순회하면서, 간접적으로 원주민 선교를 하였다.그러나 신창순 목사의 취업비자는 더 이상 연장되지 않았다. 그리하여 1985년 2월에 귀국할 수 밖에 없었다.

김학현 목사

김학현 목사가 리야드 청운교회의 제 3대 담임목사로 섬겼다. 서울 청운교회의 교회연혁에 사우디 선교사로 그를 파송한 기록이 없으므로, 그는 서울 청운교회와 무관하게 담임목사로 부임한 것 같다.

그 당시 리야드 지역에는 1977년에 창립한 **리야드 지역 기독인 연합회**가 있었다. 이 연합회에는 리야드 지역의 3개 한인교회와 33개 현장교회들이 가입하여 활동하였다. 1986년도 임원명단을 보면, 리야드 청운교회의 고승서 장로가 총무를 맡았고, 이우진 집사가 회계를 맡았다. 그러므로 김학현 목사 당시, 리야드 청운교회도 이 연합회의 사역에 참여했던 것을 알 수 있다.

1990년 1월, 김재운 선교사가 리야드 한인연합교회의 담임목사를 사임한 후에, 리야드 청운교회와 통합하여 사우디 한인교회가 되었다. 김학현 목사가 리야드 청운교회의 마지막 담임목사일 가능성이 높다.

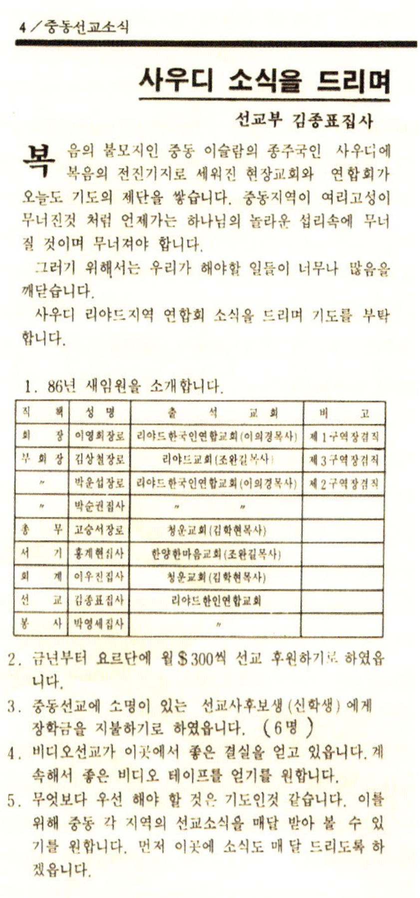

4 / 중동선교소식

사우디 소식을 드리며

선교부 김종표집사

복음의 불모지인 중동 이슬람의 종주국인 사우디에 복음의 전진기지로 세워진 현장교회와 연합회가 오늘도 기도의 제단을 쌓습니다. 중동지역이 여리고성이 무너진것 처럼 언제가는 하나님의 놀라운 섭리속에 무너질 것이며 무너져야 합니다.

그러기 위해서는 우리가 해야할 일들이 너무나 많음을 깨닫습니다.

사우디 리야드지역 연합회 소식을 드리며 기도를 부탁합니다.

1. 86년 새임원을 소개합니다.

직 책	성 명	출 석 교 회	비 고
회 장	이영희장로	리야드한국인연합교회(이의경목사)	제1구역장겸직
부 회 장	김상철장로	리야드교회(조완길목사)	제3구역장겸직
〃	박운섭장로	리야드한국인연합교회(이의경목사)	제2구역장겸직
〃	박순권집사	〃 〃	
총 무	고승서장로	청운교회(김학현목사)	
서 기	홍계현집사	한양한마음교회(조완길목사)	
회 계	이우진집사	청운교회(김학현목사)	
선 교	김종표집사	리야드한인연합교회	
봉 사	박영세집사	〃	

2. 금년부터 요르단에 월 $300씩 선교 후원하기로 하였읍니다.
3. 중동선교에 소명이 있는 선교사후보생(신학생)에게 장학금을 지불하기로 하였읍니다. (6명)
4. 비디오선교가 이곳에서 좋은 결실을 얻고 있읍니다. 계속해서 좋은 비디오 테이프를 얻기를 원합니다.
5. 무엇보다 우선 해야 할 것은 기도인것 같습니다. 이를 위해 중동 각 지역의 선교소식을 매달 받아 볼 수 있기를 원합니다. 먼저 이곳에 소식도 매 달 드리도록 하겠읍니다.

〈중동선교소식〉 제 4회(1986.3.5)

3) 사우디 한인교회 (1990)

1990년 8월, **리야드 청운교회**는 **리야드 한인연합교회**와 통합하고, 교회명을 **사우디 한인교회**라고 칭하였다. 그리고 통합된 사우디 한인교회의 담임목사는, 1983년 신학공부를 마치기 위해 미국으로 떠났던, 리야드 청운교회의 초대 담임목회자였던 **강일용 목사**가 맡게 되었다.

담임목사의 추방(1991.12)

강일용 목사는 사우디아라비아로 돌아와서 2차 사역을 하던 중에, 1991년 종교경찰에게 체포되어 추방당하였다. 당시 걸프전쟁으로 미군이 사우디에 주둔하였는데, 여군이 자동차 운전을 하거나, 미군의 의료헬기에 **십자가**(+) 문양이 새겨진 것 등이 사우디의 이슬람 원리주의자들에게는 큰 불만이었다. 이것이 걸프전쟁 후 교회탄압으로 나타났고, 그 본보기로 사우디 한인교회가 핍박을 겪었다. 교회의 연혁에 그 당시의 사건이 자세히 기록되어 있다.

사우디 한인교회 연혁

1991.10.04 금요일 11시40분경 대예배 중 종교경찰이 일반경찰을 동반하여 교회를 피습하여 전교인들에게 다시는 불법 집회를 하지 않겠다는 각서를 받은 다음 강일용 목사와 성가대원 및 자녀(성가대원 35명)을 연행하다.

1991.10.05 만포아 형무소에 수감 중이던 여자 성가대원들만 석방되다.

1991.10.12. 사우디 주재 한국대사관의 협조로 강일용 목사와 남자 성가대원들이 전원 석방.

1991.10.18 교회조직을 지하교회로 전환하고, 조별로 가정에서 설교 테잎을 들으며 주일예배를 대신하다.

1991.12.28 사우디 당국의 끈질긴 강요로 말미암아 강일용 목사 추방당하다.[18]

1991년 10월4일, 금요주일예배를 드리는 현장에 20여명의 종교경찰들이 납입하여 모든 성경을 압수하고, 당일 예배인원 160여명 중에서 강일용 목사와 성가대원 35명 및 자녀들을 체포하였다. 남자와 여자는 서로 분리되어 수감되었다. 여자 성가대원과 어린 자녀들은 만포아 형무소에 수감되었고, 그 다음날인 5일에 석방되었다.[19]

---

18) 강일용 목사는 현재 새동도교회(예장합동)의 담임목사로 섬기고 있다(http://www.saedongdo.org).

강일용 목사와 남자 성가대원 14명은 Driyah 경찰서의 구치소에 수감되어 있었다. 한국대사관의 협조로 교회 대표자인 강일용 목사와 그의 가족만 추방하기로 하고, 일주일 뒤인 10월 12일에서야 모두 석방될 수 있었다.

10월 18일, 강일용 목사의 석방 후 교회는 지하교회로 전환할 수밖에 없었다. 강일용 목사는 그가 추방당하기 전 2개월 동안 교회를 가정교회로 전환시켰다. 교회당에 함께 모일 수 없었기에, 조별로 가정에서 모여 설교 테입을 들으며, 주일예배를 대신하도록 했다.

그러나 1991년 12월28일, 사우디 당국의 끈질긴 강요로 말미암아 강일용 목사는 추방당했다. 1992년, 추방당한 강일용 목사는 **바레인**에 10개 동안 머물면서, 후임이 올 때까지 담임목사로서 사우디 한인교회를 섬겼다. 강일용 목사는 바레인에서 설교 테이프를 녹음하여 비밀리에 사우디로 보내었고,[20] 교회는 그것을 복사하여 각 가정교회로 전달하였다. 교인들은 그 설교를 들으며, 주일예배를 드렸다. 그러나 끝내 강일용 목사는 돌아올 수 없었다.

1992년 10월5일, 천영태 목사가 사우디 한인교회의 담임목사로 부임하였다. 그리하여 사우디 한인교회는 다시 담임목사를 얻게 되었다. 그러나 그의 재임기간은 짧았다(사임.1994.10.8.).

1995년 4월, 남진선 목사가 담임목사로 부임하면서, 공동예배를 부활시켰다. 공동예배의 방안은 요일과 장소를 달리하여 4부 예배를 드리는 것이었다 : 1부 예배(목/외교단지내), 2부 예배(금/사택지하실), 3부 예배(금/사택지하실), 4부 예배(금/최원순 집사댁). 같은해 5월, 남진선 목사는 새벽기도회와 수요성경공부를 시작하였고, 남전도회와 여전도회를 부활시키며, 교회조직을 강화시켰다. 12월에는 사우디 한인교회의 정관을 채택하였다. 남진선 목사의 부임과 함께, 사우디 한인교회는 급격히 안정을 되찾았다. 1997년 11월, 사우디 한인교회의 통합 7주년(리야드 한인연합교회와 리야드

19) 강일용 목사와의 인터뷰(2022.8.25.)를 참고하여 내용을 보강하였다
20) 강일용 목사와의 인터뷰(2022.8.25) : "바레인에 1년간 머물면서 설교테잎을 제작하여 리야드로 밀반입하여 성도들이 흩어지지 않고 공동체를 유지하도록 하였다. 바레인에서 설교녹음은 어렵지 않았다. 사우디로 반입하는 인편을 찾는 것이 가장 어려웠다. 리야드에서 식품업을 경영하던 이영재 집사가 출장으로 한달에 한번 담맘에 올 때마다 바레인으로 와서 원본 테입을 가져가서 여러 개를 복사하여 구역으로 배부하였다. 리야드에서 바레인으로 휴가를 오는 회사직원이나, 유럽출장 갔다가 바레인에 잠시 들리신 분이 있다는 소식을 들으면, 속성으로 설교를 만들고 녹음해서 사우디로 반입하기도 했다"

청운교회) 및 설립 21주년 기념예배(리야드 한인연합교회)를 드리며, 이철수 장로가 임직하였다. 남진선 목사는 1998년 3월에 사임하였다. 그후에 최동철 목사(1998.10.6.~2000.11.10)와 백현우 목사(2001.8.9.~2002.7.2)가 각각 담임목사로 섬겼으며, 2002년 12월8일 이재한 목사가 담임목사로 부임하였다.

4) 안디옥 한인교회 (2003)

2003년 8월, **사우디 한인교회**는 **안디옥 교회**와 통합하여 교회명을 **안디옥 한인교회**라 칭했으며, 사우디 한인교회의 담임목사인 이재한 목사가 통합된 안디옥 한인교회의 담임목사가 되었다. 이재한 목사는 2003년 10월에 사임하였다. 그후 김인국 목사(2004.2~2007.6)에 이어서 2007년 12월19일, 조진웅 목사가 담임목사로 부임하여 현재까지 사역하고 있다.

그러므로 현 안디옥 한인교회가 사우디에 최초로 세워진 **리야드 한인연합교회**의 역사를 이어가고 있다. 1990년에 리야드 한인연합교회가 **리야드 청운교회**와 통합하여 사우디 한인교회가 되었고, 2003년에 **안디옥 교회**[21]와 다시 통합하여, 현재 안디옥 한인교회가 되었다.

21) 이 안디옥 교회에 대해서는 아직 자료를 발견하지 못하였다.

(2) 리야드 교회 (1983, 1984년)[22]

1) 교회의 설립 (1983)

1983년 5월6일(금), 배성준 집사의 집에서 배성준, 유정식, 그리고 박성욱 집사 외 장년 20여명과 학생 10여명이 현대건설 KIFCO에서 현장근무를 하던 **이진호 전도사**의 예배인도로 설립예배를 드림으로, 리야드 교회가 세워졌다. 5월20일에 초교파적 교회로서 교회이름을 '리야드 교회'로 정하였고, 첫 제직회를 구성하였다. 1984년 2월12일, 이진호 전도사는 귀국하였다.

2) 초대 담임목사 - 조완길 목사 (1984.7)

1984년 7월6일(금), 조완길 선교사가 제 1대 담임목사로 부임하였다. 1987년, 리야드 교회는 **중동선교의 초석**이 되기 위해 예배당 건축을 계획하였고,[23] 1988년 3월, 알 수라이(AL SULAY) 지역 야적장(대림 하우징 현장)에서 입당예배를 드렸다. 1989년 6월에는, 충북 진천에 **리야드 선교교회**를 지교회로 창립하였고, 같은 해 10월 **바울선교회**를 조직하였다.

1991년도는 사우디의 모든 한인교회들이 시련을 겪는 시기였다. 1~4월에는 걸프전으로 인해 담임목사와 일부 잔류 성도들이 가정에서 예배를 드려야 했다. 그런데 10월 4일, 사우디의 종교경찰들이 사우디 한인교회를 급습하여, 예배를 드리던 담임목사와 성도들을 체포해 가는 일이 발생되었다. 이 일로 인해, 리야드 교회도 담임목사의 사택과 성도의 가정에서 예배를 드려야 했다. 조완길 목사는 12년간의 사역을 마치고, 1995년 12월 사임하였다.[24]

---

22) 리야드교회의 내용은 리야드교회의 연혁에 의존하여 재구성했으며, 현 담임목사 표명환 목사의 검토를 거쳤다.

23) <중동선교> 제 7호 (서울 : 중동선교회, 1987.6.25), 기도제목, p.15, "리야드교회(조완길 선교사)의 성전이 조식히 건립되어, 중동선교의 초석이 되도록"

24) 조완길 목사는 사우디아라비아 선교사로서 12년 동안 사역한 후, 미국으로 건너가 2010년 이슬람권 선교를 위해 홍해선교회를 설립했다.

3) 쪽복음 사건

1995년 12월14일(목), 오영택 목사가 제 2대 담임목사로 부임하였다. 1996년 9월5일 리야드 교회 부설 주말학교를 개교하였고, 9월13일에는 **삼환기업 두바 현장교회**를 지교회로 입당예배를 드렸다. 1997년 1월에는 **평신도 선교훈련** 1기생의 훈련을 시작하였다(25명). 1998년 4월20일, RCD 훈련생 제 1차 **아브케익 전도여행**을 실시하였고(전도 132명, 결신11명), 5월7일에는 **아브케익 지교회**의 설립예배를 드렸다.

그런데, 1998년 11월8일 일명 '쪽복음 사건'이 발생하여 **유용운 집사**가 사우디 당국에 연행되어 구속당하는 일이 발생되었다. 이 일로 인해 12월16일, 사우디 당국의 지시에 의하여 교회당은 폐쇄되었고, 리조트나 농장을 순회하며 예배를 드려야만 했다. 다음해인 1999년 3월18일에는 스포츠 클럽하우스를 새 예배당으로 임대하였다. 같은 해 4월5일, **리야드 유치원**을 개원한 후에 4월 14~15일 **예배당 입당 부흥성회**를 열었다(강사 : 이준교, 권오영, 박천민 목사).

그러나 오영택 목사는 더이상 사우디 정보기관의 압력을 견디지 못하고, 1999년 8월에 사임하였다.[25] 오영택 목사의 사모인 김형민 목사[26]에 따르면, 그들과 함께 동역하던 네덜란드 선교사는 체포되었다가 미국 CIA에 의하여 구출되었다. 한인교회 집사도 체포되었지만, 미국 상원의원과 연락이 닿아 석방될 수 있었다. 그렇지만 필리핀인 두 명에게는 사우디 당국이 마약혐의를 덮어씌워 할라스 광장에서 공개처형을 하였다.[27] 다음은 김형남 목사의 진술이다.

> 사우디에서 목숨을 내놓고 사역했다.
> 건설현장이 거의 철수를 해서 교민이 많지 않았던 때였다.
> 남은 교민의 1/3이 교회에 출석하였고,
> 주일예배는 270여명, 새벽기도는 100여명 정도 출석했다. 굉장히 뜨거웠다.
>
> 유치원을 경영하면서, 그곳을 예배장소로 삼았다.
> 교인들은 교민모임 참가나 유치원 학부모로 위장하여 태권도복을 입고 유치원에 왔다.

---

25) 오영택 목사는 현재 서울 송파구 잠실동의 하늘비전교회(www.hvbc.kr)의 담임목사이다
26) 김형민 목사는 현재 빛의자녀교회(www.shinechurch.or.kr)의 담임목사이다.
27) 정형남, "중동의 한인교회들과 중동선교", p.136

밖에서 망을 보던 사람이 낌새가 이상할 때 벨을 누르면 성경책을 던져서 바로 숨기고,
남녀가 따로 앉는 식으로 고비를 넘기곤 했다.

"당시 성경공부 하던 필리핀인 두 명을 마약사범으로 뒤집어 씌워 사형시켰어요.
우리나라 사람도 성경공부하다 잡혔지만 나중에 무사히 나왔어요.
국가가 부강하면 다른 나라에서 함부로 못한다는 걸 선교 현장에서 느꼈죠."

밤중에 사막으로 나가서 찬송가를 부르고, 크게 소리내어 기도하다가,
순찰차가 돌 때면 얼굴을 모래에 묻고 죽은 듯이 있었다.
예식장을 빌려 가슴 졸이며 전도대회를 하고, 성찬식은 돌잔치처럼 위장해서 치렀다.

"그때 소망은 사우디에서 선교하다가 죽는 거였어요.
시어머니는 빨리 한국에 돌아오라고 재촉하셨지요. 제가 사우디에 뼈를 묻을 거라고 하니까
'너나 묻어라, 우리 아들은 못 묻는다' 그러셨어요
사우디 정보기관에 들통이 나서 더 버티지 못하고 7년 만에 귀국했습니다."

4) 계속되는 교회의 시련

1999년 10월7일, 이자우 목사가 제 3대 담임목사로 부임하였다. 사우디의 교회들은 계속되는 시련의 시간을 겪어야만 했다. 2003년 12월 ~ 2004년 1월, **사우디 내 외국인 대상 테러**로 인해 예배시간을 변경하여야 했다. 2004년 7~8월에는 **테러로부터의 안전**을 위해 주일예배를 구역별로 드려야 했다. 2004년 8월~2005년 3월에는 **교회안전**을 위하여 주일예배를 연합으로 드렸다. 이자우 목사는 2005년 9월에 사임하였다.

그 이후 김종석 목사(2005.12~2010.7), 정요한 목사(2010.7~2012.1), 홍성개 목사(2012.9~2015.12)가 담임목사로 부임하였고, 2016년 8월부터 표명환 목사가 제 7대 담임목사로 섬기고 있다.

(3) 담맘 한인교회 (1980년)[28]

1) 교회의 설립

1977년, **현대건설**의 **석산 현장사무실**에서 직원 20여명이 현장예배를 드림으로 시작된 **현장교회**가 담맘 한인교회의 모체가 되었다. 그 이후에 몇 번의 예배처소의 이전이 있었다. 1977년 9월, 한 성도가 제공한 장소로 옮겨 예배를 드렸다. 1978년에는 예배처소를 현대건설 직원 귀국자들이 사용하던 숙소로 옮겨서 예배를 드렸다. 1979년에는 예배처소를 카티프 농장건물로 옮겨서, 한인교회 설립의 기초를 마련하였다.

1980년 3월12일, 카티프 농장에 마련한 예배처소에서 **김동표 목사**가 초대 담임목사로 부임하여 당회가 구성되었고, **담맘 한인교회가 설립**되었다. 같은 해 3월 현재 장소인 SHIHAT에 교회당을 건축하고 헌당예배를 드렸다. 새 교회당은 본당, 교육관, 목사관, 그리고 성가대실을 갖추었다. 예배당의 건축을 위해 경남건설과 풍림건설이 협조하였다. 1984년 4월 손동연 장로가 임직하였다. 1990년 6월, 김동표 목사는 사임하였다.

2) 교회의 시련 (2001)

1990년 8월, 민병춘 목사가 제 2대 담임목사로 부임하였다. 그러나 **민병춘 목사**의 부임 이후에, 사우디의 교회들은 어려움의 시기를 겪게 되었다. 1991년 1~2월에는, 걸프전으로 인해 구역별로 나누어 예배를 드리다가, 3월에야 정상적으로 예배를 드릴 수 있었다. 그런데 같은해 10월에 일어난 **리야드 연합교회의 종교경찰 기습사건**으로 인해, 주일예배는 다시 각 구역으로 나누어 드려야 했다. 1992년 5월, 저녁예배만 교회에서 드릴 수 있게 되었다. 6월부터는 낮예배도 교회에서 드릴 수 있었다. 민병춘 목사는 1995년 9월에 사임하였다.

---

28) 담맘 한인교회의 내용은 담맘 한인교회의 교회연혁에 의존하여 재구성했으며, 현 담임목사 윤남두 목사의 검토를 거쳤다.

1995년 11월, 박천민 목사가 제 3대 담임목사로 부임하였다. 1997년 8월에 교회정관의 기초를 작성하였고, 11월28일에는 임직식이 있었다(김운길, 박효서 안수집사). 이날 임직예배를 위해 초청받았던 두바이 한인교회의 주태근 목사는 담맘한인교회를 '**지하교회**'라고 불렀다. 여전히 위험 가운데 있었던 당시의 상황을 알 수 있다. 박천민 목사는 1999년 7월 30일 사임하였다.

담맘 지하교회 임직식(1997.11.29.)[29]

1999년 10월, **윤재남 목사**가 제 4대 담임목사로 부임하였다. 그의 부임 이후에, 2001년 7월6일 **종교경찰의 습격**으로 인해 **교회는 폐쇄조치**를 당하였고, 담임목사와 성도 6명이 추방명령을 받는 사건이 일어나게 되었다. 주일예배는 다시 각 구역으로 나누어 드려야 했다. 다행히 10월19일에 추방명령이 취소되고, 사건은 종료되지만, 윤재남 목사는 2002년 10월 사임하여야 했다.

3) 시련을 겪은 이후

2002년 12월, **이교성 목사**가 제 5대 담임목사로 부임하였다. 2003년 7월8일, 첫 선교후원으로 **파키스탄 아끌라 담맘교회**를 완공하였다. 2003년 12월부터 운영비, 의료비 등 매월 200달러를 지원하였다. 이교성 목사는 2004년 12월20일 사임하였다. 2005년 3월, **이승원 목사**가 제 6대 담임목사로 부임하였다. 2012년 6월, **교회재건축 감사예배**를 드렸다. 2015년 8월, **비영리단체 베스트**를 설립하여, 2018년까지 운영하였다. 이승원 목사는 2018년 2월 사임하였다. 2018년 5월 윤남두 목사가 제 7대 담임목사로 부임하여 현재까지 섬기고 있다.

---

29) 사진출처 : 주태근 목사 블러그, 주태근 목사는 임직식을 다녀오면서, '지하교회'라고 표현하였다.

윤재남 선교사의 사역보고 (2003.10.23)[30]

1999년 10월 사우디의 담만 한인교회로 파송되어 사역하던 윤재남 목사는 2001년 7월6일. 종교경찰의 습격과 체포로 추방명령을 받았다.

1. 사우디 선교사 파송

윤재남 목사는 장신대학교 세계선교대학원에서 주태근 선교사로부터 '사우디에서 선교사를 요청한다'는 사실을 접하고, 1999년 9월 총회에서 사우디 선교사로 파송받아, 담맘 한인교회의 담임목사로 부임하게 되었다. 그 당시 사우디는 문화시설(극장, 음악회)이 없고, 여자들은 자동차운전을 하지 못하며 마음대로 돌아다닐 수는 상황이었다. 외국인들이 모여서 예배를 드리는 것도 허락되지 않았다.

그러나 윤재남 목사는 담맘한인교회를 통해서 한국인 교민과 근로자들을 섬길 수 있었다. 비밀리에 삼국인들(인도 및 방글라데시 등의 근로자)을 위한 선교센타를 설립하여 지도자 교육을 하면서 사역을 감당했다. 그리고 사우디에는 삼국인 근로자들이 상당히 많은 것에 비해, 교회 지도자가 매우 부족한 실정이다. 그리하여 그들에게 신학교육을 하는 사역을 감당했다.

2. 종교경찰의 습격과 추방명령

보통 사우디에서는 한인교회도 정부의 허락이 나지 않아서, 남자들이 돌아가면서 보초를 서는 가운데 성경책이나 찬송가 없이 비밀리에 예배를 드렸다. 그런데 2001년 7월6일, 20-30여명의 일반경찰과 종교경찰 이 기관총을 들고서 교회를 덮쳤다. 그들은 교회 안으로 들어와서 총으로 위협했고, 조금이라도 항의하는 사람에게는 총부리로 위협하였다. 어떤 집사는 경찰의 구둣발에 걷어차이기도 했다.

다행히 그때는 예배를 끝내고 식사를 준비하던 중이었다. 그런데도 그날 모든 교인들(어린 아이들까지) 70여명이 경찰에게 끌려갔다. 그리고 윤재남 목사를 포함하여 4명의 집사들에게 20일 안에 사우디를 떠나라는 추방명령이 떨어졌다.

당시 한국인 중에 무슬림으로 개종한 사람이 교회를 신고하여 발생한 사건이었다. 다행히 식사를 준비하던 중에 습격을 받아 우리는 끝까지 교회란 사실을 숨겼다.

3. 추방명령의 취소를 위해

추방명령이 내무성에서 직접 떨어진 것이어서 추방을 피할 수 없는 상황이었다. 기도하고 싶지만 교회가 패쇠되어 집에서 울면서 기도하는 가운데, 그 지역에서 가장 강력한 왕자에게 편지를 써서 탄원을 올리고, 하나님의 역사를 기다렸다. 하나님께서 은혜를 내리셔서 5명 전원을 추방에서 풀어주셨다.

4. 다시 예배를 드리게 되기까지

그러나 추방이 풀어진 후에도, 경찰들이 다시 우리가 비밀리에 예배드리는 처소를 습격할 것이라는 소식이 들렸다. 예배를 7군데로 나누어 4-5명씩 드렸다. 성탄절을 맞아 처음으로 한 곳에 모여 예배를 드리려고 했는데, 그 날 경찰이 습격할 것이란 소식을 듣고는 다시 7군데로 흩어져서 예배를 드렸다.

드디어 2002년 9월, 굳게 닫혀 있던 교회에 들어가 예배를 드릴 수 있었다. 습격을 받은지 1년 2개월 만이었다. 예배를 인도하는 윤재남 목사와 성도들은 매우 많은 눈물을 흘렸다. 교회당을 다시 아름답게 꾸미고, 새로운 마음으로 하나님께 드리는 예배는 성령충만한 예배 그 자체였다.

그러나 윤재남 목사의 사모가 임신한 중에 갑상선 암까지 걸리는 상황이 일어나서, 2002년10월 한국으로 돌아가게 되었다.

(4) 제다 한인교회 (1985년)[31]

1978년 초부터 사우디의 서부도시 제다(Jeddah)에 한국의 건설회사들이 진출하면서 각 회사마다 현장교회들이 세워졌다. 제다에는 사우디 시멘트 공장교회, 삼환 중앙교회, 동아교회, 그리고 유원교회 등의 현장교회들이 있었다.

1) 교회의 설립

1985년 9월13일(금), 한봉근 목사가 우영복 장로 등 80여명의 교우들과 함께 한인회 강당에서 첫 예배를 드림으로써 제다한인교회가 시작되었다. 11월22일에는 교회설립 감사예배는 드리고, 다음해인 1986년 11월28일에는 교회설립 1주년 감사예배를 드렸다.

그런데 설립 6주년 해인 1991년 10월, 걸프전 이후 사우디 정부의 종교탄압이 심해졌다. 그리하여 각 구역별로 분산하여 예배를 드려야 하는 어려움을 겪던 중, 초대 담임목사 한봉근 목사가 예배가 중지된 상태에서 복음을 증거하다가 소천하였다.

2) 설립 후 약 25년의 기간

1992년 1월1일(수), 김재운 목사가 제 2대 담임목사로 부임하여 벧엘 성경공부와 새벽기도를 시작하고 학생회를 조직하였다. 김재운 목사는 1994년 9월에 사임하였다. 그 후에 권오영 목사(1994.12), 박삼열 목사(1999.12), 이광태 목사(2002.12)가 이어서 담임목사로 부임하였다.

그런데 1999년 1월, 제일교회가 분리되는 아픔이 있었다. 그러나 2001년 1월, 두 교회는 다시 합치게 되었다. 그리고 2002년부터 계속하여 중직자들이 세워졌다. 2002년에 안수집사 4인과 권사 1인에 세워졌고, 2004년에 권사 1인, 2006년에 권사 1인, 2007년에 안수집사 2인과 권사 4인이

30) 이 글의 출처(https://m.cafe.daum.net/vision88/t3r/210?, 윤재남, '인도네시아로 갑니다')
31) 제다한인교회의 내용은 제다한인교회의 교회연혁에 기초하여 작성되었고, 현재 담임목사인 이종원 목사의 검토를 거치고, 사진제공을 받았다.

세워졌다. 그리고 2009년에는 장로 1인, 안수집사 2인, 권사 2인이 세워졌고, 2011년에는 장로 2인, 안수집사 1인, 권사 3인이 세워졌다.

2016년도 제다 한인교회 단체 사진

3) 설립 30주년의 교회, 설립 40주년을 앞둔 교회

2014년 4월18일(금), 이종원 목사가 제 6대 담임목사로 부임하였다. 2015년은 제다 한인교회가 **교회설립 30주년**을 맞이하는 해였다. 이 해에 뜻깊은 일이 있었다. 2015년 2월27일, 부목사였던 권요셉 목사(2012년 3월, 강도사로 부임)를 **남수단의 선교사**로 파송한 일이었다. 그리고 10월16일(금)에 교회설립 30주년 기념행사를 행하였고, 17~19일에는 김종구 선교사를 초청하여 사경회를 가졌다.

2016년 6월, 장년부와 학생부가 함께 **남수단 비전트립**을 다녀왔다.

2016년 남수단 단기선교(Vision Trip)

제다한인교회는 설립 30주년을 마치고, 이제 40주년을 앞두고 있다. 이러한 교회역사와 함께, 2009년 10월에 장로 1인이 은퇴하였고, 2011년 9월 안수집사 1인, 2016년 12월 권사 1인, 2017년 12월에 권사 1인이 은퇴하였다. 그들은 제다한인교회를 세운 일꾼들이었다.

한편 새로운 중직자가 세워지는 일도 계속되고 있다. 2013년 10월 안수집사 3인, 2016년 12월 권사 2인, 2017년 12월 안수집사 3인, 협동안수집사 1인, 권사 2인이 세워졌다. 그리고 2022년에는 장로 1인, 안수집사 1인, 그리고 권사 2인이 세워졌다. 그들은 40년의 역사를 갖게 될 제다한인교회의 오늘과 미래를 책임질 리더들이다.

2017년 은퇴식 및 취임식

현재 제 6대 담임목사로 부임한 이종원 목사가 신실한 말씀으로 제다 한인교회를 섬기고 있다.

2018년도 제다 한인교회 단체 사진

(5) 사우디의 한인교회와 현장교회들

1) 한인교회의 담임목사들

사우디 선교사들의 활발한 사역에 비하여, 현재 남아있는 자료는 너무 빈약하다. 현재 자료에 의하면, 사우디에는 다섯 개의 한인교회들이 확인된다. 그 한인교회들의 담임목사들 중에 상당한 수가 선교사였을 것이다. 아래 표는 **한인교회의 담임목사들**이다.

연도	리야드 한인연합교회	리야드 청운교회	리야드교회	담맘 한인교회	제다 한인교회
1976	1. 이연호				
1978	2. 이의경				
1980				1. 김동표	
1981		1. 강일용			
1982					
1983		2. 신창순	(이진호 전도사)		
1984			1, 조완길		
1985		3. 김학현			1. 한봉근
1986	3. 연홍기				
1987					
1988	4. 김재운				
1989					
	사우디 한인교회				
1990	1. 강일용 (청운교회 제 1대 담임목사)			2. 민병춘	
1991					
1992	2. 천영태				2. 김재운
1993					
1994					3. 권오영
1995	3. 남진선		2. 오영택	3. 박천민	
1996					
1997					
1998	4. 최동철				
1999			3. 이자우	4. 윤재남	4. 박삼열
2000					
2001	5. 백현우				
2002	6. 이재한			5. 이교성	5. 이광태
	안디옥 한인교회				
2003	1. 이재한				
2004	2. 김인국				
2005			4. 김종석	6. 이승원	
2006					
2007	3. 조진웅 (현재까지)				
2010			5. 정요한		
2011					
2012			6. 홍성개		
2014					6. 이종원 (현재)
2016			7. 표명환 (현재)		
2018				7. 윤남두 (현재)	

1986년 7월10일에 발간된 〈중동선교〉 제 6호의 기도제목들(p.15)에 "사우디의 **이의경 선교사**, **조완길 선교사**, **김동표 선교사**를 위하여"를 보면, 당시 리야드 한인연합교회, 리야드 교회, 그리고 담맘 한인교회의 담임목사들이 선교사로 불리웠다. 1987년 12월25일에 발간된 〈중동선교〉 제 8호의 기도제목들(p.15)에서는 제다 한인교회의 한봉근 목사도 선교사로 불리우고 있다. 그러므로 이 시기에 사우디의 5개 한인교회 담임목사들은 모두 선교사로 불리웠었다.

2) 현장교회의 선교사들

1980년대에 한인교회를 담임하지 않고서, 현장교회를 섬긴 선교사들도 존재했었다. 현장교회의 선교사들에 대한 기록은 훨씬 더 빈곤하다.

① 박형서 선교사

박형서 선교사는 평신도는 아니었으며, 1982년 서울신학대학을 졸업하고, 기성 총회본부의 선교국에서 사역하다가, 목사 안수를 받기 전인 1985년 5월에 사우디 선교사로 먼저 파송받았다. 그는 1986년에 기성 총회에서 목사 안수를 받았다.

박형서 선교사는 사우디의 한인교회가 아닌, 건설회사의 현장교회들이 있는 사우디의 **카심지역**으로 파송받았다. 그는 **삼성 우네이자 교회**를 중심으로 사역하였다. 당시 사우디는 성경의 반입조차 금지되어서, 발각되면, 공항 입국 시에 압수당하였다. 전봇대조차 **십자가의 모양**이면 제거당하던 상황이었다. 그러나 박형서 선교사는 1985년 5월, 성경 4권과 찬송가 5권을 무사하게 가져올 수 있었다. 그가 삼성 우네이자 교회에 도착했을 때, 조그만 교회에 전자 오르간이 있었고, 목공이 정성스럽게 만든 십자가와 양탄자, 에어컨 시설도 잘 되어 있었다. 너무나 감사하여 박형서 선교사는 눈물로 몇 시간을 기도하였다.

드디어 교역자 오기만을 목마르게 기도하였던 **한인교회 연합회의 임원들**을 만나게 되었다. 모두 성령 충만한 분들이었으며, 얼굴은 빛나고 있었다. 그러나 사우디 현지의 수질이 좋지 않아서, 담석증 환자가 많았고, 기후 탓으로 감기와 몸살을 겪으며, 무기력증과 비인격적인 자세를 취하는 근로자가 많았다. 이것은 박형서 선교사가 그리스도의 사랑으로 녹여내야 할 과제들이었다.

당시 건설현장의 일과는 새벽 5시 기상, 6시부터 업무시작, 12시에 점심식사, 오후 2시간 근무였다. 모든 일과는 저녁 9시30분에 마쳤다. 근로자들은 대부분 신경이 날카로왔고, 험담하기를 좋아해서, 대인관계가 아주 살벌했다. 박형서 선교사는 그의 헬멧에 **십자가**(†)를 녹색으로 그려서 잘 보이게 했다. 그리고 5만평의 공사현장을 군화를 신고 헬멧을 쓰고 돌아다녔다.

사막의 건설현장에서 육체적으로, 정신적으로 고된 상황에 놓여 있던 근로자들, 그리하여 그들은 지극히 예민해지고 신경이 날카로와질 수 밖에 없었다. 박형서 선교사는 공사현장의 근로자들에게 먼저 찾아가 인사하며, 기도를 해 주었다. 시간이 흐르자, 믿지 않는 근로자들도 새삼스럽게 '할렐루야!' 로 인사를 하였다. 근로자들도 시간만 있으면, 박형서 선교사와 이야기를 하고자 하였다. 또 주요한 부서의 한 과장은 본래 불교집안이었는데, 심각한 종말론의 고민을 상담받다가, 주님을 영접하였다. 박형서 선교사는 그들을 그리스도의 제자로 양육하고자 했다.

그 당시 카심 지역에는 삼성 우네이자 교회 외에도 여러 현장교회들이 있었다. 동아, 쌍용, 우창, 한신, 정우, 삼성, 대림, 태평양 교회가 있었다. 또 한인들이 운영하는 농업학교가 있었고, 일부 한인들도 거주했으나, 박형서 선교사가 혼자 다 돌아 볼 수 없는 상황이었다.32)

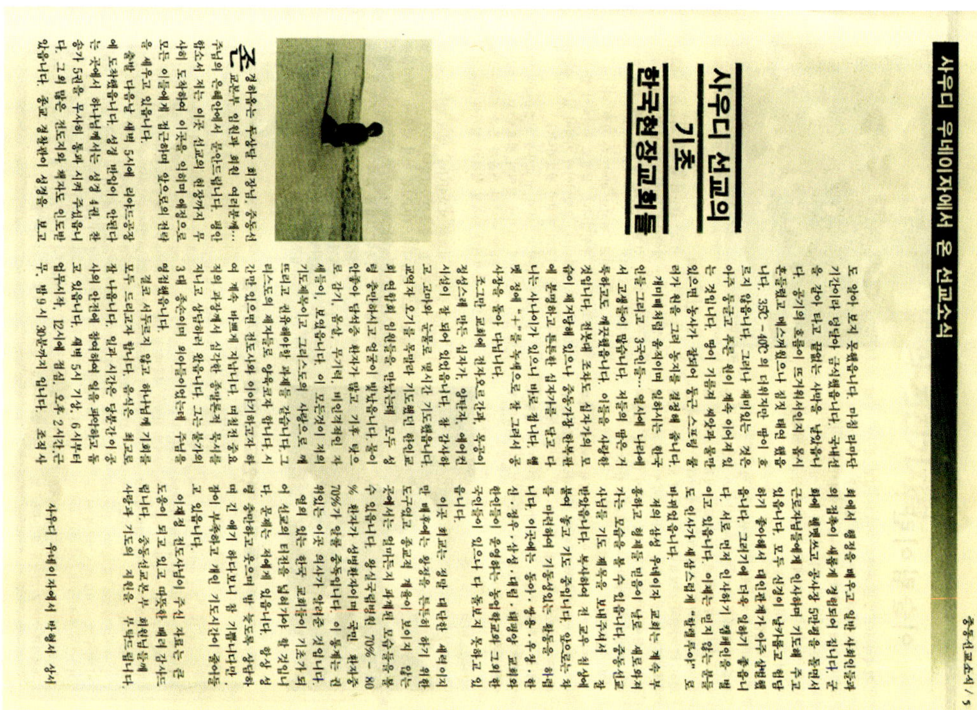

사우디 우네이자에서 온 선교소식

중동선교소식 / 5

사우디 선교의 기초

한국현장교회들

사우디 우네이자에서 박형서 선교사

(1985년 9월30일, 〈중동선교소식〉 제 3호, 사우디 우네이자에서 온 선교소식, p.5 박형서)

32) 박형서, '사우디 우네이자에서 온 선교사소식', <중동선교소식> 제 3호, (1985.9.30), P.5

1985년 10월15일, **박형서 선교사**가 쿠웨이트의 최형섭 목사에게 보낸 편지에 의하면, 그 당시 **사우디의 카심 지역**은 사우디에서도 가장 보수성이 강한 지역이었다. 거기에 한국인이 약 2천명 정도 있었고, 그 중에서 약 300여명 기독교인이 모이고 있었다. 현장교회로는 우네이자 삼성교회 외에도 동아교회, 우창교회, 한일교회, 농업학교 교회, 쌍용교회가 있었고, 정우개발교회는 헌당예배를 앞두고 있었다. 종교경찰의 감시가 심한 상황 속에서도, 현장교회마다 부흥하고 있었다.

1985년 당시 〈중동선교소식〉 제 3호(1985.9.30)의 기도제목("선교사로 수고하시는 이의경, 김동표, 조완길, 김학현 네 분의 목사님과 **박형서**, **강성문** 선교사와 그 교회를 위하여")을 볼 때, 사우디에는 박형서 선교사 외에도 강성문 선교사가 더 있었다. 그러나 **강성문 선교사**(전도사)의 자료를 발견하지 못하였다.

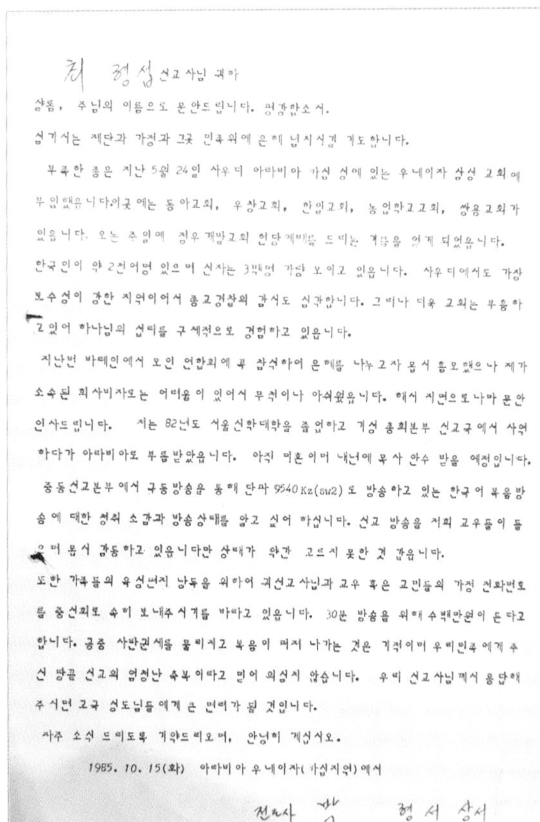

최 형섭 선교사님 귀하

샬롬, 주님의 이름으로 문안드립니다. 평강합소서.

섬기시는 제단과 가정과 그곳 민족위에 은혜 넘치시길 기도합니다.

부족한 종은 지난 5월 24일 사우디 아라비아 카심 성에 있는 우네이자 삼성 교회에 부임했읍니다.이곳에는 동아교회, 우창교회, 한일교회, 농업학교교회, 쌍용교회가 있읍니다. 오는 주일에 정우개발교회 헌당예배를 드리는 기쁨을 얻게 되었읍니다. 한국인이 약 2천여명 있으며 신자는 3백명 가량 모이고 있읍니다. 사우디에서도 가장 보수성이 강한 지역이어서 종교경찰의 감시도 심각합니다. 그러나 더욱 교회는 부흥하고 있어 하나님의 섭리를 구체적으로 경험하고 있읍니다.

지난번 바레인에서 모인 연합회에 꼭 참석하여 은혜를 나누고자 몹시 흠모했으나 제가 소속된 회사비자로는 어려움이 있어서 무척이나 아쉬웠읍니다. 해서 지면으로나마 문안 인사드립니다. 저는 82년도 서울신학대학을 졸업하고 기성 총회본부 선교국에서 사역하다가 아라비아로 부름받았읍니다. 아직 미혼이며 내년에 목사 안수 받을 예정입니다.

중동선교본부에서 극동방송을 통해 단파 9540 Kz(sw2)로 방송하고 있는 한국어 복음방송에 대한 청취 소감과 방송상태를 알고 싶어 하십니다. 선교 방송을 저희 교우들이 들으며 몹시 감동하고 있읍니다만 상태가 약간 고르지 못한 것 같읍니다.

또한 가족들의 유성번지 남독을 위하여 귀선교사님과 교우 혹은 교민들의 가정 전화번호를 중선회로 속히 보내주시기를 바라고 있읍니다. 30분 방송을 위해 수백만원이 든다고 합니다. 공중 사탄권세를 물리치고 복음이 퍼져 나가는 것은 기적이며 우리민족에게 주신 땅끝 선교의 엄청난 축복이라고 믿어 의심치 않습니다. 우리 선교사님께서 응답해 주시면 고국 성도님들에게 큰 면려가 될 것입니다.

자주 소식 드리도록 기약드리오며, 안녕히 계십시오.

1985. 10. 15(화) 아라비아 우네이자(카심지역)에서

전도사 박 형서 상서

〈중동선교소식〉 제 4호(1986.3.5)의 기도제목은 사우디를 위해 세 가지를 요청했다 : (1) 이슬람의 종주국인 사우디가 복음화 될 수 있도록, (2) 각 교우, 교회, 연합회를 통해 능력이 나타나도록, 특히 **박형서 전도사의 귀국**으로, 두고 온 카심지역과, 마음 문을 열고 교제를 나누던 한 무슬림을 위해, (3) 이의경, 조완길, 김동표, 김학현 목사, **김보연 평신도 선교사**를 위해.

위의 내용에 따르면, 1986년 3월에 박형서 전도사가 이미 귀국한 사실과, 사우디에는 박형서, 강성문 선교사 외에 **김보연** 평신도 선교사가 있었음을 알 수 있다. 그는 리야드에서 평신도 선교사로서 사역했다. 1986년 10월25일, 중동선교본부 정기모임(사회 : 강성문 전도사,[33] 설교 : 조완길 목사)에서 **김보연** 사우디 리야드 평신도 선교사가 사역보고를 한 사실이 있다.[34]

33) 강성문 선교사는 1986년 12월1일부터 중동선교본부의 전임으로 사역하였다.

② 김복채 선교사

〈중동선교〉 제 6호의 소식(1986.12.25)에 의하면, **김복채 목사**는 1986년 9월27일, **이명진 집사**와 함께 사우디 **카심 지역의 선교사**로 파송을 받았다(파송예배 사회 : 김종표 집사, 설교 : 김복채 목사).[35] 그러므로 김복채 목사 외에, 평신도 선교사 이명진 집사도 있었다.

김복채 목사는 한인교회의 담임목사들과 구별없이 함께 '선교사'로 언급되었다. 〈중동선교〉 제 6호(1986. 12. 25)의 기도제목("복음증거를 위해 **선교사로 수고하시는** 김동표, 김학현, 연홍기, **김복채** 네 분의 목사님의 사역과 건강을 위하여")과 〈중동선교〉 제 7호(1987. 6. 25)의 기도제목("중동선교에 힘쓰고 계시는 연홍기, **김복채**, 조완길, 김학현, 김동표 선교사님들의 건강과 힘찬 사역을 위하여")에서 그러하였다.

이 명단에서 연홍기, 김학현, 조완길, 김동표 목사는 각각 리야드 한인연합교회, 리야드 청운교회, 리야드교회, 담맘 한인교회의 담임목사였다. 당시 제다 한인교회의 담임목사는 한봉근 목사였다. **김복채 선교사**만은 한인교회의 담임목사가 아니라, 사우디의 카심 지역의 현장교회로 파송받은 선교사였다.

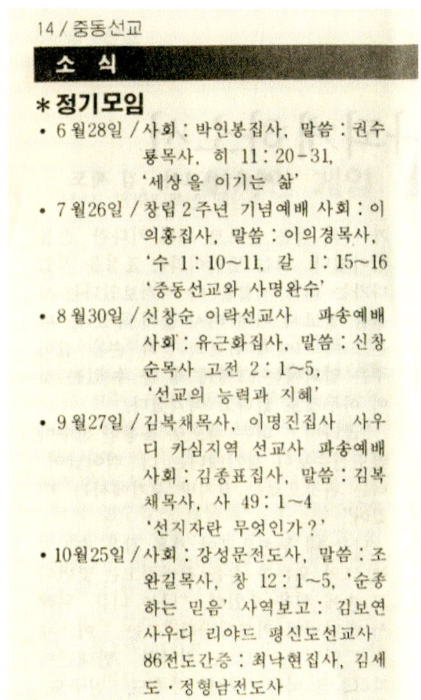
14 / 중동선교

소 식

＊정기모임

- 6월28일 / 사회 : 박인봉집사, 말씀 : 권수룡목사, 히 11 : 20-31, '세상을 이기는 삶'
- 7월26일 / 창립 2주년 기념예배 사회 : 이의홍집사, 말씀 : 이의경목사, '수 1 : 10~11, 갈 1 : 15~16 '중동선교와 사명완수'
- 8월30일 / 신창순 이락선교사 파송예배 사회 : 유근화집사, 말씀 : 신창순목사 고전 2 : 1~5, '선교의 능력과 지혜'
- 9월27일 / 김복채목사, 이명진집사 사우디 카심지역 선교사 파송예배 사회 : 김종표집사, 말씀 : 김복채목사, 사 49 : 1~4 '선지자란 무엇인가?'
- 10월25일 / 사회 : 강성문전도사, 말씀 : 조완길목사, 창 12 : 1~5, '순종하는 믿음' 사역보고 : 김보연 사우디 리야드 평신도선교사 86전도간증 : 최낙현집사, 김세도·정형남전도사

〈중동선교〉 제 6호(1986.12.25), 소식, p.14

1986년 9월, **김복채 선교사**는 **이명진 집사**와 함께 사우디 카심 지역을 선교지를 정하고 사우디에 입국했으나, 현지의 어려운 사정으로 인해 곧바로 들어가지 못하고 있었다. 사우디까지 도착한 선교사가 자신의 선교지에 들어가지 못할 때, 김복채 선교사의 괴로움은 이루 형언할 수 없을 정도였다. 1987년 6월의 선고보고 당시, 현장교회인 **리야드 삼환교회**와 **경남교회**에서 사역하고 있었다.[36]

34) <중동선교>, 제 6호(1986.12.25 서울 : 중동선교본부), 소식, p.14
35) <중동선교>, 제 6호, 기도제목들, p.15, "김복채 목사와 이명진 집사의 사우디 입국을 위해"
36) <중동선교>, 제 7호(서울 : 중동선교본부, 1987.6.25), 선교소식, p.11

그러나 1987년 말에 김복채 선교사는 카심 지역과 부레이다 지역을 섬길 수 있게 되었다. 그는 리야드의 일부 현장교회와 더불어, **카심 한인교회**와 **부레이다 교회**도 함께 섬겼다.

한편 **김복채 목사**는 **이명진 집사**와 함께 1986년 11월 두바이에서 열린 **제 3차 중한연 대회**에 참석하였다. 그 때까지 중한연(중동지역 한인목회자 협의회) 대회는 한인교회의 담임목사와 평신도 대표만이 참석할 수 있었다. 그들은 한인교회의 담임목사와 평신도 대표가 아닌, 선교사와 평신도 선교사로서 처음으로 중한연 대회에 참석하였다(한인교회의 담임목사가 아닌 선교사가, 정식회원으로 참석하게 된 것은 1988년 9월, 제 5차 중한연 대회 이후부터였다. 이 대회에서 중한연이 중선협으로 명칭을 변경하게 되었다).

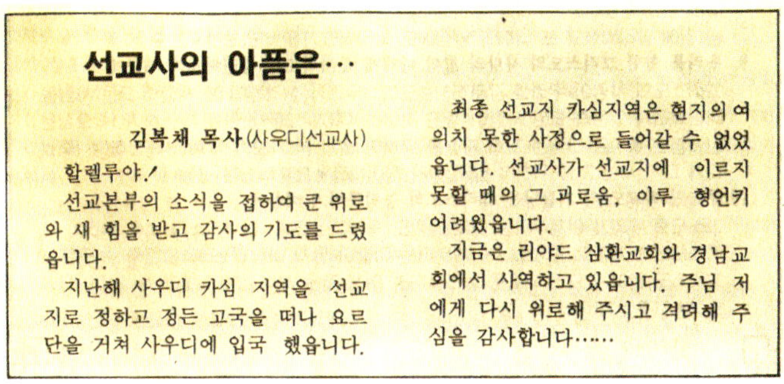

선교사의 아픔은…

김복채 목사(사우디선교사)

할렐루야!
선교본부의 소식을 접하여 큰 위로와 새 힘을 받고 감사의 기도를 드렸읍니다.
지난해 사우디 카심 지역을 선교지로 정하고 정든 고국을 떠나 요르단을 거쳐 사우디에 입국 했읍니다.
최종 선교지 카심지역은 현지의 여의치 못한 사정으로 들어갈 수 없었읍니다. 선교사가 선교지에 이르지 못할 때의 그 괴로움, 이루 형언키 어려웠읍니다.
지금은 리야드 삼환교회와 경남교회에서 사역하고 있읍니다. 주님 저에게 다시 위로해 주시고 격려해 주심을 감사합니다……

〈중동선교〉 제 7호(1987.6.25), 선교소식, p.11

〈중동선교〉의 소식을 통해, **박형서** 전도사, **강성문** 전도사, **김보연** 평신도 선교사, **김복채** 목사, **이명진** 집사 외에 또다른 선교사들을 확인할 수 있다. 〈중동선교〉 제 8호(1987.12.25)의 기도제목에서 세 명의 새로운 평신도 선교사가 발견된다 : "연홍기, 김동표, 한봉근, 김복채, 조완길, 김학현 선교사와, 평신도 선교사의 힘있는 선교사역이 계속되도록(**조선홍**, 이명진, **유준열**, 김보연, **박영세**)." 이 명단에서 이명진 집사는 김복채 목사와 함께 카심지역으로 파송받은 선교사였고, 김보연 선교사는 리야드 지역에서 사역하는 평신도 선교사였다. 조선홍, 유준열, 박영세는 새로운 이름이다.

유준열 권사는 1987년 당시 부레이다 교회를 섬기는 평신도 지도자로 확인되고, **박영세 집사**는 1986년 당시 리야드 한인한인연합교회의 집사로서 리야드 지역 기독교인 연합회의 봉사부장으로 확인된다. 그러나 **조선홍 평신도 선교사**는 잘 파악되지 않았다.

한인교회의 담임목사로 파송된 선교사의 경우에는 파악이 쉬웠다. 그러나 현장교회에서 사역했던 선교사의 명단은 명확하게 파악하기 힘들었다. 그러므로 위의 명단 외에 더 많은 선교사들이 사역했을 가능성이 있다.

배안호 선교사는 1984년, 사우디의 북동부도시 **다란**(Dhahran)에서 **극동건설**의 외자부 직원으로 근무하였다. 그는 평신도 집사로서 **극동교회**를 1985년까지 2년 간 담임하였다. 매주 금요 주일예배를 인도하였고, 월요일에는 전교인 성경공부모임을 매주 인도하였다. 또한 건설현장 가까이 사막에 **벧엘기도처소**를 만들어, 시간을 내어 기도하곤 하였다. 극동교회는 70~80명이 모이다가 120여명으로 성장하였고, 제직만 30명에 달하였다.

배안호 선교사처럼 숨겨져 있는 선교사들의 사역이 많이 있을 것이다.

3) 현장교회들과 연합회

리야드 지역 기독교인 연합회 (1977)

리야드 지역의 한인교회와 현장교회들이 가장 먼저 연합회를 형성하였다. 1977년, **리야드지역 기독교인 연합회**가 리야드 한인연합교회(1976년)를 중심으로 설립되었다. 1986년, 이 연합회는 발전하여 세 개의 한인교회(리야드한인연합교회, 리야드청운교회, 리야드교회)와 33개의 현장교회들로 구성되어 있었다.

이 연합회의 목적은 수니파 이슬람의 종주국인 사우디에 한인교회와 현장교회들을 **복음의 전진기지**로 세우는 것이었다.[37] 이 연합회는 리야드 지역을 3개 구역으로 구분하였고, 구역장을 세웠다. 1986년도에 **이영희 장로**(리야드 한인연합교회), **박운섭 장로**(리야드 한인연합교회), **김상철 장로**(리야드교회)가 각각 제 1,2,3구역장을 맡았다. 그리고 1986년도 임원조직은 다음과 같았다.

---

37) <중동선교소식> 제 4호(서울 : 중동선교본부, 1986.3.5), 중동선교소식, p.4

회　장 : 이영희 장로 (리야드 한인연합교회)
부회장 : 김상철 장로 (리야드교회)
　　　　박운섭 장로 (리야드 한인연합교회),
　　　　박순권 집사 (리야드 한인연합교회)
총　무 : 고승서 장로 (리야드 청운교회)
서　기 : 홍계현 집사 (한양 한마음교회)
회　계 : 이우진 집사 (리야드 청운교회)
선교부 : 김종표 집사 (리야드 한인연합교회)
봉사부 : 박영세 집사 (리야드 한인연합교회)

서기 **홍계현 집사**(한양 한마음교회)[38]만이 현장교회 소속이었으며, 다른 모든 임원은 한인교회 소속이었다. 한인교회 중에서는 **리야드 한인연합교회**가 회장과 부회장을 비롯하여 가장 많은 임원들을 맡았다.

1986년도에 이 연합회는 주요한 사역계획을 세웠다. 1986년부터 **요르단 선교사**를 매월 미화 300불을 후원하기 시작하였고, 중동선교에 소명을 가진 **선교사 후보생**(신학생) 6명에게는 장학금을 지불하기로 하였다.[39] 그런데 실제로는 7명을 선발하여 후원하였다.[40] 또한 이 연합회는 **비디오 선교사역**을 하였다. 그 결실이 좋았고, 현장교회들은 계속하여 좋은 비디오의 공급을 원했다.

4 / 중동선교소식

사우디 소식을 드리며

선교부 김종표집사

복음의 불모지인 중동 이슬람의 종주국인 사우디에 복음의 전진기지로 세워진 현장교회와 연합회가 오늘도 기도의 제단을 쌓습니다. 중동지역이 여리고성이 무너진것 처럼 언제가는 하나님의 놀라운 섭리속에 무너질 것이며 무너져야 합니다.

그러기 위해서는 우리가 해야할 일들이 너무나 많음을 깨닫습니다.

사우디 리야드지역 연합회 소식을 드리며 기도를 부탁합니다.

1. 86년 새임원을 소개합니다.

직　책	성 명	출　석　교　회	비　고
회　장	이영회장로	리야드한국인연합교회(이의경목사)	제1구역장겸직
부 회 장	김상철장로	리야드교회(조완길목사)	제3구역장겸직
〃	박운섭장로	리야드한국인연합교회(이의경목사)	제2구역장겸직
〃	박순권집사	〃　〃	
총　무	고승서장로	청운교회(김학현목사)	
서　기	홍계현집사	한양한마음교회(조완길목사)	
회　계	이우진집사	청운교회(김학현목사)	
선　교	김종표집사	리야드한인연합교회	
봉　사	박영세집사	〃	

2. 금년부터 요르단에 월 $ 300씩 선교 후원하기로 하였읍니다.
3. 중동선교에 소명이 있는 선교사후보생(신학생) 에게 장학금을 지불하기로 하였읍니다. (6명)
4. 비디오선교가 이곳에서 좋은 결실을 얻고 있읍니다. 계속해서 좋은 비디오 테이프를 얻기를 원합니다.
5. 무엇보다 우선 해야 할 것은 기도인것 같습니다. 이를 위해 중동 각 지역의 선교소식을 매달 받아 볼 수 있기를 원합니다. 먼저 이곳에 소식도 매 달 드리도록 하겠읍니다.

38) 홍계현 집사는 한국으로 귀국한 후 목사안수를 받고, 한마음교회를 개척하여 선교적 목회를 감당했으며, 중동선교회의 본부장으로서도 많은 헌신을 감당하였다.
39) 쿠웨이트 한인연합교회는 1983년부터 두 명의 예비선교사(이재정, 정형남)를 후원하고 있었다.
40) <중동선교소식> 제 5호(서울 : 중동선교본부, 1986.7.10), 기도제목, p.15, "이재정, 정형남 및 새로 선발된 사우디 리야드 교회 연합회 후원 7명의 장학생 예비선교사를 위해"

카심 지역 연합회

〈중동선교〉 제 6호(1986.12.25)의 기도제목("새로 조직된 각 지역연합회의 활성화와 사명을 잘 감당하도록")에 의하면, 각 지역별 연합회가 형성되어 있었다. 1987년 당시, **사우디 카심 지역연합회**가 있었는데, 그 규모는 크지 않았다. 농업학교(8명), 동아(3명), 삼성(25명), 쌍용(10명), 병원(10명), 정우(8명), 그리고 한일(3명) 등이 교회에서 정기적으로 예배를 드리고 있었다.

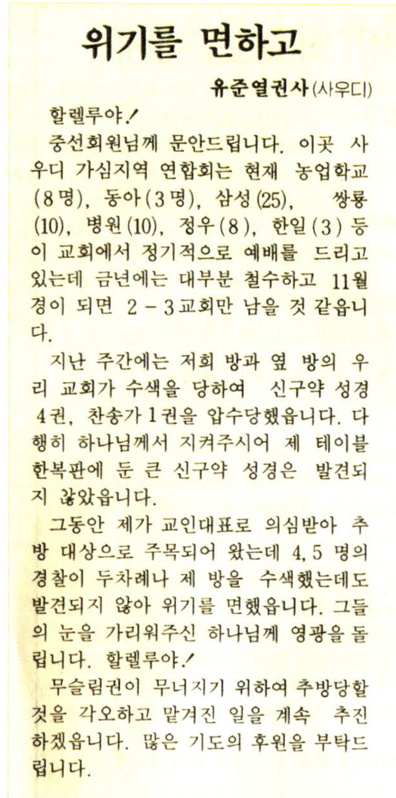

위기를 면하고

유준열권사(사우디)

할렐루야!

중선회원님께 문안드립니다. 이곳 사우디 가심지역 연합회는 현재 농업학교(8명), 동아(3명), 삼성(25), 쌍룡(10), 병원(10), 정우(8), 한일(3) 등이 교회에서 정기적으로 예배를 드리고 있는데 금년에는 대부분 철수하고 11월경이 되면 2-3교회만 남을 것 같읍니다.

지난 주간에는 저희 방과 옆 방의 우리 교회가 수색을 당하여 신구약 성경 4권, 찬송가 1권을 압수당했읍니다. 다행히 하나님께서 지켜주시어 제 테이블 한복판에 둔 큰 신구약 성경은 발견되지 않았읍니다.

그동안 제가 교인대표로 의심받아 추방 대상으로 주목되어 왔는데 4, 5 명의 경찰이 두차례나 제 방을 수색했는데도 발견되지 않아 위기를 면했읍니다. 그들의 눈을 가리워주신 하나님께 영광을 돌립니다. 할렐루야!

무슬림권이 무너지기 위하여 추방당할 것을 각오하고 맡겨진 일을 계속 추진하겠읍니다. 많은 기도의 후원을 부탁드립니다.

평신도 선교사 **유준열 권사**의 소식에 따르면, 그 당시 현장교회들은 사우디 정부의 엄격한 통제와 위협 아래 놓여 있었다. 성경과 찬송가는 압수당하였고, 교회대표로 여겨지면, 추방을 당하였다. 유준열 권사도 교회대표로 의심을 받아 추방대상으로 주목받았다. 두 차례나 그의 방을 수색당하기도 하였다. 그러나 하나님께서 위험한 위기 속에서 그를 지켜주셨다. 이러한 위험 속에서도 유준열 권사는 추방당할 것을 각오하고, 사역하였다.

담맘 지역 연합회

1987년, 사우디의 동부도시 **담맘**(Dammam)에는 **삼성종합건설**의 건설현장에 **현장교회**가 세워져 있었다. 건설현장 안에 자그마한 예배당이 마련되어 있었으며, 매주 20여명이 함께 모여 예배를 드렸다. 예배 인도는 세 사람의 집사들이 번갈아서 담당하였다. 그러나 평신도들이 예배를 전담하기에는 한계가 있었기에 한 달에 한 번씩이라도 담맘 한인교회의 목사를 초청하여 예배를 드릴 수 있기를 원하였다.[41]

41) 그 당시 담맘 한인교회의 담임목사는 제 1대 담임 김동표 목사였다.

〈중동선교〉 제 7호(1987.6.25)의 기도제목은 '**사우디 담맘 삼성교회**에 선교자료를 보내는 길이 계속 열리도록' 이었다. 중동선교본부는 아직 목회자가 없었던 담맘 삼성교회를 위해 선교자료를 공급하여 주고 있었다. 그 길이 막히지 않는 것이 필요하였다. 그런데, 스스로 서기에도 힘들 것만 같은 이 작은 교회가 기도하며 결의한 일이 있었다. 그것은 1987년 10월부터 중동선교를 위해 매월 100S/R(한화 24.000원)을 헌금하기로 결정한 것이었다. 중동선교를 위한 헌금을 결정하니, 그들의 마음이 무척 기뻤다.

이 당시 현장교회들은 단지 이슬람 땅에서 **금지된 예배의 열정**만 뜨거웠던 것이 아니라, 선교사가 들어갈 수 없었던 이슬람 땅에서 선교의 열정이 더불어 뜨거웠다. 현장교회들은 이슬람 땅에서 금지된 예배를 드리면서, 더욱 더 이슬람 선교의 열망을 갈급하게 품게 되었다.

1987년 당시 담맘지역에는 **삼성종합건설** 외에 , **대림**, **유원**, **극동**까지 모두 네 개의 건설회사가 진출해 있었다. 네 개의 건설현장에 모두 현장교회가 세워져 있었다. 그런데 각 교회가 홀로 서기에는 어려움이 있었으므로, 네 개의 현장교회들이 **연합회의 조직**을 추진하게 되었다.[42]

선교현지에서 보내온 편지

이 호 집사(사우디)

할렐루야./

주님의 이름으로 중동선교회와 회상님이하 수고하시는 전도사님과 각 회원님께 문안드립니다.

부족한 저는 중동선교회 정기예배 한번 참석하여 회원으로 가입을 하였지만 가정적인 사정으로 회원의 본분을 하지 못해 마음 아프게 생각하여 오는중 하나님의 뜻이 있어 또다시 중동으로 보내주심을 감사하게 생각합니다.

이번에는 "삼성종합건설"의 일원으로 송출되었읍니다. 이곳 현장에는 자그마한 교회(예배실)가 있고 집사님과 평신도 20여 명이 매주 예배드리고 있읍니다. 예배인도는 집사님 세분이 돌아가면서 하고 있으나 귀한 목자의 음성이 그립기만 하답니다.

이곳은 담만지역으로 "신공항 신축공사"를 하고 있으며 삼성과 대림, 유원, 극동, 네개 회사가 한 단지내에 들어와 있으며, 공사 기간은 89년 3월까지나 이제 공정의 30% 정도 했답니다. 앞으로 이곳 네개 회사의 교회가 연합회를 조직하기 위해 추진하고 있으며 담맘한인교회 목사님(존함은 아직모름)을 매월 한번씩이라도 모셔 예배드릴려고 하고 있읍니다.

특별히 감사한 일은 본교회에서 기도하던중 적은 물질이라도 중동선교를 위해 헌금하자는 결의를 하고 10월부터 매달 사우디화 100S/R(한화 24,000원)씩 송금하기로 했읍니다.

비록 적은 물질이지만 이 씨앗이 자라 많은 결실을 맺어 다음엔 더 많이 후원할 수 있는 하나님의 축복이 있으리라 믿습니다. 부족한 이곳 삼성교회를 위해 중동선교회에서도 기도하여 주십시요.

또 한가지는 부족한 종이 늦었지만 적은 물질로 봉사하고져 합니다. 그간 중동선교를 위해 마음은 있었으나 뜻대로 하지 못해 너무 아픈마음이었지만 이제 적은 것이지만 결정을 하고나니 너무나 기쁜 마음입니다.

끝으로 중동선교회가 더 큰 하나님의 사역을 감당하는 기관이 될 수 있도록 그리고 회상님과 전도사님과 각 회원들의 가정에 주님의 평안이 항상 넘치시길 기도드립니다.

사우디 아라비아 기독교인 연합회 (1987)

1987년 10월30일 총회시, 리야드 지역에 국한되어 있던 **리야드 지역 기독교인 연합회**를 **사우디 아라비아 기독교인 연합회**로 개칭하여 사우디 전 지역을 망라하는 총 연합회로 발족하게 되었다.

사업목표

1. 현지 교민전도 및 한국인 업체 근로자 전원 신자화
2. 중동지역 선교사 양성지원 - 장학금 지급 (방글라데시인 2명)
3. 교민교회 및 현장교회 간 친목, 유대강화
4. 현장교회예배 인도자, 제직, 교회학교 교사 수련 및 유대강화
5. 교민구제사업

사업내용

1. 카세트 설교테이프, 비디오 테이프 복사 배포 (각 현장교회, 선교회원에게 지급)
2. 중동선교본부(회장 두상달 장로)를 통하여 중동지역 예비 선교사 장학금 지급(연 12,000리얄)
3. 김복채 목사의 지원 : 카심, 부레이다 지역과 리야드 지역 일부 현장교회를 사역하고 있음
4. 알카리지 소재 아리랑 농장에 근무하던 김경원 씨가 교통사고로 인해 현지인 배상에 따른 고난을 당하고 있을 때, 알카리지 영동교회와 협조하여 연합모금으로 배상하고, 귀국할 수 있도록 하였음

선교자료 및 비품현황

1. 선교자료 : ① 카세트 설교, 찬송, 간증, 강해테피트 1,500개
   ② VTR 예배 및 성화 테이프 90개
2. 비품 : 카세트 고성능 복사기 4대, TV4대, VTR 5대, 영사기 2대

교회현황

*교회현황을 보면, 리야드 청운교회의 규모가 가장 컸다(250명). 한인교회는 모두 7개였다(리야드청운교회, 리야드교회, 리야드한인연합교회, 담맘한인교회, 쥬베일 한인교회, 카심한인교회). 현장교회들 중에서는 현대 Rimex교회의 규모가 가장 컸다(117명). 현장교회는 리야드 지역 16개, 담맘지역 2개, 제다지역 3개, 카심지역 1개, 그리고 부레이다 지역 1개, 총 23개였다.

---

42) 이호, '선교지에서 온 편지', <중동선교> 제 8호 (서울 : 중동선교본부, 1987.12.25), p.8

지역	교회	인원	목사	지역	교회	인원	목사
리야드 지역	청운교회	250	김학현	리야드 지역	한양 한마음	111	
	리야드교회	200	조완길		삼환교회	15	
	한인연합교회	120	김재운		삼호KKMA	78	
	현대 Rimex	117	권지수		극동 외교단지		
	알카라지 영동	35	김성동 전도사	담맘 지역	담맘 한인교회	130	김동표
	경남 디랍 교회	56			쥬베일 한인교회	20	
	현대 NIVIP	53			삼성 공항교회	30	
	현대 GAHOS	41			극동 SAFA	60	
	현대 QAWAS	56		제다지역	제다 한인교회		한봉근
	현대 KIFAS	30			대림 다락방교회		
	현대 SAMOI	56			현대 새마을교회		
	현대 RIASA	25			동아교회 (FAIF)		
	현대 ST-382	7		카심지역	카심한인교회	20명	김복채
	국제소망교회	5			삼성교회	40명	
	럭키교회	57		부레이다	부레이다교회		김복채

연합회 임역원[43]

회장 : 고승서 장로(청운교회)　부회장 : 김상철 장로 (리야드교회)
총무 : 김명진 집사(청운교회)　서기 : 박찬왕 집사 (한인연합교회)
회계 : 이병만 집사(청운교회)　선교부장 : 임창남 성도(청운교회)
봉사부장 : 안성문 집사(한인연합교회)　교육부장 : 유정식 집사(청운교회)

리야드 지역장 회장 : 박순권 집사(한인연합교회), 리야드 지역 총무 : 박민성 집사(한인연합교회)
동부지역 : 김연태 집사 (담맘한인교회)
서부지역 : 구영복 장로 (제다 한인교회)
중부지역 : 한영일 집사 (부레이다 교회)

자문위원

김복채 목사 (부레이다 교회)
김학현 목사 (청운교회)
연홍기 목사 (한인연합교회)
조완길 목사 (리야드 교회)
김동표 목사 (담맘 한인교회)
한봉근 목사 (제다 한인교회)

증경회장

조진규 장로 (청운교회)
오필립 장로 (청운교회)
이영희 장로 (한인연합교회)
최재문 장로 (담맘한인교회)
구영복 장로 (제다한인교회)
유준열 권사 (부레이다 교회)

---

43) 1987년도 임역원의 경우, 리야드 청운교회가 회장을 비롯하여 가장 많은 임역원을 맡고 있었다.

선교소식

사우디의 소식

사우디 아라비아 기독교인 연합회

선교 회원 여러분께 주님의 이름으로 문안드리오며 무궁한 발전이 있으시기를 기원합니다. 당 연합회는 지난 10여년간 특수한 여건 가운데서 많은 분들의 계속적인 헌신과 봉사를 통하여 복음 사업을 위하여 활동하여 왔으며 지금은 새로이 사우디의 연합회로서 발전하게 되었읍니다. 그러나 전도와 선교의 황금 지역이며 복음적으로도 지리적으로도 땅끝이라 할 수 있는 현지의 중요성에 비추어 볼 때 아직 미흡하고 미약한 당 연합회를 오래 참으시고 묵묵히 지원하여 주시는 여러분들에게 송구스러운 마음을 금할 길이 없읍니다.

이제, 새해를 맞이하면서 당 연합회 임원 일동은 하나님께서 허락하여 주신 본 연합회의 선교적 사명을 재인식 하여 하나님의 일을 맡은 자들로서 새로운 각오로 일을 하겠읍니다. 올 한해 동안 본 연합회가 추진하여 나갈 사업 방향을 아래와 같이 알려 드리니 여러분의 적극적인 지원과 기도를 부탁 드리오며 하나님의 평강이 늘 함께 하시기를 기도합니다.

첫째 : 아랍인 사명인 양성

세계 기독교 역사를 볼때 순교를 통하여 하나님의 역사가 있었던 것과 같이 현지에도 이러한 역사가 이루어지기 위하여는 순교적 사명을 가진 하나님의 종이 필요합니다. 또한 현지의 여건을 볼때 언어 문제 등으로 제 3 국의 아랍 사람 (아랍 문화권) 이 이 일을 감당하는 것이 가장 좋은 방법이므로 본 연합회에서는 이와 같은 조건과 사명을 가진 일꾼을 찾아내고 양성하여 그들로 하여금 현지에 복음의 씨앗이 뿌려지는 때까지 장기적으로 이 사업을 추진하여 나갈 것입니다.

둘째 : 중동 선교 본부 및 중동 지역 한인 선교 협의회 지원

긴밀한 협조하에 중동 지역 선교에 대한 자료 교환 및 연구를 할 것이며 요청에 따라 필요한 지원도 최대한 할 것입니다.

셋째 : 현지 병원 및 교도소 방문 전도

한국인 으로서 현지에 입원한 환자나 교도소에 수감된 사람 또는 불우한 입장에 있는 형제들을 방문하여 그리스도의 사랑을 전하고 가능한 범위내에서 최대한 지원할 것입니다.

넷째 : 현장 교회 지원을 위한 지속 사업

(1) 현장 교회의 예배 및 전도용 카세트 테이프 및 비디오 테이프 배포

(2) 예배 설교 담당 및 성례식 집례

(3) 현장 교회 예배 인도자등 제직 수련회

* 신규사업
(4) 어린이 성가 선교단 현장 교회 순회

(5) 예배 및 선교 자료 배포를 추진하겠읍니다.

다섯째 : 각 교회간의 유대 강화

각 현장 및 교민 교회간의 평소 긴밀한 협조와 유대를 통하여 사랑과 구제를 실천하며 공동 관심사인 현지 선교 사업을 연구 발전시켜 나아가며 연합 예배를 통하여 하나님께 영광을 함께 돌리며, 연합 체육 대회를 통하여 유대를 더욱 공고히 하고자 합니다.

〈중동선교〉 제 9호(서울 : 중동선교회, 1989.3.25.), pp.6-7

사우디아라비아 선교소식

다양한 선교 장비를 갖추고 영적전쟁도 준비하고

풍성한 열매를 거두게 하시는 하나님의 영광을 찬송 드립니다. 여러가지 어려운 상황중에서도 주님의 돌보심으로 모슬렘 지역인 이곳에 선교 발판을 조금씩 놓아 가고 있습니다.

이곳은 중동사태의 상황이 무력 사용도 불사하겠다는 미국과 영국 및 다국적군의 강도 높은 의지와 미군 추가 파병 20만명으로 더욱 전운이 감도는 가운데 있습니다. 그로 인하여 생필품 가격이 오르고 있으며 귀국하는 교민들도 더욱 증가되고 있습니다.

뿐만 아니라 예멘, 수단인들의 강제 출국 명령으로 인건비가 상승되고 주변국과의 분쟁이 감정적으로 전개 되어가고 있습니다. 이런 분위기 가운데 저희 선교가족은 동요하지 않고 꾸준히 길을 열어 주시는대로 사역을 하고 있습니다. 더욱 감사 한것은 미국 음악 선생님인 MRS. BUSHMAN이라는 분의 소개로 인도 학생들에게 피아노를 가르치게 되었습니다.

또한 인터내셔날 교회와 협력하여 사역을 하고자 협의하고 있는데 이 교회는 미국, 영국을 중심으로 인도, 필리핀, 파키스탄등의 다국적 교인들이 모이는 곳으로 사역하는데 큰 도움이 되리라고 믿고 있습니다. 이 교회는 한국인들이 사용하던 건물을 매입하여 사용하고 있습니다.

또한 현대건설 현장에서 교회로 사용하던 조립식 건물을(약 20평, 300만원상당) 무상으로 기증 받아 3국인들의 예배 처소로 사용할 계획입니다.

삼환건설 현장에서 모이는 한국인 및 인도인 집회를 매주일 1회 인도하며 점차 한국 건설회사를 발판으로 3국인 선교를 확장 하고자 합니다.

시리아 출신으로 아랍어교사 자격증이 있는 아브라함씨에게 1주일에 4일씩 선교부에서 정은이를 제외하고 성민, 박인숙 선교사와 제가 함께 아랍어를 배우고 있습니다.

한편 미군의 사우디 주둔으로 폐쇄 되었던 이곳의 분위기가 점점 개방되어가는 분위기 입니다.

리야드에 있는 여자 대학생 50여명이 역사상 처음으로 데모라는 것을 했는데 그 이유는,

"여성도 직업을 갖게하라!"

"자동차를 운전하도록 하라!"

"복장의 자유, 즉 차도르(일명 검은 망또)를 벗게하라!"는 등의 요구를 하였다는데 화드왕은 고려 해보겠다고 하여 이 맹렬 여성들을 해산시켰다고 합니다.

여기에 맞추어 영력있는 미군 군목단의 선교전략은 대단히 야심찬 것들로 지방 도시에 지하 선교본부를 두고 다양한 선교 장비를 갖추고 영적 전쟁도 준비하고 있다는 것입니다.

11월에서 91년2월 사이에 전쟁설이 나도는 가운데 저희는 희망찬 선교의 문이 열려지기를 기도하고 있습니다.

사우디 아라비아만 선교의 문이 열리면 주변 아랍국가들은 보다더 쉽게 복음의 문이 열려지게 될것입니다.

중동선교를 위해서 선교센터를 마련하고(건물임대) 장비를 갖추면 얼마든지 선교할 수 있는 가능성이 보이고 있습니다. 그리고 리야드 근교인 농장지대에 영구적인 선교 농장을 세워서 자립선교를 할 수 있도록 기도하고 있습니다. 이는 농장을 전문 경영인에게 맡기고 다국적 인력을 고용하여 선교에 투입하는 일을 말합니다.

태국인 교회는 태국과의 일시적인 외교상의 관계 악화로 이곳 정부가 태국인 입국을 불허하고 있고 기간이 만료된 사람들은 귀국 시키기 때문에 태국어 설교 테입을 전달하는 일만하고 있습니다.

인도인들이 모이는 30명정도의 초교파 모임을 지도하기 위해 협의하고 있습니다. 또한 저를 돕고있는 압둘라 바드와일란씨가 중동사태의 여파로 무역사업이 부진하여 고전하고 있습니다. 이곳에서 장기적으로 체류하며 사역하기 위해서 이 사람의 사업이 잘 되어야 되는데 주님께서 저를 도우시도록 기도해 주시기 바랍니다.

사우디아라비아 왕국에서 김ㅈㅇ선교사.

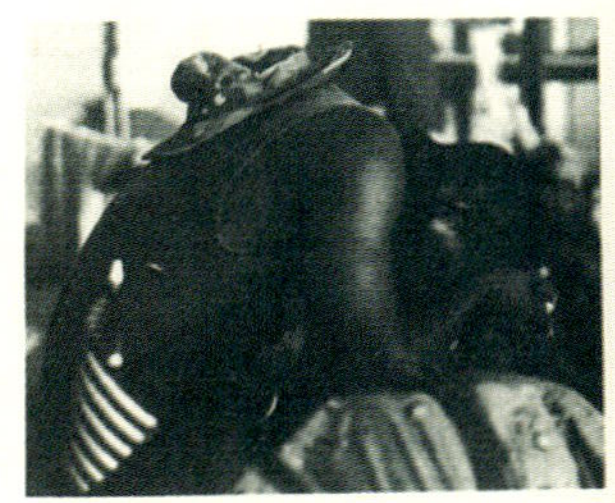

〈중동선교〉 제 16호(서울 : 중동선교회, 1991.2.28), pp.8-9

나. 바레인 : 바레인 한인교회 (1982, 1983년)[44]

바레인은 사우디 아라비아와 다리로 연결된 섬나라다. 카타르와도 매우 인접해 있다. 바레인은 걸프지역 선교에 있어서도 매우 중요한 지역이기도 하다. '**이슬람 선교의 사도**'로 불리는 **아라비아 선교회**의 **사무엘 쯔웨머**(Samuel Zwemer)가 이슬람 선교의 본거지로 삼은 곳이 바로 바레인이었기 때문이다. 그러므로 바레인 한인교회가 바레인의 수도 마다마에 세워지기 오래 전에, 사무엘 쯔웨머가 세운 개신교 교회인 NEC(National Evangelical Church)[45]가 세워져 있었다. 현재까지도 NEC 컴파운드 안에 기독교서점, 미션병원, 미션스쿨이 운영되고 있다.

대한민국과 바레인은 1976년 4월에 국교를 수립했으며, 바레인은 국제무대에서 한국의 입장을 지지하는 우방국이다. 한국기업의 바레인 진출은, 국교수립 전인 1975년에 **현대건설**이 **아스리 조선소 공사**를 수주함으로 시작되었다.[46] 1977년 3월에는 물류기업인 **영진공사**가 **미나술 항만의 화물하역**을 독점하는 사업권을 따내면서, 바레인 지점도 개설되었다.[47] 그 당시 제대로 된 항만 하역이 이루어지지 않던 상황에서, 바레인은 영진공사에 의해 항만 하역시스템을 갖출 수 있게 되었다. 영진공사는 항만하역 분야에서 쌓은 신뢰를 바탕으로 하여 바레인 공항의 화물하역권까지 따냈다. 그리고 1978년에는 **경남기업**이 **법무부청사 공사**를 수주하였다. 이어서 **바레인 왕궁신축 공사**와 **은행빌딩 공사**(18층)도 수주하였다.[48]

(1) 바레인의 현장교회들

바레인 한인교회가 세워지기 전에는, 바레인에 진출한 한국기업들이 각 기업체별로 자체 교회(현

44) 바레인 한인교회의 내용은 현 담임목사 권순표 목사의 검토를 거쳤다.
45) 쿠웨이트에 세워진 NEC는 NECK (National Evangelical Church in Kuwait)이다. 바레인 한인교회는 NEC의 운영위원회 위원이며, 쿠웨이트한인연합교회는 NECK의 소속회원이다.
46) 한국민족문화대백과사전, "현대건설"(https://encykorea.aks.ac.kr/Article/E0063282)
47) 경인일보, 2014.1.7, "바레인 30년 물류독점 영진공사의 위기"
48) kimwoochoong.com/2-1-3-01-경남기업의-뿌리/

장교회)를 세우고, 예배를 드리고 있었다. **현대교회**, **영진교회**, 그리고 **경남교회**가 있었다.[49]

① **현대교회** : 1975년 12월, 현대건설 아스리 공사에 동원된 인원 중 4명의 믿음의 형제들이 바닷가에서 횃불 예배를 드림으로 시작되었다.

② **영진교회** : 1977년 2월, 영진공사에 취업한 인원 중 4명의 믿음의 형제들이 바닷가에서 기도회를 가짐으로 시작되었다.

③ **경남교회** : 1978년 8월, 경남기업에 취업한 인원 중 6명의 믿음의 형제들이 식당에서 예배를 드림으로 시작되어, 1981년 1월까지 계속되었다.

1982년에도 **현대교회**와 **영진교회**는 계속되었으나, **경남교회**는 1981년 1월까지만 존속하였다. 당시 바레인에는 **현대건설**과 **영진공사** 등의 기업체 근로자 1,400여명을 비롯해서 1,500명 이상의 한국인이 거주하고 있었다. 그 때 **현대교회**는 현대건설 아스리 캠프 내에 있었고, **영진교회**는 영진공사 시트라 캠프 내에 있었는데, 교인수는 각각 80~100여명이 되었다. 마나마 시내에 거주하는 **교민가정**은 현대교회에 출석하고 있었다.[50] 그러나 현장교회에는 아직 목사가 없었다.

이미 믿음의 형제들 중에서 말씀으로 양육하고 영적으로 인도해 줄 목사를 소망하는 일이 있었다. 특히 1980년부터 **현대교회**를 중심으로, 중동선교를 위해 해외취업에 뜻을 둔 목사를 모시려는 시도가 몇 차례 있었다. 현대건설 본사의 현대 크리스챤 모임의 협조로 시도했으나 제도적인 장애가 가로막거나, 장기간의 파송지체로 인하여 희망 선교사가 중도에 포기했었다.[51]

바레인에 목사를 모시는 일이 좌절되자, 영적으로 말씀에 갈급했던 심령들의 실망은 매우컸다. 특히 열사의 나라에 와서 주님을 영접한 **새신자들**에게 **세례를 줄 수 없는 것**은 너무 안타까운 일이었다. 그리하여 **제직회**는 쿠웨이트 한인연합교회의 최형섭 목사를 초청하기로 하였다.[52]

---

49) 바레인 한인교회 약사 (1985.10.11, 바레인 한인교회 창립3주년 주보)
50) 강승빈, '선교지 소개-바레인편', <중동선교소식> 제 1호(중동선교본부, 1984.10.15), p.6
51) 강승빈, '선교지 소개-바레인편', <중동선교소식> 제 1호(중동선교본부, 1984.10.15), p.6
52) 강승빈, '선교지 소개-바레인편', <중동선교소식> 제 1호(중동선교본부, 1984.10.15), p.6

(2) 한인교회 설립의 필요성을 갖게 되다.

1) 쿠웨이트 한인연합교회 최형섭 목사 초청 (1982. 4.17~21)

1982년 4월 17~21일, 부활절예배 및 성례식을 위해 최형섭 목사가 초청되었다.[53] 최형섭 목사의 일정은 두 개의 현장교회들과 현지교민을 방문하는 것이었다. 17일(토)에 **현대교회**를, 18~20일(일/화)에는 **현지교민**을, 그리고 20일(화)에는 **영진교회**를 방문하였다.

최형섭 목사의 방문일정	(기타일정)
4.17(토) 바레인에 도착하다. 현대건설 - 학습세례문답, **현대교회 부흥회**	교회 제직회 간담회
4.18(일) 현지교민 - **교구심방** (지일광 성도 가정) 현대교회 - **부활절 연합예배** (학습, 세례, 성찬식)	대사관 방문, 유적지 안내
4.19(월) 현지교민 - **교구심방** (김은희 집사가정, 정영재 집사가정)	한인학교 방문
4.20(화) 현지교민 - **교구심방** (김규호 성도 가정) 영진개발 - **영진교회 부흥회**	바레인 국립박물관 제직회
4.21(수) 쿠웨이트로 귀국하다.	

현장교회 방문(17, 20일)은 **현장교회의 부흥예배**가 주된 행사였고, 현지교민의 방문(18~20일)에서는 **교민가정**을 심방하였다. 18일에는 **부활절 연합예배**로 모두 함께 모여, 성례식을 거행했다. 이 기간에 29명이 세례를 받았고, 현장교회 운영을 위해 집사 4명이 임명받았다.[54]

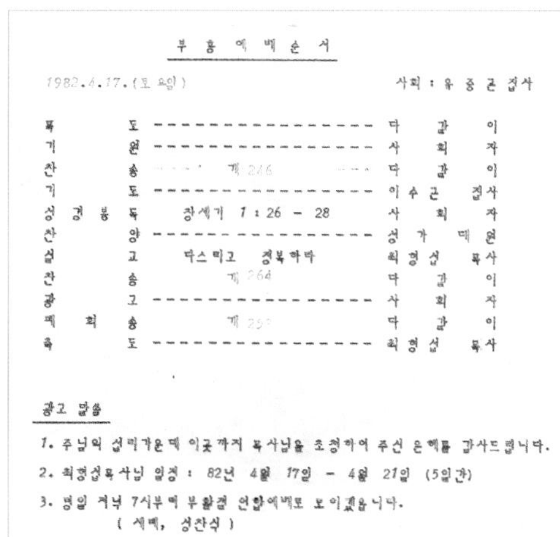
부흥예배순서

1982.4.17.(토요일) 사회 : 유중근 집사

묵도 ------------------ 다같이
기원 ------------------ 사회자
찬송 제246 다같이
기도 ------------------ 이수근 집사
성경봉독 창세기 1 : 26 - 28 사회자
찬양 ------------------ 성가대원
설교 다스리고 정복하라 최형섭 목사
찬송 제264 다같이
광고 ------------------ 사회자
폐회송 제25[illegible] 다같이
축도 ------------------ 최형섭 목사

광고 말씀

1. 주님의 섭리가운데 이곳까지 목사님을 초청하여 주신 은혜를 감사드립니다.
2. 최형섭목사님 일정 : 82년 4월 17일 - 4월 21일 (5일간)
3. 명일 저녁 7시부터 부활절 연합예배로 모이겠습니다.
(세례, 성찬식)

4월18일, 부활절 연합예배 주보(현대교회)

53) <쿠웨이트한인연합교회 예배일지>, 1982.4.16, 광고 : "최형섭 목사님. 바레인 현대교회, 영진교회에서 부활절 연합예배 및 부흥회 인도차 출발. 4월17~20일".
54) 쿠웨이트한인연합교회, 「중동선교소식 - 쿠웨이트편」(서울 : 중동선교본부, 1985), p.11

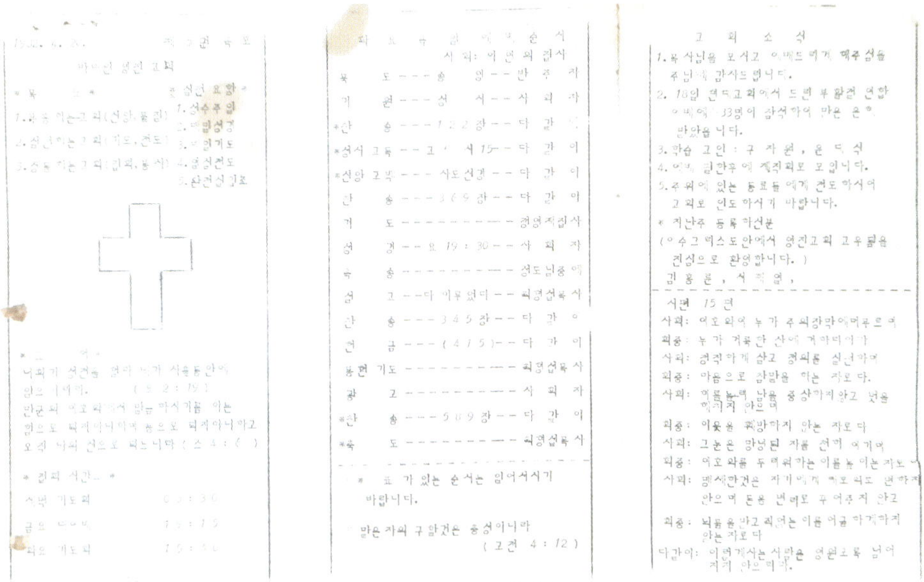

4월20일, 바레인 영진교회 부흥회 주보

최형섭 목사를 부활절 예배와 성례식을 위해 초청한 일은 바레인 교회들에게 매우 중요한 계기가 되었다. 최형섭 목사는 그들에게 **바레인 지역 한인연합교회의 창립** 및 **바레인 선교사 파송의 필요성**을 피력하였다. 그리고, 이 사안에 대해서 **바레인 현대교회**[55]의 회장 유부정 집사와 부회장 강승빈 집사 및 **바레인 영진교회**[56]의 회장 백영선 권사 등과 숙의하였다.[57]

이를 계기로 바레인 교회들도 땅끝복음의 선교비전을 갖게 되었으며, 중동선교의 전초기지로서 바레인에 한인연합교회를 설립하기로 결의하게 되었다. 그리고 담임목사를 위한 선교사 선발은 최형섭 목사에게 위임하였다.[58] 최형섭 목사가 쿠웨이트로 복귀한 후, 쿠웨이트 한인연합교회도 바레인 교회를 위하여 기도하게 되었다 : "요르단 교회와 바레인 교회의 목사님 초빙을 위해 기도합시다" (쿠웨이트 한인연합교회 예배일지, 1982.4.23 제 17일 주일예배 광고)

---

55) 1982년 현대교회의 조직: (회장)유부정 권사, (부회장)강승빈 집사, (서기)김석규 집사, (회계)이승찬 (총무)김규철 (선교)양태홍 (봉사)고동식, (음악)박세형, (예배)유중곤, (주일학교교육부)이수근

56) 1982년 영진교회의 조직: (회장)백영선 권사, (설교담당)이연희,정근조 집사, (전도부장)김영철 집사, (서무)조준,최옥식 성도, (봉사부)강웅식,신흥균 집사,유순희 성도, (회계/재정) 윤돈 성도

57) 쿠웨이트한인연합교회, 「중동선교소식 - 쿠웨이트편」(서울 : 중동선교본부, 1985), p.11

58) 쿠웨이트한인연합교회, 「중동선교소식 - 쿠웨이트편」(서울 : 중동선교본부, 1985), p.11

2) 연합추진 위원회 구성 (1982. 5.21)

최형섭 목사가 쿠웨이트로 돌아간 후, 바레인의 교회들은 '**교회연합**을 통한 한인교회의 설립'을 위하여 힘쓰기 시작하였다. 그리하여 1982년 5월21일, 정영재 집사(대사관/참사관)를 위원장으로 하여 **연합추진 위원회**를 구성하였다.[59]

최형섭 목사도 쿠웨이트로 돌아온 후부터 약 4개월 간에 걸쳐 바레인 교회의 교우들과 수차례 전화 연락을 취하며, **한인교회의 설립**을 위하여 협력하였다.[60]

(3) 바레인 한인교회가 설립되다 (1982.10.15)

1) 선교사 인선 및 파송요청

최형섭 목사는 **바레인 파송 선교사** 인선 및 파송을 위하여, 예수교대한성결교회 **총회장** 손택구 목사에게 의뢰하였고, 1982년 7월28일 **최수영 목사**를 바레인 선교사로 추천받았다.[61]

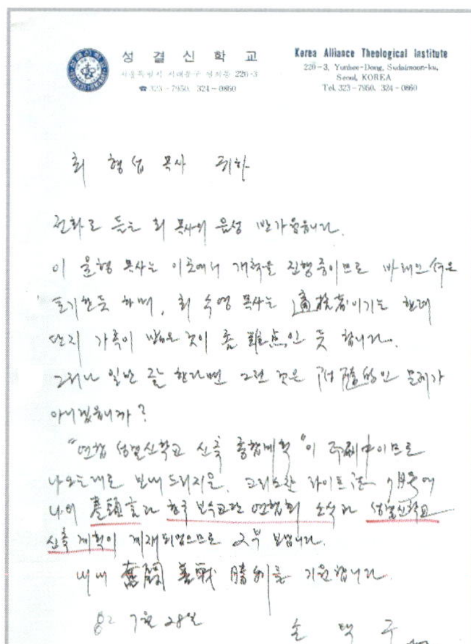
성 결 신 학 교
서울특별시 서대문구 연희동 220-3
☎ 323-7950, 324-0860
Korea Alliance Theological Institute
220-3, Yunhee-Dong, Sudaimoon-ku, Seoul, KOREA
Tel. 323-7950, 324-0860

최 형섭 목사 귀하

전화로 듣는 최 목사의 음성 반가웠습니다.
이 윤형 목사는 이곳에서 개척을 진행중이므로 바레인 行은 포기한듯 하며, 최 수영 목사는 適格者이기는 한데 다만 가족이 많은 것이 좀 弱點인 듯 합니다.
그러나 일만 잘 한다면 그런 것은 別 問題가 아니겠습니까?
"연합 성결신학교 신축 종합계획"이 준비中이므로 나오는대로 보내 드리지요. [illegible] 7月號에 나의 [illegible] 한국 복음교단 연합회 소식과 성결신학교 신축 계획이 게재되었으므로 2부 보냅니다.
내내 [illegible] 勝利를 기원합니다.
82 7월 28일
손 택 구 [illegible]

손택구 총회장이 최형섭 목사에게 보낸 편지(1982.7.28)에 의하면, 이○○ 목사도 적임자이나, 한국에서 개척교회를 진행 중이어서 어렵게 되었고, **최수영 목사**는 가족이 많다는 단점 외에는 적임자라고 하였다. 1982년 8월16일, **최수영 목사**도 최형섭 목사에게 편지를 보내어, 선교에 나서는 자신의 각오를 밝히기도 했다. 당시 최수영 목사에게는 국내에서 후임 담임목사

59) 바레인 한인교회 약사 (1985.10.11, 바레인 한인교회 창립3주년 주보)
60) 쿠웨이트한인연합교회, 「중동선교소식 - 쿠웨이트편」(서울 : 중동선교본부, 1985), p.11. <쿠웨이트한인연합교회 예배일지>, 1982.5.28. 주일예배광고, "바레인 연합교회 설립을 위해 기도합시다"
61) 쿠웨이트한인연합교회, 「중동선교소식 - 쿠웨이트편」(서울 : 중동선교본부, 1985), p.11

로 요청하는 교회도 있었다. 이러한 상황에서, 그는 다음과 같이 자신의 각오를 밝혔다 : "최형섭 목사님께서 중동을 위한 복음전파 동역자를 구한다는 공문을 받고, 기도 중에 자원하게 되었습니다. 생명은 주께서 주관하시는 것이며, 내가 사는 것도 오직 주님의 은혜이므로, 주께서 중동지역의 영혼을 위해 저에게 희생이 요구된다면, 아멘일 뿐입니다".

2) 쿠웨이트 한인연합교회 - 제 2차 바레인 방문 (1982. 8.28~29)

1982년 7월28일, 최수영 목사가 바레인 파송 선교사로 추천받게 되자, 쿠웨이트 한인연합교회는 1982년 8월 28~29일, **한인연합교회의 설립**과 **선교사 파송의 사안**을 협의하기 위하여 제 2차 바레인 방문을 하게 되었다.[62] 쿠웨이트 한인연합교회의 3인(최형섭 목사, 당회위원 최낙성, 윤대훈 집사)과 바레인 교회의 대표 14명이 회의를 하였다. 이 회의에서 바레인 교회의 대표 14명은 최형섭 목사로부터 최수영 목사를 서면과 구두로 소개받고, 전원 만장일치로 바레인 한인교회의 담임목사로 받기로 하였다.[63] 이 회의에서 의결된 내용은 다음과 같다.[64]

회의장소 : 바레인 현대건설 영빈관
참 석 자 : (쿠웨이트) 최형섭 목사, 최낙성 집사, 윤대훈 집사
(바 레 인) 강승빈 집사, 유부정 집사, 김석규 집사, 고동석 집사, 박세형 집사
백영선 권사, 이연희 집사 외 7명
의 제 : 바레인 한인연합교회 창립 및 선교사 초빙
결 과 : 바레인에 한인연합교회를 창립하기로 하였으며, 최수영 목사를 초빙하기로 하다.
기 타 : 바레인 지역 한인교회 창립 및 선교사 파송을 위해
쿠웨이트 한인연합교회의 땅끝복음 중동선교회가 300BD를 헌금하다.

그러나 이러한 결정을 할 당시 바레인 교회의 상황은 어려운 여건 속에 있었다. 최형섭 목사는 쿠웨이트를 돌아온 후, **바레인 교회의 당시 상황**에 대해 다음과 같이 선교보고를 하였다.

62) <쿠웨이트한인연합교회 예배일지>, 1982.8.27, 주일예배 광고 : "바레인 선교를 위해, 최형섭 목사님 이하 8월27일 오후 3시 비행기로 바레인으로 출발하신다. 주의 사명을 감당함에 있어 힘을 얻으시고 일체 사탄이 틈타지 못하도록 많은 기도를 바랍니다"
63) 바레인 한인교회 약사 (1985.10.11, 바레인 한인교회 창립3주년 주보)
64) 쿠웨이트한인연합교회, 「중동선교소식 - 쿠웨이트편」(서울 : 중동선교본부, 1985), p.12

> 바레인 연합교회의 설립 및 담임목사 초청의 문제에 대해, 바레인 교회의 대표자들과 회의를 하기 위해 1982년 8월 28일 바레인에 도착했습니다. 도착하여 보니, 바레인 교회는 너무나 어려운 조건 아래에 놓여져 있어서, **광야의 빈들**과도 같았습니다. 바레인 교회의 대표 집사님들은 여러 시험을 겪고 있었습니다. 주최하는 집사님은 척추골절상을 입었고, 뇌종양으로 귀국하신 집사님도 계셨습니다. 또 발이 부러진 집사님도 있었습니다. 교회 대표를 맡으신 집사님, 교회의 문제점을 해결할 만한 집사님, 말씀을 증거하는 모든 집사님이 제각기 어려운 가운데 있었습니다. 그러나 광야의 빈들로 인도하셔서 오병이어의 기적을 나타내신 것처럼, 이번 회의를 통해 모든 일들을 성공적으로 마치고 돌아올 수 있었습니다(1982.9.3).[65]

바레인 교회는 그 당시 어려운 여건 속에서도 연합교회를 설립하고, 최수영 목사를 담임목사로 초빙할 것을 결의하였다. 쿠웨이트의 최형섭 목사는 손택구 총회장에게 최수영 목사가 바레인 한인교회의 담임목사로 수락되었음을 통보하였다(1982. 9.15).

3) 한인교회 설립을 위한 준비

1982년 9월14일, 국제전화통화 내용에 의하면, 바레인에서는 연합추진위원회 위원장인 **정영재 집사**(대사관 참사관)의 적극적인 참여에 의하여 **연합교회의 설립**과 **담임목사의 초빙**이 적극적으로 추진되고 있었다.[66] 그러함에도 불구하고 그것은 현실적으로 결코 쉬운 일이 아니었다.

바레인 선교사의 입국 방안모색

최수영 목사가 바레인 파송 선교사로 결정되자, 바레인 교회는 그의 **바레인의 입국절차와 방법**을 강구하게 되었다. 처음에는 바레인 현지에서 개인사업을 하는 한 교포의 도움으로, 그가 스폰서가 되어, **취업목적**으로 초청하는 방안을 추진했으나, 난관에 부딪혀서 포기하게 되었다. 그리하여 고심 끝에 바레인 정부로부터 승인받은 미국 개신교 교회인 **NEC** (National Evangelical Church)에 **정식회원**으로 가입하는 방안을 찾게 되었다.[67] 그러나 이 일도 난관을 겪어야 했다.

---

65) <쿠웨이트한인연합교회 예배일지>, 1982.8.27, 제 36회 주일예배, 땅끝복음 중동선교회 헌신예배
66) 1982.9.14, 국제전화통화 (발신자 : 바레인 강승빈 집사, 수신자 : 쿠웨이트 최형섭 목사)
67) 강승빈, '선교지 소개-바레인편', <중동선교소식> 제 1호(중동선교본부, 1984.10.15), p.6

정영재 집사는 최수영 목사의 초청을 위하여 에반젤리컬 교회(NEC)의 공동위원회(Common Council)에 계속하여 요청하였다. NEC 공동위원회의 의장은 아랍 교회의 라히프 목사였다. 그에게 바레인 한인연합교회의 설립취지를 설명하고, NEC의 가입과 membership을 청원하였다.[68] 그런데 당시 **인도인 교회**가 그들의 목사초청과정 중에 내분이 일어나, NEC가 골머리를 앓던 중이었다. 그 여파로 NEC의 공동위원회는 **한국인 교회의 목사초청**도 쉽게 수락하지 않았다.[69]

NEC가 초청목사의 비자를 약속하다.

1982년 9월14일, 국제전화통화에서 바레인의 강승빈 집사는 기쁘게도 'NEC측에서 최수영 목사의 비자를 주선해 주기로 약속했다' 는 소식을 전해주었다.[70] 당시 NEC의 운영위원회에서 가장 큰 영향력을 가진 **영국교회** 대표 2인 중 한 사람인 **존 스테일**은 그의 아내가 바레인에 간호사로 취업하여 온 한국인이었는데, 그가 NEC의 협조를 받을 수 있도록 큰 수고를 하였다.[71]

한인연합교회를 위한 연합예배를 시작하다 (9월24일).

한편 한인연합교회 설립을 위한 준비의 일환으로, 1982년 9월24일(금)부터는 **현대교회**와 **영진교회**가 연합예배를 정규적으로 드리기로 하였다.[72] **예배장소**는 NEC에 우호적 영향을 줄 수 있는 미국인 스코트 목사가 시무하는 미해군기지 교회로 일단 정하였다. 추후 빠른 시간 안에 NEC의 허락을 얻어, 에반젤리컬 교회로 옮기기로 하였다. 그 전에 먼저 9월24일(금) 저녁 7시30분, 미해군기지 교회에서 **미국인 스코트 목사**의 인도로 **제 1차 예비 연합예배**가 드려졌다.[73] 이와같이 정규적인 연합예배가 시작됨으로써, 한인교회 설립의 기반이 마련되었다.

---

68) 강승빈, '선교지 소개-바레인편', <중동선교소식> 제 1호(중동선교본부, 1984.10.15), p.6
69) 1982.9.24, 국제전화통화 (발신자 : 바레인 강승빈 집사, 수신자 : 쿠웨이트 최낙성 집사)
70) 1982.9.14, 국제전화통화 (발신자 : 바레인 강승빈 집사, 수신자 : 쿠웨이트 최형섭 목사)
71) 강승빈, '선교지 소개-바레인편', <중동선교소식> 제 1호(중동선교본부, 1984.10.15), p.6
72) 쿠웨이트한인연합교회, 「중동선교소식 - 쿠웨이트편」(서울 : 중동선교본부, 1985), p.12
73) '선교지 소개-바레인편', <중동선교소식> 제 1호(서울 : 중동선교본부, 1984.10.15), p.6

NEC의 예배장소와 시간을 허락받다.

NEC 공동위원회가 바레인 한인교회의 membership 신청에 매우 신중한 태도를 보였으므로, 한인교회는 신뢰를 얻어야 했다. 한국인 교회는 인도인 교회의 경우와 다르다는 사실을 피력해야 했다.[74] NEC 공동위원회의 각 교회대표의 득표를 위한 적극적인 섭외활동이 필요했다.[75]

그 덕분에 NEC를 사용할 수 있도록 예배장소를 허락받고, 예배시간도 배정받았다. 그런데 금요일 저녁 8시30분 이후라야 가능했다. 그리하여 일요일을 주일로 지켜 오던 것을 금요일로 변경하여, 1982년 10월15일(금), 저녁 8시30분에 **바레인 한인교회**의 **설립예배**를 드리기로 했다.[76]

또한 NEC는 10월20일의 **임시 공동위원회**에서 **한국인 목사 초청의 건**을 다룰 예정이므로, 한국인 교회대표 2인이 이 회의에 참석해야 한다고 요청하였다.[77] 이 건이 통과된다면, 한국인 목사가 **정식 선교사 자격**으로 바레인에 입국할 수 있었다. 그리하여 쿠웨이트에서는 이 소식을 듣고서, 말할 수 없이 기뻐하였다.[78]

4) 바레인 한인교회의 설립 (1982.10.15)

설립예배

1982년 9월24일, 바레인의 강승빈 집사는 10월15일에 **바레인 한인교회**의 **설립예배**가 예정되었음을 쿠웨이트에 알렸다. 쿠웨이트의 최낙성 집사는 강승빈 집사에게 최형섭 목사를 바레인에 초청하여, 설립예배의 모든 예식을 주관하는 방안을 건의하였다.[79]

10월12일, 강승빈 집사는 바레인 교회의 협의를 거쳐, 최형섭 목사에게 이 의미있는 바레인 한인

---

74) 1982.9.24, 국제전화통화 (발신자 : 바레인 강승빈 집사, 수신자 : 쿠웨이트 최낙성 집사)
75) 강승빈, '선교지 소개-바레인편', <중동선교소식> 제 1호(중동선교본부, 1984.10.15), p.6
76) 1982.9.24, 국제전화통화 기록 (발신자 : 강승빈 집사, 수신자: 쿠웨이트 최낙성 집사)
77) 1982.9.24, 국제전화통화 기록 (발신자 : 강승빈 집사, 수신자 : 쿠웨이트 최낙성 집사)
78) 쿠웨이트한인연합교회, 「중동선교소식 - 쿠웨이트편」(서울 : 중동선교본부, 1985), p.13
79) 1982.9.24, 국제전화통화 기록 (바레인 강승빈 집사, 수신자 : 쿠웨이트 최낙성 집사)

교회의 설립예배와 그날의 성찬예식을 주관해 줄 것을 요청하였다. 또한 쿠웨이트 한인연합교회의 바레인 담당집사도 함께 초청하였다.[80] 그리하여 최형섭 목사와 바레인 담당 이종대 집사가 바레인을 방문하게 되었다(쿠웨이트 한인연합교회의 제 3차 바레인 방문).[81]

10월15일(금), 저녁 8시30분, 에반젤리컬 교회에서 **바레인 한인교회**의 **설립예배**가 최형섭 목사의 설교로 드려졌다.[82] 이 의미있는 예배에는 NEC 공동위원회의 의장 라하프 목사(아랍교회)를 비롯하여 NEC측의 목사들도 참석하였다.[83] 이제 **바레인 한인교회**의 **정규예배**는 매주 금요일 밤 8시 30분에 내셔널 에반젤리컬 교회에서 드리기로 했다.[84]

운영위원회

1982년 10월15일, 바레인 한인교회가 설립되는 날, 바레인 한인교회는 **운영위원회**를 구성하여, 담임목사의 부임 시까지 교회운영을 맡도록 하였다.[85] 연합추진위원회의 위원장을 맡았던 **정영재 집사**(대사관 참사관)가 운영위원회의 회장으로 선임되었고, **강승빈 집사**(현대건설)가 총무로 임명되었다. 운영위원회의 위원들은 현대교회, 영진교회 및 교민구역 모두로부터 임명되었다.

회　　장 : 정영재 집사
총　　무 : 강승빈 집사. 서　　기 : 김영철 집사, 회　　계 : 고동식 집사,
교육부장 : 김인배 집사, 예배부장 : 이연희 집사, 문화부장 : 박세형 집사
봉사부장 : 김규철 집사, 전도부장 : 김은희 집사

구 역 장 : 시내 구역 – 김은희 집사
　　　　　시트라 구역 – 김정일 집사(영진교회), 아스리 구역 – 이수근 집사(현대교회),
고　　문 : 최풍근 장로, 백영선 권사, 강태홍 집사, 김명구 집사.

---

80) 1982.10.12, 국제전화통화 기록 (발신자 : 강승빈 집사, 수진자 : 쿠웨이트 이종대 집사)
81) 쿠웨이트한인연합교회,「중동선교소식 - 쿠웨이트편」(서울 : 중동선교본부, 1985), p.13
82) <쿠웨이트한인연합교회 예배일지>, 1982.10.15 주일예배광고 : "금일 바레인교회 설립예배를 위해 최형섭 목사와 이종대 집사, 금일 바레인으로 출발"
83) 강승빈, '선교지 소개-바레인편', <중동선교소식> 제 1호(중동선교본부, 1984.10.15), p.6
84) 바레인 한인교회 약사 (1985.10.11, 바레인 한인교회 창립3주년 주보)
85) 바레인 한인교회 약사 (1985.10.11, 바레인 한인교회 창립3주년 주보)

(4) 초대 담임목사가 부임/취임하다.

1) NEC의 정식 멤버로 가입되다 (1982.10.20)

바레인의 강승빈 집사는 "1982년 10월20일, NEC의 임시 공동위원회가 소집되어 **바레인 한인연합교회**가 **정식으로 가입되었음**을 기뻐해주시기 바라며 동 위원회에서 **한국인목사초청**에 대해 기본적으로 합의했습니다"[86]라는 큰 기쁜 소식을 쿠웨이트에 전해주었다. 바레인 한인교회는 NEC의 한국어 회중(The Korean Language Congregation : KLC)의 이름으로 가입이 승인되었다. 그리하여 NEC 공동위원회는 한국인 교회를 정회원으로 받아드리며, 한국인 목사가 정식 선교사의 자격으로 바레인에 입국할 수 있도록 비자를 주선해 주기로 하였다. 이러한 NEC의 가입을 위해 영국인 존 스테일 집사의 수고가 많았다.[87] 그러나 아직도 최종확정은 아니었다.

NEC의 공동위원회는 **초청될 한국인 목사**에 대해 세 가지의 **추가서류**를 요청하였다 : (a) 추천인 최형섭 목사의 추천서, (b) 최수영 목사의 부목사 시, 담임목사의 추천서, (c) 최수영 목사가 "이슬람 국가에 대한 자신의 견해와 자세" 란 제목으로 작성한 글이었다. 최수영 목사가 이 서류들을 제출하면, 11월26일에 예정된 NEC의 정기공동위원회에서 **최종 결정**할 것이라고 했다.[88] 또한, 강승빈 집사는 바레인 한인연합교회의 **교회회칙의 기본**으로 삼고자 하므로, 쿠웨이트 한인연합교회의 회칙을 DHL로 송부해 줄 것을 요청하였다.[89]

2) 최수영 목사의 입국 (1983.3.2)

최수영 목사의 바레인 입국과정은 순조롭게 진행되었다. 11월26일 NEC의 정기 공동위원회에서 **바레인 한인교회의 입회**가 **만장일치**로 결의되었고, 이로써 NEC의 정식 membership을 취득하게 되었고, 최수영 목사에게 초청장이 발급되었다. 그 후 최수영 목사는 **쿠웨이트를 경유하여** 바레

---

86) 1982.10.23, 국제전화통화 기록 (발신자 : 강승빈 집사, 수신자 : 쿠웨이트 최형섭 목사). 이 통화에서 '바레인 한인교회'가 아니라 '바레인 한인연합교회'라고 불리웠다.
87) 바레인 한인교회 약사 (1985.10.11, 바레인 한인교회 창립3주년 주보)
88) 19821.10.23, 국제전화통화 기록 (발신자 : 강승빈 집사, 수신자 : 쿠웨이트 최형섭 목사).
89) 19821.10.23, 국제전화통화 기록 (발신자 : 강승빈 집사, 수신자 : 쿠웨이트 최형섭 목사).

인에 도착했다. 최수영 목사의 항공료(서울–쿠웨이트–바레인)는 쿠웨이트에서 부담했다.[90]

일자	바레인	한국
1982.10.20	NEC 공동위원회의 추가서류 요청	
11.26	NEC 공동위원회에 추가요청서류 제출	
1983.01.06		최수영 목사 여권 발급
01.14	입국 비자 신청	
01.21	항공 티켓 송부	
02.20		쿠웨이트 도착(8일간 체류)
03.02	바레인 도착(오전 10시)	
03.04	최수영 목사 - 바레인 한인교회 부임예배	

최수영 목사는 쿠웨이트에서 8일간 체류하면서, 쿠웨이트 한인연합교회의 땅끝복음 중동선교회로부터 **중동선교를 위한 오리엔테이션**을 받았다. 그러나 안타깝게도, 최수영 목사의 쿠웨이트 체류일정(1983.2.20~2.27)은 전반부 4일만 남아 있다(다음 장을 보라).

한편 쿠웨이트 한인연합교회는 **최수영 목사의 바레인 부임소식**을 지속적으로 광고했다.

〈예배일지〉 1983.2.20, 광고 : "최수영 목사님 쿠웨이트도착예정. 예정표에 의해 활동하심"
〈예배일지〉 1983.2.25. '바레인 파송선교사 최수영 목사 환영예배'
(설교 : 최수영 목사, 제목 : 죽도록 충성하는 성도
성경 :계시록 2.8-11)
광고 : "최수영 목사님은 22일 도착하셔서, 집회인도 중에 계심,
27일경에 바레인에 부임하실 예정",
〈예배일지〉 1983.3.4. 광고 : "최수영 목사님이 22일 도착하셔서 집회인도를 마치고
3월2일 바레인으로 부임하셨습니다"

90) 쿠웨이트한인연합교회, 「중동선교소식 - 쿠웨이트편」, p.13.

일자	시간	내용
2월20일 일요일	오전 02시	쿠웨이트 도착, 메리오트 호텔 체크인
	12시	휴식
	오후 01-2시	도착예배 및 점심 (사택)
	02-4:30	**오리엔테이션 및 좌담회**
	07-8시	석식 (최낙성 집사)
	08-10시	**좌담회 (중동문화 및 관습), 건강유지**
21일 월요일	오전 09시	조식 후 체크 아웃
	09-11시	리까이 구역예배 (제 2구역)
	오후 12-1:30	중식 (교민가정)
	02-4:30	**좌담회 (연합교회 구성방법)**
	06:30-8시	석식
	09-10:30	월요기도회 인도 (사택에서 취침)
22일 화요일	오전 10-11:30	쌀미야 구역 예배인도
	12-1:30	중식 (윤대훈 집사)
	오후 02-3:30	**좌담회 (현장 및 교민교구 치리)**
	04-5:30	리까이 1구역 예배인도
	06-7시	석식
	09~	**현대 도하교회** 예배 인도 후 취침
23일 수요일	오전	현대 도하교회 새벽예배 인도 후 조식
		오전 현장 부흥회 (도하, 대림)
	12시	중식 (대림현장에서)
	오후	현장순회
		석식 (이종대 집사)
	09:30~	**대림교회**에서 예배인도 및 숙식

바레인 파송 선교사 최수영목사 체류일정

1983년 2월 20일 부터
2월 27일까지

주 쿠웨이트 한인 연합 교회
땅끝복음 중동 선교회

최수영 목사의 체류일정은 '중동선교를 위한 오리엔테이션' 으로 진행된 내용을 알려준다. 첫째로 교민가정 및 구역예배 인도를 통해, 중동지역 선교지에서의 **한인목회**(교구교민)를 경험하도록 했다. 둘째로, 건설현장을 방문하여 **현장교회**를 경험하도록 했다. 셋째로 **좌담회**를 통해 필수적인 주제들을 논의하였다(중동문화 및 관습, 연합교회 구성방법, 현장 및 교민교구 치리).

최수영 목사는 1983년 3월2일(수)에 바레인에 도착하였다. 3월4일(금), 최수영 목사는 바레인 한인교회의 주일예배를 처음으로 인도하며, **담임목사**로 **부임**하였다.[91]

---

91) 강승빈은 "83년 3월4일 그토록 소원해 왔던 최수영 목사님을 모시고 **취임예배**를 드림으로써 하나님

3) 조직교회의 면모를 세우다(1983.4)

1983년 3월, 최수영 목사는 바레인에 도착하자마자 매우 빠른 속도로 **바레인 한인교회**가 **교회의 면모**를 갖추는데 힘썼다. 그는 4월에 학습(28명)과 세례식(5명)을 행하고(4월1일), **당회위원회**를 조직하며(4월8일), **제직회**를 새롭게 조직하였다(4월15일). 또한 구역관리를 위해 구역조직을 교구조직으로 강화하였다 : 시내교구(교민중심), 시트라교구(영진공사), 그리고 아스리 교구(현대건설). 이와같이 행함으로써 **바레인 한인교회**가 **조직교회로서의 면모**를 갖출 수 있도록 하였다.

1983년 4월20일, 그가 최형섭 목사에게 보낸 편지에 이러한 사실이 잘 나타나 있다.[92]

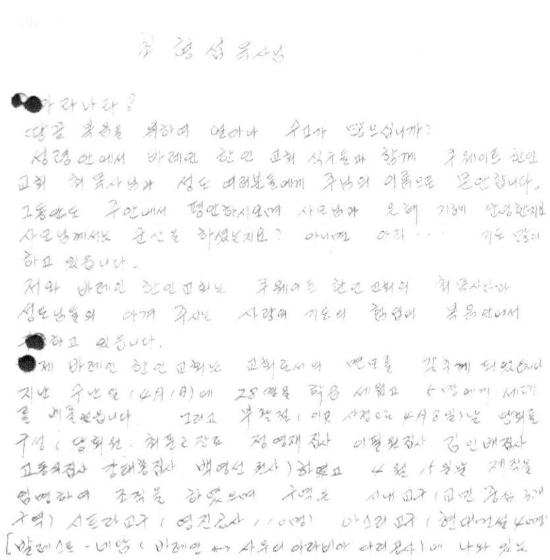
최형섭 목사님
마라나타?
땅끝 복음을 위하여 얼마나 수고가 많으십니까?
성령 안에서 바레인 한인 교회 식구들과 함께 쿠웨이트 한인 교회 최 목사님과 성도 여러분들에게 주님의 이름으로 문안합니다.

최형섭 목사님, 마라나타! 땅끝 복음을 위하여 얼마나 수고가 많으십니까? .... 이제 바레인 한인교회는 **교회로서의 면모**를 갖추게 되었습니다. 지난 수난일(4월1일)에 28명을 **학습**으로 세웠고, 5명에게 **세례**를 베풀었습니다. 그리고 부활절(4월8일)에는 **당회를 구성**했습니다(당회원 : 최풍근 장로, 정영재, 이필원, 김인배, 고동식, 강태홍 집사, 백영선 권사). 4월15일에는 **제직을 임명**하고 조직을 했으며, 구역은 시내교구(교민중심 3개구역), 시트라교구(영진공사 110명), 아스리 교구(현대건설 40명)로 구성하였고, 발레스트-네담(바레인 ↔ 사우디 아라비아 다리 공사)에 나와 있는 한인 120명이 있다는 소식을 듣고 방문하여, 현재 10여명이 나오고 있습니다. ... (1983.4.20. 최수영)

께 영광을 돌렸다"(중동선교소식 제 1호, p6)고 하지만, 이날의 예배는 **담임목사 취임예배**가 아니라, **담임목사 부임예배**였다. 담임목사 취임예배는 1983년 5월27일에 드려졌기 때문이다.

92) 1983.4.20일자, 최수영 목사가 최형섭 목사에게 보낸 편지

바레인 한인교회가 처음 조직한 **당회 위원회**와 **제직회**, 그리고 **교구조직**은 아래와 같았다.

1983.4.8.	**당회 위원회** 당 회 장 : 최수영 목사, 당회위원 : 최풍근 장로, 정영재 , 이필원, 강태홍, 고동식 집사, 백영선 권사				
1983.4.15	**제직 임명 및 제직회 조직** 제직회장 : 최수영 목사 재정부장 : 정영재 집사, 부원 : 고동식 집사 교육부장 : 김인배 집사 전도부장 : 강태홍 집사 구역관리부장 : 김은희 집사	서 기 : 이남찬 집사, 이신덕 집사 예배부장 : 이필원 집사 선교부장 : 최풍근 장로 봉사부장 : 백영선 권사,			
교구조직	교구	시내교구	시트라교구(영진)	아스리교구(현대)	발레스트 네담교구
	교구장	김은희 집사	백영선 권사	강태홍 집사	김순택 성도

최수영 목사가 이 편지를 쓰지 얼마 있지 않아, **발라스트 네담교구**가 네 번째 교구로 새로 조직되었다(1983.5.3).[93] 최수영 목사가 바레인에 도착한지 불과 두 달(1983.3.2.~5.3)만에, 바레인 한인교회는 **조직교회의 면모**를 잘 갖출 수 있었다. 그만큼 바레인 한인교회도 잘 준비되어 있었다.

4) 최수영 목사의 담임목사 취임 (1983.5.27)

정영재 집사는 연합추진위원회 위원장(1982.9.14)과 운영위원회 회장(1982.10.15), 그리고 당회회원(1983.4.8)을 맡아 바레인 한인교회의 설립에 큰 역할을 감당하였다. 그러나 1983년 5월18일, 본국으로 발령이 나서, 귀국하게 되었다. 또한 **강승빈 집사** 역시 쿠웨이트와 소통을 취하며, 바레인 한인교회가 세워질 수 있도록 큰 수고를 감당하였다. 그러한 수고의 소중한 열매로, 1983년 5월 27일, 최수영 목사의 **담임목사 취임예배**가 김은희 집사(구역관리부장, 시내교구 교구장)의 **권사 취임식**과 함께 드려졌다.[94] 담임목사의 취임과 함께, 새로운 평신도 리더가 세워지는 날이었다.

93) 바레인 한인교회 약사 (1985.10.11, 바레인 한인교회 창립3주년 주보)

94) 본래는 최수영 목사는 쿠웨이트의 최형섭 목사와 당회원 1인의 왕복항공료와 1박 숙박비를 준비하여 담임목사 취임예배에 초청하였다. 쿠웨이트에서도 당회원과 가족 일부가 동행하기로 하여, 최형섭 목사는 설교를, 그리고 쿠웨이트 성도들은 취임예배의 특송을 준비했다. 바레인에서는 호텔 더블룸 4개와 싱글룸 2개를 예약하려 했으나, 비자문제가 해결되지 않아, 참석할 수 없게 되었다.

바레인 한인연합교회가 설립하여(1982.10.25), 초대 담임목사가 취임하기(1983.5.27)까지 **바레인 한인연합교회**는 **순조롭게 첫 시작**을 할 수 있었다. 평신도 지도자들에 의해 교회설립이 잘 준비되어 있었고, 초대 담임목사도 조직교회의 면모를 빠른 시간 안에 잘 갖추도록 하였기 때문이다.

(5) 카타르 한인교회를 오랜 기간 섬김

바레인 한인교회는 카타르 한인교회를 오랜 기간 희생적으로 섬겼다. 1980년에 설립된 카타르 한인교회는 2000년이 될 때까지 담임목사가 없었다. 바레인 한인교회는 오랫동안 기다렸던 그들의 담임목사가 부임하자마자(1983.3), 곧바로 한 달만에 **카타르 한인교회**를 돕기 시작했다.

1) 카타르 파송장로 최풍근 (1983.4)

1983년 4월20일, 최수영 목사가 쿠웨이트의 최형섭 목사에게 보낸 편지에, 최풍근 장로를 카타르로 파송했다는 것을 알 수 있다 : "바레인 교회도 **카타르**와 아랍에미레이트에 **최풍근 장로님을 파송**하여 선교활동 중에 있습니다. 5~6월경에 제가 방문하게 될 것 같습니다"[95]

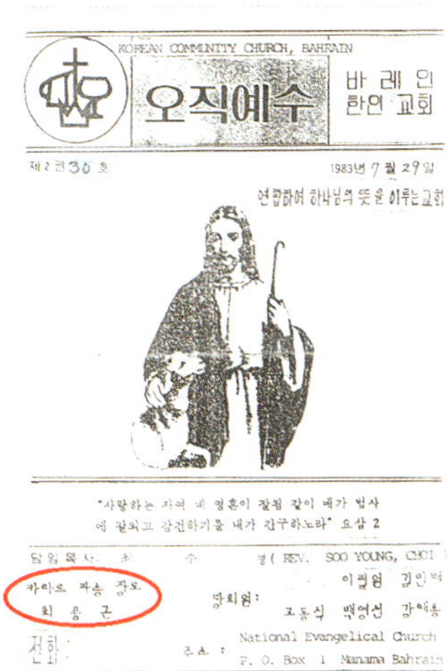

1983년 7월29일자 주보에는 최풍근 장로가 '**카타르 파송장로**'로 소개되었다. 최풍근 장로가 4월8일에는 당회위원으로 임명되었고, 4월15일에는 제직회 선교부장으로 임명되었다. 7월29일자 주보에서 그의 이름은 당회위원 명단에서 빠져있다. 그러므로 바레인 한인교회는 초대 담임목사가 부임한 직후인 4월에, 당회회원 중 장로인 그를 **선교부장**으로 임명하고, 그를 **카타르 파송장로**로 임명한 것으로 추측된다.[96]

---

95) 1983.4.20일자, 최수영 목사가 최형섭 목사에게 보낸 편지

96) 1985.6.25일자, 최수영 목사가 최형섭 목사에게 보낸 편지에 따르면, 1985년 6월에도 최풍근 장로는 카타르 파송장로로 언급된다 : "할렐루야! 주님의 이름으로 문안합니다. ... 저와 바레인 교회는 주 안에서 모두 안녕합니다. ... 겸하여 드릴 말씀은, 저희 교회에서 **카타르 교회**로 **파송된 파송장로 최풍근**

1983년 4월 당시 카타르 한인교회는 아직 **카타르 현대교회**로 불리우는 시기였다. 그런데 카타르 도하의 교민들이, 그해 3월부터 카타르 현대교회에 합류하여 교인수가 크게 늘어난 상황이었다. 이 때부터 카타르 교회도 **한인교회의 설립**과 **담임목사의 파송**을 도모하기 시작했었다.

2) 최수영 목사의 카타르 방문 (1983~1984)

1983년 12월 9일(금), 최수영 목사는 **카타르 현대교회**를 방문하였다.97) 만약 그가 최풍근 장로에 이어, 5~6월에도 방문했었다면, 이번이 두 번째 방문이었을 것이다.

1984년 4월은 카타르 교회가 교회명칭을 **카타르 한인교회**로 변경한 때였다. 이 시기는 카타르의 현장교회들(현대교회, 대림교회)과 도하의 교민들이 연합하여 **한인교회**로 발전하게 되었고, 또한 그들도 **담임목사의 청빙**을 원하던 때였다. 특히 이 때 세례 받기를 원하는 성도들도 많았으나, 담임목사가 없어서, 세례식을 거행하지 못하고 있었다.

바로 이러한 안타까운 상황은 불과 2년 전 **바레인 한인교회 자신의 모습**이었다. 그래서 그들도 1982년 4월, 최형섭 목사를 초청하여 부활절 예배와 성례식(세례와 성찬)을 행할 수 있었다. 그렇기에 바레인 한인교회는 누구보다 카타르 한인교회의 이 안타까운 상황을 더 잘 알고 있었다. 1984년 7월20일, 최수영 목사는 **카타르 한인교회의 세례식**을 위하여 카타르를 방문하였다.98)

강승빈 집사는 1984년 10월15일에 발간된 〈중동선교 소식〉 창간호에서 위와 동일한 사실을 밝히고 있다 : "현재 100여명이 모이고 있는 바레인 한인교회는 **카타르에 교회설립**과 **선교사 파송**을 위해 최수영 목사와 최풍근 목사가 수시 출장하여, 중동선교에 동역하고 있다."99) 이러한 진술에 따르면, 최수영 목사는 위의 기록 외에도 카타르를 더 방문했을 가능성이 있다.

성도께서 이번 27일에 쿠웨이트를 방문하시게 되었습니다."

97) 최수영 목사는 11월23일자 국제전화통화에서, 최형섭 목사에게 '12월9일경에 카타르에 방문할 예정'이라고 알렸다. 그리고 12월13일자 통화에서는 최형섭 목사에게 '카타르에 다녀왔다'고 하였다.

98) 바레인 한인교회 약사 (1985.10.11, 바레인 한인교회 창립3주년 주보)

99) 강승빈, '선교지 소개-바레인편', <중동선교소식> 제 1호(중동선교본부, 1984.10.15), p.6

3) 담임목사의 카타르 방문목회 (1990~1998)

카타르 한인교회가 담임목사를 청빙하기(2000.1)까지 오랜 시일이 걸렸다. 이 기간 중에 상당한 부분을 바레인 한인교회가 도왔다. 바레인 한인교회는 그들의 담임목사가 정기적으로 카타르를 방문하여 방문목회를 하도록까지 했다.

바레인 한인교회의 제 2대 담임인 **정형남 목사**는 1990년~1992년에 매 2개월에 1회씩, 1박2일의 여정으로 **방문목회**를 하였다. 1992년 5월에는 그가 카타르 한인교회 제 1회 안식집사 장립식(이은국 집사)을 거행하기도 했다. 그는 1992년 11월, 순회설교 목사직을 사임하였다.[100]

1993년 6월, 바레인 한인교회는 카타르 한인교회와 **말씀사역 결연**을 맺고, 제 3대 담임인 **허명호 목사**가 매 2개월의 1회씩 카타르를 방문하기로 하였다.[101] 허명호 목사는 1997년 10월, 카타르 한인교회의 제 1회 유아세례 및 학습세례식을 거행하였다.[102] 허명호 목사는 1998년까지 방문목회로 카타르 한인교회를 섬겼다. 이와같이 바레인 한인교회는 설립의 시기부터 **어린아이 교회**가 아니었다. 처음에는 교회설립을 위하여 쿠웨이트 한인연합교회의 도움이 필요했으나, 설립되자마자 즉시, 도움이 필요한 교회를 오랜 기간 돕기 시작했던 **성숙한 교회**였다.

(6) 중동지역 한연교회 연합회

중한연의 창립멤버 (1984.9)

1984년 9월26일, 쿠웨이트 한인연합교회에서 **중동지역 한인교회 연합회**가 발족할 때, 바레인 한인교회도 창립멤버로 참석하였다. 바레인 한인교회(최수영 목사, 고동식 집사), 쿠웨이트 한인연합교회(최형섭 목사, 최낙성 집사, 윤대훈 집사), 요르단 한인교회(진영준 목사), 그리고 두바이 한인교회(최풍근 장로)가 참가하였다. 이 창립총회에서 최수영 목사는 총무로 인선되었다.

---

100) 카타르한인교회 연혁, 1992.11
101) 카타르한인교회 연혁, 1997.10.
102) 카타르한인교회 연혁, 1992.11

제 2차 중한연 대회 개최 (1985.10)

바레인 한인교회는 **교회설립 3주년**(1985.10.11)을 기념하여 **제 2차 중한연 대회**(1985.10.12-15)를 개최하였다. 바레인 한인교회는 중동지역에서 목회하는 목사들을 초청하였고, 숙식일체의 비용을 부담했다.[103] 이 대회에 쿠웨이트 한인연합교회(최형섭 목사, 박춘봉 집사), 요르단 한인교회(진영준 목사, 고동식 집사), 그리고 두바이 한인교회(문종호 목사, 최풍근 장로)가 참석했다.

10월11일(금) 저녁 8시에 설립 3주년 기념예배를 드린 이후에, 12~14일에 중동지역 한인교회 연합회의 정기총회가 진행되었다. 이 총회에서 최수영 목사가 제 2대 중한연 회장으로 선출되었다. 설립 3주년 기념예배(1985.10.11)의 사회는 최수영 목사가 맡았고, 설교는 문종호 목사(두바이 한인교회), 기도는 최풍근 장로, 찬양은 유년주일학교, 축사는 최형섭 목사, 그리고 축도는 아랍교회 라이프 목사(NEC 공동위원회 의장)가 맡았다.

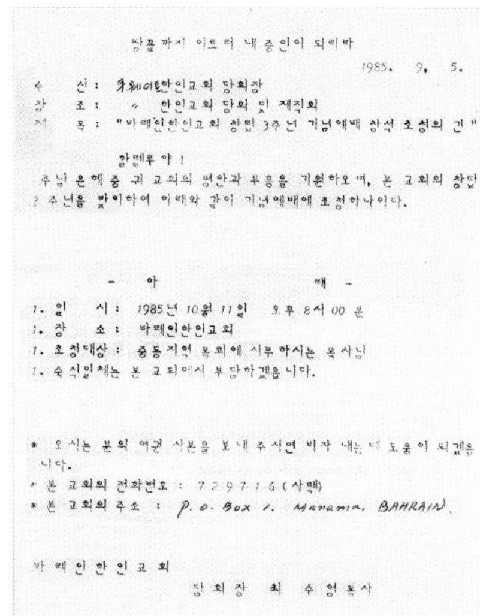

땅끝까지 이르러 내 증인이 되리라

1985. 9. 5.

수 신 : 쿠웨이트한인교회 당회장
참 조 : 〃 한인교회 당회 및 제직회
제 목 : "바레인한인교회 창립 3주년 기념예배 참석 초청의 건"

할렐루야 !
주님은혜 중 귀 교회의 평안과 부흥을 기원하오며, 본 교회의 창립 3주년을 맞이하여 아래와 같이 기념예배에 초청하나이다.

- 아 래 -

1. 일 시 : 1985년 10월 11일 오후 8시 00 분
1. 장 소 : 바레인한인교회
1. 초청대상 : 중동지역 목회에 시무하시는 목사님
1. 숙식일체는 본 교회에서 부담하겠습니다.

* 오시는 분의 여권 사본을 보내 주시면 비자 내는데 도움이 되겠습니다.
* 본 교회의 전화번호 : 729716 (사택)
* 본 교회의 주소 : P. O. Box 1. Manama, BAHRAIN.

바레인한인교회
당회장 최 수 영 목사

설립 3주년 기념 예배 초청공문

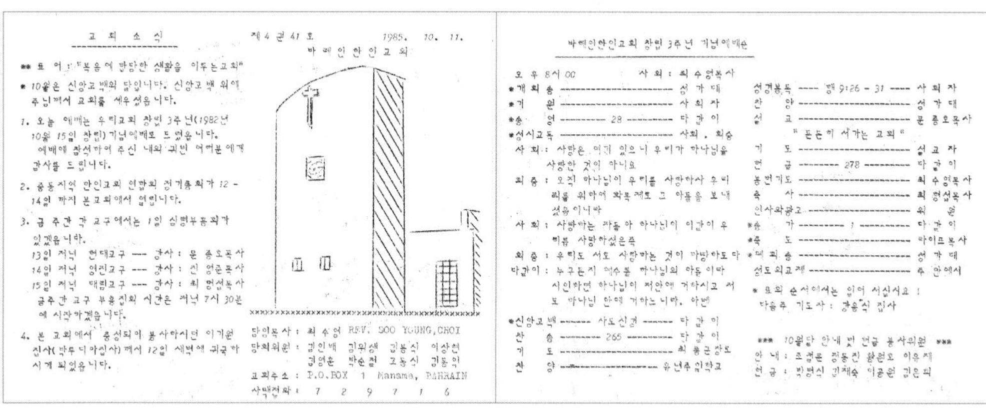

교 회 소 식

제 4 권 41 호 1985. 10. 11.
바 레 인 한 인 교 회

** 표 어 : "복음에 합당한 생활을 이루는교회"
* 10월은 신앙고백의 달입니다. 신앙고백 위에 주님께서 교회를 세우셨습니다.
1. 오늘 예배는 우리교회 창립 3주년(1982년 10월 15일 창립) 기념예배로 드렸습니다. 예배에 참석하여 주신 내외 귀빈 여러분에게 감사를 드립니다.
2. 중동지역 한인교회 연합회 정기총회가 12 - 14일 까지 본교회에서 열립니다.
3. 금 주간 각 교구에서는 1일 심령부흥회가 있겠습니다.
13일 저녁 현대교구 --- 강사 : 문 종호목사
14일 저녁 영진교구 --- 강사 : 진 영준목사
15일 저녁 대림교구 --- 강사 : 최 형섭목사
금주간 교구 부흥집회 시간은 저녁 7시 30분에 시작하겠습니다.
4. 본 교회에서 충성되이 봉사하시던 이기원 집사(박두디아집사)께서 12일 새벽에 귀국하시게 되었읍니다.

담임목사 : 최 수 영 REV. SOO YOUNG,CHOI
당회위원 : 김인배 김위생 김봉식 이상현 김영훈 박순철 고동식 김동익
교회주소 : P.O.BOX 1 Manama, BAHRAIN
사택전화 : 7 2 9 7 1 6

바레인한인교회 창립 3주년 기념예배순

오 후 8시 00 사 회 : 최 수영목사
*개 회 송 ---------- 성 가 대
*기 원 ---------- 사 회 자
*송 영 ---------- 28 ---------- 다 같 이
*성시교독 ---------- 사회 . 회중
사 회 : 사랑은 여기 있으니 우리가 하나님을 사랑한 것이 아니요
회 중 : 오직 하나님이 우리를 사랑하사 우리 죄를 위하여 화목제로 그 아들을 보내셨음이니라
사 회 : 사랑하는 자들아 하나님이 이같이 우리를 사랑하셨은즉
회 중 : 우리도 서로 사랑하는 것이 마땅하도다
다같이 : 누구든지 예수를 하나님의 아들이라 시인하면 하나님이 저안에 거하시고 저도 하나님 안에 거하느니라. 아멘
*신앙고백 ---------- 사도신경 ---------- 다 같 이
찬 송 ---------- 265 ---------- 다 같 이
기 도 ---------- 최 풍근장로
찬 양 ---------- 유년주일학교
성경봉독 ---- 행 9:26 - 31 ---- 사 회 자
찬 양 ---------- 성 가 대
설 교 ---------- 문 종호목사
" 든든히 서가는 교회 "
기 도 ---------- 설 교 자
헌 금 ---------- 278 ---------- 다 같 이
봉헌기도 ---------- 최 수영목사
축 사 ---------- 최 형섭목사
인사와광고 ---------- 위 원
*송 가 ---------- 1 ---------- 다 같 이
*축 도 ---------- 라이프목사
*폐 회 송 ---------- 성 가 대
성도의교제 ---------- 주 안에서
* 표의 순서에서는 일어 서십시요 !
다음주 기도자 : 강흥식 집사

*** 10월달 안내 및 헌금 봉사위원 ***
안 내 : 조정훈 정동진 황현모 이유재
헌 금 : 박병식 김채숙 이공원 김은희

-바레인 한인교회 설립 3주년 기념예배 주보 -

---

103) 1985년 9월5일자, 바레인 한인교회 초청공문

중한연 대회 기간의 매일 저녁에는 바레인 한인교회에서 각 교구별로 **1일 심령부흥회**가 열렸다. 집회강사는 중한연 대회에 참석한 한인교회의 담임목사들이 맡았다.

13일(일) 저녁, 현대교구 (강사 : 문종호 목사, 두바이 한인교회)
14일(월) 저녁, 영진교구 (강사 : 진영준 목사, 요르단 한국인교회)
15일(화) 저녁, 대림교구 (강사 : 최형섭 목사, 쿠웨이트 한인연합교회)

제 2차 중한연 대회는 요즘 중선협 대회처럼 큰 규모로 열리지 않았다. 당시 중동지역에 한인교회가 불과 얼마되지 않았기 때문이다. 참가교회는 4개 교회(바레인 한인교회, 쿠웨이트 한인연합교회, 요르단 한인교회, 두바이 한인교회)에 불과했고, 참석회원도 목사 4명(최수영, 최형섭, 진영준, 문종호)과 평신도 대표 3인(박춘봉 집사, 고동식 집사, 최풍근 장로)에 불과했다.[104] 중한연의 규모는 작았으나, 더욱 친밀히 모일 수 있었다. 뿐만 아니라, 작은 규모로 모였기에, 중한연 대회는 선교지와 선교사역을 위한 실제적인 논의와 결정들을 도모할 수 있었다.[105]

(7) 바레인 한인교회와 현장교회

1) 한인교회의 교구

바레인 한인교회가 설립된 이후에, **현장교회들**(현대교회, 영진교회)은 폐쇄되지 않고, 한인교회와 현장교회의 이중적인 체제로 운영되었다.[106] 현장교회들은 각각 한인교회의 **현대교구**(시트라 교구)와 **영진교구**(시트라 교구)로서 바레인 한인교회에 속했다. 1983년 7월29일자 주보에는 4개 교구가 있었다 : 시내교구, 시트라 교구(영진교회), 아스리 교구(현대교회), 그리고 발레스트 네담 교구.

---

104) 쿠웨이트한인연합교회, 「중동선교소식-쿠웨이트편」, pp.26-27. 참가명단에서 요르단의 **고동식 집사**는 1983~1985년까지 바레인한인교회의 당회위원이었다. 같은 해 요르단으로 발령받은 것 같다. 또한 두바이의 **최풍근 장로** 역시 1983년, 바레인 한인교회의 당회위원이자, 제직회 선교부장이었다.

105) 제 2차 중한연 대회에서 다음의 안건들이 논의되었다 : 1) 요르단 한인교회 지원, 2) 현지인 선교사 훈련대책, 3) 이라크 선교협력, 4) 월보발간, 5) 오만을 선교지로 정하고 선교자료를 교환하기로 하다. *선교사 현지언어 훈련, *귀국자 중동선교본부에 회원가입, *중동선교본부에 레포트 제출, *중동선교본부와의 관계확립, * 중동선교 본부와의 기능활성화, * 중동선교 연합회 국내홍보.

106) 한인교회와 현장교회의 이중적 운영체제는 쿠웨이트 한인연합교회의 경우를 따랐을 가능성이 높다. 쿠웨이트 한인연합교회는 현장교회를 교민교구 외에 현장교구로 여겨 이중적인 체제로 운영했다.

1985년 2월에는 대림산업의 **대림교회**가 헌당예배와 함께 창립됨으로써, **대림교구**가 새롭게 세워졌다. 그리하여 1985년 바레인 한인교회에는 5개의 교구에 13개 구역이 있었다. 시내교구와 세 개의 현장교회(현대교회, 영진교회, 대림교회)는 각각 3개씩의 구역을 가진 교구였지만, 발라스트 네담 교구는 1개의 구역이었다.

4. 교구
현대 : 김위생 이수근 박한찬 발라스트 네담
영진 : 김영훈 백영선 황원호 황주창
대림 : 이상현 김채홍 김인규
시내 : 김인배 김은희 김정자

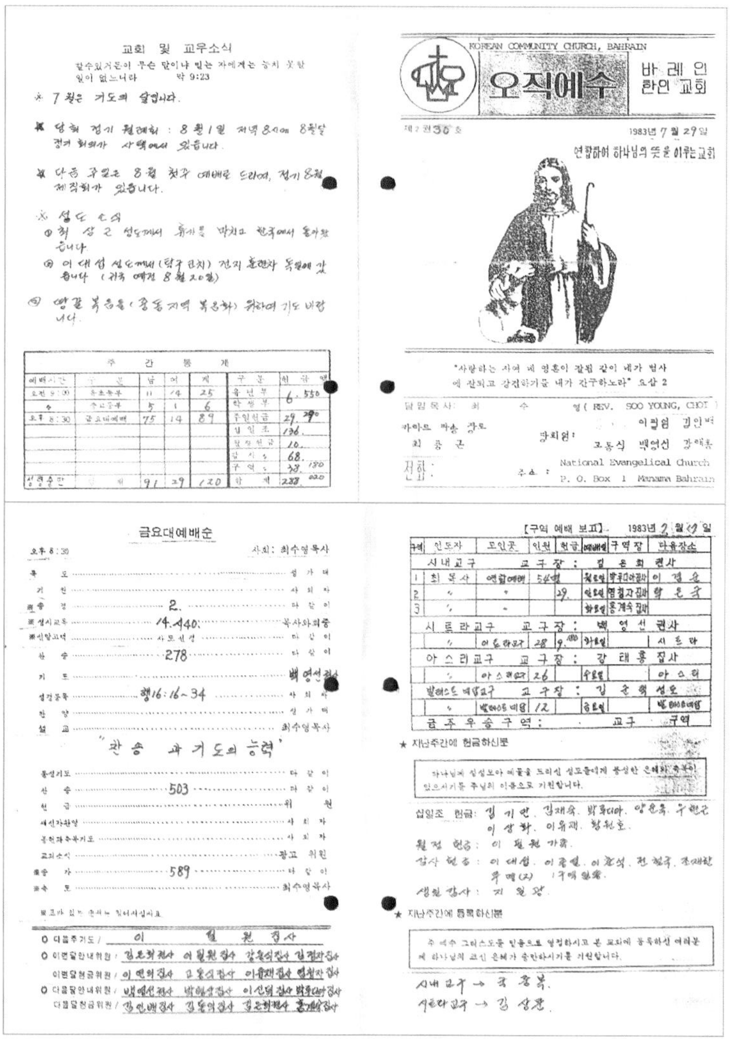

교회 및 교우소식

할수있거든이 무슨 말이냐 믿는 자에게는 능치 못할 일이 없느니라 막 9:23

* 7월은 기도의 달입니다.
* 당회 정기 월례회 : 8월1일 저녁 8시에 8월달 정기 회의가 사택에서 있습니다.
* 다음 주일은 8월 첫주 예배로 드리며, 정기 8월 제직회가 있습니다.
* 성도 소식
① 최상근 성도께서 휴가를 마치고 한국에서 돌아왔습니다.
② 이대섭 성도께서(탁구 코치) 전지 훈련차 독일에 갔습니다 (귀국 예정 8월 20일)
③ 땅끝 복음을(중동 지역 복음화) 위하여 기도 바랍니다.

주간 통계						
예배시간	구분	남	여	계	구분	헌금액
오전 9:00	유초등부	11	14	25	유년부	6.550
〃	중고등부	5	1	6	학생부	
오후 8:30	금요대예배	75	14	89	주일헌금	29.290
					십일조	136.
					월정헌금	10.
					감사 〃	68.
					구역 〃	38.180
성경출판	합계	91	29	120	합계	288.020

KOREAN COMMUNITY CHURCH, BAHRAIN
오직예수
바레인 한인교회
제2권 36호
1983년 7월 29일
연합하여 하나님의 뜻을 이루는교회

"사랑하는 자여 네 영혼이 잘됨 같이 네가 범사에 잘되고 강건하기를 내가 간구하노라" 요삼 2

담임목사: 최수영 (REV. SOO YOUNG, CHOI)
자마으 파송 장로 최종근
당회원: 이필원 김인배 고동식 백영선 강태홍
전화:
주소: National Evangelical Church P. O. Box 1 Manama Bahrain

금요대예배순

오후 8:30 사회: 최수영목사

묵도 ……… 성가대
기원 ……… 사회자
찬송 ……… 2. ……… 다같이
성시교독 ……… 14.140. ……… 목사와회중
신앙고백 ……… 사도신경 ……… 다같이
찬송 ……… 278 ……… 다같이
기도 ……… 백영선집사
성경봉독 ……… 행16:16~34 ……… 사회자
찬양 ……… 성가대
설교 ……… 최수영목사
"찬송과 기도의 능력"
통성기도 ……… 다같이
찬송 ……… 503 ……… 다같이
헌금 ……… 위원
새신자환영 ……… 사회자
봉헌과축복기도 ……… 사회자
교회소식 ……… 광고위원
찬송 ……… 589 ……… 다같이
축도 ……… 최수영목사

※표가 있는 순서는 일어서십시요

○ 다음주기도 / 이필원집사
○ 이번달안내위원 / 김은희권사 이필원집사 강춘식집사 김정자집사
이번달헌금위원 / 이연희집사 고동식집사 이유재집사 염정자집사
○ 다음달안내위원 / 백영선집사 박해성집사 이신덕집사 박후다[illegible]집사
다음달헌금위원 / 김인배집사 김동희집사 김은희권사 홍계숙집사

【구역 예배 보고】 1983년 7월 29일

구역	인도자	모인곳	인원	헌금	예배일	구역장	다음장소
시내교구	교구장 : 김은희 권사						
1	최목사	연합예배	54명		월요일	박후다아집사	이경순
2	〃	〃		29.	일요일	염정자집사	박은숙
3	〃	〃			화요일	홍계숙집사	
시트라교구	교구장 : 백영선 권사						
	〃	시트라교구	28	9.180	화요일		시트라
아스리교구	교구장 : 강태홍 집사						
	〃	아스리교구	26		수요일		아스리
발라스트 네담교구	교구장 : 김순옥 성도						
	〃	발라스트네담	12		금요일		발라스트네담
금주 우승 구역 : 교구 구역							

★ 지난주간에 헌금하신분

하나님께 정성모아 예물을 드리신 성도들에게 풍성한 은혜와 축복이 있으시기를 주님의 이름으로 기원합니다.

십일조 헌금: 김기연. 김재숙. 박후다아. 양은숙. 우현근 이상화. 이유재. 황원호.
월정 헌금: 이필원 가족.
감사 헌금: 이대섭. 이종일. 이[illegible]석. 전철국. 조재한 무명(2) 1구역 일동.
생일 감사: 지원광.

★ 지난주간에 등록하신분

주 예수 그리스도를 믿음으로 영접하시고 본 교회에 등록하신 여러분께 하나님의 크신 은혜가 충만하시기를 기원합니다.

시내교구 → 국홍복.
시트라교구 → 김상훈.

1983년 7월29일자 바레인 한인교회 주보

2) 현장교회의 담임목사

현대교회(현대건설의 현장교회)는 바레인 한인교회의 주보와는 별도로, 현대교회의 주보를 독립적으로 발간하였다. 그런데 바레인 한인교회의 담임목사가 현장교회의 담임목사를 맡았다. 그리하여 1983년 10월13일자 주보표지에 '**담임목사 최수영 목사**', 그리고 '**바레인 한인교회 현대교구**'라고 표기하여, 현장교회가 한인교회에 속한 교회라는 사실을 명기하였다.

현대교회는 바레인 한인교회의 금요저녁예배 외에, 두 번의 **독자적인 정기예배**를 별도로 드렸다 : **주일저녁예배**(일/밤 7:30)와 **금요낮예배**(낮 12:30). 금요일 저녁에는 에반젤리컬 교회에서 다른 현장교회들과 함께 바레인 한인교회의 예배를 드렸으나, 그들은 현대건설 현장에서 일요일 저녁과 금요일 낮에도 모여 예배를 드렸다. 10월13일자 주보를 보면, 주일저녁예배(10월18일,[107] 25일)의 설교는 모두 **김위생 장로**[108]가 맡았다. 금요낮예배도 현대교회의 성도가 설교를 맡았을 것이다. 이와 마찬가지로 다른 현장교회들도 한인교회의 예배 외 별도로 독립적인 예배를 드렸을 것이다.

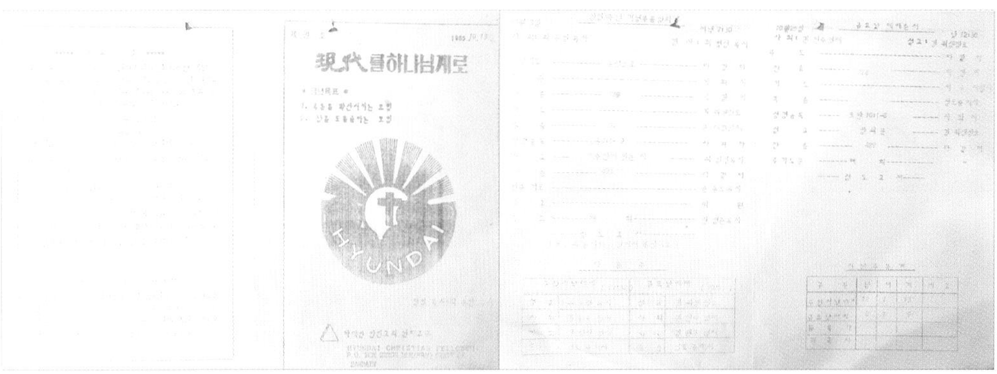

1985년 10월13일자 현대교회 주보

또한 현장교회들은 교구별로 **독립적인 행사**를 개최하기도 했다. **현대교회**는 1984년 12월25일 성탄절 축하발표를 근로자 위로회를 겸하여 가졌다. **대림교회**는 1985년 8월15일 광복절에는 '나라를 위한 기도회'를 개최하였다.[109] 이와같이 현장교회들은 기본적으로 독립적이었다.

---

107) 이날 주보는 금요낮예배의 날짜를 18일이 아닌, 25일로 잘못 표기하였다.
108) 김위생 장로는 바레인 한인교회의 당회위원에 속하지 않았다.

3) 교구장회, 교구별 대항대회

현장교회들은 한인교회 안에서 교구별로 독립되어 있으면서도, 근본적으로는 연합된 하나의 교회였다. **교구장회**가 매월 마지막 주의 예배 후에 교회교육관에서 모였고, **각 교구 임원회**도 상황에 맞추어 각 교구별로 모였다.110) **교구장 기도회**도 격월로 시내교구의 제직 가정에서 모였다. 이와같이 각 교구의 대표들이 함께 회의와 기도하는 시간들을 정기적으로 가졌다.

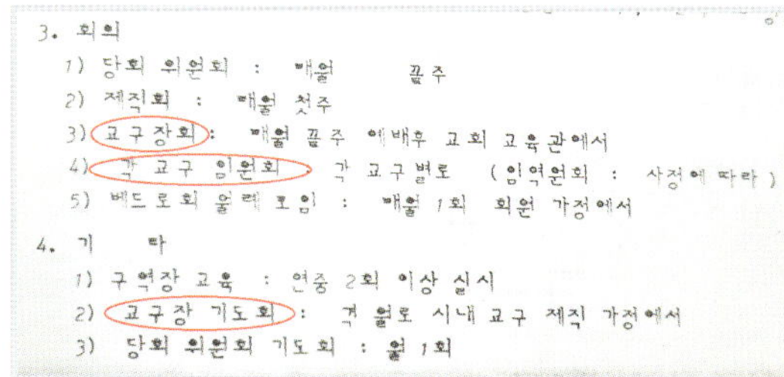

3. 회의
1) 당회 위원회 : 매월 끝주
2) 제직회 : 매월 첫주
3) 교구장회 : 매월 끝주 예배후 교회 교육관에서
4) 각 교구 임원회 : 각 교구별로 (임역원회 : 사정에 따라)
5) 베드로회 월례 모임 : 매월 1회 회원 가정에서
4. 기 타
1) 구역장 교육 : 연중 2회 이상 실시
2) 교구장 기도회 : 격월로 시내 교구 제직 가정에서
3) 당회 위원회 기도회 : 월 1회

1985년 교회행사를 보면, 교구별 대항대회가 많았다. 2월에는 **교구별 찬양발표회**(음악부 주관), 6월에 **교구대항 퀴즈대회**(교육부 주관), 7월에 맥추감사절의 행사로서 **교구별 찬양대회**(음악부 주관)가 있었다. 이와같이 교구별로 구분되어, 하나의 교회를 이루었다.

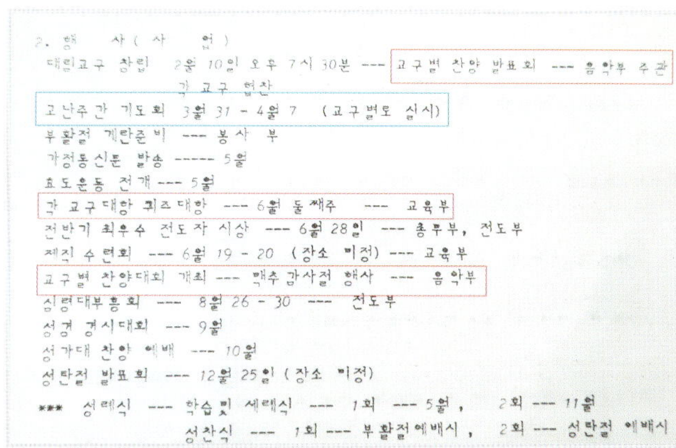

2. 행 사 (사 업)
대림교구 창립 2월 10일 오후 7시 30분 --- 교구별 찬양 발표회 --- 음악부 주관
각 교구 협찬
고난주간 기도회 3월 31 - 4월 7 (교구별로 실시)
부활절 계란준비 --- 봉사부
가정통신문 발송 ----- 5월
효도운동 전개 --- 5월
각 교구대항 퀴즈대항 --- 6월 둘째주 --- 교육부
전반기 최우수 전도자 시상 --- 6월 28일 --- 총무부, 전도부
제직 수련회 --- 6월 19 - 20 (장소 미정) --- 교육부
교구별 찬양대회 개최 --- 맥추감사절 행사 --- 음악부
심령대부흥회 --- 8월 26 - 30 --- 전도부
성경 경시대회 --- 9월
성가대 찬양 예배 --- 10월
성탄절 발표회 --- 12월 25일 (장소 미정)
*** 성례식 --- 학습 및 세례식 --- 1회 --- 5월, 2회 --- 11월
성찬식 --- 1회 --- 부활절예배시, 2회 --- 성탄절 예배시

그런데 현장교회들이 각기 떨어져 있어 다함께 모일 수 없는 경우에, 교회행사를 각 교구별로 갖기도 했다. **고난주간 기도회**(3월31일~4월7일)는 교구별로 실시했다. 이와같이 현장교회들은 한인교회 안에서 교구별로 구별되었으나, 함께 모이고, 함께 사역하였다.

---

109) 바레인 한인교회 약사 (1985.10.11, 바레인 한인교회 창립3주년 주보)
110) 1985년 바레인 한인교회에는 4개의 회의가 있었다 : 당회위원회, 제직회, **교구장회**, **각 교구임원회**, 시내교구 베드로회 월례회

4) 시내교구 베드로회

최수영 목사가 담임목사로 부임하던 첫 해인 1983년 9월23일, 시내교구 **베드로회**가 창립되었다(회장 최수영 목사, 총무 지일광 집사).[111] 현장교회의 교구에는 이러한 자치회가 없었다. 시내교구의 베드로회는 가족과 함께 온 남성들이었지만, 현장교회는 대부분 단신으로 바레인에 온 남성들이었기 때문이다. 베드로회는 매월 1회 회원가정에서 월례 모임을 가졌다(1985년도 회장 : 이기원 집사, 총무 : 이대섭 집사, 협동총무 : 허택 성도).

(8) 바레인 한인교회 - 엄격한 서약과 헌신의 다짐

1) 학습과 세례

현장교회는 스스로 **성례전 예배**를 거행할 수 없는 큰 한계가 있었다. 바레인 한인교회는 최수영 목사의 부임 이후, 학습/세례 예비자를 교육하고, 개인적 신앙고백을 준비시켜서 학습과 세례를 받도록 했다. 그들은 **학습/세례문답**(단답형 시험) 및 **신앙간증서**(주관식 서술)를 제출해야 했다.

학습문답의 경우, 기독교의 기본신앙을 지식적으로 물을 뿐만 아니라, 특히 회심의 체험(물음 9, 15)을 중요하게 여기고 있었다. 신앙간증서는 구원받기 전과 후를 비교하여 그 변화를 서술하여야 하여다. 이러한 조건을 볼 때 최수영 목사는 학습과 세례를 엄격한 기준 아래 베풀었다.

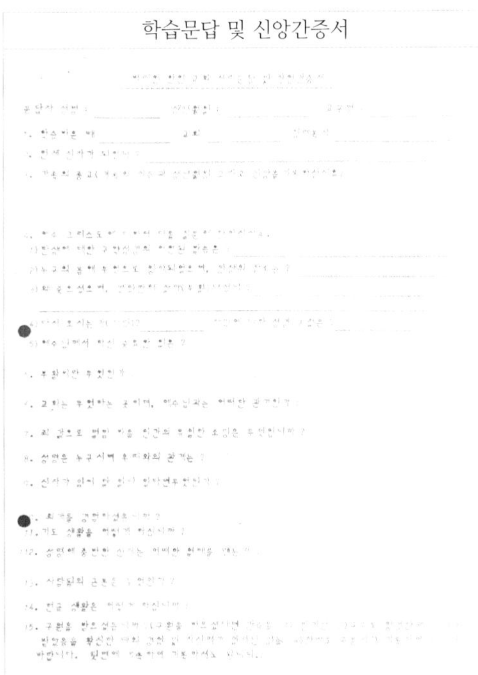
학습문답 및 신앙간증서

111) 바레인 한인교회 약사 (1985.10.11, 바레인 한인교회 창립3주년 주보)

세례문답의 경우, 지식적으로는 매우 기본적인 것이었으나, 기독교 신앙의 뼈대가 되는 항목들을 점검하는 것들이었다. 세례를 받는 성도들은, 이러한 문답과 신앙간증서를 통해, 기독교 신앙(물음 4-9)에 근거한 교회생활과 가정생활(물음 10-14)을 새롭게 다짐했을 것이다. 특히 신앙생활 후에 자신의 변화와 체험에 근거하여(물음 5), 신앙적 결단을 더욱 견고히 했을 것이다.

	주제	의미
물음 4.5	성경	기독교 신앙의 기초
물음 6	죄	구원의 필요성
물음 7,8	예수 그리스도	구원자
물음 9	삼위일체	기독교 유일신의 독특성
물음 10	교회	구원받은 성도의 공동체
물음 11,12	기도와 신앙	교회생활
물음 13	헌금	
물음 14	가정	가정생활
물음 15	교회출석 후 체험	체험적 신앙고백

세례문답 및 신앙간증서

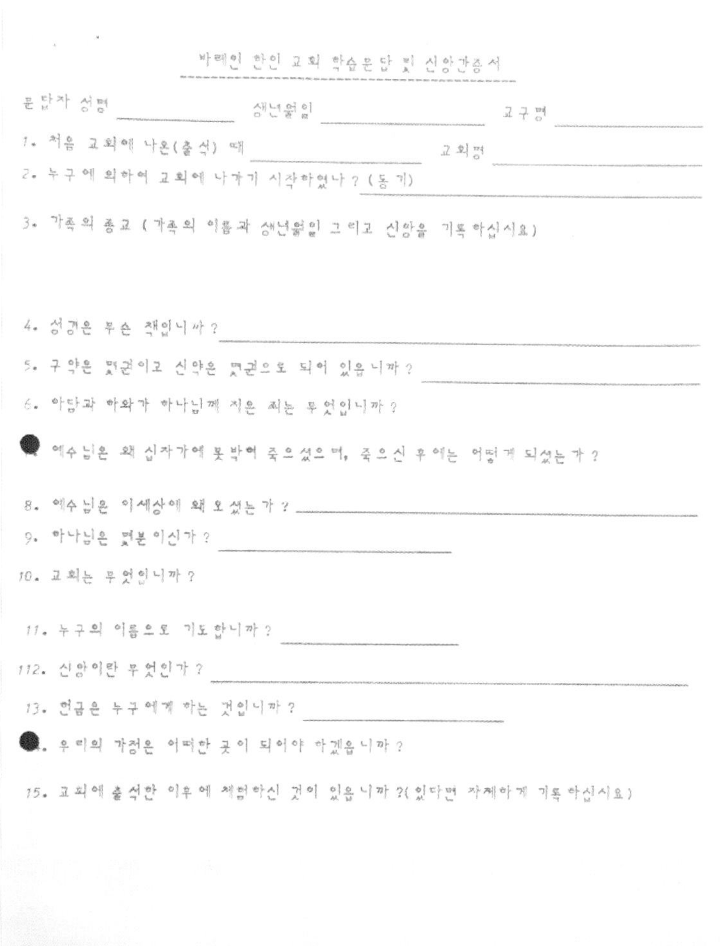
바레인 한인 교회 학습문답 및 신앙간증서

문답자 성명 ________ 생년월일 ________ 교구명 ________

1. 처음 교회에 나온(출석) 때 ________ 교회명 ________

2. 누구에 의하여 교회에 나가기 시작하였나? (동기) ________

3. 가족의 종교 (가족의 이름과 생년월일 그리고 신앙을 기록하십시요)

4. 성경은 무슨 책입니까? ________

5. 구약은 몇권이고 신약은 몇권으로 되어 있읍니까? ________

6. 아담과 하와가 하나님께 지은 죄는 무엇입니까?

예수님은 왜 십자가에 못박혀 죽으셨으며, 죽으신 후에는 어떻게 되셨는가?

8. 예수님은 이세상에 왜 오셨는가? ________

9. 하나님은 몇분 이신가? ________

10. 교회는 무엇입니까?

11. 누구의 이름으로 기도합니까? ________

112. 신앙이란 무엇인가? ________

13. 헌금은 누구에게 하는 것입니까? ________

. 우리의 가정은 어떠한 곳이 되어야 하겠읍니까?

15. 교회에 출석한 이후에 체험하신 것이 있읍니까?(있다면 자세하게 기록하십시요)

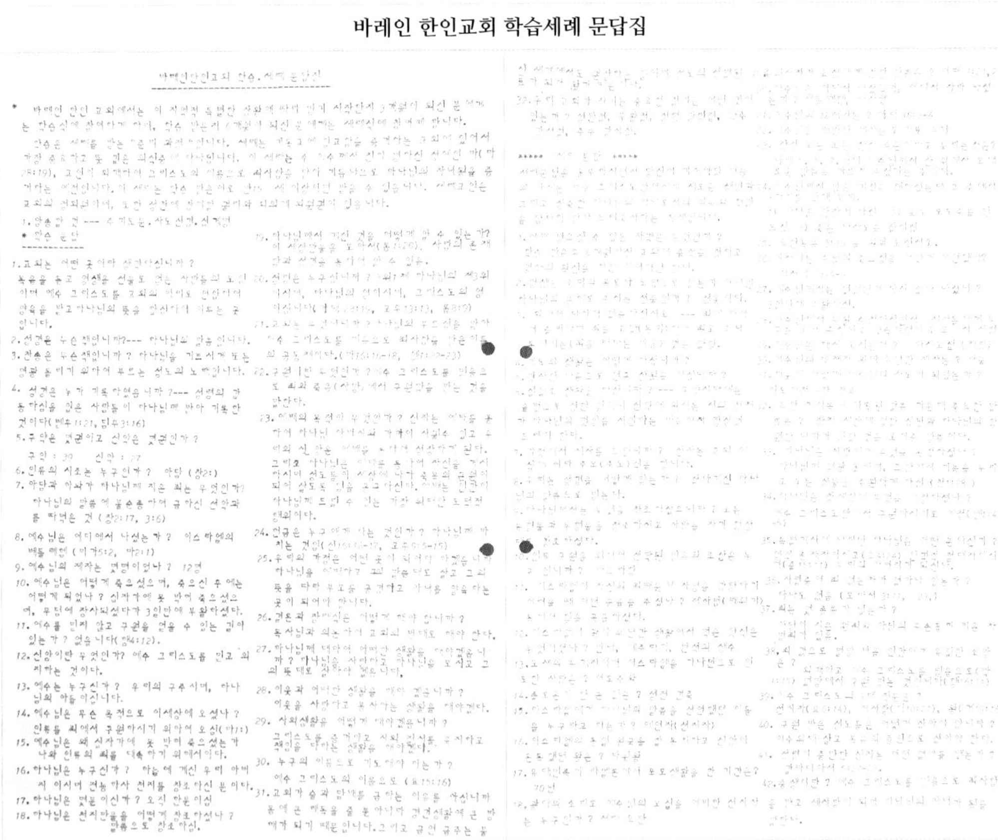

바레인 한인교회 학습세례 문답집

바레인한인교회 학습.세례 문답집

* 바레인 한인 교회에서는 이 지역적 특별한 상황에 따라 ...

1. 암송할 것 --- 주기도문, 사도신경, 십계명

* 학습 문답

1. 교회는 어떤 곳이라 생각하십니까 ? 복음을 듣고 영생을 선물로 얻은 사람들의 모임이며 예수 그리스도를 교회의 머리로 인정하여 양육을 받고 하나님의 뜻을 알아가며 이루는 곳입니다.
2. 성경은 무슨 책입니까?--- 하나님의 말씀입니다.
3. 찬송은 무슨책입니까 ? 하나님을 기쁘시게 또는 영광 돌리기 위하여 부르는 성도의 노래입니다.
4. 성경은 누가 기록하였읍니까 ?--- 성령의 감동하심을 입은 사람들이 하나님께 받아 기록한 것이다(벧후1:21, 딤후3:16)
5. 구약은 몇권이고 신약은 몇권인가 ? 구약 : 39 신약 : 27
6. 인류의 시조는 누구인가 ? 아담 (창2:)
7. 아담과 하와가 하나님께 지은 죄는 무엇인가? 하나님의 말씀에 불순종하여 금하신 선악과를 따먹은 것 (창2:17, 3:6)
8. 예수님은 어디에서 나셨는가 ? 이스라엘의 베들레헴 (미가5:2, 마2:1)
9. 예수님의 제자는 몇명이었나 ? 12명
10. 예수님은 어떻게 죽으셨으며, 죽으신 후에는 어떻게 되었나 ? 십자가에 못 박혀 죽으셨으며, 무덤에 장사되셨다가 3일만에 부활하셨다.
11. 예수를 믿지 않고 구원을 얻을 수 있는 길이 있는가 ? 없읍니다(행4:12).
12. 신앙이란 무엇인가? 예수 그리스도를 믿고 의지하는 것이다.
13. 예수는 누구신가 ? 우리의 구주시며, 하나님의 아들이십니다.
14. 예수님은 무슨 목적으로 이세상에 오셨나 ? 인류를 죄에서 구원하시기 위하여 오심(마1:)
15. 예수님은 왜 십자가에 못 박혀 죽으셨는가 나와 인류의 죄를 대속하기 위해서이다.
16. 하나님은 누구신가 ? 하늘에 계신 우리 아버지 이시며 전능하사 천지를 창조하신 분이다.
17. 하나님은 몇분이신가 ? 오직 한분이심
18. 하나님은 천지만물을 어떻게 창조하셨나 ? 말씀으로 창조하심.
19. 하나님께서 계신 것을 어떻게 알 수 있는가? 이 세상만물을 보아서(롬1:20), 사람의 존재감과 성경을 통하여 알 수 있음.
20. 성령은 누구십니까 ? 삼위일체 하나님의 제3위이시며, 하나님의 영이시며, 그리스도의 영이십니다
21. 교회는 무엇입니까 ? 하나님의 부르심을 받아 예수 그리스도를 머리로 모시는 성도의 공동체이다.
22. 구원이란 무엇인가 ? 예수 그리스도를 믿음으로 죄와 죽음(사망)에서 구원함을 받는 것을 말한다.
23. 예배의 목적이 무엇인가 ? 신자는 예배를 통하여 하나님 아버지와 가까이 사귈수 있고 우리의 신앙은 예배를 통하여 성장하게 된다. 그리고 하나님은 예배를 통하여 자신을 계시하시며 성도들이 세상에 나가 축복의 근원이 되어 살도록 힘을 공급하신다. 예배는 인간이 하나님께 드릴 수 있는 가장 위대한 도덕적 행위이다.
24. 헌금은 누구에게 하는 것인가 ? 하나님께 바치는 것임
25. 우리의 가정은 어떤 곳이 되어야 하겠읍니까 하나님을 어버이로 그의 말씀대로 살고 그의 뜻을 따라 부모를 공경하고 자녀를 양육하는 곳이 되어야 합니다.
26. 결혼과 장례식은 어떻게 해야 합니까 ? 목사님과 의논하여 교회의 예대로 해야 한다.
27. 하나님께 대하여 어떠한 생활을 해야 하겠읍니까 ? 하나님을 사랑하고 하나님을 모시고 그의 뜻대로 살아야 하겠읍니다.
28. 이웃과 어떠한 생활을 해야 겠읍니까 ? 이웃을 사랑하고 봉사하는 생활을 해야겠다.
29. 사회생활을 어떻게 해야 겠읍니까 ? 그리스도를 증거하고 사회 질서를 유지하고 책임을 다하는 생활을 해야겠다.
30. 누구의 이름으로 기도해야 하는가 ? 예수 그리스도의 이름으로 (요15:16)
31. 교회가 술과 담배를 금하는 이유를 아십니까 몸에 큰 해독을 줄 뿐아니라 경건생활에 큰 방해가 되기 때문입니다. 그리고 금연 금주는 ...

2) 주일학교와 성가대

현장교회와 한인교회의 가장 큰 차이점 중에 하나는 **주일학교**였다. 건설현장의 현장교회들이 교민교구와 연합하여 한인교회로 성장하면서, 주일학교를 운영할 수 있게 되었기 때문이다. 1985년도 바레인 한인교회의 주일학교는 **유년 주일학교**였다. 주일학교의 교사는 부장 장로 외 6명이었다. 아마도 반편성이 초등학교 1~6학년까지 학년별로 이루어졌던 것 같다.

각 교구및 기관 봉사자

1. 유년주일학교
   부장 : 김 인배 장로
   교사 : 고동식 김정숙 김용웅 한승호 이승은 임상섭
2. 성가대
   대장 : 이 상현 집사
   지휘자 : 이경룡집사 반주자 : 윤 수희

바레인 한인연합교회는 성가대원도 임명하였다. 그런데 **주일학교 교사** 뿐만 아니라, **성가대원**은 **임명에 대한 수락 및 헌신서**를 제출해야 했다. 그 내용의 구성을 보면, 교사의 직분과 성가대원의 직분에 대한 정의가 먼저 진술되었다. 그 이후 이 직분에 합당한 자질을 위하여 10가지의 물음으로 구성된 〈임명에 대한 수락 및 헌신서〉를 요구하였다.

주일학교 교사의 직분은 어린이들을 주의 말씀으로 양육하는 목자입니다. 따라서 교사는 감사와 충성, 희생, 헌신으로 어린이들을 주께로 인도해야 합니다. 나를 생각하는 것이 아니요, 주님과 어린이를 먼저 생각하면서, 생활화 하는 것이 직분자의 자세입니다.

성가대원의 직분은 찬양으로 주 하나님께 드리는 예배에 참여하여 영광을 돌리는 거룩한 직분입니다. 따라서 성경대원은 매사에 하나님 앞에서 찬양하는 입술을 간직해야 합니다.

이제 주님 앞에서 성도들과 이방인들 앞에서 자신있는 확신을 가지고 일하기 위해 아래 몇 가지 사항에 대해 믿음으로 답하기 바랍니다.

① 예수님을 구주로 확신합니까?
② 교회가 정한 예배에 꼭 참석하겠습니까?
③ 십일조를 바치며, 맡은 일에 면류관을 얻도록 충성을 다하겠습니까?
④ 허락된 직분에 1년 동안 힘들고 어려워도, 축복이 넘쳐도 변함없이 충성하겠습니까?
⑤ 주 교사모임 시에 꼭 참석하겠습니까?
⑥ 성가대 연습시에 꼭 참석하겠습니까?
⑦ 술과 담배는 절제하겠습니까?
⑧ 영적인 모든 일들은 목사와 상담 후 행하겠습니까?
⑨ 자진하여 성경을 읽으며, 범사에 감사하며 기도에 힘쓰고, 구원받지 못한 이들을 위하여 힘써 전도하겠습니까?
⑩ 주일학교 교사 (성가대원) 간에 화목하는 일에 앞장 서겠습니까?

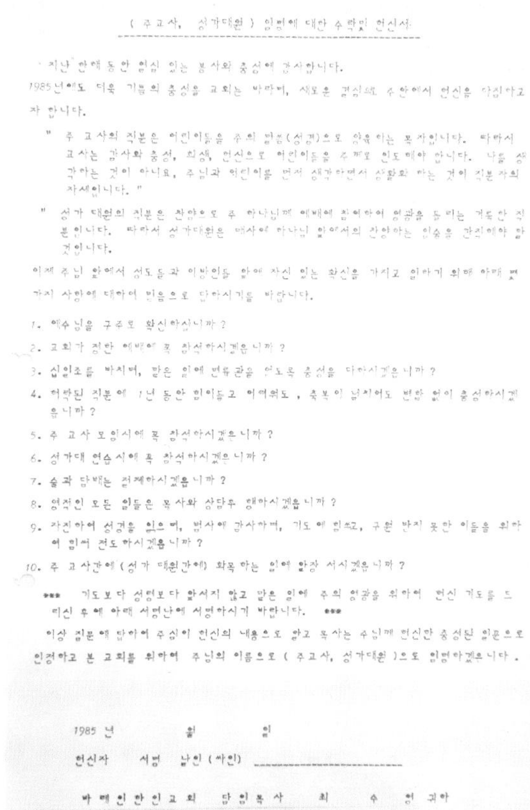
(주교사, 성가대원) 임명에 대한 수락및 헌신서

지난 한해 동안 헌신 있는 봉사와 충성에 감사합니다.
1985년에도 더욱 기쁨의 충성을 교회는 바라며, 새로운 결심으로 주 안에서 헌신을 다짐하고자 합니다.

" 주 교사의 직분은 어린이들을 주의 말씀(성경)으로 양육하는 목자입니다. 따라서 교사는 감사와 충성, 희생, 헌신으로 어린이들을 주께로 인도해야 합니다. 나를 생각하는 것이 아니요, 주님과 어린이를 먼저 생각하면서 생활화 하는 것이 직분자의 자세입니다. "

" 성가 대원의 직분은 찬양으로 주 하나님께 예배에 참여하여 영광을 돌리는 거룩한 직분입니다. 따라서 성가대원은 매사에 하나님 앞에서의 찬양하는 입술을 간직해야 할 것입니다.

이제 주님 앞에서 성도들과 이방인들 앞에 자신 있는 확신을 가지고 일하기 위해 아래 몇 가지 사항에 대하여 믿음으로 답하시기를 바랍니다.

1. 예수님을 구주로 확신하십니까 ?
2. 교회가 정한 예배에 꼭 참석하시겠읍니까 ?
3. 십일조를 바치며, 맡은 일에 면류관을 얻도록 충성을 다하시겠읍니까 ?
4. 허락된 직분에 1년 동안 힘이들고 어려워도 , 축복이 넘치어도 변함 없이 충성하시겠읍니까 ?
5. 주 교사 모임시에 꼭 참석하시겠읍니까 ?
6. 성가대 연습시에 꼭 참석하시겠읍니까 ?
7. 술과 담배는 절제하시겠읍니까 ?
8. 영적인 모든 일들은 목사와 상담후 행하시겠읍니까 ?
9. 자진하여 성경을 읽으며, 범사에 감사하며, 기도에 힘쓰고, 구원 받지 못한 이들을 위하여 힘써 전도하시겠읍니까 ?
10. 주 교사간에 (성가 대원간에) 화목 하는 일에 앞장 서시겠읍니까 ?

*** 기도보다 성령보다 앞서지 않고 맡은 일에 주의 영광을 위하여 헌신 기도를 드리신 후에 아래 서명난에 서명하시기 바랍니다. ***

이상 질문에 답하여 주심이 헌신의 내용으로 알고 목사는 주님께 헌신한 충성된 일꾼으로 인정하고 본 교회를 위하여 주님의 이름으로 (주교사, 성가대원)으로 임명하겠읍니다 .

1985 년 월 일

헌신자 서명 날인 (싸인) ____________________

바레인한인교회 담임목사 최 수 현 귀하

(주교사, 성가대원) 임명에 대한 수락 및 헌신서

3) 제직회

최수영 목사는 담임목사로 부임한 직후부터, 곧바로 바레인 한인교회가 **조직교회로서의 면모**를 갖추도록 힘썼다. 최수영 목사는 **교회 직분**을 먼저 이렇게 정의한다 : "모든 직분은 명예가 아니고, 은혜의 감사요, 충성이요, 덕이요, 희생이요, 헌신입니다. 약속된 모든 축복과 면류관의 대상입니다. 나를 생각하는 것이 아니요, 주님과 이웃을 먼저 생각하면서, 생활화하는 것이 직분자들의 자세입니다". **이와같이** 교회 직분을 정의한 후에, **제직의 자질을 검증**하기 위하여 12가지의 물음으로 구성된 〈제직임명에 대한 수락 및 헌신서〉를 요구했다.

"모든 직분은 명예가 아니고, 은혜의 감사요, 충성이요, 덕이요, 희생이요, 헌신입니다. 약속된 모든 축복과 면류관의 대상입니다. 나를 생각하는 것이 아니요, 주님과 이웃을 먼저 생각하면서, 생활화하는 것이 직분자들의 자세입니다".

이제 주님 앞에서 성도들과 이방인들 앞에서 자신있는 확신을 가지고 일하기 위해 아래 몇 가지 사항에 대해 믿음으로 답하시기 바랍니다.

① 구원을 확신합니까?
② 교회가 정한 예배에 꼭 참석하겠습니까?
③ 십일조 생활과 각종 감사에 참여하여 복받기를 원합니까?
④ 허락된 직분에 1년 동안 힘들고 어려워도 축복이 넘치어도 시종여일 충성하겠습니까?
⑤ 제직회 모임 시에 꼭 참석하겠습니까?
⑥ 목사와 교회, 성도에 대하여 유언비어를 삼가하겠습니까?
⑦ 목사가 주님의 일에, 교회에 일에 기도하고 결정하고 광고하면 순종하겠습니까?
⑧ 술과 담대를 절제하겠습니까?
⑨ 영적인 모든 일들은 목사와 상담 후 행하겠습니까?
⑩ 모든 일에 일반 성도들보다 한걸음 앞장 서시겠습니까?
⑪ 자진하여 성경을 읽으며, 교회가 실시하는 성경공부에 앞장서서 참석하겠습니까?
⑫ 범사에 감사하며, 기도에 힘쓰고, 구원받지 못한 이들을 위하여 힘써 전도하겠습니까?

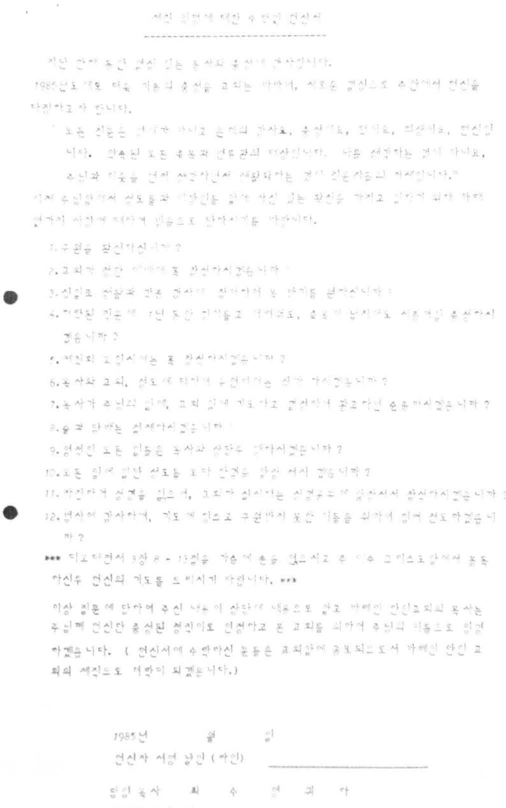
제직 임명에 대한 수락및 헌신서

지난 한해 동안 열심 있는 봉사와 충성에 감사합니다.
1985년도에도 더욱 기름의 충성을 고히는 바이며, 새로운 결심으로 주안에서 헌신을 다짐하고자 합니다.
"모든 직분은 명예가 아니고 은혜의 감사요, 충성이요, 덕이요, 희생이요, 헌신입니다. 약속된 모든 축복과 면류관의 대상입니다. 나를 생각하는 것이 아니요, 주님과 이웃을 먼저 생각하면서 생활화하는 것이 직분자들의 자세입니다."
이제 주님앞에서 성도들과 이방인들 앞에 자신 있는 확신을 가지고 일하기 위해 아래 몇가지 사항에 대하여 믿음으로 답하시기를 바랍니다.

1. 구원을 확신하십니까 ?
2. 교회가 정한 예배에 꼭 참석하시겠습니까 ?
3. 십일조 생활과 각종 감사에 참여하여 복 받기를 원하십니까 ?
4. 허락된 직분에 1년 동안 힘들고 어려워도, 축복이 넘치어도 시종여일 충성하시겠습니까 ?
5. 제직회 모임시에는 꼭 참석하시겠습니까 ?
6. 목사와 교회, 성도에 대하여 유언비어는 삼가 하시겠습니까 ?
7. 목사가 주님의 일에, 교회 일에 기도하고 결정하여 광고하면 순종하시겠습니까 ?
8. 술과 담배는 절제하시겠습니까 ?
9. 영적인 모든 일들은 목사와 상담후 행하시겠습니까 ?
10. 모든 일에 일반 성도들 보다 한걸음 앞장 서시겠습니까 ?
11. 자진하여 성경을 읽으며, 교회가 실시하는 성경공부에 앞장서서 참석하시겠습니까 ?
12. 범사에 감사하며, 기도에 힘쓰고 구원받지 못한 이들을 위하여 힘써 전도하겠습니까 ?

*** 디모데전서 3장 8 - 13절을 가슴에 손을 얹으시고 주 예수 그리스도앞에서 봉독하신후 헌신의 기도를 드리시기 바랍니다. ***

이상 질문에 답하여 주신 내용이 상담에 내용으로 알고 바레인 한인교회의 목사는 주님께 헌신한 충성된 청지기로 인정하고 본 교회를 위하여 주님의 이름으로 임명하겠습니다. (헌신서에 수락하신 분들은 교회앞에 공포되므로서 바레인 한인 교회의 제직으로 더욱이 되겠읍니다.)

1985년 월 일
헌신자 서명 날인 (싸인)
담임목사 최 수 영 귀 하
바레인 한인교회

(제직 임명에 대한 수락 및 헌신서)

12가지의 물음들을 보면, **율법적**이거나, **권위주의적인 특성**이 보이기도 한다. 이것은 중동지역 **한인교회의 상황**을 반영한 것으로 보인다. 중동지역에서 한국인들은 대부분 기업체의 근로자나 주재원이어서 수년 안에 귀국하였다. 소수의 개인사업자들도 시민권이나 영주권을 받을 수 없어 단기간마다 거주비자를 갱신해야 했다. 물론 특정한 소수는 지극히 헌신적이었다. 하지만, 한국교회의 제직들에 비해, **소속감**이나 **헌신도**가 현저하게 낮은 경우가 대부분이었다. 왜냐하면 제직으로 임명되어도, 현재 한국에 있는 교회를 조만간 돌아갈 본 교회로 여기기 때문이었다.

1985년도 **제직회의 부장**은 당회위원회에서 선임했으며, **각부의 부원**은 당회장이 정하였다. 이들은 〈제직임명에 대한 수락 및 헌신서〉를 제출한 후에, 연초에 제직 임명을 받았을 것이다.

제직회장 : 최수영 목사, 서 기 : 서인수, 김정숙, 회계 : 고동식
재 무 부 : (부장) 김영원, (부원) 박루디아, 서인수, 김인규
예 배 부 : (부장) 김위생, (부원) 안영식, 김채홍, 정덕만, 고정일, 김정자, 황미경
전 도 부 : (부장) 김동인, (부원) 박한찬, 황원호, 김의상, 황주창, 김기우, 김부유, 이수근
봉 사 부 : (부장) 박순철, (부원) 노석남, 종광열, 김성기, 김재숙, 백군국, 김은희, 홍영혜
음 악 부 : (부장) 이한현, (부원) 이경룡, 이기원, 이대섭, 김선영, 김명희
교 육 부 : (부장) 김인배, (부원) 임근수, 박원배, 김용웅, 신현무, 양귀선, 도영숙, 서인수
교회사편찬 : (부장) 김인배, (부원) 최옥식, 이수근, 이대섭, 김채홍, 박루디아
총 무 부 : (부장) 고동식, (부원) 김인규, 박평수, 이유재, 김정숙, 김종길.

1985년 6월20일, 밤 7시~11시30분에 **바레인 거북이산**(山)에서 '여호와의 성산에 오를 자 누구뇨?'라는 주제로 제 3회 **바레인 한인교회 제직수련회**가 있었다. **제직수련회**는 최수영 목사가 담임목사로 부임한 다음 해인 1983년부터 매년 개최되었다. 연초 제직을 임명한 후에, 그리고 한해의 중반부에 제직수련회를 가졌다.

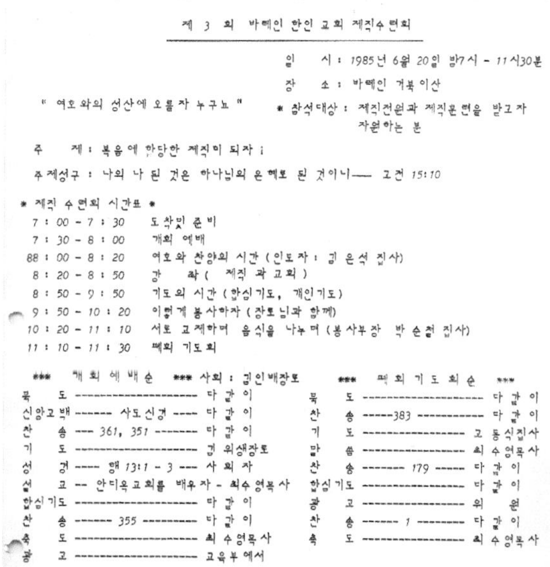

제 3 회 바레인 한인 교회 제직수련회

일 시 : 1985년 6월 20일 밤7시 - 11시30분
장 소 : 바레인 거북이산
" 여호와의 성산에 오를자 누구뇨 "
* 참석대상 : 제직전원과 제직훈련을 받고자 자원하는 분

주 제 : 복음에 합당한 제직이 되자 !
주제성구 : 나의 나 된 것은 하나님의 은혜로 된 것이니— 고전 15:10

* 제직 수련회 시간표 *

7 : 00 - 7 : 30	도착및 준비
7 : 30 - 8 : 00	개회 예배
88 : 00 - 8 : 20	여호와 찬양의 시간 (인도자 : 김 은석 집사)
8 : 20 - 8 : 50	강 좌 (제직 과 교회)
8 : 50 - 9 : 50	기도의 시간 (합심기도, 개인기도)
9 : 50 - 10 : 20	이렇게 봉사하자 (장로님과 함께)
10 : 20 - 11 : 10	서로 교제하며 음식을 나누며 (봉사부장 박 순철 집사)
11 : 10 - 11 : 30	폐회 기도회

*** 개 회 예 배 순 *** 사회 : 김인배장로

묵 도	다 같 이
신앙고백 — 사도신경	다 같 이
찬 송 — 361, 351	다 같 이
기 도	김 위생장로
성 경 — 행 13:1 - 3	사 회 자
설 교 — 안디옥교회를 배우자	최수영목사
합심기도	다 같 이
찬 송 — 355	다 같 이
축 도	최 수영목사
광 고	교육부에서

*** 폐 회 기 도 회 순 ***

묵 도	다 같 이
찬 송 — 383	다 같 이
기 도	고 동식집사
말 씀	최 수영목사
찬 송 — 179	다 같 이
합심기도	다 같 이
광 고	위 원
찬 송 — 1	다 같 이
축 도	최 수영목사

개회예배는 최수영 목사가 '안디옥 교회를 세우자'(행 13:1-3)라는 제목으로 설교

했으며, 이날 강좌는 '제직과 교회'(저녁 8:20~50)였다. 그 후 기도시간을 갖은 후에, 세 사람의 장로들과 함께 **'이렇게 봉사하자'**(저녁 9:50~10:20)라는 제목의 프로그램을 가졌다. 그리고 서로 교제하며, 음식을 나누는 것(저녁 10:20~11:10)이 폐회예배 전 마지막 순서였다.

4) 당회 위원회

바레인 한인교회는, 운영위원회 대신 **당회 위원회**가 교회를 다스렸다. 당회위원은 담임목사 외에 장로, 집사 및 권사로 구성되었다. 1985년도 당회위원은 당회장 외 8명이었다(당회장 : 최수영 목사. 당회위원 : (장로) 김인배, 김위생, 김봉식, (집사) 김동익, 이상현, 김영훈, 박순철, 고동식).

당회위원 8명은 **장로** 3명, **집사** 5명이었다. 1983년과는 달리, **권사**는 당회위원에서 빠져 있다. 이 때 장로는 한국교회에서 장로로 임직받고 전입한 경우이며, 바레인 한인교회가 세운 장로는 아니었을 것이다. 그들은 다른 나라의 근무지로 발령받으면, 곧바로 교회도 떠나야 했다.

한국교회에서는 **사람을 세워** 교회를 세우는 일이 가능하다. 그러나 중동지역의 한인교회에서는 **사람을 세워** 교회를 세우는 일이 가능하지 않았다. 그러므로 **끊임없이 사람을 세워야만** 교회를 지속적으로 세워갈 수 있었다. 그 중에서도 핵심은 **당회위원을 세우는 일**이었다. 바레인 한인교회는 당회위원을 엄격하게 세운 후, 교회를 다스리게 했다.

최수영 목사는 당회를 먼저 이와같이 정의하였다 : "당회는 **목사의 신령한 계획과 정책수립에 동참**하여, **교회의 목적**을 위하여 끊임없이 **토의하고, 사업을 평가하고,** 제직회의 직무에 포함되지 않은 일들을 의논한다." 이것은 치리장로의 개념을 구체적으로 표현한 것이었다. 담임목사와 시무장로로 구성된 당회는, 치리권을 가지고 교회를 다스린다.

이에 따르면, 당회는 제직회보다 상위 의결기구이자, 교회의 최고 회의기구로서 교회를 다스리는 직무를 맡는다. 이러한 치리권을 소유한 당회위원에게는 더 엄격한 기준이이 요구되었다. 그들은 13가지 물음으로 구성된 〈당회위원 임명에 대한 수락 및 헌신서〉를 제출하여야 했다.

당회원의 직분은 명예가 아니요, 은혜의 감사요, 충성이요, 덕이요, 희생이요, 헌신입니다. 약속된 모든 축복과 면류관의 대상입니다. 나를 생각하는 것이 아니요, 주님과 이웃을 먼저 생각하면서, 생활화 하는 것이 직분자의 자세입니다.당회는 목사의 신령한 계획과 정책수립에 동참하여 교회의 목적을 위해 끊임없이 토의하고, 사업을 평가하고, 제직회의 직무에 포함되지 않은 일을 의논한다.

이제 주님 앞에서 성도들과 이방인들 앞에서 자신있는 확신을 가지고 일하기 위해 아래 몇 가지 사항에 대해 믿음으로 답하시기 바랍니다.

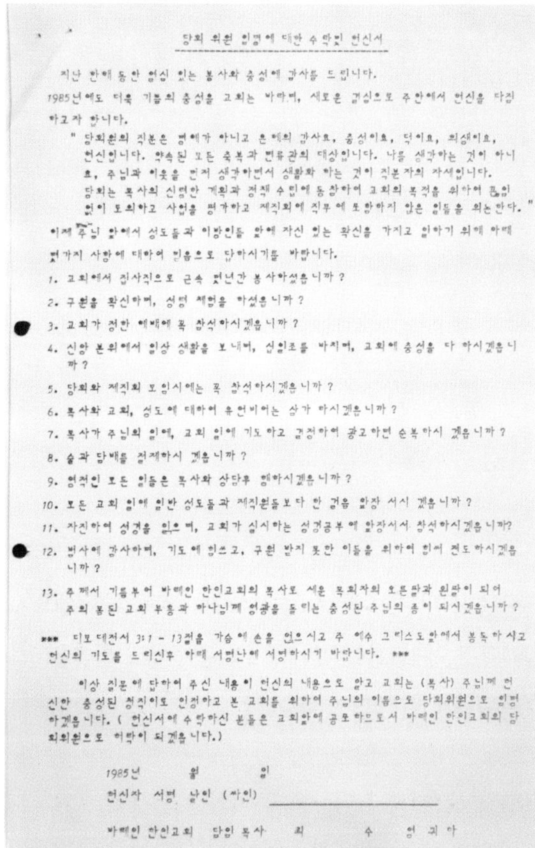
당회 위원 임명에 대한 수락및 헌신서

지난 한해 동안 열심 있는 봉사와 충성에 감사를 드립니다.
1985년에도 더욱 기쁨의 충성을 교회는 바라며, 새로운 결심으로 주안에서 헌신을 다짐하고자 합니다.

" 당회원의 직분은 명예가 아니고 은혜의 감사요, 충성이요, 덕이요, 희생이요, 헌신입니다. 약속된 모든 축복과 면류관의 대상입니다. 나를 생각하는 것이 아니요, 주님과 이웃을 먼저 생각하면서 생활화 하는 것이 직분자의 자세입니다. 당회는 목사의 신령한 계획과 정책 수립에 동참하여 교회의 목적을 위하여 끊임없이 토의하고 사업을 평가하고 제직회에 직무에 포함하지 않은 일들을 의논한다. "

이제 주님 앞에서 성도들과 이방인들 앞에 자신 있는 확신을 가지고 일하기 위해 아래 몇가지 사항에 대하여 믿음으로 답하시기를 바랍니다.

1. 교회에서 집사직으로 근속 몇년간 봉사하셨읍니까 ?
2. 구원을 확신하며, 성령 체험을 하셨읍니까 ?
3. 교회가 정한 예배에 꼭 참석하시겠읍니까 ?
4. 신앙 본위에서 일상 생활을 보내며, 십일조를 바치며, 교회에 충성을 다 하시겠읍니까 ?
5. 당회와 제직회 모임시에는 꼭 참석하시겠읍니까 ?
6. 목사와 교회, 성도에 대하여 유언비어는 삼가 하시겠읍니까 ?
7. 목사가 주님의 일에, 교회 일에 기도하고 결정하여 광고하면 순복하시 겠읍니까 ?
8. 술과 담배를 절제하시 겠읍니까 ?
9. 영적인 모든 일들은 목사와 상담후 행하시겠읍니까 ?
10. 모든 교회 일에 일반 성도들과 제직원들보다 한 걸음 앞장 서시 겠읍니까 ?
11. 자진하여 성경을 읽으며, 교회가 실시하는 성경공부에 앞장서서 참석하시겠읍니까?
12. 범사에 감사하며, 기도에 힘쓰고, 구원 받지 못한 이들을 위하여 힘써 전도하시겠읍니까 ?
13. 주께서 기름부어 바레인 한인교회의 목사로 세운 목회자의 오른팔과 왼팔이 되어 주의 몸된 교회 부흥과 하나님께 영광을 돌리는 충성된 주님의 종이 되시겠읍니까 ?

*** 디모데전서 3:1 - 13절을 가슴에 손을 얹으시고 주 예수 그리스도앞에서 봉독하시고 헌신의 기도를 드리신후 아래 서명난에 서명하시기 바랍니다. ***

이상 질문에 답하여 주신 내용이 헌신의 내용으로 알고 교회는 (목사) 주님께 헌신한 충성된 청직이로 인정하고 본 교회를 위하여 주님의 이름으로 당회위원으로 임명하겠읍니다. (헌신서에 수락하신 분들은 교회앞에 공포하므로서 바레인 한인교회의 당회위원으로 허락이 되겠읍니다.)

1985년 월 일

헌신자 서명 날인 (싸인) ____________________

바레인 한인교회 담임 목사 최 수 영 귀하

(당회 회원 임명에 대한 수락 및 헌신서)

① 교회에서 집사직으로
근속 몇 년간 봉사하셨습니까?

② 구원을 확신하며 성령체험을 하셨습니까?

③ 교회가 정한 예배에 꼭 참석하겠습니까?

④ 신앙본위에서 일상생활을 보내며,
십일조를 바치며,
교회에 충성을 다하겠습니까?

⑤ 당회와 제직회에 꼭 참석하겠습니까?

⑥ 목사와 교회, 성도에 대하여 유언비어를
삼가하겠습니까?

⑦ 목사가 주님의 일에
교회에 일에 기도하여
결정하고 광고하면 순복하겠습니까?

⑧ 술과 담대를 절제하겠습니까?

⑨ 영적인 모든 일은
목사와 상담 후 행하겠습니까?

⑩ 모든 일에 일반 성도과 제직원보다
한걸음 앞장 서시겠습니까?

⑪ 자진하여 성경을 읽으며,
교회가 실시하는 성경공부에 앞장서서 참석하겠습니까?

⑫ 범사에 감사하며, 기도에 힘쓰고,
구원받지 못한 이들을 위해 힘써 전도하겠습니까?

⑬ 주께서 기름부어 바레인 한인교회의 목사로 세운 목회자의 오른팔과 왼팔이 되어,
주의 몸된 교회의 부흥과 하나님께 영광을 돌리는 충성된 주님의 종이 되겠습니까?

최수영 목사는 바레인에 파송된 **선교사**이면서, 동시에 바레인 한인교회를 담임하는 **목회자**였다. 그는 〈교인명부록〉을 만들고, 교구별로 〈교인출석점검표〉을 작성하는, **관리자형 목회자**였다.

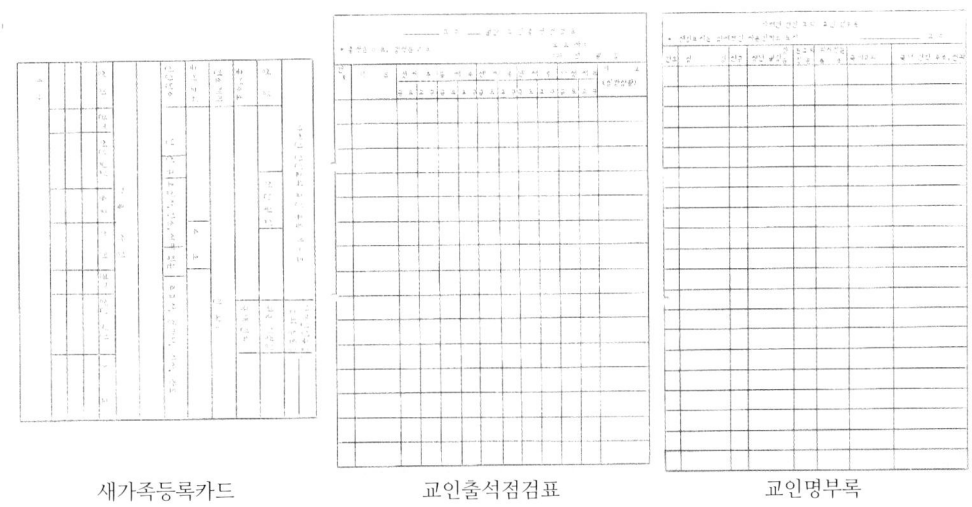

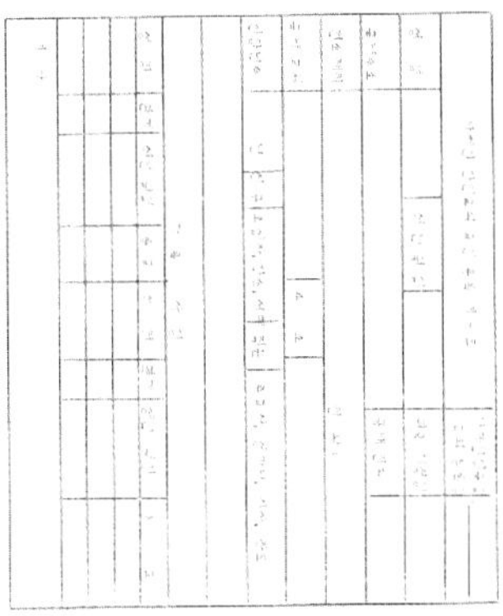
새가족등록카드

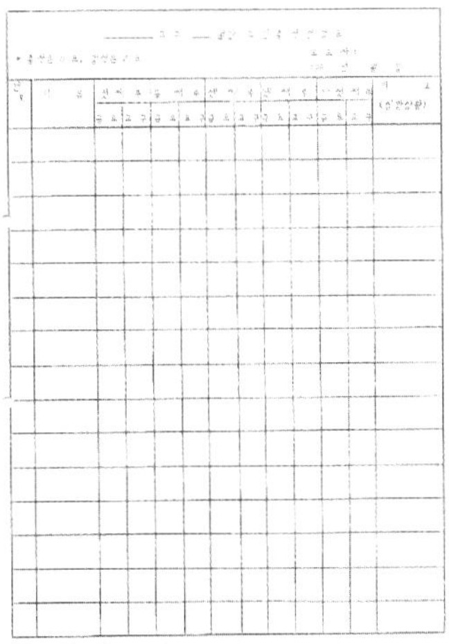
교인출석점검표

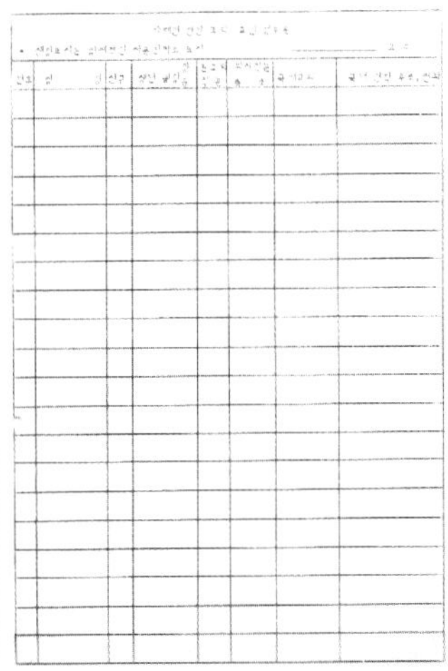
교인명부록

1983년 3월, **최수영 목사**는 담임목사로 부임하자마자 바레인 한인교회가 조직교회로서의 면모를 갖추는 일부터 힘을 썼다. 이것은 중동지역 한인교회의 초대 담임목사로서 가장 힘써야 할 적절한 일로 판단된다. 그는 약 6년 간의 사역을 마치고 사임하였다.

1989년 **정형남 목사**가 최수영 목사의 후임으로 파송되었다. 정형남 목사는 아랍인 교회와 동역, 제자훈련, 한국인업체의 제 3국인 선교(네팔, 인도, 파키스탄), 이슬람권 국제선교단체들과 협력선교를 하였다. 그 후에 **허명호**, **이영구**, **박재원 목사**를 거쳐 2007년 7월부터 현재까지 **권순표 목사**가 담임목사로 섬기고 있다.

다. 아랍에미리트[112)]

1970년대 후반부터 **아랍에미리트**에도 우리 나라의 건설회사들이 진출하기 시작했다. 그러나 그 인원은 소규모였고, 거주하는 한국인의 숫자도 작았다. 그리하여 아랍에미리트에서는 다른 중동국가들처럼 **현장교회들**이 활발하게 세워지지 못하였다.

대신에 **두바이**(1979년)와 **아부다비**(1982년)에서 작은 인원이 모여 **가정교회**로 예배를 드리기 시작하였다. 이 두 가정교회가 **두바이 한인교회**와 **아부다비 한인교회**가 되었다. 중동의 다른 지역에서는 대개 현장교회들과 교민이 연합하여 한인교회를 세웠던 것과는 달리, 아랍에미리트에서는 가정교회가 성장하여 한인교회가 되었다. 그 이후에 **알아인 교회**가 동아건설의 현장교회로 세워졌다(1984년). 이 세 교회가 U.A.E의 최초의 교회들이다.

(1) 두바이 한인교회 (1979, 1985년)

1) 교회의 설립(1979.12)

① 가정교회 – 가정순회예배 (1979.12)

두바이한인교회는 **가정순회예배**로 모이던 **가정교회**로 시작되었다. 1979년 12월, **이재화 집사**의 예배인도로 **천보영 성도**[113)]의 집에서 7명의 성도(이재화, 천보영, 서강석 부부 및 유영길 성도)가 모여첫 예배를 드린 것이 시작이었다.[114)] 그들은 매 주일 저녁 8시에 예배를 드렸다. 1980년 4월에 현대

---

112) 아랍에미리트의 교회들은 주태근 목사의 검토 및 수정을 거쳤다.

113) 천보영 성도는 1986년 11월 창립 7주년 때, 안수집사로 임직하였다(두바이한인교회 홈페이지).

114) 1984년에 작성된 두바이교회의 <교회연혁> p.1. 그러나 현재 두바이한인교회의 홈페이지는 "1979년 11월 두바이한인교회 첫 예배를 시작하다(김원국 장로 예배인도)"라고 하여 교회설립일을 1979년 11월로 보았다. 그러나 김원국 장로가 처음 예배를 인도한 것은 1980년 4월이었다. 또, 쿠웨이트의 최형섭 목사가 1983년 9월에 작성한 보고서는 "1979년 8월, 6명의 성도가 모여 가정예배를 드림으로 시작되었음'이라 하여 교회설립일을 1979년 8월로 보았다. 문종호 선교사 파송예배의 순서지(1984.12.9)도 이을 따랐다. 그러므로 1979년 8월에 두바이 한인교회가 설립되었을 가능성도 있다. 그러나 교회설립초

건설의 기사로 파견된 **김원국 장로**(영등포 성결교회)가 2시간 30분 거리의 아부다비에서 와서 예배를 인도하였고, 예배인원도 18명으로 성장하였다.[115] 1981년 3월, 이재화 집사가 호주로 이주한 후에도, 김원국 장로가 계속하여 예배를 인도했다. 당시 예배인원은 14명이었다.[116]

1981년 9월, 김원국 장로도 한국으로 귀국하면서, 배구코치로 두바이에 거주하던 **최태진 집사**가 집회인도를 맡게 되었다. 최태진 집사는 교회초기에 큰 역할을 감당했다. 이 때 예배인원은 24명이었다. 이 시기에는 아직 교회조직이나 공식적인 교회의 이름도 없었다.

② 공식적인 교회 이름 - 한국인 두바이교회 (1981.11)

운영위원회의 조직

1981년 11월20일, 첫 예배를 드린지 2년 만에, 조직적인 교회운영을 위해 **운영위원회**가 발족하였고(초대 운영위원장 최태진 집사), 교회이름을 '**한국인 두바이 교회**'(현 두바이 한인교회)로 정하였다.

위 원 장 : 최태진 집사	주일학교
총　　무 : 이봉의[117]	교장 : 김승표, 부장 : 유영길,
회　　계 : 소영인, 장윤희	교사 : 최태진 김진희 이희선 위광숙 최순금
예배교육 : 유영길, 이희선	
전도봉사 : 윤여덕, 김군자	

- 1981년 11월, 두바이 교회 최초의 조직 -

아직 **교회당**이 없으므로 **가정교회**로 모였는데, 1981년 11월29일 주보를 보면, 가정예배에서도 교회당의 예배와 마찬가지로, 기립과 착석의 순서를 동일하게 진행하였다(설교 최태진 집사).

기인 1984년에 두바이한인교회가 직접 작성한 <교회연혁>대로, 1979년 12월에 교회가 설립되었을 가능성이 가장 높다. 1981년 11월 29일자의 주보에 '첫 예배 79년 12월 드림'이란 손글씨가 적혀 있다.

115) 1983년 9월, 쿠웨이트의 최형섭 목사가 작성한 보고서, p.1

116) 천보영, 이성열, 변영곤, 이봉의 부부(8명) 및 김승표, 윤여덕, 위광순, 이희성, 김장용,소영인(6명)

117) 이봉의 성도는 1989년 11월 창립10주년 때, 장로로 임직하였고, 교회초창기에 큰 역할을 감당했다.

주일학교는 1982년 1월에 이희선 성도의 집에 23명의 어린이들이 참석하여 시작되었다. 교사는 최태진 집사와 김진희 성도가 맡았다.[118] 아직 교회당이 없으므로, 다른 모든 사역도 성도의 집에서 진행하였다. 12월25일, 성탄절예배는 유영길 성도의 집에 48명이 함께 모여 철야예배로 드리게 되었다.

그후 유영철 성도가 자신의 집을 교회의 예배처소로 제공함으로써, 처음으로 일정한 예배처소를 갖게 되었다. 1982년 3월21일, 유영길 성도의 집을 예배처소로 정하고, **헌당예배**를 드렸다.

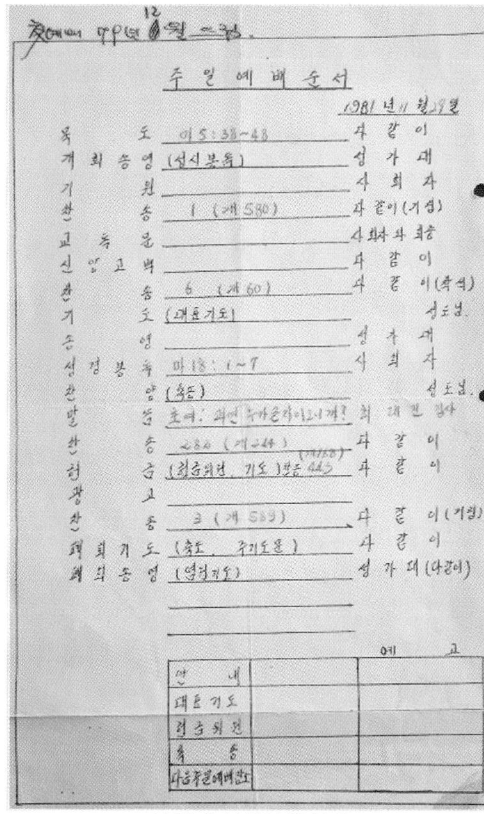
주일예배순서

1981년 11월29일

묵도	마5:38~48	다같이
개회송영	(성시봉독)	성가대
기원		사회자
찬송	1 (개580)	다같이(기립)
교독문		사회자와 회중
신앙고백		다같이
찬송	6 (개60)	다같이(착석)
기도	(대표기도)	성도님.
송영		성가대
성경봉독	마18:1~7	사회자
찬양	(축도)	성도님.
말씀	주여! 과연 누가큰자이오니까?	최태진 집사
찬송	280 (개244)	다같이
헌금	(헌금위원, 기도) 찬송 443	다같이
광고		
찬송	3 (개589)	다같이(기립)
폐회기도	(축도, 주기도문)	다같이
폐회송영	(영광기도)	성가대(다같이)

예고

안내		
대표기도		
헌금위원		
축송		
다음주일예배순서		

1981년 11월29일 주보

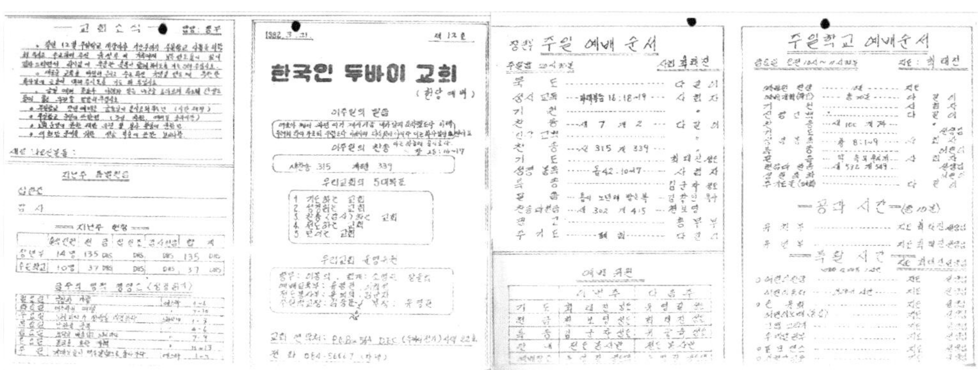
교회소식

한국인 두바이 교회

(헌당예배)

주일예배순서

주일학교 예배순서

1982년 3월21일 주보 (헌당예배)

118) 1984년에 작성된 두바이교회의 <교회연혁>, p.1

평신도들의 자발적 헌신

이와같이 두바이교회는 **평신도들의 자발적 헌신**으로 세워지고, 그 이후에도 평신도들의 계속적인 헌신에 의해 유지되었다. 유영길 성도가 그의 집을 예배처소로 제공하기 전까지 성도들이 돌아가며 자신의 집을 **예배처소**로 제공했고, 주보에는 매주 예배장소가 공고되었다(예. 1월10일, 천보영 성도댁, 1월17일 이봉의 성도댁, 2월7일 윤여덕 성도댁). 그런데 유영길 성도가 귀국하게 되었다. 그리하여 1982년 8월20일, **샤르자**(Sharjar)**에 위치한 아파트**를 임대하여 첫 예배당을 갖게 되었다.

모든 **예배위원**(사회, 기도, 특송, 헌금위원, 안내위원)은 평신도들이 다 맡아, 목회자없이 예배를 진행하였다. 매주 주보에는 예배위원 담당자와 함께, 예배 출석인원과 헌금현황이 보고되었다. **총무부**는 교우들의 교적부를 작성하여 관리하였다. 또 주중에는 평신도 스스로 **성경공부 모임**도 진행하였다.[119]

회계는 매월 재정현황을 문서로 보고하였다. 그 현황보고가 매우 상세하였다.

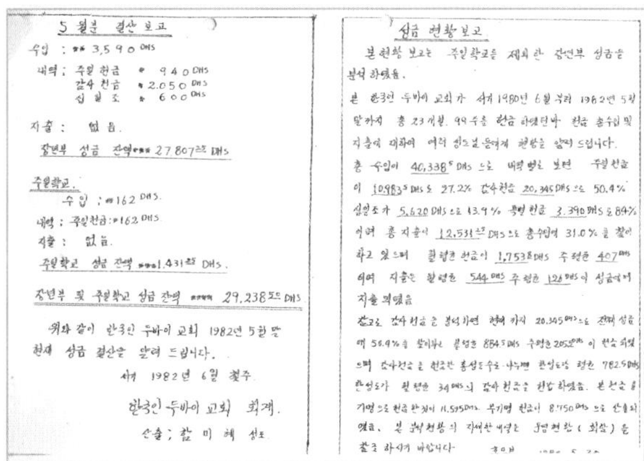
5 월분 결산 보고

수입 : ** 3,590 DHS

내역 ; 주일 헌금 * 940 DHS
감사 헌금 * 2,050 DHS
십일조 * 600 DHS

지출 : 없음.

장년부 성금 잔액 *** 27,807.25 DHS

주일학교.

수입 ; * 162 DHS.

내역 ; 주일헌금 : * 162 DHS

지출 : 없음.

주일학교 성금 잔액 *** 1,431.25 DHS.

장년부 및 주일학교 성금 잔액 **** 29,238.50 DHS

위와 같이 한국인 두바이 교회 1982년 5월 말 현재 성금 결산을 알려 드립니다.

서기 1982년 6월 첫주

한국인 두바이 교회 회계.

산출 ; 함 미 혜 성도

성금 현황보고

본 현황 보고는 주일학교를 제외한 장년부 성금을 분석 하였음.

본 한국인 두바이 교회가 서기 1980년 6월부터 1982년 5월 말까지 총 23개월, 99주를 헌금 하였던바 헌금 총수입 및 지출에 대하여 여러 성도님들에게 현황을 알려 드립니다.

총 수입이 40,338.5 DHS 으로 내역별로 보면 주일헌금이 10,983.5 DHS로 27.2% 감사헌금 20,345 DHS 으로 50.4% 십일조가 5,620 DHS 으로 13.9% 특별헌금 3,390 DHS로 8.4% 이며 총 지출이 12,531.25 DHS 으로 총수입의 31.0%를 차지하고 있으며 월평균 헌금이 1,753.8 DHS 주평균 407 DHS 이며 지출은 월평균 544 DHS 주평균 126 DHS이 성금에서 지출되었음

참고로 감사헌금을 분석하면 현재까지 20,345 DHS 으로 전체 성금의 50.4%를 차지하고 월평균 884.5 DHS 주평균 205.5 DHS 이 헌금되었으며 감사헌금을 헌금한 총성도수로 나누면 한성도당 평균 782.5 DHS 한성도가 월평균 34 DHS의 감사헌금을 헌납하였음. 본 헌금을 기명으로 헌금한 것이 11,595 DHS. 무기명 헌금이 8,750 DHS 으로 산출되었음. 본 분석현황의 자세한 내역은 ( ) 을 참고 하시기 바랍니다.

1982년 5월 결산보고

주일학교(유치부와 유년부)는 매주 금요일에 평신도들이 교사를 맡아 운영하였다. **최태진 집사**[120]가 설교를 담당했으며, **교사들**은 공과공부, 어린이찬양, 동화, 손 유희, 그림그리기, 시청각 교육 등을 담당하였다. 이 시기에 장년 주일예배의 규모는 20명 전후에 불과했다.[121] 이 작은 인원으로도 **평신도들의 자발적 헌신**에 의해 이 모든 교회사역들이 가능하였다.

---

119) 1982.1.10. 주보광고. "1월13일(수) 성경공부는 천보영 성도댁에서 실시합니다(저녁9시부터 1시간)"

120) 최태진 집사는 아랍에미리트 배구 수석코치(1982~1985)였다. 1988년에 호주 수석코치를 역임했다.

121)

1982년	1월10일	2월7일	3월21일	6월4일	6월11일	11월26일	1983년	3월11일	9월2일
장년	16명	16명	14명	25명	24명	20명	장년	23명	23명
주일학교	19명	24명	10명	13명	17명	30명	주일학교		25명

그러나 평신도들의 자발적 헌신에만 의존하다보니, 직분을 맡은 성도들의 귀국 등으로 인하여 교회사역이 어려워질 때도 있었다. 유영길 성도의 귀국 외에도, 다른 운영위원들도 두바이를 떠나는 일이 있었다. 소영인 성도(회계)는 귀국하였고, 윤여덕 성도(전도봉사)는 미국으로 이주하였다. 결국 운영위원회는 불과 9개월 만에 조직을 재편성해야 했다.

위 원 장 : 명돈의 장로 총 무 : 이봉의 회 계 : 최석범, 최순금 예배교육 : 천보영 전 도 : 강금순 집사 봉 사 : 위광숙, 전재순	주일학교 교장 : 명돈의 장로, 부장 : 최태진 집사 교사 : 김진희 장옥련 집사 위광숙 이희선 함미혜 강인화 김미경 명치호

- 1982년 8월, 두바이 교회의 조직 -

평신도 사역의 한계

담임목사 없이 평신도의 헌신에만 의존한 사역에는 몇 가지 큰 한계가 있었다. 우선 예배인도자가 개인의 상황에 따라 자주 바뀌었다. 4월16일부터 **최태진 집사**의 휴가로 인해 **유영길 성도**가 예배인도를 맡았는데, 5월14일부터는 유영길 성도의 휴가로 인하여 이봉의 성도가 맡게 되었다. 6월 11일부터 **명돈의 장로**가 예배를 인도했으나,[122] 명 장로가 한국을 다녀오게 되어, 7월23일부터 다시 **유영길 성도**가 예배를 다시 인도하였다.[123] 더 심각한 한계는 담임목사가 없다보니, 매주 **주일예배의 설교**를 한국교회의 유명 목회자의 설교 Tape을 듣는 것으로 대신해야 하는 일이었다. 또한 **학습 및 세례식의 거행**이나 **직분자의 임명**도 할 수 없었다.

예배일	설교자	성경본문	설교제목
1982.1.10	충현교회 김창인 목사	요한복음 6:42-51	참 영생의 양식을 먹읍시다
1982.2.7	충신교회 박종순 목사	-	구원론 제2강, '구원의 길'
1982.6.4	여의도순복음 교회 조용기 목사	로마서 12:3-13	자기 분수를 아는 생활
1983.3.11	영락교회 박조준 목사	열왕기상 17:34-41	참 하나님을 택하십시요

122) 두바이한인교회의 홈페이지는 명돈의 장로가 7월부터 예배인도를 맡은 것으로 기록하였다.
123) 1984년에 작성된 두바이교회의 <교회연혁>, p.2

임시 당회장의 추대 (1982.10)

담임목사가 없어 어려움을 겪던 중에, 1982년 10월 26~31일, 명돈의 장로의 주선으로 미국 필라델피아 제일장로교회의 담임목사인 **김만우 목사**를 초청하여, 6일간의 집회를 열게 되었다. 이 집회기간에 김만우 목사는 학습과 세례식을 거행하였다(학습 7명, 세례 19명 및 유아세례 5명).[124]

이 방문기간에 **김만우 목사**는 **임시 당회장**으로 추대되었고, 김만우 목사는 당회장으로서 안수집사와 서리집사를 세움으로써,[125] **당회**와 **제직회**를 조직하였다. 명돈의 장로는 시무장로로 추대되어 당회원이 되었다. 그리하여 두바이교회는 처음으로 **조직교회의 편성**을 갖추게 되었다.[126]

당회	제직회			
당회장 : 김만우 목사 당회원 : 명돈의 장로	서무부 부장	이봉의 집사	부서기	함미혜 집사
	재정부 부장	최석범 집사	부회계	김진희 집사
	관리부 부장	유영렬 집사	차장	김군자 집사
	선교부 부장	천보영 집사	차장	강금순 집사
	교육부 부장	최태진 집사	차장	장옥련 집사
	봉사부 부장	전재순 집사	차장	이희선 집사

- 1982년 10월 두바이 교회 조직 -

담임목사의 필요성을 깨닫다.

1982년 10월, 김만우 목사가 임시당회장으로 추대된 이후에, 그는 다시 미국으로 돌아가야 했다. 그가 두바이 교회를 다시 방문한 것은 1년 뒤인 1983년 11월에서였다. 그러므로 김만우 목사를 임시당회장으로 추대한 것으로는 담임목사의 역할을 충족시키기에 불충분했다. 교회 안에는 **불만의 목소리**가 있었다. 그것은 곧 두바이 교회도 그들의 **담임목사**를 **청빙하자**는 요청이었다.

---

124) 세례 : 남자성도 7명(**이봉의**, 이상국, **최석범**, **천보영**, 김충길, 명치호, 서강석)과 여자성도 12명(**전재순**, **김군자**, **이희선**, 박혜경, 김한선, 김복영, 강인화, 위광숙, 박옥진, 이순은, 김순옥, 장윤희)

125) 10월28일(목), 공동위원회에서 최태진 집사를 만장일치로 안수집사로 결의하였다. 그리고 무기명투표에 의해 남자서리집사 4명(**이봉의**, **최석범**, **천보영**, 유영렬)과 여자서리집사 4명(**전재순**, **김군자**, 함미혜, **이희선**)이 선출되었다. 기존에 강금순, 장옥련, 김진희 집사는 계속 서리집사로 임명되었다.

126) 1984년에 작성된 두바이교회의 <교회연혁>, p.3. 그런데 세례자 명단을 보면, 이날 세례받은 성도가 곧바로 서리집사로 임명되기도 했다. 그러므로 정상적인 절차를 거치지 않았다. 해외교포 상황의 특수성을 더 고려한 것 같다.

한편 1983년 8월10일, 두바이 교회는 **예배당**을 **샤르자**의 아파트(두바이에서 18km)에서 **아즈만**의 빌라(두바이에서 30분 거리, 샤르자에서 12km 거리)로 옮기고,[127] 8월12일 **헌당예배**를 드렸다.[128]

이 시기에 두바이교회는, 이봉의 집사(당시 제직회 서무부장)에 따르면, 교회성장의 기회를 놓쳐버린 채, **침체된 상황**이었다. 남자성도 중에 **상사대표**는 한 사람도 없었고, 종전에 가정예배 시에 참석했던 남자성도들도 출석하지 않고 있었다. 그것은 일부 성도들이 사업상의 일로 **교민사회**에 잡음을 일으켰는데, 이로인해 상사대표들은 교회출석을 회피하였다. 일부 교인들이 사업상으로 야기시킨 잡음이 교회성장에 장애를 초래한 것이었다.[129] 이러한 침체국면에서 벗어나기 위해서그들을 지도해 줄 **목회자**가 절실하게 필요하였다. 두바이 교회는 목회자가 그들의 예배와 전도사역을 **체계적으로** 이끌어 주기를 원하게 되었다.

쿠웨이트 최형섭 목사의 방문 (1983.9)

바로 이러한 상황에서, 1983년 9월, 쿠웨이트의 **최형섭 목사**가 두바이 및 아부다비 지역의 상황을 파악하기 위해 두바이교회를 방문하게 되었다. 최형섭 목사는 9월4일(일) 저녁에는 **두바이 교회**에서 예배를 인도하였고, 6일(화)에는 **아부다비 교회**의 교우를 방문하였다.[130] 최형섭 목사는 그들에게 **중동선교의 필요성**과 **쿠웨이트 한인연합교회의 부흥**에 관하여 들려주었다. 이 일은 마침 담임목사를 원하던 **두바이 교회**와 **아부다비 교회**에게 큰 도전이 되었다. 그들도 담임목사를 청빙하여 새로운 부흥을 경험하기를 원하게 되었다.

1983년 9월5일, **이봉의 집사**는 최형섭 목사의 요청대로 〈북부지역 교민 및 성도의 분포현황〉을 파악한 보고서(4쪽 분량)를 최형섭 목사에게 보내었다.[131] 한국인 가정 분포는 다음과 같았다.

---

127) 두바이교회 홈페이지 <교회연혁>에는 이 사실의 기록이 없다. 아즈만 예배당은 6개월만 사용했다.
128) 두바이 지역은 주택임대료가 높았고, 여러사람이 모이기에는 변두리 지역이 더 적합했다. 그리고, 장차 한인학교의 운영을 고려하여, 아즈만 지역에 중형빌라를 임대하게 되었다. 금요일 오전 10시에는 대예배와 어린이 교회학교가 운영되었고, 일요일 저녁 8:30에 기도회를 가졌다.
129) 이봉의 집사, "북부지역 교민 및 성도 분포현황"(1983.9.5), p.1
130) 1983.9.3. 국제전화통화 내용(발신자 : 하이앗트 김 집사, 수신자 : 최형섭 목사).
131) 여기서 북부지역이란 '**두바이** ⟶ **샤르자** ⟶ **아즈만** ⟶ **후지에라** ⟶ **코파칸**'이었다.
18km 12km 120km 24km

지역	한인가정 (40가구, 76명)	한국기업 (4기업, 약 170명)
두바이	19가구 (38명)	
샤르자	5가구 (10명)	세방기업 30명 (부두하역)
아즈만	14가구 (24명)	아즈만 코리아 90명(가구제작), 한성 솔베지 10명(인양)
후지에라		중산상사 40명(부두 하역)
코파칸	2가구 (4명)	

당시 북부지역에 거주하는 한국인은 약 250명이었고, 교인은 68명(두바이 교회의 등록교인 38명과 현장교회의 교인 30명)이었다. 83년도 1~8월, 두바이 교회의 평균출석 인원은 21명이었다. 이봉의 집사는 전도가 시급하며, 40%만을 전도해도 두바이 교회는 100명이 될 것으로 기대했다.

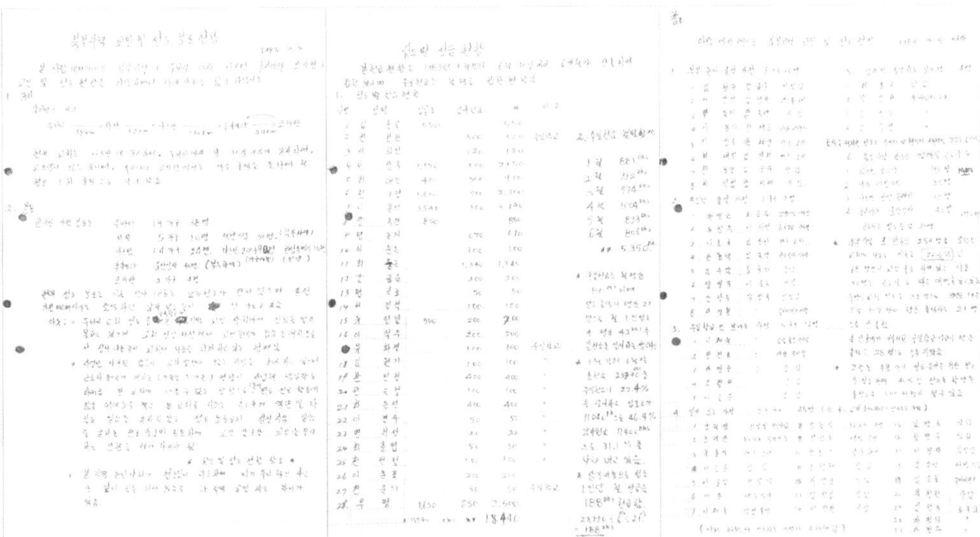

- 이봉의 집사, 아랍에미레이트 북부지역 교민 및 성도현황, 1983.9.5 현재 -

이봉의 집사는 **담임목사의 빠른 부임**을 간절히 원하는 마음으로 나타내는 글로 보고서를 마쳤다.

결론
목사님이 파견될 시, 이상과 같은 본 **두바이 교회 현황**을 참작하여 주십시오. 현재 한인들 중 성도의 비율이 22.6%인데, 최저 40%만 전도해도, 목사님에 대한 제반 문제를 본 교회가 자체적으로 해결할 수 있습니다. 현재 교회의 단독건물과 Mini Bus가 이미 준비되어 있어서, 목사님의 주거 및 차량은 해결되었습니다. 이제 **목사님께서 경로를 거쳐 파송되는 것만**이 본 교회의 목표입니다. 이곳의 실정에 적합한 **주님의 종이 현 시점에 필요함**을 재삼 인식합니다. 특히 이곳에서 사업 중인 개인업체장을 우선으로 전도함으로써 모든 재정이 해결될 전망입니다. 현재 AJMAN KOREA의 작업장은 본 교회로부터 1700미터 밖에 위치하며, 사장인 차정헌 씨가 교민회장직을 맡고 있는데, 가정이 기독교집안이어서 전도에 어려움이 없을 것입니다. 두바이에 분포된 각 상사원들을 전도하는 것도 어려움이 없을 것 같습니다. ...

두바이한인교회가 4년여에 걸쳐 집회를 하였지만, **예배인도 및 전도사역을 체계없이 실시**했었을 뿐입니다. 우리의 현 시점에서 **우리 교회조직을 이끌어 나가실 목사님**이 꼭 필요하다는 것을 다시 느끼게 되었습니다. 우리 교회 성도들은 최 목사님께서 **중동선교의 말씀**과 **쿠웨이트 연합교회의 부흥**을 들었을 때, 그 동안 우리의 게르름과 지금껏 하나님의 뜻을 몰랐던 우리의 무지를 회개하게 되었습니다. 아쉬운 마음으로 최 목사님을 보내드리는 두바이 교회의 어린 양들의 심정을 말씀드리며, 우리 전 성도들은 **하나님의 종이 빨리 오시도록** 하나님께 매달리어 기도하겠습니다.

이상과 같이, 두바이 교회의 성도로서 이곳의 실정을 대충 말씀드리며, 이 작은 자료가 이 지역에 **목사님의 파송을 위해** 쓰여지기를 간구합니다.

두바이한인교회 서무 이봉의 집사. 1983.9.5.

1983년 9월, **최형섭 목사**는 두바이 교회를 방문한 후 쿠웨이트로 돌아와서, 두바이 교회에 대해 다음과 같이 **보고서**를 작성하였다.[132]

현 교회 상태 및 문제점

중동 어느 지역의 교회보다도 외부적인 성장이 빨랐으나, 교회의 구심점이 없으므로 **발전이 중지된 상태**이다. 설교자의 부재로 녹음 테이프 설교를 들으며, 예배를 드리는 실정이다.

미국 김만우 목사가 시무하는 교회와의 관계

1982년 10월, 명돈의 장로의 주선으로 부흥회를 개최하여 은혜를 받았으며, 10월28일 성찬 세례식에서 24명이 세례 및 집사임명을 받았다 (김만우 목사와 명돈의 장로는 연세신학원 동기이며, 또한 명 장로의 부친 목사님께서 시무하는 교회에서 김만우 목사가 시무한 일이 있어서 두 사람의 안면이 깊은 관계이다).

---

132) 이 문서는 쿠웨이트의 최형섭 목사가 1983.9.4에 두바이교회를 방문하여 교회상황을 파악한 후에, 쿠웨이트 교회의 중동선교회에 보고하기 위해 작성한 것으로 추측된다.

그런데 당시 제직의 결의 없이 당회를 결성하여 현재까지 물의를 일으키고 있다. 현재 김만우 목사가 두바이 교회의 치리목사로 있으나, 지금까지 아무런 소식도 없는 상태이다. 부흥회 당시 제직 중에서 두바이 교회의 거취 문제를 김만우 목사에게 물었으나, 확실한 답변이 없어, 지교회도 아니고, 소속교회도 아닌 상태이다.

결론

온 교회가 목회자를 원하고 있었으며, 목회자를 모시기 위한 제반준비도 갖추었다. 그러나 목회자를 모실 시기를 놓쳐서, **교회가 침체**되고 있다. 교회의 의견은 확실하게 들었으나, 교회대표인 명의돈 장로가 한국에 출타 중이어서 명 장로를 만난 뒤에 **목회자 초빙**을 확정하기로 하였다. **목회자 추천**은 윤두호 목사와 문종호 전도사의 두 분을 **바레인 교회의 제직들**에게 추천을 받았으나, 전적으로 (쿠웨이트한인연합교회의) **중동선교회의 판단**을 따르기로 하였다.

이 보고서에 따르면, 두바이 교회는 침체된 상황이었다. 미국 필라델피아 제일장로교회 김만우 목사가 일시적으로 집회를 열어 은혜를 끼치고, 교회조직도 세웠으나, 그것이 근본적인 해결책이 되지 못하였다. 두바이 교회는 **그들의 담임목사**를 원하고 있었다. 1983년 9월, 최형섭 목사가 두바이를 방문했을 때, 그들은 이미 **바레인 한인교회**를 통해 두 사람의 담임목사 후보까지 추천받은 상황이었다. 최형섭 목사의 방문을 통해, 그들은 더욱 절실히 담임목사를 원하게 되었다.

두바이 교회는 담임목사의 인선을 **쿠웨이트의 최형섭 목사**에게 일임하였고, 최형섭 목사는 당시 최근 요르단 선교사 파송이 좌절된 **이성우 목사**(반포교회)를 두바이 교회의 담임목사로 추천하였다. 이에 1989년 10월30일, 서울 반포교회는 이성우 목사의 파송 선교지를 아랍 에미레이트국의 두바이로 변경하였다.[133]

이러한 상황에서 1983년 11월, 두바이 교회의 임시 당회장 **김만우 목사**(미국 필라델피아 제일장로 교회 담임목사)가 추수감사절 예배를 위하여 두 번째 두바이를 방문하게 되었다. 이성우 목사의 청빙 여부는 임시 당회장 김만우 목사의 방문기간 중에 공동의회를 통해 결정하도록 되었다.

133) 반포교회 홈페이지, 교회연혁(www.banpoch.or.kr)

2) 초대 담임목사의 부임

① 첫 번째 담임목사 후보

1983년 11월, 김만우 목사는 5일 동안, 아부다비 집회를 포함하여 9회의 집회를 인도하였다. 두바이 교회에서는 3일(목)에 **추수감사절 예배**를 인도하였고, 4일(금)에는 세례식과 성찬식을 거행하였다(학습 1명, 세례3명, 유아세례1명).[134] 그리고 8일(화)에는 **정기제직회**를 열어 **교회의 조직**을 재편하였고, 또 바레인한인교회에서 온 **최풍근 장로**를 당회원으로 임명하였다. 그리고 구역조직도 세 개의 지역으로 편성되었다(두바이 지역, 샤르자/아즈만 지역, 코파칸 지역).

<table>
<tr><th>당회</th><th colspan="4">제직회</th></tr>
<tr><td rowspan="7">당회장 : 김만우 목사
당회원 : 최풍근 장로
명돈의 장로</td><td>부서</td><td>부장</td><td>차장</td><td>부원</td></tr>
<tr><td>서무부</td><td>명돈의 장로</td><td>이봉의</td><td>김진희</td></tr>
<tr><td>재정부</td><td>〃</td><td>이상국</td><td>함미혜</td></tr>
<tr><td>관리부</td><td>〃</td><td>김광수</td><td>서강석 김군자</td></tr>
<tr><td>선교부</td><td>최풍근 장로</td><td>천보영</td><td>김충길 김양자</td></tr>
<tr><td>교육부</td><td>〃</td><td>최석범</td><td>강금순 전재순</td></tr>
<tr><td>봉사부</td><td>〃</td><td>최태진</td><td>장옥련 이희선</td></tr>
<tr><td rowspan="4">구역편성</td><td></td><td colspan="2">구역장</td><td>권찰</td></tr>
<tr><td>두바이 지역</td><td colspan="2">최태진 집사</td><td>김복영</td></tr>
<tr><td>샤르자, 아즈만</td><td colspan="2">강금순 집사</td><td>김한선</td></tr>
<tr><td>코파칸 지역</td><td colspan="2">서강석 집사</td><td>주신</td></tr>
<tr><td>교회학교</td><td colspan="4">교장 : 김만우 목사
교감 : 최풍근 장로, 부장 : 최태진 집사
교사 : 장옥련, 전재순, 김진희, 이희선, 주신, 명치호
김충길, 이상국, 최순근, 함미레, 김한선</td></tr>
</table>

- 1983년 11월, 두바이 교회 조직 -

1983년 11월8일에는, **공동의회**를 열어 이성우 목사의 **담임목사 청빙안**을 표결에 부쳤으나, 부결되었다(찬성11, 반대12).[135] 그리하여 추진되었던 담임목사 청빙은 멈추게 되었다. 그런데 같은 해 12월, **천보영 집사**(당시 선교부 차장)가 한국 방문 시에 이성우 목사를 만난 후, 두바이로 돌아와서 그를 다시 천거하였다. 그리하여 이성우 목사를 초빙하자는 의견이 다시 대두되었다.[136]

134) 1984년에 작성된 두바이교회의 <교회연혁>, p.4
135) 1984년에 작성된 두바이교회의 <교회연혁>, p.4

1984년 1월13일, **정기 제직회**는 이성우 목사의 담임목사청빙을 **당회**에 일임하여 재추진하기로 결의하였다(찬성24, 기권3).[137] 그리하여 중단되었던 담임목사 청빙이 다시 진행될 수 있었다. 그런데, 1월18일, **아부다비 교회**도 이성우 목사를 두바이 교회와 공동으로 담임목사로 초빙하기를 원한다는 요청을 연대 날인하여 보내었다.[138] 그리고 미국 **필라델리아 제일장로교회**는 두바이에 담임목사가 초빙되면, 월 500불씩 지원하기로 하였다.

이처럼 담임목사 청빙의 길이 다시 열리는가 싶었으나, 더 심각한 문제에 봉착하게 되었다. 두바이 공관(대사 최필립)에서 이성우 목사의 비자발급을 몹시 꺼렸기 때문이다. 1984년 3월25일, 이성우 목사의 비자발급은 끝내 승인되지 않았다.[139] 두바이 교회는 이 사실을 반포교회에 알렸고, 두바이 교회의 성도들은 담임목사의 청빙이 어려울 것 같으므로 낙심하게 되었다.[140]

② 두 번째 담임목사 후보

반포교회의 결의(1984.5.27)

그러나 작년에 바레인 교회를 통해 추천받았던 **문종호 목사**(오산교회 장로 출신, 당시 전도사)가 다시 후보로 거론되면서, 새로운 길이 열리게 되었다. 1984년 4월8일, 서울 반포교회는 두바이 교회의 상황을 파악하기 위하여 해외선교부장인 **두상달 집사**를 두바이로 보내었다. 그리고 반포교회는 두상달 집사의 보고를 들은 후에, 5월27일, **문종호 목사**를 U.A.E. 파송선교사로 결정하였다.[141] 이로써 드디어 두바이 교회에 담임목사로 파송될 선교사가 확정되었다.

136) 1984.1.8. 국제전화통화 내용 (발신자 : 두바이 이봉의 집사, 수신자 : 쿠웨이트 최형섭 목사)
137) 1984년에 작성된 두바이교회의 <교회연혁>, p.5
138) 1984.1.18. 국제전화통화 내용 (발신자 : 두바이 이봉의 집사, 수신자 : 쿠웨이트 최형섭 목사)
139) 1984년에 작성된 두바이교회의 <교회연혁>, p.5
140) 1984년 3월말. 국제전화통화 내용 (발신자 : 두바이 이봉의 집사, 수신자 : 쿠웨이트 최형섭 목사)
141) 1984년에 작성된 두바이교회의 <교회연혁>, p.6

쿠웨이트 한인연합교회의 협력

1984년 5월30일, 이러한 반포교회의 결정을 국제전화로 듣게 된 두바이 교회의 **최풍근 장로**는, 큰 기쁜 마음으로 쿠웨이트의 최형섭 목사에게 개인적인 편지와 교회공문을 함께 보내었다.[142)]

> 수신 : 쿠웨이트 중동선교회 　　　　　　　　　　　　　서기 1984년 5월30일
> 발신 : 두바이한인교회
> 제목 : 두바이한인교회 선교사 파송 지원 청원의 건
>
> 금번 두바이교회에서 **선교사 파송**을 **원하고** 있는 가운데, 서울 반포교회 해외선교부장 두상달 집사님이 두바이 교회를 방문하고, 이곳 실정을 감안하여 반포교회에 보고한 바, 반포교회가 **선교사를 선정,파송하기**로 당회에서 결정하였습니다. 이에 본 두바이 교회로서는 기쁘면서도, 한편 **큰 일을 감당하기 어려워** 중동선교회에 **지원을 요청**하오니, 이곳 전 성도들에 염원한 **목사님 모시는 일**에 적극 협력하여 주시기를 부탁드립니다.
>
> 두바이한인교회 교인 일동 및 교회대표 장로 최풍근

바레인 한인교회의 장로 출신인 **최풍근 장로**는 이제는 두바이 한인교회의 장로로서 담임목사가 U.A.E 선교사로 파송받아 오기를 원하게 있었다. 그런데 예전에 쿠웨이트의 최형섭 목사가 바레인 한인교회의 담임목사 청빙을 도와주었던 것처럼, 이번에는 두바이 한인교회의 담임목사 청빙도 도와줄 것을 요청하였다.

최풍근 장로가 같은 날 최형섭 목사에게 보낸 편지에는 개인적인 이야기가 더불어 실려 있으며, 특히 이 편지에서 쿠웨이트에서 **문종호 목사의 취업비자**를 맡아줄 것도 구체적으로 부탁하였다.

> 할렐루야! 주님의 이름으로 목사님댁과 온 교회에 문안드립니다. ... 저는 4주간의 고국방문을 마치고 두바이에 무사히 돌아왔습니다. 이번 귀국 시에 그 동안 이루지 못했던 **목사님 모시는 일**을, **반포교회**와 함께 적극 추진하게 되어, 큰 소망을 갖고 돌아왔습니다. ... (반포교회의) 제직회와 당회가 모두 허락함으로 더욱 구체적으로 (담임목사 모시는) 일을 추진할 수 있게 되어, 기쁘게 생각합니다.

---

142) 명돈의 장로 가족은 바로 직전(1984년 3월10일)에 미국으로 이주하였으므로, 그 당시 최풍근 장로가 유일한 교회의 당회원이었다. 그가 교인들의 대표로서 담임목사 청빙의 일을 맡았다.

최 목사님께서도 잘 아시는 것처럼, U.A.E의 상황은 주님의 사업을 할 일이 참 많습니다. 그러나 평신도로서는 여러가지 면에서 한계가 있습니다. 저로서도 사업과 함께 두바이, **아부다비**, **아즈만** 및 **알아인**(동아건설, 지금 교회가 세워려지고 함)의 선교를 하려다보니, 두 가지의 일을 제대로 하지 못하는 형편입니다. 그러므로 **이 사역에 전념할 교역자**가 있어야 한다는 것은 누구나 인정하는 사실입니다. 할 일 많은 이곳에, 우선은 **반포교회의 지원**으로 **선교사 파송**을 받게 되기를 원합니다. **비자문제**는 두바이에서 책임져야 하는데, 대사관의 비협조로 인해 현재는 곤란한 상황입니다. 그러므로 목사님을 모실 수 있도록 **쿠웨이트에서 초청장을 발송**해 주시면(최 목사님께서 두상달 집사와 상의하신 바와 같이), 그 동안 이루지 못했던 큰 열매를 맺을 수 있게 되니, 감사할 뿐입니다.

이번에 **선교사로 파송**될 **문종호 목사님**은 **작년부터 거론되었던 분**입니다. 이번 제가 귀국시에 천 집사님의 건의를 통해 수소문한 결과 3일만에 만나 뵈었는데, 그 전날 5월1일에 목사안수를 받으셨습니다. 아주 묘한 일이었습니다. ..... (생략) 문 목사님의 이력서와 중동 선교회에 보내는 서신을 동봉합니다. 목사님과 사모님, 그리고 온 식구와 쿠웨이트 온 교회에 하나님의 은혜가 항상 충만하기를 매일 기도합니다. 우리 두바이와 U.A.E. 교회들을 위해서도 기도를 많이 해 주시기를 부탁드리며, 이만 난필로 줄입니다. 1984.5.30. 두바이에서 최풍근 장로 드림

한편 1984년 8월7일, 반포교회의 소속 교단 **예장통합** 총회는 문종호 목사를 U.A.E 파송 선교사로 결의하였다. 총회 결의가 이루어지자, 8월8일 **반포교회**는 쿠웨이트 한인연합교회에 '선교사 파송을 위한 초청장'을 의뢰하였다. 문종호 목사의 비자는 쿠웨이트에서 맡기로 했기 때문이다.

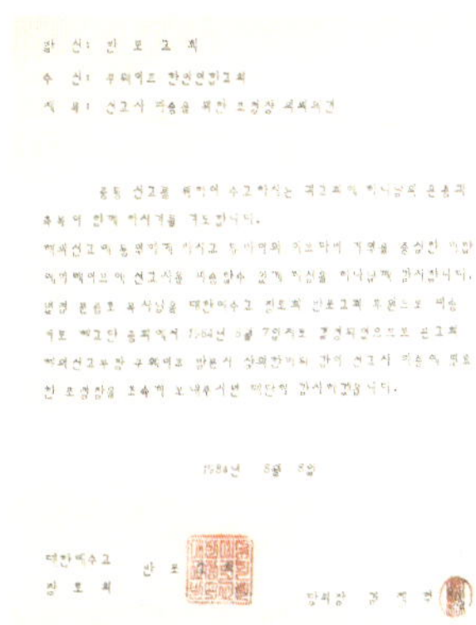

발신 : 반포교회
수신 : 쿠웨이트 한인연합교회
제목 : 선교사 파송을 위한 초청장 의뢰 의견

중동선교를 위하여 수고하시는 귀 교회에 하나님의 은총과 축복이 함께 하기를 기도합니다. 해외선교에 동역하게 하시고, 듀바이와 아브다비 지역을 중심한 **아랍에미레이트에 선교사를 파송**할 수 있게 하심을 하나님께 감사합니다. 문종호 목사님을 대한예수교장로회 반포교회 후원으로 파송하기로 해교단 총회에서 1984년 8월7일자로 결정되었으므로, 본 교회 해외선교부장의 쿠웨이트 방문 시에 상의한 바와 같이, **선교사 파송에 필요한 초청장**을 조속히 보내주시면 대단히 감사하겠습니다.

1984년 8월8일. 대한예수교장로회 반포교회 당회장 김재혁

문종호 목사의 **취업비자**는 쿠웨이트에서 마련되었다. 반포교회의 공문을 받게 되자, 쿠웨이트에서는 문종호 목사의 비자발급을 추진하였다. 1984년 8월25일, 문종호 목사는 일반기업의 직원으로 **고용계약서**가 체결되었고, 이에 근거하여 취업비자가 발급될 수 있었다.

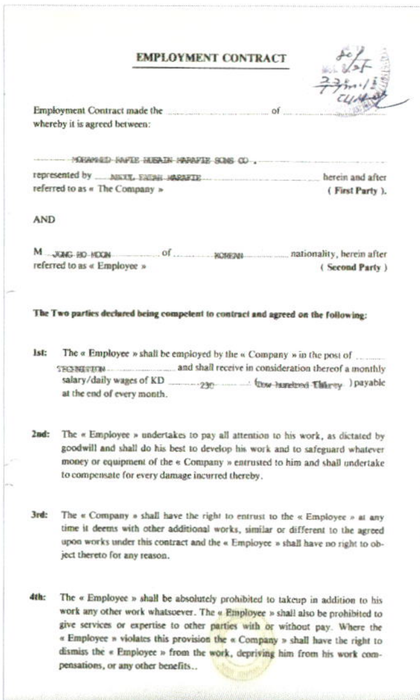

EMPLOYMENT CONTRACT

Employment Contract made the .... of ....
whereby it is agreed between:

represented by .... herein and after referred to as « The Company » (First Party).

AND

M .... of .... nationality, herein after referred to as « Employee » (Second Party)

The Two parties declared being competent to contract and agreed on the following:

1st: The « Employee » shall be employed by the « Company » in the post of .... and shall receive in consideration thereof a monthly salary/daily wages of KD 230 (..................) payable at the end of every month.

2nd: The « Employee » undertakes to pay all attention to his work, as dictated by goodwill and shall do his best to develop his work and to safeguard whatever money or equipment of the « Company » entrusted to him and shall undertake to compensate for every damage incurred thereby.

3rd: The « Company » shall have the right to entrust to the « Employee » at any time it deems with other additional works, similar or different to the agreed upon works under this contract and the « Employee » shall have no right to object thereto for any reason.

4th: The « Employee » shall be absolutely prohibited to takeup in addition to his work any other work whatsoever. The « Employee » shall also be prohibited to give services or expertise to other parties with or without pay. Where the « Employee » violates this provision the « Company » shall have the right to dismiss the « Employee » from the work, depriving him from his work compensations, or any other benefits..

문종호 목사 고용계약서

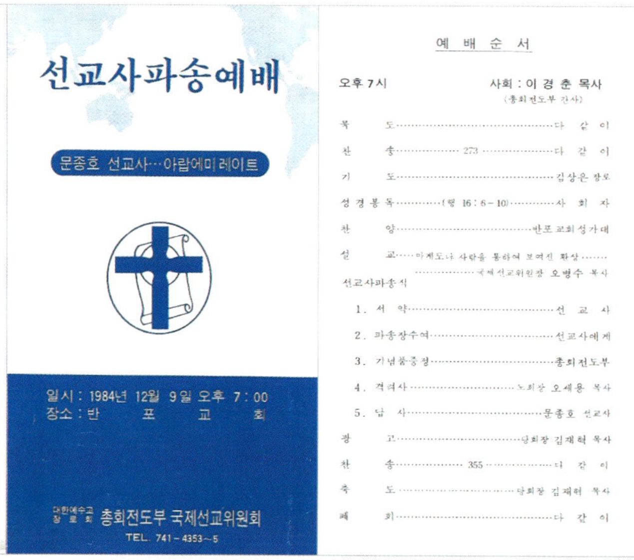

선교사파송예배

문종호 선교사…아랍에미레이트

일시 : 1984년 12월 9일 오후 7 : 00
장소 : 반 포 교 회

대한예수교 장로회 총회전도부 국제선교위원회
TEL. 741-4353~5

예 배 순 서

오후 7시 사회 : 이 경 춘 목사 (총회전도부 간사)

묵 도 …… 다 같 이
찬 송 …… 273 …… 다 같 이
기 도 …… 김상은 장로
성경봉독 …… (행 16 : 6-10) …… 사 회 자
찬 양 …… 반포교회성가대
설 교 …… 마게도냐 사람을 통하여 보여진 환상 …… 국제선교위원장 오병수 목사
선교사파송식
1. 서 약 …… 선 교 사
2. 파송장수여 …… 선교사에게
3. 기념품증정 …… 총회전도부
4. 격려사 …… 노회장 오세용 목사
5. 답 사 …… 문종호 선교사
광 고 …… 당회장 김재혁 목사
찬 송 …… 355 …… 다 같 이
축 도 …… 당회장 김재혁 목사
폐 회 …… 다 같 이

문종호 목사 - U.A.E 선교사 파송예배

반포교회의 파송(1984.12.9)

1984년 9월2일, 문종호 목사가 반포교회에 파송선교사 후보로 청빙받은 후, 12월9일 문종호 목사의 아랍에미레이트 **선교사 파송예배**가 드려졌다.[143] 파송예배 순서지에 의하면, 당시 U.A.E에는 두 개의 한인교회(두바이 교회, 아부다비 교회)와 한 개의 현장교회(알아인 동아건설 현장교회)가 있었다. 문종호 목사는 두바이 교회 뿐만 아니라, U.A.E의 모든 교회를 위해 파송받았다.

143) 반포교회 홈페이지(www.banpoch.or.kr), 교회연혁

문종호 선교사 U.A.E 파송

많은 뜻있는 성도들의 기도속에 준비하여 오던 아랍에미레이트에 문종호선교사가 1984년 12월 12일 파송 되었다. 이를 위하여 오랫동안 현지교인들의 눈물어린 기도가 계속 되었으며 KWT 한인연합교회의 끊임없는 기도와 후원이 있었고 또한 반포교회(당회장 김재혁목사)에서 전 교회적으로 기도하며 이를 뒷바침하고 파송경비와 매월 선교비를 부담하는 후원이 있어 드디어 결실을 보게 된 것이다.

파송예배는 1984. 12. 9. 저녁 7시 반포교회에서 이경춘목사의 사회로 진행되었으며 김상은장로의 기도 오병수목사의 '마게도냐사람을 통하여 보여진 환상'이란 메세지에 이어 선교사 서약과 파송장 수여, 격려사에 이어 파송되는 문종호선교사의 '죽으면 죽으리라'의 각오로 중동지역에서 복음의 전파를 위하여 주님 만을 바라보면서 죽도록 충성을 다하겠다는 답사로 이어졌다.

한편 사모님과 3자녀들도 문선교사의 입국후 비자가 나와서 1985. 1. 23. 현지에 합류했다.

- 〈중동선교소식〉 제 2호 (서울 : 중동선교본부, 1985.3.10.), p.5

③ 초대 담임목사의 취임 (1985.2.17)

1984년 12월12일(수), 문종호 목사는 U.A.E 선교사로서 두바이에 도착하였다.[144] 그 다음해인 1985년 2월17일(일), 두바이 한인교회 임시당회장인 김만우 목사의 주례로 **담임목사 취임예배**가 드려짐으로써, 문종호 목사가 두바이 한인교회의 **초대 담임목사**가 되었다.[145]

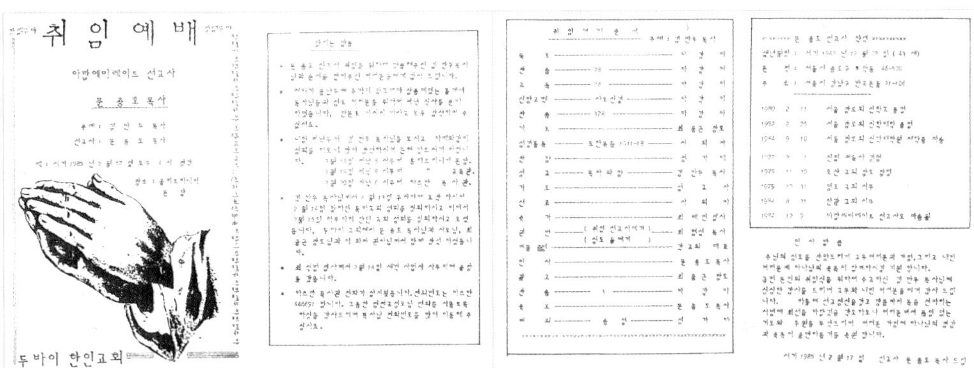

1985년 2월17일, 문종호 목사 취임예배

144) 1984.12.12, 국제전화통화 내용 (발신자 : 두바이 문종호 목사, 수신자 : 최형섭 목사)
145) 1985년 1월20일에 두바이 홀리트리니티 교회 본당에서 예배를 드릴 수 있도록 허가가 나왔다. 그리하여 2월17일, 담임목사 취임예배는 이 새 예배당에서 드릴 수 있었다.

이 취임예배는 문종호 목사가 U.A.E.의 세 교회(두바이 한인교회, 아부다비 한인교회, 알아인 동아교회)의 담임목사로 취임한 것이었으며, 두바이 한인교회의 담임목사로만 취임한 것은 아니었다.[146] 그리하여 〈취임예배의 초청장〉에도 초청자가 **U.A.E. 한인교회 일동**으로 되어 있다.

문종호 목사, 담임목사 취임예배(1985.2.17)

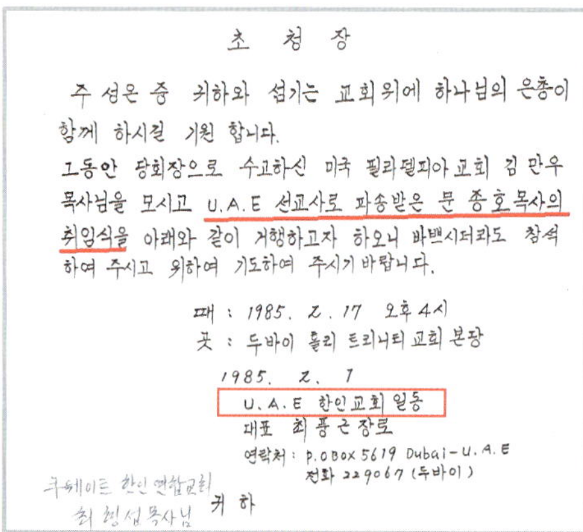
초 청 장

주 섬은 중 귀하와 섬기는 교회위에 하나님의 은총이 함께 하시길 기원 합니다.
그동안 당회장으로 수고하신 미국 필라델피아 교회 김 만우 목사님을 모시고 U.A.E 선교사로 파송받은 문 종호 목사의 취임식을 아래와 같이 거행하고자 하오니 바쁘시더라도 참석하여 주시고 위하여 기도하여 주시기 바랍니다.

때 : 1985. 2. 17 오후 4시
곳 : 두바이 홀리 트리니티 교회 본당

1985. 2. 1
U.A.E 한인교회 일동
대표 최 풍 근 장로
연락처 : P.O.BOX 5619 Dubai-U.A.E
전화 229067 (두바이)

쿠웨이트 한인 연합교회
최 형 섭 목사님 귀하

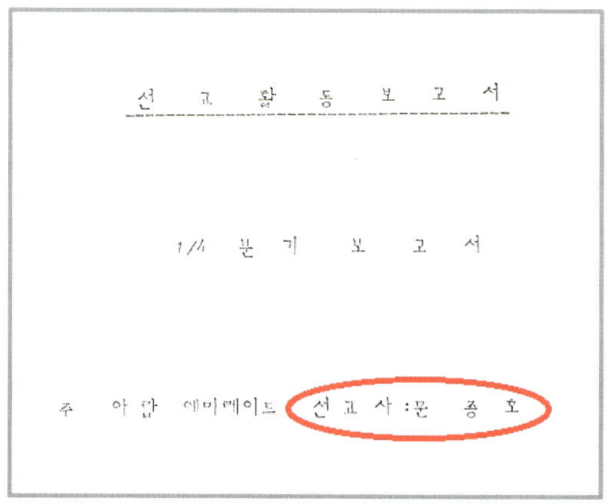
선 교 활 동 보 고 서

1/4 분 기 보 고 서

주 아 랍 에미레이트 선 교 사 : 문 종 호

④ 담임목사 – 선교사로서 파송받음

문종호 목사는 단지 **한인목회**를 위해 **해외 한인교회의 담임목**사로 부임한 것이 아니라, **선교사**로서 U.A.E.에 파송받아 왔다. 이와같이 중동지역 한인교회의 담임목사들이 선교사로 파송받아 오는 것은, 당시 한인교회들의 공통된 사실이었다.[147] 그러므로 그 당시 한인교회의 담임목사들은 **'선교사'**라는 **자기 정체성**을 갖고 있었다.

146) 1985년 2월13일, 미국의 김만우 목사가 문종호 목사의 취임예배를 위해 두바이에 왔을 때, 김만우 목사가 U.A.E 지역의 세 교회들의 부흥회를 먼저 인도한 것도 바로 이 때문이었다. 14일(목)에는 **알아인 동아교회**에서 집회를 인도하였고, 15(금)~16(토)일에는 **아부다비 한인교회**에서 집회를 인도했다. 그 후 17일(일)에 **두바이 한인교회**에서 문종호 목사의 취임예배를 인도하였다.

147) 문종호 선교사 이전에 이러한 경우는 다음과 같다 : 테헤란 한인교회(1976년, 강동수 선교사), 사우디 리야드 한인연합교회(1976년, 이연호 선교사), 카이로 한인교회(1977년, 이연호 선교사), 쿠웨이트 한인연합교회(1980년, 최형섭 선교사), 사우디 리야드 청운교회(1981년, 강일용 선교사 ; 1983년, 신창순 선교사), 바레인 한인교회(1982년, 최수영 선교사), 요르단 한인교회(1984년, 진영준 선교사).

그렇기 때문에 문종호 목사도 1985년 4월에 '/4분기 보고서를 작성할 때, <**선교활동 보고서**>라는 제목으로 작성하였으며, 자기 자신을 '주 아랍에미레이트 선교사'라고 칭했다. 물론 실제로 그 활동내용은 'U.A.E.에 거주하는 **해외 한인교포**를 위한 **목회사역**이었다. 그렇다 할찌라도 문종호 목사는 자신을 선교사로 인식하였고, 그의 사역을 선교활동에 속하는 것으로 여겼다. 당시 뿐만 아니라, 지금도 U.A.E.에서 현지 무슬림에 대한 직접적인 선교활동은 법적으로 허용되지 않는다.

개교회주의를 넘어선 협력과 연합

초기 중동지역의 한인교회들은 선교의식이 강하였다. 그리하여 개교회주의를 넘어선 협력이나 연합을 잘 감당하였다. 이것은 U.A.E.에서도 마찬가지였다.

문종호 목사의 부임 이전에, U.A.E의 세 교회(두바이교회, 아부다비교회, 알라인 동아교회)는 각기 **독립된 교회**였으나, **두바이 교회**를 중심으로 긴밀하게 협력하였다.[148] 물론 각 교회의 규모가 작으므로 **연합의 필요성**도 있었으나, 1983년 6월에 작성된 보고서인 〈U.A.E. 두바이 지역점검사항〉과 〈U.A.E. 아부다비 지역점검사항〉을 보면, 그것은 **U.A.E 지역의 선교를 위해** 적극적으로 협력한 것이었다. 특히 세 교회는 U.A.E의 선교사 파송을 위하여 한마음으로 협력하였다.

초기 중동지역의 한인교회들은 같은 지역 뿐만 아니라, 다른 국가와 지역의 교회들을 돕는 일까지도 적극적이었다. 이를테면, **쿠웨이트 한인연합교회**는 U.A.E의 두바이와 아부다비의 교회들이 굳게 세워지도록 최형섭 목사를 파송하여 도왔다. **두바이 한인교회**도 카타르 한인교회가 담임목사가 없어 성례식을 못할 때, **문종호 목사**를 파송하여 카타르 한인교회를 도왔다. 특히 **바레인 한인교회**는 장기간에 걸쳐, 그들의 담임목사가 카타르 한인교회를 정기적으로 돕도록 하였다.

중동지역의 초기 한인교회들을 하나로 묶어준 것은 바로 **선교적 소명**이라는 공통분모였다. 당시 중동지역의 한인교회들은 이슬람을 위한 선교적 소명을 쉽게 받아들였다. 그리고 중동 각 지역의 한인교회들은 서로 이슬람 선교를 위한 **같은 한 팀**으로 여겼다. 그리하여 당시 한인교회들은 **개교**

148) 두바이 교회는 아부다비 교회의 예배 인도자가 없을 때, 최풍근 장로를 파송하여 아부다비 교회를 도왔으며, 또한 알아인 동아교회의 설립을 위해서도 두바이 교회가 적극적인 역할을 감당했다.

회주의에 빠지지 않고, 이슬람 선교를 위하여 적극적으로 연합할 수 있었다.

3) 초대 담임목사 - 문종호 목사의 사역 (1985.2~1988.2)

1984년 12월에 두바이에 도착한 **문종호 목사**는 1985년 2월 담임목사로 취임하여 1988년 2월까지 사역하였다. 문종호 목사는 **두바이 한인교회** 외에도, **아부다비 한인교회**와 **알아인 동아교회**(동아건설 현장교회)를 순회하며, 함께 섬겼다. 문종호 목사의 초기사역만을 놓고 볼 때, 그의 사역은 사실상 **선교사역**이라기보다는 U.A.E에 거주하는 **해외 한인교회**를 위한 **목회사역**이었다.[149] 이것은 이슬람 왕정 국가인 U.A.E의 패쇄된 종교정책에 크게 기인한다.

① 두바이 한인교회의 상황

문종호 목사가 부임하기 전에, 두바이와 그 인근 지역(두바이, 샤르자, 아즈만, 코파칸)에 거주하는 한국가정은 매우 작은 규모였다. 1983년 9월에 거주하는 한인가정은 40가구의 장년 76명에 불과했으며, 이 중에서 등록교인은 38명, 교회의 평균출석은 21명이었다.

이 시기에 두바이 교회는 한글학교를 염두하여 **아즈만 지역**에 빌라를 임대하여 예배당으로 삼았으나(1983.8.10), 이 예배당은 6개월 후에 재계약을 하지 않았다(1984.2.18). 대신에 **홀리트리니티 교회의 교육관**을 임대하여 예배당을 이전하였다(1984.3.4). 주일예배와 주일학교는 주일오후 2시30분에 여기서 모였고, 삼일예배는 다시 성도의 가정에서 순회예배로 드렸다.

1984년 9월에 한인가정은 49가구의 장년 90명(자녀 70명)로 약간 증가했으나, 등록교인은 26가구의 장년 37명[150](교회학교 40명)으로 거의 변동이 없었다.[151] 이 시기에 두바이 교회는 담임목사가 부임하여, 그들을 새롭게 부흥시켜 주기를 바라고 있었다.

---

149) 문종호 목사의 초기 이후 사역은 선교사역으로 발전되었을 수도 있다.
150) 두바이 10가구(18명), 샤르자 3가구(4명), 아즈만 10가구(15명)
151) 1984년 9월20일자, '아랍에미레이트 북부지역(두바이, 샤르자, 아즈만) 교민 및 성도현황', p.1

문종호 목사가 담임목사로 부임한 이후에 약간의 성장이 있었다. 1985년 3월에 거주하는 한인가정은 55가구의 장년 112명(자녀 82명)으로 증가하였고,[152] 이 중에서 교회의 등록교인 43명과 평균출석인원 35명으로 증가하였다.[153]

1985년 4월에, 문종호 목사가 작성한 〈1/4분기 선교활동 보고서〉에 의하면, 그 당시 U.A.E.는 중동국가 중에서 상당히 자유로운 개방정책을 취하여, 술과 돼지고기의 구입이 가능할 정도로 자유로운 측면도 있었으나, 종교정책은 그렇지 않았다. 기독교 활동은 제한받았으며, 삼일기도회도 목사관에서 드리고 있으나, 자유롭게 예배드릴 수 없었다. 특히 현지 아랍인을 대상으로 선교활동은 전혀 허용되지 않았다.[154] 그리하여 문종호 목사는 **현지 아랍인을 위한 선교** 대신에, 두바이 한인교회를 중심으로 하여 **한인교포를 위한 목회사역**에 주력하게 되었다.

② 한인교포 및 현장교회의 사역

문종호 목사는 **두바이 한인교회**, **아부다비 한인교회** 및 **알아인 동아교회**(동아건설 현장교회)를 비롯하여 U.A.E의 북부지역에 있는 한인 교포들과 현장교회를 섬겼다. U.A.E 북부지역에서 두바이, 아부다비, 그리고 알아인의 세 지역은 삼각형태로 서로 약 200km의 거리에 있었다. 문종호 목사는 주일예배의 시간과 요일을 달리하여 세 교회를 순회하며 섬겼다. **두바이 한인교회**와 **아부다비 한인교회**는 매주일 예배를 드렸고, **알아인 동아교회**(동아건설 현장교회)는 격주로 드렸다.[155]

152) 1985년 3월25일, 두바이 한인교회 현황조사기록, p.3.
153) 문종호, '1/4분기 선교활동 보고서 - 1985년 4월', p.1
154) 문종호, '1/4분기 선교활동 보고서 - 1985년 4월', p.2
155) 두바이 한인교회는 매주 주일 오후 2시30분에, 아부다비 한인교회는 매주 금요일 오후 4시에, 그리고 알아인 동아교회는 격주로 금요일 오전 10시에 예배를 드렸다.

두바이 한인교회

1985년 4월에, 문종호 목사가 작성한 〈1/4분기 선교활동 보고서〉에 의하면, 두바이 한인교회의 주된 사역은 **예배인도**와 **심방**이었다.156) 그는 장년을 위해 주일예배와 삼일기도회를 인도하는 것 외, 어린이를 위해 주일학교의 예배도 인도하였다. 또한 장년 성도를 위해선 대심방과 주간심방을, 그리고 어린이만 출석하는 가정을 위해선 어린이 심방을 하였다. 두바이 지역에 10여 가구의 한국 주재상사 대표가 교회에 출석하지 않고 있었으므로, 문종호 목사는 그들을 전도하고자 했다. 또한 문종호 목사는 **성례식**을 거행하고, **부흥회**나 **야외예배**와 같은 특별행사도 행하였다.157)

1985년 3월에 작성된 〈두바이 한인교회 현황조사기록〉과, 4월에 작성된 〈1/4분기 선교활동 보고서〉에서, 문종호 목사는 한인교포 목회사역을 위한 몇 가지 발전방안을 계획 세웠다. 첫 번째 계획은 **한인 교포들을 위한 전도**였다. 상사주재원 가정들의 교회출석을 위해, 각종 경기 및 대회와 같이, 교인과 교민들이 더 자주 만날 수 있는 기회를 갖고자 했다.158) 두 번째 계획은 한국 건설기업의 근로자를 위해 **현장교회**를 **설립하는 것**이었다.159) 두바이에서 약 30Km 지역에 대우건설과 경남기업의 캠프가 세워질 계획이므로, 거기에 현장교회의 설립을 추진하였다.160) 세 번째 계획은 **이슬람 선교의 모색**이었다. 인접 아랍국가인 오만 및 예멘 선교를 위해 기도하는 중이었다.161) 네 번째 계획은 **한인 한글학교의 설립**이었다. 한글학교는 '교민전도의 목적'과 '한국인 자녀에게 한글과 조국을 배우게 하려는 목적'으로 추진되었다.162)

한인학교의 설립

한인학교는 토요일에 열리는 **주말학교**였다. 한글교육 뿐만 아니라, 국사, 도덕, 사회과목까지 가르칠 계획이었다. 이를 통해 교회학교에 출석하지 않는 어린이를 전도할 기회를 삼으며, 또한 교회에 출석하지 않는 교사를 간접적으로 전도할 기회를 삼고자 했다.163)

---

156) 문종호, '1/4분기 선교활동 보고서 - 1984년 4월', p.1
157) 문종호, '1/4분기 선교활동 보고서 - 1984년 4월', p.1
158) 문종호, '1/4분기 선교활동 보고서 - 1985년 4월', p.3
159) 1985년 3월25일, 두바이 한인교회 현황조사기록, p.3.
160) 문종호, '1/4분기 선교활동 보고서 - 1985년 4월', p.3
161) 문종호, '1/4분기 선교활동 보고서 - 1985년 4월', p.2
162) 1985년 3월25일, 두바이 한인교회 현황조사기록, p.3.
163) 문종호, '1/4분기 선교활동 보고서 - 1985년 4월', p.2

1983년 8월, 두바이교회가 예배당을 **아즈만 지역**의 빌라로 옮겼을 때, 잠정적으로 한인학교를 이미 운영하고 있었다. 예배당을 아즈만의 빌라로 옮긴 것도 장차 **한인학교의 설립**을 염두한 것이었다. 당시 최태진 집사가 한글학교의 운영을 맡았으며, 35~40명의 학생이 모였다. **대사관**에서 교과서를 공급해 주었다.[164] 그러나 교사용 자료를 확보하지 못하여 학생교육에 어려움이 있었다. 또한 한인학교의 운영을 위한 각종 행정양식들도 구비하지 못한 상황이었다.

이제 **문종호 목사**가 부임한 이후에, 한인학교의 설립을 본격적으로 추진하게 되었다. 지금까지 교회학교에서 실시하던 한국 어린이를 위한 교육을, 정규 한국인 학교 설립을 목표로 하여 주말학교로 한인학교를 설립하게 되었다.[165] 1985년 4월4일, Dubai Scholars School을 임대하여 **한국 어린이 주말학교**를 개교하였다. 수업은 매주 목요일 오후 4~6시까지 두 시간이었고, 학과목은 국어, 사회, 도덕, 특별활동 등이었다.

1985년 4월4일 한국 어린이 주말학교 개교식

연령	학년	학습과목
4~6세	유치부, 1학년	국어, 도덕, 예능
7~9세	2,3학년	국어, 도덕, 사회, 특별활동
10-11세	4,5학년	국어, 도덕, 사회, 특별활동
12~15세	6학년, 중학교 1,2학년	국어, 도덕, 국사, 도덕

등록 학생 64명과 교사 10명으로 개교하게 되었다. 교재로는 '한국 재외국민 교육원'에서 배포하는 교과서와 특별교재를 사용하였다. 교통편을 위해 교회버스를 운행하였다. 개교하자마자 매우 호응이 좋아, 한인학교로 승격시키려는 작업을 추진하게 되었다.[166]

164) 1983년 9월, 쿠웨이트의 최형섭 목사가 두바이 교회에 대해 작성한 보고서, p.3.
165) 1985년 3월, '한국 어린이 주말학교 개교를 위한 안내문'
166) 1985.4.27, 문종호 목사가 최형섭 목사에게 보낸 편지

③ 현장교회

두바이 지역에 한국기업의 진출이 많지 않았으므로, 현장교회 역시 활발하게 세워지지 못했다. 1970년 후반에 한국기업의 진출현황은 파악할 수 없었다. 1983년 9월 기준, 4개의 한국기업체(아즈만 코리아, 세방기업, 한성 솔베지, 중산상사)의 총 170명이 거주하였다.[167]

아즈만 코리아 선교회

아즈만 코리아(Ajaman Korea)는 1976년에 **차정현 사장**에 의해 설립되어 현재까지 번창하는 가구제조 업체이다. 차정현 사장은 **기독교 집안**으로 교민회장을 맡기도 했었다. 아즈만 코리아는 '아즈만 코리아 선교회'라는 이름으로 자체적으로 예배를 드렸다. 두바이 교회가 아즈만의 빌라를 예배당으로 사용할 때(1983.8.10~1984.2.17), 아즈만 코리아와의 거리가 1.7Km에 불과했다.[168] 서로 가까운 거리에 있었으므로, 1983년 9월9일과 12월30일에는 두바이 교회와 **연합예배**를 드리기도 했다(9월8일 예배참석 37명). 1984년 4월22일, **부활절 예배**(성찬식과 세례식)를 인도하기 위해 쿠웨이트의 **최형섭 목사**가 두바이 교회를 방문했을 때, 그날 저녁에 최형섭 목사가 **아즈만 코리아**에도 방문하여 부활절 예배를 인도하고, 성찬식과 세례식을 거행하였다. 이날 예배순서지의 메모란에 수기로 '세례받는 사람 명단 : 송명옥, 이상순, 허홍, 백동관, 최광호'라고 적혀 있었다.

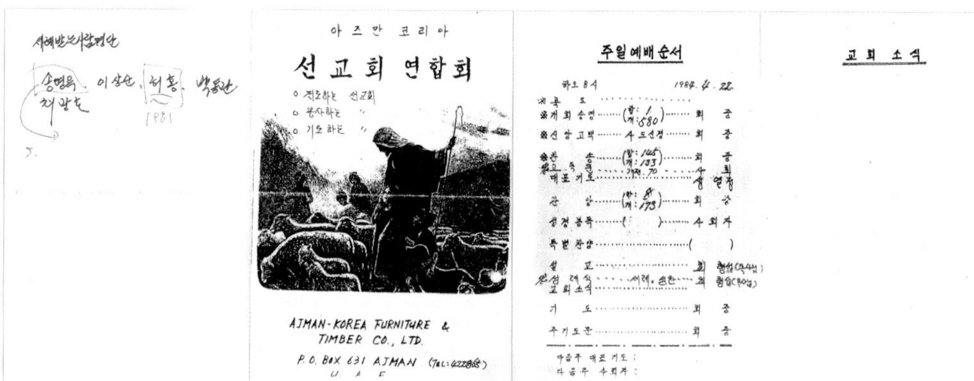

아즈만 코리아

선교회 연합회

○ 전도하는 선교회
○ 봉사하는 〃
○ 기도하는 〃

AJMAN-KOREA FURNITURE & TIMBER CO., LTD.
P.O. BOX 631 AJMAN
U. A. E

주일예배순서

오후 8시 1984. 4. 22.

※묵도
※개회송영 ..... 회중
※신앙고백 ..... 사도신경 ..... 회중
※찬송 ..... 회중
봉고축큰 .....
대표기도 .....
찬양 ..... 회중
성경봉독 ..... ( ) ..... 사회자
특별찬양 ..... ( )
설교 .....
성례식 .....
교회소식 .....
기도 ..... 회중
주기도문 ..... 회중

다음주 대표기도 :
다음주 사회자 :

교회소식

---

167) 아즈만 지역 : 아즈만 코리아(90명, 가구제작), 세방기업(30명, 부두하역), 샤르자 지역 : 한성 솔베지(10명, 인양), 후지에라 지역 : 중산상사(40명, 부두하역)

168) 이봉의 집사, "북부지역 교민 및 성도 분포현황"(1983.9.5), p.4

문종호 목사가 부임한 이후에, 1985년 1/4분기(3개월) 동안 아즈만 코리아를 3회 방문하여 예배를 인도하였다.[169] 아즈만 코리아 선교회는 매주 월요일 저녁 8시에 정기적인 예배를 드렸으며, 재적 25명 중에 15명이 출석하였다. 문종호 목사는 1/4분기 동안, 코리아의 귀국자 심방 1회 및 주간심방 5회를 다녀오기도 했다.[170]

중산교회

1982년 10월 26~31일, 미국의 **김만우 목사**가 두바이 교회의 부흥집회를 인도할 때, 후지에라에 있는 **중산교회**(중산상사의 현장교회)를 방문하여 예배인도를 하였다(31일).[171] **후지에라**는 아즈만에서도 120Km나 멀리 떨어져 있는 지역이었다. 1983년 2월4일, 두바이교회는 중산상사의 성도들과 연합예배 및 오락회를 가졌다.[172] 같은해 9월, 중산상사에 40명의 근로자가 있었으나, 더 이상 중산교회에 관한 기록은 발견되지 않았다. 중산교회의 설립시기도 알 수 없었다

알아인 동아교회 (1984.7)

1984년 7월13일, **알아인 동아교회**(동아건설의 현장교회)가 설립되었다. 동아교회의 설립을 위하여 **최풍근 장로**가 큰 수고를 감당하였다. 5월30일에 최형섭 목사에게 보낸 편지에서 "지금 교회가 이루어지려고 하는 **알아인 동아건설의 선교**가 급하지만"이란 언급도 하였다. 그 당시 동아건설은 현장 내에 예배당을 허락하지 않는 상황이었다. 그래서 6월16일, 최풍근 장로는 교회설립을 주선하기 위하여 시내에 있는 에반젤리컬 교회의 외국인 목사를 방문하여 허락을 받았다.[173] 그리하여 7월13일, 알아인 에반젤리컬 교회에서 27명의 동아건설 성도들과 두바이교회의 최풍근 장로 외 5명의 집사들이 함께 예배를 드림으로써, **알아인 동아교회**가 **설립**되었다.[174] 두바이 교회는 교회설립을 축하하여, 카세트 녹음기 1대, 설교 테이프 15개, 찬송가 34권을 증정하였다.

---

169) 1/4분기(3개월) 동안 3회 방문한 것을 볼 때, 매월 1회 예배인도를 위해 방문한 것으로 추측된다.
170) 문종호, '1/4분기 선교활동 보고서 - 1985년 4월', p.2
171) 1984년에 작성된 두바이교회의 <교회연혁> p.3
172) 1984년에 작성된 두바이교회의 <교회연혁>, p.3
173) 1984년에 작성된 두바이교회의 <교회연혁> p.6.
174) 1985.3.25일자, 두바이 한인교회 보고서, p.1

11월 5일, 최풍근 장로가 최형섭 목사에게 보낸 기쁜 편지에 의하면, 새로 부임한 현장 부소장이 **현장캠프** 안에 **예배당을 마련**해 주었고, 교회도 부흥하여 40명이 모일 수 있었다.

> 저는 지난 10월19일과 11월2일에 알아인 동아교회를 방문하고, 예배를 인도하고 왔습니다. 그 동안 캠프 안에서 예배드리는 것을 허락받지 못해, 7월부터 시내 영국인교회에서 예배를 드렸습니다. 그런데 **현장 부소장**으로 집사님 한 분이 오셔서, **모빌하우스**(50명 정도 수용)를 마련하고, 전기, A/C를 모두 갖추고, 매주일 낮과 밤에 예배를 드릴 수 있게 되어 감사하고 있습니다. 교회도 부흥하여 근 40명이 모이고 있습니다.175)

1984년 12월 9일, **문종호 목사**가 U.A.E.의 선교사로 파송받을 때, 이 알아인 동아교회는 문종호 목사가 파송받은 U.A.E의 세 교회 중 하나였다. 문종호 목사의 〈선교사 파송예배〉의 순서지에서 **알아인 동아교회**는 "동아건설 현장교회로 창립, 40여명이 모임" 이라고 소개되었다. 동아교회는 다른 두 교회들과 함께 문종호 선교사가 그들의 담임목사로서 부임하기를 기다리고 있었다.

2. 현지 한인교회 현황
(1) 두바이 교회
1979. 8 : 6명의 성도가 모여 창립 예배드림.
1983. 8 : 아즈만 지역에 빌라를 대여 예배드림
1984. : 성공회 교회를 빌려 주일 오후 2시에 모여 예배드림.
(장년 40명, 교회학교 30명)
(2) 아부다비 교회
1982년초 송종섭 집사 인도로 4명이 예배드림.
1984. 11 : 아메리칸 교회를 빌려 금요일 오후 2시에 예배드림.
(장년 40명)
(3) 알아인 교회
1984. 10 : 동아건설 현장교회로 창립 40여명이 모임.

드디어 문종호 목사가 1984년 12월, 담임목사로 부임하게 되었다. 그리고 1985년 2월, 미국의 **김만우 목사**가 문종호 목사의 취임예배를 위해 U.A.E를 방문했을 때, 도착한 날(14일), **알아인의 동아교회**를 먼저 방문하였다. 이날 집회인도 및 성도들과 대담의 시간을 가졌다(집회참석 43명). 또한 김만우 목사는 김명호 성도의 가정심방을 하고, 7명의 교우들과 저녁식사를 하였다.176)

1985년 2월17일, 문종호 목사의 취임예배 때, 알아인 동아교회의 대표도 참석하여, 문종호 목사에게 예물을 증정하였다. 그리고 **문종호 목사**는 격주로 **알아인 동아교회**의 주일예배를 섬겼다. 동아교회는 금요일 오전 10시에 예배를 드렸고, 재적 75명에 평균 40명이 출석하였다. 1985년 1월 1일에는 성례식을 거행하여 8명이 세례를 받았다. 1985년 1/4분기에 가정심방(3회)을 하였고, 3월1일에는 야외집회를 가졌다(장소 : 현지에서 가장 높은 산).177)

---

175) 1984.11.5. 최풍근 장로가 쿠웨이트의 최형섭 목사에게 보낸 편지
176) 1985.2.20. 김만우 목사 특별성회 및 각종행사 실시 결과보고

현장교회의 설립을 위한 계획

아랍에미레이트에 진출한 한국기업들 중에 현장교회가 세워지지 않은 건설현장들이 많았다. 1985년 4월27일 편지에서, 문종호 목사는 쿠웨이트의 최형섭 목사에게 "두바이 교회와 아부다비, 그리고 알아인 이외 여러 기도처를 위해 ... 계속하여 기도해 주시기"를 요청하고 있다. 이에 의하면, 아직 현장교회로 세워지지 못한 기도처들이 있었음을 알 수 있다.

1985년 3월에 파악된 6개의 한국기업들(아즈만 코리아, 현대, 세방기업, 경남기업, 풍림산업, 한영기업) 중에서 **아즈만 코리아**에서만 예배를 드리고 있었다.[178] 대부분의 한국기업이 주일에도 근무를 하므로, 예배참석이 쉽지 않았다. 또는 격일제로 일하는 근로자는 금요일에 쉬어야 하므로, 두바이까지 예배 참석을 위해 오는 일도 어려웠다. 그리하여 문종호 목사는 한국기업의 근로자들을 위해 현장교회를 세우는 일에 집중할 계획을 세웠다.[179] 특히 문종호 목사는 두바이 지역에서 약 30km 거리에 있는 **경남기업 캠프**에 현장교회의 설립을 추진하였다.[180]

④ 제 3차 중한연의 개최 (1986)

1986년 11월 29일~12월 2일, 제 3차 **중동지역 한인교회 연합회**(현 중선협의 전신) 대회가 두바이 한인교회에서 개최되었다. 아랍에미리트, 바레인, 사우디, 요르단, 쿠웨이트, 이라크 및 미국 등 7개국에서 10여명의 선교사가 모였으며, 중동선교를 위한 선교정책을 세웠다.[181]

1988년 2월, 문종호 목사는 3년 임기를 마치고, "더 많은 선교훈련과 수학을 위하여"[182] 사임하였다 (1986년 이후, 문종호 목사의 사역기록을 구하지 못하여 기록하지 못하였다).

---

177) 문종호, '1/4분기 선교활동 보고서 - 1985년 4월', p.2
178) 1985.3.25일자, 두바이 한인교회 보고서, p.2. 아즈만 코리아 43명, 현대 23명, 세방기업 37명, 경남기업 64명, 풍림산업 123명, 한영기업 20명 (총 310명)
179) 1985.3.25일자, 두바이 한인교회 보고서, p.3
180) 경남기업의 현장교회는 1985년 6월7일에 세워졌다(문종호, <중동선교소식> 제 3호, p.4)
181) <중동선교> 제 6호 (서울 : 중동선교본부, 1986.12.25), p.9
182) <중동선교> 제 8호 (서울 : 중동선교본부, 1987.12.25), 소식, p.14

4) 제 2대 담임목사 - 주태근 선교사 (1988.3~2000.11)

1988년 3월, 주태근 목사는 U.A.E 선교사로 파송을 받아 두바이 한인교회의 제 2대 담임목사로 부임하였다. 주태근 목사는 문종호 목사와 마찬가지로 U.A.E의 한인교회(두바이 한인교회, 아부다비 한인교회)과 현장교회(알아인 현대아포트교회, 대경교회)의 담임목사로 부임하였다. 그의 부임 후 두바이 한인교회는 선교적 교회로 성장하였다. 알아인 동아교회는 건설현장이 철수하였다.

① 선교사 파송과 담임목사의 부임

주태근 목사는 1988년 3월23일, 인천의 주안장로교회(예장통합)에서 **선교사**로 **파송**을 받은 후, 3월25일 두바이에 입국하였다. **한인교회**와 **현장교회의 대표들**은 주태근 목사를 환영하며, 담임목사의 사택에서 **도착 감사기도**를 드렸다(우측아래사진).[183] 새로 부임하는 담임목사를 **한인교회의 성도들**과 **현장교회의 성도들**도 함께 맞이하였다.

1983.3.23. 선교사 파송예배 시 선교사 파송장을 받는 장면

주태근 목사는 두바이 한인교회의 담임목사로 부임하였으므로, 목회사역을 가장 기본으로 감당해야 했다. 그러나 그는 단순히 **한인교회의 담임목사**로 부임하기 위해 두바이에 온 것이 아니라, U.A.E. 선교사 파송장을 받고, **선교사**로 파송받아 온 것이었다.

1983.3.25. 두바이 한인교회 및 현장교회의 대표들이 주태근 목사의 도착감사 기도를 드리는 장면

그리하여 주태근 목사는 한인교회를 기반으로 하여 선교사역을 감당하였다. 이를 위해 그는 부임한 첫 해에 **오아시스 선교회**를 발족하였다(1988.3).[184] 주태근 목사의 교회관은 **선교적 교회**였으며, 그의 목회관은 **선교적 목회**였다. 주태근 목사의 부임 이후 두바이 한인교회는 **선교하는 교회**로 성장하였었다.

183) 모든 사진은 주태근 목사의 블로그(https://blog.naver.com/taekunjoo)에서 인용하였다.
184) 두바이 한인교회 홈페이지, 교회연혁(https://www.dubaikoreanchurch.org/history)

② 목회사역

주태근 목사는 한인교회의 담임목사로서 **한인교포를 위한 목회사역**을 감당하였다. U.A.E.에 거주하는 한인들은 복음을 전해야 할 첫 번째 대상이었다. 주태근 목사는 〈중동선교〉 제 13호(1990년 5~6월호)의 선교소식에서 '두바이, 샤르자, 아즈만 지역에 거주하는 **한인들의 복음화**'를 위해 중보기도를 요청하였다. 1990년 2월28일에는 사막에 나가서 50여명이 **사막기도회**를 가졌다(우측사진). 속히 **중동지역**이 **복음화** 되기를 부르짖어 기도하였다. 이 시기에 주태근 목사는 중동의 복음화를 위해, 다음과 같은 기도제목을 요청하였다.[185]

1. 두바이, 샤르자, 아즈만 지역에 거주하는 한인들의 복음화
2. 건설현장(대우, 경남, 한국중공업)에서 수고하는 한인들의 복음화
3. 대우 경남회사에서 고용되어 수고하는 태국인들의 복음화
4. 제 3국인 복음화를 위한 자국인 선교사 확보 10명을 위하여
5. 태국인 선교를 위해(통역하는 삼량형제와 선교활동비 100불 위해)
6. 회교권 선교의 장벽이 무너지고 복음의 빛이 속히 임하도록

1990.2.28 전교인연합사막기도회

1995년 여름성경학교

두바이 한인교회가 계속 성장하면서 **중동선교의 전초기지로 역할**을 감당하기 위해 **교회건물이 필요**하게 되었다. 그리하여 1990년 12월 교회당건축을 위해 **건축씨앗헌금**을 실시하여, 1996년 4월 두바이 한인교회 **예배당 봉헌식**을 함으로써, 중동지역에서 최초로 **한인교회 예배당을 소유**하게 되었다.

1996년 교회당 건축

1996년 심령부흥회

주태근 목사는 한인교회의 목회를 통해 U.A.E에 거주하는 한인교포들의 복음화, 건설현장에서 근무하는 한인들의 복음화 뿐만 아니라, 한인교회를 **중동선교의 전초기지**로 삼고자 하였다.

185) <중동선교> 제 13호(1990년 5~6월호), '선교소식', p.7.

③ 현장교회 사역

주태근 목사는 한인교회(두바이 한인교회, 아부다비 한인교회) 뿐만 아니라, 여러 현장교회들의 담임목사로도 섬겼다. 그는 **동아건설 현장교회**, **알아인 현대 아포트교회**, 한국 중공업의 **한중교회**, 대우경남기업의 **대경교회**, 그리고 현대 중공업의 **선상교회**(다락방교회) 등을 담임하였다.[186] 주태근 목사는 현장교회를 한국인 근로자를 전도할 수 있는 복음화의 통로로 삼고자 했다.

두바이 건설현장 한중교회 제직들과 함께

샤르자 현대중공업 선상교회 다락방 성도들과 함께

④ 3국인 노동자 선교

주태근 목사는 두바이에서 제 3국인 노동자 선교에 힘썼다. 특히 대우 경남기업의 **태국인 교회**와, 한국중공업의 **아시아 외국인 노동자 교회**(이중언어예배 : 영어와 한국어)를 개척하여 섬겼으며, 또한 **오만 교회**(한인교회와 파키스탄 노동자교회)도 섬겼다.[187]

태국인 교회

태국인 교회는 대우경남기업 현장에 세워졌는데, 평균 60명이 참석하였다. 특별히 **태국인 할렐루야 축구단**을 구성하여 **태국인 선교**에 물길이 트게 하였다. 이를 위해 현장에 근무하는 **마숙웅 집사**와 **조명환 집사**가 헌신적으로 동역하였다.

---

186) 주바나바, 「아랍과 예수」, (서울 : 쿰람출판사, 2016) p.153
187) 주태근 목사 블로그(https://blog.naver.com/taekunjoo/222788195085)

대경에서 근무하는 **태국인 삼량**이 통역과 더불어 동역함으로써, **불교권 태국인**이 **많이 개종**하여 세례를 받았다. 그리하여 고국으로 돌아갈 때에는 기독교인이 되어 귀국하였다.

주태근 목사는 〈중동선교〉에 태국인 선교를 비롯한 제 3국인의 선교를 위해 중보기도를 지속적으로 요청하였다.

*태국인 교회의 설립과 태국어 성경, 찬송이 계속 보급될 수 있도록, 태국인을 위한 사역자가 나올 수 있도록.188)

*제 3국인을 위한 전도소책자가 만들어지도록, 육로를 통한 오만에도 선교의 결실이 맺히도록, 제 3국인 선교인 태국인 선교(교회개척, 선교사선발)가 큰 결실을 맺도록.189)

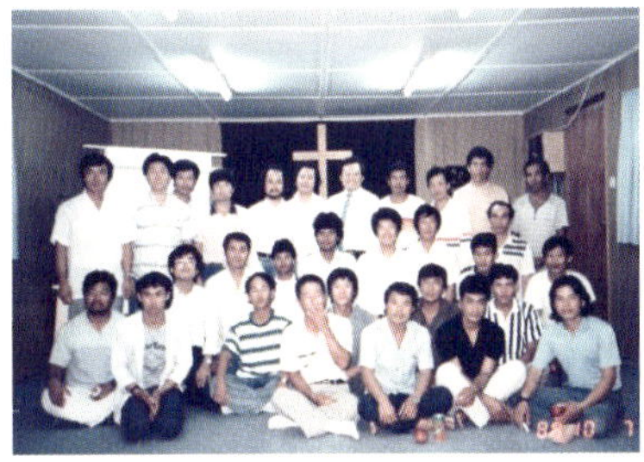
1989.10.7. 두바이 대경교회 태국인 성도들과 한국인 성도들

1990.4.27. 태국인 기독교인 축구단 두바이 대경교회 대우 경남 건설현장

아시아 외국인 노동자 교회

아시아 외국인 노동자 교회는 한국중공업 현장에 임시로 세워졌는데, 평균 100명이 참석하였다. 주로 인도인, 파키스탄인, 방글라데시인, 필리핀인 등이 참석했다. 주태근 목사는 주말마다 공사현장에 예배모임 전에 도착하여 노동자를 위한 수지침 시술봉사를 통하여 많은 결신자를 얻었다.

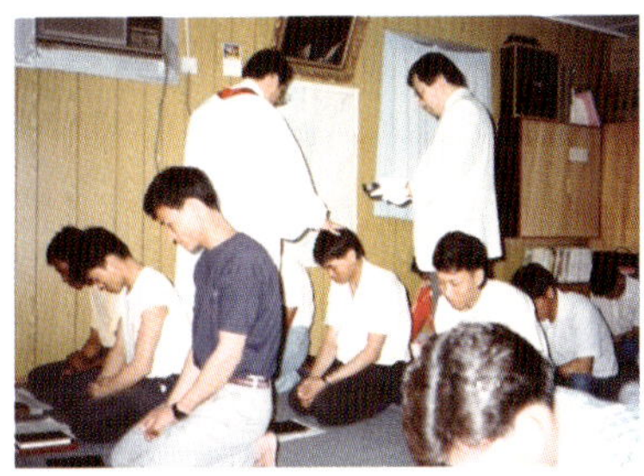
태국인 성도 세례식(두바이 대경교회)

오만 한인교회

주태근 목사는 1980년 말에 격주로 1년 동안 오만의 무스카트를 방문하여 **오만 한인교회의 예배**를 인도하였다. 또한 **오만 현장 파기스탄 교회**를 위해서도 격주로 방문하여 예배를 인도하였다.

1990.12, 성탄발표회 태국인 성도들과 두바인한인교회

188) <중동선교> 제 15호(1990년, 10/11/12월호), p.14,
189) <중동선교> 제 16호(1991년, 1/2/3월호), p.14

⑤ 선교적 교회의 출발

오아시스 선교회의 발족(1988.9)

주태근 목사는 부임하는 첫 해인 1988년 9월에, 중동선교에 적극적으로 참여하기 위해 **오아시스 선교회**를 발족하였다. 선교기금은 성도들이 작정한 선교헌금으로 형성되었다. 이 선교기금으로 중동지역 선교사들 및 파키스탄 사마리아 병원 등 약 10여명을 지원할 수 있었다.[190] 한편 두바이 한인교회는 **중동선교의 전초기지**의 역할을 위해 **교회건물**이 필요하게 되었다. 1995년 4월, 영국 성공회 측과 협의하여, 3층 건물 중 약 130평을 영구히 단독 사용하기로 계약하였다.[191]

아라비아 반도 선교훈련원

두바이 한인교회가 독자적인 교회당을 소유한 후 더욱 성장함에 따라, 두바이 한인교회는 **중동선교의 전초기지의 역할**을 하기 위한 1차 계획을 결의하였다. 그것은 **두바이 한인교회**와 **한국오엠선교회**가 **아라비아 반도 선교훈련원**(A.P.T.C)을 공동 프로젝트로 시행하는 것이었다.

한국오엠선교회는 한국에서 선교지도자와 목회자를 모집하는 광고를 맡았고, **두바이 한인교회**는 현지에서 국제오엠선교회의 스탭들과 훈련원 운영의 준비를 맡았다. 1999년 1월, 마침내 2주간의 **제 1회 아라비아 반도 선교훈련원**을 열게 되었다. 이 선교훈련원에 총 15명이 참석하였다. 그들은 한국오엠선교회 김수용 총무, 아세아연합신학대학교 이동주 교수 외에 선교사와 목회자들이었다. 첫 주간은 **중동선교를 위한 이론**을 교육하였고, 둘째 주간은 **중동선교를 실제로 경험**하도록 조별로 현장에 파송하였다. 이 훈련원은 한국교회와 선교회단체들에게 이슬람 선교에 대한 관심을 불러일으켰다.[192]

---

190) 주바나바, 「아랍과 예수」, p.154
191) 두바이 한인교회 홈페이지, 교회연혁 (https://www.dubaikoreanchurch.org/history)
192) 주태근, https://blog.naver.com/taekunjoo/222788195085

두바이 한인교회는 이와같이 선교하는 교회로 성장하고 부흥하였다. 1997년 2월과 10월, 두바이 한인교회의 설립 및 초기 역사에 큰 역할을 감당했던 **이봉의 장로**와 **최풍근 장로**가 각각 사임하고 귀국하였다. 2000년 11월, **주태근 목사**도 그의 담임목사직을 마치고, 귀국하였다.

(2) 아부다비 한인교회 (1982년, 1985년)

1) 교회의 설립(1982년)

아부다비 한인교회는 1982년 초에 3~4명이 그들의 가정에서 **성경연구회**로 모였던 **가정교회**로 시작되었다.[193] 아부다비 교회의 초기역사는 **송정섭 집사**(한국 출석교회 : 새국민침례교회)의 역할이 컸다. 그는 건설회사의 전무로서 1981년 12월5일부터 아부다비에서 단신으로 부임하여 근무를 시작하였다. 송정섭 집사가 예배인도 뿐만 아니라, 설교까지 맡았던 것 같다.

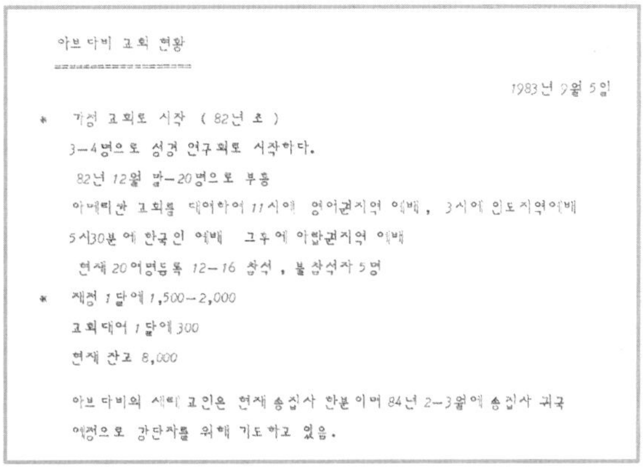
아브다비 교회 현황

1983년 9월 5일

* 가정 교회로 시작 (82년 초)
3-4명으로 성경 연구회로 시작하다.
82년 12월 말-20명으로 부흥
아메리칸 교회를 대여하여 11시에 영어권지역 예배, 3시에 인도지역예배
5시30분에 한국인 예배 그후에 아랍권지역 예배
현재 20여명등록 12-16 참석, 불참석자 5명
* 재정 1달에 1,500-2,000
교회대여 1달에 300
현재 잔고 8,000

아브다비의 세례교인은 현재 송집사 한분이며 84년 2-3월에 송집사 귀국 예정으로 강단자를 위해 기도하고 있음.

1982년 말에는 약 20여명으로 성장하였다. 그리하여 가정교회 대신에, 아부다비 시내에 **아메리칸 교회**(American Community Church)를 임대하여 주일예배를 드렸다. 아메리칸 교회는 **인가된 교회**였고, 임대료가 저렴하면서도, 교통이 편리하여, 예배장소로 적합하였다.[194]

아메리칸 교회는 여러 교회가 함께 사용하였다. **영어회중 교회**가 오전 11시에 예배를 드렸고, **인도교회**가 3시에, 그리고 한인교회가 5시30분에 드렸다. 한인교회가 예배를 마친 후에는 **아랍어 회중교회**가 예배를 드렸다.

193) 1983년 9월, '땅끝복음 중동선교회 아부다비 교구지역 선교점검 사항', p.1
194) 1983년 6월, '땅끝복음 중동선교회 아부다비 교구지역 선교점검 사항', p.2

1983년 6월, 아부다비 교회의 등록교인은 18명으로 큰 변동이 없었다. 송정섭 집사 외에 7가정(14명)과 개인 3명이었다.[195] 예배참석인원 12~16명이었다. 교회의 집사는 송정섭 집사를 포함하여 6명(함철훈/손정숙 부부, 박양수/김은숙 부부, 이경숙)이었고, 대다수의 신앙연수는 1~3년 이내였다. 신앙연수가 짧은 성도들이 많았고, 대부분 30대의 젊은 가정이었다. 이에 비하여 송정섭 집사는 당시 47세였고, 신앙연수도 길어(당시 23년), 교회의 지도자로 적임이었을 것이다.

2) 최형섭 목사의 방문(1983.9)

1983년 9월, 쿠웨이트의 **최형섭 목사**는 U.A.E.지역의 교회상황을 파악하기 위해 두바이를 방문했을 때(4일), 아부다비도 방문하였다(6일).[196] 당시 이성우 목사의 요르단 선교사 파송이 좌절되자, 최형섭 목사는 U.A.E.를 새로운 선교파송지로 염두하여 방문한 것이다.

최형섭 목사는 아부다비 교회의 성도들에게 **중동선교의 필요성**과 **쿠웨이트 한인연합교회의 부흥**에 관해 들려주었다. 이 일은 **아부다비 교회**에게 큰 도전이 되었다. 그들은 한국교회가 아부다비에도 선교사를 파송하여, 그들의 담임목사로 부임하게 되기를 간절히 원하게 되었다.

최형섭 목사가 떠난 후에, 송정섭 집사는 쿠웨이트로 편지를 쓰게 되었다. 이 편지에는 최형섭 목사가 아부다비 교회에 어떠한 도전과 열망을 갖게 했는지를 보여주는 내용이 담겨있다. 특히 그들은 중동선교를 위해, 담임목사가 U.A.E 선교사로 파송되어 오기를 목마르게 기다렸다.

> 존경하는 최 목사님! 바쁜 일정을 마치고 무사히 도착하셨으리라 믿습니다. 최 목사님으로 인해 침체되었던 U.A.E 교인들이 새 힘을 얻고, 또 희망을 가지게 되었으며, 목사님과 쿠웨이트 교회를 위하여 기도하고, 또 **중동선교를 위하여** 기도하게 되니, 감사할 뿐입니다.
>
> 이곳 교인들도 **새 목사님을 모시기**를 갈급해 하고 있습니다. 부탁하신 자료를 동봉합니다. 믿는 가족 7가구, 한쪽 분만 믿는 집이 2가구, 안 믿는 집 6가구, 계 15가구가 아부다비에 살고 있습니다. 별첨한 **한양주택**, **덕산건설** 외에, 대림건설이 루에이스에 현장이 있으며, 현재 300여명이 기

195) 제과업사장, 개인사업사장, 노무관, 선장부부, 태권도사범 각 1가정, 배구코치 2가정, 총 7가정이었다.
196) 1983.9.3. 국제전화통화 내용(발신자 : 하이얏트 김 집사, 수신자 : 최형섭 목사).

능공이 있고, 동아건설 40명, 현대건설 10명, 기타 10명이 아부다비에 있습니다. 물론 모두 2시간 내지, 2시간 40분 거리이므로, 연합예배는 곤란합니다. **알아인**과 **루에이스**에서 각각 예배를 드릴 수 있겠습니다.

우리 성도들이 **목이 말라 기다리고 있으며**, 하나님의 사업이니 반드시 길을 주시리라 믿습니다. 목사님께서 부름을 받고 중동에 오셨으니, 쿠웨이트 교회에 국한하지 마시고, 어떤 난관이 있다 할찌라도, **중동선교를 위해** 안디옥 교회와 같은 사명을 다해주시기를 바랍니다.

능력주시는 하나님 여호와의 뜻이 이곳에 있으니, 반드시 이루어 주실 것을 믿습니다. 위하여 기도하겠습니다. 가까운 시일에 다시 방문해 주셔서, 좀더 구체적으로 의논하고, **아부다비 교인들의 세례식과 성찬식**도 하여 주시기를 바랍니다.

자료가 미흡하나, 필요한 것이 있으시면, 연락을 바랍니다. **도움이 되는 일**이라면, **힘껏 무엇이나** 하겠습니다. 우리 성도들을 대표하여 쿠웨이트 성도들에게 안부를 전하며, 우리 연약한 교회를 위해 기도를 부탁드립니다. 하시는 일에 은총 있기를 주의 이름으로 기원하면서, 이만 난필을 줄입니다.

1983년 9월 9일. 송정섭 배[197]

현장교회

송정섭 집사의 보고서에 따르면, 이 시기에 아부다비에서 비교적 먼 거리에 두 개의 현장교회가 있었다. **덕산건설**은 아부다비에서 약 2시간의 거리에 있었는데, 알아인 어린이공원의 공사를 맡고 있었다(공사기간 1981.6~1984.1). 한국인 근로자 60명 중에서 교인은 15명이었다. 그들은 금요일에 건설현장 내 휴계실에서 예배를 드리고 있었다.[198]

한양건설은 아부다비에서 약 2시간 40분의 거리에 있었는데, 루에이수 주택공사를 맡고 있었다(공사기간 1982.12~1984.11), 한국인 근로자 200명 중에 교인은 30명이었다. 그들도 금요일마다 건설현장 내 휴게실에서 예배를 드리고 있었다.[199]

이 두 개의 현장교회들은 먼 거리로 인하여 설령 아부다비의 시내에 한인교회가 설립될찌라도, 예배참석이 어려웠다.

197) 1983.9.9일자, 송종섭 집사가 최형섭 목사에게 보낸 편지
198) 1983년 6월, '땅끝복음 중동선교회 아부다비 교구지역 선교점검 사항', p.3
199) 1983년 6월, '땅끝복음 중동선교회 아부다비 교구지역 선교점검 사항', p.4

3) 담임목사의 공동청빙

아부다비 교회는 **담임목사의 청빙**을 간절히 원하였으나, 단독으로 청빙할 만한 재정능력이 없었다. 두바이 교회도 마찬가지의 상황이었다. 그리하여 두바이와 아부다비의 두 교회는 담임목사를 **공동으로 청빙하는 방안**을 계획하였다.

1983년 9월5일에 최형섭 목사가 작성한 보고서에는, 두바이와 아부다비의 두 교회가 **담임목사 청빙**을 위해 재정계획을 세운 내용이 있다. U.A.E.에 선교사의 파송시에 자녀교육비까지 포함하여 매월 1,320불(4인가족 생활비 $800 + 목회비 $150 + 차량운영비 $100 + 국교생 자녀 1인교육비 $270 = 계 $1,320)로 계산되었다. 매월 1,320불 중에서 **두바이 교회**가 880불을 담당하고, **아부다비 교회**가 440불을 부담하기로 했다. 그리고 선교사가 가족을 U.A.E.로 초청하기 전까지는 생활비를 한국의 가족에게 보내기로 하였다.[200)]

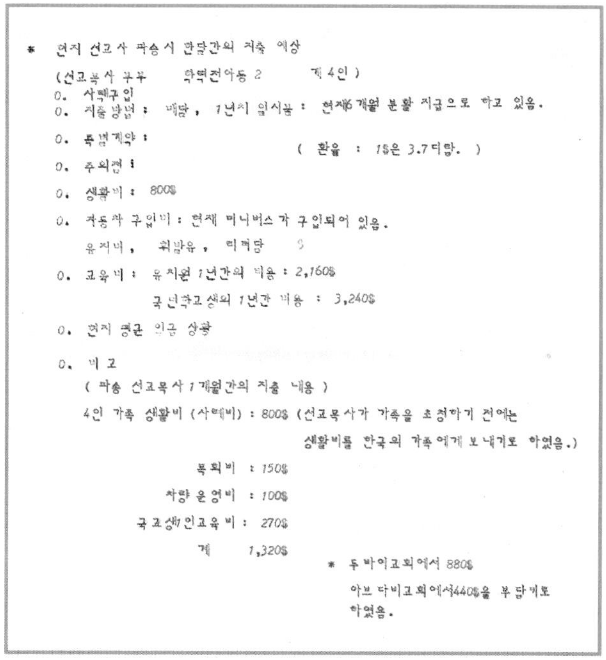
* 현지 선교사 파송시 한달간의 지출 예상
(선교목사 부부 학력전아동 2 계 4인)
0. 사택구입
0. 지출 방법 : 매달, 1년치 일시불 : 현재6개월 분할 지급으로 하고 있음.
0. 특별계약 :
(환율 : 1$은 3.7디람.)
0. 주의점 :
0. 생활비 : 800$
0. 자동차 구입비 : 현재 미니버스가 구입되어 있음.
유지비, 휘발유, 리께당 $
0. 교육비 : 유치원 1년간의 비용 : 2,160$
국민학교생의 1년간 비용 : 3,240$
0. 현지 평균 임금 상황
0. 비고
(파송 선교목사 1개월간의 지출 내용)
4인 가족 생활비 (사례비) : 800$ (선교목사가 가족을 초청하기 전에는 생활비를 한국의 가족에게 보내기로 하였음.)
목회비 : 150$
차량 운영비 : 100$
국교생1인교육비 : 270$
계 1,320$
* 두바이교회에서 880$
아브다비교회에서440$을 부담키로 하였음.

그 다음해 1984년 1월18일, 두바이 교회의 **이봉의 집사**가 쿠웨이트의 최형섭 목사와 전화통화를 한 내용에 따르면, **아부다비 교회**의 교우들이 담임목사초빙의 요망을 **연대 날인**하여 두바이 교회로 보내었다.[201)] 그리하여 담임목사의 청빙은 두바이 교회가 주도적으로 감당한 것이었으나 아부다비 교회와 공동으로 추진한 것이었다.

---

200) 1983년 9월, 최형섭 목사가 작성한 보고서, p.4
201) 1984.1.18. 국제전화통화 내용 (발신자 : 두바이 이봉의 집사, 수신자 : 쿠웨이트 최형섭 목사)

그리하여 1984년 12월12일, 문종호 목사가 담임목사로 부임했을 때, 두 교회가 담임목사를 위한 재정부담도 분담하였다. **담임목사의 사택**은 두바이 교회가 아즈만에 마련하여 제공하였고,[202] **담임목사의 자가용**는 아부다비 교회가 승용차(Volvo 84년형/빨간색)를 구입하여 제공하였다(32,000디람, 한화 704만원).[203]

4) 두 교회의 밀접한 교류 - 담임목사의 부임 이전

김만우 목사의 집회 (1983.11)

1983년 9월, 최형섭 목사가 U.A.E를 방문한 이후부터, 아부다비 교회와 두바이 교회는 밀접하게 교류를 시작하였다. 그리하여 1982년 10월에 **미국의 김만우 목사**가 U.A.E.를 방문했을 때, 두바이 교회에서만 집회를 하고 돌아갔으나, 1983년 11월에 두바이 교회의 임시당회장으로서 두 번째 방문했을 때에는, **아부다비 교회**에도 방문하여 집회를 인도했다.[204] 두 교회가 담임목사의 청빙을 공동으로 추진하였기에, 두 교회는 더욱 밀접한 관계를 맺게 되었다.

최풍근 장로의 예배인도 (1984.3)

두바이 교회는 아부다비 교회가 어려움을 겪을 때, 기꺼이 도왔다. 1984년 3월, 아부다비 교회를 이끌어 온 지도자 **송정섭 집사**가 귀국하였다. 그의 부재는 교회의 큰 염려였다. 아부다비 교회는 오래 전부터 송정섭 집사의 귀국 후 예배 강단자를 위해 기도하고 있었다.[205]

송정섭 집사의 귀국하자, 1984년 3월18일, 두바이 교회는 **최풍근 장로**를 파송하여 아부다비 교회의 예배를 인도하도록 했다.[206] 이봉의 집사가 최형섭 목사와 통화한 내용에 따르면, 최풍근 장로는 한달에 2~3회씩 아부다비 교회를 방문하여 예배를 인도하였다.[207]

---

202) 1985.1.15. 국제전화통화 내용 (발신자 : 쿠웨이트 최형섭 목사, 수신자 : 이봉의 집사)
203) 문종호, '1/4분기 선교활동 보고서 - 1985년 4월', p.2
204) 1984년에 작성된 <두바이교회의 연혁>, p.4
205) 1983년 9월, '땅끝복음 중동선교회 아부다비 교구지역 선교점검 사항', p.1
206) 1984년에 작성된 <두바이교회의 연혁>, p.5

부활절 연합예배 (1984.4)

1984년 4월22일, 부활절 예배는 두 교회가 **연합예배**로 드렸다.[208] 이날 쿠웨이트의 **최형섭 목사**가 두바이 교회를 방문하여 **성례전**(세례와 성찬식)을 거행하였다. 송정섭 집사도 최형섭 목사에게 아부다비 교회를 위해서 세례와 성찬식을 부탁한 적이 있었다. 1984년 말, 아부다비 교회는 지속적으로 성장하여 30여명이 모였다. 예배장소가 비좁아져서, 예배당도 증축해야 했다. 아부다비 교회는 송정섭 집사가 떠난 후에도, 오히려 두바이 교회의 협력 가운데, 성장할 수 있었다. 최풍근 장로가 최형섭 목사에게 이러한 사실을 편지로 알렸다.

> 할렐루야! 우리 주님의 사랑과 은혜가 항상 목사님과 쿠웨이트 교회와 함께 하심을 감사하며 소식을 드립니다. .... **아부다비 교회**도 **많이 부흥되어** 30여명이 모입니다. **아부다비 교회의 예배장소**도 좀 비좁았는데, **증축을 하여**, 지난 10월26일에 새 예배실에서 처음으로 함께 예배를 드리고 왔습니다. 목사님이 오시면, U.A.E에 있는 세 교회가 한 곳에 모여, 합동예배를 드리는 것과 야외예배도 계획하고 있습니다. .... 1984년 11월 5일, 두바이에서 최풍근 드림.[209]

5) 담임목사의 부임 (1984.12)

반포교회의 파송 (1984.12)

1984년 5월27일, 반포교회는 문종호 목사를 U.A.E. 파송선교사로 결정하였다. 그리하여 아부다비 교회에 담임목사로 파송될 선교사가 확정되었다. U.A.E.에서는 한국대사관의 비협조로 문종호 목사의 비자를 만들 수 없었다. 그리하여 문종호 목사의 취업비자를 비롯한 업무는 쿠웨이트에서 맡게 되었다. 1984년 8월8일, 반포교회는 쿠웨이트 한인연합교회에 문종호 목사의 초청장을 조속히 보내 달라는 협조요청의 공문을 보내었다.

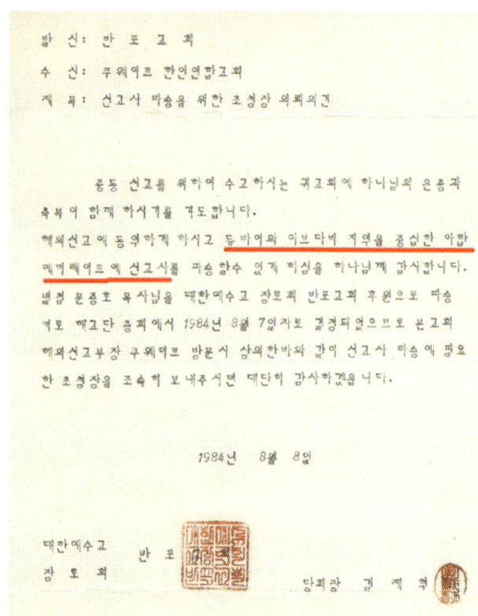

발 신: 반 포 교 회
수 신: 쿠웨이트 한인연합교회
제 목: 선교사 파송을 위한 초청장 의뢰의건

중동 선교를 위하여 수고하시는 귀교회에 하나님의 은총과 축복이 함께 하시기를 기도합니다.
해외선교에 동역하게 하시고 두바이와 아브다비 지역을 중심한 아랍 에미레이트에 선교사를 파송할수 있게 하심을 하나님께 감사합니다.
별첨 문종호 목사님을 대한예수교 장로회 반포교회 후원으로 파송키로 해교단 총회에서 1984년 8월 7일자로 결정되었으므로 본교회 해외선교부장 쿠웨이트 방문시 상의한바와 같이 선교사 파송에 필요한 초청장을 조속히 보내주시면 대단히 감사하겠읍니다.

1984년 8월 8일

대한예수교 장로회 반 포 당회장 김 제 혁

---

207) 1984년 3월말, 국제전화통화 내용 (발신자 : 두바이 이봉의 집사, 수신자 : 쿠웨이트 최형섭 목사)
208) 1984년에 작성된 <두바이교회의 연혁>, p.5
209) 1984.11.5일자, 두바이 최풍근 장로가 쿠웨이트 최형섭 목사에게 보낸 편지

이 때 파송선교지가 "**듀바이**와 **아브다비 지역**을 중심한 아랍에미레이트"라고 명확하게 진술되었다. 이것은 문종호 목사가 두바이 뿐만 아니라, 아부다비 교회를 위해 파송받는다는 사실을 명확하게 나타낸 것이었다. 1984년 12월9일, 문종호 목사의 〈선교사 파송예배〉의 순서지에도 아부다비 교회가 포함된 U.A.E.의 세 교회가 소개되었다.

2. 현지 한인교회 현황

(1) 두바이 교회

1979. 8 : 6명의 성도가 모여 창립 예배드림.
1983. 8 : 아스반 지역에 빌라를 대여 예배드림
1984. : 성공회 교회를 빌려 주일 오후 2시에 모여 예배드림.
(장년 40명, 교회학교 30명)

(2) 아부다비 교회

1982년초 송종섭 집사 인도로 4명이 예배드림.
1984. 11 : 아메리칸 교회를 빌려 금요일 오후 2시에 예배드림.
(장년 40명)

(3) 알아인 교회

1984. 10 : 동아건설 현장교회로 창립 40여명이 모임.

– 1984.12.9 선교사 파송예배 순서지 –

김만우 목사의 집회 (1985.2)

1985년 2월, 미국의 **김만우 목사**가 문종호 목사의 취임예배를 위해 U.A.E.를 방문했을 때, 이틀간에 걸쳐 **아부다비 한인교회**에서도 집회를 인도하였다(1985.2.15~16). 그 일정이 매우 소상하게 기록되어 있다. 15일(금)에 김만우 목사는 **두 번의 집회**(낮 16:30~18:00, 저녁 20:00~22:15)를 인도하였고, 또 함철훈 집사(제과업사장)의 **가정심방 및 저녁식사**(10명)가 있었다. 16일(토) 오전에는 대사관을 방문하여 박선호 대사와 대담을 한 후에, **오후 집회**(14:30~16:00)를 인도하였다. 그날 오전에는 박양수 집사(배구코치)의 **가정심방 및 점심식사**(10명)가 있었다. 그리고 오후에 고석두 집사(선장)의 **가정심방 및 저녁식**사(12명)를 마친 후에, 두바이로 출발하였다. 이와같이 김만우 목사의 아부다비 일정은 강행군이었다. 아부다비에서 이틀 동안, 3회의 집회에 65명의 성도가 참석하였고, 세 가정의 심방이 있었고, 32명의 성도가 참석하였다.[210]

초대 담임목사 – 문종호 목사 (1985.2)

1985년 2월17일, 문종호 목사는 취임예배를 드림으로써 아부다비 한인교회의 **초대담임 목사**가 되었다. 1985년 3월15일자 주보를 보면, '담임목사 : 문종호, 장로 : 최풍근'이라고 소개되어 있다. **문종호 목사**와 **최풍근 장로**는 두바이 한인교회 뿐만 아니라, 아부다비 한인교회의 담임목사와 장로였다.

210) 1985.2.20. 김만우 목사 특별성회 및 각종 행사실시 결과보고

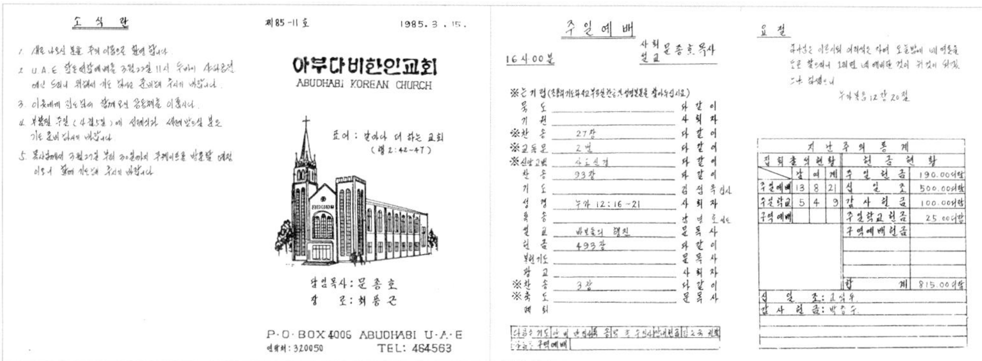

문종호 목사는 매주 금요일 오후 4시에 아부다비를 방문하여 **주일예배**를 인도하였다. 주일예배의 참석인원은 25명 정도였다. 주간에는 성도들의 **가정을 심방**하고, 성례주일에는 성찬과 세례의 **성례식**을 거행하였다.[211] 한편 문종호 목사는 "교역자 한명으로 충분한 말씀전달이 이루어지지 않고 있어, 매우 갈급한 상태에 있다"라고 보고하였다. 한 명의 목회자가 세 지역의 교회를 충분히 돌보기에는 어려움이 있었다. 그러나 문종호 목사는 아부다비 한인교회에 금요주일 예배 외에, 화요일 집회도 새롭게 계획하고 있었다.[212]

1988년 2월, **문종호 목사**는 담임목사를 사임하고 귀국하였다. 1988년 3월, **주태근 목사**가 아부다비 한인교회의 제 2대 담임목사로 섬기게 되었다. 1988년, 주태근 목사의 요청으로 **서신길 목사**(예장통합)가 U.A.E.의 선교사로 파송되어, 아부다비 한인교회의 제 3대 담임목사로 부임하였다. 서신길 목사는 아부다비, 알아인 그리고 카타르지역을 담당하고, 주태근 목사는 두바이와 오만 지역을 담당하여, 더욱 집중적으로 사역하였다. 1991년 6월, 서신길 목사는 아부다비 한인교회를 사임하고, 중남미 선교사로 파송받았다.

그후 **김동윤 목사**가 아부다비 한인교회의 제 4대 담임목사로 부임하였다. 아부다비에 최초로 세워졌던 아부다비 한인교회는 현재는 세워져 있지 않다. 아부다비 한인교회는 1998년경까지 지속되었던 것 같다.

---

211) 문종호, '1/4분기 선교활동 보고서 - 1985년 4월', p.2
212) 문종호, '1/4분기 선교활동 보고서 - 1985년 4월', p.3

2. 레반트 지역 : 요르단 한인교회 A[213] (1983, 1984년)

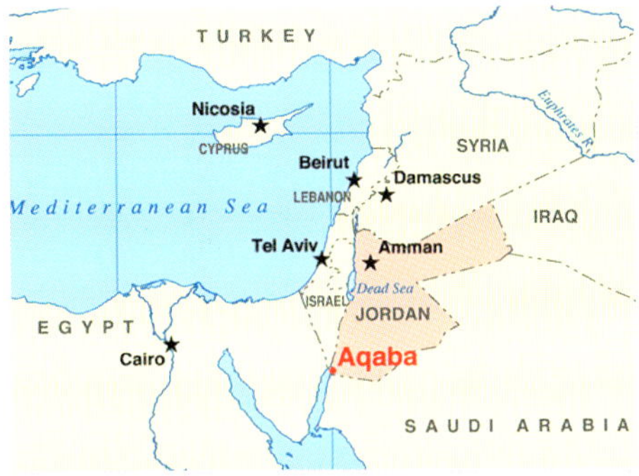

요르단은 이라크, 시리아, 레바논, 이스라엘, 팔레스타인 및 사우디와 인접해 있어, 중동지역 선교의 지리적 요충지이다. 요르단의 정식국가 명칭은 '요르단 하심 왕국'(The Hashemite Kingdom of Jordan)이며, 요르단 왕가는 메카 출신의 **하심 가문**이어서 요르단 국왕은 중동 왕정국가들 중에 서열이 높다.

대한민국과 요르단은 1962년 7월에 수교했으며, 1975년 3월에 대사관이 개설되었다. 1974년 **한보건설**이 요르단의 건설 플랜트시장에 처음 진출한 후에, 금호, 삼환, 쌍용, 태흥 등 건설회사들의 요르단 진출이 이어졌다. 특히 한보건설은 도로 및 기타 토목공사 24건을 수주하였다.

1980년대 초반까지 건설회사들의 요르단 진출이 붐을 이루다가, 중반 이후부터 급격히 감소했다. 붐을 이루었던 시기에, 1~2천명 정도의 한국인이 요르단에 거주했는데, 이 때 **한인교회**가 세워질 수 있었다. 당시 중동지역에서 한인교회는 **걸프지역의 국가들**(사우디, 쿠웨이트, 바레인)에 집중되었고, 그 외에는 **이란**의 테헤란 한인교회와 **이집트**의 카이로 한인교회 뿐이었다. 1983년, **레반트 지역**의 최초의 한인교회가 요르단에 세워지게 되었다.

(1) 요르단 한국인교회의 설립 (1983.2.25)

요르단 전역에 흩어진 건설현장에 10여개의 **현장교회**들이 세워졌다.[214] 그런데 현장교회들은 한인연합교회를 세울 만한 역량이 없었고, 교민들이 중심이 되어 **한인교회**가 세워질 수 있었다.

---

213) 1983.2.25에 요르단에 최초로 세워진 교회이름은 '요르단 한국인교회'이다. 그런데 1984년말 진영준 목사가 초대 담임목사로 부임한 직후, '요르단 한인교회'로도 불리우기 시작했다. 2008년도에 김영섭 목사도 '요르단 한인교회'를 세웠으므로, 전자와 후자를 각각 요르단 한인교회A와 B로 칭하였다.

214) 1984년 당시 5개 건설회사(금호, 쌍용, 삼환, 태흥, 한보)에 10개 현장교회가 있었다. 한보건설만 6개 현장교회가 있었다(얄묵대학, 펌프장/정수장, 와디 댐건설, 킹다랄 댐건설, 군사령부청사, 암만지사).

1) 나사렛 교회의 한인회중

요르단의 수도 암만에 거주하는 교민 중에 가장 큰 숫자는 외교관 가족과 해외 지사장 가족이었다. 당시는 외교관 및 지사장의 가족만이 요르단 체류가 가능했다. 교민 중에, 요르단 현지교회인 **나사렛 교회**의 예배당을 임차하여 예배드리는 **한국인 신자들**이 있었다. 이 때 나사렛 교회의 야곱 암마리(Jacob Ammari) 목사는 한국인 회중을 위해 영어로 설교하였다. 따라서 그들은 사실상 나사렛 교회의 **한인 회중**(Korean Congregation)이었고, 그들 자신도 '한인교회'라고 칭하지 않았다. 이후에 이 나사렛교회의 한인회중이 중심이 되어, 현장교회들(금호, 삼환, 쌍용, 태흥, 한보)[215]과 연합하여, **요르단 한국인 교회**가 세워지게 되었다.

2) 요르단에서 세 명의 장로들의 요청

요르단의 암만에는 세 명의 장로, 곧 **김원호** 장로(대사관 참사관), **허용근** 장로(해외무역관장), 그리고 **박찬일** 장로(한보종합건설 사장, 이승만 대통령의 마지막 비서실장)가 있었다. 그들은 나사렛교회의 한인회중을 이끌었던 리더들이었는데, 그들이 쿠웨이트의 최형섭 목사와 우연히 만나게 되면서, 그들에 의해 한인교회의 설립이 추진되었다.[216]

1981년 11월, 최형섭 목사는 비자관계로 성지순례를 겸하여 요르단으로 가게 되었다. 이 시기에 세 명의 장로는 최형섭 목사를 통해 '쿠웨이트 건설현장의 현장교회들이 연합하여 **한인연합교회**를 세운 일'과 '한국교회로부터 담임목사를 선교사로 파송받은 일'을 듣게 되었다. 이 소식을 듣게 되자, 요르단에도 한인교회가 세워져서, 요르단에도 선교사가 파송되기를 바라게 되었다. 그리하여 그들은 이 일이 진행될 수 있도록 **쿠웨이트 한인연합교회**에게 도움을 요청하였고,[217] 쿠웨이트 한인연합교회는 그 요청에 응답하였다.[218]

---

215) 1983년 2월21일, 5개 현장교회의 대표들은 <요르단 한국인교회 창립준비위원회>에서 교회설립 후에 교회의 당회기능을 하는 운영위원회의 회원으로 선정되었다.
216) 쿠웨이트 한인연합교회, 「운영회의록 : 제 1~17회」, 제 15회 운영회원회(1981.10.30), p.29
217) 1983.1.5, 쿠웨이트의 최형섭 목사가 반포교회에 보낸 편지에서 이러한 요청의 사실을 알 수 있다 : "이곳 쿠웨이트에 한인연합교회가 세워지고, 목사가 파송되어오자, 중동 각처에 산제한 크리스챤 모임에서 선교적 지원을 요청했습니다(사우디, **요르단**, 바레인, 이락 등)"

3) 쿠웨이트 한인연합교회의 요르단 방문

① 쿠웨이트 : 제 1차 요르단 방문 (1982.3)

1982년 2월6일, 쿠웨이트 한인연합교회는 **한인교회의 설립** 및 **선교사 파송**을 위한 자료수집을 위해 최형섭 목사를 요르단에 파송하기로 결의했다. 그리하여 1982년 3월 7일(일)~10일(수)에 최형섭 목사는 부흥집회를 겸하여 요르단을 방문하게 되었다.[219]

최형섭 목사는 요르단의 김원호 장로, 허용근 장로 및 박찬일 장로와 만나서, **한인교회의 설립**과 **선교사 파송**에 관해 협의한 후 필요한 자료도 수집하였다. 1983년 1월5일, 최형섭 목사가 제 2차 요르단 방문을 앞두고, 반포교회에 보낸 편지를 통하여, 그가 1차 방문에서 어떠한 **필요한 자료**를 수집하였는지, 그 일부를 알 수 있다.[220]

> *한국인의 거주상황 : 요르단에는 2,500명의 한국인(건설인원 포함)이 거주하고 있다. 먼저 한인교회를 세우고, 그 후에 한인교회를 기반으로 하여 현지선교에 주력해야 할 것으로 판단된다.
> *요르단 교인들의 태도 : 요르단에 거주하는 성도들의 열심은 대단했다. 그들은 고생을 각오한 목사님이 계시면, 지금이라도 모시고 싶다는 뜻을 전하였다.
> *선교사 파송 및 선교사역의 가능성 : 요르단은 쿠웨이트나 바레인보다 선교사 파송이 훨씬 쉬우며 기후도 좋은 편이다. 중동지역 국가 중에서 기독교의 선교사업이 활발하며, 교회를 건축할 수 있는 나라이다. 실제로 요르단 시내에 교회와 모스크가 함께 서 있었다.
> *선교사 파송을 위한 재정 :선교사의 한달 생활비(4인가족 목사부부, 입학 전 아이 둘)는 1,250불 정도이며(환율 800 :1, 약 100만원), 중류정도의 생활이 예상된다. 쿠웨이트나 바레인은 본국의 지원이 일체 없어도 가능하나, 요르단은 본국의 지원과 현지의 지원이 함께 이루어져야 한다.
> *요르단은 선교사를 파송할 수 있고, 선교사업이 자유로운 나라이며, 유력한 선교지역 중 하나이다.

또한, 최형섭 목사는 **선교사 노르만 캠**프를 만나 요르단 선교에 관해 깊은 논의를 하였다. 최형섭 목사는 요르단 교회로부터 **요르단 선교사의 선정권한**을 위임받고, 쿠웨이트로 돌아왔다.[221]

---

218) 요르단 교회의 요청은 쿠웨이트 한인연합교회가 교회 내에 '땅끝복음 중동선교회'를 세우는 계기가 되었다. 쿠웨이트 한인연합교회는 자신이 한인연합교회를 세우고 선교사를 파송받은 경험에 근거하여, 바레인한인교회를 세우고 선교사를 파송받는데, 이와같은 방식으로 요르단에서도 행하게 되었다.
219) <쿠웨이트한인연합교회 예배일지>, 1982.3.5. 광고 "최형섭 목사님, 요르단 부흥회일정 3월7~10일"
220) 1983.1.5, 최형섭 목사가 반포교회에게 보낸 편지0

② 한국 : 반포교회와의 협력 (1982.10)

1982년 9월26일, 쿠웨이트 한인연합교회는 요르단 선교사 파송을 위하여 '쿠웨이트 선교소식' 제 1호를 국내의 선교기관, 교단 및 교회에 배포하여 도움을 요청하였다.

쿠웨이트 한인연합교회는 여전도회 회장 윤정자 집사의 소개로 **반포교회**(예장통합)와 접촉하게 되었다. 1982년 12월29일, 반포교회는 선교사의 선임과 파송절차, 그리고 재정에 관해 구체적 사실을 정식으로 **서신문의**를 하였다. 그후 쿠웨이트의 땅끝복음 중동선교회와 반포교회의 선교회는 **요르단 선교사의 파송**을 위해 함께 협력하게 되었다.

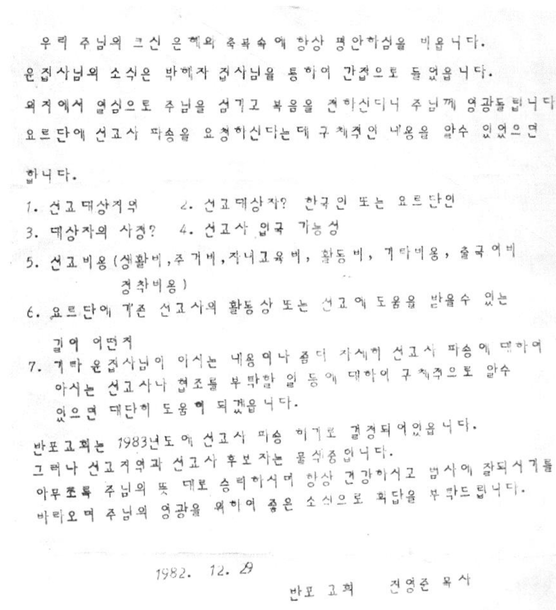

우리 주님의 크신 은혜와 축복속에 항상 평안하심을 비옵니다.
윤집사님의 소식은 박혜자 집사님을 통하여 간접으로 들었읍니다.
외지에서 열심으로 주님을 섬기고 복음을 전하신다니 주님께 영광돌립니다.
요르단에 선교사 파송을 요청하신다는데 구체적인 내용을 알수 있었으면 합니다.

1. 선교대상지역 2. 선교대상자? 한국인 또는 요르단인
3. 대상자의 사정? 4. 선교사 입국 가능성
5. 선교비용(생활비, 주거비, 자녀교육비, 활동비, 기타비용, 출국여비 정착비용)
6. 요르단에 기존 선교사의 활동상 또는 선교에 도움을 받을수 있는 길이 어떤지
7. 기타 윤집사님이 아시는 내용이나 좀더 자세히 선교사 파송에 대하여 아시는 선교사나 협조를 부탁할 일 등에 대하여 구체적으로 알수 있으면 대단히 도움이 되겠읍니다.

반포교회는 1983년도에 선교사 파송 하기로 결정되어있읍니다.
그러나 선교지역과 선교사 후보자는 물색중입니다.
아무쪼록 주님의 뜻 대로 승리하시며 항상 건강하시고 범사에 잘되시기를 바라오며 주님의 영광을 위하여 좋은 소식으로 회답을 부탁드립니다.

1982. 12. 29
반포 교회 전영준 목사

1982.12.29 반포교회의 서신문의

③ 쿠웨이트 : 제 2차 요르단 방문 (1983.1)

1983년 1월 8~12일, 쿠웨이트의 최형섭 목사는 최낙성 집사와 함께 제 2차 요르단 방문을 하여, 요르단의 김원호, 허용근 장로 및 박정규 집사를 만나, **반포교회**가 문의한 사항(선교사 선임, 파송절차 및 재정)을 논의했다. 이 때 요르단 교회는 **선교사의 선정과 파송**을 신속하게 진행해 줄 것을 요청하였다.[222]

최형섭 목사가 그 당시 파악한 요르단의 상황에 의하면, 한인교회의 설립은 가능했다. 요르단의 건설현장에 한국인 근로자가 약 2,000명이 있었고, 교민들 중에 기독교인은 약 30여명이었다. 세 명의 장로들을 중심으로 **한인교회**를 세울 경우, 암만의 교민 신자 30명과 암만 시내 인근의 건설

---

221) 쿠웨이트한인연합교회, 「중동선교소식 : 쿠웨이트편」(서울 : 중동선교본부, 1985), p.14
222) 쿠웨이트한인연합교회, 「중동선교소식 : 쿠웨이트편」(서울 : 중동선교본부, 1985), p.14

현장 신자를 합쳐서, 120여명이 모일 수 있었다.[223] 이날 회의에서, 요르단 한인연합교회는 선교사가 파송됐을 때 설립하기로 협의했다.[224]

④ 한국 : 반포교회와의 협력 (1983.1)

1983년 1월 28일, 제 2차 요르단 방문에서 돌아온 최형섭 목사는 **요르단 방문결과**를 반포교회에게 상세히 통보하고, 이에 적합한 선교사의 선임을 요청했다. 요르단 교회가 최형섭 목사에게 **선교사의 선임을 위임**한 것[225]을, 최형섭 목사는 **반포교회**에게 위임했다. 최형섭 목사는 반포교회가 가장 적임자를 선임할 수 있도록 돕기 위해, **한인교회의 설립** 및 **요르단 선교사 파송**에 관하여 상세히 설명하고, 필요한 자료들도 전해주었다.[226]

*쿠웨이트와 요르단에서도 한인교회의 설립은 어려웠으나, **요르단 상황의 어려움**은 이와는 또 달랐다. 요르단은 중동지역이면서도 **비산유국**인 까닭에 물가는 높고, **선교지역은 넓어서** 성도들이 연합되어 있지 못한 고로, 요르단에 목사님을 모시고 싶다는 소원은 있으나, 지금까지 자신있게 모시지 못하고 있는 중이다.

*요르단 지역의 선교사 파송의 목적은 크게 두 가지이다. 첫째, 현지 한국인의 신앙생활을 이끌어 줄 **목사로서 파송**되어야 한다. 둘째, 요르단 내 아랍인에게 복음을 전하기 위한 **선교사로서 파송**되어야 한다. 이를 위해서 먼저 요르단에 한국인들을 모아 **한인교회**를 세워야 한다.

*요르단에서 한인교회의 설립도 쿠웨이트와 바레인과 **마찬가지의 방법과 목표**로 진행된다.
앞으로 아랍 지역에 세워질 모든 한인교회들도 이와 같은 방법과 목표로 진행될 것이다.
첫째, **선교목사**의 파송 및 초빙이 먼저 이루어져야 한다.
둘째, **한인교회**가 설립되어야 하며, 장소는 암만 시내여야 한다.
셋째, 한인교회를 중심으로 **아랍선교의 산파**가 되어야 한다.

---

223) 1983.1.5, 최형섭 목사가 반포교회에게 보낸 편지
224) 쿠웨이트한인연합교회, 「중동선교소식 - 쿠웨이트편」(서울 : 중동선교본부, 1985), p.14
225) 1983.1.28, 최형섭 목사가 반포교회에게 보낸 편지, "82년 3월 요르단 방문 시 그곳의 성도들을 만났을 때, 한국인 목사님을 모시고 싶다는 간절한 염원이 있었습니다. ... 이번 방문 시에도 이러한 염원을 재확인하였고, 중동선교회가 추천하는 목사님을 초빙하기로 확인하고 돌아왔습니다."
226) 1983.1.28, 최형섭 목사가 반포교회에게 보낸 편지,

최형섭 목사는 '선교목사의 파송 및 초빙', '한인교회의 설립', 그리고 '아랍선교의 산파'에 대해 각각 자세히 설명하였다.227)

1. 선교목사 파송 및 초빙에 대하여 : (자격) 선교목사는 요르단 전 지역의 한인 교우들(교민 및 건설현장 교회)을 돌보아야 하기 때문에, 건강하고 젊은 목사로서, 활동적이며, 사명에 불타며, 희생을 감수할 줄 알며, 성령충만하여 영적 지도 능력이 있으며, 영어를 할 수 있어야 한다. 또한 교육비가 상상외로 많기 때문에, 자녀를 학령 전 아이를 갖으신 목사로서, 가족보다 6개월~1년 먼저 요르단에 도착하여 일할 수 있는 자여야 한다.

   파송교회에서 파송선교사가 결정되면, 쿠웨이트 한인연합교회의 중동선교회는 이 목사님에 대한 초청장과 비자 등을 주선해드리고, 요르단에 한인교회가 설립될 때까지 안내하며 도와드릴 것이다.

2. 한인교회의 설립절차 : 선교 목사가 요르단에 파송되기 전까지, 이곳 중동선교회는 요르단 한인교회가 설립될 수 있도록 제반여건을 조성하고, 파송 즉시 한인교회를 설립할 수 있도록 돕는다.
3. 대 아랍선교에 대하여 : 대 아랍선교는 현지에 맞도록 해야 함으로, 쿠웨이트와 동일할 수는 없고, 중동선교회와 아랍지역의 선교를 목표로 하여, 협력과 연합을 바란다.

그리고, 현재 현지 선교사 파송을 위해 필요한 재정과, 요르단 교우들의 재정능력에 대해서228)

최종적으로 말씀드릴 것은 초빙하는 요르단 교우들은 재정적으로 독립하는 것을 목표로 삼고 있으나, 지금으로선 파송교회나 선교회의 도움없이 한인교회의 설립이 어려운 실정입니다.

현재 재무능력은 파송되는 목사님의 목회비 250디나($875) 정도를 매월 감당할 수 있으며, 차량 구입시 장기 월부 정도를 갚아 갈 수 있는 정도입니다. 그래서 파송교회나 선교회에서 파송목사의 생활비 350 디나($1,225)와 사례비를 매월 부담해 주시기를 바라고 있습니다. 교육비가 엄청나게 비싸기 때문에, 학령 전 아동을 가지신 목사님이 파송되기를 바라고 있습니다. 물론 교회가 부흥된다면, 이러한 것은 걱정하지 않아도 되겠지만, 현재 상태로는 이 정도입니다 ...

우리의 소식이 반포교회의 선교정책에 도움이 되기를 바라며, 주안에서 좋은 소식을 기다립니다(1983.1.28).

---

227) 1983.1.28, 최형섭 목사가 반포교회에게 보낸 편지.
228) 1983.1.28, 최형섭 목사가 반포교회에게 보낸 편지.

최형섭 목사는 한인교회 설립 예정 후보지와 장소도 반포교회에게 상세히 알려주었다.[229]

1. 한국인의 교회 건축 가능여부 - 법규상 건축은 할 수 있다.
   *세계의 유력한 교단에서는 교회를 시내 곳곳에 세워 자유로운 예배와 선교활동을 하고 있다.
   *그러나, 현지의 땅값이 상상 외의 고액이므로, 한국인의 교회건축은 거의 불가능하다.
   *한국인은 암만 시내에 있는 교회를 빌려서 시작해야 한다.

2. 현지 교회의 이용 시
   *교회이름 : 나사렛 교회
   *교파 : 나사렛 교단
   *장소 : 암만 시내
   *교인수용 가능인원 : 150여명
   *대여가능한 요일 : 매주 금요일
   (시간 : 무제한)
   *대여비용 : 일개월, 일년에 없음
   *대여가능 기간 : 무제한
   *담임목사 및 책임자 :
   야곱 암마리(Jacob Ammari, 48세)

3. 해당교회를 한인교회로 선택한 이유
   *나사렛 교회 목사 야곱 아마르가
   현재 한국 교우들의 성경공부를
   영어로 인도하고 있다.
   *교회를 빌리는데 어려움이 없고,
   사전 승인이 되어 있다.
   *암만 시내에 있으므로, 교통이 편리하다.
   *시내 중심에 교통이 더욱 편리한 교회도 빌릴 수 있을 것으로 사료된다.

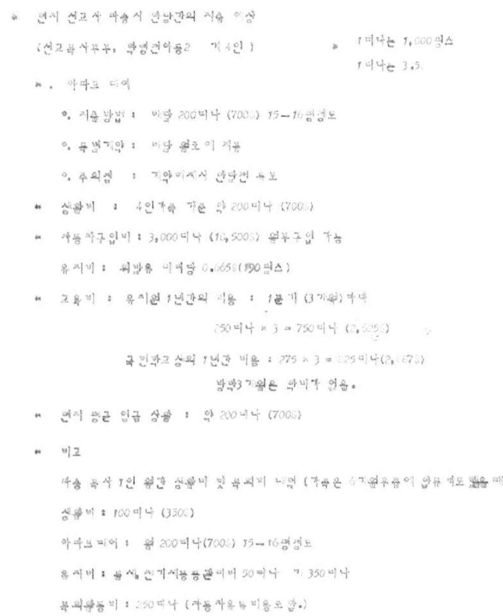
* 현지 선교사 파송시 연간의 지출 예상
(선교목사부부, 학령전아동2 계 4인) * 1디나는 1,000필스
1디나는 3.5$
*. 아파트 대여
o. 지불방법 : 매달 200디나 (700$) 15–16평정도
o. 특별계약 : 매달 월초 이 지불
o. 주의점 : [illegible]
* 생활비 : 4인가족 기준 약 200디나 (700$)
* 가구구입비 : 3,000디나 (10,500$) 월부구입 가능
유지비 : 휘발유 리터당 0.665$ (190필스)
* 교육비 : 유치원 1년간의 비용 : 1분기 (3개월) 마다
250디나 × 3 = 750디나 (2,625$)
국민학교 상의 1년간 비용 : 275 × 3 = 825디나(2,887$)
방학3개월은 학비가 없음.
* 현지 평균 임금 상황 : 약 200디나 (700$)
* 비고
파송 목사 1인 월간 생활비 및 유지비 내역 (가족은 6개월후쯤에 합류 [illegible])
생활비 : 100디나 (350$)
아파트 대여 : 월 200디나(700$) 15–16평정도
유지비 : [illegible] 50디나 계 350디나
목회활동비 : 250디나 (자동차유류비용포함.)

1983.1.28, 최형섭 목사의 편지 (별첨)

4. 요르단 현지 교회 및 선교기관의 진출현황
   *성공회, 미국 CMA교단, 장로교, 희랍정교, 오순절,
   감리교, 로마가톨릭, 침례교, 이외에 세계적으로 큰 교단이 거의 진출해 있다.

229) 1983.1.28, 최형섭 목사가 반포교회에게 보낸 편지.

3) 요르단 한국인 교회의 설립예배(1983.2)

① 한국인 교회의 설립준비 (83.2.21)

당시 요르단 교회는 담임목사가 없음으로, 아랍계열의 목사와 영국인 목사가 설교를 하고, 김원호 장로가 통역하여 드리고 있었다(1983.4.1. 쿠웨이트 한인연합교회 정기제직회, 선교부 보고). 본래 선교사가 요르단에 파송된 후에 한인교회를 설립하기로 결의했으나, 현지 교우들의 열망에 의해 파송 전에 설립하기로 했다. 1983년 2월21일, **한국인 교회 창립준비 회의**가 박찬일 장로의 자택에서 열렸다 (참석자 : <남자> 박찬일, 김원호, 허용근 (이상 장로), 박정규 집사, 정흥수 성도, <여자> 한종학 권사, 김순기, 이복희, 전영숙, 박순자 (이상 집사), 김영이 성도). 이날 다음의 사항이 결의되었다.

결의사항

가. 교회명칭 : 요르단 한국인 교회
나. 창립예배일시 : 1983.2.25. 오전 10시
다. 집회장소 : 나사렛교회
라. 설교 : Jacon Ammari 목사
마. 통역 : 김원호 장로
바. 예배준비 및 분담사항
 1) 주보작성 및 인쇄 : 김원호,박찬일, 허용근 장로
 2) 사회 : 허용근
 3) 개회기도 : 박찬일
 4) 반주 : 김의경
 5) 안내 : 박정규, 박순자, 이복희 -정문
  한종학, 권희숙 - 교회 내
 6) 헌금봉헌 : 심혁배
 7) 헌금함 및 헌금대 제작 : 허용근, 박찬일
 8) 헌금 및 재정관리 : 허용근, 정흥수
 9) 목사선물(복지 및 재단비) : 김원호
 10) 기념촬영 : 박찬일, 박영수, 전영숙
 11) 꽃 5송이 (목사, 장로3) : 허용근
 12) 교인 교적부 카드 작성 : 박정규
 13) 창립예배연락(각 업체)
  - 안내서 작성 및 발송 : 박정규
 14) 교회청소 협의 : 김원호
사. 주일학교
 1) 집회시간 : 매주 금요일 오전 10~11시
 2) 교사 : 박영우
아. 교회운영 : 잠정적으로 다음과 같이 운영위원회를 조직하여, 당회의 기능을 갈음함. 운영위원회 위원은 교회 기반 확립 후 재선출하기로 함

*운영위원회 구성인원
 1) 장로 3명 : 박찬일, 김원호, 허용근
 2) 각계대표 : 7명 (금호/전길수, 삼환/신영태, 쌍용/차형동, 태흥/이희주, 한보/신개승, 일반/심혁배, 공관/박정규)

자. 교회장식 : 박찬일(강당 현수막, 정문현판 및 꽃)

차. 다과회 준비
 1) 커피 : 김순기, 김영이, 장영은
 2) 홍차 및 나프킨(100매) : 전영숙
 3) 컵, 접시, 다반(플라스틱) : 박순자
 4) 카스테라(15), 슈크림(100) : 김영이
 5) 교회당국과 다과회 개최 사전협의 : 김원호

카. 광고사항
 1) 요르단 한국인교회 설립 경위
 2) 매주 금요일 정기예배 시간 안내
 3) 이웃에 출석권면
 4) 헌금함 사용 등 안내
 5) 교인교적부 카드작성 협조 당부
 6) 교회운영위원 조직사항 발표
 7) 다과회 안내
 8) 어린이 성가대에 감사표시
 9) 주일학교 안내 : 매주 금요일 오전 10~11시
 10) 봉사 희망자 신청
 11) 심방희망자 신청 :
  한종학 권사에게 직접, 또는 전화신청

요르단 한국인교회의 설립 준비는 매우 철저하게 진행되었다. 세 명의 장로가 중심된 역할을 하였다. 한국인 교회 설립예배에 초대하는 **초청장**을 만들고, **한국인 교회의 안내도**까지 마련하였다.

요르단 한국인교회는 암만의 교민들이 주도했지만, 건설현장의 현장교회가 참여하는 **한인연합교회**였다. 초청장에 이 사실이 담겨있다.

> "요르단에 진출한 우리 성도들은 **각 현장**에서, 또는 **직장의 가족**이나, **가까운 이웃들**과 더불어 각가 흩어져서 예배를 드려왔기에, 우리는 한국인이 모두 함께 모여 예배드릴 수 있는 교회와 목자를 허락해 주시기를 오랫동안 기도해 왔습니다"

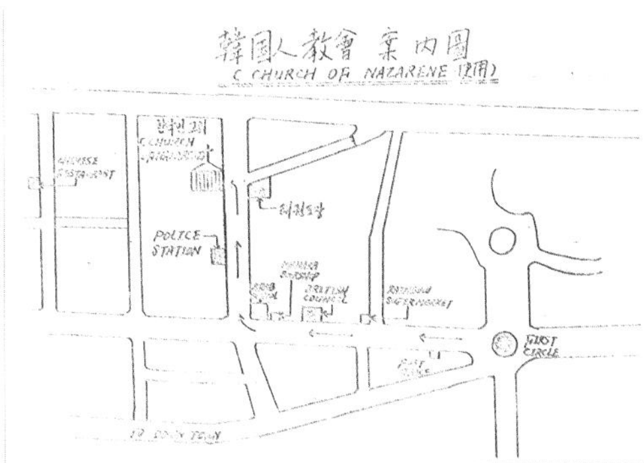

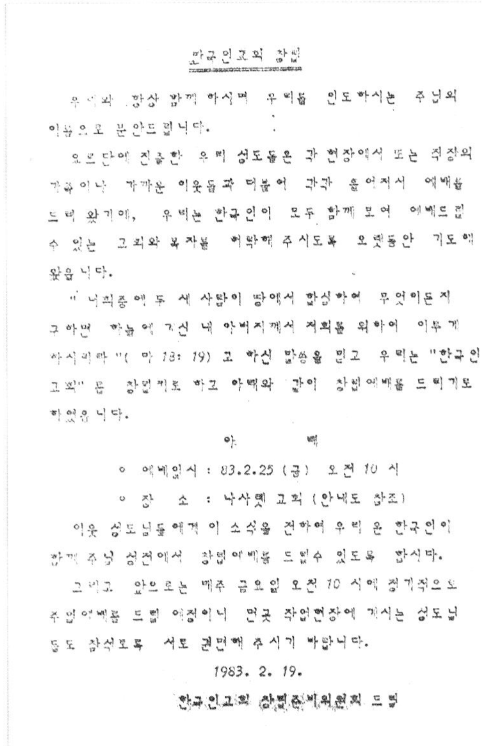

한국인교회 창립

우리와 항상 함께 하시며 우리를 인도하시는 주님의 이름으로 문안드립니다.

요르단에 진출한 우리 성도들은 각 현장에서 또는 직장의 가족이나 가까운 이웃들과 더불어 각각 흩어져서 예배를 드려왔기에, 우리는 한국인이 모두 함께 모여 예배드릴 수 있는 교회와 목자를 허락해 주시도록 오랫동안 기도해 왔읍니다.

"너희중에 두 세 사람이 땅에서 합심하여 무엇이든지 구하면 하늘에 계신 내 아버지께서 저희를 위하여 이루게 하시리라"(마 18: 19) 고 하신 말씀을 믿고 우리는 "한국인 교회"를 창립키로 하고 아래와 같이 창립예배를 드리기로 하였읍니다.

아 래

○ 예배일시 : 83.2.25 (금) 오전 10 시

○ 장 소 : 나사렛 교회 (안내도 참조)

이웃 성도님들에게 이 소식을 전하여 우리 온 한국인이 함께 주님 성전에서 창립예배를 드릴수 있도록 합시다.

그리고 앞으로는 매주 금요일 오전 10 시에 정기적으로 주일예배를 드릴 예정이니 먼곳 작업현장에 계시는 성도님들도 참석토록 서로 권면해 주시기 바랍니다.

1983. 2. 19.

한국인교회 창립준비위원회 드림

② 한국인 교회의 설립예배 (83.2.25)

1983년 2월25일(금) 오전 10시 나사렛 교회에서 장년 125명과 어린이 19명이 참석한 가운데, **요르단 한국인교회의 설립예배**(장년부와 아동부의 합동예배)가 드려졌다. 이 예배의 사회는 허용근 장로, 기도 박찬일 장로, 설교 야곱 암마리(Jacob Ammari) 목사, 그리고 통역 김원호 장로였다. 김재성 대사도 참석했으며, 쿠웨이트 한인연합교회의 선교부장 최낙성 집사도 참석하였다.

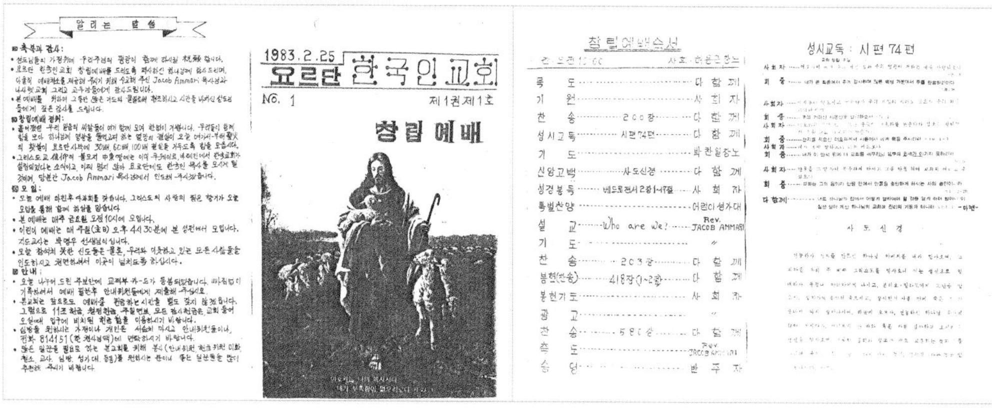

알리는 말씀

■ 축복과 감사:
• 성도님들의 가정위에 우리주님의 평강이 함께 하시길 축원합니다.
• 요르단 한국인교회 창립예배를 드리도록 역사하신 하나님께 감사드리며, 아울러 예배처소를 제공해 주시기 위해 수고해 주신 Jacob Ammari 목사님과 나사렛교회 그리고 교우분들에게 감사드립니다.
• 본 예배를 위하여 그동안 많은 기도와 물질로써 협조하시고 시간을 바치신 성도님들에게 깊은 감사를 드립니다.
■ 창립예배 경위:
• 흩어졌던 우리 믿음의 씨알들이 여기 함께 모여 한없이 기쁩니다. 우리들이 함께 힘을 모아 하나님께 영광을 돌리고자 하는 열망의 결실이 오늘 여기서부터 성화의 횃불이 요르단 사막에 30배, 60배, 100배 결실을 거두도록 힘을 모읍시다.
• 그리스도교 信仰의 불모지 中東땅에는 이미 쿠웨이트, 바레인에서 한국교회가 설립되었다는 소식이고, 이제 멀지 않아 요르단에도 한국인 목사를 모시게 될 것이며, 당분간 Jacob Ammari 목사님께서 인도해 주시겠습니다.
■ 모임:
• 오늘 예배 마친후 다과회를 갖습니다. 그리스도의 사랑의 짙은 향기가 오늘 모임을 통해 함께 하심을 믿습니다.
• 본 예배는 매주 금요일 오전 10시에 모입니다.
• 어린이 예배는 매 주일(主日) 오후 4시 30분에 본 성전에서 모입니다. 지도교사는 박영우 선생님이십니다.
• 오늘 참석치 못한 신도들은 물론, 우리와 이웃하고 있는 모든 사람들을 인도하시고 권면하셔서 이곳이 넘치도록 하십시다.
■ 안내:
• 오늘 나누어 드린 주보안에 교적부 카-드가 동봉되었습니다. 빠짐없이 기록하셔서 예배 필한후 안내위원들에게 제출해 주십시요.
• 본교회는 앞으로도 예배중 헌금하는 시간을 별도 갖지 않겠습니다. 그럼으로 11조 헌금, 월정헌금, 주일연보, 모든 감사헌금은 교회 들어오실때 입구에 비치된 헌금함을 이용하시기 바랍니다.
• 심방을 원하시는 가정이나 개인은 서슴치 마시고 안내위원들이나, 전화 814151(한 권사님댁)에 연락하시기 바랍니다.
• 많은 일꾼을 필요로 하는 본교회를 위해 봉사(안내위원, 헌금위원 미화, 청소, 교사, 심방, 성가대, 등등)를 원하시는 분이나 좋은 일꾼들을 많이 추천해 주시기 바랍니다.

1983. 2. 25
요르단 한국인교회
No. 1 제1권제1호

창립예배

창립예배순서

묵 도		다 함 께
기 원		사 회 자
찬 송	200장	다 함 께
성시교독	시편74편	다 함 께
기 도		박찬일장노
신앙고백	사도신경	다 함 께
성경봉독	베드로전서2장1~17절	사 회 자
특별찬양		어린이성가대
설 교	Who are We?	Rev. JACOB AMMARI
기 도		〃
찬 송	203장	다 함 께
봉헌(찬송)	418장(1~2절)	다 함 께
봉헌기도		사 회 자
광 고		〃
찬 송	580장	다 함 께
축 도		Rev. JACOB AMMARI
송 영		반 주 자

성시교독 : 시편 74편

사 도 신 경

요르단에 한인교회가 설립됨으로써 각 건설현장과 암만 도시에 흩어져 있던 신자들이 이제는 함께 예배드릴 수 있게 되었으며, 무엇보다 중동 땅에 교회가 세워지게 되었다. 〈주보〉에는 이러한 사실이 요르단 한국인교회의 **설립예배의 경위**로서 소개되었다.

> *흩어졌던 우리 믿음의 씨알들이 여기 **함께 모여** 한없이 기쁩니다. 우리들이 **함께 힘을 모아** 하나님께 영광을 돌리고자 하는 열망의 결실이 오늘 여기서부터 성화의 횃불이 요르단 사막에 30배, 60배, 100배의 결실을 거두도록 힘을 모읍시다.
>
> ***그리스도교 신앙의 불모지** 중동 땅에는 이미 **쿠웨이트**, **바레인**에서 한국교회가 설립되었다는 소식이고, 이제 멀지 않아 **요르단**에도 한국인 목사를 모시게 될 것이며, 당분간 Jacob Ammari 목사님께서 인도해 주시겠습니다.

③ 두 번째 예배와 운영위원회의 구성 (83.3.4)

1983년 3월4일, 요르단 한국인교회의 두 번째 예배가 드려졌다. 설교는 나사렛교회의 **야곱 암미라 목사**가 맡았다. 그는 제 2호 주보부터는 '**지도목사**'로 호칭되었다. 또한 요르단 한국인 교회의 **영문명**도 제 2호 주보부터는 'Jordan Korean Community Church'로 병기되었다. 이제는 더 이상 나사렛 교회의 한국회중(Korean Congregation)이 아니었기 때문이다.

장년부 성가대가 모집 중이어서, **어린이 성가대**가 매주 장년예배의 찬양을 섬겼다. 아동부 예배도 처음 시작하였다(지도교사 박영우).[230] 예배반주는 양재원 집사가 섬겼다.

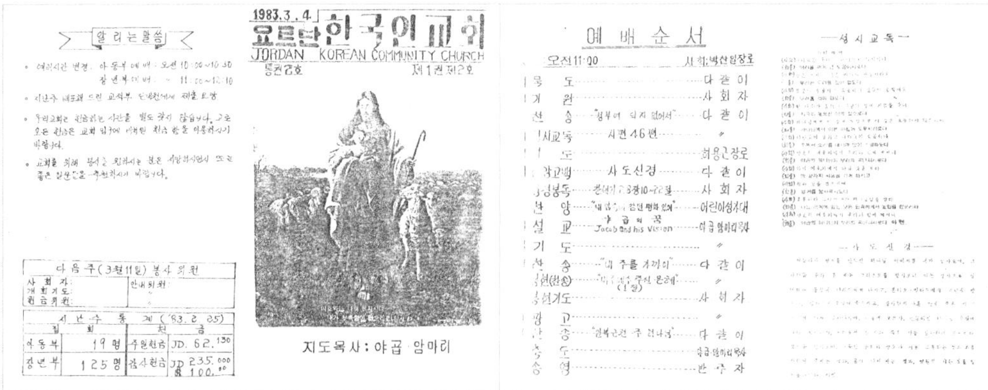

주일	사회	기도	설교	장년부출석	아동부출석
2월25일	허용근 장로	박찬일 장로	야곱 암미리 목사	125명	19명
3월04일	박찬일 장로	허용근 장로	야곱 암미리 목사	47명(남28, 여19)	20명(남12, 여8)
3월11일	박정규 집사	김원호 장로	리드(Reed) 목사	66명(남46, 여20)	34명(남19, 여15)
3월18일	김원호 장로	조용경 집사	훼스토 키벵가리 목사	85명	24명

*3월11일, Reed 목사 : 암마리 목사의 외국출장으로 설교를 맡았음
*3월18일, Festo Kivengare 목사 : 우간다에서 파송된 선교단장. 한 주간 요르단 방문 중에 설교를 맡았음

1983년 3월4일의 예배일지에 의하면, 이날 **운영위원회**가 구성되었다. 회장 김원호 장로(대사관 참사관), 서기 박정규 집사(공관대표성도), 재정담당 허용근 장로(해외무역관장), 정흥수 성도였다.231) 이 운영위원회는 요르단 한국인교회가 목회자도 없이 **처음 시작**이었는데도 매우 능숙하게 일을 진행했는데, 한국교회에서 김원호 장로와 허용근 장로의 당회원 경험이 크게 작용한 것 같다. 초대운영위원장 **김원호 장로**의 헌신적 섬김도 있었다. 그는 어린이 및 장년 성가대의 연습을 위해 매주 자신의 집을 내어주기도 했다.232)

---

230) 3월4일 주일의 예배시간은 장년부예배 오전 10시, 아동부예배 오후4시였다. 그런데 3월11일부터는 아동부예배 오전 10시, 장년부예배 오전 11시로 변경하였다.

231) 1983년 2월21일, <한국인교회 창립준비 회의>에서 본래 운영위원회의 구성은 3명의 장로(박찬일, 김원호, 허용근) 외에 각계 대표 7명(금호/전길수, 삼환/신영태, 쌍용/차형동, 태흥/이희주, 한보/신개승, 일반/심혁배, 공관/박정규)으로 하기로 했었다. 그런데 최종적으로는 이 중에서 3인과, <한국인교회 창립준비 회의>에 참석했던 11명 중 한 사람이었던 정흥수 성도가 운영위원으로 인선되었다.

232) 1983.3.18일자 주보의 광고3, "3월22일(화) 김원호 장로님 댁에서 어린이 및 장년 성가대 연습이 있습니다(시간은 오후 6시)"

운영위원들은 매주 **예배일지**를 작성했는데, 여기에는 당일의 예배 및 주일행사에 관해서 뿐만 아니라, 그날의 주요한 의사결정과 교회의 자세한 상황까지 꼼꼼히 기록되었다.

3월11일자 예배일지에는 그날 운영위원회의 결의사항이 기록되어 있다.

1) 아동부 예배일지 작성
2) 아동부 예배 헌금 별도기록
3) 아동부 출석부 준비
4) 헌금 장부 준비
(원장, 수입 및 지출대장, 개인별 대장)
5) 예배일지 100매
6) 주보철 비치
7) 감사헌금 봉투 준비
8) 예배참석 인원 조사 기록

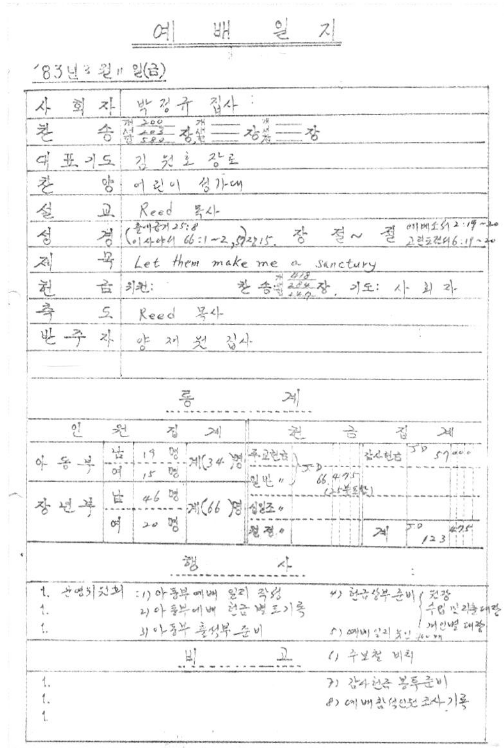

예 배 일 지

'83년 3월 11일(금)

사회자	박정규 집사
찬송	200, 403, 584 장
대표기도	김 ○호 장로
찬양	어린이 성가대
설교	Reed 목사
성경	(출애굽기 25:8, 이사야서 66:1~2, 57:15, 예배소서 2:19~20, 고린도전서 6:19~20)
제목	Let them make me a sanctury
헌금	위원: 찬송 204장, 기도: 사회자
축도	Reed 목사
반주자	양재○ 집사

통 계

인원 집계				헌금 집계			
아동부	남	19 명	계(34)명	주.교헌금 / 일반	JD 66.475 (25불포함)	감사헌금	JD 57.000
	여	15 명					
장년부	남	46 명	계(66)명	십일조			
	여	20 명		절정		계	JD 123.475

행 사

1. 운영위원회: 1) 아동부 예배 일지 작성
2) 아동부 예배 헌금 별도기록
3) 아동부 출석부 준비
4) 헌금장부 준비 (원장, 수입 및 지출대장, 개인별 대장)
5) 예배 일지 복사 100매
6) 주보철 비치
7) 감사헌금 봉투준비
8) 예배참석인원 조사 기록

비 고

위의 내용에 의하면, 요르단 한국인교회의 기록은 매우 상세히 잘 작성되었을텐데, 지금까지 그것이 보존되지 않았기에, 매우 안타깝다.

이제 요르단 한국인교회에는 **담임목사**만 없었다. 3월18일자 주보의 광고2는 "우리 교회 한국인 담임 목사님이 하루 속히 파송되도록 힘써 기도하십시다"였다. 그들은 담임목사가 파송받아 오기만을 간절하게 기다렸다.

그러나 그것은 결코 쉽지 않은 일이었다. **쿠웨이트 한인연합교회**와 서울의 **반포교회**는 요르단에 파송할 선교사를 인선하고, 그 파송을 준비하기 위해, 결코 쉽지 않은 수고를 감당하게 되었다.

(2) 요르단 선교사 파송의 실패

1) 반포교회 - 선교위원회 해외선교부

① 요르단 선교사 파송 결의 (1983.3.6)

1983년 3월6일, 반포교회는 전교회적으로 기도하던 중에 공동의회, 당회 및 제직회의 예산결의를 거쳐서, 요르단을 선교지역으로 결의하였다. 선교사 지원액은 매월 $1,200, 파송항공료 $ 4,500, 그리고 가족이주 시 정착금 보조 $ 3,000을 향후 2~3년 간 자립 시까지 지원하기로 하였다.[233]

반포교회도 파송선교사가 요르단 현지에서 선교활동을 할 때, **초교파적**으로, **연합교회의 형식**으로 감당하는 것에 대해 바람직하게 생각했다.[234] 그리하여 선교사의 인선 및 파송 과정은 앞으로 다음과 같이 진행하기로 했다.

① 반포교회 : 쿠웨이트 한인연합교회가 제안한 조건에 맞는 선교사 후보자의 인선

② 쿠웨이트 한인연합교회 : 반포교회가 인선한 선교사 후보자의 동의

③ 예장합동 총회 전도부 : 요르단 선교사 파송결의

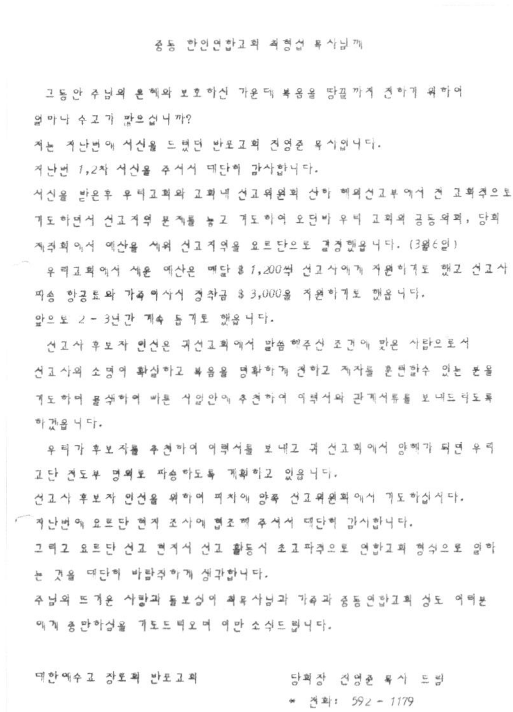
중동 한인연합교회 최형섭 목사님께

그동안 주님의 은혜와 보호하신 가운데 복음을 땅끝까지 전하기 위하여 얼마나 수고가 많으십니까?
저는 지난번에 서신을 드렸던 반포교회 진영준 목사입니다.
지난번 1,2차 서신을 주셔서 대단히 감사합니다.
서신을 받은후 우리교회와 교회내 선교위원회 산하 해외선교부에서 전 교회적으로 기도하면서 선교지역 문제를 놓고 기도하여 오던바 우리 교회의 공동의회, 당회 제직회에서 예산을 세워 선교지역을 요르단으로 결정했읍니다. (3월6일)
우리교회에서 세운 예산은 매달 $ 1,200씩 선교사에게 지원하기로 했고 선교사 파송 항공료와 가족이사시 정착금 $ 3,000을 지원하기로 했읍니다.
앞으로 2 - 3년간 계속 돕기로 했읍니다.
선교사 후보자 인선은 귀선교회에서 말씀해주신 조건에 맞은 사람으로서 선교사의 소명이 확실하고 복음을 명확하게 전하고 제자를 훈련할수 있는 분을 기도하며 물색하여 빠른 시일안에 추천하여 이력서와 관계서류를 보내드리도록 하겠읍니다.
우리가 후보자를 추천하여 이력서를 보내고 귀 선교회에서 양해가 되면 우리 교단 전도부 명의로 파송하도록 계획하고 있읍니다.
선교사 후보자 인선을 위하여 피차에 양쪽 선교위원회에서 기도하십시다.
지난번에 요르단 현지 조사에 협조해 주셔서 대단히 감사합니다.
그리고 요르단 선교 현지서 선교 활동시 초교파적으로 연합교회 형식으로 일하는 것을 대단히 바람직하게 생각합니다.
주님의 뜨거운 사랑과 돌보심이 최목사님과 가족과 중동연합교회 성도 여러분에게 충만하심을 기도드리오며 이만 소식드립니다.

대한예수교 장로회 반포교회 당회장 진영준 목사 드림
* 전화: 592 - 1179

1983.3.6. 진영준 목사의 편지[235]

---

233) 쿠웨이트한인연합교회, 「중동선교소식 - 쿠웨이트편」(서울 : 중동선교본부, 1985), p.15
234) 1983.3.6, 반포교회 진영준 목사가 쿠웨이트의 최형섭 목사에게 보낸 편지
235) 진영준 목사는 반포교회의 부목사로 부임하여 안식년 기간에 미국 풀러신학교로 유학을 간 담임목사를 대신하여 임시 당회장직을 맡고 있었다.

② 요르단 선교사 후보생 초빙 공고 (1983.3.19)

1983년 3월19일, 반포교회는 〈기독공보〉에 **요르단 선교사 후보생 초빙공고**를 하였다.

1. 선교대상지 : 요르단(한인연합교회와 현지민 전도)
2. 인원 : 1인(한 가정)
3. 자격 : ① 일반대학 졸업 후 장신대 졸업한 분
   ② 현지 목사, 또는 선교사로
   목사안수받을 수 있는 분
   ③ 영어에 능통한 분
   ④ 자녀가 있을 경우, 취학 전 아동일 것
   ⑤ 선교사의 소명감이 투철할 것
   ⑥ 전도와 제자화 훈련을 받은 분
   ⑦ 연령 : 30세 전후
4. 선교비 지원 : 선교사 파송비용과 월 1,200달러

1983年 3月19日 土曜日 〈週刊〉

요르단 선교사 후보자 초빙

땅 끝까지 복음을 전할 주의 일꾼을 아래와 같이 초빙합니다.

1. 선교대상지 : 요르단(한인 연합교회와 현지민 전도)
2. 인 원 : 1인(한가정)
3. 자 격 : ①일반대학졸업후 장신대 졸업한분
②현지 목사 또는 선교사로 목사안수 받을수 있는 분
③영어에 능통한 분
④자녀가 있을경우 취학전 아동일것
⑤선교사의 소명감에 투철할것
⑥전도와 제자화 훈련을 받은분
⑦연령 : 30세 전후
4. 선교비지원 : 선교사 파송 비용과 월 1,200달러 정도
5. 제출기일 : 1983년 3월31일
6. 면 담 : 지원서 접수후 개별통지후 면담
7. 제출서류 : 이력서 …… 1통
주민등록등본 …… 1통
자기소개서(소명감증심) …… 1통
※제출서류 반환치 않음
8. 연 락 처 : 서울 강남구 반포본동 891
반포장로교회 ☎599-1449 (교)
592-1179 (목)

대한예수교 장로회 반포교회 당회장

韓國基督公報

한국기독공보사

2) 요르단 한국인 교회 – 선교사 인선의 위임

1983년 3월23일, 요르단 한국인 교회의 운영위원장 **김원호 장로**는, 쿠웨이트의 최형섭 목사에게 편지를 보내어, 요르단 파송 선교사는 복음사명을 위해 큰 고난을 각오하지 않으면 가능하지 않음을 알리었다.

> 최형섭 목사님께!
> 그 동안도 하나님의 은총 속에서 무고하시다는 소식을 전해 들었으며, 저희 요르단 교회를 위해서 **현재 목사님을 물색 중**이라는 소식까지 전해 주시오니 정말 기뻤습니다.
>
> 지금까지 지희 **교회에 관한 자료**를 보내드리오니, 참고하여 주시고, 목사님은 **초교파직으로 헌신하실 분**이 오셨으면 합니다. **재정적으로 자립하기**에는 좁은 바닥임으로 오시는 목사님께는 많은 어려움과 고난이 있을 뿐이라는 점을 감안하시어 주님을 위해서 **희생할 각오가 되어 있는 분**이 아니면, 이곳에서 목회가 어렵다는 점을 특별히 서울에 전달하여 주시기 바랍니다.

그리고 서울 반포 어느 교회인지를 알려주시면, **이곳 교인들의 공통된 의사**를 전해서 **반영하도록** 했으면 합니다. 쿠웨이트나 바레인처럼, 근로자들이 많은 지역에서는 목회가 쉬울지도 모르나, 이곳은 각 현장마다 멀리 떨어져 있어서 주일 교회예배 시에 교회에 참석할 수 없는 상태입니다.

교회편의는 마련되어야 하며, **주택문제**도 해결되어야 해서, 재정적인 부담이 크기 때문에 걱정이 됩니다. 오시는 **목사님의 입국문제**는 파송계획이 구체화될 때, 주재국 정부와 접촉하여 **목사님 신분**으로 오실 수 있도록 노력하겠습니다.

1983.3.23. 요르단 김원호 드림

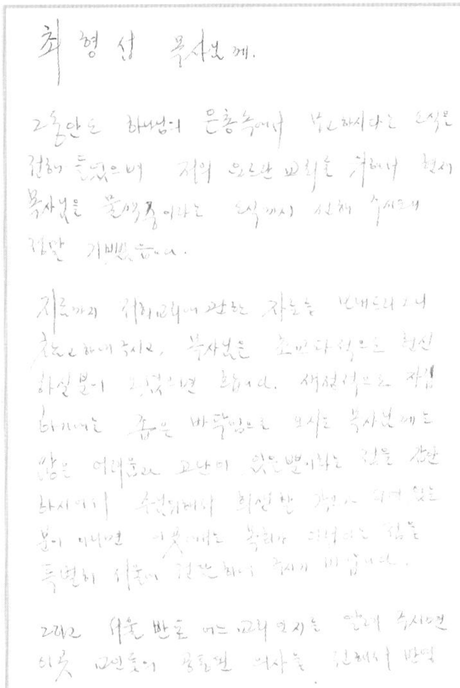

최형섭 목사님께.

1983년 3월30일, 선교사의 인선과 파송을 맡은 **반포교회**는 요르단 선교사 파송지원에 관한 결의 내용을 **요르단 한국인 교회**로 보내었다.

① 월 선교비 지원액 : $1,200
② 파송항공료 $4,500
③ 가족 이주시 정착금 보조 $3,000
④ 선교지원 1차 약속기간 : 향후 2~3년
- 계속 지원은 3년 후 다시 약속

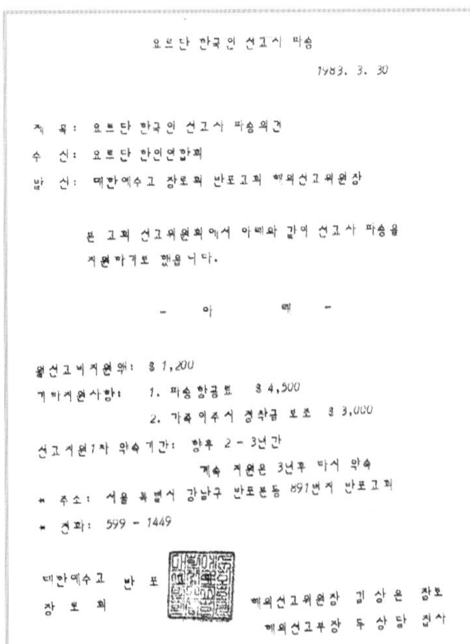

요르단 한국인 선교사 파송

1983. 3. 30

제 목: 요르단 한국인 선교사 파송의건
수 신: 요르단 한인연합회
발 신: 대한예수교 장로회 반포교회 해외선교위원장

본 교회 선교위원회에서 아래와 같이 선교사 파송을 지원하기로 했읍니다.

- 아 래 -

월선교비지원액: $ 1,200
기타지원사항: 1. 파송항공료 $ 4,500
2. 가족이주시 정착금 보조 $ 3,000
선교지원1차 약속기간: 향후 2 - 3년간
계속 지원은 3년후 다시 약속
* 주소: 서울 특별시 강남구 반포본동 891번지 반포교회
* 전화: 599 - 1449

대한예수교 장로회 반포
해외선교위원장 김상은 장로
해외선교부장 두상달 집사

반포교회는 이와 동일한 내용의 공문을 같은 날에 **쿠웨이트 한인연합교회**에도 보내었다.

3) 이성우 목사의 파송 선교사 확정

1983년 4월5일(화), **반포교회**의 요르단 선교사 후보생 초빙공고에 지원한 **이성우 목사**가 선교사 후보자로 내정되었다. 그후 매우 빠르게 4월8일(금), **예장통합총회 전도부**는 이성우 목사를 선교사로 인준하였다.[236] 반포교회가 그 동안 선교사 내정을 위해 진행했던 과정은 옆 사진의 공문내용과 같았다.

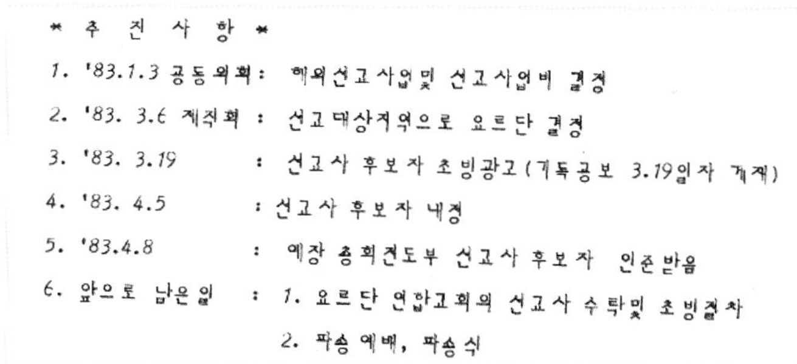
* 추 진 사 항 *
1. '83.1.3 공동의회 : 해외선교사업및 선교사업비 결정
2. '83. 3.6 제직회 : 선교대상지역으로 요르단 결정
3. '83. 3.19 : 선교사 후보자 초빙광고 (기독공보 3.19일자 게재)
4. '83. 4.5 : 선교사 후보자 내정
5. '83.4.8 : 예장 총회전도부 선교사 후보자 인준받음
6. 앞으로 남은일 : 1. 요르단 연합교회의 선교사 수락및 초빙절차
2. 파송 예배, 파송식

1983.4.7. 반포교회가 쿠웨이트한인연합교회에 보낸 공문

이와같이 이성우 목사가 선교사 후보자로 내정되자, 1983년 4월 19~23일, 쿠웨이트의 최형섭 목사는 선교사 파송에 관한 구체적인 업무를 논의하기 위하여 **요르단 한국인 교회**를 방문하였다(제 3차 요르단 방문). [237]이 때 두 가지 사항이 협의되었다 : ① 요르단 한국인 교회가 **이성우 목사를 수락**했으며, 입국에 필요한 제반업무를 요르단 한국인 교회에서 수행하기로 결정하다. ② 요르단 부임 전에, 쿠웨이트에서 2주간 체류하여 **중동선교를 위한 오리엔테이션** 및 **현지적응 훈련**을 이수하기로 결정하다.[238]

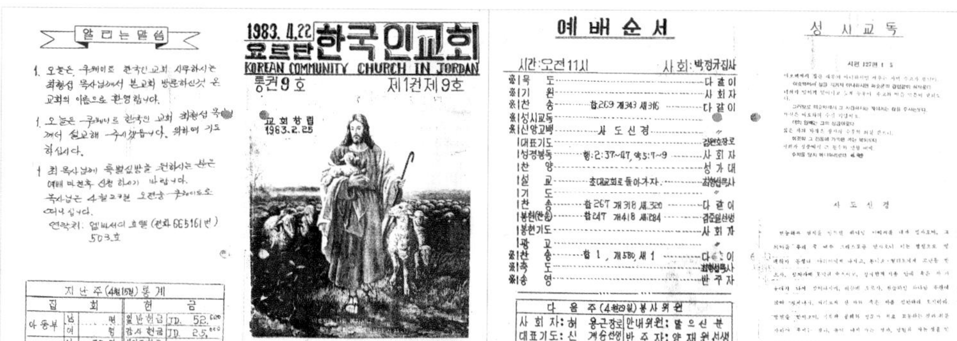
알리는 말씀
1. 오늘은 쿠웨이트 한국인교회 시무하시는 최형섭 목사님께서 본교회 방문하신것 온 교회의 이름으로 환영합니다.
1. 오늘은 쿠웨이트 한국인 교회 최형섭 목사께서 설교해 주시겠읍니다. 위하여 기도 하십시다.
1. 최 목사님께 특별심방을 원하시는 분은 예배 마친후 신청 하시기 바랍니다.
목사님은 4월23일 오전중 쿠웨이트로 떠나십니다.
연락처: 엠바서더 호텔 (전화 665161번) 503호

지난 주(4월15일) 통계				
집 회			헌 금	
아동부	남	명	일반헌금	JD. 52.620
	여	명	감사헌금	JD. 25.000
장년부	남	52 명	십일조헌금	JD. —
	여	19 명	생일감사헌금	JD. —

1983. 4.22
요르단 한국인교회
KOREAN COMMUNITY CHURCH IN JORDAN
통권9호 제1권제9호
교회창립 1963.2.25
지도목사 : 야곱·암마리

예 배 순 서
시간:오전11시 사회:박정규집사
※|묵 도 ---- 다 같이
※|기 원 ---- 사 회 자
※|찬 송 ---- 합269 개343 새316 ---- 다 같이
※|성시교독 ---- 〃
※|신앙고백 ---- 사 도 신 경 ---- 〃
|대표기도 ---- 김원호장로
|성경봉독 ---- 행:2:37~47, 약5:7~9 ---- 사 회 자
|찬 양 ---- 성 가 대
|설 교 ---- 초대교회로 돌아가자. ---- 최형섭목사
|기 도 ---- 〃
|찬 송 ---- 합267 개318 새320 ---- 다 같이
|봉헌(찬송) ---- 합247 개418 새284 ---- 김준일선생
|봉헌기도 ---- 사 회 자
|광 고 ---- 〃
※|찬 송 ---- 합 1, 개580, 새 1 ---- 다 같이
※|축 도 ---- 최형섭목사
※|송 영 ---- 반 주 자

다 음 주(4월29일)봉사위원	
사 회 자: 허 용근장로	안내위원: 딸 으신 분
대표기도: 신 계승선생	반 주 자: 양 재 원선생
헌금위원: 조 용경선생	제단장식: 박정규 집사가정

성 시 교 독
시편 127편 1-5
사 도 신 경

\- 1983년 4월22일(금) 주보, 최형섭 목사 설교 -

---

236) 1983.4.7일자, 반포교회가 쿠웨이트에 보낸 공문 (제목 : 요르단 한국인 선교사 파송의견).
237) <쿠웨이트한인연합교회 예배일지>, 1983.4.22, "본교회 당회장 최형섭 목사님께서 요르단에 세운 연합교회 120여명 성도의 예배를 인도하기 위해 출국하신 관계로 금일예배 김위생 장로님 인도하심"
238) 쿠웨이트한인연합교회, 「중동선교소식 - 쿠웨이트편」(서울 : 중동선교본부, 1985), p.16

요르단 한국인교회가 이성우 목사를 수락하자, 1983년 5월1일, 반포교회는 이성우 목사를 **요르단 파송 선교사**로 **확정**하였다. 반포교회는 선교사 초빙공고에서 '취학 전 자녀'를 원했으나, 이성우 목사에게는 두 명의 자녀가 있었다. 그러나 반포교회의 모 장로의 주선으로 이성우 목사의 자녀 교육비도 해결되었다.[239]

4) 좌절된 파송의 길

① 불가능해진 요르단 입국(7.26)

1983년 5월7일, 이성우 목사의 비자 발급을 **요르단 종교성**에 문의하였다.[240] 요르단의 김원호 장로에 의하면, 이성우 목사의 초청관련 사무는 **나사렛 교회** 암마르 목사를 통해서 진행하였다. **종교성**에서는 한국인 목사의 초빙에 이의가 없었다. 5월19일에는 **노동성**에서 검토되고 있어서 21일까지는 초청 관련된 일이 다 완료될 것으로 예상했다.[241] 5월25일까지만 하더라도 '앞으로 1주일 안에 초청통보가 있으리라'고 낙관하고 있었다.[242] 그러나 현실은 그렇지 않았다.

5월28일, 노동성의 당국관계자들이 이성우 목사의 건으로 협의를 하였고, 노동성 장관이 결제하도록 올렸다. 그런데 장관이 5월30일부터 한달 동안 해외출장을 떠날 계획이었다. 그리하여 김원호 장로는 노동성 관계자에게 사람을 보내어, 장관의 출장 전에 결제가 이루어질 수 있도록 특별요청을 하였고, 5월29일에 결제가 되기를 원하였다.[243] 그런데 **노동성 장관**은 결제하지 않고, 해외출장을 떠나 버렸다.[244] 결국 노동성의 허락을 위해 한달이나 시간이 지연되었다.

정식목사의 자격으로 초청하려 하니 정부의 허가가 지연되었다. 그리하여 박찬일 장로(한보건설사장)가 **한보건설 회사사원**의 신분으로 초청하는 제 2의 초청방안도 병행하여 모색하였다.[245]

---

239) 1983년 5월8일, 국제전화통화 기록 (발신자 : 최형섭 목사, 수신자 : 요르단 허용근 장로)
240) 1983년 5월8일, 국제전화통화 기록 (발신자 : 최형섭 목사, 수신자 : 요르단 허용근 장로)
241) 1983년 5월19일, 국제전화통화 기록 (발신자 : 최형섭 목사, 수신자 :요르단 김원호 장로)
242) 1983년 5월25일, 국제전화통화 기록 (발신자 : 최형섭 목사, 수신자 : 반포교회 진영준 목사)
243) 1983년 5월28일, 국제전화통화 기록 (발신자 : 최형섭 목사, 수신자 : 요르단 김원호 장로)
244) 1983년 5월30일, 국제전화통화 기록 (발신자 : 최형섭 목사, 수신자 : 요르단 김원호 장로)
245) 1983년 5월30일, 국제전화통화 기록 (발신자 : 최형섭 목사, 수신자 : 요르단 김원호 장로))

6월3일, 이성우 목사가 **한인교회의 목사자격**으로 입국할 수 있도록, 교회명의로 **초청장**을 공관의 확인을 받아, 반포교회에 보내었다. 한편 이성우 목사의 **요르단 비자**는, 서울 주제 요르단 대사관의 명예영사인 최원섭 씨를 통해 발급받을 수 있도록 조치를 취했다. 이 때 요르단의 온 교우는 이성우 목사의 빠른 입국을 위해 기도하였다.[246] 6월13일, 초청장을 받은 이성우 목사는 **여권**을 신청하였다. 여권의 발급까지는 15일이 소요될 것으로 예상되었다.[247]

그러나 매우 큰 일이 닥쳤다. 요르단 교회가 한국인 목사를 **정식 선교사**로 입국시키기 위해 나사렛교회 암마리 목사를 통해 제출한 서류가, **외무성**과 **노동성**과 **종교성**에서는 허락되었으나, **내무성 장관**에 의해 거절당한 것이었다. 7월26일, 내무성 장관은 이성우 목사의 **입국비자의 발급**을 불허했을 뿐만 아니라, 그의 인적 사항을 각 출입국 관리소에 보내어 그의 **요르단 입국**을 불가능하게 하였다. 이 때 이미 요르단 교회는 이성우 목사의 주택마련을 위한 특별헌금을 하여, 그 목표를 거의 이룬 상황이었다.[248]

② 너무나 큰 충격, 긴급 대책회의

쿠웨이트 한인연합교회의 긴급 임시회의

1983년 7월26일, 요르단 김원호 장로는 요르단 내무성 장관에 의해 이성우 목사의 입국이 거절된 사실을 쿠웨이트에 통보하였다. 큰 충격을 받은 **쿠웨이트 한인연합교회**는 대책마련을 위하여 **임시회의**를 긴급 소집하였다(최형섭 목사, 최낙성, 윤대훈 집사).[249]

반포교회가 지금까지 이성우 목사의 파송을 위해 기도하며 노력해 왔던 것을 미루어 볼 때, 받을 충격은 매우 클 것이었다. **쿠웨이트 한인연합교회**도 집회시마다 성도들이 이성우 목사와 요르단 교회를 위해 기도하여 왔기에, 큰 충격은 불가피했다.[250] **선교의 열기**가 꺾이고, **교회의 침체**로도 이어질 수 있는 위기였다. 그리하여 더욱 신속하고도 정확한 대책마련이 요구되었다. 이에 쿠웨이

---

246) 1983년 6월8일, 국제전화통화 기록 (발신자 : 최형섭 목사, 수신자 : 요르단 김원호 장로)
247) 1983년 5월25일, 국제전화통화 기록 (발신자 : 최형섭 목사, 수신자 : 반포교회 진영준 목사)
248) 1983년 7월26일, 국제전화통화 기록 (발신자 : 최형섭 목사, 수신자 :요르단 김원호 장로)
249) 1983년 7월26일, 이성우 목사 요르단 입국거절에 대한 중선 임시회의, p.1
250). 1983년 7월26일, 이성우 목사 요르단 입국거절에 대한 중선 임시회의, p.2

트 한인연합교회는 7월 28~30일에 요르단을 신속히 방문하여, **요르단에서의 문제점**이 무엇인지를 파악하고, 그 대책을 협의하게 되었다.

* 요르단으로 가서, 이성우 목사의 입국가능성 여부를 재확인하여,
  만일 가능하면 입국을 시도할 것이나,
  불가할 경우, 하나님의 뜻으로 알고, 사후 대책을 마련한다.
* 반포교회의 진영준 목사에게 연락하여,
  요르단 상황을 정확하게 파악하여 대책마련을 하기까지 기다려 줄 것을 요청한다.
* 필요하다면, 서울을 방문하여,
  반포교회가 이성우 목사를 대신하여 다른 선교사를 파송할 것인지,
  또는 다른 선교지역으로 이성우 목사를 파송할 것인지를 논의해야 한다.
* 반포교회의 선교방향이 인물중심인지, 선교지역 중심인지를 파악하는 것이 필요하다.

이러한 결의를 한 후에, 27일 요르단 비자를 신청하여, 28일 요르단으로 급히 출발하였다.

쿠웨이트 한인연합교회 – 제 4차 요르단 방문 (83.7.28~30)

1983년 7월28일(목) 오후 8:30~11시까지 요르단 허용근 장로의 집에서, 쿠웨이트의 최형섭 목사가 요르단의 김원호, 허용근 장로 및 박정규 집사를 만나서, 1차 대책회의를 먼저 가졌다. 이날은 그 동안의 경과보고 및 내일 회의에 대한 준비를 하였다.[251]

1983년 7월29일, 그날은 맥추감사절이었다. 최형섭 목사는 '전천후의 신앙'(행 20:17~35)이란 제목으로 설교를 하였다. 이성우 목사 입국불허의 소식은 광고를 통해 교우들에게 전하였다.

> "그 동안 꾸준히 기도하며 힘써 온 이성우 목사님의 본 교회 부임문제가 **주재국 정부 당국의 입국불허**로 좌절되었습니다. 최 목사님과 **사후대책을 협의**한 후, 추후 구체적인 광고를 드리겠으며, 이를 위해 교우님들의 끊임없으신 기도를 당부합니다. 목사님을 모시기 위한 헌금은 당초 계획대로 계속 추진하겠사오니, 교우님들의 협조를 바랍니다."

251) 1983년 7월28~30일, 요르단 선교여행 리포트 (쿠웨이트 한인연합교회 땅끝복음 중동선교회)

알리는 말씀

1. 오늘 쿠웨이트 한인교회 시무하시는 최형섭 목사님께서 우리교회를 방문하신것 교회여름 환영합니다
1. 오늘은 최 목사님께서 말씀 증언해 주시겠습니다
1. 오늘은 맥추감사주일로 지킵니다. 하나님께 감사하는 생활이 우리 신앙생활의 표준이 되십시요
1. 그동안 꾸준히 기도하며 힘쓴 이성우 목사님의 본교회 부임문제가 주재국 정부당국의 입국불허로 좌절되었습니다 최목사님과 사후대책을 협의한후, 추후 구체적인 광고를 드리겠으며, 이를 위해 교우님들의 끊임 없으신 기도를 당부합니다.
1. 목사님 모시기 위한 헌금은 당초 계획대로 계속 추진하겠아오니 교우님들의 협조를 바랍니다.

지난주(7월15일) 통계				
집회			헌금	
아동부	남	5 명	일반헌금	JD. 46.250
	여	15 명	십일조헌금	JD. 180.000
장년부	남	52 명	감사헌금	JD. 5.000
	여	17 명	특별헌금 (대목헌금포함)	JD. 1122.000

1983.7.29
요르단 한국인교회
KOREAN COMMUNITY CHURCH IN JORDAN
통권23호
제1권제23호
교회창립 1983.2.25
지도목사 : 야곱 · 암마리

예배순서

시간:오전10시 사회:조용경집사

묵 도		다같이
기 원		사회자
찬 송	(합)310 (개)501 (새)324	다같이
성시교독		〃
신앙고백	사도신경	〃
대표기도		허용근장로
성경봉독	사도행전 20:17~35	사회자
찬 양		성가대
설 교	전천후의 신앙	최형섭목사
기 도		〃
찬 송	(합)267 (개)318 (새)320	다같이
봉헌(찬송)	(합)247 (개)418 (새)284	심혁배선생
봉헌기도		사회자
광 고		〃
찬 송	(합)1 (개)580 (새)1	다같이
축 도		최형섭목사
송 영		반주자

다음주(8월5일)봉사위원	
사회자 : 김원호장로	반주자 : 양재원선생
대표기도 : 박정규집사	안내위원 : 받으신분
헌금위원 : 이희주선생	제단장식 : 〃

성시교독

7, 8월중 예배위원 명단

일자	사회	대표기도	헌금위원
7월 22일	박정규	김원호	신영래
29일	조용경	허용근	심혁배
8월 5일	김원호	박정규	이희주
12일	허용근	김원호	김순일
19일	박정규	허용근	신제승
26일	조용경	김원호	심혁배

- 1983년 7월29일(금) 주보, 최형섭 목사 설교 -

예배 후 회의를 통해, **요르단 교회의 입장**을 다음과 같이 정리하고, 대책을 결의하였다.[252]

* 쿠웨이트 교회와 반포교회, 특히 이성우 목사님께 죄송스러운 마음이다.
* 쿠웨이트 중동선교회의 의견대로,
  이성우 목사의 재입국시도는 현재로서는 불가능하다고 사료된다.
  그 이유는 내무성 장관이 지접 입국 불가결정을 내렸고, 이성우 목사의 입국을
  의도적으로 저지하기 위해 그의 이름을 모든 출입국 관리소에 하달하였기 때문이다.
  설령 편법으로 입국한다 해도, 추방되는 것이 자명한 이상,
  하나님께서 결정해 주신 것으로 믿고 **새로운 시도**를 **하지 않기로 하다**.
* 그 동안 해결할 수 있는 기회가 몇 번 있었다(내무성 확인/차관 면담)

대책

1. 서울 반포교회의 선교회에 공식적인 서신을 보내기로 하다.
2. 이성우 목사를 중동선교회의 안내를 따라
   요르단 지원 선교비를 이성우 목사 파송처에 지원하여,
   이성우 목사에게 선교적 지원을 계속해 줄 것을 요망하다.
3. 요르단 교회는 **처음부터 다시 시작**하는 것으로 알고, 기도하며 준비한다.
4. 선교비 지원이 없어도, 선교를 위한 투철한 사명이 있는 목사님이라면,
   중동선교회의 추천을 따라 초빙하기로 하다.

252) 1983년 7월28~30일, 요르단 선교여행 리포트 (쿠웨이트 한인연합교회 땅끝복음 중동선교회)

1983년 7월30일, 요르단 한국인교회는 29일의 **운영위원회**(위원장 김원호 장로)가 결의한 바를 반포교회에 공문으로 알리었다

1. 당지 요르단 한국인 교회 운영위원회는 1983년 7월29일 회의를 개최하고, 본 교회 담임목사 초빙문제를 협의한 후, 아래와 같이 결의하였음을 알려드립니다.

"즉, 본 교회는 앞으로 담임목사님을 본국으로부터 초빙하되, **본 교회의 재정 뒷받침으로만 추진**하기로 결의하였으며, 동 담임목사님을 인선하는 문제는 쿠웨이트 한인연합교회 당회장 **최형섭 목사님에게 일임할 것**을 동시에 결의하였음"

2. 또한 본 위원회는, 앞으로도 담임목사님 초빙은 공식 절차를 통할 수 없다는 것이 분명해졌으므로, **당지 진출한 건설업체 직원**으로 **입국하는 방법**으로 목사님을 모시기로 결의했습니다.

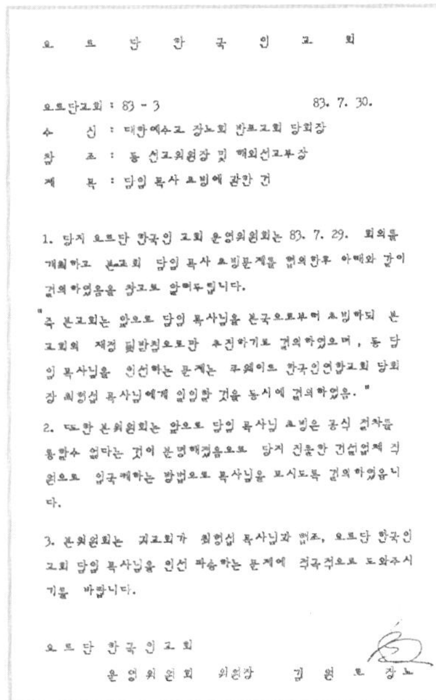
요 르 단 한 국 인 교 회

요르단교회 : 83 - 3 83. 7. 30.
수 신 : 대한예수교 장로회 반포교회 당회장
참 조 : 동 선교위원장 및 해외선교부장
제 목 : 담임 목사 초빙에 관한 건

1. 당지 요르단 한국인 교회 운영위원회는 83. 7. 29. 회의를 개최하고 본교회 담임 목사 초빙문제를 협의한후 아래와 같이 결의하였음을 참고로 알려드립니다.
"즉 본교회는 앞으로 담임 목사님을 본국으로부터 초빙하되 본 교회의 재정 뒷받침으로만 추진하기로 결의하였으며, 동 담임 목사님을 인선하는 문제는 쿠웨이트 한국인연합교회 당회장 최형섭 목사님에게 일임할 것을 동시에 결의하였음."

2. 또한 본위원회는 앞으로 담임 목사님 초빙은 공식 절차를 통할수 없다는 것이 분명해졌음으로 당지 진출한 건설업체 직원으로 입국케하는 방법으로 목사님을 모시도록 결의하였읍니다.

3. 본위원회는 귀교회가 최형섭 목사님과 협조, 요르단 한국인 교회 담임 목사님을 인선 파송하는 문제에 적극적으로 도와주시기를 바랍니다.

요르단 한국인교회
운영위원회 위원장 김 원 호 장로

요르단 한국인 교회는 위와 동일한 내용을 **쿠웨이트 한인연합교회**에도 같은날 발송하였다.

1. 요르단 한국인교회 운영위원회는 83.7.29 만장일치로 아래와 같이 결의하였습니다.

"요르단 한국인교회 담임목사를 초빙하기로 하되, **외부의 재정지원 없이** 독자적으로 **본 교회의 재정 지원만**으로 목사님을 모시기로 한다."

2. **담임목사님의 인선문제**를 쿠웨이트 한인연합교회 당회장 **최형섭 목사님에게 일임**한다.

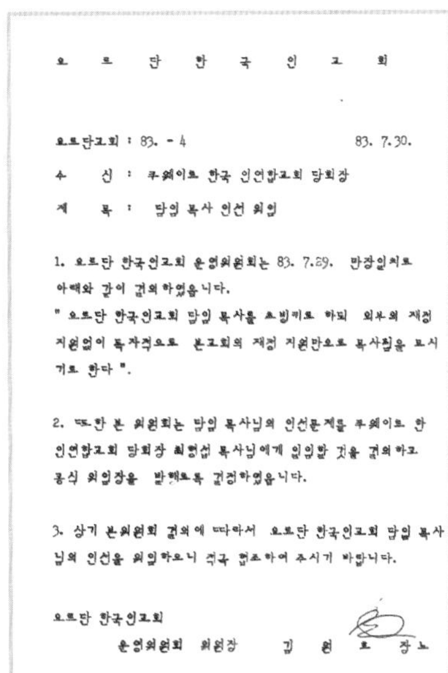
요 르 단 한 국 인 교 회

요르단교회 : 83. - 4 83. 7.30.
수 신 : 쿠웨이트 한국 인연합교회 당회장
제 목 : 담임 목사 인선 위임

1. 요르단 한국인교회 운영위원회는 83. 7.29. 만장일치로 아래와 같이 결의하였읍니다.
" 요르단 한국인교회 담임 목사를 초빙키로 하되 외부의 재정 지원없이 독자적으로 본교회의 재정 지원만으로 목사님을 모시기로 한다 ".

2. 또한 본 위원회는 담임 목사님의 인선문제를 쿠웨이트 한인연합교회 당회장 최형섭 목사님에게 일임할 것을 결의하고 공식 위임장을 발행토록 결정하였읍니다.

3. 상기 본위원회 결의에 따라서 요르단 한국인교회 담임 목사님의 인선을 위임하오니 적극 협조하여 주시기 바랍니다.

요르단 한국인교회
운영위원회 위원장 김 원 호 장로

본래 요르단 파송선교사는 반포교회의 후원을 받기로 했었다. 그러나 7월29일 운영위원회에서는 놀랍게도 외부의 재정지원없이, **독자적**으로 **교회재정**으로 담임목사를 모시기로 결의하였다. 그 동안 그 만큼 요르단 한국인 교회가 성장하고 있었다. 그 당시 **요르단 교회의 현황**은 다음과 같이 보고되었다.

* 세 분의 장로님과 한 분의 권사님,
  열심있는 집사님들과 100여명의 성도들이 한마음을 충성하여 **뜨거운 신앙으로 단합**되어 있음.
* 현재 잔여재정 3,000JD 정도
* 목사초빙 시 사택구입특별헌금으로 1,200JD 모금
* 현 교회에 딸린 방 1칸,
  부엌과 화장실이 구비된 주택을 나사렛 교회 측에서부터 사용허가를 받았음
  (목사, 사모 1자녀 사용 가능)
* 목사 생활비 및 목회비 정도를 꾸려갈 정도로 **교회가 부흥**되었음
* 목사님 차량구입은 어려움이 없을 것으로 사료됨

1883년 7월29일(금), 이날 **운영위원회**는 다음과 같이 조직되었다. 교회가 상당히 성장했다.

운영위원장 : 김원호 장로, 서기/조용경(쌍용), 심혁배(아리아)

운영위원회 임원 : 장로3인, 부장

1. 예배부 : 허용근 장로, (차장) 김태환(쌍용), 신계승(한보)
2. 전도부 : 한종학 권사, (차장) 김영이(코페코 박사장 부인), 한보 이종익 이사 부인
3. 교육부 : 허용근 장로, (차장) 이희주(태흥 지사장)
4. 봉사부 : 김순기(김원호 장로부인),
   (차장) 백숙자(태흥 이사장 부인), 박순자(정 건설관 부인)
5. 재정부 : 박찬일 장로, *재정서기/정흥수(건설관), *재정회계/문장수(KAL)
6. 총무부 : 박정규 집사(노무관), (차장) 이용설(효성)

*성가대장 : 삼환 김대리
*유년부장 : 양재원 (삼환), 중등부장 : 박영우 (박용근 장로 아들)

③ 이성우 목사의 입국을 위한 마지막 시도들

반포교회는 요르단 정부가 이성우 목사의 입국 불허를 최종 결정한 사실을 알았음에도 불구하고, 8월14일 이성우 목사의 **선교사 파송 예배**를 진행하였다.[253)]

1983년 8월23일, 반포교회는 '8월14일 파송예배를 드렸으며 이성우 목사를 요르단으로 파송할 것'이라는 공문을 요르단에 보내었다(발신인 : 진영준 목사). 이 공문을 받은 요르단의 김원호 장로는 놀라지 않을 수 없었다. 그는 반포교회가 아직 요르단의 상황을 모르고서, 선교사 파송을 시도하는 것인가를 염려하였고, 결국 이 상황의 해결을 위해 **쿠웨이트의 윤대훈 집사**가 급히 서울을 방문하게 되었다(1983.8.28. 쿠웨이트 한인연합교회 제 2차 서울반포교회 방문).

한편 쿠웨이트 한인연합교회는, 이미 앞서 8월 15~17일에 선교위원 **윤대훈 집사**를 요르단으로 파송하여 이성우 목사의 입국불허 결정을 취소시키기 위해 **요르단의 고위층**과 만나게 했었다.[254)] 윤대훈 집사는 다음과 같이 보고하였다.

1. 현재 카심(전직 장군)을 통해 이성우 목사의 '입국거절'을 취소하도록 시도하고 있음
2. 카심은 1983.8.20 요르단 국왕 훗세인의 경호실 국장급을 만나
   이 일을 요르단 CIA를 통해 해결해 보기로 약속하였음
3. 이성우 목사의 신분을 카심에게 확실히 밝혀 두어, 후일 오해가 없도록 하였음
4. 이를 위한 선물대를 100JD를 지불하였고, 후일 400~500JD 정도가 더 필요할 것으로 사료됨
5. 이성우 목사의 요르단 입국이 해결되면,
   요르단 교회는 기쁨으로 이성우 목사를 맞이하게 될 것임.

이와같이 **현실적으로 불가능한 것**으로 확정되었음에도, 요르단과 쿠웨이트와 한국에서도 끝까지 극적인 해결의 길을 도모하였다. 그러나 해결의 길은 전혀 보이지 않았으므로, 8월28일, **윤대훈 집사**는 반포교회를 방문하여, **최형섭 목사의 서신**을 전달하고, 이성우 목사의 입국절차 상황을 설명하며, 요르단 당국의 입국불허 결정을 취소하기 위해 노력하고 있음도 알렸다.[255)]

---

253) 쿠웨이트한인연합교회, 「중동선교소식 - 쿠웨이트편」(서울 : 중동선교본부, 1985), p.17
254) 1983년 8월25일자, 쿠웨이트 최형섭 목사가 반포교회에 보낸 편지
255) 쿠웨이트한인연합교회, 「중동선교소식 - 쿠웨이트편」(서울 : 중동선교본부, 1985), p.17

당시 상황의 세밀한 장면들을 전달하기 위해, **최형섭 목사의 서신 전문**의 거의 옮긴다.

반포교회 해외선교회 위원회 귀중

주님의 은혜와 사랑이 교회와 선교회 위에 늘 함께 하시길 기도합니다. 금번 요르단 선교사 파송에 관해 여러 문제점들이 발생함에 따라 중동선교회에서는 대단히 유감으로 생각하오며, 이에 대한 경위 및 현재 중동선교회의 사업방향을 말씀드리겠습니다.

이성우 목사님이 요르단 교회의 선교목사로 결정된 후, 목사님의 입국절차를 의논하던 중, 현재 요르단 한국인교회로 사용하고 있는 나사렛 교회의 담임 목사인 **암마리 목사**를 통해, 이성우 목사의 요르단 입국신청을 하기로 하였습니다. 요르단은 중동 국가 중에서 종교적으로 개방되어 있음이 사실입니다. 요르단 국민 대다수가 무슬림이지만, 약 12% 정도는 기독교인이며, 시내 곳곳에 큰 교회가 서 있고, '메드바'라는 도시는 기독교인들이 집중적으로 모여 사는 기독교인 도시입니다. 그 외에도 기독교의 활동이 모든 중동지역에서 가장 활발한 나라 중 하나입니다. 이런 나라에서 활발한 선교활동을 위해서는 **파송 선교사의 신분**이 확실히 보장되어야 하겠기에, **정식 목사의 자격**으로 입국신청을 하기로 요르단 교회와 중동선교회는 결정했습니다.

암마리 목사를 통해 신청한 한국인 목사 입국 승낙을 **외무성**과 **노동성**에서는 허락되었으나, **내무성 장관**이 이를 반대하고, 이성우 목사의 이름을 각 출입국 관리소에 통보하여 이성우 목사의 입국을 강력히 저지하는 반응을 보였습니다. 이성우 목사의 요르단 입국이 봉쇄되었다는 요르단측의 통보를 받고, 본인은 대책을 협의하기 위해 1983.7.28~7.30까지 요르단을 방문했는데, 그 전 주일인 7월22일 주일에 **이성우 목사의 주택**을 위한 특별헌금을 하여 1,300JD를 모금하였고, **목사님의 차량**을 위해 벤스280으로 구입해 드리도록 내정되었음을 볼 수 있었습니다. 이렇게 준비하여 기다리던 **요르단 교회**는 이 목사님의 입국거절 조치에 **몹시 당황하고** 있었으며, 반포교회 선교회에 깊은 유감을 가지고 있었습니다.

* 이에 대한 요르단 교회의 대책은
1. 이성우 목사의 입국을 재시도 해 볼 것이나, 입국 이 불가능하게 될 때에는, 중동선교회에 이성우목사님을 중동의 타지역으로 파송해 주시길 부탁드리며,
2. 차후 요르단 파송 목사의 인선은 쿠웨이트 한인연합교회의 당회장께 위임하기로 결의했습니다.

.... 그러나 중동선교회는 이성우 목사의 입국을 위해 **윤대훈 선교위원**을 요르단에 파송하여 요르단 고위층을 통해 이성우 목사 입국거절을 취소하도록 시도했습니다. 윤대훈 선교위원이 8월 15~17일까지 요르단을 방문하여 이 일을 현재 시도 중이며, 8월22일에는 중간소식을 들었습니다. 여기까지가 현재 중동선교회의 사업현황입니다

이성우 목사님이 한국에서 비자를 얻었지만, 요르단정부의 입국불가 결정으로 각 출입국 관리소 명단에 기재되어 있어, 현재로서는 입국이 불가합니다. **이성우 목사의 파송예배**를 1983.8.14에 드린 것으로 알고 있습니다. 중동지역의 파송을 위해, 일단 윤대훈 선교위원의 **쿠웨이트** 입국 시에 **함께 오실 수 있도록** 조치해 주시기를 바랍니다. 다행히 요르단 입국이 승인이 되면, 요르단으로 가실 수 있도록 하겠으며(요르단 교회는 지금도 이성우 목사님을 기다리고 있으며, 입국시에는 기쁨으로 맞이할 것임), 반포교회 선교회에서 원하신다면 중동 다른 지역의 선교사 파송을 위해 준비할 것입니다. 선교의 길이 열릴 때까지, 이곳에 오셔서, 중동선교를 연구하시고, 선교를 위한 현재 실습장소도 제공해 드릴 것입니다. 이성우 목사의 쿠웨이트 비자는 나와있습니다.

반포교회 선교회에서는 중동선교를 위해 기도하며 준비하던 중, 총회의 허락을 얻어 이성우 목사님의 파송 결의를 한 것으로 알고 있습니다. 중동선교회에서는 어떤 사정과 형편일찌라도 하나님께서 허락하실찐데, 이성우 목사를 중동선교의 동역자로 믿고, 함께 일할 것을 결의하였습니다.

선교에는 **어려움이 많은 것이** 사실입니다. 더구나 중동선교는 **이토록 변수가 많습니다.** 그러나 분명한 것은 요르단을 비롯한 중동선교는 이미 시작되었고, 어떤 형편과 상황에 의해서도 중단될 수 없다는 것이 중동선교회의 견해입니다. 어려워질수록 믿음의 기도와 성령의 도우심과 서로를 신뢰하는 마음으로 중동선교의 동역자가 되어지길 바라오며, 선교를 위해 기도하며 충성하시는 귀 교회와 선교회에 하나님의 크신 사랑과 은총이 항상 함께 하시길 기도합니다. -마라나타 -

1983년 8월25일 (중동선교회장 최형섭 목사, 선교위원 최낙성, 윤대훈 집사)

이성우 목사의 요르단 입국을 위해 끝까지 최선을 다했으나, 최종 결과를 바꿀 수 없었다. 결국 1983년 9월 28일~10월11일, 이에 대한 대책수립을 위해 쿠웨이트의 최형섭 목사가 반포교회를 방문하였고(쿠웨이트 한인연합교회의 제 3차 반포교회 방문), **중요한 합의**에 도달하였다.[256)]

1. **이성우 선교사**에 대한 사후대책 : 쿠웨이트의 중동선교회는 이성우 목사를 두바이 지역 선교사로 파송되도록 건의하였고, 요르단의 선교사는 새로 선정하여 선교의 중단이 없도록 건의하다.
2. 이성우 목사가 동의할 시에, 최형섭 목사가 쿠웨이트로 귀국하는 편에 대동하여 두바이 지역으로 파송되도록 희망했으나, 이성우 목사와 반포교회에서는 숙고를 요망하였다.
3. 중동선교회 서울사무소장과 반포교회 임시당회장을 맡고 있던 **진영준 목사**가 **요르단 선교사**로 지원함으로써, 반포교회에서 요르단 파송을 추진하기로 하다.

(3) 초대 담임목사의 위임예배 (1984.2.24)

진영준 목사는 쿠웨이트 한인연합교회의 중동선교회가 반포교회에게 **요르단 파송 선교사 인선**을 의뢰할 때부터, 모든 연락업무를 담당한 인물이었다. 그러한 진영준 목사가 요르단 선교사로 자원하게 되었으므로 또다른 준비가 필요하지 않았다.

1) 진영준 목사의 선교사 지원

1983년 10월9일, **진영준 목사**는 '요르단 선교에 대한 각오'의 글을 작성했다. 그 중의 일부이다. 그는 요르단 선교사 인선과정을 도우면서, 자신도 요르단 선교의 소명감을 처음부터 갖고 있었다. 그런데 이성우 목사의 선교사 파송이 막히게 되자, **본인이 자원**(自願)하게 되었다.[257)]

> 우리 주님을 먼저 찬양합니다. 지난 1년 동안 요르단선교와 요르단교회를 위하여 깊은 관심을 가지고 반포교회 성도들과 함께 기도하면서, 땅끝 복음전파라는 주님의 지상명령에 순종하는 중동선교회 여러분의 헌신과 선교 열의에 깊은 감명을 받았습니다. .... **지난 1년간 제 마음을**

---

256) 쿠웨이트한인연합교회, 「중동선교소식 - 쿠웨이트편」(중동선교본부, 1985), pp.17-18

257) 훗날에 진영준 목사는 이에 대해 사실과 다르게 진술하고 있다 : "이 때 쿠웨이트 당끝복음선교회에서 내게 요르단 선교에 대해 제안해 왔다. 선교사를 파송하고 후원하겠다는 생각은 있었지만, 내가 선교사로 나가야겠다고 생각한 적은 없었다."(「한국교회 해외선교의 선구자들」, p.226). 그의 글에는 사실과 다른 진술들이 적지 않게 등장한다.

> **사로잡은 사건**은 이미 아시는 바와 같이 **중동선교**와 **요르단 선교**에 대해 반포교회와 함께 기도하고 추진하면서, 큰 감동과 기쁨을 느꼈습니다. ... 솔직히 말씀드린다면, **처음부터 요르단 선교사 파송**을 **추진하면서** 제 마음 깊은 곳에, '주님께서 나를 이 일에 불러주신다면 얼마나 좋을까?' 혹은 '주님께서 나를 요르단 선교에 부르시고 있지 않을까?'라고 생각하면서, 이것을 기도 제목으로 삼고 기도해 왔습니다. 이성우 선교사의 선교임지가 두바이로 다시 확정된 이 시점에서, 저는 주님께서 **요르단 선교**를 위하여 바로 **미말의 이 종을 부르시는 것**이라고 강한 느낌을 받습니다.

2) 최형섭 목사의 진영준 목사 추천

1983년 10월9일, 진영준 목사가 요르단 선교사로 자원하자, 쿠웨이트로 돌아온 **최형섭 목사**는, 10월 12일, 반포교회의 해외선교회에 진영준 목사를 요르단 파송 선교사로 추천하였다.

> 수신 : 반포교회 해외선교회, 제목 : 요르단 선교사 추천의 건
>
> 중동선교회장이 쿠웨이트에 귀국하여 요르단 파송 선교사 선출을 논의한 바,
> 진영준 목사를 추천하기로 결의하였습니다.
>
> (추천하는 이유)
> 1. 투철한 선교적 사명으로 중동선교 일선에서 헌신할 각오가 되어 있음
> 2. 요르단 선교를 위해 지금껏 일했으므로,
>   요르단 지역선교에 참여하여 그곳 사정을 잘알고 있음
> 3. 요르단 교회에서는 시급히 파송을 원하고 있음
> 4. 중선에서는 요르단에 진영준 목사를 추천하여 통보하였음
>
> 위의 내용에 입각하여 진영준 목사를 요르단 파송선교사로 추천하오니,
> 이에 대한 답을 조속한 시일 내에 통보해 주시기 바랍니다. 끝. -마라나타 -

1983년 10월13일, 최형섭 목사는 **요르단의 김원호 장로**에게 국제전화통화로 서울 반포교회의 진영준 목사가 요르단 파송 선교사로 지원한 기쁜 소식을 알렸다 : "서울에 가서 좋은 목사님을 추천받았음. 진영준 목사님이 지원하셨음. 좋으신 목사님을 모시게 되었음.", "진영준 목사님은 중동 선교에 관심을 가지고 기도했고, 언제이든 어느 때이든 어디든지 가서 전하겠다고 함."[258)]

1983년 10월21일, 최형섭 목사는 요르단 한국인교회에 공문을 보내어, 정식으로 **진영준 목사**를 **요르단 파송선교사**로 추천하였다. 그리고 요르단 한국인교회가 진영준 목사를 파악할 수 있도록, 그의 이력서와 경력 및 그의 글('요르단 선교에 대한 자신의 각오')을 함께 보내었다.

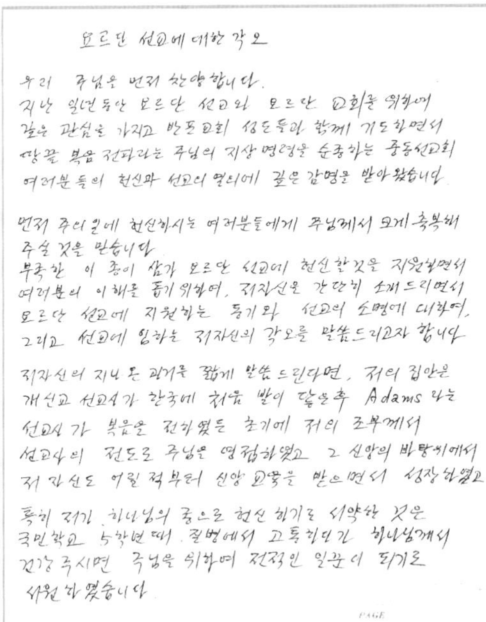

요르단 선교에 대한 각오

우리 주님을 먼저 찬양합니다.
지난 일년동안 요르단 선교와 요르단 교회를 위하여
깊은 관심을 가지고 반포교회 성도들과 함께 기도하면서
땅끝 복음 전파라는 주님의 지상 명령을 순종하는 공동선교회
여러분들의 헌신과 선교의 열의에 깊은 감명을 받아왔습니다

먼저 주의 일에 헌신하시는 여러분들에게 주님께서 크게 축복해
주실 것을 믿습니다
부족한 이 종이 삼가 요르단 선교에 헌신할것을 지원하면서
여러분의 이해를 돕기 위하여, 저자신을 간단히 소개드리면서
요르단 선교에 지원하는 동기와 선교의 소명에 대하여,
그리고 선교에 임하는 저자신의 각오를 말씀드리고자 합니다

저자신의 지나온 과거를 짧게 말씀드린다면, 저의 집안은
개신교 선교사가 한국에 처음 발이 닿은후 Adams 라는
선교사가 복음을 전하였든 초기에 저의 조부께서
선교사의 전도로 주님을 영접하였고 그 신앙의 바탕위에서
저 자신도 어릴적부터 신앙교육을 받으면서 성장하였고

특히 저가 하나님의 종으로 헌신하기로 서약한 것은
국민학교 5학년때 질병에서 고통하던가 하나님께서
건강주시면 주님을 위하여 전적인 일꾼이 되기로
서원하였습니다

PAGE

진영준 - 요르단 선교에 대한 각오(83.10.9)

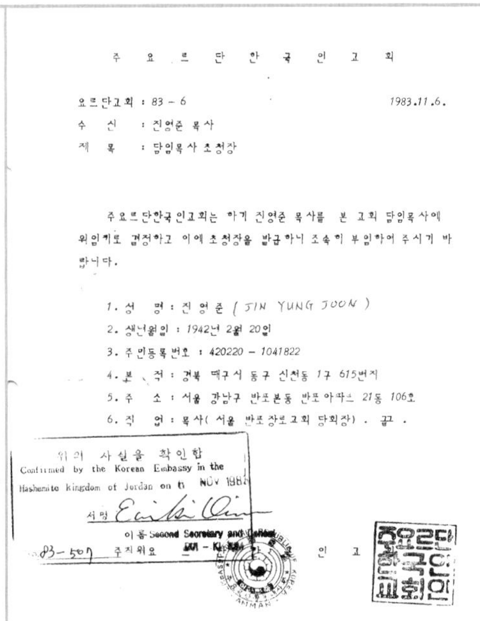

주 요 르 단 한 국 인 교 회

요르단교회 : 83 - 6　　　　1983.11.6.
수 신 : 진영준 목사
제 목 : 담임목사 초청장

주요르단한국인교회는 하기 진영준 목사를 본 교회 담임목사에 위임키로 결정하고 이에 초청장을 발급하니 조속히 부임하여 주시기 바랍니다.

1. 성 명 : 진영준 (JIN YUNG JOON)
2. 생년월일 : 1942년 2월 20일
3. 주민등록번호 : 420220 - 1041822
4. 본 적 : 경북 대구시 동구 신천동 17 615번지
5. 주 소 : 서울 강남구 반포본동 반포아파트 21동 106호
6. 직 업 : 목사(서울 반포장로교회 당회장) . 끝 .

위의 사실을 확인함
Confirmed by the Korean Embassy in the Hashemite kingdom of Jordan on NOV 1983
서명
이름 Second Secretary and
83-507

인 고

주요르단 한국인 교회인

요르단교회 - 담임목사 초청장 (83.11.6)

3) 요르단 선교사 입국 업무 재개

진영준 목사가 요르단 파송선교사로 선정되자, 요르단에서는 선교사 입국을 위한 업무를 재개하였다. 1983년 10월28일, 일단 **관광비자**로 진영준 목사를 요르단으로 초청할 계획을 세웠다. 요르단 입국 후에 **요르단 대학교**의 **아랍어 연수과정**에 입학하는 방안이었다. 1주 16시간의 수업에, 수강료는 1년 200디나였다. 진영준 목사가 이 계획에 찬성하면, 요르단 한국인교회의 이름으로 즉시 초청장을 보낼 계획이었다.[259] 진영준 목사는 이 계획에 동의하였다.[260]

258) 1983년 10월13일, 국제전화통화 기록 (발신자 : 최형섭 목사, 수신자 : 김원호 장로)
259) 1983년 10월28일, 국제전화통화 기록 (발신자 : 김원호 장로, 수신자 : 최형섭 목사)

1983년 11월6일, 요르단 한인교회는 진영준 목사에게 **초청장**을 발송하였다.

수신 : 진영준 목사　　제목 : 담임목사 초청장

주 요르단한국인교회는 하기 (下記) 진영준 목사를
본 교회 담임목사에 위임하기로 결정하고,
이에 초청장을 발급하니, 조속히 부임하여 주시기 바랍니다.
..... (생략)

11월25일, 진영준 목사는 **여권발급**을 받았다. 12월에는 **요르단 입국비자**도 발급받았다.한편 본래 요르단 파송선교사로 결정되었던 **이성우 목사**는 진영준 목사의 후임으로 **반포교회**에서 시무하게 되었다.[261]

4) 초대 담임목사의 부임

1984년 1월15일(일), 진영준 목사는 신성북교회에서 **선교사 파송예배**를 드린 후, 1월18일(수)에 **쿠웨이트**를 경유하여 **요르단**으로 가기 위해 서울을 출발하였다. 반포교회는 진영준 목사의 정착금을 위해 미화 2천불을 지급했다.[262]

① 쿠웨이트에서 요르단 파송 선교사 훈련(84.1.18~26)

진영준 목사는 요르단으로 가기 전에, **중동선교를 위한 오리엔테이션** 및 **현지적응 훈련**을 위하여 1월18일~26일까지 쿠웨이트에 체류하였다. 그것은 매우 힘든 훈련과정이었다. 쿠웨이트 한인연합교회가 먼저 경험한 것을 전달하기 위함이었다. 1984년 2월15일, 최형섭 목사가 갈릴리 선교회 임경십 장로에게 보낸 편지에, 이러한 프로그램을 기획한 목적이 언급되어 있다.

---

260) 1983년 10월31일, 국제전화통화 기록 (발신자 : 최형섭 목사, 수신자 : 진영준 목사)
261) 1983년 11월4일, 국제전화통화 기록 (발신자 : 최형섭 목사, 수신자 : 진영준 목사)
262) 진영준 목사는 이 사실과 다르게, 한국을 출발할 때, 아무도 그를 도와준 곳이 없고, 그의 통장을 털어 마련한 미화 800달러가 전부였다고 말한다(「한국교회 해외선교의 선구자들」, p.227).

진영준 목사님이 쿠웨이트에 도착하자(1월18일), **중동적응 훈련**과 **중동목회 자료**를 제공하며, 선교를 위한 모임을 일주간 계속 가졌습니다. 지난 번 보내드린 **진영준 목사 쿠웨이트 체류일정**을 보시면 아시겠지만, 참으로 **힘든 훈련**이었습니다. 진영준 목사 자신께서도 **군목 임관을 하는 훈련**보다 더 힘든 훈련이라 하였으며, 그러나 이렇게 보람된 훈련은 처음이라는 말로 표현할 정도였습니다.

쿠웨이트 한인연합교회의 역사를 통해, **중동지역의 특수한 상황** 속에서 우리가 교회를 세우면서 **시행착오**를 겪으며 걸어온 길을 **낱낱이 소개함**으로, 우리와 같은 쓰라림이 없는, 또 쓸데없는 시간을 **낭비하는 일이 없도록** 주지하는 시간이었습니다. 우리는 이런 일들을 진영준 목사 앞에 내어 놓을 때, 진 목사께서도 요르단 상황에서 교회를 이끌어 가야 할 방향과 방법을 연구하게 되었습니다.[263)]

건설회사의 현장교회들과 암만 교민들로 구성된 **요르단 한국인 교회**는 쿠웨이트 한인연합교회와 유사한 상황이었다. 진영준 목사는 요르단의 입국 전에 쿠웨이트에서 현지적응을 위한 훈련 및 중동선교의 오리엔테이션을 받는 것이 필요했다. 그 내용들은 다음과 같았다.

첫째로, 쿠웨이트에서 **현장교회들과 그 예배**를 경험하였다 : 현대 K-6교회(19일/목, 오후7시), 한양은혜교회(20일/금, 오전9시), 아사파교회(오후7시, 현장예배 부흥회 첫째날), 마그리브교회(21일/토 오후7시 부흥회 둘째날), 대림쉐이바교회(22일/일 오후7시, 부흥회 셋째날), 그리고, 대림도하교회(24일/화, 저녁 7:30). 요르단 한국인교회도 마찬가지로 건설회사의 현장교회를 기반으로 세워졌다.

둘째로, 쿠웨이트 교우의 가정을 경험하였다 : 윤대집 집사(18일/수, 저녁식사), 이종대 집사(19일/목, 저녁식사), 고광국 집사(21일/토, 점심식사), 박춘봉 집사(21일/토, 저녁식사), 윤호철 집사(22일/일, 점심식사), 오호한 집사(22일/일, 저녁식사), 윤대훈 집사(23일/월, 점심식사), 쌀미야 구역예배 및 최낙성 집사(24일/화, 점심식사), 리까이 구역예배 및 여장수 성도(24일/화, 저녁식사), 박유돈 장로(25일/수, 저녁식사). 요르단 한국인교회의 주축은 암만에 거주하는 교민이었다. 중동지역 교민교구의 독특성을 먼저 파악하는 것이 매우 필요했다.

263) 1984년 2월15일, 최형섭 목사가 갈릴리 선교회 임 장로에게 보낸 편지, p.2

셋째로, 쿠웨이트 한인연합교회의 노하우를 진영준 목사에게 전달하고, 중동선교를 위한 철학과 전략을 공유하기 위해 **여섯 차례의 좌담회**와 **목회연구과제**의 시간을 가졌다.

좌담회	일시	주 제
좌담회 1	19일(목) 저녁 9시	*쿠웨이트 한인연합교회의 역사 *땅끝복음 중동선교회 창립배경 및 목적
좌담회 2	21일(토) 오후 1시	*건설현장교회 및 교민교구 치리 *대관공서 관계
좌담회 3	21일(토) 오후 9시	*중동선교 연합회 중요성과 창립계획 및 목적 *세계선교회와 제휴 필요성 및 방법
좌담회 4	22일(일) 오후 2시	*중동선교 연합회 지원기구 창립의 필요성 및 설립방법
목회연구과제	23일(월) 오전 내내	*요르단 및 중동역사 *땅끝복음의 중요성
좌담회 5	23일(월) 오후 10시	*요르단 선교 전략질문 및 보안 *요르단교회 실정소개
좌담회 6	24일(화) 오후 10시	*요르단 선교기지화 및 요르단 선교교구 확정

좌담회 3~6의 주제와 관련해서는, 최형섭 목사가 임경섭 장로에게 보낸 편지에서도 언급되었다. 특히 좌담회 3과 4는 현 **중동지역 선교협의회**(중선협)에 대해 논의한 것이었다.[264] 이 편지에서는 '중동선교 연합회', 또는 '중동선교 연합기구'라고 불리우고 있다.

> 이제 진영준 목사께서 요르단에 어느 정도 적응케 되면, 3~4개월 안에 중동지역의 목사들이 모두 한곳에 모일 것입니다. 바레인, 요르단, 이집트, 쿠웨이트, 사우디의 목사들이 함께 모여 **중동선교연합회**를 창립할 예정입니다. 이를 위해 진 목사님과 1월 21일(토) 밤에 연구하며 토론하며 밤을 세웠습니다. 또 이런 선교회를 독단적으로 운영하는 것보다 세계적인 선교회에 가입하여 연대적인 공감과 협력체제로 선교하는 것이 더 효과적인 선교체제일 것으로 생각되어, 세계 선교회와의 제휴를 상의하였습니다. 1월22일(일)에는 **중동선교 연합기구**(요르단, 바레인, 쿠웨이트, 이집트, 사우디)가 창립되면, 이를 밀어주고 지원해주는 기구가 한국에 사령탑으로서 세워져야 할 필요성에 대해 깊이 기도하며, 연구했습니다. 하나님께서 허락하시는 때, 서로 손을 잡기 위해, 부족함이 없이 준비하자는 결단과 각오로 서로 손을 잡았습니다.[265]

264) 1984년 9월26일, 이날 함께 기도하던 바대로, 쿠웨이트의 최형섭 목사(최낙성, 윤대훈 집사)와 요르단의 진영준 목사 뿐만 아니라, 바레인에서는 최수영 목사와 고동식 집사가, 그리고 두바이에서는 최풍근 장로가 쿠웨이트에 모여 중동지역 한인교회 연합회(중선협의 전신)를 창립하게 되었다.
265) 1984년 2월15일, 최형섭 목사가 갈릴리 선교회 임경섭 장로에게 보낸 편지, pp.2-3

23~24일에 목회연구과제와 좌담회 5~6의 주제는 **요르단**에 집중된 주제들이었다. 먼저 목회연구과제는 '요르단 및 중동역사', 그리고 '땅끝 복음의 중요성'의 두 가지였다.

> 1월23일(월)에는 목회연구과제에서 **요르단의 역사**, **문화**, **종교**, **사회성** 등 요르단의 각 부분들의 상태를 알려드렸고, **전 중동역사**를 소개하였으며, 우리가 그 동안 준비했던 자료들을 드렸습니다. 다음에는 **땅끝 복음의 중요성**에 관해 의견을 나누었습니다. 예루살렘에서 시작된 복음이 마게도냐 → 로마 → 독일 → 영국 → 미국 → 한국 → 이제 이 **중동**은 바로 한국민족에게 맡기신 복음의 선교지역이요, **복음의 땅끝**이라는데 의견을 같이하고, 사명의 중책을 다시 절감하며 기도하였습니다.[266]

좌담회 5의 주제는 '요르단 선교 전략질문 및 보안'과 '요르단교회 실정소개'였고, 좌담회 6의 주제는 '요르단 선교기지화 및 요르단 선교교구 확정'이었다.

> 1월23일(월)에는 요르단을 향해 파송되는 진 목사님께 **요르단에 가서 어떻게 선교할 것인가**를 질문하였던 바, 기도하시던 중에 4가지의 전략을 갖고 계셨고, 우리는 그것에 대한 여러 면을 보완하며, 그 동안 요르단에 10여 차례 다녀왔던 것을 종합하여 **요르단 교회의 실정**을 알려 드렸습니다.
>
> 1월24일(화)에는 **요르단 선교기지화**를 요구하며, 그에 대한 방법을 안내하였고, **요르단 선교교구**를 요르단을 포함한 6개국을 선교교구로 나누었습니다. 중동지도를 두고, 그 지도 위에 손들을 얹고 선교교구를 나누며, 내가 밟는 땅을 내게 주리라는 말씀으로 서로 힘을 얻고, 찬양을 드렸습니다. 1월25일(수)은 그 간의 모든 과제들을 질의 및 문답을 하며, 총정리 하였습니다.[267]

이날의 의논에서 **요르단 선교교구**는 요르단을 포함한 6개국(요르단, 시리아, 이집트, 사우디, 레바논, 이스라엘)으로 정해졌다. 그러므로 이제 진영준 목사는 요르단 한국인교회의 **담임목사로서** 뿐만 아니라, 요르단 선교교구를 책임질 **선교사로서** 요르단으로 입국하게 되었다. 요르단으로 입국하기 전, **진영준 목사의 쿠웨이트 체류일정**은 다음과 같았다.

266) 1984년 2월15일, 최형섭 목사가 갈릴리 선교회 임경섭 장로에게 보낸 편지, p.3
267) 1984년 2월15일, 최형섭 목사가 갈릴리 선교회 임경섭 장로에게 보낸 편지, p.3

요르단 파송 선교사 진영준 목사 쿠웨이트 체류 일정 (1983.1.18~26)

일자	시간	건명	장소	담당, 비고
18일 (수)	오후 8시10분 오후 오후	쿠웨이트 도착 저녁식사 투숙	 윤대훈 집사댁 다스마 호텔	
19일 (목)	오전 오전	아침식사 최형섭 목사와 만남	호텔	
	오후 1시 오후 7시 오후 9시	점심 대예배준비 **현장예배** 저녁식사	최형섭 목사 사택 **현대 K-6** 이종대 집사댁	
		좌담회1 ① 쿠웨이트 한인연합교회의 역사 ② 땅끝복음 중동선교회 창립배경 및 목적 ③ 서울소식		
	오후	호텔 투숙	다스마 호텔	
20일 (금)	오전 오전 9시 오전 11시 오후 1시30분 오후 4시	아침식사 **현장예배** 간식 선교헌신 예배 및 요르단 파송 선교사 진영준 목사 환영예배 점심식사	호텔에서 **한양은혜교회** 사택에서 한인연합교회 아리랑	(환영예배) 사회 : 최형섭 목사 기도 : 윤대훈 집사 설교 : 진영준 목사 특송 : 선교위원 선교보고 : 최낙성
		참석인원 : 현장교회대표자, 제직회 부서장, 남녀전도회 대표, (담당)박춘봉 집사		
	오후 7시	**현장예배** (부흥회 첫째날)	**아사파 교회**	
	오후	저녁식사 및 투숙	아사파 교회	
21일 (토)	오전 오전 오후 1 시	아침식사 최형섭 목사님과 시내관광 점심식사	아사파 교회 고광국 집사	
		좌담회2 ① 건설현장교회 및 교민교구 치리 ② 대관공서 관계		
	오후 7시30분 오후 9시	**현장예배** (부흥회 둘째날) 저녁식사	**마그리브 교회** 박추봉 집사	
		좌담회3 ① 중동선교 연합회 중요성과 창립계획 및 목적 ② 세계선교회와 제휴 필요성 및 방법		
	오후	투숙	호텔	

일자	시간	건명	장소	담당, 비고
22일 (일)	오전 오전 10시 오후 1시	아침식사 현장방문 점심식사	아사파 교회 대림, 현대도하 현대도하	윤호철 집사
	오후 2시	**좌담회4** 중동선교연합회 지원기구 창립필요성 및 설립방법	이종대 집사 댁	
	오후 7시30분 오후 9시	**현장예배** (부흥회 셋째날) 저녁식사	**대림 쉐이바** 오호한 집사댁	
	오후	투숙	호텔	
1월23일 월요일	오전	아침식사	호텔에서	
	오전	**목회연구** ① 요르단 및 중동역사 ② 땅끝복음의 중요성	**호텔**	
	오후 1시 오후 오후 오후 8시	점심 기도회 준비 (휴식) 저녁식사 월요기도회	윤대훈 집사 댁 호텔 호텔 한인연합교회	
		좌담회5 ① 요르단 선교 전략질문 및 보안 ② 요르단교회 실정소개	**호텔**	
1월24일 화요일	오전 오전 10시 오후 4시 오후 7시30분	아침식사 **쌀미야 구역예배** 점심식사 **리까이 구역예배** 저녁식사 **현장예배**	호텔 최낙성 집사댁 최낙성 집사댁 여장수 성도댁 여장수 성도댁 **대림도하교회**	
	오후	**좌담회6** : 요르단 선교기지화 및 요르단 선교교구 확정 (요르단, 시리아, 이집트, 사우디, 레바논, 이스라엘)		(장소) 호텔
		투숙	호텔	
1월25일 수요일	오전 오전 오후 1 시	아침식사 시내관광 (최형섭 목사와 함께) 점심식사	호텔 홀리데인호텔	당회 및 선교위원
	오후	**선교위원과 함께** * 총정리 (질의 및 문답)		
	오후 8시	저녁식사	박유돈 장로댁	
		투숙	호텔	
1월26일 목요일	오전 오전 10시 오후 12시30분 1시30	아침식사 출발준비 환송기도회 공항출발 요르단 향발	호텔 최형섭 목사 사택	

② 험난했던 요르단 입국의 길 (1984.1.26)

1984년 1월26일(목) 오전에, 최형섭 목사의 사택에서 **환송기도회**를 가진 후, 쿠웨이트의 최형섭 목사 부부, 윤대훈 집사 부부, 그리고 박춘봉 집사 부부의 6명도 진영준 목사의 요르단 입국을 돕기 위해 요르단까지 동행하였다. 그날 오후에 요르단에 도착했다. 그러나 진영준 목사의 요르단 입국은 매우 험난했다. 진영준 목사는 단수여권으로 입국하려 했으나, 여권과 짐까지 압류당하고, 출국을 강요받았다. 그러나 이 위기의 순간에 쿠웨이트 교우들의 도움이 컸다.

> 요르단에 처음 입국할 때 입국비자를 거절당하고 여권까지 압수당한 상황에서 같이 동행한 한 명이 귓속말로 "들어가세요"하는 말만 듣고, 해외여행이 처음인 나는 이것이 무슨 행동인지도 인식하지 못하고, 그냥 게이트를 통과했는데, 빠져나와서 생각해보니, **밀입국**이었다. 체포되면, 즉시 감옥행인 절박한 위기였다. 이민국 밖 공항 내에서 어찌할 바를 모르고 상당 시간 기다리고 있었는데, 쿠웨이트에서 나를 보호하기 위해 생업과 만사를 제쳐놓고 함께 여행한 쿠웨이트 땅끝복음 선교회원들 7명이 지혜롭고 대담하고 기민한 대응으로, **2일 간의 관광비자**를 받아 내 여권을 찾아왔다.268)

쿠웨이트에서 동행한 이들의 민첩한 기지로, 진영준 목사는 **이틀 간의 관광비자**를 받아 간신히 요르단에 입국할 수 있었으나, 이틀 안에 체류비자를 얻지 못한다면, 추방당할 상황이었다.269)

③ 드디어 담임목사의 영접 (1984.1.27)

1월27일(금), 진영준 목사는 아직 체류허가를 받지 못한 채, 요르단에서 **첫 주일예배**를 맞았다. 이날 설교는 최형섭 목사가 맡았고, 주보에 인쇄된 내용과는 달리, **축도**는 **진영준 목사**가 맡았다. 요르단의 교우들이 그들의 **담임목사**를 영접하는 첫 순간이었다. 진영준 목사가 축도를 하는 순간에 교우들은 울고 있었다.

> 첫 예배를 드리고, 진 목사님의 첫 번째 축도에 모든 교인들이 **목이 매어 울먹였고**, **눈물들을 흘리며**, 감사드리는 것을 볼 때, 1년여 동안의 모든 보상을 받는 것 같았습니다.270)

---

268) 진영준, "요르단 진영준 선교사", 「한국교회 해외선교의 선구자들」(언더우드선교상수상자), p.232
269) 진영준, "중동권 한국장로교 선교사역과 현장사례", <선교와 현장>, 제 6집, 2001년, pp.202~3

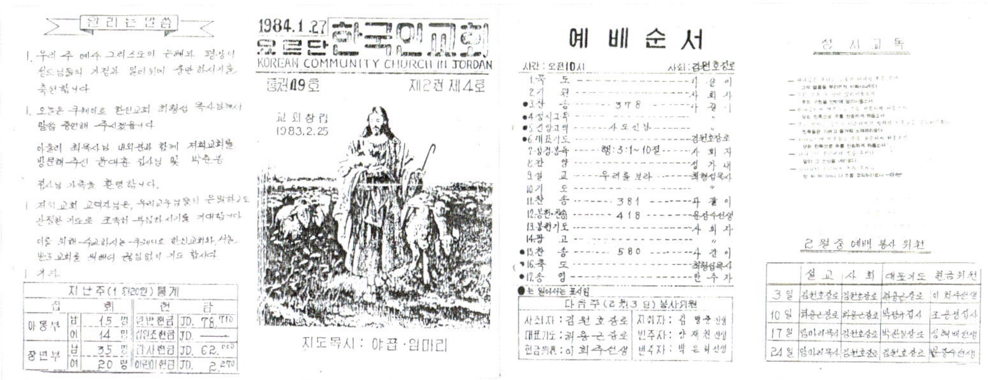

– 1984년 1월27일(금) 주보, 진영준 목사 축도 –

1984년 1월29일, 아직 진영준 목사의 체류비자를 얻지 못한 상황에서 요르단 한국인교회는 쿠웨이트 한인연합교회에 '**진영준 목사의 부임**'을 알리는 공문을 보내었다

> 진영준 목사님은 1984.1.26. 당지에 도착하였으며, 본 교회는 진 목사님을 본 교회의 **담임목사로 영접하였음**을 알려드리오며, 귀회의 노고에 감사드립니다.

주 요 르 단 한 국 인 교 회

요르단교회 : 84 – 1 1984.1.29.

수 신 : [illegible]복음 중동선교회장

제 목 : 진영준목사 부임

1. 요르단교회 83 – 7 (1983.11.6.)의 관련 입니다.

2. 진영준 목사님은 1984.1.26.당지에 도착하였으며, 본 교회는 진 목사님을 본 교회의 담임목사로 영접하였음을 알려드리오며 귀회의 노고에 감사드립니다.

주 요 르 단 한 국 인 교 회 (주요르단 한국인 교회인)

1984년 2월1일(수), 진영준 목사가 **요르단 대학교 아랍어 과정**에 등록함으로 학생신분으로 체류허가를 받을 수 있었다.[271]

진영준 목사가 법적 체류허가를 받음으로써 2월3일 요르단 한국인교회는 **진영준 목사의 취임예배**를 드릴 수 있었다.[272]

---

270) 1984년 2월15일, 최형섭 목사가 갈릴리 선교회 임경섭 장로에게 보낸 편지, p.4
271) 1984년 2월1일, 국제전화통화기록 (발신자: 요르단 허용근 장로, 수신자: 쿠웨이트 최형섭 목사)

④ 진영준 목사의 위임예배 (1984.2.24)

진영준 목사의 **위임예배**는 1984년 2월24일 요르단 한국인 교회의 설립 1주년에 드려졌다. 이날 진영준 목사가 **요르단 한국인교회**의 **초대 담임목사**가 되었다. 쿠웨이트 한인연합교회는 최낙성 집사가 참석하여 위임선서를 인도하였다.[273]

진영준 목사는 담임목사의 위임식 전에, 교회지도자들과 상의하여, 한인교회를 **조직**(당회, 제직회, 공동의회)하기로 합의하였다 : "1984년 2월25일, 그곳에서 **나사렛교회**(암마리 감독) **한인회중**으로 모이던 한인 지도자들과 상론하여, **한인연합교회**를 **조직**(당회, 제직회, 공동의회)하기로 합의하여, 첫 위임목사로 청빙받고, 위임식을 거행하였다"[274]

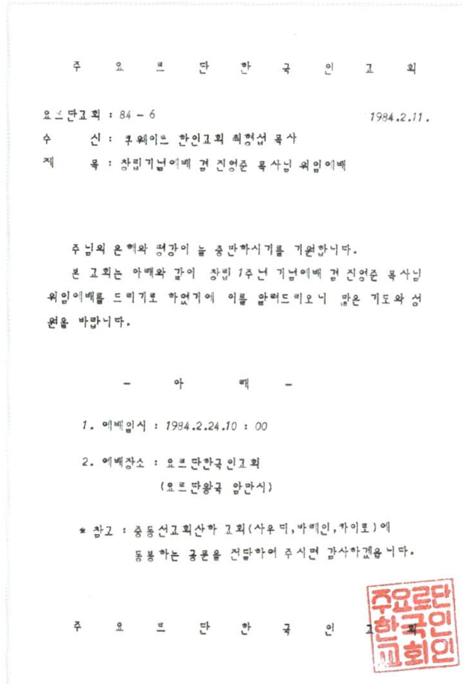

주 요 르 단 한 국 인 교 회

요르단교회 : 84 – 6　　1984.2.11.

수　　신 : 쿠웨이트 한인교회 최형섭 목사

제　　목 : 창립기념예배 겸 진영준 목사님 위임예배

주님의 은혜와 평강이 늘 충만하시기를 기원합니다.

본 교회는 아래와 같이 창립 1주년 기념예배 겸 진영준 목사님 위임예배를 드리기로 하였기에 이를 알려드리오니 많은 기도와 성원을 바랍니다.

– 아　래 –

1. 예배일시 : 1984.2.24.10 : 00

2. 예배장소 : 요르단한국인교회
(요르단왕국 암만시)

* 참고 : 중동선교회산하 교회(사우디, 바레인, 카이로)에
동봉하는 공문을 전달하여 주시면 감사하겠읍니다.

주 요 르 단 한 국 인 교 회

지금까지는 운영위원회가 요르단 한국인교회의 운영을 맡아 왔으나, 이제는 담임목사가 중심되어 운영될 수 있게 되었다.

이처럼 한 명의 선교사가 요르단 선교지에 파송받아 오기까지, 수없이 많은 사람들의 수고와 헌신이 있었으며, 또한 너무나 힘들고 어려운 과정들을 거쳐야만 했다. 그러나 그렇다 할찌라도 그 결과가 아름다웠다면, 그 고난의 과정들도 다 기쁜 일이 되었을 것이다. 그러나 이렇게 많은 사람들의 수고와 헌신을 통해 요르단에 파송받은 진영준 목사의 경우는, 너무나 슬프게도, 그렇지 못하였다.

272) 1984년 2월2일, 국제전화통화기록 (발신자: 요르단 진영준 목사, 수신자: 쿠웨이트 최형섭 목사)
273) 쿠웨이트한인연합교회, 「중동선교소식 - 쿠웨이트편」(서울 : 중동선교본부, 1985), p.19
274) 진영준, "요르단 진영준 선교사", 「한국교회 해외선교의 선구자들」 (언더우드선교상수상자), p.241

(4) 요르단 한인교회의 새로운 출발

1) 교회명칭의 문제 : '요르단 한국인교회 → 요르단 한인교회 → 요르단 알곡한인교회'

현재 사람들은 이 '요르단 한국인교회'는 알지 못하며, 그 교회를 '요르단 한인교회'라고 알고 있어서 교회명칭에 혼란이 있다. 그 원인은 진영준 목사의 부임 직후 '요르단 한국인교회'와 '요르단 한인교회'의 두 명칭을 함께 사용하였기 때문이다.

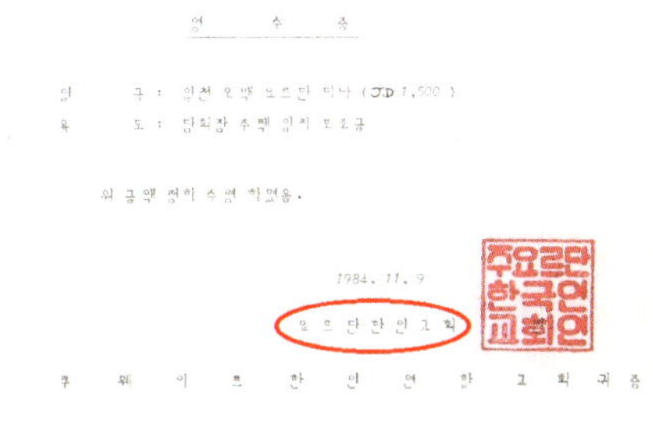
영 수 증

금 : 일천 오백 요르단 디나 (JD 1,500)
용 도 : 당회장 주택 임차 보조금

위 금액 정히 수령 하였음.

1984. 11. 9
요 르 단 한 인 교 회
주요르단한국인교회인

쿠 웨 이 트 한 인 연 합 교 회 귀 중

1984년 6월, 교회설립을 주도적으로 이끌었던 **김원호 장로**가 한국으로 귀국하였다. 이 시기에 많은 교우들이 귀국함으로써, 교회는 **재정난**을 겪었다. 1984년 11월, 쿠웨이트 한인연합교회는 요르단교회의 재정난을 통보받고, 사택임대료를 지원하기로 했다.[275] 이에 쿠웨이트에 보낸, 1984년 11월29일자 회신공문에는 공문과 교회직인 둘다 '**요르단 한국인교회**'라고 표기되어 있으나, 여기에 첨부된 11월9일자 영수증에는 직인과는 달리 '**요르단 한인교회**'라고 표기되었다.

〈1985년도 목회 각부 사업계획〉에는 교회명칭이 '**요르단 한인교회**'로 적혀 있으나, 7월5일 주보에는 '**요르단 한국인교회**'로 달리 표기되었다. 이와같이 진영준 목사의 부임 직후부터 두 개의 교회명칭이 함께 사용되었다. 훗날 진영준 목사가 언더우드 선교상을 수상한 뒤, 자신을 소개할 때, "1984년 2월25일 **요르단 한인교회** 위임목사로 목회시작"[276]이라 하였다.

그러나 이 요르단 한인교회는 더 이상 존재하지 않는다. 현재 요르단 한인교회는, 2008년에 김영섭 목사가 세운 교회이다. 여러 사람들의 증언을 종합할 때, 2008년에 당시 진영준 목사는 '**요르단 알곡한인교회**'로 교회이름을 다시 변경했을 것으로 추정된다.

---

275) 쿠웨이트한인연합교회, 「중동선교소식 - 쿠웨이트편」(서울 : 중동선교본부, 1985), p.19
276) 진영준, "요르단 진영준 선교사", 「한국교회 해외선교의 선구자들」 (언더우드선교상수상자), p.216

본 글에서는 진영준 목사의 부임 이후부터는 **'요르단 한인교회A'**라고 표기하고, 2008년에 김영섭 목사가 세운 교회는 **'요르단 한인교회B'**라고 표기하고자 한다.

그런데 다수의 증언에 의하면, 안타깝게도 진영준 목사는 '역사적 기록에 남지 않아야 할 선교사'로 평가받기도 한다. 그 자신이 스스로 문서기록을 남긴 내용과, 실제의 진영준 목사의 모습이 다를 가능성이 높다. 그런데 진영준 목사에 대해 증언할 수 있는 분들이 모두 매우 말을 아끼므로, 제대로 기록을 담아낼 수 없었다.

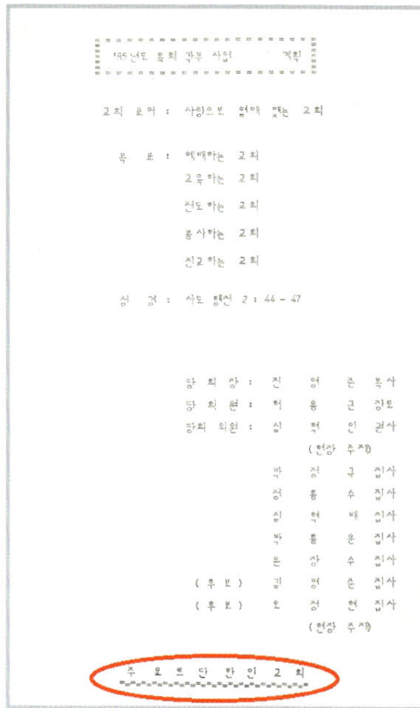
1985년도 목회 각부 사업 계획

교회 표어 : 사랑으로 열매 맺는 교회

목 표 : 예배하는 교회
교육하는 교회
전도하는 교회
봉사하는 교회
선교하는 교회

성 경 : 사도행전 2 : 44 - 47

당 회 장 : 진 영 준 목사
당 회 원 : 허 용 근 장로
당회 위원 : 심 혁 인 권사
(현장 주재)
박 정 규 집사
성 홍 수 집사
심 혁 배 집사
박 홍 운 집사
문 장 수 집사
(후 보) 김 명 준 집사
(후 보) 오 정 현 집사
(현장 주재)

주 요 르 단 한 인 교 회

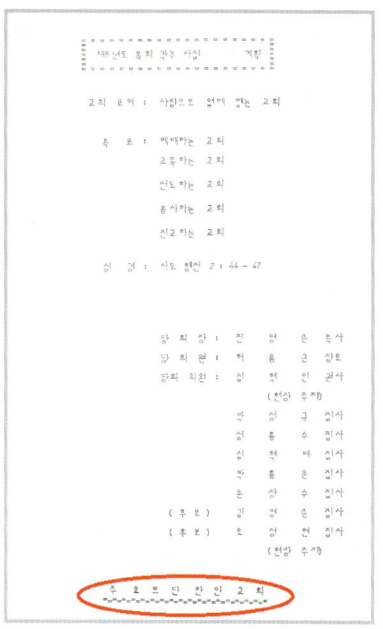

2) 진영준 목사 - 요르단 한인교회의 첫 사역

이하의 내용은 진영준 목사 자신이 기록한 것에 기초했으므로 객관성을 보장할 수 없다. 또는 과장된 사실이나, 왜곡된 사실도 포함되어 있을 수 있다. 그러나 레반트 지역에 최초로 세워진 한인교회의 역사를 삭제할 수도 수 없으므로, 부정확함을 감수하고, 기록으로 남긴다.[277]

① 한인 교포사역 : 한인교회와 현장교회의 사역 (1984.2~1986.12)

진영준 목사는 처음에는 암만의 교민들과 건설현장의 현장교회를 대상으로 **한인 교포사역**을 하였다. 당시 요르단의 건설현장에는 약 1,200명의 근로자가 10여개의 처소에 흩어져 있었다.[278] 진영준 목사는 집사들과 함께 현장순회 집회를 하였다.[279] 당시 암만 인근의 **현장교회의 분포상황**은 다음과 같았다(5개 건설사, 10개의 현장).

277) 이 이후에 객관적 평가가 가능한 이에 의해, 이 글의 불완전한 부분이 교정되기를 바란다.
278) 진영준, "중동권 한국장로교 선교사역과 현장사례", 선교와 현장, 제 6집(2001년), p.203
279) 진영준, "요르단 진영준 선교사", 「한국교회 해외선교의 선구자들」(언더우드선교상수상자), p.241

건설회사	건설명	기간	작업인원	교인수	지역(암만에서)	휴일	예배인도	예배처소
금호	요르단 시멘트공장	83.1까지	130	10	30분	격주		식당
쌍용	슈미사니 센터빌딩	83.3까지	350	25	25분	격주	조용경	식당
한보	얄묵대학	83.10까지	129	15	1시간30분	격주		휴계실
삼환	퀸 알리아 병원건축	84.3까지	178	10	20분	격주	박상현	기타
태흥	전화선 포설	84.3까지	55	8	50분	격주		
한보	펌프장, 정수장	84.10까지	55	5	40분	격주		
한보	와디 댐 건설	85.2까지	73	5	2시간	격주		
한보	킹 다랄 댐	85.3까지	100		1시간	격주		
한보	군사령부 청사	85.12까지	500명		25분	격주		
한보	암만지사		33	7		격주		

1984년 11월12일 진영준 목사가 최형섭 목사에게 보낸 편지에, 그의 처음 사역의 분주한 모습이 나타나 있다. 그는 한인목회와 현장교회, 그리고 가정을 돌보아야 했다.

> 매주 **금요일 예배**와 각 **현장예배**는 계속되고 있습니다. 잘 아시는 것처럼, 현장까지 길이 멀고 험합니다. 정수장, 양수장, 킹 다랄댐, 와디댐과 기타 현장. 그러나 소수의 무리를 돌보고 있습니다. 지난 11월2일, 요단강 가까이에, 비록 인원은 10명 미만이나, O2현장 예배실 개관예배를, 당회위원 가족과 방문하여 예배드렸습니다. 매주 일요일과 화요일에 **제자화 성경공부반**도 여전히 어려움 가운데 서로를 격려하며 모이기에 힘쓰는 중입니다. 11월9일, **교회성경암송대회**도 말씀으로 은혜 받았고, 11월16일에는 **감사절 예배**와, 2부 간증과 찬양, 그리고 감사잔치를 할 예정입니다. 그리고 개인적으로 **아이들의 통학거리**가 멀어서, 데려다 주는데 하루 3시간 이상이 걸리고, 저녁에는 **아랍어 강의**를 받느라 시간에 쫓기는 편입니다.[280]

다음 해인 1985년도 당회와 당회위원은 다음과 같이 조직되었다. 진영준 목사는 당회위원들과 함께, 매월 2회의 **현장순회전도**를 계속하여 실행하였다.

> 당 회 장 : 진영준 목사, 당회원 : 허용근 장로[281]
> 당회위원 : 심혁인 권사
> (현장주재) 박정규 집사, 정흥수 집사, 심혁배 집사, 박흥운 집사, 문장수 집사,
> (후보) 김명준 집사, 오정현 집사

280) 1984년 11월12일, 진영준 목사가 최형섭 목사에게 보낸 편지
281) 당회원 명단에 박찬일 장로(한보건설 사장)가 빠져있다. 한국으로 귀국했을 가능성이 있다.

교회의 재정적 어려움과 더불어, 교인들의 숫자도 계속하여 줄어들었다. 1985년 1월4일(금), 주일예배 참석인원은 28명에 불과했고, 당시 교회에는 10가정 미만이 남아 있었다.282) 요르단에서 **건설회사들의 철수**가 계속되었기 때문이다. 허용근 장로도 11월에 한국 발령을 받았다.283)

② 요르단 정부의 추방명령(1986.12.29)

1986년 12월, 교회에 큰 시련이 닥쳤다. 요르단 정부는 진영준 목사에게 48시간 내 **추방명령**을 통고하였다. 추방사유는 건설회사 직원의 비자로 체류허가를 받아, 불법적으로 종교적인 일을 한 것이었다. 진영준 목사는 황급히 은둔하였고, 교회는 폐쇄되었다.284) 진영준 목사는 예장총회에 '진영준 선교사의 요르단 선교위기에 관한 보고'라는 제목의 보고서를 제출하였다. 긴 분량이지만, 자료의 보존을 위해 전문을 옮긴다.

제 목 : 진영준 선교사의 요르단 선교위기에 관한 보고
수 신 : 대한예수교 장로회 총회장, 전도부장, 국제선교위원장, 후원교회 당회장
발 신 : 요르단 선교사 진영준 발송일시 : 1987.1.6

주님의 크신 은혜가 총회와 전도부 및 요르단 선교후원교회 위에 항상 충하기를 기원합니다. 아울러 그동안 요르단 선교를 위하여 모든 정성으로 후원해 주심을 감사드리며, 최근 본인을 중심으로 현지에서 발생한 **선교위기에 대하여** 아래와 같이 상황 보고를 드립니다.

I 사건개요

본인은 1984년 1월15일에 본 교단총회에서 요르단에 있는 해외 동포들과 현지인의 복음화를 위해 선교사로 파송받아, 1984년 1월25일 주재국에 입국하여 유학생 자격으로 체류허가를 얻었습니다. 그 전에 이미 1983년 2월25일부터 평신도들에 의해 한국인 교회(기도처소)가 집회로 모이고 있었고, 본인을 담임목사로 초청해준 한국인 교회에 부임하여(2월3일), 평신도모임을 조직교회로 설립하고, 1984년 2월24일 위임목사로 취임했습니다.

그 이후로 오늘까지 **한인 동포가정**을 복음화 하는 일과, **현지 각처에 산재한 소외된 근로자**들을 위로하고 심방하는 일, 기도모임과 성경공부, 상담 등으로 그들의 해외 근무생활의 고통과 고민을 나누며, 믿음으로 그들을 격려하는 일을 하였습니다. 현지의 한인교회를 근거로 삼아, **현지인들**에게 교회적인 유대와 협력을 통하여 영적-물질적인 그리스도의 사랑을 나누고, 현지인들의 교육, 구호봉사, 장학을 통한 지도자 육성 등 다방면에서 선교의 가능성을 모색하고, 구체적으로 계획을 세우며 가능한 것부터 착수해 왔습니다.

그러나 애로사항 중의 하나는 **유학생 비자**로는 가족입국이 불가하여, 우리 나라 공관과 한국인 회사의 협조로 한국인 회사의 상담을 담당하는 메니저 자격으로 체류비자를 얻었습니다. 그후로 약 3년 간 현지인 예당을 임대하여 **한국인 교회**로 공예배를 인도하며, 목회와 복음선교 활동을 계속 하였습니다.

그러나 작년 말 1986년 12월 29일, 주재국 내무부의 외국인 책임자에게 호출당하여, **체류허가 목적위반**으로 즉시 **추방당할 위기**에 당면했습니다. 그러나 소속회사 책임사의 주선으로 즉시 추방은 면하고, 대신 당국의 요구대로

282) 1985년 1월7일, 국제전화통화 기록 (발신자 : 요르단 허용근 장로, 수신자 : 쿠웨이트 최형섭 목사)
283) 1985년 1월7일, 국제전화통화 기록 (발신자 : 요르단 허용근 장로, 수신자 : 쿠웨이트 최형섭 목사)
284) 진영준, "요르단 진영준 선교사", 「한국교회 해외선교의 선구자들」(언더우드선교상수상자), p.241

체류비자의 목적대로 회사만을 위하여 활동하고 성직자로서 목회활동을 중단하겠다는 각서를 제출함으로 추방은 면하게 되었습니다. 그러나 그들은 추후 다시 한번 교회 예배를 인도하거나, 성직자로 활동하면, 즉시 추방하겠다는 경고를 했습니다. 이와같은 사유로 한국인 교회는 사실상 더 이상 현지인 예배당에서 공적 교회활동이나 예배를 계속 할 수 없게 되어서, 이 문제가 수습될 때까기 공적인 예배와 활동은 중단하고 있습니다. 그러나 교우들의 영적인 상황은 신자들을 작은 그룹으로 나누어서, 가정단위, 구역단위 또는 제자화 성경공부반 단위로 자체적로 더욱 믿음생활을 격려해 나가도록 조치하고 있습니다.

지금까지 말씀드린 내용이 최근에 발생된 본 선교사의 선교활동에 일어난 **요르단 선교의 위기**였습니다.

Ⅱ. 선교 위기 발생의 원인에 대한 추정

1. 이 나라가 이슬람 헌법에 의한 이슬람 국가라는 사실이 근본원인이다.

이 나라에 **상당한 숫자의 기독교인들**이 있어서 공적발표로는 인구의 10%로 추정됩니다(비공적 추정 15%). 기독교인의 99% 이상은 그리스 정교회, 라틴 가톨릭교회, 아르메니안 가톨릭교회, 시리아 정교회이며, 나머지 개신교는 나사렛 교회, 순복음교회, 루터교회, 안식교인 등인데, 극소수입니다. 또 **예배당**이 시내 중심가에도 수개처가 있고, 전국에서 흔히 볼 수 있지만, 역시 기독교는 소수에 불과합니다. 다만 현 국왕의 국가 안전정책에 의하여 전통적인 교인가문이나, 호적상 기독교인에 대하여 **관대한 종교의 자유**를 **허용**하고 있습니다.

그러나 **무슬림의 개종**이나 **전도**는 불법으로 금지됩니다. 만약 위반하면, 이슬람법대로 처단하는 것이 현실입니다. 이번 선교위기 발생은 본질적인 이슬람 국가에서의 선교과정에서 항상 발생할 수 있는 위기입니다. 안전요원들에 의해서 선교활동이 추적, 조사, 또는 감시가 항상 행해지고 있습니다.

2. 개인적인 이슬람 골수 분자에 의한 기독교 박해의 기능성은 항상 발생할 수 있는 일입니다.

그러므로 이 지역에서 선교활동이나 선교사 신분의 노출을 조심해야 합니다. 이번 사건도 **외형적인 종교의 자유를 과신**하여, 공적 장소에서 공개적인 예배를 드리고, 종교활동을 해왔는데, 이것이 원인을 제공한 것으로 생각됩니다. 내무부 당국에 호출되었을 때, 그들은 서류에 보고된 내용을 보여주었습니다. 목사가운을 입고 교회 내에서 헌금을 실시했던 일을 증거로 제시했습니다. 이것을 볼 때, 지나친 공개적인 활동이나 노출이 문제를 야기한 것으로 생각됩니다

3. 이 나라 아랍인 특유의 기질과 국민성인 배타성을 원인으로 들 수 있습니다.

이 나라에서 선교활동 중 항상 경계를 필요로 하는 부류중에 **현지인 종교인**(기독교)입니다. 그들에 의해 외국인 교역자가 배척당하거나, 선교활동에 대한 제한, 압력 또는 고발을 당하기도 합니다. 본인이 내무성 호출 당시 당국에서 그 점도 확실하게 통보했습니다. 자기에 나라는 이슬람국가인데 이미 있는 자국인들의 기독교는 어찌할 수 없지만 외국인 성직자의 선교는 허용할 수 없다. 이 나라에 신부가 너무 많다. 당신이 목사로 활동할거면, 이 나라를 떠나가라고 말했습니다.

4. 기타 비복음적인 적대세력에 의한 고발을 가상 할 수도 있습니다.

첫째로, 본 선교사가 요르단에 입국하기 전 한국인은 바른 영적 지도자가 없는 가운데, 외국인 **이단 선교사**(유니테리안적 순복음 성향의 이단으로, 삼위일체를 부인하고, 재세례를 주장하며, 성직제도와 교회예배의 순서를 부정하는 등 이단교리 주장)가 한국인들을 데려가서, 이미 세례받고 집사/장로까지 된 이들에게까지 재세례를 준 일이 있었습니다. 본인이 부임 초기에 상당한 훼방이 있었으나, 점차로 해결되었습니다. 그러나 근래에도 한국에서 처음 오는 한국인이 있으면, 유혹하고 끌어가려고 합니다.

둘째로, 이곳에 진출한 한인들 중에 무**슬림으로 개종한 몇 사람** 있었는데, 그들은 전 교민 복음화에 마지막 장애요인이 되었습니다. 그러나 귀국 또는 회개하고 기독교에 귀의하므로 해결되었습니다. 그런데 이곳 이슬람 신학교 교역자(이맘)과정에 전액 장학생으로 수학하는 **국내 무슬림 출신 유학생**이 있습니다. 그가 선교활동을 소상히 파악하고 있으므로, 요주의 사항이 되었습니다.

셋째로, 한국인 중에 체류비자에 약점이 있는 사람을 찾아 문제 삼아서, 과거부터 돈을 사취하는 사람이 있었습니다. 본인에게도 유사한 방법으로 금전을 요구하며, 몇 차례 위협적인 접근을 한 적이 있습니다. 그 외에도 이곳에는, 사람들 중에 활동하는 비복음적인 악령의 세력들이 많이 있고, 또한 대적하는 악한 영의 역사가 많이 있습니다.

Ⅲ. 위기수습을 위한 대책과 선교적 전략에서 본 전망

1. 대사관에 보고하고 협조 요청
2. 교회와 교인 관리의 우회적인 활동방안 수립
3. 이번 기회에 공적활동 보장을 위하여
   관계 요로에 접근하고 있음
4. 수상과 왕의 측근 및 정부 내 요직자에 가까운 현지인들을 접촉하여 긍정적인 결과를 기대하고 있음
5. 이번 기회에 완전히 공개적인 선교활동 보장을 위하여 **목사체류 비자로 변경할 길**을 최대한 모색하고 있음 (영국인, 미국인 중 3인이 목사비자를 받아서 장기간 활동한 전례가 있음. 그러나 대부분의 선교사는 타직종에 종사자로 체류하고 있음)
6. 5항이 안될 경우에는 공적인 교회활동을 완전히 중단하고, 회사 소속원이나 유학생으로 등록하여 계 속 체류하면서, **맨투맨(1:1) 접근**과 **철저한 제자화 선교스타일**로 노출되지 않고, 위험하지 않는 방법으로 침투전도로 방향 전환을 해야 함.

그 가능성이 확실한 것은 이 나라에는 이미 호적상 신자이면서, 한번도 교회 다니지 않고 복음을 모르는 사람들이 상당한 숫자인데, 그들에게 복음 전하는 것은 아무 죄가 되지 않음으로, 그들을 복음화 시킨 후 일꾼으로 육성하여 자국민 전도자가 되게 할 수 있기 때문임 (이것은 이미 착수하고 있음)

7. 구체적인 선교전략과 전망
한국인 교회가 공적 허가를 받아 공예배를 계속하든지 않든지 간에, 본인이 이곳에서 어떠한 신분으로든 계속 체류한다면, **장기적인 전망**에서 복음선교가 더욱 촉진될 수 있는 **몇가지 선교전략**을 계속 추진함.

a 현지인 지도력 개발
다방면에서 **현지인 기독교 지도자의 육성**을 위하여 국내교회 지원으로 인물을 양성하여, **현지인 지도력**을 꾸준히 개발한다.
 * 국내 ACTS 유학 파견, 허락을 받았음
   (지도자 후보를 찾고 있음)
 * 국내 후원자를 중동 진출 한국인 출신 모임인
   중동선교 본부에서 현지인 지도력 개발후원에
   협조약속을 받았음
 * 국내기독교인 실업가나 국내 대학들에게 장학이나,
   기술연수 유학 및 평신도 선교훈련 계획 추진한다.

b. **문서선교**에 좋은 열매가 나타나므로 이미 구체적으로
   협력하여 돕고 있으며 이일을 확대한다.
c. 국내 선교사 후보생의 **현지초청 선교훈련**을 추진한다.
d. 현지인 결신 사례 연구 및 적용
e. 교육기관 설립, 구호봉사시설, 의료시혜를 통한
   선교추진
f. 현지인 교회와 협력선교 '개혁지원)
g. 은밀한 성령운동에 의한 현지인 평신도 전도
   운동에 효과적으로 지도와 협력선교
h. 제자화 훈련을 통한 선교

이 전략들은 이 지역의 선교적 연구관찰에서 얻은 전략이고, 이미 실제 적용 되고 있음

Ⅳ. 결론

1. 금번에 발생한 위기를 성공적으로 대처할 때, 비록 한국인교회가 제한을 받는 한이 있다 하더라도, 오히려 **현지인 선교로 적극 전환**할 수 있는 기회가 될 수 있습니다

2. 최대한 노력하여, 한국인 교회의 목회와 공예배 및 목사 체류비자를 허락받는 것이 가장 바람직합니다. 설령 불가능하더라도, 요르단 지역이 **이슬람권 선교를 위해 가장 중요한 거점**이 된다는 사실은, 이슬람권 지역을 아는 사람이면 누구나 인정하는 사실이므로, **요르단 선교지의 철수**는 고려하지 말고 끝까지 고수해야 할 것을 건의드립니다.

3. 문제를 해결하는 방법은 **은밀하고도 조용하게** 추진되는 것이 더 바람직합니다. 이 나라의 메스컴에서 선교권 침해를 사회문제화 하려고 인터뷰를 요청했으나, 극구 피한 사례가 있습니다. 교회문제가 이 나라에 종교분쟁을 일으키는 원인을 제공하지 않기 위해서였습니다. 그러므로 국내에서도 서로 조용하게 도울 수 있기를 바랍니다.

4. 한국인의 교회 활동이 비자 문제 해결로 완전하게 개방되더라도, 이곳은 워낙 한국인이 장기체류를 할 전망이 없습니다(따라서 한인교인 수도 현저히 감소되어서 30~40명). 한국인 대상선교는 영역이 너무 좁아서, 더이상 선교대상이 없습니다. 그러므로 이곳 한인교회의 공적 예배 재개와 상관없이, **국내 교회의 전적 지원**으로 이곳에 선교활동을 심화시켜 나갈 수 있도록, 본부의 선교지 이해와 전적 지원을 요청합니다.

5. 지금까지 보고한 내용을 참고하면, 본 선교지의 선교활동에 제한과 어려움이 많으므로, 비밀이 보장되는 인편이나, 적절한 시기에 국내출장으로 보고할 수 있도록 조치해 주시기 요망합니다. 운송에 의한 보고는 너무 위험 부담이 큽니다. 이곳에서 한글을 보고도 다 검열되기 때문입니다.

③ 한인교회의 법적 허가 (1987.1)

담임목사의 추방명령으로 폐쇄되었던 요르단 한인교회는, 오히려 이것이 전화위복의 기회가 되었다. 1987년 1월14일, 진영준 목사의 명의로 당국로부터 **한인교회 집회의 법적 허가**(내무성 암만주지사 허가번호 : 8/21, 1407/5/14, 허가일 : 1987. 1.14, 정보부 수도청 허가번호 : 5/15/M/10447, 허가일 : 1999. 12.6, 수도 경찰청장 허가번호 : 2/47/16967, 허가일 : 1999. 12.11, 법무부 공인일자 : 2001. 6. 21)를 받을 수 있었다. 그리하여 폐쇄되었던 요르단 한인교회는 다시 열리게 되었다.[285]

그러나 겨우 두 달 뒤인 1987년 3월, **한국기업의 건설현장들**이 공사를 완료하면서, 모든 현장들이 철수하게 되었다. 교인은 23명에 불과했다. 교회는 더 이상 담임목사의 목회비를 부담할 능력이 없었고, 또한 그는 **한인교포**를 중심으로 사역하였기에, 실제로는 귀국해야 할 상황이었다. 이러한 상황에서 진영준 선교사는 **아랍인 선교의 길**을 개척하기로 결심하였다.[286]

(5) 요르단 한인교회의 현지 선교사역

진영준 목사는 현지 아랍인들을 대상으로 **직접 선교**를 하기 위해, 여러 새로운 시도들을 하였다. **현지 교육사역의 길**(1989.8. 기독교유치원)을 개척하였고, 이 교육사역은 **문화사역**(1993.12, 기독교 한국문화원)으로 확장되었다. 또한 교육사역과 문화사역을 기반으로 하여 **요르단 장로교회**(1999.12)과 **장로교 신학교**(2004.4)를 설립하고, 사회봉사를 위한 **자선단체의 등록**(2008년)까지 마쳤다. 그리고 2012년 4월, 29년 간의 요르단 사역을 마치고 은퇴하였다.

그렇다면 이 많은 사역들은 현재 요르단 현지에 어떠한 열매들로 맺혀 있는가? 매우 슬프게도 그의 사역은 아름다운 참된 결실을 맺지 못하였다. 오히려 많은 아픔과 큰 상처들을 남겼다. 그러나 한국교회의 첫 요르단 선교역사를 위해, 기록으로 남긴다.

---

285) 진영준, "요르단 진영준 선교사", 「한국교회 해외선교의 선구자들」(언더우드선교상수상자), p.241
286) 진영준, "요르단 진영준 선교사", 「한국교회 해외선교의 선구자들」(언더우드선교상수상자), p.242

1) 현지 선교의 첫 시도들

① 대학교 캠퍼스 개인전도 (1987년)

진영준 목사는 현지인 전도를 위해 가장 먼저 **대학교 캠퍼스**를 찾아갔다. 그런데 그 즈음 요르단 대학교 내 기숙사에서 선교활동을 하던 CCC 선교사가 추방되는 사고가 있었다. 이로 인해 보안요원들의 캠퍼스 감시가 더 삼엄해져서, 대학교 캠퍼스 내 개인전도는 거의 불가능했다.

대학교 밖에서 젊은이들과 교제하던 중에, 기독교 배경의 학생들을 만나게 되었다. 이 때 만나게 된 이집트인 호서니의 소개로 **이집트인 농부 전도사역**을 시작하게 되었다.[287)]

② 이집트인 농부의 전도사역 (1987년)

이집트인 **호서니**는 이집트에서 신학교를 마친 전도사였다. 그에게서 2만 명의 **이집트인 농부들**이 요르단 계곡에서 농업 근로자로 일한다는 소식을 듣게 되었다. 암만의 근교에서 시작하여, 사해 연안 및 요르단 계곡 평야를 따라 길르앗 델랄라 지방에 이르기까지, 이집트 농부는 넓은 지역에 퍼져 있었다. 그리하여 호서니 전도사를 **아랍어 통역인**으로 대동하여 농촌지역을 순회하며 전도하기 시작하였다. 14개 캠프를 주요대상으로 삼아 순회하며 전도한 결과, 약 150명의 접촉자와 116명의 회심자를 얻었다. 그리하여 매주 방문하며, 그들을 양육하였다.[288)]

그러나 과다한 사역의 노출로 인해 농촌전도 사역을 계속할 수 없게 되었다. 복음을 전할 때면, 보초를 세우기도 했으나, 복음제시 현장을 노출당하였다. 비밀경찰의 출두통보를 받고, 심문조사를 받아야 했다. 무사히 풀려나기는 했으나, 이 일 이후부터 농부전도 사역을 멈추어야 했다.

---

287) 진영준, "중동권 한국장로교 선교사역과 현장사례", 선교와 현장, 제 6집(2001년), p.205
288) 진영준, "중동권 한국장로교 선교사역과 현장사례", 선교와 현장, 제 6집(2001년), p.206

2) 기독교 유치원 개원 (1989~2011년)

① 유아시기 교육의 필요성

진영준 목사는 한 현지인으로부터 중요한 사실을 듣게 되었다. 요르단에서 개신교 신자는 0.05%도 되지 않지만, 정교회나 가톨릭 신자는 인구의 4~5%를 차지하였다. 그런데 초등학교에 입학하면, **이슬람 종교교육**을 의무적으로 받기 때문에, 기독교 가정의 자녀들도 **꾸란교육**에 쇠뇌되어 이슬람으로 개종하는 경우가 많다는 것이다. 이 사실은 역으로 **유아시기**에 **기독교 교육의 중요성**을 말해주는 것이었다.[289] 그리하여 진영준 목사는 어린아이가 이슬람 교육을 받기 전에 기독교 신앙을 먼저 가르치는 **교육선교의 길**을 모색하게 되었다.

② 기독교 유치원의 설립허가 (1989.3.1)

1987년, 진영준 목사는 장로교단(예장합동)의 명의로 기독교 교육사업을 요르단 정부에 신청하였다. 이슬람 국가인 요르단에 기독교 교육기관을 설립하는 일은 쉬운 일이 아니었다. 그러나, 1989년 3월1일, **치안본부장**과 **내무성 장관**의 허락이 있었고, 특히 장기간에 걸쳐 혹독한 조사를 했던 **정보부장**도 허락하였다. **교육부 장관**의 최종적인 재가를 거쳐, 드디어 장로교 교육재단 및 장로교 유치원의 설립을 허락받았다(재단인허 N0.2073/6/5, 1409/9/17, 장로교 유치원 인허 N0.1/8/89104). 유치원 2년 정규과정(KG1과 KG2 학년)에 4개 학급, 정원 65명으로 허가를 받았다.[290] 설립허가를 받자마자, 예산확보도 없이 **유치원 설립준비**를 서둘렀다.

유치원 개교를 신학기에 맞추기 위해, 예산확보도 없이 시작부터하였다. **중동지역의 한인교회들**, 특히 1만불을 후원한 쿠웨이트 한인연합교회의 도움이 컸다.

---

289) 진영준, "중동권 한국장로교 선교사역과 현장사례", 선교와 현장, 제 6집(2001년), p.208
290) 진영준, "중동권 한국장로교 선교사역과 현장사례", 선교와 현장, 제 6집(2001년), p.208

③ 기독교 유치원의 개원 (1989.8.15)

1989년 8월15일, 신학기에 맞추어 개교하였다. **유치원 개교 축하예배**는, 9월13일(수) 오후4시, 아부다비 선교사 서신길 목사의 사회와 두바이 한인교회 주태근 목사의 설교로 드려졌다. 한국대사관 박태진 대사와 쿠웨이트의 정삼식 목사도 축하를 위해 참석했다.

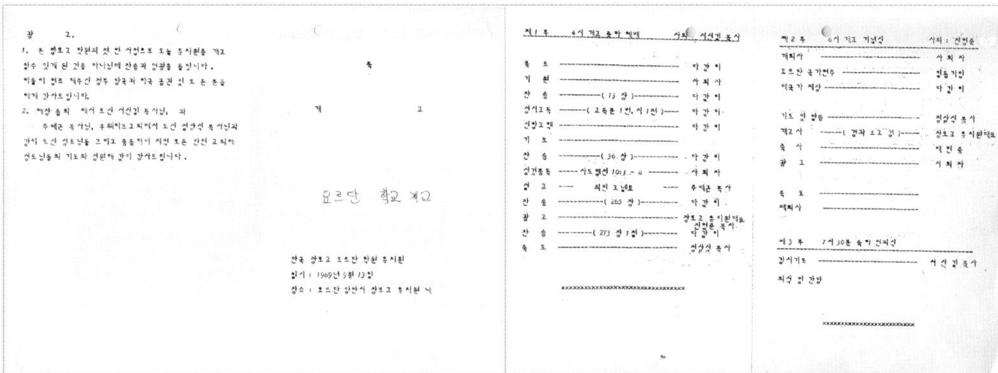

광 고.

1. 온 장로교 학원의 첫 번 사업으로 오늘 유치원을 개교 할수 있게 된 것을 하나님께 찬송과 영광을 돌립니다. 아울러 협조 해주신 정부 당국과 한국 공관 및 모든 분들에게 감사드립니다.
2. 학장 총회 에서 오신 서신길 목사님, 과 주태근 목사님, 쿠웨이트교회에서 오신 정삼식 목사님과 같이 오신 성도님들 그리고 중동에서 지역 모든 한인 교회에 성도님들의 기도와 성원에 깊이 감사드립니다.

축

개 교

요르단 학교 개교

한국 장로교 요르단 학원 유치원
일시 : 1989년 9월 13일
장소 : 요르단 암만시 장로교 유치원 내

제 1 부 4시 개교 축하 예배 사회 : 서신길 목사

묵 도		다 같 이
기 원		사 회 자
찬 송	(13 장)	다 같 이
성시교독	(교독문 1번, 시 1편)	다 같 이
신앙고백		다 같 이
기 도		
찬 송	(36 장)	다 같 이
성경봉독	사도행전 10:1 - 8	사 회 자
설 교	외인 고넬료	주태근 목사
찬 송	(265 장)	다 같 이
광 고		장로교 유치원대표 전형준 목사
찬 송	(273 장 1절)	다 같 이
축 도		정삼식 목사

제 2 부 6시 개교 기념식 사회 : 전형준

개회사		사 회 자
요르단 국가연주		일동 기립
애국가 제창		다 같 이
기도 및 말씀		정삼식 목사
개교사	(경과 보고 겸)	장로교 유치원대표
축 사		내 빈 중
광 고		사 회 자
축 도		
폐회사		

제 3 부 7시 30분 축하 만찬식

감사기도		서 신 길 목사
회식 및 간담		

- 1989년 9월13일(수) 유치원 개교축하 예배 -

정원 64명을 인가받았지만, 첫 번째 해에는 학생 27명으로 시작하였다. **유치원 정규교육**은 아침 6시~오후 3시까지였고, 해마다 20~30명이 졸업하였다. 물론 요르단의 다른 지역에도 기독교계 학교가 있지만, 비싼 학비로 인하여 부유층 기독교 집안이 아니라면, 자녀를 입학시킬 수 없었다. 그러나 이 유치원은 보통 가정의 아이들도 다닐 수 있었다.

유치원 원아들이 자라나면서, 자연스럽게 **교회의 주일학교 개설**로 이어졌다. 매주 토요일 **청소년부 모임**으로까지 이어졌다. 나중에는 그 부모들까지 기독교 모임의 중심이 되었다. 특히 꼬맹이 유치원생이 성장해서, 장로교 유치원의 교사가 된 경우도 있었다.

진영준 목사는 22년 동안 기독교 유치원을 운영했으나, 많은 부채로 인해 재정파탄을 피할 수 없었다. 결국 유치원은 문을 닫게 되었다. 이러한 진영준 목사의 사역들에 **공통된 특징**이 있다. **재정부족**으로 사역이 지속되지 못하는 것이었다.

3) 기독교 한국문화원 개관 (1993.12)

진영준 목사는 장신대 강사문 교수에게서 '요르단 장로교 성지 연구원의 개설'을 제안받은 것이 계기가 되어 **문화선교**를 시작하게 되었다. 그는 성지연구원의 사업보다 더 광범위한 문화활동과 사역이 가능한 **기독교 한국 문화원의 개설**을 시도하게 되었다.[291]

1993년 6월15일, 요르단 정부로부터 **한국문화원 설립허가서**를 받았다. 같은 해 12월15일, 문화원 설립기준의 법령에 맞게 시설을 구비한 후 문화원을 개관하였다. 이날 하마드 문화부 장관도 참석했는데, 요르단 국영 TV가 방송으로 중계하였다. 요르단에서 문화원이 **기독교의 명의로 설립된 것**은 **처음있는 일**이었다.[292]

요르단 한국문화원

문화원 사역으로서 가능한 일과 허가된 사업 활동은 아래와 같이 광범위하였다.[293]

* 한국문화의 소개, 한국과 요르단 양국 간의 문화교류 사업
* 한국과 요르단 양국 학자 및 학생 교환프로그램
* 한국의 언어와 문자를 교수하는 한글교실, 아랍어교육(법적으로 허가받은 유일한 공증기관)
* 요르단 성지연구, 탐방활동을 위한 성서 세미나
* 문화원 내 신학교 활동까지 허락받음

291) 진영준, "중동권 한국장로교 선교사역과 현장사례", 선교와 현장, 제 6집(2001년), p.210
292) 진영준, "요르단 진영준 선교사", 「한국교회 해외선교의 선구자들」(언더우드선교상수상자), p.249
293) 진영준, "요르단 진영준 선교사", 「한국교회 해외선교의 선구자들」(언더우드선교상수상자), p.250

4) 요르단 장로교회의 설립 (1999.12)

① 현지 교회사역의 필요성

1989년 유치원의 교육사역을 시작하고, 1993년 문화원의 사역을 시작한 이후, 점차 그 결실이 맺히게 되면서, **현지 교회사역의 필요성**이 생성되었다. 1997년 9월 초부터 **기독교 유치원 출신의 청소년들**이 매주 토요일에 모였는데, 이것이 **토요 청소년 모임**으로 성장했기 때문이다. 성탄절이나 부활절에는 청소년들과 그들의 가족까지 150~200명 정도가 함께 모였다.[294]

1998년 2월20일, 진영준 목사는 문화원 내부에 **집회실** 엘림홀을 건축하고, 개관식을 거행했다. 이 개관식에 한국대사관 이경우 대사가 참석하였다. 이것은 문화원의 내부에 집회실을 마련함으로써, **선교사역이 가능한 공간**을 확보하기 위함이었다. 진영준 목사는 이 집회실을 선교사역에 최대한 활용하는 길을 찾는 가운데, **현지 장로교회의 설립**을 도전하게 되었다.[295]

② 요르단 장로교회의 설립허가 (1999.12)

진영준 목사는 현지 장로교회의 설립을 위하여 **문화원과 유치원 장소**를 **종교부지**로 신고하였다. 요르단 정부의 관련기관(내무성, 치안본부, 암만주지사, 정보부)을 거쳐, 1999년 12월11일, 요르단 정부로부터 최초로 **요르단 장로교회의 허가**를 받았다(인허번호 A/2/5/19664, 법무부 추인 2001/6/21).

이 허가에 의해, 아랍인과 외국인, 한국인 기독교인들이 문화원의 집회실에서 언제든지 모일 수 있게 되었으며, 매일 예배를 드리는 것도 가능해졌다. 또한 기독교의 모든 종교의식을 집례하며, 모든 교리를 가르칠 수도 있게 되었다.

이러한 허가를 받은 이후에, 요르단 장로교회는 적극적인 사역도 가능해졌다. 2000년 6월28일에는, 암만 근교의 푸웨이스 시에서 요르단 최초의 **장로교 야외 대중 전도집회**를 개최하였으며, 6월

294) 진영준, "중동권 한국장로교 선교사역과 현장사례", 선교와 현장, 제 6집, 2001년, p.212
295) 진영준, "중동권 한국장로교 선교사역과 현장사례", 선교와 현장, 제 6집(2001년), p.211

30일에는 미국 달러스의 **빛내리 교회** 단기사역팀의 봉사로, **현지 청소년 여름성경학교**를 최초로 개최하여, 58명의 요르단 청소년들이 등록하고, 성황리에 마쳤다.

그런데 진영준 목사의 사역에 공통된 **또다른 특징**이 있다. 요르단에서 최초로 시도한 사역들이 단회적으로 그치거나, 또는 연속되지 못하였다.

③ 장로교 교단으로까지는 발전하지 못하다.

요르단 장로교회가 정부의 허가는 받았으나, **장로교 교단**으로는 발전하지 못했다. 이를 위해서는 예배당의 건축부지를 확보하고, 자체적인 단독 예배당을 건립해야 했다. 건축법 규정에 따르면, 2,000평방미터 이상의 부지를 마련하고, 예배당 건축규정을 따라 교회예배당을 건축해야 했다. 이와같이 자체적인 예배당 건물을 건립하면, **교회당 면허**를 받을 수 있었다. 그러나 이 일은 상당한 재정을 필요로 했으므로, 가능하지 않았다.

진영준 목사에 따르면, 교회당 면허를 보유하게 되면, 어느 곳이든지 **지교회를 설립**할 때, 교회 자체의 결정만으로 가능하다. 그리하여 개척교회와 지교회를 세워서, **장로교 교단으로 발전**할 수 있었다. 그러나 국내교회의 관심부족과 재정부족으로 진행할 수 없었다고 한다.[296)]

5) 시리아, 이라크, 이집트 교회와의 협력사역 (2001~2005년)

진영준 목사는 요르단을 **중동선교의 전략적 요충지**라고 생각하였다. 그리하여 한국문화원과 요르단 장로교회를 기반으로 하여, 사역범위를 **중동지역의 아랍교회**를 섬기는 것으로 더 확장시켰다. **시리아**, **이라크** 및 **이집트 교회**를 돕는 사역을 감당하였다.

296) 진영준, "중동권 한국장로교 선교사역과 현장사례", 선교와 현장, 제 6집, 2001년, p.212

① 시리아 교회 지도자 수련회 (2001.7)

2001년 7월 3~5일, 2박3일의 일정으로 **시리아 교회 지도자 수련회**를 개최하여, 20여명을 초청하고, 숙식과 여비를 제공하였다. 이 기간에 공동생활을 하면서, 한국문화원의 집회실에서 전도훈련과 시리아 교회의 부흥을 위한 세미나와 기도회를 가졌다.[297]

2001년 당시는, 2011년 시리아 내전이 일어나기 이전이었으므로, **시리아 교회**는 아사드 정권으로부터 적극적 지원을 받고 있었다. 장로교회는 정치적으로 큰 영향력을 갖고 있었고, 교회대표는 대법관과 같은 고위급 종교 재판관으로 임명되었다. 그러나 모두가 시리아 교회가 국가교회와 같은 위치에 있으면서, 실상은 **죽은 교회**라는 사실을 안타까워하고 있었다.

한편 2001년 5월 1~2일, 조용기 목사의 **요르단 대성회**가 암만에서 열렸는데, 이 때 한국인 선교사들과 시리아 교회의 대표들이 협력회의를 가졌다. 그들은 **시리아 교회의 회복**을 위해 도움을 요청했고, 한국선교사들은 지도자 훈련을 돕겠다고 약속하였다. 이 약속대로 2001년 7월에 그들을 초청하였다. 제 1차 수련회의 목적은 **시리아 교회의 지도자들**을 **강한 전도자로 훈련**시키는 것이었다.[298] 그러나 이 프로그램도 제 1차로 그치게 되었다.

본래는 시리아 교회 지도자 훈련을 매 1년 1~2차례 개최할 계획이었다. 그러나 제 2차 초청장을 영문으로 보낸 것 때문에, 시리아 교회의 대표들이 미국 스파이로 의심을 받아, 출국금지를 당하게 되었다. 이 일로 인해 더 이상 시리아 지도자를 초청할 수 없게 되었다.

---

297) 진영준, "중동권 한국장로교 선교사역과 현장사례", 선교와 현장, 제 6집, 2001년, p.213
298) 진영준, "요르단 진영준 선교사", 「한국교회 해외선교의 선구자들」(언더우드선교상수상자), p.257

② 제 1회 중동지역 장로교 지도자 세미나 (2003.7)

이집트 장로교의 대표들도 요르단 장로교와 협력할 의향이 있음을 알려왔다. 그리하여 요르단 내 이집트인 현장 대표들을 모아, 유명한 아랍강사를 초청하여 세미나를 갖기로 했다. 이 계획에 의해 2003년 7월 24~29일, 한국문화원에서 **제 1회 중동지역 장로교 지도자 세미나**가 열렸다. 그런데 이 사역도 제 1회로 그치게 되었다.

이 세미나에는 7개 지역(요르단, 시리아, 이라크, 레바논, 이집트, 수단, 바레인)에서 35명의 아랍 장로교의 목회자와 지도자들이 참석했다. **개회예배의 사회**는 진영준 목사가 맡았고, **설교**는 알프레드 사무엘 목사(이집트 교회의 최초 오만 파송 선교사로서 첫 번째 장로교회를 설립함)가 맡았다. 그리고 시리아 교회의 지도자 무닐 한나 목사가 **축도**함으로써 개회예배를 끝마쳤다.

예배에 이어서 **세미나**가 진행되었다. '교회선교와 제자훈련사역'(공일주 목사), '교회지도자와 교회성장'(알프레드 사무엘 박사), '하나님의 나라와 복음'(진영준 목사), '하나님의 나라와 예수'(부산장신대 김형동 교수) 등 모두 13개의 강의가 진행되었다.[299] 세미나 후에는, **중동 아랍 장로교 지도자 협의회**가 열렸다. 이 회의에서 '중동 아랍 장로교의 부흥과 성장', '목회자 양성', '교역자 연장교육' 등의 여러 사안들이 논의되었다. 이날 **장로교 신학교의 개설**을 요청하는 이들도 있었다.[300]

③ 이라크 교회 지도자 전도훈련 세미나 (2005년)

2005년, 이라크 장로교회의 대표들도 요르단의 장로교 대표들과 함께 모여 협력회의를 가졌다. **이라크 장로교회**는 걸프전쟁 전까지는 **이라크 정부**가 공인한 유일한 교회였다. 요르단의 진영준 목사와 노규석 목사, 미국개혁 장로교의 마크 선교사, 그리고 요르단장로교 개척교회(온누리교회 지원, 5년간 7~80명 회집)의 쟈키 목사[301]가 회합을 갖고서, **이라크 공인 장로교**(대표 유시프 알삭카)가 **한**

---

299) <한국기독공보>, 2003.8.23, "제1회 아랍 중동 장로교지도자 세미나"
300) 진영준, "요르단 진영준 선교사", 「한국교회 해외선교의 선구자들」 (언더우드선교상수상자), p.258

국장로교(예장통합)와 공적 교류를 갖기로 합의하였다. 이 합의내용은 문서로 작성되어 교환하였다 (온누리교회 노규석 목사 기록).[302]

이 합의에 의해, **이라크 장로교회 지도자**를 위한 **전도훈련 세미나**를 개최하게 되었다. 걸프전쟁의 와중에도 4차에 걸쳐 전도훈련 세미나(2박3일)를 열었다. 이를 위한 여비와 숙식을 제공하였는데, 그 비용은 핀란드인 하노 선교사가 후원하였다.

한편 이 일은 요르단 장로교를 세우기 위한 일환으로 시작되었다. 진영준 목사는 노규석 목사, 미국의 마크 선교사, 그리고 요르단의 자키 목사와 함께 요르단 장로교를 세우기로 하고, 이라크 장로교회와도 협의하고자 했다. 그런데 진영준 목사가 수시로 말을 바꾸면서, 현지인들의 신뢰를 잃게 되었고, 요르단 장로교의 설립을 추진하던 일도 중단되었다.

6) 장로교 신학교의 사역 (2004~2010년)

① 요르단 복음 장로교 신학교의 개교 (2004.10)

2003년 3월, 미국의 이라크 침공이 있었다. 이 전쟁으로 인해 **이라크 난민들**이 요르단으로 몰려오게 되었다. 진영준 목사는 미국 댈러스의 빛내리 한인교회(이연길 목사), 한국의 여러 협력교회들(덕수, 동일, 동은, 신일교회) 및 후원단체의 도움으로, 이라크 피난민들을 섬기게 되었다.

진영준 목사는 **전도목적**으로 이라크 피난민을 가가호호 방문하는 과정에서, 집안에 숨어 칩거하는 청년들을 목격하고 참담함을 느꼈다. 그리하여 한 가정집을 빌려, 그들을 위한 **선교교육 프로그램**을 시작했는데, 이집트인 **아이이만 목사**(수단 나일신학교 교수)가 이 사역의 동역자로 섬겼다. 그런데 아이이만 목사가 갑자기 체포되어 추방당할 위험에 놓이게 되었다.[303]

---

301) 자키 목사는 요르단 자유복음주의 교단에서 목사 안수받았다. 현재 그는 요르단 나사렛 교단 목회자로 사역하고 있다.
302) 진영준, "요르단 진영준 선교사", 「한국교회 해외선교의 선구자들」, pp.257-8
303) 진영준, "요르단 진영준 선교사", 「한국교회 해외선교의 선구자들」(언더우드선교상수상자), p.251

이로 인해 정부의 허가를 받아 교육 프로그램을 운영할 수 있는 길을 찾게 되었고, 이것이 **신학교의 허가**를 받는 일로 발전되었다(문화부 등록번호 132/7/14/tha, 1432하-36. 허가서에 등록된 영어교명은 Presbyterian Theology Seminary & Language, 아람어로는 '요르단복음 종교학과 언어 세미너리'였다.)

2004년 10월16일, **장로교 신학교의 개교예배**를 드리고, 개강을 하였다. 처음에 16명의 신학생이 등록했으나, 개강 후 일주일 뒤 40명으로 등록을 마감할 수 있었다.[304] 그런데 이 요르단 장로교 신학교는 정식학위와 신학수업을 제공할 수 있는 신학교가 아니었으며, 또 지원학생도 일정 자격을 갖춘 신학생도 아니었다.[305]

요르단복음 장로교 신학교 입학식 기념사진

② 제자훈련 신학과정의 운영

요르단 장로교 신학교는 **제자훈련 신학과정**을 운영하였다. 아랍 8개국(요르단, 팔레스타인, 이집트, 이라크, 시리아, 레바논, 아프리카 수단, 에르트리아)의 신학생들에게 월 교통비 30달러와 저녁식사를 제공하였다. 또 7개국(한국, 미국, 핀란드, 영국, 이라크, 요르단, 인도네시아)에서 온 선교사들[306]이 교수사역으로 동역하였다. 2005~2006년, 노규석 목사도 일대일 제자양육과목을 가르쳤다.

정규과정은 연간 3학기제의 2년 과정이었다. 이 정규과정 외에도, 영적 재생산을 위한 집중강의와 십자가 다리전도법을 완전하게 숙달시키기 위한 **단기 12주간 코스**도 진행하였다.[307]

그러나 2010년, 요르단 장로교 신학교는 6년 동안 운영된 후에, 문을 닫게 되었다.

304) 진영준, "요르단 진영준 선교사", 「한국교회 해외선교의 선구자들」(언더우드선교상수상자), p.252
305) 요르단 복음주의신학교(JETS)가 요르단에서 정식학위와 신학수업을 제공하는 신학교이다.
306) 요르단인 교수만 유급이었고, 다른 모든 교수들은 교통비만 지급받는 자원선교사였다.
307) 진영준, "요르단 진영준 선교사", 「한국교회 해외선교의 선구자들」(언더우드선교상수상자), p.253

(6) 요르단 한인교회의 마지막 역사

매우 안타깝게도 **요르단 한인교회**는 끝까지 건강하게 서 있지 못하였다. 2000년대 말에 요르단 한인교회는 불미스러운 일을 겪으며, 계속하여 쇠퇴했다. 교회이름을 **요르단 알곡교회**로 개명을 했다가, 교인들이 계속하여 줄어들면서, 2009년경에 이 교회는 문을 닫았을 것으로 추정된다. 그런데 이것도 당시 분들의 추정이었고, 정확한 사실을 알지 못하였다.

2012년 4월31일, 진영준 목사는 29년 간의 요르단 현지선교사역을 마친 후, 은퇴하여 한국으로 돌아갔다. 진영준 목사가 설령 제 1회 **언더우드 선교상**을 수상했을찌라도, 실제로 그의 가까이에서 사역했던 동역자들 상당수가, 그에게 큰 실망과 상처를 받았다.

진영준 목사는 현지인 선교를 위해 새로운 시도를 많이 하였다. 주로 요르단 정부로부터 정식 설립허가를 받은 것을 근거로 삼아서 사역하였다. **기독교 유치원** 설립허가(1989.3.1)를 시작으로, **기독교 한국문화원**의 설립허가(1993.6.15), **요르단 장로교회**의 설립허가(1999.12.11) 및 **장로교 신학교**의 설립허가(2004.10)가 그것이었다. 이 중에는 '최초의'란 수식어가 붙는 경우가 많았다. 그것이 주는 매력도 크다. 그러나 한국문화원 외에는, 남아있는 것이 없다.

물론 **현실적인 업적**이 남아야 하는 것은 아니다. 지금 **기독교 유치원**은 없어졌어도, 22년 간의 교육사역을 통해서 선한 영향력을 입은 어린이들이 있을 것이다. 왜냐하면 개신교와 정교회 배경의 많은 유치원 교사들이 헌신적으로 섬겼기 때문이다. 또한 지금 **장로교 신학교**는 없어졌어도, 그 당시 6년 간의 신학훈련을 통해 소중한 영적 훈련을 받은 아랍 신학생들도 있을 것이다. 왜냐하면, 무보수를 자원하여 교수사역을 섬겼던 6개국의 선교사들도 있었기 때문이다. 지금은 사라졌어도, 그 기관이 서 있던 당시에 **하나님의 역사하심이 있었음**까지 부인할 수는 없다.

그러나, '왜 지금 **요르단 한인교회**는 요르단에 없는가?'를 묻지 않을 수 없다. '무슨 아픔과 무슨 그릇된 일이 있었기에, 쿠웨이트 한인연합교회와 서울 반포교회가 수년간 엄청난 열정과 희생으로 도왔던 그 교회가 사라졌는가?'를 질문하게 된다. '**개인의 잘못**을 찾아내기 위해서'가 아니라, '**우리 공동체의 부족함**을 돌아보기 위해서'이다.

요르단도 **왕정 국가**이지만, 걸프지역의 왕정 국가와는 매우 다르다. 걸프지역의 왕정 국가들은 엄격한 이슬람주의에 근거하기 때문에, **이슬람 선교의 기지**가 되기에 부적합하다. 그러나 요르단의 경우에, 주변에 이라크, 시리아, 팔레스타인, 레바논 등과 인접하여 **지리적 요충지**일 뿐만 아니라, 특히 기독교의 명의로도 설립허가를 받을 수 있는 영역들이 있다. 그러므로 현재 요르단은 이슬람 선교의 전략적 기지로 삼기에 적합한 지역이다.

현재 이러한 요르단에 '요르단 한인열방교회'(2004년), '요르단 한인교회B'(2008년) 그리고 '국제 요르단 한인교회'(2013년)가 세워져 있다. 또한 현재 신실한 선교사들이 요르단 땅을 복음으로 굳게 지키고 있다. 우리 **인간의 실패**가 파괴하는 능력보다, 그러함에도 불구하고 우리 **하나님의 신실하심**이 성취하는 능력이 훨씬 더 강하다. 지금 요르단 땅을 복음의 사명으로 힘있게 지키고 있는 신실한 사역자들을 응원한다.

3. 이라크 : 이라크 한인연합교회A (1986년) [308]

이라크는 사우디아라비아와 리비아와 함께 우리 나라 주요한 건설시장들 중 하나였다. 1976년 **신원개발**이 이라크의 남부 항구도시 **움 카스르**(Umm Qasr)에 진출한 것을 처음으로, 1977년 3월 **삼성종합건설**이 **움 카스르** 부두건설공사를 수주하면서, 한국기업의 이라크 진출이 시작되었다. 본격적인 진출은 **이란-이라크 전쟁**이 발발한 1980년 이후부터였다. 특히 1981~82년에는 연간 수주액이 15억 달러에 이를 정도로 큰 성과를 거두었다.[309]

현대건설은 1977년 이라크의 남부 **바스라**(Basra) **하수도 1단계 공사**를 시작으로 이라크에 진출한 이래, 알무사임 화력발전소 공사, 북부철도 공사, 바그다드 메디컬시티, 카르발라 정유공장 등 총 39건, 70억불 (약 7조8000억원)에 달하는 공사를 수주하였다.

1981년 이후 현대건설, 한양, 대림산업, 동아, 삼성 등 9개 건설회사들은 건설현장에 약 15,000 여명의 건설 근로자들을 파견하였다. 그들 중에는 **신실한 그리스도인들**도 포함되어 있었다. 그들에 의해 각 회사들 캠프 내에 **현장교회**가 세워지고, 예배가 드려지게 되었다.[310] 이와같이 건설현장이 세워지는 곳마다 **현장교회**가 세워지는 것은 이라크에서도 마찬가지였다. 이라크에서도 건설호황이 통로가 되어, **현장교회**와 **한인교회들**이 세워지게 되었다.

(1) 현장교회들이 세워지다.

1) 바스라 및 이라크 남부지역

한국의 건설회사들이 **이라크의 남부지역**에 먼저 진출했으므로, 현장교회가 가장 먼저 세워진 지

---

308) 온누리교회의 선교팀도 2003년에 '이라크한인연합교회'를 세웠다. 두 교회의 구별을 위해 이라크한인연합교회A'(1986)와 '이라크한인연합교회B'(2003)으로 칭한다.

309) 해외건설협회, 해외건설 백서 (해외건설협회, 1987), p.230 in 안상준, pp.97-98 재인용

310) 안상준, "한인교회를 통한 중동선교의 역사적 고찰", p.98

역도 이라크의 남부지역이었다. 1977년 신원개발과 삼성종합건설이 진출한 이라크 남부항구도시 **움 카슬**(Um QASR)에 '**한국인 기독교회**'라는 모임이 생겼다.[311] 이 모임이 이라크 최초의 현장교회로 여겨진다. 아쉽게도 더 이상의 기록을 찾을 수 없었다.

1985년 11월, 쿠웨이트한인연합교회 **최형섭 목사**는 이라크 방문기간에 쿠웨이트의 치리지역인 **바스라 주**(Al Basrah)도 둘러보았을 때, **움 카스르** 뿐만 아니라, 다른 지역에도 현장교회들이 있었다.[312] 최형섭 목사는 바그다드에서 자동차로 **바스라 시**(Basra)에 도착하여 둘러보았다. 바스라 시내에는 가톨릭, 침례교, 동방교회 등 6~7개의 큰 교회들이 있었다. 이라크는 중동에서 기독교 교세가 우세하고, 종교활동도 활발한 지역이었다. 그러나 바스라 지역에 한국 교민은 없었다.

현대 바크라(BAQRA)**현장**, **삼성 움 카스르**(UM-QASR)**현장**, **현대 바납**(BANAB)**현장**, 그리고 **현대 701현장**에 현장교회들이 있었다. **현대 바크라 교회**는 회장 박용진 집사가 철수를 앞두고, 20여명이 모이고 있었다. **삼성 움 카스르 교회**는 87년 2월까지 공사기간을 예상하면서, 김종하 권사를 중심으로 30여명이 모였다(제직 : 정구연, 이영식 집사). **현대 바납 교회**는 1986년 7월까지 해군기지 건설공사를 맡았으며, 한국인 167명 중 약 15명의 교인이 모이는데, 예배인원이 늘어나고 있었다. **현대 701현장**은 소수 인원이 측지/탐사작업을 하였는데, 최근 7억5천만불 규모의 해군 조선/수리소 건설을 수주하여 2,500명까지 현장인원의 증가가 전망되었다.

최형섭 목사는 다음 방문 시에는 **바스라 지역 연합회**를 발족할 것을 현장교회의 대표들과 약속하였다. 그리고 **바스라 지역**은 쿠웨이트의 치리구역이므로, **매월 1회 연합예배**를 인도하는 것이 좋겠다고 생각했다.

---

311) 이 모임이 이라크에서 최초일 가능성이 높은데, 또다른 기록은 안상준 p.98 외에 찾을 수 없었다.
312) 최형섭, 이라크 선교여행 보고서 (1985.11.7~11.13), p.3

요시 현장교회들

1981년 이라크 경제개발계획의 일환으로 **이라크의 요시**(YOSY) **고속도로**가 건설되었다. 이 고속도로는 이라크 **남부 바스라**에서 출발하여 **수도 바그다드**를 경유하여 서쪽의 요르단과 시리아의 국경을 연결하는 기간도로였다.[313] **현대건설**이 이 공사를 수주하여, **요시 현장교회들**이 세워지게 되었다.[314] 1985년 5월 교회현황보고서에 의하면, 요시 현대교회들의 상황은 다음과 같았다.

	창립	회장	집사	재적	예배참석	공사인원/한국인
YOSY 본부교회	1983.10	황준근 장로	6명	85명	40명	
YOSY1공구교회		이영우 장로	5명	120명	50명	750명
YOSY2공구교회	1984.8	이용덕 집사	8명	40명	30명	280명
YOSY3공구교회		김동석 집사	2명	16명	10명	200명

현대 요시교회(본부교회)는 한주 세 번의 정기예배가 있었다 : 주일낮예배(오전10시), 주일저녁예배(오후 7시), 그리고 삼일기도회(일/오후 9시30분). 1984년 11월16일자 주보에 황준근 장로(회장)와 심영섭 집사(총무)가 설교를 맡았고, 예배사회는 양봉래 집사(서기)와 이병철 집사(회계)가 맡았다. 구역예배 와 성가연습도 각각 화요일과 목요일 저녁 9시30분에 있었다. 11월의 기도제목은 '교인배가운동 전도대회'였다. 한 사람이 한사람씩 전도하기 위해 많은 기도를 하도록 격려했다. 이 교회는 **평신도들**에 의해 **스스로** 세워지고, 스스로 **예배**와 **기도**와 **전도**를 모두 실천하였다.

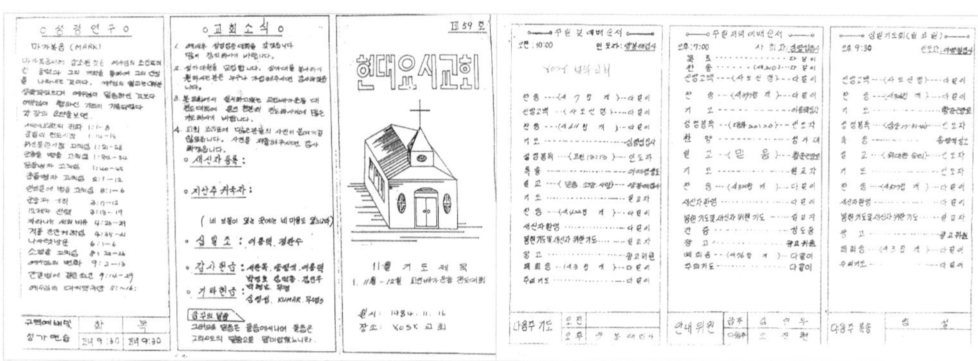

요시본부교회 1984년11월16일자 주보(제 59호)

313) 현대건설 공식 NAVER블로그, [랜드마크 스토리] 인류문명의 뉴런, 세계와 미래를 향해 달려라
314) 1985년 5월25일 통신기록에 의하면, 당시 YOSY 현장은 바그다드에서 480Km의 거리에 있었다.

요시1공구교회도 한주 세 번의 정기예배가 있었다 : 금요낮예배(오전 10:30)와 저녁예배(저녁 8시), 그리고 일요저녁예배(저녁 10시). 예배의 설교는 이영우 장로(회장), 권영봉 집사(서기, 회계), 그리고 문광석 집사(총무)가 맡았다. **어린 신자의 비중이 높았다**. 세례교인 2명, 학습교인 10명이었다. 그런데 **세례교인** 남한식 성도가 **봉사부장**을 맡았다. 이처럼 모든 성도 전체가 교회를 섬겼다.

일요저녁예배는 일요기도예배로 모였다. 예배 후에 제 2부 기도회를 가졌다. 주보에 기도제목을 소개하였다. **중도기도의 폭**이 넓었다. ① 국가와 민족을 위한 기도, ② 가정과 교회를 위한 기도, ③ 회사와 YOSY를 위한 기도, ④ 자신과 앞날을 위한 기도, ④ 세계선교를 위한 기도.

그런데 교회는 **신앙의 기초자료**조차 부족한 상황이었다. 제적교인 120명 중에 예배참석인원이 50명인데, 성경 50권이나 부족했다. 그리고 종교서적과 전도지가 필요하다고 요청하였다.

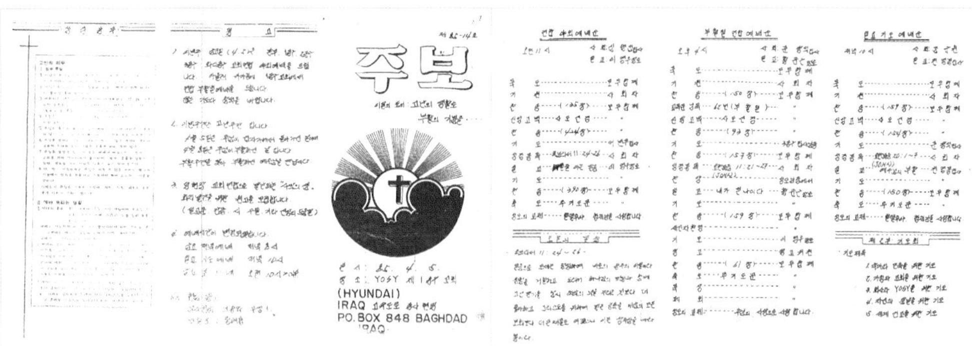
주보
(HYUNDAI)
PO.BOX 848 BAGHDAD

요시1공구 교회 1985년4월5일자 주보(제 85-14호)

요시2공구교회도 한주에 세 번의 정기예배가 있었다 : 주일오전예배(금/오전 10시)와 저녁예배(저녁 9시), 그리고 삼일기도회(일/저녁 9시). 주일오전예배를 비롯하여 **예배설교**는 집사들이 차례대로 담당했다. 임원도 집사들이 담당했으나(회장 이용덕 집사, 총무 임학래 집사, 서기/회계 서범무 집사), **부장**은 성도들이 맡았다(예배부 경완수, 전도부 임성안, 봉사부 오유한, 친교부 강일수). 주보에서 금주/다음 주의 **예배안내위원**도 집사가 아닌 성도였다. 이와같이 교회를 세우고 유지하는 일을 위해, 집사 뿐만 아니라, 집사가 아닌 일반 성도들도 함께 헌신적이었다.

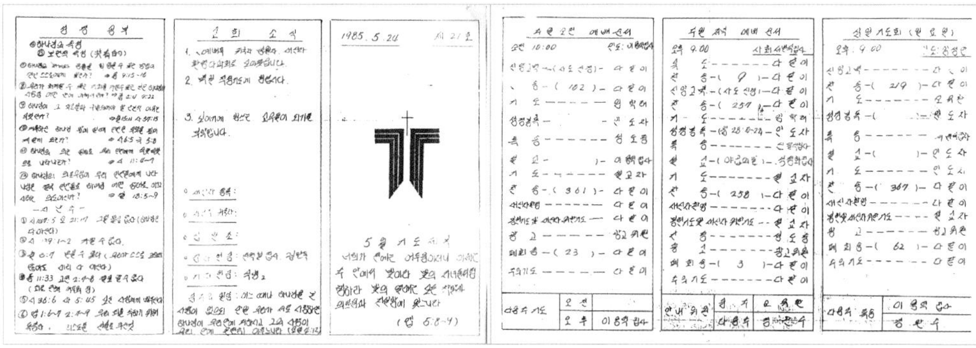

요시2공구 교회 1985년5월24일자 주보(제 21호)

요시3공구교회는 인원이 너무 적었다. 1985년 5월 교회현황보고서에 의하면, 집사 2명, 세례교인3명, 예배참석 10명, 재적교인 16명에 불과했다. 임원조직은 구성되지 않았고, 김동석 집사가 대표집사를 맡았다. 구역조직이 1~3구역으로 편성되었다. 신앙서적의 공급을 요망하고 있었다.

아부베스트 한양교회

건설사 **한양**은 1981년 10월 바그다드 하이파지역 재개발 공사를 시작으로 이라크에 진출한 후, 그 후에는 관계수로 중심으로 공사를 수주했다. 그 중 하나가 바그다드에서 남쪽으로 자동차로 5시간 거리인 **아부 베스트 토목공사현장**이었다.[315] 공사 예정기간은 1982년 2월~1985년 10월이었다. 이 토목공사현장에 **아부 베스트 한양교회**가 세워졌다.

1985년 5월 교회현황보고서에 의하면, 아부 베스트 한양교회는 재적교인 45명, 예배참석 25명이었다. 집사 3명과 세례교인 3명 뿐이었다. 임역원조직은 갖추고 있었다(회장, 서기, 총무, 회계, 예배부, 전도부, 봉사부).

315) 이 공사현장(아부베스트 토목공사)의 정확한 위치는 찾지 못하였다.

남부지역의 교회들

이라크 남부지역의 현장교회들은 넓게 흩어져 있었다. 가장 멀게는 바그다드에서 500km 거리의 **바스라 지역**부터, 고속도로 건설공사를 맡은 **현대건설의 요시교회들**과, 토목공사를 하는 **한양교회**까지 매우 서로 다른 지역에 위치해 있었다. 바스라 지역은 지역연합회를 구성할 필요가 있었다. 요시 교회들은 자체적으로 잘 운영되고 있었으나, 한양교회는 홀로 떨어져 있었다.

1985년 5월에 이라크의 각 현장교회가 작성한 **교회 현황보고서**는 쿠웨이트 한인연합교회의 **땅끝복음 중동선교회**에 제출하기 위한 것이었다(우측 사진 참조). 이라크 건설현장의 경우는 이러한 '교회현황보고서'와 '현장교회의 주보'들이 쿠웨이트 한인연합교회에 보관되어 있어서, 그 당시 **역사의 재구성**이 가능했다.

이 현황보고서의 작성 전후를 비교해 보면, 그 교회의 임원조직이 **크게** 바뀌거나, 재적교인 및 예배참석인원이 **크게 변동**되는 경우가 많았다. 그만큼 그 당시에 **건설현장의 변동**이 **컸음**을 알 수 있다. 주로 다른 현장으로 전출되거나, 또는 공사완료로 인해 귀국하는 경우가 많았다. 이것은 남부지역 뿐만 아니라, 이라크의 모든 현장교회들이 경험하는 일이었다.

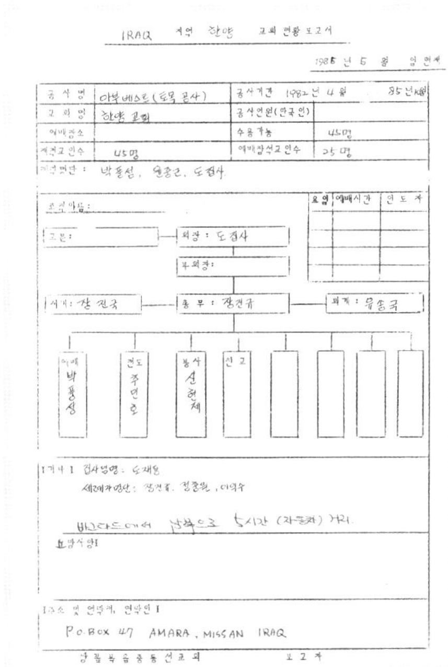
IRAQ 지역 한양 교회 현황 보고서

1985 년 5 월 일 현재

공 사 명	아부베스론(토목 공사)	공사기간	1982 년 4 월 85 년
교 회 명	한양 교회	공사인원(한국인)	
예배장소		수용가능	45명
재적교인수	45명	예배참석교인수	25 명

직분명단 : 박풍성, 주면호, 도집사

조직이름 :

고문 :
회장 : 도집사
부회장 :
서기 : 장진국
총무 : 장진규
회계 : 유송국

예배 박풍성
전도 주면호
봉사 선현체
친교

요일	예배시간	인도자

[기 타] 집사명명 : 도재을
세례자명단 : 장진규, 정종원, 이익수
바그다드에서 남쪽으로 5시간 (자동차) 거리.

요망사항

[주소 및 연락처, 연락인]
P.O.BOX 47 AMARA, MISSAN IRAQ

땅끝복음중동선교회 보고자

- 교회현황 보고서 양식 -

2) 북부지역

1982년 이라크 북부지역에 **철도공사**와 **수로공사**가 있었다. **현대건설**을 비롯하여 **남광토건**, **정우개발**이 철도공사를 수주하여 이라크 북부지역으로 진출하였고, 건설사 **한양**은 관개수로 토목공사를 수주하여 **키르쿠크**(Kirkuk)지역에 진출하게 되었다. 키르쿠크는 바그다드에서 북쪽으로 약 250km 정도의 거리에 있었다. 북부지역의 철도공사와 수로공사의 건설현장에 상당한 현장교회들이 세워지게 되었다.

① 현대건설의 현대 북철교회

현대건설의 공사예정기간은 1982년 8월~1986년 8월까지였다. **철도공사**의 특성상 공사현장이 한곳에 모여있던 것이 아니라, 여러 곳에 멀리 흩어져 있었다. 따라서 현장교회들도 흩어져 있을 수 밖에 없었다. 이 북부철도공사의 여러 현장교회들의 총칭이 '**현대 북철교회**'였다. 여기서 **북철**(北鐵)이란 '북부철도'(北部鐵道)의 약자이다.

현대 북철교회는 그 안에 본부교회, 2공구교회, 3공구교회, Track공구교회, 석산공구교회, 건축교회가 있었다. 이 교회들은 모두 현대 북철교회이므로 서로 연락하며, 도움을 받았다.

	본부교회	2공구교회	3공구교회	Track공구교회	석산공구교회	건축교회
예배인도자	엄기영 집사	원영호 장로				정규채 집사
예배인원	60	35	20	25	20	70
재적인원	100	50	45	55	55	110

아래에 1985년 5월 교회현황보고서의 내용과 비교하면, 그 이후 **현장교회의 변화**가 상당히 큰 것을 알 수 있다. 전혀 새로운 현장교회가 등장하거나, 또 이름이 사라진 현장교회도 있다.

교회명	회장	공사인원	재적	예배참석	공사명
a. 북철본부교회	김영인 집사	5,000	60	35	북철건축(투목)
b. 북철2공구교회	원영호 장로	250	37	30	북부철도공사
c. 북철트텍A교회	방고환 집사	180	30	20	북부철도공사
d. 북철리야드교회	이제욱 집사	130	20	12	북철트렉B
e. 한마음교회	김정열 집사	260	15	10	북철공사
f. 북철교회	정규채 집사	1,084	90	50	북철건축공사

a. 1985년 5월 교회현황보고서에 의하면, **북철 본부교회**는 주일오전예배(금/오전 8시)와 저녁예배(오후 7시)를 드렸다. 임원회는 구성되었다(회장, 부회장, 서기, 총무, 회계, 봉사부, 음악부). 특이한 점은 세례자 명단을 건축 8명, 토목 5명으로 구분하여 작성한 것이다.

b. **북철2공구교회**는 주일저녁예배(금/오후 7시)만 한번 드렸고, **원영호** 장로가 예배를 인도하였다. 임원회는 구성되지 않았다. 이 교회는 쿠웨이트의 선교를 위해 기도하고 있었다. 쿠웨이트 한인연합교회 최형섭 목사가 북철교회를 방문했을 때, 원 장로는 예배참석을 위해 400km를 달려왔다고 한다. 그렇다면 이 현장은 북철교회의 현장으로부터도 매우 먼 곳에 있었다.

c. **북철트랙A교회**는 주일저녁예배(금/저녁 5시)만 한번 드렸고, 회장 방고환 집사가 예배를 인도했다. 진교배 집사가 서기와 회계를 겸직하여 임원회를 구성했다. 신앙서적과 설교자료를 요망했다.

d. 트랙B공사를 맡은 **북철 리야드교회**는 주일저녁예배(금/오후 7시) 한번만을 드렸고, 회장 이제욱 집사가 예배를 인도하였다. 임원회는 구성되었다(회장, 부회장, 서기, 총무, 회계, 봉사부, 선교부). 그리고 '최근내로 창립 → 키룩크(Kirkuk) R30으로 이전할 것' 이라는 기타사항이 있었다.

e. **3공구 교회**와 **석산공구교회**의 이름이 보이지 않는 대신, **한마음교회**가 등장한다. 한마음교회는 주일오전예배(금/오전 9시)와 저녁예배(오후 7시)를 드렸다. 회장 김정열 집사가 예배를 인도하였고, 설교는 설교 Tape을 경청했다. 임원회는 구성되었다(회장, 서기, 총무, 회계). 그런데 '성경책 공급요망 → **북철토목교회**에서 공급하기로 함'이라 기록되었는데 북철토목교회가 어느 현장교회를 가리키는지 불분명하다. 위의 교회명단에는 없다.

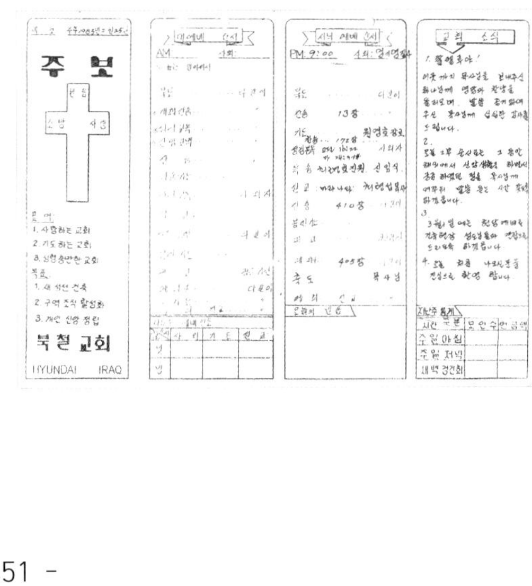

f. **북철교회**(회장 정규채 집사)는 **북부철도 건축교회**(예배인도자 정규채 집사)와 동일한 교회일 가능성이 높다. 1985년 5월17일자 **북부철도 건축교회**의 주보와 1985년 8월에 작성된 **북철교회**의 교회현황보고서를 비교하면, 같은 인물이 상당히 겹치기 때문이다.[316] 단, 1985년 2월25일

북철교회의 주보(단면)와 1985년 5월17일 **북부철도 건축교회**의 주보(양면)가 매우 다 르다.[317]

북부철도 건축교회 1985년5월17일자 주보(제 13호)

북부철도 건축교회는 주일오전예배(금/오전 8시)와 저녁예배(오후 7시)를 드렸고, 설교는 집사들이 맡거나, 조용기 목사의 설교 Tape을 경청했다. **임역원회**가 잘 구성되어 있었다(회장, 부회장, 서기, 총무, 회계, 봉사부, 친교부, 선교부, 음악부, 홍보부). 바그다드에서 한인교회의 설립과 이라크 선교사 파송을 처음 함께 꿈꾸었던 **최근녕 집사**가 이 교회의 **고문**으로 있었다. 임역원회는 매월 첫 금요일 저녁예배 후에 모였으며, 각 부장들에게 사업계획서의 제출을 요구하였다(5월17일 교회소식). 이 교회는 구역조직도 운영하고 있었고, 구역조직 강화의 달도 시행하였다. 구역장과 권찰에게 구역원들의 심방을 당부하고, 그 결과를 선교부장에게 보고하게 하였다(5월17일 교회소식).

② 정우개발의 정우철도교회

1982년 이라크 북부지역의 철도공사에 **정우개발**도 진출하였다. 정우개발의 공사기간은 1982년 6월~1986년 8월이었고, 한국인 공사인원은 400명이었다. 1983년 2월4일(금) 이 건설현장에서 첫 예배가 드려짐으로써, **정우 철도교회**가 세워졌다.

---

316) 겹치는 인물들은 다음과 같다 : 이승웅(예배/사회, 조직/회계), 석주홍(예배/봉헌기도, 조직/선교부), 최근영(예배/교회소식, 조직/고문), 허덕만(예배/안내, 조직/친교부), 이용일(예배/기도, 조직/봉사부), 이한춘(예배/설교, 조직/총무)

317) 교회이름이 뿐만 아니라, 주보양식도 너무 달라서, 둘을 동일한 교회로 여기기가 힘들었다. 단면/3단형식의 기존 주보(85.2.25)를, 양면/2단의 새로운 형식(85.5.17)로 변경하면서, '북철교회'라는 약자를 '이라크 북부철도건설교회'라는 full name으로 기록했을 가능성이 있다.

재적교인 40명, 예배참석인원 30명이었다. 정규예배는 주일 저녁예배(금/오전 8시) 한 번만 드렸고, 예배장소는 도서실이었다. 예배인도는 집사들이 담당하였다.

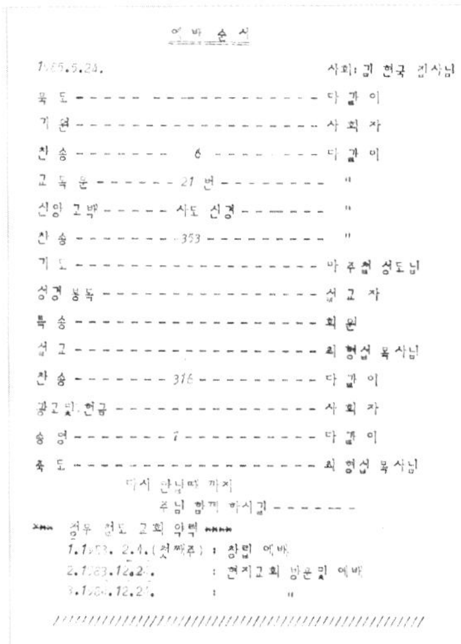
예배순서

1985.5.24. 사회: 김현국 집사님

묵도 ---------- 다같이
기원 ---------- 사회자
찬송 ---- 6 ---- 다같이
교독문 ---- 21번 ---- "
신앙고백 ---- 사도신경 ---- "
찬송 ---- 353 ---- "
기도 ---------- 박주섭 성도님
성경봉독 ---------- 설교자
특송 ---------- 회원
설교 ---------- 최형섭 목사님
찬송 ---- 316 ---- 다같이
광고 및 헌금 ---------- 사회자
송영 ---- 1 ---- 다같이
축도 ---------- 최형섭 목사님

다시 만날때 까지
주님 함께 하시길 ------

*** 정우 철도 교회 약력 ***
1. 1983. 2. 4. (첫째주) : 창립 예배
2. 1983. 12. 2. : 현지교회 방문및 예배
3. 1984. 12. 2. : "

-1985.5.24. 최형섭 목사 설교 -

집사는 3명이었다. **신우회**가 조직되었는데, 특이한 사실이 있다. 회장을 비롯하여 **신우회 임원**은 집사가 아닌 성도들이 맡았고, 집사 3인은 부장을 맡은 것이다(회장 오성균 성도, 서기/총무/회계 김태석 성도, 예배부 성운경 집사, 전도부 주문경 집사, 친교부 김현주 집사). 오히려 구체적 실무사역을 위해 집사가 부장직을 맡은 것 같다.

③ 남광토건의 북철남광교회

남광토건도 이라크 북부지역의 철도공사에 진출하였다. 공사기간은 1982년 8월~1986년 8월이었고, 한국인 공사인원은 700명이었다. 이 건설현장에 **북철 남광교회**가 세워졌다. 이 교회는 재적교인 80명, 예배 참석인원 45명이었다. 주일 오전예배(금/오전 8시)와 저녁예배(오후 7:30)가 드려졌고, 예배장소는 직원식당이었다. **임원회**는 회장 공석의 상태로 구성되었다(부회장, 서기, 총무, 회계, 전도부, 봉사부). 그런데 임역원 중에서 오직 총무 조수형 한 사람만이 **집사**였고, 다른 모든 임역원은 **성도**가 맡았다(부회장 이장열 성도, 서기/회계 김형철 성도, 전도부 안상호 성도, 봉사부 한영종 성도). 조수형 집사는 주일오전 및 저녁예배의 인도도 맡았다.

④ 한양 알자지라 교회

건설사 한양이 맡은 **펌핑 스테이션 공사**는 공사기간이 1984년 12월~1986년 12월이었고, 한국인 공사인원 200명이었다. 이 건설현장에 **한양 알자지라 교회**가 세워졌는데, 집사 5명, 재적교인 20명, 예배 참석인원 15명으로 규모는 작은 편이었다. 임원조직은 회장과 회계만 임명되었다. 주일 오전예배(오전 8:30)와 저녁예배(오후 8:30)가 있었고, 예배설교는 설교 Tape를 경청했다.

⑤ 한양 껄꾹교회

1982년 건설사 **한양**은 이라크 북부지역의 **키르쿠크**(Kirkuk)에서 **관개수로 토목공사**를 맡게 되었다. 수로공사의 공사기간은 1982년 10월~1986년 12월이었고, 한국인 공사인원은 500명이었다. 당시 **쿠르드족의 출현**으로 오후 5시 이후에는 통행이 금지되었다. 이러한 상황에서 이 토목건설현장에 **한양 껄꾹**(Kirkuk)[318] **교회**가 세워지게 되었다.

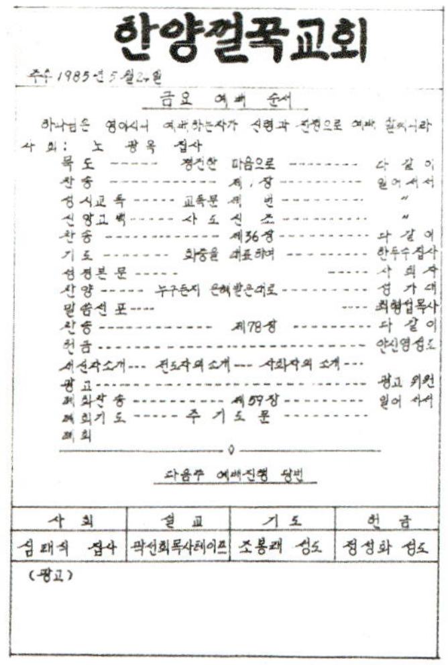

한양껄꾹교회

주후 1985년 5월 24일

금요 예배 순서

하나님은 영이시니 예배하는자가 신령과 진정으로 예배 할찌니라

사회: 노광옥 집사

묵도 ------ 경건한 마음으로 -------- 다 같이
찬송 ------------ 제1장 ------------ 일어서서
성시교독 ----- 교독문 제 번 ---------- 〃
신앙고백 ----- 사도신조 ----------- 〃
찬송 ------------ 제36장 ------------ 다 같이
기도 -------- 회중을 대표하여 ---------- 한두수 집사
성경본문 ----- ----- 사회자
찬양 ----- 누구든지 은혜받은대로 ---------- 성가대
말씀선포 ---- ---- 최형섭 목사
찬송 ------------ 제78장 ---------- 다 같이
헌금 ------------------------------ 안신영 성도
새신자소개--- 전도자의 소개 --- 사회자의 소개 ---
광고 ------------------------------ 광고 위원
폐회찬송 ---------- 제59장 ---------- 일어서서
폐회기도 ----- 주기도문 ----------
폐회

다음주 예배진행 담당

사회	설교	기도	헌금
심재식 집사	곽선희목사테이프	조봉래 성도	정성화 성도

(광고)

-1985.5.24. 최형섭 목사 설교 -

한양 껄꾹교회는 재적교인 55명, 예배 참석인원 40명이었다. 정규예배는 주일저녁예배(오후 8시)만 드렸고, 예배인도는 집사들이 맡았다. **설교**는 조용기/곽선희 목사의 설교 Tape을 경청했다. 집사는 5명이었고, **임원회**가 조직되었다(회장, 서기, 총무, 회계). 그런데 회장과 총무는 **집사**가 맡았으나, 서기와 회계는 **성도**가 맡았다(회장 노광옥 집사, 서기 최봉주 성도, 총무 조봉래 집사, 회계 박재득 성도). 예배인도는 **집사들**이 맡았으나, 대표기도와 헌금위원은 **성도들**이 함께 수고하였다. 교회에 성경 10여권과 찬송가 20권이 부족한 상태였다. 이처럼 가장 기본적인 것도 부족하였다. 그런데도 그들은 **환자방문**(의무실)과 **감옥수감자**를 방문하는 일을 감당했다.

북부지역의 교회들

북부지역에는 철도공사와 수로공사를 위해 현대건설, 정우개발, 남광토건, 한양의 건설현장들이 있었다. 이 건설현장을 따라 현장교회들도 상당히 세워져 있었다. 그러나 아직 **북부지역**이 하나로 연합되어 있지는 않았다. 1985.5.25 통신기록에 의하면, 당시에 현대, 남광, 한양, 대림, 정우, KOCC는 **베이지**(Baiji)에 있었고, 정우는 키르쿠크두 현장 모두 있었다. 한양도 두 곳 모두에 현장이 있었던 것 같다.

318) Kirkuk은 '키루꾹', 또는 '껄꾹'으로도 읽을 수 있다.

3) 바그다드 지역

1980년에 이라크의 수도 **바그다드**에는 처음으로 교회가 세워졌고, 1984년에는 바그다드 시내에 세 개의 교회로 늘었다. **현대 하이파교회**, **현대 메시교회**,**한양 하이파교회**였다. 바그다드 인근에는 **현대 사마라교회**, **현대 팔루자교회**, **삼성 아브그레이브 교회**, 그리고 **알무스 현대교회**가 있었다.

① 현대 바그다드 교회 (1980.8.8)

현대 바그다드 교회(현대 MECY와 SUMA 현장교회)가 1980년 8월8일 바그다드에서 가장 먼저 세워진 한인교회였다. 이 교회는 **현대 메시교회**와 거의 동일하게 여겨지는 것 같다. 1984년 규모는 40~50명 정도로 작았으나,[319] 그 활동의 폭은 상당히 컸다. MECY의 현장숙소에 불이 났을 때, 사랑의 손길로 섬겼으며, 어려움을 겪는 다른 현장교회를 도왔다. 1985년 2월22일자 주보는 '성경, 찬송 여유분 있으면, **바스라 교회**에 지원해 주기를 바란다'고 광고한다. 뿐만 아니라, 한국의 충남 보은에 있는 한 **개척교회**를 도왔고, 또한 고아원인 **무장 애육원**도 지원하였다.

특히 현대 바그다드 교회는 **현대 하이파교회**의 설립을 위해 기꺼이 산고의 큰 고통을 감당했다. 그들은 예배시간마다 집사 몇 명씩을 파송하였고, 또 현대 하이파교회가 자립할 때까지 물질로 도왔다. 그리하여 장형일 장로는 **현대 바그다드 교회**가 사도행전의 **예루살렘 교회**처럼 **어머니 교회의 역할**을 감당했다고 말한다.[320]

---

319) 1982년 초에는 50명 조금 넘는 인원이 모였으며, 1984년에는 40~50명 정도의 인원이 모였다.

320) 이 내용은 1982년 4월2일에 장형일 장로가 쿠웨이트한인연합교회 최형섭 목사에게 보낸 편지 내용의 일부이다 : "바그다드에 처음 한인교회로 세워진 어머니 교회인 바그다드 교회는 **초대교회의 예루살렘교회**처럼 어머니 교회로서 HAIFA교회를 세우는데 전력하여 산고의 고통을 겪으며, HAIFA 교회를 세웠습니다. HAIFA 교회가 자립할 때까지 최선을 다해 말씀증거와 물질로 도와주었으며, MECY 현장 석산에도 신실한 종을 파송하여 30여명 중 20명을 전도하여 독립된 교회로 성장시켰으며, 교우는 200여명이 되고, 평균 집회에 참석하는 성도가 100여명을 약간 상회하고 있습니다. HAIFA 교회는 바그다드 교회가 집사 몇 분을 예배시간마다 파송하여 예배드림으로 세워진 교회인데, 이제는 자립하여 사랑과 말씀이 충만한 교회로 성장했습니다. 그리하여 타 현장 교우들에게 모범이 되며, 큰 감동을 주고, 소명을 불어넣어 주는 훌륭한 교회로 성장했습니다. **안디옥 교회**처럼, **이라크 복음의 중심지**가 되겠다고 대단히 노력하는 교회입니다. 집회 참석인원은 50명을 조금 상회하는데, 금년 목표인원은 150명이며, 전도에도 열심입니다. MECY 현장숙소에 불이 나서 어려움을 겪을 때, 바그다드 교우들에게 따뜻한 사랑의 손길을 뻗진 교회이기도 합니다."

또한 **현대 바그다드 교회**는 **메시 현장석산**에도 신실한 종을 파송하여 30여명 중에서 20여명을 전도하여 **독립된 교회**로 성장시켰다. 이후에 이 교회는 재적 200명, 평균 100명 이상 출석하는 교회로 성장했다.

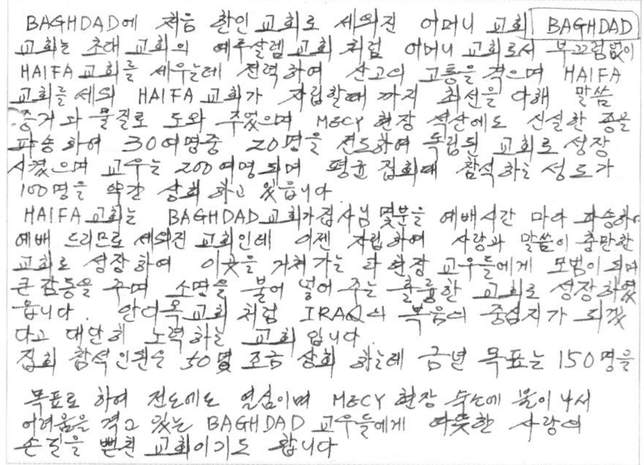
BAGHDAD에 처음 한인 교회로 세워진 어머니 교회 BAGHDAD 교회는 초대 교회의 예루살렘 교회 처럼 어머니 교회로서 부끄럼없이 HAIFA 교회를 세우는데 전력하여 산고의 고통을 격으며 HAIFA 교회를 세워 HAIFA 교회가 자립할때 까지 최선을 다해 말씀 증거와 물질로 도와 주었으며 MECY 현장 석산에도 신실한 종을 파송하여 30여명중 20명을 전도하여 독립된 교회로 성장 시켰으며 교우는 200여명 되며 평균 집회때 참석하는 성도가 100명을 약간 상회 하고 있읍니다

HAIFA 교회는 BAGHDAD 교회가 집사님 몇분을 예배시간 마다 파송하여 예배 드리므로 세워진 교회인데 이젠 자립하여 사랑과 말씀이 충만한 교회로 성장하여 이곳을 거쳐가는 타 현장 교우들에게 모범이 되며 큰 감동을 주며 소명을 불어 넣어 주는 훌륭한 교회로 성장하였읍니다. 안디옥 교회 처럼 IRAQ의 복음의 중심지가 되겠다고 대단히 노력하는 교회 입니다

집회 참석인원은 50명 조금 상회 하는데 금년 목표는 150명을 목표로 하여 전도에도 열심이며 MECY 현장 숙소에 불이 나서 어려움을 겪고 있는 BAGHDAD 교우들에게 따뜻한 사랑의 손길을 뻗친 교회이기도 합니다

1982.4.2. 장형일 장로가 최형섭 목사에게 보낸 편지

현대 바그다드 교회는 사도행전의 **안디옥 교회**와 같이 **이라크 복음의 중심지**가 되기를 원하였다. 이후에 **현대 바그다드 교회**(현대 MECY 현장교회)의 예배당이 **이라크 한인연합교회의 예배당**이 되었다

현대 바그다드 교회가 이 소중한 많은 사역들을 감당했지만, **목회자**는 없었다. 대신에 신학교를 졸업한 **신경철 집사**[321]가 회장으로 섬겼고, 그가 교회 자체 부흥회를 인도하기도 했다(1983.1.20). 1984년 현대 MECY교회의 집사는 4명에 불과했다. 이 적은 숫자의 집사들이 교회사역을 이끌었고, 정기예배의 설교까지 담당했다. 1984년 1월20일자 주보에 의하면, 주일대예배(오전 7:30)와 저녁예배(오후 5:30), 수요예배(오후 6:30)의 **설교**는 모두 **평신도 집사들**이 맡았다.

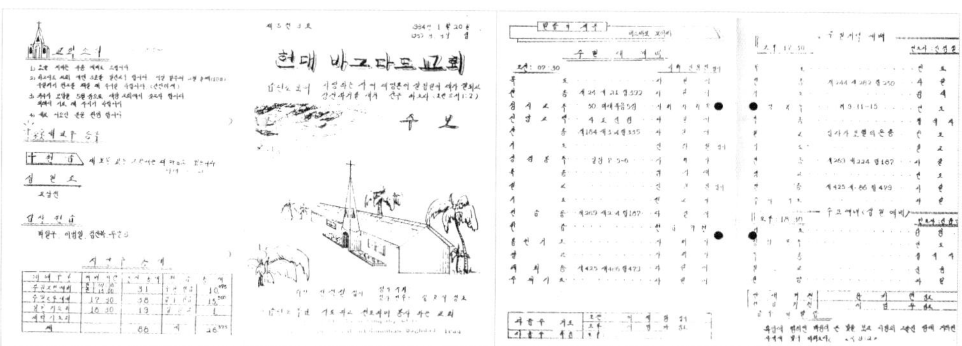

현대 바그다드교회 (MECY와 SUMA교회) 1984년1월20일자 주보(제 5권3호)

321) 1985.3.15 한인교회 연합회의 임원조직에서 **신경철 집사**는 이미 그는 바그다드를 떠나 남부지역 담당 부회장으로 선출되었다. 바그다드에서 60km 떨어진 팔루자 현장으로 전출되었기 때문이다.

② 현대 하이파교회 (1982.2)

현대 하이파교회도 주보(1984.1.29, 1985.2.15일자)를 보면, **평신도 집사들**이 주일대예배(오전 8시)와 저녁예배(오후 7시), 수요예배(오후 7시)의 **설교**까지 모두 맡았다. 예배인원은 40~50명이 모였고, 집사는 13명이었다. 이 작은 교회가 한국에 있는 고아원, 양노원, SOS어린이 마을, 시각장애자 선교회까지 후원하였다. 이라크 현지에서는 현지교도소에 수감 중인 한국 근로자를 매월 면회하고, 교도소 예배를 드리고, 옥중전도를 하였다. 그들의 국내 가족들의 생계보조도 감당했다. 특히 이 작은 규모로도 **이라크 한인교회 연합회의 발족**을 위해 결정적인 역할을 했으며, **한인연합교회의 설립**과 **선교사 파송**을 위한 주요한 회의가 이 교회에서 열렸다. 회장 **이익주 집사**는 그가 이라크를 떠나 한국으로 귀국할 때까지, 이 사역을 위해 열정을 다해 섬겼다.

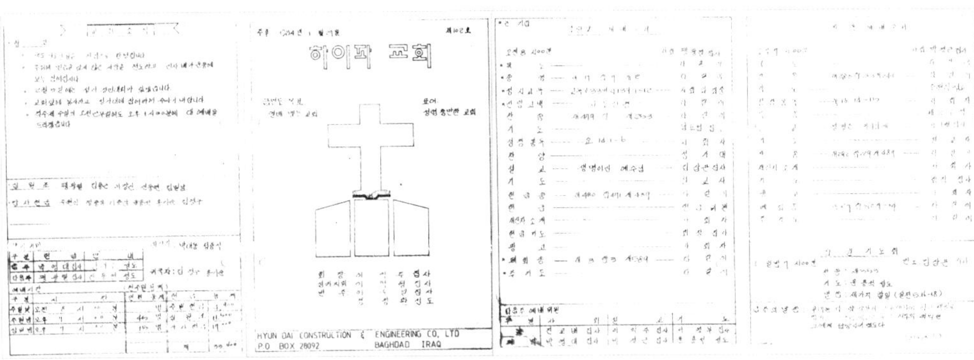

현대 하이파 교회 1984년1월27일자 주보(제 102호)322)

③ 한양 하이파교회

한양 하이파 교회도 목회자는 없었다. 그래서 주일오전예배(7:30) 시에 설교는 여의도순복음교회 조용기 목사의 설교 Tape을 경청하는 것으로 대신했다. 그리고 주일저녁예배(6:30)와 삼일기도회(월/밤 7:30)에서는 **평신도 집사들**이 설교를 맡았다. 1984년에 집사는 6명에 불과했다.

322) 이 주보 호수(제102호)에 근거하면, 현대 하이파교회는 1982년 2월5일에 설립된 것으로 추정된다.

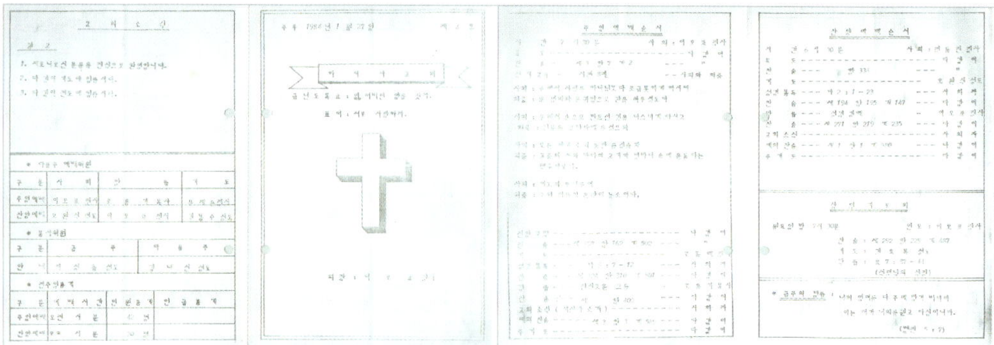

한양 하이파 교회 1984년1월27일자 주보(제 4호)

이와같이 바그다드 시내의 현장교회들은 이 소수의 헌신적인 **평신도들**에 의해 **세워지고**, 스스로 **운영되었다**. 이것은 바그다드 시내의 세 교회들만의 모습이 아니라, 당시 현장교회들이 대부분 그러하였다. 현장교회들은 복음의 선교적 소명으로 가득찬 **평신도들**로 인해 가능하였다.

④ 사마라 현대교회 (1982.3)

이라크 건설현장의 현장교회들은 **선교적 소명**을 품은 평신도들에 의해 세워졌다. 그들은 **평신도 선교사**(lay missionary)라는 자기 정체성을 갖고 있었으며, 따라서 자신의 근무지가 **다른 지역으로 파견되는 것**을 선교 소명을 위해 그 지역으로 **파송되는 것**으로 여겼다. 이러한 그들이 중동의 다른 지역들로 **흩어질 때**, 그것은 마치 사도행전에서 예루살렘 교회가 흩어졌을 때처럼, 그들과 함께 **복음**도 중동의 다른 곳으로 확산되었으며, 그들이 가는 곳마다 **현장교회**가 세워지게 되었다. 이러한 사실의 한 예를 **사마라 현장교회**를 세우고 섬긴 장형일 장로에게서 발견할 수 있다.[323]

323) 장형일 장로, 쿠웨이트 한인연합교회의 최형섭 목사에게 보낸 1982.4.2일자의 편지, "**연합교회에서 이곳으로 파송되어 온** 몇 분 성도님들을 통하여 교회의 소식은 듣고 있습니다. 부족한 종은 이라크 SAMARA **현장으로 파송되어 오던 길**에, 주님의 섭리 가운데, 바그다드에 있는 모범된 교회 바그다드 교회 (MECY와 SUMA교회)와 HAIFA교회를 20여일 동안 돌아보면서 뜨거운 그리스도의 사랑으로 영접 받았으며, 두 교회에서 말씀을 증거하고, 성도들의 신앙생활과 교회의 운영상태를 살펴보았습니다. 교회 운영위원들과 대화를 통하여 보고 느낀 점은 두 교회가 다 뜨거운 사랑이 넘치며 말씀읽는 일에

장형일 장로는 최형섭 목사에게 편지를 보내면서, 자신을 '**평신도 선교사**'라고 부르며, 그가 **사마라 현장에 파견된 것**을 주님께서 자신을 사마라 현장에 **선교사로 파송하신 것**으로 여기고 있었다. 그는 자신의 정체성을 '선교사'라고 여기고 있었다. 그러므로 사마라 건설현장에서 그의 사명은 **사마라 현장교회**를 세우는 것이었다.

바로 이러한 이유 때문에, 그는 **사마라 현장**으로 가는 길에 **바그다드**에 먼저 들러, 거기서 20여일을 머물면서, 바그다드의 모범적인 두 교회(현대 바그다드교회, 현대 하이파교회)를 탐방하고자 했다. 장형일 장로는 자신과 동일한 **선교적 소명**을 소유한 두 교회의 평신도 지도자들과 교제하면서, 현장교회를 모범적으로 세우는 사역을 배우고자 한 것 같다. 바그다드에서 **선교적 소명을 소유한 평신도들**에 의해 현대 바그다드 교회와 현대 하이파 교회가 세워졌듯이, 사마라 건설현장에서는 **사마라 현대교회**가 세워질 수 있었다.

바그다드에서 **사마라**까지는 북쪽으로 120Km의 거리이다(서쪽으로 60Km 거리에 **팔루자**가 있다). 1982년 3월26일(금) **장형일 장로**가 사마라에 도착한지 이틀 후에, 6명과 함께 첫 번째 예배를 드림으로써, **사마라 현대교회**가 세워졌다. 두 번째 예배에는 12명이 참석했다. 세 번째 예배는 부활주일이어서 바그다드에서 연합예배로 드렸다. 이와같이 예배를 드림으로써, **평신도 선교사** 장형일 장로에 의해 **사마라 현대교회**가 세워졌다.

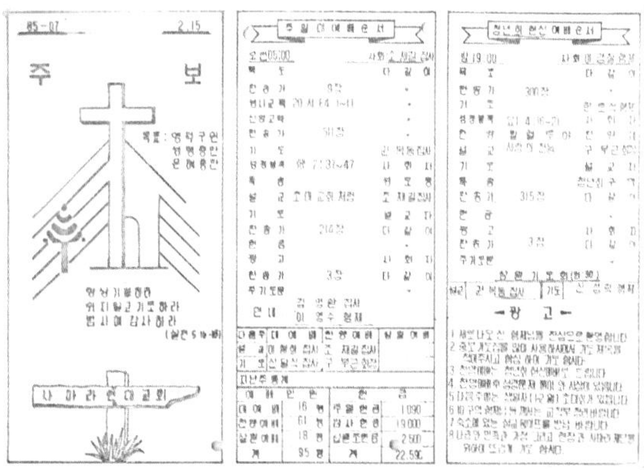
85-07 2.15
주 보
사마라 현대교회

사마라 현대교회 1985년 2월15일자 주보(85-7호)

힘쓰며, 생활이 신실하여 모범이 되고, 날로 새롭게 부흥되는 것입니다 ... 저는 두 교회를 탐방하고 많은 것을 보고 배우고 깨달았습니다. 이제 **주님이 내게 맡긴 일터로 가라는 명령**에 3월24일 SAMARA로 들어와서, 26일 첫 번째 예배를 6명과 함께 모여 드렸습니다. ... 오늘 주일(4월2일)에는 12명이 모여 예배드렸습니다. 매주 주님께서 신실한 종들을 불러 모아 주시니 감사합니다. 다음 주일(4월9일) 저녁예배는 부활주일 찬양예배로 드리는데, 바그다드교회에서 연합예배로 드리기로 했습니다. 첫 번째로 드리는 연합예배에 주님의 놀라운 축복과 은총이 함께 할 줄 믿습니다. ... 우리 SAMARA 교회는 예배당이 없어 어려움을 겪고 있습니다. 속히 예배당을 허락하여 주실 줄 믿으며, 목사님도 잊지 마시고 기도해 주시기 바랍니다. 부족한 종도 제가 섬기던 연합교회와 SAS교회와 여러 현장 교회들의 부흥과 주님의 평강과 사랑과 희락이 충만하시길 위하여 기도하며, 목사님의 건강과 영력을 위하여 기도하면서 줄이겠습니다. 주님 안에서 평안히 계십시오."

위 두 기록에서 **장형일 장로의 이름**은 찾을 수 없었다. 장형일 장로는 이 현장을 떠났을 것이다. 그러나 그가 떠난 후에도 선교적 소명으로 세워진 **사마라 현장교회**는 굳건하게 세워져 있었다.

⑤ 현대 팔루자 교회 (1982년)

현대 팔루자 교회는 1982년에 세워진 것으로 추측된다.[324] 1984년 근로자로 건설현장에 오게 된 **김흥연 전도사**가 섬길 때, 150명이 출석하였다. 바그다드 시내의 세 교회는 김흥연 전도사를 **일일 심령대부흥회의 강사**로 초빙하여, 5~7월에 걸쳐, 한 교회씩 순회하며 집회를 갖기도 했다. 그런데 1985년 5월 교회현황보고서에는 '김흥연 전도사'의 이름은 없었다. 그도 떠난 것 같다. 이 때 재적교인 100명, 예배참석 50명이었고, 집사 8명, 세례교인 1명, 학습교인 5명이었다.[325]

팔루자 교회는 상당히 역동적인 교회로 추측된다. 한주 세 번의 **정기예배** 외에 **새벽기도**까지 있었다 : 대예배(금/오전 8시), 찬양예배(저녁 7:30), 목요기도회(저녁 10시), 그리고 새벽기도(오전 5시). 건설현장 내에서 동료 한국인을 향한 **복음전도의 열정**이 뜨거웠다. 주보표지에 가시관을 쓰시고 **십자가에 달린 예수님**의 형상과 함께, 다음과 같은 문구가 기록되어 있다.

> "예수 그리스도는 우리의 구주이시므로, 우리가 그를 믿어야 합니다. 주님은 우리가 아무도 멸망치 않고 회개하여 구원얻도록 오래 참고 기다리시며(베드로후서 3:9), 여러 선지자들과 종들을 보내셔서 '회개하고 복음을 믿으라'라고 하십니다(마가복음 1:15)."

"현장 복음화를 위하여 **1차 전도 목표**를 80명 선으로 선정했습니다. 기도하시고, 전도에 힘쓰시길 바랍니다". 이 문구는, 팔루자 교회가 50명 규모로 모일 때, 1985년 5월24일자 주보의 세 번째 광고였다. 팔루자 건설현장은 그들에게 '현장복음화'라는 사명을 갖게 해주었다.

---

324) 1985년 5월24일자 주보가 '제 4권21호'인 것을 볼 때, 팔루자교회는 1982년에 세워졌다.
325) 1985년 5월 집사명단에 **신경철 집사**(1984년 현대메시교회 회장)가 포함되어 있다. 팔루자 현장으로 전출되어 온 후, 팔루자 교회에서도 설교를 맡았다. 신경철 집사는 1985년 3월15일에 조직된 **연합회 임원회**에서는 **남부조직**을 담당하는 부회장으로 임명되었다. **팔루자**는 바그다드 서쪽 인근이지만, 아마도 연합회 조직의 관리를 위해 팔루자 교회가 **남부조직**으로 분류된 것 같다.

그 열매로 **학습과 세례를 받는 성도들**을 얻을 수 있었다. 그런데 그들에게는 **성례를 거행할 목사**가 없었다. 그들의 영적 지도자는 그들과 똑같은 평신도였다. 그리하여 그들은 쿠웨이트 한인연합교회의 **최형섭 목사**를 이라크로 초청하기로 했다. "목사님 방문이 25일로 연기되었습니다. 25일 토요일 밤 10시에 예배를 드립니다. **학습 세례 받으실 분**은 밤 9시까지 나오세요". 이 문구가 5월24일자 주보의 첫 번째 광고였다. 현장복음화의 소중한 열매가 맺히는 순간이었다.

세 번째 광고는 "다음 주일은 **제직회**로 모입니다"였다. 8명의 집사들이 제직회로 모여 목사없이 스스로 교회를 이끌어 갔을 것이다.

3단으로 구성된 주보의 예배순서 옆에는 '성서연구'가 실려 있었다. 이 날은 누가복음을 이해하기 위해 기초적인 내용을 소개하고 있었다. "누가는 죄인을 위한 복음이다. 이 복음서는 사람을 구원하기 위하여 사람이 되신 **그리스도의 깊은 사랑**이 드러나고 있다"라는 문장으로 끝난다.

주보는 헌금자의 명단이 공개하였다. 십일조는 무명 1인을 포함하여 3명이 드렸는데, 한 사람은 집사였고, 또 한 명은 **집사의 명단**에 **없었다**. 감사헌금은 무명 2명을 포함하여 8명이 드렸는데, 집사는 2명이었고, 나머지는 **집사의 명단**에 **없었다**. 말씀과 전도와 기도에 열심이었던 팔루자 교회를 위해, 십일조를 비롯한 헌금을 드렸던 교우들 중에 다수는 **집사가 아닌 성도들**이었다.

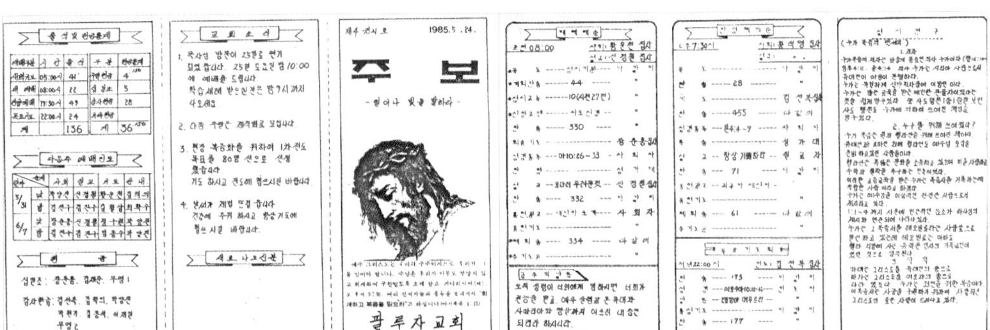

팔루자 교회 1985년5월24일자 주보(제 4권 21호)

⑥ 삼성 아브그라이브 교회

삼성 아브그라이브 교회의 설립시기는 알 수 없다. 삼성물산이 1984년 11월 **아브그라이브 고속도로 공사**를 재개했으므로(1990년 12월 준공),[326] 교회설립은 이 시기 이후이다. 1985년 5월 교회현황 보고서에 의하면, 공사기간 1984년 10월~1987년 10월, 한국인 공사인원 800명, 집사 6명, 세례교인 5명, 학습교인 5명이었다. 재적교인 30명, 예배참석 20명이었다. 교회는 아직 크게 활성화 되지 않은 것 같았다.

임원회(회장, 서기, 총무, 회계)는 구성되어 있었고, **제직회**도 열렸다. 그런데 **정규예배**는 주일저녁예배(금/저녁 7시30분) 한 번 뿐이었다. **설교**는 집사들이 담당하였다. **성가연습**이 목요일 저녁 7시30분에 모였는데, 예배 외에 유일한 모임이었다. 올겐이 없어서, 올겐헌금을 드리고 있었다.

삼성 아브그라이브 교회도 점차 활성화 되었다. 주일예배가 8월17일부터는 오전예배(오전 9시)와 저녁예배(저녁 8시)로 늘었다. 전자올겐도 갖추었고, 올겐반주자도 임명되었다. 그해 7월 **쿠웨이트 한인연합교회**는 이라크로 전근 가게 된 **김경희 집사**(전 쿠웨이트 구역장)의 이삿짐과 함께 **교회 올겐**을 보내었다. 김경희 집사는 삼성 아브그라이브 교회의 활성화에 기여하였다.

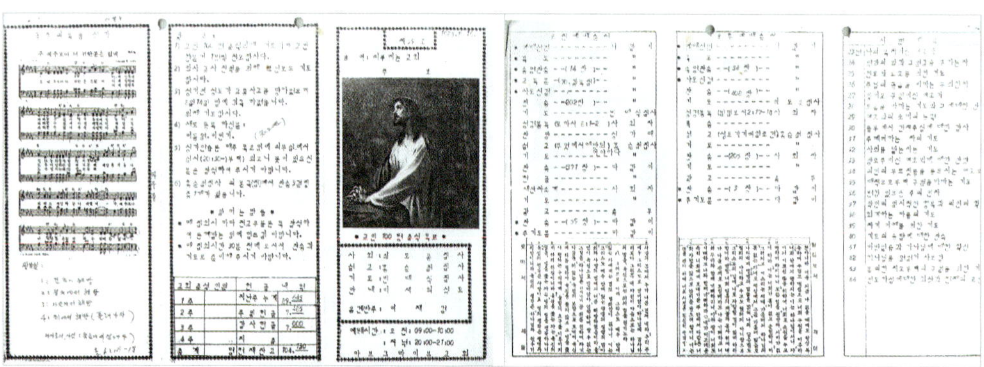

삼성 아브그라이브 교회 1985년8월16일자 주보(제 39호)

326) 해외건설 사이버 박물관, <역경스토리>, 삼성물산 "걸프전쟁의 사건을 넘다"

삼성 아브그라이브 교회가 주일오전예배와 저녁예배를 처음으로 드린 8월17일, 총무 **류헌 집사**가 **쿠웨이트 한인연합교회**의 최형섭 목사에게 다음과 같은 **감사의 편지**를 보내었다.

> 최형섭 목사님! 주님의 은혜 중에 안녕하신지요. 항상 기도해주시고, 염려해 주시는 은혜로 우리 삼성 아브그라이브 교회는 부흥 발전하고 있습니다. 그러한 중에 **김경희 집사님**을 보내주심을 시작으로 해서, **김경희 집사님의 전도**로 여자 자매님들이 전도가 되어, 몇 분이 출석하게 되었고, 가족들까지 같이 동반하여 출석하는 축복이 있었습니다. **올겐 구입**하여 보내어 주신 것에 대하여 진심으로 감사드립니다. 그리고 김경희 집사님도 우리 제직회에 임명되었습니다. 현재 **교인 등록수는 72명**입니다. 항상 주님의 사업이 순조롭게 잘 될 줄을 믿습니다. 그럼 주님의 은혜 중에 안녕히 계십시오. 아브그라브 교회를 대표하여 몇자 올렸습니다.
>
> 1985.7.17. 삼성 아브그라이브 교회 총무 류헌 올림

⑦ 현대 알무스 교회

현대 알무스 교회327)의 설립시기는 알 수 없었다. 1984년 현대건설이 **알 무사이브 화력발전소 공사**를 수주했으므로, 교회설립은 그 이후이다. 건설현장은 바그다드에서 남쪽 70km 떨어진 인근에 있었다. 1985년 5월 교회현황보고서에 의하면, 공사기간 1984년 8월~1988년 2월, 한국인 공사인원 540명, 재적교인 50명, 예배참석 25명이었다(예배장소 : 새마을회관 내 교육관). 정기예배는 금요오전예배(오전 8시) 한 번 뿐이었고, **설교**는 고재만 전도사가 맡았다.

재직은 고재만 전도사 외 집사 5명이었다. 세례교인 3명, 학습교인 3명이었다. 적은 교인수에 비하여, **제직회의 임원회**는 잘 조직되어 있었다(회장, 부회장, 서기, 총무, 회계, 예배부, 전도부, 봉사부, 관리부). 현재 공사인원은 540명이지만, 앞으로 2,000명까지 현장인원의 증원이 예상되었다. 바그다드 시내에 연합교회가 세워질 경우, **신실한 일꾼**이 많았던 알무스 교회가 주축이 되어야 할 것으로 기대되었다.328)

---

327) 알무스 교회를 '알무수', 또는 'Al Musu'라고 잘못 표현된 곳들이 있었다. "알무스"는 Al Musaib(알 무스브)의 약자로 추정된다. 본인들도 '알무스 교회'로 표현하였다.

328) 아쉽게도 알무스 교회의 예배주보를 구하지 못하여, 더 자세한 내용은 파악할 수 없었다.

바그다드 지역의 교회들

바그다드 시내에 세 개의 교회들이 있었다. **현대 메시 교회**, **현대 하이파 교회**, **한양 하이파 교회**. 이 세 교회들은 가까운 거리에 있었으므로, 연합활동을 하고 있었다. 그러나 이 세 교회들은 모두 건설현장의 종료가 멀지 않은 상황이었다. 또 바그다드 시내에 교민들도 적었다. 그러므로 바그다드 시내에 있는 세 교회와 교민만으로는 연합교회를 굳게 세워갈 수 없었다. 그러므로 바그다드 인근에 있는 교회들의 역할이 중요했다. 바그다드 북쪽의 인근에는 **사마라 현대교회**가 있었고, 남쪽의 인근에 **현대 팔루자교회**와 **삼성 아브그리아브 교회** 외에도 **현대 알무스 교회**가 있었다.

바그다드 인근의 교회들은 바그다드 시내에 연합교회가 세워질 경우, 주축역할을 해야 할 뿐만 아니라, 북부지역과 남부지역을 비롯하여 현장교회들의 지역연합회를 구성할 때, 중심 역할을 해야 할 교회들이기도 했다. 그래서 연합회의 조직과 활동을 위하여, **사마라 현대교회**는 북부지역으로, 그리고 **팔루자 현대교회**는 남부지역으로 구분한 것 같다.[329] 사실 '사마라'와 '팔루자'는 바그다드와 인접한 지역이어서, 이라크의 북부지역이나 남부지역으로 구분할 만하지 않았다.

(2) 이라크 한인교회 연합회가 발족하다 (1985.2.26).

1984/85년 당시 이라크에 23개의 현장교회들이 있었다. 그 현장교회들은 바그다드 지역 뿐만 아니라, 남부지역, 북부지역 등으로 멀리 흩어져 있었다. 다만, 바그다드 시내의 세 교회들(현대 메시교회, 현대 하이파교회, 한양 하이파교회)은 거리가 가까웠으므로, 연합활동을 할 수 있었다. 이제는 이라크 전 지역의 교회들을 하나로 통합하는 **연합**회가 필요한 시점이 되었다.

1) 연합회의 필요성을 깨닫게 되다 (1984.1.27).

1984년 1월27일(금), **쿠웨이트 한인연합교회**의 **조윤성 집사**(한양)[330]가 우연히 **현대 하이파교회**

329) 1985년 4월30일 통신기록에 의하면, 당시 Samara 현장은 바그다드 북쪽 124km의 거리에 있었고, Falluja 현장은 50km 거리에 있었다.
330) 조윤성 집사에 대해서, 쿠웨이트 한인연합교회의 현장교회 <한양은혜교회>, p187을 보라.

를 방문하여 중동선교의 놀라운 비전과 쿠웨이트 한인연합교회를 통한 새로운 선교사역을 들려주게 되었다. 그리하여 이라크 내의 교회실태와 교민들의 신앙상태, 그리고 한인연합교회의 설립 등 이라크 선교와 관련된 사안들에 대해 의견을 나누었다.

조윤성 집사는 땅끝 복음의 소명을 따라 한국에 **중동선교본부**(현 중동선교회)가 발족한 일과, 쿠웨이트 한인연합교회가 이 일에 헌신하여 **바레인 한인교회**와 **요르단 한인교회**가 설립된 일, **최수영 선교사**와 **진영준 선교사**가 각각 바레인과 요르단으로 파송되어 중동선교에 엄청난 도전을 준 일을 들려주었다.331) 이러한 사실 알게 되자, 그들은 중동의 다른 지역처럼 바그다드에도 **한인연합교회**가 세워지고, 이라크에도 **선교사**가 파송받아 오기를 간절히 원하게 되었다.

"(이 사실을 알게 되자) 우리 하나님의 섭리하심에 눈물로 감사 기도를 드렸으며, **한인교회설립**을 위한 주님의 부르심에 이라크의 교회들이 앞장 서기로 했습니다. **왕진무 집사**를 중심으로 현대의 **최근녕 집사**,332) **한양의 이오표 집사** 등 임원들이 모여 기도하면서, 이라크 선교의 실현을 위한 절차 등 구체적인 협의와 준비를 하게 되었습니다.

이 일을 위해 전 현장교회가 두 차례 연합예배를 드리고, 현대건설의 현장근로자로 오신 김홍연 전도사를 모시고, 세 차례 부흥집회를 열고, 전교인이 합심하였습니다. 한편 **선교사 파송 지원**을 위해 쿠웨이트 한인연합교회 **최형섭 목사님의 이라크 방문문제**를 협의하였으며, 현재 비자문제를 해결하고, 이곳에 방문하실 날만 고대하고 있습니다"333)

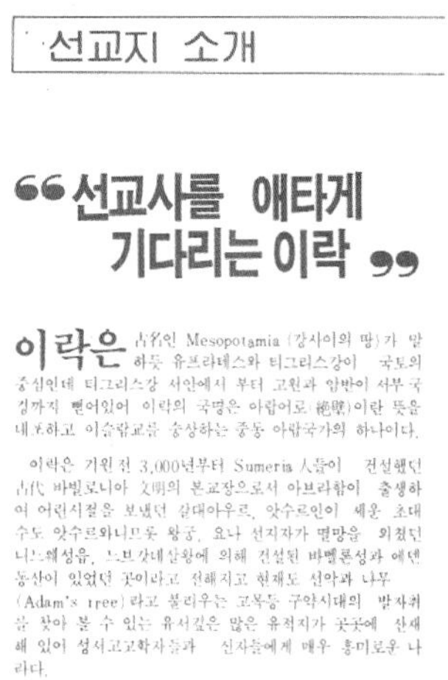
선교지 소개

"선교사를 애타게 기다리는 이락"

이락은 古名인 Mesopotamia (강사이의 땅)가 말하듯 유프라테스와 티그리스강이 국토의 중심인데 티그리스강 서안에서 부터 고원과 암반이 서부국경까지 뻗어있어 이락의 국명은 아랍어로 (絶壁)이란 뜻을 내포하고 이슬람교를 숭상하는 중동 아랍국가의 하나이다.

이락은 기원전 3,000년부터 Sumeria 人들이 건설했던 古代 바빌로니아 文明의 본고장으로서 아브라함이 출생하여 어린시절을 보냈던 갈대아우르, 앗수르인이 세운 초대수도 앗수르와니므롯 왕궁, 요나 선지자가 멸망을 외쳤던 니느웨성읍, 느브갓네살왕에 의해 건설된 바벨론성과 에덴동산이 있었던 곳이라고 전해지고 현재도 선악과 나무 (Adam's tree)라고 불리우는 고목등 구약시대의 발자취를 찾아 볼 수 있는 유서깊은 많은 유적지가 곳곳에 산재해 있어 성서고고학자들과 신자들에게 매우 흥미로운 나라다.

「중동선교소식」(1985.3.10),

그런데 바그다드 시내의 세 교회들(현대 메시교회, 현대 하이파교회, 한양 하이파교회)은 건설공사가 모두 마쳐질 상황이었다. 그리하여 그들은 한인교회의 설립과 선교사 파송을 위하여 **현장교회들의 연합회**부터 계획하게 되었다. 특히 **현대 하이파교회**와 **왕진무 집사**가 이 일을 함께 주도적으로 감당하였다. 그들은 이라크 선교를 꿈꾸며, 「이라크의 선교구를 위한 자료」를 작성하였다.

331) <중동선교소식> 제 2호 (서울 : 중동선교본부, 1985.3.10), 선교지 소식, p.3.
332) 최근녕 집사는 1985.3.15 한인교회 연합회 임원조직에서 '북부지역'를 담당하는 부회장을 맡고 있다. 그는 그 사이에 바그다드 지역에서 북부지역으로 전출되었다.
333) <중동선교소식> 제 2호 (서울 : 중동선교본부, 1985.3.10), 선교지 소식, p.3.

2) 「이라크의 선교구를 위한 자료」를 작성하다 (1984년)

4쪽 분량의 「IRAQ의 선교구를 위한 자료」 가 수기로 작성되었다. 그들의 목적은 우선 **한인교회 연합회**부터 발족하고, **한인연합교회**를 세워서, **이라크 선교사**를 파송받는 것이었다. 이 자료에는 다음과 같이 파악된 내용들이 있었다.

한국인의 거주상황334)

① 전(全) 이라크 내 한국인 약 2만여명
② 바그다드 시내에, 건설요원을 제외한 교민의 수 약 20여 세대
③ 바그다드 시내 건설요원의 분포 (현대 MECY 600여명, 현대 HAIFA 800여명, 한양 HAIFA 400여명. 그 외에 대림, 동아, 삼성 등의 건설업체 각 100명 내외)

바그다드 시내 현장교회의 상황 335)

	현대 MECY 교회	한양 HAIFA 교회	현대 HAIFA 교회
현장 인원	캠프 내 600여명 기거	캠프 내 400여명	캠프 내 800여명
성도 재적	70~80여명	100여명	80여명
예배 참석	40여명	70여명	40~50여명
집사의 수	4명	6명	13명
회장	신경철 집사	이오표 집사	이익주 집사
예배설교	몇 분의 집사 교대로	낮예배 : 조용기 목사 설교TAPE 경청 밤예배 : 집사들의 말씀증거	몇 분의 집사 교대로

	교회행사
현대 MECY 교회	① 「에덴」 지의 발간 : 성도들의 원고를 받아서 해마다 발간(1984년 제 3호) ② 교회 자체 부흥성회(1983.1.20) : 강사 신경철 집사 (신학교를 졸업한 집사) ③ 한국내 귀국자 모임주선, ④ 한국 내 개척교회(충북 보은)와 고아원 지원
현대 HAIFA 교회	① 성가경연대회(1984.2), ② 성가대 헌신예배 (3개월마다)

334) 「IRAQ의 선교구를 위한 자료」(1984년), p.1
335) 「IRAQ의 선교구를 위한 자료」(1984년), pp.1-3

교민 교구

바그다드 시내에 20여 가구의 **교민들**이 있었으나, 기독교 가정은 소수였다(2~3가정). 기독교 가정이 연합하여 가족예배로 모이려 했으나, 제대로 되지 않았다. 현대종합상사의 **왕진무 집사**(순복음교회 구역장 역임)가 이라크 지사장으로 부임한 이후, 교민들만으로는 한인교회를 세울 수가 없었다. 한인교회 연합회가 발족한 이후, 현장교회와 구별된 **교민 교구**가 되었다. 일부 교민가정은 **현대 하이파 교회**에 출석하였다. 이후에는 **삼성 아브그레이브 교회**에도 교민가정들이 출석하였다.

바그다드 현장교회들의 연합활동 (1984년도)336)

① 크리스마스, 부활주일 : 3개 교회(현대HAIFA, 현대MECY, 한양 HAIFA)의 연합예배로 드림.
연합예배의 헌금로 자선사업을 함
② 연합체육대회 : 1983년 12월 교회대항 체육대회에 150여명 참석, 좋은 반응을 얻었음.
그리하여 1984년 봄에 연합체육대회를 계획하게 됨
③ 설교자 교환 예배를 계획하는 중
④ 연합교회가 이라크 교민 어린이들의 교회학교(주일학교)의 개최를 준비함.
⑤ 현대 HAIFA교회가 주축이 되어, 왕진무 집사(현대종합상사)와 함께 이라크 선교구 준비.
그 일환으로 성가대 헌신예배를 합동예배(1984.2)로 준비함(설교 왕진무 집사).

바그다드 시내의 세 교회는 **절기예배**(크리스마스, 부활주일)를 위해 함께 모여 연합예배로 드리고, **친선체육대회**로도 함께 실시했다. **설교자 교환예배**와 **주일학교의 개최**도 함께 준비했다. 그러나, 이러한 연합모임은 오직 바그다드 시내의 세 교회로 국한된 것이었다.

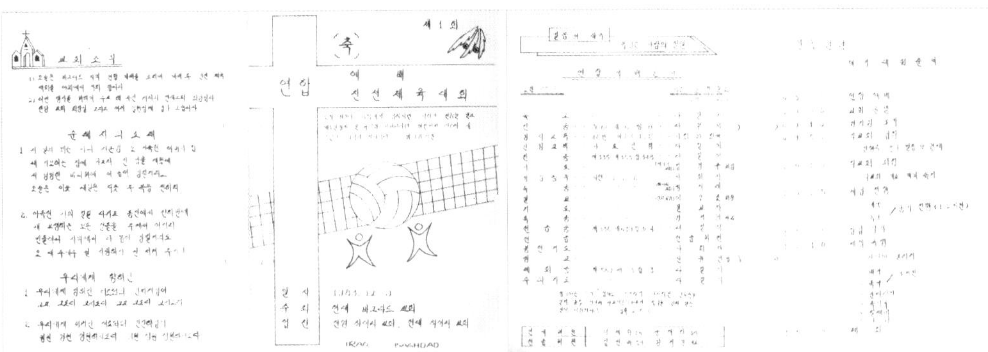

1983년 12월9일 제 1회 연합예배 주보 - 친선체육대회

336) 「IRAQ의 선교구를 위한 자료」(1984년), p.4

그들의 더 큰 목적은 '**이라크 선교구**'를 준비하는 것이었다. 그들이 바라는 목표는 이라크 지역 현장교회들의 **연합회**를 먼저 발족하고, **이락 한인연합교회**의 설립을 준비하여, 한국교회로부터 **이라크 선교사**를 파송받는 것이었다.

이 일을 주도한 교회는, 1984년 1월27일 쿠웨이트 한인연합교회의 **조윤성 집사**가 방문했던 **현대 하이파교회**(회장 이익주 집사)였다. 그날 조윤성 집사에게서 도전을 받았던 현대 하이파교회의 **최근녕 집사**는 북부지역으로 전출된 상황이었다. 최근녕 집사가 떠난 후, 회장 이익주 집사가 열정적으로 이 사역을 이어받았다. 뜨거운 열정을 지닌 현대종합상사 **왕진무 집사**는 그의 집에서 함께 모여 이라크 선교를 의논하였고, 함께 이 사역을 이끌고 나갔다.

3) 연합교회의 설립을 위해 도움을 요청하다.

현대 하이파교회의 회장 **이익주 집사**는 이락 한인연합교회의 설립과 이라크 선교사 파송을 위해, **중동선교본부**와, **쿠웨이트 한인연합교회**에게 도움을 구하게 되었다.

① 이익주 집사, 중동선교본부에 보낸 첫 번째 편지 (1984.4.12)

이익주 집사는 **중동선교본부**에 편지를 보내어(1984.4.12), 바그다드 시내의 현장교회와 교민상황을 알리면서, 한국교회가 바그다드에 선교사를 파송하여 **한인연합교회**가 세워질 수 있도록 도와줄 것을 요청했다. 그는 바그다드 시내의 교민의 숫자가 적었기에, 먼저 현장교회들을 중심으로 사역을 시작하고, 후에 시내에 연합교회를 세울 수 있기를 원했다.

> "조창래 성도님! 할렐루야. 저는 이라크 현대건설 HAIFA 현장교회의 회장직을 맡고 있는 **이익주 집사**입니다. ... 바그다드 지역에는 현대 MECY교회, 현대 HAIFA교회, 한양 HAIFA교회 등 3개의 현장교회가 있으시, 활발하게 하나님의 사업을 하고 있습니다. 영사관, 종합상사, 은행, KAL지점 등 20여 가구의 교민도 있습니다만, **아직까지 연합교회가 없어서** 예배를 드리지 못하다가, 저희 현대HAIFA교회가 그분 중에 두 가정이 우리와 함께 예배드리도록 인도했습니다. ... 예배는 제직들이 돌아가면서 설교를 준비하고, 2개월에 한 번 꼴로 설교 Tape도 듣습니다.

바그다드 지역의 각 교회는 **이곳에도 다른 지역처럼** 본국에서 **선교사가 파송**되어서 **연합교회**가 생기고, 교인과 근로자들이 목회자로부터 생명의 말씀을 배우기를 원합니다. 선교사만 파송되면, 우선 **현장교회를 중심으로 목회**를 하시다가, **바그다드 시내에 교회**도 하나 세울 수 있을 것 같습니다. 그러므로 현장교회는 오히려 도움을 받는 입장이 아니라, 도와주는 입장이고, 교민들은 언제 바그다드에 교회가 생길지를 위해 모여서 기도할 뿐입니다.

지난 번에 **조윤성 집사님**이 오셨을 때에도, 현대종합상사 지사장 **왕진무 집사**와 **바그다드 지역 연합교회의 문제를** 논의했습니다만, **중동선교본부**에서는 지금 제가 장황하게 말씀드린 문제에 대하여 기도해 주시고, 뜻을 세워 보시기 바랍니다. 주안에서 평안하시기를 빕니다"
(1984.4.12)

② 이익주 집사, 중동선교회에 보낸 두 번째 편지 (1984.5.16)

이익주 집사는 한 달 만에 두 번째 편지를 **중동선교본부**에 다시 보내었다(1984.5.16). 그는 중동선교본부가 바그다드 지역의 한인교회 설립과 이라크 선교사 파송'에 대해 어떤 구체적인 계획을 갖고 있는지 알고 싶어했다. 또한 한인교회 설립에 따른 재정적인 문제와 선교사 파송에 따른 이라크지역 교회들이 감당할 문제를 상의하기를 원하였다.

이익주 집사는 이라크에 온지 2년이 되었으며, 6개월 후에 귀국할 상황이었다. 그가 떠나더라도 **한인교회의 설립과 이라크 선교사의 파송**이 이루어지기를 간절히 원하고 있었다. 이익주 집사의 편지는 당시의 교회상황을 알려준다. 가급적 편지의 주요한 내용을 다 옮긴다.

"조창래 집사님께! 할렐루야. 저희 HAIFA교회에서는 지난 4월13일 니느웨성으로 성지순례를 다녀왔습니다. 저희들은 야외예배를 드리면서, 하나님께서 요나를 통해 니느웨성을 살리신 은혜를 더듬어 보는 기회를 가졌습니다. 그리고 오는 5월25일(금)에는 이라크에 있는 현대건설 팔루자 현장교회의 김흥연 전도사님[337]을 모시고, **1일 부흥회**를 드릴 예정입니다.

이번 부흥회에는 영사관, 종합상사, 은행, KAL, KOTRA 등 전 교민에게 초청장을 발송하고, 캠프와 현장 각 곳에 포스터를 붙여서, 아직 주님을 구주로 영접하지 않는 사람들에게 **그리스도의 참 복음을 전파**하는 놀라운 성령의 은사가 내려질 것을 바라고 있습니다. ...

337) 김흥연 전도사는 목회자로 부임한 것이 아니라, 현대건설의 현장근로자로 이라크 건설현장에 왔다.

교민들은 한결같이 바그다드 지역에 **한인교회가 세워져서**, 마음 놓고 예배드리며, 신앙생활을 할 수 있게 되기를 기도하고 있습니다. 바그다드 지역에는, 제가 발견하기로는, 몇 개의 천주교회와 1개의 장로교회가 있습니다. ... 이렇듯 종교의 자유가 있고, 많은 한국인 근로자들이 진출해 있는 바그다드에 **아직까지 선교사가 안 오셨다**는 것이 더 이상할 정도입니다. 그래서 교민들과 활발하게 교제하고 있는 저희 HAIFA교회에서는 바그다드 지역에 **한인교회가 설 수 있도록** 함께 기도하며, 가능한 방법을 강구하기로 했습니다.

조 집사님! **중동선교본부**에서 기도하며 애쓰시는 **바그다드 지역의 한인교회 설립**과, **선교사 파송계획**에 대해서 구체적으로 알고 싶습니다. 교회를 세우는데 따르는 **재정적인 문제**와, **선교사 파송에 따르는 여러 가지 문제들** 중에서 저희 이라크 지역 교회들이 감당해야 할 문제들을 상의하고 싶습니다. 저의 뜻은 **중동선교본부**와 **이라크 지역 교회**가 합심하여 기도하고 협력할 수 있기를 원하는 것입니다. 저는 이라크에 온지 2년이 지났고, 금년 11월경에 귀국할 것 같습니다. 이곳 소식 자주 드리겠습니다. 주 안에서 평안하시기를 바랍니다."(1984.5.16)

③ 이익주 집사, 최형섭 목사에게 보낸 세 번째 편지 (1984.6.19)

이익주 집사는 중동선교본부에 두 번째 편지를 쓴지 한 달만에, **쿠웨이트 한인연합교회**의 최형섭 목사에게 다시 편지를 보내었다(1984.6.19). 이 편지의 내용을 보면, 바그다드 시내의 세 개 교회들은 **현장공사의 완료**로 인해 그들은 머지않아 귀국할 상황이었다. 그러나 아직 한인연합교회가 세워지지 않은 상황에서, 이라크를 떠나려 하니, **그들의 발걸음**이 **떨어지지 않는다**고 한다. 그리하여 최형섭 목사에게 도움을 요청하기 위해 이 편지를 쓰고 있다.

비교적 긴 내용이지만, 그 당시 교회상황을 생생히 알기 위해 **편지의 전문**을 소개한다.

"최 목사님 귀하. 할렐루야. 주님 은혜 중에 복음사업에 얼마나 수고가 많으십니까? 지면을 통하여 문안드림을 이해하여 주시기 바랍니다. 저는 이라크 바그다드 시에서 아파트 빌딩공사를 하는 현대건설 HAIFA 현장교회 회장직(예배인도자)을 맡고 있는 **이익주 집사**입니다. 지난 1월에 **조윤성 집사님**을 통해 최 목사님의 존함과 근황을 전해 들었습니다. 또한 조창래 집사님께서 몇 차례 서신과 Tape을 보내주셨고, **쿠웨이트 한인연합교회**와 **중동선교본부**에 대해서도 들려주셨습니다. 진작 최 목사님께 인사를 드리지 못한 점 죄송하게 생각합니다.

저는 81년 5월에 이곳에 와서 근무합니다. 그 때는 공사가 피크를 이룰 때여서, 교회에도 60여명이 모여 예배를 드렸습니다. **지금은 공사가 거의 끝나서** 20여명이 모여 예배를 드리고 있습니다. 이곳 바그다드 시내에는 현대 Baghdad교회, 현대 Haifa교회, 한양 Haifa교회가 있습니다. 공교롭게도 바그다드 지역의 3개 현장교회가 **현장의 공사완료로 인하여** 한 교회에 20여명씩 모이는 형편입니다. 그러나 바그다드 총영사관, 6개 종합상사, 4개 은행, KOTRA, KAL 등 교민 가족들이 20여 가구 있는데, 그 중 세 가족이 저희 현대 하이파 교회에 출석하고 있습니다. 그래서 저희 교회에서는 금년 연초부터 계속적으로 **바그다드 지역에 선교사가 파송되어** 이 지역의 교민이 마음 놓고 예배를 드리며, **이라크 지역이 복음화 될 수 있도록** 기도하고 있습니다.

그러던 중 지난 1월에 우연히 **조윤성 집사님**(한양)이 바그다드로 오시게 되어, 함께 말씀을 나누었고, 교민들 중 현대종합상사 바그다드 지사장 **왕진무 집사님** 댁에서 **바그다드 지역의 복음화**를 위해 의견도 나누고, 함께 기도하기로 했습니다.

존경하는 최 목사님! 저희 현장교회에 속한 사람들은 **머지 않아 귀국 길**에 오르게 됩니다. 그렇지만, **바그다드 지역의 교인들**을 **그냥 놔두고서**는 **발걸음이 떨어지지 않습니다**. 그리하여 날마다 힘을 합쳐서 **하루 빨리 선교사님**을 **이곳에 보내어 달라**고 기도하고 있습니다. 함께 기도해 주실 줄 믿으며, **선교사 파송**에 따르는 **여건**, **수속**, **절차**, **준비** 등을 알려 주시기 바랍니다.

다행히 귀 교회의 **중동선교본부**에서 이라크 지역 선교를 위해 기도해 주시니, 더욱 힘이 납니다. 지난 달부터 조창래 집사님을 통해서 목회월보를 받아보며, 두 차례에 걸쳐서 설교 Tape도 받았습니다. 저희는 바그다드 지역에 성령의 불길을, 복음의 생수를 뿌리기 위해 세 개 교회가 돌아가면서, **심령대부흥회**를 열고 있습니다. 현대건설 **팔루자 교회**(150명 출석)의 **김흥연 전도사님**을 강사로 모시고, 지난 5월25일에는 저희 현대 하이파 교회, 6월22일에는 한양하이파 교회, 그리고 7월 중에는 현대 메시 교회에서 부흥성회를 열고, 온 바그다드 지역이 다함께 은혜를 나누고자 합니다.

그리고 저희 교회에서는 현재 집사 5명이 순번제로 설교를 맡고, 예배를 인도합니다. 예배는 매주 금요일(공휴일) 아침 8시, 저녁 7시30분에 드리고, 삼일기도회는 월요일 저녁 8시30분에 모입니다. 비교적 지리적으로 모여 있는 바그다드 시내 3개 현장교회는 가끔 연합예배와 친선체육대회로도 모이며, 헌금은 국내의 고아원, 양노원, SOS어린이 마을, 시각장애자 선교회 등에 사랑의 손길을 펴고 있으며, 이곳 현지 교도소에 수감 중인 한국인 근로자를 매월 1회씩 면회하여 교도소 내에서 예배를 보면서, 옥중전도를 하고 있고, 그들의 국내 가족들의 생계 보조도 하고 있습니다.

최 목사님! 저희 HAIFA교회에서 기도하면서 간절히 원하는 것은, 저희들 **현장교회** 문제보다, **바그다드 시내에 몰려 있는 교민들**에게 주님의 종이 찾아와서 심령이 갈급한 그들에게 영적 양식을 배불리 먹여주기를 바라는 것입니다.

지난 번에도 조창래 집사님께 편지로 말씀드렸습니다. **중동선교본부**에서 **이라크지역 선교**를 위해 어떠한 계획을 가지고 추친하고 있는지? 또 **이라크 지역에 있는 저희들**이 **사전에 준비해야 할 일들**은 어떠한 것들인지를 **상세하게 알고 싶습니다**. 주 안에서 항상 강건하시고, 이라크 지역 선교를 위해 많은 기도를 부탁드립니다" (1974. 6.19)

현대 하이파교회의 회장 **이익주 집사**와 교민 **왕진무 집사**(현대종합상사 바그다드 지사장)는 **바그다드와 이라크 지역의 복음화**를 위하여 서로의 의견을 나누었다. 바그다드 시내의 세 교회들은 공사완료와 함께 머지 않아 귀국하겠지만, 바그다드 시내의 교민과 이라크의 23개 현장교회들은 계속 남아 있을 것이다. 그리하여 최형섭 목사에게 **이라크 선교사 파송**을 위해 도움을 요청하였다.

쿠웨이트 한인연합교회는 이 요청을 받아들였고, 4차에 걸쳐서 이라크 지역을 방문하게 되었다. 특히 쿠웨이트 한인연합교회 **최형섭 목사**가 바그다드를 제 1차 방문하던 기간(1985.2.23-28) 중에 **이락 지역 한인교회 연합회**가 발족하게 되었다(1985.2.26.).

4) 쿠웨이트한인연합교회 제 1차 방문 – 최형섭 목사

1985년 2월 23~28일, 최형섭 목사는 세 가지의 목적을 위해 이라크를 방문하였다.[338]

* 이락 지역 한인교회 설립 및 선교목사 파송에 따른 상황조사
* 이락 지역 현장교회, 교민교구 방문 및 연합조성.
* 이락 지역 한인교회 연합회 구성

① 현장교회들의 방문

최형섭 목사는 2월 23일(토) 오후 8시40분, 바그다드에 도착하였다. 현대상사의 왕진무 집사와 **현대 메시현장**의 조인명 소장과 만나 교회 문제를 논의하였다(장소 : 현대 게스트하우스). 메시현장에 한국인 근로자는 3000명이었고, 그 중에 메시교회의 교인은 30여명이었다.
24일(일), 현대 게스트 하우스에서 200Km 떨어진 **현대 사마라 현장**을 방문하였다. 사마라 현장의 성도들이 기다리고 있었다. **현대 사마라교회 예배**에는 75명이 참석했는데, 현장교회의 신앙은 목마르고 뜨거웠다. 저녁 8시에 시작된 예배와 신앙간담회는 새벽 4:40에서야 끝났다.

25일(월), 최형섭 목사는 현대 북철현장을 방문하였다. **토목현장**(철도공사)과 **건축현장**(건물공사)에 모두 교회가 있었고, 각 교회가 100명 정도였다. 두 개의 현장이 연합예배를 드리고 있었다. 건축부분의 최동기 소장은 독실한 기독교인이었다. 이날 **현대 북철교회 예배**에 참석하기 위하여 현대

338) 최형섭, "이락 지역 선교보고서 - 선교여행기간 1985.2.23~28", pp.2-3

2공구의 원영호 장로는 무려 400km를 달려왔다.

26일(화)에는 **현대 하이파 교회**에서 13개 현장교회가 연합회의를 가졌다(아래에서 상세히 다룬다). 27일(수)에는 **알무스 현장**을 방문하였다. 바그다드에서 70Km 떨어져 있었다. 상황은 어려운데, 신앙의 열의가 대단했다. **알무스 교회**에는 신실한 일꾼이 많았다. 현장소장 전영호 상무도 독실한 기독교인이었다.[339] 알무스 현장의 최고작업 인원은 1000명 정도까지 예상되었다.

바그다드 시내에는 10가정 정도의 교민이 거주하였고, 그 중에 교인은 2~3가정이었다.

최형섭 목사가 23~27일에 방문한 교회들은 **현대건설** 쪽이 많았다(현대 Mecy교회, 현대 Haifa교회, 현대 Samara교회, 현대 북철교회/토목, 건축, 현대 Al Musu교회, 한양지사, 한양 Haifa교회). 최형섭 목사가 현장교회들을 만났을 때, 자신들은 이라크를 떠난 후에도 계속 남아있을 수 있는 **선교하는 교회**를 세우기를 열망하였고, **선교목사의 파송**을 기다리고 있었다. 교민들도 마찬가지였다.

교민교구와 현장교회 교인의 모두 이락 지역 **한인연합교회의 설립**을 절대적으로 원하고 있었다. 그들은 **선교목사의 파송** 시에 제반 물질적 지원과 영적 지원을 다하겠노라고 약속하였다. 이라크에 **교회의 설립**은 큰 어려움이 없을 것으로 판단되었다.

바그다드는 종교적으로 자유로운 분위기였다. 이미 세계의 모든 기독교 교파들이 바그다드에서 종교적 자유를 누리고 있었다. 그러나 **선교목사의 초청**은 사회주의 국가이므로 여러 제약이 예상되었다. 파송될 목사의 비자마련이 큰 해결과제였다. 교민지역에서는 개인사업을 할 수 없었고, 상사분야는 비자가 어려웠다. 이라크의 교우들은 건설현장 요원으로 진출하기를 원했다. 다른 나라 교회들의 목사가 이라크에 입국한 경위를 속히 파악하여 대책을 마련하기로 했다. 그리고 주택문제와 가족초청 문제로 인해 **독신목사**가 거론되었으나, 성령의 인도하심을 따르기로 했다.

---

339) 최형섭, "이락 지역 선교보고서 - 선교여행기간 1985.2.23~28", pp.4-5

연합교회는 바그다드에 세우되, 시내교민 중에 기독교가정은 2~3가구에 불과하므로, 선교사가 파송되면, **교민교구**보다는 각 **현장교회**에 주력하기로 하였다. 바그다드에 연합교회가 세워지면, 바그다드에서 70Km 떨어진 **현대 알무스 교회**가 중심이 되어야 했다. 전영호 소장은 독실한 기독교인이었고, 회장 홍강표 관리과장과 총무 백사성 성도도 충성을 다하고 있었다. 알무스 교회는 바그다드 지역에 연합교회 설립 시에 최선을 다해 지원하기로 약속했다.[340] 파송될 담임목사의 비자문제 및 생활과 관련된 제반사항들은, 3월8일 회의에서 의결하여 보내주기로 하였다.[341]

② 이라크 지역 한인교회 연합회가 발족하다 (1985.2.26)

1985년 2월26일, 저녁 8시에 현대 하이파 교회에서 북부지역 최건녕 집사를 비롯한 13개 현장교회들(현대 하이파교회, 현대 메시교회, 한양 하이파교회, 사마라 현대교회, 북철교회 등)의 대표 및 교민의 대표, 15명이 최형섭 목사와 함께 **제 1차 한인연합교회 설립을 위한 모임**을 갖게 되었다. 이 연합회의에서 '이라크 지역 한인연합교회'를 설립하기로 결의하고, 이를 위해 **이라크 지역 한인교회 연합회**를 발족시켰다. **왕진무 집사**가 연합회의 제 1대 회장으로 선출되었다.[342]

16곳의 현장교회가 한자리에 모여 협의하기가 어려우므로, 북부, 남부 및 바그다드 세 지역으로 나누어 자체 모임을 가졌다. 밤 10시30분부터 새벽 1시10분 늦은 시간까지 회의가 진행되었다. 몇 가지가 결의되었다.[343]

1. 임역원은 각 교회대표를 파송받아 임역원을 편성하기로 하다.
2. 준비모임을 1985년 3월 8일 현대 하이파 교회에서 오전 11시에 갖기로 하고, 3월 15일에는 **이라크 전 지역 교회**가 모여 임역원 및 부서장을 선출하기로 하다.
3. 이락 지역 한인교회 연합회가 결성되면, **선교목사 초청**과 **연합교회 설립**을 논의한 후, 중의를 모아, 쿠웨이트의 중동선교회에 공문으로 전달하기로 하다.

---

340) 최형섭, "이락 지역 선교보고서 - 선교여행기간 1985.2.23~28", p.6
341) 쿠웨이트한인연합교회 부서장 회의(1985.3.1), 최형섭 목사의 선교여행 보고사항.
342) 「이락 한인연합교회 연혁」.
343) 최형섭, "이락 지역 선교보고서-선교여행기간 1985.2.23~28", p.3

최형섭 목사가 쿠웨이트로 돌아간 후에, **이라크 지역 한인교회 연합회**는 위의 계획을 성실하게 지켰다. 제 2차 한인교회 설립을 위한 모임(3월8일), 제 3차 한인교회 설립을 위한 모임(3월13일), 그리고 제 4차 한인교회 설립을 위한 모임(3월15일)을 계획한대로 연속적으로 가졌다. 그리하여 불과 18일 만에 연합교회의 설립을 위해 네 차례의 모임을 가졌다.

(3) 이라크 한인연합교회의 설립을 준비하다.

이라크 한인교회 연합회가 가장 먼저 한 일은 4차에 걸친 **한인교회 설립을 위한 모임**을 계속 진행하는 것이었다. **한인연합교회의 설립**과 **이라크 선교사 파송**은 연합회가 스스로 할 수 없는 일이었으므로, 쿠웨이트 한인연합교회 및 서울 중동선교본부와 긴밀하게 협력하여 진행하여야 했다. 이 일의 진행은 무척 어려웠다. 한인교회 연합회가 발족하여(1985.2.26), 신창순 목사가 바그다그에 선교사로 도착하기까지(1986.10.24), 무려 20개월이나 걸렸다.

	이라크 지역 한인교회 연합회	쿠웨이트 한인연합교회	중동선교본부(서울)
1985.2.26	제 1차 한인교회 설립을 위한 모임	제 1차 방문(2.23-28)	
3.8	제 2차 한인교회 설립을 위한 모임		
3.13	제 3차 한인교회 설립을 위한 모임		
3.15	제 4차 한인교회 설립을 위한 모임 발기총회, 임원선출(2대 회장 조인명) 1) 건축기금을 모으도록 한다 2) 선교사를 초빙하도록 한다	선교목사 파송 위임장 수신	
4.7		제 2차 방문(4.7-16)	
5.19	최형섭 목사 순회예배	제 3차 방문(5.19-29)	
5.24	북부지역 연합회 발족		
6.17			이라크 선교사 선임 의뢰
7.26	목사청빙 결의		
11.2			심근택 목사 선교사 선정
11.8	최형섭 목사 순방	제 4차 방문(11.7-11.13)	
11.29	총회임원개선 (3대 회장 유정모)		
1986.1.17	메시 교회를 한인연합교회로 사용 이락 한인연합교회의 설립		
7.16	선교사로 신창순 목사의 파송을 요청함		신창순 목사 선교사 선정
10.20	신창순 목사, 서울 출발, 쿠웨이트 경유		
10.24	신창순 목사, 바그다드 도착		

1) 제 2차 한인교회 설립을 위한 모임

3월8일(금), 오후 2시30분, 제 2차 한인교회 설립을 위한 모임이 현대 하이파 교회에서 있었다. 김동호 전도사, 회장 왕진무 집사, 오세욱 집사(한양하이파교회), 조인명 집사(현대 메시교회), 정용식 집사(현대 하이파 교회)를 비롯한 다수의 하이파 교우들이 참석하였다. 다음과 같은 내용들이 주요하게 논의되고 결정되었다.

* 경과보고 : 쿠웨이트 한인연합교회의 설립과 중동선교회에 대한 경위를 잘 정리하여, 각 교회가 모이는 날에 알려서 함께 기도하자 (하이파 교회에서 작성)
* 회칙제정 : 각 교회에서 회칙의 기초를 마련하여, 3월10일 회장의 집에서 재모임을 갖는다.
* 한인연합교회의 설립에 대해 이라크 교인들의 동의와 적극적인 협조를 요청하는 문서를 작성하자 (담당 : 김동호 전도사)
* 각 현장교회에서 교회설립을 위한 특별헌금을 하도록 하자. (한양교회의 경우, 기금마련을 위해 1일 찻집과 자지라 현장 PX운영을 계획하고 있음)
* 선정될 목사님에 대한 우리의 의향을 쿠웨이트에 알리자.
* 추후논의 : 목사님의 생활비 및 전도사역을 위한 비용, 주택마련과 교회설립의 비용 (토지구입이 가능한가? 국유지를 빌려 건축하는 경우, 집이나 현지인 교회를 이용하는 경우)

2) 제 3차 한인교회 설립을 위한 모임

3월13일(수), 오후 8시30분, 제 3차 한인교회 설립을 위한 모임이 왕집무 집사 댁에서 있었다. 김동호 전도사, 회장 왕진무 집사, 조인명 집사(현대 메시교회), 정용식 집사(현대 하이파 교회), 이승억 그리고 박봉우 성도가 참석하였다. 그런데 회장 왕진무 집사가 갑자기 전근으로 한국으로 귀국하게 되어, 회장 후임문제도 긴급히 논의하였다. 회칙의 초안도 검토하였다.

3) 제 4차 한인교회 설립을 위한 모임 (발기총회)

3월15일(금), 오후 2시30분, 제 4차 한인교회 설립을 위한 모임이 현대 하이파교회에서 열렸다. 현장교회의 대표들과 교민 대표를 비롯하여, 현대, 한양하이파 교우들 다수가 참석하였다.[344] 이

---

344) 참석한 교회 - **북부지역** : 현대 사마라교회(구근무 회장, 이경철 성도), 한양 키루주교회(김봉환 집

날의 목적은 **이라크 전 지역 교회**가 모여 임역원 및 부서장을 선출하고, 또한 **선교목사 초청**과 **연합교회 설**립을 논의하여, 쿠웨이트 중동선교회에 전달할 중의를 모으기 위함이었다.

경과보고

회장 왕진무 집사가 제 4차 한인교회 설립모임에 이르기까지 경과보고를 먼저 하였다.

> 중동선교의 진원지는 **쿠웨이트**이다. 1978년 연합회로 시작한 후, 연합교회의 필요성을 느끼고, 1980년 최형섭 선교사를 담임목사로 청빙하여 **쿠웨이트 한인연합교회**가 설립되었다. 그후에 쿠웨이트 한인연합교회의 협력으로 바레인과 요르단에 연합교회가 세워지고, 선교사가 파송되었다. 지난 2월에 최형섭 목사님이 이라크를 방문하여 현장교회들을 둘러보시고, 이라크에도 **한인연합교회의 설립**을 제안하고 돌아가셨다. 중동 내 한국인(리비아 등의 일부 아프리카를 포함할 경우)은 약 30만명이다. 8억 명의 아랍민족을 선교하기 위해 중동지역에 한인교회를 설립하는 것이 필요하다. 물론 한인들의 전도를 위해서도 연합교회는 필요하다. 성경말씀에서 **땅끝까지** 복음을 전하라고 하셨을 때, 그 '땅끝'은 바로 **이 중동**을 가리킨다. 연합교회를 설립하는 것에 대한 의견은 어떠한가?
>
> 한양 자지라 현장 : 최 목사님과 박길연 집사를 통해 들었으며, 매우 반가운 소식이었다.
> 현대 알무스 현장 : 최 목사님을 왕 집사 댁에서 뵈었다.
> 현장소장도 연합교회의 설립을 지원하겠다고 하셨고, 감사한 마음이다.
> 한인 교민가족 (박 차장) : 하이파교회 교회에 와서, 믿음이 좋은 분들을 만나니 감명을 받았다.
> 최형섭 목사님의 제안을 들었으며, 함께 모이면 모두 가능할 것이다.
> 지속적인 근무가 아니어서 힘든 일도 있겠지만, 주님의 도우심으로 가능할 것이다.

이라크 교회의 성도들은 중동지역의 선교를 위해 현장교회들과 교민들이 합력하여 연합교회를 세우는 일에 한마음으로 동의하였다.

사), 한양 자지라교회(박길연 집사, 박동순 성도), **바그다드 지역** : 한양 하이파교회(오세옥, 안정균, 손영수 최규봉), 현대 메시교회(김동호 전도사, 조인명 회장), 현대 하이파교회(정용식 집사, 김대원), **서남지역** : 알무스 현대교회(고재만 전도사, 성현재 회장).

연합회 조직구성과 임역원의 선출

본래 임역원과 부서장을 선출하기위해 모였으나, 회장 왕진무 집사가 4월8일 갑자기 귀국하게 되어 **조인명 집사**가 제 2대 회장으로 선출하게 되었다. 부회장은 4개의 지역 대표가 맡기로 하였다(바그다드지역 : 홍강표, 북부지역 : 최근녕, 남부지역 : 신경철, 서부지역 : 홍성리).

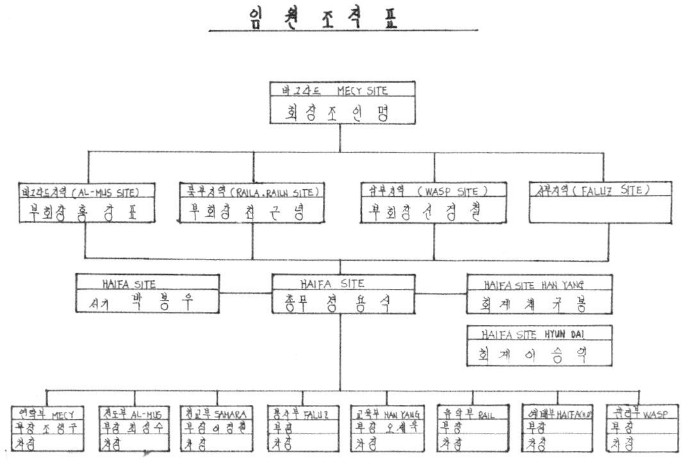

임원에는 총무 정용식, 회계 최규봉와 이승익, 서기 박봉우가 선출되었다. 그리고 부장은 8개 현장교회가 각각 한 부서씩 맡기로 하였다 : 연락부(현대메시), 전도부(현대알무스), 친교부(현대사마라), 봉사부(현대팔루자), 교육부(한양하이파), 음악부(북철), 예배부(현대하이파) 및 관리부(WASP).

연합회 회칙의 작성

이라크 지역 한인교회 연합회의 회칙은 보충설명을 들은 뒤 만장일치로 통과되었다. 이 회칙의 제 2조 목적은 **한인교회 연합회의 주요한 목적**을 **이라크 선교**와 **한인교회의 설립**이라고 명확하게 규정하였다. 제 16조는 이를 위해 매월 재정의 70%이상을 **교회건축헌금**으로 적립하기로 했다.

제 1장 총칙
제 1조 명칭 : 본회의 명칭은 이락 지역 한인교회 연합회라 칭한다.
제 2조 목적 : 본회에 등록된 모든 신자들이 교파를 초월하여 하나님께 예배하며, 신앙생활의 발전을 도모함과 동시에, **이라크 지역**에 **주님의 참된 복음을 전파 증거**하여 **땅끝 복음의 사명**을 **완수하는데** 있으며, **한인교회를 설립하는 것**을 그 목적으로 한다.
제 3조 위치 : 본 연합회의 본부는 현대 하이파 교회에 둔다.
제 2장 회원 및 조직
제 4조 회원 : 본회의 회원은 각 현장 지교회에서 등록한 교인으로 한다,

제 5조 조직 : 1) 회장 : 본회는 회장1인, 부회장4인, 총무1인, 서기1인, 회계2인을 구성한다.
2) 임원단 : 본회는 각부 부장과 차장으로 구성한다.
3) 부서 : 연락부, 전도부, 친교부, 봉사부, 교육부, 음악부, 예배부, 관리부가 있다.
제 3장 회장단 및 임원단 부서 임무
제 4장 회장단 및 임원단의 자격과 선임
제 5장 회의
제 6장 재정
제 15조 : 본회의 재정은 각 현장 지 교회의 정기보조금 및 연합 예배헌금과 기타찬조금으로 한다.
제 16조 : 본회의 재정은 **월별 수입금액의 70% 이상**을 **교회건축헌금**으로 적립하며, 기타 30%는 연합회 자금으로 한다. 단 자금이 원활할 시는 회장단의 재량에 따라 건축헌금으로 적립한다.

이로써 1985년 2월26일에 발족한 **이라크 지역 한인교회 연합회**의 발기총회를 마치게 되었다.

선교사 파송 위임장 발송 (1985.3.15)

연합회는 한인교회의 설립과 선교사 파송에 대한 중의를 모은 후, 쿠웨이트의 최형섭 목사에게 **이라크 선교사 파송**을 **위임한다**는 공문을 발송하였다.[345)]

중동선교본부 귀하, 제목 : 목사님 파송 의뢰서

땅끝 복음전파에 부름받아 나선 **중동선교본부** 여러분에게 하나님의 크신 은총이 함께 하시옵기를 비오며, 성령님의 도우심으로 승리하시고, 하나님께 영광드리기를 간구합니다. 복음이 시작되었던 이스라엘과 메소포타미아 땅 끝에 나와서 **건설현장을 세울 때**마다 우리는 그리스도의 몸된 **성전을 함께 세우고**, 주님께 기도하고 찬양드리며, 영의 양식을 받아먹고, 또 죽어가는 생명들에게 나누어 드리기에 기쁨으로 나선지 어언 수년이 지났습니다.

그러나 돌이켜 보건데, 우리 스스로 주의 말씀에 갈급하였고, 또 세상의 썩어져 버릴 것만 쫓아가는 이웃을 바라볼 때, 새삼 우리의 믿음이 연약하고, 우리의 충성이 작아서 하나님의 영광을 가리울까 두려워하며 기도하던 중에, 불현 듯 주의 종인 **최형섭 목사님**을 지난 2월23일 이 땅에 보내어 주시고, 우리가 **한인교회를 세우는 일**이야말로 하나님을 기쁘시게 하여 드리고, 우리가 충만한 은혜 가운데 나아가는 길이라고 인도하여 주셨습니다.

---

345) 중동선교본부, 「중동선교소식-쿠웨이트편」(1985), p21.

그리하여 우리는 오늘 1985년 3월15일 이라크 내 각 현장교회를 대표하여 함께 모이고, **Baghdad에 한인교회를 세울 것**을 감사와 아멘으로 화답하고, 귀 본부에 알려드립니다. 이 한인교회와 각 현장 지교회는 머리와 지체로서의 사명을 감당하여, 말씀충만, 믿음충만, 성령충만으로 모든 교우와 믿음의 용사가 되기를 결의하여, 불쌍한 이웃과 현지인들이 주님을 영접하게 하고, 거듭나고 기뻐 날뛰게 되기를 원하며, 이 일을 위해선 **주의 기름부음 받으신 주의 종을 모셔야만 된다**고 결의하고, 귀 본부에서 이 막중한 부르짖음에 응답하여 주실 것을 부탁드립니다.

그리고 이 땅의 특이한 사정을 감안하고, 이 일이 반드시 아름답게 성취되기 위하여서는 땅 끝 복음에 나선지 오래 되시는 쿠웨이트한인연합교회 당회장 **최형섭 목사님**께서 수고해 주어야만 된다고 의견의 일치를 보았기에, 이 일을 최형섭 목사님께 의뢰하여, 귀 본부와 우리 연합회가 **주의 제단이 세워지고, 목사님이 나오실 일**과 **그 이후의 모든 일**에 대하여 삼위일체가 되어 나아갈 것을 확실히 말씀드립니다(1985.3.15).

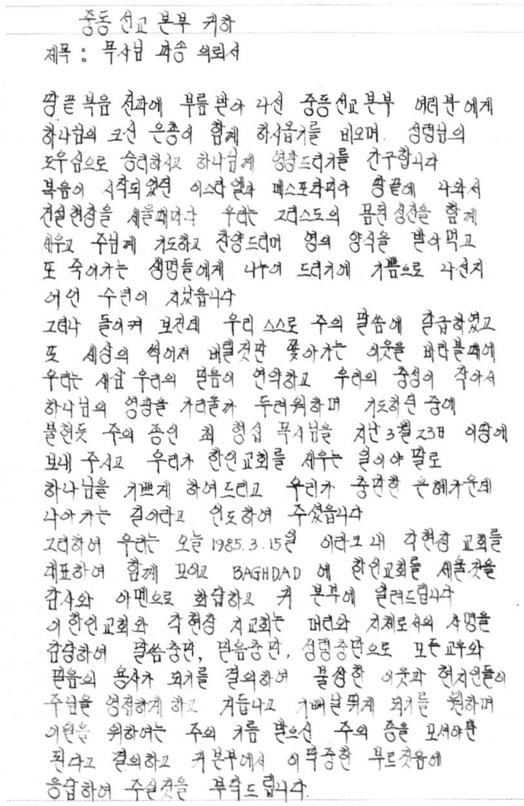
중동 선교 본부 귀하

제목 : 목사님 파송 의뢰서

땅 끝 복음 선교에 부름 받아 나선 중동선교본부 여러분에게
하나님의 크신 은총이 함께 하시옵기를 비오며, 성령님의
도우심으로 승리하시고 하나님께 영광 드리기를 간구합니다
복음이 시작되었던 이스라엘과 메소포타미아 땅끝에 나와서
건설현장을 세울때마다 우리는 그리스도의 몸된 성전을 함께
세우고 주님께 기도하고 찬양드리며 영의 양식을 받아먹고
또 죽어가는 생명들에게 나누어 드리기에 기쁨으로 나선지
어언 수년이 지났읍니다
그러나 돌이켜 보건데 우리 스스로 주의 말씀에 갈급하였고
또 세상의 썩어져 버릴것만 쫓아가는 이웃을 바라볼때에
우리는 새삼 우리의 믿음이 연약하고 우리의 충성이 작아서
하나님의 영광을 가리울까 두려워하며 기도하던 중에
불현듯 주의 종인 최 형섭 목사님을 지난 3월 23日 이땅에
보내 주시고 우리가 한인교회를 세우는 일이야 말로
하나님을 기쁘게 하여드리고 우리가 충만한 은혜가운데
나아가는 길이라고 인도하여 주셨읍니다
그리하여 우리는 오늘 1985.3.15일 이라크 내 각현장 교회를
대표하여 함께 모이고 BAGHDAD 에 한인교회를 세울것을
감사와 아멘으로 화답하고 귀 본부에 알려드립니다
이 한인교회와 각 현장 지교회는 머리와 지체로서의 사명을
감당하여 말씀충만, 믿음충만, 성령충만으로 모든 교우와
믿음의 용사가 되기를 결의하여 불쌍한 이웃과 현지인들이
주님을 영접하게 하고 거듭나고 기뻐 날뛰게 되기를 원하며
이 일을 위하여는 주의 기름 받으신 주의 종을 모셔야만
된다고 결의하고 귀 본부에서 이 막중한 부르짖음에
응답하여 주실것을 부탁드립니다.

불과 얼마 전 제 1차 모임(1985.2.26)에서 회장으로 선출된 **왕진무 집사**가 긴급히 귀국하게 되는 일이 발생하였다. 그리하여 제 4차 모임(1985.3.15)에서 **조인명 집사**(현대 메시교회)를 제 2대 회장으로 선출하기는 했으나, 왕진무 회장의 큰 활약이 기대되었기 때문에, 연합회는 당황스러울 수 밖에 없었다. 그리하여 **쿠웨이트 한인연합교회**는 이라크 지역의 상황파악과 협력의 길을 모색하기 위해, 선교위원 최낙성 집사와 이흥종 집사에게 이라크를 방문하도록 했다.[346)]

346) 중동선교본부, 「중동선교소식-쿠웨이트편」(1985), p22

2) 쿠웨이트한인연합교회 제 2차 방문 - 최낙성 집사

이라크 교회의 현 상황파악

1985년 4월 7~16일, 최낙성 집사는 이라크 교회의 상황을 파악하였다. 4월8일, **왕진무 집사**가 출국하는 당일에 만날 수 있었다. 연합교회의 설립과 선교사 파송을 위하여 진행 중인 상황을 들을 수 있었다. 왕진무 집사에게 귀국한 후에도 서울 중동선교본부에서 이라크 선교를 위하여 활동해 줄 것을 협의했다.[347] **조인명 회장** 및 **김동호 전도사**(현대 메시교회)도 현재 진행 중인 상황을 최낙성 집사에게 알려주었다. 현재 이라크 교우들은 교회설립과 선교사 초빙을 위하여 매월 **연합회**를 열 계획이며, **선교자금**을 위해 18개 교회가 매월 $100씩 1년간 헌금하여, 70%는 적립하기로 했다. 예배당은 건축하지 않아도, 바그다드 시내에 기존 **현지 기독교예배당**을 사용할 수 있음을 확인했다. **선교사의 파송**은 건설회사나 상사의직원으로만 가능했다. **현지 주택임대**는 2년치의 일시불 지급이 원칙인데, 타지역에 비해 비쌌다. 만약 **연합교회**를 바그다드 시내에 둔다면, 인접거리의 교우가 적었다. 따라서 현장교회들은 바그다드를 기점으로 동서남북으로 연합하고, 선교사는 바그다드로부터 각 지역을 순회하며, 지역관리에 역점을 두는 방안을 논의했다.[348]

한 가지 과제도 해결되었다. 연합회 회장과 임원들은 건설현장에서 근무하기 때문에, 바그다드 시내에 거주하던 왕진무 집사가 귀국하면, 대외통신 및 대내 연락업무에 상당한 애로가 발생될 우려가 있었다. 그런데 대림산업 지사장 **박동근 집사**가 이 업무를 맡기로 하여 이 문제가 해결되었다. 박동근 집사는 본래 쿠웨이트 대림회사에서 근무할 때, **쿠웨이트 한인연합교회**의 **중동선교**에 동참했었으므로, 특히 쿠웨이트 중동선교회와의 교신이 원활하게 진행될 수 있었다.[349]

---

347) 이라크에 교회설립과 선교사 초빙을 위해 먼저 섬겼던 소중한 분들이 있었다. **최근녕 집사**(현대건설)는 바그다드 현장에서 근무할 때, 교회설립과 선교사 초빙을 추진했으나, 바그다드에서 250Km 떨어진 북철현장으로 전근가면서 중단되었다. **이익주 집사**도 같은 사업을 추진하다가 본국 전출로 중지되었다. **왕진무 집사**도 마찬가지로 본국으로 전출되었다. 왕진무 집사는 한국으로 돌아간 후에도 중동선교본부에서 이라크 선교사 파송을 위해 협력했으며, 그 이후 **에콰도르 선교사**로 파송받았다.

348) 최낙성, "이라크 선교 출장 보고-1985.4.7~16", pp.3-4

349) 최낙성, "이라크 선교 출장 보고-1985.4.7~16", p.5

연합회 상황의 파악 – 연합회 월례회 참석

1985년 4월12일, 최낙성 집사는 부활절 예배와 연합회에 참석하였다. 연합회에 6개 현장교회, 총 40명이 참석했다. 교회대표들은 자신의 교회와 규모를 소개하였다.350)

교회	재적	교회	재적
현대 알무스 교회	52명	현대 메시 교회	30명
현대 하이파 교회	15명	한양 하이파 교회	5명
현대 팔루자 교회	100명	삼성 아브그리브 교회	57명

위의 소개를 보면, **현대 하이파교회**와 **한양 하이파교회**의 재적이 각각 15명과 5명으로 급감했다. 현장공사 종료로 인해 상당수가 귀국하고, 이익주 집사를 비롯하여 연합회 발족을 주도하였던 인물들도 상당수가 이라크를 떠났다.351) 그러나 남은 자들이 계속하여 사역을 이어나갔다.

이라크 현장교회의 명단도 소개되었다 : 레일린 교회, 레일라 교회, 요시 교회, 아브그리브 교회, 알무스 교회, 자지라 교회, 사마라 교회, 팔루자 교회, 키르쿠크 교회, ITR50 교회, 와스프 교회, 바르크 교회, 하이파 한양교회, 하이파 현대교회, 메시 현대교회(15개).352)

북부지역 상황파악 – 현장교회 방문

1985년 4월 14~15일, 최낙성 집사는 **북부지역**을 심방하면서, 두 개의 현장교회들(현대북철교회, 대림현장교회)를 방문하였다. 이라크 북부지역에서 철도공사를 맡았던 **현대 북철교회**는 본부교회, 2공구교회, 3공구교회, 트랙공구교회, 석산공구교회, 건축교회 등으로 이루어졌다. 최낙성 집사는 **최근녕 집사**(북철교회 고문)와 **정규채 집사**(북철교회 회장)를 만날 수 있었는데, 그들은 **한인교회의 설립**과 **선교사의 파송**을 위해 끊임없이 기도하고 있었다.353)

350) 최낙성, “이라크 선교 출장 보고-1985.4.7~16”, p.8.
351) 1985.11.30, **이익주 집사**는 ‘리비아 평신도선교사 이익주 집사 파송예배’를 드린 후 **리비아 현장**으로 떠났으며, 그곳에서도 미수라타 기독선교연합회의 회장으로 섬겼다(중동선교소식, 통권 4호, p.7).
352) 최낙성, “이락 선교 출장 보고-1985.4.7~16”, p.9
353) 최낙성, “이락 선교 출장 보고-1985.4.7~16”, pp.6-7

현대건설 현장의 인근에 있는 **대림산업**의 현장도 방문했다. 대림산업에는 현장교회가 없었으나, 최근 쿠웨이트에서 전출하여 온 **임주혁 집사**가 주도하여 예배가 시작되었다. 그는 쿠웨이트에서 대림 쇼이바 교회를 섬겼고, 또한 **쿠웨이트 한인연합교회**에서 예배 반주로도 섬겼었다.[354] 최낙성 집사는 북부지역의 현장교회들을 방문한 후, **북부지역 연합회의 결성**을 촉구하였다.

이라크 교회의 요청 – 최형섭 목사의 재방문

이라크 현장교회의 교우들은 **성례식의 거행** 및 **집사의 임명**을 위하여 쿠웨이트 한인연합교회의 최형섭 목사를 파송해 줄 것을 요청하였다. 이 요청은 수락되었다. 현장교회들은 학습과 세례를 받을 성도들, 그리고 집사 임명을 받을 성도를 준비시키며, 최형섭 목사가 오기를 기다렸다.

3) 쿠웨이트한인연합교회 제 3차 방문 – 최형섭 목사

1985년 5월 19~29일, 최형섭 목사는 이라크 성도들의 요청에 따라 이라크의 23개 현장교회를 방문하여 **학습세례식** 및 **성찬예식**을 집례하고 **집사임명**을 하였다.

이제 필요한 일은 23개 현장교회들을 **지역별로 조직화 하는 일**이었다. 그래야만 바그다드 시내에 한인연합교회가 세워졌을 때, 담임목사가 각 지역별로 순회하며 사역하는 일이 순조로울 수 있었다. 그 결과로 **북부지역 연합회**가 발족하였다(5.24. 회장 유영모 집사).[355]

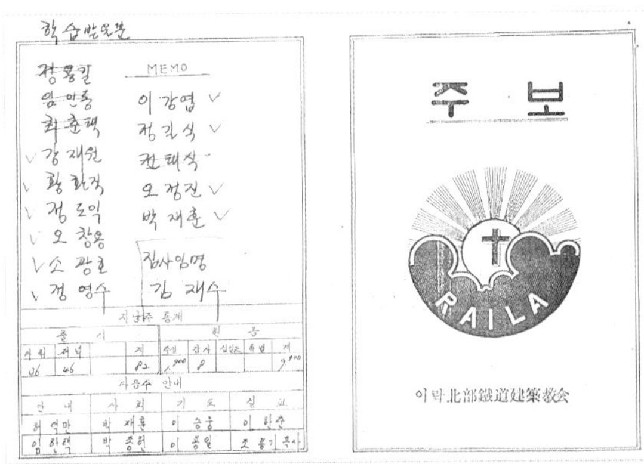

1985년 5월17일자 북부철도건축교회 주보의 메모란에, 학습받을 성도와, 집사임명을 받을 성도의 이름을 기록한 것을 볼 수 있다.

354) 최낙성, "이락 선교 출장 보고-1985.4.7~16", p.7
355) 이락 한인연합교회 연혁, 1985.5.24

무엇보다 이번 방문에서 **선교사 초빙**과 관련된 구체적인 안을 재확인했으며, 이에 따라 **중동선교본부**와 협력할 사항들도 확정되었다. 그리하여 1985년 6월17일 최형섭 목사는 중동선교본부 두상달 장로에게 편지를 보내어, **이라크 선교사의 선임**을 의뢰하게 되었다.

두상달 회장님께!
5월 19~29일까지 이라크 방문하여 현장교회를 둘러보고, **지역별 조직화**에 노력하여, 취약지구인 **북부지역 연합회**에 주력하여 발족시켰습니다. 6월 7일에 정기도임을 가졌다는 소식을 받았습니다. 놀랍게도, 이라크의 23개 현장교회를 돌아보니, 곳곳마다 **쿠웨이트에서 선교에 참여했던 집사와 성도들**이 곳곳에서 **선교적인 기둥의 역할**을 하고 있었습니다.

이제 남은 것은 하루 속히 선교하실 목사님이 파송되는 것 뿐입니다. 초기에 두바이 정도의 보조가 있어야 하겠으나, 모든 성도의 열심과 기도는 목사님을 모시고 **연합교회를 세우기에 충분**했습니다.

이경자 집사의 남편 되시는 **박동근 집사님**께서 초청되실 목사님의 거주비자 및 제반문제를 해결하기로 했습니다. 박동근 집사님이 현재 휴가 차 한국에 가셨습니다. 꼭 만나 보시고, **이라크 선교사 파송**을 실현시켜 주시길 바랍니다. **왕진무 집사님**과 박동근 집사님을 중동선교본부에서 모시고, **이라크 선교사 파송에 관한 제반문제들**을 파악하셔서, **이라크 선교**를 **속히 진행시켜 주시길 바랍니다**.

이라크 선교는 **목사님 파송으로부터 시작될 것**으로 생각됩니다. 이라크한인교회 연합회에서는 **구심점이 없어** 일을 추진하지 못하고 있습니다. 오시는 목사님이 수고스럽겠지만, 속히 오셔서 구심점으로 일해주시고, 그 때부터 연합교회의 설립(바그다드 시내에 가능함)과 주택문제, 승용차 문제도 차근차근 풀어가야 할 것으로 생각됩니다. 이라크에서는 **가족초청**이 어렵습니다. 현재 상태로는 건강하고 사명감 있는 **총각 목사님**이 필요한 것으로 생각됩니다.

이라크의 목회는 바그다드 중심이 아니라(교민가족은 10정 뿐임), **건설현장교회를 중심**으로 각 지역별로 목회하며, 선교에 임해야 할 것 같습니다. 거리가 너무 멀기 때문에, 금요일에 바그다드 연합예배를 드리고, 토요일에 휴식을 취한 후, 일요일~수요일에는 각 지역별 심방 및 예배(이를테면, 북부지역, 요시지역, 팔루자 지역 등)를 드리는 것이 좋겠습니다. 각 지역별로 선교 목사님의 숙식은 제공될 것입니다. 제반문제는 박동근 집사(이라크 대림산업 건설지점장)과 긴밀히 상의하신 후, 추진해 주시길 바라오며, 저희도 이라크를 깊이있게 바라보며 기도하겠습니다.

문제는 **사명이 있는 선교사**입니다. 고생을 하더라도 각오하고, 임지에 뛰어들 목사님만 있으면, 모든 것이 잘 해결될 줄 믿습니다. 이라크의 모든 문제는 여기에서부터 풀리며, 성장된 교회, 선교하는 교회가 될 줄 믿습니다. 여기 이라크 지역 현장교회 현황을 동봉합니다. ... 항상 주님의 사랑하심과 축복이 중동선교본부와 장로님의 사업과 가정에 같이 하시기를 기도드립니다.

1985.6.17. 쿠웨이트 한인연합교회 최형섭 목사

1985년 6월17일에 중동선교본부에 이라크 선교사의 선임을 의뢰한 후, 6월24일 이라크 주재 **박동근 집사**가 쿠웨이트를 방문하여, 최형섭 목사와 이라크 선교를 위한 구체적인 협의를 하였다.[356] 박동근 집사가 선교목사의 입국을 위한 취업비자 등의 실무를 맡았다. 7월26일 이라크에서는 한인교회 연합회가 **목사의 청빙을 결의**하였다.[357]

4) 중동선교본부 - 이라크 선교사의 선정 (1985.11.2)

1985년 6월17일, **중동선교본부**는 최형섭 목사로부터 이라크 선교사 선임을 의뢰받게 되자, 이라크 파송선교사를 찾게 되었다. 중동선교본부는 「중동선교소식」(1985.9.30)에 "이라크의 성도들은 하루 속히 선교사를 파송하여 줄 것을 계속 호소하고 있으며, 특별히 1,000km가 넘는 광활한 땅을 순례자처럼 가정에 얽매이지 않고 사역할 수 있는 종을 원한다"라고 소식을 전하면서, "이라크 성도들이 기도 속에 애타게 기다리는 헌신할 선교사가 나올 수 있도록" 중보기도를 요청했다.[358] 1985년 10월1일, 국제전화통화 내용기록에 의하면, 이라크 교회의 부회장이 서울의 중동선교본부를 방문하여, 이라크의 사정을 들려주었으므로,[359] 중동선교본부도 이라크 상황에 가장 적합한 파송선교사를 찾을 수 있었을 것이다.

중동선교본부는 4개월 반의 심사 끝에 이라크 파송선교사를 선정할 수 있었다. 가족과 떨어져서 단신으로 파송받는 힘든 이슬람 선교사역이었다. 그런데도 4~5명 정도의 후보자가 있었다.[360] 1985년 11월2일, **심근택 목사**가 이라크 선교사로 선정되었다.[361] 심 목사에게는 두 명의 자녀가 있었지만, 단신으로 갈 예정이었다. 이제 마지막 결정만 남게 되었다. 그것은 11월 29일, **연합회의 정기총회**가 심근택 목사를 이락 한인연합교회의 담임목사로 수락하는 것이었다.

---

356) 중동선교본부, 「중동선교소식-쿠웨이트편」(1985), p25.
357) 이라크 한인연합교회 연혁, 1985.5.24
358) <중동선교소식> 제 3호 (서울 : 중동선교본부, 1985.9.20), p.7,8.
359) 1985.10.1. 국제전화 (발신자 : 최형섭 목사, 수신자 : 두상달 장로).
360) 1985.11.4. 국제전화 (발신자 : 최형섭 목사, 수신자 : 두상달 장로).
361) 중동선교본부, 「중동선교소식-쿠웨이트편」(1985), p.23.

5) 쿠웨이트한인연합교회 제 4차 방문 - 최형섭 목사

1985년 11월 7~13일, 최형섭 목사는 이제 곧 열리게 될 **연합회의 정기총회**를 앞두고, 이라크를 다시 방문하게 되었다. 그 정기총회에서 **새로운 회장과 임원을 선출하는 일**과, **심근택 목사를 최종 수락하는 결정**이 이루어져야 했다. 그리하여 최형섭 목사는 이를 준비하기 위해 정기총회 전에 이라크를 방문할 필요가 있었다.[362]

최형섭 목사는 이라크에 도착한 후 먼저 **이라크 교회의 상황**을 돌아보았다. 안타깝게도, 바그다드 인근의 **알무스 교회**와 **삼성 아브그레이브 교회**가 연합회 활동에 참여하지 않고 있었다. **알무스 교회**는 바그다드 근처에서 가장 큰 규모이고, 신실한 성도가 많아서, 바그다드 시내에 한인연합교회가 세워지면, 주력이 되어야 할 교회였다. **삼성 아브그레이브 교회**는 김경희 집사(전 쿠웨이트 구역장)가 주축이 되어 대사관을 중심으로 7가정이 출석하고 있었다. 이것은 연합회의 큰 실수였다. 그리하여 정기총회에서 선출될 새로운 임원진은 연합운동에 박차를 가해야 했다.

교민가정은 모두 12가정이었으며, 대사관 대사 가정을 제외한 모든 가정이 교회에 동참하기로 했다.[363] 연합회도 지금까지는 현장교회의 중심이었으나, 교민교구와 동역하기로 하였다. 교민교구는 연합교회로 적을 옮겨 목사님을 모시고 신앙생활을 하기로 하였다.[364]

최형섭 목사는 새로 결성된 **북부지역 연합예배**를 인도하였다. 북부지역의 교회들은 연합사업을 잘 감당하고 있었다. 남광, 대림, 정우, 현대건축, 토목교회가 참석하여 연합을 다짐했다. 유정모 집사가 북부지역 연합회의 회장으로 선출된 이후, 북부지역은 부흥하고 있었다.[365]

최형섭 목사는 바그다드에서 **중부지역 연합예배**를 인도한 후, 남부지역 **바스라 주**(Basrah)에 있는 현대건설의 현장도 방문하였다(이 내용은 이미 이라크 항목의 제일 앞부분에서 다루었다.)

---

362) 최형섭, "이라크 선교여행보고서"(기간 1985.11.7-11.13), p.1.
363) 최형섭, "이라크 선교여행보고서"(기간 1985.11.7-11.13), p.2.
364) 최형섭, "이라크 선교여행보고서"(기간 1985.11.7-11.13), p.2.
365) 최형섭, "이라크 선교여행보고서"(기간 1985.11.7-11.13), p.1.

최형섭 목사는 연합회에게 **정기총회**에서 심근택 목사를 이라크 파송선교사로 확정하면, 그 결과는 서울 중동선교본부와 쿠웨이트 한인연합교회에게 통보해 줄 것을 부탁했다. 이라크 교회측은 쿠웨이트 한인연합교회가 **심근택 목사**의 **초청장 발급**(취업) 및 **여권수속**을 맡아줄 것을 요청했다.[366] **심근택 목사의 항공료**는 이라크 교회가 11월 중에 쿠웨이트로 송금하기로 하였다.[367]

이 방문기간에 한인연합교회 창립 및 선교사 초빙을 위한 **후원회**가 결성되었다. 알무스 현장의 소장 전영호 집사는 이를 위해 큰 협력을 할 것을 약속하였다. 박동근 차장(대림), 채수필 차장(삼성), 김경희 집사의 큰 역할도 기대되었다. KOCC 합동사무실의 **홍성리 장로**(현대)가 주축이 되어, 이들과 함께 후원회를 결성할 수 있었고, 연합회에 합류하기로 하였다.[368]

바그다드 지역에서 **한인연합교회 예배당 선정**은 후원회 회장 홍성리 장로에게 일임하되, 현장교회의 임원들과 긴밀하게 협력하여 진행하기로 했다. 쿠웨이트에서는 바그다드 시내에 **이라크 에반젤리컬 교회**(Evangelical Church)가 있다는 소식을 듣고, 이 교회를 추천했다. 그러나 박동근 집사가 이라크 대사관으로 전화를 했으나, 이 교회의 장소를 확인할 수 없었다. 그리하여 쿠웨이트 에반젤리컬 교회(NECK)를 통해 이라크 에반젤리컬 교회의 주소와 전화번호를 파악하여, 홍성리 장로에게 알려주기로 하였다.[369] 최형섭 목사는 일정을 마치고, 쿠웨이트로 복귀하였다.

6) 이라크 지역 한인교회 연합회 정기총회 (1985.11.29)

11월19일, 유정모 집사는 정기총회 앞서 중동선교본부 두상달 장로에게, 심근택 목사를 수락하는 결정을 속히 할 수 있도록 **심근택 목사의 상세한 이력서**를 요청하였다.

> "심근택 목사님을 수락하는 결정은, 우리가 그의 이력서를 검토한 후에 하기로 의견을 모았습니다. 그 결정이 속히 할 수 있도록, **심근택 목사님의 상세한 이력서**를 텔렉스로 보내어주십시오"

366) 박동근 집사는 대림산업 본사로부터 심근택 목사의 취업비자 협력받을 수 없으므로, 대림산업 바그다드 지사에서 근무하는 비자조건으로, 쿠웨이트를 경유하여 이라크로 들어오는 방안을 생각하였다.
367) 중동선교본부, 「중동선교소식-쿠웨이트편」(1985), p.23.
368) 최형섭, "이라크 선교여행보고서"(기간 1985.11.7-11.13), p.2.
369) 최형섭, "이라크 선교여행보고서"(기간 1985.11.7-11.13), p.2.

11월29일, 이락 지역 한인교회 연합회는 정기총회로 모여서, 중동선교본부가 이라크 파송선교사로 선정한 **심근택 목사**를 받기로 결의하였다.[370)]

또한 정기총회는 임원개선과 함께, **유정모 집사**(북부지역 연합회 회장)를 한인교회 연합회의 **제 3대 회장**으로 선출하였다. 총무 김동호 전도사, 회계1 홍강표 집사, 회계2 김경희 집사, 서기 박봉우 성도가 선출되었다.[371)] 북부지역 연합회의 회장이었던 유정모 집사가 바그다드 지점으로 전근하게 되어, 그의 큰 활약이 기대되었다. 1985년 2월26일, 연합회가 처음 발족하면서 한인연합교회의 설립과 이라크 선교사의 파송이라는 두 가지의 목표를 세웠었다. 이제 그 목표의 실현이 임박하게 되었다.

(4) 이라크 한인연합교회가 설립되다 (1986.1.17).

1) 한인연합교회의 설립 (1986.1.17)

먼저 한인연합교회를 세우는 일부터 실현되었다. 일전에 쿠웨이트에서 '이라크 에반젤리컬 교회'를 한인연합교회의 예배당으로 추천하기도 했으나, **메시 현대교회**를 한인연합교회의 예배당으로 사용하기로 결정하였다. 연합교회의 예배당이 결정됨으로써, 현장교회들과 교민교구가 다함께 한자리에서 예배를 드릴 수 있게 되었다. 그리하여 아직 담임목사가 부임하지 않았으나, 1986년 1월17일, 바그다드의 메시교회 예배당에서 연합예배를 드림으로써, 그토록 오랫 동안 기도하며 기다렸던 **이라크 한인연합교회**가 설립되었다.[372)]

2) 담임목사의 부임을 준비하다.

또한 심근택 목사를 담임목사로 맞이하기 위한 준비도 이라크와 쿠웨이트에서 신속하게 진행되었다. 연합회 회장 유정모 집사가 1985년말 국제전화로 쿠웨이트에 전달한 내용에 의하면, **차량**은

---

370) 이라크 한인연합교회 연혁, 1985.5.29
371) <중동선교소식> 제 4권 (서울 : 중동선교본부, 1986.3.5), p.5, "이락 소식을 드리며"
372) 이락 한인연합교회 연혁, 1986.1.17

쿠웨이트에서 새 차로 구입할 예정이며, **주택**은 해결되었고, **항공티켓**은 이라크에서 준비하는 중이었다.

심근택 목사의 **취업비자**는 순조롭게 진행되었다. 1986년 1월10일, 그의 취업을 위한 **고용계약**이 체결되었다. 그의 취업비자를 이라크에서 만들 수 없었으므로, **쿠웨이트**에서 맡아서 진행하였다. 쿠웨이트에서 취업한 후, 이라크 **바그다드 지사**에서 근무하는 형식으로 진행되었다. 그리하여 심근택 목사는 한국의 서울에서 이라크의 바그다드로 직행할 수 없었고, 먼저 쿠웨이트를 경유한 후에 이라크로 가야 했다. 그의 계약기간은 2년이었고, 그의 직책은 **세일즈 메니저**(Sales Manager)였다.

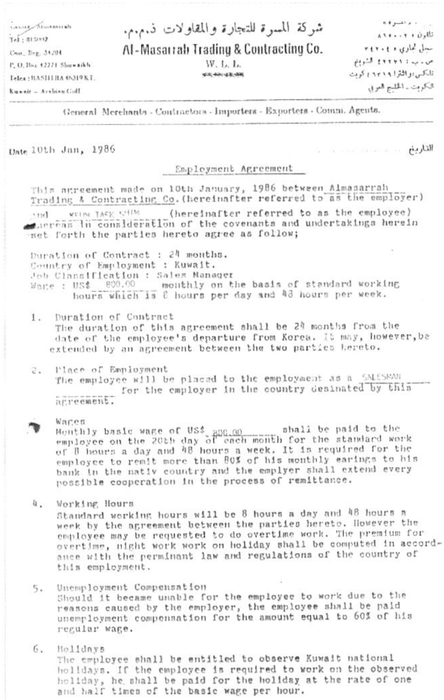

شركة المسرة للتجارة والمقاولات ذ.م.م.

Al-Masarrah Trading & Contracting Co.

W. L. L.

Com. Reg. 34204

P. O. Box 42271 Shuwaikh

Kuwait – Arabian Gulf

General Merchants - Contractors - Importers - Exporters - Comm. Agents.

Date 10th Jan, 1986

Employment Agreement

This agreement made on 10th January, 1986 between Almasarrah Trading & Contracting Co. (hereinafter referred to as the employer) and KEUN TAEK SHIM (hereinafter referred to as the employee) whereas in consideration of the covenants and undertakings herein set forth the parties hereto agree as follow;

Duration of Contract : 24 months.
Country of Employment : Kuwait.
Job Classification : Sales Manager
Wage : US$ 800.00 monthly on the basis of standard working hours which is 8 hours per day and 48 hours per week.

1. Duration of Contract
The duration of this agreement shall be 24 months from the date of the employee's departure from Korea. It may, however, be extended by an agreement between the two parties hereto.

2. Place of Employment
The employee will be placed to the employment as a SALESMAN for the employer in the country desinated by this agreement.

3. Wages
Monthly basic wage of US$ 800.00 shall be paid to the employee on the 20th day of each month for the standard work of 8 hours a day and 48 hours a week. It is required for the employee to remit more than 80% of his monthly earings to his bank in the nativ country and the emplyer shall extend every possible cooperation in the process of remittance.

4. Working Hours
Standard working hours will be 8 hours a day and 48 hours a week by the agreement between the parties hereto. However the employee may be requested to do overtime work. The premium for overtime, night work work on holiday shall be computed in accordance with the perminant law and regulations of the country of this employment.

5. Unemployment Compensation
Should it became unable for the employee to work due to the reasons caused by the employer, the employee shall be paid unemployment compensation for the amount equal to 60% of his regular wage.

6. Holidays
The employee shall be entitled to observe Kuwait national holidays. If the employee is required to work on the observed holiday, he shall be paid for the holiday at the rate of one and half times of the basic wage per hour.

심근택 목사 고용계약서

3) 심근택 목사의 이라크 파송 일자가 구체적으로 결정되다.

1986년 1월18일, 국제전화통화 내용에 의하면, 심근택 목사의 출국희망일은 2월말 이내이되, 빠를수록 좋았다.[373] 그러나 실제로는 좀더 늦추어졌다. 3월11일, 최형섭 목사가 유정모 회장에게 편지로 보낸 바에 의하면, **심근택 목사의 파송일정**은 3월19일(수) 서울을 출발하여, 20일(목) 쿠웨이트를 경유하는 계획이었다. 28일(금)까지 쿠웨이트의 모든 일정을 마치고 나서, 29일(토) 이라크로 출발하는 일정이었다.[374] 이 일정대로라면, **심근택 목사**의 **이라크 선교사 파송예배**는 1986년 3월15일(토), 중동선교본부로 예정되었을 것이다.[375]

373) 1986.1.18. 국제전화 (발신자 : 최형섭 목사, 수신자 : 두상달 장로).
374) 1986.3.11. 최형섭 목사가 유정모 집사에게 보낸 편지의 내용
375) 바로 이 시기에 최형섭 목사는 쿠웨이트한인연합교회를 사임하고 떠날 예정이었다. 그래서 이 일정은 마침 쿠웨이트 한인연합교회의 제 2대 담임목사로 부임하는 조원규 목사와 함께, 심근택 목사가 한국을 출발하여 쿠웨이트에 도착하는 계획이었다.

(5) 오랜 기다림 끝에 이라크 선교사가 도착하다 (1986.10.24)

그런데 문제가 발생하였다. 1986년 2월, 국제전화통화 내용에 의하면, 심근택 목사의 영문이름 Shim이 Shin으로 잘못 되어 있어서, 수속이 안 되었다. 그리하여 다시 만들어 보내어야 했다.[376] 1986년 3월5일자 「중동선교소식」은 "**심근택 목사 이라크 선교사**로 **내정 준비 중**"이란 소식을 전하면서,[377] "**이라크 파송 준비 중**인 심근택 선교사와 **고국에 남아야 하는 가족**과 건강을 위해", 그리고 "선교후원을 위해 – 월 500불을 지원할 수 있는 교회가 나올 수 있도록" 기도를 요청하였다.[378] 그런데 3월29일 중동선교본부는 '**이라크 선교사 파송예배**는 **연기한다**'라고 뜻밖에 소식을 전했다.[379] 그 사유를 확인해 보았으나, 당시 그 일을 맡았던 분들의 기억 속에 없었다.

1986년 4월15일, 중동선교본부의 임원회(10명 참석)는 **이라크 선교사 파송의 건**을 다시 논의할 수밖에 없었다.[380] 5월20일, '이라크 선교사 파송의 건, 제 2차 모임'을 가졌다. 참석자는 6명이었다(최형섭 목사, **두상달 장로**, 박장암 목사, 배순호 장로, 신창순 목사, 왕진무 집사). 5명의 이라크 선교사 지원자가 있었고, 3인(목사 2명, 전도사 1명)을 최종면접 대상자로 선발하였다.[381] 그리고 5월27일, 제 3차 모임에서 목사후보 2인을 최종 면접하였다. 면접관은 위의 6인이었다.[382] 그러나 이라크 선교사의 선정은 쉽지 않았다. 중동선교본부 임원회에서 이라크 파송선교사를 위해 협의하던 중 **두상달 장로**가 이미 사우디 선교사로서 리야드 청운교회의 제 2대 담임목사로 섬겼던 **신창순 목사**에게 이라크 선교사로 파송받을 것을 제안하였다.[383] 신창순 목사는 중동선교본부 임원회의 결정을 그대로 받아들였다. 당시 신창순 목사는 1년간 이라크 선교현장에 뛰어들어 새 인물을 세우기 위한 준비작업을 할 계획이었다.[384]

---

376) 1986.2. ?, 국제전화 (발신자 : 최형섭 목사, 수신자 : 두상달 장로).
377) <중동선교소식> 제 4권 (서울 : 중동선교본부, 1986.3.5), 선교본부 소식들, p.7
378) <중동선교소식> 제 4권 (서울 : 중동선교본부, 1986.3.5), 기도를 위한 제목, p.8
379) 중동선교본부, '이만석 선교사 이란 파송 및 3월 정기월례회예배' 주보의 소식란.
380) 중동선교본부, "5월 정기임원회"(1986.5.27), p.1
381) 중동선교본부, "5월 정기임원회"(1986.5.27), p.2, 4.
382) 중동선교본부, "6월 정기임원회"(1986.6.19), p.1,
383) 이것은 두상달 장로가 직접 진술하여 준 사실이다.
384) 신창순, '이라크의 선교발자취 : 선교현장 역사탐방1', <중동선교> 제 14호(1990.7.27), p.4

(6) 초대담임 목사 - 신창순 선교사

담임목사의 도착

이라크 한인연합교회는 1986년 7월16일, 서울 중동선교본부가 **신창순 목사**를 이라크 선교사로 선정했다는 기쁜 소식을 듣게 되었다.[385] 이에 이라크 한인연합교회는 총회를 열어 신창순 목사의 청빙을 결의하고,[386] 그 결정을 중동선교본부에 전달하였다. 드디어 이라크 한인연합교회의 담임목사가 확정된 순간이었다. 중동선교본부의 「7월 정기임원회 (1986.6.19~7.21)」 보고서도 "이락 교회 연합회[387]에서 선교사로 신창순 목사님을 파송 요청해옴"이라는 소식을 첫 번째 보고사항으로 기록하였다.[388]

1986년 9월12일, 총회에서 **유정모 집사**가 다시 회장으로 선출되어 제 4대 회장을 맡게 되었다.[389] 유정모 집사는 제 3대 회장을 맡을 때부터 서울 중동선교본부와 선교사 선정 및 담임목사의 부임절차를 협의했었다. **신창순 목사의 취업비자**도 유정모 집사가 사우디아라비아에서부터 아는 사람을 통해 해외건설협회의 직원비자를 만들어 해결되었다.

10월20일(월), 신창순 목사는 서울을 출발하였고, 먼저 **쿠웨이트를 경유**하여(21일),[390] 10월24일에 바그다드에 도착하였다.[391] 쿠웨이트를 경유하게 된 이유는, 중동선교의 인접국의 초석이 된 쿠웨이트 한인연합교회의 기도와 성원에 보답하면서, 다음 선교지인 튀르키예에도 복음을 전할 것을 협의한 후에, 바그다드로 들어가기 위함이었다.[392]

---

385) 이라크 한인연합교회 연혁에는 1986년 1월16일로 잘못 기록되어 있다. 정황상 7월16일이 옳다.
386) 총회가 개최된 날짜는 금요주일예배가 드려졌던 1986년 7월18일(금)이었을 것이다.
387) '이락 교회 연합회'는 '이라크 한인연합교회'의 오기이다. 1986.1.17에 연합교회가 이미 세워졌다.
388) 중동선교본부, 「7월 정기임원회 (1986.6.19~7.21)」(1986.7.22), p.1,
389) 이라크 한인연합교회 연혁, 1986.9.12
390) 쿠웨이트 한인연합교회, <주보, 1986.10.10>, 교회소식, "이라크 선교사이신 신창순 목사님이 21일 쿠웨이트를 경유하여 이라크에 가시게됩니다" ; <주보, 1986.10.17>, 교회소식, "이라크 선교사이신 신창순 목사님이 21일 쿠웨이트에 오십니다."
391) 이라크 한인연합교회 연혁, 1986.10.20 & 10.24
392) 신창순, '이라크의 선교발자취 : 선교현장 역사탐방1', <중동선교> 제 14호(1990.7.27), p.4

10월24일(금), 바그다드에 도착했을 때, 이미 모든 준비를 갖추고 선교사가 오기만을 기다리는 유정모, 공정원 집사 부부와 신홍식 집사 가정, 그리고 한인연합교회 교우들과 현장교회 교우들이 기다리고 있었다. 유정모 집사는 자신의 집에 **신창순 목사의 숙소**까지 마련하였다. 그 당시는 이라크가 이란과 전쟁 중이어서, 간혹 떨어지는 미사일로 인해 불안할 때도 있었다.

열정적인 사역의 시작

신창순 선교사는 10월24일 금요일에 도착하여, **초대 담임목사**로 부임하는 예배를 드리게 되었다. 그는 사우디 선교사로서 리야드 청운교회의 제 2대 담임목사(1983.6.~1985.2)를 역임한 후, 다시 이라크 선교사로서 이라크 한인연합교회의 담임목사로 부임하게 되었다.

본격적인 선교활동의 준비기간 (1986.11~12)

신창순 목사가 이라크에 도착한 시기는 연말이었다. 그는 1986년도의 남은 두 달을 선교활동의 기초를 준비하는 기간으로 삼고, 하루하루 최선을 다하였다.

우선 신창순 목사는 1986년 11월7일, **현대 요시교회**를 첫 방문으로 시작하여, **순회예배**를 실시하였다. 현대 요시교회는 이라크 서남부에서 고속도로 건설공사를 하고 있었다. 신창순 목사는 순회예배를 통해 **현장교회들**을 둘러보았다.

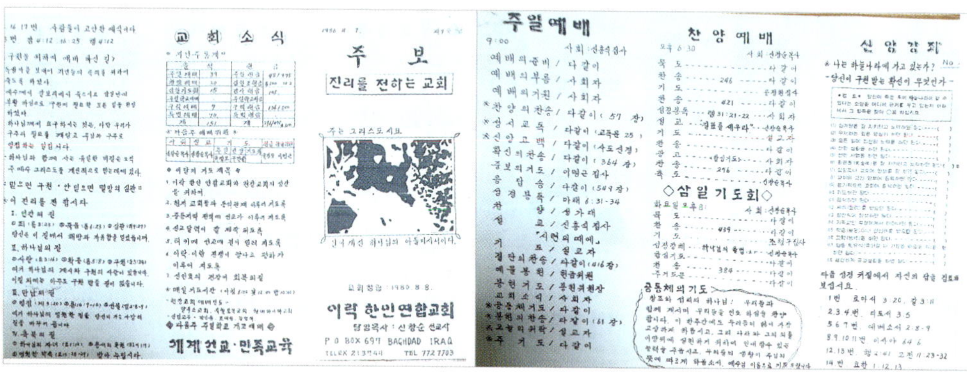
교회 소식
주 보
진리를 전하는 교회
이락 한인연합교회
P.O. BOX 6971 BAGHDAD IRAQ
세계선교·민족교육
주일예배
찬양예배
◇삼일 기도회◇
신앙점검

이락 한인연합교회 1986년11월7일자 주보393)

이 기간에 신창순 목사는 주보에 〈신앙강좌〉를 연속적으로 올렸다. 주된 내용은 복음과 핵심되는 신앙내용이었다. 이를 통해 신창순 목사는 교우들의 신앙을 바른 말씀 위에 견고하게 세우고자 했다. 1986년 12월 5일자 주보는 그 한 예이다.

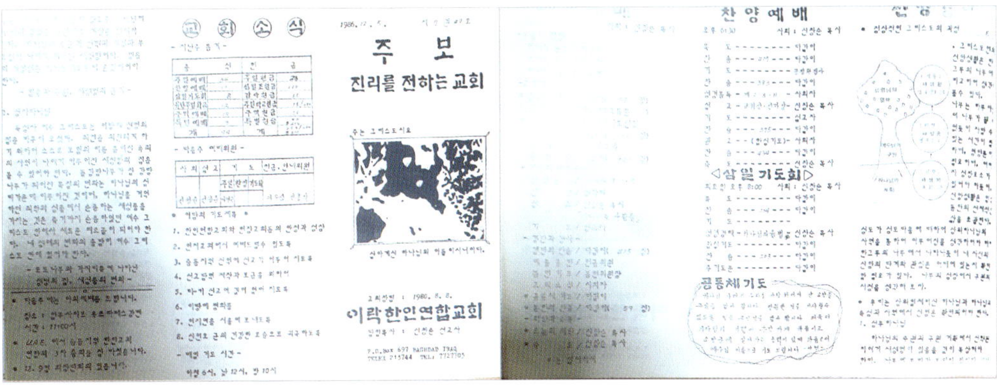

이락 한인연합교회 1986년12월5일자 주보394)

선교 총력의 해 (1987)

1987년도는 중한연(중선협 전신)에서 '**선교총력의 해**'로 삼은 해였다. 중한연은 중동의 한인교회들이 매일 세 번씩, 같은 시간(매일 연합기도시간 : 아침 6시, 낮 12시, 밤 10시)에 같은 기도제목으로 영적 힘을 합하기를 원하였다. 이를 위해 이라크 한인연합교회도 매주 주보에 8가지의 기도제목을 올렸으며, 일곱 번째 기도제목은 매주 나라별로 변경되었다.

1987년 2월20일 금요주일은 리비아를 위한 기도주간이었다. 7번 기도제목에서 **이익주 집사**는 얼마 전까지 **현대 화이파교회의 회장**으로서 그들과 함께 신앙생활을 했었다. 그는 바로 이 한인연합

393) 이락 한인연합교회의 주보를 보면, 교회설립일이 1980년 8월8일로 기재되어서, 이락 한인연합교회의 연혁과 다르게 기록되었다. 이락 한인연합교회의 설립일은 1986년 1월17일이 맞다. 이 날짜는 현대 바그다드 교회(메시 현대교회)의 설립일자이다. 이락 한인연합교회가 영국인 예배당을 사용하기 전에, 현대 메시교회를 사용했는데, 아마도 그 설립일자를 계속하여 이어받은 것 같다.

394) 이락 한인연합교회의 주보를 보면, 교회설립일이 1980년 8월8일로 기재되어서, 이락 한인연합교회의 연혁과 다르게 기록되었다. 이락 한인연합교회의 설립일은 1986년 1월17일이 맞다. 이 날짜는 이락 한인연합교회가 예배당으로 사용하는 현대 바그다드 교회(현대 메시교회)의 설립일자였다. 아마 현대 바그다드 교회의 예배당을 사용하기에, 그 설립일자를 계속하여 이어받은 것 같다.

교회의 설립과 이라크 선교사 파송을 위해 가장 열정적으로 섬겼던 리더들 중 한 명이었다. 그는 이라크를 떠났지만, 1985.11.30 파송예배를 받고서, **평신도 선교사**로 리비아로 떠났었다. 그렇기에 **이익주 집사의 이름**은 그들에게 더욱 남달랐을 것이다.

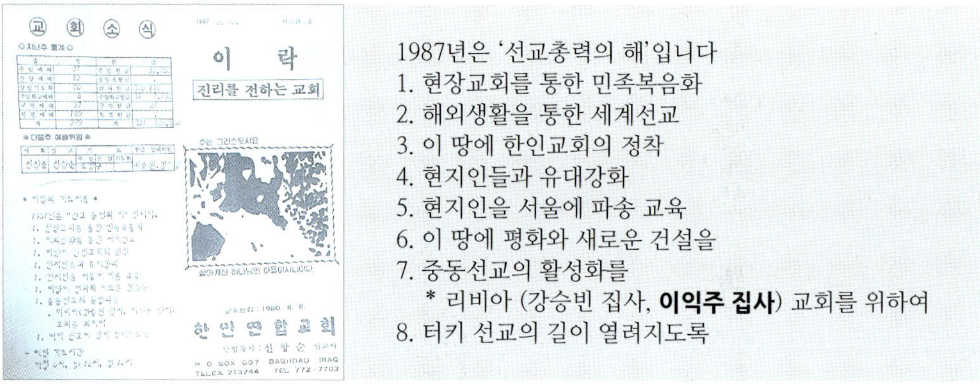

교 회 소 식
이 락
진리를 전하는 교회
한 인 연 합 교 회
1987년은 '선교총력의 해'입니다
1. 현장교회를 통한 민족복음화
2. 해외생활을 통한 세계선교
3. 이 땅에 한인교회의 정착
4. 현지인들과 유대강화
5. 현지인을 서울에 파송 교육
6. 이 땅에 평화와 새로운 건설을
7. 중동선교의 활성화를
* 리비아 (강승빈 집사, **이익주 집사**) 교회를 위하여
8. 터키 선교의 길이 열려지도록

이락 한인연합교회 1987년 2월20일자 주보[395]

1987년도부터 본격적인 선교사역에 임하기 위해 아랍어 전도지 제작, 고속 복사기 구입, 선교달력의 제작, 카세트 복사기의 구입 등 필요한 제반사항을 구비하였다. 그리고 '세계선교', '민족교육' 및 '십자가(✝)'가 새겨진 선교메달도 제작하였다(옆사진).[396] 한편 서울에서는 **황은희 사모**(신창순 목사의 아내)와 여러 성도들이 정성어린 기도와 후원으로 이 모든 것들을 제작하여 송부하여 주었다.[397]

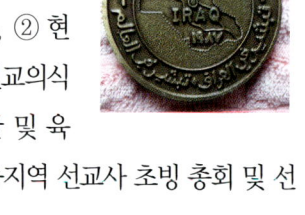

신창순 목사의 장기적 계획은 ① 한인연합교회의 바그다드에 정착화, ② 현장교회의 내실화와 민족복음화, ③ 선교메달과 선교달력을 통한 선교의식의 고취, ④ 현지교회 교인들과의 유대강화, ⑤ 현지인 지도자 발굴 및 육성을 하는 것이었고, 그리하여 ⑥ 이라크 선교 10주년 기념으로 중동지역 선교사 초빙 총회 및 선교를 추진하는 것이었다. 모든 일은 순조롭게 진행되었다.[398]

---

395) 이락 한인연합교회의 주보들은 모두 신창순 목사가 직접 제공하였다.
396) 메달사진 출처 (이건주 장로의 블로그, https://m.blog.naver.com/johnlee)
397) 신창순, '이라크의 선교발자취 : 선교현장 역사탐방1', <중동선교> 제 14호(1990.7.27), p.5

교회의 예배당과 조직정비

신창순 목사는 적극적인 선교사역을 위하여 바그다드 시내의 중심가로 교회를 옮기었다. 우선 1987년 2월6일, **영국인 교회**(St. George Church)로 옮겨 대예배를 드리기 시작했다.[399] 이날 48명이 예배에 참석하였다. 한편 바그다드 시내 중심가에 있는 **안식일 교회**는 4년 전에 석조건물로 건축된 깨끗하고 아담한 교회였으나, 아직 종교성으로부터 허락을 받지 못한 상태였다. 그 당시 이집트인 목사가 시무하고 있었고, 성도는 약 60명이었다. 앞으로 **현지 선교사역**을 위해서, 이러한 **현지인 교회**와 사귀고 훈련하는 것이 필요하였다. 그리하여 안식일 교회가 종교성의 허가를 받기 전까지, 잠정적으로 영국인 교회에서 예배를 드리기로 하였다. 3월6일에는 영국인 교회에서 영국인, 독일인, 인도인 및 한국인 4개 교회가 함께 연합으로 예배를 드렸다.[400]

1987년 3월20일, 신창순 목사는 **이라크 한인연합교회의 조직**을 구성하여 교회의 체계를 갖추었다. 제직을 임명하고, 운영위원회를 조직하였다. 주보에 제직명단을 보면, 장로는 있으나, 아마도 이 교회의 피택장로가 아니었을 것이므로, 당회없이 **운영위원회**로 교회를 다스렸다.

제직회	제직명단
회장 : 신창순 목사 서기 : 유정모 집사 회계 : 허 완 장로 김병순, 김경희 집사	목 사 : 신창순 장 로 : 허 완 안수집사 : 이우상 집 사 : 김관동, 김병순, 김승주, 김홍민, 신세준, 유정모 윤정일, 이건주, 이진환, 이명근, 임지홍, 조형구 최중원, 한충남, 김경희, 김명숙, 김은숙, 김혜경 공정원, 이재경, 임말래, 한만숙

운영위원회	운영위원
위원장 : 신창순 목사 서 기 : 최중원 집사	신창순, 허완, 이우상, 김병순, 김경희, 이명훈, 최중원 유정모, 이건주

교회학교	구역	선교회
교장 : 신창순 목사 부장 : 김경희 집사 교사 : 이명근, 조영구, 이진환, 공정원	팔레스타인구역 : 김혜경 김명숙 만스트 구역 : 한만숙, 임말래	선교회장 : 허 완 장로 부 회 장 : 김혜경 집사 총 무 : 임말래 집사

398) 신창순, '이라크의 선교발자취 : 선교현장 역사탐방1', <중동선교> 제 14호(1990.7.27), p.4
399) 중동선교본부, 「2월 정기월례예배 (1987.2.28)」, 소식2, "이라크 신창순 선교사, 2월초 바그다드시내에 있는 교회를 빌려 적극적 선교활동"
400) 1987년 3월11일자, 신창순 목사가 쿠웨이트의 조원규 목사에게 보낸 편지

신창순 목사는 **이라크 한인연합교회**를 **선교의 교두보**로 세우기 위해, 성경과 찬송가를 보급하며, 2개월 동안 23개의 현장교회를 방문하였는데, 약 6,700km를 주행하는 강행군이었다. 그런데 신창순 목사가 막상 이라크 현장에 뛰어들고 보니, 현지활동의 여건이 너무 어려웠다. 그리하여 본래 1년간 머물려던 생각을 바꾸어, **이라크에서의 장기사역**을 위하여 가족을 초청하기로 했다. 총회 전도부에 선교사 파송신청을 하고, 선교후원 교회도 찾았다. 당시 1월 한달 동안 바그다드에 미사일이 7번이나 떨어지는 전쟁의 상황이었지만, 오히려 선교의 불길로 가슴이 설레이는 나날을 보내고 있었다. 총회 전도부로부터 선교사로 확정되었고, 가족들이 거주할 집도 계약하였다. 가족들은 출국수속까지 완료한 상황이었다. 신창순 목사는 3월 28일, 가족들이 바그다드에 입국할 날만을 기다리고 있을 때였다.

3) 교회의 시련 (1987.3)

① 신창순 목사

그런데 갑자기 큰 시련이 교회에 닥치게 되었다. 1987년 3월, **종교경찰들의 사찰**로 인해 신창순 선교사는 황급히 이라크를 떠나야 했다. 3월24일, 이라크의 비밀경찰들이 신창순 목사의 모든 활동을 알고 있으며, 불원간 그를 체포할 것이라는 긴급정보를 알게 되었다.

신창순 목사는 이라크에 도착한 직후부터 활발하게 선교적인 목회사역을 하였다. 이러한 활발한 사역이 **현지 정보부의 정보망**에 걸리게 되었다. **여직원의 밀고**가 있었기 때문이다(3월18일).[401] 그러나 다행히 현지주민의 도움으로 정보당국의 체포계획을 먼저 알게 되었다(3월24일). 그 때 신창순 목사는 **유정모 집사**의 집에서 묵고 있었다. 가택수색이 있기 하루 전날, 신창순 목사는 한국으로 무사히 출국하였다(3월28일).[402] 결국 3월27일(금)이 그의 마지막 주일예배가 되었다.

---

401) 신창순 선교사의 아내 황은희 사모는 한국에서 아랍어 전도지. 선교달력, 선교메달 등을 제작하여 이라크로 보내어 주었다. 신창순 선교사가 그것들을 배포한 후, 이라크 정보부의 긴급 수사가 시작되었다. 직원 카톨릭 신지 파아디아는 취조를 받고 사무실 현황을 다 고할 수 밖에 없었다.

402) 신창순 목사의 아내와 두 자녀는 본래 3월 28일 바그다드에 입국할 예정이었다. 그러나 가족들의 몸이 너무 피곤하여 출국을 1주일 연기했는데, 이로 인해 큰 화를 면할 수 있었다. 신창순 목사는 긴급히 가족들에게 이라크로 들어오지 말라는 연락을 취하였다. 하나님께서 그의 가족을 지켜주셨다.

이라크 땅에 선교사가 파송받기 위하여 **이라크 교회**는 얼마나 오랜 기간 간절히 기도했었는가! **쿠웨이트 한인연합교회**와 서울의 **중동선교본부**는 얼마나 큰 수고를 쏟아 부었는가! 그렇게 하여 이라크에 파송받은 선교사는 **겨우 5월 만**에 이라크 땅에서 쫓겨나야 했다. 이슬람 선교사역은 이와 같이 가장 치열한 영적 전쟁터 중에서도 최전방이다.

상당한 분량의 사역들

그러나 5개월의 동안 신창순 목사는 **한인연합교회와 현장교회의 사역**을 통해 상당한 분량의 사역을 감당하였다. 80회의 예배인도, 8회의 성례전 집례(학습 41명, 유아세례 2명, 세례 68명), 6개 교회의 제직임명(41명), 구역편성(팔레스타인, 만스트 2개구역), 그리고 4명의 교사를 세워 교회학교의 개교(11월14일)까지 이 많은 사역들을 감당했다. 뿐만 아니라, 선교통신(텔렉스 22, 국제전화5, 편지 231)을 활용하여 서울 중동선교본부(MCC), 한인연합교회, 현장교회, 그리고 중동지역 각국의 교회 및 선교사들과 함께 **선교기반을 확립하는 사역들**까지 감당했다. 그리고 제 3차 두바이 중한연대회(1986.11.29~12.2)에 참석하여 중동 각국의 연대적인 선교사역을 종합적으로 협의하였다.

그리고 신창순 목사는 이라크의 현지인 교회를 13회 방문하면서, **현지 교회현황**도 조사하였다. 그의 파악한 바에 의하면, 바그다드에는 아르메니아 정교회(Armenian Orthodox Church, 6개), 시리아 정교회(Syria Orthodox Church, 15개), NEC(National Evangelical Church, 7개), 로마가톨릭(Roman Catholic Church), 시리아 가톨릭(Syria Catholic Church), 장로교회(2개), 안식교회(4개), 그리고 영국성공회 교회(1개)가 있었다.[403] 이러한 선교지의 지역자료들은 선교전략 수립을 위하여 가장 필수적인 기초자료가 된다.

신창순 목사가 이라크 선교사로 파송받아 갈 때, 그에게는 몇 가지 중요한 **선교계획**이 있었다. 1985년 5월 1일, 한국으로 돌아온 후에 그가 쓴 편지에 그 선교계획이 잘 언급되었다. 여기에 나타난 신창순 목사의 선교계획은 ① **한인연합교회**를 바그다드 시내에 정착시키는 것, ② 선교의 기지화와 23개 현장 교회를 통해 **민족복음화**를 이루는 것과, ③ **중동선교**를 이루는 것이었다. 이것은 그가 제작한 메달의 세 가지 문구(세계선교, 민족교육, 십자가)와 조화를 잘 이룬다.

403) 신창순, '이라크의 선교발자취 : 선교현장 역사탐방1', <중동선교> 제 14호(1990.7.27), p.4

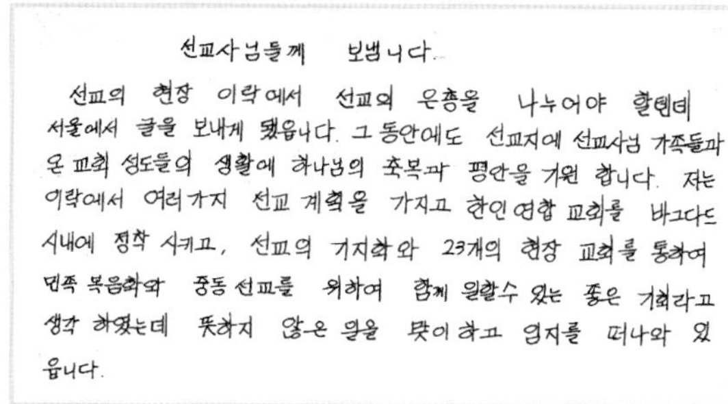
선교사님들께 보냅니다.
선교의 현장 이락에서 선교의 은총을 나누어야 할텐데 서울에서 글을 보내게 됐읍니다. 그 동안에도 선교지에 선교사님 가족들과 온 교회 성도들의 생활에 하나님의 축복과 평안을 기원 합니다. 저는 이락에서 여러가지 선교 계획을 가지고 한인연합 교회를 바그다드 시내에 정착 시키고, 선교의 기지화와 23개의 현장 교회를 통하여 민족 복음화와 중동 선교를 위하여 함께 일할수 있는 좋은 기회라고 생각 하였는데 뜻하지 않은 일을 맞이 하고 임지를 떠나와 있읍니다.

"선교사님들께 보냅니다. 선교의 현장 이라크에서 선교의 은총을 나누어야 할텐데, 서울에서 글을 보내게 되었습니다. 그 동안에도 선교지에 선교사님 가족들과 온 교회 성도들의 생활에 하나님의 축복과 평안을 기원합니다.

저는 이라크에서 여러 가지 **선교계획**을 가지고, **한인연합교회**를 바그다드 시내에 정착시키고, **선교의 기지화**와 **23개의 현장교회**를 통하여 **민족복음화**와 **중동선교**를 위하여 함께 일할 수 있는 좋은 기회라고 생각하였는데, 뜻하지 않은 일을 맞이하고, 임지를 떠나 와 있습니다."[404]

신창순 목사는 이러한 목적을 위해 이라크 선교지에 **복음의 씨앗**을 뿌리고 돌아왔다. 우리에게는 5개월의 짧은 시간이 하나님의 영원 안에서는 50년, 100년의 사역이 될 수 있다. 다만 하나님의 계획 안에서 **우리의 계획한 모양**대로 열매가 맺히지 않을 수도 있을 뿐이다. 우리의 계획한 모양이 아닐찌라도, **하나님께서 계획하신 모양**대로 복음의 열매는 맺히게 된다.

② 유정모 집사

그런데 신창순 목사가 겪는 어려움만으로 끝이 아니었다. 신창순 목사가 극적으로 귀국한 후에, **유정모 집사**가 신창순 목사를 대신하여 구속을 당하였기 때문이다.[405] 유정모 집사가 신창순 목사의 취업비자를 만들어 준 일과, 또한 신창순 목사의 거처를 그의 집에 마련해 준 일 등으로 인해 그가 체포되어 구속당하게 되었다. 그런데 그가 체포되어 끌려간 후, 그의 가족들조차 상당한 기간 동안 그의 소재조차 알 수 없었다. 그렇다보니, 더욱 불안할 수 밖에 없었다. 더욱이 당시 **유정모 집사의 아내**는 임신 중이었다.

한국에서도 유정모 집사의 체포소식은 매우 큰 충격이었다. 특히 그의 소재조차 파악되지 않았기에, 중동선교회는 더욱 안타까울 수 밖에 없었다. 그 심정이 중동선교본부 **두상달 장로의 편지**(쿠

404) 1987년 5월1일자 신창순의 편지 (전반부)
405) 신창순 목사와 유정모 집사의 이야기는, 그 후 제직회장을 맡게 된 이건주 장로의 진술이다.

웨이트 한인연합교회의 조원규 목사에게 보낸 편지)에 잘 나타나 있다

> "조 목사님! 사랑과 문안을 드립니다. ... 이라크 건은 아직 정확한 이유를 모르겠습니다.
> 염려되고 가슴 아프나, 기도하고 있을 뿐입니다.
> 자세한 내용은 박 집사님에게서 들으시기 바랍니다." (1987.4.27).

신창순 목사도 한국에 도착 후에야, 유정모 집사가 당하게 된 일을 알게 되었다. 신창순 목사는 자신이 이라크를 떠나게 되면, 유정모 집사가 안전할 줄로 알았다. 유정모 집사의 고난은 신창순 목사의 마음을 아프고도 무겁게 만들었다.

> " ... 뜻하지 않은 일을 맞이하고, 임지를 떠나 와 있습니다. 회사 여직원의 밀고(3월18일)로 (임지를 떠나와 있습니다).
>
> (여직원이 밀고했다는) 그 사실을 알고(3월24일), 급히 귀국하였습니다(3월28일).
>
> 제가 떠나오면, 별일 없을 줄 알았는데, 유정모 집사(이라크 한인교회 연합회장)가 구속되었다는 연락을 받고 무거운 마음을 앉고 있습니다."406)

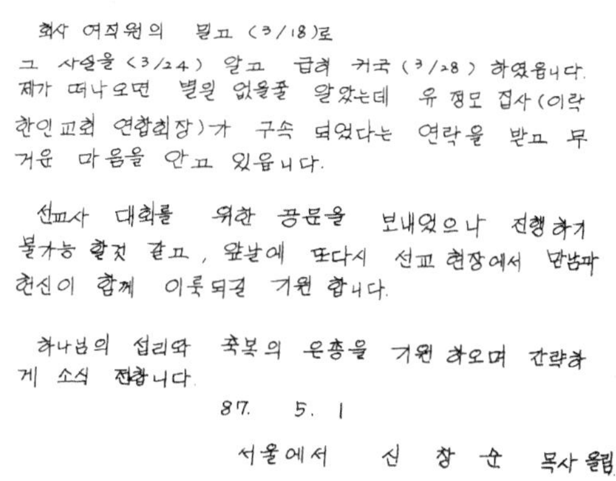
회사 여직원의 밀고 (3/18)로
그 사실을 (3/24) 알고 급히 귀국 (3/28) 하였읍니다.
제가 떠나오면 별일 없을줄 알았는데 유 정모 집사 (이락 한인교회 연합회장)가 구속 되었다는 연락을 받고 무거운 마음을 안고 있읍니다.

선교사 대회를 위한 공문을 보내었으나 진행하기 불가능 할것 같고, 앞날에 또다시 선교 현장에서 만남과 헌신이 함께 이룩되길 기원 합니다.

하나님의 섭리와 축복의 은총을 기원 하오며 간략하게 소식 전합니다.

87. 5. 1

서울에서 신 창 순 목사 올림.

유정모 집사의 소재가 파악된 것은 5월2일에서였다. 중동선교본부의 두상달 장로는 쿠웨이트의 조원규 목사에게 또다시 편지를 썼다.

> "유정모 집사의 소재는 5월2일에서야 파악되었습니다. **보안관계 죄목**으로 몰아가는 것 같으나, 그렇게 행동한 잘못이 없으니, 잘 풀릴 것으로 생각합니다. 그렇게 충성을 다했던 유정모 집사님이 투옥되고 보니, 안타까운 마음을 금할 수 없습니다. **라마단 기간**(5.10~6.8)**이 끝나면, 잘 풀릴 것**으로 생각하며, 이곳 여러 분들이 열심히 기도하고 있습니다. 그곳 공관에서도 열심히 협력하고 있고, 이라크 외무성에서도 협력하겠다는 확약을 받았습니다"(편지발송일자 없음).

---

406) 1987년 5월1일자 신창순의 편지 (후반부)

그러나 두상달 장로의 기대와는 달리, 유정모 집사의 석방은 결코 쉽지 않았다. 오히려 이라크 정부의 고문은 매우 심했고, 전기고문까지 자행되었다. 석방이 쉽게 예측되지 않는 상황이었다. 이로 인해 중동선교본부도 **기도의 끈**을 놓을 수 없었다.

> 중동선교본부, 4월 정기 월례예배 (1987.4.25) 〈소식〉
> “이라크 사태를 위하여 비상기도 부탁드립니다. 유정모 집사(이라크 연합회장) **소재파악**과 **조속한 석방**을 위하여, **변호사 선임과 문제해결**을 위하여 수고하시는 분들을 위하여 기도 부탁드립니다. 이라크 문제 해결을 위해 중선본부 모든 회원이 매일 저녁 9시에 계속 기도 중입니다.”
>
> 중동선교본부, 5월 정기 월례예배(1987.5.30) 〈소식〉
> “유정모 집사님(이라크 연합회장)을 위해 온 중동선교 회원들의 기도가 계속되고 있는데, 감사하게도 **그 계신 곳을 확인하여** 지난 5.25일 **첫 면회**를 할 수 있게 되었습니다. 하나님께 감사드립니다.”
>
> 중동선교본부 6월정기모임(1987.6.27) 〈소식〉
> “어려움을 겪고 계시는 유정모 집사님을 **두 차례에 걸쳐**(5.25, 6.9) **면회**를 했습니다. 속히 석방되도록 기도해 주시고, 이라크 연합회의 시련극복을 위해 기도 부탁드립니다”
>
> 중동선교본부 7월정기모임(1987.7.25) 〈소식〉
> “그 동안 이라크 선교를 위하다 많은 어려움을 겪으신 유정모 집사님은 온 중선회원들의 기도로 지난 7월 20일 **석방**, **귀국**했습니다.”
>
> 중동선교본부 9월 정기모임(1987.9.26) 〈소식〉
> “쿠웨이트한인연합교회에서 **유정모 집사 돕기 헌금**을 보내 주셨습니다”

유정모 집사는 **전기고문**을 비롯한 **모진 고문**을 당하였다. 유정모 집사가 바그다드의 거리와 건물들을 평범하게 찍은 사진들조차, 그를 미국 스파이로 몰아가는 증거로 사용되었다. 공포의 연속이었다. 무엇보다 가장 힘든 것은 죽음의 공포를 겪도록 만드는 일이었다. 그것을 위해 심지어 그를 데려다가 사형장에까지 보여주면서, 극도의 공포를 겪도록 만들었다.[407] 이와같이 유정모 집사의 인권이 보호받지 못하는 상황이었지만, 대한민국의 대사관이 의미있는 도움을 줄 수도 없었다. 당시 대한민국의 국격과 위상이 아직 높지 않은 상황이었기 때문이다.

407) 이 내용은 두상달 장로의 진술이다.

유정모 집사는 무려 108일 동안 옥고를 치룬 후에야 석방될 수 있었다. 그 후에는 강제 귀국을 당하였다. 유정모 집사가 살아서 돌아온 것만으로도, 그의 가족과 성도들에게는 위로가 되었다. 두상달 장로는 **유정모 집사의 출옥소식**을 선교사들과 성도들에게 속히 전달하였다

> "오늘도 열사의 땅 중동에서 선교사역으로 수고하시는 선교사님과 성도님들께 문안드립니다. .... 이라크 현지선교를 위하시다가 발각되어, 현지 치안당국에서 옥고를 겪으셨던 유정모 집사님께서 110일만에 석방되어, 7월20일 귀국하셨습니다"(1987.7.30).

유정모 집사는 한국 귀국 후에, 1987년 9월 쿠웨이트를 방문하기도 했다. 사랑의교회에서 그가 겪은 일에 대해 간증을 하기도 했다. 그가 살아서 돌아왔으니, 모든 문제가 해결된 것 같았다. 그러나 현실은 그렇지 않았다. 유정모 집사는 한국으로 돌아온 후에도, **정상적인 생활**을 하기가 어려웠다. 옥고를 치루는 동안 겪었던 **심한 고문의 후유증**과 **트라우마** 때문이었다. 그는 혼자 있을 때, 넋을 놓고 앉아있기도 했다. 그러한 그의 모습을 지켜보는 이의 마음을 아프게 만들었다.

그 이후에 유정모 집사는 **목사**가 되었으며, 호주로 건너갔다.[408] 그런데 심히 안타깝게도 유정모 집사는 호주에서 **사고사**로 이 땅에서의 삶을 마쳐야 했다. 거짓된 종들은 이 땅에서 화려한 영광과 넉넉한 풍요로움을 즐기다가 이 땅의 삶을 마치는데, 어찌하여 신실한 종일수록 이러한 아픔을 더욱 겪게 되는 것인가? 물론 한국교회의 목회상황도 무척 터프하지만, 이슬람의 선교지상황은 이와같이 한 인간이 견딜 수 있는 아픔의 한계를 넘어서는가?

그런데 삶의 마지막이 비참함에 있어서는 스데반 집사도 그러했다.
사도 베드로도 그러했고, 사도 바울도 그러했다.
우리의 주님 예수 그리스도께서 가신 십자가의 길을 따라갔기 때문이다.
사도 베드로와 바울이라는 이름 옆에 '유정모 집사' 의 이름도 놓여져 있을 만하다.

---

408) 유정모 집사가 목사가 된 후에 호주로 간 것인지, 호주로 간 후 목사가 되었는지를 확인하지 않았다. 그의 일이 너무 아파서, 구체적인 사실의 파악을 위해 세밀한 질문을 반복하기가 어려웠다.

(7) 시련이 무너뜨리지 못한 교회

유정모 집사가 당국에 연행되자, 연합회 활동은 잠정적으로 보류되었다.[409] 그후 한달 만에 이라크 정부는 한국인의 모든 현장교회들이 예배드리는 것을 허락했다. **이라크 한인연합교회**도 바그다드에 위치한 안식일 교회에서 예배드릴 수 있도록 허가를 받았다.[410] 그러나 **담임목사**는 이라크를 떠나야 했고, **평신도 지도자**는 모진 고문 끝에 추방당하였다. 이러한 일은 교회가 감당하기에 매우 벅찬 시련이었다. 그러나 그 후에도 이라크 한인연합교회는 어떻게 지켜졌는가?

1) 목회자가 없이, 평신도에 의해 지켜지는 교회

유정모 집사는 한인연합교회의 **평신도 대표**였다. 담임목사가 없었던 시기에는 그가 교회운영의 중심이었다. 이러한 유정모 집사가 연행되자, 교회는 또다른 평신도 대표들을 세워가며, 교회를 스스로 지켜나갔다. 1987년 3월말 유정모 집사의 연행과 함께, 곧바로 4월1일(금)부터 교회의 모든 사역은 잠정적으로 중단되었다. 그러나 4월2일(토), **허완 장로**가 **제직회장**을 **임시로** 대행하면서, 교회의 지도력이 부재에 빠지지 않도록 하였다. 한달 후에는 정상적으로 예배를 드릴 수 있었다. 7월19일(일), 유정모 집사는 출옥한 후에 곧바로 이라크를 떠나게 되었다.

연합회는 9월10일, 임시총회를 열어, **이명근 집사**를 **제 5대 회장**(1987.9.10-1988.1.27)으로 선출하였다.[411] 이와같이 목회자가 없는 가운데에도, 허완 장로와 이명근 집사와 같은 **평신도 지도자**를 세워가며, 교회를 지켜나갔다. 11월20일(금)에는 **추수감사 야외예배**를 실시하였다.[412]

1988년 1월28일, 연합회 임시총회를 개최하고, **이건주 집사**(1988.1.28-1988.9.29)를 제 6대 회장으로 선출했다. 5월13일에는 현장교회들과 참여하는 **춘계야외예배**를 실시하였다. 같은 해 9월30일, 임시총회에서 **허완 장로**가 제 7대 회장(1988.9.30-1989.10.12)으로 선출되었다. 11월18일에는, **추계야외예배**를 실시하였다.

409) 이락 한인연합교회 연혁, 1987.4.1
410) 신창순, 중동선교회 선교보고 (서울 : 대한예수교 장로회, 1989), p.63 in 안상준 p.98
411) 이락 한인연합교회 연혁, 1987.4.2 & 9.10
412) 이락 한인연합교회 연혁, 1987.11.20

1989년 10월13일, 임시총회에서 **이건주 집사**가 다시 제 8대 회장을 맡게 되었다.[413]

1989년 1월20일에 행한 〈1988년 경과보고〉를 보면, 이와같이 **목회자가 없는 상황**에서도, 그들은 모든 절기예배(부활절예배, 맥추감사절예배, 성탄절 특별예배)를 지키고, 특별행사예배(춘계/추계야외예배, 송구영신예배)를 드렸다. 성경읽기대회(신약), 매월 1회 철야기도, 특별주간기도, 그리고 송구영신을 즈음하여 금식기도도 실시하였다. 또한 그들은 신학생 보조(학자금), 일부 현장교회 재정지원, 이집트 선교사 후원까지 행하였다. 이러한 사역들이 모두 **목회자 없이 평신도 지도자**를 중심으로 감당한 것들이었다.

〈1989년 경과보고〉를 살펴보면, 이 사역들은 모두 지속되었다. 1988년 9월26일, 이라크 한인교회연합회는 신창순 목사의 출국과 유정모 집사의 투옥 이후의 **이라크 한인연합교회의 현황**을 파악하여 보고서를 작성하였다. 그 내용은 다음과 같다.[414]

1. 활동사항 1987년 4월 신창순 목사 귀국 후 한인 연합교회 **제직들이 중심이 되어** 예배를 드리고 있음 (1) 매월 1회 연합 기도회 개최 (2) 국내 신학생 학자금 1회 보조 (3) 보조를 필요로 하는 현장교회 재정 지원 (4) 현장 교회 순회예배로 말씀증거 *삼성 아부그레이브 현장교회 4회 *현대 알무스 교회 5회 *현대북철 교회 2회 *정우 북철교회 3회 *현대 바빌교회 2회 (5) 바그다드 교민 가정이 중심이 되어 각 현장교회의 예배참석 *삼성 아부그레이브 현장교회 *현대 IS 400 현장교회	2. 사업계획 (1) 선교사 초청 (2) 국내개척교회보조 (3) 이라크 내 한인교회 정착 (4) 현장교회를 위한 민족복음화 (5) 해외생활을 통한 세계선교 3. 이라크지역 교회현황 (1) 이락 한인연합교회 (바그다드 소재) (2) 현대 건술(주) 바이페이 현장교회 *요시현장교회 *북철현장교회 *알무스현장교회 *IS400현장교회 *바빌 현장교회 (3) 정우개발(주) 북철 현장교회, 베이지 현장교회 (4) 남광토건(주) 베이지 현장교회 (5) 삼성종합건설(주) 아부 그레이브 현장교회 (6) ㈜한양 노스자지라 현장교회

413) 이락 한인연합교회 연혁, 1988.1.28, 5.13. 9.30, 11.18, & 1989.10.13
414) 이락 한인교회 연합회, 현황보고(1988.9.26), pp.3-4

이라크 한인연합교회가 담임목사가 없는 상황 속에서도, **제직들이 중심이 되어** 교회를 지켜나갈 수 있었던 근본적인 원동력은, **이라크의 현장교회들**이 태생적으로 **평신도에 의해** 세워지고 지켜져 왔기 때문이다. 신창순 목사가 그의 마지막 예배인 3월27일 주일까지 〈신앙강좌〉를 계속하였는데, 그는 떠났어도 **그가 가르친 말씀**은 남아서 평신도들을 견고하게 만들었을 것이다.

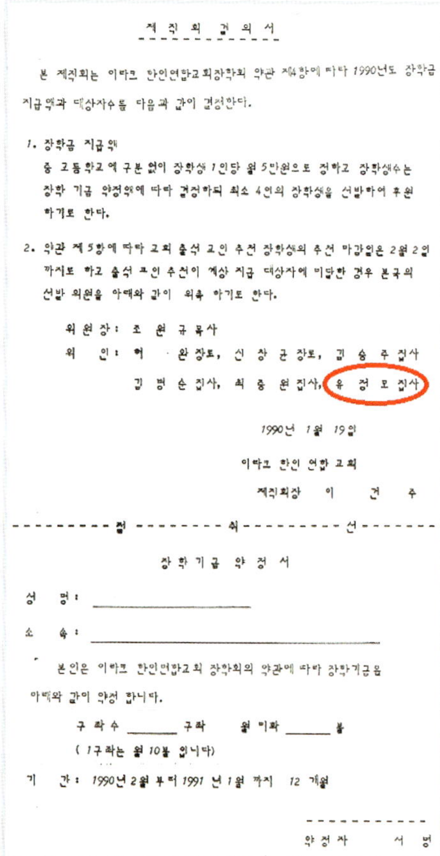

제 직 회 결 의 서

본 제직회는 이라크 한인연합교회장학회 약관 제4항에 따라 1990년도 장학금 지급액과 대상자수를 다음과 같이 결정한다.

1. 장학금 지급액
중 고등학교 구분 없이 장학생 1인당 월 5만원으로 정하고 장학생수는 장학 기금 약정액에 따라 결정하되 최소 4인의 장학생을 선발하여 후원하기로 한다.

2. 약관 제5항에 따라 교회 출석 교인 추천 장학생의 추천 마감일은 2월 2일까지로 하고 출석 교인 추천이 예상 지급 대상자에 미달한 경우 본국의 선발 위원을 아래와 같이 위촉 하기로 한다.

위원장 : 조 원 규 목사
위 원 : 허 완 장로, 신 창 균 장로, 김 승 주 집사
김 병 순 집사, 최 중 원 집사, 유 정 모 집사

1990년 1월 19일

이라크 한인 연합 교회

제직회장 이 건 수

---------- 절 ---------- 취 ---------- 선 ----------

장 학 기 금 약 정 서

성 명 : ____________

소 속 : ____________

본인은 이라크 한인연합교회 장학회의 약관에 따라 장학기금을 아래와 같이 약정 합니다.

구 좌 수 ______ 구좌 월 미화 ______ 불
(1구좌는 월 10불 입니다)

기 간 : 1990년 2월 부터 1991 년 1월 까지 12 개월

약 정 자 서 명

그러나 이라크 한인연합교회는 **걸프전쟁**으로 인해 1990년 8월에 문을 닫아야 했다. 바로 그 직전인 1990년 1월5일, 제직회는 교회의 사회적 사명을 깊이 인식하고, 국내 선교에 작은 도움이라도 되고자, 제직회 결의를 거쳐 **장학회를 조직**하였다(제직회장 이건주). 매월 미화 10불을 1구좌로 하여 장학금 기금을 조성하여 최소 4인 이상의 장학생을 선발하는 계획이었다.

장학회 위원 명단의 마지막 이름이 '**유정모 집사**'이다. 그의 영혼은 여전히 이라크 땅에 있었다. 장학기금의 약정기간은 1990.2~1991.1까지 12개월이었다. 장학금은 1990년 3월부터 지급하기로 했다. 그런데 같은 해 8월에 교회는 문을 닫아야 했다. 그러나 **영원히 서 있는 교회**처럼 마지막까지 사역하였다.

2) 다른 교회 목회자들의 초교회적인 협력

그러나 교회에는 평신도만으로 가능하지 않는 사역들도 있었다. 가장 대표적인 사안이 **성례식의 거행**(세례와 성찬식)과, 제직회 조직을 위한 **집사의 임명**이었다.

① 치리목사 = 쿠웨이트 한인연합교회 담임목사

1988년 3월29일~4월5일, **쿠웨이트 한인연합교회** 조원규 목사가 이라크를 방문했다. 방문목적은 **한인연합교회**를 비롯하여 **각 현장교회들**의 제직을 임명하는 것과, 학습과 세례 및 성찬예식을 집례하기 위함이었다. 이 때 조원규 목사는 한인연합교회 외에도, 여러 현장교회를 방문하였다(삼성 아브그레이브교회, 현대 바빌교회, 북철연합교회/현대,남광,정우교회, 현대 요시교회).

또한 조원규 목사는 **교민교구**의 경우에 가정을 심방하고, 예배를 인도하였다. 이에 이라크 교회는 조원규 목사에게 **이라크 지역 치리목사**로 위임을 요청하여, 승낙을 받았다. 그리하여 쿠웨이트 한인연합교회의 담임목사들이 이락 한인연합교회의 치리목사를 맡게 되었다.[415]

	1989년 이락 한인연합교회 조직	1990년 이락 한인연합교회 조직
치리목사	조원규 목사	정삼식 목사
장로	허완	
권사	최봉름	최봉름
집사	하오문, 이건주, 소명환, 이찬경, 김승주	권찬, 하오문, 홍기철, 이양정, 정부철, 이건주, 송명환, 고팔만, 옥재호, 김중식, 조순동, 최종운, 강신국
	장연숙, 최승연, 최문정, 신화월, 박영숙, 김은숙, 차수옥, 김명숙	장연숙, 최승연, 신화월, 박영숙, 전대원, 차수옥, 우순희, 이해숙, 백인숙, 김정원
	(신임) 권찬, 이양정, 오인향	(신임) 박안순, 김경애, 김진실, 허균, 김석대
부서	예배부, 선교부, 교육전도부, 음악부, 봉사부, 재정부, 주일학교 교사, 구역장, 구역인도자, 교회반주	

② 다른 교회 목회자들의 방문사역

1989년에는 여러 목회자와 선교사를 이라크로 초청하여, 한인연합교회와 현장교회들을 돌아보도록 하였다. 목회자들은 **초교회적**으로 이라크 한인연합교회를 섬겼다.

방문교회	목사	기간	방문기간 중 사역
사우디 리야드 교회	조완길	3.14~21	한인연합교회 및 현장교회 방문
강서제일교회	이우균	6.7~17	한인연합교회 및 현장교회 방문
쿠웨이트한인연합교회	조원규	9.28~30	한인연합교회 및 현장교회 방문
터키 이스탐불 선교사	조용성	10.4~11	제직임명 및 세례, 성찬식의 거행

415) 1989년 5월12일, 조원규 목사에 따르면, 당시 이라크 한인교회의 성도는 약 50명이었다.

(8) 하나님의 기억 속에 세워진 교회

1) 이라크 땅에 세워졌던 교회

이락 한인연합교회는 1987년도의 시련으로 무너지지 않았다. 평신도가 설교를 하고, 각자 자신의 은사대로 섬겨서 교회를 지켜내었다. 이건주 장로에 의하면, 당시 주일예배는 50여명 참석했었다. 1989년과 1990년 당시의 사진 속에서 이라크 한인연합교회의 모습을 볼 수 있다.416)

1989년10월19일 예배

1990년4월13일 예배

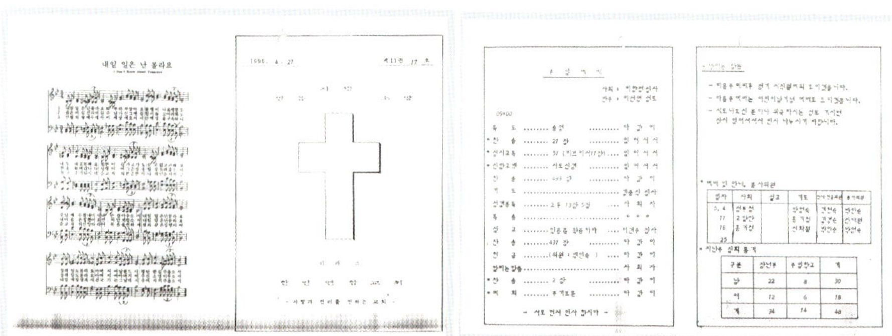

이라크 한인연합교회 주일주보

그러나 이제는 이라크 한인연합교회의 모습을 더 이상 볼 수 없다. 왜냐하면, **걸프전쟁**으로 인해 한인들이 모두 이라크를 떠나야만 했고, 결국 1990년 8월 **이라크 한인연합교회**도 문을 닫게 되었기 때문이다.417)

---

416) 이건주, https://blog.naver.com/johnleee/220730378054 (사진출처)
417) 주태근, https://blog.naver.com/taekunjoo/222625665358

2) 하나님의 기억 속에 세워져 있는 교회

이라크 한인연합교회가 **이라크 땅 위에 세워진 기간**은 매우 짧았다. 1986년 1월17일에 설립되어, 우여곡절 끝에 같은해 10월24일 담임목사가 부임했으나, 1987년 3월28일 불과 5개월 만에 떠나야 했다. 또한 평신도 지도자 유정모 집사는 모진 고문 끝에 강제추방을 당하였다. 그 이후 평신도들이 어려움 속에서도 스스로 교회를 세워나갔으나, 그 시간도 겨우 1990년 8월까지만 허락되었다. 결국 이라크 한인연합교회가 **이라크 땅에 세워졌던 기간**은 3년 7개월에 불과하였다. 물론 이 짧은 기간을 위해 겪어야 할 **희생과 핍박**은 너무나 컸다. 만약 그러한 큰 희생과 핍박을 겪은 후에, 지금도 **위대한 큰 규모의 교회**로 이라크 땅에 서 있다면, 우리는 **하나님의 크신 역사**를 더욱 찬양하기가 더 쉽지 않았을까? 그러나 우리 하나님께서는 그러한 방식으로 당신을 찬양하도록 이끄시는 것만은 아니다.

지금 바그다드에 가면, 연합교회가 모였던 영국인 예배당 건물만 남아 있다. 이제는 더 이상 이라크 땅에 이라크 한인연합교회는 없다. 그렇다면 과연 **하나님의 기억 속**에도 없을까? **이라크 한인연합교회**는 **하나님의 기억** 속에 남아 있다. 참된 교회는 **하나님의 영원한 기억** 속에 세워진 교회이다. 우리 인간의 눈에는 이라크 땅에 세워진 교회만 보이겠지만, 우리 하나님께서는 하나님의 영원한 기억 속에 세워진 교회를 바라보신다. 그러한 교회가 **영원한 교회**이다. 우리는 **어디에** 교회를 세워야 하는가? 우리는 **어떠한 교회**를 세워야 하겠는가? 누군가는 이라크 땅에 세웠고, 또 누군가는 하나님의 기억 속에 세웠다. 당신은 **어디에 어떠한 교회**를 세우고자 하는가? 하나님의 기억 속에 영원한 교회를 세워야 한다는 것이 **역사의 교훈**이다.

하나님의 시간 속에 3년 7개월은 **충분한 시간**이었다. 우리 하나님께서 **주님의 목적**을 이루시기에는 충분하였다. 이 기간에 바그다드에서, 그리고 각 현장교회에서 얼마나 많은 사람이 복음을 들었으며, 주님께로 돌아왔겠는가? 또 얼마나 많은 한국 그리스도인들이 무슬림을 향한 선교적 신앙으로 배우고, 선교적 열정으로 무장되었겠는가? 단지 세워져 남은 교회당만 없을 뿐이다. 그런데 만약 하나님께서 3년 7개월 뒤에 사라질 교회에 가라고 명령하시면, 당신은 어떻게 응답할 것인가? 더욱이 추방과 고문까지도 받아야 한다는 조건이 있다면, 당신의 마음은 바뀌지 않을 수 있겠는가? 참된 신자라도 **미래**를 알 수 없다. 단지 그러한 **미래의 고난**을 각오할 뿐이다. 예수 그리스도의 재림 때, 우리 주님께서 바로 그러한 각오가 옳았다고 칭찬하실 것이다.

간 증 12

"살든지 죽든지"

유○○ 집사
(전 이락 한인교회연합회장)

1987. ○. ○. 바그다드 시내에 있는 현상사무실에서 이락 비밀경찰에 의해 시내 모처로 연행되었다. 다행히도 이락 당국에 추적을 받고 있는 목사님과 임신 9개월 된 나의 아내는 하루 전날 한국을 향해 떠났다. 목사님을 전송할 때, 이곳 상황이 정리되는대로 다시 연락하겠다고 말씀드렸다.

유치상에서 첫 번의 취조가 시작되었다. '선교 10주년 기념메달은 누가 만들어 이곳까지 보냈느냐?', 전도지(아랍어로 된 것)와 선교달력은 누가 만들었으며 누구에게 나누어 주었느냐?', '미스터 신은 목사인데 어떻게 회사원으로 입국했느냐?' 취조관은 이미 소상히 알고 묻는 것 같았다. 그러나 대답은 잘 모른다'라고 할 수 밖에 없었다.

둘째날에도 계속해서 질문과 함께 육체적인 고통을 가하기 시작했다. 나는 그때 두려운 생각과 죽는다는 공포에 사로잡히게 되었다. 내가 갇혀 있는 감방은 모포 한 장 크기로 수도꼭지 2개, 변기 1개, 희미한 백열등이 1개가 전부였으며 바닥은 콘크리트바닥으로 차가왔다. 취조를 제외하고는 혼자있는 독방 속에서 하나님을 바라보며 기도할것 밖에는 아무 것도 없었다.

다음날도 취조는 계속되었다. 그리고 고문은 점점 더 심했다. 그들의 취조는 말로 할 수 없이 고통스러웠으나 취조를 받은 후에는 이상하게 아무런 고통도 없고 편안했다. 처음에는 이런 생각이 들었다. '나는 선교한 죄 밖에 없다. 살인자도 아니고 도둑질 한 것도 아니다. 하나님께서 곧 풀려나게 해 주시겠지' 하루는 '하나님께 모든 것을 맡깁니다'라고 기도했을 때, '네가 맡겼으면 어느 정도 내게 맡기겠느냐'는 세미한 음성이 들렸다 솔직히 맡긴다는 고백해 놓고는 다시 생각을 굴리면서 오히려 내 생각을 의지했었던 모습이 비쳐졌다. "하나님 용서해 주세요. 제 생각을 더 신뢰했던 것 고백하오니 이제는 살든지 죽든지 주님만 의지합니다" 이렇게 회개하면서 기도한 후로는 찬양이 넘쳐 흘렀다. '그 크신 하나님의 사랑', "나의 영원하신 기업" 한 편으로는 근심했던 마음에 이제 주님이 주시는 평안와 기쁨이 충만했다.

그렇지만 매일 매일 취조와 고문은 계속 되었다. "사실대로 얘기하라 우리는 이미 다 알고 있다. 한국정부와 영사관에서는 누가 개입되었느냐?" "이곳에서 취조받다 죽으면 끝이다" 등등 저들은 안보문제도 들추어 냈다.

이번 사건을 통해 하나님께서는 내 부족한 점을 깨닫게 하여 주셨다. 기도가 신앙생활에 먼저 이루어져 하나님께서 일하게 하셔야 했다. 그런데 나는 비밀경찰로부터 조사를 받고 있다는 정보를 입수하였을 때, 먼저 하나님께 간절히 기도했어야 했는데 나는 기도하지 아니하고 목사님께 '모든 것이 쉽게 정리될 것입니다'라고 내 개인의 생각을 말씀드렸던 것이다. 참으로 무릎을 꿇고 기도함으로 연합회장직을 감당했어야 했는데, 눈물이 앞을 가리는 것을 감당할 수 없었다. 있는 그대로 하나님께 회개하며 기도드렸다.

하루는 아침식사를(식사라야 딱딱한 빵 한 개) 하는데 철문이 열리며, 나를 데리고 간다. 전에 보다는 다르게 수갑을 채우고 고리쇠에 매달아 몸을 약간 둥둥 뜨게 한다. 그리고는 취조와 함께 고문을 시작한다. 견딜 수 없다. 전기고문을 하는 것 같다. 하나님께 간구한다. "하나님 날 좀 살려 주세요. 저 이제 죽을 것 같애요."

13

고문을 끝내고 감방에 돌아온 후 기도를 하면서 이제는 더 이상 부인할 수가 없을 것 같았다. 앞으로의 모든 일을 주님께 맡기고 이미 저들이 알고 있는 사실은 시인하며 내가 옳다고 생각하는 판단아래 모든 사실을말해야겠다. 그리고 앞으로 살든지 죽든지 그것은 주님의 뜻으로 생각하니 뒤숭숭한 잠자리가 그렇게 편할 수가 없었다. 다음날 눈을 가리고 끌려 갔는데 많은 사람들이 있음을 느낄수 있었다. 모든사실을 시인하였다.

그후로 10일 간은 부르지를 않는다. 전에 듣기로는 이락사람들이 영국인도 이곳에서 무기징역을 받았다는데, 조그마한 나라, 한국에서 온 나는 어떻게 될까? 그렇지만 주님께서는 돌처럼 딱딱한 빵 한 개와 석회석이 많은 물을 먹지만 배탈 한 번 나지 않도록 지켜주셨는데 하는 위로와 기도를 하게 해 주신다.

"만군의 하나님!
전지 전능하신 하나님!
후세인(이락 대통령) 보다 더 높으신 하나님!
부족한 종을 지켜 주심을 감사드립니다. 사나 죽으나 하나님의 뜻에 달려 있는데 주님 할 수 있다면 다시 한 번 기회를 주시어서 더욱 주를 위해 일할 수 있는 종이 되게 해 주세요."

하루는 눈을 가리고 낯선 곳으로 데리고 간다. 그리고는 상의를 입혔다.

눈이 부셔 돌아 보니 비디오를 촬영하면서 지난번에 물었던 것을 다시 한 번 물었다. 문득 비디오촬영을 마친후 쥐도 새도 모르게 죽일지도 모른다는 생각이 들었다.

다시 돌아와 의지할 것은 주님밖에 없었다. 찬송과 기도로 하루 하루를 보낸다.

그러던 어느 날 다시 불려 나갔다.

이번에는 눈마개도 하지 않았다. 거울 앞에 데리고 가 면도를 하라고 했다. 무척 오랫만에 내 모습을 보는 것 같다. 옷을 갈아 입으라고 했다. 지난번 처럼 상의만 갈아 입는줄 알았는데, 하의도 입으라고 한다. 아마도 이제 하나님 나라에 가는가 보다 하는 생각이 들었다.

그런데 뜻밖에 수사관은 "너는 집으로 가는 거다" 하지 않나! 실감이 나지 않아 다시 한 번 물었더니 똑같은 대답이다.

눈물이 흐르며 견딜 수 없었다.

"하나님 감사합니다. 할렐루야! 이 부족한 종을 살게하시어 주를 위해 일하게 하시니 감사합니다."

> 사나 죽으나 하나님의 뜻에
> 달려 있는데 주님! 할수 있다면
> 다시 한번 기회를 주시어서 더욱
> 주를 위해 일하는 종이 되게 하소서!

이민국 경찰에게 인계된 나는 108일 만에 보는 밝은 세상이 새삼스럽게 느껴지며 무척이나 아름답게 보였다. 숙소에는 들리지도 못하고 공항에서 새로 옷을 갈아입고 몇 분에게 전화를 하고는 비행기에 올라 탔다. 나중에 알고 보니 구금중에 이락 종교성으로 부터 한인 연합회와 승 6개의 현장교회가 됐읍니다. 악을 선으로 바꾸시는 하나님의 역사와 많은 분들의 끊임없는 기도가 있었던 것도.

내가 무엇을 말할 수 있으랴. 다만 하나님을 찬양하며 영광을 돌릴 뿐이다. 또한 마태복음 10 : 16절 이하의 말씀이 생각난다. "보라 내가 너희를 보냄이 양을 이리 가운데 보냄과 같도다. 그러므로 너희는 뱀같이 지혜롭고 비둘기같이 순결하라 사람들을 삼가라 저희가 너희를 공회에 넘겨 주겠고 저희 회당에서 채찍질 하리라 …"

마지막으로 부족한 종을 위해서 기도해 주신 중동선교회원 여러분과 그외 여러 성도님들께 진심으로 감사드린다.

주님께서 철옹성같은 이슬람의 장벽을 무너뜨리기 위해서 더 많은 기도를 요구하신다. 중동을 향한 뜨거운 기도를!

중동선교 제 8호(1987년 12월25일), pp12-13에 실린 유정모 집사의 간증

4. 북아프리카 : 리비아

리비아는 아프리카에서 네 번째로 큰 나라이다. **리비아의 건설시장**은 1977년 이래로 꾸준하게 성장하다가, 1980년대에는 더욱 더 활발해졌다. 1983년 동아건설이 세계 최대규모의 **리비아 대수로공사**를 수주하는 쾌거를 이루었고, 그리하여 리비아는 1981년부터 1985년까지 한국인 노동자가 꾸준히 증가한 유일한 아랍국가였다. 그 때까지 한국인 노동자가 23,000명이었고 아랍에서 두 번째로 인기있는 건설현장이었다.[418)]

리비아에는 수많은 건설회사의 진출로 인해 현장교회의 수가 많았다.[419)] 현장교회들은 리비아의 수도 **트리폴리**, **미수라타**, 그리고 **벵가지**를 중심으로 세워졌다. 이러한 중동건설의 붐을 타고서, 1977년 6월, 아프리카 대륙에서 최초의 한인교회인 **카이로 한인교회**가 이집트에 세워진 이후에 처음으로, 북아프리카의 이슬람국가인 **리비아**(1982년)에도 한인교회가 세워지게 되었다. 리비아 선교의 큰 특징은 다른 중동지역에 비해 한인교회와 현장교회들을 중심으로 **삼국인 선교**가 활발하게 이루어진 일이다. 그리하여 건설현장이 선교현장이 되는 한국인 선교는, 리비아에서 더욱 확고하게 자리를 잡아갔다.[420)]

(1) 리비아 한인교회 (1982년)

1) 초대 담임목사 : 정윤진 선교사 (1980~1988)

1980년 8월17일, **정윤진 목사**(예장합동, GMS파송)는 **리비아 선교사**로 후암교회의 후원으로 파송받았다.[421)] 정윤진 선교사는 1976년도 기도운동에 의해 설립된 MMA(Mission to Muslim Area)[422)]

418) 주태근, https://blog.naver.com/taekunjoo/222503104242
419) 정형남, "중동의 한인교회들과 중동선교", <2014 세계한인동원선교대회>, p.143
420) 안상준, "한인교회를 통한 중동선교의 역사적 고찰", p.96
421) 후암교회 홈페이지, 교회연혁 (http://www.huam.org).
422) MMA(Mission to Muslim Area)는 총신대학교 신학대학원생들이 주축이 된 기도임에 출발하였다

선교회의 대표로서 무슬림 선교를 위해 큰 리더쉽을 갖고 있었다. 그는 건설현장의 현장교회를 중심으로 사역을 시작하였다. 이 때 현장교회의 예배만을 인도했던 것이 아니라, 전도집회도 열었다.[423] 정윤진 목사는 1982년 5월에 리비아의 수도 **트리폴리**(Tripoli)에서 **리비아 한인교회**를 정식으로 시작하여, 1984년 초에는 새로운 건축을 시작하였다.

정윤진 선교사는 **리비아 한국대사관**이 운영하는 교육기관으로 승인받은 **한국학교 교장**(문교부인가 6년제 초등학교)의 신분으로 리비아에 입국할 수 있었다. 이를 위해 리비아 초대 대사 최상섭 부부(방효정 권사)의 도움이 매우 컸다. 정윤진 선교사 부부는 이 관용여권으로 신분보장을 받을 수 있었다. 몇 년 후에 정윤진 목사는 교장직을 변미화 사모에게 일임하고, 복음전파와 예배와 전도의 사역에 전념하였다.[424] 1988년 초부터 정윤진 선교사는 삼국인을 위한 **국제교회**를 시작하였다. 그는 **인방파 선교회**[425]를 설립하여, 인도인, 방글라데시인 및 파키스탄인을 위한 사역에 집중하였다. 그후 정윤진 선교사는 인도의 뱅갈 지역으로 그의 선교지를 옮겨 큰 사역을 감당하였다.[426]

또다른 선교사들

정윤진 선교사가 리비아의 트리폴리에서 사역하던 기간(1980~1988년), 그 외에 다른 선교사들도 리비아 선교사로 사역하고 있었다. 1985년 당시 권수룡, 권진구, 김철수 선교사가 사역하고 있었다. **권수룡 선교사**는 벵가지에는 1982년부터 사역하고 있었고, **권진구 선교사**는 트리폴리에서, 그리고 **김철수 선교사**는 사멕에서는 사역하고 있었다.[427] 그들은 한인교

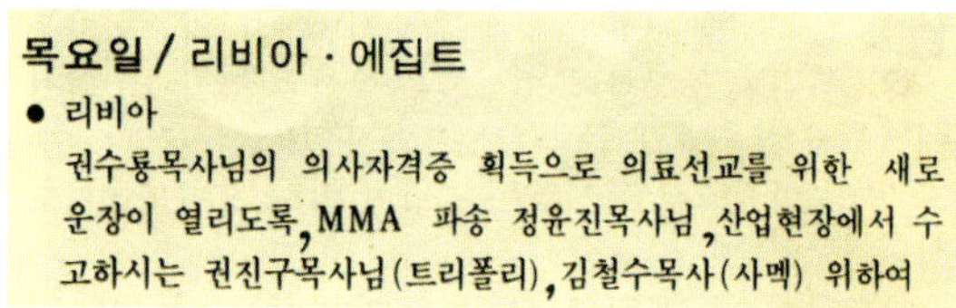
목요일 / 리비아 · 에집트
● 리비아
권수룡목사님의 의사자격증 획득으로 의료선교를 위한 새로 운장이 열리도록, MMA 파송 정윤진목사님, 산업현장에서 수 고하시는 권진구목사님(트리폴리), 김철수목사(사멕) 위하여

<중동선교소식> 제 3호, 기도제목, p.8

423) 인터넷에 1981년 당시 정윤진 선교사의 현장교회 사역을 기억하는 기록이 있었다 : "정윤진 선교사님의 근황을 알고 싶습니다. 저는 1981년도에 **리비아 대우**에 근무하면서 목사님의 **현장전도집회**에서 예수님을 영접하여 지금까지 주님을 섬기고 있습니다. 이제 만 63세로 남은 삶을 주님께 헌신하기로 작정하여 한국전문인 선교훈련원(GPTI)에서 교육받고, 선교사로 나가려고 준비히는 ○○○선교사입니다. 그런데 인도 뱅갈로르에서 사역하시는 정윤진 선교사님과 연락되지 않아서 이렇게 올립니다(2001.8.2)"
424) 이 내용은 정윤진 선교사로부터 확인하고, 더 정확한 내용을 보충받았다.
425) 인방파 선교회는 인도, 방글라데시 및 파키스탄의 앞자를 따서 형성된 이름이었다.
426) 2012년 연세대학교가 수여하는 제 2회 언더우드상을 인도의 정윤진 선교사가 수상하였다.
427) <중동선교소식> 제 3호 (서울 : 중동선교본부, 1985.9.30), 기도제목, p.8

회를 세우지 않고, 현장교회를 중심으로 사역하였다.

1985년에는 미수라타에 **강승빈 집사**(바레인 한인교회)와 **이익주 집사**(이라크 한인연합교회)가 평신도 선교사의 파송을 받고, 리비아의 건설현장에 오게 되었다. 그리하여 1986년 리비아에는 **정윤진** 선교사(트리폴리) 외에, **권수룡**(벵가지), **권진구**(트리폴리) 및 **김철수** 선교사(사멕), 그리고 **강승빈**과 **이익주** 평신도 선교사(미수라타)가 사역하고 있었다.428)

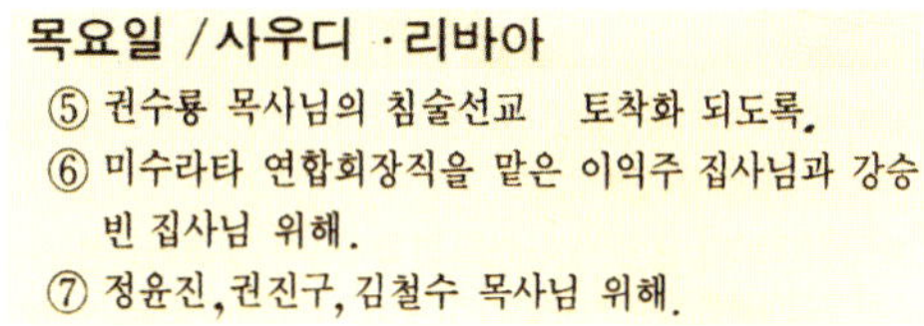
목요일 /사우디 ·리비아
⑤ 권수룡 목사님의 침술선교 토착화 되도록.
⑥ 미수라타 연합회장직을 맡은 이익주 집사님과 강승빈 집사님 위해.
⑦ 정윤진, 권진구, 김철수 목사님 위해.

<중동선교소식> 제 4호, 기도제목, p.8

1987년에 새로운 선교사가 리비아에 파송되었다. **김오룡 선교사**와 **최창훈 선교사**가 트리폴리에 도착하여 20여 현장교회를 순방하면서, 선교사역에 힘썼다.429)

1988년, 정윤진 선교사가 인도로 떠난 이후, 1989년 1월, **김희윤 선교사**가 정윤진 선교사의 후임으로 트리폴리로 파송받아 오게 되었다. 그리고 1989년 3월에 **송홍석 선교사**도 파송받았다. 그런데 리비아 선교사의 사역들은 현장교회를 근거로 하여, 중동지역의 다른 현장교회들보다 삼국인 선교를 훨씬 더 활발하게 감당했으나, 안타깝게도 그 기록이 거의 남아있지 않다.

2) 제 2대 담임목사 : 김희윤 선교사 (1989~2011)

1989년, 정윤진 목사의 후임으로, 군종목사 출신의 **김희윤 목사**가 에바다 선교회로부터 리비아 선교사로 파송을 받았다. 그는 리비아 한인교회의 제 2대 담임목사로 부임하여, 2011년, 리비아의 내전으로 인해 떠날 때까지 23년간 리비아 한인교회를 섬겼다.

김희윤 선교사

428) <중동선교소식> 제 4호 (서울 : 중동선교본부, 1986.3.5), 기도제목, p.8
429) 안상준, "한인교회를 통한 중동선교의 역사적 고찰",인문과학연구논총(2009년,제30호), pp.96-97

믿음의 야성

김희윤 선교사를 파송한 **에바다 선교회**는 중동 근로자들이 설립한 작은 선교회였다. 파송조건은 딱 두 가지였다. 후원비는 없으며, 가족은 데려갈 수 없다는 조건이었다. 유일한 후원은 기도 뿐이었다. 그런데 김희윤 선교사는 이러한 황당한 파송조건을 오히려 성경적이라고 생각했다. "예수님께서도 제자를 파송하면서, 전대나 배낭이나 신발을 가지지 말라 하셨잖아요. 기도 덕분에 지금까지 내가 살아있다고 생각합니다"라고 그는 말하였다.430)

2016년 9월, 71세의 나이로 세계선교대회의 강단에 섰을 때, 그는 복음전파를 위해 "**선교사**가 아닌 **순교사**로서 죽기까지 충성할 것"을 당부했다. **믿음의 야성**으로 사역을 시작한 그는 여전히 **믿음의 야성**을 요청하고 있었다.

70여개의 현장교회

김희윤 목사는 리비아 정부가 승인한 선교사 신분으로 사역할 수 있었다. 김희윤 선교사가 리비아에 도착했을 때, 건설현장에는 무려 70여개의 현장교회들이 세워져 있었다. 김희윤 선교사는 이 현장교회들을 중심으로 사역하였다. 인터넷에 그 당시 김희윤 선교사의 현장교회 사역을 기억하는 기록이 있다.

> 김희윤 목사님께서 군대에서 **군목생활**을 마치고 척박한 땅 리비아에 선교사로 부임하셨다. 당시만해도 매우 어려운 상황에서 **군인정신**이 투철하신 목사님께서는 **리비아 한인교회 담임목사**로 활동하며, 리비아의 광활한 사막에서 대우건설, 동아건설, 현대건설, 마주코건설, 두산중공업, 한일건설, ㈜신한, 원건설, 현대엠코, 이수건설, 롯데건설 등 많은 건설회사의 **현장교회의 오지**를 순회하며 열정적으로 선교활동을 하시던 모습에 큰 감명을 받게 되었다.431)

김희윤 선교사는 트리폴리와 벵가지를 중심으로 **70여개의 현장교회**를 순회하면서, 국내기업에서 파견된 한국인 근로자들을 대상으로 사역하였다.432)

---

430) <국민일보> 인터뷰, 2016.9.8., https://m.kmib.co.kr/view.asp?arcid=0923616557
431) http://www.greemang.co.kr/bbs/board.php?bo_table=b_story&wr_id=232&page=3

한인교회 사역 – 리비아 한인교회

김희윤 목사가 처음 리비아에 도착했을 당시에, 4만 명이 넘는 한국인들이 리비아에 와 있었다. 대부분 건설노동자와 사업가, 그리고 공관직원들이었다. 그들이 그의 주된 사역의 대상이었다. 중동지역의 한인교회들은 일반적으로 교민교구의 한인교회와 현장교회의 현장교구로 구성된 이중적인 체제였다. 이에 비해 리비아 한인교회는 주로 현장교회들로 구성된 교회였다. 김희윤 선교사는 평일에는 건설현장을 순회하면서 **현장교회**를 섬겼고, 주일에는 다함께 예배를 드리기 위해 **한인교회**로 모였다. 현장근로자들의 경우, 예배참석을 위해 수십 km를 달려오기도 했으므로, 금요일 아침부터 출발하기도 했다.

2008년도 당시 리비아 한인교회의 예배당은 **신라건설의 캠프** 내에 있었다. 한인교회의 예배당은 주로 사람들이 많이 모이는 건설업체의 캠프에 세워졌고, 캠프와 함께 예배당도 이동하였다.[433]

2008년 10월 금요주일예배

한편 리비아 한인교회는 **아랍 신학교의 신학생들**을 위해 기도하며 재정적으로 후원하였고, 또한 아랍권에서 사역하는 **한인 선교사들의 신학연장교육**을 위한 장학금을 후원하기도 했다.[434]

---

432) 인터넷에 김희윤 선교사의 현장교회 사역을 엿보게 해주는 또다른 기록도 있었다 : "그곳에서 근무할 때, 육군군목으로 예편하고 1989년 1월 리비아 선교사로 부임하신 김희윤 선교사님과의 오랜세월 인연이 시작되었다. ... 김희윤 선교사님은 권위의식이 전혀 없으시고 소탈하셨다. 우리 한반도의 8배 반이나 되는 광활한 리비아에 위치한 여러 건설회사의 현장을 순회하며 선교활동을 하는 모습에 나는 큰 감명을 받게 되었다. 당시 리비아에는 예상하지 못한 어려움과 위험이 많이 도사리고 있었음에도, 김희윤 선교사님께서는 오로지 주님만을 의지하며, 리비아 한인교회를 비롯하여, 지구촌의 오지들 중에 오지인 사하라 사막을 누비시며 선교활동을 하셨다. 그 모습은 강렬한 사하라 사막의 열풍처럼 아직도 나의 뇌리에 남아있다. 그리하여 내가 여러가지 크고 작은 일들로 인해 어려운 일을 겪게 될 때면, 김희윤 선교사님을 생각하게 되었다. 내 신앙의 길잡이 역할을 해 주신 것에 대해 감사하고 감사를 드린다"(https://blog.naver.com/greemang12/221997342829)

433) https://cafe.daum.net/kjguruterki/5IAi/595

434) 정형남, "중동의 한인교회들과 중동선교", <2014 세계한인동원선교대회>, p.143.

삼국인 선교사역

한국근로자의 인건비가 높아지자, 리비아의 건설현장은 점차 건설인력을 **삼국인 노동자**로 대체하였다. 이것은 김희윤 선교사가 **필리핀**, **캄보디아**, 그리고 **조선족** 등 다국적 노동자들에게까지 사역의 폭을 넓히는 기회가 되었다. 그리하여 삼국인 근로자들도 리비야 한인교회에 참석하게 되었다. 무려 11개국으로부터 온 **다국적 근로자들**이 예배를 드리기 위해 한인교회에 나왔다. 김희윤 목사는 "군종목사로 일하며 세례를 준 사람들보다 더 많은 사람들에게 세례를 주었다" 라고 이 당시를 회고하였다.435)

2005년 9월, 제 15차 중선협 대회(이집트)에서는 김희윤 선교사가 **중선협 회장**으로 선출되었다. 그런데 2007년 10월, 리비아 내전으로 인해 리비아에서 피신한 상황에서, 김희윤 목사는 회장으로서 제 16차 중선협 대회(프랑스)를 준비하여 개최하였다.

리비아 한인교회, 담임목사 20년 (2009)

2009년 3월23일, 아현감리교회에서 **에바다 해외선교회**의 주최로 '김희윤 목사 리비아 선교사역 20년 감사예배가 드려졌다. 선교사로서 한인교회의 담임목사 20년 사역은 매우 뜻깊은 일이었다. 감사예배를 마친 후에 한 회원의 소감이 있었다.

> 하나님께서는 당신의 방법으로 선교하셨습니다. 우리는 **리비아를 선교한다**고 했습니다. 그러나 **리비아 현지인을 선교한 실적은 없다**고 해도 과언이 아닙니다. 우리가 리비아 선교사로 파송한 목사님은 ... **현지인**이 아니라, 리비아 건설현장에 그의 노동력을 팔아 돈을 벌기 위하여 온 **삼국인력**이었습니다. 그는 **리비아 현지인**에게 복음을 전하여 개종시키고 세례를 준 것이 아니라, 그들은 일거리를 찾아온 **방글라데시인**, **타일랜드인**, **중국한족**, **조선족**이었습니다. 그러나 하나님께서는 이 많은 영혼들을 마음에 담아두고 계셨습니다. 그들에게 복음을 전할 수 있으려면, 오랫동안 군선교로 닦여진 **강인한 복음 전도자**가 필요했고, 그가 base로서 평상시 몸담고 쉬며 목회할 처소인 **한인교회**가 필요했고, 그가 어려울 때 부탁하고 말하면 '예'하고 움직여 줄 수 있는 **조그만 선교회**가 필요했던 것입니다"(에바다 해외선교회 Daum 카페에서)

---

435) <국민일보> 인터뷰, http://www.igoodnews.net/news/articleView.html?idxno=50705

리비아 한인교회, 중단되다 (2011)

2011년, 카다피의 독재정치에 항거하는 **리비아의 시민혁명**이 일어났다. 이로 인해 약 10만명의 사상자가 발생하였고, 치안상태는 극히 불안하게 되어, 대부분의 한국인들이 리비아를 떠나게 되었다. 2011년 3월7일, 반정부 시위가 더욱 격화되자, 한국 교민과 근로자들이 떠나는 가운데, 선교사들도 선교지를 철수해야 했다. 결국 1982년에 설립되어, 30년째 되는 2011년에 리비아 한인교회도 문을 닫게 되었다. 그러나 리비아 한인교회가 세워져 있는 30년 동안, 수많은 한국인 근로자와 삼국인 근로자들의 영혼을 구원하고, 그들의 신앙을 지켜주었다.

더 이상 리비아에는 **리비아 한인교회**는 **없다**. 그렇다면 업적으로 남겨진 건물과 실적이 없다면, 그 사역은 역사적으로 가치가 없는가? 그런데 하나님께서는 30년 뒤에 리비아 한인교회가 사라질 것을 이미 아셨다. 그런데도 하나님께서는 그 리비아에 먼저 **정윤진 선교사**를 보내시고, 이어서 **김희윤 선교사**도 보내셨다. 왜냐하면, 그 30년 동안 하나님께서 리비아 한인교회를 통해 구원하실 영혼들이 많았기 때문이다. 참된 사역자들은 이 땅에 역사적으로 남을 사역들을 바라보지 않는다. 그 여부는 본질이 아니다. 이 땅에 단 30년 동안 존재한 뒤에 사라진 리비아 한인교회! 그리하여 더 이상 리비아 땅에는 없지만, 우리 **하나님의 기억 속에서**는 영원히 존재한다.

(2) 미수라타 기독선교 연합회 (1984)

1) 강승빈 선교사

리비아의 북서부 도시 **미수라타**(Misurata)에 현대건설, 대우건설, 삼성건설이 진출하면서, 건설현장에 4개의 **현장교회들**이 세워지게 되었다. 1984년 12월, 4개의 현장교회(현대교회, 대우교회, 삼성교회 2개)가 연합하여, **미수라타 기독선교 연합회**를 조직하여 활동하였다.

1985년, 중동 선교에 대한 경험과 비전을 가진 **강승빈 집사** (바레인 한인교회)가 리비아 현대건설소장으로 부임하면서, 선교활동은 새로운 방향을 가지게 되었다. 연합회는 각 현장교회와 협력하여 **현지인과 삼국인을 위한 선교사역**을 적극적으로 감당하였다. 이를 위해 연합회는 현대교회, 대우교회, 삼성교회를 각각 선교의 장으로 삼았다. 현대교회는 **인도인**을 위한 예배시간을, 대우교회는 **방글라데시인**을 위한 예배시간을, 그리고 삼성교회는 **인도**인을 위한 예배시간을 각각 내어주면서, 그들의 모임을 통해 선교활동을 할 수 있도록 도왔다.436)

강승빈 집사는 1982년에, 쿠웨이트의 최형섭 목사가 **바레인 한인교회의 설립**을 도울 때, 바레인 현대교회의 부회장으로서 주요한 역할을 감당했었다. 또한 강승빈 집사는 리비아로 부임하기 전에, 1984년 4월11일 한국기독교 직장선교연합회에서 **평신도 선교사**로 먼저 파송을 받고 온 것이었다.437) 그는 현장교회가 단순히 한국인 근로자들의 **예배처소**로만 사용되는 것이 아니라, 현지인과 삼국인을 위한 **선교의 장**으로 사용되기를 원하였다.

2) 이익주 선교사

이익주 집사는 리비아에 오기 전에 **이라크 현대 하이파 교회**를 섬겼었다. 1984년에, 그는 쿠웨이트의 최형섭 목사에게 세 차례의 편지를 보내어, 이라크에 한인연합교회의 설립과 선교사 파송을 위하여 도움을 간곡하게 요청했었다. 그리하여 그는 **이라크 한인연합교회**가 설립될 수 있도록, 매우 큰 기여를 하였다. 복음을 향한 그의 열정은 리비아 땅에서도 뜨거웠다.

이익주 집사는 이라크 한인연합교회의 설립(1986.1)을 보지 못하고, 한국으로 귀국해야 했었다. 1985년 11월30일, **이익주 집사**는 중동선교본부에서 **리비아 평신도 선교사**로 파송예배를 드린 후 **리비아 현장**으로 오게 되었다. 그는 리비아에 오자마자, 12월 20일 총회에서 미수라타 기독선교연합회의 회장으로 선출되었다. 그의 역할은 현장교회들(현대교회, 대우교회, 삼성교회)이 현지인과 삼국인을 위한 선교의 장으로 쓰임받게 하는 것이었다.

---

436) <크리스천데일리뉴스>, 2008.8.31 (3면), '한국의 중동선교에 대한 역사적 고찰(4)'
437) 1985년 4월11일, 강승빈 집사는 한국기독교직장선교연합회에서 제 2차 평신도선교사(리비아)로 파송을 받았다(홈페이지(www.workmission.net)의 연혁 참고)

한국건설기업의 현장교회가 삼국인 선교를 위해 적극적으로 힘쓴 경우는 리비아가 가장 대표적이었다. 이익주 집사도 이라크에서는 삼국인 선교를 적극적으로 감당하지 않았다. 그러나 미수라타 기독선교 연합회는 **현지인과 삼국인들을 위한 선교사역**을 위해 적극적으로 힘쓰고 있었다.

미수라타 기독선교연합회의 구체적인 사역은 1986년 3월, **이익주 선교사**가 보낸 선교소식에서 잘 알 수 있다.438)

평신도 선교사로 부터 온 편지

제3국인 위한 선교자료를 보내주세요

할렐루야!

그동안 주님의 은혜가운데 평안하시리라 믿습니다. 어느덧 해가 바뀌고 새로운 각오로서 시작한 86년에 두 장로님과 여러분들에게 그리스도의 이름으로 문안드립니다.

저는 지난 12월 20일 이곳「미수라타 기독선교연합회」의 총회에서 회장으로 피선되어 너무나 큰 중책을 맡고 그저 주님께 의지하고 기도할 뿐입니다.

이곳은 트리폴리와 벵가지 중간지점으으로 MISURATA 시인데, 이곳에는 현대, 대우, 삼성교회 2군데등 4개의 현장교회가 있읍니다.

이 4개 현장교회가 84년 12월에 연합회를 구성하여 서로 합심하여 기도하며 MISURATA 지역의 제3국인과 현지인 선교를 위해서 힘써 일하고 있읍니다.

그래서 저희 연합회 에서는 MMA와 MMC등과도 유대를 가지고 상호기도와 협조를 하기로 결의하였읍니다. 바라기는 중동선교본부에서 저희 리비아 MISURATA 선교회를 위해서 기도많이 하여 주시고 적극 협력하여 주시면 감사 하겠읍니다.

우선 저희 현대교회에서는 캠프내 인도인 들을 인도하여서 매주 일요일 저녁 8시에 예배를 드립니다.

그리고 대우교회에서는 방글라데시인 예배를 인도하고 있고 삼성교회에도 인도인들이 있읍니다.

그리고 가나인들의 예배도 도와주고 있고, 이 지역내의 터키인 회사, 중국인 회사, 필리핀인 회사, 일본인 회사, 독일인 회사등 수많은 외국인 회사에도 전도를 하려고 합니다.

그런데 그 나라글로된 전도지나 성경, 설교테프, 궤도, 찬송가 테프등이 필요합니다.

저희가 필요한 것은

1. 인도, 방글라데시, 중국, 아랍어로 된 전도지, 성경책
2. 각국어로 된 설교테프
3. 각국어로 된 찬송가테프
4. 그림성화 궤도와 각국어로 설명을 써 넣은것.

이상을 구입할 수 있는지요?

한국에 없으면 외국어 대학이나, 극동방송을 통해서 육성으로 녹음제작이 가능한지 알고 싶읍니다.

예를 들면 짧은 설교문을 인도어(힌디語)를 하시는 분이 즉석에서 녹음기를 놓고 인도어로 번역하여 녹음하여 테프 하나에 10分설교 여러편을 사무실 같은데서 녹음할 수 있을것 같읍니다만, 영어로 설교를 해도 그들이 알아듣지 못하여 예배인도 하는데 어려움이 많습니다.

위에 말씀드린 구입, 제작비는 전액 저희 MISURATA 연합회에서 송금할 수 있읍니다만 일부를 지원해 주시면 더욱 감사 하겠읍니다.

속히 좋은 소식이 오기를 기다리겠읍니다.

주안에서 평안하시기 바랍니다.

리비아 에서 이 익 주 드림

<중동선교소식> 제 4호(서울: 중동선교본부, 1986.3.5), p.2

삼국인 선교를 위하여 **현대교회**에서는 매주 일요일 저녁 8시에 인도인 예배가 드려지고 있었다. **대우교회**에서는 방글라데시인의 예배가, 그리고 **삼성교회**에서도 인도인 예배가 진행되었다. 그리하여 인도인과 방글라데시인들이 그들의 동족을 이 예배로 초청하여 전도할 수 있었다. 한국 그리스도인들의 현장교회들이 삼국인 선교의 장으로 사용되고 있었다.

---

438) 이익주, '평신도 선교사로부터 온 편지', <중동선교 소식> 제 4호(1986.3.5), p.2

미수라타 기독선교연합회는 인도인과 방글라데시인 뿐만 아니라, 아프리카의 **가나인들의 예배**까지 돕고 있었다. 또 미수타라 지역에 진출한 외국인 회사들(튀르키예인 회사, 중국인 회사, 필리핀인 회사, 일본인 회사, 독일인 회사)까지도 전도하기를 원하였다. 그러나 **삼국인을 위한 선교자료**가 매우 부족하였다. 그들에게 복음을 전하기 위해서는, 각 나라와 민족의 언어(인도, 방글라데시, 중국, 아랍어 등)로 된 전도지, 성경, 설교 TAPE, 찬송가 TAPE 등이 필요하였다. 그리하여 1986년 7월, 이익주 집사는 이러한 선교자료를 보내어 줄 것을 요청하였다.439) 또한 미수라타 기독선교연합회는 효과적인 삼국인 선교를 위해 MMA(Mission to Muslim Area)440)와 MMC(중동선교본부)와 유대관계를 갖고서, 협력하기로 결의했다.

한국에서 리비아에 인도와 방글라데시의 언어로 된 설교 테이프와 찬송가 테이프를 보내어 주었다. 이 선교자료들은 각 현장교회로 보내어졌고, **삼국인 선교사역**을 위하여 큰 도움이 되었다. 1986년 12월 이익주 선교사의 선교소식에 의하면, 이 선교자료가 효과적으로 사용될 수 있어서 많은 인도인과 방글라데시인들이 예수를 믿기로 작성하고, 교회에 출석하게 되었다.441)

그런데 인도와 방글라데시의 근로자들은 영어를 알아듣지 못하였다. 그리하여 **현대교회**는 금요일 오후 3시에 인도인 예배를 드릴 때, 영어를 잘하는 인도인이 인도인 회중을 위해 영어설교를 힌디어로 통역해주는 방식으로 예배를 드렸다. **대우교회**와 **삼성교회**에서도 이와 같은 방법으로 예배를 드렸다.

이 연합회의 그 다음의 목적은 **중국인 교회**를 세우는 것이었다. 중국인 캠프에 가서 중국어 성경과 전도지로 전도를 하였고, 조만간에 중국인 예배를 정기적으로 드릴 수 있게 되었다. 무엇보다 이 연합회의 가장 첫 번째가 되는 기도제목은 미수라타에 **리비아인 교회**가 세워지는 것이었다. 그리하여 수많은 리비아인 무슬림들이 회개하고 돌아와, 예수 그리스도를 믿게 되도록 수고하고 있었다.

---

439) <중동선교> 제 5호(서울 : 중동선교본부, 1986.7.10), 선교소식, p.14, "이익주 리비아 평신도 선교사는 중공인 및 제 3국인을 위한 전도시, 성경, 설교TAPE 등을 요청해 오심. 특히 중공인 교회세움"
440) 정윤진 선교사(1980~1988, 리비아 한인교회)가 MMA에서 파송받았다.
441) <중동선교> 제 6호(서울 : 중동선교본부, 1986.12.25), 선교소식, p.7

선교소식

선교자료가 절대부족…

이익주집사(리비아 평신도선교사)

하나님의 은혜가운데 평안하시리라 믿으며 문안드립니다.

언제나 주님의 귀한 선교사역을 힘써 감당하시며 완악한 중동지역의 무슬림권 복음화를 위하여 헌신하며 기도와 물질로 후원해 주시는 중동선교본부에 감사드립니다.

보내주신 선교자료는 감사히 받았읍니다. 저희 리비아 미수라타 지역 한인교회 연합회에서는 지역내 현대교회, 대우교회, 삼성교회와 트리폴리에 있는 리비아 한인교회에 골고루 선교자료를 보내드려서 현지인과 제3국인 선교에 많은 도움이 되었읍니다.

또한 보내주신 인도, 방글라데시 설교테프와 찬송가 테프를 통하여 많은 인도인, 방글라데시인들이 예수를 믿기로 작정하고 교회에 출석하고 있읍니다.

현대교회에서는 매주 금요일(휴일) 오후 3시에 인도인 예배를 드리는데, 영어로 설교 또는 성경을 가르치면 인도인중에서 영어를 잘하는 사람이 힌디어로 통역을 하는 방법으로 예배를 인도하고 있으며 대우교회와, 삼성교회도 같은 방법으로 예배를 드리고 있읍니다.

또한 보내주신 중국어 성경과 전도지를 통하여 중공인 Camp에 가서 많은 중국인들을 전도하고 있으며 불원간 중공인 예배를 정기적으로 드리게 될 것을 확신합니다.

그리고 저희 한인교회 연합회에서는 각 교회와 합심하여 기도하면서 리비아 현지에 현지인을 위한 교회가 설립되고 많은 무슬림들이 회개하고 예수믿게 되기 위해 노력중입니다. 이렇듯 현지인(리비아인)과 제3국인 복음화를 위한 선교자료가 절대 필요합니다.

현재 연합회가 보유하고 있는 성경은 인도성경 1권, 아랍어성경 2권, 방그라데시성경 10권, 중국어성경 22권입니다. 앞으로도 인도어, 방그라데시어, 아랍어, 영어, 중국어 성경과 찬송가, 전도지, 복음성가테이프 설교테이프, 성경공부괘도(그림있는 것), 신앙서적과 기타 선교자료를 적극지원하여 주시면 땅끝까지 이르러 복음을 전하는 주님의 사역에 큰 도움이 될 것입니다.

저희 연합회에서는 그간 제 3국인과 한국인들의 연합예배를 통하여 많은 외국인들이 학습 세례를 받았고 제3국인 체육대회, 제3국인 주기도문, 십계명 암송대회를 은혜중에 마쳤고 찬송가 경연대회도 준비중입니다.

어떤일이 있더라도 저들 제3국인들과 현지 무슬림들이 헛된 우상을 버리고 예수 그리스도를 영접하며 구원받는 놀라운 역사가 일어날 것을 확신합니다. 이를 위해 더욱더 후원과 기도를 부탁드립니다.

하나님의 사랑과 성령님의 역사하심이 이곳 리비아에 있는 저희들이나 한국에 계신 믿음의 동역자 여러분들에게 함께 하시길 간구합니다. -아 멘-

기도제목

1. 미수라타에 리비아인 교회가 설립되도록
2. 인도인, 방글라데시인 및 중공인 예배 활성화 되도록
3. 3국인 예배를 위한 설교테이프 및 기타 선교자료의 원활한 공급을 위하여
4. 대한민국 건설역군의 복음화를 위하여
5. M.M.A M.M.C의 무슬림권 복음사업을 위하여
6. 중동(무슬림권) 아랍어 복음방송을 위하여

〈중동선교〉 제 6호 (1986.12.25), p.7

1986년 12월, 이익주 선교사의 선교보고에 의하면, 그 동안 삼국인과 한국인들이 연합예배를 드리면서, 많은 삼국인이 **학습과 세례**를 받았다. 또 미수라타 기독선교연합회는 **삼국인 체육대회**를 개최하고, **삼국인 주기도문/십계명 암송대회**와 **찬송가 경연대회**도 행하였다. 그런데 놀랍게도 이러한 모든 선교사역을 오직 평신도 선교사와 현장교회들로만 구성된 연합회가 감당하였다

(3) 권수룡 선교사 (1982~1986)

권수룡 선교사는 1982년부터 1986년까지 4년간 대우교회를 중심으로 **현지인 선교사역**을 감당했다.[442] 선교사 파송예배는, 그 이후인 1985년 10월 26일, 박장암 목사의 설교로에 중동선교회에서 드렸다. 1985년 당시에 **벵가지**(Benghazi)에는 10여개의 현장교회가 있었다. 권수룡 선교사의 보고에 의하면, 이 **현장교회**를 근거로 삼아 **삼국인 선교 및 무슬림 선교**가 가능하였다.[443]

권수룡 선교사는 **방글라데시인 3명**에서 세례를 베풀 수 있었다. 그들은 무슬림으로 리비아에 왔다가, 개종한 후 기독교인으로 귀국하였다. 권수룡 선교사는 파키스탄, 인도인 등의 교회에서 집회를 인도하기도 했으나, 더 적극적인 삼국인 무슬림 선교를 위해서는 **국제교회의 설립**이 필요하였다. 이를 위해 권수룡 선교사는 장소를 물색하고 기도하고 있었다. 그는 파키스탄 교회를 설립하기도 했다.

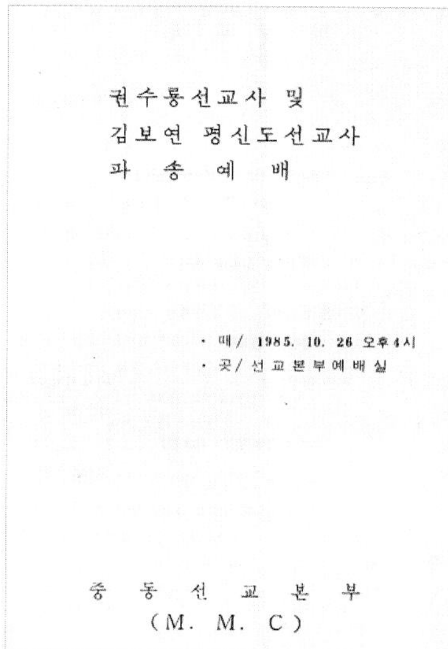
권수룡선교사 및
김보연 평신도선교사
파 송 예 배

· 때/ 1985. 10. 26 오후4시
· 곳/ 선교본부예배실

중 동 선 교 본 부
(M. M. C)

사회 : 두상달 장로
기도 : 신순철 목사
설교 : 박장암 목사
'하나님의 깃발을 꽂자'
파송장 수여 : 두상달 장로
합심기도 : 이재정 전도사
축도 : 신창순 목사

권수룡 선교사
파송예배 (1985.10.26)

---

442) <중동선교> 제 5호(1986.7.10), 선교소식, p.15. "리비아 선교사 권수룡 목사는 중동선교를 위해 리비아에서 4년간 대우교회를 중심으로 성서대학 및 파키스탄 교회를 세우는 등 사역하다 귀국하심".

443) 권수룡, '리비아 선교소식', <중동선교> 제 3호(1985.9.30), p.1 : "본격적인 제 3국인 선교와 무슬림 선교를 위해,미국 교계신문에 도움을 요청하는 서신을 띄우기도 했습니다. 어느 곳에서든지 약간의 도움만 있으면, 이곳 현장교회들이 있기 때문에, 선교활동을 할 수 있을 것입니다. 그 동안 회사로부터 현장마다 교회의 필요성을 인정받아, 벵가지에만 10여개의 교회가 건설현장에 서 있습니다."

무슬림들과 함께 **복음성가**를 부르는 일도 가능하였다. 그가 '내게 강 같은 평화'와 같이 흥겨운 가락으로 찬양을 부르면, 아랍인들이 뜻도 모른 채 박수를 치며 동참하였다. 권수룡 선교사는 복음성가를 전도의 기회로 삼기 위해 아랍어로 번역하여 한국으로 보내면서, 그 찬양을 테이프에 녹음하여 보내어 주기를 요청하였다. 아프리카 무슬림의 선교를 위해서 **의료선교사의 파송**이 절실히 요망되었다. 그리하여 1985년, 권수룡 선교사는 침술로 의사자격증을 신청하여, 의료자격을 취득하였다. 그러나 1986년, 그는 리비아 사역을 마치고, 한국으로 귀국하였다.

리비아 선교소식

뜨거운 기도를 부탁합니다.

중동선교를 위해 수고하시는 두회장님과 선교본부 위에 하나님의 크신 은혜가 충만하시길 기원합니다. 중동을 향한 선교본부의 사역들이 많은 열매를 맺으리라 확신합니다.

주신 자료와 서신 잘 봉견하였읍니다. 이제 이곳의 복음화를 위해 중동선교본부의 뜨거운 기도를 의탁하게 되어 기쁘기 한이 없읍니다.

건설회사의 평사원으로서 복음사역을 감당하려니 어려움이 한두가지가 아닙니다. 그러나 성도들의 뜨거운 기도는 저를 지치지 않게 하고 있읍니다.

본격적인 제 3 국인선교와 무슬림선교를 위해 미국 교계신문에 도움을 요청하는 서신을 띄우기도 했읍니다. 어느곳에서든 약간의 도움만 있으면 이곳 현장 교회들이 있기 때문에 선교 활동을 할 수 있을 것입니다. 그동안 회사로 부터 현장마다 교회의 필요성을 인정받아 벵가지에만 10여개 교회가 건설 현장에 서 있읍니다.

제가 이곳에 처음왔을 때는 생각지도 못했던 일들이 었는데 다만 하나님의 놀라운 섭리에 감사드릴 뿐입니다.

현재 벵글라데쉬인 세사람이 세례를 받은 후 본국으로 돌아 갔고 파키스탄, 인도인 등의 교회에 가서 집회 인도를 하기도 했읍니다. 제 3 국인들을 위한 국제 교회 설립을 위해 기도하며 장소를 물색해 보고 있읍니다.

보내드린 사진 가운데 현지인 오스만씨는 2년전 부터 사귀고 있읍니다. 이제 부인을 많이 거느린다는 것이 나쁘다는 것을 스스로 인식하고 있읍니다. 우스운 이야기는 자기 자녀를 다 기억하지 못한다는 점입니다. 이름을 다 외우지 못해서 큰 아들들만 불러 심부름을 시킨다고 합니다.

특별히 오스만씨의 개종을 위해 기도 부탁합니다.

이곳에 나와 있는 각 기업체들에게 어려움이 닥치고 있어, 자연히 소속된 교회들도 어려움을 겪고 있읍니다. 여건이 너무어려운 곳이라서 주님께 맡기고 의지할 뿐입니다.

최근 이곳에 오신 강승빈 집사님(전 중동선교본부 부회장)과 많은 이야기를 나누면서 기뻐하였읍니다.

이번에 의사자격증을 취득하게 되었고 의료선교가 가능하게 되어 회교권선교에 한걸음 앞서게 될것 같습니다.

기도를 부탁합니다.

가능한한 현지 선교를 위해 많은 선교사 파송이 요망되오며 이곳 아프리카 선교를 위해서는 의료선교사 파송이 절실히 요망됩니다. 제게 부족하나 침술을 할 수 있는 재능이 있어 리비아 당국에 의사 자격을 신청했고, 자격을 취득했읍니다. 제겐 새로운 선교의 장이 열릴 것 같습니다. 뜨거운 기도를 부탁드립니다.

내게 강 같은 평화' 등, 흥겨운 가락으로 모여서 찬송을 하면, 뜻도 모르는 아랍 사람들이 옆에서 같이 박수를 치면서 동참하기도 합니다. 아랍어로 번역된 복음 성가를 보내 드리오니 테이프에 녹음하여 보내 주시면 연습하여 전도의 기회로 살겠읍니다.

하오면 중동선교본부위에 하나님이 같이 하시길 기원하며 줄입니다.

리비아에서 권수룡올림

〈중동선교〉 제 3호(1985.9.30), p.1

(4) 송홍석 선교사 (1989)

1989년 3월18일(토), **송홍석 선교사**는 중동선교본부의 파송 선교사로 리비아로 출국하였다.444) 그는 리비아 선교사로 떠나기 전에, 선교비전을 밝혔다.445) 첫 번째는 **한인교회**를 중심으로 트리폴리에 거주하는 한국인(상사주재원, 대시관 직원, 회사직원 및 가족)을 위한 사역이었고, 두 번째는 **현장교회의 순회사역**이었다. 그는 현장교회의 예배를 인도하며, 근로자들을 전도할 계획이었다. 세 번째는 가장 중요하고 긴급한 문제인 현지인 선교였다. 그러나 아직 구체적인 선교전략이나 계획을 세우지 못한 채, 출발하였다. 1989년 11월, 그가 요청한 기도제목은 한 가지였다 : "송홍석 선교사의 현지사역과 삼국인선교가 열매를 맺을 수 있도록".446) 리비아의 선교사들은 현지인 및 삼국인 선교에 더욱 열심이었다.

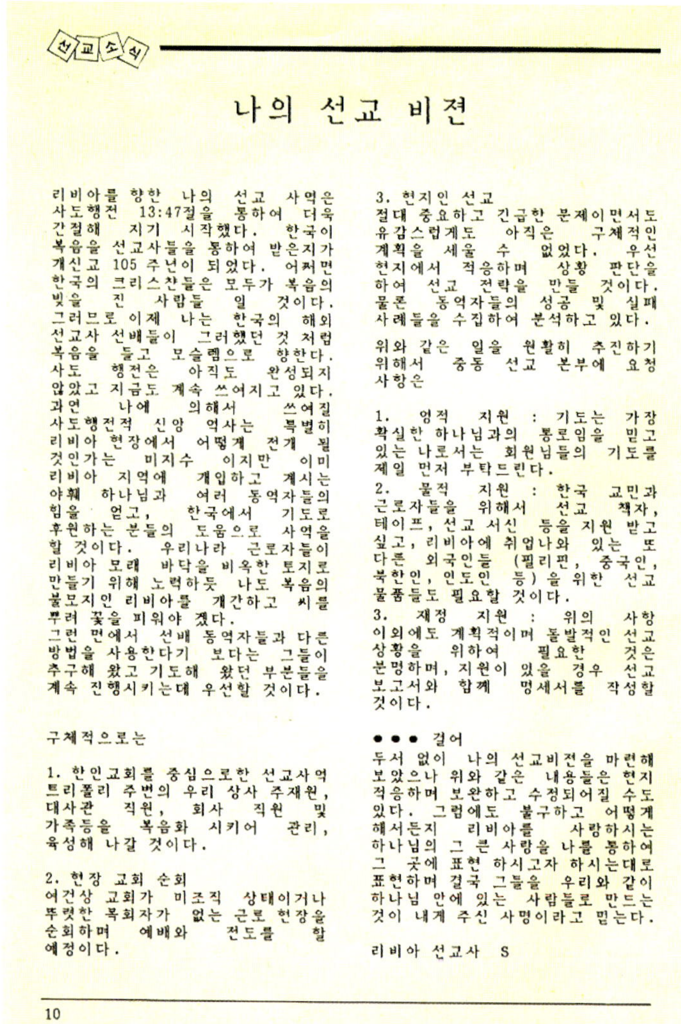
선교소식

나의 선교 비젼

리비아를 향한 나의 선교 사역은 사도행전 13:47절을 통하여 더욱 간절해 지기 시작했다. 한국이 복음을 선교사들을 통하여 받은지가 개신교 105 주년이 되었다. 어쩌면 한국의 크리스챤들은 모두가 복음의 빚을 진 사람들 일 것이다. 그러므로 이제 나는 한국의 해외 선교사 선배들이 그러했던 것 처럼 복음을 들고 모슬렘으로 향한다. 사도 행전은 아직도 완성되지 않았고 지금도 계속 쓰여지고 있다. 과연 나에 의해서 쓰여질 사도행전적 신앙 역사는 특별히 리비아 현장에서 어떻게 전개 될 것인가는 미지수 이지만 이미 리비아 지역에 개입하고 계시는 야훼 하나님과 여러 동역자들의 힘을 얻고, 한국에서 기도로 후원하는 분들의 도움으로 사역을 할 것이다. 우리나라 근로자들이 리비아 모래 바닥을 비옥한 토지로 만들기 위해 노력하듯 나도 복음의 불모지인 리비아를 개간하고 씨를 뿌려 꽃을 피워야 겠다.
그런 면에서 선배 동역자들과 다른 방법을 사용한다기 보다는 그들이 추구해 왔고 기도해 왔던 부분들을 계속 진행시키는데 우선할 것이다.

구체적으로는

1. 한인교회를 중심으로한 선교사역
트리폴리 주변의 우리 상사 주재원, 대사관 직원, 회사 직원 및 가족등을 복음화 시키어 관리, 육성해 나갈 것이다.

2. 현장 교회 순회
여건상 교회가 미조직 상태이거나 뚜렷한 목회자가 없는 근로 현장을 순회하며 예배와 전도를 할 예정이다.

3. 현지인 선교
절대 중요하고 긴급한 문제이면서도 유감스럽게도 아직은 구체적인 계획을 세울 수 없었다. 우선 현지에서 적응하며 상황 판단을 하여 선교 전략을 만들 것이다. 물론 동역자들의 성공 및 실패 사례들을 수집하여 분석하고 있다.

위와 같은 일을 원활히 추진하기 위해서 중동 선교 본부에 요청 사항은

1. 영적 지원 : 기도는 가장 확실한 하나님과의 통로임을 믿고 있는 나로서는 회원님들의 기도를 제일 먼저 부탁드린다.
2. 물적 지원 : 한국 교민과 근로자들을 위해서 선교 책자, 테이프, 선교 서신 등을 지원 받고 싶고, 리비아에 취업나와 있는 또 다른 외국인들 (필리핀, 중국인, 북한인, 인도인 등)을 위한 선교 물품들도 필요할 것이다.
3. 재정 지원 : 위의 사항 이외에도 계획적이며 돌발적인 선교 상황을 위하여 필요한 것은 분명하며, 지원이 있을 경우 선교 보고서와 함께 명세서를 작성할 것이다.

● ● ● 걸어
두서 없이 나의 선교비전을 마련해 보았으나 위와 같은 내용들은 현지 적응하며 보완하고 수정되어질 수도 있다. 그럼에도 불구하고 어떻게 해서든지 리비아를 사랑하시는 하나님의 그 큰 사랑을 나를 통하여 그 곳에 표현 하시고자 하시는대로 표현하며 결국 그들을 우리와 같이 하나님 안에 있는 사람들로 만드는 것이 내게 주신 사명이라고 믿는다.

리비아 선교사 S

10

444) <중동선교> 제 9호 (서울 : 중동선교본부, 1989.3.25), 중동선교본부소식, p.11
445) 송홍석, '나의 선교비젼', <중동선교> 제 9호 (1989.3.25), p.10
446) <중동선교> 제 11호 (서울 : 중동선교회, 1989.11.2). 골방기도, p.15.

5. 튀르키예 : 이스탄불 한인교회 (1989년)

튀르키예는 6 · 25전쟁 때 UN군으로 참전한 우방국으로 우리 나라와 1957년 대사급 외교관계를 수립하였다. 그러나 양국의 교류는 활발하지 못하여, 1997년 양국의 교역액은 11억 달러에 불과했다. 그렇다보니 이 기간에 튀르키예에 진출한 한국인도 소수에 불과했다. 튀르키예가 오스만 제국을 이은 나라로서, 이슬람 세계에서 차지하는 위치와 비중이 큰 것에 비해, **한인교회의 창립**과 **선교사의 파송**도 빠른 시기에 이루어지지 못하였다.

튀르키예의 선교와 한인교회 역사는 1989년 **한 유학생**으로부터 시작되었다. 1989년 **이스탄불**에 이스탄불 한인교회가 가장 먼저 세워진 이후에, 이스탄불 열방한인교회(2011년)과 이스탄불 메르로폴 선교교회(2013년)가 계속하여 이스탄불에 세워졌으며, 수도 **앙카라**에 앙카라한인교회(2006년)가 세워지고, **이즈미르**에는 이즈밀 서머나한인교회(1998년)와 이즈미르 한인교회(2015년)가 세워졌다. 그리하여 현재는 튀르키예의 3대 도시에 한인교회가 모두 세워져 있다.

(1) 교회의 설립 (1989.5)

1) 한 평신도의 헌신 - 유학생 김주찬 (1982)[447)]

1982년 5월10일, 김주찬은 한국외국어대학교 터키어과를 졸업한 후, 튀르키예 정부 장학생으로 선발되어 **국립 앙카라대학교**의 정치학 석사과정에 입학하여 튀르키예에 올 수 있게 되었다. 이 때 그의 꿈은 정치학 학위를 받은 후 대학교 교수가 되는 것이었다. 그러나 김주찬은 앙카라에서 **외국인 선교사들**과 만나면서, 그의 인생에 큰 변화를 경험하게 되었다.

447) 김주찬 선교사와 관련된 내용은 김주찬 선교사의 검토를 거쳤다. 본래 최은성의 논문에서는 K씨로 익명 처리가 되었으나, 김주찬 선교사의 허락을 얻어, 본 글에서는 그의 실명을 밝혔다.

외국인 선교사들은 그에게 "튀르키예 민족에게 복음을 전하기 위해서 너는 정말 죽을 수 있느냐?"라는 도전적인 질문을 반복하여 하였고, 김주찬은 하나님께서 그를 선교사로 부르신다는 사실을 깨닫게 되었다. 그러나 처음에는 유학도 마치지 못하고 추방될 것을 두려워하여 회피하였다. 그러나 결국 김주찬은 주님의 부르심을 확신하며, **교수의 꿈**을 버리고, **튀르키예 선교**를 위해 일생을 헌신하기로 결단하게 되었다.448)

김주찬은 튀르키예 정부 장학생으로서 **이스탄불 대학교**에서 **정치학 박사과정**을 계속하여 공부하며, 현지 무슬림 형제들과 **가정교회 사역**을 시작하였다. 무슬림들이 예수님을 영접하고 기독교로 개종하는 은혜의 역사가 일어났다. 그러나 그 시기에 그들이 직장과 가정, 사회에서 추방당하는 실제적인 아픔을 목격하면서, 재정적 도움을 주는 일과 함께 그들을 돌보는 사역을 했다.449)

중동선교본부(MMC)와 **중한연**(중선협 전신)은 김주찬 선교사의 튀르키예 사역을 이미 알고 있었던 것 같다. 1986년 11월, 두바이에서 열린 제 3차 중한연 대회는 **1987년**을 **'선교총력의 해'**로 정하고, 그 중에 한 가지 목표로서 **'튀르키예 선교의 길이 열리도록'** 기도하였다.

1987년 2월28일(토), **김주찬 선교사**는 중동선교본부의 정기모임에서 **튀르키예 선교소식**을 전하였다. 같은 해 5월30일(토), **조용성 목사**가 드디어 튀르키예 선교사로 파송받았다. 6월에 발간된 〈중동선교〉는 조용성 선교사가 김주찬 평신도 선교사와 아름다운 협력을 하여, 힘있는 튀르키예 선교가 되도록 기도를 요청하였다. 그렇다면 두 사람은 이미 서로의 존재를 알고 있었을 가능성이 크다.

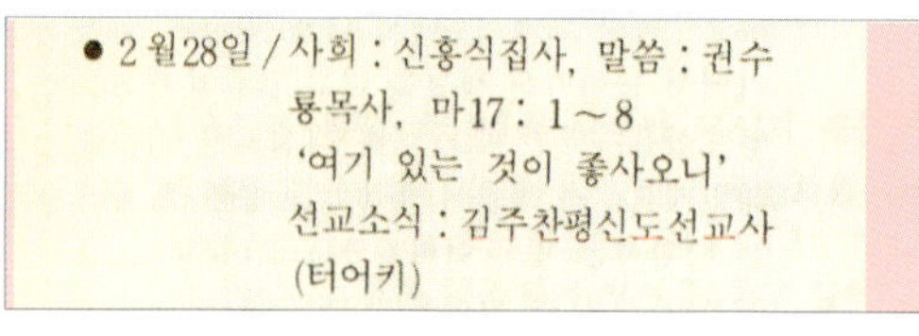
● 2월28일 / 사회 : 신홍식집사, 말씀 : 권수룡목사, 마17 : 1~8
'여기 있는 것이 좋사오니'
선교소식 : 김주찬평신도선교사 (터어키)

〈중동선교〉 제 7호(1987.6.25), 소식. p.14

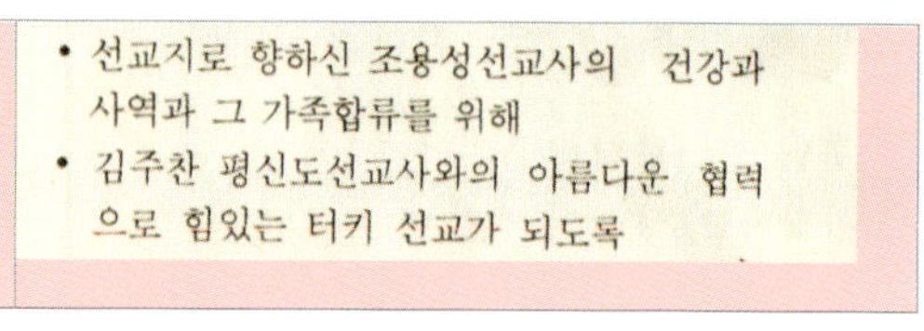
• 선교지로 향하신 조용성선교사의 건강과 사역과 그 가족합류를 위해
• 김주찬 평신도선교사와의 아름다운 협력으로 힘있는 터키 선교가 되도록

〈중동선교〉 제 7호(1987.6.25), 기도제목들, p.15

---

448) 최은성, "한국선교사의 관점에서 본 효과적인 터키 선교전략"(총신대학교신대원, 2011 석사), p.53. 김주찬 선교사와의 인터뷰 내용. 2011.11.10 이스탄불로부터 온 이메일

449) 최은성, "한국선교사의 관점에서 본 효과적인 터키 선교전략"(총신대학교신대원, 2011 석사), p.54

이 당시 김주찬 선교사는 **중동선교본부** 및 **쿠웨이트 한인연합교회**와도 교류하고 있었다. 그는 1987년 9월21일, 그의 선교소식을 쿠웨이트의 조원규 목사에게 보내었다.

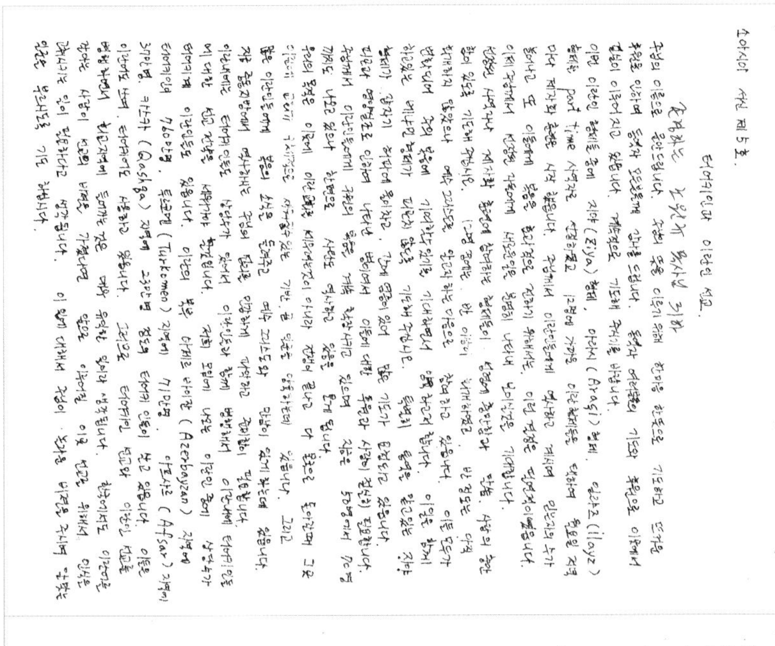

1987년 9월 21. 김주찬 선교사 선교소식 (소아시아 서신 제 5호)

2) 조용성 선교사

튀르키예 선교사 (1987.5)

1987년 5월30일(토), **조용성 목사**가 GMS와 CCC의 공동파송으로 튀르키예 선교사로 파송받았다. 그 때 **김주찬 선교사**도 이스탄불 대학교의 정치학 박사과정에 있었다. 두 사람은 이스탐불에서 동역자로 만날 수 있었다. 1988년 9월 26~29일, 쿠웨이트에서 열린 **제 5차 중한연 대회**에 조용성 목사와 김주찬 선교사의 두 사람은 선교사의 자격으로 함께 참석하였다.

1989년 4월, 두 사람은 현지인을 섬기기 위해 함께 심방하기도 하였다 : "○○ 형제를 위해서 몇 달 전 주민등록(기독교인신분증)을 바꾸고, 부모의 핍박 속에서도 믿음으로 살아던 형제가 황달병으로 병원에 입원했습니다. 잠시 **김주찬 형제와 심방을 하고** 왔습니다."(<중동선교> 제 10호, 선교지 소식). 이 시기는 **이스탐불 한인교회**가 막 세워졌던 때였다.[450]

선교소식

소아시아에서 온 서신 제 29호

갈렙은 모세와 여호수아의 그늘에 산 사람입니다. 그가 역사적인 인물로 처음 등장하기는 민13:30에 기록된 사건입니다. 그 때는 그가 가나안을 정탐하기 위하여 들어갔던 열 두 족장들중의 한 사람으로서 입니다. 그후 40년이 흐른 어느 날, 즉 수14:6-15에서 보는대로 노병으로 다시 등장합니다. "오늘날 내가 85세로되" 그 원수들이 만반의 준비를 갖추고 도사리고 있는 헤브론의 높은 산지에서 말입니다. 그 때 갈렙이 여호수아에게 하는 말이 "이 산지를 내게 주소서....." 라고 합니다. 숨은 지도자의 겸손을 조용히 바라봅니다. 종종 팀 사역을 하면서 10 - 15년 씩 젊음을 이 땅에 바친 선배 선교사를 바라볼 때 갈렙의 헌신과 겸손을 생각합니다. 그 때 마다 새로운 힘이 솟고 눈으로 보는 열매가 없을 지라도 실망하지 않고 열심히 씨를 뿌립니다.

사랑하는 후원 교회와 후원자 여러분께 기도 편지를 드립니다.

* 그간 동정과 기도 요청을 드리겠읍니다.

1. 2학기 개강
2월 한 달 방학을 마치고 다시 개강을 했읍니다. 혼자 학교에서 공부하다가 김00 형제와 함께 공부를 하니 제가 많이 배우고 있읍니다. 때를 따라 돕는 은혜를 주셔서 감사합니다. 특히 터어키 사전이 외국어 대에서 나와서 저처럼 이중 삼중 사전을 찾아서 하는 자들을 위해 큰 도움이 되었읍니다. 기도 편지를 통해서 외국어대 서재만 교수님과 나의 신실한 친구인 김대성 교수님께 다시 한번 감사를 전합니다.

2. 백00 형제 결혼
그간 외롭게 사역하던 백 형제가 주님의 인도하심으로 돕는 배필을 만났읍니다. 지난 2월 잠시 귀국하여 결혼 후 바로 이곳에 왔읍니다. 새 가정을 위해 많은 기도를 요청합니다. 특히 자매가 현지에 적응할 수 있도록 말입니다.

* 기도 요청
1. 00 형제를 위해서
대학을 다니면서 실업팀 소속으로 배구를 하고 있읍니다. 그러므로 매우 시간에 쫓기고 있읍니다. 저와 계속 교제가 잘 이루어 지도록 기도해 주십시오.

2. 000 할아버지 가정을 위해서
연로하셔서 몸이 자주 아픕니다. 건강과 함께 복음을 전할 수 있는 기회를 얻을 수 있도록 기도해 주십시오.

3. 000 할아버지 가정을 위해서
이 분은 제가 1년전 알게 되었는데 그 후 소식이 없다 다시 만나게 되었읍니나. 6.25 참전 용사 인데 자녀가 8남매 입니다. 지난 주간에는 그 가정에 가서 식사를 하며 교제하여 왔읍니다. 이 가정을 위해 기도해 주십시오.

4. 00 형제를 위해서
몇 달전 주민등록을 바꾸고 (기독교인 신분증) 부모의 핍박 속에서도 믿음으로 살아가던 형제가 황달병으로 병원에 입원했읍니다. 잠시 김 주찬 형제와 심방을 하고 있읍니다. 주님의 손이 형제를 친히 만지셔서 속히 쾌유할 수 있도록 기도해 주십시오.

5. 2년 사역 목표를 위해서
1명 제자 양육과 1그룹 성경 공부 기도해 주십시오. 계절이 급격히 변하는 것 같읍니다. 봄 기운과 함께 살구 꽃이 피었읍니다. 그러나 아직도 동부쪽에서는 계속해서 눈이 내리고 있읍니다. 얼어 붙은 땅이 봄 기운으로 녹듯이 이땅에 성령의 봄이 와서 돌덩이 처럼 굳은 모슬렘인들이 녹는 날이 있길 기대해 봅니다. 이제 얼마후면 라마잔 금식 기간이 시작됩니다. 부활의 소망이 없는 이 잊혀진 백성들을 위해서 계속해서 기도해 주십시오. 그럼 종려 주일을 눈 앞에둔 우리들도 주님의 십자가의 고난을 바라보며 이 인도를 위해서 계속적인 기도를 요청합니다.

6. 000 형제를 위해서
이 형제는 아프리카 가나에서 온 형제인데 신학을 공부하고픈 열망이 있읍니다. 미국이나 영국 또는 한국에 가서 공부하려고 하는데 미국 교회 목사님과 저와 만나서 여러가지로 기도하며 길을 모색하고 있읍니다. 어느 길이 주님이 인도하는 길인지 이 형제를 위해 고난에 함께 동참합시다.

주님의 지상 명령 성취를 돕는 자

조00, 최00, 헌0, 혜0 드림

〈중동선교〉 제 10호 (1989.4.29), 선교소식, pp.5-6

450) 1989년 1월8일에 교회설립준비위원회가 결성되었고, 2월5일에 이스탄불 한인교회가 설립

이스탄불 한인교회의 설립 (1989.2)

조용성 목사는 이스탄불 대학교를 중심으로 CCC 간사들과 함께 캠퍼스사역을 담당하고 있었다. 처음에 이스탄불에서 소수였던 한국인들이 점차 늘어나 230여명에 육박하게 되었다.

이와 함께 한인교회의 필요성도 더욱 커지게 되었다. 그리하여 조용성 목사와 김주찬 선교사 두 사람은 **한인교회의 설립**을 계획하게 되었다.451)

1989년 1월8일(일)에 **교회설립 준비위원회**가 결성되었다. 그리고 2월5일(일) 유니온교회에서 설립예배를 드림으로써, **이스탄불 한인교회**가 튀르키예에서 최초의 한인교회가 세워지게 되었다. 그리고 5월14일(일)에 조용성 목사가 이스탄불 한인교회의 **초대 담임목사**로 부임했다.452)

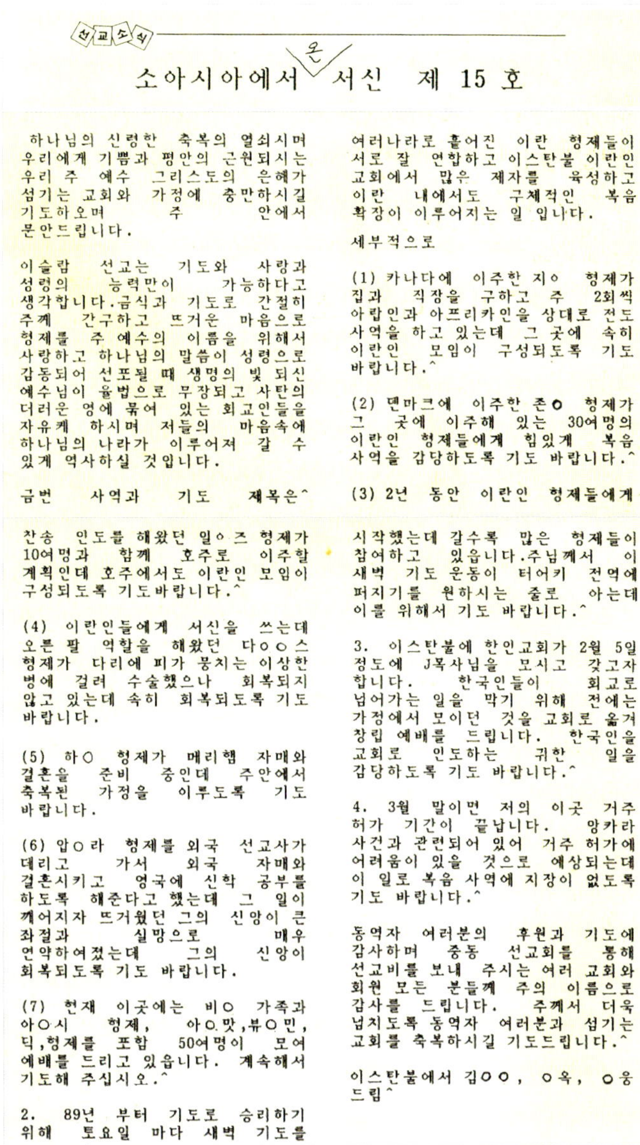
선교소식

소아시아에서 (온) 서신 제 15 호

하나님의 신령한 축복의 열쇠시며 우리에게 기쁨과 평안의 근원되시는 우리 주 예수 그리스도의 은혜가 섬기는 교회와 가정에 충만하시길 기도하오며 주 안에서 문안드립니다.

이슬람 선교는 기도와 사랑과 성령의 능력만이 가능하다고 생각합니다. 금식과 기도로 간절히 주께 간구하고 뜨거운 마음으로 형제를 주 예수의 이름을 위해서 사랑하고 하나님의 말씀이 성령으로 감동되어 선포될 때 생명의 빛 되신 예수님이 율법으로 무장되고 사탄의 더러운 영에 묶여 있는 회교인들을 자유케 하시며 저들의 마음속에 하나님의 나라가 이루어져 갈 수 있게 역사하실 것입니다.

금번 사역과 기도 제목은^

여러나라로 흩어진 이란 형제들이 서로 잘 연합하고 이스탄불 이란인 교회에서 많은 제자를 육성하고 이란 내에서도 구체적인 복음 확장이 이루어지는 일 입니다.

세부적으로

(1) 카나다에 이주한 지○ 형제가 집과 직장을 구하고 주 2회씩 아랍인과 아프리카인을 상대로 전도 사역을 하고 있는데 그 곳에 속히 이란인 모임이 구성되도록 기도 바랍니다.^

(2) 덴마크에 이주한 존○ 형제가 그 곳에 이주해 있는 30여명의 이란인 형제들에게 힘있게 복음 사역을 감당하도록 기도 바랍니다.^

(3) 2년 동안 이란인 형제들에게 찬송 인도를 해왔던 일○즈 형제가 10여명과 함께 호주로 이주할 계획인데 호주에서도 이란인 모임이 구성되도록 기도바랍니다.^

(4) 이란인들에게 서신을 쓰는데 오른 팔 역할을 해왔던 다○○스 형제가 다리에 피가 뭉치는 이상한 병에 걸려 수술했으나 회복되지 않고 있는데 속히 회복되도록 기도 바랍니다.

(5) 하○ 형제가 메리햄 자매와 결혼을 준비 중인데 주안에서 축복된 가정을 이루도록 기도 바랍니다.

(6) 압○라 형제를 외국 선교사가 데리고 가서 외국 자매와 결혼시키고 영국에 신학 공부를 하도록 해준다고 했는데 그 일이 깨어지자 뜨거웠던 그의 신앙이 큰 좌절과 실망으로 매우 연약하여졌는데 그의 신앙이 회복되도록 기도 바랍니다.

(7) 현재 이곳에는 비○ 가족과 아○시 형제, 아○맛,뮤○민, 딕,형제를 포함 50여명이 모여 예배를 드리고 있읍니다. 계속해서 기도해 주십시오.^

2. 89년 부터 기도로 승리하기 위해 토요일 마다 새벽 기도를 시작했는데 갈수록 많은 형제들이 참여하고 있읍니다. 주님께서 이 새벽 기도 운동이 터어키 전역에 퍼지기를 원하시는 줄로 아는데 이를 위해서 기도 바랍니다.^

3. 이스탄불에 한인교회가 2월 5일 정도에 J목사님을 모시고 갖고자 합니다. 한국인들이 회교로 넘어가는 일을 막기 위해 전에는 가정에서 모이던 것을 교회로 옮겨 창립 예배를 드립니다. 한국인을 교회로 인도하는 귀한 일을 감당하도록 기도 바랍니다.^

4. 3월 말이면 저의 이곳 거주 허가 기간이 끝납니다. 망카라 사건과 관련되어 있어 거주 허가에 어려움이 있을 것으로 예상되는데 이 일로 복음 사역에 지장이 없도록 기도 바랍니다.^

동역자 여러분의 후원과 기도에 감사하며 중동 선교회를 통해 선교비를 보내 주시는 여러 교회와 회원 모든 분들께 주의 이름으로 감사를 드립니다. 주께서 더욱 넘치도록 동역자 여러분과 섬기는 교회를 축복하시길 기도드립니다.^

이스탄불에서 김○○, ○옥, ○웅 드림^

〈중동선교〉 제 9호 (서울 : 중동선교본부, 1989.3.25), 선교소식, pp.5-6

되었다. 그후 5월14일에 조용성 목사가 초대 담임목사로 부임하였다.

451) 정석기, 「선교로 본 세계 한인이민사」(서울: 쿰란출판사,2000),268-269, in 최은성, p.55 각주 137

452) 이스탄불한인교회 홈페이지(http://istanbulchurch.net)

이스탄불 한인교회의 설립 후에도, 김주찬 선교사는 최선을 다해 **현지인 선교사역**에 임하였다. 일대일 전도와 양육, 투르키예인과 이란인의 제자화 훈련, 그리고 현지인을 양육하여 파견하는 사역을 진행하였다. 이러한 김주찬 선교사의 선교사역은 **이스탄불 한인교회의 사역**으로 이어졌다.

1989년도 신창순의 선교보고에 의하면, 당시 이스탄불 한인교회에는 약 35명의 성도가 모였다. 다섯 명의 한국인 선교사 중에 네 명이 평신도 선교사였다. 그러나 이 적은 인원으로도 큰 일을 감당하고 있었다. 선교사들은 120명의 **투르키예인 교회**의 신자 120명을 돌보는 사역과, **이란인 선교**를 위해 1개 교회, 60명의 신자들을 돌보는 사역을 감당하였다.[453)]

3) 김주찬 선교사의 전문인 선교사역

김주찬 선교사는 이스탄불 대학교에서 정치학 박사과정을 계속 공부하면서, **현지 무슬림 형제들**과 **가정교회 사역**을 시작하였다. 무슬림인 그들이 예수님을 영접하였을 때, 직장, 가정, 사회로부터 추방당하는 그들의 실제적인 아픔을 목격해야 했다. 김주찬 선교사는 재정적 도움과 함께 그들을 돌보는 사역을 감당하였다.[454)]

그러던 중에 파키스탄에서 예수님을 믿었다는 이유로 추방되어 온 청년 비쟌(Bijan)을 만나게 되었다. 비쟌은 해외 떠돌이로 살다가, 튀르기예에 정착했지만, 외국인이란 이유로 직장 구하기가 쉽지 않았다. 계속된 빚 독촉에 어렵게 생계를 꾸려가던 비쟌은 1년 만에 철공소에 취업할 수 있었다. 김주찬 선교사는 기쁜 마음으로 축하해 주었다. 그런데 얼마되지 않아 비쟌이 죽었다는 비보를 접하게 되었다. 나중에 알고 보니, 그가 무거운 철근을 나르다가 영양실조가 너무 심해 쓰러졌는데, 그 때 뇌진탕으로 죽었다는 내용이었다.[455)]

---

453) 신창순, 중동선교회 선교보고 (서울 : 대한예수교 장로회, 1989), p.69 in 안상준 p.99
454) 최은성, "한국선교사의 관점에서 본 효과적인 터키 선교전략"(총신대학교신대원, 2011석사), p.54
455) 최은성, "한국선교사의 관점에서 본 효과적인 터키 선교전략"(총신대학교신대원, 2011석사), p.54

전문인 사역자의 길

이 소식은 김주찬 선교사에게 큰 충격을 주었다. 이 일은 튀르키예 선교를 위한 하나님의 음성을 구체적으로 듣는 계기가 되었다. 이슬람 지역에서 **건강한 교회**를 세우려면 먼저 **건강한 가정**이 세워져야 하고, 건강한 가정이 있기 위해서는 그리스도인으로서 일할 수 있는 터전인 **직장이 마련되어야 한다**는 결론을 얻게 되었다. 그리하여 김주찬 선교사는 **전문인 사역자의** 길로 들어서게 되었다.456)

선교소식

소아시아 서신 제22호

터어키인들의 심령속에

K 선교사

참으로 한 알의 밀알이 땅에 떨어져 죽어 많은 열매들을 맺게 되는 것같이 우리의 이기심과 자아 등이 완전히 십자가에서 죽고, 주님의 성령으로만 산다면, 주께서 놀라운 열매들을 맺을 것을 확신합니다.

주님이 일하실 때에 터어키인들의 심령 속에 천국이 이루워져 갑니다.

① 뷰냐민 형제의 이혼소송이 2개월 연기되었습니다.
그의 부인 세빔은 청문회때 뷰냐민 형제가 복음을 전하면서 붙잡혀 신문에 났던 것을 종교문제로 이혼한다고 주장, 이 문제가 교회의 덕이 되며 주님께 영광이 되게 해결되도록 기도 부탁합니다.

② 주중에 이루어지는 기도 모임과 로마서 강해를 통해서 구원 얻는 자와 사역자들이 많이 나올 수 있도록 기도해 주십시요.

③ 무사와 무하렘 형제가 여행사를 차리고져 준비하고 있습니다.
터어키 형제들의 직장문제와 자급자족을 위해 형제들이 일하면서 복음을 전하고 형제들을 돕고 교회를 돕고져 하기 위한 것입니다.

④ 앙카라 대학에 설치된 한국어과에 들어가서 공부할 생각을 하고 있는 형제(앙카라의 소네르, 이스탄불의 귤칸 형제)에게 세밀한 주님의 인도가 있기를 기도 부탁합니다.

⑤ 이곳에서 접촉하고 있는 여러 형제들이 다 예수님을 믿고 구원을 얻을 수 있도록 기도 부탁합니다.

⑥ 편지로 교제를 나누고 있는 형제가 있는데 오고 가는 편지가 경찰에 넘어가지 않도록 기도 부탁합니다.

하나님의 나라가 터어키인들과 이란인들의 심령속에 심어지길 바랍니다.

〈중동선교〉 제 12호 (1990년 3/4월호), 선교소식, p.11

처음에는 통역이나 관광안내를 했으나, 무슬림에서 개종한 형제에게 일할 터전을 마련해 주기 위해 **H여행사**를 세우게 되었다. 형제들과 함께 성경공부를 하면서 운영하던 여행사는 성장하였고, 이후에는 **J섬유회사**도 세우게 되었다.457)

한편 **제자화 사역**을 통해 성장한 형제들은 **튀르키예 현지인 교회의 지도자**로 성장하였다. 2011년 당시 김주찬 선교사와 함께 일하던 형제 중에 교회 목회자 5명, 기독교 방송국 국장, 복음 전도자, 기독교 신앙과 관련된 책의 번역 및 통역하는 사역자 한 명이 있었다.458)
김주찬 선교사는 **전문인 사역자**로서 평일에는 **사업체**를 운영했다. 주말에는 형제들과 함께 개척한 **생명수교회**를 세우는 사역을 감당하면서, 튀르키예 현지 지도자를 양성하였다. 또한 다른 사역자들과 함께 **이스탄불 성경연구원**(IBIN)을 통해 말씀으로 튀르키예 교회지도자들을 섬겼다.459)

---

456) 최은성, "한국선교사의 관점에서 본 효과적인 터키 선교전략"(총신대학교신대원, 2011석사), p.55
457) 최은성, "한국선교사의 관점에서 본 효과적인 터키 선교전략"(총신대학교신대원, 2011석사), p.55
458) 최은성, "한국선교사의 관점에서 본 효과적인 터키 선교전략"(총신대학교신대원, 2011석사), p.55
459) 최은성, "한국선교사의 관점에서 본 효과적인 터키 선교전략"(총신대학교신대원, 2011석사), p.55

(2) 이스탄불 한인교회의 어려움과 예배당 마련

1) 이슬람 종교신문인 「새벽」지의 기사 (1998년)

1998년 6월, 이스탄불 한인교회의 선교활동이 현지신문에 기사로 실리게 되어 한국선교사들이 큰 위협을 겪게 된 사건이 일어났다. 그 현지신문은 '**이스탄불 한인교회**(제 3대 담임 최정호 목사)가 **한인 선교사들의 선교배치 기지**가 되어 **튀르키예 선교에 박차**를 가하고 있다' 는 기사 내용과 함께, 여러 선교사들의 선교현장과 사역까지 세밀하게 보도하였다.

이러한 신문보도는 현지인 목회사역을 중점적으로 하던 선교사들에게 큰 위기가 되었다. 또한 이스탄불 한인교회도 영국 성공회 책임자에게서 수년 간 임대하여 사용해 온 영국 성공회 건물을 비우라는 압력을 받기까지 했다.[460] 이 사건으로 인해 이스탄불 한인교회는 독립적인 예배당을 꿈꾸게 되었다.

2) 독립예배당을 꿈꾸다 (2005년)

2005년 이스탄불 한인교회는 50만 달러 자금을 바탕으로 **독립예배당의 소유**를 바라고 있었다. **현실적으로 큰 이유**도 있었다. 영국 성공회 건물이 협소했기 때문이다. 당시 120여명의 성도가 주일출석을 했는데, 주일학교의 교육장소가 없어서 많은 어려움을 겪고 있었다.

또다른 **근본적인 이유**도 있었다. 튀르키예는 중동 이슬람 국가 중 유럽연합에 가입된 국가이며, 아직 선교활동이 자유롭지 못하지만 복음화될 경우, 인근 중동 무슬림 국가로 많은 영향력을 미칠 수 있는 곳이다.

이스탄불 한인교회

460) <기독신문>, 1998. 6.10일자, "<디아스포라> 터키 언론에 선교활동 노출"

인터뷰에서 담임목사 박경한 선교사는 "터키는 모슬렘 선교의 최전방으로 이곳에 세워진 **이스탄불 한인교회**가 **선교센터**와 **중동선교의 측면지원**이라는 **중요한 역할을 감당**하게 될 것"이라며 기도를 부탁했다. 2007년 3월, 이스탄불 한인교회는 드디어 교회당 건물을 마련하였다. 위치는 오스만베이라는 중심가 빌딩 8층이며, 교회본당, 교육관, 선교센터 등의 용도로 두루 사용 가능하다.

3) 한인교회가 할 수 있는 가장 좋은 일

박경환 목사는 **한인교회가 무슬림 사회에서 할 수 있는 가장 좋은 일**, 세 가지를 제시하였다. 그것은 현지교회의 지도자와 교회를 돕는 일, 현지 그리스도인들에게 장학금을 주는 일, 그리고 경제적 어려움을 겪는 튀르키예 내 선교사들을 돕는 일이었다. 그는 이 세 가지를 실천하였고, 그가 떠난 이후에도 모든 목회자가 이 방침을 따르고 있다.461)

이를 실천하기 위해, 2005년도에 이스탄불 한인교회는 튀르키예 내 **미자립 현지인 교회** 10곳에 매월 미화 100달러씩을 지원하였다. 또 매년 두 차례 10명의 **튀르키예 대학생 중 기독교로 세례받은 자**를 선교사가 추천하면, 300달러씩의 장학금을 지급하였다. 그리고 매년 가을에 **사랑의 자선바자회**를 열어 이스탄불의 **어린이무료 심장수술센터**에 8,000달러씩 지원하는 일을 지난 4년 간 계속해 왔다. 이 사역들은 현재까지 진행되고 있다.463)

사랑의 바자회 수익금
터키심장재단 본부 전달(2018.10.17)462)

김주찬 선교사 역시 중동지역의 한인교회들이 **선교적 교회**로서 할 수 있는 가장 좋은 일에 대해 같은 의견을 제시하였다. 우리 모두가 매우 귀담아 들을 만한 귀한 조언으로 판단된다.464)

---

461) 2022년 8월30일, 이스탐불 한인교회의 역사와 상황을 가장 잘 하는 분을 통해 듣게 된 사실이다.
462) 사진출처, <이스탄불 대한민국 총영사관> 홈페이지, "공관장 활동"(2018.10.17)
463) <기독신문> 2005.11.07.일자의 기사. 현 담임 주기철 목사에 의하면, 2005년도에 시행되었던 이 사역들은 약간의 금액조정이나 코로나로 인한 잠정적 중지도 있었지만, 2022년 현재까지 진행되고 있다.
464) 이 내용은 2022년 8월30일 김주찬 선교사와의 대화 중에서 이야기 된 바이다.

> 저는 개인적으로 중동지역에 계신 한인 목회자는 ① **한인목회**에 충실하되, ② **현지선교사**를 뒤에서 후원하고, ③ 어려운 **현지교회**나 **현지목회자**를 돕고, ④ 어려운 **현지 크리스찬들**에게 장학금을 주어 미래 교회의 리더가 되도록 섬기는 것이 가장 좋다고 생각합니다.
>
> 만일 한인교회가 현지선교를 하려한다면, 그것은 중동국가에서는 한인교회에 위험이 될 수 있음으로, ① **한인교회와 협력할 수 있는 사역자** 중에서 ② 현지어를 잘 알고 성령충만하고 **믿을만한 사역자에**게 한인교회를 찾는 현지인들을 맡기는 것이, 그들을 양육하는 것을 위해서도 좋고, 한인교회의 안전을 위해서도 좋다고 봅니다.
>
> 국가마다 다르겠지만, **한인교회가 현지인들을 복음화하려는 시도**는 한인교회와 모든 성도들에게 위험을 안겨주는 일이라고 봅니다.

이스탄불 한인교회는 태생부터 **선교적**(宣敎的)이었고, 그 이후에도 **선교적 교회**로 진행되었다. 이스탄불 한인교회의 역대 담임목사들은 대부분은 **현지인을 위한 선교사**가 계속하여 담당하고 있다. 현지 선교사들에 의해 개척된 튀르키예인 교회들도 상당히 많고, 그들에 의해 지금도 계속 목회되거나, 현지인들에게 목회가 양도된 경우도 많다.[465]

초대 담임목사 조용성 선교사 이후, 이승수, 최정호, 박경한, 주정빈, 이석주 선교사가 담임목사로 부임하였다. 그리고, 2022년부터 주기철 목사가 담임목사로 부임하여 섬기고 있다.

465) 정형남, "중동의 한인교회들과 중동선교", p.149

제 4장. 1990년대에 사역한 교회들

1990년대의 10년 상황

1990~2000년의 10년 동안에, 중동의 선교사 파송지역은 **중동 대부분의 국가들**로 확대되었다. 패트릭 존스톤과 제이슨 맨드릭의 1999년 12월 31일 집계자료에 의하면, 1990년대 한국교회 및 선교단체의 중동지역 선교사파송 현황은 아래의 표와 같다.[1)]

교단/선교단체	선교사	교단/선교단체	선교사	교단/선교단체	선교사
개혁합신	10	합동정통	1	한국대학생선교회	6
고신	4	갈릴리 세계선교회	2	한국오엠선교회	56
기감	5	두란노세계선교회	8	한국외항선교회	11
기성	2	바울선교회	21	한국컴퓨터선교회	4
기장	2	빌라델비아선교회	2	한국형제선교회	2
대신	2	순복음세계선교회	2	GP	3
통합	32	인터콥	18	GMP	12
합동	42	이슬람권선교회	43	FIM	7
계					297명

1970년대에는 **건설노동사들의 요구**에 의해 선교사가 파송되었다면, 1980년대와 1990년대에는 중동 현지에 정착하는 **교민들이 대폭 증가**하여 상황이 변하게 되었다. 1999년 1월 외교통상부 자료에 의하면, 건설노동자를 제외한 **중동 거주교민**은 6,320명이었다.

안상준에 따르면, 1990년대의 10년 동안,

① **건설현장의 축소**와 함께, 한인교회 목회자들의 사역은 **교민위주**로 바뀌게 되었다.

② 1990년대 중동의 정세변화로 인하여, 선교의 방식에도 변화가 일어났다. **직집선교**보다는 학교, 의료, 복지와 같은 **사회 공익사업**을 통한 간접선교의 방식으로 전환이 일어났다.[2)]

---

1) 패트릭 존스톤 & 제이슨 맨드릭, 세계기도정보, 죠이선교회 역 (서울 : JOY) in 안상준 pp.100-101

2) 안상준, "한인교회를 통한 중동선교의 역사적 고찰", pp.99-100

한인교회의 현황

이러한 1990년대의 **중동지역의 선교현황**을 같은 시기에 **한인교회의 현황**과 비교할 때, 대체적으로 둘의 연관성이 컸다. 첫째로, 1990년대에 걸프지역과 이란에서는 **새로운 한인교회**가 거의 세워지지 않았다. 사우디의 경우가 이라크의 쿠웨이트 침공 이후에, 기독교의 감시와 탄압을 혹독하게 하면서, 목사추방과 교회폐쇄를 진행하던 때가 바로 1990년대였다. 이란에서는 이 시기에 호메이니의 이슬람 혁명 이후, 기독교 박해가 계속 진행되고 있었다. 더욱이 건설현장의 축소로 인해, 걸프지역과 이란에 건설근로자들의 숫자는 급격히 줄었다. 그러나 걸프지역과 이란에서는 기존의 한인교회들이 각 지역을 굳게 지키고 있었다.

둘째로,1990년대 선교사들도 걸프지역 뿐만 아니라, 중동 각지의 국가들로 파송되었듯이, 한인교회들도 새로운 지역으로 더욱 확대되어 세워졌다. 한인교회가 새롭게 세워진 지역은 아프리카(이집트, 모로코, 튀니지), 이스라엘, 그리고 튀르키예였다. 북아프리카 대륙의 **모로코**에서는 라바트 한인교회가 최초의 교회로 세워졌고(1992년), **튀지니**에서는 튀니지 한인교회가 최초의 교회로 세워졌다(1997년). 그리고 애굽 한인교회가 **이집트**에서 두 번째 한인교회로 세워졌다(1992년). 레반트 지역의 **이스라엘**에서도 이스라엘 한인교회가 최초의 한인교회로 세워지고(1995년), 곧이어 예루살렘 교회가 두 번째 교회로 세워졌다(1996년). **튀르키예**의 이즈밀에서도 이즈미르 서머나한인교회가 세웠졌다(1998년).

이 한인교회들(아프리카, 이스라엘, 튀르키예)은 목회자가 한인목회를 위해 세운 교회가 아니라, 모두 대체적으로 선교사들이 선교의 거점을 삼기 위해 세운 교회였다. 중동선교의 폭이 확산되는 모습과, 디아스포라 한인교회의 폭이 확산되는 것이 같은 궤를 그리고 있다.

셋째로, 모든 한인교회들이 교민위주의 한인목회에만 안주했던 것이 아니었다. **선교적 사명**을 감당하는 교회들이 곳곳에 서 있었다. 이만석 목사의 담임목사 부임 이후에, **테헤란 한인교회**가 현지인 선교사역을 가장 크게 힘썼던 시기가 바로 1990년대였다. 아랍에미리트에서는 주태근 목사가 1988년 **두바이 한인교회**에 담임목사로 부임하여 2000년까지 제 3국인을 중심으로 선교사역을 감당하였다. 1990년대에 리비아 건설현장에서도 제 3국인을 대상으로 김희윤 선교사(리비아 한인교회)와 미수라타 기독선교연합회(강승삼, 이익주 선교사) 등이 선교사역을 힘있게 감당하고 있었다.

1970~80년대에 세워진 교회들은 여전히 **이란**(테헤란 한인교회), 걸프지역의 **사우디**(사우디한인교회, 리야드교회, 담맘한인교회, 제다한인교회), **쿠웨이트**(쿠웨이트 한인연합교회), **바레인**(바레인 한인교회) 및 **아랍에미리트**(두바이한인교회, 아부다비한인교회), 아프리카의 **이집트**(카이로 한인교회)와 **리비아**(리비아 한인교회), **요르단**(요르단 한인교회), 그리고 **튀르키예**(이스탄불 한인교회)의 땅을 각각 굳게 지키고 있었다. 이 한인교회들을 기반으로 하여, 1990년대에는 **아프리카**(이집트의 애굽한인교회, 모로코의 아가딜한인교회와 라바트 한인교회, 튀니지한인교회), **이스라엘**(이스라엘한인교회, 예루살렘교회) 그리고 **튀르키예**(이즈미르서머나한인교회)에 새로운 한인교회들이 세워지게 되었다

1990년대에 한인교회들의 현황은 아래의 표와 같다.

	이란	아프리카	걸프(아라비아반도)	레반트/이라크	튀르키예
90년대		1997 튀니지한인교회		1996 예루살렘교회 1995 이스라엘한인교회	1998년 이즈미르 서머나한인교회
	(1991) 이만석 목사 테헤란한인교회 담임목사 부임	1992 애굽한인교회 1992 라바트한인교회 1991 아가딜한인교회	1998 열린문교회 (1990) 사우디 한인교회 -리야드 한인연합교회와 리야드 청운교회의 통합		
80년대		1989 리비아한인교회		1986 이라크 한인연합교회A	1989 이스탄불한인교회
			1985 제다한인교회 1984 두바이한인교회 1984 리야드교회 1982 리비아 한인교회 1982 아부다비 한인교회 1982 바레인한인교회	1984 요르단한인교회A	
			1981 리야드청운교회 1980 담맘한인교회 1980 카타르한인교회		
70년대	1974 테헤란한인교회	1977 카이로한인교회	1979 두바이 한인교회 1978 쿠웨이트한인연합교회 1976 리야드한인연합교회		

1. 북아프리카 - 모로코, 이집트, 튀니지

가. 모로코

1990년대까지도 이슬람 국가 모로코는 외국인조차 정부의 허가를 받은 장소가 아니면, 자유로운 신앙생활이 가능하지 않았다. 특히 현지인에게 복음을 전하는 것은 엄격히 금지된 때였다. 이러한 시기에 모로코에도 한인교회들이 세워지게 되었다.

(1) 아가딜 한인교회 (1991년)

아가딜 한인교회는 원양어선 선원 출신 **안휴범 선교사**가 항구도시 아가딜에 스페인 냉동회사에 취직해 오면서 개척하여 설립한 교회이다. 프랑스 교회가 일년에 두 차례 부활절과 성탄절에 목회자를 파송해 예배를 드릴 뿐이었다. 그래서 안휴범 선교사는 프랑스 교단본부에 편지를 보내, 교회당 사용을 허락받아 **아가딜 한인교회**를 개척했다. 교회의 설립연대는 1991년이다.[3)]

2007년 당시 담임목사는 **신국렬 목사**였고, 현지교민과 취업 선원을 위한 선교활동을 하였다.[4)] 당시 60여명의 성도들이 회집했다. 2023년 당시 담임목사 **유웅식 목사**이다.[5)]

2010년도 아가딜 한인교회의 모습[6)]

3) 허영희 선교사가 이 사실을 알려주었으며, 그 당시에 거주했었기에 상황을 알고 있었다.
4) 2007 KTORA 무역자료실, p.83
5) https://blog.naver.com/lovemjy777/221745289351
6) https://wjdwkqtk.tistory.com/378

(2) 라바트 한인교회 (1992년)[7)]

본래 허영희 목사는 1991년 5월 모로코로 선교사 파송을 받고, 모로코의 **아가딜**에서 선원선교를 시작했었다. 당시 아가딜에는 안휴범 선교사가 세운 아가딜 한인교회가 있었다. 허영희 목사는 한인교회가 없고 목회자도 없는 곳에서 **한인교회**를 중심으로 **한국인의 영성**을 통해 현지사역을 감당하기 위한 목적으로, 그해 7월 모로코의 수도 라바트로 이사하였다.

1) 라바트 한인교회의 설립

1992년 10월4일, 라바트에 도착한 **허영희 선교사**가 허이훈 장로(주 모로코 대한민국 대사)와 부인 전명자 사모, 한청희 성도 등 8명의 성도들이 허영희 목사의 사택에서 **설립예배**를 드림으로써, **라바트 한인교회**가 시작되었다. 이날 예배에서 설교는 허영희 목사가, 그리고 기도는 한청희 성도가 맡았다. 허영희 목사가 라바트 한인교회의 초대담임목사이다.

1992.10.4 라바트 한인교회 창립예배

당시 라바트에 거주하는 한국인들은 아이들까지 합하여 약 100여명 정도였다. 대사관 직원들, 삼성, 엘지, 대우회사의 직원들, 봉제공장의 직원들, 그리고 모로코 왕궁의 영빈관에서 근무하는 분들이 있었고, 유학생들도 있었다.

2) 창립 직후에 닥친 위기

그런데 창립 3개월 만에 이슬람 강경파 **집주인**이 교회로 사용하는 줄 알게 되었다. 그는 외국인일찌라도 이슬람 땅에서 예배를 허락할 수 없으니 집을 비워달라고 요구하며, 예배시간에 코란을 틀어놓거나, 증거사진을 찍고, 때로 경찰을 불러 위협하기도 했다. 결국 하는 수 없이 큰 문제를 만들지 않기 위해 예배가 잠시 중단되었다.

---

7) 라바트 한인교회의 내용은 초대담임 목사 허영희 목사가 초안을 작성하였고, 현 담임목사 이준경 목사의 검토를 거쳤다

라바트 한인교회는 처음부터 **영적 전투** 속에 시작되었다. 그러나 전화위복이 되어 1개월 후에 예배가 허가된 장소인 **프랑스 교회**를 빌리게 되었다. 교회는 어려움을 당한 터였기에, 더욱 적극적으로 새벽기도와 수요예배, 철야기도 등으로 모였다. 라바트 한인교회는 아주 자유롭게 감사함으로 현재까지 같은 장소에서 예배를 드리고 있다.

3) 위기 후, 교회성장과 소중한 현지인 열매

라바트 한인교회는 성장하여 집사와 권사가 세워졌다. 특히 교회는 **현지인** 초등학생, 중학생, 고등학생, 대학생 등 장학생으로 선발하여 섬겨주며, 어렵고 힘든 이웃들을 힘껏 섬겼다. 특히 장애인 학교, 장애인부 모에게 마음을 많이 쏟아서, 그들이 예수님을 영접하는 은혜가 있었다.

2001년 8월에 **현지인 교회학교**를 한다는 이유로 담임목사는 경찰서 검찰청에 불려가고, 성남희권사는 아랍어 통역을 하며, 교인들은 기도에 힘썼다. 그해 9.11 사태가 일어나 이슬람이 세계적으로 주목을 받는 때라, 서둘러 사택을 옮기는 것으로 잠잠해 졌다.

2008년 3월16일에 라바트 한인교회는 하나님의 인도하심으로 **문재덕 장로**를 세울 수 있었다. 그리고 **성남희 권사**와 **천태현 권사**와 힘을 합쳐, 더욱 든든히 성장했다. 모로코에 코이카 봉사단이 오기 시작하여 교회는 젊은이들로 인해 활기가 생겼다.

최기석 감독, 이규학 감독, 곽성영 감독, 이민재 목사, 김범석 목사, 임정훈 목사, 이재철 목사, 이동휘 목사, 김양재 목사 등이 부흥회를 열어, 교회가 영적으로 성숙할 수 있도록 섬겨주셨다. 교회학교와 중고등부도 **박유영 전도사**가 섬겨줘서 성숙해 갔다.

2004년에는 그동안 섬기던 **모로코 현지인 신자 부부**를 한국으로 보내게 되었다. **아내**는 한인교회에서 조심스럽게 비밀로 세례를 받았다. 그후 그녀의 어머니, 동생들, 친구, 그리고 오빠 가족들까지 모두 주님을 영접하게 되었다. 이것은 참으로 기적같은 일이었다.

그녀의 **남편**은 베르베르 족으로 독일어를 전공하고, 마케팅을 공부한 신실한 사람이다. 그는 한국에 거주하는 동안, 아세아 연합신학대학의 영어과정 대학원에 입학하여 3년 반 동안 공부했다. 한국에서 첫 아들을 낳았고, 학교를 졸업한 후, 다시 모로코로 돌아와서, 현재가지 자기 백성을 귀하게 말씀으로 섬기고 있다. 허영희 선교사는 **모로코 현지인 사역자**를 키운 것이 한인교회의 선교사역 중에 가장 보람된 일 중의 하나라고 생각하였다.

2008년도에는 이동휘 목사를 강사로 모시고, 교회설립 16주년 부흥성회를 열기도 했다. 라바트 한인교회는 아름답게 성장하고 있었다.

2008년 창립 16주년 부흥성회
(강사 이동휘 목사)

4) 또다시 닥친 교회의 큰 시련

그런데 교회창립 18주년이 되는 해인 2010년 3월, 라바트 한인교회에 매우 큰 시련이 닥쳤다. 모로코 정부가 대대적으로 **기독교 선교사**를 **강제로 추방**한 사건이 일어난 것이다. 모로코 내무부는 이 사건에 대해 '모로코 무슬림의 신앙심을 흔드는 외국 선교사의 선교사역을 종식시키고, 모로코의 종교적, 정신적 가치를 보존하기 위한 합법적인 조치였다'라고 발표하였다.

이 시기에 추방된 외국인의 수는 미국, 영국, 화란, 남아공, 한국, 캐나다 및 브라질 국적의 50여명에 달했으며, 그 중에서 한국인은 한인교회의 담임목사 등 3명이었다.[8] 그리고 그 명단에는 라바트 한인교회의 **허영희 목사**와 **문재덕 장로**도 포함되어 있었다.

2010년 3월, 라바트 한인교회의 허영희 목사와 문재덕 장로는 모로코에서 추방당하였다. 라바트 한인교회는 한순간에 교회의 지도자를 모두 잃어버리게 되었다. **허영희 목사**는 한인교회 뿐만 아니라, 현지인사역에도 열심이었기 때문에 추방을 피할 수 없었다. **문재덕 장로** 역시 허영희 목사의 사역을 힘써 동역했기 때문에, 추방당하는 것을 피할 수 없었다. 다행히 문재덕 장로는 모로코로 돌아와서 지금까지 충성되게 교회를 섬기고 있다.

---

8) 주 모로코 대한민국대사관, 2010년 3월9일자 공지사항, "모로코 당국의 외국인선교사 강제추방조치"

그러나 허영희 목사는 재입국이 가능하지 않았다. 반복하여 모로코 입국을 시도했으나, 공항에서 **입국금지**를 당하며, 길이 막혔다. 입국금지를 당한 후에, 허영희 목사는 이와 같이 기도를 요청하였다.9)

선교사의 방 : '모로코 재 입국 금지를 당하고' (2010.12.5.)

저는 지난 봄 3월에 모로코에서 추방을 당하여 한국에서 20년 만에 처음으로 하나님이 주신 안식년으로 삼고 감사하며 8개월을 쉬었습니다. 그리고 다시 모로코에 공항으로 정면 도전하였습니다.

결과는 '입국금지'

입국심사 직원이 컴퓨터를 보고 불러서 달려온 여러 경찰들, 그리고 보고를 듣고 달려온 중앙경찰서의 직원들.

'당신이 우리나라사람들에게
복음을 전하고 활동했으니 입국할 수 없다'

그 밤 공항 내 사무실에서 혼자 갇히어, 밖으로 문을 잠그고, 또 밖에 두 명의 경찰 지킴 속에서 하룻밤을 지내고, 프랑스 파리로 떠밀려 왔지요. 도착하자마자 프랑스경찰이 기다리고 있다가, 저를 다시 호위하여 특별히 짚차를 태워 공항경찰서로 가더니,

'당신은 누구며 무슨일이냐?'
'나는 라바트한인교회 목사이고
모로코사람들에게 복음을 전했다는 이유로
추방당했다'하니

아주 정중히 출구까지 모셔다주며, '여기는 프랑스입니다. 자유의 국가이니, 아무 염려말고 안심하시요! 이땅에서 쉬시고 편히가시요!'

자유!

종교의 자유!

정말 가슴사무치는 단어입니다. 이슬람 땅에 종교의 자유가 있기를 20년을 기도했고 또 더 기도해야겠지요. 앞으로 얼마나 더 사역자들이 추방을 당할지도 모릅니다. 그 땅들을 위해서 서로 기도해주시기 바랍니다.

저는 지금 프랑스 파리에서 저의 소문을 들은 교파를 초월한 이곳 목사님들의 도움을 받고 있고, 앞으로 어찌할지는 하나님께 깊이 묻고 인도하심에 순종하려합니다.

8개월 넘게 목자를 기다리는 라바트한인교회가 영적으로 든든히 세워가도록 기도해주십시오. 현지 신자들이 깨어 복음의 나팔수들이 되도록 기도해주십시오. 주님을 위해서 일한다면 포기하지 않도록, 나를 위해서 일한다면 포기하도록 기도해주십시오

9) https://m.cafe.daum.net/HTA/32LE/173?svc=cafeapi

5) 시련 그 이후

2010년까지 교회와 성도들은 추방당한 **허영희 목사**가 돌아오기를 기다리고 있었다. 그러나 그 길은 끝내 열리지 않았다. 그러나 좋으신 하나님께서 새로운 목회자들을 **라바트 한인교회**로 보내어 주셨다. 2011년 곽상권 목사, 2014년 김영목 목사가 각각 담임목사로 섬겼다.

2015년에 라바트 한인교회는 허영희 목사를 다시 기다리고 있었다. 그러나 당시 프랑스에 있던 허영희 목사가 재입국을 시도하였으나, 공항에서 **다시 입국이 금지**되었다.

2016년 9월부터 지금까지 **이준경 목사**가 라바트 한인교회의 담임목사로 섬기고 있다. 교회는 하나님께서 세워가시며, 코로나 속에서도 더 아름답게 이끌고 계신다. 2022년 10월, 교회설립 30주년을 맞아 기념예배를 드렸다.

현재 라바트 한인교회는 모로코에 있는 한인들을 섬기면서, 모로코에서 사역하는 사역자들을 기도와 물질로 지원하고 있다. 교회의 5대 목표는 다음과 같다.

① 예배 : 신령한 예배를 드린다.
② 교육 : 천국일꾼을 양성한다.
③ 교제 : 사랑의 공동체를 세운다.
④ 전도와 선교 : 지역사회와 민족과 세계를 복음화 한다.
⑤ 구제와 봉사 : 이웃 사랑을 실천한다.

2021년 라바트 한인교회의 모습

나. 이집트 : 애굽 한인교회 (1992년)[10)]

1990년대에 이집트 한인사회의 교민규모는, 건설현장의 진출과 철수에 따라서 변동이 있었지만, 대략 800명 정도였다. 그 때까지 이집트에서 한인교회는 **카이로 한인교회**(이준교 목사) 뿐이었으나, 1991년에 애굽 한인교회가 이집트에서 두 번째 교회로 세워지게 되었다.

(1) 교회의 설립 (1992.1)

1991년 11월4일(월), 카이로에 위치한 성공회 예배당「세상의 빛 예수의 교회」에서 김진홍 목사의 설교로 첫 번째 예배를 드렸다. 1991년 11월17일(일), 제 1차 임원회의에서 교회명을 '**애굽 한인교회**'로 정하였고, 1992년 1월17일(금), **설립예배**를 드림으로써 애굽 한인교회가 시작되었다.[11)] 애굽 한인교회의 제 1대 담임목사는 김진홍 목사이다.[12)]

(2) 교회의 사역

1) 베이비워시 사역 (1991.3)

애굽 한인교회의 시초는, 1991년 3월6일 카이로의 외곽에 가장 가난한 지역인 **쇼브라**에서 시작된 **베이비 워시** 봉사였는데, 이 사역이 애굽 한인교회의 창립(1992.1,17)보다 먼저 시작되었다.

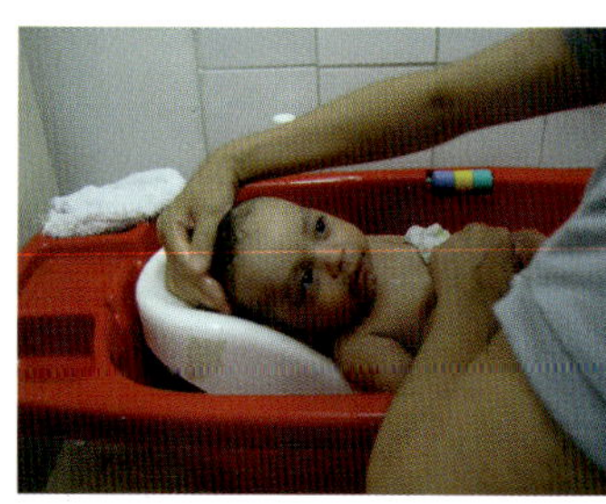

1989년에 이집트에 도착한 김진홍 목사는, 이집트의 빈민들이 처한 현실을 보면서, 그들에게 도움을 주는 봉사활동을 계획하게 되었다. 당시 40%에 육박하던 **영아사망률**이 **빈민가의 열악한 위생상태**에 기인된 것으로 판단되었다. 그리하여 1주일에 한 번씩 아기를 씻기고 건강을 돌보는 '베이비 워시'를 가장 먼저 시작하게 되었다.[13)]

---

10) 애굽한인교회의 내용은 초대담임목사 김진홍 목사와 현 담임목사 한태현 목사의 검토를 거쳤다.
11) 애굽한인교회 홈페이지 - 교회역사 (http://www.aegubchurch.com)
12) 김진홍 목사는 1989년 11월, 두바이에서 열린 제 6차 중선협 대회에 참석하였다.

그 이후 **베이비 워시**는 애굽 한인교회의 여선교회를 중심으로 무려 20년이 넘도록 지속되었다. 이 봉사활동은 물이 부족한 쇼브라 지역을 중심으로 매주 화요일 **쇼브라 진료소**에서 행해졌다. 신생아를 비롯하여 몸무게 6킬로까지의 아기를 씻기며, 매주 평균 15명의 아기들이 찾아왔었다. 여선교회를 4개조로 나누어, 각조가 매주 화요일을 담당하였다.[14] 그러나 2012년 5월29일, 20년 동안 진행되었던 쇼브라 지역의 '베이비워시'를 마무리 하게 되었다.[15]

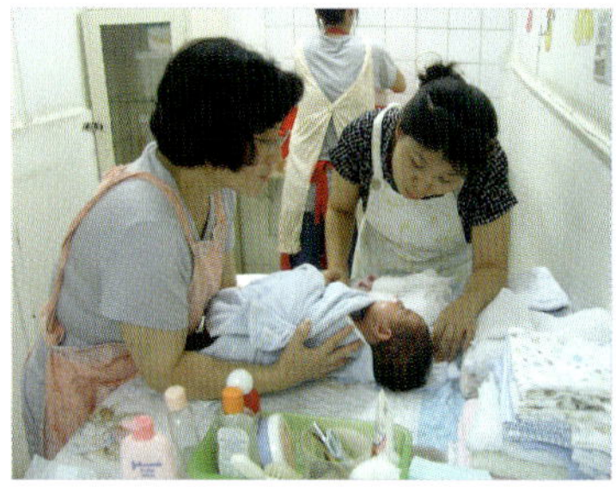
애굽한인교회의 베이비워시 사역

김진홍 목사의 인터뷰에 의하면,[16] 초창기에는 **아기를 물로 씻기는 것**이 기독교의 세례를 주려는 것이라는 소문이 돌아 이집트 정보국에 체포되는 고초까지 겪어야 했다. 그러나 곧이내 이집트인들의 좋은 호응을 얻게 되었다.

그런데 애굽 한인교회는 베이비 워시의 봉사만으로 그칠 수 없었다. 이집트 빈민 가정의 아기들이 여러 질병에 노출되거나, 쉽게 질병에 걸렸기 때문이다. 그리하여 애굽 한인교회는 단순히 아기를 씻는 데 그치지 않고, 아픈 아기들을 돌보기 위하여 **소아과 의사**를 고용하게 되었다. 이처럼 처음에 소와과로 시작하였으나 점차 하나 둘 전문분야를 늘려나가게 되었고, 1992년에는 의료인 조합으로부터 **쇼브라 진료소**를 허가받게 되었다.[17]

2) 쇼브라 진료소 (1992.6)

1991년 11월6일(수), 쇼브라 진료소에서 진료를 시작하였고, 1992년 6월27(토) 의료인 조합으로부터 **쇼브라 진료소**가 정식허가를 받았다. 물론 최신병원에 비하여 의료기기나 시설이 뒤떨어지지만, **진료비**가 다른 병원의 10분의 1도 되지 않으므로, 인근 가난한 환자들에게는 없어서는 안 될 의료시설이 되었다.[18]

13) <연합뉴스>, 2001.9.22.일자, "이집트 목사 김진홍의 감동사연 방송"
14) 애굽한인교회 홈페이지 - http://aegubchurch.com/main/sub.html?pageCode=28
15) 애굽한인교회 홈페이지 - 교회역사 (http://www.aegubchurch.com)
16) <연합뉴스>, 2001.9.22.일자, "이집트 목사 김진홍의 감동사연 방송"
17) 애굽한인교회 홈페이지 - 교회역사 (http://www.aegubchurch.com)

쇼브라 진료소는 내과, 외과, 치과, 물리치료 및 임상병리과를 두고 있다. 직원으로는 8명의 현지의사와 4명의 간호사가 근무하고 있다. 쇼브라 진료소에서 연간 총 8,000명의 환자가 진료를 받고 있는데, 그 중에서 약 40%정도가 무슬림이다.

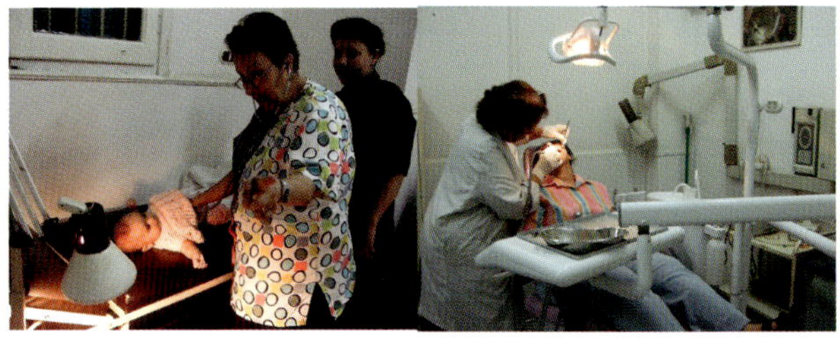
쇼브라 진료소의 진료모습

또, 쇼브라 진료소는 지역주민의 건강을 위하여 **성인병검사**(콜레스트롤 수치검사, 골다공증검사, 당뇨검사 혈압측정, 간/폐기능 검사 등)와 **모자보건교육**(출산 전후의 산모대상) 등의 **질병 예방 프로그램**을 실시하고 있다. 그리고 특정한 대상을 위해서는 **무료 건강검진**(수단난민, 고아원, 장애인센터의 무료방문 건강검진) 도 실시하고 있다.

김진홍 선교사가 카이로의 빈민들을 위해 처음 시작한 **베이비 워시 봉사**(1991.3)가 약 1년 뒤에는 **애굽 한인교회의 설립**(1992.1)의 기초가 되었고, 또 이 베이비 워시 봉사가 발전하여 **쇼브라 진료소**(1992.6)가 되었다. 애굽 한인교회는 **천사원**(2000.6)을 개원하고, **미용 봉사사역**(2008.10)을 시작하여 지역사회를 섬기는 영역을 더 확대하였다.

3) 천사원 (2000.6)

2000년 6월2일(금), 정시지체 장애자를 위한 **천사원**을 개원하였다. 천사원은 가장 가난한 지역인 **쇼브라 주민들의 정신보건**을 위해 **정신지체 장애 치료시설**로 세워졌다. 이집트인은 정신적 장애를 가진 사람을 편견의 시각을 바라본다. 그래서 가족에게 조차 버림받는 경우가 태반이다.

현재 천사원에는 22명의 정신지체 장애우(4세~18세)를 위해 9명의 직원이 봉사하고 있다. 아침 8:30~오후 2시까지 교육과 치료를 위한 프로그램이 진행된다. **정신적 장애**(다운증후군, 정신박약, 우울증, 대인기피증, 간질 등)는 대부분 **육체적 장애**(걷지 못하거나 앞을 보지 못하는 것 등)까지

18) <연합뉴스>, 2001.9.22.일자, "이집트 목사 김진홍의 감동사연 방송"

애굽한인교회의 천사원

동반한다. 천사원에 처음 왔을 때, 제대로 걷지 못하거나, 눈을 바로 마주 보지 못할 만큼 사람을 기피하거나, 마구 소리치며 닥치는 대로 물건을 파괴하는 장애우들이 대부분이다. 가족들마저 돌보는 일에 지칠 대로 지친 상태이다. 그러나 천사원에서 1년 정도 생활을 하다보면, 선생님들의 사랑의 돌봄과 교육 프로그램을 통해 바르게 걷는 것은 물론이고, **온순한 성격**으로 변화된다.

천사원 전체의 방향을 제시하는 것과 시설투자의 부분은, 초기부터 **애굽한인교회**가 맡고 있다. 그리고 장애우를 돌보고 교육하는 부분은 교사 교육과정을 수료한 **콥틱교회 성도들**이 맡고 있다. 천사원의 운영재정은 애굽 한인교회를 주축으로 후원자에 의해 지원되고 있다. 2009년 1월부터는 **맹아학교 봉사**도 시작하였다.[19]

4) 미용봉사 사역 (2008.10)

2008년 10월13일(월), 헬르완 쓰레기 마을에서 **미용봉사**가 시작되었다.[20] 이집트에서는 깨끗함과 위생이란 말이 사치스런 일로 여겨진다. 하나님의 귀한 어린 생명들이 불결한 상황에 방치된 것을 목격하고, 그들에게 조금이나마 사랑을 전하기 위하여 시작되었다. 먼지와 이로 뭉치고 헝클어진 머리에, 이 잡는 약을 뿌려준다. 머리를 감기고 빗기고 자르기까지, 상처로 얼룩진 손과 발을 씻기고, 그 더러운 얼굴도 씻겨준다. 현재 미용봉사는 한 달에 한 번, 월요일 오전에 애굽한인교회를 중심으로, 그리고 헬르완 쓰레기 마을 등을 중심으로 이루어지고 있다.

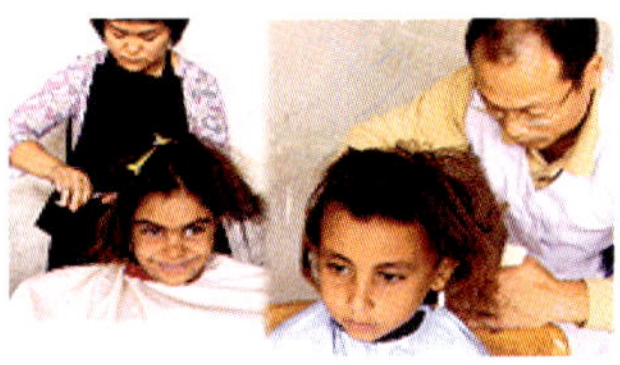
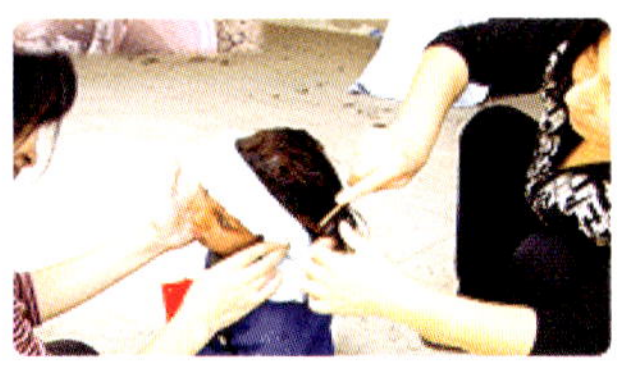

---

19) 애굽한인교회 홈페이지 - http://aegubchurch.com/main/sub.html?pageCode=27#
20) 애굽한인교회 홈페이지 - 교회역사 (http://www.aegubchurch.com)

(3) 예배당의 건축 (2012.5)

2004년 1월16일, 초대담임 김진홍 목사의 이임 및 제 2대 담임 김권민 목사의 취임예배가 드려지던 날, 까따미아 성전건축 부지에서 **교회당 건축 기공예배**를 드렸다. 제 3대 담임 김인용 목사가 부임한 이후, 2012년 5월19일에, 까따미아 교회보수 및 성전건축 2차 시공 (까따미아 교회 1층 예배실)을 종료하고, **입당예배**를 드렸다.

입당예배 후에 주일예배 모임을 제외한, 새벽기도회, 성경공부, 속회 모임, 학생부 예배 등 그리고 절기 특별예배만 애굽한인교회의 **까따미아 교회당**에서 드렸고, 주일예배는 기존의 카이로에 위치한 **성공회 예배당**에서 계속하여 드렸다. 이는 이집트 정부에 정식 교회등록 절차가 완료되지 않았기 때문이다. 2016년 8월 대통령 특별법이 발표되면서 애굽한인교회도 정식 교회 등록을 신청하여 정식 허가 통지를 기다리고 있으며, 2021년 12월 이후로는 까따미아 교회당에서 매주 모든 예배를 드리고 있다.

애굽한인교회 – 까따미아 새 교회당

김진홍 목사에 이어, 김권민, 김인용, 신정균 목사가 담임목사로 섬겼으며, 2024년 현재 한태현 목사가 담임목사로 섬기고 있다. 2020년 3월 당시 장년, 청년, 청소년, 어린이들 1백명 정도가 매주 예배에 참석하였다.[21]

애굽한인교회는 선교사역의 방식에 있어서 **직접선교**만이 아니라, **의료봉사**를 비롯한 대사회적 봉사를 통한 선교방식으로 변화를 이루었다.

---

21) 주태근, https://blog.naver.com/taekunjoo/222466703229

다. 튀니지 한인교회 (1997, 1999년)

1980년대에 몇몇 선교사들이 선교지 탐사를 위하여 일시적으로 튀니지를 다녀간 일은 있었다. 그러나 1991년에 GBT 소속의 **이동원 선교사**가 튀니지에 파송받아 온 최초의 한인 선교사였다. 1980년대에 튀니지에 거주하는 한인들의 숫자는 매우 소수여서, 한인들의 정기적인 주일예배가 없었다. 이동원 선교사가 튀니지에 도착했을 때에도, 마찬가지였다.

(1) 튀니지 한인교회의 태동과 설립(1993~1999)[22]

1) 예배모임의 시작(1993년)

가정예배

이동원 선교사가 1993년에 처음으로 한인예배 모임을 시작했으나 그의 안식년으로 중단되었다. 1994년 9월 **안석열 선교사**(GBT/GMS 공동회원)가 파송받아 입국했을 때, 그에게 주일예배모임을 요청함으로, 다시 주일예배가 시작되었다. 이렇게 튀니지로 파송받은 선교사들이 중심이 되어 시작된 **가정예배**로부터 **튀니지 한인교회**가 태동되었다. 그 때 주로 예배의 참석자들은 대사관의 영사 가정, 한국기업 직원 가정, 개인사업을 하는 가정, 그리고 언어연수(아랍어, 불어)를 위해 온 유학생들이었다.

예배처소의 결정

1996년 9월 안석열 선교사가 안식년을 떠난 후, 예배는 다시 중단되었다. 1997년 봄 **백남일 선교사**(현재 파리에서 사역)도 튀니지로 파송받았다. 1997년 9월, 안석열 선교사가 안식년에서 돌아온 후부터 이동원, 안석열, 백남일 세 명의 목사가 돌아가면서 설교하였다. 그러던 중 세 명의 목사는 성도들과 마음을 모아 1997년 11월30일부터 **예배처소**를 **프랑스 개혁교회**의 **예배당**으로 옮기기로 결정하였다.

---

22) 튀니지 한인교회의 태동과 설립 및 초기내용은 안석렬 선교사의 일기기록 및 초대 담임목사 홍종인 목사와의 인터뷰를 종합하여 정리한 것이다.

2) 교회의 설립 (1997년)

정기 주일예배를 위한 회의

1997년 11월9일(일)에 장년 20명, MK 4명, 도합 24명의 한인들과 사역자들이 수도 튀니스에서 70km 떨어진 해변 도시 함마메트로 이동하여 **주일예배**를 드렸다. 그 동안 비자 신청하느라, 정착하느라, 또 새로운 언어를 배우느라 지칠대로 지친 몸을 이끌고, 함께 모여 기도회를 하고, 운동과 담소도 나누었다. 그리고 그곳에서 **한국인들의 정기적인 주일예배**를 갖기 위한 회의를 하게 되었다.

그 날 회의에서 1997년 11월30일(일)부터 오후 4시에 **프랑스 개혁교회**의 **예배당**에서 한인들만의 정기적인 주일예배를 드리기로 결정했다. 그리고 담임목사를 모시기 전까지는 서너 명이 돌아가면서 설교하기로 했는데, 첫 설교자로 **안석열 선교사**가 선임되었다.

교회의 설립예배 (1997.11.9)

1997년 11월 9일의 회의에서 결정된 대로, 1997년 11월30일 오후 4시에 프랑스 개혁교회의 예배당에 교우들이 함께 모여, 안석열 목사의 설교로 **첫 예배**를 드리게 되었다. 튀니지 한인교회는 이 날을 교회의 설립일로 여겨서, 2022년도를 교회설립 25주년으로 여겼다.

1879년에 세워진
프랑스 개혁교회 예배당

초대 담임목사의 부임 - 홍종인 선교사 (1999.1)

교회는 백남일 선교사와 함께 잠비아에서 사역했던 **홍종인 선교사**(소속 하나님의 성회)를 튀니지 한인교회의 초대 담임목사로 청빙하기로 결정했다. 1997년 봄 백남일 선교사가 튀니지에 입국했을 때, 홍종인 목사도 잠비아에서 튀니지를 답사하기 위해 함께 방문한 적이 있었다. 1999년 1월 홍종인 목사가 공식적으로 부임함으로, 튀니지 한인교회의 **제 1대 담임목사**가 되었다.

3) 튀니지 한인교회 = 선교사들의 거점

홍종인 목사는 튀니지 정부로부터 정식으로 **종교비자**를 받고 입국했는데, 이러한 경우가 당시에 홍종인 목사를 포함하여 단 두 사람 밖에 없었다. 그리하여 홍종인 목사는 한인교회의 목회를 합법적으로 할 수 있었다. 그리하여 홍종인 목사는 선교사로서 **현지사역**을 하면서, 목회자로서 **한인교회**를 목회하였다.

주일예배의 참석인원은 약 40여명이었는데, 대다수가 선교사와 그 가정이었다. 교회 구성원의 대다수가 선교사와 그 가정이었으므로, 당시 튀니지 한인교회의 주된 목적도 아직은 한인들을 위한 목회보다는, **튀니지 선교사들**이 함께 모이는 **거점의 역할**이 더 컸다. 이것은 매우 의미가 큰 일이었다. 선교사들은 각 교파와 교단과 선교회가 달랐지만, 매주 주일이 되면 튀니지에서 사역하는 모든 선교사들이 튀니지 한인교회에서 함께 한자리에 모일 수 있었다.

교회 내 선교부의 설치 - 선교사 중심

튀니지 한인교회는 이러한 성격을 반영하여 교회 내에 **선교부**를 조직하였다. 선교부는 교회 조직 안에 있었으나, 담임목사의 통제 아래 두지 않았다. 그 사실을 교회정관으로 정하였다. 그리하여 선교부는 담임목사에 의해서가 아니라, **선교사들이 중심**이 되어 운영되었다. 선교부의 역할은 크게 두 가지였는데, '미혼모나 가난한 현지인들을 구제하는 일에 힘쓰는 것'과 '한인 및 외국인 사역자의 사역을 재정적으로 돕는 일'이었다.

2011년 홍종인 목사가 사임한 이후, 2012년 6월 **표명환 목사**가 제 2대 담임목사로 부임했을 때, 선교부가 단독적으로 선교사역을 감당하기에 인적자원과 재정능력이 어려운 상황이었다. 특히 지금까지 교회의 선교부를 이끌던 백남일 선교사가 자스민 혁명 후 혼란 속에 가정의 보호를 위하여 부득불 파리로 떠나야 했다.

(2) 선교지의 한인교회 - 목양사역의 필요성

표명환 목사가 담임목사로 부임했을 때, 교회 구성원은 젊은이들(KOIKA 단원, 아랍어연수유학생)

이 대부분이었는데, 기초신앙의 양육이 먼저 필요했다. 그리하여 그들의 선교사역 참여보다는, 영적으로 돌보는 목양사역을 우선적으로 힘썼다. 왜냐하면 유학생과 KOICA 단원들의 기초적인 신앙과 양육이 결실을 맺게 되면, 선교적 동참은 자연스러운 열매로 맺힐 것이기 때문이었다.

동시에 표명환 목사는 튀니지 선교사들의 가장 열렬한 지지자로서, 선교사들과 많은 교제를 하며, 중보기도모임에 참여하고, 때로는 사역현장에 나가 간접적으로 돕기도 하였다. 백남일 목사도 그가 프랑스로 떠날 때까지 표명환 목사를 적극적으로 도왔다.

한 유학생의 고백

“튀니지의 수도 튀니스에 한인교회가 있는데, 프랑스 교회 건물을 빌려서 예배를 드린다. 처음 갔을 때, 아담하고 ‘뭔가’ 느낌 있던 교회의 모습! 교회 안으로 들어가니, 음식이 정말 많이 준비되어 있었다. ‘송편을 먹으러 오세요’라는 초대장에 솔깃해서 찾아갔는데, 송편 뿐만 아니라, 보쌈, 족발, 불고기, 김밥 등 많은 음식이 있었다. 추석이기에, 한국 사람을 초대해서, 음식 대접도 하고 참 좋구나!

나는 ‘신’이라는 존재를 전혀 믿지 않았지만, 유럽여행, 인도여행, 그리고 지금 살고 있는 **튀니지 덕분에 ‘하나님’이 정말로 존재할지도 모르겠다는 생각을 갖게 되었다.** 기독교라는 종교를 통해서, 멀리 타지에 나와 만남을 갖고, 명절에 맛있는 음식도 함께 나누고, 교회 다녀 오길 잘했다.”

2013년9월22일 튀니지 한인교회

2013년 튀니지 한인교회 성탄절

(3) 선교지의 한인교회 ①- 한인들의 영적 가족

표명환 목사는 2012년 6월 부임하여 2016년 7월까지 사역하였고, 이임할 때는 김원구 선교사(전혜운 사모)가 임시로 담임목사를 맡게 되었다. 표명환 목사는 사우디 리야디교회의 담임목사로 부임하였고, 2017년 4월17일, **김창범 선교사**가 제 3대 담임목사로 부임하였다. 당시 튀니지에 거주하는 한인규모는 매우 작았다. 2017년 171명, 2018년 214명, 2019년 195명이 거주하고, 그들 대부분은 튀니스에 거주하였다. 이 작은 한인사회에서 한인교회는 **영적 가족**을 이루었다.

2017년의 모습

2017년 4월 17일(월), 제 3대 담임 김창범 목사의 **담임목사 위임식**이 있었다. 10월 28~29일에는 **교회설립 20주년**을 맞이하여, 백남일 목사를 강사로 모시고 **전교회수련회**를 Villa Dar Atef (Kelibia)에서 가졌다. 그리고, 11월 12일에는 두 신앙의 가정을 위해 유아세례식이 행하여졌다(유아세례자 : 노우주, 장은하, 집례자: 김창범 목사)

김창범 목사 위임식(4월17일)

전교인 수련회(10월 28-29일)

유아세례식(11월12일)

2018년의 모습

2018년 6월 15~16일에 프랑스개혁교회 예배당의 **노후된 에어컨 교체**가 있었다. 교체되는 4대 중에서 2대를 한인교회가 담당하였고, 프랑스 교회와 아랍 교회가 각각 1대씩 담당하였다. 그리고, 12월24일에는 **성탄절 주일학교 발표회**를 열

2019~2020년의 모습

2019년 10월 20일에 예배당을 프랑스개혁교회에서 나와, **수크라**에 **가정집**을 얻어 이전하였다. 오전에는 주일예배를 드릴 수 없었고, 또 더 자유롭게 교회를 사용하기 위해서였다.

2020년과 2021년 전 세계가 코로나 사태로 인해 어려움을 겪던 때, 해외 한인교회도 크게 힘든 시기였다. 2020년 10월 김창범 목사가 사임하였고, 같은 해 10월18일 **허영희 목사**가 튀니지 한인교회의 제 4대 담임목사로 부임하였다.

허영희 담임목사 위임식 (2020.10.3)

(4) 선교지의 한인교회 ② - 현지인의 이웃교회

허영희 목사는 선교사로 2016년부터 한인교회에 참석하며, 김창범 목사와 협력하여 청년들을 섬기고 있었다. 또한 **선교센터**를 운영하며, **현지인 교회**도 섬기고 있었다. 갑작스러운 상황에서 김창범 담임목사의 추천과, 성도들의 만장일치로 허영희 목사가 담임목사로 추대되었다.

2020년의 모습

교회주변은 **어려운 사람**이 많이 사는 동네였고, 당시 주일 교회출석자는 3명~5명이었다. 교회는 어려운 이웃을 도왔는데, 특히 코로나로 인해 더욱 힘들어진 시기에 추수감사절, 크리스마스, 부활절, 설립기념일 등 절기 때마다 밀가루, 설탕, 기름, 마스크 등의 생필품으로 섬겼다. 그러자 **지역사회**로부터 기독교인의 자세와 한국사람의 삶이 조금씩 인정받았다. 이제는 반대로 이웃들이 교회가 필요한 것을 도와주었다. 교회를 위해서 과자를 만들어 오고, 음식을 들고 와서 오히려 교회가 이웃으로부터 사랑을 받았다.

2020년 당회는 어려운 환경이었지만, 교회설립 멤버인 **임현경 집사**를 **명예권사**로 추대하였다. 또, **김은숙 집사**를 세웠다. 몇 명 나오지 않는 교회에 낡은 곳도 많았다. 코로나가 끝나면, 성도들이 다시 교회에 나올 것을 기대하면서, 가정집을 얻어 사용하는 교회를, 주인의 동의를 얻어 수리하는데 힘썼다. 비새는 천장을 뜯어고치고, 마당에 블록을 깔고, 햇빛과 비를 막아주는 스레트를 얹고, 우물의 모터를 고치고, 벽에 페인트를 칠했다. 잔디는 푸르고, 마당 한곳에는 한국고구마, 한국 단호박, 고추, 콩을 심었다. 바나나 나무, 올리브 나무 모두 참 예쁘게 자라고, 교회는 **꽃동산** 같았다. 이렇게 하기를 약 7~8개월 걸린듯하다.

2021년의 모습

그런데 2021년 7월, 교회에 도둑이 두 번이나 들었다. 차량을 갖고 와서, 강대상만을 빼 놓고, 교회의 모든 물품을 훔쳐갔다. 경찰에 신고하여 스피커, 전자올겐, 키타 두 대만을 다시 찾았다. 그래도 참 감사한 것은 누구도 훔쳐가지 못할 것이 우리에게 있었다. '누가 우리의 믿음을 훔쳐가랴?', '누가 그리스도의 사랑을 훔쳐가랴?', 아무도 불평하거나 근심하는 사람이 없었다.

드디어 2021년 7월부터 교회는 성도들이 오기 시작하였고, 이은지, 허재영 등 젊은 청년들이 오기 시작하였다. 유학생들도 왔다. 교회는 주일예배와 새벽기도를 쉬지 않았고, 수요일 저녁에는 선교사들이 기도회를 열었다. 그리고 2021년 9월부터는 **한글학교**도 시작하였다.

2021년 당회는 교회설립 멤버인 **장종진 집사**를 **명예권사**로 추대했다. 또한 **최재림 성도**를 **집사**로 세웠다. 임원으로 장종진 권사, 임현경 권사, 장호성 집사, 박미리 집사, 김한빛 집사, 김주희 집사, 김봉완 집사, 최재림 집사가 협력하여 열심히 교회를 섬기며, 계속하여 지역사회를 섬겼다.

2021. 한글학교 어린이들

2021.12.25. 크리스마스

2022. 9. 청년들 유적지 탐방

2022년의 모습

2022년 3월, 교회는 3년간 사용한 건물주인과 의사가 맞지 않아 예배당을 옮기게 되었다. 그러나 사실은 쫓겨난 것이었다. 목사사택, 장종진 권사의 집, 김한빛 집사의 집에서 2주간씩 예배를 드리는 동안, 서둘러서 예배당을 구하였다.

그런데 이때가 **참 은혜로운 때**였다. 장종진 권사와 김한빛 집사는 자신의 집을 선뜻 예배장소를 내어놓았고, 교인들에게 음식으로 봉사하였다. 어린아이까지 20명이 넘는 식사를 준비하는 일이 결코 쉽지 않았으나, 모두 기쁨으로 감당하였다. 교인들은 주일예배를 드린 후, 금방 자리를 떠나지 않았다. 서로 작은 것이라도 가져와서 함께 나누었고, 교제하였다. 오랜 시간 서로 덕담을 나누었는데, 마치 성경 속에 초대교회 모습을 보는 듯 했다.

물론 예배당이 없는 어려움도 있었다. 그러나 예배당이 없어도 카톡으로 **성경통독방**을 진행하였다. 여름에는 **여름성경학교**를 개최하였고, **전교인 여름수련회**도 진행하였다. 유학생들을 위하여 **유적지 탐방봉사**를 하였다. 그리고 **명절잔치**를 하였는데, 이 때 성도들이 조금이라도 더 섬기고 나누기를 기뻐하는 모습이 눈에 보여 기뻤다.

022.7. 전교인 하기 수련회

2022.8.여름성경학교

2022.12 크리스마스

(5) 한인교회의 현지인 사역

허영희 목사는 담임목사로 부임하면서, 한인교회가 할 수 있는 대로 각자 자기에게 맡겨진 일터에서 **현지인들에게 복음의 빛**을 비출 수 있기를 기도하였다. 성도들도 허영희 목사가 선교사란 사실과, 그녀가 선교를 계속해야 한다는 사실을 잘 알고 있었다. 그리하여 교회가 자연스럽게 현지인들에게 먼저 한발짝 다가가서 섬기는 일부터 시작하였다.

지역사회의 이웃되기

추수감사절에 여러 과일과 채소를 각 가정에 드리며, 하나님께서 우리에게 좋은 이웃을 주시고, 먹을 것을 주셨다고 감사하는 표현을 나눴다. **부활절**에는 이웃에게 부활절 달걀 등을 나누며 차별없이 교회의 앞, 뒤, 옆집들 모두에게 선물과 함께 부활소식을 전했다.

튀니지에는 2019년 코로나 사태 이후로 **쓰레기통**을 뒤져서 프라스틱 통 등을 모아 **생계를 이어가는 사람들**이 부쩍 늘었다. 전에는 거의 남자들이 쓰레기통을 뒤졌는데, 코로나 이후에는 여자와 아이들도 많아졌다.

교회는 가난한 이웃들에게 조금이라도 소망을 주려고, **쓰레기통 근처**에 있다가 '하나님께서 당신을 사랑하십니다'라는 한마디와 함께 생필품을 나누어 드렸다. 서로 수줍게 나누는 웃음이 그냥 감사했다. 우리가 아무런 말을 하지 않아도, 그들은 우리가 한국인이란 것과 기독교인이란 사실을 잘 알고 있다.

교회선물을 받은 할머니/할아버지

또한 튀니지에서 **미혼모**는 큰 돌봄이 필요한 대상이다. 그녀들은 우리가 섬기는 대상 중에 하나이다.

복음의 전도자 되기

튀니지 한인교회는 **현지인 전도**에 지속적인 관심을 갖고서, **고등학생 한명**을 장학생으로 키우고 있다. 그 학생은 한인교회를 통해서 예수님을 영접했다.

특별히 2022년에는 매일 지속적으로 **성경읽기 방**이 시작됐다. 한국 성도들에게는 익숙한 것이지만, 무슬렘권 무슬렘으로 살던 사람에게는 놀랍고도, 성령 하나님의 분명한 역사가 나타난다. 현지인들이 성경을 읽으며, 서로 격려하고, 은혜받은 구절을 나누기도 한다. 할렐루야!!!

또 교회에서는 은밀하게 현지인들과 **성경공부**와 **기도회**를 진행한다. 2022년 올해로 벌써 6년째 **성경통독 수련회**를 계속하게 되었다. 처음에는 숙식하며 5박 6일하였는데 일정이 좀 줄었다. 하루일정은 아침 6시에 시작해서 저녁 9시까지 진행되는데, 식사시간, 한낮에 조금 휴식시간 외에는 대부분 성경을 읽고, 토론하고, 다시 성경을 읽고, 나누기를 저녁까지 지속한다. 놀랍게도 성령님께서 역사하셔서 그 길고도 단순한 시간이 지루하지 않다. 오히려 현지인이 성경을 더 이야기하고 싶어하고, 조금 더 읽기를 원한다. 이것이야말로 정말로 **성령님의 친히 역사하심**이다.

현지인 신자가 많지 않아도, 성경을 읽겠다는 단 한 영혼만 있어도, 교회는 낙심하지 않고, 감사함으로 복음을 전하는 일을 한다. 한 영혼이 우리 주님께는 천하보다 귀하기 때문이다. 누가 알랴? 바로 그 한 영혼이 **튀니지의 바울**이 되어, 우리 주님의 쓰임을 받을 한사람이 될 수 있음을!

이번 2022년 8월에도 현지인 5명과 함께 3박4일 동안 **성경통독 수련회**를 하였다. 성경에 대해 함께 토론하다가, 또 갈등도 하다가, 또 성경을 읽었다. 성경즉흥 연극도 하고, 한국식당도 가고, 함께 운동도 하였다. 5명 중에서 이미 두 명은 예수님을 영접했다. 올해 3박4일 성경통독 수련회는, 현지인들과 의 토론, 또 갈등하다가 다시 함께 즐거워하는 자리였다.

2022년 8월 현지인 수련회

이제 2022년 10월23일은 **교회설립 25주년**이 된다. 이번 부흥회 강사로는 로마 연합감리교회의 홍기석 목사를 모시기로 하였다. 튀니지 한인교회가 튀니지의 모든 교민들에게 생명의 복음과 우리 주님의 사랑을 바로 전하고, 그 은혜로 현지인들에게 받은 사명을 잘 감당하길 소망한다.

2. 아랍에미리트 - 아부다비 한인연합교회 (1998년)23)

열린문 교회 (1998)

아부다비 한인연합교회는 **열린문 교회**로 시작되었다. 열린문 교회는 1998년 10월28일, 박종수 목사가 영국성공회의 성 안드레 예배당에서 개척예배를 드림으로 시작되었다. 열린문 교회는 설립과 함께, 중선협에서 주요한 역할을 담당하였다. 2000년 11월, '중동 한인교회 동부지부 대회'를 개최하였고, 2001년 제 13차 중선협 대회에서는 박종수 목사가 회장으로 선출되었다.

열린문 교회는 2009년 8월28일 삼성물산 캠프에 **루와이스 지교회**를 개척하였다. 당시 삼성현장과 현대현장이 시내에 위치한 교회로부터 약 250Km 떨어져 있었다. 예배를 위해서 오는 거리가 멀고, 사고의 위험도 있으므로, 현장교회를 세우게 되었다. 매주 한 명의 목사가 예배인도를 위하여 방문하였다. 2015년 7월 루와이스 현장교회는 현대캠프로 이전하였다.

아부다비 한인연합교회 (2010)

2010년 10월, **열린문 교회**(아부다비한인교회)는 **마가행복한교회**(담임목사 강희진)와 연합하여 교회명을 **아부다비 한인연합교회**로 변경하였다. 아부다비 한인연합교회의 담임목사는 박종수 목사가 맡으며, 강희진 목사는 부목사로 정하여 함께 사역하였다.

아부다비 한인연합교회는 중동 한인교회들의 연합모임을 추진하였다. 그리하여 2013년 11월 **중동 6개국 목회자 모임**을 2박3일간 아부다비 MBZ city 비전센터에서 열었다. 박종수 목사는 중동 한인교회의 목회자들이 서로 강단 교류를 하며, 제직수련회를 통해 성도들의 교회섬김을 바르게 지도하고, 교회재정이 어려운 교회를 서로 알고 돕는 모임을 형성하기를 원하였다.

---

23) 아부다비한인연합교회의 내용은 아부다비한인연합교회의 공개된 연혁에 기초하였고, 박종수 목사가 세부적인 설명을 하였으며, 그의 검토를 거쳤다.

2015년 10월에는 아부다비연합교회가 **중동 아프리카 지역 13개국 선교대회**를 유치하였다.

아부다비 한인연합교회는 2014년 이후부터 **단기선교**를 연속하여 시행하였다.[24] 아부다비 한인연합교회가 **단기선교**를 시행하는 이유는, 중동지역 한인교회의 존재 이유가 바로 **선교사의 후원**과 **선교의 가교역할**이라고 생각하기 때문이다. 이를 위해 이론교육 보다는 현장에 가서 직접 눈으로 보고, 땅을 밟을 때, 기도와 후원을 더 구체적으로 할 수 있다고 생각하기 때문이다. 그리하여 아부다비 한인연합교회가 후원하여 세운 학교와 교회, 그리고 병원과 고아원 등을 단기 방문하였다. 제 4차 단기선교는 청년들이 요르단 시리아 난민캠프를 방문하였다. 그 목적은 젊은 세대가 선교후원의 사역을 계승해야 하기 때문이었다.

2023년 4월, **박종수 목사**는 **은퇴**하면서 초기 예루살렘교회처럼 아부다비 한인연합교회의 모든 성도들은 다른 교회로 흩어져 섬기기로 하고 교회는 문을 닫았다.

24) 단기선교는 제 4차까지 시행되었다 : 제 1차 단기선교 (2014년6월, 탄자니아-다르에스살람, 모로코), 제 2차 단기선교 (2015년7월, 탄자니아-잔지바르), 제 3차 단기선교 (2016년6월, 캄보디아 깜뽕짬), 제 4차 단기선교 (2018년, 요르단 시리아 난민 캠프)

3. 레반트 지역 : 이스라엘

1962년 이스라엘은 한국과 수교를 맺고, 1964년 8월 주한 상주공관이 설치되었지만, 1970년대 원유수급과 건설시장 확보를 위해 우리나라가 중동지역에 본격 진출하면서 이스라엘과 관계가 소원해졌다. 1978년 2월 주한 이스라엘 대사관이 폐쇄되고, 상주공관이 없는 상태가 되었다. 1992년 1월 양국 국교가 정상화되면서, 1993년 12월 주 이스라엘 한국공관이 설치되었다.

이스라엘의 한인사회는 건설회사를 통해 한국인들이 대거 진출한 중동의 다른 나라들과는 달리, 주로 **목회자의 유학생들**로 구성되기 시작했다. 지금은 한인사회의 구성원이 **여행업**과 **상사직원**과 **대사관 직원**과 **선교사** 등으로 다양화 되었다. 이스라엘에 거주하는 한인규모는 1993년에 100명 정도였다. 1994년에 200명, 1998년에 300명으로 약간씩 증가하여 2001년부터 400~500명이 되었다. 이 시기 즈음 예루살렘에도 한인교회들에 세워지기 시작했다.

(1) 이스라엘 한인교회 (1995년)[25]

이스라엘 한인교회는 1979년 12월 성탄절에 **은상기 선교사**가 이스라엘에 유학을 온 몇 목사들의 가정과 선교사들의 가정, 그리고 소수의 성도들과 함께 **베들레헴의 바라카 성경장로 교회** 예배당에 모여, 첫 예배를 드림으로 시작되었다. **은상기 목사**는 베들레험 바라카 성경장로교회의 담임목사 및 헤브론 바라카 병원장(미국 ICC 교단)으로 파송받은 **의사 선교사**였다. 1981년에 은 목사는 비자문제로 미국으로 귀국함에 따라, 후임으로 **김주경 목사**(당시 전도사, 1984년 목사안수)가 담임으로 사역하게 되었다.[26] 김주경 목사는 1994년 12월 사임하였다.

한편 이스라엘에 한인들의 수가 점차 늘어나면서, 예루살렘에 두 개의 한인교회가 세워졌다. 1994년 부활절에 두 교회가 연합하여 수련회를 가지면서 **예루살렘 한인교회**와 **성지한인교회**가 통합하여 **이스라엘 한인교회**가 설립되었다.

---

25) 주태근, https://blog.naver.com/taekunjoo/222683362238
26) 정형남, p.148. 각주 108 : 김주경은 총신휴학생으로 유학하였다. 귀국 후 학업을 마친 후, 목사안수를 받고 선교사로 파송을 받았다(1984.6)

1995년 1월 초대 담임목사로 **윤덕재 목사**가 청빙받아 현재까지 목회하고 있다. 이 교회는 교파를 초월한 독립교회로서 장년 100여명과 어린이 40여명이 모여 예배를 드리고 있다.

이스라엘 한인교회 - 어린이들

(2) 예루살렘 교회 (1996년)

예루살렘 교회는 1996년 10월6일 김진해 목사(기성)에 의해 예루살렘에 설립되었다. 기성교단의 교회이지만, 유대인 선교를 위한 초교파 선교적 교회를 지향하며 창립되었다.

1) 예루살렘 교회의 설립 (1996)

김진해 목사는 본래 1987년 7월, 히브리 대학에서 박사학위를 받기 위하여 이스라엘로 왔었던 유학생이었다. 그 때 그는 **유대인 선교사역**을 미국 남침례교회의 선교사들과 교제하면서 유대인 선교에 대해 도전을 받았다. 그리하여 선교사로 살기로 결심한 그는, 1994년 기독교대한성결교에서 선교사로 파송받아 이스라엘에 다시 오게 되었다.[27)]

1996년 10월6일, 김진해 목사가 선교센터에 머무는 4명의 신자들과 함께 예배를 드림으로써 예루살렘 교회가 시작되었다. 한인들을 중심으로 시작된 교회였지만, **유대인 선교의 비전**을 품고 시작된 개척이었다. 그러나 유대인 선교는 1세대나 2세대 모두에게 결코 쉬운 사역이 아니었다.

27) 김진해 선교사는 1994년 9월 4일에 기성교단의 대전태평교회에서 이스라엘 선교사로 파송받아 왔다.

> 이스라엘은 이민자로 이루어진 나라입니다. 5백50만의 유대인 중에서 대략 7천명이 예수님을 영접했다고 보면 됩니다. 대부분은 유럽이나 미국에서 이민을 온 사람들이며, 이미 기독교 세계에서 전도받은 사람들입니다. ... 이스라엘의 젊은이들은 자신들의 정신적 공백을 메우기 위해 방황하고 있습니다. 가치관의 부재와 갈등 속에 많은 청년이 마약과 신비종교, 동양종교 그리고 뉴 에이지 무브먼트에 빠지고 있습니다.

정서적인 공백상태를 경험한 2세대나 홀로코스트를 경험한 1세대들에게 복음을 전하는 일은 마찬가지로 쉽지 않았다. 그들은 서구 기독교인들로부터 받았던 고난과 박해를 잊지 못한다.[28)]

2) 오히려 든든히 세워진 예루살렘 교회 (1997)

1996년 10월 예루살렘 교회가 창립했는데, 1997년 11월에 한국에서는 IMF 사태가 일어났다. 이로 인해 예루살렘 교회는 큰 위기에 빠질 뻔했으나, **키부츠 사역**과 **이스라엘 선교회와의 협력**을 통해서 오히려 든든히 세워질 수 있었다.

예루살렘 교회는 선교센터에 머물던 4명의 신자들과 함께 시작되었다. 그후에 교인이 20~30명으로 늘었다. 하지만 IMF로 인해, 상당수의 한인들이 경제적인 어려움으로 인해 떠나고, 4~5명의 교인만 남게 되었다. 그러나 이 위기를 하나님께서는 기회로 만들어주셨다. 미주과 유럽으로 언어연수와 여행을 가던 대학생과 젊은이들이 **이스라엘의 키브츠** (이스라엘의 집단농장)로 몰려들기 시작한 것이다. 그들 중 많은 수가 예루살렘 교회에 출석함으로써 70~80여명이 매 주일예배드리게 되었다.

뿐만 아니라 그들이 속한 키브츠에서 한국문화를 소개하는 '**한국의 밤**' 문화행사를 열게 해주었는데, 그래서 오히려 IMF를 통해서 **키브츠 사역의 기회**를 얻게 되었다.[29)]

---

28) "이스라엘 땅에 눈물로 씨를 뿌리는 김진해 선교사"(작성일, 2005-08-01)
29) "이스라엘 땅에 눈물로 씨를 뿌리는 김진해 선교사"(작성일, 2005-08-01)

3) 베들레헴 광장에서 국제 크리스마스 축제 (1998)

1998년 성탄절에 베들레헴 광장에서는 **국제 크리스마스 축제**가 열렸고, 활기넘치는 80명의 젊은이들이 크리스마스 케롤을 불렀다. CNN은 이 장면을 방영하였다. 예루살렘의 명동이라 할 수 있는 **벤 예후다 거리**에서 **크리스마스 케롤**을 부르며, 율동과 찬양, 태권도 시범을 통해 노방전도를 시작했던 일은 이스라엘 선교에서 가장 기억에 남는 일 중에 하나였다. 그 때 참여했던 많은 사람들은, 지금까지 크리스마스 분위기를 전혀 느낄 수 없었던 싸늘한 예루살렘 거리에 성탄절을 축하하는 그날이 오기를 기도했었다고 한다. 지금도 생각하면, 흥분되고 감동적이다.[30)]

4) 유대인 선교를 위한 사역들 (2001)

① 영어예배

2001년은 예루살렘 교회가 국제적인 교회로 변화하는 새로운 출발점이 된 해였다. 2001년부터 영어예배를 드리기 시작했다. 이스라엘의 많은 유대인들이 영어를 즐겨 사용하지만 교회 나오는 사람들 중에 그렇지 못한 사람들을 위해서는 히브리어 통역도 함께 했다.

② 거리찬양과 문서배포

예루살렘 교회는 필리핀의 외국인교회와 교류를 시작하며, 텔아비브에 가서 거리찬양과 문서배포를 하며, 사역의 장을 넓혀 나갔다.

> 이스라엘에서는 유대인의 3대 명절(유월절, 칠칠절, 장막절)이 있는데, 이 때 뉴 에이지 무브먼트에 빠진 젊은이들은 지역별로 수만명씩 모여 광란의 축제를 벌입니다. 그들에게는 유대교 신앙은 아무 의미가 없으며, 새로운 가치를 갈구하고, 전통적 유대교가 채워주지 못하는 공허함을 겪고 있습니다. 이 때에는 현지에 있는 **메시아닉 유대인 사역자들**과 협력하여 전도집회에 참여합니다. 부스를 배정받아 찻집을 열고, 찾아오는 유대인 젊은이들에게 한국전통차를 제공하며, 전도책자나 문서를 전해주고, 참 생명의 길을 소개하며, 결신시키기도 합니다.

30) "이스라엘 땅에 눈물로 씨를 뿌리는 김진해 선교사"(작성일, 2005-08-01)

③ 전도팀

예루살렘 교인들은 전도팀을 구성하여 휴양지로 전도여행을 가기도 하였다. 유대인 신자들과 함께, 예수 영화 비디오 테잎을 밤에 한 구역씩 할당해서 우편함을 넣는 일도 하였다. 비디오 테잎을 보겠다는 연락이 오면, 그들과 지속적인 접촉을 하여 복음을 전할 수 있게 된다.

예루살렘 교회는 **이스라엘 선교회**와 함께 사역을 한다. 이 선교회의 목적은 이스라엘의 선교를 위해 한국교회가 적극적으로 동참할 수 있도록 알리는 것이다. 이스라엘 선교회는 1999년부터 이스라엘에 다녀 간 젊은이들을 중심으로, 매달 첫 번째 월요일에 모인다. 예루살렘 교회와 사역자들을 위해 중보 기도하며, 한국교회에게 이스라엘을 알리는 역할을 하고 있다.

유대교인이 크리스찬이 되는 것이 결코 쉽지 않다. 그들은 크리스찬이 됨과 동시에 많은 것을 포기해야 하기 때문이다. 그들에게 직접적으로 예수의 이름을 이야기하기 보다는, 본인의 입에서 예수님을 알고 싶다는 고백이 나와야 한다. 기독교 관점에게 먼저 예수를 이야기하면, 관계의 통로가 막힐 수 있다. 시간을 두고, 관계를 맺는 일이 중요하다. 마지막 때에 이루어져야 할 **선교의 완성**은 **유대인 선교**이다. 유대 민족은 반드시 돌아올 것이다.[31]

5) 예루살렘 교회의 현재[32]

2007년 김진산 선교사(기성)가 예루살렘 교회의 제 2대 담임목사로 부임하였고, 2012년 사임한 이후에, 목회팀이 구성되어 협력목회 형태로 전환되었다. 손문수 목사(2012-2015), 그리고 채완병 목사(2015-2024)가 대표목사를 각각 맡았다. 2020년 나사렛 성결교단의 파송선교사인 채완병 목사를 담임으로 추대하였고, 현재까지 목회를 하고 있다. 예배는 매주 토요일 11시에 CMA 교단 건물을 사용해 예배드리고 있다.[33]

---

31) "이스라엘 땅에 눈물로 씨를 뿌리는 김진해 선교사"(작성일, 2005-08-01)
32) 이하에 예루살렘 교회의 내용은 현 담임목사 채완병 목사가 초안을 작성하였고, 또 검토를 거쳤다.
33) 사진출처 : http://blog.naver.com/seulrim/220077179457

현재는 비영리법인인 <**한이동아리**>를 통하여 한국 문화사역(한국어수업, 한국요리, 문화이벤트)를 진행하고 있다. 그리고 **베들라면 사역**을 통해 매주 화요일에 무료라면을 제공하면서, 이스라엘 친구들과 문화교류의 장을 만들고 있다.

4. 튀르키예 : 이즈밀 서머나 한인교회 (1998년)[34)]

이즈밀 서머나 한인교회는 1987년 5월24일 **나토군 가족**과 교인들이 **가정예배**로 시작한 예배처소에서 태동하였다. 이 작고 소중한 교회를 위하여 여러 사역자들이 섬겼다. 1998년 7월5일 이재한 목사(바울선교회)가 제 1대 담임목사로 부임했고, 1999년 4월 심양섭 목사(합동)가 이어서 섬겼다.[35)] 김종호 목사(통합)가 담임목사로서 6년 동안 사역하였다. 이후 임동원 목사(2006.8~2011.1),[36)] 심양섭 목사(2015.2~2020.1), 김용기 목사(2020.1~2021.10)가 각각 담임목사로 섬겼다.[37)] 현재는 김용진 목사가 2021년 11월7일에 담임목사로 부임하여 현재까지 섬기고 있다.

1997년에 현 예배처소를 구입하였다. 교회인원이 많이 모였을 때는 30여명이었는데, 나토군인가족은 전부 돌아갔고, 현재 매우 작은 소수 인원으로 예배 드리고 있다. 그런데 이 작은 공동체가 이란인 난민 공동체 지도자 3명을 3년 동안 돕기도 하였다.

2019년1월 **서머나 한인교회**(Smyrna Korean Church)를 **이즈밀 한인교회**(Izmir Korean Church)로 개명하였다. 현재 교회명칭은 **이즈밀 서머나 한인교회**이다. 처음부터 초교파적 교회로 현재에 이르고 있다.

교회 건물사진 (건물지하층에 교회당이 있다)

2017년 여름 - 심양섭 목사와 교회 성도들

34) 이즈밀 서머나 한인교회의 내용은 담임목사로 섬겼던 심양섭 목사의 진술과, 현 담임목사 김용진 목사가 현재 교회에 남아있는 기록을 정리한 것을 토대로 하여 구성되었다.
35) 이 사실은 교회의 기록에 의한 것이며, 심양섭 목사의 기억과는 일치되지 않는다.
36) 교회기록으로는 임동원 목사의 부임이 2008년 5월11일이지만, 인터넷에 임동원 목사 당사자의 진술에 따르면, 2006년 8월이었다.
37) 이 사실은 교회의 기록에 의한 것이다.

제 5장. 2000년대에 사역한 교회들

한국교회 선교의 급성장

2000년대에 들어서서 **한국교회의 선교**는 급성장하였다. 넬슨의 조사에 의하면, 한국교회의 선교 현황은 1979년에 93명의 **한국인 선교사**가 있었는데, 1989년에는 1,178명으로 증가하였다. 한국선교연구원(KRIM)의 조사에 의하면, 1990년에 1,645명이었고, 2000년 말에는 **한국인 선교사**가 무려 8,103명으로 파악되었다.[1] 이것은 실로 10년 사이에 **엄청난 증가**였다. 한국교회는 8,103명의 선교사를 136개의 선교회를 통해서 162개국에 보냄으로써, 미국 다음으로 **세계 2위의 선교 대국**이 되었다.

그런데 2002년도 한국선교연구원의 조사에 의하면, 10,422명에 도달하여, 처음으로 1만명을 넘어섰다. 이것은 지난 23년간 약 112배가 성장한 것이었다.[2] 이것은 가히 **폭발적인 증가**라고 말하지 않을 수 없다. 이 기간에 **중동지역의 선교사**도 648명으로 증가했다.

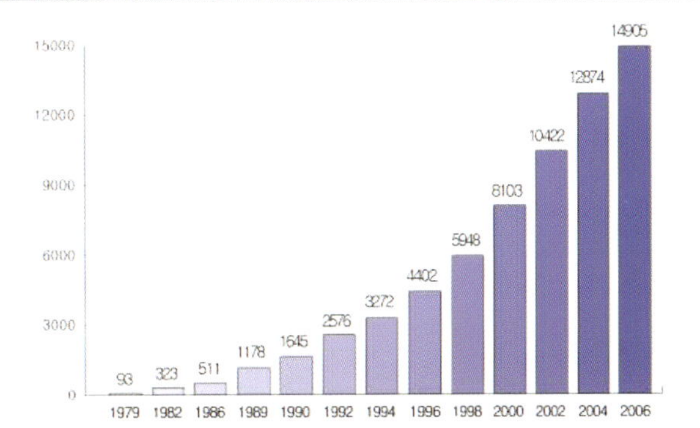

■ <도표 1> 한국선교사의 수적 증가

1997년 IMF의 외환위기와 함께 시작된 국내 경제의 역경으로 인해 한국선교가 위축되지 않을까 하는 염려가 있었지만, 실제로는 그렇지 않았다. IMF 외환위기의 극복과 한국의 경제적 안정과 더불어, 2000년 이후 한국교회는 **세계선교의 글로벌 리더**가 되었다.

---

1) 한국선교연구원, 2000년 기준 한국선교현황 (https://krim.org/2001-korean-mission-statistics)
2) 한국선교연구원, 2002년 기준 한국선교현황 (https://krim.org/2003-korean-mission-statistics)

중동지역 한인교회들의 증가와 확산

2000년대에 한국 선교사의 파송이 급속히 빠르게 증가하던 시기에, 중동지역에서도 한인교회의 창립도 매우 빠르게 증가하였다. 물론 아랍에미리트의 **두바이**와 **아부다비**와 같이 물질적으로 부유하고, 상대적으로 안전한 이슬람 국가들에서 한인교회가 가장 많이 창립하였다. 그러나 반드시 그러한 것만은 아니었다. 왜냐하면 다수의 선교사들이 **생명의 위험**을 무릎쓰고 가난하고 위험한 **이슬람 지역**에 들어가서도 **한인교회**를 세웠기 때문이다.

2000년대에 한인교회가 가장 많이 세워진 지역은 **걸프지역의 왕정국가들**이다. 확인된 교회들만 15개(아랍에미리트의 두바이 5개, 아부다비 5개, 카타르 2개, 오만3개)이며, 실제로는 그 이상일 것이다. 걸프지역의 왕정국가들은 경제적 부를 기반으로 외적으로는 상당히 개방적인 태도를 취하지만, 내적으로는 기독교에 대해 매우 엄격한 입장을 취하고 있다. 그러므로 아직까지 실제적으로 현지인에 대한 직접적인 선교는 매우 위험하다.

레반트 지역에서도 9개의 한인교회가 세워졌다. **이스라엘**에서 가장 많이 4개의 한인교회가 세워지고, **요르단**에서는 3개가 세워졌다. 분쟁의 땅 **레바논**과 **시리아**에서도 각각 1개와 2개의 한인교회가 세워졌다. 레반트 지역에서도 동방교회의 기독교인이 아닌, 현지 무슬림에 대한 선교는 매우 위험하다. 이스라엘은 유대인 선교에 집중한다. 그리고 걸프전의 종전 후, **이라크**에서도 1개의 한인교회가 세워졌다.

서쪽으로 **튀르키예**에서 4개의 한인교회가 세워졌다. 튀르키예 역시 선교의 위험이 없는 것은 아니나, 이슬람 세속주의 국가이므로, 다른 중동국가들에 비해 선교의 가능성이 더 높다. 동쪽으로 북아프리카지역의 **알제리**에 1개, 그리고 척박한 **모리타니**에서도 2개의 한인교회가 세워졌다. 북아프리카 지역은 MBB가 많은 곳이므로, 선교적으로 의미가 큰 지역이다.

현재 2000년대에는 중동의 각 나라(사우디, 쿠웨이트, 바레인, 오만, 카타르, 아랍에미리트, 이란, 요르단, 레바논, 이스라엘, 튀르키예, 이집트, 모로코, 튀니지, 알제리, 모라타니아 등)에 한인교회들이 세워져 있다. 이라크, 시리아, 그리고 리비아에도 한 때 한인교회가 세워졌으나, 모두 전쟁과 내전으로 인해 문을 닫게 되었다. 2000년대에 한인교회들의 현황은 아래의 표와 같다.

연대	이란	아프리카	걸프(아라비아반도)	레반트/이라크	튀르키예
20 년대			2020 루와이스온누리교회 2018 무스카트한인교회		
					2015 이즈미르한인교회
10 년대		2013 카사블랑카한인교회 (= 카사연합교회)	2013 아부다비맑은샘한인교회 2011 아부다비온누리교회 2011 오만한인교회(존재확인) 2010 아부다비한인연합교회 2010 카타르열방의영광교회	2013 국제요르단 한인교회	2013 이스탄불메트로폴 선교교회 2011 이스탄불열방 한인교회
		? 누아디브순복음교회 2005누아디브한인교회	2009 충만교회 (두바이/아부다비) 2009 두바이한인제자교회 2009 두바이사랑의교회 2007 두바이순복음교회 2006 두바이비전교회 2005 소하르 샬롬교회	2009 이스라엘샬롬교회 2008 알레포한인교회 2008 요르단한인교회B 2008 유대교회 2007 텔아비브욥바교회	2006 앙카라한인교회
00 년대		2000 알제리한인교회	(2003) 안디옥 한인교회 - 사우디 한인교회와 안디옥교회의 통합	2004 요르단 한인열방교회 2003 시리아 다메섹한인교회 2003 이라크 한인연합교회B 2003 레바논한인교회 2000 예루살렘중앙교회	
		1997 튀니지한인교회	1988 열린문교회	1996 예루살렘교회 1995 이스라엘한인교회	1998년 이즈미르 서머나한인교회
90 년대		1992 애굽한인교회 1992 리바트한인교회 1991 아가딜한인교회	(1990) 사우디 한인교회		
		1989 리비아한인교회		1986 이라크 한인연합교회A	1989 이스탄불한인교회
80 년대			1985 제다한인교회 1984 두바이한인교회 1984 리야드교회 1982 리비아 한인교회 1982 아부다비 한인교회 1982 바레인한인교회	1984 요르단한인교회A	
			1981 리야드청운교회 1980 담맘한인교회 1980 카타르한인교회		
70 년대	1974 테헤란한인교회	1977 카이로한인교회	1979 두바이 한인교회 1978 쿠웨이트한인연합교회 1976 리야드한인연합교회		

1. 이라크 한인연합교회 B (2003)

1986년에 바그다드에 설립되었던 **이라크 한인연합교회** (담임목사 신창순 선교사)는 걸프전쟁으로 인해 1990년 8월에 문을 닫게 되어, 더 이상 한인교회는 없게 되었다. 그러나 2003년 걸프전쟁 종전 후에 **한국국제기아 대책기구**는 긴급의료 봉사위원회를 창립하고, 긴급의료 구호팀을 이라크로 파견하였다.

또 같은 시기에 서울 **광염교회**도 한민족 복지재단, 갓피플 등과 함께 한국기독교 이라크 봉사단을 결성하고, 전쟁피해 복구를 위해 봉사단을 파견하였다.[3] 이외에도 상당히 많은 한국교회와 선교단체들이 열정적으로 이라크에 선교사를 파송하고, NGO 활동을 시작했는데,[4] 그 과정에서 **이라크 복음주의 신학교**와 **현지인교회**, 그리고 **한인교회**가 세워지게 되었다.

(1) 이라크 복음주의신학교

한국교회는 초교파,초교단적으로 연합하여[5] **이라크 복음주의신학교**(Iraq Evangelical Seminary : IES)를 바그다드에 설립하였다. 정형남 선교사가 이라크 현지에서 이 신학교를 설립하고 운영하는 일을 맡았다. 이 큰 일은 "신학교를 세워 운영해 달라" 라는 **바그다드 현지 지도자의 요청**에 의해 시작되었다. 바그다드 복음주의교회의 **이크람 담임목사**는 한국국제기아대책기구와 이라크 의료봉사팀을 이끌었던 이건오 박사(한동대 선린병원 원장)를 통해 신학교의 건립을 요청하였고, 이에 한국교회가 응함으로써 설립될 수 있었다.

2003년 6월, **신학교 건립준비위원회**가 국내에서 두 차례 초교파적으로 열렸다. 교단대표로 박계천(예장합동), 안경갑(고신), 공훈(예장통합), 최충하(예장대신), 이창규(기성), 정연동(예성), 박종언 목사(합신) 등이 참석했다. 또한 두상달(중동선교회 이사장), 정정섭 장로(KFHI 상임부회장), 김상복(아시아복음주의

3) <기독신문>, 2013.4.21.일자(www.kidok.com/news/articleView.html?idxno=10967)
4) <기독신문> 2014.5.24(www.kidok.com/news/articleView.html?idxno=32896) 상당히 많은 단체들이 이라크로 들어갔다. 한국기독교연합봉사단, 한국국제기아대책기구, 인터서브선교회, 중동선교회 등의 선교단체와 온누리교회와 광염교회 등의 교회, 성결대학교 등의 신학교 팀도 적극적으로 이라크 사역에 나섰다.
5) <크리스챤투데이> 2003.7.29.일자

협의회 회장), 김명혁(한국복음주의협의회 회장), 강승삼 목사(한국세계선교협의회 사무총장) 등으로 준비위원회를 구성하였고, 교단별 실행위원을 위촉하기로

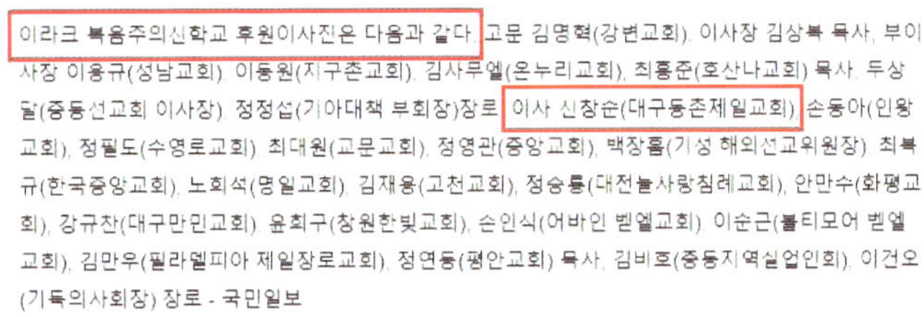
이라크 복음주의신학교 후원이사진은 다음과 같다. 고문 김명혁(강변교회), 이사장 김상복 목사, 부이사장 이용규(성남교회), 이동원(지구촌교회), 김사무엘(온누리교회), 최홍준(호산나교회) 목사, 두상달(중동선교회 이사장), 정정섭(기아대책 부회장)장로, 이사 신창순(대구동촌제일교회), 손동아(인왕교회), 정필도(수영로교회), 최대원(고문교회), 정영관(중앙교회), 백장흠(기성 해외선교위원장), 최복규(한국중앙교회), 노희석(명일교회), 김재용(고천교회), 정승룡(대전늘사랑침례교회), 안만수(화평교회), 강규찬(대구만민교회), 윤희구(창원한빛교회), 손인식(어바인 벧엘교회), 이순근(볼티모어 벧엘교회), 김만우(필라델피아 제일장로교회), 정연동(평안교회) 목사, 김비호(중동지역실업인회), 이건오(기독의사회장) 장로 - 국민일보

했다. 이라크 복음주의신학교는 **이라크 선교의 교두보**로 크게 기대되었다. 뿐만 아니라, 아랍세계에서 **현지인 목회자의 배출**에 기여할 것으로 크게 기대되었다.[6] 그러나 안타깝게도 한국교회의 큰 지원에도 불구하고,[7] 전쟁의 위험으로 인해 이 신학교는 운영될 수 없었다.

(2) 현지인 교회의 설립 [8]

한국교회의 단체들은 이라크에 현지인 교회를 설립하였다. 한 언론보도에 의하면, 2003년 6월에 한국국제기아대책기구는 **바그다드 복음주의 제 1침례교회**를 세웠고, 서울 광염교회는 같은해 7월에 **바그다드 빛교회**를 설립하였다.[9] **바그다드 복음주의 제 1침례교회**는 국제기아대책기구의 **권혁관 이라크 지부장**이 셀 교회인를 개척하여 설립하였다.[10]

바그다드 빛교회 (2003.7)

바그다드 빛교회는 광염교회가 협력하여 설립되었다. 2003년 월, 주누가 선교사와 김마가 선교사가 **이라크 기독인 50여명**이 참석한 가운데 설립예배를 드렸다. 광염교회는 '**고레스 프로젝트**'의

6) 정형남 목사는 "바그다드 복음주의 교회 교우들의 숫자가 적어서 학생 수가 많지 않을 수 있지만, 천주교회와 정교회를 통해 배출된 CBB(크리스천 배경의 신자)와 계속하여 탄생되는 MBB(무슬림 배경에서 예수 그리스도를 믿은 자)까지 잠재적 학생으로 볼 때, 신학교의 장래는 밝다"고 밝혔다. 특히 요르단 복음주의 신학교(JETS)에서 배출된 이라크인 목회자들이 이라크로 돌아오면 시너지 효과가 클 것으로 예상했다. 또한 이라크의 복음주의 신학교가 요르단 복음주의신학교, 이집트 카이로복음주의신학교와의 동역도 중요할 것이라고 전했다.
7) 이라크 복음주의신학교 후원이사진 규모를 보면, 한국교회의 큰 기대를 알 수 있다. 또한 이사진 명단에서 이라크 한인연합교회A의 담임목사였던 신창순 선교사의 이름도 발견할 수 있다.
8) 이라크 한인연합교회를 비롯한 전체적 사실을 정리하는데, 노규석 목사가 매우 큰 도움을 주었다.
9) <크리스챤투데이> 2003년 8월13일자, "이라크에 교회설립 잇달아"(www.christiantoday.us/1700)
10) <뉴스파워> http://www.newspower.co.kr/1160

일환으로 150명이 수용가능한 예배처소를 마련하고, 미군정에 정식 등록절차를 밟았다. 그후에 **바그다드 빛교회**는 100여명의 성도가 모였으며, 지하교회를 이끌던 지도자 조셉이 예배를 인도하였다. 광염교회는 이 교회를 위하여 연간 1만 5000달러를 지원할 계획이라고 밝혔다.[11]

(3) 한인교회의 설립 - 이라크 한인연합교회 B (2003.10)

2003년 9월12일, **온누리교회**(하용조 목사)와 **중동기독실업인 연합회**(회장 김비호 장로)가 공동으로 바그다드에 한인연합교회를 세우기로 하였다. 이를 위해 온누리교회 협력목사이자 온누리 세계선교센터 원장인 **김사무엘 선교사**를 바그다드로 파송하며, 아울러 찬양팀 및 선교담당 사역자 등 3가정 이상이 바그다드의 사역에 합류하기로 했다.[12]

2003년 9월18일, 김사무엘 목사는 바그다드에 한인연합교회를 세우기 위해 이라크로 들어가게 되었다. 온누리교회의 단기팀(팀장 노규석 선교사)도 협력하기 위해 합류하였다. 그리하여 10월10일부터 김사무엘 목사는 온누리교회의 단기팀과 이라크에 진출한 한국회사 직원들과 함께 **이라크 한인연합교회 B**를 세우게 되었다.[13]

이라크 한인연합교회 설립예배
(장소 : 바드다드 장로교회)

설립예배는 바그다드 장로교회에서 드려졌다. 그 후 주일예배도 바그다드 장로교회에서 드렸다. 그 당시 이 교회가 이라크의 바그다드에서 유일한 한인교회였으므로 '초교파'를 가리키는 의미로'이라크 한인연합교회'[14]라고 이름을 짓게 되었다.

---

11) <크리스챤투데이> 2003년 8월13일자 (www.christiantoday.us/1700)
12) <크리스챤투데이> 2003년 8월13일자, "이라크에 교회설립 잇달아"(www.christiantoday.us/1700)
13) 이라크한인연합교회A(담임목사 신창순)는 1986년에 세워졌으며, 두 교회는 서로 전혀 상관이 없다.
14) 중동지역 초기의 한인교회들이 '연합교회'의 명칭을 쓴 이유는 '초교파'의 의미가 아니라, 여러 현장 교회들의 연합으로 세워진 교회라는 의미 때문이었다.

바그다드 얼라이언스 교회 (2003.11)

김사무엘 목사와 온누리교회의 선교팀은 한인교회와 현지인 교회를 섬기는 사역을 병행하였다. 또한 NGO의 사역도 감당하였다. 주일에는 한인들을 위하여 바그다드 장로교회에서 **이라크 한인연합교회**의 주일예배를 인도하였다. 예배인원은 온누리 선교팀 6명 외에 바그다드 거주 한인들을 합하여 대략 20여명이었다.

이라크한인연합교회 주일예배

주중에는 이라크 현지인을 대상으로 사역하였다. 특히 이라크 현지교회인 **바그다드 얼라이언스 교회의 개척사역**을 도왔다. 그 교회에서 영어교실, 컴퓨터, 그리고 어린이 발레교실을 주 2회 진행했다. NGO사역을 담당한 노규석 목사는 난민촌에 식량, 담요, 난방기구를 공급하는 일과 학교건물의 보수사업 등을 진행하였다. 그러나 **김사무엘 목사**는 교회가 설립되던 해 말에 혈액암 판정을 받은 후, 투병 중 하늘의 부르심을 받았다(63세, 2004년 2월21일).

바그다드 얼라이언스 교회

그러나 **매우 소중한 열매**가 결실로 맺혔다. 이 때 함께 동역하였던 바그다드 얼라이언스 교회의 이라크인 **말라드**가 이라크 교회를 위하여 목회자로 헌신하였기 때문이다.

2003.11, 바그다드 얼라이언스 교회
말라그 목사와 온누리 선교팀

말라드는 2006-2009년에 한국에 와서 횃불리니티 신학교에서 신학교육을 받았다. 또한 이 기간에 말라드는 온누리교회 아랍어예배 담당전도사로 사역하였고, 온누리교회 선교훈련을 받은 후에 이라크로 역파송되었다.

말라그 목사(Erbil IAC 교회 담임)
횃불 트리니티 신학교 졸업식

2010년, 말라드 목사는 이라크 북부 Erbil에 이라크 현지인 교회인 International Alliance Church를 개척하였다. 현재 250여명의 현지 성도들이 예배를 드리며, 교회건축을 하고 있다. 말라드 목사와 Erbil의 IAC교회는 매우 소중한 결실이다.

한국인 피랍사건들

2004년 4월8일, 강부호 목사가 김사무엘 목사의 후임으로 목회하던 때, 바그다드 근처 팔루자에서 7명의 한인목회자들이 **이라크 무장단체**에게 피납되었다. 이 사건을 계기로 하여, 대한민국 외무부는 이라크 주재 한인선교사들의 이라크 철수를 종용하였다. 그 때 여러 한인 선교사들과, 강부호 목사를 비롯한 온누리교회 단기팀은 요르단으로 옮겨야 했다. 그러나 김선일 형제처럼, 회사에 고용된 분들은 이라크에 계속하여 남아있었다. **김선일 형제**는 그가 피랍되기 직전까지, 소규모로 모이던 **바그다드 한인연합교회의 설교자**로 한 달간 사역하였다.[15)]

2. 걸프지역

2000년대에 들어서면서, **걸프지역**에는 아랍에미리트의 두바이와 아부다비를 중심으로 상당히 많은 한인교회가 세워졌다. **두바이와 아부다비**에서만 10여개의 한인교회가 세워졌다(두바이 비전교회, 두바이 순복음교회, 두바이 사랑의교회, 두바이 한인제자교회, 두바이/아부다비 충만교회, 아부다비 온누리교회, 아부다비 맑은샘 한인교회, 루와이스 온누리교회). 왜냐하면 2000년대에 두바이와 아부다비의 경제가 급격히 발전하면서, 거주하는 한인들의 수도 급격하게 증가했기 때문이다. 그러나 2000년대에도 **오만**에 거주하는 한인들의 수는 적었다. 그러나 작은 규모이기는 하지만, 오만에도 한인교회가 세워지기 시작하였다(소하르샬롬교회, 오만 한인교회, 무스카트 한인교회). 오만의 교회설립을 위해, 가까운 거리에 있었던 두바이와 아부다비의 한인교회들이 직간접적으로 도움을 주었기 때문이다.

그리고 1980년에 세워졌으나 오랫동안 담임목사를 청빙하지 못했던 **카타르 한인교회**도 드디어 초대 담임목사를 청빙하게 되면서, 2000년대에 교세도 상당히 성장하였다. 카타르 한인교회는 1980년에 설립되었으나, 2000년대에 본격적으로 사역했으므로 본장에서 다룬다. 무엇보다 걸프지역 전체에서 가장 주목되는 성장은 1979년에 세워진 **두바이 한인교회**이다. 2002년 신철범 목사가 제 4대 담임목사로 부임하면서, 두바이 한인교회는 선교적 교회로서 중동지역 최대의 교회로 성장하였다. 2000년대의 두바이 한인교회도 본 장에서 다룬다.

---

15) 주태근, https://blog.naver.com/taekunjoo/222625665358

가. 카타르 한인교회 (1980, 2000)

우리 나라와 카타르는 1974년 외교관계를 맺었으며, 1976년 카타르 도하에 한국대사관을 열게 되었다. 그해에 **정우개발**이 제철소 공사를 수주함으로써, 한국기업 최초로 카타르에 진출하게 되었다. **현대건설**은 1979년도 도하 쉐라톤 호텔 공사를 시작으로 카타르에 진출하였고, **대림산업**과 **덕산건설**도 진출하였다. 현대건설과 대림산업의 건설현장에 **현장교회들**이 세워지게 되었다.

한편 1970년대 후반에 **한국인 체육인들**도 카타르에 진출하면서, 카타르 도하에 한국교민이 체류하기 시작하였다. **개인사업 종사자**도 늘어나면서, 1980년대에 이르렀을 때, 카타르 도하에도 **한인교회**가 세워질 수 있는 여건이 마련되었다.

카타르 한인교회(1980년)가 카타르에 가장 먼저 세워진 교회이다. 한때 **도하 한인교회**(2003년)가 세워졌으나, 카타르 한인교회와 합병하였다(2011년). **카타르 열방의 영광교회**(2010년)도 세워졌으나, 코로나 사태 이후로 더 이상 사역하지 않는다. 현재 카타르에는 카타르 한인교회가 최초의 교회이자, 유일한 교회로 세워져 있다.

(1) 카타르 한인교회의 설립 (1980, 2000년)

카타르 한인교회의 설립에 가장 큰 기여를 한 것은 현대건설의 현장교회인 **현대교회**(1980.9)였다. 이 카타르 **현대교회**가 모체가 되어 **카타르 한인교회**(1984.4)가 되었다. 현대교회는 현대건설의 현장교회의 성격이 강했으나, **대림교회**와 **덕산교회**도 연합으로 모이고, 특히 **교민 성도들**이 합류함으로써, 카타르 한인교회가 되었다.

1) 현대교회 (1980.9) - 카타르 한인교회의 모체

1979년 2월, **현대건설**은 **도하 쉐라톤 호텔** 공사를 시작으로 하여 카타르에 진출하였다(1982년 완공). 도하 쉐라톤 호텔은 층수가 올라갈 때마다 면이 달라지는 피라미드형의 웅장한 외관을 갖고 있다. 이같은 외관은 시공상의 난점을 많이 불러 일으켰다. 전층을 똑같이 시공할 수 있는 여느 공사와는 달리, 매층 새로운 도면을 작성해야 했다.

도하 쉐라톤 호텔

이러한 **난공사의 성공적 수행**은 현대건설에 많은 의미를 남겼다. 비정형에 근접할 만큼 독특한 구조를 지닌 **도하 쉐라톤 호텔**은 오랜 동안 카타르를 대표하는 **랜드마크 건축물**로 여겨졌다. 또한 현대건설은 이 때 얻은 신뢰가 상당한 기초가 되어 카타르 왕궁, 국립박물관 등의 건축공사 뿐만 아니라, 신항만공사, 루사일 고속도로 공사를 비롯한 인프라 · 플랜트 전 공종에 걸쳐 메가 프로젝트를 수주할 수 있었다.16)

① 현대건설의 현대교회

바로 이 쉐라톤 호텔을 건축하던 **현대건설의 건설현장**에 현장교회가 세워지게 되었다. 1979년 2월, 현대건설이 카타르에서 공사를 시작된지 1년 7개월만이었다. 1980년 9월, 쉐라톤 호텔 건설현장 내 식당에서 **안길순 안수집사**의 인도로 현대건설의 근로자들이 함께 예배를 드림으로써, 카타르 한인교회의 모체가 되는 **현대교회**가 시작되었다. 그러므로 이 날이 카타르 한인교회의 설립일이 된다.17)

1983년 6월의 현황파악에 의하면, **현대건설**은 한국인 근로자 250명, 교인수 35명이었다. 공사 작업은 오전 6시에 시작하여, 저녁 6시에 마쳤다. 요즘 근로조건으로는 상당히 많은 노동시간이었다. 매주 휴일은 금요일이었다. 현대교회는 금요주일예배(오후 1시)와 일요저녁예배(저녁 7시)로 모였다. 예배인도는 안길순 안수집사와 4명의 집사들이 담당하였다.18)

---

16) 현대건설 홈페이지(www.hdec.kr), “뉴도하 호텔”
17) 카타르한인교회 연혁, 1980.9.
18) 쿠웨이트 한인연합교회 땅끝복음중동선교회, “카타르지역 선교점검 사항 - 1986년 6월”, p.1

② 대림산업의 대림교회

1983년 6월의 현황파악에 의하면, **대림산업**은 한국인 근로자 600명, 교인수는 25명이었다.[19) 대림산업의 현장규모가 현대건설보다 훨씬 더 컸으나, 교인수는 그렇지 않았다. 그것은 현대건설의 경우, 회사측과 현장교회의 관계가 우호적이었으나, 대림산업은 우호적이지 않았기 때문이었다. 이러한 상황 속에서도 신실한 형제들에 의해 현장교회가 세워지게 되었다.

수명의 그리스도인 근로자들이 밤에 사막으로 나가서 전등과 촛불을 들고 **기도회**를 갖기 시작하였다. 그러던 중에 때로는 **전갈**에 물리기도 했다. 그리하여 회사에 양해를 얻어 작업장, 사무실, 운동장(테니스장) 등을 전전하면서도 예배를 드림으로써, **대림교회**가 세워지게 되었다.

1983년 5월13일(금), 회사의 허락 하에 숙소 한 곳을 **예배처**로 꾸미고, 예배를 드릴 수 있었다. 한 주간에 정기예배는 금요주일예배(저녁 8시) 한 번 뿐이었고, 5명의 집사(문대수, 김종호, 황현철, 최창옥, 여현성)들이 순번대로 **설교**를 맡았다. 그들이 영적 리더가 되어 25명의 교인들을 섬겼다.

회사측은 대림교회에 대해 **비협조적**이었다. **현장교회의 예배**는 허락하였으나, **전동활동**은 허락되지 않았고, **외부교인의 방문**도 제재하였다. 이것이 대림교회의 성장에 큰 장애가 되었다. 무엇보다 이로 인해 다른 현장교회와의 연합활동이나, 교민들과의 교류를 추진할 수 없었다. 그런데도 대림교회는 가끔씩 **현대교회**를 방문하여 **연합예배**를 드렸다.[20)]

③ 덕산건설

덕산건설도 1980년대에 카타르에 진출하였다. 그러나 회사 내에 현장교회는 세워지지 않았다. 1983년 6월의 현황파악에 의하면, 대림건설의 **한국인 근로자**는 400명이었으나, 교인수는 파악되지 않았다. 덕산건설이 **현대교회**로부터 도보 3분 거리에 있었으므로, 예배참석이 가능하였다. 그리하여 지점장 **한 회장**이 이 일을 추진하기로 하였다.[21)]

---

19) 쿠웨이트 한인연합교회 땅끝복음중동선교회, "카타르지역 선교점검 사항 - 1986년 6월", p.3
20) 쿠웨이트 한인연합교회 땅끝복음중동선교회, "카타르지역 선교점검 사항 - 1986년 6월", p.3

④ 카타르 도하 교민

일요아침예배 (1982.2)

교민예배는 여성들의 예배로 먼저 시작되었다. 1982년 2월, 카타르 도하에 거주하는 몇 부인들이 매주 **일요일** 아침 9시30분에 **순회 구역예배의 형식**으로 서로의 가정에서 모여 예배를 드리기 시작했다. 카타르에서 일요일 오전은 남편이 출근을 한 평일 오전이었다. **예배 인도자**는 대사관 참사관 부인 김지인 집사였고, **예배 참석자**는 10~15명의 주부들이었다. 남편들 중에는 체육코치(배구, 탁구, 농구)가 많았다. 이 예배의 헌금은 **한국 개척교회의 후원금** 등으로 사용하였다.[22)]

금요주일예배 - 카타르 현대교회 합류 (1983.3)

1983년 3월부터, 일요일 아침에 자신들만 모이던 부인들이, **금요일**에 남편과 자녀들과 함께 현대건설의 현장교회인 **카타르 현대교회**의 예배에 참석하기 시작하였다. 1983년 6월의 현황파악에 의하면, 교민성도는 20여명이었는데, 일부 명단은 다음과 같다.

	성별	직업	직분	비고
김지인	여		집사	대사관 참사관 부인, 순회 구역예배 인도자
김영길	남	배구코치	집사	부부, 새벽기도 가정, 열심
최근선	여		집사	
문영창	남	탁구코치	세례교인	부부, 새벽기도 가정, 열심
백신자	여		집사	
석인성	남	농구코치	원입교인	부부, 새벽기도 가정, 열심
정명자	여		원입교인	
김진업	남	탁구코치	원입교인	부부, 새벽기도 가정, 열심
김경애	여		원입교인	
주정숙	여		세례교인	라마다호텔 Sales Manager 부인
이소광	남	탁구코치	세례교인	성가지휘
우종태	남	식품업	세례교인	식품업 대표

* 원입교인 : 예수를 믿기로 결심하고 공동예배에 참석하는 자

---

21) 쿠웨이트 한인연합교회 땅끝복음중동선교회, “카타르지역 선교점검 사항 - 1986년 6월”, p.2
22) 쿠웨이트 한인연합교회 땅끝복음중동선교회, “카타르지역 선교점검 사항 - 1986년 6월”, p.4

체육인 코치 부인 4명(최근선, 백신자, 정명자, 김경애)은 한 아파트에 거주하면서, **새벽기도의 단**을 열심히 쌓고 있었다. **교민들의 예배**는 부인들을 중심으로 먼저 시작되었는데, 그녀들 중에는 매일 새벽기도의 단을 쌓을 정도로 뜨거운 신앙을 지닌 여러 여성도들이 있었다.

1983년 6월, 교민 성도들이 **카타르 현대교회**에 합류한 이후에, 그들은 **한인교회의 설립**을 모색하고 있었다. 그들은 건설현장이 종료되면, 현장교회도 종결될 것을 우려하고 있었다. 그리하여 그들은 현장교회와 협력하여, 한인교회를 세우기를 원했다. 만약 **한인회**가 한인학교를 개설한다면, 한인교회예배를 드리도록 추진하는 중이었다(한인회 회장, 덕산건설의 한 회장/학습교인).[23] 이러한 목표를 지닌 교민 성도들이 카타르 현대교회에 합류함으로써, 카타르 현대교회가 **카타르의 한인교회**로 세워져야 할 책임이 더욱 더 커지게 되었다.

2) 교회명칭, 그 이상의 변경 - '카타르 한인교회' (1984.4)

예배처소의 마련 (82.5.28)

카타르 현대교회는 수년 전부터 현장사무실에서 예배를 드려왔다. 그러던 중 1982년 5월28일, **예배처소**를 마련하고(이 장소는 현대건설 임직원 숙소일 수 있다),[24] 어른과 **자녀들도 함께** 예배를 드리기 시작하였다. 장년교인 10여명과 **주일학생** 15명의 인원으로 시작되었다.[25]

카타르 현대교회 주보 1호 (83.1.7)

1983년, 새해가 시작되면서, **카타르 현대교회**의 주보 1호가 발행되었다(예배인도 안길순 집사).[26] 이 때까지만 하더라도, 카타르 현대교회는 아직 현대건설 **현장교회의 성격**이 강하였다. 자녀들도 예배에 참석했으나, 교회의 구성원도 대부분이 현대건설 중심이었다. 그리고 아직 교회명칭도 현대건설의 현장교회를 뜻하는 카타르 현대교회였다.

---

23) 쿠웨이트 한인연합교회 땅끝복음중동선교회, "카타르지역 선교점검 사항 - 1986년 6월", p.4
24) 카타르한인교회 연혁 1982.4에 의하면, 예배처소를 '현대건설 임직원 숙소'로 변경하였다. 만약 연혁에서 날짜를 잘못 기입했다면, 5월28일에 새로 마련한 예배처소가 바로 이곳일 수 있다.
25) 쿠웨이트 한인연합교회 땅끝복음중동선교회, "카타르지역 선교점검 사항 - 1986년 6월", p.4
26) 카타르한인교회 연혁, 1983.1.

교민 성도들의 합류 (83.3)

1983년 3월부터 **도하의 교민 성도들**도 그들의 자녀들과 함께, **현대교회에 출석**하기 시작하였다. 그 숫자는 교민 20명과 그들의 자녀 15명이었다. 이로 인해 급격하게 성장하게 되었다. 그리하여 1983년 6월, 쿠웨이트 한인연합교회가 파악한 현황에 의하면, 예배 참석인원은 현장 근로자 30명, 교민 20명, 그리고 주일학생 30명이었다.[27] 교민성도들의 합류로 인해 장년은 30명에서 50명으로 증가하였고, 주일학교도 15명에서 30명으로 크게 증가했다.[28]

예배시간		성도 구분		1982년 5월	1983년 5월	
주일예배	금 /오후 1시	장년성도	현장 근로자	10여명	30여명	50여명
일요예배	일/저녁 7시		도하의 교민		20명	
주일학교	금/오전 8:30~10:30	주일학생	근로자 자녀	15명	15명	30여명
			교민의 자녀		15명	

1983년 12월9일(금), **바레인 한인교회**의 최수영 목사가 예배인도를 위하여 **카타르 현대교회**를 방문하였다.[29] 그가 방문하였을 때, 카타르 현대교회의 집회인원은 40~50명이었다. 교민성도들의 합류로 증가한 교회규모가 계속하여 유지되고 있었다. 교인들의 다양한 구성도 잘 유지되고 있었다. 현대건설 뿐만 아니라, 대림개발과 덕산건설의 **현장교회들**이 카타르 현대교회에서 연합으로 모이고 있었으며, 또 **체육 코치팀**도 합류하여 **조직교회**를 형성한 상태였다.[30] 이러한 최수영 목사의 보고내용(1983.12)은 6개월 전에 쿠웨이트한인연합교회가 파악했던 현황(1983.6)과 거의 동일하였다. 이러한 모든 변화와 성장들은 자연스럽게 **카타르 현대교회**가 **카타르 한인교회**로 발전하도록 이끌어주었다.

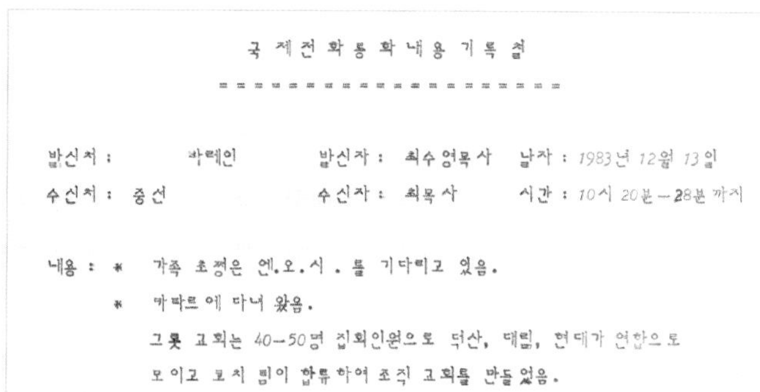
국 제 전 화 통 화 내 용 기 록 철

발신처 : 바레인 발신자 : 최수영목사 날자 : 1983년 12월 13일
수신처 : 중선 수신자 : 최목사 시간 : 10시 20분 ~ 28분 까지

내용 : * 가족 초청은 엔.오.시 . 를 기다리고 있음.
* 까따르 에 다녀 왔음.
그곳 교회는 40~50명 집회인원으로 덕산, 대림, 현대가 연합으로 모이고 코치 팀이 합류하여 조직 교회를 만들었음.

27) 쿠웨이트 한인연합교회 땅끝복음중동선교회, "카타르지역 선교점검 사항 - 1986년 6월", p.2
28) 주일학교의 시작이 1982년 5월, 예배처소의 마련과 함께 시작된 것인지, 또는 1983년 3월, 교민의 합류 이후에 시작된 것인지는, 현재 자료만으로는 알 수 없었다.
29) 1983.11.23, 국제전화통화 기록 (발신자 : 쿠웨이트 최형섭 목사, 수신자 : 바레인 최수영 목사)
30) 1983.12.13, 국제전화통화 기록 (발신자 : 바레인 최수영 목사, 수신자 : 쿠웨이트 최형섭 목사)

④ 한인교회 설립의 추진 (83.6 이전부터)

다른 현장교회들 및 교민성도의 합류 이후, 카타르 현대교회가 현대건설의 **현장교회의 성격**에서 벗어나서, **한인교회의 설립**을 추진할 필요성은 한층 더 커지게 되었다. **주일학교**도 현장교회보다는 한인교회에 어울리는 모습이었다.

1983년 6월의 현황파악에 따르면, 이미 카타르 현대교회는 임시당회장을 초청하여, **조직교회 겸 연합교회를 설립하는 일**을 추진하고 있었다. 담임목사를 맡을 **선교사의 파송**을 원하였으나 재정이 부족했다. 그래서 만약 가능하다면 일부는 현지교회의 재정으로 부담하며, 나머지는 선교사가 후원을 받아올 수 있기를 원하였다.[31]

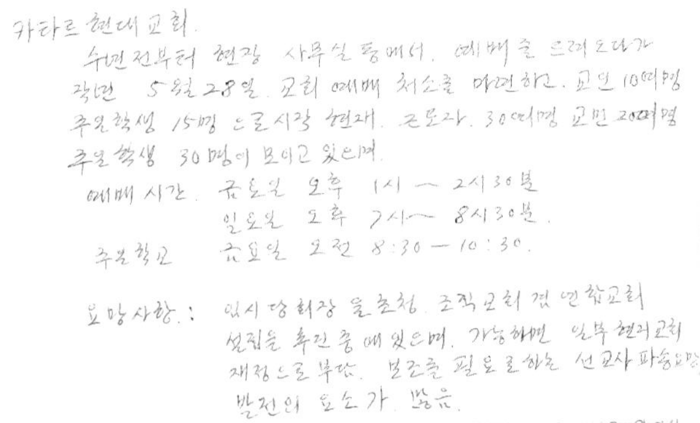
카타르 현대교회.
수년전부터 현장 사무실 등에서 예배를 드려오다가
작년 5월 28일 교회 예배 처소를 마련하고. 교인 10여명
주일학생 15명으로 시작 현재. 근로자 30여명 교민 20여명
주일학생 30명이 모이고 있으며.
예배 시간. 금요일 오후 1시 — 2시30분
일요일 오후 7시 — 8시30분.
주일학교 금요일 오전 8:30 — 10:30.
요망사항 : 임시당회장을 초청. 조직교회 겸 연합교회
설립을 추진 중에 있으며. 가능하면 일부 현지교회
재정으로 부담. 보조를 필요로 하는 선교사 파송요망
발전의 요소가 많음.

그들은 만약 카타르에 한인교회를 세우고, 담임목사가 선교사로 파송받아 온다면, **발전의 요소**가 많다고 기대하였다. 실제로 1984년도 카타르 거주 한국인은 1,186명이었다. 그들은 건설노무자 913명, 간호사 2명, 기술자 82명, 공무원 4명, 민간상사 직원 41명, 학생 5명, 주부 39명 및 기타 100명이었다.[32] 능히 한인교회가 세워지고, 또한 발전할 수 있는 여건이었다.

⑤ 교회명칭의 변경 : '카타르 한인교회'(1984.4)

1984년 4월, **카타르 현대교회**는 교회명칭을 '**카타르 한인교회**'로 변경하였다.[33] 이것은 교회명칭의 변경 그 이상이었다. 왜냐하면 모든 교회(현장교회들+교민성도)가 연합하여 **한인교회**로 발전하

31) 쿠웨이트 한인연합교회 땅끝복음중동선교회, "카타르지역 선교점검 사항 - 1986년 6월", p.2
32) 매일경제, 1984.3.15. "카타르국 이모저모" (https://m.mk.co.kr/news/economy/633047)
33) 카타르한인교회 연혁, 1984.4.

려는 그 이상의 목적을 갖고 있었기 때문이다. 곧, 다른 현장교회들과 교민성도의 합류 이후에, 그들은 건설현장과 현장교회들이 종료되어 떠난 이후에도, 계속 굳게 서 있을 한인교회의 설립을 바라며, 교회의 명칭을 변경한 것었다.

그러므로 **카타르 현대교회**가 카타르 한인교회의 모체가 된 것은 맞다. 그런데 **카타르 한인교회의 설립**에 대한 의미가 더 합당한 날은, 1980년 9월 현대교회(현대건설의 현장교회)가 처음 시작된 날보다는, 1984년 4월 다른 현장교회들과 교민성도가 합류한 후, 교회명칭을 **카타르 한인교회**로 변경한 날이다.

이제 카타르 한인교회는 다른 현장교회와 교민이 포함된 **교회구성원**, 주일학교를 갖춘 **교회조직**, 그리고 담임목사로 **선교사의 파송**을 원하는 것 등 한인교회의 면모를 충분히 갖추게 되었다. 이제는 **담임목사**가 카타르 한인교회로 청빙받아 오는 것만이 남게 되었다.

(2) 카타르 한인교회 : 설립 이후, 담임 목사의 부임까지 (2000.1.12)

1984년 4월, 국제전화통화에 의하면, 쿠웨이트의 최형섭 목사가 부활절 성례전을 집례하기 위해 **두바이 한인교회**를 방문하는 길에, **카타르 한인교회**에 세례 받을 분들이 많으므로 카타르에도 방문하기를 원하였다.[34] 그러나 최형섭 목사는 카타르를 방문할 수 없었다. 결국 1984년 7월20일, **바레인 한인교회**의 최수영 목사가 방문할 때까지[35] 3개월을 더 기다려야 했다.

이와같이 상황적으로는 담임목사를 청빙할 필요성이 컸다. 그러나 정형남 목사에 따르면, 당시 카타르 한인교회는 규모가 작아서 자체적으로 담임목사를 청빙하지 못한 채, 국내목회자들의 **설교테이프**를 통해 말씀을 들으며, 주일예배를 드리고 있었다.[36] 담임목사를 청빙할 수 없었으므로, 그 대신에 **방문목회**를 시행하기로 결의했다.

34) 1984.4, 국제전화통신 기록 (발신자 : 이봉의 집사, 수신자 : 최형섭 목사)
35) "바레인 한인교회 약사" in 바레인 한인교회 1985.10.11 창립3주년 주보,
36) 정형남, "중동의 한인교회들과 중동선교", p.141

1) 방문목회자 (1985~1998년)

방문목회란 중동지역 한인교회의 담임목사를 카타르 한인교회로 초청하여, 매 2개월의 1회씩 방문하도록 하고, **설교** 및 **임시 순회목사의 시무**를 맡도록 하는 방안이었다. 방문목회자가 담임목사 없이, 그 역할을 대신해야 했다. 방문목회의 시기는 무려 13년의 기간(1985~1998년)이나 지속되었다.[37] 이것은 오늘날 결과적으로 볼 때, 좋은 결정이 되지 못하였다. 방문목회자로 카타르 한인교회를 섬겼던 목회자들은 다음과 같다.

*1985(?)~1987년 문종호 목사 (두바이 한인교회 담임목사)
*1988년 ~1989년 서신길 목사 (아부다비 한인교회 담임목사, 치리목사로 매월 1회 방문)
*1990년 ~1992년 정형남 목사 (바레인 한인교회 담임목사)
*1993년 ~1998년 허명호 목사 (바레인 한인교회 담임목사)

두바이의 **문종호 목사**는 성례전 예배를 위해 1년에 2차례 방문했거나, 또는 그 이상 **방문목회**를 했을 것이다. 「중동선교」 제 7호(1987년6월)에 따르면, 문종호 목사는 1987년 4월17일 카타르 한인교회를 방문하여 성례식과 제직임명, 대심방을 하고 돌아왔다.[38] 아부다비의 **서신길 목사**도 이와 유사한 사역을 했을 것이다.

바레인의 **정형남 목사**는 매 2개월에 1회씩, 1박2일의 여정으로 **방문목회**를 하였다. 정형남 목사는 1992년 5월, 카타르 한인교회 제 1회 안식집사 장립식(이은국 집사)을 거행하기도 했다. 그는 1992년 11월, 순회설교 목사직을 사임하였다.[39] 이 역할은 바레인 한인교회의 그의 후임담임인 **허명호 목사**가 맡게 되었다. 1993년 6월, 허명호 목사의 시기에 카타르 한인교회와 바레인 한인교회는 **말씀사역의 결연식**을 맺고, 허명호 목사가 2개월마다 1회씩 카타르를 방문하기로 하였다.[40] 허명호 목사는 1997년 10월, 카타르 한인교회의 제 1회 유아세례 및 학습세례식을 거행하였다.[41] 이와같이 방문목회를 통해 카타르 한인교회는 담임목사의 빈 자리를 채울 수 있었다.

---

37) 카타르한인교회 연혁에 이 시기가 '1990년 4월'로 되어있으나, 이것은 오류이다. 문종호 선교사가 두바이에 파송된 시기가 1984.12~1987.12이기 때문이다. 그러므로 문종호 목사의 방문목회는 빨라야 1985년부터 가능했다. 문종호 목사의 이름도 잘못 기록되어 있었다.
38) 중동선교, 제 7호 (서울 : 중동선교본부, 1987.6), p.11. 선교소식.
39) 카타르한인교회 연혁, 1992.11
40) 카타르한인교회 연혁, 1997.10.

2) 예배당의 마련 (1999.12)

카타르 한인교회는 1982년 4월부터 현대건설 임직원 숙소를 예배처소로 사용하고 있었다. 그런데, 1989년 2월부터는 예배처소를 이은국 안수집사의 집으로 옮기게 되었다.[42] 이은국 집사는 상당한 기간 동안 매우 헌신적으로 그의 집 거실을 예배처소로 제공하였다.

그러나 1999년 10월21일, 문제가 발생하였다. 늘어난 예배자들로 인해 주차문제가 일어났는데 현지인의 항의가 접수된 것이다. 그리하여 10월23일, 원로회의가 긴급 소집되어, 예배처소를 임대하기로 결정하고, 이충원 집사가 임대 집행을 맡기로 했다.[43] 1999년 12월8일, **독립된 예배처소**(장소 : Al Rawda Compound 17호)를 임대하여, 12월24일에 이곳에서 새 성전 입당예배와 더불어 성탄전야예배를 드리게 되었다.[44]

3) 담임목사의 부임

초대 담임목사 – 조준환 목사 (2000.1~2002.8)

1999년 9월, 카타르에 취업을 위해 온 **조준환 목사**를 초청하여, 그가 카타르 한인교회의 예배를 인도하게 되었다.[45] 조준환 목사의 예배인도 후, 주차문제가 일어날 만큼 예배인원이 늘어났다. 이로 인해 카타르 한인교회는 독립된 예배처소를 임대하였고, 조준환 목사는 12월24일(금) 성탄절 전날에, 이곳에서 새 성전 입당 예배와 성탄 전야예배를 인도하였다.

2000년 1월12일, 조준환 목사의 제 1대 **담임목사 추대 건**을 위해 교회의 집사회의가 소집되어, 통과되었다.[46] 이 회의는 **이은국 안수집사**의 소집으로 개최되었고, 이 회의를 주관하기 위하여 당시 요르단 주재 선교사이며 중선협 회장인 **정형남 목사**가 카타르 한인교회에 공식 초청되었다.

---

41) 카타르한인교회 연혁, 1992.11
42) 카타르한인교회 연혁, 1989.2.
43) 카타르한인교회 연혁, 1999.10.21~23.
44) 카타르한인교회 연혁, 1999.12.8~24
45) 카타르한인교회 연혁, 1999.9.
46) 카타르한인교회 연혁, 2000.1.12.

같은 해 10월13일, **카타르 한인교회 창립 20주년 기념예배**에서 조준환 목사가 카타르 한인교회 **제 1대 담임목사**로 취임하게 되었다. 20주년 기념예배에서 초대 담임목사가 취임하였으니, 무려 교회설립 20년 만에 초대 담임목사가 부임하게 되었다.

(3) 담임목사의 잦은 교체와 부재

1) 초대 담임목사의 이른 사임

2000년 10월, 카타르 한인교회에 제 1대 담임목사가 세워지자 카타르 한인교회의 교회조직도 빠른 속도로 세워지기 시작하였다. 같은 해 11월17일, **남선교회**가 발족하였고, 11월23일에는 제 1회 서리집사 임직을 할 수 있었다. 이날 총 25명의 집사가 세워졌다(남자 11명, 여자 14명). 그리하여 12월8일에 제 1회 **제직회**가 소집될 수 있었다. 그리고 2001년 1월19일에는 여선교회가 발족하였다.[47] 이와같이 담임목사가 없던 20년보다, 담임목사가 세워진 이후 불과 3개월만에 교회조직이 훨씬 더 크게 성장하였다.

카타르 한인교회는 초대 담임목사와 함께, 몇 가지의 의미있는 사역도 시작하였다. 2001년 2월9일에는 카타르 한인교회 안에 **한글학교**를 개설하였다. 같은해 6월24일에는 카타르 한인교회가 중심이 되어 '제 1회 중근동 한인교회 **중고등부 연합수련회**'(6월 24-27일)를 개최하였다.[48] 그리고 **선교사를 협력하는 후원**도 시작되었다. 이 모든 일이 담임목사의 부임 후에 시작되었다.

그러나 2002년 8월2일, 불과 2년도 못되어 조준환 목사가 담임목사를 사임함으로써, 카타르 한인교회는 다시 **담임목사가 없는 시기**를 겪게 되었다.

---

47) 카타르한인교회 연혁, 2000.11.17~2001.1.19
48) 카타르한인교회 연혁, 2001.2.9~2001.6.24

2) 담임목사의 잦은 교체와 부재 (2003~2021년)

그 후 김태호 목사(2003.1~2005.12), 김경태 목사(2006.3~2009.11), 김수태 목사(2009.11~2012.12)가 담임목사로 시무하였다. 2003년부터 2012년까지 10년의 기간 동안에 세 명의 담임목사가 교체되었다.[49] 대략 3년씩 1회, 담임목사로 사역한 뒤에 교체되었다. 그들 중에서 김경태 목사와 김수태 목사는, 카타르 한인교회가 한국의 **두레교회**와 순환목사제도에 합의하여(2006.1.13), 두레교회가 파송한 목사들이었다.[50] 순환시기는 매 3년이었다. 그러나 그 결과가 좋지 못하였다. 그리하여 이 제도는 중지되었다.

한편, 2011년 1월1일, 카타르 한인교회는 **도하 한인교회**(2003년 설립)와 합병하게 되었다. 그리하여 카타르 한인교회가 다시 카타르 내 유일한 교회가 되었다. 합병 후에 이철승 목사(2013.6)와 이상헌 목사(2017.6)가 담임목사로 부임하여 섬겼다. 그러나 2020년 5월 이상헌 목사도 담임목사를 사임하였다. 이철승 목사와 이상헌 목사도 대략 3년씩 1회 밖에 사역하지 않았다. 카타르 한인교회는 20년 간이나 담임목사 없이 지내다가, 그후에 20년 동안은 담임목사의 잦은 교체와 부재의 반복을 겪게 되었다. 이것이 교회의 힘있는 사역과 성장에 큰 걸림돌이 되었다.

(4) 세워져 가는 교회

증가하는 성도

카타르 한인교회는 담임목사의 잦은 교체와 부재가 반복되는 어려운 과정(2003~2021년) 속에서도 꾸준히 성장하였다. 2008년 5월14일, Al-Ahli Sport Club 근처의 단독 주택을 예배당으로 임대하여 **새 성전입당예배**를 드렸다. 성도의 수가 꾸준히 늘어나 **증가한 성도**를 감당하기 위하여 2013년 5월31일 예배당을 증축하고 **성전 증축완공 입당**을 하였다.[51] 2015년 1월에는 **교육관**을 완공하였다. 증가하는 성도를 감당하고, 그들을 교육하고 양육하기 위함이었다.

---

49) 카타르한인교회 연혁, 해당 일자
50) 카타르한인교회 연혁, 2006.1.13, 3.31
51) 카타르한인교회 연혁, 해당 일자

2013년 5월31일 예배당증축

2014년 4월 부활절

2015년 1월 교육관 개관

항존직의 임직

카타르 한인교회에는 어려운 시기마다 **헌신적인 평신도들**이 있었다. 교회는 지속적으로 그들을 **항존직**(시무장로, 안수집사, 시무권사)으로 세우며, 교회의 견고함을 지켜 나갔다. 담임목사의 부재 시에는, **헌신적인 시무장로들**을 중심으로 제직들의 섬김과 헌신으로 교회를 지켜나갔다. 또한, 교회가 어려운 시기에 장로를 비롯한 중직자들이 교회를 세우며, 지켜나갔다.

제 1회 항존직 임직(2003년06월) - 장로1인, 집사1인, 권사1인
제 2회 항존직 임직(2004년05월) - 집사1인
제 3회 항존직 임직(2007년11월) - 장로1인, 집사1인
제 4회 항존직 임직(2014년03월) - 집사4명, 권사1명
제 5회 항존직 임직(2018년04월) - 집사9명, 권사4명

2006년 11월에 협동장로 1인이 취임하여, 카타르 한인교회의 선교사역에 큰 기여를 하였다. 2011년 1월에는 협동권사 4인이 임명받았다.

청년들의 큰 증가

2006년 이후로는 주일예배에 참석하는 청년들의 수가 크게 늘었다. 카타르 항공의 여승무원의 취업확대와 건설회사의 청년들이 카타르에서 근무하게 되면서, 같은해 10월 청년부를 발족하게 되었다. 많이 모일 때는 150명 정도였다. 청년들의 존재는 교회의 곳곳에서 큰 활력이 되었다.

특히 2006년에 **청년부**가 처음 세워지고, 청년들의 마음 속에 선교비전이 심어지면서, 그것이 2009년 제 1차 **단기선교의 사역**으로 열매를 맺었다. 단기선교사역을 시작할 때, 청년부는 매우 큰 힘이 되었고, 제 1차 단기선교팀은 청년들로 구성되었다. 주일학교 규모는 시기마다 편차가 있었으나, **어린이부**는 대략 35명 정도였고, **청소년부**는 30명 정도였다.

(4) 선교사역의 집중 52)

카타르 한인교회는 인적 자원과 재정에 있어 상당한 역량을 갖추고 있었다. 카타르 한인교회는 교회역량을 **선교사역**에 집중하였다. 처음에는 10여명의 선교사를 단순 후원하는 것으로 시작했으나. 이후 **교육선교**를 선교의 방향으로 정하고, 아프리카 지역에 **학교설립**을 후원하게 되었다.

단기선교팀 파송 (2009~2019년)

카타르 한인교회는 2009년부터 2019년까지 **단기선교팀**을 지속적으로 파송하였다. 제 1차 청년부 단기선교팀(2009.6)을 **에디오피아**로 파송한 것53)을 시작으로, 제 2차는 **잔지바르**54)로 파송하였고(2010.6.), 제 3차는 **부른디**로(2011.6), 제 4차는 **잠비아**로(2012.6), 제 5차는 **콩고**로(2013.9), 그리고 제 6차는 단기선교팀은 **우간**다로 파송하였다(2014.9). 제 2차 단기 선교팀부터는 장년 교우들이 함께 참여하였다. 이 지역들은 주로 카타르 한인교회가 교육선교로 후원하는 지역과 관련된 사역지들이었다.

우간다 단기선교(2014.9)

단기선교는 **아프리카 지역**에 먼저 집중되었다. 그것은 카타르 한인교회가 교회의 선교방향을 **학원선교**로 정하였는데, 그 학교들이 아프리카의 **에디오피아**, **탄자니아**, **우간다** 등에 있었기 때문이다. 그리하여 교회가 주력하는 학원선교와 단기선교가 한 방향으로 모아졌다. 2019년 6월, 마지막 단기선교팀을 **레바논의 난민학교**로 파송했는데, 이것도 역시 카타르한인교회가 **학원선교**에 집중했기 때문이었다.

2019년 레바논 단기선교팀

52) 단기선교팀의 파송과 학원선교에 관한 내용은, GMS 선교사이자, 카타르한인교회 은퇴장로인 윤충호 장로에게서 상당한 도움을 받아 작성하였다. 관련사진도 제공받았다.
53) 청년부 회장 박소연 외 9인이 단기선교팀을 형성하였고, GMS 선교사인 윤충호 장로가 인솔했다.
54) 잔지바르는 탄자니아에 속해 있지만, 별도의 대통령이 있는 이슬람 국가이다.

교육선교, 학원선교

카타르 한인교회는 **교육선교**의 철학에 의해 특히 **학원선교**에 집중적으로 힘을 기울였다. 왜냐하면 한 사람의 근본적인 변화는 교육을 통해, 그리고 장기간의 교육과정을 통해 가능해지기 때문이었다. 그리하여 카타르 한인교회는 아프리카의 콩고와 탄자니아, 잔지바르 등지에 유치원과 고아원, 초등학교와 중학교, 그리고 대학교를 건축하거나 후원하였다. 또 레바논의 난민학교도 섬기고 있다.

콩고의 초등학교는 2012년에 세 명의 한국 여성 사역자들이 콩고에 초등학교를 세우기 원하여, 카타르 한인교회가 처음부터 모든 건축을 다 담당하였다. 학교건축이 완공된 이 후에도, 5년 동안 후속지원을 하였다.

잔지바르는 카타르 한인교회가 2010년 이전부터 후원하고 있었다. 2010년 6월에 제 2차 단기선교팀은 잔지바르에 **초등학교의 건축**을 협력하기 위해 파송되었으며, 그 이후 현재까지 지속적으로 협력하고 있다. 2015년경부터 **탄자니아**의 **초등학교와 고아원**을 후원하며, 협력하고 있다.

레바논 난민학교는 2019년도 단기선교 이후부터 협력하였다. 그리고 **코라비아 유니버시티**를 카타르에 세우기 위하여 준비하는 중에 있다.

2015년부터 카타르 한인교회는 **이사 교회**의 자격으로 탄자니아의 종합대학인 **아프리카 연합대학교**(UAUT, The United African University of Tanzania)[55]의 후원을 시작하였다. UAUT는 2012년 한인선교사들에 의하여 세워진 4년제 종합대학교이다. UAUT의 설립목적은 하나님의 말씀을 기초로 기독교 인재를 양성하는 것이다.[56] 현재 총장인 황호찬 선교사(전 세종대학교 경영대학장)에 의하면, 이 대학교의 비전은 탄자니아를 위한 **크리스챤 리더를 발굴**하고, UAUT가 탄자니아의 **크리스챤 명문사학**이 되는 것이라고 한다.[57]

---

55) 2022년 현재 아프리카 연합대학교(UAUT)의 총장은 세종대학교 경영대학장을 역임한 황호찬 선교사이다. 그는 옥한흠 목사 시절에 선교사 파송을 받기 위해, 세종대 경영대학장을 조기은퇴하고, 사랑의교회에서 선교사 파송을 받았다.
56) <기독신문>, 2021.3.15.일자, "아프리카 복음화와 인재양성 협력 바랍니다"
57) <크리스찬타임스> 2020.1.18.일자, "탄자니아 아프리카 연합대학교(UAUT) 황호찬 총장"

아프리카 연합대학교는 크리스챤 대학이기 때문에, 새벽기도, 수요예배, 교직원 예배, 그리고 주일 한국어예배와 영어예배가 드려진다. 학생들은 예배를 통해 자연스럽게 기독교신앙을 접하게 된다. 그리고 교수진은 현지인 교수 10명과 한국인 교수 7명인데, 현지인 교수는 모두 그리스도인이다. 그리하여 학생들은 자연스럽게 그리스도인 교수에게서 배우게 된다. 이 대학교의 김범규 사무총장에 따르면, "입학할 때 무슬림이었던 학생들이 졸업할 때에는 거의가 기독교로 개종하고 있다"고 말한다. 2017년에는 카타르 한인교회의 원로장로인 **이충원 장로**가 이 대학교의 제 2대 이사장으로 취임하여 섬겼다. 그리고 현재는 CTS 기독교방송에서 이 대학교의 운영을 책임맡고 있다.

아프리카 연합대학교 수업장면

다양한 선교지원

그 외에도 카타르 한인교회는 중동지역의 여러 선교사들과 선교사역들을 위해 상당한 분량을 오랜 기간 동안 지속적으로 섬겨왔다. 본래 **도하 한인교회**가 요르단의 신학교와 이집트의 신학교를 통하여 **아랍 신학생들에게 장학금**을 제공하는 프로젝트를 시행하고 있다. 2011년 카타르 한인교회가 도하 한인교회와 합병한 이후에는, 그 후원사역을 계속하여 이어받았다.

카타르 한인교회의 한 교우는 여러 선교사들의 프로젝트들(예컨대, 교회당건축, 선교센터)을 의미있게 지속적으로 후원하였고, 선교사들의 자녀들을 위해 장학금을 제공하며, 중동 선교사의 수련회와 연합회 등을 위해서도 지속적으로 후원하였다. 또한 강제 출국당하는 위기의 선교사들을 케어하는 일도 맡았다. 그는 하나님께서만 아시는 은밀한 도움들을 여러 선교사와 선교사역들을 위하여 오랜 기간 동안 많이 베풀었다. 그러나 주로 개인의 이름이 아니라, 여러 교회의 이름으로 행하였기에, 도움을 받은 당사자 외에는 그 사실이 알려지지 않았다.

2022년 1월에 **정지원 목사**가 카타르 한인교회의 담임목사로 부임하여 새로운 도약을 크게 잘 감당하고 있다. 정지원 목사는 카타르 한인교회 뿐만 아니라, 중선협을 비롯한 중동지역 사역을 위해 소중한 사역자와 일꾼으로 크게 기대된다.

※ 카타르열방의 영광교회 (2010년)

카타르열방의 영광교회가 2011년 12월부터 사역을 시작하였다. “세계열방에 하나님의 영광을 선포하며, 선교하는 교회”라는 비전으로, 2014년 11월16일 첫 예배를 드림으로써 설립되었다. 2014년부터 레바논 및 주변지역 선교를 통해 **시리아 난민**을 집중적으로 섬겼었있다.[58] 그 이후 네팔, 아프리카 등 여러 다른 선교지들도 섬겼다. 김상진 목사(예장합동)[59]가 담임목사로 섬겼다. 그러나 2021년경 코로나 사태 때, 카타르열방의 영광교회도 중단되었다.

58) <카타르열방의영광교회> 홈페이지 - https://sjkim424.wixsite.com/glorynations/info
59) 김상진 목사는 하늘터교회(예장합동 경기북노회)의 파송을 받았다.

나. 아랍에미리트 - 두바이

2000년대가 되자 아랍에미리트의 두바이와 아부다비는 중동지역에서 **최대 한국인들의 거주지**가 되었다. 2005년 급속한 성장 이후, 2008년 두바이에는 약 2,500명의 한국인이 거주하였다. 2018년도 두바이의 현황은 약 5천명의 교민과, 약 100개의 한국회사(현대, 기아차, 삼성, LG 등의 대기업, 공기업, 중소기업 등)가 진출해 있었다.[60] 이러한 변화와 함께, 두바이에는 한인교회의 설립이 급속하게 증가하였다. 이 시기에 **두바이 비전교회**(2006년/두바이 광림교회, 2011년/두바이 제일교회), **두바이 순복음교회**(2007년), **두바이 사랑의교회**(2009년), **두바이 한인제자교회**(2009년), **두바이 충만교회**(2013년)등이 세워지게 되었다.

(1) 두바이 비전교회 (2006년)[61]

두바이 비전교회는 2006년 1월26일 가나센터에서 주춧돌 예배를 드림으로 시작되었고, 두 차례에 걸쳐 교회명을 바꾸면서 **사도행전의 선교적 교회**로 변화되기 위한 개혁을 시도하고 있다.

① 교회의 시작 – 두바이 광림교회(2006)

2006년 6월 23일 벨알리 에반젤리컬 교회에서 **강희진 목사**(광림교회 부목사)가 초대 담임목사로 부임하여 설립예배를 드리고, 2007년 2월4일 현재의 예배장소인 제벨알리 DECC로 옮겨 입당예배드렸다. 2008년 당시, 12월 당회록에 의하면, 교세는 장년부 136명, 청년부 51명, 학생부 17명, 아동부 44명으로 도합 248명이었다.

2009년 강희진 목사의 사임 후, 같은 해 4월 **김재현 목사**가 광림교회의 파송으로 제 2대 담임목사로 부임하였고, 그는 2011년 5월 사임하였다.

---

60) <2018 두바이 개황>, p.27
61) 주태근 목사의 블러그(https://blog.naver.com/taekunjoo/222788195085)에 기초하여, 두바이비전교회의 내용이 작성되었으며, 그 후 현재 담임목사 황준서 목사의 검토와 수정을 거쳤다.

② 교회명의 변경 - 두바이 제일교회(2011)

광림교회와의 관계를 단절하고 새롭게 출발하기 위해 교회명을 **두바이 제일교회**로 개명하였고, **박문기 목사**(예장통합)를 제 3대 담임목사로 청빙하였고, 2013년 8월까지 2년간 교회를 섬겼다.

2013년 8월에 **주태근 목사**가 제 4대 담임목사로 부임하여 교회의 조직을 새롭게 정비하였다. 그 해부터 아부다비 온누리교회와 협력하여 **바라카 원전의 현장교회**의 예배를 섬기면서 현재까지 바라카 교회를 돕고 있다. 주태근 목사는 '바른 교회, 바른 목회, 바른 성도, 바른 선교의 건강한 교회비전'을 목표로 목회하였고, 2018년 11월 정년을 맞아(안식년 포함) 은퇴하였다.

③ 교회명의 재변경 - 두바이 비전교회 (2018)

2018년 한해 동안 주태근 목사와 동사목회를 했던 **황준서 목사**가 12월 제 5대 담임목사로 부임하면서, 교회명을 **두바이비전교회**로 개명하고, '사도행전의 바로 그 교회'라는 목회비전으로 새로운 목회를 진행하고 있다. 황준서 목사 부임 이후, 한국 온누리교회와 협력교회로서의 파트너십을 맺어 두란노해외선교회(TIM)의 중동과 아프리카 선교에 동참하고, TIM소속 선교사들을 후원하고 지원하는 사역을 도모하는 선교적 교회이다. 또한 주기적으로 바라카 원전을 방문하여 현장교회의 예배를 인도하며 섬기고 있으며, 아울러 두바이 거주 중국인들을 대상으로 복음전파 사역과 중국인 교회와 협력하여 리더양육 사역을 돕고 있다.

(2) 두바이 · 아부다비 충만교회 (2009년)

두바이 · 아부다비 충만교회는 대전과 서울에 세워진 **충만교회**(독립교단)와 한 지체인 초교파 교회로서, 2009년에 **김비호 장로**를 중심으로 설립되어 아부다비와 두바이의 두 곳에 각각 세워졌다. **두바이 충만교회**는 야삿 글로리아 호텔에서 예배를 드렸는데, 2020년 현재 소수의 성도가 가정교회를 이루어 예배를 드리고 있다. **아부다비 충만교회**는 알 가잘 골프장(마당 한국식당 2층)에서 예배를 드렸다. 2013년 독립교단 소속 원성운 목사가 담임목사로 부임하였다.[62]

충만교회는 **중동기독실업인 연합회** 회장 김비호 장로의 동역으로 큰 빛을 발하였다.[63]

(3) 두바이 순복음교회(2007년)[64]

2007년 7월 **유명상 목사**가 **여의도순복음교회**로부터 아랍에미리트 선교사로 파송을 받아, 같은 해 11월15일 **두바이 순복음교회**를 설립하였다. 유명상 목사는 중동역사상 최초로 여성목사 비자를 받은 목회자로서, 성도 한 명 없는 불가능해 보이는 상황에서 개척을 시작하였다. 사막에 길을 내시며 샘물을 터트리시는 하나님께 도우심을 구하며, 교회개척을 준비하였다. 가톨릭 처치에 예배실을 임대하여, 홀로 주보를 만들고, 금요예배와 주일예배를 드리며, 4개월간 교회개척을 준비한 끝에, 2007년 11월 15일 썩세스중동선교회 회장 김동명 장로와 임회원 20여명이 두바이에서 함께 창립예배를 드림으로 두바이복음교회가 시작되었다.[65]

유명상 목사는 두바이로 파송받으며, 3-5-7 선교전략을 세웠다. ① **3년 한인목회** : 교회 안에서 오중복음과 삼중축복의 가르침으로 한인성도를 양육하여 예수 제자로 세우기, ② **5년 제삼국인 근로자 목회** : 교회 밖의 일터에서 성도들이 직장과 사업장에서 만나는 모든 민족을 오중복음과 삼중축복으로 양육하게 하고, 제자화 된 근로자들을 자기 민족을 제자 삼을 수 있도록 자기 나

---

62) 주태근, https://blog.naver.com/taekunjoo/222788195085
63) 주바나바, 「아랍과 예수」, p.169
64) 두바이 순복음교회의 내용은 현 담임목사 진현우 목사의 검토를 거쳤다.
65) <순복음가족신문> 2012.3.4, "선교지 소식 : 영적 사막에 세워진 두바이순복음교회"

라의 선교사로 파송하고 후원하기 ③ **7년 원주민 목회** : UAE 원주민 가정을 위한 문화사역– 의료, 미술, 피아노, 무용, 태권도, 십자수, 상담 등 전문인 사역.[66]

2012년 2월에는 인도 오순절협의회와고, DECM이 함께 주최하는 **조용기 목사 초청성회**를 아부다비 크리켓 스타디움에서 치루었다. 특별히 **아랍에미리트 왕족**과 **내무부장관** 등이 참여하는 성대한 집회였다.[67] 두바이순복음교회는 모든 것이 불가능해 보이는 환경 속에서 성장하여 2022년 현재 창립 15주년을 바라보며, UAE 땅에 건강하게 뿌리를 내리게 되었다. 현재 **진현우 목사**가 유명상 목사와 공동담임으로 섬기고 있다. 진현우 목사는 유명상 목사의 남편이다.

66) https://nanum.fgtv.com/n10/0302_view.asp?FLAG=2&idnum=26114&page=1
67) 주바나바, 「아랍과 예수」, pp.168-169

(4) 두바이 한인제자교회 (2009년)

두바이 한인 제자교회는 신영수 목사가 말씀묵상과 기도하는 중에 성령의 인도하심으로 시작되었다. 2009년 1월부터 모임을 운영하면서, 같은 해 4월 17일 교회설립 예배를 드렸다. 교회등록은 UAE의 종교국에 속한 미국 복음주의 단체인 CEC 산하에 등록되었다. 예배장소는 그랜드 밀레니엄 호텔이었다. 초기멤버는 약 33명으로 시작되었다. 그후 이 교회는 건강하게 성장하였다.

두바이 한인제자교회는 중동 땅을 비롯한 주변 이슬람 지역과 아프리카를 품는 비전을 따라서 '**두바이 다니엘 비전센터**'를 부설기관으로 개원하였다. **두바이 다니엘 비전센터**는 DDDD(Dubai Daniel Development Division)를 단체명으로 하여 활동을 시작했다. 가까이로는 두바이에서 일하는 제 3국인들을 돕고 섬기는 기지로서의 역할을 감당하는 것과, 그리고 인근 중동지역과 아프리카와 유럽 등지에서 사역하는 선교사를 섬기는 역할을 감당하기 위한 목적으로 개원하였다. 비전센터의 사역은 일곱 개의 영역으로 이루어져 있다. 선교안식관, 선교훈련원, 스포츠선교, 문화사역, 교육사역, 다문화 사역, 그리고 아랍문화 탐방사역이다.

현재 두바이한인제자교회는 **한글학교**도 운영하고 있다. 제 3국인들을 전문적으로 섬기기 위해서 수산시장 맞은편 동네에 방 6개 규모의 **로뎀하우스**를 설립해서 운영하고 있다. 사역을 돕는 자로 P국 형제들 두 명이 함께 동역하고 있다. 신영수 목사는 올해 2022년 터키 중선협 대회 때, **중선협 회장**으로 선출되었다.

(5) 두바이 사랑의교회 (2009년) 68)

교회의 시작

두바이 사랑의교회는 2009년 4월10일 성도 50여명이 모여 알바샤(Al Barsha)에 위치한 홀레데이인 호텔(Holiday Inn)에서 **첫 번째 금요주일예배**를 드림으로써 설립되었다. 이날 설립예배는 아부다비 한인연합교회의 박종수 목사가 설교를 맡았다. 그 이후로도 박종수 목사는 담임목사가 부임하기까지 약 5개월 동안 주일설교를 맡았다. 같은 해 9월18일에 **권오영 목사**가 교인들의 청빙절차를 거쳐 두바이 사랑의교회의 초대 담임목사로 부임하였다. 권오영 목사는 현재까지 두바이 사랑의교회를 건강한 교회로 세워나가고 있다.

주일학교의 시작

교회설립 다음 해인 2010년 1월8일에 **주일학교** 및 **학생부 예배**가 신설되어, 어린이와 청소년들이 독립하여 예배드리기 시작했다. 그리고 같은 해 9월11일에는 두바이에서 첫 번째 주일학교 하계수련회를 가졌다.

2011년에 초등부 어린이와 청소년들을 대상으로 하여 제자훈련이 시행되었다.
*7월9일~8월26일 제 1기 초등부 디모데 제자훈련 (교리학교, 8주 과정)
*7월9일~9월23일 제 1기 청소년 디모데 제자훈련 (믿음의 기초를 새롭게 하라, 10주 과정)

전교인을 위한 행사

2010년 3월27일~4월1일, 교회설립 후 처음으로 '하나님의 임재를 체험하자'라는 주제로 제 1회 전교인 고난주간 특별새벽기도회를 가졌다. 10월29~30일에는 오만의 카삽에서 제 1회 전교인 수련회를 가졌다.

---

68) 두바이 사랑의교회의 내용은 현 담임목사 권오영 목사의 검토를 거쳤다.

2011년은 "역사하시는 능력대로"(엡 3:20)라는 목표로 시작하였다. 4월 16~21일에 '십자가의 은혜'라는 주제로 제 2회 전교인 고난주간 특별 새벽기도회를 가졌고, 5월 27~28일 움 알콰인(Umm Al Qwain)의 한 호텔에서 '행복한 가정'이라는 주제로 제 2회 전교인 수련회를 가졌다.

2012년은 "오직 성령충만"이라는 목표로 시작하였다. 3월31일 ~ 4월5일 '십자가의 도'를 주제로 제 3회 전교인 고난주간 특별새벽기도회를 가졌다.

첫 번째 임직식

두바이 사랑의교회는 교회설립 이후 안정적으로 성장하였다. 그리하여 2011년 7월 1일, 교회설립 2년 만에 김우영 안수집사와 김미재 권사가 취임예배를 드림으로, 첫 번째 항존직으로 임직하게 되었다.

현재 예배당을 마련하기까지

2010년 11월9일, 아직 임의단체 신분인 교회를 종교단체로 등록하기 위해 노력하게 되었다. 그 결과로 **샤자 성 마틴 교회**(Sharjah St. Martin Church)에 교회등록을 할 수 있게 되었고, 샤자 종교단지 내에서 주중예배로 화요기도회가 개설되었다. 2011년 9월4일에 금요주일 예배장소를 샤자 종교단지에서부터 벨 알리(Jebel Ali) 종교단지 내에 있는 **그리스도 교회**(Christ Church)로 옮겨 예배를 드리게 됨으로써, 현재 입당예배를 드리게 되는 기초를 마련하게 되었다.

그런데 2012년 4월6일 부활절 예배와 세례식을 앞둔 불과 일주일 전에 갑자기 두바이 정부가 전 호텔에 공문을 보내어, 호텔 내에서 종교행사를 갖는 모든 단체에 대해 신고를 명령하면서, 호텔에서 예배를 드릴 수 없는 상황이 되었다. 그리하여 창립 후 계속하여 예배드리던 홀리데인 호텔에서 마지막 부활절 예배와 세례식을 행한 후, 예배당이 없는 상황이 되었다.

일주일 밖에 남지 않은 상황에서 하나님의 역사로, 정말 생각지도 못한 방법으로 순복음교회의 이름을 빌려, **그리스도 교회**(Christ Church)에서 2012년 4월13일 **교회설립 3주년 기념예배**를 드릴 수 있었다. 그 후 순복음교회도 두바이 정부의 똑같은 명령에 의해 더 이상 호텔에서 예배를 드릴 수 없었다. 순복음교회는 두바이 사랑의교회에게 예배장소를 내어줄 것을 요청하였다. 드디어 간절한 기도 속에 두바이 사랑의교회는 간절한 소망인 교회등록 및 교회 이름으로 성전 사용을 허락받아, 2012년 8월4일 토요일 3시30분에, 바로 이 자리에서 **제벨알리 종교단지의 성공회 건물**에서 첫 예배를 드리며, 새 입당 예배를 드리게 되었다.

코로나의 위기 속에서

2020년 1월에 발생한 코로나 사태로 인하여 중동 각국이 봉쇄되었다. 4월 4일 토요일 주일예배 마치고, 4월5일 갑작스럽게 교회 봉쇄가 발표되었다. 그리하여 온라인 방송장비를 급히 마련하여, 4월7일 화요예배부터 온라인 영상예배로 전환함으로써, 예배가 중단되지 않을 수 있었다. 2021년 12월 28일, 감격스러운 대면예배를 재개할 수 있었다. 예배당 사용시간을 얻는 것도 어려웠다. 2022년 1월9일부터 예배당 사용시간을 연락받아 주일예배를 드릴 수 있게 되었다.

다. 아랍에미리트 - 아부다비

(1) 아부다비 온누리교회 (2011년)69)

아부다비 온누리교회는 **아부다비 한인교회**(1978 개척)를 이어받아, 2011년 6월 서울 온누리교회의 비전교회로 새롭게 태어난 교회이다. 2000년~2010년 8월까지 **여의도 순복음교회**에서 파송된 이바울, 김은영 목사가 각각 담임하였다.70)

교회의 설립

2010년 12월 이라크와 요르단에서 사역하던 노규석 목사가 온누리교회의 파송을 받아 아부다비로 오게 되었다. 2011년 6월3일 노규석 목사가 중심이 되어 **설립예배**를 드리고, 교회명을 **아부다비 온누리교회**로 변경했다. 그리하여 온누리교회의 비전교회로서 새롭게 시작되었다.

아부다비 온누리교회 창립예배(2011.6.3)

처음부터 선교적 교회로

노규석 목사는 2014년 7월까지 사역하였다. 한국으로 돌아간 후에, 그의 인터뷰에 따르면, **아부다비 온누리교회**는 200여명의 성도가 모였으며, UAE에서 건설 중인 **바라카 원전**에 2개의 현장교회를 세울 계획이었다. 바라카 원전의 현장교회는 2,500명의 한인근로자를 위한 예배와 성경공부를 위하여 세워질 뿐만 아니라, 1만 명에 달하는 외국인 노동자들을 위하여 각국의 언어로 예배를 행할 계획이었다.

노규석 목사가 사역할 동안에만, 아부다비 온누리교회는 30개의 선교팀을 북아프리카와 시리아 등지로 파송했다. 뿐만 아니라, "한국의 본 교회 도움 없이 매년 6만불의 선교비를 지출했다"고

69) 아부다비 온누리교회의 내용은 현 담임목사 김도균 목사의 검토와 보완의 과정을 거쳤다.
70) 정형남, "중동의 한인교회들과 중동선교", p.140 각주 62

한다. 노규석 목사는 "중동의 한인교회가 **한인노동자를 위한 교회**를 넘어 **선교하는 전진기지**로 탈바꿈하고 있다"고 전했다.

이 비전에 계속하 발맞춰, 12유닛 **중동 아프리카 선교사**를 선별하여 계속해서 후원하고 있으며, 중동 아프리카를 중심으로 차세대와 성인에 이르기까지 매년 수차례의 **아웃리치**를 통해 선교사와 선교지 방문으로 선교적인 호흡을 이어가고 있다

2018.8. 이집트 아웃리치

이와같은 방식으로 선교지를 후원하는 것 뿐 아니라, 선교사와 선교사역을 후방에서 지원하는 사역을 위하여 매년 **선교지의 좋은 프로젝트**를 적극적으로 후원하고 있다. 코로나 이전에는 2년에 한 번씩 선교사를 초청하여 선교대회를 지원하기도 하였다.

해외 뿐 아니라, **아부다비 국내 선교**도 관심을 두고 있다. **레이버 캠프**(labor camp)의 3국인들에게 복음을 전하는 것과, 크리마스 때에는 그들을 초청하여 식사와 문화공연으로 격려하는 **블레싱 행사**도 갖고 있다. 그리고 현재 예배장소인 TEC 내에 있는 **미얀마 공동체**와, **바라카 현장교회**, 그리고 **루와이스 온누리교회**를 돕고 협력하고 있다.

2018.9. 레이버 캠프

2010년 12월 UAE 원전 건설 현장의 바라카 교회 초창기 (개척멤버들)

아부다비 온누리교회는 이슬람의 땅에서 하나님을 힘써 예배하는 **예배 공동체**를 꿈꾸고 있다. 예배 가운데 주신 성령의 은혜를 입어 **선교사역**을 앞서 감당하고, 또한 선교사들과 네트워크를 이루어, 함께하는 선교를 꿈꾸는 **선교 공동체**를 세워가고 있다.

그리고 이 모든 일들이 **다음세대**에게 계승될 수 있도록 차세대 사역에 중점을 두고 있다. 이를 위해 차세대에서 성인에 이르기까지 하나님의 말씀이 바탕이 된 사역을 펼쳐나가고자, **말씀과 양육에 집중**하고 있다.

2017년 패밀리예배 (9월19일)

2014년 7월 김태완 목사가 제 2대 목사로 파송되었으며, 2024년 현재, 김도균 목사가 제 3대 목사로 섬기고 있다.

아부다비 원전현장의 바라카 교회

아부다비 원자력발전소는 아부다비 도심에서 300km 떨어진 바라카(아랍어 '축복')지역에 세워졌다. 2만명의 현대, 삼성, 여러 협력사의 기술자(3천명)와 외국인 근로자(18,000명)가 일하고 있다. 아부다비 원전은 기도로 시작해서 기도로 세워졌다. 곧, **기도의 열매**이다. 한전(KEPCO), 한수원(KHNP), 한국전력기술(KEPCO E&C)과 KPS 등 **전력 그룹사 선교회**가 수주단계에서부터 뜨겁게 기도했고, **"전기가 가는 곳다마 복음을"**이라는 구호를 외쳤다.[71]

71) 아래 사진출처, 주태근 - https://tkjoo.tistory.com/11464822

2010년 8월 원전건설 현장에 현장교회가 창립되어 한전신우회를 중심으로 예배가 시작되었다. 바라카 교회는 원전건설 현장의 **임시건물**에서 예배를 드리다가, 2012년 7월에 예배당 두 동을 정식으로 건축하였다. 제 1성전(120석, 한국어예배)과 제 2성전(200석, 영어예배).[72] 사막의 영성을 간직한 **뜨거운 예배**(한국어와 영어)가 매주 드려진다. 이곳 건설현장에서 믿음의 형제들은 자신의 휴식시간을 반납하고, **한국어예배**와 **영어예배**를 드리고 있다. 또한 다양한 나라에서 온 근로자들에게 **복음을 전하고**, 각국 언어로 **성경공부**를 하고 있다.

아부다비 온누리교회는 원전건설 초기인 2010년 12월부터 현재까지 원전현장의 바라카교회를 매주 섬기면서 선교적 사명을 감당하였다. 2013년부터 **두바이제일교회**(현 두바이비전교회) 주태근 목사가 바라카 현장의 복음을 위해 합류하여, 아부다비 온누리교회 목회자들과 팀사역을 했다. 초기에는 아부다비 온누리교회 담임 노규석 목사와 부목사들과 함께 사역하였고, 이어서 김태완 목사와 주태근 목사가 동역하였다. 2020년에는 김태완 목사(아부다비온누리교회), 황준서 목사(두바이비전교회), 윤용순 목사(루와이스 온누리교회) 등이 공동목회로 사역하였다.[73]

72) 정형남, "중동의 한인교회들과 중동선교", p.141
73) 주태근, https://blog.naver.com/taekunjoo/222788195085

(2) 아부다비 맑은샘 한인교회 (2013년)[74]

아부다비 맑은샘 한인교회는 2013년 9월 아부다비에 설립되어 설립 10주년이 넘게 되었다. 초대 담임목사인 강희진 목사에 이어서, 2018년 10월부터 최재혁 목사가 제 2대 담임목사로 시무하고 있다. 맑은샘 교회는 감리교회 소속이지만, 교파를 넘어, 초교파 사역을 지향하고 있다. 또한 맑은샘 한인교회는, 그 이름처럼 "광야같은 이 땅에 한 줄기 샘물과 같은 교회"가 되기를 꿈꾸며, "성도들의 영성을 기르고 훈련하여 제자삼는 일"에 힘쓰고 있는 귀한 교회이다.

(3) 루와이스 온누리교회 (2020)[75]

루와이스 온누리교회는 2019년 12월13일 시작하여, 2020년 2월21일 설립했다. 교회당은 아부다비 서쪽 **루와이스 도시**에 자리하고 있다. **루와이스**는 바라카 현장에서 근무하는 직원들의 가정이 머무는 도시이다. **루와이스 온누리교회**는 그들의 영혼과 중동선교의 비전을 품으면서, 개척된 교회이다. 초대 담임목사는 온누리 TIM 선교회에서 파송한 윤용순 목사이다.

교회창립 감사예배 전에, 미국 TEAM MISSION 대표 **이재환 선교사**를 강사로 모셔 선교세미나를 진행했다. 교회 창립예배 시, TIM 본부 본부장 한충희 목사와 사모, 온누리교회 2000 선교본부 김홍주 목사, 아부다디온누리교회 김태완 목사, 여러 성도들과 함께 사도행전 29장의 비전을 이루는 선교적 교회를 다짐하면서, 현재까지 이르고 있다.[76]

---

74) 아부다비 맑은샘 한인교회의 내용은 최재혁 목사가 초안을 작성했다.
75) 아래 내용은 루와이스 온누리교회 담임 윤용순 목사의 검토를 거쳤다.

라. 오만 (Sultanate of Oman)

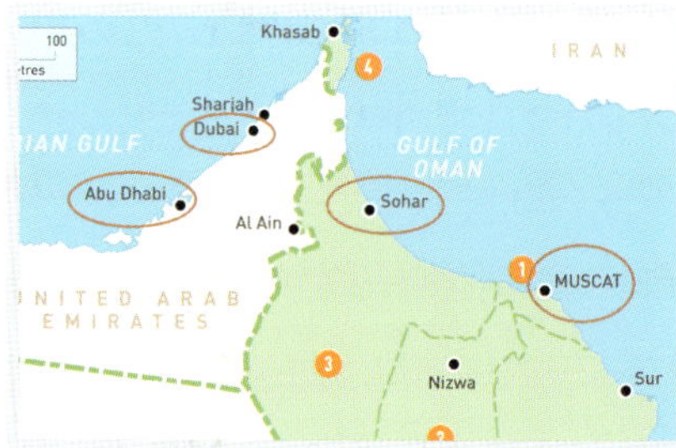

대한민국과 오만은 1974년 외교관계가 수립되었고, 1976년 상주대사관이 설치되었다. 그러나 한인교회가 자립하여 세워질 만큼, 한인사회가 크게 세워지지 못했다. 2015년 KOTRA와 현대건설 등의 기업이 진출하여 340여명의 교민이 있었고, 2020년 463명, 2021년에 270명 뿐이었다. 그들 대부분은 수도인 **무스카트**와 **소하르**에 거주하고 있다. 그리하여 **두바이 한인교회**와 **온누리교회**가 직,간접적으로 협력함으로써 2000년대에 **무스카트**와 **소하르**에서도 한인교회들이 세워질 수 있었다.

(1) 소하르 샬롬교회 (2005년)

소하르 샬롬교회는 2005년 11월 11일 **두바이한인교회**의 **자매교회**로 창립하였다. 2006년 창립 1주년 때, 두바이한인교회가 함께 기념예배에 참여하였다. 2006년 12월25일, **소하르 샬롬교회**를 섬기던 문홍미 전도사가 한국으로 귀국했다.[77]

소하르 샬롬교회 설립 기념예배 (2005년)

설립 1주년 기념예배 (2006년)

2011년 9월15일 한 방문자가 소하르 샬롬교회의 예배에 참석한 후에, 사진을 블로그에 올렸다. 당시 소하르에 대규모 중화학산업단지를 육성하는 중이어서, 3개의 한국기업 직원 80여명이 거주

---

76) 주태근, https://blog.naver.com/taekunjoo/222788195085
77) 이 사실은 두바이 한인교회의 홈페이지에서 확인하였다.

하였는데, 그 중 약 20여명이 모여 예배를 드리고 있었다고 한다. 그는 가로등도 없는 캄캄한 밤에, 모 선교사와과 함께 **소하르 샬롬교회**를 찾기 위해, 한참이나 헤멘 후에, 예배당 입구를 발견했다. 거기에는 Sohar Presbyterian Church(소하르장로교회)라는 교회명판이 있었다고 한다.

(2) 오만 한인교회 (2011년 이전설립)

2015년 초부터 **아부다비 온누리교회** 김태완 목사와 윤용순 목사가 2주에 한번씩 방문하여 예배를 드렸다. 그 때 이미 담임목사는 한국으로 복귀하여 예배가 잠시 멈추어진 상태였다. 그런데 **오만 한인교회**가 언제 최초로 시작되었는지는 확인되지는 않는다. 2011년도에[78] 이성규 목사가 오만 한인교회의 담임목사로 확인된 것이 가장 빠른 시기이다. 2014년도까지 오만 한인교회의 홈페이지가 인터넷에 검색되었으나, 현재는 비공개로 처리되어 열어볼 수 없다.

2015년 5월27일 윤용순 목사가 **오만 한인교회**의 담임목사로 취임하였다.[79] 당시 오만한인교회의 이름으로 두 군데에서 예배가 드려졌는데, **금요일**에는 **소하르**에서 예배가 드려졌고(소하르의 오만 한인교회), **토요일**에는 **무스카트**에서 예배가 드려졌다(무스카트의 오만 한인교회).

윤용순 목사는 2016년 1월 오만한인교회를 사임하고 한국으로 복귀하였다. 그의 복귀 이후로 **무스카트**에서 **오만 한인교회**는 더 이상 예배를 드릴 수 없었다. 당시 무스카트에는 오만한인교회 외에도, 최상운 선교사가 개척한 **무스카트 한인교회**가 있었다. 그리고, **소하르**에서 **오만 한인교회**의 이름으로 드려졌던 예배는, 브레이미에 있는 선교사들의 예배인도의 도움을 받아 '**소하르 한인교회**'라는 이름으로 예배가 계속된 것으로 알려졌다.

78) 정형남, p.142 각주 74. (http://cafe.daum.net/omankoreanchurch)
79) 이하에 내용은 윤용순 목사가 설명한 바를 재정리한 것이다.

(3) 무스카트 한인교회 (2018년)

무스카트 한인교회는 2014년 9월부터 최상운 선교사가 자택에서 두 가정과 함께 예배를 드림으로써, **가정교회**로 개척하여, 시작되었다. 그후 2018년 7월부터 오만 정부에서 인가받은 종교 부지 건물에서 입당 예배를 드리면서 **무스카트 한인교회**가 정식으로 창립되었다.[80]

최상운 선교사는 대학졸업(1983년)을 한 후 오만과 아랍에미리트에서 원양어선 항해사로 일을 시작했다. 그후 서울 온누리교회에서 청년부 활동을 하며, 선교사로 헌신했다(1992~1995년). 2007년 7월 중동선교회 소속으로 **오만의 무스카트**에서 사역을 시작하였고, 2021년 7월3일 다음 선교지 **알제리**로 가기 위해 **무스카트 한인교회**를 사임한 상태였다.

설교자 최상운(2019.1.19)

그러나 2021년 7월13일 코로나로 인한 폐렴으로 최상운 선교사는 소천하게 되었다. **장례식 예배**는 과거 청년의 때에 그가 활동하며 선교사의 비전을 갖게 되었던 **온누리교회 청년부 주관**으로 드려졌다.[81] 그후에 2022년까지 이승환 선교사가 **무스카트한인교회**의 담임목사로 섬겼다.

2019년 1월19일 최성운 목사 – 금요주일예배와 설교장면[82]

80) https://blog.naver.com/jr0191/222450799293
81) https://blog.naver.com/jr0191/222450799293

(4) 소하르 한인교회

소하르 한인교회는 소하르에서 오만 한인교회의 이름으로 모였던 교회로 추측된다. 주태근 목사에 따르면, 2020년 소하르 한인교회는 성 안토니 교회(St. Antony's Catholic Church Sohar)에서 약 10여명이 정기적으로 예배를 드렸다. 예배인도는 오만에 거주하는 동역자들이 순번으로 예배를 인도하였다.[83] 그러나 2022년 현재 더 이상 모이지 않는다고도 알려져 있다.

2019년 1월12일 소하르한인교회 - 금요주일 오후 2시 예배장면[84]
(예배 후 한국관 식당에서 식사교제)

---

82) 사진출처 https://blog.daum.net/yeonhee6233/4144
83) 주태근, https://blog.naver.com/taekunjoo/222832145697
84) 사진출처 https://blog.daum.net/yeonhee6233/4116

선교적 교회(Missional Church)

선교적 교회(Missional Church)와 **선교하는 교회**(Missionary Church)는 서로 같지 않다. 물론 당연히 **선교적 교회**는 모두 선교하는 교회이지만, **선교하는 교회**가 모두 선교적 교회는 아니기 때문이다. 선교하는 교회는 선교를 교회가 해야 할 사역들 중에 하나로 이해하지만, 선교적 교회는 선교를 교회의 본질로 여기며, 교회의 존재 이유로 생각한다.[85]

1. 예배와 선교

왜 선교는 **교회의 사역들** 중에 **하나**가 아니며, **교회의 본질**에 속하는가? 존 파이퍼가 예배에 대해 이렇게 진술하였다.

> 예배는 선교의 연료요 목표다. 예배가 선교의 목표라 함은, 선교할 때, 우리가 오로지 열방을 인하여 하나님의 영광을 높이려는 목표를 가지고 있기 때문이다. 선교의 목표는 열방이 하나님의 위대하심을 보고 기뻐하게 하는 것이다. ... 예배는 또한 선교의 연로다. 예배할 하나님을 향한 열정이 있어야, 설교할 때 '하나님을 믿으라'고 말할 수 있다. 귀하지 않은 것을 좋다고 내세울 수 없기 때문이다.[86]

열방 중에 아직 **하나님을 예배하지 않는 곳**이 있기 때문에, **선교**는 계속되어야 한다.

> 선교는 교회의 궁극적인 목표가 아니다. 예배가 그 목표이다. 예배가 없기 때문에 선교가 필요한 것이다. 궁극적인 목표는 선교가 아니라, 예배이다. ... 이 시대가 끝나고, 구속받은 셀 수 없이 많은 이들이 하나님의 보좌 앞에서 머리를 조아리게 될 때, 선교는 더 이상 존재하지 않을 것이다. 선교는 일시적으로 필요할 뿐이다. 그러나 예배는 영원히 남는다.[87]

---

85) 김선용, "예배의 회복을 통한 선교적 교회 모델연구"(석사, 장신대 세계선교대학원, 2017), p.11
86) 존 파이터, 「열방을 향해 가라」(서울 : 좋은 씨앗, 2003), pp.19-20. in 김선용, p.1 재인용
87) 존 파이터, 「열방을 향해 가라」 p.20. in 김선용, p.18 재인용

어원적으로도 **예배**(Missa)와 **선교**(Mission)은 같은 어원이다. 〈예배〉, 곧 미사(Missa)는 '보내다, 파송하다'라는 뜻의 라탄어 'Mitto'에서 유래되었다.[88] 마찬가지로 〈선교〉, 곧 미션(Mission)도 'Mitto'에서 나온 말이다. 그리하여 일단 예배와 선교는 라틴어 어원이 같다.[89]

한번 **주일예배**(Regular Lord's Day Worship)를 보라. 예배는 '하나님의 부르심'(Call to worship)으로 시작되어, 성도를 **세상으로 파송**하는 예전(Sending to the world)으로 끝난다. 그러므로 예배가 끝날 때, **하나님의 선교**(Missio Dei)는 시작된다. 이처럼 예배와 선교는 '하나님의 선교'라는 차원에서 함께 만난다.[90] 그러므로 선교적 교회를 세우기 위해 예배의 회복은 결정적이다.[91]

2. 선교적 교회론

태동배경

선교적 교회(missional church)는 1970년대 중반 영국의 선교학자 **레슬리 뉴비긴**(Lesslie Newbigin, 1909-1998년)에 의해 시작되었다. 1936년~1974년에 인도에서 38년 간의 선교사역을 마치고, 영국으로 돌아왔을 때, 그는 너무 놀라운 상황을 목격했다. 영국사회가 자신이 선교사로 떠날 때와 너무 다르게 변해 있었다. 영국의 기독교 상황은 더 이상 **기독교왕국**(Christendom)이 아니었다. 선교사를 파송하던 영국이, 오히려 인도보다 더 선교지가 되어 있었다.[92]

그러나 이러한 상황은 사실 오래 전에 시작되었다. 주후 313년 콘스탄틴 대제가 밀라노 칙령을 통해 기독교가 공인된 이후부터, 로마제국의 황제는 더 이상 기독교의 핍박자가 아니라, 오히려 막강한 후원자가 되었고, 기독교는 서구사회 안에서 막강한 힘을 소유하게 되었다. 이 기독교 세계 안에 이교도는 거주하기 힘들게 되었고, 그들 대부분은 **명목상의 그리스도인**이 되었다. 교회 안에 **명목상의 그리스도인들**이 많아질수록, 사회에 대한 교회의 선한 영향력은 약화되었다. 심

88) 조학균, 「그리스도와의 만남」(서울 : 성바오로출판사, 2008), p.196 in 김선용, p.18 각주38
89) 김선용, "예배의 회복을 통한 선교적 교회 모델연구", p.18
90) 김선용, "예배의 회복을 통한 선교적 교회 모델연구", p.25
91) 김선용, "예배의 회복을 통한 선교적 교회 모델연구", p.28
92) 황기덕, "선교적 교회론에 따른 디아스포라 한인교회의 갱신연구"(목회신학박사, 장신대, 2017), p.16

지어 교회가 세상으로부터 지탄의 대상이 되었다. 뉴비긴은 인도에서 선교사 생활을 마치고 영국으로 돌아온 후에, **인도의 마드라스**, 곧 **가장 어려운 빈민촌**에서 찾을 수 있었던 희망을 정작 영국에서는 더 이상 찾아 볼 수 없다고 말했다.

선교적 교회론은 이와같이 교회가 세상으로부터 동떨어져 있고, 세상과 사회로부터 지탄받게 되는 상황에서 등장한 교회회복의 운동이었다.

당시 전통적 교회

당시 서구교회는 교회 자신이 사회에 안정된 상태로 정착하는 것에만 고착되어 있었고, 세상과 사회에 대한 책무를 소홀히 했으며, 그저 교회조직과 운영 등 내부의 유지에 더 관심을 집중하였다. **반면에 선교**는 교회가 해외에서 행하는 운동으로 여겼고, 점차 **선교단체**를 통해 선교의 맥을 이어가는 정도가 되었다. 교회는 내향적이고, 선교는 외향적이게 되었다.

이와같이 그 당시 서구교회는 ① 교회 자기 자신에 대한 지나친 집중과, ② 교회와 선교를 이중구조로 분리시킴으로써, 교회의 책무인 선교를 등한시 하고 있었다. 그리하여 레슬리 뉴비긴은 교회론의 재정립과, 선교 본질의 재인식을 촉구하게 되었다.[93)]

이러한 **레슬리 뉴비긴**의 문제제기에 의해 북미의 교회들은 **교회의 선교적 역할**에 대해 자각하게 되었다. 그리하여 **호켄다이크**(J.C. Hoekendijk), **그레머**(HendrikKraemer), **데이비드 보쉬**(David Bosch) 등의 교회론을 통해서 **선교적 교회론**이 태동하게 되었다.[94)]

당시 '전통적 선교'에 대한 도전

기독교 서구세계가 세계를 지배하던 시절에, 선교란 무엇이었는가? 그 시기에, 유럽제국은 서로 경쟁적으로 식민지 영토의 확장을 위해 유럽 밖으로 나갔다. 곧 이 때 아시아, 아프리카, 그리고

93) 황기덕, "선교적 교회론에 따른 디아스포라 한인교회의 갱신연구"(목회신학박사, 장신대, 2017), p.6
94) 황기덕, "선교적 교회론에 따른 디아스포라 한인교회의 갱신연구"(목회신학박사, 장신대, 2017), p.7

남아메리카에 거주하는 이교도들에게 복음을 전하러 나가는 선교가 시작되었다. 주후 15세기 이후의 선교는 **유럽의 기독교 왕국**을 **선교지에 이식**하는 패러다임의 선교로 나타났다.95)

그렇다면, 오늘날 현재 서구교회는 어떻게 되었는가? 초대교회 당시에는 **모든 교회**가 **선교적**이었지만, 기독교 왕국이 성립되면서 **선교의 필요성**을 잃어버리게 되었고, **선교적 소망**도 잃어버림으로, 오히려 **선교의 대상**이 되고 말았다. 또한 교회를 **선교의 주체**라고 생각해서, 교회가 교회 내의 여러 프로그램 중 하나로서 **선교를 선택**할 수 있다고 생각하고 있었다. 예수 그리스도와 그의 사도들, 바울과 그의 동역자들은 **선교적**이었고 **순교적**이었다. 그들은 죽음을 무릅쓰고 복음을 전하였고, 그들에게는 언제나 **선교가 먼저**였다. 그들에게 선교는 선택사항이 아니었다.

선교와 교회의 관계

선교적 교회론은 '선교'와 '교회'의 관계를 바르게 정립하기 위하여 서구 학자들이 주도적으로 진행해온 시도이다. 이러한 선교적 교회는 '교회'와 '선교'의 관계성을 중점적으로 다루기에, 학문적으로는 〈선교학〉과 〈교회론〉이 만나는 장이 된다. 또한 실천적으로는 '교회는 본질적으로 선교적이다'란 기본명제에 기초하여, 교회의 조직과 사역의 구성과 실천을 탐구하는 모든 노력들이 선교적 교회론에 포함된다.96)

선교와 교회의 관계를 물을 때, 가장 먼저 '**선교의 주체**는 누구인가?'를 묻게 된다. 선교의 주체는 교회인가, 하나님인가? 그렇다면, 선교는 **교회의 선교**인가, **하나님의 선교**인가? 전통적으로는 선교의 주체는 교회였고, 교회의 선교였다. 이에 대해 선교적 교회는 도전한다.

선교적 교회의 핵심적인 문제는 바로 **선교의 주체**인데, 그 분은 지금도 행동하시는(actio Dei) **삼위 하나님**이다. 그 분의 모든 행하심은 '구속적'(redemptive)이기 때문에 그것은 결국 '선교적'인 것이다. 선교는 하나님의 본질적 사역이고, 그분의 존재의 심장박동이다. 그래서 하나님은 '선교의 하나님'(missionary God)이시고, '파송하는 하나님'(sending God)이시다.97)

95) 황기덕, "선교적 교회론에 따른 디아스포라 한인교회의 갱신연구"(목회신학박사, 장신대, 2017), p.15
96) 황기덕, "선교적 교회론에 따른 디아스포라 한인교회의 갱신연구"(목회신학박사, 장신대, 2017), p.13

그러므로, 교회는 선교사들을 세상으로 **'파송하는'**(sending) **기관**이 아니라, 교회 그 자체가 세상을 변혁하기 위해 세상으로 **'파송받은'**(being sent) **'사도적 공동체'**(Apostolic Community)이다. 즉, 선교적 교회는 **'보냄받은 교회'**(a sent church)이며 그래서 **'모이는 교회'**로만 만족하지 않는 교회, **끌어모으기식 교회**가 아니라, **'가는'**(Going) **교회**이고, '가야만 하는' 교회이다. 그러므로 선교적 교회는 이 **'보내짐'**(sent-ness)의 요소를 회복한 교회이다. 따라서 선교는 단순히 **교회의 한 활동**이 아니다. 교회는 오직 성령 하나님의 임재 안에서 선교를 감당하는 **한시적 대행기관**이다.[98]

선교의 영역

선교는 어디에서 일어는가? **호켄다이크**에 따르면, 선교란 **'세상과 교회 사이'**에 일어나는 것이 아니고, **'세상과 하나님 사이'**에서 진행된다. 그러므로 '**교회**가 선교의 중심이 되는 선교'는 그릇된 결과가 야기될 수 있으며, **교회**가 모든 선교의 출발점이 되거나, **교회개척**이 선교의 목적이 되는 것도 옳지 않다. 교회는 오직 **세상을 향한 하나님 나라**를 선포할 때, 참된 모습이 된다.[99]

크래머 역시 호켄다이크과 마찬가지의 주장을 하였다. 교회 그 자체가 선교라고 한다. 즉 교회는'선교'라는 영역을 별도로 구분하여 사역하는 것이 아니라, 언제 어디서나 삶의 자리에서 실천하는 것이다. 그의 정의는 교회중심적(church centered)이 아니라 세상중심(world centered)의 교회이며, **세상 속에서 살아가는 평신도의 역할**이 중요함을 피력하였다. 즉, 삶의 장소에서 예수 그리스도의 복음을 삶으로 나누는 공동체가 교회라고 말한 보쉬의 말과 일맥상통한다.

그러므로, 선교적 교회론에 있어서 교회의 선교는'파송하고 후원하는 사역적 차원'에 머무는 것이 아니라, 선교사를 파송하고 후원한 이후에, 교회와 그 성도들의 목적과 삶의 방식을 매우 중요하게 여기게 된다. 곧 선교적 교회의 내적 삶은 선교에 참여하는 제자로서 살아가는 모든 신자에게 초점을 맞춘다. 세상에서 이루어지는 하나님의 선교에 참여하기 위해 **모든 제자가 양육되어야 한다**는 점에서, **그들의 영적 성장**은 일차적인 관심사가 된다.

97) 황기덕, "선교적 교회론에 따른 디아스포라 한인교회의 갱신연구"(목회신학박사, 장신대, 2017), p.17
98) 황기덕, "선교적 교회론에 따른 디아스포라 한인교회의 갱신연구"(목회신학박사, 장신대, 2017), p.18
99) 황기덕, "선교적 교회론에 따른 디아스포라 한인교회의 갱신연구"(목회신학박사, 장신대, 2017), p.7

사도행전 – 예루살렘 교회와 안디옥 교회

선교적 교회가 되기 위한 해답은 이미 성경 안에 나와 있다. 사도행전의 무게중심은 13장을 기점으로 전통적, 제도적 교회의 모델격인 **예루살렘 교회 중심**에서 선교적 교회의 모델격인 **안디옥 교회 중심**으로 이동한다. 그 변화의 중간인 9–11장에서 큰 변화의 이야기들이 기록된다. 첫째는 박해자 사울의 변화에 관한 이야기(9장), 둘째는 유대주의자 베드로의 변화에 관한 이야기이며(10:1-11:18), 셋째는 흩어진 성도들의 변화에 관한 이야기이다(11:19-26).[100]

먼저 9장과 10장에서 두 지도자 사울과 베드로를 변화시킨다. 선교적 교회가 되려면 우선 전통적 교회의'리더들의 의식'이 변해야 했기 때문이다. 세상을 구원하시려는 삼위일체 하나님의 열정과, 구속사로 펼쳐지는 하나님의 선교를 새롭게 인식하는 변화가 필요하며, 성과 속, 거룩한 것과 불결한 것 교회와 세상을 , 구분하는 이원론적 사상의 담을 허물어야 한다.

11장에서 박해로 흩어진 유대인 성도들이 처음에는 유대인들에게만 전도하다가, 이후에 이방인들에게도 예수를 처음으로 전하기 시작하였다. 이것은 사울과 베드로의 세계관의 변화와 동일한 놀라운 변화이다. 신약교회가'구원은 유대인의 것'이라는 **유대적 특수주의**(Jewish particularism)를 넘어 **복음의 우주성**(universalism)을 선포하고 실천하기 시작한 것이다. 이를 기점으로 사도행전의 선교는 교회가 공적으로 이방인 속으로 침투하여 확산하는 분기점이 되었다.

---

100) 황기덕, "선교적 교회론에 따른 디아스포라 한인교회의 갱신연구"(목회신학박사, 장신대, 2017), p.7

(5) 두바이 한인교회 (2000년대) - 중동지역 선교적 교회의 사례

두바이 한인교회는 2000년대 중동지역에서 선교적 교회로서 소중한 열매를 맺은 교회이다. 그리하여 두바이 한인교회는 이미 제 3장에서 **주태근 목사의 사역**을 중심으로 다루었으나, 여기서는 **신철범 목사의 사역**을 중심으로 이어서 다루고자 한다.

1) 선교적 교회의 새로운 시작[101)]

2000년 11월 주태근 목사는 사임하고, 귀국하였다. 2001년 1월에 제 3대 담임목사로 박용태 목사가 부임하였으나, 같은 해 8월6일에 사임하고 귀국하였다. 이처럼 혼란스러운 상황 속에서 2002년 4월 5일 제 4대 담임목사로 신철범 목사가 부임하였다. 신철범 목사의 부임 이후에 두바이 한인교회는 중동지역 한인교회로서 선교적 교회를 성공적으로 이루었다.

선교사파송

2003년 김동문 선교사(제 1호), 2004년 김정로 선교사(제 2호), 2006년 양병문 선교사(제 3호), 2009년 주정희 선교사(제 4호)와 우대훈, 한희라 선교사(제 5호)를 파송했다. 그 이후 두바이한인교회의 선교기관인 OIC 57 Allinance를 통해 총 42개국, 116명, 2학교, 2단체를 섬기고 있다.

101) 이 항목에서 두바이한인교회의 내용은 거의 전적으로 두바이한인교회의 홈페이지에 의존했다.

자매결연

두바이한인교회는 미국, 한국, 인도, 호주, 프랑스 등 여러 나라들의 한인교회들과 자매결연을 맺었다. 2007년 6월 **시애틀형제교회**, 2007년 11월 **분당은진교회**, 2011년 3월 **인도첸나이 마드라스한인교회**와 **호주 시드니 주안교회**, 2018년 11월 **파리선한장로교회**와 자매결연을 맺었다.

2005년 10월에는 오만 **소하르 샬롬교회** 설립예배를 드리다. 설립 1주년 기념예배도 두바이한인교회가 교우와 함께 참석하여 드렸다.

예배당과 예배의 확장

2008년 1월 제벨알리 성전 장년 4부예배를 시작하고, 같은 해 2월 알바샤 성전 오프닝 예배드렸다. 2014년 9월 RAK 성전 4부예배 시작했고(Acacia Hotel), 같은 해 10월 RAK성전 4부 예배의 예배처를 성 누가교회(St. Luke's Church)로 옮겼다. 현재 Bur Dubai 성전, Al Barsha 성전, 그리고 RAK 성전에서 예배가 드려지고 있다. 2018년 9월에는 **세종문화센터**를 설립하였다.

항존직의 임직

장로, 안수집사, 권사의 항존직을 비롯하여 직분자들을 세웠다.

2006년 11월 명예장로 1인, 장로 1인, 안수집사 7인 권사 6인, 명예권사 1인
2009년 11월 장로 4인, 안수집사 10인, 권사 16인 총 30명,
2013년 11월 장로 2인, 안수집사 14인, 권사 15인 총 31명
2017년 11월 안수집사 8인, 권사 14인, 명예권사 1인.
2021년 01월 명예장로 1인, 안수집사 3인, 사역권사 14인, 명예권사 1인

2021년 1월 1일 신철범 목사가 원로목사로 추대되었고, 최영신 목사(2019.12.2.부임)가 두바이 한인교회의 제 5대 담임목사로 위임받아, **선교적 교회**를 계속 진행하고 있다.

2) 목회철학과 교육 프로그램

목회철학

선교적 교회를 지향하는 두바이한인교회의 목회철학은 다음과 같다.

하나님 앞에서 **예배**를 통해 '하나님의 Message' 를 **들으며**,
예수님 안에서 **훈련**을 통해 '하나님의 Message' 를 **행하며**,
성령님 안에서 **선교**를 통해 '하나님의 Messeger' 가 **되며**
공동체 안에서 **친교**를 통해 '하나님의 Member' 가 **된**다.

* 이 목회철학에 **삼위일체 하나님**(하나님-예수님-성령)에 근거한 **교회론**(공동체)이 나타나 있다.
* **예배**(Worship), **훈련**(Disciple) , **선교**(Mission), **친교**(Communion)의 4대 사역이 나타나 있다.
* 하나님의 메시지를 **듣고**(listening), **행하여**(doing),
하나님의 메신저와 공동체 멤버가 **됨**(being)이라는 실천적 목표가 나타나 있다.

장년교육

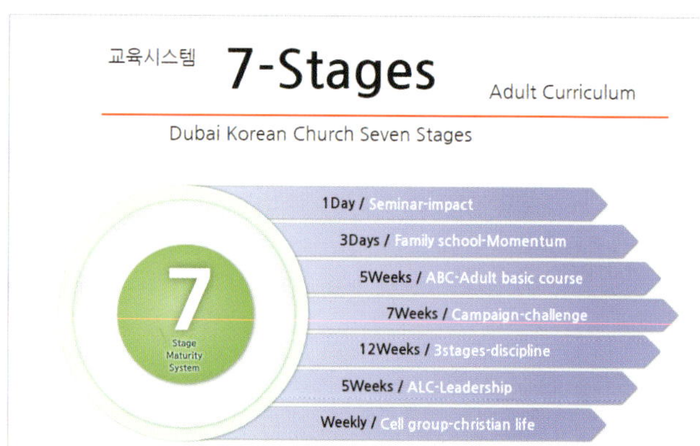

두바이한인교회는 교인 중의 일부가 아닌 전교인이 예수 그리스도의 제자가 되도록 7-Stages라는 **제자 훈련 커리큘럼**을 개발하였다. 이 과정은 신철범 목사가 두바이한인교회에 부임한 후, 5년간의 시행착오를 거친 후 얻은 결실이었다.102)

102) 교육개혁에 관한 내용은 2009년 9월30일부터 8주간 '기독공보/디아스포라 리포트(두바이한인교회 편)에 개재되었다(신철범, "사도행전 11장 26절에 나타난 선교적 교회에 대한 해석 및 프락시스",p.42)

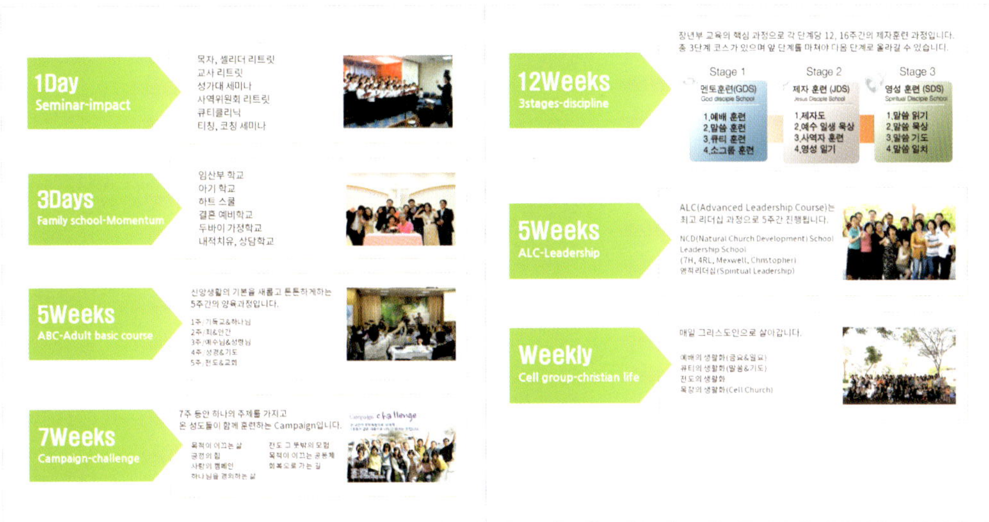

선교사역

이슬람협력기구 OIC57에 맞서, 2021년에 42개국에 116명의 선교사, 2학교, 2단체를 섬겼다.

3) 하나님의 교회, 하나님의 선교

두바이한인교회가 선교적 교회로서 사역하는 것은 신철범 목사의 교회론과 목회철학에 근거한 것이었다. 신철범 목사는 그의 학위논문[103]에서 "선교적 교회란 무엇인가?"란 물음에 대해 사도행전 11장 26절의 "(바나바가 사울을 찾으려 다소에 가서) 만나매, 안디옥에 데리고 와서, 교회에 일 년간 모여 있어 큰 무리를 가르쳤고, **제자들이 안디옥에서 비로소 그리스도인이라 일컬음**을 받게 되었더라"는 말씀에 근거하여 그 성경적인 답변을 제시하고 있다.[104]

사도행전에서 안디옥 교회는 **제자에서 그리스도인으로** 인정되는 과정을 거친 것에 반해, 현대교회는 **성경과는 정반대의 순서**이다. **명목상의 그리스도인**이 대다수이며, 그들 중 **일부만 제자훈련 과정**에 참여한다. 명목상의 그리스도인들이 모인 교회는, 주님께서 본래 의도하신 교회와는 판이하게 다르다. 진정한 그리스도인으로서의 정체성을 상실하고, 참된 교회의 실상도 잃어버렸기에, 하나님의 나라를 이루어가야 할 **선교적 교회**(missional church)는 더 이상 찾아보기가 힘들어졌다.[105]

알렌 크라이더(Alan Kreider)가 초대교회 시대의 '개종'(proselyte)과 '회심'(conversion)을 연구한 「회심의 변질」에서, 신앙입문자들이 세례를 받기까지의 과정을 4단계로 구분하였다.[106]

1단계	기독교에 매력을 느낀 사람이 교회의 지도자를 만나고, 세례교육을 신청한다. 이때 신앙예비자를 검증한 교회지도자들이 그들의 믿음(belief)을 인정하면 그 다음 단계로 나갈 수 있었다
2단계	입교자로서 신앙문답과정(catechumenate)에 들어간다. 입교자는 기독교 공동체의 정식회원이 아직 아니다. 일주일에 몇 번씩 회심과정에 도움되는 가르침을 받았다. 가르침은 회심자의 행동을 재형성하는데 집중되었고, 그 행동이 충분히 변화된 판단을 받을 때, 그 다음 단계로 나갔다.

103) 신철범 목사의 논문은 그 내용을 보강하여 「하나님의 교회, 하나님의 선교」라는 책으로 출간되었으며, 2022년1월 출간 즉시 재판을 찍어야 할 만큼 관심을 모았다.
104) 신철범, "사도행전 11장 26절에 나타난 선교적 교회에 대한 해석 및 프락시스-두바이한인교회를 중심으로"(장로회신학대학교 세계선교대학원, 2016년), p.2
105) 신철범, "사도행전 11장 26절에 나타난 선교적 교회에 대한 해석 및 프락시스", p.3
106) 신철범, "사도행전 11장 26절에 나타난 선교적 교회에 대한 해석 및 프락시스", p.9

3단계	교화(enlightenment)과정은 믿음에 집중하는 시간이다. 이 단계에서 교리적인 가르침을 받았다. 더불어 귀신을 쫓아내는 축사의식을 받았고, 세례예식에 이르는 영적준비훈련을 받았다. 이 지점에서 입교자들은 완전한 공동체의 일원으로서의 소속감(belonging)을 경험했다.
4단계	신비 입문식(mystagogy)이 4세기에 덧붙여졌다. 신비입문식은 구원의 신비를 더 깊이 이해하도록 돕는 과정이다. 이 과정에서 교사들은 세례와 성만찬예식의 의미와 새 신자들이 처음 참석한 두 의식의 경험담을 입문자들에게 설명해 주었다.

주후 3세기 초 문헌 「사도전승」은 **신앙문답과정**이 **3년간 지속**되었다고 한다. 4세기 초 스페인에서 신앙문답과정은 **5년간 지속**되었다. 그러므로 초대교회의 신앙입문자들은 세례를 받기까지 4단계를 통하여 3B, 즉 믿음(belief), 행동(behavior), 소속(belonging)에 엄청난 변화를 거쳤다. 이러한 변화 후에 신앙입문자가 교회공동체 정식회원으로 받아들였다.[107] 초대교회에서는, 사도행전의 안디옥 교회와 마찬가지로, **제자화 과정을 먼저 거친 자**가 그리스도인이라고 불리워졌다.

① 선교적 해석 : 뒤집혀진 주체

가. 선교의 주체는 누구인가?

예수님께서 제자들에게 **"아버지**께서 나를 **보내신 것** 같이 나도 너희를 **보내노라"** 라고 말씀하셨다(요 20:21). 이 구절로부터 **'하나님의 선교'**가 시작되었다. '하나님의 선교(Missio Dei)'란 용어는 1988년 데렐 구더의 'Missional Church'라는 책에서 처음 그 윤곽을 나타냈다. 그 이전까지 선교의 주체가 **'교회'**였는데, 하나님의 선교는 선교의 주체를 **'하나님'**으로 이해하도록 했다.[108]

하나님의 선교에서 가장 핵심적인 내용은 **하나님**께서 예수님(기독론)을 **보내셨고**(선교론), **예수님**께서 제자들을 보내심으로(선교론), 교회(교회론)가 탄생했다는 사실이다. 그러나 현대교회는 이러한 성경의 순서를 따르지 않았다.

- 요한복음 20장 21절 : 기독론 — (성령론) — **선교론** — 교회론
- 현대교회의 선교이해 : 기독론 — (성령론) — 교회론 — **선교론**

107) 신철범, "사도행전 11장 26절에 나타난 선교적 교회에 대한 해석 및 프락시스", p.10
108) 신철범, "사도행전 11장 26절에 나타난 선교적 교회에 대한 해석 및 프락시스", p.17

나. 보냄받은 자는 누구인가?

‘**보냄 받은**’이라는 Missional의 개념에 의하여, **선교적 교회**(Missional Church)의 구성원은 ‘보냄 받은 자’ 즉, **선교적 성도**(missional Christian)가 된다. 요한복음 20장 21절에 의해 ‘하나님께서 예수님(기독론)을 보내셨고(선교론), 예수님께서 제자들을 보내심으로(선교론) **교회**(교회론)**가 탄생**했으므로 그 교회의 구성원인 성도는 필연적으로 **선교적 존재**(missional Being)가 되어야 한다.[109]

다. 선교의 대상은 어디인가?

예수님의 “나를 **세상에** 보내신 것 같이 나도 저희를 **세상에** 보내었고”(요 17:18)라는 말씀에 의하면, **선교의 대상**이 내가 두 발 딛고 서 있는 **세상**(world)이다. 초대교회 시대에는 ‘크리스천의 존재자체가 선교’였다.

레슬리 뉴비긴은 이 세상 속에서 **선교적 교회를 회복하는 두 가지의 길**을 제안한다. 교회가 존재하고 있는 곳으로 ‘보냄 받은’ 의식과 ‘성육신적인 삶’을 공동체적으로 현현해야하고, 이것의 연장이 해외선교로 이어져야 하는 것이다. 여기에 한 가지 결정적인 것이 덧붙여져야 한다. 사도바울은 자신의 선교가 가능했던 이유를 “**내가 그리스도와 함께 십자가에 못박혔나니**, 그런즉 이제는 내가 산 것이 아니요, 내 안에 그리스도께서 사신 것이라”(갈 2:20)라고 고백한다.

즉 **하나님의 선교**(Missio Dei)는 **예수의 죽임**(Mortio Dei)과 **그리스도의 부활**(Vivitio Dei)을 통과하여, **성령님의 활동**(Actio Dei)에 참여할 때 가능해진다. 그러므로 선교적 교회의 구성원인 크리스천이 성부, 성자, 성령—**삼위일체 하나님의 선교**에 참여할 때, 선교적(missional)으로 보냄 받은(being sent)자로서의 사명(mission)을 감당하게 될 것이다. 다시 말하면, **예수의 죽임에 동참하는 제자**로서의 그리스도인이 되지 않으면 참된 그리스도인이 될 수가 없다.[110]

109) 신철범, “사도행전 11장 26절에 나타난 선교적 교회에 대한 해석 및 프락시스”, p.19
110) 신철범, “사도행전 11장 26절에 나타난 선교적 교회에 대한 해석 및 프락시스”, p.18

② 역사적 해석 : 뒤집혀진 힘

사도행전에서 안디옥 교회의 그리스도인과, 오늘날 현대교회에서 명목상의 그리스도인의 차이는 역사적으로 **콘스탄틴적인 크리스템덤**(Christendom)의 시대를 전후해서 발생했다. 마이클 프로스트는 「새로운 교회가 온다」 라는 책에서 다음과 같이 언급하였다.[111]

> **크리스텐덤**은 ... 그 연원은 콘스탄티누스 대제가 로마제국의 권좌에 올라 그리스도인들에게 완전한 예배의 자유를 주고, 기독교를 편애하여, 제국의 다른 모든 종교를 훼손시켰던 그 시기까지 올라간다. 이제 기독교는 가정이나 카타콤에서 비밀스럽게 모이던 비주류의 전복적이고 핍박받던 자리에서 순식간에 **제국의 총애를 누리는 자리**로 옮겨갔다. **모든 것이 변했다**! 로마황제는 기독교를 핍박하던 자리를 떠나 교회의 가장 중요한 보호자가 되었다. **밀라노칙령**을 기해 선교적 – 사도적교회(missional apostolic)는 그 수명을 다했고, 모든 것이 달라졌다.

크리스텐덤 이전과 이후 (마이클 플로스트)[112]

사도시대와 사도이후 시대방식 (주후 32-313년)	크리스텐덤 방식의 발전과 승리 (주후 313년-최근)
봉헌된 종교적 건물을 소유하지 않는다. 종종 지하에서 핍박을 받는다.	건물이 교회개념과 교회 경험의 중심이 된다
리더십은 5중 사역리더십 정신으로 행사되었다.	리더십은 제도적으로 안수받은 목사에 의해 수행되었고, 목사/교사 방식으로 진행되었다.
뿌리로부터의 분권적인 운동	리더십과 구조에 대한 제도적이고 계층적인 개념
성찬은 거룩한 공동체 식사로 경축된다	각종 성례(sacrament)를 통한 제도화된 은혜의 방편이 증가했다.
교회는 사회의 변방과 지하에 존재한다.	교회는 사회와 주변문화에서 중심부로 인식된다.
선교적이고 성육신적인 보내는 교회	끌어 모으고 (attractional), 끄집어내는(extractional) 교회

크리스텐덤 이전에 **살아있는 유기체였던 교회**는 제도적이고 관리적인 교회로 바뀌었다. 크리스텐덤 이전에 기독론—(성령론)—선교론—교회론의 구조였지만, 크리스텐덤 이후시대에는 기독론—(성령론)—교회론—선교론의 구조로 바뀐다.

111) 신철범, "사도행전 11장 26절에 나타난 선교적 교회에 대한 해석 및 프락시스", p.20
112) 신철범, "사도행전 11장 26절에 나타난 선교적 교회에 대한 해석 및 프락시스", p.22

마이클 프로스트는 **콘스탄틴적인 방향**을 바꾸기 위한 세 가지 원리를 제안한다. 첫째, **교회론의 측면**에서 선교적 교회는 사람들을 끌어 모으려(attractional) 하지 않고, 성육신적(incarnational)이고자 한다. **성육신적**이라 함은 불신자가 복음을 듣기 위해 반드시 와야 할 거룩한 장소를 따로 만들지 않는 것을 뜻한다. 오히려 **선교적 교회**는 흩어져서, 그리스도를 모르는 사람들에게 찾아가, 그리스도인이 되도록 하기 위해 사회의 틈과 갈라진 곳에 스며든다.

둘째 **선교적 교회**는 **영성의 측면**에서 이원론적(Dualistic)이 아니라, 메시아적(Messianic)이다. 즉, 세상을 거룩한(종교적) 것과 속된(비종교적) 것으로 나누어 보지 않고, 그리스도처럼 세상과 그 안에 있는 하나님의 처소를 총체적, 통합적으로 본다.113)

셋째 **선교적 교회**는 **리더십 형태의 측면**에서 계급적(hierarchical)이기보다 사도적(apostolic) 형태를 채택한다. **사도적**이라 함은 에베소서 4장11절("그가 어떤 사람은 사도로, 어떤 사람은 선지자로, 어떤 사람은 복음 전하는 자로, 어떤 사람은 목사와 교사로 삼으셨으니")이 묘사한 **5중 모델을 인정하는 리더십**을 말한다. 이것은 전통적 교회의 **삼각형식 피라밋 계층구조**를 버리고, 목양 및 가르치는 은사 외에도 전도와 사도직과 예언의 은사를 인정하는 **수평적 리더십의 공동체**를 말한다.

앞에서 살펴 본대로, 크리스텐덤의 시대는 '제자로서의 그리스도인'을, '**명목상의 그리스도인들** 중에서 소수만이 제자훈련을 수료하는 것'으로 변질시켜버렸다. 그렇다면, 주님과 함께 죽고, 함께 사는 **제자로서의 그리스도인**을 **어떻게 회복시킬 것**인가?114)

제자들이 안디옥에서 비로소 그리스도인이라 일컬음을 얻었을 때, 안디옥 교회는 이미 **선교적 존재**(Missional Being)의 삶을 살고 있었으며, **선교적 교회**(Missional Church)**의 본질**을 소유하고 있었다. 그렇다면 크리스텐덤 이후를 살아가는 오늘날, 어떻게 '선교적 존재로서의 그리스도인', '선교적 교회'로서 살도록 제자화 할 것이며, 선교적 교회를 구체적으로 구현할 것인가?115)

---

113) 신철범, "사도행전 11장 26절에 나타난 선교적 교회에 대한 해석 및 프락시스", p.23
114) 신철범, "사도행전 11장 26절에 나타난 선교적 교회에 대한 해석 및 프락시스", p.23
115) 신철범, "사도행전 11장 26절에 나타난 선교적 교회에 대한 해석 및 프락시스", p.28

4) 선교적 교회의 실천

① 변형화 : 직분중심의 조직에서 사역중심 조직으로

대부분의 교회를 위협하는 가장 큰 갈등의 원천은 크리스텐덤적이고 제도적이며 관료화된 **당회**이다.[116)] **두바이한인교회**도 다를 바없이 **당회와 목회자의 갈등**으로 내홍을 겪고 있었다. 소수가 교회를 지배하는 당회 때문이었다. 그리하여 '**직분위주**(hierarchy-centered)의 당회'를 '**사역위주**(ministry-centered)의 공동체'로 전환하였다. 교회에 부임한지 6개월 후 당회를 해산하고 평신도 중심으로 형성된 **운영위원회**라는 구축했다. 선교적 교회로 거듭나기 위해서는 반드시 필요한 개혁이었고, 그것은 목회자의 생명을 걸어야 하는 사안이었다.[117)] 운영위원회는 다시 12개의 **사역위원회**로 전환해 왔다. 현재 각 위원회 산하 80여개의 **평신도 사역팀**이 활발하게 활동한다. 사역위원회는 **수직적인 직분자의 태도**가 아닌, **수평적인 사역자의 자세**를 가진 평신도를 중심으로 한 의사결정기구다. 교회의 직제가 **직분중심**에서 **사역중심**으로 전환된 것이다. 두바이한인교회는 조직이 **직분중심**에서 **사역중심**으로 바뀌자, 교회는 건강하게 성장하고, 성숙하기 시작했다. 이것이 예수를 따르는 제자로서 그리스도인이 되고, 크리스텐덤 이전의 공동체로 돌아가, 사도행전 11장 26절의 선교적교회를 실현하기 위한 프락시스의 '변형화' 사례이다.[118)]

② 시각화 : 비전의 내면화에서 비전의 외현화로

하나님께서는 아브람에게 하늘의 뭇별을 보게 하신 이유는 **워드 페인팅**(Word Painting), 즉 **약속의 말씀**으로 아브람의 마음의 화폭에 **그림을 그리게 하신 것**이다. 이것이 **비전**(Vision)이다.[119)] 하나님께서는 14년 전, 작고 연약했던 두바이한인교회에 이슬람국가 협력기구인 '**OIC 57개국**'[120)]이라는 비전을 주셨다. 그리고 그 비전은 두바이한인교회에서 현실화되고 있다.

---

116) 신철범, "사도행전 11장 26절에 나타난 선교적 교회에 대한 해석 및 프락시스", p.29
117) 신철범, "사도행전 11장 26절에 나타난 선교적 교회에 대한 해석 및 프락시스", p.32
118) 신철범, "사도행전 11장 26절에 나타난 선교적 교회에 대한 해석 및 프락시스", p.34
119) 신철범, "사도행전 11장 26절에 나타난 선교적 교회에 대한 해석 및 프락시스", p.35
120) 이슬람협력기구(Organisation of Islamic Cooperation, OIC)는 이슬람교 국가들의 국제기구로 중동, 지중해, 중앙아시아, 코카서스, 발칸반도, 북아프리카, 서아프리카, 동남아시아, 남아메리카등지의 이슬람 국가 57개 회원국이 참여하고 있다.

윌리엄 캐리는 1792년 당시 유럽, 아시아, 아프리카, 아메리카에 대한 인구와 종교현황을 상세히 파악했는데, 캐리 당시 기독교인의 비율은 오늘날과 큰 변동이 없다. 당시 이슬람이 들어간 국가는 **23개국**이었으나, 현재 이슬람을 주된 종교로 선포한 국가는 **OIC 57개국**에 이르고 있다. **기독교는 그대로**인데, 이슬람은 **두 배가 넘는 수치**이다.

두바이한인교회는 **'예배 후의 예배**(Worship after worship)', 즉, 예배를 통해 선포되는 비전 메시지가 삶 속에 지속 가능하게 하고, **'선교 후의 선교**(Mission after Mission)'를 가능하게 하기 위해서 매년 이슬람 OIC57개국 **비전맵**(Vision map)을 성도들의 **마음의 화폭에 그리게**(visualize)한다.

두바이한인교회는 매년 **비전 맵**(Vision Map)을 새로 제작하여 1년 동안 비전을 그릴 수 있도록 지원한다. 'OIC 57' 이라는 **총론적 비전**은 교회전체의 꿈이지만, **각론적 비전**으로 잘게 나누어 이슬람 57개국 중에 두바이한인교회가 **파송, 협력, 후원하는 국가**는 **셀목장과 연결**한다. 각 목장은 셀과 연결된 이슬람국가와 그곳에서 사역하는 선교사들을 위해 선교부에서 제작하여 나누어준 제목을 가지고 **목장모임 때 기도**한다. 이를 위해 분기별, 혹은 상하반기에 선교사로부터 **국가별 기도제목**을 받고, 또 **필드의 기도제목**을 조사하여 셀장을 통해 나누어준다. 목장과 연결된 선교사가 두바이를 방문할 때, 셀목장의 목원들과의 만남을 통하여 선교현장의 생생한 간증을 듣고, 기도제목을 더 구체화하게 된다.[121]

매년 중고등부, 청년부, 장년부에서 선교현장으로 **아웃리치**를 나간다. 2016년에는 모두 8차에 걸쳐 중동,유럽,아프리카로 아웃리치를 나가고 있다. 뿐만 아니라 격년제로 **선교학교**(Mission School)를 1주일간 진행한다. **선교학교의 주제**는 다양하다. 이를테면 '이슬람 인카운트', '미션 퍼스펙티브스,' '선교적 교회, 교회의 선교' 등 이슬람 선교에 필요한 여러가지 주제를 선정하여 성도들과 함께 **선교에 대해 새로운 시각**을 열어가는 시간을 가진다.

두바이한인교회 선교사역 중 'Dubai Mission Festival(두바이 미션 페스티발)'이 가장 비중이 크다. 격년제로 시행하며, 35~40여개 국가에서 130-150명 선교사 가정을 초청하여 1주일간 섬기는 사역이다. 두바이미션페스티발을 통하여 얻어지는 결과는 다음과 같다.[122]

1. Member Care ; 선교현장 가까운 곳에서 선교사 가정의 멤버 캐어가 가능하다.
2. Mental Recovery ; 이슬람 선교현장에 받은 정신적 스트레스를 해소한다.
3. Missionary Networking ; 40여개국에서 선교사들 간에 네트워크가 자연스럽게 일어난다.
4. Ministry Synergy ; 다양한 교파에서 파송한 선교사들이 두미페를 통해 쌓은 친교로 서로의 사역에 겹치는 부분을 해소하고, 서로간의 약점과 강점을 나누므로 시너지를 창출한다.
5. MK Identity ; 선교사 자녀들을 함께 초청하여 프로그램을 진행하므로 가족회복이 일어난다.
6. Mobilization ; 두미페를 진행할 때, 매일 최소 200여명의 스탭이 섬겨야 하므로, 두미페의 전후로 선교를 위한 교인들의 엄청난 동원이 일어난다.

이슬람 57개국을 향한 **선교비전 실행**을 통해 두바이한인교회가 얻은 결과는 아래와 같다.

1. OIC 57에 대한 선교의 새로운 패러다임(New Paradigm) 이 발견됐다.
2. OIC 57 이슬람현장에서 국제선교단체 'OIC international' 이 생겨났다.
3. 선교의 지경이 넓어질수록 교회는 양적, 질적으로 성장(Growth) 했다.
4. 선교에 대한 평신도의 강력한 동원(Mobilization)이 일어났다.
5. 교회의 정체성이 선교적교회(Missional Church)로 변화하고 있다.
6. 선교지와 선교사간의 네트워크(Networking)가 생겼다.
7. 선교사들에 대한 멤버 캐어(Member Care)가 현장에서 일어났다.
8. 디아스포라 교회들 간의 연합(Ecumenical)선교가 일어났다.
9. 국제선교단체들 간에 연합(Ecumenical)이 일어났다.
10. 교회의 선교냐? 하나님의 선교(Missio Dei)냐?

---

121) 신철범, "사도행전 11장 26절에 나타난 선교적 교회에 대한 해석 및 프락시스", p.38
122) 신철범, "사도행전 11장 26절에 나타난 선교적 교회에 대한 해석 및 프락시스", p.39

명목상의 그리스도인은 자기 욕망에서 분출된 야망을 **하나님이 주신 비전**으로 왜곡시킨다. 그러나 **하나님의 선교**는 마음에 새겨야 할 꿈이다. 따라서 **선교적 교회**는 **제자로서 그리스도인**이 하나님이 주신 꿈을 볼 있도록 이 **비전을 시각화**(Visualizing by Message)하는 일에 힘써야 한다.[123)]

③ 제자화 : 단계형(step) 모델에서 무대형(stage) 모델로

두바이한인교회는 **교인 중 일부**가 제자훈련을 받는 시스템이 아니라, **전교인**이 예수 그리스도의 제자로서 주님과 동행하며, 하나님 나라의 삶을 영위하는 기독교적 생활방식을 훈련할 수 있도록 **제자훈련 커리큘럼**을 개발하였다. 두바이한인교회 성도의 80%가 주재원이며, 3~5년이 지나면 본국으로 귀임하거나 타국으로 발령받아 떠나므로 장기적으로 진행되는 단계별 교육은 적합하지 않았다. **단계형**(step)이 아닌 **무대형**(stage) 제자훈련 프로그램이 필요했다. 그리하여 장년세대를 위한 7-Steps이 아닌, 7-Stages **제자화 시스템**을 실행하고 있다.[124)]

Stage	교육명		대상	기간
1st	사역위원회 리트릿		사역위원회	1일
	티칭 & 코칭 세미나		모든 리더들	
	아볼로 성경대학		평신도	
	DKC 워십 컨퍼런스		성가대원, 찬양단	
	목자와 셀장, 사역위원회 리트릿		목자와 셀장	
2nd	패밀리스쿨, 결혼예비학교, 아버지학교, 어머니학교 부부학교, 가정학교, 상담치유학교, 필그림영성학교		청, 장년세대	3일
3rd	새가족을 위한 '준비된 선물'(Adult Basic Course)		새가족	4주
4th	바이블레슨(Thematic Bible Lesson)		청,장년세대, 중,고등세대	12주
5th	제자 훈련	멘토 (GDS) : 하나님과의 관계훈련	청, 장년세대	12주
		예수제자학교 (JDS) : 예수님의 제자훈련		
		영성훈련(SDS): 성령님과 교제훈련		
6th	리더십훈련(Advanced Leadership Course: ALC)		목자, 셀장, 부장, 팀장, 교사	5주
7th	셀목장(Cell Church		청, 장년세대	매주

〈7-Stages 제자화 시스템[125)] 〉

123) 신철범, "사도행전 11장 26절에 나타난 선교적 교회에 대한 해석 및 프락시스", p.40
124) 신철범, "사도행전 11장 26절에 나타난 선교적 교회에 대한 해석 및 프락시스", p.42
125) 신철범, "사도행전 11장 26절에 나타난 선교적 교회에 대한 해석 및 프락시스", p.47

④ 전문화 : 독자형 모델에서 연계형 모델로

고도로 전문화된 현대에서, 교회 내 인적 자원만으로는 **교육의 전문화**를 이루기에 한계가 있다. 그리하여 두바이한인교회는 **교회**와 **가정**, **교육전문기관**이 긴밀하게 **연계하여** 선교적 교회를 위한 **전문화**를 도모하고 있다. 이를테면, **교회와 가정**이 연계한 한 경우는 이렇다. 두바이한인교회의 영아부와 유아부의 경우, 담당교역자가 학생집으로 찾아가서 학부모와 함께 「마더 와이즈」를 가지고 성경말씀을 나눈다. 이 프로그램은 가정과 교회를 연계시키는 유용한 징검다리가 되었다. 특별히 3세 미만의 아이를 위한 '**귀염둥이 아기학교**'와 '**아장아장 아기학교**'는 학부모와 함께 진행하는 프로그램으로, 두바이에 있는 **불신자들의 참여도**가 높은 교육프로그램이다. 귀염둥이와 아장아장은 믿지 않는 부모들이 교회공동체로 들어오는 주된 통로가 되고 있다.[126)]

교회와 교육전문기관이 연계한 한 경우는 이렇다. **여성사역팀**이 주관하는 **문화교실**은 퀼트강좌, 사진강좌, 요리강습을 비롯하여 가정주부에게 필요한 다양한 강좌를 개설하는데, 강사는 외부전문가를 섭외하거나 교회 내 전문성을 가진 사람을 초청하여 강좌를 맡긴다. 2015년 문화교실에는 참가자의 100%가 불신자였고, 비기독교인의 참여도가 매우 높은 프로그램이다.[127)]

⑤ 위임화 : '목회자 주도적 공동체'에서 '평신도 주도적 공동체'로

목회자 주도적 사역은 목회자 개인의 영성과 인격, 능력에 큰 영향을 받을 수 밖에 없는 취약한 구조이다. 더욱이 목사나 장로가 사역을 독점하거나, 평신도가 다양한 사역들의 장으로 들어오는 것을 막는다면, 그 교회는 정상적으로 작동할 수 없는 병든 교회가 될 수밖에 없다.

그리스도의 몸인 교회는 다양한 은사를 지닌 여러 일꾼을 필요로 한다. 그러므로 **목회자의 최우선 과제**는 성도를 그의 은사와 능력에 따라 적재적소에 배치하고, **사역의 권한을 위임**하여 성도 개개인이 사역의 주체가 되도록 하는 일이다. 이러한 위임을 통해 평신도는 피동적 회중이 아닌 하나님의 나라의 동역자로 성숙해 갈 수 있다. 두바이한인교회에는 14개 위원회와 각 위원회에 소속된 80개의 사역팀이 있는데, 성도는 자신의 은사에 따라 사역팀에 들어가 봉사할 수 있다.

---

126) 신철범, "사도행전 11장 26절에 나타난 선교적 교회에 대한 해석 및 프락시스", p.49
127) 신철범, "사도행전 11장 26절에 나타난 선교적 교회에 대한 해석 및 프락시스", p.50

두바이한인교회는 설교와 성경공부 등 목회자 고유의 사역을 제외한, 거의 모든 사역을 **평신도에게 위임**하였다. 두바이한인교회에는 평신도 중심의 14개 사역위원회가 있다. 즉, 예배, 음악, 영상 미디어, 차세대 교육, 다음세대 교육, 청년, 제자(가정), 새가족, OIC선교, 전도, 친교, 행정, 성전관리, 시설관리위원회이다. 그 외에도 여성사역팀, 감사사역팀, 예산사역팀, 미래사역팀의 특별조직이 있다. 여기서 목사는 사역 방향을 정할 뿐이며, 모든 사역의 권한은 장기간의 훈련과정을 거친 사역위원회 위원장과 각 팀의 스텝에게 위임되었다. 이것이 선교적 교회가 지향해야 할 '위임화'의 사례다.

변형화(Transforming), **시각화**(Visualizing), **제자화**(Discipling), **전문화**(Outsourcing), **위임화**(Empowering). 이 다섯 가지의 프락시스는 두바이 한인교회가 크리스텐덤 이전시대의 선교적 교회를 회복하기 위해 14년 간 몸부림치며 실제 적용한 사례에서 나온 결과물들이다.[128)]

윤상원 목사의 개인적 평가 ....

1. 이 논문에는 두바이한인교회의 한계와 약점이 나타나 있지 않아서, 균형적 이해가 힘들었다. 한계를 극복한 것과 장점만을 이야기하면, 그 교회의 실제와 전체가 그처럼 보여질 수 있기 때문이다. 만약 한계와 약점이 포함된 자기진단과 평가가 있었더라면, 두바이한인교회의 이해가 좀더 충분했을 것 같다.
2. 이미 고정된 나의 가치관으로는 받아들이기 힘든 견해와 주장들도 많았다. 이 논문이 출발점으로 삼은 사실, 곧 '안디옥 교회의 제자가 그 후에 그리스도인으로 칭함받았다'는 사실은 목회현장에서 기술적인 측면에서 도전적인 사실이 될 수는 있으나, 교리적으로는 엄밀한 검토가 필요하다. 특히 구체적인 사실이 언급될수록 보편적용가능한 모델로는 판단되지 않았다. 중동지역의 '두바이'란 상황과, '중동지역의 한인교회'란 상황만 하더라도 지극히 특수한 상황이다. 두바이는 중동지역 안에서도 특수하고 유일한 곳이다. 두바이한인교회의 구체적인 모습은 특수한 상황 속에서, 그 어려움을 극복하고, 선교적 교회를 실천한 하나의 특수한 경우로 여겨졌다.
3. 그렇다보니, 두바이한인교회는 보편적인 교회가 아니었다. 그래서 이를테면 쿠웨이트한인연합교회에 구체적으로 실천적으로 도움될 내용은 그리 없었다. 그러한 면에서의 유익은 별로 없었다. 왜냐하면 쿠웨이트와 두바이의 사회적, 경제적, 정치적 상황은 너무 다르고, 교회여건과 상황도 너무 다르기 때문이었다.
4. 그러나 두바이한인교회는 내게 매우 도전이 되었다. 왜냐하면, 신철범 목사의 교회론과 목회철학에서 나와 많이 달라기 때문이다. 내가 동의하기 힘든 부분이 많았기 때문이다. 그래서 도전이 되었고, 그래서 배울 것이 많았다. 현재 나는 누가보든 한없이 부족한 목회자이다. 그렇다면 내가 도전받아야 할 목사는, 나와 많이 다른 사람이어야 하지 않나? 내가 동의하기 힘든 부분을 지닌 사람이어야 하지 않나? 왜냐하면 내가 바뀌려면, 내게는 현재 나와 같은 사람이 아니라, 나와 다른 사람이 필요하기 때문이다. 물론 조건이 있다. 이것이다. 첫째로 그가 '선교의 본질'을 붙잡고 있는가? 둘째로, 그 안에서 하나님의 역사하심이 있었는가? 나는 글로써 두바이한인교회를 접했다. 그 한계 안에서 두 조건이 내게는 만족되었다. 두바이한인교회의 선교적 교회관은 보편적이다. 물론 그 실천은 매우 보편적이지 않아 보인다. 그러나 내게 더욱 중요한 것은 그 '선교적 교회관'이었다. 중동지역에서 선교적 교회를 실천한 교회가 있어서 참으로 기쁘고 감사했다.

128) 신철범, "사도행전 11장 26절에 나타난 선교적 교회에 대한 해석 및 프락시스", p.55

3. 레반트 지역 : 레바논, 요르단, 시리아, 이스라엘

2000년 전에 **레반트 지역**에 요르단의 요르단한인교회A(1984)와 이스라엘의 이스라엘 한인교회(1995)와 예루살렘교회(1996)가 전부였다. 그런데 2000년대에 들어서면서, 열 개의 한인교회들이 세워졌는데, **이스라엘**에서만 네 개의 교회가 세워졌다 : 예루살렘 중앙교회(2000), 텔아비브 욥바교회(2007), 유대교회(2008), 이스라엘 샬롬교회(2009).

요르단에 세 개의 교회가 세워졌다 : 요르단 한인열방교회(2004) 요르단 한인교회B(2008), 국제요르단 한인교회(2013). **레바논**에는 레바논 한인교회(2000)가 세워졌고, 시리아에서도 두 개의 한인교회가 세워졌다 : 시리아 다메섹 한인교회(2003)와 알레포 한인교회(2008).

가. 레바논 : 레바논 한인교회 (2003년)[129)]

우리 나라와 레바논의 교류는 적은 편이며, 거주하는 한인들의 규모도 매우 작다. 2000년 8월에 **정명섭 선교사**[130)]가 레바논으로 파송받아 가면서, 레바논에 한인교회가 시작될 수 있었다.

(1) 레바논 한인교회의 설립

정명섭 목사는 선교사로서 현지사역을 감당하면서, 또한 목회자로서 한국인들의 영적 필요를 돌아보았다. 처음에는 주일예배를 가정에서 유학생, 상사주재원, 대사관 직원들과 함께 드렸는데, 점차 주일예배의 참석인원이 많아지자, **유학생 이성옥**[131)]의 도움으로 베이루트 외곽에 위치한 **주데이다 교회**(담임목사 이사 디압)를 빌려, 2003년 **설립예배**를 드림으로 **레바논 한인교회**가 시작되었다. 2013년 8월, 초대 담임목사 정명섭 선교사는 사임을 하고, 한국으로 귀국하였다.

129) 레바논 한인교회의 내용은 현 담임목사 전표돈 목사가 초안을 작성하였다.
130) 정명섭 선교사는 레바논으로 파송받기 전, 쿠웨이트한인연합교회의 담임목사로 섬겼다(1992.8~2000.6)
131) 현재 중동지역 선교사로 섬기고 있다.

현장 선교사의 담임목사직

요르단에서 사역하던 이호선 선교사가 2013년 9월에 제 2대 담임목사로 부임하여 2019년 7월까지 섬겼다. 2019년 7월부터 **전표돈 선교사**가 제 3대 담임목사로 현재까지 섬기고 있다.

레바논은 한인사회의 규모가 작으며,[132] 또한 여러가지 환경적 요인들로 인하여 **재정적 자립**이 쉽지 않은 상황이다. 그리하여 현재까지 담임목사직은 **현장 선교사**가 맡고 있다.

(2) 레바논 한인교회의 최근 모습

레바논 한인교회는 비록 작은 공동체이지만, “복음으로 하나 되어(엡 3:6), 주님의 명령(사랑, 요한 13:34~35)과 사명(영혼구원과 제자세움, 마태 28:18~20)을 기쁨과 감사로 감당하며 세워져 가는 교회”라는 비전을 가지고, 최선을 다해, 주님의 말씀을 따라 서로 사랑하고, 이웃을 섬기고 있다.

물론 현재 레바논의 정치적, 경제적 상황은 이전보다 매우 크게 어려워진 상황이다. 레바논은 시리아 내전 이후 유입된 **시리아 난민들**로 인해 큰 사회적 어려움을 겪는 중이다. 초기에 난민은 200만명 정도였으며, 현재 대략 85만명 정도이다. 2022년 8월, 레바논 정부는 매월 1만5천명의 시리아 난민을 강제로 돌려보낼 계획을 발표할 정도로 그들로 인한 사회적 어려움은 크다.

2019년 10월에 폭발한 **경제위기 상황**! 게다가 2019년 말에 발생한 **코로나 사태**는 사업하기에 더욱 더 어려운 환경을 만들었다. 우리 한국인 사업가들에게도 마찬가지의 상황이어서, 한인교회의 성도들도 철수하고, 다른 나라로 이동하게 되었다. 그리하여 현재 소수의 몇 가정과, 선교사 몇 가정이 모여서 예배를 드리고 있다.

그러나 레바논 한인연합교회는 베이루트 폭발현장 지원, 레바논 한인선교사 지원, 레바논 한인회 지원, MK수련회 개최, 현지인 장학생 선발과 후원 등등의 사역을 감당하고 있다.

---

132) 2021년 기준 레바논에 거주하는 한국인은 175명에 불과하였다.

레바논 한인교회는 코로나 기간 동안 온라인으로 가정에서 예배를 드렸으나, 2021년 11월 마지막 주일부터 베이루트에 있는 'First Armerian Evangelical Church'에서 예배를 드리고 있다.

나. 요르단

1984년에 **요르단한인교회**가 처음 세워진 이후에, 2004년 **요르단 한인열방교회**가 세워지기까지 이 교회가 유일하였다. 이 요르단한인교회는 **요르단 알곡한인교회**로 교회명을 변경하였고, 김영섭 목사에 의해 2008년에 또다른 **요르단 한인교회**와, 2013년에 **국제요르단교회**가 세워졌다.

(1) 요르단 한인열방교회 (2004년)

요르단 한인열방교회의 설립[133]

요르단 한인열방교회는 공도근, 김은숙 및 이병구의 세 사역자의 가정이 주도하여 시작되었다. 그리고 한성호 목사와 윤윤상 목사의 두 가정이 그 시작부터 함께 했다. 2004년 11월19일(금)에 암만 스웨피에 필라델피아교회를 빌려, 그들이 함께 첫 예배를 드렸다. 그 이후 요르단에 거주하는 한국인과 사역자들을 대상으로 교회의 시작을 알리고, 2004년 12월3일에 **설립예배**를 드렸다. 예배장소는 암만 스웨피에 필라델피아교회였다.

요르단 한인 열방교회 초창기 사역자

2004년 11월, 열방교회의 설립 후 초창기에는 공도근, 김은숙 및 이병구의 세 사역자들에 의한 **공동운영체계**로 진행되었다. 그런데 공도근 사역자가 사우디아라비아로 사역지를 옮기게 되면서, 이병구 목사가 전체적으로 교회사역을 담당하게 되었다.

2005년 9월, 이병구 목사도 현지교회의 사역에 전념하기 위해 빠지게 됨으로, **3인의 대표목사**를 선출하여 봉사하도록 하였다. 이 삼인은 박천민, 정형남, 조창신 목사였으며, 이 순서대로 1년을 4개월씩 나누어 봉사하였다. 2006년 9월, 조창신 목사가 1년을 더 공동대표목사로 봉사하였고, 그 이후에는 **담임목사를 청빙**하기로 하였다.

---

133) 요르단 한인열방교회의 창립과 초창기의 내용은 이병구 목사의 초안에 기초하였고, 검토를 거쳤다.

요르단 한인 열방교회의 봉사자

열방교회의 설립자는 공도근 선교사, 김은숙 선교사, 이병구 목사, 윤윤상 목사, 그리고 한성호 목사이다. 평신도로서 교회창립에 함께 한 이들은 김갑수, 백운기, 신점석, 양길섭, 이상운, 이태인 집사이다. 초창기의 목회자는 이병구, 박천민, 정형남, 조창신의 목사 순으로 봉사하였다.

2007년, 열방교회는 담임목사 청빙위원회를 구성하고, 공동의회를 열어 곽순구 목사를 첫 번째 **유급 담임목사**로 청빙하였다. 그 이후 조용진 목사와 황외석 목사가 유급 담임목사로 청빙되었다. 코로나 펜데믹 이후 교회재정의 문제가 발생하였고, 황외석 목사가 떠나면서, 현장사역자들에 의한 봉사로 교회를 지켜나갔다.

이라크 기독교 난민사역

2015.9.18. - 열방교회는 마다바의 이라크 난민 형제자매들을 교회로 초청하여 함께 하나님께 예배하고 그분들을 위로하며 사랑을 나누는 귀한 시간을 가졌다.

요르단 한인열방교회의 비전 중 하나가 **'아랍세계에 대한 섬김'**이다. 선교비의 지출규모는 계속 높은 수준을 유지하고 있다. 특히 2012년부터 **이라크 기독교 난민들을 돌보는 사역**을 지속하고 있다. 이 사역은 한국의 한 교단에서 보내온 2만불이 씨앗이 되었다. 교회출석을 하던 사역자들(10여명)이 팀을 이루어 시리아 난민들을 도왔다. 많은 교우도 시리아 난민구제를 위한 특별구좌헌금과 심방에 참여하였다.

이라크 난민들은 단순히 전쟁 때문이 아니라, IS에 의한 신앙적 박해를 피해 온 사람들이다. IS가 이라크의 북부 도시 모술(구약성경의 니느웨)을 점령하자, 이라크 기독교인들이 생명의 위협을 피해 모든 것을 버리고 요르단까지 오게 되었다. 이라크 기독교인은 주로 정교회나 가톨릭이다. 비록 기독교의 종파는 다르지만, 요르단 한인열방교회는 그들을 돕기 위해 **난민돕기 바자회**를 열며, 난민사역을 감당하였다.[134]

요르단 한인열방교회는 1백여명이 출석하며, 주로 주재원 및 선교사 가정으로 구성되어 있다. 2023년 9월, **오재필 목사**가 새로운 담임목사로 부임하였다.

(2) 요르단 한인교회 B (2008년)[135]

2008년 10월12일 김영섭 선교사가 처음으로 모여 예배를 드림으로, 요르단 한인교회B가 설립되었다.[136] 그 이후에 **나사렛 교회**(현지인 교회)에서 계속하여 예배를 드렸다. 요르단 한인교회는 **중동의 회복**을 위해 **함께 기도하는 예배 공동체**를 만들고자 하는 목적을 위해 설립되었다. 그 후에 예배와 기도사역, 그리고 선교사 후원사역에 힘쓰고 있다.

요르단한인교회는 초대 담임목사 김영섭 목사 이후, 제 2대 담임목사 이창원 목사(2011~2016년)를 거쳐, 2016년 9월부터 **최엽 목사**가 제 3대 담임목사로 현재까지 섬기고 있다.

---

134) 주태근, https://blog.naver.com/taekunjoo/222607403752
135) 요르단 한인교회B의 내용은 현재 담임목사 최엽 목사의 검토를 거쳤다.
136) 1984년에 의해 세워진 요르단 한인교회A는 그 이후 요르단알곡한인교회로 개명했다.

(3) 국제요르단 교회 (2013년)137)

국제요르단 한인교회(교단 예장대신)는 2013년 5월 17일에 설립되었다. 국제 요르단 한인교회는 김영섭 목사가 송영근 목사와 함께 나사렛교회당에서 첫 예배를 드림으로, **국제요르단 한인교회**가 시작되었다. 2019년 12월부터 **박심원 목사**가 제 2대 담임목사로 섬기고 있다. 박심원 목사 부임 이후 교단은 개혁측으로 변경되었다. 박심원 목사는 국제요르단 글로벌교회 안에는 잔다윌 현지교회에를 설립하여 함께 협업하고 있다.

국제요르단 한인교회는 선교사들의 온전한 예배를 위한 목적으로 창립되었다. 박심원 목사가 부임한 이후로는 글로벌 예배로써 요르단, 영국, 독일 등 여러 나라에서 참여하는 인터넷 교회를 시작하여 글로벌 예배와 성경 공부를 매주 실행하고 있다. 난민 청소년들에게 어성경 에즈마이야를 통한 성경공부와 글로벌 에스큐를 통해 비전을 심어 주고 있다

---

137) 국제요르단 교회의 내용은 박심원 목사가 초안을 작성하였다.

다. 시리아

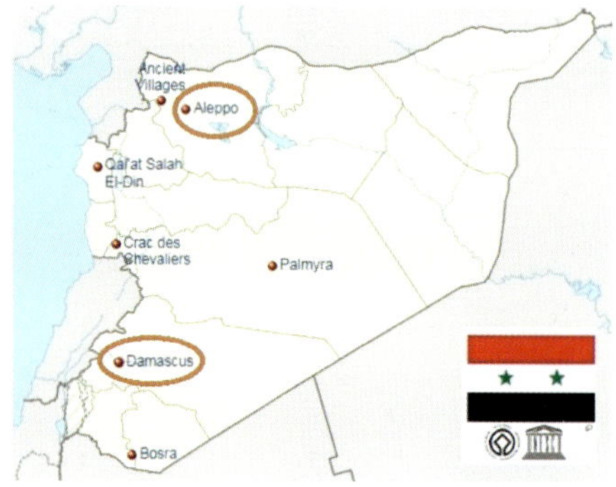

시리아는 대표적인 친북한 국가이다. 1966년 7월 북한과는 수교하고 상주대사관까지 설치한 반면에 우리나라는 연락사무소조차 없는 **미수교상태**이다. 그러나 관광목적으로 시리아를 방문할 경우 비자 발급은 받을 수 있었다. 체육과 문화 분야에서는 교류가 있었다. 1997년에 **태권도 사범** 2명을 시리아에 파견했으며, 2009년 10월에는 한국의 태권도 팀이 시리아를 방문하여 시범경기를 선보이기도 했다.

2000년 여전히 정부차원의 교류는 없는 상황에서 **아랍어**를 배우기 위해 **다마스커스로 어학연수**를 가는 **유학생들이 급증**하였다. 2006년 5월25일 한국국제교류재단(KF)의 초청으로 방한을 한 **다마스커스 대학**의 와엘 무알라 총장에 의하면, 최근 5년 동안 매년 평균 60여 명의 한국 학생이 다마스커스 대학의 **언어교육센터**에 입학하여 300여 명이 졸업했다고 하였다.[138]

그리고 2009년 11월 코트라(KOTRA)는 양국의 무역증가와 시리아 시장의 잠재성을 높게 평가하여 시리아 정부의 허가를 받아 **다마스커스 무역관**을 개설했다. 그러나 2011년 3월 **시리아 내전**이 발발함에 따라, 결국 한국인들은 모두 철수하게 되었다.

(1) 시리아 다메섹 한인교회 (2003년)[139]

시리아 다메섹 한인교회의 설립

심재원 선교사는 1998년 이집트에서 중동 및 이슬람 문화적응 훈련(알 샤피아-9개월)을 받은 후, 1999년도에 시리아로 파송받았다. 심재원 목사가 한인교회를 처음 시작할 때, 다메섹에서 한인사

138) <동아일보> 2006.6.2.일자, "한국어센터로 양국교류 물꼬트길"
139) 시리아 다메섹 한인교회의 내용은 심재원 목사가 초안을 작성하였고 그의 검토를 거쳤다.

회는 매우 작았다. 삼성전자(시리아 통신과 설립한 합자회사)의 직원 2가정(관리직, 기술직 1가정), 태권도 사범 1가정, 그리고 심재원 목사 1가정이었다. 그리하여 다메섹에 거주하는 교민은 모두 8명에 불과하였다. 시리아에 아랍어 연수를 위해서 온 한국 유학생들이 9명이 있었다.

2003년 9월, 심재원 목사가 **아랍어 어학연수**를 위해 온 5명의 유학생들과 함께 첫 예배를 드림으로, **시리아 다메섹 한인교회**가 시작되었다. 특별하게 한인교회의 설립예배를 드리지는 않았다. 그리고 예배처소는 다마스커스의 메제 쉬흐 싸이드 지역에 있었던 심재원 목사의 월세 집이었다. 그 이후 2004년 중반부터는 세 명의 싱글 여선교사들도 예배에 참석하였다. 제 2기 유학생들의 수가 더 많아져, 예배참석의 인원은 대략 15명 이상이었다.

주일예배는 매주 금요일 오전 11시에 **유학생들을 중심**으로 드려졌다.

2005년 2월, 2기 유학생들과 함께
(사도바울 낙마 교회)

2005년 9월, 3기 유학생들과 함께
(예배 후 기념 촬영, 심재원 목사의 집)

시리아 다메섹 한인교회 사역

이 작은 규모의 교회가 다양하고 의미있는 사역들을 감당하였다. **시리아 다메섹 한인교회**는 설립 때부터 현지인 교회와 사역자를 돕기로 하였다. 그리고 그 결정대로 실천하였다. 그리하여 헌금의 90% 이상을 후원금으로 지출하였다.

심재원 선교사는 시리아 교회들을 위한 DTC 단기제자 훈련(연 2회 4박5일), 시리아 유학생 돌봄사역, 시리아 소개/홍보사역, 이라크 난민사역 및 지원 등을 하였다. 심재원 목사 부부는 중동 Y회사의 멤버로 협력사역도 감당했다. 그 당시 이집트 · 시리아· 이라크 사역자들을 위한 후원 및 멤버케어, Middle East YWAM (중동예수전도단)과 협력사역 등을 하였다. 그리고 2005년부터는 한국 어린아이를 대상으로 **한글학교사역**까지 감당하였다.

한글 학교 어린이들(2005년 5월)

심재원 목사는 시리아 목회자와 아랍 사역자를 위한 사역에 더 집중하기 위하여 2009년 12월까지 사역하였고, 담임목사를 사임하게 되었다. 2022년 당시, 심재원 선교사는 다시 시리아로 들어가기 위해 여러 길을 모색하고 있었다.

2010년 1월부터 **이창원 목사**가 시리아 다메섹 한인교회의 제 2대 담임으로 부임하였다. 그런데 2011년 3월 **시리아 내전**이 일어나게 되었다. 결국 이창원 목사도 2011년 8월에 시리아를 탈출하여 요르단으로 이동하게 되었다.[140)]

시리아 다메섹 한인교회는 2003년 9월에 설립되어, 2011년 8월에 문을 닫게 되었다. 그리하여 현재 시리아 땅에 다메섹 한인교회는 세워져 있지 않으나, 8년 동안 시리아 땅에 뿌린 복음의 씨앗과 열매는 영원할 것이다.

140) 이창원 목사는 그 이후 이집트의 카이로 한인교회의 담임목사로 부임하였다가 이슬람선교사역을 더 직접적으로 감당하기 위해 2023년도에 사임하였다.

(2) 알레포 한인교회 (2008년)

2008년 10월10일 **알레포 한인교회**가 **최엽 목사**에 의해 설립되었다. 당시 알레포에는 20명 정도의 한국인들 밖에 없었다. 하박국 선생의 가정과 우대훈 집사의 가정이 중심이 되어 어린이를 포함하여 16명 정도가 모였다.

초기에는 우대훈 집사의 가정에서 예배를 드리다가, 2010년 1월8일부터 시리안 자디데에 있는 침례교회를 빌려 예배드렸다. 그러나 시리아 내전으로 2011년 9월 한인이 전원 철수함에 따라, 교회도 중단되었다.

비상철수집결지

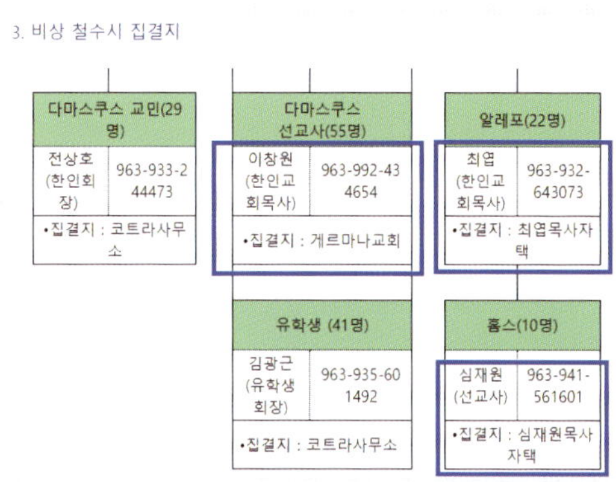

그러나 **알레포 한인교회**에게 마지막 한 가지 역할이 더 남아 있었다. 그것은 바로 **비상철수집결지**의 역할이었다. 시리아 땅에 세워졌던 두 한인교회들은, 시리아 내전으로 한인들이 위험에 처할 때, **비상철수집결지**가 되었다. 다마스커스에서는 **시리아 다메섹 한인교회**가 위험에 처한 한인들을 위한 비상철수지가 되었으며, 알레포에서는 **알레포 한인교회**가 그 역할을 맡았다. 그런데 교회야말로, 영원한 위험에 처한 모든 사람들에게 마지막 탈출의 길을 제공해 주는 **비상철수집결지**이지 않을까?

라. 이스라엘

2000년대에 이스라엘에 거주하는 한인들의 수가 점차 늘고, 연 6만명의 한국인들이 이스라엘을 방문하면서, 이스라엘에 새로운 한인교회들이 세워졌다. 예루살렘 중앙교회(2000년), 텔아비브욥바교회(2007년), 예루살렘 유대교회(2008년), 그리고 이스라엘 샬롬교회(2009년)가 세워졌다.

(1) 예루살렘 중앙교회 (2000년) [141]

1) 교회의 시작

예루살렘 중앙교회는 침례교 목사 **오근호**, **장귀현 선교사 부부**에 의해 2000년 1월22일 '**코리아 하우스**'라는 한인식당의 한켠에서 첫 예배를 드림으로 시작되었다.[142] 당시 오근호 목사 부부는 자비량 선교를 위하여 한인식당을 운영했는데, 이 식당은 당시 중국 조선족 노동자들과 키부츠를 방문한 한인 청년들, 그리고 한인 유학생들에게는 쉼터가 되었다. 가난한 유학생들에게 숙식을 무료로 제공하기도 하였다.

2005년초 장귀현 선교사[143]

오근호 목사 부부의 헌신과 사랑으로 '코리아 하우스' 는 현지인들에게도 많은 사랑을 받았다. 그러나, 2009년 6월 장귀현 선교사가 과로로 소천하면서, 식당은 문을 닫게 되었다.

장귀현 선교사에게서 사랑과 섬김을 받았던 많은 성도들이 큰 슬픔을 겪었다. 장귀현 선교사가 희생적 사랑과 섬김을 하는 동안, 주일학교가 세워지고, 청년들은 거리찬양의 사역들을 감당할 수 있었다. 하나님께서 이러한 그녀를 먼저 데려가셨다.

---

141) 예루살렘 중앙교회의 내용은 현 담임목사 서영주 목사가 초안을 잡고, 그의 검토를 거쳤다.
142) 코리아하우스 주소지 (2005년5월20일) : 7 Maalot Nahalat Shiva St., Jerusalem
143) 사진출처 : https://cafe.daum.net/jesusjerusalem/3VwB/104.

그러나 예루살렘 중앙교회는 모르데카이 벤힐렐 6번지로 옮겨 계속하여 **한인들의 쉼터**가 되었고, 현지인들에게는 **예수 그리스도의 복음사역**을 나누고 섬기는 사역을 계속 감당하였다.

2007년12월1일(주일학교 첫 예배)

2007년8월13일(청년들의 거리찬양)

2009년5월(청년들과)

2) 교회의 오늘

오근호 목사 파송예배(헝가리)

오근호 목사는 헝가리 선교사로 재파송을 받았다. 임채정 목사가 제 2대 담임목사로 섬기다가, 요르단으로 사역지를 변경하였고, 2015년 11월부터 **서영주 목사**가 제 3대 담임으로 지금까지 사역하고 있다.

메시아닉 쥬이시

2020년 1월부터 20년 간 사용하던 예배장소를 옮겨, **쉐멘사손 교회**(메시아닉 쥬이시 교회)가 사용하는 건물 안의 사무실과 예배당을 렌트하여 함께 사용하게 되었다. 그런데 **메시아닉 쥬이시**(Messianic Jews, 예수 그리스도를 믿는 유대인들)의 예배당인 쉐먼사손 교회에서 예루살렘 중앙교회의 **설립 20주년 기념예배**를 드리게 되어, 더욱 큰 감동이 있었다. 메시아닉 쥬들이 다수가 참석하여 한인교회의 20살 생일을 축하해 주었다. 이날 초대 담임목사인 **오근호 목사**가 "예루살렘을 사랑하는 자!" 란 제목으로 설교했다.

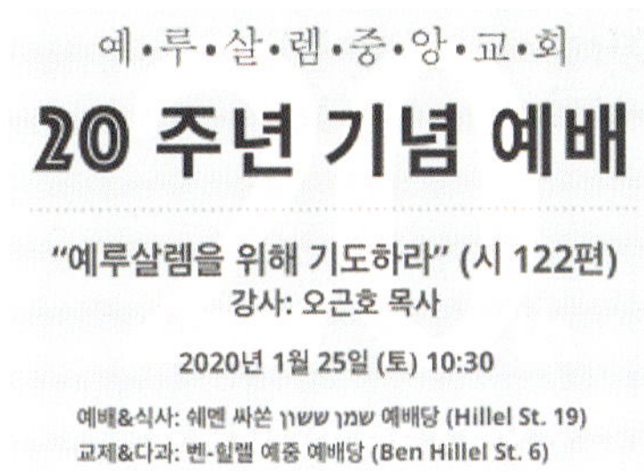

쉐멘사손에서 예배드릴 때, **메시아닉 쥬이시**(예수 그리스도를 믿는 유대인들)이 그들의 동족 유대인들에게, 바울과 같이 복음을 증거하는 열정과 소명을 회복할 수 있도록, 그리하여 유대 민족과 팔레스타인 민족이 복음화 되기를 기도하며, 격려하는 소망의 시간을 보내기도 하였다.

새로운 예배당과 선교센터

그러나 코로나 이후에, 쉐멘사손 교회가 그들의 거처를 옮기는 과정에서, 그 건물을 함께 사용하던 예루살렘 중앙교회도 새로운 예배당과 선교센터를 위해 기도하게 있으며, 현재는 한 장소를 임시로 렌트하여 샤밧예배(토요일 주일예배)를 드리고 있다.

벤예후다 거리찬양 모임

2006년부터 시작한 **벤예후다 거리찬양 모임**은 처음에는 한인청년들 두 세 명으로 시작하였다. 하지만, 지금은 많은 성도들과 사역자들이 함께 모여서, 예루살렘에서 가장 번화로운 벤예후다 거리에서 예수님을 찬양하고 있다. 예수님께서 태어나시고, 직접 거니셨던 땅이었지만, 오히려 예수님의 메시야 되심을 인정하지 않는 이곳 예루살렘에서, 예루살렘 중앙교회는 주님이 다시 오실 때까지 이 찬양과 기도의 모임을 기쁨으로 섬기길 소망하며, 그루터기로 서 있고자 한다.

2008년12월(거리찬양)

2015년5월(거리찬양후 단체사진)

2022년 거리찬양 사진[144)]

144) 사진출처 : https://cafe.daum.net/jesusjerusalem갤러리 및 서영주 목사제공, 전체동일

교회의 구성원 특징

예루살렘 중앙교회는 80% 정도가 **목회자와 선교사의 가정들**로 구성되어 있어서 한국교회와는 구조적으로 다르다. 현지 특성을 살려 팀 사역을 지향하며, 각자에게 주신 선교사역과 소명을 따라 걸어가고 있다. 담임목사를 비롯하여 모든 사역자들이 개인후원을 기초로 사역한다. 자발적으로 동역하는 구조에 기초하여, **팀 목회의 이상적인 한 모델**로 자리잡고 있다.

예루살렘 중앙교회는 복음이 시작된 곳, 그러나 여전히 복음이 필요한 이스라엘에서 예수 그리스도의 십자가와 부활을 전하기 위해 존재한다. 이 사실을 항상 기억하여서, 모이면 하나님을 예배하고, 서로 사랑으로 교제하는 교회가 되며, 또한 흩어지면 복음을 전하는 행복한 선교적 공동체로서 사명을 감당하는 교회가 되기를 원한다.

(2) 텔아비브 욥바교회 (2007년)

1) 교회의 시작

텔아비브 욥바교회는 2007년 5월5일에 류공석 목사가 개척하여 세워졌다. **텔아비브 욥바교회**의 설립을 위해 **예루살렘 교회**의 적극적인 격려가 있었던 것 같다. 이 설립예배의 축하를 위하여 예루살렘교회의 담임목사 김진산 목사를 비롯하여 많은 교우들이 참석했다.145)

예루살렘 교회가 함께 축하한 텔아비브 욥바교회의 설립예배(2007.5.5)

2) 교회의 오늘

2011년 9월3일 이익환 목사가 텔아비브 욥바교회의 제 2대 담임목사로 부임하였다.146) 교회의 홈페이지에 따르면, 텔아비브 욥바교회는 이스라엘에 주재원으로 파견된 가정들, 키부츠 청년들, 그리고 인근 바르일란 대학교와 텔아비브 대학교 유학생들이 함께 모여 예배드리고 있다.

---

145) 류공석 목사가 <예루살렘교회>의 다음 카페에 감사의 인사글을 올렸다 : "샬롬! 모두 평안하신지요? 우리 텔아비브 욥바교회 창립예배를 축하하기 위해 먼 길을 와주신 **예루살렘교회 성도님들**께 이 자리를 빌어 다시 한번 감사드립니다. 전교인의 3분의 2가 참석한 초유의 일을 경험한 저로서는 감사의 마음이 너무나 큽니다. 예배당을 채워주신 그것 이상의 **예루살렘교회의 사랑과 격려**를 받아 더욱 감사드립니다. **부임 전부터 전폭적인 협력과 힘을 주신 김진산 담임목사님**, 장재영 목사님, 손문수 목사님을 비롯한 모든 예루살렘 교회 성도님들께 다시 한번 감사드리며 이곳에 사진을 몇 장 올립니다. ... 좋은 자매 교회를 허락하신 하나님께 감사드리며... 샬롬!"(https://cafe.daum.net/jerusalemchurch/IVVH/12)

146) 이익환 목사는 대한예수교장로회 합동측에서 목사안수를 받았고, 사랑의교회에서 5년, 달라스 영락장로교회에서 3년간 청년부 담당목사로 사역했다.

교회소개

홈페이지에서 텔아비브 욥바교회는 다음과 같이 **교회의 목적과 주요사역대상**을 소개하고 있다.

> 우리 교회는 **선교하는 교회**로서, 한인교회라는 울타리를 넘어, **유대인과 열방의 모든 사람들**이 함께 예배하는 교회가 되기를 소망합니다.
>
> 텔아비브 지역은 **업무차 출장으로 오는 한인들**이 많고, **성지 여행 중 방문하는 분들**도 많습니다. 그들이 한번의 예배를 드릴지라도 예수 그리스도를 만날 수 있는 예배가 드려지길 소망합니다. 특히 **키부츠에 오는 청년들**은 인생의 전환기에, 취업이나 진학 등의 중요한 결정을 앞두고 오고 있습니다. 그들을 섬김으로 이스라엘에서 하나님을 새롭게 만나고, 인생의 비전을 새롭게 세워가도록 돕는 교회가 되고자 합니다.
>
> 근래에는 근처 **바르일란 대학교**와 **텔아비브 대학교**의 **외국유학생들**이 나와, 함께 예배하며 성경공부를 하고 있습니다. 우리는 열방의 교회와 협력하여 복음이 처음 선포된 이 땅 이스라엘에 다시 하나님 나라가 세워지기까지 주님이 부탁하신 선교의 완성을 위해 경주하려 합니다.[147)]

교회사역

홈페이지에 따르면, 텔아비브 욥바교회는 교회예배와 정규모임(사밧예배, 봉사자를 위한 예배, 다락방 모임, 수요중보기도모임) 및 이스라엘 성지학교 외에, 미션 팩토리(Mission Factory), 곧 **선교공장**이라 불리는 선교사역을 하고 있다. 이 사역은 유대인 선교를 지향한다.

> 텔아비브 욥바교회는 **이스라엘 이해와 선교의 플랫폼**이 되고자 합니다. 주님의 영광을 선포하는 예배공동체로 이 땅에 심어져, **원가지인 유대인들**이 **다시 복음에 접붙혀지는 그 날**까지 복된 소식을 생산하고 나누는 '미션 factory'가 되고자 합니다. 미션 factory는 하나님 나라와 그의 백성을 충만하게 하는 모든 형태의 미션을 만들어 내는 선교공장입니다.
>
> > "그러므로 내가 말하노니 그들이 넘어지기까지 실족하였느냐? 그럴 수 없느니라. 그들이 넘어짐으로 구원이 이방인에게 이르러, 이스라엘로 시기나게 함이니라. 그들의 넘어짐이 세상의 풍성함이 되며, 그들의 실패가 이방인의 풍성함이 되거든 하물며 그들의 충만함이리요"
> > (롬 11:11-12)

147) http://www.telavivchurch.org/?page_id=94

그들의 충만함이 우리의 풍성함입니다. 하나님께서는 장자 **이스라엘이 다시 복음으로** 충만하게 되기를 원하십니다. 미션 factory는 이스라엘 성지학교를 통해 이스라엘을 체험하고 축복는 장이 될 것입니다. 미션 factory는 선교적 교회가 다양한 형태로 참여하는 선교센터가 될 것입니다. 미션 factory는 다녀가시는 분들에게 안식과 회복의 공간이 될 것입니다.

텔아비브 욥바교회는 열방에 있는 신실한 교회들과 함께 **이스라엘의 구원과 회복**을 위한 미션 factory를 만들어 가길 원합니다. 이곳을 통하여 열방의 풍성함이 들어오고, **이스라엘이 시기하며 돌아오는 역사**가 일어나게 되길 기도합니다.[148]

2019년 3월 30일 사밧예배 후, 욥바 거리 찬양

유대인 사역

이익환 목사가 2011년 9월3일에 담임목사로 부임한 후, 같은 해 11월23일에 선교편지를 보낸 바에 의하면, 그 당시 텔아비브 욥바교회는 **유대인 사역**을 실제적으로 행하고 있었다.

저희교회는 이스라엘 내 한인교회 중 유일하게 **유대인 지체들**이 **함께 예배드리고**, **다락방순모임**을 하는 교회입니다. **현재 7-8명의 유대인 지체들**이 두 분의 선교사님 인도 아래 성경공부를 하고 있습니다. 11월 26일부터 바르일란대학교에서 성서신학 박사과정을 전공한 리히 자매가 사역자로 동역할 예정입니다. **유대인과 결혼하신 성도**도 여덟 가정이 있는데, 이들 **가정구원을 위한 기도**를 계속하고 있습니다. 또한 **유대인사역자** 유벤투스(국제전도협회, 가정 및 교도소사역) 비키 칼리셔(성서공회 대표), 요하난 스텐필드(레크 레카 : 군복무를 마친 메시아닉 유대인대상 제자훈련사역)와 **이스라엘 투데이**(메시아닉 월간지)를 저희 교회에서 후원하며 동역하고 있습니다. 이들의 사역을 통해 많은 유대인이 예슈아께 돌아오기를 기도하고 있습니다.[149]

---

148) http://www.telavivchurch.org/?page_id=1422
149) http://blog.godpia.com/blog/post/Post_List.asp?Page=22&BlogID=101702&Category=1&KeyField=&Key

수단교회 창립기념예배

이 선교편지에 의하면, 텔아비브 욥바교회는 전적으로 유대인 사역만을 하지 않았다. 광염교회와 긴밀한 관계를 맺고서, 이스라엘에 거주하는 수단 난민들도 섬겼다.

> 10월16일에는 텔아비브에 있는 **수단교회 4주년 창립기념예배**에 다녀왔습니다. 수단교회는 2003년 발생한 수단의 다르푸르 대참사(수단 정부가 돈을 대고 이슬람군벌들을 무장시켜 시골의 비무장 이슬람들과 기독교도들을 무차별 학살케 하였으며 약 40만 명이 학살된 사건)를 피해 **이스라엘에 들어온 난민**입니다. 2008년부터 서울 광염교회(조현삼 목사)와 저희 텔아비브 욥바교회가 협력하여 재정 지원하고 있는 교회인데, 현재 매튜와 사이먼이 리더십으로 섬기고 있습니다.

청년사역

이 선교편지에 의하면, 텔아비브 욥바교회는 청년사역을 중점 사역으로 삼고 있었다.

> **청년사역**은 욥바교회의 중점사역 중에 하나입니다. 15명에서 20명 정도의 청년들이 있는데, 이들은 주로 **키부츠 발런티어**(자원봉사자) **체험**을 하기 위해 한국에서 오는 청년들입니다. 3월에서 길게는 6개월 정도 머물다 떠나는데, 청년들은 매주 예배를 참석하기 위해 1시간 또는 2시간이 넘는 거리를 버스를 갈아타거나, 아니면 히치 하이킹을 해서 달려 옵니다.
>
> 저희 교회에서는 이들이 오고 가면서 머물 장소를 위해 **청년센터**를 운영하고 있습니다. 강신일 목사님께서 이들은 섬기면서, 매주 금요일 말씀과 기도회를 인도하고 있고, 저와 아내는 매주 샤밧예배 후에 청년들과 기도모임으로 만나고 있습니다.

2017년 5월 텔아비브 욥바교회 창립 10주년

(3) 예루살렘 유대교회 (2008년)150)

예루살렘 유대교회는 유대학 연구소 소장인 **이강근 목사**에 의해 2008년 6월28일에 설립되었다. 현재 예배장소는 감람산 아우구스타 빅토리아교회이다.

예루살렘 유대교회의 설립

예루살렘 유대교회는 유대학 연구소에 4명의 간사들이 오면서 예배가 시작되었다. 첫 예배는 예루살렘 피스갓제브 예루살렘의 연구소에서 예배를 드리다가, 인원이 많아지면서 현재의 **감람산 아우구스타 빅토리아교회**로 옮겨왔다. 처음 예배자들은 예루살렘을 방문한 개인 및 단체가 샤밧(Sabbath, 안식일) 예배에 참석하면서 시작되었다. 현재 성도들은 예루살렘에 거주하는 한인가정과 히브리대 유학생들로 구성되었다. 주일평균 장단기간 방문자 등 20-40여명이 예배를 드리고 있다. **예배형태**는 매주 토요일 오전 10시에 교회에서 예배 드리거나, 매달 또는 일정 시기마다 성지 현장에서 예배를 드리고 있다.

감람산 아우구스타 빅토리아교회

예루살렘 유대교회의 가장 큰 특징은 '**예배**와 **기도**'이다. 예루살렘 감람산에서 토요일 하루 종일 **예배**하고 **기도**한다. 오전 9시부터 12시까지 예배와 찬양을 하고, 예배를 마치면, 감람산 정상의 세븐아치호텔의 한 세미나실로 이동한다. 예루살렘 최고의 전망대다. 이곳은 원래 요르단 국왕이 예루살렘을 찾으면 묵는 거실인데, 하나님께서 **한인 기도처**로 주셨다고 생각한다. 그리하여 성지의 평화, 한국교회, 북한, 세계열방을 놓고 **중보기도**한다. 그리고 예루살렘 유대교회만의 또 하나의 특징은 **성지현장에서 예배하는 것**이다. 주요 성지를 찾아다니면서 드리는 예배는 성지를 방문하는 많은 순례자에게 공감을 안겨준다. 유대교회는 광야에서 새벽기도와 철야기도를 하기도 하며, 또한 예루살렘, 세겜, 헤브론, 갈릴리 등 주요장소에서 예배를 드린다.151)

---

150) 예루살렘 유대교회의 내용은 현 담임목사 이강근 목사가 초안을 잡고, 그의 검토를 거쳤다.
151) <시사매거진> 2022-09-05, https://www.sisamagazine.co.kr/news/articleView.html?idxno=10735

이스라엘과 팔레스타인 간의 평화

이강근 목사는 1993년에 교환학생으로, 그리고 다시 1995~1996년에는 국비장학생으로 히브리 대학교와 인연을 맺었다. 2000년부터는 정치학을 공부하면서, 제 2차 인티파다(팔레스타인의 이스라엘 봉기)로 인한 **이· 팔 분쟁의 참상**을 목격했다. 2002년에는 팔레스타인 가나안 농군학교 책임자로 팔레스타인 곳곳을 방문하면서, **팔레스타인 난민의 설움**을 듣기도 했다. 장로회 신학대학원(M.Div.)을 졸업한 후, 2007년 히브리 대학교에서 정치학 박사 학위를 받았다.[152]

이강근 목사는 예루살렘에 거주하면서 **의료팀**을 이끌고 **팔레스타인의 작은 마을**을 방문하였고, 이스라엘과 팔레스타인 **양측의 공격**으로 희생당한 마을이나 가정을 방문해 위로와 도움을 주었다. 또 양국과 한국 간 친선증진을 위해 2005년부터 이스라엘과 팔레스타인 대학생 10명씩을 한국으로 초청하여 **친구 만들기 행사**를 펼쳤다. 이를 통하여 현지에서는 만날 수 없었던 학생들이 제 3국인 한국에서 **두 민족 간 화해의 초석**을 놓기도 했다.[153]

152) <국민일보> 2010.1.4. "이스라엘-팔레스타인 화해초석 다져 대한민국 해외봉사상 받은 이강근 목사"
153) <국민일보> 2010.1.4. "이스라엘-팔레스타인 화해초석 다져 대한민국 해외봉사상 받은 이강근 목사"

2009년 12월29일, 이강근 목사는 이스라엘과 팔레스타인 간의 평화를 증진하고, 이 · 팔 갈등현장에서 발생한 희생자들을 보살핀 공로를 인정받아, 제4회 **대한민국 해외봉사상**을 수상하였다. 대한민국 외교부는 그의 주요 활동내역을 다음과 같이 소개하였다. "2003년 3월부터 **이스라엘의 군사공격**과 **팔레스타인의 자살테러**로 피해를 받은 희생자 가족과 빈민 등을 대상으로 봉사활동을 실시하고, 국경없는 의사회 자원봉사자들을 이끌고 팔레스타인 서안지구에서 의료봉사 활동을 함" 154)

예루살렘 유대교회 사역

1. 예루살렘 최초 개신교회인 루터른 교회(Lutheran church)와 협력하여, 부활절, 승천절, 성탄절과 같은 절기에는 여러 국적의 교회들이 함께 참여하는 인터네이션 서비스(internation service)에 동참한다.
2. 아우구스타 빅토리아 내 카페에서 발런티어로 봉사한다. 화요모임에서 일년에 몇 차례 한국 음식을 함께 나눈다.
3. 아우구스타 빅토리아 병원의 직원들에게 절기마다 선물을 나누며 친교를 도모한다.
4. 교회의 헌금 중 일부는 〈성지가 좋다〉 촬영차 방문하는 지역과 나라의 현지인이나 선교사들 에게 선교 헌금 및 선교물품 등을 전달해오고 있다.
5. 히브리대 아시아학과의 한국 관련 행사에 함께 동참한다.
6. 성지의 현장예배를, 걷는 예배로 일정 구간을 정하여, 몇 주간에 걸쳐서 걷는 예배와 기도회로 진행한다.
7. 매주 히브리대 유학생들을 대상으로 수요 기도모임과, 금요 찬양모임을 한다.

154) 대한민국 외교부 홈페이지, <뉴스,공지> "제 4회 대한민국 해외봉사상 시상식 개최"(2009-12-30)

(4) 이스라엘 샬롬교회(2009년)

이스라엘 샬롬교회는 총신대학교 신대원을 졸업한 목회자들이 이스라엘의 예루살렘에 설립한 교회이다. 예루살렘에 있는 다른 한인교회들은 목회자와 성도들이 교파와 교단을 초월하여 신앙생활을 하는 것에 비해, 이스라엘 샬롬교회는 **예장합동의 교단성**을 표방하며 설립되었다.[155)]

교회의 시작

2009년 11월4일 장세호 목사를 비롯하여 조형호, 유병성, 한민수, 곽훈, 김영길, 김용구 및 이성호 목사 등 총신신대원 출신 목회자들이 예루살렘 인근 야드 하슈모나에서 설립예배를 드림으로, **이스라엘 샬롬교회**가 시작되었다.[156)] 이날 설립예배의 설교는 17년간 이스라엘 사역을 한 김주경 목사가 맡았고, **유대인 선교**를 하는 메노 칼리셔 목사(메시아닉 유대인교회)와 **아랍인 선교**를 하는 빈센트 사마스 목사도 참석했다.[157)]

담임목사는 **장세호 목사**가 맡았다.[158)] 장세호 목사는 1999년 10월부터 이스라엘 생활을 시작했다. 2002년 7월 히브리 대학교 구내식당에서 터진 **폭탄 테러**에 의해 심하게 다쳤다. 25일간의 무의식 중 6번의 대수술 끝에 회복되었다. 제 2의 인생을 이스라엘에 드리도록 인도함을 받아, 박사과정의 학업과 함께 **유대인 선교사역**에 헌신하기 위해, 교회를 설립하게 되었다.

교회의 조직과 사역분담은 다음과 같았다 : 협동목사 조형호, 유병성 목사, 행정부 김일수 목사, 예배부 곽 훈 목사, 재정부 김영길 목사, 청년선교부 김용구 목사, 샬롬 유초등부 신성은 전도사, 샬롬 중고등부 강사명 전도사.

---

155) <기독신문> 2010.10.11.일자, "총신출신 목회자 '연합의 힘'-예루살렘에 '샬롬교회' 설립주도"
156) http://israelshalom.onmam.com/m/bbs/pageView?hompiSeq=65939&submaster_seq=3
157) http://www.kidok.com/news/articleView.html?idxno=66792
158) 장세호 목사는 총신신대원(92회)을 졸업하고,이스라엘로 유학을 떠나, 당시 히브리대학교 성서학과 박사과정에 재학 중이었다. 다른 목회자들도 대부분 유학생 신분이었다.

유대인 선교의 목적

이스라엘 샬롬 교회의 홈페이지는 **유대인 선교의 목적**을 다음과 같이 소개하였다.

> 이스라엘 샬롬교회는 이스라엘에 유학과 선교를 목적으로 방문한 젊은 목사들에 의해서 세워진 교회입니다. 이 땅에 대해 하나님이 주신 마음을 함께 나누고, 이 땅에 복음이 증거되기 위해서 무엇이든 해야겠다는 마음을 가진 이들에 의해 세워진 교회입니다.
>
> 2009년 11월 첫 예배를 드린 후, 언젠가는 돌아올 탕자를 문밖에서 기다리는 아버지의 마음으로 **이스라엘을 바라보며, 이스라엘에 예수 그리스도가 메시야로 인정되는 그 때**가 속히 오기를 소망하며 이땅을 위해 기도하며, 하나님이 열어주시는 사역을 기꺼이 감당하는 교회가 되려 합니다.[159]

교회의 오늘 (2021~2022년)[160]

2021년 10월부터 **이준혁 목사**가 이스라엘 샬롬교회의 담임목사직을 임시적으로 수행하고 있다.[161] 이스라엘 샬롬교회(Israel Shalom Chuch)가 초창기에 **총신대 출신 목사들**이 모여 설립했으나, 차츰 타교단 출신의 목회자들도 함께 협력하게 되면서, 현재 교회는 **교단을 초월하여** 함께하고 있다. 교회의 구성원은 주로 유학생, 선교사, 봉사자 등이다. 간혹 여행객이나 현지 유대인들이 방문하여 예배를 드린다.

이스라엘 샬롬교회는 매주 금요일 오후 3시 예루살렘 모처에서 예배를 드리고 있다. 코로나 이전에는 예루살렘 시내에 있는 핀란드 교회(The Finnish Evangelical Lutheran Missoin)에서 예배를 드렸으나, 2022년 현재 임시장소에서 예배를 드리며, 새로운 교회 예배 장소를 찾고 있는 중이다

---

159) https://sites.google.com/site/israelshalomchurch/home/intro
160) 이 항목은 현재 이스라엘 샬롬교회의 담임목사직을 맡고 있는 이준혁 목사가 초안을 작성하였다.
161) 이준혁 목사는 2017년부터 이스라엘 샬롬교회의 운영위원회로 섬기고 있었다.

이스라엘 샬롬교회는 각자 다양한 모습으로 이스라엘 땅에서 살아가며, 각자의 부르심 앞에 하나님의 나라를 이루고자 서로 도우며, 함께 마음을 모으고 있다. 이를 위해 이스라엘 샬롬교회는 여러가지 모양으로 그들을 돕고 있다.

1. 이스라엘에 정착하기 위해 온 개인, 가정 등을 지원하고, 이스라엘을 바르게 이해하고 알아갈 수 있도록 이스라엘을 소개하며, 교육(성경배경, 성경절기, 성경지리 기타 등)을 실시한다.

2. **장애인 시설**에서 봉사하며 하나님 사랑을 전하고 있는 봉사자(Via Israel 한국 청년)를 지원하며 협력하고 있다.[162] **비아 이스라엘**은 이스라엘 내에 있는 사회복지시설과 재가의 장애인들을 위한 순수자원 봉사활동을 지원하는 국제적 비영리조직이다. 이스라엘 내 다양한 단체들과 연합하여 자원봉사 프로젝트를 진행하고 있다.

   봉사대상은 지적장애인, 발달장애인, 노인 등이며, **봉사내용**은 식사, 목욕, 산책 등 생활의 전반적인 보조 및 교제를 담당한다. 많은 한국의 청년들이 **자원봉사자**로 지원하여, 이스라엘 내에 있는 다양한 복지시설에 들어가 6개 월 이상 2년 이하 정도로 봉사하고 있다.

3. 특별히 2022년에는 한 선교사 가정을 통해 진행되는 마약중독 치유센터, 그리고 우크라이나 난민사역을 지원하고 협력하고 있다.

하나님께서 이스라엘 샬롬교회(Israel Shalom Chuch)를 이 땅에 세우신 목적과 부르심을 기억하며, 이 땅에 정착하는 이들을 최선으로 돕고, 이 땅에서 그들과 함께 예배하며 다시 그들을 통해 이 땅에 복음이 전해질 그 날을 기대함으로 오늘도 조금씩 한걸음씩 나아가고 있다.

162) 이스라엘 샬롬교회는 샬롬센터를 통해 정부에서 운영 중인 청년봉사활동 기구 '비아 이스라엘' 사역에 협력하고 있다.

4. 북아프리카 지역 : 알제리, 모로코, 모라타니

(1) 알제리 한인교회 (2000년)

알제리는 1962년 독립 이래 계속하여 한국을 적대시하다가, 2006년 3월 노무현 대통령의 국빈방문 이후에야 양국관계가 **전략적 동반자관계**로 격상되었다. 그 이전에 알제리에 거주하는 한인의 수는 매우 적었다. 알제리 한인교회에 대한 기록과 정보는 잘 찾아지지 않았다.

교회의 시작

2000년 5월19일, 한인 신자들이 함께 모여 예배를 드림으로써 **알제리 한인교회**가 시작되었다. 그 당시 한인 규모는 매우 작았다. 1985년부터 대사관 직원과 가족 9명, 대우지사 직원과 가족 7명만이 상주하였다. 1987년 하반기부터는 대우건설의 건설팀 약 40여명이 상주하였다.[163]

담임목사의 부임

2000년 7월, **최기도 목사**가 최초의 한인 알제리 선교사로 파송되어 한인교회를 섬기게 됨으로써, 최기도 선교사가 알제리 한인교회의 제 1대 담임목사가 되었다. 2006년 5월~2011년 6월에는 **곽상권 목사**가 담임목사로 섬겼다. 2022년 현재 A선교사가 담임목사로 섬기고 있으나, 구체적인 사역과 활동은 밝힐 수 없다. 현재 처별과 박해가 진행되는 중이기 때문이다.

현재 진행 중인 처별과 박해

알제리는 현재 종교적으로 **핍박이 진행되는 중**이다. 2006년에 제정된 **종교법**에 의하여 알제리 정부는 이슬람 이외의 모든 종교를 규제하고 탄압하였다. 2011년과 2016년에 각각 **종교법이 다소 개정**되어 종교적 예배를 법적으로 보장하였고, 특히 **헌법 36항**은 분명히 종교적 예배의 자유를 명시하였다. 그러나 실제로는 교회 등록과 허가가 잘 시행되지 않는다. 현재 정부가 교회활동을 묵인하다가도, 때로는 불시에 단속하여 교회를 폐쇄하거나, 교인들을 구속하는 등 처별과 박해

---

163) 이 사실은 현재 알제리 사역자가 파악하여 주었다.

가 진행 중이다.[164] 아래의 글은 필자에게 연락해온 2022년 7월의 실제상황이다.

"이곳에 소수의 기독교인들이 있고, 점점 박해가 심해져 가는 가운데 있습니다.복ㅇ을 전하고, 회심자를 만들고, 양육하고 있는 현지 기독ㄱ리더와 함께, 이곳에서는 마음껏 기ㄷ하고 찬ㅇ하고 훈ㄹ하지 못하니, 그들을 데리고 조금 더 자유로운 이웃 나라에 가서 수련ㅎ를 하기로 했습니다. ... 그런데 급하게 현지리더로부터 연락이 왔습니다. 일정, 명단 등이 다 노출되었다는 것이었습니다. 그대로 출국했을 경우 더 큰 위험을 당할 수 있어, 급하게 행사를 취소해야만 했습니다. 행사취소만으로도 마음이 아프지만, 현지 리더와 나머지 학생까지 위험에 처하게 되었습니다. 긴급히 현지리더와 가정, 학생 안전을 위해 기ㄷ를 부탁드립니다. 언제 경ㅊ이 들이닥칠지 모르는 상황이 되었습니다. 행사계획이 무산되었지만, 무슨 일이 발생하기 전에 미리 알게 하셔서 오히려 감사하게 생각합니다. 이들을 안전하게 지켜주시도록, 이 친구들의 상한 마음이 빨리 회복되고 더욱 굳건한 믿음 위에 설 수 있도록 간절히 손모아 주세요"

박해 중에 부흥하는 알제리 교회

이슬람국가 알제리에서 일어나는 부흥의 물결

(복음기도신문, 2014년 4월2일 기사)

북아프리카의 이슬람 국가인 알제리에서 기독교에 적대적인 분위기가 여전한 가운데, **알제리 교회는 오히려 지난 30년간 극적인 성장세**를 보이고 있다고 세계성서공회가 최근 밝혔다. 현지 소식통에 의하면 1980년대 초반에는 알제리의 토착 기독교인이 약 2000여명에 불과했지만, 현재는 10만에서 20만 명에 달하는 기독교인들이 존재할 것으로 추산된다.

이러한 부흥은 기독교인들에 대한 **무수한 박해와 훼방**에도 불구하고 **알제리 북동부의 카빌리 지역**을 중심으로 활발하게 일어나고 있다. 카빌리의 티지우주 시에 위치한 한 교회는 매주 1500여명의 성도들이 참석해 뜨겁게 예배하는 모습을 볼 수 있다.

알제리의 부흥은 1981년 7월 **카빌리에 있는 한 마을**에서 진행된 여름 산상수련회 때 31명의 마을사람들이 **기독교인으로 개종**을 하면서 시작됐다. 한편 공교롭게도 같은 기간에 모든 개신교 선교사들이 알제리에서 추방되었으며, 외국 선교사들에 의해 세워진 교회들도 엄격한 통제 아래 놓이게 되었다.

그러나 이러한 **박해상황**이 오히려 알제리 기독교인이 자신의 신앙을 이웃들에게 나누는 일에 원동력으로 작용하고 있다. 이 시기에 교회를 출석하게 된 파흐리드는 "제가 16살일 때 이웃에 살던 기독교인들은 제게 신약성경과 제가 사용하는 언어인 카빌리어로 된 설교말씀이 들어있는 카세트테이프를 전해주었어요. 저는 하나님의 말씀을 읽고 들으면서 깊이 감동을 받았고, 마침내 제 이름을 아시고, 저를 사랑하시는 하나님을 만나게 되었죠."라고 고백했다.

164) 주태근, https://blog.naver.com/taekunjoo/222527217067

알제리, 당국의 박해 불구 기독교 개종자 수 크게 증가

(복음기도신문, 2021년 6월24일 기사)

알제리에서 기독교로 개종하는 이들의 수가 크게 증가하는 것으로 나타났다. 영국 크리스천투데이(CT)는 "알제리에서는 당국에 의해 고소 위협을 받으면서도 기독교인들의 큰 성장이 이뤄졌으며, 많은 기독교인이 체포되거나 투옥되거나 국외로 추방됐다"고 전했다.

기독교로 개종하는 알제리인 중에는 어떤 이들은 **용감하게 그리스도를 믿고**, 어떤 이들은 박해를 두려워하여 **비밀스럽게 신앙을 유지**하고 있다.

이슬람에서 기독교로 개종한 알제리 여성 앤지 사드(Angie Saad·33)는 최근 CT와의 인터뷰에서 "알제리 기독교인이 늘면서 교회도 늘어났다. 이들 중 일부 교회는 알제리 주소로 면허를 취득했으며, 다른 일부는 박해를 우려해 신고하지 않았다"고 현지 상황을 전했다. 그녀는 "알제리 기독교인은 많은 압박과 위협에도 불구하고, 믿음을 진지하게 받아들이고 헌신하는데, **많은 개종자가 이러한 핍박을 경험**하고 있다"며 "일반적으로 알제리 기독교인은 이슬람을 떠나 그리스도를 믿기를 택한 이들이며, 필연적으로 다른 이들과 예배하거나 신앙을 나눌 자유에 관한 어떤 권리도 누리지 못한다"고 했다.

술레이만이라는 이름의 한 공무원은 개종한 죄로 징역 3년과 벌금형을 선고 받았다. 그는 생명에 대한 위협을 받아 실직하고, 탈옥한 뒤, 난민이 됐다. 최근 3명의 기독교인이 신성모독죄로 유죄판결을 받았다. 이 가운데 하미드 수다드(43)는 이슬람 예언자인 무함마드를 희화화하고 이를 공유한 혐의로 지난 1월 21일 징역 5년과 벌금 약 540만 파운드(약 84억 7,000만 원)를 선고받았다.

부대플리카 대통령을 축출한 민중운동이 일어난 지 2년이 지났지만, 기독교인에 대한 차별과 폭력은 끊이지 않는 등 현실은 변하지 않았다.

북아프리카의 국가들(튀니지, 모로코, 알제리, 모리타니아)는 무슬림에서 개종한 그리스도인들, 소위 MBB들이 많은 지역이다. **튀니지**는 아랍의 봄 이후에, 이슬람 국가 중 최초로 〈신헌법〉에서 개종의 자유를 허락하였다. 법적으로는 가능하게 되었어도, 현실적으로는 여전히 큰 장애물이 있다. **알제리**도 법적으로는 종교적 예배의 자유를 인정하지만, 실제로는 박해를 진행하고 있다. 이러한 핍박 속에서도 MBB들의 숫자가 늘어나는 것에 주목해야 한다. 그들을 돕기 위한 사역과 연구, 그리고 실제적인 지원이 매우 필요하다.

(2) 모로코 : 카사블랑카 한인교회 (2013년, 카사연합교회)

1991년도에 **아가딜**에 아가딜 한인교회가 가장 먼저 세워지고, 1992년에는 수도 **라바트**에서도 라바트 한인교회가 세워졌다. 2000년대에는 **카사블랑카**에서도 한인교회들이 세워졌으나, 현재 카사블랑카 한인교회(카사연합교회) 외에는 알려진 바가 없다. 올해 2022년도에는 **탕헤르**에도 한인교회가 세워졌는데, 아직 탕헤르 한인교회에는 담임목사가 없다.

카사블랑카 한인교회 – 교회의 시작

현재 카사블랑카에는 **카사블랑카 한인교회**가 유일한 한인교회이다. **곽상권 목사**[165]가 2013년 7월라바트 한인교회를 사임한 후에, 2013년 11월3일에 **카사연합교회**를 개척하였는데, 이 교회가 현재의 카사블랑카 한인교회이다.[166] 그러나 이 교회가 카사블랑카에서 최초의 한인교회였는지는 불확실하다.

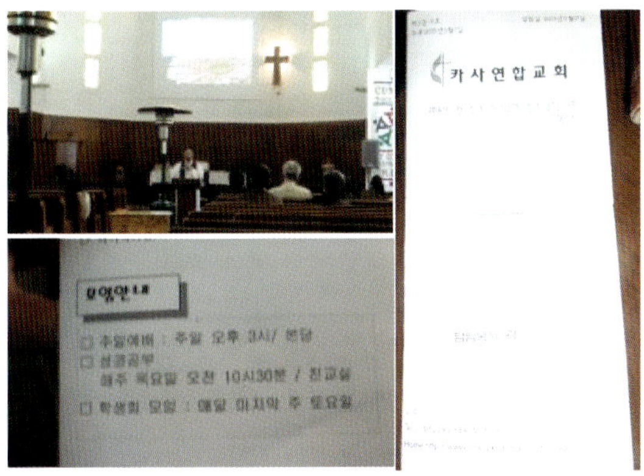

A교회가 이미 존재했다는 추측도 있다.[167] 카사블랑카에 황옥희 목사가 섬기는 **순복음교회**가 있다는 기록도 있으나, 그의 가정집에서 짧은 기간 예배를 드린 정도였다.

카사블랑카 한인교회는 1백여명까지 참석했었다. 그러나 카사블랑카 시내의 주재원들이 한국으로 귀국하면서, 교인들이 급격하게 줄어들었다. 2015년 3월에 한 방문자가 카사연합교회의 주일예

165) 곽상권 목사는 현재 2016년 12월13일부터 파리 감리교회의 담임목사로 섬기고 있다. 그 이전에 알제리 한인교회의 Pastor(2006.5.5.~2011.6.20), 라바트 한인교회의 담임목사(2011.7.1.~2013.7.31), 카사연합교회의 담임목사(2013.11.3.~2015.5.31.)로 섬겼다

166) 담임목사 부재 시 카사연합교회를 돌보았던 라바트 한인교회의 이준경 목사에 의하면 카사연합교회는 카사블랑카 한인교회라고도 불리운다. 두 교회는 서로 같은 교회이다.

167) 인터넷의 한 블로그에 의하면, 카사블랑카에 한인교회가 2군데가 있는데, 하나는 카사블랑카 시내에서 20km쯤 떨어진 곳에 있고 다른 하나는 카사블랑카 시내 쪽에 있다고 한다. 카사연합교회가 시내에 있는 교회이므로, 먼저 언급된 한인교회가 A교회로 추정된다.

배에 참석하였을 때, 이날 주일의 참석인원은 15명으로 크게 줄어 있었다. 예배가 끝난 후에는 다과를 나누면서, 성도 간에 교제시간이 이어졌다고 한다.168)

너무 일찍 시작된 시련

그러나 결국 안타깝게도 교인들이 거의 없어지게 되자, 두 명의 한인교회 목사들은 카사블랑카를 떠나 다른 곳으로 이전할 수 밖에 없었다. 곽상권 목사는 2015년 5월31일까지 1년 7개월정도 카사블랑카 한인교회를 섬기고 떠났다.

한인교회를 지켜내는 선교사들

카사블랑카 한인교회(카사연합교회)는 파리에 있던 **이성근 목사**가 와서 한동안 사역하였고, 그후2017년 7월부터 약 1년간은 라바트 한인교회의 담임목사 **이준경 목사**가 돌보았다. 그 이후에는 **카사블랑카의 사역자 팀**이 카사블랑카 한인교회를 돌보았다.169) 이와같은 사역자들의 수고로 인해, 한인교회는 지켜져 나갈 수 있었다. 2019년 12월에 한 방문자가 카사블랑카를 방문했을 때, 카사블랑카 한인교회는 계속하여 세워져 있었다. 그는 "예배 후 성도님들과 풍성한 한식의 애찬과 함께 주안에서 아름다운 교제를 나누었다."고 한다.170)

카라블랑카 한인교회
2019년 12월 8일 주일의 모습

현재 카사블랑카 한인교회는 **신한범 선교사팀**에서 맡아서 지켜나가고 있으며, 담임목사를 기다리는 과정이다. 2019년부터 **김종성 선교사**가 담당목사로 부임하여 담임목사의 직분을 감당하고 있다. 코로나 시기에 프랑스 교회를 대여하기가 어려워져서, 현재 김종성 목사의 사택에 있는 큰 지하의 장소를 예배당으로 사용하고 있다.

---

168) https://m.blog.naver.com/PostView.naver?isHttpsRedirect=true&blogId=koko808&logNo=220293473761
169) 이 사실은 이준경 목사가 알려주었다.
170) https://blog.naver.com/lovemjy777/221739606894

카라블랑카 한인교회 2019년 12월 8일 주일의 모습

이와같이 시련과 어려움 속에서 여러 사역자들의 수고와 협력으로 지켜낸 **카사블랑카 한인교회**는, 현재 매우 놀라운 일을 이루고 있다. 현재 매주 **30여명의 성도들**이 예배를 위해 모이고 있다. 예수를 그리스도로 높이는 **예배가 없는 땅**에서 **그리스도를 예배하는 것**을 사명으로 여기는 성도들이 매주 모이고 있다. 비록 예배처소는 잘 갖추어진 프랑스 교회에서 선교사 **사택의 지하장소**로 바뀌었지만, 거기서 하나님을 예배하고, 그리스도를 선포하는 일이 계속되고 있다. 특히 지하에서 모이는 카사블랑카 교회의 헌금은 **지하교회 신자들**을 돕는 곳으로 흘러가고 있다.

> 주 30여명의 한인성도들이 모여 예배드리고 있습니다. 예배가 없는 땅에서 예배하는 것이 우리의 사명이라 믿고, 모든 성도들이 선교사라는 마음으로 매주 모로코와 선교완성을 위해 기도하고 있습니다. 그리고 모이는 헌금은 최대한 모로코에 지하교회 신자들을 돕는곳에 흘려보내고 있습니다. 아주 작은 숫자이지만 지하교회 신자들이 있습니다. 카사한인교회는 언제나 그런 신자들을 찾고 돕고 있습니다. 더불어 모로코에서 bam(Business as Mission)훈련을 하는 청년들을 돕고, 함께 예배드리며 선교의 다음세대들이 든든히 잘 설수 있도록 돕고 있습니다.

이슬람 땅에서 교회를 지켜내고, 예수 그리스도의 예배를 지켜낸 사역자들도 위대하고, 성도들도 다 동일하게 위대하다.

(3) 모리타니(Islamic Republic of Mauritania)

모리타니는 **아프리카 대륙의 북서쪽**에 위치하여 **북아프리카**로 분류되기도 한다. 우리나라와 1963년 7월30일에 외교관계를 수립했으나, 현재 모리타니에는 대한민국 대사관이 없으며, 주 모로코 대사관이 겸임하고 있다. 양국 간의 협력은 특히 **수산업 분야**에서 가장 활발하다. 1977년 3월에 한국 · 모리타니 수산합작회사를 설립했으며, 1984년 1월에 어업협정의 체결로 한국 원양어선의 진출과 선원들의 취업이 한결 자유로워졌다

모리타니의 한인사회는 지속적으로 매우 작은 편이다. 2007년 대한종합개발회사가 진출하여, 40명의 한국인이 체류하였다. 2019년에는 66명의 한국인이 거주하였고, 2021년에는 61명이 거주하고 있다. 이들 대부분은 모리타니의 수도인 **누악쇼트**와 **누아디부**에 거주하고 있다.[171]

1) 모리타니의 중요성

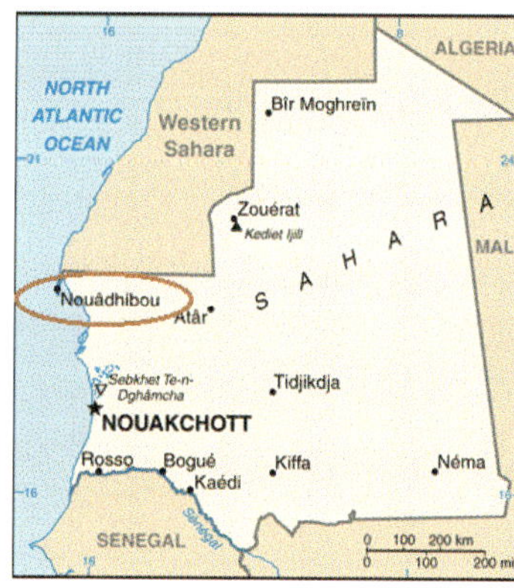

모리타니의 공식명칭은 **'모리타니아 이슬람 공화국'**이다. 당연히 **이슬람교**를 국교이며, 1991년에는 헌법 개정으로 이슬람법이 정식으로 채용되었다. 그리하여 모라타니는 **사우디 아라비아**처럼 **종교법이 엄격**한 것으로 알려져 있다. 특히 모리타니 국민에 대한 다른 종교의 전파 활동은 엄격히 금지되며, 적발시 국외로 추방된다. 이러한 상황에서도 모리타니에 **한인교회들**이 세워졌으며, 그 중에는 정부로부터 정식허가를 받은 한인교회도 있다.[172]

모리타니는 **알제리**, **튀니지** 및 **모로코**와 함께, BMB(Believers of Muslims Background), 즉 **무슬림 배경의 기독교 신자들**이 가장 많은 곳이며, 지하교회가 가장 활발한 곳이다.[173] 그러므로 이러한 지역에서 이슬람 선교를 위한 **한인교회의 역할**은 매우 중요하고, 그 역할은 매우 크다.

---

171) 인터넷 <Daum 백과>, "모리타니", 2022년 8월18일 검색
172) 주태근, https://blog.naver.com/taekunjoo/222518101768
173) 정형남, "중동의 한인교회들과 중동선교", <2014 세계한인동원선교대회>, p.143

2) 모리타니에 세워진 한인교회들

2005년 7월, 모리타니의 제 2의 도시 누아디부(Nouadhibou)에 한인교회가 세워지며, 예배가 시작되었다. 이 **누아디부 한인교회**는 모리타니 정부로부터 정식허가까지 받았다.[174] 이 **항구도시**에 서 일어난 이 큰 일은 150cm 단신의 여인 권숙경 선교사에 의해 이루어졌다. 또한 모라타니에는 **누아디부 순복음교회**(차재현 목사 시무)도 세워졌다.

모리타니 마마 권경숙[175]

1990년대 후반에 권경숙 선교사는 선교사 훈련을 받은 뒤, 병균과 모기와 파리가 들끓는 **모리타니의 빈민촌**으로 가서 모래 위에 판잣집을 얻었다. 선장이었던 남편과 사하라 사막에서 결혼식을 올리고, 맨손으로 교회를 개척했으나, 남편은 3년 만에 갑작스레 세상을 떠났다.

키 150센티미터의 작은 거인 권경숙 선교사는 무슬림들의 핍박과 저주 속에서 복음을 전했다. 처음에 그녀는 **마녀**라 불리고, 모리타니 경찰은 이슬람 국가에 **십자가**를 세운다고 눈에 불을 켜고 그녀의 주변을 맴돌았다. 조금의 틈만 보이면 예배당에 들이닥쳐 교인을 잡아가고 불을 질렀고, **에이즈**에 걸려 죽어 가는 현지인들을 데려다 돌볼 때마다 **죽음의 교회**라고 돌팔매를 당했다.

20여년 전(2017년 기준) 노처녀 전도사로, 오로지 섬기던 교회밖에 모르고 살던 권경숙 선교사는 난생 처음 휴가를 얻어 떠난 유럽 여행에서 **모리타니**(Mauritania)라는 나라를 알게 된다. 무엇에 이끌리듯 일정을 바꿔 찾아간 그곳에서 그녀는 앞으로의 삶을 **모리타니**에 바치기로 결심한다.

174) 권숙경 선교사는 모리타니인 현지인 교회도 세웠다.
175) https://m.cafe.daum.net/phccc/L4NK/266

셀 수 없는 **죽음의 고비**를 넘기며, 교회를 세운 지 20년! 이제는 아프리카 15나라에서 찾아오는 교인들을 위해 주일마다 5개의 언어로 7번 예배를 드린다. 모래땅에 농장을 개간해 **농사짓는 법**을 가르치고, 또 몸을 팔아 빵을 사야 하는 이곳 여인들에게 **바느질과 뜨개질로 돈 버는 법**을 알게 했다. 방치된 아이들을 가르치고 **유치원**을 세웠다. 지독히 가난한 나라에서 더 지독히 버림받은 **장애인**, **빈민**, **죄수들**을 그녀가 먼저 거두었다. 무엇보다 이슬람이 국교인 모리타니에 하나님의 사랑을 전하고 죽을 고비를 넘기며 교회를 지켰다. 또한 많은 사람들이 주님께 돌아오는 놀라운 역사가 나타났다.

그런데, 어느새 '**마녀**'라고 불리던 그녀는 '**모리타니의 마마**'라는 호칭으로 불리기 시작했다.

2013년 1월, 아프리카의 작은 나라 모리타니에서 4명의 **흑인 지적 장애 선수들**이 평창 동계 스페셜 올림픽에 참가했다. 평생 겨울도, 눈도, 추위도 모르고 살아온 그들은 모래사막을 스키 슬로프 삼아 연습하였고, 모리타니 건국 이래 **최초의 금메달**도 땄다. 그들이 사막을 넘고 바다를 건너 한국 땅까지 오게 된 것은 그들과 살을 부비며 살아온 '모리타니 마마' 권경숙 선교사가 있었기 때문이다.

권경숙 선교사의 도움을 받고 있는 현지 여성들176)

176) <국민일보> 2015-04-11일자, "서사하라에서 복음을 외치다-뜨거운 사막의 땅 모리타니에서"

5. 튀르키예

튀르키예에는 이스탄불 한인교회(1989년)와 이즈밀서머나한인교회(1998년)가 먼저 세워진 후에, 2000년대에 들어서, 수도 **앙카라**에는 KPCA앙카라한인교회(2006년)가 세워지고, **이스탄불**에는 이스탄불 열방한인교회(2011년)와 이스탄불 메트로폴 선교교회(2013년)가 세워졌다. 그리고 **이즈미르**에는 이즈미르 한인교회(2015년)가 세워졌다.

(1) 앙카라 한인교회 (2006) 177)

예배의 시작

앙카라 한인교회는 2006년 9월24일 김O 집사의 가정에서 첫 예배를 드림으로 시작되었다. 그 당시 앙카라에는 아직 한인교회가 없었다. 주재원을 비롯해서 유학생들과 선교사 가정을 중심으로 모여 한인교회가 시작되었다. 그리고 2007년 9월부터는 신OO 집사가 그의 가정을 교회의 예배 장소로 제공하여 정기예배와 모임을 가졌다.

초대 담임목사의 부임

2008년 10월 운영위원회에서 투표하여 전OO 목사를 담임목사로 선출하는데, 만장일치로 뜻을 모았고, 이에 따라 2009년 1월1일 전 목사가 앙카라 한인교회의 초대 담임목사로 추대되었다. 전 목사는 앙카라 한인회장을 역임하면서, 한인사회의 구심점을 이루었다.

*2010년 9월 창립 4주년을 기념하여 현지인 대학생에게 장학금 후원을 시작하다.
*2014년 6월 첫째주 앙카라 한인교회의 협력 선교사로 김OO, 조OO을 임명하다.
*2018년 3월 전OO 목사가 10년 간의 담임목사 사역을 마치고 귀국하다.

177) KPCA 앙카라한인교회의 내용은 현 담임목사 박○○목사가 초안을 작성하고, 그의 검토를 거쳤다.

제 2대 담임목사의 부임

그러나 담임목사의 갑작스러운 귀국으로 인해, 대부분의 한인들은 앙카라 국제교회의 한국어예배로 이동한 상황에서 2018년 8월 박OO 목사가 앙카라 한인교회의 제 2대 담임목사로 부임하였다. 앙카라 한인교회는 박 목사의 부임과 함께, 2018년을 기점으로 하여 **완전히 새로운 개념의 한인교회**로 **전환**되었다. 교회이름을 KOREAN PRESBYTERIAN CHURCH IN ANKARA, 곧 KPCA 앙카라 한인교회로 새롭게 정하였다. 이제부터는 앙카라 한인교회가 더 이상 **'한국인들만을 위한 교회'**가 아니라, '한국과 한국어에 관심을 가진 **튀르키예인들이 오는 교회**'라고 하는, 교회의 새로운 정체성을 나타내기 위함이었다.

한국어 교실

박 목사는 부임하자마자, 2018년 9월에 **한국어 교실**을 시작하여 3개 반을 운영하였다. 한국어 교실을 통해 대단히 높은 수준의 한국어를 구사하는 튀르키예인들이 많다는 사실을 알게 되었다. 독학으로 한국어를 배우는 사람들도 많았다.

개혁신앙

또한 박 목사는 같은 해 10월부터 **종교개혁자들의 신앙유산**을 가르치고 보급하기 시작했다.
*2018년 10월 종교개혁기념일(10.31)을 맞아 **종교개혁 세미나**를 시작하다.
*2020년 **웨스트민스터 신앙고백문**과 **존 칼빈의 기독교강요**를 보급하기 시작하다.
*2021년 코로나 팬더믹으로 **온라인 성경읽기**와 **성경필사 작업**을 본격적으로 시작하다.
*2022년 매월 마지막 주일에 **종교개혁 세미나**를 통해 다양한 개혁가들을 소개하다.

새로운 플랫폼

2021년 Covid-19의 창궐로 인해 유학생들이 대거 귀국하고 온라인예배로 전환되면서 한국인이 거의 없는 한인교회가 되었다. 그러나 코로나 제한조치가 해제된 지금은 한국어를 말할 줄 아는 **튀르키예인들**이 **자주 방문하는 교회**로 변하였다.

성탄절, 부활절, 추수감사절 같은 기독교 절기에는 **스스로 교회를 찾는 현지인들**이 늘고 있는데, 한인교회가 성경과 기독교 신앙을 만나도록 하는 **새로운 플랫폼**이 되었다. 한 열매로서, 2019년 최초로 **현지인**이 **세례**를 받았다.

현재 교회의 예배와 모든 프로그램은 이중 언어로 제공된다. 튀르키예인과 한국인이 한인교회에서 만나 한국어로 서로 대화하며, 함께 예배드리는 모습은 과거에는 상상할 수 없었지만, **지금은 현실**이 되었다.

앙카라한인교회의 특징

1. 참된 예배와 신령한 나눔과 섬김을 통해 하늘의 기쁨을 맛보는 거룩한 교회를 지향한다.
2. 아직 기독교신앙에 대해 잘 알지 못하거나
   신앙을 잃어버리고 방황하던 분을 위한 영적 안내자로 최선을 다하고 있다.

3. 모든 예배와 모임은 5 Solas (오직 성경, 오직 은혜, 오직 믿음, 오직 그리스도,
   오직 하나님께 영광)로 시작되고 마친다.

4. 오직 감사와 찬양, 주님의 뜻이 이루어지길 원하는 기도와 복음전도,
   그리고 모범이 되는 삶으로 삼위 하나님의 영광만이 나타나길 간절히 원하는 교회이다.

5. 종교 개혁가들의 신앙을 이어받아 오직 성경만을 알기 원한다.
   성경을 알아야 모든 것을 알 수 있기 때문이다. 성경은 유일한 영의 양식이다.

6. 여행 중에 방문하는 분들에게는 신앙생활을 점검하고 재충전할 수 있는 기회를 제공한다.
   기독교인은 아니지만 어학연수나 여행 중에 교회를 방문하는 분들이 많다.

7. 유학생이나 개인사업, 해외지사 근무 등으로 앙카라에 오신 분들에게는
   최소한 2,3년 간 하나님의 말씀을 자세히 배우고 실천하도록 도와드리고 있다.

8. 존 칼빈의 기독교강요, 웨스트민스터 표준 (신앙고백서, 소요리/대요리문답), 하이델베르그 요리문답서, 벨직 신앙고백서 등을 꾸준히 읽고 연구하는 교회이다. 현재는 웨스트민스터 신앙고백문 33장 전체강의를 마쳤고, 존 칼빈의 기독교강요를 함께 읽고 있다.

9. 현지인들에게 가장 인기가 있는 한국어 교실은, 레벨 테스트를 통하여, 중 상급의 학생들을 가르쳐왔다. 거의 모든 소통을 한국어로 하고, 카카오톡을 통하여 연락하는데, 오타가 거의 없는 수준이다. 특히 성탄절에는 카카오톡을 통해 교회에 방문하고 싶다는 메시지를 전해 오기도 한다. 한국에서 보내온 신앙서적을 읽기용으로 선물한다.

10. 홈페이지를 통해 성경과 교회, 신앙생활과 다양한 기독교콘텐츠를 한국어로 제공하고 있다. 튀르키예인들에게는 자신의 한국어 실력을 테스트해 볼 수 있는 기회가 된다.

11. 주중 온라인모임(Google Meet)으로는 새벽기도회와 금요성경읽기 프로그램이 있다.

12. 성경을 통독하고 필사하는 교회이다. 한국어, 튀르키예어, 영어로 진행되고 있다.

KPCA 앙카라 한인교회

(2) 이스탄불 열방한인교회 (2011)

교회의 창립 – 박경한 목사 (2011년)[178]

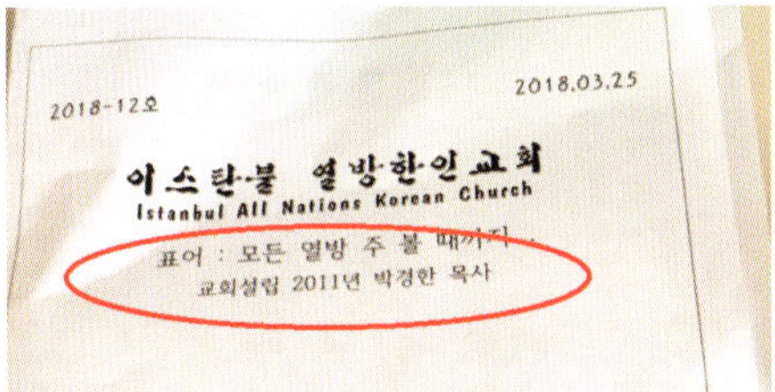

이스탄불 열방한인교회는 2011년 박경한 선교사가 "예수 그리스도를 닮은 사람들이 예수 그리스도의 사랑을 실천하며, 열방을 향하여 교회개척과 복음전파의 사명을 감당하자"라는 비전으로 세운 교회이다. 교회의 설립연대는 주보에 기재되어 있어서 확인할 수 있었다.[179]

튀르키예 한인회 홈페이지에는 이스탄불 열방한인교회가 2013년 7월 11일(목)에 **사랑의 바자회 성금**을 한국전 참전용사들의 손자 손녀 대학생 3명에게 **장학금을 전달**했다는 소식이 있다.[180] 교회의 페이스북에 2013년 8월29일자로 게시된 사진에는 박경한 목사가 인도하는 예배장면이 있다.[181]

그런데 튀르키예 한인회 홈페이지에는 2016년 2월26일 박경한 목사가 5개월 동안 암으로 투병하다가 소천했다는 소식이 실렸다.[182] 박 목사는 암으로 투병하는 중에도 끝까지 굳건한 믿음으로 성도들을 격려하였다고 한다.

어려움 뒤 새로운 시작 – 김병주 목사 (2016년)

이스탄불 열방한인교회는 담임목사가 6개월 동안 공석이었다. 2016년 5월7일 김병주 목사가 일곱 가정과 함께 취임예배를 드림으로, 제 2대 담임목사로 부임하였다.[183] 이날 담임목

---

178) 박경한 목사는 이스탄불 한인교회를 담임목사로 섬긴 후, 이스탄불열방한인교회를 개척했다.
179) https://blog.naver.com/dufenwkqhs/221238028372
180) http://www.turkeykorean.net/home/bbs/board.php?bo_table=people&wr_id=2868
181) https://www.facebook.com/deeptree7/photos/a.586945308034776/586945898034717
182) http://www.turkeykorean.net/home/bbs/board.php?bo_table=people&wr_id=4129

사 취임예배는 세례 받고 열방교회에 출석한지 일년 이상 되는 모든 교우가 함께 직분을 서약하는 감사예배를 드려졌다.

김병주 목사의 글을 읽으며, 교회규모는 작지만 건강하고 따뜻한 교회로 느껴졌다. 김병주 목사는 튀르키예에서 주재원으로 근무하다가 미국에서 신학공부를 마치고, 목사안수를 받은 후 자비량 선교사로 사역하고 있다.

김병주 목사 부임 후 2016.9에 계시된 사진184)

2018년 교회의 모습

2018년 이 교회에 출석하기 시작한 교우가 올린 글에서 "전교인 서른 명 정도 되는 작은 교회이지만 내실은 튼튼한, 든든히 서가는 교회. 사랑이 넘치는 교회-이스탄불에서 유일하게 새벽을 깨우는 교회! 이스탄불 오시면 열방한인교회 꼭 오세요!"라고 이 교회를 소개한다.185)

2019년도 3월에 다시 글을 올리면서, "1년이 지난 지금, 그때보다 더 많은 가정이 함께 모여, 예배하고, 기도하고, 찬양한다. 새벽기도도 생겼다. 화,목 새벽 6시 추수감사주일을 앞두고는 일주일간 특별새벽기도회도 열렸다."라고 한다.186)

2018년도에 주일학교도 정식으로 세워졌다. 본래 4주 동안만 여름성경학교로 시작하였는데, 여름성경학교를 기점으로 그해 9월부터 형식을 갖춘 주일학교 예배가 시작되었다.

183) http://kore.koreli.net/home/bbs/board.php?bo_table=people&wr_id=4293&page=10
184) https://www.facebook.com/deeptree7/photos/a.586945308034776/1209872749075359/
185) https://blog.naver.com/dufenwkqhs/221238028372
186) https://blog.naver.com/dufenwkqhs/221481850209

2022년 교회의 모습

올해 2022년도 8월, 최근부터 출석하기 시작한 한 교우가 올린 글을 보면, “코로나 전엔 소아부터 시니어까지 많게는 60여 명까지도 참석했다는데, 요즘엔 20~30명 정도가 나온다”라고 하면서, 이 작고 아름다운 교회에 함께 출석하기를 추천한다.[187)]

2022년도 주일학교는 계속 사역하고 있었다. 어린이예배가 오전 10시20분에 드려진다. 어린이 예배 담당 목사님께서 말씀을 전해주시고 끝나면 2부 활동을 한다.

주일예배는 오전 11시에 시작한다. 예배 시작 전의 모습(좌측)과 시작 후(우측) 모습이다. “담임 목사인 김병주 목사님께서 찬양인도와 말씀을 전해주신다. **단백하게 드리는 찬양**이지만, 그 안에 자족과 감사가 있고, **주제별 본문별 설교**에 은혜와 고찰이 있다”고 한다.

187) https://blog.naver.com/gywjd1214/222851245647

예배 후에 식사와 교제가 있다. 그리고 성경모임이 주일 오후 1시30분에 있으며, 수요일 오전 11시에도 성경모임이 있다. 토요모임은 오후 7시에 있다.

이 교우는 이렇게 말을 맺는다. "사실 내가 열방교회에 나간다고해서 딱히 뭘 하진 않는다. 그냥 예배드리고 밥만 먹고 온다. 그럼에도 **함께할 수 있는 공동체**가 있고, **예배당이 있다는 것**은 참 감사한 일이란 걸 느낀다. 여행 등 여러 이유로 한인교회를 가볼까 고민이라면 방문해 보길 추천한다."188)

이스탄불 열방한인교회는 아래 사진 건물 3층(터키식 2층)에 있다.189)

188) https://blog.naver.com/gywjd1214/222851245647
189) https://blog.naver.com/dufenwkqhs/221238028372

(3) 이스탄불 메트로폴 선교교회 (2013년)

교회 설립

교회설립은 2013년 5월 7-10일, 스페인 마드리드 인근의 프레이 루이스 레온(Frey Luis Leon) 수양관에서 열린 제 27회 대한예수교장로회유럽총회(고신)에서 곽**, 김** 목사를 거점 도시 이스탄불의 한인교회 개척인으로 결의함으로써 개척의 시발점이 되었다. 이후에 2013년 7월14일 주일예배를 이스탄불 칼탈에 있는 현지인 교회당에서 **이스탄불메트로폴선교교회**(이하 이메선교회)로 첫 예배를 시작하였다.

거점 도시 이스탄불에 교회 개척하기로 결의

2013년 7월 14일 칼탈교회당에서이메선 설립예배

그 이후로 곽** 목사의 가정에서 예배를 드리는 등 세 번의 장소변동이 있은 후에 현재의 장소에서 예배를 드리고 있다.

2014년 와이엠센터

2015년 가정 모임

2016년 가정 모임

2017년~ 현재

곽** 목사는 대한예수교장로회총회(고*) 파송 선교사로서 1998년 5월에 파송을 받았으며, 파송 이후에 현재까지(2022년 8월) 현지 선교사로서 활동을 하고 있다. 그는 **현지인을 위한 교회개척**의 일환으로 **한인교회**를 설립하였으며, 한인교회를 통하여 **현지교회**를 개척하며, **현지인 지도자**를 세우고, 양육하는 일에 힘을 쓰고 있다.

설립 목적

이메선교회는 **교회의 사명**으로써 다음과 같이 천명하고 있다.

"우리 교회는, 땅 끝까지 이르러 하나님의 말씀(복음)을 전하고,
모든 민족 가운데 하나님 나라(교회)를 세우는 것을 사명으로 선언합니다."

이를 모토로 하여 "교회를 세우는 교회"를 교회의 실천 과제로 삼고, 이 실천 과제를 위하여 교회 분립 개척을 위한 현지어 예배를 진행하고 있다.

교회 활동

A. 음악을 통해서 현지 협력과 봉사 활동
B. 모든 민족을 위한 다양한 섬김
C. 교회를 세우는 교회
D. 말씀사역

A. 음악을 통해서 현지 협력과 봉사 활동

2014년 9월, 독일의 마인트 중앙교회로부터 지원을 받아 현지에서 여름방학 활동으로 현지 아이들과 이란 난민 아이들에게 악기와 성악 레슨의 기회를 가졌고, 마지막에 연주회로 마무리 하였다.

현지인을 중심으로 세워진 연합찬양대인 할렐루야 찬양대는 현지 교회 연합 모임 뿐만 아니라 각 교회의 결혼 예식과 세례식에도 적극적으로 초청되어 현지 교회의 발전을 위한 다양한 츠로그램을 진행해 오고 있다(2000년 ~ 현재).

B. 모든 민족을 위한 다양한 섬김

이란 난민을 위한 지도자 훈련

2018년에 이란 난민을 위한 신학훈련을 위해
4차례의 세미나를 가졌다.

현지인들을 위한 지도자 훈련

현지교회의 지도자들을 양육하기 위한 신학 훈련의 지원과
양성을 위하여 꾸준하게 참여하며 지도하고 있다.

중국 한족 선교사 후보생 인턴과정

중국 교회에서 훈련 받은 10명의 선교사 후보생들의
선교지 상황적응을 위한 교육이
2017년 11월에서 12월까지 4주에 걸쳐서 이루어졌다.

C. 교회의 영원한 비전 - "교회를 세우는 교회"

이메선교회는 **현지교회와 성도**를 지원하고, **현지교회**를 세우기 위해서 세워진 교회이다. 교회의 궁극적인 사명인 복음을 전파하고, 교회를 세우기 위한 운동은 2017년 11월부터 본격적으로 가동되기 시작하였다.

2017년 11월에 현지인 지도자 N**** A***을 중심으로 현지교회인 **임마누엘 교회 세우기**가 본격적으로 시작되었으며, 2021년 11월에 **현지 교회개척의 첫 열매**를 거두게 되었다. 임마누엘 교회는 분리 독립하여 자신의 건물을 매입하여, 예배를 시작하였다. 판데믹의 어려운 과정 중에도 하나님께서는 현지 교회 개척의 첫 열매를 거두게 하셨다.

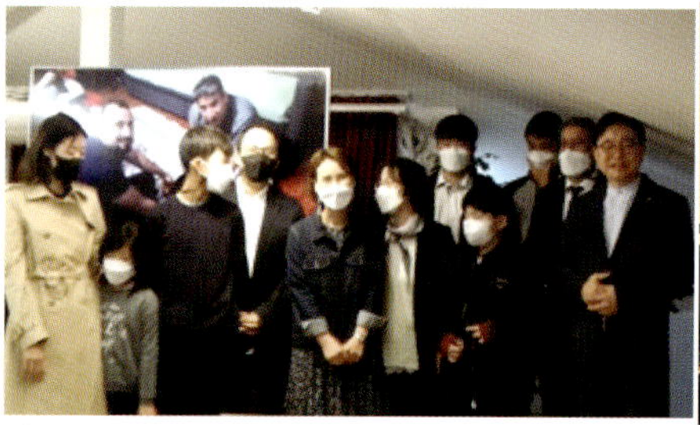

첫 번째 현지 개척교회, 임마누엘교회

이메선교회의 비전대로 2021년 11월, 분립 개척을 위하여 모임을 시작한지 4년 만에 첫 번째 현지 교회가 자립하여 개척하였다. 이로써 이메선교회의 첫 번째 단추가 채워졌고, 이 사역은 주님이 다시 오실 때까지 계속될 것이다.

D. 말씀사역

성도의 예배생활과 사역의 헌신을 위한 가장 기본적인 요소로 성경말씀을 매일 정기적으로 묵상하고 연구하는 것이다. 이러한 성경 묵상의 생활화를 위하여 일년일독을 역사적 나열식 성경읽기를 권장하고, 그에 따른 말씀 묵상을 매일 나누고 있다.

(4) 이지미르 한인교회 (2015년)

이즈미르 한인교회는 튀르키예 선교를 위해 초교파로 사역하는 한인교회로, 2015년 11월18일 임병인 목사가 튀르키예의 토르발르에 세운 교회이다.[190]

교회의 비전[191]

① 아시아와 유럽을 연해 주는 복음의 교두보를 세우는 교회
② 교회와 선교를 연결해 주는 교회
③ 튀르키예 크리스챤과 무슬림을 선교하는 한인교회

지향하는 목회

① 기독교대한감리회 중앙연회 유럽지방에 소속된 교회이지만, 초교회를 지향한다.
② 튀르키예 현지인들에 의한, 현지교회를 세워주는 사역을 한다.
③ 지역사회 무슬림들과 지속적으로 교제하는 사역을 한다.
④ 현지선교의 강화를 위하여 한국과 유럽의 교회를 연결하는 사역을 한다.

교회의 선교정책

① 언론을 통한 선교 : CBS 기독교TV, SBS터키통신원, 한일일보 행정 코데네이터
현지신문사 컬럼리스트(토르발르 일보),
② 토르발르 현지교회 선교
*현지교회 음악사역자 양성(피아노 레슨) - 토르발르 지역, 피아노 레슨 교육시설 전무
*목회자 가정 : 개종 후 이웃과 가족으로부터 완전단절
- 주 1회 정기적 만남 (중보와 위로)
③ 토르발르 현지 무슬림 관계선교
*무슬림 관계전도 병행 : 한국음식, 한국영화 등을 공유
*실업자 가정 위로사역 : 2016년 쿠테타 실패 때, 해고된 가정들 (정기적 만남, 생필품)

190) 교회홈피 <교회연혁> https://cafe.daum.net/izmirchurch/guhw/13
191) 교회홈피 <교회소개> https://cafe.daum.net/izmirchurch/guhw/4

교회의 7대 사역[192)]

이즈미르 한인교회는 무슬림 국가라는 제한된 환경에서 튀르키예의 국내와 국외로 효율적 선교를 위해, 7대 사역을 특성화하여 복음의 교두보를 확장해 나가고자 한다.

① 현지 신문사 칼럼 및 기사

② 방송사역

③ 한국전쟁 참전용사 방문사역

④ 현지인 교회 피아노 반주자 양성

⑤ 국내외 유명 복음성가, 터키어 찬양번역

⑥ 터키 정부기관을 통한 장애우 돕기 사역

⑦ 한글교실 사역

192) 교회홈피, https://cafe.daum.net/izmirchurch/guhw/12

중동지역 한인교회의 설립연대

Ⅰ. 1970년대에 세워진 교회들

1. 이란 : 테헤란 한인교회(1974년)
2. 사우디아라비아 : 리야드 한인연합교회(1976년)→사우디 한인교회(1990)→현 사우디 안디옥교회(2003)
3. 이집트 : 카이로 한인교회(1977년)
4. 쿠웨이트 : 쿠웨이트 한인연합교회(1978년)
5. 아랍에미리트 : 두바이 한인교회(1979년),

Ⅱ. 1980년대에 세워진 교회들

1. 걸프지역
   (1) 사우디아라비아 : 담맘 한인교회(1980년), 리야드 청운교회(1981), 리야드교회(1984), 제다 한인교회(1985)
   (2) 카타르 : 카타르 한인교회(1980년)
   (3) 바레인 : 바레인 한인교회(1982년)
   (4) 아랍에미리트 : 아부다비 한인교회(1982)
2. 요르단 : 요르단 한인교회A(1984년)
3. 이라크 : 이라크 한인연합교회A(1986년)
4. 리비아 : 리비아 한인교회(1982년)
5. 튀르키예 : 이스탄불 한인교회(1989년)

Ⅲ 1990년대에 세워진 교회

1. 북아프리카지역
   (1) 모로코 : 아가딜 한인교회(1991년), 라바트 한인교회(1992년)
   (2) 이집트 : 애굽 한인교회(1992년)
   (3) 튀니지 : 튀니지 한인교회 (1997년)
2. 이스라엘 : 이스라엘 한인교회(1995년), 예루살렘교회(1996년)
3. 아랍에미리트 : 아부다비 한인연합교회(1998년)
4. 튀르키예 : 이즈밀 서머나한인교회(구 서머나한인교회, 1998년)

Ⅴ. 2000년대에 세워진 교회

1. 걸프지역
   (1) 카타르 : 카타르 열방의영광교회(2010년)
   (2) 아랍에미리트 : 두바이 비전교회(2006년), 두바이 순복음교회(2007년),
   두바이 사랑의교회(2009년), 두바이 한인제자교회(2009년)
   두바이 충만교회(2013년)

(3) 아랍에미리트 : 아부다비 온누리교회(2011년), 아부다비 맑은샘 한인교회(2013년)
아부다비 충만교회(2013), 루와이스 온누리교회(2020)
(4) 오만 : 소하르 샬롬교회(2005년), 오만 한인교회(설립연대?), 무스카트 한인교회(2018년)
2. 레반트 지역
(1) 레바논 : 레바논 한인교회 (2000년)
(2) 요르단 : 요르단 한인열방교회(2004년), 요르단 한인교회B(2008년),
국제요르단 한인교회(2013년)
(3) 시리아 : 시리아 다메섹 한인교회(2003), 알레포 한인교회(2008)
(4) 이스라엘 : 예루살렘 중앙교회(2000년), 텔아비브 욥바교회(2007년), 유대교회(2008년)
이스라엘 샬롬교회(2009년)
3. 이라크 : 이라크 한인연합교회B (2003년)
4. 북아프리카지역
(1) 알제리 : 알제리 한인교회(2000년)
(2) 모로코 : 카사블랑카 한인교회(구 카사연합교회2003), 탕헤르 한인교회(2022년)
(3) 모리타니 : 누아디브 한인교회(2005년), 누아디브 순복음교회
5. 튀르키예 : 앙카라한인교회(2006년), 이스탄불 열방한인교회(2011),
이스탄불 메트로폴 선교교회(2013년), 이즈미르 한인교회 (2015년)

색인 : 교회/단체명

레바논 한인교회 (정명섭, pp.631~633)
리비아 한인교회 (정윤진, 김희윤, pp.509~515)
리비아 미수라타 기독선교 연합회 (강승삼, 이익주, pp.515~519)

모로코 아가딜 한인교회 (안휴범, p.536)
모로코 라바트 한인교회 (허영희, pp.537~541)
모로코 카사블랑카 한인교회 (카사연합교회, 곽상권, pp.659~661)
모리타니 누아디부 한인교회 (권숙경, pp.662~664)
모리타니 누아디부 순복음교회 (p.662)

바레인 한인교회 (최수영, pp.318~349)

사우디 기독교인 연합회 (pp.314~317)
사우디 리야드 교회 (조완길, pp.295~297)
사우디 리야드 지역 기독교인 연합회 (pp.310~313)
사우디 리야드 청운교회 (강일용, 신창순, pp.287~291)
사우디 리야드 한인연합교회 (이연호, pp.90~99)
사우디 담맘 한인교회 (김동표, pp.298~300)
사우디 안디옥 한인교회 (이재한, p.293)
사우디 제다 한인교회 (한봉근, pp.301~303)
사우디 한인교회 (강일용, pp.292~293)

시리아 다메섹 한인교회 (심재원, pp.638~640)
시리아 알레포 한인교회 (최엽, p.641)

UAE 두바이 광림교회 (강희진, p.593)
UAE 두바이 비전교회 (황준서, pp.593~594)
UAE 두바이 사랑의교회 (권오영, pp.598~600)
UAE 두바이 순복음교회 (유명상, 진현우, pp.595~596)
UAE 두바이 제일교회 (박문기, p.594)
UAE 두바이 한인교회 2000이전 (문종호, 주태근, pp.350~380)

UAE 두바이 한인교회 2000이후 (신철범, pp.616~630)
UAE 두바이 한인제자교회 (신영수, p.597)
UAE 두바이 아부다비 충만교회 (김비호, p.595)

UAE 아부다비 맑은샘 한인교회 (강희진, p.605)
UAE 아부다비 루와이스 온누리교회 (윤용순, p.605)
UAE 아부다비 온누리교회 (노규석, pp.601~604)
UAE 아부다비 한인교회 (문종호, 서산길, pp.381~388)
UAE 아부다비 한인연합교회(박종수, pp.558~559)
UAE 열린문교회 (박종수, p.558)
UAE 오만 소하르 샬롬교회 (p.606)
UAE 오만 한인교회 (p.607)
UAE 오만 무스카트 한인교회 (최상운, p.608)
UAE 오만 소하르 교회 (p.609)

알제리 한인교회(최기도, pp.656~658)

요르단 한인열방교회 (pp.634~635)
요르단 한인교회A (진영준, pp.389~443)
요르단 한인교회B(김영섭, p.636)
요르단 국제요르단 교회 (김영섭, p.636)

이라크 한인연합교회A (신창순, pp.444~508)
이라크 한인연합교회B (김사무엘, p.570)

이란 테헤란 한인교회 (강동수, 이만석, pp.214~283)

이스라엘 샬롬교회 (장세호, pp.653~655)
이스라엘 예루살렘 유대교회 (이강근, pp.650~652)
이스라엘 예루살렘 중앙교회 (오근호, 장귀현, pp.642~645)
이스라엘 텔아비브 욥바교회 (류공석, pp.646~649)
이스라엘 한인교회 (은상기, p.560)
이스라엘 예루살렘교회 (김진해, pp.561~565)

이집트 카이로 한인교회 (이연호, 이준교, pp.100~109)
이집트 애굽 한인교회 (김진홍, pp.542~565)

중동선교본부/중동선교회 (pp.16~24)
중한연/중선협 (pp.24~86)

카타르 열방의 영광교회 (김상진, p.592)
카타르 한인교회(조준환, 575~591)

쿠웨이트 한인연합교회 (최형섭, p.110~213)

튀니지 한인교회 (허영희, pp.547~557)

튀르키예 앙카라 한인교회 (pp.665~668)
튀르키예 이스탄불 메트로폴 선교교회 (곽동신, pp.673~676)
튀르키예 이스탄불 열방한인교회 (박경한, pp.669~672)
튀르키예 이스탄불 한인교회 (조용성, 김주찬, pp.523~532)
튀르키예 이즈밀 서머나 한인교회 (이재한, p.566)
튀르키예 이즈미르 한인교회 (임병인, pp.677~678)

무슬림 전도와 무슬림 배경의 신자에 대한 제자양육 책 소

『와서 나를 따르라』

팀 그린 저

중동아프리카 연구소 옮김

1990년대 이슬람권으로 나간 한국인 선교사들은 "무슬림이 정말 예수님을 구주로 믿을까?"라고 질문하였
그런데 코로나19 이후, 줌(ZOOM)을 통해 무슬림 또는 무슬림 배경의 신자(BMB)에게 성경을 가르칠 수 있게
"무슬림 배경의 신자가 어떻게 그리스도 안에서 잘 성장 할 수 있을까?"라는 질문으로 바뀌었다.
팀 그린은 파키스탄과 요르단에서 무슬림을 대상으로 전도하고 제자양육한 경험을 살려서 "Come Follow M
책을 출간하였고 지금은 전세계 30여개의 언어로 번역되었다. 2014년 이집트에서 설립된 중동아프리카연
이 책의 한국어 번역을 맡았다. 이 책에서는 "그리스도께 순종하고 하나님과 대화하기, 두 공동체, 박해의 이
박해에 대한 반응, 신앙을 증거하기, 사랑의 법, 서로 섬기기, 천국으로의 순례, 남편과 아내, 운명과 주술"등
주제를 다루고 있다. 그리고 팀 그린(Tim Green)은 제자 훈련 대상의 수준(문맹, 초등, 중등, 고등)과 사역 레벨(
제자, 사역자, 목회자)을 고려하여 이 책을 개발하였다.

『이슬람권 선교 가이드』

공일주 저

출판사 : 한동대학교 아시아 문화 연구원

저자 공일주는 그 동안 28권의 책을 썼는데 그 중에서 『아랍문화의 이해』, 『이슬람 문명의 이해』, 『이슬람의 수
수쿠크』는 문체부가 교양도서로 추천했고 『이슬람과 IS』는 한국기독교 출판문화상 우수도서로, 그리고 『
무슬림』은 한국 출판문화 산업 진흥원이 우수도서로 선정했다.
이 책의 제1부는 이슬람과 무슬림을 이해하는 데 키워드에 해당하는 무함마드, 꾸란, 알라, 이슬람 율법을 다
제2부는 610년부터 오늘날까지 이슬람의 간추린 역사, 특히, 무슬림과 기독교인의 선교를 살펴보았고 제3부는 무
대한 전도와 제자양육과 교회개척을 다뤘다. 저자는 성경을 아랍인들에게 25년간 가르친 경험을 통해, 아랍어
아랍어 성경이 단어가 같아도 그 개념과 의미가 다른 경우가 많다는 것을 실제 사례를 들어 설명한다.
강대흥(KWMA 사무총장은 "선교 리더십과 이슬람권 사역자는 무슬림들과 그들의 언어에 대한 이해가 필요한데
무슬림에 대한 전도와 제자 양육에 관심 있는 분들에게 일독을 권한다"고 추천한다.

21세기 말씀의 삶, 말씀 영상 사역 유튜브 채널

한국어	영어	중국어	우루두어	페르시아어	아랍어
힌디어	벵갈어	러시아어	프랑스어	스페인어	포루투갈어

금은 '컴퓨터'와 '영상'이 주도하는 21세기입니다. 선진국, 후진국의 문제가 아닙니다. 부자인 라, 가난한 나라의 문제가 아닙니다. 전 세계 모든 지역에서 오프라인(off-line)뿐만 아니라 라인(on-line) 영역에서도 싸워야만 합니다. 점점 영적 싸움의 처절한 전쟁, 치열한 전쟁이 바로 이지 않는 곳, 가장 은밀한 곳인 온라인(on-line)에서 벌어지고 있는데 언제까지나 '내가 싸우고 은 곳, 내가 싸울 수 있는 곳에서만 싸우겠다.'고 할 수 없는 것입니다. 우리 쪽은 너무 열악한데 대 쪽은 너무 강력합니다. 더 이상 물러설 수 없습니다. 우리가 할 수 있고 없고의 문제가 아닙 다. 우리가 할 수 없으면 할 수 있는 사람을 찾아야하고 협력해야 하고 지원해야 합니다.
세기 말씀의 삶, 말씀 영상 사역은 사람이 하고 싶은 말이 아닌 하나님이 성경을 통해서 엇을 말씀하시는지, 하나님이 성경을 통해서 하나님의 백성들에게 무엇을 원하시는지 바로 그 경 말씀을 전하는 것입니다. 그래서 궁극적으로 오프라인(off-line) 영역에서뿐 아니라 온라인 n-line) 영역에서도 살아있는 하나님의 말씀으로 돌아가 그 말씀 붙들고 하나님의 자녀로 살도 하는 것이 '21세기 말씀의 삶, 말씀 영상 사역'의 목표입니다. 갈 수 있으면 가야 합니다. 가서 나고 들려주고 보여주어야 합니다. 그러나 갈 수 없으면 '들을 수 있도록' 해주어야 합니다. 상은 복음을 전하는 자를 핍박하고 멈추게 하고 심지어 죽일 수도 있지만 세상은 결코 복음을 추게 할 수는 없기 때문입니다.

홍요셉 목사 / 010 6725 2310 / hfamilyfa(카톡) /
92 0305 4671861(WhatsApp) / hfamilyfa@gmail.com

사단법인 생터성경사역원은

한국교회 초창기 쪽복음을 읽히려고 궤짝을 메고 방방곡곡을 누볐던 '권서인'을 이 시대에 다시 세워나가는 기관이며 16세기 영국의 존 위클리프John Wyclife에게 영어성경을 배워 유럽 전역에 성경을 보급했던 '롤라드Lollard'를 이 시대에 다시 일으키는 기관입니다.

생터성경사역원의 목표는 한국교회와 세계교회로 하여금 성경을 읽도록 돕는 것입니다.

2023년까지 전문강사스쿨을 통해 약 12,000명의 전문강사가 배출되었고 55개 한국지부와 26개 국제지부에 소속되어 다양한 사역 현장에서 성도들이 재미있게 성경을 읽을 수 있도록 돕고 있습니다 다음 세대와 열방을 향해 말씀이 일하심을 경험하고 있습니다.

(사) 생명력이 터지는 생터 성경사역원 Life Place Bible Ministries

대표전화	043-236-3927
E-mail	2006ahaja@naver.com
홈페이지	www.ahaja.org

에즈마이야 사역은

에즈마이야라는 명칭은 구약의 Ezra와 Nehemiah의 합성어입니다. 이 두 사람은 폐허가 된 조국 예루살렘으로 돌아가서 조국 이스라엘을 영적, 사회적, 정치적으로 재건한 사람들입니다.

2006년 처음으로 미국 메릴랜드의 벧엘교회 청년들 15명을 그들의 조국 한국의 농어촌 교회로 파송하여 영어로 여름성경학교VBS를 진행하게 했습니다. 농어촌 교회 목회자들의 이어지는 요청에 응답하여 그 후 23년까지 이 사역을 진행하고 있습니다.

특기 할 만한 것은 에즈마이야 교재입니다. 처음에는 미국의 그룹스라는 곳에서 만든 교재를 사용했으나 2015년부터 어 성경이 읽어지네를 원본으로 하여 아이들을 위한 VBS교재를 새롭게 출간하여 사용한다는 점입니다. 창세기부터 요한 계시록까지 하나님의 나라라는 관점으로 제작된 교재에 디즈니 스타일의 노래가 장착되어 전세계 아이들의 호응을 얻고 있습니다. 이 사역이 이제 한국을 넘어 미국과 유럽과 아시아에서 점차적으로 한인교회를 중심으로 현지인 아이들에게 까지 복음을 전하는 영적 신무기로 사용되고 있습니다. 다인종 국가인 미국과 유럽과 동남아시아에서 한인 2세들 뿐이 아니라, 여러 인종의 2세들을 훈련시켜서 조국 살리기 운동으로 발전시키시려는 주님의 손길을 느끼고 있습니다.

뿐 만 아니라, 이 에즈마이야 사역을 선교지에서 전문적으로 사용하려는 선교사 후보생들이 등장하고 있습니다. 영국과 프랑스에서 과거 그들의 식민지였던 아프리카로 돌아가서 여러 아프리카의 가난한 나라들을 영적으로, 사회경제적으로 일으킬 선교사들이 일어날 줄로 믿습니다. 이 사역에 동참하기를 원하시는 분들을 환영합니다. 이 사역이 다음 세대의 건강한 선교사역으로, 복음사역으로 사용되기를 기도해 주시길 부탁드립니다.

Ezemiah

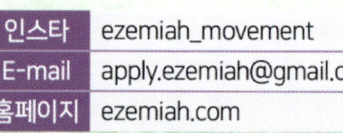

인스타	ezemiah_movement
E-mail	apply.ezemiah@gmail.com
홈페이지	ezemiah.com

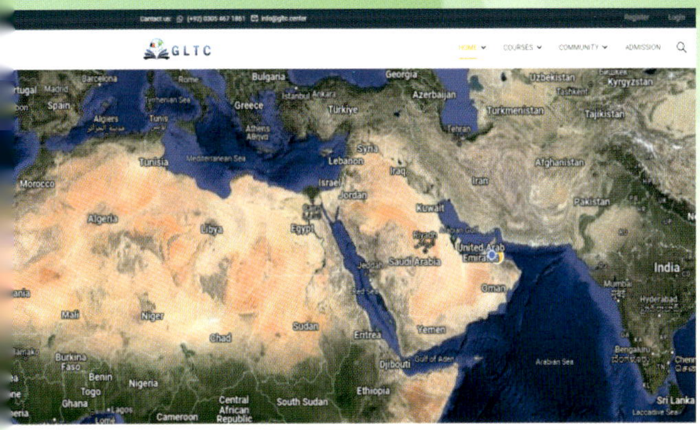

문의

GLTC 웹사이트 : www.gltc.center
GLTC 사무실 : info@gltc.center
GLTC 원 장 : hfamilyfa@gmail.com

GLTC (Global Leader Training Center)

과정과 입학 및 장학

학기는 봄학기(2,3,4,5월), 가을학기(8,9,10,11월), 여름방학(6,7월) 겨울방학(12,1월)
2년 과정으로 대학 졸업자 또는 대학 졸업 예정자가 입학 가능, 청강 과정도 가능
입학금 100불, 학기당 300불로 입학 후 성적과 태도에 따라 최대 100% 장학금이 지급

과정

온라인 훈련이며 녹화 영상을 통한 훈련
기본 영어로 진행, 단, 주요 과목은 '한국어', '우루두어', '페르시아어', '프랑스어' 가능
훈련 과목

1) Basic 과정
   (1) The Bible : 성경 66권 강의
   (2) Knowing God : 신학 강의
   (3) Prayer : 기도 강의
   (4) Walking with God : 신앙 강의
2) Advanced 과정
   (1) The History : 역사에서 역사하시는 하나님의 섭리
   (2) Doctrine(WSC) : 웨스트민스터 소요리 문답
   (3) Computer
   (4) On-Line

.TC 웹사이트 : www.gltc.center
.TC 사무실 : info@gltc.center
원 장 : hfamilyfa@gmail.com

선교의 허브

Nepal New Covenant College

(네팔새언약신학대학교) www.ournncc.com

선교의 열정, 구원의 기쁨!

(Beyond Nepal to all Nations !)

NNCC는 2013년 네팔 동부지역에 설립되어, M.Div, B.Th, MTEP D.Th), Cyber 대학 과정에서 800여명의 신학생을 훈련하여, 전 복음화하며, 글로벌사이버신학대학교를 설립하여 네팔을 넘어 인도와 아프리카의 모든 민족을 제자삼고 있다.

네팔 국내

- M.Div : Online & Physical
- B.Th : Regular & Residential
- MTEP(지방신학교 12곳) Online & Physical
- 2030 비전 : 50개주에 50개 MTEP 설립
- 한의학과 : 의료선교사 교육
- 뮤직 컨서버터리 : 청년 찬양사역자 교육

글로벌사이버신학대학교(국내 & 해외)

- 국 내 : B.Th, MTEP
- 해 외 : 디아스포라 네팔인 교육
  Hong Kong- B.Th
  UAE- B.Th, MTEP
  말레이시아- B.Th, MTEP
- 글로벌사이버신학대학교 해외에 계속 설립 디아스포라 네팔인 및 아시아 아프리카 영어권 국가 신학생 교육

해외 선교사 파송 (NNCC 졸업생)

- UAE : 교회 개척 선교사 파송
- 르완다연합대학교 : 교육선교사 파송
- 인도 : 인도 유학생 졸업후 파송
- 방글라데시 : 교육선교사 파송 예정

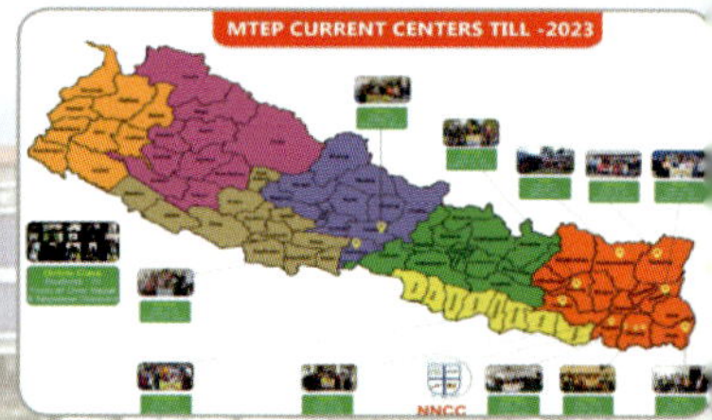

후원계좌 | 우리은행 1005-402-220257 러브네팔 Sundar-haraicha 7, Marang, province 1, Nepal T) 977 980 104 1976(N) / 010 6820

CNCC

Coram Deo New Creation Center

CNCC는 2006년 신학생을 중심으로 세워진 초교파 선교단체로서, 미국 캘리포니아와 조지아주에 비영리법인을 세워 북미와 라틴아메리카를 중심으로 신학교 예배사역, 선교사 멤버케어와 성령사역 기반으로 순회사역하는 단체입니다. 한국에서는 CNCC법인을 세워 CNCC국제학교와 CNCC 학원을 두어 교육사역과 대치동에 꼬망쎄라는 선교카페에선 쪽방촌 후원 및 노숙자 도시락 후원사역을 8년째 이어가고 있습니다.

01 예배순회사역

- 신학교 말씀사역
- 선교사 멤버케어 및 상담사역
- 치유사역
- 말씀상담

02 교육사역

- CNCC 국제학교
- CNCC 미술학원
- CNCC 영어학원
- CNCC 유학원

03 구제사역

- 꼬망쎄 도시락카페 (동대문쪽방촌,독거노인 노숙자도시락및 반찬 후원)
- CNCC 사단법인
- 청소년 지원 사역
- MK 후원

- CNCC선교회 대표전화: 010.7435.0691
- Email: shy2ky72@gmail.com
- 후원계좌: 국민 659002-04-078948

중동선교 **한인교회사**

중동지역에 파송된 한인 선교사들의 사도행전 이야기

2024년 3월 14일 초판 발행

발 행 처 | 중선협 역사편찬위원회
발 행 인 | 신영수
편찬위원장 | 박심원
편찬/집필위원 | 윤상원
자문위원 | 김만우 목사 이상택 목사 이준교 목사 박종수 목사 김신숙 선교사
조용성 목사 정형남 목사 두상달 장로 이충원 장로
주 소 | 서울시 동작구 노량진로 100번지 CTS 9층 KWMA 중선협

등 록 일 | 2007.4.16
등록번호 | 제313-2007-96호
출 판 사 | 도서출판 우리하나
주 소 | 서울시 마포구 독막로 18길 31번지 3층(상수동)
전화번호 | 02-333-0091
전자메일 | pacc9191@daum.net
웹사이트 | www.d3.or.kr

ⓒ 저자와의 협약아래 인지는 생략되어 있습니다.
이 출판물은 저작권법에 따라 무단 복제할 수 없습니다.

값 49,000원
ISBN 978-89-93476-54-5

도서출판 우리하나는
'D3전도중심제자훈련'을 적극 지원합니다.